教育部高等学校电子电气基础课程教学指导分委员会推荐教材

电路理论教程

Dianlu Lilun Jiaocheng

■ 陈希有　主编

高等教育出版社·北京
HIGHER EDUCATION PRESS　BEIJING

内容简介

本书介绍电路理论的基本知识。 在故事性地概括了电磁发展的主要事件之后，接着阐述了电路理论的基础性问题。 然后按照电压和电流的变化规律依次介绍了直流电路、正弦交流电路、三相电路、非正弦周期电流电路、电路的频率特性和暂态电路等内容。 其次介绍了电网络的端口分析和图论分析的入门知识。 最后介绍了与线性电路构成对照的非线性电路、与集中参数电路构成对照的分布参数电路（以均匀传输线为例）。

为使读者快速了解电路的计算机辅助分析方法，随书所附光盘提供了实践 Multisim 和 MATLAB 的示例，以及“电路仿真平台 Multisim 概要”和“数值计算工具 MATLAB 概要”两个简短的使用说明。 此外还提供了教材主要插图，以便教师制作教学课件。 为查阅方便，还编写了“常用数学公式与方法”和“麦克斯韦方程组”两个附录。

本书注重电磁学原理和数学方法在电路理论中的应用，以加强电路理论的电磁学基础，并培养学生的数学应用能力；将工程问题融入理论内容之中，以培养学生用电路理论解决实际问题的能力；将基本知识顺理延伸，为学有余力的学生提供恰当的选读内容；【导读】使各章开篇平缓，【结语】让读者产生回味；每章之后的开放性思考题，引导读者勤于思索电路理论的概念性和原理性问题，避免只会计算。

本书可作为高等院校电气类、电子信息类、自动化类专业本科生“电路理论基础”、“电路分析基础”课程教材或教学参考书，也可供研究生、工程技术人员和电路爱好者参考。

图书在版编目（CIP）数据

电路理论教程／陈希有主编. --北京:高等教育出版社,2013.8

ISBN 978-7-04-037927-3

Ⅰ.①电… Ⅱ.①陈… Ⅲ.①电路理论-高等学校-教材 Ⅳ.①TM13

中国版本图书馆 CIP 数据核字(2013)第 159518 号

策划编辑 杜 炜　　责任编辑 杜 炜　　封面设计 赵 阳　　版式设计 马敬茹
插图绘制 尹 莉　　责任校对 刘 莉　　责任印制 田 甜

出版发行 高等教育出版社
社　　址 北京市西城区德外大街4号
邮政编码 100120
印　　刷 廊坊市科通印业有限公司
开　　本 787mm×1092mm 1/16
印　　张 36.5
字　　数 890千字
购书热线 010-58581118
咨询电话 400-810-0598
网　　址 http://www.hep.edu.cn
　　　　 http://www.hep.com.cn
网上订购 http://www.landraco.com
　　　　 http://www.landraco.com.cn
版　　次 2013年8月第1版
印　　次 2013年8月第1次印刷
定　　价 61.00元(含光盘)

物 料 号 37927-00

前　言

教材建设是个永恒话题。随着高等学校人才培养目标的多元化以及教育质量工程的实施，教材建设呈现出多样化的发展趋势。就电路类教材而言，多样化包括：增加计算机辅助分析内容，以培养学生使用计算工具的能力；增加联系实际的内容，以培养学生的工程应用能力；融入电子技术内容，以淡化电路理论与电子技术的界限，并强调电路的信息处理功能。无疑，这些建设成果都是值得肯定的。

此外，在教材内容呈现上述多样化的同时，还应该有一批教材特别注重它的基础作用，因为电路理论课程是重要的技术基础课程。未来的大多数科技创新，不是单靠像发现壶盖振动和苹果落地这样的启发性事件就能完成的。“核磁共振”、“嫦娥绕月”、“蛟龙探海”、“全球定位”等，实现这些尖端技术都需要具备扎实的理论基础。创新源于基础。

因此，在电路理论教学中，适当追溯电路问题的电磁学渊源、加强数学方法的运用、注重物理原理的阐述等，都是十分重要的。由此可以使电路理论的电磁根基更加扎实、逻辑推理更加严密、物理概念更加突出，从而有利于培养具有扎实电工基础的专业人才。这便是编写本教材的主要动因。编者在编写过程中主要做了如下尝试：

1. 加强电路理论的电磁学基础

电路理论源于电磁学和电子学，但自电路理论建立以来，渐渐地将电路理论的基本定律和电路元件以公理或人为定义的方式提出，研究对象也都是理想化的电路模型。这样虽然给课程教学带来许多方便，但不利于学生准确理解电路问题的电磁学背景，因而影响对电路中电磁现象的深入认识，因为实际电路的电磁现象并不像电路模型那样单纯。

基尔霍夫定律是关于集中参数电路中电流和电压的定律，为阐明其正确性，本教材从电流现象逐步引出电流变量；从电场性质逐步引出电压变量；对实际电路进行科学抽象得到集中参数电路；将电流连续性定律应用于集中参数电路得到基尔霍夫电流定律；将电磁感应定律应用于集中参数电路得到基尔霍夫电压定律。这样有助于学生理解基尔霍夫定律与电磁学普遍规律的关系。

在讲述电路元件时，通过忽略实际电器元件的次要特征而保留主要特征，使理想电路元件成为实际电器元件经过这些忽略后而保留的分析模型。这样的过程更符合电路建模规律，更能强调电路模型与实际电路的关系。

根据均匀传输线实际存在的物理现象，利用基本的电磁学原理建立均匀线电压和电流方程，使建立过程和谐对称，体现电磁规律的对称美。

诸如上述示例，密切了电路理论与电磁学的关系。

2. 引导学生多用数学方法进行思维

电路理论除用电磁学原理来阐释外，还可用数学方法加以证明。例如，① 通过矩阵求逆建立星形和三角形网络的等效变换关系；② 基于互感储能非负的客观事实和半正定二次型的性质,证明了耦合系数小于 1 的结论;③ 基于线性方程组的可加性建立了叠加定理,并很自然地说明了叠加定理的应用条件和应用方法;④ 将正弦量的相量表示建立在数学变换基础上,以期减少相量等于正弦量的常见错误,并与后面的拉普拉斯变换相呼应;⑤ 将全响应等于零输入响应与零状态响应叠加的结论建立在线性微分方程解的可叠加性基础上;⑥ 用拉普拉斯变换求解无畸变传输线方程的通解,等等。这些数学方法的运用一方面可以使得电路理论的叙述更加严密,另一方面有助于引导学生面对工程问题时,学会使用数学方法进行理性思维,并注重对后续数学课程的学习。

3. 将工程问题融入理论内容之中

在电路理论教学中加强工程应用能力的培养是当前教学改革和教材建设的重要动向。为此,本教材在陈述某个理论内容的同时顺便联系与之密切相关的工程问题,使理论与实践有机结合,以培养理论联系实际的工程观点。例如,① 在介绍实际器件主要电磁特性之后,简要介绍它们的额定值,以便正确应用这些器件;② 总结了实际电源与理想电源的差别;③ 在介绍运算放大器时,分析了采用平衡电阻的必要性和有源滤波器不使用电感的原因;④ 通过分析 *RC* 充电效率低下的原因,提出了提高充电效率的方法;⑤ 对电弧、碳化硅陶瓷、双极型绝缘栅晶体管、电滞特性的非线性电容的介绍,使抽象的非线性元件有了具体的工程背景;⑥ 介绍直流稳态电路模型、交流稳态电路模型、暂态电路模型的适用场合,以培养学生能够根据所研究的工程问题选择合适的电路模型。

4. 强调概念的重要性

电路理论是概念与方法的集合。相比之下,基本概念更为重要,因为它是建立分析方法的基础。为强调基本概念的重要性,本教材:① 按照做功—消耗或储存能量—做功速率(即功率)的物理顺序,介绍电阻、电容和电感元件的能量特性和功率计算。因为电路实际上是能量的转化系统,电信号也离不开能量,所以能量的概念比功率更加基本,功率只是反映能量变化的速率。② 在阐述回路电流法和节点电压法时,主张直接根据基尔霍夫定律列写方程。这样,方程中每项都对应具体元件的电压或电流,因而概念清楚,遇到诸如纯电流源、纯电压源支路以及运算放大器时也知道如何列写电路方程,以免机械地使用自阻、互阻或自导、互导的规则所导致的列写错误。③ 在讨论换路后的初始条件时,从能量连续变化的客观事实入手,阐述电容电压和电感电流的连续变化特性并建立换路定律。④ 在阐述戴维南定理时,从线性电路的性质入手,得出一端口网络电压与电流关系是一条直线,再通过分析这条直线得出戴维南等效电路,等等。

5. 顺理延伸教学内容

本教材内容适度超出教学基本要求,但这些超出的内容是基本内容的顺理延伸。这样做一是为了使基本内容的来龙去脉更加清楚,二是给学有余力的学生带来阅读上的满足感。教材用带“*”号的章节或用带【扩展】的标题来表示这些内容。例如,① 特别介绍了基尔霍夫的最初论文,以使读者了解基尔霍夫定律与当年基尔霍夫论文的关系,并对基尔霍夫产生敬仰之情;② 以参数变动电路的计算为示例,介绍了置换定理的特殊应用;③ 通过对灵敏度的简单分析,为特勒根第二定理和互易定理找到了特有的应用场所;④ 利用互感储能是电流状态单值函数的概念,证明了两个互感系数相等的结论;⑤ 结合中性点位移的概念,详细分析了相序指示器原理,并启发学生针对存在的问题提出改进措施;⑥ 在双绕组变压器基础上,分别介绍了三绕组变压器、带中心抽头变压器和自耦变压器,这些都是在实践中常用的电工设备;⑦ 通过对忆阻器的介绍,使教材能够反映电路元件的最新研究进展,并激发读者的探求欲望。

6. 引导学生使用现代计算工具

随着计算机技术的发展,分析或设计电路已由人工计算转为使用商业软件,掌握这些软件的使用方法也是大学毕业生不可或缺的技能。但教材不专门讲授这些内容,待学生具备一定的电路理论之后,告诉学生可以采用计算机仿真方法来计算较复杂的例题或绘制复杂的曲线。在教材的配套光盘中专门介绍了电路仿真平台 NI Multisim 和数值计算工具 MathWorks MATLAB 的入门知识,并编制了供学生参照练习和教师课堂教学的仿真示例。这些做法既能逐步引导学生使用现代计算工具的意识,又能强调学好基础理论的重要性。

7. 把绪论当做故事

绪论是教材或教学的重要序幕。本教材认真梳理了人们对电磁技术的认识过程,按照从无意识观察到有意识探索;从定性研究到定量研究;从分散研究到系统归纳;从理论研究到造福人类的发展规律,给电磁重大历史事件在电磁技术发展的长河中找到恰当的位置。这样可以引导读者站在发展的角度看待这些历史事件所起的重要作用和彼此之间的内在联系,并由此对电工巨匠们产生由衷的敬仰之情。对培养学生兴趣、了解发展脉络、立志科学研究,一定会起到有益的作用。在总结发展规律、阐明电的重要性和电路理论在当代科学中所起的基础作用之后,顺理成章地阐述了课程地位、课程性质、教学目的、教学内容和学习方法。这种叙事性的描写方式,经教师发挥之后,绪论便成为引人入胜的故事。

8. 采用平易近人的叙述方式

根据作者以往的教材建设经验,并参照国内外优秀教材特点,本教材努力采用平易近人的叙述方式,期望读者能够感受到作者是以近距离交流的方式在徐徐地阐述知识,从而产生阅读上的亲切感。具体做法是遵循逻辑上的深入浅出原则、文法上的亲近平和原则。

深入浅出原则是指对电路的主要概念和定理,先采用若干简单例子作为引导,然后再通过概括和推广的办法来阐述概念和定理。这样可以做到循序渐进、步步深入,使理解理论内容变得更加顺畅自如。例如,在阐述齐性定理、叠加定理、等效电源定理、置换定理和特勒根定理时,都采取了这样的原则。

亲近平和原则是指在文法用词上,多采用流畅简短的句式、通俗易懂的修辞、现场交流的语气。

教材各章以【导读】开始,序幕性地介绍本章内容的背景、地位、与前序章的关系、研究对象及方法特点等,以便平缓切入正文。在正文后的【结语】中,以灵活自由的形式,介绍教学感悟、内容评价、学习指导、历史敬仰等。【导读】和【结语】也是为了更加亲近读者。

9. 培养读者的思考和归纳习惯

教材在每章的【思考题】中提出了具有扩展性和开放性特点的问题,以加深对物理概念的理解和甄别,在正文中一般找不到直接回答这些问题的文字,需要读者自己去思考。对这些问题的回答都不需要严格的计算,避免仅以计算的方式学习电路理论。各章没有小结部分,意在让读者以个人之见自我思索,结合课堂学习形成自己的归纳结果,因为良好的归纳习惯也是一种重要的学习方法。正文中用黑点和黑体字对重要结论、概念和术语进行了标注,这些可以帮助读者进行总结。

参加本教材编写的还有大连理工大学电气工程学院的李冠林博士和自动化学院的王宏伟博

士，他们在正文编写、习题设计、素材搜集和内容审读等方面完成了大量且卓有成效的工作。

本教材使用效果有待读者的反馈，教材质量的提高更离不开读者的关怀，您的意见就是对教材的最佳爱护。意见请直接发送至作者邮箱：chenxy@ dlut. edu. cn。

陈希有

2013 年 1 月于大连理工大学

致　谢

在本教材编写过程中，作者就电流、电压和集中参数电路的阐释方法，以及电磁学历史事件等问题，多次请教中国工程院院士俞大光教授。俞老师不顾年迈的身体，在关键性问题上给予耐心讲解，受益匪浅。真诚感谢俞老师的长期关怀，并祝俞老师学术之树常青！

我的教学工作指导教师许承斌教授，欣然答应我的请求，仔细地评阅了全书。从概念、逻辑、内容，到文法、修辞，都给予了详尽的修改，众多合理性见解已成为我教材建设的准则，为确保教材质量起到了重要作用。真诚感谢许老师的热情相助，并祝许老师安康幸福！

作者还就电磁学基础性问题，专门请教了北京航空航天大学雷银照教授和大连理工大学刘军民教授，对两位老师在电磁学方面的斧正表示诚挚谢意！

感谢我的同行，大连理工大学董维杰教授，她结合自身的教学和教材建设经验，对全书进行了认真审读，并提出恰如其分的修改建议。对董老师百忙之中奉献时间与智慧表示由衷的感谢！

感谢我的母校哈尔滨工业大学电工基础教研室的同事们，他们对我以往教材建设工作提出了许多诚恳的建议，在本教材中充分考虑了这些建议。

还要感谢我的学生们，他们在学习电路课程时，及时向我表达了听课感受和阅读以往教材的体会，这些都为教材建设指明了努力方向。

全书成稿后，分别承蒙两位国家教学名师——西安交通大学罗先觉教授和西北工业大学段哲民教授主审。他们分别从各自的角度对教材提出了中肯的修改意见，大部分意见已被采纳。他们严谨的学术作风和精湛的学术水平，使教材质量得以严格检验。为此，特别对罗教授和段教授在事务繁忙之中所做的耐心审阅致以诚挚谢意！

在编写过程中，大量参阅了中外同类教材和其他相关教材，深受启发，并引用了部分观点。参考资料目录已在书后列出，衷心感谢这些参考资料的作者们。

编写工作还得到了大连理工大学教材出版专项基金的资助，为确保按计划完成教材编写工作提供了重要支持。在此向大连理工大学教务处致以特别的谢意！

感谢“教育部高等学校电子电气基础课程教学指导分委员会”将本书列为推荐教材，这是对教材特点的充分肯定。

感谢高等教育出版社编辑与作者的长期合作，他们细致、耐心的工作使本书以优美规范的版式和通俗流畅的文法得以面世。

陈希有

2013 年 1 月于大连理工大学

致谢

目　　录

绪 论

(一)

电磁是神奇的,虽不能用肉眼视之,但却无处不在。在一些人看来,电磁的奥秘已经被揭穿,但并不是所有人都能看透这些奥秘。尤其是对刚刚升入大学的学生们,在你们面前还有许多电磁奥秘尚不知晓,因此需要努力探索。

探索电磁奥秘首先要带着强烈的好奇心并敏锐观察,就像对电磁的最初发现那样。起初人类从自然界的电闪雷鸣和天然磁石中开始注意到电磁现象,完全是无意识发现和好奇观察,并不是生存所驱使,因为当时人类并不知道电磁到底能做什么。人们把雷电解释成雷神在敲打锤子。希腊学者泰勒斯(Thales of Miletus, 约公元前 624 年—公元前 546 年)记录了毛皮与琥珀相互摩擦后能够吸引轻小物体的摩擦生电现象。我国关于磁石的最早记载(也是世界最早记载)见于春秋时期管仲学派的《管子 · 地数篇》,时值公元前 650 年左右。此后战国时期吕不韦领编的《吕氏春秋 · 精通篇》(公元前 249 年)载有“慈石召铁,或引之也”。人们还发现磁石具有指示方向的作用,春秋战国时期的《韩非子》和东汉王充(27—约 97)著《论衡 · 是应篇》中提到的“司南”就是这种用来指示方向的仪器。我国发明的指南针则是由北宋年间的指南鱼改进而来。沈括(1031—1095)所著《梦溪笔谈》(成书于 1086—1093 年)中记载了指南针的使用方法。《论衡 · 乱龙》中还有“顿牟掇芥,慈石引针”的记载,最早把静电现象和磁现象相并列。以上这些都是对电磁现象的偶然发现和简单记载与应用。由于认识所限,只好用“气”来解释这些现象。经过岁月的发展,起初的偶然发现和好奇观察,就像牛顿力学一样,终于引起了新的技术革命,彻底改变了人类的生存方式。所以好奇心极为重要。

无意识的好奇性观察有了一定频次之后,就会变成主动探索和定性研究。16 世纪下半叶,英国女王的御医吉尔伯特(William Gilbert,1540—1603)研究了地磁,又通过实验使人们有了“带电体”和“非带电体”的概念;1729 年,英国发明家格雷(S. Gray,1670—1736)在研究电究竟能传多远时,将所有材料分成了两大类:导体和绝缘体。导体的发现意义重大,没有导体就难以给电流规定路径,也就难以诞生如今的电气工程和电子工程;1733 年,法国人杜菲(C. F. Dufay,1698—1739)发现了两种带有不同电性的物质,并总结出同性电相斥、异性电相吸的规律;1745 年,荷兰莱顿大学设计了能够储存电的容器——莱顿瓶,促进了静电研究;18 世纪中期,美国科学家富兰克林(Benjamin Franklin,1706—1790)发现电荷有两种:正电和负电,并于 1747 年通过实验发现了电荷守恒原理;1752 年 7 月,他做了著名的风筝实验,把风筝系在莱顿瓶上,在莱顿瓶上搜集到了“天电”,并统一了“天电”和“地电”。意大利物理学家伏打(Alessandro Volta,1745—1827)精心研究了意大利医生伽伐尼(Luigi Galvani,1737—1798)对青蛙“触电”的发现,即用两个不同的金属与青蛙腿接触并构成闭合回路,那条腿就会抽搐起来。此发现后来成为接触电动势学说的依据。受此启发,伏打于1799年发明了世界上第一个电池——伏打电池,这虽与接触电有关,但与动物(青蛙)并无联系。动物的肌肉并不会产生电流,相反是肌肉神经在电流的刺激下发生了抽搐。用导体将伏打电池的两极接通,就会有电流产生,这就是人类历史上的第一个电路。伏打电池的发明使人们从对静电的研究迈入了对动电的研究阶段。

(二)

定性研究有了足够积累之后,便需要定量研究,以便寻找一般规律。1785年法国物理学家库仑(Charles-Augustin de Coulomb,1736—1806)以高超的实验技巧测量出了静电力,并在牛顿万有引力定律 $\boldsymbol{F}=G\dfrac{m_1m_2}{r^2}\boldsymbol{r}_0$ 的启发下,总结出了电荷的作用力公式,即库仑定律 $\boldsymbol{F}=\dfrac{1}{4\pi\varepsilon_0}\dfrac{q_1q_2}{r^2}\boldsymbol{r}_0$,这是人们开始从定性研究到定量研究的重要转折。库仑定律酷似万有引力定律,说明从其他科学中获得启发的重要性。1820年丹麦科学家奥斯特(Hans Christian Oersted,1777—1851)在一次讲座安排的实验中,发现了电流的磁效应。同年,法国物理学家安培(Andre-Marie Ampere,1775—1836)在奥斯特的基础上,发现了两个载流导体相互作用力的规律,通过精心实验,并运用高度的数学技巧,总结出了电流元之间的作用力定律,从而奠定了电动力学基础。安培曾评价奥斯特说:“奥斯特先生……已经永远把他的名字和一个新纪元联系在一起了。”奥斯特和安培共同揭开了电磁研究的崭新一页,即电能够产生磁。

实验天才、英国化学家和物理学家法拉第(Michael Faraday,1791—1867)坚信自然力是统一的,既然电能生磁,那么磁也能生电。在他对电磁研究的兴趣被释放以后,于1831年终于发现了磁生电现象,并向英国皇家学会报告了能产生感应电流的五种情况。感应电动势与磁通变化率成正比,这一重大发现是研究对象从“静止”到“运动”的重要飞跃,它使机械能转变为电能成为可能,并由此奠定了后来的电力工业基础。法拉第起初通过电磁感应产生的微弱电动势和电流,就像新生婴儿一样,渐渐成长为促进人类发展的有用之材。今天的绝大多数发电机、电动机和变压器仍然是利用电磁感应原理工作的。法拉第的另一重大贡献是提出了“场”的概念,这一概念为麦克斯韦用来建立统一的电磁理论奠定了关键基础,并导致新的物理学研究领域的诞生。爱因斯坦(Albert Einstein,1879—1955)曾高度评价法拉第:“对于我们,迈克尔·法拉第的一些概念,可以说是同我们母亲的奶一道吮吸来的,他的伟大和大胆难以估量。”奥斯特、安培和法拉第的研究成果,奠定了当今许多电工设备赖以工作的理论基础。

美国物理学家约瑟夫·亨利(Joseph Henry,1797—1878)意外地发现,通有电流的线圈在断路的时候有电火花产生。1832年他发表了题为《在长螺旋线中的电自感》的论文,宣布发现了电的自感现象。经反复试验,搞清楚了产生这种现象的规律,于1835年又发表了解释自感现象的论文。

1840年,英国物理学家焦耳(James Prescott Joule,1818—1889)把环形线圈放入装水的试管内,测量不同电流和电阻时的水温,以研究电流生热的规律。12月他在英国皇家学会上宣读了关于电流生热的论文,提出电流通过导体产生热量的定律。之后不久,俄国物理学家楞次(Lenz,1804—1865)也独立地发现了同样的定律,该定律因此被称为焦耳-楞次定律。

在电生磁、磁生电和电生热的研究期间,1826年,德国电学家欧姆(Georg Simon Ohm,1789—

1854)受傅里叶(Jean Baptiste Joseph Fourier,1768—1830)研究热传导得出的热流量与温度差成正比的结论启示,从实验和理论上证明了导体上电压与电流的正比规律,再次说明借鉴其他科学成果的重要性。德国物理学家基尔霍夫(Gustav Robert Kirchhoff,1824—1887)在深入研究欧姆的成果之后,于1845年在大学阶段就提出了电路中电流和电压所遵循的两条基本定律,即本课程要反复使用的基尔霍夫定律。1847年,他又研究了导体电压电流的线性分布问题的解,证明了用这两条定律列出的独立方程的个数正好等于支路电流个数,并给出了计算电流的公式,从而奠定了系统分析电路问题的方法基础。

(三)

分散的专门规律性研究有了足够的积累之后,就需要提升理论高度。英国物理学家麦克斯韦(James Clerk Maxwell,1831—1879)依据库仑、奥斯特、安培、欧姆、法拉第、基尔霍夫等前人的发现和实验成果,并接受了"场"的概念。他以惊人的数学才能,对电磁场的各种现象进行了严密的数学表述,并创造性地提出了电场变化产生位移电流的假设,以满足任何矢量旋度的散度都等于零的数学原理(见附录B)。根据麦克斯韦的理论,不仅传导电流能够产生磁场,位移电流也按着同样的规律——毕奥-萨伐尔定律形成磁场。因此在安培环路定律中,如果把电流理解成全电流,便可适用于时变电磁场,扩展了安培的研究成果。麦克斯韦这一假设的成立被后来赫兹的实验所证实。

麦克斯韦潜心十余年,于1873完成了划时代科学巨著——《电学和磁学专论》(《A TREATISE ON ELECTRICITY AND MAGNETISM》),由此建立了完整的电磁理论体系。书中不仅预言了电磁波的存在,而且还揭示了电、磁、光现象在本质上的统一性,完成了物理学的又一次伟大综合,奠定了现代电气技术、电子技术和通信技术的基础。被简化成4个方程的麦克斯韦方程组和谐对称,充分彰显了电磁规律的对称美。在牛顿力学早已受到相对论挑战的今天,这4个方程依然毫不动摇。爱因斯坦高度赞美麦克斯韦的研究:"在我求学的时代,最着迷的课题是麦克斯韦理论","特殊的相对论起源于麦克斯韦的电磁场方程"。麦克斯韦的工作"是自牛顿以来,物理学最深刻和最富有成果的工作"。法拉第由于没有上过大学,数学基本功比不上麦克斯韦,因而没有完成统一电、磁、光的愿望。所以学好数学极为重要,哪怕暂时还不知道所学的内容在将来会有什么用途。

德国物理学家赫兹(H. R. Hertz,1857—1894),在1886—1888年间,通过实验确认了电磁波是横波,具有与光类似的特性,从而全面验证了麦克斯韦的电磁理论的正确性;并且进一步完善了麦克斯韦方程组,使它更加优美、对称。1888年1月,赫兹将这些成果总结在《论动电效应的传播速度》一文中。由法拉第开创,麦克斯韦总结的电磁理论,至此才取得了完美的结果。赫兹的发现,其重要意义是开创了无线通信的新纪元。

(四)

在电磁奥秘逐渐被揭开的同时,人们自然就要主动探索电磁为人类所用的技术。1838年,美国艺术家兼发明家莫尔斯(S. F. B. Morse,1791—1872),在亨利的帮助下掌握了初步的电磁学基础,由此产生浓厚兴趣,果断地放弃了绘画职业。他从电线中流动的电流在电线突然断开时会迸出火花这一事实得到启发,发明了电报和莫尔斯电码。电报的问世,增加了对电路分析的需求。

1847 年,德国企业家西门子 (Siemens,1816—1892)以敏锐的商业眼光意识到,电报在未来一定会得到广泛应用。于是他和机械工程师哈尔斯克建立了西门子 - 哈尔斯克电报机制造公司,用来生产西门子发明的指南针式电报机,这个公司也就是后来西门子公司的前身。1848 年,该公司赢得了法兰克福至柏林的电报线路合同,从此开始了大发展。

1866 年,西门子研究了发电机的工作原理,并发明了第一台直流电动机。西门子研发的这些技术往往马上被产品化投入市场,或者将其应用到新的产品中。例如有轨电车、无轨电车、电梯、电气火车等都是西门子公司利用其创始人的发明最先投入市场的。

1882 年,爱迪生(Thomas Alva Edison,1847—1931)建成美国第一座商业直流发电厂,其后又建立了威斯康星州亚普尔顿水电站,完成了初步的电力工业体系。爱迪生是商业和发明天才,他一生完成了许多发明,这些发明促进了电的普及和应用。另一方面,1886 年,美国工程师乔治·威斯汀豪斯(George Westinghouse,1846—1914)领导的公司建成了交流发电、交流供电系统。

出生在克罗地亚的美籍工程师尼古拉·特斯拉(Nikola Tesla,1856—1943)于 1886 年发明第一台三相感应电机,1888 年发明两相异步特斯拉电动机,1897 年建成了 10 万马力的尼亚加拉水电站交流发电机组,首次实现了电能的远距离传输,并且至今仍在运行。特斯拉对交流电十分感兴趣,因而离开了爱迪生加入了威斯汀豪斯的企业。经过长达 10 年的争论,最终他与威斯汀豪斯的交流输电战胜了爱迪生和汤姆逊的直流输电。他的多相交流发电和输配电技术被社会所接受。特斯拉是科技天才,他发明的特斯拉线圈被广泛用于无线电、电视机等。他还是无线电能传输的先导者。人们应该更多地记住特斯拉的贡献。此外,1888 年俄国工程师德布罗夫斯基和德尔伏发明了三相交流制,为三相交流电在世界上的普及奠定了重要基础。

出生于德国的美籍电机工程师斯泰因梅茨(Charles Proteus Steinmetz,1865—1923)受瑞士数学家阿根德所提出的用矢量表示复数方法的启发,用复平面上的相量来表示正弦交流电。1893 年他向国际电工委员会报告了用复数计算正弦交流电路的方法,他称为符号法。该方法提升了人们计算交流电路的能力,从而促进了交流电事业的发展。

到 19 世纪末期,人类基本结束了由瓦特发明的蒸汽机所开创的蒸汽时代,进入了电气时代,带来了第二次工业革命,产生了电气工程。

(五)

伴随电气工程的发展,通信技术和电子技术也在不断进步。1894 年,年仅 20 岁的意大利人马可尼(G. M. Marconi, 1874—1937),获悉赫兹几年前所做的实验,认识到电磁波是存在的,并以光速在空中传播。他很快就想到可以利用这种波向远距离发送信号而又不需要线路,这就使电报完成不了的许多通信有了新的希望。经过一年的努力,马可尼于 1895 年成功地发明了电报装置。他用赫兹的火花振荡器作为发射器,通过电键的开、闭产生断续的符合莫尔斯电码的电波信号。1896 年他在英国做了该装置的演示试验,首次获得了这项发明的专利权。1899 年他发送的无线电信号穿过了英吉利海峡。

就在此时,俄国发明家波波夫(1859—1906)同样被赫兹的发现强烈吸引,提出了可以用电磁波进行无线电通信的设想。1894 年,他制成了一台无线电接收机,第一次在接收机上使用了天线。这也是世界上的第一根天线。1895 年 5 月 7 日,在彼得堡俄国物理化学学会的物理分会上,波波夫表演了他发明的无线电接收机。几十年以后,这一天被定为“无线电发明日”。

由于马可尼和波波夫发明的无线电,人类从此开始了无线通信时代,并逐渐发展成今天人们所依赖的无线移动通信,极大地满足了人们相互交流的需要。

19 世纪末,荷兰物理学家洛伦兹(Hendrik Antoon Lorentz,1853—1928)建立了古典电子理论。随之而来的是,1904 年,英国物理学家弗莱明(John Ambrose Fleming,1849—1945)制成了带有阴极和阳极的世界上第一只真空二极管,使爱迪生在研究灯丝时发现的“爱迪生效应”有了真正的实用价值,而爱迪生由于忙于商业活动没能顾及此项发明;1906 年,美国人德福雷斯特(De Forst Lee,1873—1961)在真空二极管的阴极和阳极之间巧妙地加了一个栅板,从而发明了真空三极管;1920 年,第一家无线电广播电台在匹兹堡开播; 1936 年英国广播公司建成第一家电视台; 1946 年,在美国宾州大学诞生第一台电子计算机;1947 年,布拉顿(W. H. Brattain,1902—1987)、巴丁(J. Bardeen,1908—1991)和肖克利(W. B. Shockley,1910—1989)发明了晶体三极管……由电气工程衍生出的电子工程、通信工程和计算机工程,又将人类带入了信息时代,并与原子能技术、航天技术、分子生物学和遗传工程学一起产生了第三次工业革命。可以说,在人类经历的三次工业革命中,有两次是由电磁技术引起的。

大约至 20 世纪 30 年代,由于欧姆定律、基尔霍夫定律、等效电源定理以及阻抗、暂态响应、电路模型等概念的相继建立,从一般电磁理论中生长出了新的分支即电路理论,并逐渐形成了独立学科,主要是为满足当时电力工程和通信工程的需要。20 世纪 30—40 年代,电路理论进一步成熟,不仅研究电路分析,还涉及电路综合。20 世纪 40 年代以后,由于生产的发展和第二次世界大战的需要,除了电力和电讯以外,自动控制技术也在飞速发展。这样,在电气科学技术领域内就形成了三足鼎立的体系:电力系统、通信系统和控制系统。而电路理论乃是这三个系统的共同基础。通常把 20 世纪 60 年代以前的发展阶段称为经典电路理论阶段。

到 20 世纪 50 年代中后期,控制、信息、电子、计算机技术及航天等尖端技术的发展,又促进了电路理论内容和体系的革新,从而形成了近代电路理论。其特征是:出现了多端器件和集成电路;建立了计算机辅助分析方法;研究有源网络综合以及最优化设计;对非线性电路研究更加深入;出现数字或数字与模拟混合电路。新方向更是不断涌现,电路故障诊断、开关电容网络、超大规模集成电路等开始成为电路理论的重要研究内容。

由此可见,电路理论的产生背景是电磁学和电子学,起初主要研究发电、输电和用电的能量属性。随着电子技术和信息技术的产生,又着眼于电的信息属性,目前已形成了能量属性与信息属性并重的局面。在当今各行业的仪器设备中,大都含有电子技术部分。而仪器设备在生产、科研、医疗诊断等方面都起着举足轻重的作用。因此,电路理论同时是当今电气工程、电子工程、通信工程、计算机工程、控制工程和测量工程的技术基础,这是由于电具有易于传输、易于变换和易于控制的自然属性。

（六）

当今社会，毫无疑问，电使我们的生活变得无限美好，使人们摆脱了繁重的体力劳动，使生产力极大进步，使信息传输极度灵便。电不仅改变着人们的生活方式，还改变着人们看世界的方式。不难体会，电如同衣食住行一样，与人类活动密不可分。从大世界到小家庭，到处都有电的身影。蓝天下的超高压电网将巨大电能从发电厂送入工厂、矿山和千家万户；跨洋通信也早已不是梦想，手里握着用超大规模集成电路制作的通信产品，缩短了地球上人与人之间，甚至人与遥远宇宙之间的时空距离。这样的事实不胜枚举，只要我们闭目设想，如果突然没了电，这个世界将会是什么样子，就会感叹电在这个世界中所占据的重要地位。

由于人类活动对电的强烈依赖性，一旦电网运行不当导致大面积停电，哪怕是片刻也会带来惊人的损失，并可能造成社会混乱。2003 年 8 月 14 日的美加地区大停电，一天损失大约 300 亿美元，并使城市交通和航空运输陷入瘫痪。人们被困在路上或无空调的楼内，收款机无法使用，商店停业，大部分手机因停电而无法接通，核电站关闭……2005 年 5 月，因设备老化和系统备用容量不足而引发的莫斯科大停电，使莫斯科电网 321 座变电站全部停止工作，约一半地区的工业生产、商业活动和交通运输陷入瘫痪，43 条地铁中断运行，236 个交通信号灯熄灭，引发一系列交通事故，使 1 500 余人困在电梯内，一家化工厂发生爆炸……2008 年 1—2 月间中国南方电网遭受十余天的雨雪冰冻灾害，大量的高压铁塔被压垮，造成大面积长时间停电，同样给中国经济造成巨大损失，给即将迎来节日的人们生活带来诸多麻烦。这样的事实反证了电与人类社会的密不可分性，也证明了电的脆弱性。

与其他技术一样的是，电磁也具有两重性，是双刃剑。“电子制导”、“电磁发射”、“电磁脉冲”这些先进技术一旦用于战争，杀伤的准确性极高，摧毁力极强。电子监听、高空侦察早已成为敌对势力相互窃取机密的有效手段。无论在明里还是暗里、进攻还是防守，使用电子技术的武器都是最先进的武器。因此说，如果人类活动是无秩序的，那么每个想到未来的人都必然生活在担忧和恐惧中。

电磁自有其规律。如果遵循规律并有节制地合理利用，电会造福人类、促进文明；如果违背规律或无约束地放肆利用，电所带来的灾难便是巨大的，甚至会导致文明的倒退。

（七）

电路理论是一门系统研究电所遵循的规律的理论，是将来从事电气工程、电子科学与技术、信息与通信工程、控制科学与工程所必备的技术基础。如果把上述学科之中的任何一个电磁问题抽象出来，都离不开电路、磁路或电磁场的范畴。从大学培养方案上看，电路理论课程是电气类、电子信息类、自动化类专业学生第一门系统学习电路知识、探索电路奥秘的课程，是后续的电子技术、通信技术、计算机原理、电机学、电力系统、电力电子技术、高电压技术等课程的基础课程。掌握电路理论还能使个人生活更加舒心和愉悦。所以，无论从未来事业、后续课程，还是从个人生活的角度看，都有充分理由学好电路理论课程。电路理论和电磁场理论曾被西方人比作是电气工程师的“黄油”与“面包”，现在这种比喻仍不为过。

我国核弹引爆与遥测专家俞大光院士，凭借其扎实的电路理论、电磁场和数学物理基础，以及一丝不苟的科研精神，在“两弹一星”会战时期，率领广大科研人员，自主研制了核弹引爆控制系统。在一次次的核弹试验中，成功地引爆了多种核弹。核弹试验对引爆控制系统的要求是：起爆同步精度高（相差不到 1 μs），保险性和安全性好，必须万无一失。技术难度非常之大。任何有核弹的国家，这个系统都是最高机密。由于俞院士具有扎实的理论基础，很快便掌握了引爆和遥测系统所需要的专门知识。

要学好电路理论首先要坚持到课堂听课并做好听课笔记。在当今众多的学习方法中，到课堂听课仍然是获取知识的最有效途径。然后要做好复习，包括研读教材、思考回味和完成一定数量的习题，但不要成为“做题匠”。会做题不是最终学习目的，要真正理解电路中电磁现象的物理原理，厘清概念的逻辑联系和来龙去脉，掌握电路问题所遵循的基本规律。在工程上遇到的电路问题，绝不会像习题那样，已知条件和求解要求都规定得十分清楚，往往需要自己去确定电路类型、建立电路模型、寻求所需条件、选择分析方法、鉴别分析结果。其次，要让自己始终充满疑问，并不断追索。“大疑大悟，小疑小悟，不疑不悟。”“求学问，需学问。只学答，非学问。”质疑重于聆听，反思高于理解，做到学思结合。再次，由于电路理论是实践性很强的课程，所以必须认真完成课程所规定的实验内容，做到知行统一。这有助于培养兴趣、锻炼能力、掌握理论。此外，浏览不同学校的电路课程网站，阅读几种中外文参考书，了解电工发展史，也是提高学习效果的有效方式。

眼前这本书将要系统地介绍电路理论的初步知识，主要内容是电路分析。通过教学，使学生掌握电路的基本术语、基本定义、常用元件、基本概念、基本定律、主要定理、重要现象、工程应用、常用分析方法和初步的仿真技能，并由此对电路理论产生浓厚的兴趣，为进一步学习电路理论奠定初步基础，为学习后续课程准备必要的电路知识，在学习过程中养成严谨认真的科学作风和理论联系实际的工程观点。如果这本书能够达到上述教学目的，作者定会感到莫大的欣慰。

第1章 电路理论的基础性问题

【导读】

本课程着重讲授电路理论中的电路分析内容，主要任务是认识电路的电气行为，这些行为是用电流、电压等物理量来描述的。因此，本章首先介绍这些物理量的含义，包括它们在电磁学中的一般含义和在电路理论中的特殊含义。然后根据实际电器元件的外部主要电磁特征，定义若干理想化的电路元件，并建立它们的电压与电流关系。这些元件是组成电路模型的基本要素。用导线将各电器元件加以连接便形成电路。不同的连接方式，电路中电压和电流具有不同的表现形式，实现不同的电路功能。因此，电路的行为不仅与元件的性质有关，还与它们的互联方式有关。本章最后重点介绍电压和电流所遵循的互联规律，这些规律被称为基尔霍夫定律，它们是电路理论的基本规律。

学习开篇这一章，要注重理解电路变量与电磁场物理量的关系；理想元件与实际元件的区别；电路模型与实际电路的区别；集中参数电路与分布参数电路的区别；基尔霍夫定律与麦克斯韦电磁理论的关系。这些都是正确使用电路理论分析实际电路时需要明辨的。

1.1 电流现象与电流变量

1. 电流现象

在长期的实践活动中，人们逐渐发现了各种带有不同电性的粒子，例如电子、质子、离子等，统称为**带电粒子**或**荷电质点**，它们的共同属性是带有一定量的**电荷**。因此在无需区分何种带电粒子的情况下，把带电粒子常说成是电荷。

带电粒子(或电荷)的定向运动形成**电流**。这是一种客观的自然现象。根据电荷的存在与运动形式，可将电流区分成如下类型：

(1) 传导电流

如果在阻力空间(例如金属导体或电解液)中自由电荷在电场力的作用下定向运动，所形成的电流就叫做**传导电流**。图1.1.1表示金属导体中的传导电流，它是**自由电子**的定向运动形成的电流。

由于在阻力空间中运动的带电粒子不断与其他粒子碰撞，其动能不断转化为晶格原子的振动能，因此这种电流具有**热效应**。由于热效应的存在，电能不断被转化为热能，其转化规律就是**焦耳-楞次定律**。

（2）运流电流

电流不一定存在于闭合的导体回路内，例如图 1.1.2 所示的真空电子管[①]电路也能形成电流，这是因为阴极 K 在受热情况下发射的电子，受到阳极 A 与阴极 K 之间电场的作用而运动。但是这种电流与真空管外的导体电路中的传导电流相比，虽然都是大量自由电荷在电场作用下的运动，但是电子在阴极和阳极间运动遇到与其他粒子碰撞的机会比在导体中少得多。这种在自由空间（真空或极稀薄的气体）中自由电荷或带电体的定向运动所形成的电流称为**运流电流**，有时也叫转移电流或徒动电流。日常生活中所用的日光灯、高亮度的弧光放电灯、带电运动着的雷云等，其电流也属于运流电流。

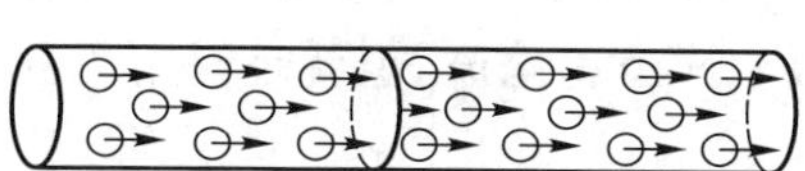

图 1.1.1 金属导体中的传导电流

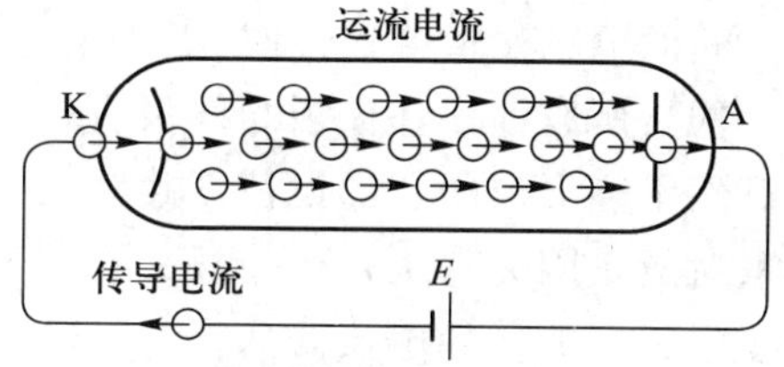

图 1.1.2 真空电子管中的运流电流

如果图 1.1.2 的电路处于恒定状态，即极板上的电荷量或极板间的电场保持不变，则电子管中的运流电流与导线中的传导电流必然是相等的，也就是说运流电流完全接续了在极板处中断了的传导电流，使得总电流处处连续。不过在回路的两个区段中，电流的性质有所不同。

产生运流电流的带电粒子撞击到电极上要产生大量的热，致使温度升高。另外，总有些带电粒子在它们的行程中与相遇的气体粒子发生碰撞（例如在弧光灯中），可能引起后者电离，也要产生热，甚至光。但是，这些热都不能用焦耳－楞次定律计算。

（3）位移电流

处于电场中的电介质[②]会显示电性，导致被束缚的正、负电荷作用的中心发生位移，称为**极化**，形成所谓**电偶极子**，即两个电荷量相等但符号相反的点电荷 $+q$ 和 $-q$ 系统，如图 1.1.3(a)所示。如果电场增强，那么正、负电荷的中心距离 d 便要加大，电偶极子从负到正的排列也要进一步顺应电场的方向，如图 1.1.3(b)所示；如果电场的方向发生改变，按照同性相斥、异性相吸的规律，正、负电荷中心的相对方位也必然发生改变，如图 1.1.3(c)所示。如果电场的大小和极性随时间变动，那么电偶极子的排列也要随时间发生变动。从宏观上看，就相当于电偶极子通过伸缩和变向性位移动作在相互传递着电荷。因此，尽管没有带电粒子做持续的定向运动，但是在电介质中也相当于有电流存在，故这种电流叫做**位移电流**。由于形成电偶极子的电荷不是自由电荷，不可能在电场的作用下在一个方向上连续移动，所以在恒定电场中虽然能够被极化，但不会形成位移电流。所以说，电介质是以极化方式而不是以传导方式传递电的作用。

① 电子管从 20 世纪 60 年代开始逐渐被晶体管取代。但在大功率高频率的场合，例如雷达、电子对抗等，仍然需要电子管。目前由于纳米技术的发展，纳米电子管逐渐被人们所关注，这是因为电子管具有噪声低、稳定性好、工作频率高和耐粒子辐射等晶体管所无法比拟的优点。

② 一种绝缘物质，含有极少的自由电荷和大量的束缚电荷，例如电容器中的涤纶、聚苯乙烯、陶瓷、云母等。

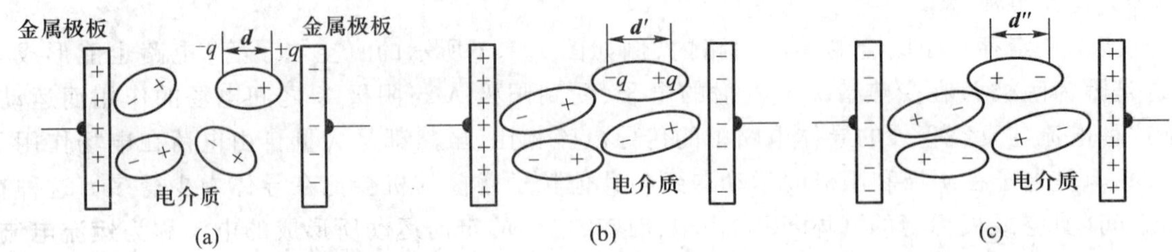

图 1.1.3 电介质极化形成电偶极子：(a) 电场较弱；(b) 电场较强；(c) 电场换向

如果从图 1.1.3 中去掉电介质，并将金属电极置于真空中，如图 1.1.4 所示。当不断改变施加在极板之间的电场量值或极性时，极板上电荷量便要随之发生变动，这些电荷当然是沿导线运动到极板上的。所以即使在极板之间没有运流电流，在外电路也会产生传导电流。但仅凭这个传导电流显然不能形成闭合的电流回路。为了形成闭合的电流回路，麦克斯韦把电场变化也用一种电流来对应。因为它也是由电场变化引起的，所以也叫**位移电流**，也就是说用真空中的位移电流来接续中断了的传导电流。

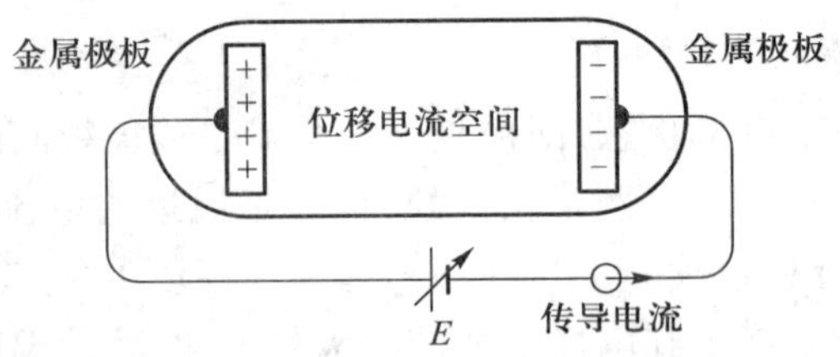

图 1.1.4 电场变化产生位移电流

这样，位移电流就包括介质极化产生的电流和变化的电场产生的电流。如果不考虑介质极化时的能量损失，则位移电流没有热效应。

但位移电流和传导电流及运流电流一样，具有磁效应。后两者反映的是自由电荷的运动，而运动的电荷周围能够形成磁场早已是毋庸置疑的事实。位移电流一方面代表介质中建立电场时发生的束缚电荷位移所形成的电流，固然也有磁效应；另一方面它还代表真空或稀薄气体中的位移电流，这种位移电流并不是由于带电粒子运动而形成的，它之所以也构成电流的一部分，正是由于承认它的磁效应而推得的一些结论是符合客观实际的，这是麦克斯韦电磁理论的基本论点之一[2-下]。赫兹用实验方法直接证实了这一论点，并导致马可尼和波波夫发明了无线电。位移电流的证实，进一步密切了电与磁的联系。由此可见，电流与磁场是同一物理过程的两个不同方面，它们总是并存的。

从宏观角度看，自然界中存在着上述三种类型的电流，并且在传导电流发生中断之处，一定存在运流电流或位移电流与之延续。这三种电流之和称为**全电流**。按照麦克斯韦电磁理论，全电流是连续的。

不过，这三种形式的电流通常不是同时并存于同一物质中。例如，在传导电流显著的金属导体中，即使在工程上能够达到的最高频率下，位移电流也常常小得可以忽略，其中运流电流显然是不存在的；在运流电流显著的真空中，不可能存在传导电流，即使不能达到绝对真空而存在稀薄的气体，其微弱的漏电现象在计算时总可忽略；在位移电流显著的电介质中，运流电流不能存在，虽然介质中也会有一些漏导电流（一种传导电流），但一般量值很小，甚至在工程频率下与位移电流相比,这种漏电流也可以忽略[2-下]。

根据上述三种电流的存在场合,为了将电流加以集中,以便定向传递电能或电信号,人们常用导线将各种电器元件按照一定的规律连接起来,从而构成**全电流的通路**,称为**电路**或**电网络**。小到**集成电路**芯片,大到覆盖若干省区的电力网,都是实际电路的例子。各种家用电器、电动机械、电工设备、电子设备、仪器仪表等,都含有功能各异的电路。图 1.1.5 是某液晶电视的电源电路板,实现将交流输入变成多路直流输出的功能。图 1.1.6 是某变电站电路。

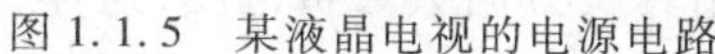

图 1.1.5 某液晶电视的电源电路

图 1.1.6 某变电站电路

在电路中,运流电流和电介质中的位移电流一般发生在元件内部,根据全电流连续性原理,可以用元件端子上的传导电流来接续这些电流;除非在很高频率或很大电路尺度的条件下,电路空间中的位移电流通常可以忽略不计。因此,在电路中,当研究元件外部电磁现象时,主要使用传导电流;当研究元件内部电磁现象时,例如设计一种电器元件,也会用到运流电流或位移电流。

2. 电流变量

为了定量描述电路中电流的大小或强弱,需定义物理量,这个物理量也称为电流。这样,"电流"一词便有两种涵义:一是指一种物理现象;二是指量化描述该物理现象的物理量。由于位移电流涉及更多的电磁场知识,故暂不介绍对应物理量的定义。而传导电流和运流电流都与电荷的定向运动有关,所以可用下面的方法来定义这个物理量:

电流:在小段时间 Δt 内通过某横截面的电荷量代数和 Δq 与 Δt 的比,当 Δt 趋于零时的极限称为电流,即

$$i = \lim_{\Delta t \to 0} \frac{\Delta q}{\Delta t} = \frac{\mathrm{d}q}{\mathrm{d}t} \tag{1.1.1}$$

可见,电流在量值上等于单位时间内通过某横截面的电荷量的代数和。

人们已将正电荷的运动方向规定为电流的真实方向。如果通过的是负电荷,那么它运动的反方向才是电流的真实方向。

电流是国际单位制(简称 SI)确定的七个基本物理量之一。本书物理量均使用国际单位制。式(1.1.1)中,电荷的单位为**库仑**,简称库,符号 C;时间的单位为秒,符号 s;电流的单位为**安培**,简称安,符号 A。此外,利用 SI 规定的倍数单位词头,可以构成比安培更大或更小的单位,例如千安,符号 kA;毫安,符号 mA;微安,符号 μA;纳安,符号 nA 等。

在导线中形成的电流有两种可能彼此相反的方向。但在分析电路时,往往难以确定它的真实方向,或者它的真实方向随时间在两种可能性之间变动。为此,像研究物体运动时需要规定运动的正方向一样,给电流也规定一个正方向,称为**电流的参考方向**,并用箭头或双下标来形象地加以表示。用双下标表示时,电流的参考方向是按下标符号顺序的方向。例如图 1.1.7 中 a、b 两点之间存在一段导线,符号 i_{ab} 表示这段导线电流的参考方向是从 a 指向 b,与图中 i 和箭头的含义是一致的。前者可以不用标注箭头,但下标复杂;后者需要标注箭头,但无需下标。视具体情况适当选用。

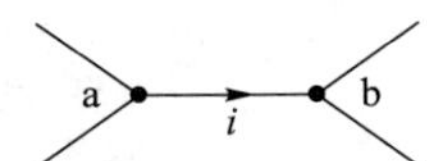

图 1.1.7 电流的参考方向及其表示法

在指定参考方向后电流的量值便有正、负之别。当电流为正时,表明电流的真实方向与参考方向一致;为负时,则相反。例如,如果图 1.1.7 中经计算电流 $i=-3$ A,则表明电流的真实方向是从 b 到 a 的。参考方向一经指定,就不要轻易改变,否则会带来不必要的混乱。

电流的真实方向反映客观事实,不会因人们对参考方向的假定而改变。因此,若选择不同的参考方向,同一电流的绝对值相同,但符号相反,即

$$i_{ab}=-i_{ba} \tag{1.1.2}$$

电路中一般无需标注电流的真实方向,若为了某些解释确需标注,可用虚线箭头来标注电流的真实方向。如果能够确定电流的真实方向,那么最好使用真实方向去分析电路,这样会使得分析过程更易理解。

如果在所研究的时间范围内,电流的量值和方向不随时间变化,这样的电流称为直流电流或恒定电流,简称**直流**[①],记作 DC 或 dc;否则称为时变电流。其中,量值或方向随时间作周期性变化且平均值为零的电流称为交变电流,简称**交流**,记作 AC 或 ac,例如正弦电流。通常用大写字母 I 表示直流,用小写字母 i 或 $i(t)$ 表示时变电流。

1.2 电场与电压 电动势

1. 电场及其做功性质

在有阻力的情况下,上节提到的电荷的定向运动离不开力的作用,这些力通常来自各种电场。人们用单位正电荷受到的作用力来描述某点电场的强弱和方向,称为**电场强度**,它是矢量,记作:

$$\boldsymbol{E}=\lim_{\Delta q\to 0}\frac{\Delta \boldsymbol{F}}{\Delta q}=\frac{\mathrm{d}\boldsymbol{F}}{\mathrm{d}q} \tag{1.2.1}$$

电场通过对电荷做功,实现不同形式能量的相互转换。电场有多种形式,根据产生电场的原因可以区分成如下类型:

(1) 静电场

根据实验,任意电荷周围都存在电场,电场对场内相对静止的电荷存在作用力,称为**电场力**。

① 工程上有时把方向不变而量值改变的电流也称为直流,这样就有脉动直流一说。

静止电荷周围的电场称为**静电场**,其性质是满足**库仑定律**,它对电荷的做功与路径无关。

(2) 恒定电场

它是由恒稳运动的电荷即恒定电流产生的电场。恒定电流从微观上看,电荷虽然是在不断地流进流出,但从宏观上看,可以认为一个电荷离开后,立即由临近的电荷移来补缺,使得导电媒质中电荷的分布保持不变。所以这些电荷的电场必然与按同一分布的静电荷的电场相同,因此必然满足库仑定律。

(3) 感生电场

根据法拉第电磁感应定律,当闭合回路内的磁通发生变化时,在回路中必然产生**感应电动势**,如图 1.2.1 所示。如果回路中有电荷,该电荷就要受到力的作用。人们把这种力归因于变化的磁场产生的**感生电场**,它具有涡旋特征,在闭合回路上的做功不为零,即做功与路径有关。如用 $\boldsymbol{E}_{\mathrm{i}}$ 表示感生电场强度,则下面矢量点乘积的曲线积分不等于零,即

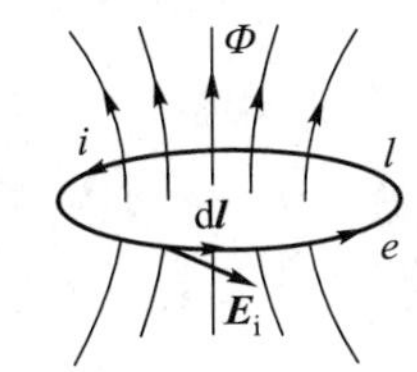

图 1.2.1 感生电场与感应电动势

$$\oint_l \boldsymbol{E}_{\mathrm{i}} \cdot \mathrm{d}\boldsymbol{l} \neq 0 \text{①} \tag{1.2.2}$$

式中,$\mathrm{d}\boldsymbol{l}$ 表示积分路径上的微分长度矢量。

感生电场反映了"磁变生电"的物理现象。

(4) 准静态场

1.1 节说明了时变电场产生位移电流,本节(3)中又说明了时变磁场产生感生电场。但在变化的速率不是特别快的情况下,上述位移电流或感生电场的某个方面可以忽略(视具体问题而定),这样的电磁场称为**准静态场**。如果忽略了位移电流,便称为**准静态磁场**;如果忽略了感生电场,便称为**准静态电场**。因此准静态电场可以近似认为是仅由运动电荷产生的,其性质类似于恒定电场,故而也满足库仑定律。

这样,静电场、恒定电场和准静态电场便存在共同的规律即满足库仑定律,故统称**库仑电场**。其重要性质是做功与路径无关,或者说在闭合路径上的做功为零,类似于重力场。如用 $\boldsymbol{E}_{\mathrm{c}}$ 表示库仑电场强度,则沿任意闭合路径有

$$\oint_l \boldsymbol{E}_{\mathrm{c}} \cdot \mathrm{d}\boldsymbol{l} = 0 \tag{1.2.3}$$

以后如果不加区分地提及电场,就是指库仑电场。

(5) 局外电场

自然界中,电荷除受到来自电磁的作用力外,还受到来自非电磁机理产生的作用力,例如化学电池的电化学原理、光伏电池的光电转换原理等。从场的角度看,把这些力归结为来自局外电场的作用,其做功一般是与路径有关的。如用 $\boldsymbol{E}_{\mathrm{e}}$ 表示各种原理的局外电场,则沿任意闭合路径有

$$\oint_l \boldsymbol{E}_{\mathrm{e}} \cdot \mathrm{d}\boldsymbol{l} \neq 0 \tag{1.2.4}$$

局外电场常用于反映某些非电能到电能的转换现象。

① 该积分代表移动单位正电荷时电场力所做的功。本书不需要对这样的积分进行数学计算,只用来强调做功路径。

2. 电压

在电场力的作用下电荷发生运动,电场对电荷做功。为了定量描述电场的做功情况,需要定义相关的物理量。根据电场强度的定义即式(1.2.1),电荷与某种电场强度之积就是这种电场对电荷的作用力。因此在上述讨论的电场范围内,将试验电荷[①] Δq 从 a 点沿路径 l 移动到 b 点,如图 1.2.2 所示,总电场所做的功 ΔA 就等于总电场强度 $\boldsymbol{E}$ 沿曲线 l 的线积分再与 Δq 的乘积

$$\Delta A = \Delta q\int_{\mathrm{a}}^{\mathrm{b}}\boldsymbol{E}\cdot\mathrm{d}\boldsymbol{l} = \Delta q\int_{\mathrm{a}}^{\mathrm{b}}(\boldsymbol{E}_{\mathrm{c}}+\boldsymbol{E}_{\mathrm{i}}+\boldsymbol{E}_{\mathrm{e}})\cdot\mathrm{d}\boldsymbol{l} = \Delta q u_{\mathrm{ab}(l)} \tag{1.2.5}$$

式中,$u_{\mathrm{ab}(l)}$ 是将试验电荷 Δq 从 a 点沿路径 l 移动到 b 点,总电场所做的功 ΔA 与 Δq 的比,当 Δq 趋于零时的极限,称为 a、b 两点之间沿路径 l 的电压,即

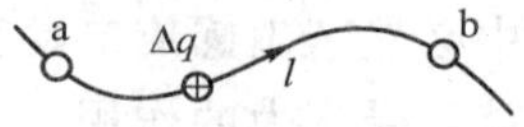

图 1.2.2 计算总电场对电荷所做的功

$$u_{\mathrm{ab}(l)} = \lim_{\Delta q\to 0}\frac{\Delta A}{\Delta q} = \frac{\mathrm{d}A}{\mathrm{d}q} = \int_{\mathrm{a}}^{\mathrm{b}}(\boldsymbol{E}_{\mathrm{c}}+\boldsymbol{E}_{\mathrm{i}}+\boldsymbol{E}_{\mathrm{e}})\cdot\mathrm{d}\boldsymbol{l} \tag{1.2.6}$$

式中,ΔA 的单位为**焦耳**,简称焦,符号 J;Δq 的单位为库仑,符号 C;$u_{\mathrm{ab}(l)}$ 的单位为**伏特**,简称伏,符号 V。此外还有千伏,符号 kV;毫伏,符号 mV;微伏,符号 μV 等常用电压单位。

电压表或**示波器**测量的电压实际上就是按上式定义的电压。由于这个电压与移动电荷的路径有关,所以一般说来,用不同的路径测量同样两点之间的电压,结果是不同的。例如图 1.2.3 中,用同一电压表对高频电路中的两点电压进行两次测量,右边的测量回路与螺线管轴线在同一平面,左边的回路则不在同一平面。这样,两个测量回路的磁通变化产生的感生电场是不同的,电压表读数便存在差异,并且这种差异会随着频率的增高而趋于明显。

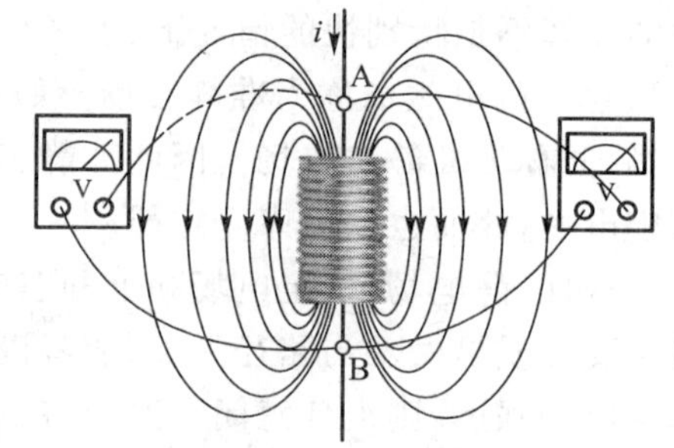

图 1.2.3 两点间电压与路径的关系

如果限定一下电路的工作条件并进行适当假设,则可以获得与路径无关的单值电压。根据上述各种电场的做功性质,直观理解这个条件就是在测量电压的路径上只存在库仑电场,其他电场小到忽略不计。或者说感生电场只存在于线圈附近,局外电场只存在于电源内部,从而计算电压时可以绕开这些非库仑电场。在此条件下,a、b 间电压变为

$$u_{\mathrm{ab}} = \int_{\mathrm{a}}^{\mathrm{b}}\boldsymbol{E}_{\mathrm{c}}\cdot\mathrm{d}\boldsymbol{l} \tag{1.2.7}$$

这个电压只取决于端点位置,与路径无关,称为**端电压**。这便是电路理论中所使用的电压,虽然也称为电压,但它不是一般意义上的电压,是仅存在库仑电场时的电压。

在直流电路中,由于不存在感生电场,所以可以放心地使用端电压。否则,使用电压时则要顾及在路径上是否存在不能忽略的感生电场。

电压的定义涉及做功或能量转换的方向,所以电压也是有方向的量(但非矢量)。如果将正电荷从 a 点移动到 b 点,库仑电场做功为正,则规定电压的真实方向是从 a 指向 b。在难以确定真实方向的情况下,需要人为规定一个正方向,称为**电压的参考方向**,用带双下标的电压符号或在电路图中用"+"、"-"号来表示,例如符号 u_{ab} 表示参考方向是从 a 到 b,与图 1.2.4 所表示的

① 电荷量和体积足够小的物体,不能对被研究电场的分布造成明显影响,因此也叫检验电荷。

电压参考方向是一致的。

如果在所研究的时间范围内,电压大小和方向不随时间变化,则称为直流电压,常用符号 U 表示;否则称为时变电压,用符号 u 或 $u(t)$ 表示,其中大小和方向随时间按周期规律变化且平均值为零的电压称为交流电压。

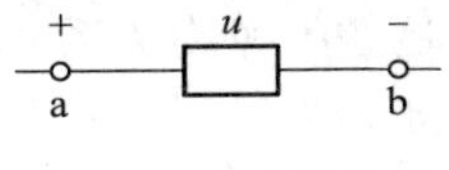

图 1.2.4 电压参考方向表示法

3. 电位

由于库仑电场做功与路径无关,类似重力场,所以当只存在库仑电场时,可以引入"**电位**"的概念。在电路中指定一电位的**参考点** O,将试验电荷 Δq 从 a 点移动到 O 点,库仑电场所做的功 ΔA 与 Δq 的比,当 Δq 趋于零时的极限,称为 a 点相对参考点的电位,即

$$\varphi_{\mathrm{a}} = \lim_{\Delta q \to 0} \frac{\Delta A}{\Delta q} = \frac{\mathrm{d}A}{\mathrm{d}q} = \int_{\mathrm{a}}^{\mathrm{O}} \boldsymbol{E}_{\mathrm{c}} \cdot \mathrm{d}\boldsymbol{l} \tag{1.2.8}$$

按上述定义,参考点的电位显然为零。由于库仑场做功与路径无关,所以电位具有**单值性**。当选择不同的参考点时,a 点显然具有不同的电位值,所以电位又有**相对性**。

如果 a 点是电路中元件的连接点即**节点**,a 点电位也称为**节点电位**或**节点电压**。恒定的和时变的节点电压分别用 U_{n} 和 u_{n} 表示。

根据端电压和节点电压的定义,以及库仑电场做功与路径无关的性质,很容易得出两点之间的电压等于这两点的节点电压之差的结论,如图 1.2.5 所示,此时电压与电位差意义相同,即

$$u_{\mathrm{ab}} = \int_{\mathrm{a}}^{\mathrm{b}} \boldsymbol{E}_{\mathrm{c}} \cdot \mathrm{d}\boldsymbol{l} = \int_{\mathrm{a}}^{\mathrm{O}} \boldsymbol{E}_{\mathrm{c}} \cdot \mathrm{d}\boldsymbol{l} - \int_{\mathrm{b}}^{\mathrm{O}} \boldsymbol{E}_{\mathrm{c}} \cdot \mathrm{d}\boldsymbol{l} = u_{\mathrm{na}} - u_{\mathrm{nb}} \tag{1.2.9}$$

但不是对所有电路都存在这样的关系。

当上述节点电压满足 $u_{\mathrm{na}} > u_{\mathrm{nb}}$ 时,便有 $u_{\mathrm{ab}} > 0$,即电压的真实方向是从 a 到 b。由此可见,对电压真实方向的规定也可等价地说成:电压的真实方向是从高电位指向低电位的方向。

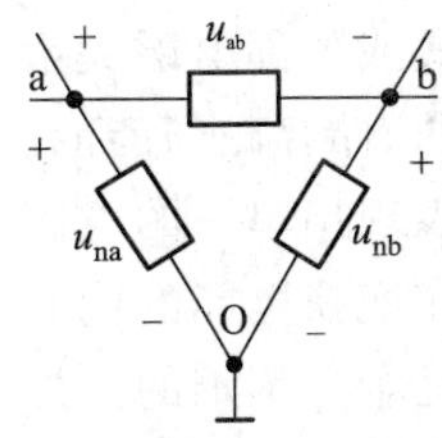

图 1.2.5 电压与电位差的关系

4. 电动势

电荷在流动过程中实现电能与其他形式能量的转换。然而,在只有库仑电场的电路中,正电荷总是从高电位运动到低电位,负电荷则做相反方向的运动。电荷运动的结果必然改变库仑电场,使电场强度趋于减弱直至消失,电荷的流动或能量的转换便停止进行。所以,要想产生持续不断的电流,还需要一种能够将正电荷从低电位移到高电位的非库仑电场。打个比方,在重力作用下,水塔中的水从高处流向低处。若要产生持续不断的水流,就必须用水泵来克服重力,将低处的水源源不断地运往水塔高处。

在电路中,与水泵作用类似的非库仑电场来自各种电源。为了定量描述这种场的做功情况,定义电动势:将试验电荷 Δq 从 a 点沿路径 l 移动到 b 点,非库仑电场所做的功 ΔA 与 Δq 的比,当 Δq 趋于零时的极限,称为从 a 到 b 沿路径 l 的**电动势**。假如非库仑场包括感生电场和局外电场,则电动势为

$$e_{\mathrm{ab}(l)} = \lim_{\Delta q \to 0} \frac{\Delta A}{\Delta q} = \frac{\mathrm{d}A}{\mathrm{d}q} = \int_{\mathrm{a}}^{\mathrm{b}} (\boldsymbol{E}_{\mathrm{i}} + \boldsymbol{E}_{\mathrm{e}}) \cdot \mathrm{d}\boldsymbol{l} \tag{1.2.10}$$

电动势的方向是从低电位指向高电位的方向。显然电动势与电压具有完全相同的单位。

如果非库仑电场只是感生电场,这时的电动势就是感应电动势。当磁通 Φ 和感应电动势 e 满足右手螺旋关系时,如图 1.2.1 所示,由法拉第电磁感应定律可知,在闭合回路上产生的感应电动势为

$$e = \oint_l \boldsymbol{E}_{\mathrm{i}} \cdot \mathrm{d}\boldsymbol{l} = -\frac{\mathrm{d}\Phi}{\mathrm{d}t} \tag{1.2.11}$$

负号表示当 Φ 增加时,感应电动势的真实方向与图中 e 的方向相反,因而闭合导体中感应电流的真实方向也与图中 i 的方向相反。根据右手螺旋定则可知,感应电流 i 产生的磁通必然与 Φ 相反,亦即感应电动势具有阻碍磁通变化的趋势。这就是式中负号的含义,物理上表述为**楞次定律**。

当闭合回路中的磁通发生变化时,感应电动势便存在了,但只有用导电材料构成闭合回路时,才能在回路中产生电流。

电动势和电压虽然都是描述移动电荷时电场的做功情况,但移动电荷的力的取向是不一样的,因而代表着能量转换的不同方向。

1.3 耗能元件——电阻

电路是由电器元件互联组成的。实际的电器元件种类繁多、功能各异。但从电磁能量表现形式或外部电磁关系上看,却只有少数的几类:消耗电能的、发出电能的、变换电能的、储存电场能的、储存磁场能的。但由于电和磁的相互伴随特性和空间分布特性,使得某类电器元件并不能只表现出单一的电磁关系。例如,通电的线圈,既能储存磁场能量,又要在导线上消耗电能;变压器在变换电能的同时,还要消耗和储存一定的能量。因而,要准确建立实际电器元件的电磁关系将是十分困难的。然而,人们为实现某种功能而设计的电器元件,都具有明显区别于其他电磁特征的主要电磁特征。例如,电阻器主要特征是消耗电能,存储能量的特征是次要的;电容器主要特征是存储电场能,消耗电能的特征是次要的。这样,人们就有理由定义为数很少的若干理想电路元件,每种理想元件都仅代表一种电磁关系,但它们的组合却可用来近似表示实际电器元件的主要特征,从而建立实际电器元件的电路模型,使分析大为简化。

本节介绍消耗电能类的电器元件即**电阻元件**。图 1.3.1 是几个实际电阻器的示例。

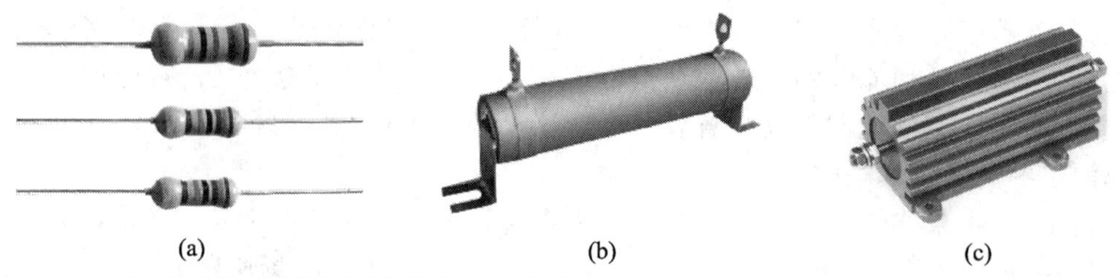

图 1.3.1 实际电阻器示例:(a) 碳膜电阻;(b) 功率电阻;(c) 铝壳电阻

实际的电阻器虽然可以用多种材质和工艺来制造,但它们共同的特征是对电荷的运动产生阻力,电场需要克服这种阻力才能产生电流,结果按焦耳-楞次定律把电能变成了热能。在电阻周围虽有伴随的磁场或位移电流,但它们都是次要的。如果略去这些次要因素,便得到**理想电阻元件**,并用电压与电流的代数关系表示它们的特性,记作

$$f(u,i) = 0 \tag{1.3.1}$$

如果材质的**电阻率**等于常量,利用电磁学原理可以证明,此时电压与电流成正比(参见本节式(1.3.9)的建立过程)。在电压和电流选择一致的参考方向(或称为**关联参考方向**)的情况下,这个正比关系记作

$$u = Ri \tag{1.3.2}$$

式中,u 的单位是伏,i 的单位是安,比例系数 R 的单位是**欧姆**,简称欧,符号 Ω。R 称为电阻元件的**电阻值**,简称**电阻**。

在电路理论中,还常将式(1.3.2)写成

$$i = Gu \tag{1.3.3}$$

显然,$G=1/R$,G 称为电阻元件的**电导**。G 的单位为**西门子**,符号 S。

式(1.3.2)和式(1.3.3)称为**欧姆定律**。德国电学家欧姆受傅里叶研究热传导启发,于 1826 年首先由实验发现,1827 年,又从理论上证明了电阻上电压与电流的正比关系。

R 或 G 是常量的电阻称为**线性电阻**,用图 1.3.2(a)所示的符号来表示。绝大多数金属导体的电阻可以近似看作线性电阻。反之,如果 R 或 G 不是常量,而是随电压或电流的变化而变化,使得电压与电流不再是确定的正比关系,则称这种电阻为**非线性电阻**。关于非线性电阻的知识将在第 14 章加以论述。

根据欧姆定律,线性电阻的电压与电流关系可用 $u-i$ 坐标平面上一条过原点的直线来表示,称为电阻的**特性曲线**,如图 1.3.2(b)所示。

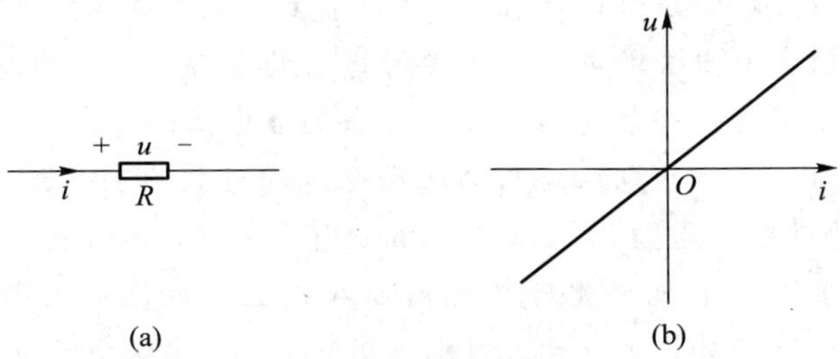

图 1.3.2 (a) 线性电阻的符号;(b) $u-i$ 特性曲线

电阻进行能量转换的快慢用**电功率**来计量。根据电流的定义可知,Δt 时间内通过电阻的电荷量为

$$\Delta q = i\Delta t \tag{1.3.4}$$

再根据电压的定义,这些电荷经过电阻时,电场力所做的功为

$$\Delta A = \Delta q u = ui\Delta t \tag{1.3.5}$$

这些功被电阻所消耗,因此电阻消耗电能的速率或称消耗的电功率为

$$p = \lim_{\Delta t \to 0} \frac{\Delta A}{\Delta t} = ui = i^2 R = u^2 G \tag{1.3.6}$$

式中,i 的单位为安,u 的单位为伏,R 的单位为欧,G 的单位为西门子,p 的单位为**瓦特**,简称瓦,符号 W。

如果 R、G 是正值,则功率 $p \geqslant 0$。这样的电阻消耗电能,属于**耗能元件**。专门制作的实际电阻都是这种情况。但在某些电路的等效电阻中可能出现负值情况,从而 $p \leqslant 0$,亦即负值电阻消

耗的电功率为负，此时它实际上已是对外提供电能。

在直流情况下，如果将式(1.3.6)乘以一段时间 T，就得到电阻在这段时间产生的热量，这便是焦耳－楞次定律。

【扩展】

实际电阻元件的电阻值可以通过计算电磁场的方法来获得。例如图 1.3.3 所示，一段长度为 l、截面积为 S、库仑电场强度处处为 $\boldsymbol{E}$ 的均匀导体电阻的计算过程是：

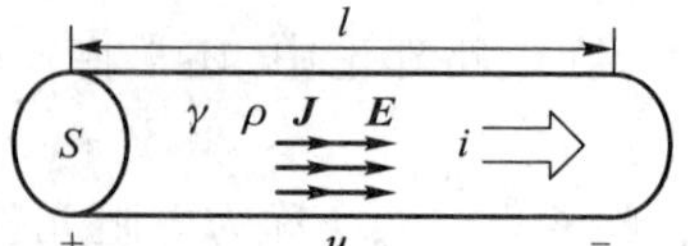

图 1.3.3 计算一段均匀导体的电阻

电压 $$u = \boldsymbol{E}l \tag{1.3.7}$$

电流 $$i = \boldsymbol{J} \cdot \boldsymbol{S} = \gamma \boldsymbol{E}S \tag{1.3.8}$$

式中，$\boldsymbol{J}$ 表示**电流密度**矢量，量值等于单位面积上的电流，方向是正电荷运动的空间方向，单位A/m^2；γ 表示材质的**电导率**，单位 $1/(\Omega \cdot \mathrm{m})$。所以，这段导体电阻为

$$R = \frac{u}{i} = \frac{l}{\gamma S} = \rho \frac{l}{S} \tag{1.3.9}$$

式中 ρ 表示电导率的倒数，称为材质的**电阻率**，单位 $\Omega \cdot \mathrm{m}$。

自然界中，物质的电阻率相差极大。例如导体的电阻率约为 $10^{-6} \sim 10^{-8}\ \Omega \cdot \mathrm{m}$，而绝缘材料的电阻率约为 $10^{11} \sim 10^{24}\ \Omega \cdot \mathrm{m}$。正因为如此巨大的差别，电流才能容易地被限定在由导线和元件组成的电路内，使其按照人们设计的路径流动，而不至于流到周围空气和绝缘物中。只在某些特殊场合，这些从绝缘物中漏出去的电流才需要考虑。为了分析这些电路，人们逐渐建立了电路理论这门学科，从而避免了使用一般电磁原理所带来的复杂工作。

严格说来，导体或其他材料的电阻还与电压和电流的变化有关。这是由于导体的**集肤效应**造成的。简单解释这种现象就是：在电流变化的情况下，导体中的电流具有向导体表面聚集的趋势，并且这种聚集的程度随着电流变化频率的增高和截面积的增大而趋于明显，如图 1.3.4 所示，颜色深的地方表示电流密度较大。由于集肤效应的存在，导体中的电流在导体横截面上不是均匀分布的，相当于载流的横截面积被减小了，因而电阻增大。因此，对连接导线或线圈绕组等，要区别直流电阻和交流电阻，后者要比前者来得大，并且不能用 $\rho l/S$ 的方法来计算。由于集肤效应现象，在电力传输线中，采用**分裂导线**来减小交流电阻，如图 1.3.5 所示。分裂之后的交流电阻小于未分裂但横截面积相同导线的交流电阻。

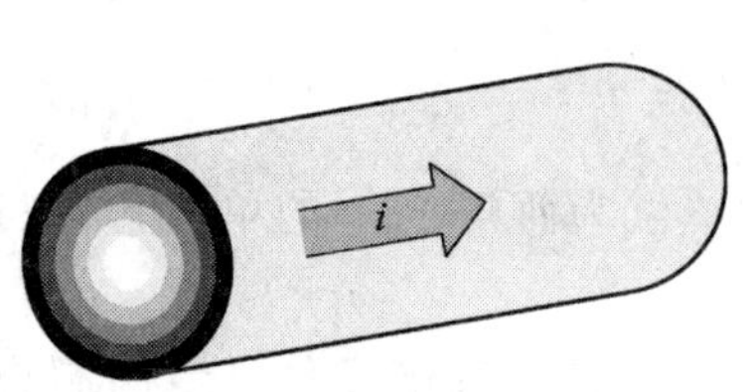

图 1.3.4 集肤效应示意图

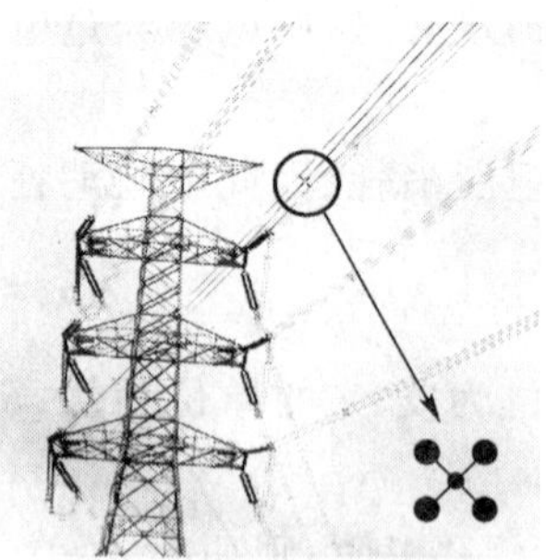

图 1.3.5 用于电力传输的分裂导线

工程上出于控制和调节的需要,除使用阻值固定的电阻外,还广泛使用可变电阻,图 1.3.6 是它们的电路符号。其中(a)和(b)表示二端可变电阻;(c)表示三端可变电阻,(d)是它的等效电路。图 1.3.7 是几个可变电阻器的示例。

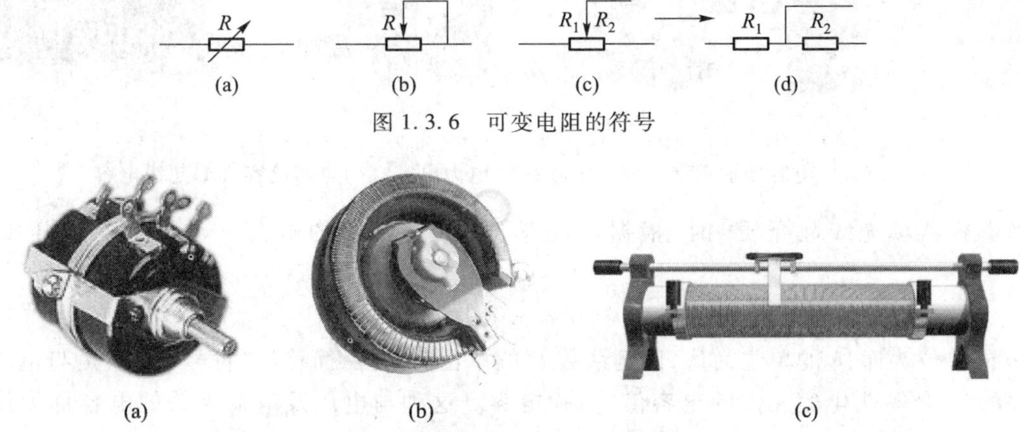

图 1.3.6 可变电阻的符号

(a) (b) (c)

图 1.3.7 可变电阻器示例:(a)、(b)旋转式;(c)滑动式

人们还基于不同的物理原理,设计了对温度、光照、气体浓度敏感的电阻,统称敏感电阻。用这些敏感电阻元件可以实现从非电量(温度、照度、浓度)到电量(电压、电流)的转换,从而实现对非电量的电测量。

在应用电路理论分析实际问题时还应知道,电阻元件不一定只用来表示电能到热能的转换。其实如果存在电能到其他形式能量的不可逆转换,便可用电阻元件来表示。例如电能到声能转换的扬声器、电能到光能转换的节能灯等。

在使用电阻器时,除关心它的电阻值及其精度外,还要关心它的额定功率。如果电阻实际消耗的功率超过它的额定功率,便会因发热而缩短寿命,甚至因过热而迅速损坏。例如,标称为 10 Ω/250 W 的功率电阻,它所允许通过的最大电流为 $I_{N}=\sqrt{P_{N}/R}=\sqrt{250/10}\ \mathrm{A}=5\ \mathrm{A}$,所允许施加的最大电压为 $U_{N}=RI_{N}=10\times5\ \mathrm{V}=50\ \mathrm{V}$。

1.4 储能元件——电容

两个距离较近、彼此绝缘的导体,可以储存等量异性的电荷。人们据此原理,制造了各种能够容纳电荷的电器元件,称为**电容器**,并广泛应用于电子、通信、计算机、交通和电力等工程领域。图 1.4.1 是几种实际电容器的示例。

就电介质电容的构造来说,可用被电介质绝缘的两块电极来表示,如图 1.4.2 所示。电容器的主要电磁特征就是能够在极板上存储等量异性的电荷,从而在电极之间建立电场,储存电场能量。填充的电介质用来增加储存电荷和电场能的量值。介质的功率损耗以及在电容周围建立的磁场是次要特征。如果略去这些次要特征,便成为理想电容元件,并用极板电荷 q 和极板间电压 u 的代数关系来表示它们的电磁特性,即

$$f(q,u)=0 \tag{1.4.1}$$

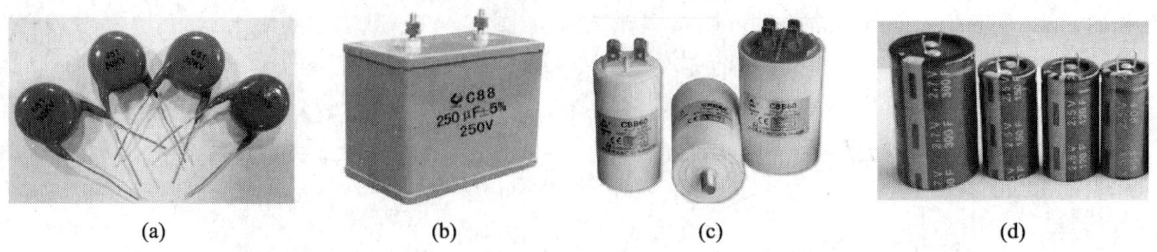

图 1.4.1　电容器示例：(a) 瓷片电容；(b) 电力电容；(c) 电解电容；(d) 超级电容

当电容器填充线性介质①时，根据电磁学原理，它储存的电荷 q 与极板间电压 u 成正比，即

$$q = Cu \tag{1.4.2}$$

式中，q 的单位为库，u 的单位为伏，比例系数 C 的单位为**法拉**，简称法，符号 F。C 是与电压及电荷无关的常量，称为电容元件的**电容值**，简称**电容**。这种与电压及电荷无关的电容称为**线性电容**；否则称为**非线性电容**，关于非线性电容的知识待第 14 章再做论述。

线性电容的符号如图 1.4.3(a) 所示，它的 $q-u$ 关系是一条过 $q-u$ 平面原点的直线，如图 1.4.3(b) 所示，图中假设 C 为正值，如无特殊说明，以下均做这样假设。

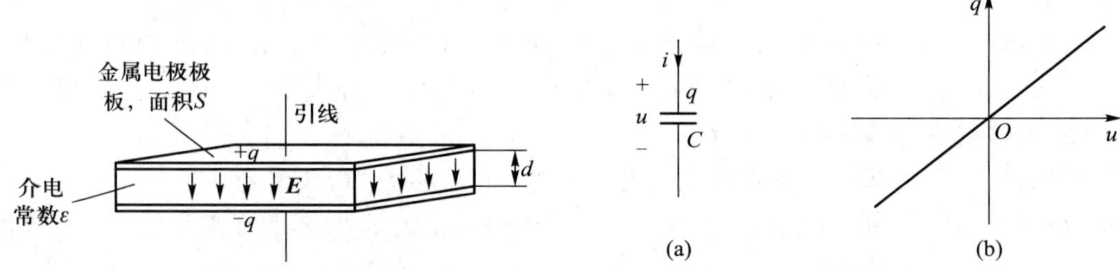

图 1.4.2　电介质电容器原理示意图　　图 1.4.3　(a) 线性电容的符号；(b) $q-u$ 特性曲线

电容极板通过端线存储和释放电荷，由于极板间是绝缘的，所以从端线流过的电荷全部聚集在极板上。根据电流的定义不难得出电容端子电流与极板电荷的关系为

$$i = \frac{\mathrm{d}q}{\mathrm{d}t} \tag{1.4.3}$$

对于线性电容，$q = Cu$，这样上式又进一步写成电流与电压的关系，

$$i = \frac{\mathrm{d}q}{\mathrm{d}t} = C\frac{\mathrm{d}u}{\mathrm{d}t} \tag{1.4.4}$$

由上式可见，只有当极板间的电压随时间变化时，才能形成电容电流，并使得极板电荷有增减变化、电场有强弱变化。因此电容称为**动态元件**。变化的电场在电容极板间形成位移电流，它等于端子上的传导电流，二者满足全电流连续性定律，也就是用电容元件内部的位移电流接续了端子上的传导电流，参见图 1.1.3。

---

① 介电常数与电场强度无关，例如空气、橡皮、瓷、纱、胶木和云母等近似为线性介质。

由上式还可见，如果电压不随时间改变，则电流为零。所以电容在直流电路中相当于**开路**。但又与断开的导线不同，它能够储存一定的电场能量。

电容极板上的电荷是随时间积累的结果，所以由电流的变化规律可以通过积分求得电荷的变化规律，即

$$q(t) = \int_{-\infty}^{t} i(\lambda)\,d\lambda \tag{1.4.5}$$

积分下限取 $-\infty$，是因为 t 时刻电容上的电荷是由此前全部电流对电容**充电**和**放电**而净积累的结果，意思是从电容未带电时开始积分。实际计算时，可根据电流的变化规律写成分段积分的形式。

由于电容某一时刻储存的电荷取决于此前全部电流变化的历史，从这个意义上说，电容具有“记忆”能力，属于**记忆元件**。

对线性电容，由式(1.4.2)、式(1.4.5)又得

$$u = \frac{q}{C} = \frac{1}{C}\int_{-\infty}^{t} i(\lambda)\,d\lambda \tag{1.4.6}$$

电容极板上积累电荷后便在极板间建立了电场，储存了电场能量，所以电容是**储能元件**。这个能量可以用电荷的储存过程来计算。考察图 1.4.4，设电容上已从无到有地充得电荷 Q，从而在极板间存在电压 U。当再向电容移动 dQ 电荷时，电源需要克服在电容中已经建立的电场的阻力而做功。根据电压的定义，电源所做的功为

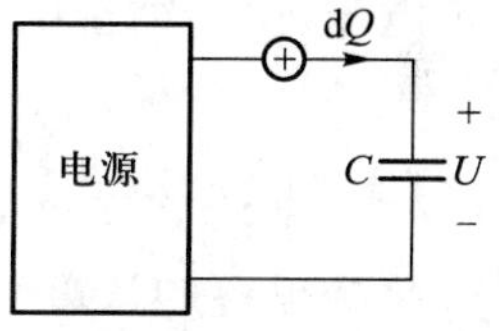

$$dA = U\,dQ \tag{1.4.7}$$

图 1.4.4 计算电容储存的电场能量

在理想条件下，电源所做的功完全转化为电场能量。所以，使电容充电到电荷 q 或电压 u，电源所做的功就等于电容储存的电场能量：

$$W_e = \int_0^A dA = \int_0^q U\,dQ = \int_0^q \frac{Q}{C}dQ = \frac{q^2}{2C} = \frac{1}{2}Cu^2 \tag{1.4.8}$$

可见，电容储存的电场能量与其电荷或电压的平方成正比，增加电压可以显著增加电容的储能量值。

在上述基础上还可分析电容储能的变化情况，即电容的电功率，将式(1.4.8)对时间求导得

$$p = \frac{dW_e}{dt} = u \times C\frac{du}{dt} = ui \tag{1.4.9}$$

上式说明，当电压和电流选择一致的参考方向时，电容消耗的功率等于电压与电流的乘积。当上述功率大于零时，表明电容吸收来自外电路的能量，并转化为电场能量，处于充电状态，如图 1.4.5(a)所示；小于零时，表明电容将电场能量释放给外电路，处于放电状态，如图 1.4.5(b)所示。此时在短时间内电容可以充当电源使用。根据能量转换与守恒原理，电容所释放的能量充其量等于它在放电前所存储的能量。所以从工作的全过程来看，电容不能像电源那样对外持续地提供电能，因此电容又属于**无源元件**。对于理想电容，在充、放电过程中没有能量损耗，所以理想电容又属于**无损元件**。

但是，对实际电容，难免存在**串联损耗**和**并联损耗**，并不是无损元件，可以分别用串联等效电阻 R_{ESR} 和并联等效电阻 R_{EPR} 来反应这两种损耗，从而建立考虑损耗的实际电容的电路模型，如图 1.4.6 所示。

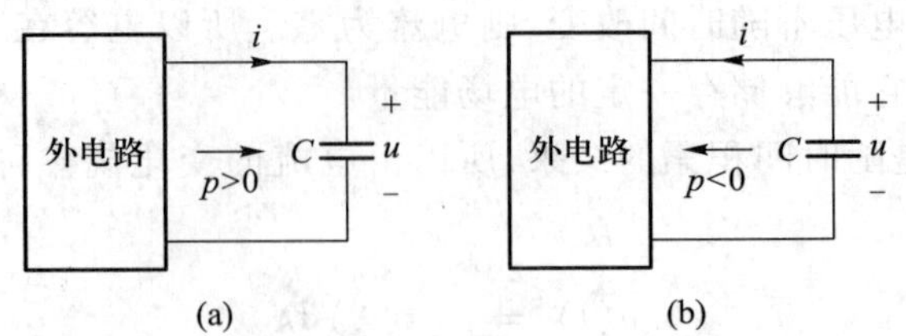

图 1.4.5　电容充电与放电时的功率取向：(a) 充电状态；(b) 放电状态

对**电解电容器**和**超级电容**来说，它们的电极都有正、负之分，不能随意交换。表示这类电容的电路符号如图 1.4.7 所示，其中带“＋”的极为正极，另一极为负极，实际应用时，须确保正极电位始终高于负极电位。

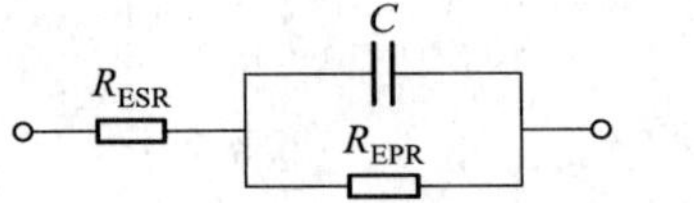

图 1.4.6　考虑实际损耗的电容模型

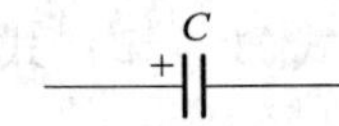

图 1.4.7　电解电容的符号

在实际使用电容器时，除了要关心其电容值外，还要关心它的**额定电压**。使用时若电压超过额定电压，便会缩短电容的使用寿命，甚至因介质被击穿而迅速损坏。

【扩展】

平板电容的计算　实际电容元件的电容值可以通过计算电场的方法来获得。例如，对面积为 S、间距为 d，并且填充介电常数为 ε 介质的平板电容器，在不考虑边缘效应时，极板间的电场是处处均匀的。极板上的电荷 q 与电场强度 E 的关系为

$$q = \varepsilon ES \tag{1.4.10}$$

极板间电压与电场强度的关系为

$$u = Ed \tag{1.4.11}$$

所以平板电容器的电容为

$$C = \frac{q}{u} = \varepsilon\frac{S}{d} \tag{1.4.12}$$

注意：电容极板带电后，极板间便存在作用力。如果作用力使电容极板的间距发生了改变，则电容也要随之改变。

平行直导线电容的计算　图 1.4.8 所示平行直导线，设线间距离为 D，每根导线直径为 d，取其长度为 l 的一段。线间电容的计算步骤是：设导线单位长度上的电荷分别为 q_0 和 $-q_0$，均匀分布，

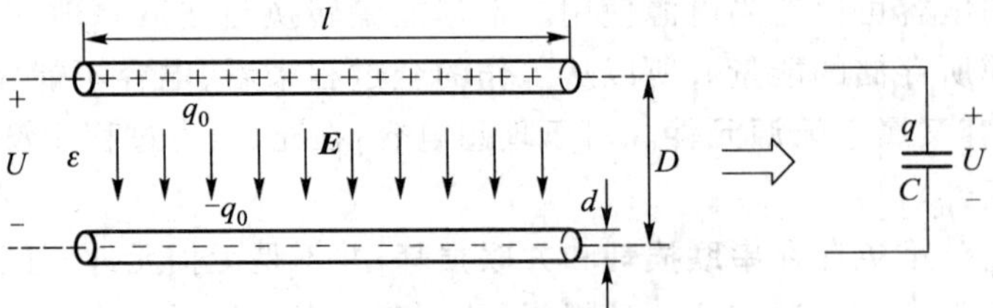

图 1.4.8　平行直导线的电容

计算出线间电场强度矢量 $\boldsymbol{E}$ 的分布。再根据电压的定义计算出平行导线之间的电压,结果为[2-下]

$$U = \frac{q_0}{\pi\varepsilon}\ln\frac{D - d/2}{d/2} \tag{1.4.13}$$

再根据电容的定义,并假设细导线满足 $d \ll D$ 以至于 $D - d/2 \approx D$,则这段平行导线的电容为

$$C = \frac{q}{U} = \frac{q_0 l}{U} = \frac{\pi\varepsilon l}{\ln\dfrac{D - d/2}{d/2}} \approx \frac{\pi\varepsilon l}{\ln\dfrac{D}{d/2}} \tag{1.4.14}$$

1.5　储能元件——电感

1820 年,安培和奥斯特发现了载流导体具有磁效应。据此现象,人们将导线密集缠绕,制造了各种**线圈或绕组**,如图 1.5.1 所示。它们广泛应用于电机、变压器、电力、电子及通信等工程领域。

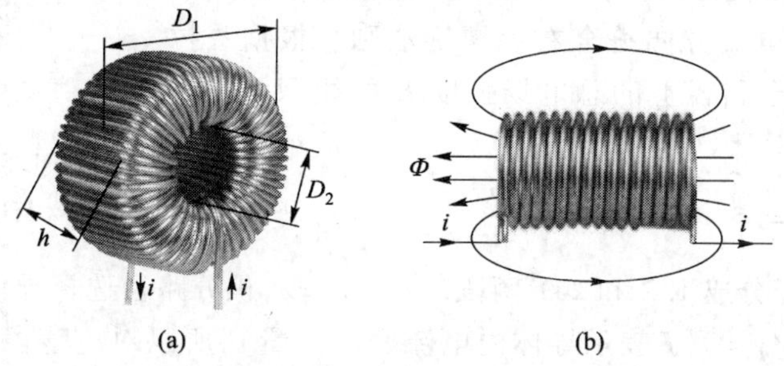

图 1.5.1　线圈示例:(a) 矩形截面磁芯线圈;(b) 空心线圈

这些线圈的共同电磁特征是:通过电流时,能够建立集中的磁场,从而储存磁场能量。而导线电阻消耗的电能、线匝之间电容储存的电场能量,这些特征对于专门制作的线圈来说都是次要的。如果不计这些次要特征,便得到**理想电感**。

处于磁场中的每匝线圈都存在**磁通** Φ_k,如图 1.5.1(b)所示。各匝线圈磁通总和称为**全磁通或磁链**,用 Ψ 表示,即

$$\Psi = \sum \Phi_k \tag{1.5.1}$$

由于磁链是由电流产生的,因此电感的特性需用磁链与电流之间的代数关系来表征,记作

$$f(\Psi, i) = 0 \tag{1.5.2}$$

如果磁场处于**磁导率**为常量的线性磁介质中,由电磁学原理可知,磁链与产生它的电流成正比,磁场方向与电流方向符合**右手螺旋法则**,它们的关系可以表述为

$$\Psi = Li \tag{1.5.3}$$

式中,Ψ 的单位为**韦伯**,符号 Wb;i 的单位为安,比例系数 L 的单位为**亨利**,简称亨,符号 H。L 称为电感元件的**电感值**,简称**电感**或**自感**。L 是常量的电感称为**线性电感**;否则称为**非线性电感**。关于非线性电感的知识待第 14 章再做论述。

线性电感的符号和 $\Psi - i$ 的关系分别如图 1.5.2(a)、(b)所示,这里假设电感为正值,如无特殊说明,以下均做这种假设。表示电感的符号并不反映线圈的绕向,因此无法表示磁通的方向。如涉及磁通方向,再另作说明。

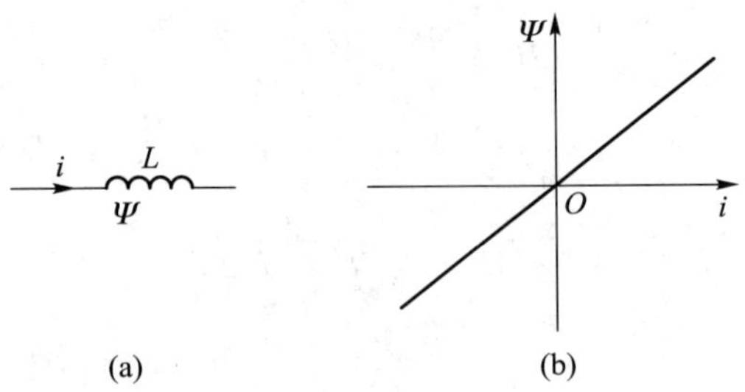

图 1.5.2 (a) 线性电感的符号;(b) $\Psi-i$ 特性曲线

下面逐步建立理想电感电压与电流的关系。

设图 1.5.3 所示的线圈是无损的,即电导率 $\gamma\to\infty$。一般说来,在磁场变化不是很快的条件下,它在线圈周围所引起的感生电场可以忽略不计,从而存在不含感生电场的路径,例如路径 142。下面约定:电流与电动势取相同参考方向,磁场与电流方向符合右手螺旋法则。根据法拉第电磁感应定律,在闭合路径上的总电场强度 $\boldsymbol{E}$ 的线积分等于感应电动势:

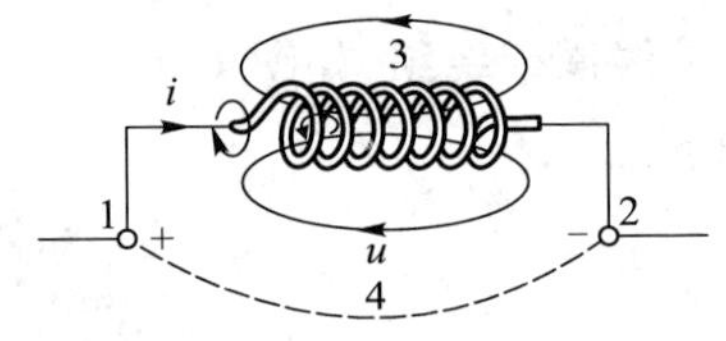

图 1.5.3 理想电感电压与电流关系的建立

$$e=\oint_{13241}\boldsymbol{E}\cdot\mathrm{d}\boldsymbol{l}=-\frac{\mathrm{d}\Psi}{\mathrm{d}t}\tag{1.5.4}$$

将上述闭合的积分路径分成 132 和 241 两段。在 132 段,积分路径选择导体内部,由于导体内部的总电场强度为 $\boldsymbol{E}=\boldsymbol{J}/\gamma=0$($\boldsymbol{J}$ 表示导体内电流密度矢量),所以对应该段的线积分等于零。而在 241 段只存在库仑电场,根据电压的定义,对应该段的线积分等于 $-u$。这样,式(1.5.4)便可写作

$$e=\int_{132}\boldsymbol{E}\cdot\mathrm{d}\boldsymbol{l}+\int_{241}\boldsymbol{E}_{\mathrm{c}}\cdot\mathrm{d}\boldsymbol{l}=0-u=-\frac{\mathrm{d}\Psi}{\mathrm{d}t}\tag{1.5.5}$$

于是得出理想电感的电压、感应电动势以及磁链的关系,即

$$u=-e=\frac{\mathrm{d}\Psi}{\mathrm{d}t}\tag{1.5.6}$$

对线性电感,$\Psi=Li$,电压与电流的关系为

$$u=L\frac{\mathrm{d}i}{\mathrm{d}t}\tag{1.5.7}$$

从上述过程不难得知,对电导率 γ 为有限值的实际电感线圈,由于 $\boldsymbol{E}=\boldsymbol{J}/\gamma\neq0$,从而得不出 $u=-e$ 的关系。然而,$e=-\mathrm{d}\Psi/\mathrm{d}t$ 这一关系则与电导率是否为无限大无关。

式(1.5.7)是由于电磁感应引起的电感端子之间的电压,因此也称为**感应电压**,它是感应电动势的外在表现。

式(1.5.7)表示的微分关系说明,只有当电流随时间变化时,电感两端才存在电压,因此电感也属于**动态元件**。相反,当电感中流过的是恒定电流时,它两端的电压便等于零,在计算上相当于**短路**。但它又不同于普通短路线,它能够储存一定的磁场能量。

如果已知电压的变化规律,则磁链与电压的关系可以通过计算积分来得到

$$\Psi = \int_{-\infty}^{t} u(\lambda)\mathrm{d}\lambda \tag{1.5.8}$$

对线性电感，可以进一步得到电流与电压的关系，即

$$i = \frac{\Psi}{L} = \frac{1}{L}\int_{-\infty}^{t} u(\lambda)\mathrm{d}\lambda \tag{1.5.9}$$

积分下限取 $-\infty$，是因为电感磁链或电流与此刻之前的全部电压的变化历史有关，意思是从电感尚未通电的时刻开始积分。从这种意义上说，电感也有“记忆”能力，属于**记忆元件**。

电感通以电流后便建立了磁场，储存了磁场能量，所以电感也是**储能元件**。下面分析线性电感的储能规律。

参照图 1.5.4 所假定的方向。根据楞次定律，电荷流过电感时要受到来自感应电动势的阻力。库仑电场力移动 $\mathrm{d}q$ 电荷经过电感时，电场力克服这个阻力所做的功为

$$\mathrm{d}A = \mathrm{d}q \times (-e) \tag{1.5.10}$$

库仑电场力在 $\mathrm{d}t$ 时间内移动的电荷量可用电流表示如下

$$\mathrm{d}q = i\mathrm{d}t \tag{1.5.11}$$

所以式(1.5.10)所表示的功又可写作

$$\mathrm{d}A = (i\mathrm{d}t) \times \left(\frac{\mathrm{d}\Psi}{\mathrm{d}t}\right) = i\mathrm{d}\Psi \tag{1.5.12}$$

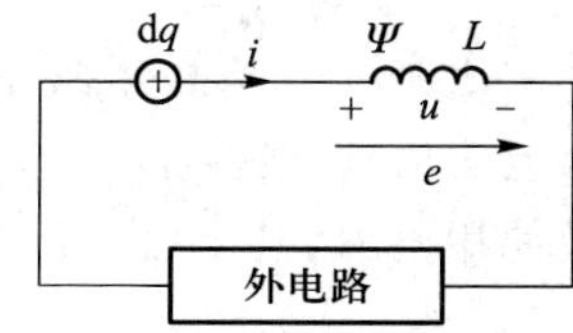

图 1.5.4 分析电感的储能

对理想电感，库仑电场所做的功完全转化为磁场能量。在 t 时刻电流为 i、磁链为 Ψ，对式(1.5.12)积分，得到电感储存磁场能量的计算公式

$$W_{\mathrm{m}} = \int_0^A \mathrm{d}A = \int_0^{\Psi} i\mathrm{d}\Psi = \int_0^{\Psi} \frac{\Psi}{L}\mathrm{d}\Psi = \frac{\Psi^2}{2L} = \frac{1}{2}Li^2 \tag{1.5.13}$$

可见电感储存的磁场能量与磁链或电流的平方成正比，电流增加时磁场能量将显著增加。

对不存在损耗的理想电感，其储能的时间变化率等于它吸收的电功率。在图 1.5.4 所示的参考方向下，线性电感吸收的电功率为

$$p = \frac{\mathrm{d}W_{\mathrm{m}}}{\mathrm{d}t} = Li\frac{\mathrm{d}i}{\mathrm{d}t} = ui \tag{1.5.14}$$

上述功率可能大于零，表明电感从外电路吸收电能并转化成磁场能量，如图 1.5.5(a)，这时电压与电流同向；如果小于零，表明电感将磁场能量释放给外电路，如图 1.5.5(b)，这时电压与电流反向。此情况下，在短时间内，电感可以充当电源使用，但释放的量值充其量等于此前存储的能量。所以，从工作的全过程来看，电感是不能持续地向电路提供能量的，因而属于**无源元件**。

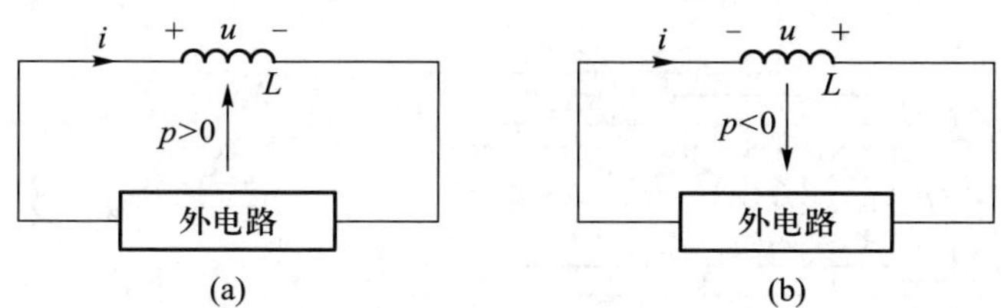

图 1.5.5 电感储存能量和释放能量示意图：(a) 储存能量；(b) 释放能量

理想电感在吸收和释放能量的过程中没有损耗,所以理想电感又是**无损元件**。

对于实际电感,除具有储存磁场能量的主要特征外,还有分布着的匝间电容和绕线电阻,如图 1.5.6(a)所示。如果考虑这些**寄生参数**,可用图 1.5.6(b)、(c)所示的结构来近似建立实际电感的电路模型。这里用电感集中考虑储能这个主要特性;用串联电阻来集中考虑绕线电阻;用并联电容来集中考虑分布着的匝间电容。

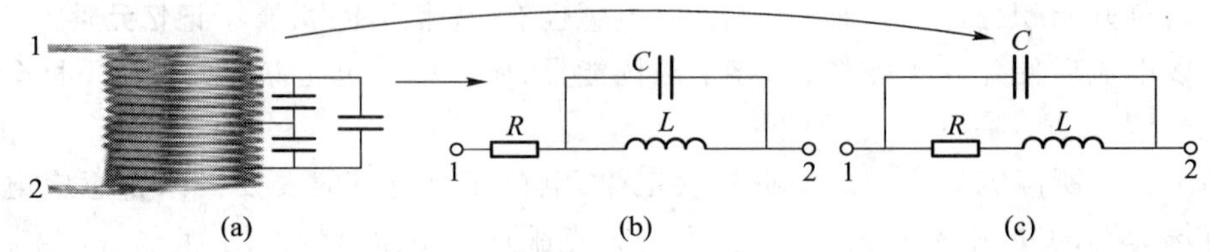

图 1.5.6 (a) 电感线圈;(b)、(c) 考虑寄生参数的电路模型

由于实际电感都存在绕线电阻,通过电流时便产生功率损耗并发热,所以在使用电感时除了关心电感值外,还要关心它的**额定电流**。当实际电流超过额定电流时,会使导线发热影响绝缘而缩短使用寿命,甚至被立即烧毁。

【扩展】

线圈的电感可以通过测量或计算磁场的方法来获得。例如图 1.5.1(a)所示的矩形截面螺线环,设总匝数为 N,忽略漏磁通,电感的计算结果为[25]

$$L = \frac{\mu N^2 h}{2\pi}\ln\frac{D_1}{D_2} \tag{1.5.15}$$

式中 μ 表示介质的磁导率。可见,**电感与匝数的平方成正比**。

注意:对于一些缠绕不很牢固的线圈,通电后线圈各匝之间会产生作用力,使得线圈发生形变,这时它的电感也随之改变。如果通过的是周期变化的电流,作用力也按周期规律变化,并可能产生振动噪声,能量损失增加。为消除振动和防止受潮,需要对线圈进行加固和密封,例如浸漆处理。

一对平行对称直导线也存在电感,取其长度为 l 的一段,如图 1.5.7 所示。等效电感的计算步骤为:设导线载有往返电流 I,计算线间的磁感应强度矢量 $\boldsymbol{B}$ 的分布。再根据磁通的定义,计算平行导线的外磁通,即穿过导线间面积的磁通,结果为[2-下]

$$\Phi = \frac{\mu I l}{\pi}\ln\frac{D - d/2}{d/2} \tag{1.5.16}$$

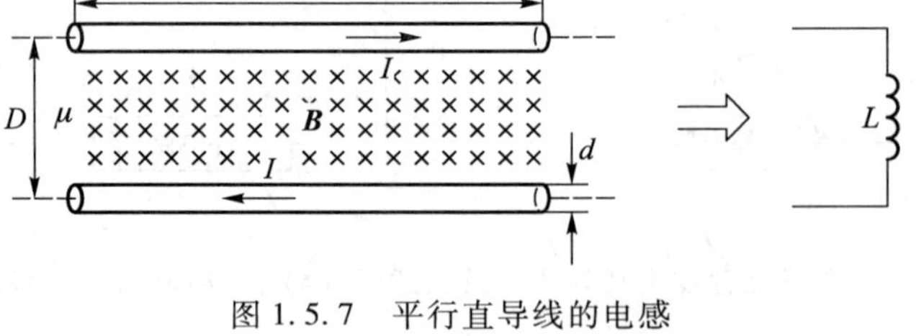

图 1.5.7 平行直导线的电感

再根据电感的定义，并设细导线满足 $d \ll D$ 以至于 $D-d \approx D$，得这段长度平行导线的外电感为

$$L=\frac{\Psi}{I}=\frac{\Phi}{I}=\frac{\mu l}{\pi}\ln\frac{D-d/2}{d/2}\approx\frac{\mu l}{\pi}\ln\frac{D}{d/2} \tag{1.5.17}$$

将式(1.5.17)与式(1.4.14)做一比较，若改变间距 D 或导线直径 d 使电感增加，则电容必然按相同比例减小，或反之，亦即 L 和 C 的乘积保持不变。

前面分别讨论了电阻、电容和电感元件，在忽略各自的次要因素后，分别得到了理想电阻、理想电容和理想电感。这些理想的电路元件都具有单一的电磁特性。

然而，对于各种实际的电阻、电容和电感等电器元件，它们除了表现出各自的主要电磁特征外，还或多或少地表现出某些次要特征，这些特征也可以用理想的电路元件来集中近似表示，图1.5.6就是其中一例。这个过程称为器件建模，模型中的参数要用计算电磁场或测量的方法来获得，所得电路称为实际器件的**集中参数**电路模型。若需更准确地表达实际器件的电磁特征，则模型的复杂程度便越甚。

1.6 独立电源

本章1.2节曾指出，在仅含库仑电场的电路中，正电荷从高电位向低电位运动，负电荷则做相反运动。运动的结果必然减弱了库仑电场强度。也就是说，仅由库仑电场产生的电流不能长期存在。因此，要想在电路中产生持续的电流还必须有一种能够把正电荷从低电位“搬到”高电位的力，本书把这种力统称为**电源力**，例如局外电场或感生电场对电荷的作用力就属于电源力。电源力将单位正电荷从电源负极经电源内部移动到正极所做的功就是电源的电动势。如果电源力来自感生电场，这个电动势就是感应电动势。在电路中，具有电源力的装置就是各种独立电源，它们是电路持续工作的电能来源。

实际电源的构造繁简不一，产生电源力的原理更是不尽相同。有的是把其他形式的能量转换成电能，例如各种电池和发电机等；有的是对电源特性进行变换，得到新的电源，例如稳压电源，它能将交流电变换为直流电。又如通过变压器可以获得不同电压的交流电。因此，为了建立电路理论，必须对形形色色的实际电源进行科学抽象，抓住它们外在表现的主要特征并加以分类，然后用少数几个理想化电源及其他理想化电路元件来近似反映这些特征。

1. 电压源

一些实际电源，由于工作原理上的原因，当输出电流在允许范围内变化时，它们提供的电压仅受到微小影响，因此统称为**稳压源**。这些稳压源所提供的电压或为常量，例如图1.6.1所示的干电池、蓄电池和直流稳压电源；或随时间按确定规律变化，例如变压器输出端提供的正弦交流电源。

如果略去这些微小影响，便得到**理想电压源**，简称**电压源**。它能够提供确定规律的端口电压 u_S，该电压与流过电流的量值和方向无关，称为**源电压**。

所谓**端口**，就是指流过同一电流的一对端子，该电流称为**端口电流**，这对端子之间的电压称为**端口电压**。前面几节介绍的二端电阻、电容和电感，也都具有一个端口。具有一个端口的元件称为**一端口元件**。

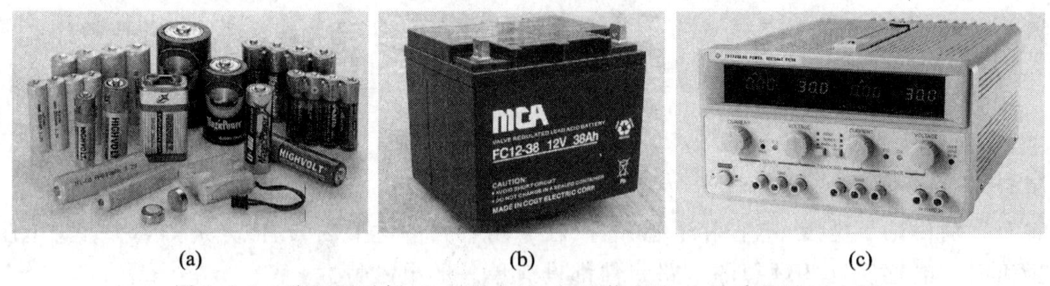

图 1.6.1 稳压源示例：(a) 干电池；(b) 蓄电池；(c) 直流稳压电源

电压源常用图 1.6.2 的各种符号来表示。其中图(a)表示直流电压源；图(b)表示输出电压可调的直流电压源；图(c)表示交流电压源，只在仿真软件中使用；图(d)为通用电压源符号。图(c)和(d)中的"+"、"−"号表示电压的参考方向，各箭头表示电动势 E 或 e 的参考方向。根据国标 GB 4728，本书一般采用图(d)作为电压源的符号。在电路仿真软件中也常使用图(a)和图(c)所示的符号。

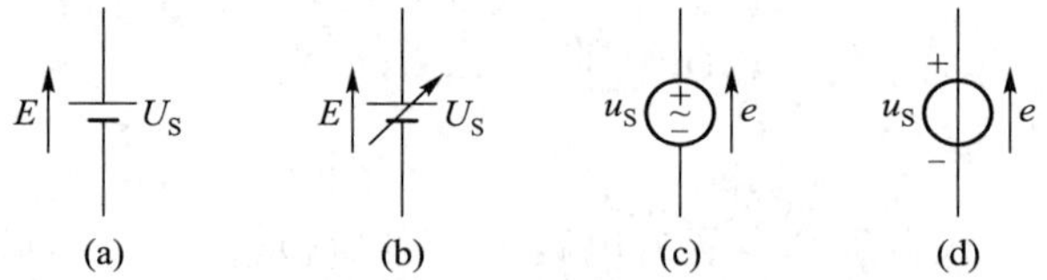

图 1.6.2 电压源的符号：(a) 直流电压源；(b) 可变电压源；
(c) 交流电压源(仿真软件所用符号)；(d) 通用符号

如果源电压 u_S 是常量，称为**直流电压源**或恒定电压源，其外特性记作

$$u_S = U_S \tag{1.6.1}$$

如果 u_S 是时变量，称为**时变电压源**，外特性记作

$$u_S = u_S(t) \tag{1.6.2}$$

例如 $u_S = 30\cos(900t)$ V 表示正弦电压源的源电压。

在上述电压源的外特性中未出现电流，说明电压源的电流不受电压源自身的约束，而是取决于电压源以外的电路。

源电压为常量 U_S 时，端口电压与电流之间的关系可用图 1.6.3(b)所示的平行于电流坐标轴的固定直线来表示。这种图像称为电源的**外特性曲线**。当源电压 $U_S = 0$ 即电压源置零时，特性曲线与电流轴重合，电压源的对外作用相当于短路。

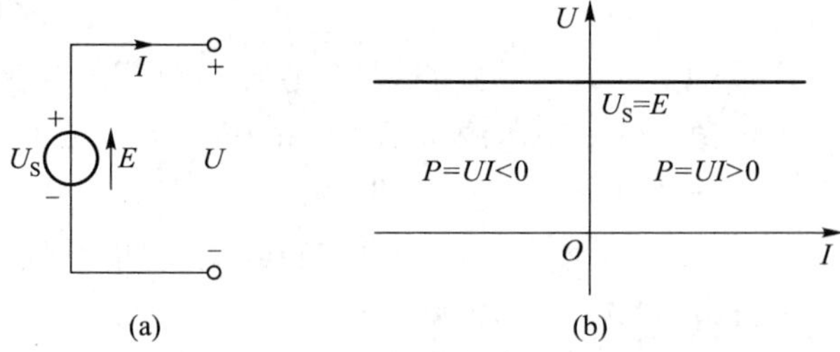

图 1.6.3 (a) 直流电压源参考方向的约定；(b) 直流电压源外特性

直流电压源接在电路中，电源力便克服库仑电场力，将正电荷从低电位端移动到高电位端，并以确定电压的形式向外电路输出电能。在 dt 时间内有 $dq = I \cdot dt$ 的电荷从低电位端被移动到

高电位端。根据电动势的意义,这段时间内电源力所做的功为 $\mathrm{d}A = E \cdot \mathrm{d}q$。对理想电压源来说,它没有功率损耗,电源力所做的功都转化成了对外输出的电能,同时还表现为电源的电动势等于其端口电压,即在图1.6.3(a)所示参考方向下,$E = U_S = U$。因此,直流电压源输出电能的时间速率即电功率为

$$P = \frac{\mathrm{d}A}{\mathrm{d}t} = \frac{E \cdot \mathrm{d}q}{\mathrm{d}t} = EI = UI = U_S I \tag{1.6.3}$$

由于电动势是电压源的内在能力,而端电压则是它的外在表现,所以上式中 EI 和 UI 代表不同的含义,前者代表电源内部转换来的电功率;后者代表从电源端口输出的电功率。只有对理想电压源二者才是相等的。

由于源电压不仅与电流量值无关,而且与电流方向也无关,所以理想电压源既可对外输出功率,处于发电状态,例如图1.6.3(b)第Ⅰ象限情况,此时 $P>0$;也可从外电路那里吸收功率,处于充电状态,例如图1.6.3(b)第Ⅱ象限情况,此时 $P<0$。如果源电压和端口电流是随时间变化的,那么电压源输出的功率也是随时间变化的,只需将式(1.6.3)推广为时变情况即可

$$p = ei = ui = u_S i \tag{1.6.4}$$

对实际稳压源来说,电源力除克服库仑电场力外,还要克服内部电阻的阻力,这意味着电源力所做的功并不能完全转化成对外输出的电能。从外特性来看就是,它的输出电压在量值上不恒等于它的电动势,且输出电流越大,二者差距也越大。这相当于电源电流在电源内部产生了附加电压降。如果需要计及这一电压降,可以用电阻 R_i 与理想电压源的串联来简单地表示实际稳压源的模型,该电阻称为实际稳压源的**内阻**或**输出电阻**。图1.6.4是一个实际直流稳压源的例子,其中电阻 R_i 上的电压 $\Delta U = R_i I$ 等于端口电压相对电动势(或开路电压)的变化量。由此可见,如果要获得与输出电流近似无关的输出电压,直流稳压源的内阻 R_i 须满足 $R_i I_N \ll E$,其中 I_N 表示直流稳压源正常工作时能够输出的最大电流,称为稳压源的**额定电流**。

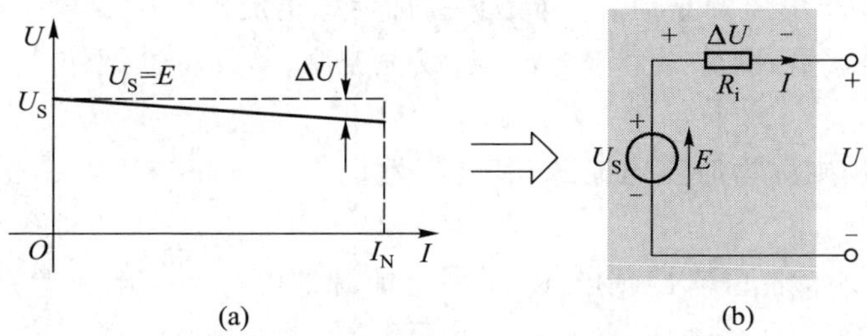

图1.6.4 (a)实际直流稳压源的外特性;(b)实际直流稳压源的电路模型

对理想电压源来说,电流的方向取决于外电路,但无论是流入还是流出,都不会影响它的电压。但对实际稳压源来说,则不能这么认为。即使是可充电电源,它在放电与充电时的端口电压也是不同的。还有些稳压源,根本不可能或不允许处于充电状态。此外,理想电压源可以提供或吸收无限大的功率,而实际稳压源都有确定的功率容量限制,用额定电流或**额定功率**来表示它们的容量,使用时不允许超过它们的容量,所以不可能提供无限大功率。这些都是主观定义的理想电压源与客观存在的实际稳压源之间的区别。

当实际稳压源被短路时,将会产生比额定值大得多的输出电流。为防止损坏,通常都设有短路保护功能。但即使有保护功能,在使用时也要严格避免短路事故的发生。实际稳压源在不使

用时要将其输出端口开路放置。

2. 电流源

在工程实际中,还经常用到能够以确定电流的形式对外提供电能或电信号的**稳流源**,在端口电压小于额定电压的条件下,它们所提供的电流受其电压影响很小。例如,在一定温度和光照的条件下,光伏电池的外特性如图 1.6.5 所示,输出电流随输出电压的变化很小,因此在一定的负载范围内,能够提供稳定的输出电流。再如,基于电子技术设计的实验室用稳流源,如图 1.6.6 所示,在一定的负载范围内,也能提供近似恒定的输出电流。此外,用于测量大电流的**电流互感器**,在一定的负载范围内,它能够产生确定的交变输出电流。

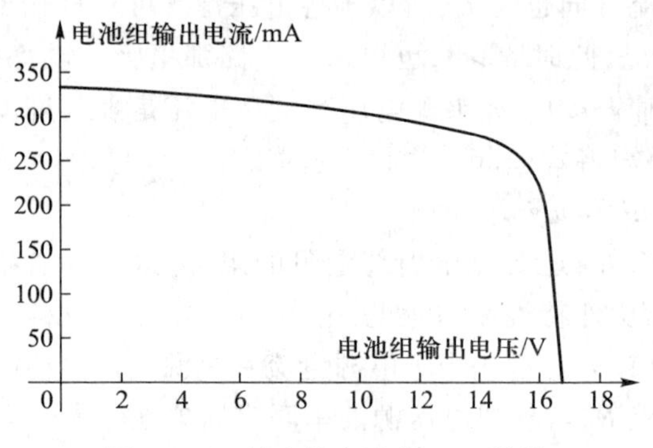

图 1.6.5 某光伏电池的 $i-u$ 特性

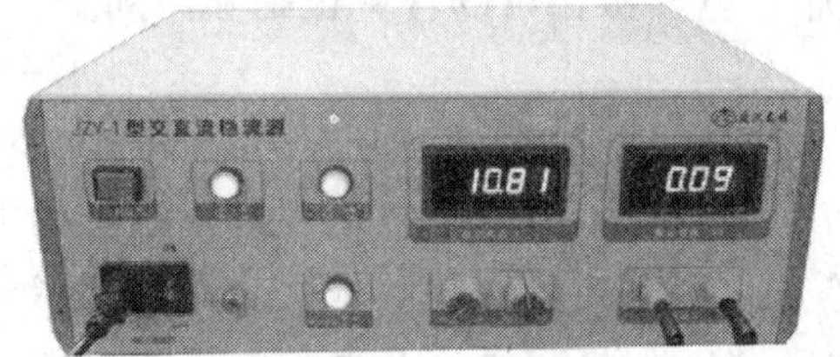

图 1.6.6 实验室用稳流电源

如果从电动势的角度来理解稳流源的原理,就是这种电源具有一种能够自动调整电动势的能力,当输出电流有减小的趋势时,它会自动提高电动势来维持近似不变的电流。

如果略去电流所受电压的微小影响,便得到**理想电流源**,简称**电流源**。它能够提供确定的端口电流 i_S,该电流与端口电压的量值和方向无关,称为**源电流**。

如果源电流 i_S 是常量,则称为**直流电流源**,或**恒流源**,其外特性记作

$$i_S = I_S \tag{1.6.5}$$

如果 i_S 是时变量,则称为**时变电流源**,其外特性记作

$$i_S = i_S(t) \tag{1.6.6}$$

在上述电流源的外特性中未出现电压,说明电流源的电压不受电流源自身的约束,而是取决于外电路。

本书用图 1.6.7(a)所示的符号来表示各种变化规律的理想电流源。

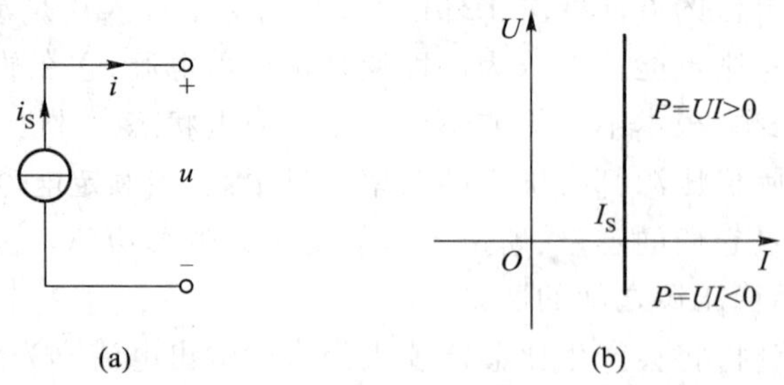

图 1.6.7 (a) 理想电流源符号;(b) 直流电流源的外特性

如果源电流为常量 I_S,它的特性可用 $U-I$ 平面上一条平行于电压坐标轴的固定直线来表示,称为直流电流源的**外特性曲线**,如图 1.6.7(b)所示。当 $I_S=0$ 即电流源置零时,特性曲线与电压轴重合,电流源的对外作用相当于开路。

仿照对电压源的分析,在图 1.6.7(a)所示参考方向下,直流电流源输出的功率为

$$P = UI = UI_S \tag{1.6.7}$$

对理想电流源来说,其源电流不仅与电压量值无关,而且与电压方向也无关,所以理想电流源既可对外输出功率,例如图 1.6.7(b)第Ⅰ象限的情况,对应 $P>0$;也可从外电路吸收功率,例如图 1.6.7(b)第Ⅳ象限的情况,对应 $P<0$。如果源电流和端口电压是随时间变化的,那么电流源输出的功率也是随时间变化的,只需将式(1.6.7)推广为时变情况即可

$$p = ui = ui_S \tag{1.6.8}$$

对实际稳流源来说,比如实验室用的直流稳流源,即使输出电压在允许的范围内变化,它的输出电流也会或多或少地发生改变,如图 1.6.8(a)所示,这相当于在电源内部产生了附加电流 ΔI 或附加损耗。如果需要计及这一附加电流,可以用电阻 R_i 与理想电流源 I_S 并联来简单地表示实际直流稳流源的电路模型,如图 1.6.8(b)所示。

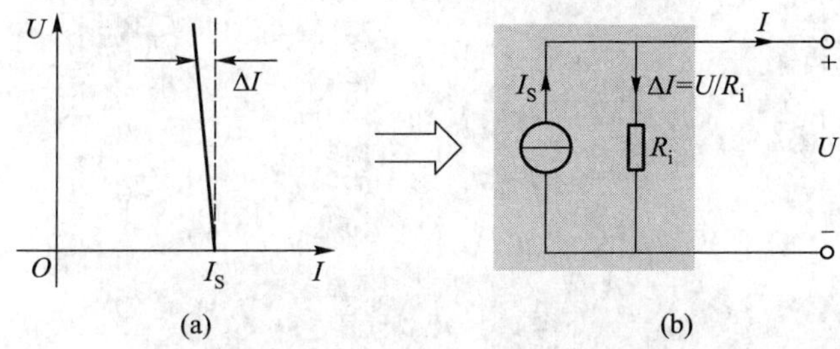

图 1.6.8 (a) 实际直流稳流源的外特性;(b) 实际直流稳流源的电路模型

对理想电流源来说,电压的方向取决于外电路,但无论电压与电流的方向相同还是相反,都不会影响它的输出电流。但对实际直流稳流源来说,则不能这么认为。要么电流与电压方向有关,要么根本不允许改变电压的方向,这是由它们的工作原理决定的。此外,理想电流源可以提供或吸收无限大的功率,而实际直流稳流源都有确定的额定功率限制,使用时不允许超过额定功率,所以不可能提供无限大功率。这些都是理想电流源和实际直流稳流源之间的区别。

实际稳流源在开路时会产生比额定值大得多的电压,会危及电源安全或给操作带来危险,所以实验室的电流源都设计了开路保护电路。即便如此,工作时也不要使其处于开路状态。不用时应将其输出端口短路连接,或者使其处于不工作状态。实践中要养成这种习惯。

前面介绍的电压源和电流源,其共同之处是:能够持续地对外提供电能,因此它们都属于**有源元件**;且能够独立地对外提供电能,因而又称为**独立电源**。从因果关系来看,电压源和电流源是维持电路中电压和电流存在的能量来源,因此把源电压和源电流称为电路的**激励**,而由它们引起的电压和电流则称为电路的**响应**。

3. 信号源

在测量技术中,常常要通过**传感器**或**变送器**将非电量转换成电量,以便利用电的优势进行传输、处理、显示和存储等。例如话筒将语音转换成时变的电压;热电偶将温度转换成直流电压;霍

尔元件用非接触方式将电流转换成电压;光电倍增管将光转换成电流;压力、液位和流量变送器分别将被测的压力、液位和流量转换成 4 ~ 20 mA 标准的直流电流,等等。与提供电能的稳压源和稳流源相比,这些传感器或变送器只能输出微弱的电功率,这是由它们的工作原理决定的,但它们所提供的电压或电流代表着确定的**信息**。因此这些电压和电流常称为**电信号**,产生电信号的装置或器件就叫做**信号源**。

在电子或电气工程领域,为便于开展科学研究,人们设计了能够产生多种变化规律电压信号的仪器,称为**信号发生器**或**函数发生器**,图 1.6.9 所示是其中一种。它输出的电压波形、变化快慢、量值大小等都可以通过操作面板或输入程序加以设置。常用的输出电压波形如图 1.6.10 所示。与传感器和变送器类似,信号发生器也只能输出很小的电功率或电流,否则输出的电压波形就要受到严重影响,导致波形**畸变**。

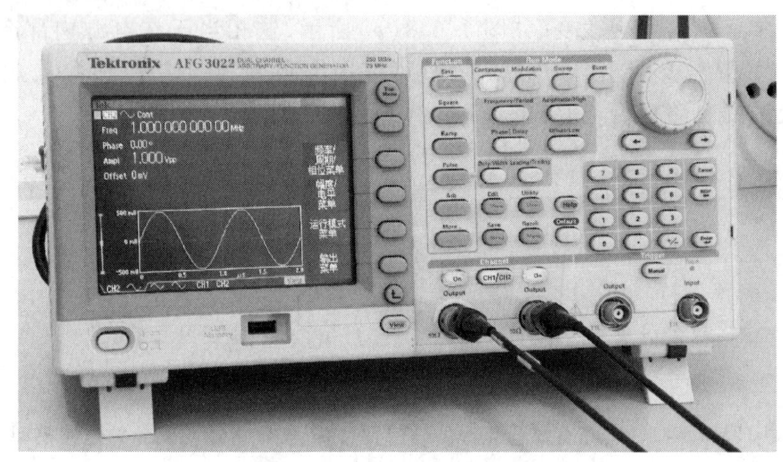

图 1.6.9 函数信号发生器

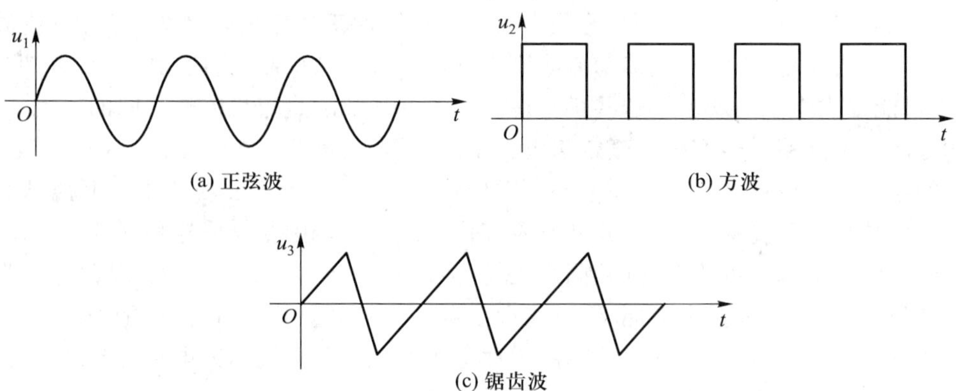

(a) 正弦波 (b) 方波

(c) 锯齿波

图 1.6.10 函数发生器产生的电压信号

观测电压信号的重要仪器是电子示波器,图 1.6.11 所示是其中一种。如果需要观测电流信号,则需要借助传感器将电流转换成电压,例如使用带有霍尔元件的**电流探头**。

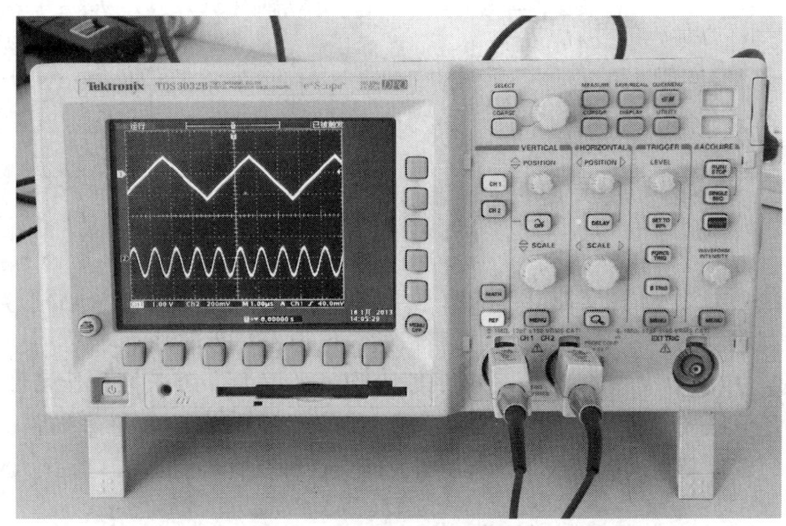

图 1.6.11 数字式电子示波器

在实际应用中,只要信号源或信号发生器所接的负载在允许范围内变化,它们的对外作用便类似于实际稳压源或实际稳流源。因此对以直流电压来提供信息的信号源来说,宜用理想电压源与电阻的串联来近似作为其模型,如图 1.6.4(b)所示;对以直流电流来提供信息的信号源来说,宜用理想电流源与电阻的并联来近似作为其模型,如图 1.6.8(b)所示。这些电阻称为信号源的内阻。因此,模型化以后,信号源与含内阻的稳压源或稳流源在分析方法上是一样的。

然而,它们的功能和使用是有别的。对提供电能的电源来说,输出电压和电流的变化规律只有少数几种,例如直流和正弦交流,人们着眼于它们的能量作用,对它们所包含的信息可以不用关心,只要能够提供所需电能即可;对提供信息的信号源来说,输出电压和电流的变化规律是多样的,人们着眼于它们的信息作用,对它们所提供的能量可以不用关心,只要能够确保信号的正确传输即可。

1.7 受控电源

在半导体电路中,经常遇到元件的端口电压或电流受另一端口电压或电流的控制,这种控制关系也称为**耦合**。例如,双极型晶体管(简称晶体管)在处于放大状态时,它的集电极电流 I_C 受基极电流 I_B 控制:$I_C=\beta I_B$,β 称为晶体管的**电流放大倍数**,如图 1.7.1(a)所示。再比如,MOS(金属氧化物半导体)型场效应晶体管(简称 MOS 管)在处于放大状态时,它的漏极电流 I_D 受栅源电压 U_{GS}控制:$I_D=gU_{GS}$,g 称为 MOS 管的跨导,如图 1.7.1(b)所示。为了在电路中表示这类电压电流关系,人们提出了**受控电源**这种理想化的电路元件。

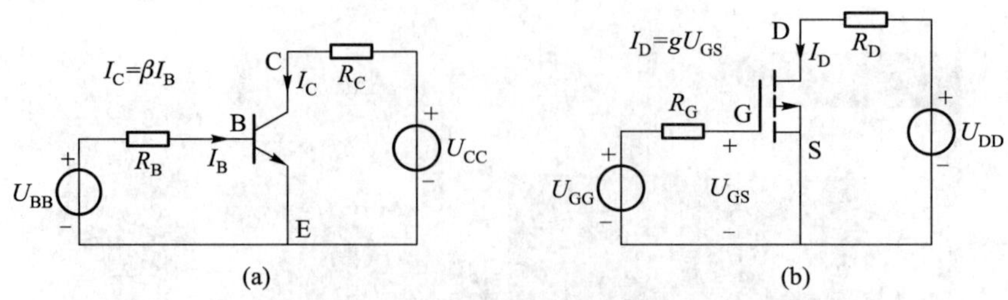

图 1.7.1 (a) 双极型晶体管放大电路;(b) MOS 管放大电路

与上一节的独立电源不同,受控电源的源电压或源电流(称为被控制量)要受电路中另一处电压或电流(称为控制量)的控制,不是独立的,所以这类电源也称为**非独立电源**。本书只讨论线性受控源,即被控制量与控制量成正比关系,比例系数为常量的电源。由于控制量可以是电压或电流,被控制量也可以是电压或电流,因此共有四种受控电源。它们的名称及符号如图 1.7.2 所示,用菱形表示受控电源的被控制量,以便与独立电源相区分。四种受控电源的端口特性分别为

$$\text{电压控制电压源(VCVS)}:\begin{cases} u_S = \alpha u_C \\ i_C = 0 \end{cases} \tag{1.7.1}$$

$$\text{电流控制电压源(CCVS)}:\begin{cases} u_S = r i_C \\ u_C = 0 \end{cases} \tag{1.7.2}$$

$$\text{电压控制电流源(VCCS)}:\begin{cases} i_S = g u_C \\ i_C = 0 \end{cases} \tag{1.7.3}$$

$$\text{电流控制电流源(CCCS)}:\begin{cases} i_S = \beta i_C \\ u_C = 0 \end{cases} \tag{1.7.4}$$

式中带下标 S 的变量表示被控制量,带 C 的变量表示控制量。参量 α、r、g、β 都是常量,根据所在的表达式不难确定它们的量纲。

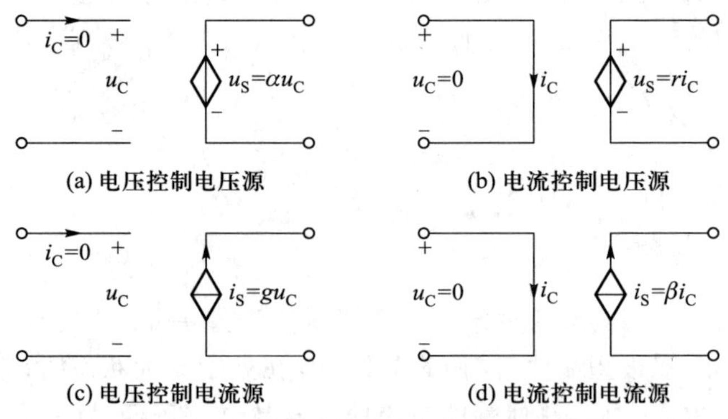

图 1.7.2 受控电源的类型及其电路符号

因为受控电源含有控制量和被控制量,二者不在一个端口,所以上述受控电源属于**二端口元件**。但由于它的控制量或是开路电压,或是短路电流,所以一般在电路图上不必明显地画出控制端口,只需在受控电源的菱形符号旁注明控制关系,同时在电路中明确标注控制量即可。这样,就可用图 1.7.3 所示的含受控电源的电路来表示图 1.7.1。

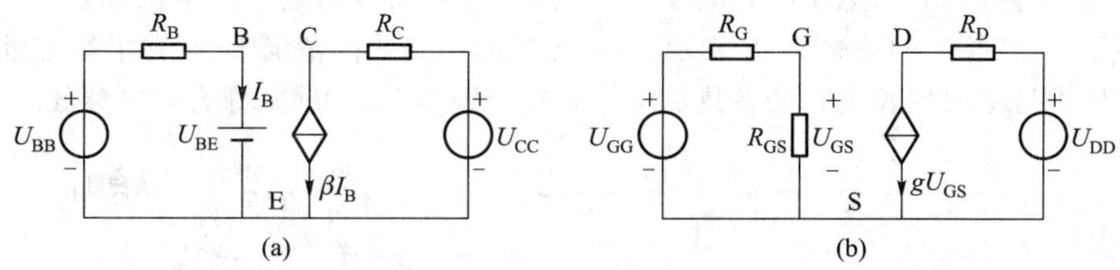

图 1.7.3 用受控源建立双极型晶体管(a)和 MOS 管(b)的电路模型

模型化的受控电源能够对外持续地提供电能,因此也属**有源元件**。但在上面所举例子中,双极型晶体管和 MOS 管本身并不能单独提供电能,因而属于**无源元件**,它们工作时需外加直流电源,如图 1.7.1 中的 U_{CC}和 U_{DD}。因此,模型化的受控电源对外提供的电能实际上还是来自直流电源,即实际电路中的电能归根结底是由独立电源提供的,受控源所对应的实际器件起着对电能进行控制与变换的作用,受控源模型就是用来表示这种控制和变换关系。故受控电源的源电压或源电流不能称为激励。在电路分析时,涉及独立电源和受控电源的分析方法和电路性质也有很大不同。

1.8 实际电路的科学抽象

电器元件相互连接形成电路,产生电流、电压,实现各种功能。一般说来,电流是遍布整个电路所在空间的,电压也不仅来自库仑电场,还可能来自感生电场。因此,严格分析电流和电压随时间的变化规律和按空间的分布规律将是十分复杂的。然而,由于导线和元件对电流和电磁场的汇聚作用以及电路空间的电磁特征,使得人们有理由对实际电路进行科学抽象,并用电路理论来研究电磁系统。科学抽象的具体内容讨论如下:

一般说来,实际电器元件的电磁特性都很复杂,但这些特性都有主要方面和次要方面。例如电阻器主要是消耗电能,储存能量等特性是次要的;电容器主要是储存电场能量,消耗能量等特性是次要的。因此,可以根据实际电器元件在工作条件(电压、电流和频率的大小,以及环境条件等)下所表现出的主要电磁特性,用若干个理想化的电路元件的组合来近似表示它们的端口主要电磁特性。在解决实际问题时,这一步很重要,需要准确理解电器元件的工作原理、工作条件,并建立准确性和复杂性综合最佳的由理想电路元件组成的元件模型,这个过程称为**器件建模**。需要强调的是:器件的模型与工作条件密切相关,当条件发生变化时,那些被忽略的次要特性可能会起到明显的作用,因而需要重新建立模型。例如,当频率很高时,绕线式电阻的磁场储能或电感特性,以及电感线圈匝间的电容特性就需要考虑了。

用导线连接电器元件才能构成电路,实现既定功能。因此还需要讨论导线的建模问题。

图 1.8.1 表示含有双导线的简单电路,架空双线传输线、双线电缆、双绞线等都属于这种双导线。当导线间存在电压 u、沿线流过电流 i 时,实际发生的现象是这样的:① 沿线处处存在电阻,用单位长度的电阻 R_0 来表示,它在沿线上处处产生电压;② 双线间的绝缘材料处处存在漏电导,用单位长度的电导 G_0 来表示,它在线间处处产生漏导电流;③ 双线间处处存在电容,用单

位长度的电容 C_0 来表示，在电压随时间变化的情况下，它在线间处处产生位移电流；④ 沿线处处存在电感，用单位长度的电感 L_0 来表示，在电流随时间变化的情况下，它在沿线上处处产生感应电动势。以上这些单位长度上的参数都是分布在导线各个地方的，称为**分布参数**。

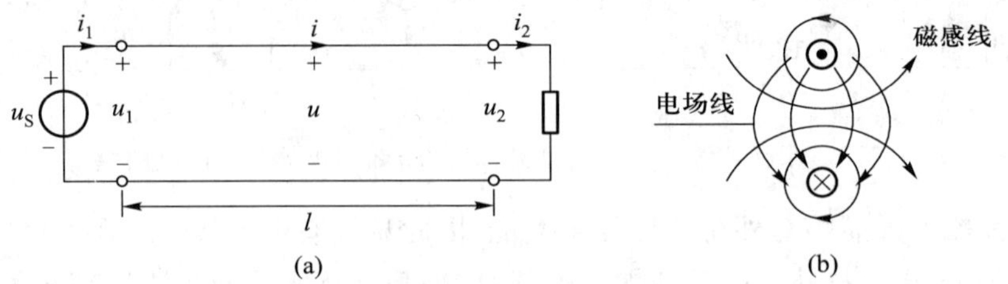

图 1.8.1 (a) 双导线；(b) 电磁分布

导线间的漏导电流和位移电流必然使得

$$i_1 \neq i \neq i_2 \tag{1.8.1}$$

沿线的电阻电压和感应电动势必然使得

$$u_1 \neq u \neq u_2 \tag{1.8.2}$$

式(1.8.1)和式(1.8.2)中的 i 与 u 可以在图中任意位置，即沿线的 i 是不相等的，沿线的 u 也是不相等的。

如要同时考虑前面分析的四方面现象是很复杂的，待本书第 15 章再做详细讨论。下面讨论在特定条件下用简单的电路模型来近似替代此双导线的方法。

设

$$\Delta i = i_1 - i_2 \tag{1.8.3}$$

Δi 是由漏导电流和位移电流产生的，量值取决于 G_0、C_0、u 及其变化率 $\mathrm{d}u/\mathrm{d}t$（或频率 f），以及线长 l。当 G_0、C_0 较小，u 及其变化率不大，线路又不长时，漏导电流和位移电流相对导线中的传导电流来说小得多，可以忽略不计，从而使得 $\Delta i = 0$，$i_1 = i = i_2$。这时可以认为整条导线通过同一电流 i，故分布的 R_0 与 L_0 为串联关系，此导线便可用集中参数模型来表示，如图 1.8.2 所示。来回导线电阻电压分别用电阻 $R_l = R_0 l$ 和 $R_l' = R_0' l$ 上的电压来集中表示；来回线的感应电动势分别用电感 $L_l = L_0 l$ 和 $L_l' = L_0' l$ 上的感应电动势来集中表示。这样做的结果是除 R_l、R_l' 和 L_l、L_l' 以外的导线，不再考虑沿线电阻电压和感应电动势。

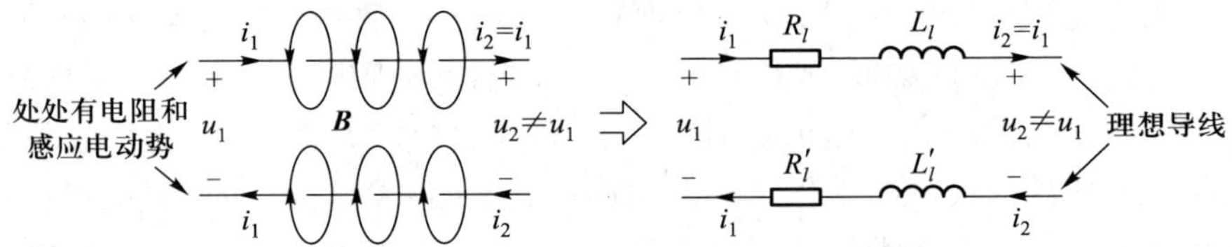

图 1.8.2 用电阻和电感集中表示沿线电压和感应电动势

再设

$$\Delta u = u_1 - u_2 \tag{1.8.4}$$

Δu 是由沿线电阻电压和感应电动势产生的，量值取决于 R_0、R_0'、L_0、L_0'、i 及其变化率 $\mathrm{d}i/\mathrm{d}t$（或频率 f），以及线长 l。当 R_0、R_0'、L_0、L_0' 较小，i 及其变化率不大，线路又不长时，沿线电阻电压和感应电动势相对线路两端的电压来说小得多，可以忽略不计，从而使得 $\Delta u = 0$，$u_1 = u = u_2$。这时可以认为线间电压处处相同，分布的 G_0 和 C_0 为并联关系，故可用集中参数模型来表示，如图 1.8.3

所示。整条导线间的漏导电流用电导 $G_l = G_0 l$ 上的电流来集中表示;位移电流用电容 $C_l = C_0 l$ 上的电流来集中表示。这样表示后,不再考虑线间的漏导电流和位移电流。

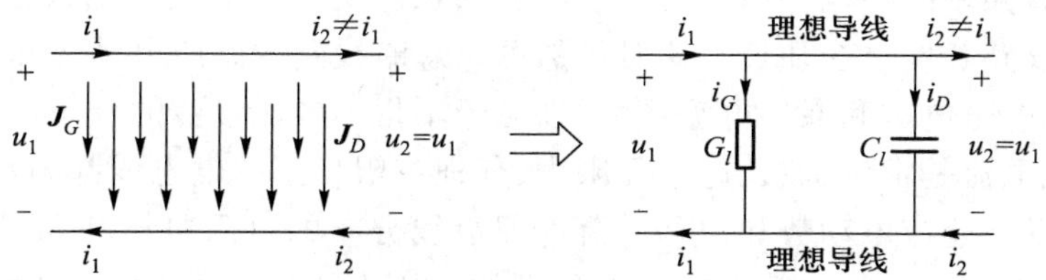

图 1.8.3 用电导和电容集中表示漏导电流和位移电流

最简单的情况为上述两种情况同时存在,即 $\Delta i = 0$ 与 $\Delta u = 0$。不计导线间漏导电流和位移电流,以及沿线电阻电压和感应电动势,这种导线是一种**理想导线**。u、i 不大,f 不高,l 不长,线间绝缘很好的导线都近似于这种情况。

实际电路中电器元件之间的连线不一定是图 1.8.1 所示的双导线,但上述简化的思路仍然是适用的。

上述对电器元件和连接导线的简化结果是:所有电器元件的特性都用理想电路元件及其组合来表示,只考虑元件端子电流与端子电压之间的关系;连接导线用理想导线或用与分布参数近似等效的集中参数元件来表示。这种电路称为实际电路的**集中参数电路模型**,它是实际电路在特定条件下的一种简化模型,用来近似反映实际电路的主要特征。本书大部分内容都是使用这种电路模型来分析电路,只是在最后一章才以均匀传输线为例,介绍**分布参数电路**中的电磁现象与分析方法,这种电路的电阻、电导、电感和电容是沿空间分布的,电压和电流都是时间和空间的函数。

在建立实际电路的集中参数电路模型时,为了忽略感应电动势和位移电流,要求电路中的电磁场、电流和电压满足变化不是很快的条件,这是个相对的概念。如果在电磁波传遍整个电路的时间内,不能明显地觉察到电流或电压的变化,就意味着变化不是很快,这时忽略传输线感应电动势和位移电流就是相当合理的。举例来说,电磁波在架空线上的传播速度近似等于光速,它通过长度为 $l = 30$ km 的电力线所需要的时间仅为 $T_d = l/c = \dfrac{30 \times 10^3}{3 \times 10^8}$ s $= 10^{-4}$ s。我国电网的工作频率是 $f = 50$ Hz,周期为 $T = 1/f = \dfrac{1}{50}$ s $= 0.02$ s。所以在如此短暂的传输时间 T_d 内,电压和电流几乎没有发生变化。

根据传输时间与波长和周期的关系即 $T_d = l/v = (l/\lambda)T$,上述“变化不是很快”的相对概念还可用电路尺度的相对大小来界定,也就是当电路的最大尺度 l 远小于最短电磁波波长 λ 时,便有 $T_d \ll T$,这就意味着变化不是很快。如果忽略 T_d,就相当于不计电磁波在电路中的传播时间。我国电力网上的电磁波波长是 $\lambda = vT = v/f \approx c/f = \dfrac{3 \times 10^8}{50}$ km $= 6\,000$ km。可见,对在工频下工作的许多电路来说,它们的尺度都远远小于这个波长,均可忽略线路的感应电动势和位移电流。但当工作频率很高时,例如 500 MHz,在空气介质中的电磁波波长只有 $\dfrac{3 \times 10^8}{500 \times 10^6}$ m $= 0.6$ m,在人工绝缘介质中,由于波速减小使得波长变得比上述值更小。因此,有线电视天线、计算机网线、示波器探头馈线等，都不能视为简单的理想导线。这样的问题需要考虑电路参数的空间分布性，要用分布参数电路理论或电磁学理论进行分析，才能得到满意的结果。

另一方面，随着频率的降低，波长 $\lambda = v/f$ 就会加长。所以在满足电路尺度远远小于波长的前提下，所允许的线路长度也会加长。这时虽然可以忽略线路的感应电动势和位移电流，但线路的加长会使得沿线电阻电压和漏导电流增大，以至于不得不考虑参数的分布性。例如，对于直流输电的情况，电压、电流是常量，波长趋于无限大，任何有限尺度的输电线都满足尺度远远小于波长的条件，沿线不存在感应电动势和位移电流。但沿线分布的电阻电压和漏导电流的作用会随着线路的增长而变得明显。例如数百或几千公里的高压直流输电线，不能视为理想导线。所以线路长度还要受沿线电阻电压和漏导电流大小的限制，需满足线路不是很长的条件。这也是相对概念。当线路电阻电压没有明显改变线路两端的电压，在图 1.8.1(a) 中就是 $u_1 \approx u_2$，并且线路的漏导电流没有明显改变线上的传导电流，在图 1.8.1(a) 中就是 $i_1 \approx i_2$，这时就意味着线路不是很长，此时忽略沿线电阻电压和漏导电流便是相当合理的。

综上分析："变化不是很快"和"线路不是很长"都对电路尺度有所限制。所以，若想通过忽略分布参数的作用来建立集中参数模型，电路的尺度必须小于上述两种情况对尺度要求的最小者。

当今，电路的工作频率以及电压上升与下降的变化速率在不断提高，高频电路的应用日益广泛，已从电讯技术发展到电能技术，电路的元件布局正变得愈加密集，电力系统传输距离和电压量值在不断增大，并且出现越来越多的高压直流输电线路。因此在建立电路模型、使用电路定律时要学会科学抽象，确认那些被忽略的因素是否允许忽略。

1.9 基尔霍夫定律

在电路问题中，电流和电压除遵循元件特性所限定的关系外，还应遵循怎样的自然规律呢？1845 年，年仅 21 岁的德国大学生基尔霍夫(Gustav Robert Kirchhoff, 1824—1887)建立了连接到节点上的**支路电流**应满足的关系，以及回路中各**支路电压**应满足的关系。前者被称为基尔霍夫电流定律，后者被称为基尔霍夫电压定律，统称基尔霍夫定律。1847 年他又发表了题为"关于研究电流线性分布所得到的方程的解"的论文，证明了根据前述两条定律所列出的独立方程个数，正好等于电路的支路电流个数。基尔霍夫定律发展了欧姆定律，奠定了电路理论的重要基础[①]。基尔霍夫定律可以通过对实际电路的科学抽象而建立在电磁学基础上。

1. 基尔霍夫电流定律

上一节通过对实际电路的科学抽象建立了集中参数电路模型的概念。在建模过程中，实际导线和元件的漏导电流及位移电流要么被忽略，要么分别用电导和电容元件来近似表示。因此，在集中参数电路中，元件端子和导线上只存在传导电流，在电路中任取一个不经过元件内部的封闭面 S，根据**全电流连续性定律**(见附录 B)，流出封闭面的总电流必然满足

---

① 基尔霍夫研究论文的主要内容见本书 2.6 节。

$$\oiint_S \boldsymbol{J} \cdot \mathrm{d}\boldsymbol{S} = -\mathrm{d}q/\mathrm{d}t = 0 \text{①} \tag{1.9.1}$$

其中,$\boldsymbol{J}$ 表示封闭面上的电流密度矢量,q 表示封闭面内的总电荷,$-\mathrm{d}q/\mathrm{d}t$ 表示总电荷随时间的增减变化率。

式(1.9.1)说明任何封闭面内总电荷的变化率恒为零。由于电荷的积累均需要经历变化的过程,这又说明封闭面内不仅电荷的变化率为零,总电荷量也为零,封闭面内无电荷积累。

现取一封闭面 S 包围导线的连接点即节点,如图 1.9.1(a)所示,根据全电流连续性定律可知

$$\oiint_S \boldsymbol{J} \cdot \mathrm{d}\boldsymbol{S} = \iint_{S_1} \boldsymbol{J} \cdot \mathrm{d}\boldsymbol{S} + \iint_{S_2} \boldsymbol{J} \cdot \mathrm{d}\boldsymbol{S} + \iint_{S_3} \boldsymbol{J} \cdot \mathrm{d}\boldsymbol{S} = -i_1 + i_2 + i_3 = 0 \tag{1.9.2}$$

即流出封闭面电流的代数和为零,或者说流出节点 a 电流的代数和为零,如图 1.9.1(b)所示。

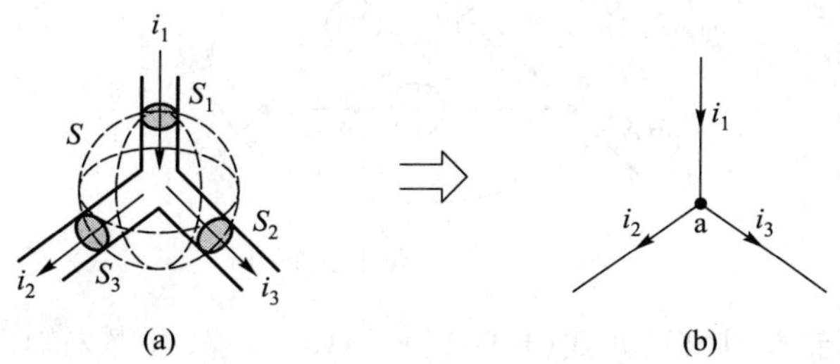

图 1.9.1 基尔霍夫电流定律的说明:(a) 封闭面;(b) 节点

将式(1.9.2)推广到一般情况就是:在集中参数电路中,任一时刻,流出节点电流的代数和为零。这一规律称为**基尔霍夫电流定律**(Kirchhoff's Current Law,简称 KCL),数学表述为

$$\sum \pm i_k = 0 \tag{1.9.3}$$

在计算式(1.9.3)中的代数和时,要用流出节点的电流减去流入节点的电流。

由于基尔霍夫电流定律其实就是全电流连续性定律在集中参数电路中的特殊表现,在这种电路中只考虑传导电流,所以如果实际电路存在量值可观的漏导电流或位移电流,则导线上的电流处处不相等,导线或节点上也可能积累电荷。这时在封闭面上,虽然全电流仍然满足连续性,但仅导线的传导电流不能满足连续性。此时要使用电磁场原理或分布参数电路理论才能得到更为准确的分析结果。

根据全电流连续性定律,如果假想封闭面包含了多个节点,例如图 1.9.2 中,S 包含了两个节点,那么与封闭面相交的电流必然满足

$$-i_1 - i_2 + i_4 + i_5 = 0 \tag{1.9.4}$$

所以,KCL 也可应用到封闭面内包含多个节点的情况,此时封闭面也称为**广义节点**。广义节点上的 KCL 方程还可通过其包含的简单节点上的 KCL 方程应用相加运算来证得。例如,将图 1.9.2 中 a 点的 KCL 方程与 b 点的 KCL 方程相加,便得到广义节点上的 KCL 方程

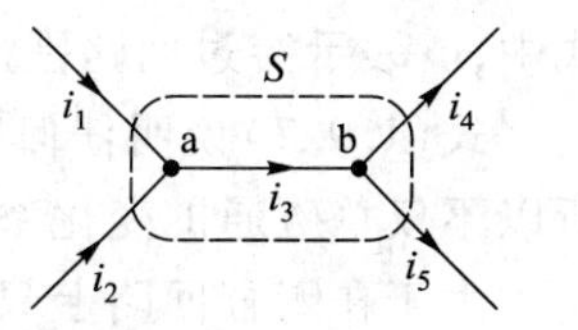

图 1.9.2 包围两个节点的封闭面

① 这样的积分代表通过截面 S 的电流,本书并不需要对这个积分进行数学计算。

$$\begin{array}{r} (-i_1 - i_2 + i_3) = 0 \\ +\ (+i_4 + i_5 - i_3) = 0 \\ \hline -i_1 - i_2 + i_4 + i_5 = 0 \end{array} \tag{1.9.5}$$

既然流出节点电流的代数和为零,那么流入节点的电流就必然等于从该节点流出的电流。这是基尔霍夫电流定律的又一种表述,写作

$$\sum_{\text{流入}} i_k = \sum_{\text{流出}} i_k \tag{1.9.6}$$

【例题 1.9.1】 电路如图 1.9.3 所示,根据已知支路电流求出其他支路电流。

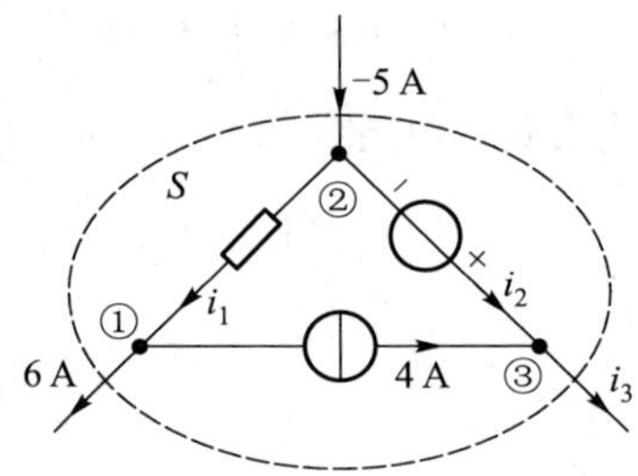

图 1.9.3　例题 1.9.1 图

【解】 依次对图中节点列出形如式(1.9.1)的 KCL 方程,求得未知电流。

节点① :$i_1 = (4+6)\ \text{A} = 10\ \text{A}$

节点② :$i_2 = -5 - i_1 = -15\ \text{A}$

节点③ :$i_3 = i_2 + 4 = -11\ \text{A}$

若此题只求电流 i_3,对封闭面 S 列写 KCL 方程,一步便得

$$i_3 = (-5-6)\text{A} = -11\ \text{A}$$

如果只求电流 i_2,也可一步求得,请读者自行求解。

2. 基尔霍夫电压定律

上节在建立集中参数电路模型的过程中,还假设感生电场只出现在电感元件内部,连接导线的感生电场要么被忽略,要么用电感元件来近似表示。这样,在电路元件以外的空间中只存在库仑电场 $\boldsymbol{E}_c$。因此,在集中参数电路中任取一个不经过元件内部的闭合回路 l,根据库仑场的性质或**法拉第电磁感应定律**(见附录 B),闭合回路上的感应电动势必然为零,即

$$e = \oint_l \boldsymbol{E} \cdot \mathrm{d}\boldsymbol{l} = \oint_l \boldsymbol{E}_c \cdot \mathrm{d}\boldsymbol{l} = -\mathrm{d}\Phi/\mathrm{d}t = 0 \tag{1.9.7}$$

式中,Φ 表示穿过回路围成面积的总磁通,$\mathrm{d}\Phi/\mathrm{d}t$ 表示总磁通随时间的增减变化率。

式(1.9.7)说明任何闭合回路内的总磁通变化率为零,而磁通的建立总要经历变化的过程,所以不仅总磁通的变化率为零,总磁通也为零。

由于在闭合回路上只存在库仑电场,因而可以使用与路径无关的端电压。例如,从图 1.9.4 电路中取回路 l_1,电场强度沿该闭合回路的积分可以变成三段积分之和,每一段积分对应一个端电压,这样便有

$$\oint_{l_1} \boldsymbol{E}_c \cdot \mathrm{d}\boldsymbol{l} = \int_1^2 \boldsymbol{E}_c \cdot \mathrm{d}\boldsymbol{l} + \int_2^4 \boldsymbol{E}_c \cdot \mathrm{d}\boldsymbol{l} + \int_4^1 \boldsymbol{E}_c \cdot \mathrm{d}\boldsymbol{l} = u_1 + u_S - u_2 = 0 \tag{1.9.8}$$

即沿闭合回路元件的端电压代数和为零。

将式(1.9.8)推广到一般情况就是:在集中参数电路中,任意时刻,沿闭合回路各电压的代数和等于零。这一规律称为**基尔霍夫电压定律**(Kirchhoff's Voltage Law,简称 KVL)。数学表述为

$$\sum \pm u_k = 0 \tag{1.9.9}$$

在计算上述代数和时,参考方向与回路绕行方向一致的电压前面取正号,相反的电压取负号。对平面电路来说回路的绕行方向只有顺时针和逆时针两种。例如图 1.9.4 中,回路 l_1 和 l_3 为顺时针方向,l_2 为逆时针方向。其中回路 l_1 和 l_2 的内部不再含有任何电路,这种特殊的回路称为**网孔**。

根据 KVL,对图 1.9.4 中的另外两个回路分别列得如下电压方程

$$\begin{cases} l_2: & u_S - u_4 - u_3 = 0 \\ l_3: & u_1 - u_2 + u_3 + u_4 = 0 \end{cases} \tag{1.9.10}$$

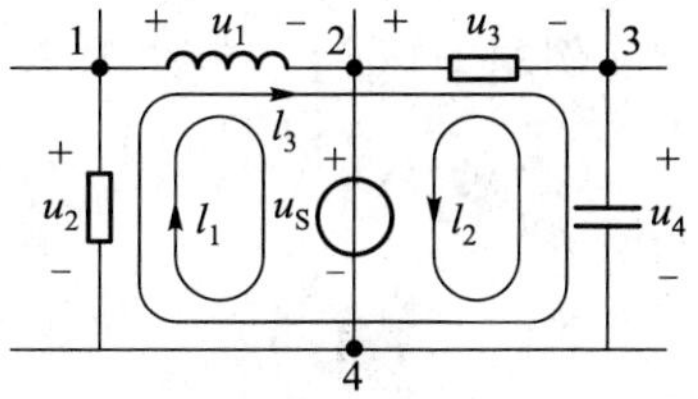

图 1.9.4 说明基尔霍夫电压定律

因为 KVL 要求计算电压的路径上只能存在库仑电场,所以如果实际电路到处存在着强度可观的感生电场,那么回路中的电压便不满足 KVL。此时要么使用电磁场原理,要么使用分布参数电路理论进行分析,以便获得更为准确的结果。

根据 KVL,在回路中各电压的代数和为零,所以沿回路方向,电压下降的量值一定等于电压升高的量值,故 KVL 又可表述为

$$\sum_{\text{下降}} u_k = \sum_{\text{升高}} u_k \tag{1.9.11}$$

如果电压升高都是源于电源力产生的电动势,那么升高的量值便等于电动势,所以 KVL 还可表述为

$$\sum_{\text{电压降}} u_k = \sum_{\text{电动势}} e_k \tag{1.9.12}$$

上式涉及了电动势,它来自感生电场或局外电场等电源力做功,因此该式虽然是从式(1.9.11)而得,但它却比式(1.9.11)或(1.9.9)更具普遍意义,可以应用到在回路中包括非库仑电场的情形,例如回路经过元件内部。

KCL 和 KVL 都是在集中参数电路中普遍适用的规律,而集中参数电路是在忽略了实际电路的某些电磁现象后建立起来的近似分析模型。因此在使用 KCL 和 KVL 分析实际电路时,要确认那些被忽略的现象是否可以被忽略,也就是能否使用集中参数电路模型。

【例题 1.9.2】 电路如图 1.9.5 所示,根据已知的元件电压求未知的元件电压。

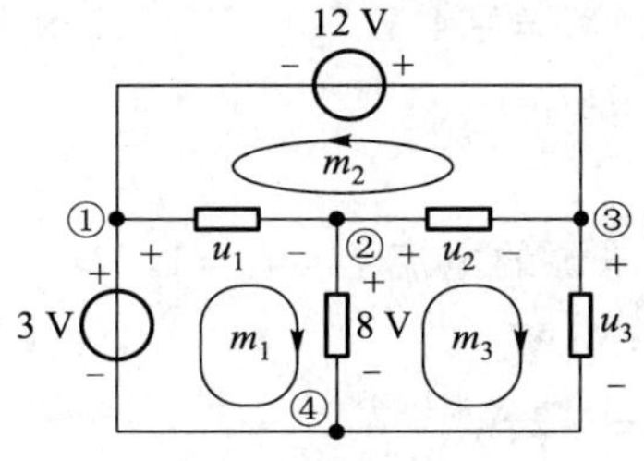

图 1.9.5 例题 1.9.2 图

【解】 依次对图中的三个网孔列写 KVL 方程：

$$m_1: u_1 + 8 - 3 = 0,\quad 或\ u_1 = (3-8)\mathrm{V} = -5\ \mathrm{V}$$

$$m_2: u_2 + 12 + u_1 = 0,\quad 或\ u_2 = -u_1 - 12 = -7\ \mathrm{V}$$

$$m_3: u_3 - 8 + u_2 = 0,\quad 或\ u_3 = -u_2 + 8 = 15\ \mathrm{V}$$

如果先求 u_2，可以对回路②④①③②列写 KVL 方程，一步便得

$$u_2 = (8 - 3 - 12)\mathrm{V} = -7\ \mathrm{V}$$

如果先求 u_3，则可对回路③①④③列写 KVL 方程，一步便得

$$u_3 = (12 + 3)\mathrm{V} = 15\ \mathrm{V}$$

【例题 1.9.3】 求图 1.9.6 所示电路中元件 N 的电压 U。

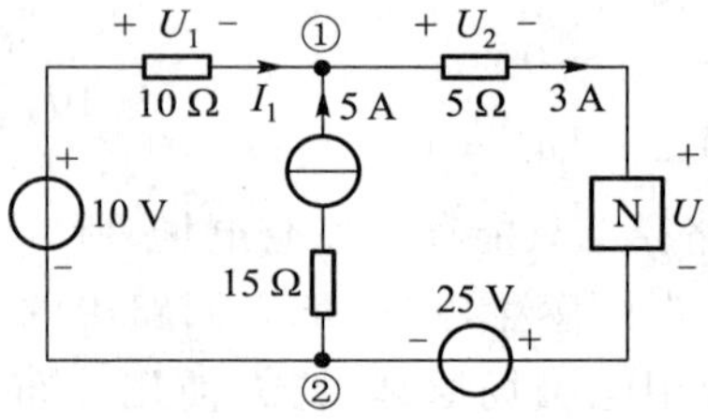

图 1.9.6 例题 1.9.3 图

【解】 对节点① 列写 KCL 方程得 $I_1 = (3-5)\mathrm{A} = -2\ \mathrm{A}$

由欧姆定律得 $U_1 = 10I_1 = -20\ \mathrm{V}$， $U_2 = 5 \times 3\ \mathrm{V} = 15\ \mathrm{V}$

对最外回路按顺时针方向依据 KVL 列写电压方程得 $U + 25 - 10 + U_1 + U_2 = 0$

所以 $U = -U_2 - U_1 + 10 - 25 = -10\ \mathrm{V}$

【例题 1.9.4】 求图 1.9.7 所示电路中电压源与电流源各自提供的功率。

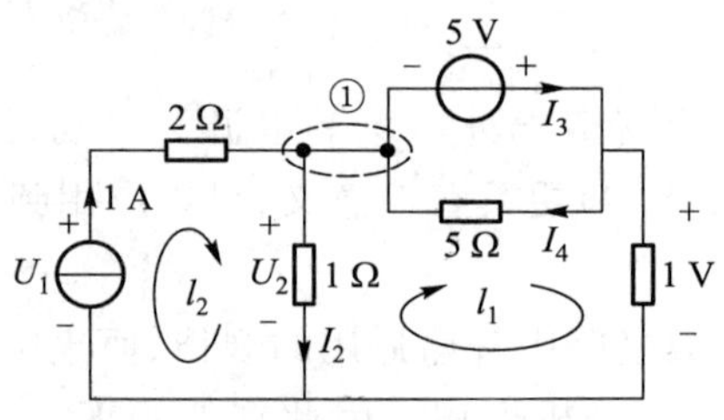

图 1.9.7 例题 1.9.4 图

【解】 由回路 l_1、l_2 的 KVL 方程分别求得

$$U_2 = (-5+1)\mathrm{V} = -4\ \mathrm{V},\qquad U_1 = 2 \times 1 + U_2 = -2\ \mathrm{V}$$

由欧姆定律求得电阻电流 $I_2 = \dfrac{U_2}{1} = -4\ \mathrm{A}$， $I_4 = \dfrac{5}{5}\ \mathrm{A} = 1\ \mathrm{A}$

由节点①的 KCL 方程求得流过电压源的电流 $I_3 = 1 - I_2 + I_4 = 6\ \mathrm{A}$

电压源发出功率 $P_{5\mathrm{V}} = 5 \times I_3 = 30\ \mathrm{W}$

电流源发出功率 $P_{1\mathrm{A}} = U_1 \times 1 = -2\ \mathrm{W}$

本题电流源实际上是在吸收电能。

【例题 1.9.5】 求图 1.9.8 所示电路中受控电流源以及 2 V 电压源和 3 V 电压源各自发出的功率。

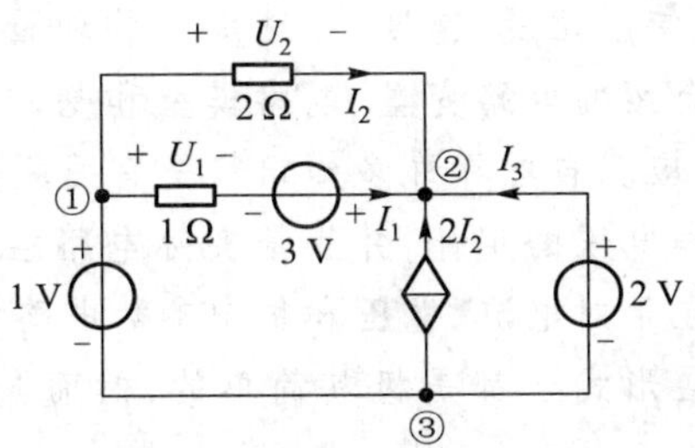

图 1.9.8 例题 1.9.5 图

【解】 对最外回路，由 KVL 得 2 Ω 电阻电压为 $U_2=(1-2)\text{ V}=-1\text{ V}$

由欧姆定律得 2 Ω 电阻电流为 $I_2=\dfrac{U_2}{2}=-0.5\text{ A}$

受控电流源与电压源并联，二者电压相等，所以受控电流源发出的功率为

$$P_{\text{CCCS}}=2\times 2I_2=-2\text{ W}<0$$

亦即此受控电流源处于消耗电能状态。

由上面网孔求得 1 Ω 电阻电压为 $U_1=U_2+3=2\text{ V}$

由欧姆定律得 1 Ω 电阻电流为 $I_1=\dfrac{U_1}{1}=2\text{ A}$

故 3 V 电压源发出功率为 $P_{3\text{V}}=3\times I_1=6\text{ W}$

对节点②列 KCL 方程，得

$-I_1-I_2-2I_2-I_3=0$， 所以 $I_3=-I_1-3I_2=[-2-3\times(-0.5)]\text{A}=-0.5\text{ A}$

故 2 V 电压源发出功率为 $P_{2\text{ V}}=2\times I_3=-1\text{ W}$

【例题 1.9.6】 计算图 1.9.9 所示直流电路中电容和电感各自储存的能量。

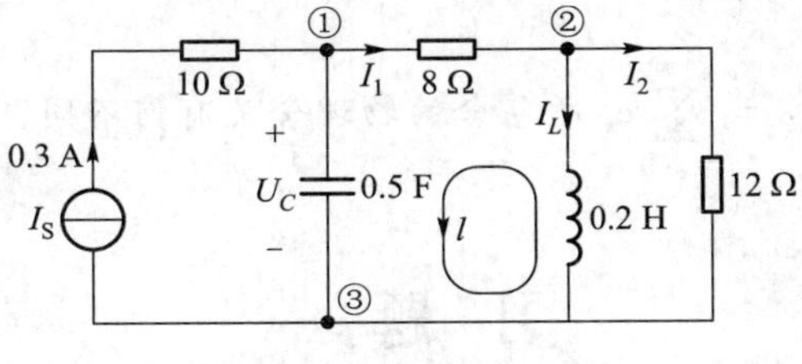

图 1.9.9 例题 1.9.6 图

【解】 在直流电路中电容相当于开路，电感相当于短路。12 Ω 电阻的电压和电流均为零，由节点②的 KCL 方程得

$$I_L=I_1-I_2=I_S=0.3\text{ A}$$

由回路 l 的 KVL 方程得电容电压等于 8 Ω 电阻上的电压， $U_C=8I_1=2.4\text{ V}$

故电容储存的能量为 $W_C=0.5CU_C^2=0.5\times0.5\times2.4^2\text{ J}=1.44\text{ J}$

电感储存的能量为 $W_L=0.5LI_L^2=0.5\times0.2\times0.3^2\text{ J}=0.009\text{ J}=9\text{ mJ}$

【结语】

力学上，研究物体的运动要使用位置、速度、加速度等物理量，研究对象是质点或刚体模型，物理依据是牛顿定律。本章所介绍的电路变量、电路模型和基尔霍夫定律构成了电路理论的基本要素，与上述力学问题一一对应。自然界许多知识都是有关联的，可以采用类比法进行学习。

基尔霍夫定律是关于电流和电压的定律，并且是实际电路在特定条件下所遵循的规律。因此正确使用基尔霍夫定律关键在于对电流、电压和集中参数电路模型的理解。

牛顿定律和基尔霍夫定律在形式上都是极其简单的，然而“最重要的东西往往都是最简单的”（李政道）。复杂源于简单。

【思考题】

1. 带电粒子、电荷、电流、电场、磁场、电压、端电压，这些概念存在怎样的物理联系？

2. 一段载有直流或交流的导线，它是电中性的，还是有正或负电性的？

3. 电位、电压和电动势有何异同？

4. 在什么条件下，测量电压与电压表的导线在空间位置有关？

5. 在外加直流电压的电容器中，有一块极板周期性作与另一极板接近和离开的机械摆动。试问：此时电容器中是否有电流？

6. 为什么在实际应用中推广得最多的不是电容式而是感应式的电力机械？且总是将机械能转化为磁场能而非电场能？

7. 电容和电感的特性为什么不用电压和电流之间的伏安特性来表征？

8. 在集中参数电路中，为什么不考虑电压、电流与位置的关系？

9. 怎样判断一个实际电路能否使用基尔霍夫定律进行分析？

10. 建立一个实际电路的集中参数电路模型要做哪些假设？

11. 怎样根据电流和电压的参考方向以及功率的符号，判断一个元件是吸收功率还是发出功率？

12. $\sum \pm u_k = 0$ 与 $\sum\limits_{\text{电压降}} u_k = \sum\limits_{\text{电动势}} e_k$ 所包含的物理含义有何不同？

习 题 一

1.1 设图题 1.1(a)中电流 $i = 2\cos(\omega t)$ A，分析在不同的时间范围内元件 E_1 电流的实际方向；设图题 1.1(b)中电压 $u = (5 - 10e^{-2t})$ V，分析元件 E_2 电压的实际方向。

图题 1.1

1.2　给一个 $R=25\ \Omega$ 的电阻施加图题 1.2(b) 所示的周期电压。求电阻消耗功率随时间的变化规律，以及在 0 到 8 s 时间内电阻消耗的电能。

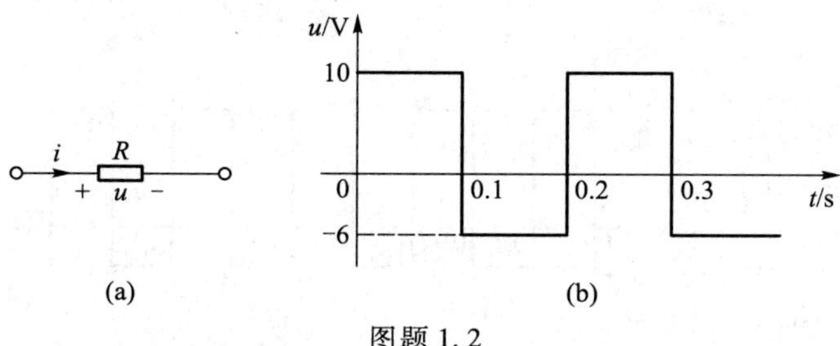

图题 1.2

1.3　给 1 F 电容施加图题 1.3(b) 所示的电压，求出电流 i；若给该电容通以图题 1.3(c) 所示的电流，且 $t=0$ 时电容上已存有 0.5 C 的电荷，求出 $t=3.5$ s 的电压 u。

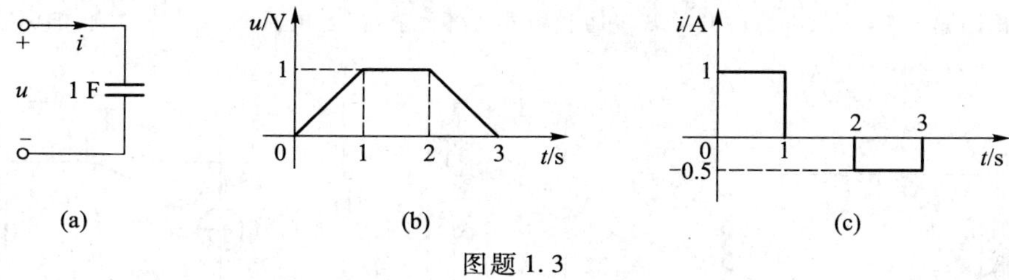

图题 1.3

1.4　已知 $C=0.5\ \mu\text{F}$ 电容两端电压如图题 1.4(b) 所示，求 $t>0$ 时电流 i 的变化规律。

1.5　图题 1.5 所示电路，已知 $R=1\ \Omega$，$C=2$ F，电容储能的变化规律为 $W_e(t)=4t^2\ (t>0)$。试求 $t>0$ 时电压源 u_S 的变化规律。

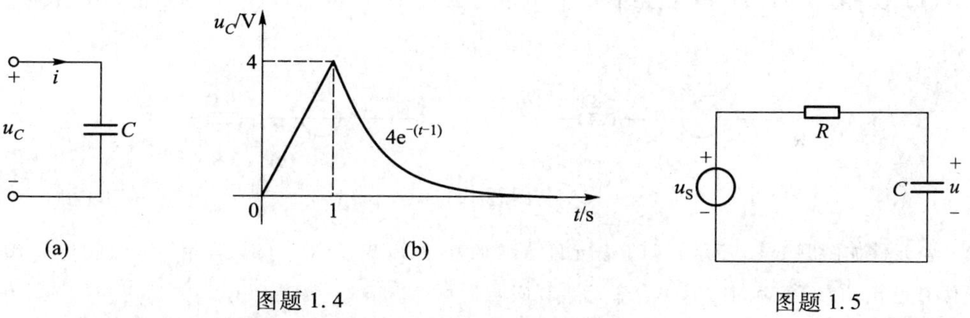

图题 1.4　　　　图题 1.5

1.6　给 0.5 H 电感施加如图题 1.6(b) 所示的电压，且已知 $i(0)=1$ A。(1) 求时间 t 为何值时电流 i 为零；(2) 求 $t=4$ s 时电感上的磁链和存储的磁场能量。

1.7　图题 1.7 所示电路，已知 $L=2$ H，$t<0$ 时，$i_S=0$；$t>0$ 时，$i_S=te^{-3t}$ A。求电压 u 的最大绝对值。

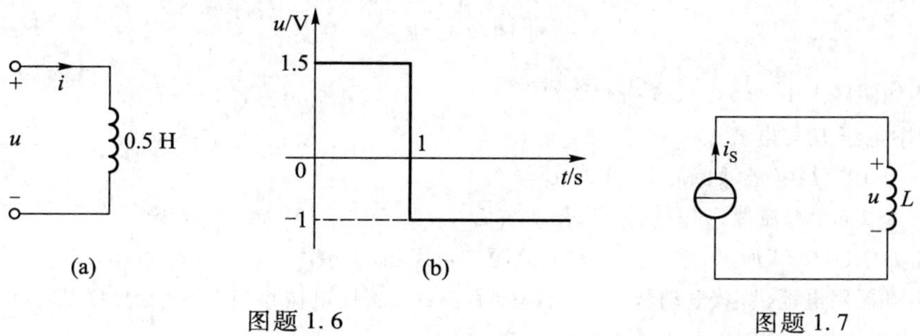

图题 1.6　　　　图题 1.7

1.8 给图题 1.8(a)所示的电感施加图(b)所示的周期电压,已知 $L=2$ H,$i(0)=0$ A。求 $t=4$ s 时电感的电流值。

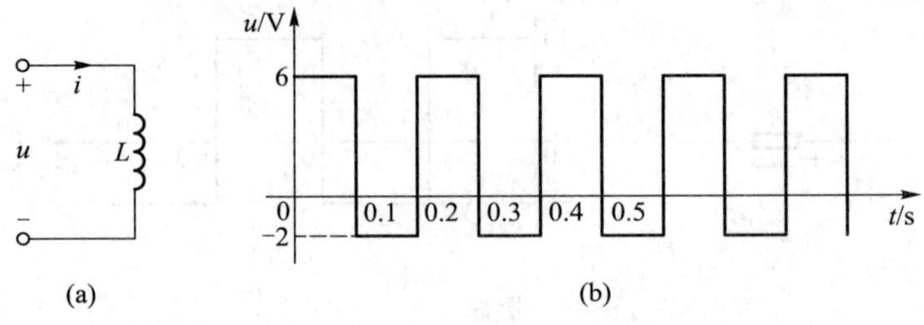

图题 1.8

1.9 图题 1.9 所示电路,设 $t<0$ 时,$i=0$;$t>0$ 时,$u_S=20te^{-10t}$ V。又知 $L=0.1$ H,求 $t>0$ 时的电流 i。

1.10 讨论图题 1.10 所示电路中开关 S 接通和断开对各元件电压、电流和功率的影响,加深对独立源特性的理解。

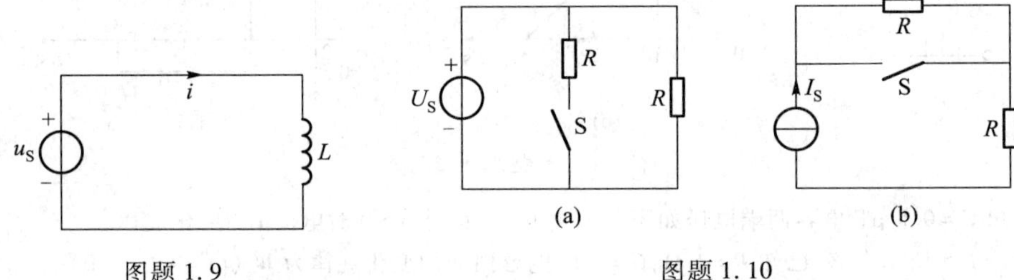

图题 1.9　　图题 1.10

1.11 (1) 设图题 1.11(a)所示电路中 $I=1$ A,求电压 U_{ab};(2) 图题 1.11(b)所示电路中,设 $U_{ab}=6$ V,求电流 I。

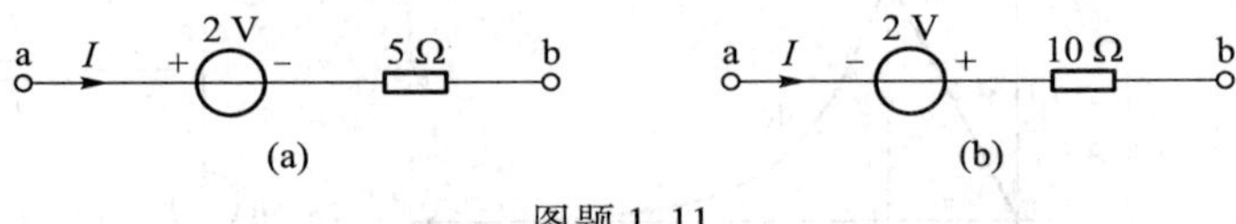

图题 1.11

1.12 各元件如图题 1.12 所示。(1) 若元件 A 吸收功率 10 W,求 U_A;(2) 若元件 B 吸收功率 10 W,求 I_B;(3) 若元件 C 发出功率 10 W,求 I_C;(4) 求元件 D 吸收的功率。

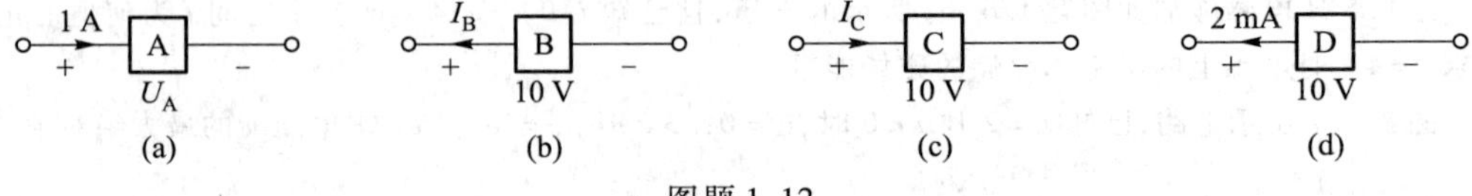

图题 1.12

1.13 电路如图题 1.13 所示,试求:

(1) 图(a)中电压 U 与电流 I;

(2) 串联一个 10 kΩ电阻,如图(b),重求 U 与 I;

(3) 并联一个 2 mA 电流源,如图(c),再求 U 与 I。

1.14 电路如图题 1.14 所示,求电压源和电流源各自发出的功率。

1.15 某用电器用电池供电,电动势为 6 V,内阻为 1 Ω。若用电器相当于一个 59 Ω 的电阻,求该用电器吸收的功率、电池内阻消耗的功率以及电池产生的功率。

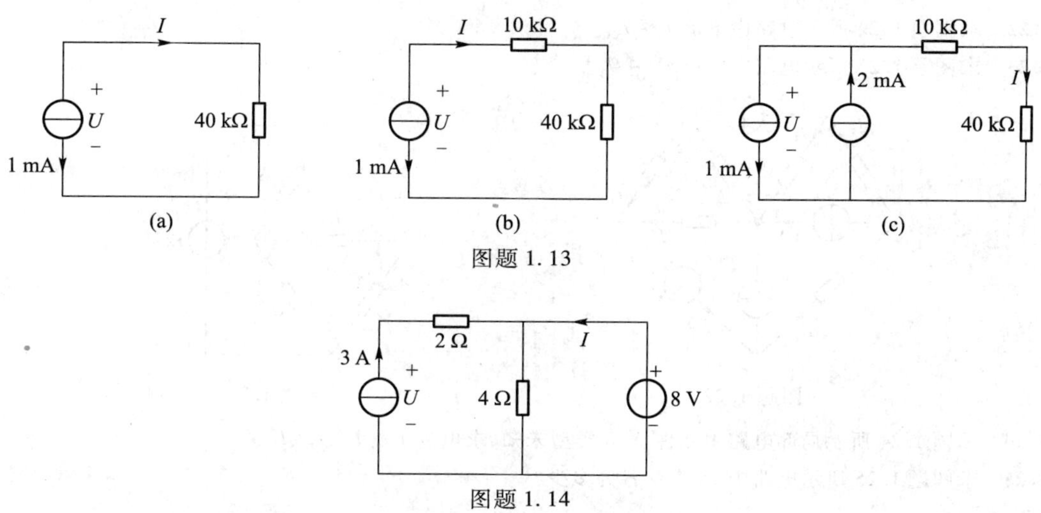

图题 1.13

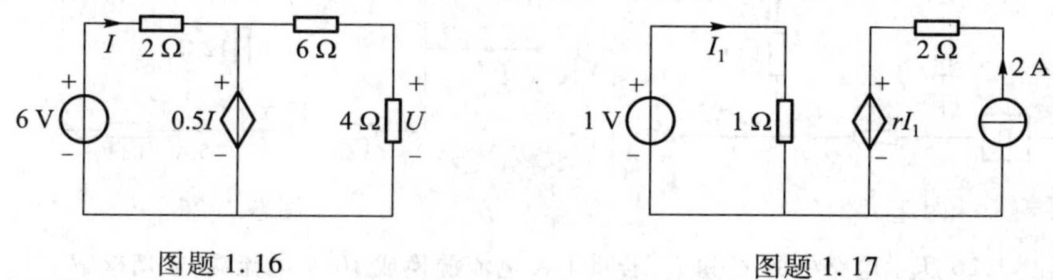

图题 1.14

1.16 求图题 1.16 所示电路中的电压 U。

1.17 电路如图题 1.17 所示,已知电流源发出的功率是 12 W,求 r 的值。

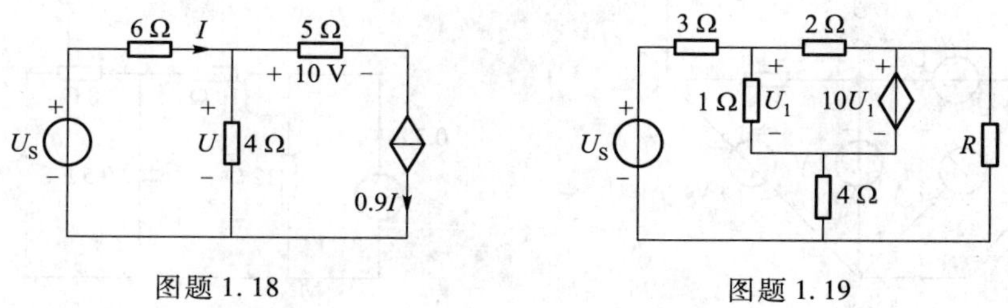

图题 1.16 图题 1.17

1.18 电路如图题 1.18 所示,求 I 与 U。

1.19 电路如图题 1.19 所示,已知 $U_S = -15.5$ V,$U_1 = 1$ V,求 $R = ?$

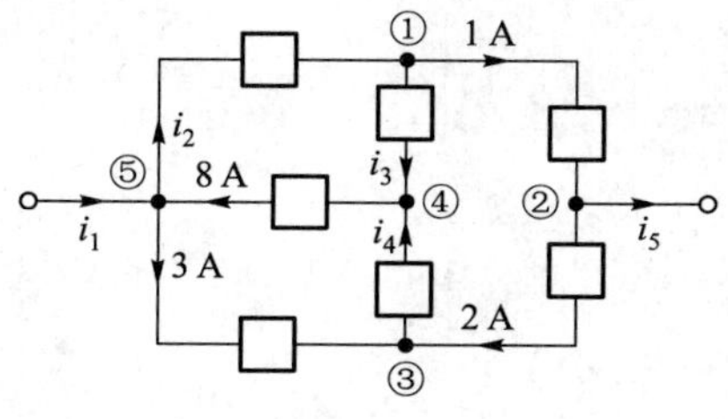

图题 1.18

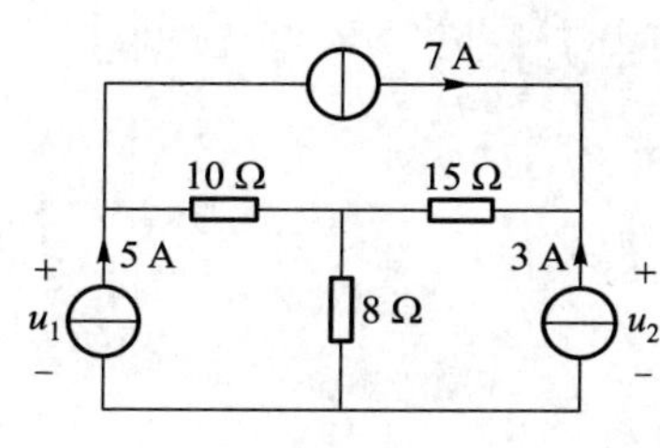

图题 1.19

1.20 求图题 1.20 所示电路中电流 i_1、i_2、i_3、i_4。若只求 i_2,能否一步求得?

1.21 求图题 1.21 所示电路中电压 u_1、u_2。

图题 1.20 图题 1.21

1.22　求图题 1.22 所示电路中电流 $I_1 \sim I_5$。

1.23　求图题 1.23 所示电路中电压 $U_1 \sim U_3$。

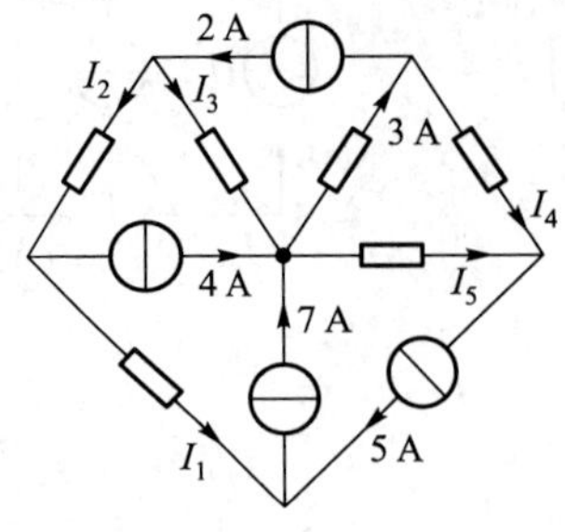

图题 1.22

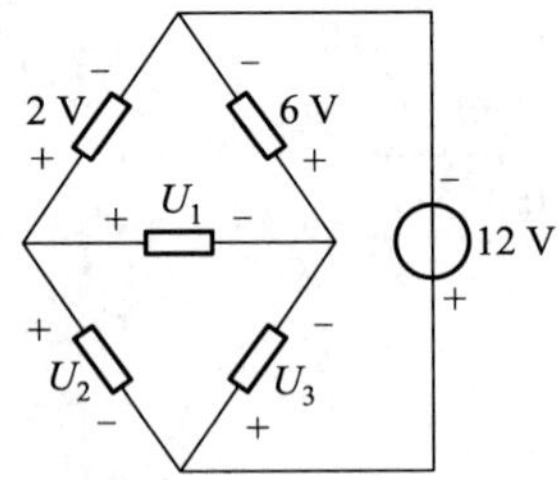

图题 1.23

1.24　图题 1.24 所示局部电路中元件 A、B 类型未知，求电流 I 及 I_{12}、I_{23}、I_{31}。

1.25　求图题 1.25 所示电路中 U_S 与 I 各为多少？

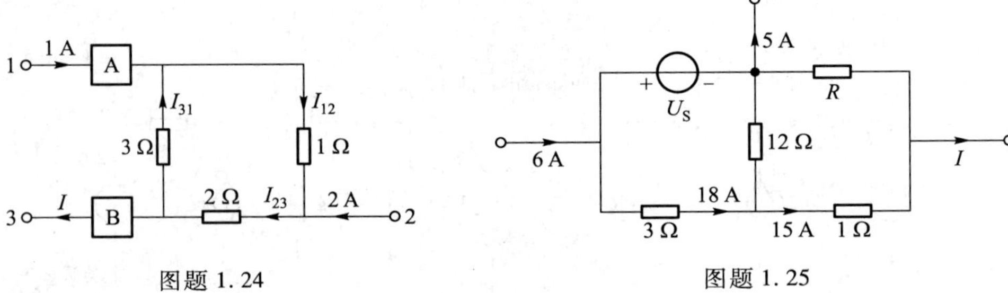

图题 1.24　　图题 1.25

1.26　求图题 1.26 所示电路中的 U 和 I。若将 1 A 电流源换成 10 A 电流源，重新求解。

1.27　求图题 1.27 所示电路中电容和电感各自储存的能量。

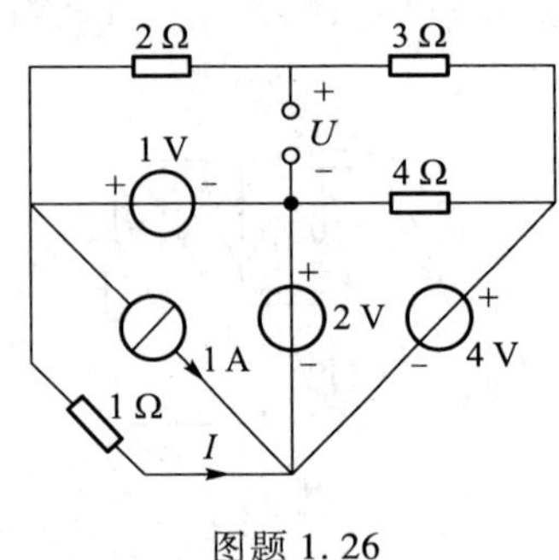

图题 1.26

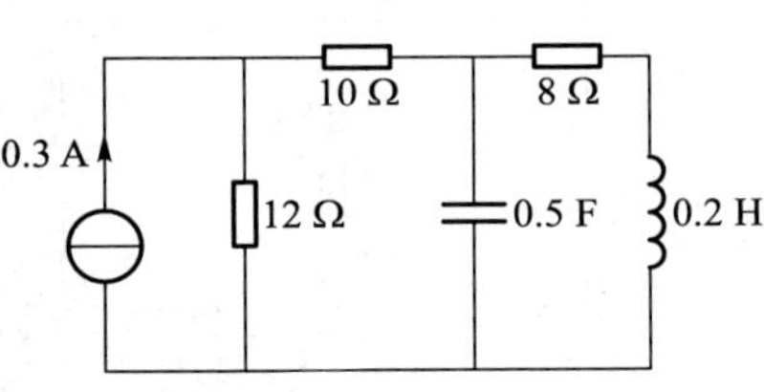

图题 1.27

第2章 线性直流电路

【导读】

上一章属于电路理论的基础性内容,介绍了集中参数电路中电压和电流所遵循的基本规律。从本章开始,将分门别类地去认识一些专门电路的物理现象和分析方法。本书大致上是按照电压和电流随时间变化的特征顺序进行阐述的,分为不随时间变化的电路和随时间变化的电路,后者又分为周期变化的电路和非周期变化的电路。这样划分的理由是:当遇到实际问题时,通常要根据电压和电流的变化特征选择合适的分析方法。本章和下一章学习最简单的一类电路,即线性直流电路。

线性直流电路分析方法在电路理论及工程应用中占有极为重要的地位。首先,工程上有相当多的电路属于或近似属于线性直流电路;其次,其他电路,例如非线性直流电路,往往可以有条件地化成多个线性直流电路;再次,线性直流电路的分析方法可以推广到其他线性非直流电路,例如正弦或非正弦周期电流电路。因此线性直流电路的分析方法将在后续各章持续得到应用,是学好后续内容的关键。

本章主要内容可划分为等效变换方法和电路方程组的列写方法。

2.1 直流电路模型的客观背景

直流电路是指各处电压和电流在所研究的时间范围内保持恒定的电路。因为绝对的“恒定”是没有的,所以直流电路只是人们依据某些实际问题而建立的一种理想化电路模型。举例如下:

客观上由直流稳压源或直流稳流源供电的电路,在通电后的一段时间内,电路中的电压和电流并不是立刻保持“恒定”,而是要经历一段变化的过程。原因是任何实际电路在工作时,都要建立电场能量和磁场能量,这些能量可能发生在人为设计的电容和电感中,也可能发生在连接导线之间或导线周围。所以,电路中电压和电流的建立过程总是伴随着电场能量与磁场能量的建立过程。此外,一些电路通电后,除了建立电磁场能量外,还可能要把电能转化成热能或机械能等。

然而,自然界中能量的变化总是连续的,不可能立刻完成。例如,直流电动机通电后,转子从静止开始加速旋转,一段时间后方能基本达到匀速状态。在这段时间内,电动机的电流是随时间变化的。之后,如果不发生任何扰动,电压和电流便可以近似看作恒定。再如,半导体放大器在仅接通直流电源时,其中的半导体器件通常都需要通电一段时间后,待其温度基本保持不变时,才能进入相对稳定的工作状态,电路的电压和电流才能近似看作恒定,这是由于半导体器件的温度敏感特性所致。因此,客观上由直流电源供电的电路,从整个工作过程来看,它产生的电流和电压并不是绝对的恒定。但在经历一段变化过程之后,在特定的时间范围内,其电压和电流可以基本保持恒定,这时就可近似用直流电路加以分析。

前面所提到的"一段变化过程",不同用途的电路,这段过程所需时间的长短相差很大,可以从几微秒到几分钟不等。本章研究的时间范围都是在通电的一段时间之后,电压和电流已经近似保持恒定。在保持恒定之前和之后,电路中发生的过程,将在本书第10章专门讨论。因此,本章分析结果并不能代表实际电路的全部工作过程,但本章所建立的分析方法将是分析电路全部工作过程的重要基础。

客观上还有一种情况,虽然电压和电流是变化的,但在极短的观察时间内,这种变化并不明显。那么在这极短的时间内,便可用直流电路加以分析。例如,设三相异步电动机的工作频率为50 Hz,即周期为$\frac{1}{50\ \text{Hz}}=0.02\ \text{s}=20\ \text{ms}$,那么在$T_S=0.1\ \text{ms}$的时间内,电动机定子电流没有明显变化。图2.1.1(a)表示A相绕组电流情况,这时便可用图(b)所示的直流电流源在T_S时间内代替该绕组。如果电路的其他部分也能这样处理,整个电路便可按照直流电路进行分析。这是电力电子技术广泛采用的近似分析方法。

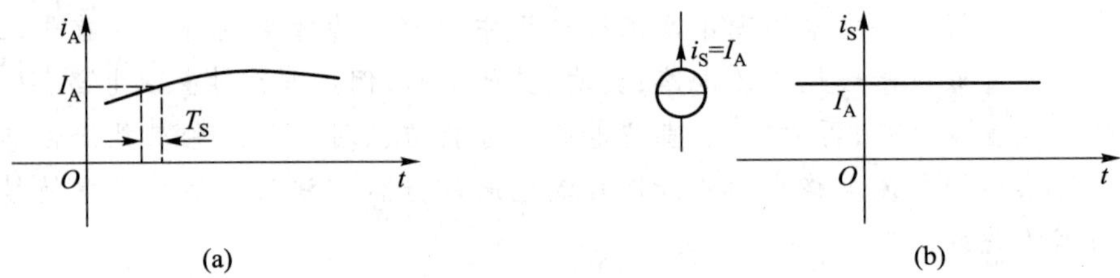

图2.1.1 (a)缓变的绕组电流;(b)在短时间内视为电流源

综上所述,直流电路是实际电路的有条件理想化,这个条件就是:在所研究的时间范围内,电压和电流近似保持恒定。因此,在这个时间范围内不需要使用时间变量。在直流电路中不存在感生电场和位移电流,如果电路尺度不是很大,以至可以忽略沿线电阻电压和漏导电流,便可以建立集中参数电路模型,这里叫**直流电路模型**,简称直流电路。

在含有理想储能元件的直流电路中,例如图2.1.2(a),由于电压为常量,所以电容电流$I_C=CdU_C/dt=0$,电容处于开路状态;由于电流为常量,所以电感电压$U_L=LdI_L/dt=0$,电感处于短路状态。把电容和电感分别视为开路和短路后,剩下的就是由独立电源、受控电源和电阻组成的直流电路,如图2.1.2(b)所示。

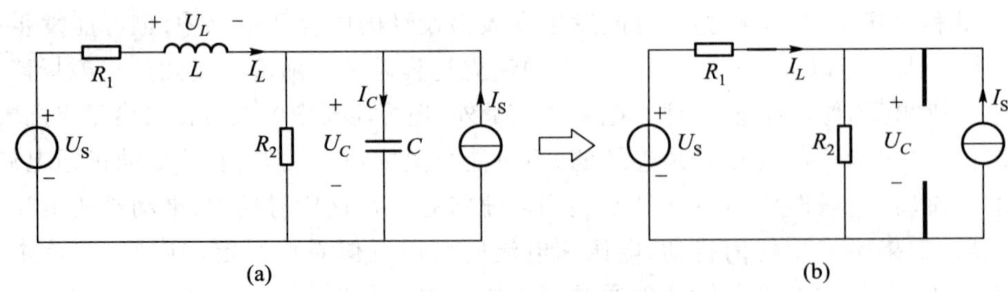

图2.1.2 (a)含电感和电容的线性直流电路;(b)电感短路、电容开路

客观上还存在许多不含储能元件的电路,仅由独立电源、受控电源和电阻组成,称为**电阻电路**,其中的电压和电流并不限于是直流,可以是时间的任意函数。如果变化的电压产生的位移电流和变化的电流产生的感生电场可以忽略不计的话,其分析模型与直流电路模型相同,因此直流电路的分析方法同样适用于满足上述条件的非直流的电阻电路。

本章讨论由独立电源、受控电源和线性电阻组成的直流电路,所列方程将是线性代数方程,故命名为**线性直流电路**。非线性直流电路留在第 14 章加以介绍。

2.2 电阻的串联与单回路电路

电阻的最简单连接方式是串联和并联。本节先学习串联。

1. 电阻的串联

当各电阻依次连接,在连接点处没有分支,从而各电阻流过相同电流,则称这些电阻为**串联**。图 2.2.1(a)是两个电阻串联的情形。

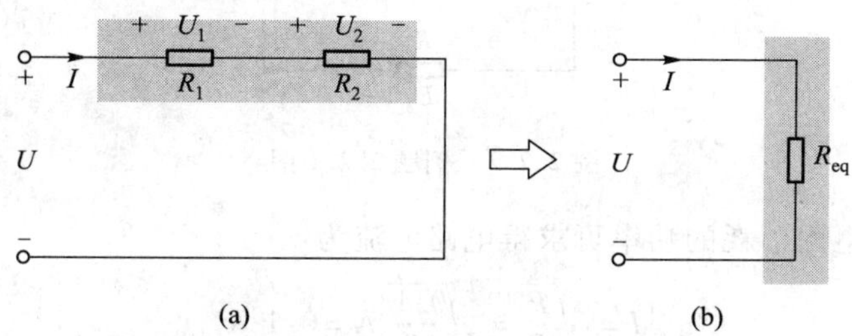

图 2.2.1 (a) 电阻的串联;(b) 等效电阻

根据 KVL 及欧姆定律,可以建立总电压与电流的关系

$$U = U_1 + U_2 = R_1 I + R_2 I = (R_1 + R_2) I = R_{eq} I \tag{2.2.1}$$

式中 R_{eq} 称为两个串联电阻的**等效电阻**。

$$R_{eq} = U/I = R_1 + R_2 \tag{2.2.2}$$

同理,当有 n 个电阻作串联时,其等效电阻等于这 n 个电阻之和,即

$$R_{eq} = \sum_{k=1}^{n} R_k \tag{2.2.3}$$

电阻的串联可用于分压,称为**分压器**,其中每个串联电阻只承受总电压的一部分。以图 2.2.1(a)为例,为求出各电阻上的电压,先由式(2.2.1)求出电流,

$$I = \frac{U}{R_1 + R_2} = \frac{U}{R_{eq}} \tag{2.2.4}$$

再由欧姆定律及式(2.2.4)便得到两个电阻串联时各电阻上的电压,即分压公式,

$$\begin{cases} U_1 = R_1 I = \dfrac{R_1}{R_1 + R_2} U = \dfrac{R_1}{R_{eq}} U \\ U_2 = R_2 I = \dfrac{R_2}{R_1 + R_2} U = \dfrac{R_2}{R_{eq}} U \end{cases} \tag{2.2.5}$$

据此推广便得到 n 个电阻串联时的分压公式,即

$$U_k = \frac{R_k}{R_{eq}}U \quad (k=1,2,\cdots,n) \tag{2.2.6}$$

电阻串联时流过相同电流,因此图 2.2.1(a)两个电阻消耗的功率分别是

$$\begin{cases} P_1 = U_1 I = R_1 I^2 \\ P_2 = U_2 I = R_2 I^2 \end{cases} \tag{2.2.7}$$

因此,各电阻上的电压比例关系、功率比例关系与电阻的比例关系满足

$$\frac{U_1}{U_2} = \frac{P_1}{P_2} = \frac{R_1}{R_2} \tag{2.2.8}$$

较大的电阻其电压和功率也较大。

【例题 2.2.1】 如图 2.2.2 所示串联电路,已知 10 Ω 电阻消耗功率是 0.1 W,R_2 两端电压是 $U_2=18$ V。求电阻 R_2 和 R_3 的值。

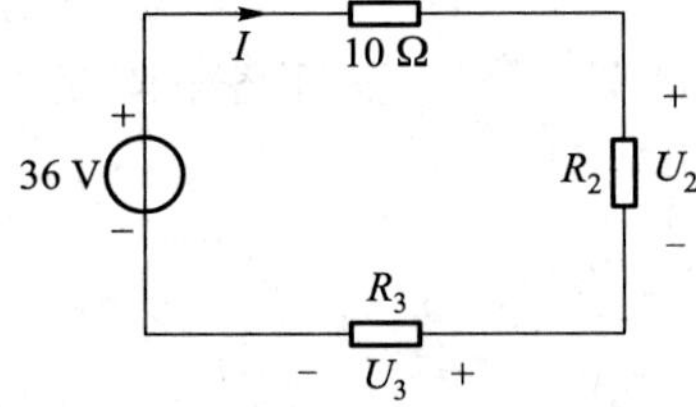

图 2.2.2 例题 2.2.1 图

【解】 由 10 Ω 电阻消耗的功率可求得电路电流为

$$I = \sqrt{\frac{P}{R}} = \sqrt{\frac{0.1}{10}}\ \text{A} = 0.1\ \text{A}$$

由欧姆定律求得

$$R_2 = \frac{U_2}{I} = 180\ \Omega$$

由 KVL 求得

$$U_3 = 36 - I\times 10 - U_2 = 17\ \text{V}$$

再由欧姆定律求得

$$R_3 = \frac{U_3}{I} = 170\ \Omega$$

2. 单回路电路

如果若干个电阻和电源,依次连接后形成一个回路,称为单回路电路。在单回路电路中,只有一个待求电流。

电压源供电的单回路电路如图 2.2.3 所示,回路中各元件电压要满足 KVL 方程,按图中的回路绕行方向就是

$$U_1 + U_{S2} + U_2 - U_3 - U_{S1} = 0 \tag{2.2.9}$$

将各电阻的欧姆定律方程代入上式,得

$$R_1I+U_{S2}+R_2I-(-R_3I)-U_{S1}=0 \tag{2.2.10}$$

由此求得回路电流为

$$I=\frac{U_{S1}-U_{S2}}{R_1+R_2+R_3}=\frac{E_1-E_2}{R_1+R_2+R_3} \tag{2.2.11}$$

即回路电流等于回路源电压(或电动势)的代数和除以回路总电阻。

回路中既然有电流产生,便有能量的出纳。在电路理论中常用功率的出纳表示能量的出纳,亦即用“发出功率”和“消耗功率”代表能量的发出和消耗(吸纳)。

根据电源发出功率的计算方法,图 2.2.3 中两个电压源发出功率的总和为

$$P_{S1}+P_{S2}=U_{S1}I+(-U_{S2})I=\frac{(U_{S1}-U_{S2})^2}{R_1+R_2+R_3} \tag{2.2.12}$$

再根据电阻消耗功率的计算方法,可以求得三个电阻消耗的总功率

$$P_{R1}+P_{R2}+P_{R3}=I^2(R_1+R_2+R_3)=\frac{(U_{S1}-U_{S2})^2}{R_1+R_2+R_3} \tag{2.2.13}$$

显然,电压源发出功率之和等于电阻消耗功率之和,满足**功率守恒**。其实直接用 KVL 和 KCL 完全可以得出同样结论,因为电压满足

$$U_{S1}-U_{S2}=U_1+U_2+U_3 \tag{2.2.14}$$

由 KCL 可知各元件通过相同的电流 I,用这个电流乘以上式等号两边,左边就是电源发出功率之和$(U_{S1}-U_{S2})I$,右边则是电阻消耗功率之和 $U_1I+U_2I+U_3I$。

功率守恒规律在电路中是普遍正确的,以上只是其中一例,用以理解功率守恒与 KVL 和 KCL 的关系。

如果将图 2.2.3 中的电压源 U_{S2}换成电流源,如图 2.2.4 所示。根据电流源的特性,这时回路电流完全由电流源决定,即 $I=I_S$。接下来,各元件电压和功率便不难求得。作为电路模型的这两个独立电源,不一定都是对外发出电能,例如,根据 KVL,电流源的端电压表达式为

$$U_{IS}=U_1+U_2-U_3-U_{S1}=I_SR_1+I_SR_2-(-I_SR_3)-U_{S1}=I_S(R_1+R_2+R_3)-U_{S1} \tag{2.2.15}$$

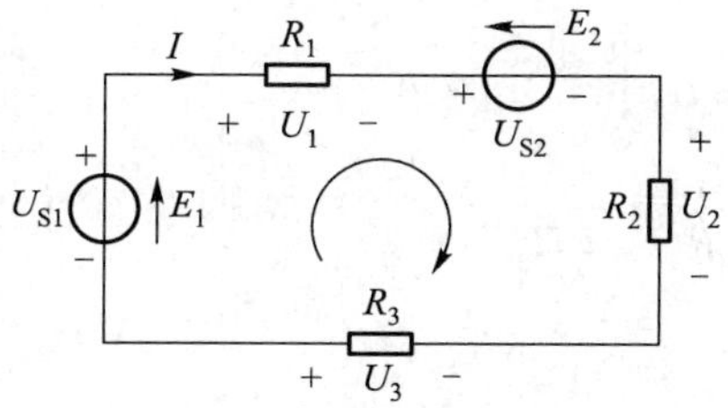

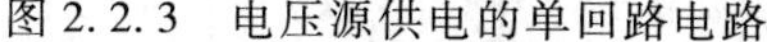

图 2.2.3 电压源供电的单回路电路

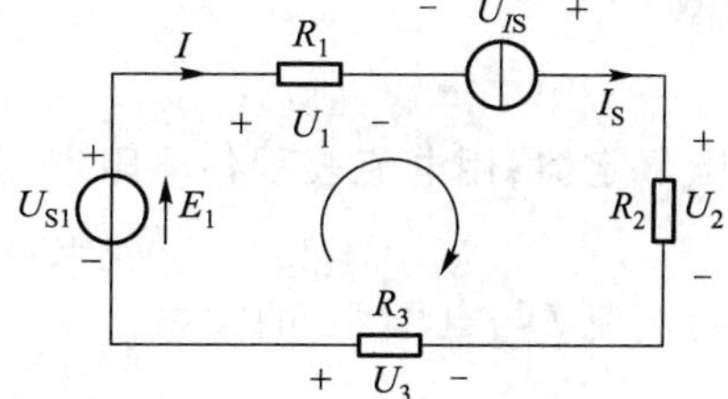

图 2.2.4 含电流源的单回路电路

如果式中 U_{IS}大于零,电流源对外发出电能;如果小于零,电流源从外电路吸收电能,它和电阻吸收的电能都来自图中的电压源。

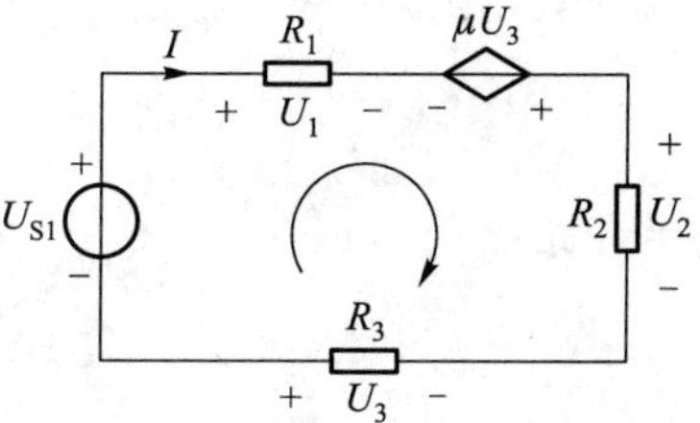

图 2.2.5 含受控源的单回路电路

图 2.2.5 是含有受控电压源的单回路电路。回路的 KVL 方程为

$$U_1-\mu U_3+U_2-U_3-U_{S1}=IR_1-\mu(-IR_3)+IR_2-(-IR_3)-U_{S1}=0 \tag{2.2.16}$$

电流为

$$I=\frac{U_{S1}}{R_1+R_2+(\mu+1)R_3} \tag{2.2.17}$$

有了这个电流,便不难求出所有元件的电压和功率。例如,受控电压源的电压和发出的功率分别为

$$\mu U_3=\mu(-IR_3)=-\frac{\mu R_3 U_{S1}}{R_1+R_2+(\mu+1)R_3} \tag{2.2.18}$$

$$P_{VCVS}=\mu U_3 I=-\frac{\mu R_3 U_{S1}^2}{[R_1+R_2+(\mu+1)R_3]^2} \tag{2.2.19}$$

基于不同背景建立的受控源模型,控制系数 μ 可能取正值或负值,因此上述功率也存在正、负情况。若 $\mu>0$,则功率为负值,表明受控源消耗电能,该电能来自图中的独立电压源;若 $\mu<0$,则功率为正值,表明受控源发出电能,该电能来自建立受控源模型的物理系统。

单回路电路还有其他形式。概括地说,分析这种电路的第一步就是确定回路中的电流,进而确定各元件的电压和功率。

【例题 2.2.2】 求图 2.2.6 电路中的等效电阻 R_{eq} 和输出开路电压 U_O。

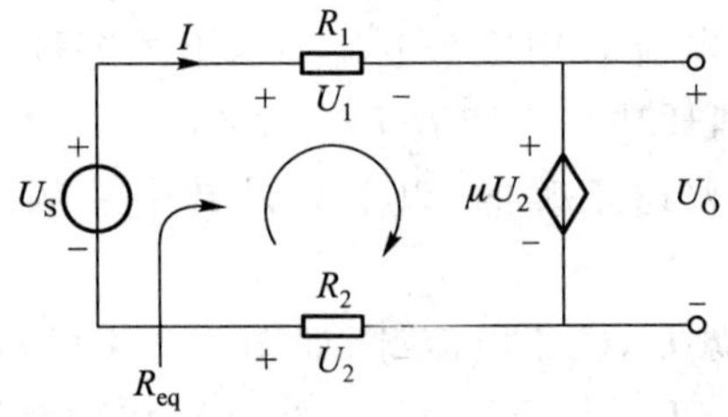

图 2.2.6 例题 2.2.2 图

【解】 计算等效电阻实际就是计算电压 U_S 与电流 I 的比值。为此,先按图中回路列写 KVL 方程

$$U_1+\mu U_2-U_2=U_S$$

再根据欧姆定律,用电流表示各电阻电压

$$R_1 I+\mu(-R_2 I)-(-R_2 I)=U_S$$

从而求得电流 I 与电压 U_S 的关系

$$I=\frac{U_S}{R_1+R_2(1-\mu)}$$

所以等效电阻

$$R_{eq}=\frac{U_S}{I}=R_1+R_2(1-\mu)$$

输出开路电压

$$U_O=\mu U_2=\mu(-R_2 I)=-\frac{\mu R_2 U_S}{R_1+R_2(1-\mu)}$$

2.3 电阻的并联与双节点电路

1. 电阻的并联

当各电阻都接到同一对节点之间，从而承受相同电压时，则称这些电阻为并联。图 2.3.1(a)是两个电阻并联的情形。

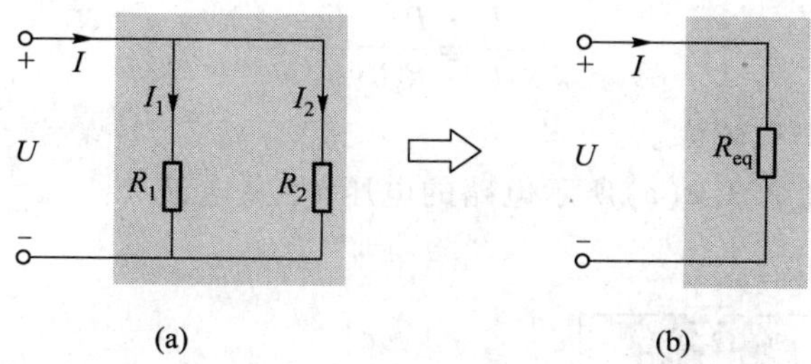

图 2.3.1 (a) 电阻的并联；(b) 等效电阻

为计算等效电导或等效电阻，需建立图(a)电路的 $U-I$ 关系。由 KCL 及欧姆定律得

$$I=I_1+I_2=\frac{U}{R_1}+\frac{U}{R_2}=(G_1+G_2)U \tag{2.3.1}$$

所以两个电阻并联的**等效电导**为

$$G_{eq}=\frac{I}{U}=G_1+G_2 \tag{2.3.2}$$

或等效电阻为

$$R_{eq}=\frac{U}{I}=G_{eq}^{-1}=\frac{1}{G_1+G_2}=\frac{R_1R_2}{R_1+R_2} \tag{2.3.3}$$

同理得出 n 个电阻并联时的等效电导和等效电阻，即

$$G_{eq}=\sum_{k=1}^{n}G_k \tag{2.3.4}$$

$$R_{eq}=\frac{1}{G_{eq}} \tag{2.3.5}$$

电阻并联可用于分流，称为**分流器**。为计算各分支电流，列写上节点的 KCL 方程和右回路的 KVL 方程如下：

$$\begin{cases}I=I_1+I_2\\R_1I_1=R_2I_2\end{cases} \tag{2.3.6}$$

由此求得两个电阻分得的电流分别为

$$\begin{cases}I_1=\dfrac{R_2}{R_1+R_2}I=\dfrac{G_1}{G_1+G_2}I\\[2ex]I_2=\dfrac{R_1}{R_1+R_2}I=\dfrac{G_2}{G_1+G_2}I\end{cases} \tag{2.3.7}$$

推广到 n 个电阻并联时的分流情况就是

$$I_k=\frac{G_k}{G_{eq}}I \quad (k=1,2,\cdots,n) \tag{2.3.8}$$

两个电阻并联时它们消耗的功率分别是

$$\begin{cases}P_1=UI_1=G_1U^2\\P_2=UI_2=G_2U^2\end{cases} \tag{2.3.9}$$

由于并联电阻承受相同的电压，所以它们的电流比例关系、功率比例关系与电导的比例关系满足

$$\frac{I_1}{I_2}=\frac{P_1}{P_2}=\frac{G_1}{G_2} \tag{2.3.10}$$

较大的电导其电流和功率也较大。

【例题 2.3.1】 求图 2.3.2(a)所示电路的电压 U_1 及电流 I_2。

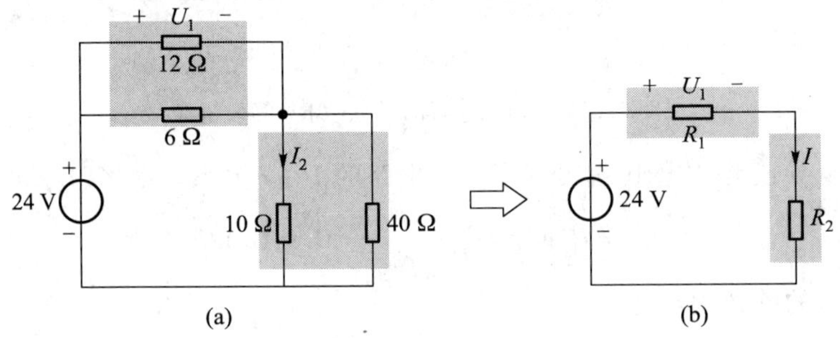

图 2.3.2 (a) 例题 2.3.1 图；(b) 等效电路

【解】 基本思路：先化简电路，再利用分压和分流公式完成计算。

应用并联化简得到图(b)所示电路，其中

$$R_1=\frac{12\times6}{12+6}\ \Omega=4\ \Omega, \qquad R_2=\frac{10\times40}{10+40}\ \Omega=8\ \Omega$$

由串联分压公式(2.2.5)得

$$U_1=\frac{R_1}{R_1+R_2}\times24=8\ \text{V}$$

由欧姆定律求得电流

$$I=\frac{24}{R_1+R_2}=2\ \text{A}$$

再由分流公式(2.3.7)得

$$I_2=\frac{40}{10+40}\times I=1.6\ \text{A}$$

【例题 2.3.2】 图 2.3.3 为接电阻负载的分压电路。已知负载电阻 $R_L=100\ \Omega$，消耗的功率为 4 W，电源电压 $U_S=30$ V，电源发出的功率为 9 W。试确定分压电阻 R_1 和 R_2 的值。

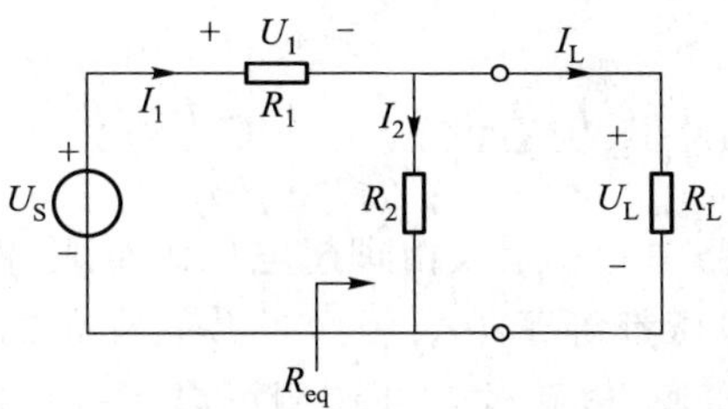

图 2.3.3 例题 2.3.2 图

【解】 基本思路:通过计算并联等效电阻和总等效电阻来确定分压电阻值。

由已知的负载电阻和功率计算负载电压和电流分别为

$$U_L=\sqrt{P_L R_L}=\sqrt{4\times 100}\ \text{V}=20\ \text{V},\quad I_L=\frac{U_L}{R_L}=\frac{20}{100}\ \text{A}=0.2\ \text{A}$$

再由电源电压和电源发出的功率算得电源提供的电流为

$$I_1=\frac{P_S}{U_S}=\frac{9}{30}\ \text{A}=0.3\ \text{A}$$

流过电阻 R_2 的电流为 $I_2=I_1-I_L=(0.3-0.2)\text{A}=0.1\ \text{A}$,由此确定分压电阻 R_2 为

$$R_2=\frac{U_L}{I_2}=\frac{20}{0.1}\ \Omega=200\ \Omega$$

电阻 R_1 的电压为 $U_1=U_S-U_L=(30-20)\text{V}=10\ \text{V}$,由此确定分压电阻 R_1 为

$$R_1=\frac{U_1}{I_1}=\frac{10}{0.3}\ \Omega=\frac{100}{3}\ \Omega$$

2. 双节点电路

双节点电路的示例如图 2.3.4 所示。因为各支路并联,具有相同的电压 U,所以各支路电流很容易都用这个电压来表示。再根据节点上的 KCL 方程,便可求得这个电压,进而求得各未知的支路电流。具体分析如下:

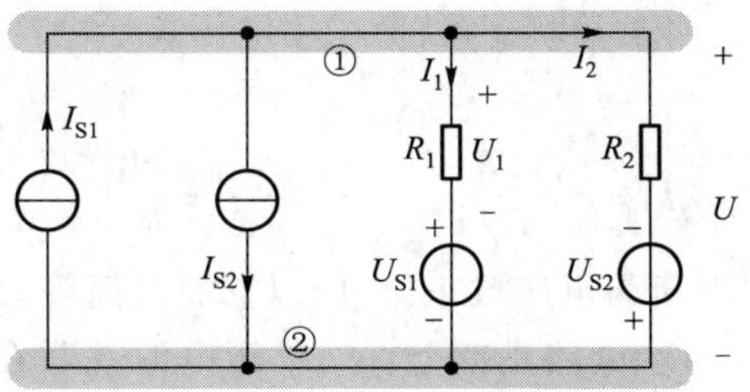

图 2.3.4 双节点电路示例

未知支路电流

$$I_1=\frac{U-U_{S1}}{R_1},\quad I_2=\frac{U+U_{S2}}{R_2}\tag{2.3.11}$$

节点①的 KCL 方程

$$I_1+I_2=\frac{U-U_{S1}}{R_1}+\frac{U+U_{S2}}{R_2}=I_{S1}-I_{S2}\tag{2.3.12}$$

双节点之间的电压

$$U=\frac{I_{S1}-I_{S2}+U_{S1}/R_1-U_{S2}/R_2}{1/R_1+1/R_2} \tag{2.3.13}$$

如果双节点之间的并联支路中有一个仅由理想电压源组成，例如图 2.3.5(a)中的 U_{S2} 支路，则根据 KVL，所有并联的支路电压都等于 U_{S2}，因而各并联支路的电流可以单独计算，相互不受影响，就像单独“受用”这个电压源，电路的对外作用可以用一个量值为 U_{S2} 的电压源来等效，如图 2.3.5(b)所示。这是由理想电压源特性和 KVL 决定的。但并联的电阻越多，电压源 U_{S2} 提供的电流和功率也就越大。在实验室可以看到，一个近似看作理想电压源的稳压电源同时给多个负载供电，各负载之间没有影响，道理就在于此。

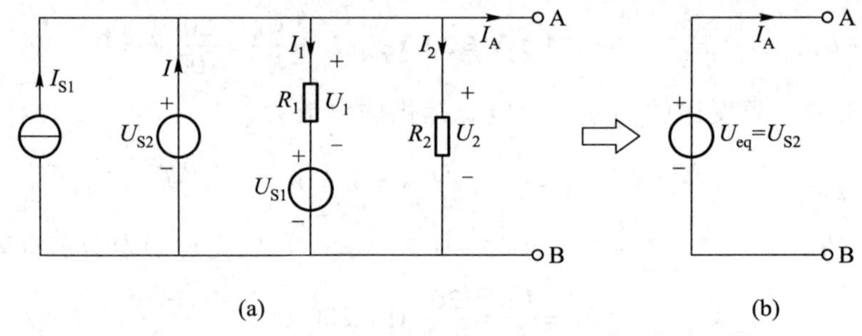

图 2.3.5 (a) 含理想电压源支路的双节点电路；(b) 等效电路

【例题 2.3.3】 分析图 2.3.6 所示电路的 $U-I$ 关系。

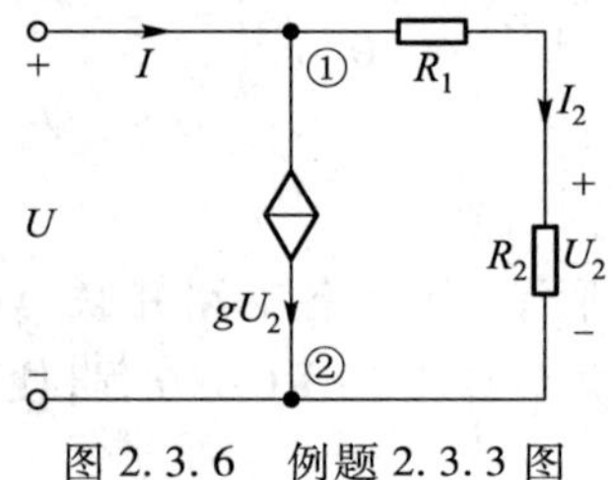

图 2.3.6 例题 2.3.3 图

【解】 因为从端口上看是两个并联支路，所以用电压表示电流比较方便。对①点列写 KCL 方程得

$$I=gU_2+I_2=g\times\frac{R_2U}{R_1+R_2}+\frac{U}{R_1+R_2}=\frac{gR_2+1}{R_1+R_2}U=GU$$

上式说明，该电路的端口电流与电压成正比，所以它的最简等效电路是电阻或电导。

【例题 2.3.4】 图 2.3.7 所示电路是三个直流稳压电源并联在一起的电路模型，设这三个

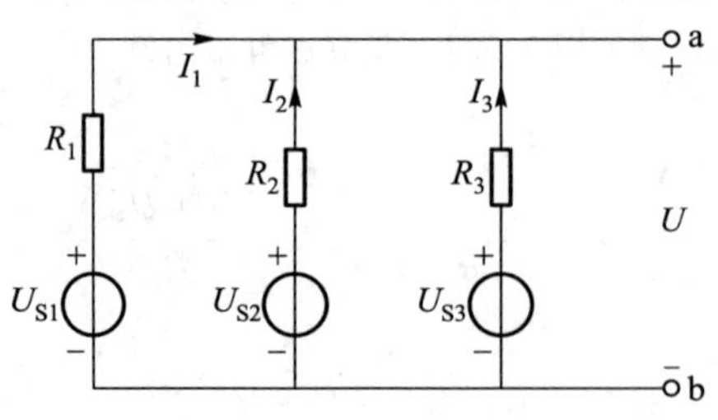

图 2.3.7 例题 2.3.4 图

电源参数不一致：$R_1=1\ \Omega, U_{S1}=12\ V; R_2=1.2\ \Omega, U_{S2}=11\ V; R_3=1.4\ \Omega, U_{S3}=10\ V$。a、b 处开路。求这三个电源的电流。

【解】 根据式(2.3.13)计算出并联后的端电压

$$U=\frac{U_{S1}/R_1+U_{S2}/R_2+U_{S3}/R_3}{1/R_1+1/R_2+1/R_3}\approx 11.1121\ V$$

根据 $U=-R_1I_1+U_{S1}=-R_1I_1+U_{S1}=-R_1I_1+U_{S1}$ 求得电源电流

$$I_1=\frac{U_{S1}-U}{R_1}\approx 0.8879\ A,\quad I_2=\frac{U_{S2}-U}{R_2}\approx -0.0935\ A,\quad I_3=\frac{U_{S3}-U}{R_3}\approx -0.7944\ A$$

本例结果说明：如果稳压电源的参数不一致，并联后，即使没有与负载连接，在各电源内部也存在电流，消耗着电能。所以，若将稳压源并联使用，其参数必须一致。这是并联使用稳压电源时需要注意的。

2.4 戴维南电路与诺顿电路

在建立含源网络或实际电源的电路模型时，经常用到图 2.4.1(a)、(b)所示的两种含独立源一端口电路。其中图(a)的电压源 U_S 与电阻 R_T 串联的电路称为**戴维南**(Thévenin)电路；图(b)的电流源 I_S 与电阻 R_N 并联的电路称为**诺顿**(Norton)电路。在参数满足一定条件时，这两种电路模型对外电路的作用完全相同，具有相同的 $U-I$ 关系，可以相互等效代替，从而简化电路分析。

为求等效条件，根据等效的含意，需分别建立这两种电路的端口电压与电流的关系。

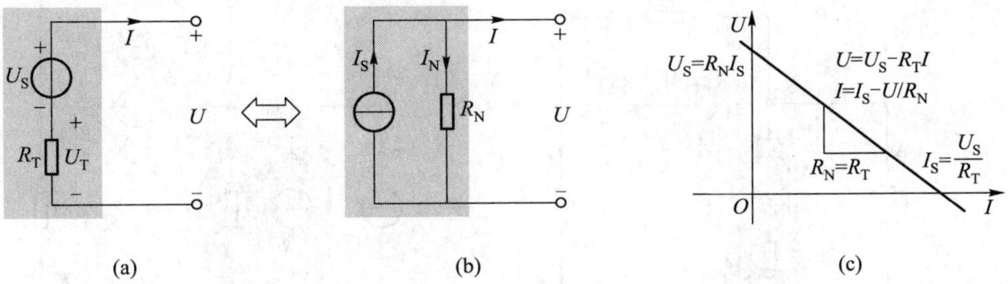

图 2.4.1 戴维南电路与诺顿电路的等效变换

戴维南电路为串联结构，所以用 KVL 容易写出用电流表示电压的关系

$$U=U_S+U_T=U_S-R_TI \tag{2.4.1}$$

诺顿电路为并联结构，所以用 KCL 容易写出用电压表示电流的关系

$$I=I_S-I_N=I_S-U/R_N \tag{2.4.2}$$

如果上述两个关于 U 和 I 的直线方程所代表的 U、I 关系完全相同，即它们的特性曲线完全重合，如图(c)所示，那么这两个电路便是等效的。将式(2.4.1)进一步改写成

$$I=U_S/R_T-U/R_T \tag{2.4.3}$$

再与式(2.4.2)比较便得两种电路相互等效的条件是

$$I_S=\frac{U_S}{R_T},\quad R_N=R_T \tag{2.4.4}$$

由此式可见，这两个电路等效时，它们的电阻具有相同的阻值。

实际的稳压电源工作时，随着端口电流的变化，其端口电压也略有变化，戴维南电路常用作这种稳压电源的电路模型，其中 U_S 表示电源空载（输出电流为零，即开路）时的输出电压，量值等于它的电动势，而 $R_T I$ 则表示由负载电流引起的输出电压的下降。从这种意义上说，R_T 也称为电源的等效内阻。类似地，实际稳流电源工作时，随着端口电压的变化，其端口电流也略有变化，诺顿电路常用作这种稳流电源的模型。其中 I_S 表示稳流电源空载（输出电压为零，即短路）时的输出电流，而 U/R_N 则表示由负载电压引起的输出电流的下降，$G_N = 1/R_N$ 称为稳流源的内导。由于戴维南电路和诺顿电路可以相互等效，因此实际电源都有这两种等效的电路模型。但是，用戴维南电路作为稳压源模型，用诺顿电路作为稳流源模型，更容易表述实际电源的稳压或稳流性能。

受控电压源与电阻的串联也可等效成受控电流源与同一电阻的并联，或反之，如图 2.4.2 所示。其中变换方法与含独立源的情况相似。但在使用这种变换时，注意不要使控制量消失。

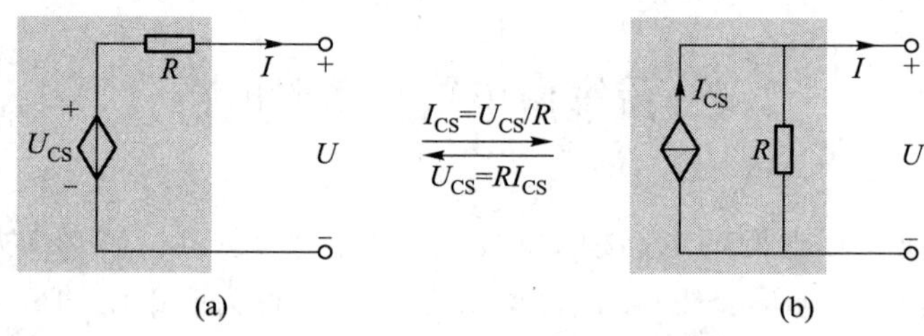

图 2.4.2　含受控源电路的等效变换

【例题 2.4.1】　用戴维南电路和诺顿电路的等效变换求图 2.4.3(a)电路中电流 I。

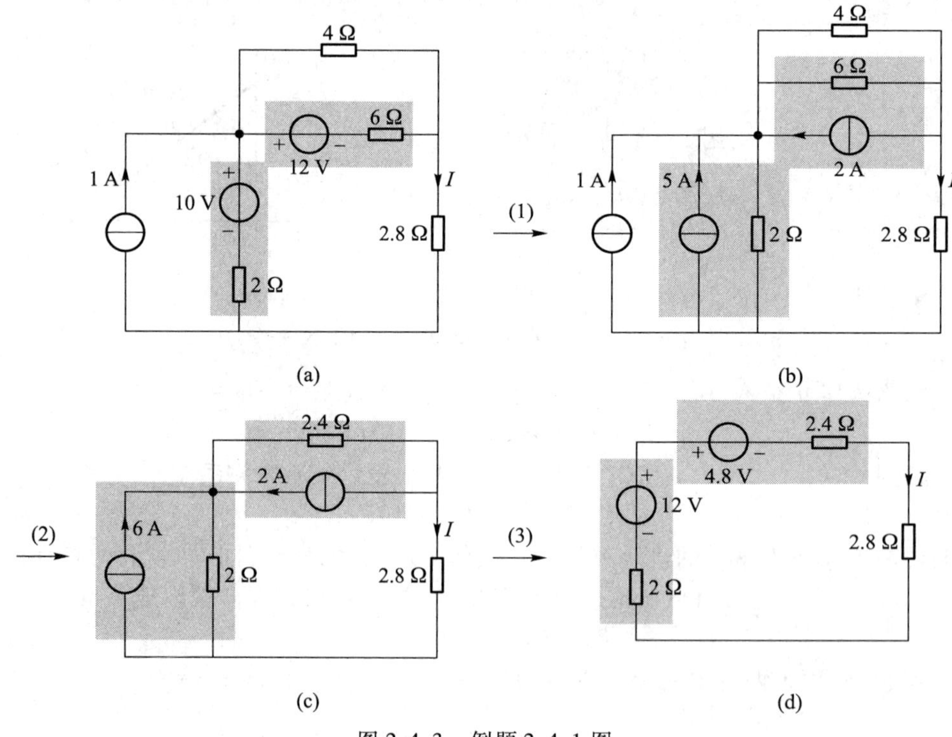

图 2.4.3　例题 2.4.1 图

【解】 按下列步骤计算本题：

（1）将两个戴维南电路等效成诺顿电路，如图 2.4.3(b)。

（2）将并联的电流源等效为一个电流源，将并联的电阻等效为一个电阻，如图 2.4.3(c)。

（3）将诺顿电路等效成戴维南电路，如图 2.4.3(d)，得到单回路电路。计算这个电路得到

$$I=\frac{12-4.8}{2+2.4+2.8}\ \mathrm{A}=1\ \mathrm{A}$$

2.5 电阻的星形和三角形联结

在电桥电路和三相电路中，常见到电阻的**星形联结**（简称 Y 形联结或 T 形联结）与**三角形联结**（简称 Δ 形联结或 Π 形联结），分别如图 2.5.1(a)、(b)所示，它们各有三个电阻，在一定条件下这两种联结可以相互等效，用以实现网络的等效化简。例如图 2.5.2(a)所示的电桥电路，不能用串并联等效直接计算等效电阻。但是，如将 R_2、R_4、R_5 组成的三角形联结等效成星形联结，如图 2.5.2(b)所示，或者将 R_1、R_2、R_5 组成的星形联结等效成三角形联结，如图 2.5.2(c)所示，然后便可使用串并联等效规律计算等效电阻。

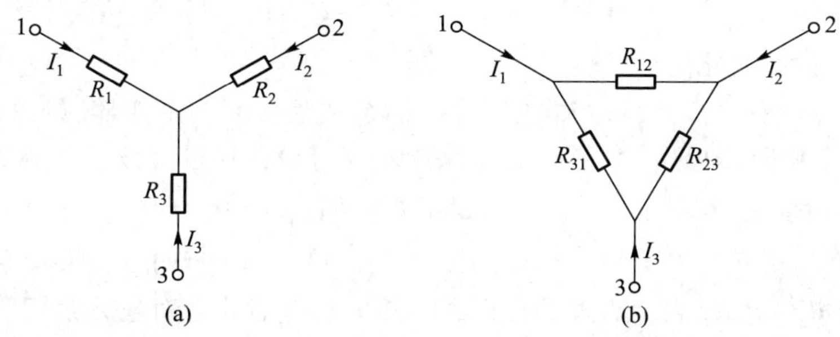

图 2.5.1 (a) 星形联结；(b) 三角形联结

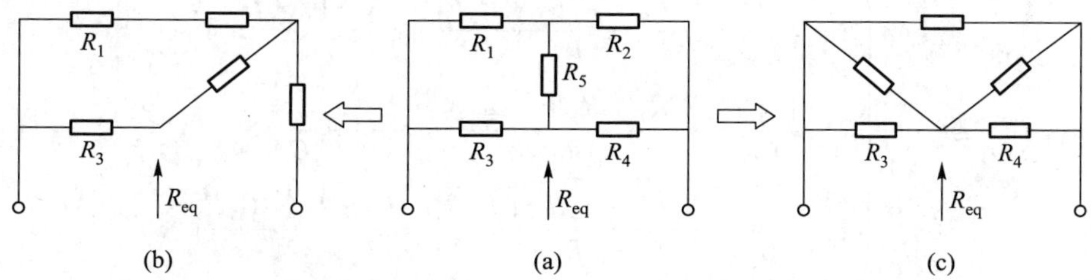

图 2.5.2 (a) 计算电桥电路等效电阻；(b) Δ→Y 变换；(c) Y→Δ 变换

下面说明 Y 形联结与 Δ 形联结相互等效的含意。

Y 形联结与 Δ 形联结属于三端网络。对于图 2.5.1(a)，有三对端子间电压 U_{12}，U_{23}，U_{31} 和三个端子电流 I_1，I_2，I_3。根据 KVL，给定任意两对端子间电压，便可确定第三对端子间电压。例如由 U_{13}，U_{23} 求得 $U_{12}=U_{13}-U_{23}$。再根据 KCL，给定任意两个端子电流，便可确定第三个端子电流，例如由 I_1，I_2 求得 $I_3=-(I_1+I_2)$。因此，三端网络的对外作用可以用两对端子间电压（例如 U_{13}，U_{23}）与两个端子电流（例如 I_1，I_2）的关系来表示。如果 Y 形联结和 Δ 形联结具有相同的电压、电流关系，则这两种联结可以相互替代，而不影响其他部分的电压与电流，此时称 Y 形联结

与 Δ 形联结相互等效。

下面循此概念研究等效条件。根据 KVL 和欧姆定律，对图 2.5.1(a)的 Y 形联结建立如下电压、电流关系

$$\begin{cases} U_{13}=R_1I_1-R_3I_3=R_1I_1+R_3(I_1+I_2)=(R_1+R_3)I_1+R_3I_2 \\ U_{23}=R_2I_2-R_3I_3=R_2I_2+R_3(I_1+I_2)=R_3I_1+(R_2+R_3)I_2 \end{cases} \tag{2.5.1}$$

写成矩阵形式就是

$$\begin{bmatrix} U_{13} \\ U_{23} \end{bmatrix}=\begin{bmatrix} R_1+R_3 & R_3 \\ R_3 & R_2+R_3 \end{bmatrix}\begin{bmatrix} I_1 \\ I_2 \end{bmatrix} \tag{2.5.2}$$

根据 KCL 和欧姆定律，对图 2.5.1(b)的 Δ 形联结建立如下电压、电流关系

$$\begin{cases} I_1=\dfrac{U_{13}}{R_{31}}+\dfrac{U_{12}}{R_{12}}=\dfrac{U_{13}}{R_{31}}+\dfrac{U_{13}-U_{23}}{R_{12}}=(G_{12}+G_{31})U_{13}-G_{12}U_{23} \\ I_2=\dfrac{U_{23}}{R_{23}}-\dfrac{U_{12}}{R_{12}}=\dfrac{U_{23}}{R_{23}}-\dfrac{U_{13}-U_{23}}{R_{12}}=-G_{12}U_{13}+(G_{12}+G_{23})U_{23} \end{cases} \tag{2.5.3}$$

也写成矩阵形式

$$\begin{bmatrix} I_1 \\ I_2 \end{bmatrix}=\begin{bmatrix} G_{12}+G_{31} & -G_{12} \\ -G_{12} & G_{12}+G_{23} \end{bmatrix}\begin{bmatrix} U_{13} \\ U_{23} \end{bmatrix} \tag{2.5.4}$$

式中 G 表示电阻元件的电导值。

从数学上可知，如果式(2.5.2)与式(2.5.4)的系数矩阵互为逆矩阵，则这两个方程代表的电压、电流关系完全相同，即此时 Y 形与 Δ 形联结相互等效。所以等效条件的矩阵表达式是

$$\begin{bmatrix} R_1+R_3 & R_3 \\ R_3 & R_2+R_3 \end{bmatrix}^{-1}=\frac{1}{D}\begin{bmatrix} R_2+R_3 & -R_3 \\ -R_3 & R_1+R_3 \end{bmatrix}=\begin{bmatrix} G_{12}+G_{31} & -G_{12} \\ -G_{12} & G_{12}+G_{23} \end{bmatrix} \tag{2.5.5}$$

其中 $D=R_1R_2+R_2R_3+R_3R_1$ 表示矩阵的行列式。矩阵相等意味着对应元素相等，由此得由 Y 形联结到 Δ 形联结的等效变换公式

$$\begin{cases} R_{12}=\dfrac{1}{G_{12}}=\dfrac{R_1R_2+R_2R_3+R_3R_1}{R_3}=\dfrac{G_1+G_2+G_3}{G_1G_2} \\ R_{23}=\dfrac{1}{G_{23}}=\dfrac{R_1R_2+R_2R_3+R_3R_1}{R_1}=\dfrac{G_1+G_2+G_3}{G_2G_3} \\ R_{31}=\dfrac{1}{G_{31}}=\dfrac{R_1R_2+R_2R_3+R_3R_1}{R_2}=\dfrac{G_1+G_2+G_3}{G_3G_1} \end{cases} \tag{2.5.6}$$

同理，再令式(2.5.4)系数矩阵的逆与式(2.5.2)的系数矩阵相等，或直接求解式(2.5.6)，得到由 Δ 形联结到 Y 形联结的等效变换公式

$$\begin{cases} R_1=\dfrac{G_{23}}{G_{12}G_{23}+G_{23}G_{31}+G_{31}G_{12}}=\dfrac{R_{12}R_{31}}{R_{12}+R_{23}+R_{31}} \\ R_2=\dfrac{G_{31}}{G_{12}G_{23}+G_{23}G_{31}+G_{31}G_{12}}=\dfrac{R_{23}R_{12}}{R_{12}+R_{23}+R_{31}} \\ R_3=\dfrac{G_{12}}{G_{12}G_{23}+G_{23}G_{31}+G_{31}G_{12}}=\dfrac{R_{31}R_{23}}{R_{12}+R_{23}+R_{31}} \end{cases} \tag{2.5.7}$$

简单而常用的是对称情况,即三个相等的电阻接成 Y 形或 Δ 形时的等效变换。设

$$R_1 = R_2 = R_3 = R_Y$$

由变换公式(2.5.6)可得

$$R_{12} = R_{23} = R_{31} = R_\Delta = 3R_Y \tag{2.5.8}$$

相反的变换可由上式直接得出

$$R_Y = \frac{1}{3}R_\Delta \tag{2.5.9}$$

由此可见,对称 Y 形联结等效为 Δ 形联结时也是对称的,反之亦然。

将 Y 形联结变换为 Δ 形联结,减少一个节点,但要增加一个回路;而将 Δ 形联结变换为 Y 形联结,减少一个回路,但要增加一个节点。

【例题 2.5.1】 求图 2.5.3(a)所示电路的等效电阻 R_{eq}。

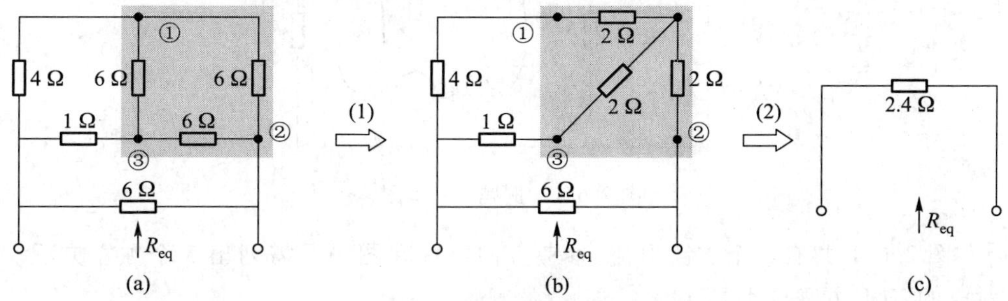

图 2.5.3　(a) 例题 2.5.1 图;(b) 三角形化为星形;(c) 等效电阻

【解】 步骤 1:先将节点①、②、③之间的对称 Δ 形联结化为等效的对称 Y 形联结,如图 2.5.3(b)所示。由式(2.5.9)求得 Y 形联结各电阻为 2 Ω。

步骤 2:对图(b)可用串并联化简求出等效电阻

$$R_{eq} = 6//[(4+2)//(1+2)+2]\ \Omega = 2.4\ \Omega$$

上式中符号"//"表示按并联关系计算等效电阻。

本题还存在其他 Y 形或 Δ 形联结,对其进行等效变换同样可以求得等效电阻,但变换的难易程度不同。请读者自行分析。

2.6　支路电流法与基尔霍夫的研究

能够用等效化简进行分析的电路通常是一些结构简单且只需求解个别待求量的电路。当电路变得复杂以致难以进行等效化简或待求量较多时,则要依据电路变量所遵循的基本规律,通过列写数学方程组的方法进行求解,这样可以大大提升人们认识电路问题的能力。

设给定的电路有 b 条支路、n 个节点,其中各独立电源、受控电源和电阻的参数均为确定的,要求分析各支路的电流和电压。这种要求是电路分析的典型问题。基于这样的要求,自然可以考虑将全部待求的支路电流和电压直接选作方程组的待求量。但这样做得到的方程过于庞杂,因此需要选择合适的待求变量。

由于支路电流和支路电压的关系是由支路结构和参数决定的，通常都非常简单，可以直接由支路电流求得支路电压，或反之。因此为简化方程，可以只选待求的支路电流或支路电压为待求量，得到解答后再根据支路情况求出支路电压或支路电流。前者称为**支路电流法**，后者称为**支路电压法**。本节学习支路电流法，支路电压法本书不予介绍，可参照支路电流法加以研究。

支路电流法就是以 b 个未知的支路电流作为待求量。这些电流在节点上遵循 KCL，它们所形成的电压在回路上遵循 KVL，这些就是列写支路电流方程的基本依据。因此，支路电流法的关键是要列出充分和必要的 KCL 方程和 KVL 方程。下面结合具体例子加以阐述。

【例题 2.6.1】 列出图 2.6.1 所示电路的支路电流方程。

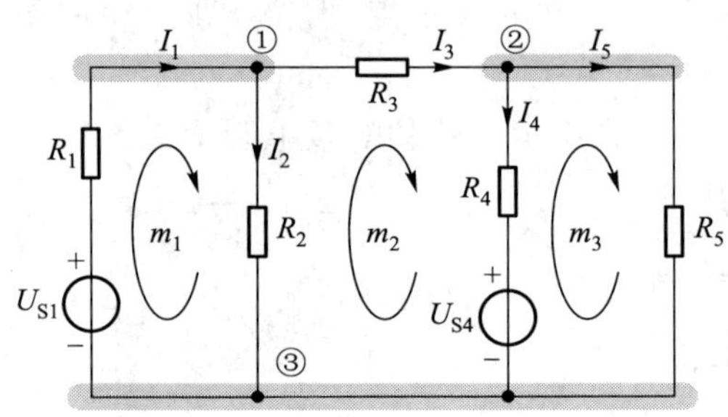

图 2.6.1 例题 2.6.1 图

【解】 图 2.6.1 共有 5 个支路电流，参考方向已标在图中。需列出 5 个独立方程。现有 3 个节点，对应的 KCL 方程分别是

$$\text{节点①：} \quad -I_1+I_2+I_3=0 \tag{1}$$

$$\text{节点②：} \quad -I_3+I_4+I_5=0 \tag{2}$$

$$\text{节点③：} \quad I_1-I_2-I_4-I_5=0 \tag{3}$$

然而，这三个方程不是独立的，例如将方程(1)和(2)相加后再乘以 −1 就是方程(3)，因此方程(3)不是必要的，它所包含的电流关系已由方程(1)和(2)包含了。推广到一般情况，对含有 n 个节点的电路，根据 KCL 列出的独立方程的个数为 $n-1$，即任意去掉一个节点的 KCL 方程，其余方程便是独立的。

再考察回路情况。图中已标出 3 个网孔，如用支路电流通过欧姆定律来表示电阻电压，它们的 KVL 方程依次就是

$$\text{网孔 } m_1\text{：} \quad R_1I_1+R_2I_2=U_{S1} \tag{4}$$

$$\text{网孔 } m_2\text{：} \quad -R_2I_2+R_3I_3+R_4I_4=-U_{S4} \tag{5}$$

$$\text{网孔 } m_3\text{：} \quad -R_4I_4+R_5I_5=U_{S4} \tag{6}$$

上述 3 个方程不能相互求得，因而是独立的。但是，这个电路除了上述网孔外，还存在多个其他回路，例如 $l_1: U_{S1}\to R_1\to R_3\to R_4\to U_{S4}\to U_{S1}$ 和 $l_2: R_2\to R_3\to R_5\to R_2$ 等。对上述两个回路依据 KVL 列出的方程分别是

$$\text{回路 } l_1\text{：} \quad R_1I_1+R_3I_3+R_4I_4=U_{S1}-U_{S4} \tag{7}$$

$$\text{回路 } l_2\text{：} \quad -R_2I_2+R_3I_3+R_5I_5=0 \tag{8}$$

这两个方程相对 3 个网孔上的 KVL 方程却是不独立的。例如方程(4)和(5)相加就是方程(7)；方程(5)和(6)相加就是方程(8)。因此方程(7)、方程(8)不是必要的，它们所包含的电压

关系已由三个网孔上的 KVL 方程包含了。

但是,对全部网孔列写 KVL 方程只是列写独立 KVL 方程的充分条件而非必要条件。例如 l_1、m_2 和 m_3 对应的 3 个 KVL 方程也是一组独立方程;m_1、m_2 和 l_2 对应的 3 个 KVL 方程也是一组独立方程。一般说来,还可以这样选择回路来列写独立的 KVL 方程:每选取一个回路时至少包括一条新的支路,因而在这个回路的 KVL 方程中包含一个新的支路电压,使得此方程独立于业已列出的方程。虽说如此,但对平面电路来说,对全部网孔列写 KVL 方程,总是确保方程充分和必要性的首选方法。

一般说来,无论怎样选择回路,对 n 个节点,b 条支路的电路,其独立的 KVL 方程个数即独立回路数都是 $b-(n-1)$。本书第 13 章将对此加以证明。

综上所述:方程(1)、(2)和方程(4)、(5)、(6)就是本例的一种支路电流方程,刚好用于求得 5 个支路电流。

【例题 2.6.2】 用支路电流法求图 2.6.2 含有受控源电路中的 I_1、I_2、I_3。设 $R_1=8\ \Omega$,$R_2=6\ \Omega$,$R_3=4\ \Omega$,$R_4=2\ \Omega$,$U_{S1}=24\ V$,$U_{S2}=12\ V$,$\beta=3$。

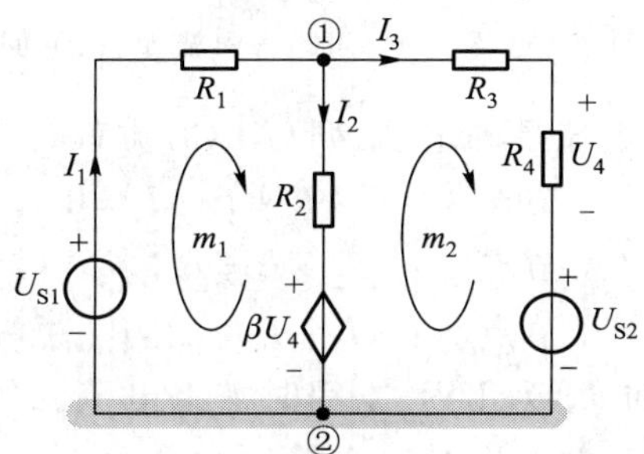

图 2.6.2 例题 2.6.2 图

【解】 对节点①列 KCL 方程:

$$-I_1+I_2+I_3=0 \tag{1}$$

对网孔列 KVL 方程:

$$\text{网孔 } m_1:\quad R_1I_1+R_2I_2+\beta U_4=U_{S1} \tag{2}$$

$$\text{网孔 } m_2:\quad -R_2I_2+(R_3+R_4)I_3-\beta U_4=-U_{S2} \tag{3}$$

上述方程中含有未知的受控源的控制电压 U_4。在支路电流法中要用支路电流表示控制量电压,即

$$U_4=R_4I_3 \tag{4}$$

将式(4)代入式(2)、式(3)消去 U_4,再与式(1)联立并写成矩阵形式的支路电流方程:

$$\begin{bmatrix} -1 & 1 & 1 \\ R_1 & R_2 & \beta R_4 \\ 0 & -R_2 & R_3+(1-\beta)R_4 \end{bmatrix}\begin{bmatrix} I_1 \\ I_2 \\ I_3 \end{bmatrix}=\begin{bmatrix} 0 \\ U_{S1} \\ -U_{S2} \end{bmatrix}$$

解得

$$I_1=\frac{12}{7}\ \text{A},\quad I_2=2\ \text{A},\quad I_3=-\frac{2}{7}\ \text{A}$$

当支路中含有独立电流源时,根据电流源的特性,它的端电压不能用其电流来表示,而是由电流源以外的电路来决定。因此,在列写 KVL 方程时,需将电流源的端电压设为待求量。这样,

在所列写的方程中,除了支路电流变量外,还有电流源电压。本书将这时的支路电流法称为**改进支路电流法**。虽然增加了电流源电压这个待求量,但所列方程仍然是足够的,因为电流源所在支路电流将由电流源来决定,下面举例说明。

【例题 2.6.3】 用改进支路电流法列写图 2.6.3 所示含电流源电路的方程。

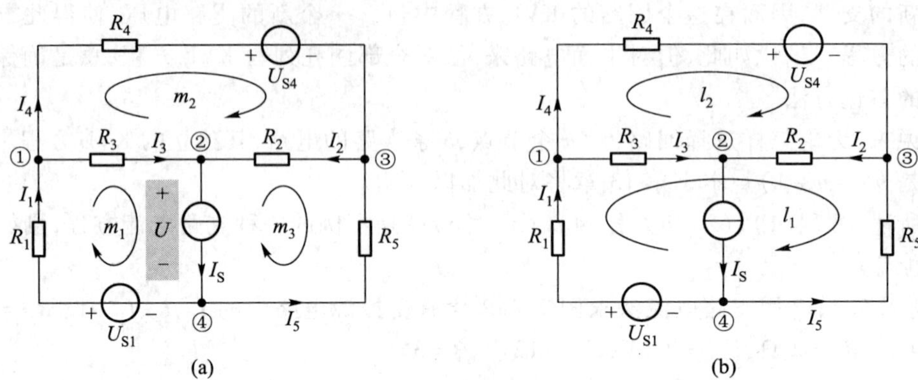

图 2.6.3 例题 2.6.3 图:(a) 回路含电流源;(b) 回路不含电流源

【解】 电流源所在支路的电流是确定的,列写 KCL 方程时,可将其直接列入等号右端。

$$\text{节点①:}\quad -I_1+I_3+I_4=0 \tag{1}$$

$$\text{节点②:}\quad I_2+I_3=I_S \tag{2}$$

$$\text{节点③:}\quad I_2-I_4-I_5=0 \tag{3}$$

对包含电流源的回路 m_1 和 m_3 列 KVL 方程时需将电流源的未知电压 U 列入方程。因此,在图(a)中对 3 个网孔所列 KVL 方程分别为

$$\text{网孔 } m_1\text{:}\quad R_1I_1+R_3I_3+U=U_{S1} \tag{4}$$

$$\text{网孔 } m_2\text{:}\quad -R_3I_3+R_4I_4+R_2I_2=-U_{S4} \tag{5}$$

$$\text{网孔 } m_3\text{:}\quad -R_2I_2-R_5I_5-U=0 \tag{6}$$

方程(1)至(6)共 6 个方程,联立可解得 5 个支路电流和 1 个电流源电压。

其实,当电路中存在独立电流源时,未知电流的个数就会减少,所需列写的方程个数自然也可减少。这可通过对电流源以外的电路选择独立回路来做到,所取回路将不包含独立电流源,如图 2.6.3(b)所示,相应的 KVL 方程便不含电流源电压,例如:

$$\text{回路 } l_1\text{:}R_1I_1+R_3I_3-R_2I_2-R_5I_5=U_{S1} \tag{7}$$

$$\text{回路 } l_2\text{:}-R_3I_3+R_4I_4+R_2I_2=-U_{S4} \tag{8}$$

方程(1)、(2)、(3)和方程(7)、(8)联立便可解得 5 个支路电流。如果想求取电流源电压,完全可以通过已经求得的支路电流来简单地获得。

【扩展】

基尔霍夫的研究:1845 年,年仅 21 岁的德国大学生基尔霍夫,在欧姆研究成果的基础上,提出了任意电路中电流、电压所遵循的规律,即现在的基尔霍夫电流定律和电压定律。两年后又发表了题为“关于研究电流线性分布所得到的方程的解”的论文,其中包含了基尔霍夫定律的内容,基尔霍夫称其为定理 1 和定理 2。论证了如何依据定理 1 和定理 2,列出充分和必要的电路

方程以确定导体系统电流的线性分布。现在电路理论中的支路电流法，其实就是他在论文中所阐述的方法。为表示对基尔霍夫的敬仰、了解其对电路理论的贡献，现简要介绍这篇论文的主要内容，详见参考文献[1]。

论文开门见山地陈述问题：

设有一含有 b 个导线的系统，这 b 个导线 $1,2,\cdots,b$ 彼此作任意方式的连接。如果每个导线都有一个电动势与之串联，则确定流经各导线的电流 $I_1,I_2,\cdots,I_b$ 所需要的线性方程可由下面的两个定理来得到。

定理1：设导线 $k_1,k_2,\cdots$ 构成一个闭合回路，令 $R_k(k=k_1,k_2,\cdots)$（译文中用 w 表示电阻，为符合我国习惯，将其改为 R。）表示第 k 个导线的电阻，E_k 为与第 k 个导线串联的电动势，并认为 E_k 的正方向与电流 I_k 的正方向相同。则在回路绕行方向上所有的 $I_{k_1},I_{k_2},\cdots$ 都为正的情况下，有

$$R_{k_1}I_{k_1}+R_{k_2}I_{k_2}+\cdots=E_{k_1}+E_{k_2}+\cdots \tag{2.6.1}$$

定理2：如果导线 $\lambda_1,\lambda_2,\cdots$ 汇集于一点，且认为电流 $I_{\lambda_1},I_{\lambda_2},\cdots$ 都以正方向趋向于此点，则

$$I_{\lambda_1}+I_{\lambda_2}+\cdots=0 \tag{2.6.2}$$

如果给定的导线系统不能分解成几个完全分离的系统，那么，在这个假设下我将证明求解 $I_1,I_2,\cdots,I_b$ 的方程可用上述两个定理来得到。

显然，上述两个定理就是现在电路理论中的基尔霍夫电压定律和基尔霍夫电流定律。但基尔霍夫在陈述这两个定理时，并没有提及集中参数的概念，也没有阐明定理的正确性。

接下来，基尔霍夫十分具体地陈述了计算第 λ 个支路电流 I_λ 的方法，相当于给出了 I_λ 的表达式。为强调重要性，本书将其称为导线电流分布定理。

导线电流分布定理：令 n 为节点数，即两个或两个以上导线汇合在一起的点的数目，并令 $\mu=b-n+1$。则所有电流 I 的公共分母是所有 $R_{k_1}R_{k_2}\cdots R_{k_\mu}$ 乘积之和，这 μ 个元件是从 $R_1,R_2,\cdots,R_b$ 中选出来的，它们具有这样的特性：当将导线 $k_1,k_2,\cdots,k_\mu$ 移去后，网络中就不存在闭合回路了。I_λ 的分子是所有 $R_{k_1}R_{k_2}\cdots R_{k_{\mu-1}}$ 乘积之和，这 $\mu-1$ 个元件是从 $R_1,R_2,\cdots,R_b$ 中选出来的。每一组 $\mu-1$ 个元件都具有下面的特性：在移去导线 $k_1,k_2,\cdots,k_{\mu-1}$ 之后将留下一个闭合回路，这个回路中包含着 λ 支路。每个组合要乘以该闭合回路中的诸电动势之代数和。

上述过程和方法已经渗透着网络拓扑分析的思想，即借助网络的拓扑结构来计算方程系数矩阵的行列式。这些内容已超出本课程要求，故不予深入涉及。

再接下来，基尔霍夫分5部分来证明这个重要论断，这是该论文的主要内容。下面仅就其中的第1和第2两部分做一简要介绍。

第1部分　在任意系统中移去若干导线，使这个系统中的所有闭合回路都被破坏。令破坏所有闭合回路所需要移去的导线数最少为 μ，则 μ 也就是能用定理1导出的独立方程的数目。

用下列方法可以写出 μ 个独立方程，每个用定理1得出的方程都可从这 μ 个方程导出。

令 $1,2,\cdots,\mu-1,\mu$ 为这样的 μ 个导线，即把它们移去后系统中就不存在任何闭合回路了。在移去 $\mu-1$ 个导线之后，系统中还剩下一个闭合回路。将定理1应用于这个剩下的闭合回路，如果我们移去的导线组合依次为（缺少的序号对应保留的导线）：

$$\begin{cases}2,3,\cdots,\mu-1,\mu\\1,3,\cdots,\mu-1,\mu\\\cdots\cdots\cdots\cdots\\1,2,3,\cdots,\mu-1\end{cases}\tag{2.6.3}$$

这样得出来的μ个方程中的每一个方程,都是不能从这μ个方程的其他方程推导出来的,因为每个方程中部包含着一个不出现在其他方程中的未知量。例如,只有第一个方程中包含着I_1,第二个方程中包含着I_2,等等。

但是,每个从定理1得出的方程都能从这些方程中得到。如果一个闭合回路是由几个闭合回路共同组成的,则这个闭合回路的方程一定可由那几个闭合回路的方程导出(用加法或减法)。我们希望证明,每个闭合回路都能由那μ个回路组合起来得出。因为给定系统S的所有闭合回路,可分为含有导线μ的回路和那些属于系统S'的回路,系统S'是从系统S中将导线μ移去后所剩下的部分。如果我们假设所有属于第二类的闭合回路,都能由μ个闭合回路中的前$\mu-1$个组合得出,则可看出必定可以从这μ个闭合回路中组合出系统S的每一个闭合回路,因为任一个含有导线μ的回路,都可以由一个含有导线μ的确定回路和一些不含有μ的回路组合起来得出。如果系统S''是从系统S中移去导线μ和$\mu-1$产生出来的,那么对于S'系统所作的假设可以变化成对于S''相似的假设。即可以变化成这样的假设:所有在S''中出现的闭合回路,都可以由那μ个回路中的前$\mu-2$个组合而成。照这样的推理继续做下去,最终我们会得到系统$S^{(\mu-1)}$。因为它只包含一个闭合回路,所以我们所作的假设的正确性就可以清楚地看出来了。

可见,证明的第1部分实际是在论证列写独立的KVL方程的方法,即每选择一个回路,都出现一个不被其他回路包含的支路。这就是本书第13章介绍的基本回路。

第2部分 因为定理1和定理2必须提供必要的方程数目来确定$I_1,I_2,\cdots,I_n$,所以根据我们上面的证明,这些方程如下:

$$\begin{cases}\alpha_1^1R_1I_1+\alpha_2^1R_2I_2+\cdots+\alpha_b^1R_bI_b=\alpha_1^1E_1+\alpha_2^1E_2+\cdots+\alpha_b^1E_b\\\alpha_1^2R_1I_1+\alpha_2^2R_2I_2+\cdots+\alpha_b^2R_bI_b=\alpha_1^2E_1+\alpha_2^2E_2+\cdots+\alpha_b^2E_{bn}\\\cdots\cdots\\\alpha_1^{\mu}R_1I_1+\alpha_2^{\mu}R_2I_2+\cdots+\alpha_b^{\mu}R_bI_b=\alpha_1^{\mu}E_1+\alpha_2^{\mu}E_2+\cdots+\alpha_b^{\mu}E_b\\\alpha_1^{\mu+1}I_1+\alpha_2^{\mu+1}I_2+\cdots+\alpha_b^{\mu+1}I_b=0\\\alpha_1^{\mu+2}I_1+\alpha_2^{\mu+2}I_2+\cdots+\alpha_b^{\mu+2}I_b=0\\\cdots\cdots\\\alpha_1^{b}I_1+\alpha_2^{b}I_2+\cdots+\alpha_b^{b}I_b=0\end{cases}\tag{2.6.4}$$

式中的各个α的值有时为$+1$,有时为-1,有时为0,取决于回路与支路和电动势的关联情况,以及节点与支路的关联情况;μ的意义和前面相同。

上述共b个方程,其中前μ个为独立的KVL方程,后$b-\mu$个为独立的KCL方程,刚好用来确定b个支路电流的分布。

接下来的论证包括,支路电流表达式的分子和它们的公共分母的由来,以及定理1的独立方程数正好是$\mu=b-n+1$,定理2的独立方程数正好是$n-1$。根据定理1和定理2,共列出b个独立方程,正好求解b个支路电流。

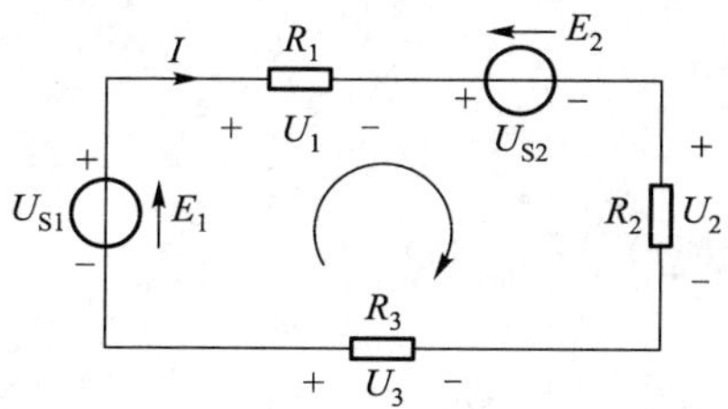

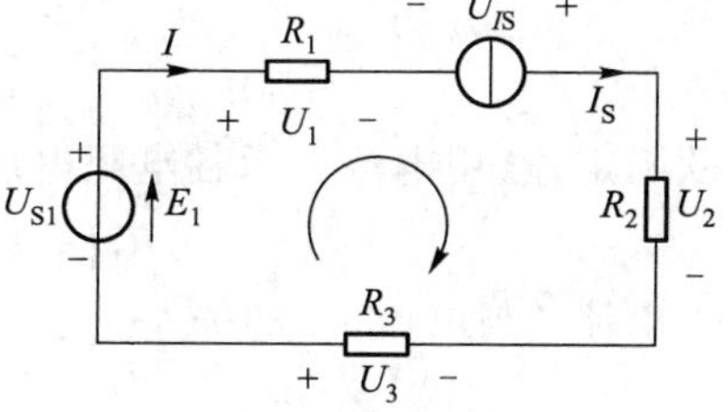

2.7 回路电流法及其改进方法

支路电流法直截了当地将支路电流设为待求量，然后依据 KCL 和 KVL 列写电路方程，规则简单、原理清晰、易于掌握，支路电流解答一步到位。但这种方法所列出的方程个数等于支路数，在一般场合嫌方程数过多。本节介绍的回路电流法可以有效地减少方程的数目，为此先介绍**回路电流**的概念。

1. 回路电流

考察图 2.7.1 所示电路，图中矩形符号可以代表任意二端元件。此电路共有 $b=6$ 条支路、$n=4$个节点。按照上节的支路电流法，需列写 3 个 KCL 方程和 3 个 KVL 方程。

然而，KCL 方程在形式上比较简单。例如，图中在假定外面三条支路电流 I_1、I_2、I_3 以后，里面三条支路的电流便可不再假定为新的待求量，而是用外面的三个电流来写出。方法是，分别在节点①、②和③上根据 KCL 列写电流方程，得到 $I_4=I_1+I_3$，$I_5=I_2+I_3$ 和 $I_6=I_1-I_2$。这样，由于计算这些电流时应用了 KCL，待求量的数量减少了 $n-1=3$ 个，因此就只需按照 KVL 列 $b-n+1=3$ 个电压方程就可以了。

这样做好像是把支路 4 的电流看成是由两个分量组成的，其中第一个分量 I_1 就是从第 1 支路流过来的电流，另一分量 I_3 则是从第 3 支路流过来的电流。同样，I_5 的两个分量分别流入第 2 和第 3 支路；I_6 的两个相反方向的分量，一个流入第 1 支路，另一个接续第 2 支路。如此便可以假定有 3 个回路电流：I_{l1}、I_{l2}、I_{l3}，分别沿回路①④②①、②④③②和①④③①闭合流动，如图 2.7.1(b)所示。因为支路 1、2、3 分别只有一个回路电流通过，所以这些支路电流也就是回路电流：

$$I_1=I_{l1},\quad I_2=I_{l2},\quad I_3=I_{l3} \tag{2.7.1}$$

而支路 4、5、6 则各有两个回路电流通过，因此这些支路电流就是所通过的回路电流合成的结果，即回路电流的代数和。若支路电流与回路电流方向相同，回路电流前取正号；否则取负号。这样便得

$$I_4=I_{l1}+I_{l3},\qquad I_5=I_{l2}+I_{l3},\qquad I_6=I_{l1}-I_{l2} \tag{2.7.2}$$

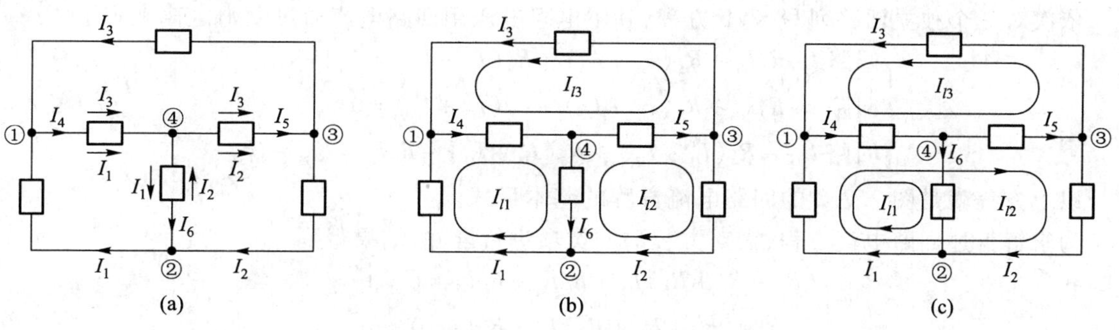

图 2.7.1 回路电流的概念：(a) 分解支路电流；(b)、(c) 定义回路电流

对同一电路，回路电流的选择是多样的。图 2.7.1(c)是另一种选择回路电流的方法，此时支路电流与回路电流的合成关系为

$$I_1 = I_{l1} + I_{l2}, \qquad I_2 = I_{l2}, \qquad I_3 = I_{l3} \tag{2.7.3}$$

$$I_4 = I_{l1} + I_{l2} + I_{l3}, \qquad I_5 = I_{l2} + I_{l3}, \qquad I_6 = I_{l1} \tag{2.7.4}$$

由于回路电流是依据 KCL 而人为引入的假想电流，所以当用回路电流合成支路电流时，这些支路电流在任意节点或封闭面上都将自然满足 KCL。例如对于图 2.7.1(c)节点④相关联的支路电流，它们自然满足如下 KCL 方程：

$$-I_4 + I_5 + I_6 = -(I_{l1} + I_{l2} + I_{l3}) + (I_{l2} + I_{l3}) + I_{l1} = 0 \tag{2.7.5}$$

因此，当以回路电流为待求量时，无需再明显地列出 $\sum \pm i_k = 0$ 形式的 KCL 方程。

2. 回路电流法原理

用回路电流表示支路电流后，待求电流个数减少了 $n-1$ 个，同时也减少了 $n-1$ 个节点的 KCL 方程，剩下 $b-(n-1)$ 个待求的回路电流。这样，选择 $b-(n-1)$ 个独立回路，以回路电流为待求变量列写 KVL 方程，便可求得回路电流，进而由回路电流通过简单合成求得支路电流。这种分析方法称为**回路电流法**，所列方程称为回路电流方程。下面结合图 2.7.2 阐述回路电流方程的列写方法。

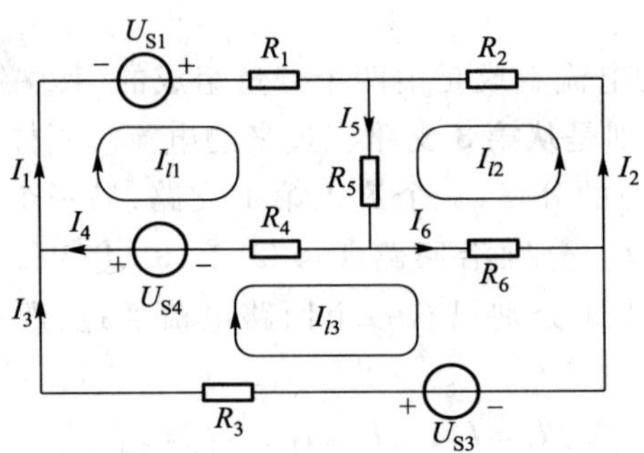

图 2.7.2 说明回路电流法原理

选择 3 个独立回路如上图所示，回路电流分别为 I_{l1}、I_{l2}、I_{l3}，用回路电流合成的支路电流为

$$I_1 = I_{l1}, \quad I_2 = I_{l2}, \quad I_3 = I_{l3} \tag{2.7.6}$$

$$I_4 = I_{l1} - I_{l3}, \quad I_5 = I_{l1} + I_{l2}, \quad I_6 = I_{l2} + I_{l3} \tag{2.7.7}$$

依次对三个独立回路列写 KVL 方程，其中电阻电压用回路电流通过欧姆定律来表示：

$$\begin{cases} \text{回路 } l_1: R_1 I_{l1} + R_5(I_{l1} + I_{l2}) + R_4(I_{l1} - I_{l3}) = U_{S1} + U_{S4} \\ \text{回路 } l_2: R_2 I_{l2} + R_5(I_{l1} + I_{l2}) + R_6(I_{l2} + I_{l3}) = 0 \\ \text{回路 } l_3: -R_4(I_{l1} - I_{l3}) + R_6(I_{l2} + I_{l3}) + R_3 I_{l3} = U_{S3} - U_{S4} \end{cases} \tag{2.7.8}$$

以上方程就是图 2.7.2 的回路电流方程的基本形式。

为求解上述回路电流方程，需对方程的同类项进行合并，结果得到

$$\begin{cases} (R_1 + R_4 + R_5) I_{l1} + R_5 I_{l2} - R_4 I_{l3} = U_{S1} + U_{S4} \\ R_5 I_{l1} + (R_2 + R_5 + R_6) I_{l2} + R_6 I_{l3} = 0 \\ -R_4 I_{l1} + R_6 I_{l2} + (R_3 + R_4 + R_6) I_{l3} = U_{S3} - U_{S4} \end{cases} \tag{2.7.9}$$

再将上述方程缩写成如下形式

$$\begin{cases} R_{11}I_{l1} + R_{12}I_{l2} + R_{13}I_{l3} = \sum_{l_1} U_S \\ R_{21}I_{l1} + R_{22}I_{l2} + R_{23}I_{l3} = \sum_{l_2} U_S \\ R_{31}I_{l1} + R_{32}I_{l2} + R_{33}I_{l3} = \sum_{l_3} U_S \end{cases} \tag{2.7.10}$$

这种形式称为回路电流方程的规范形式，通过总结其中的规则，便可凭对电路的观察列出回路电流方程。这些规则如下：

（1）$R_{11}=R_1+R_4+R_5$，$R_{22}=R_2+R_5+R_6$，$R_{33}=R_3+R_4+R_6$，分别是回路 l_1、l_2、l_3 所包含支路的电阻之和，称为回路的**自阻**。

（2）$R_{12}=R_{21}=R_5$，$R_{13}=R_{31}=-R_4$，$R_{23}=R_{32}=R_6$，分别对应两个回路之间公共支路上的电阻，称为相邻两回路之间的**互阻**。如果这两个回路电流在此公共支路上的方向相同，互阻为正，如 R_{12}、R_{23}；否则为负，如 R_{13}。一般说来，由二端电阻和独立电源组成的电路，互阻或者说回路电流方程的系数具有对称性，即 $R_{ij}=R_{ji}$。

（3）$\sum_{l_1} U_S = U_{S1}+U_{S4}$，$\sum_{l_2} U_S = 0$，$\sum_{l_3} U_S = U_{S3}-U_{S4}$，分别为沿回路 l_1、l_2、l_3 源电压的代数和。例如，沿回路 l_3，电源 U_{S3} 的电动势方向与回路方向相同，所以取正号；电源 U_{S4} 则相反，所以取负号。

需要注意的是，规范形式的回路电流方程，虽然每一个方程都对应一个独立回路的 KVL 方程，但并不是方程中的每一项都对应一个具体元件的电压，例如 R_4I_{l3}、R_6I_{l2} 并不表示 R_4 和 R_6 的电压，这一点与基本形式的回路电流方程即式(2.7.9)是不同的。

求解回路电流方程后，还必须把回路电流加以合成以确定支路电流。因为在支路中所流过的电流客观上仍只是一个支路电流，并非两个或更多个回路电流同时存在着，回路电流只不过是人们依据 KCL 而引入的一种计算用的假想电流而已。

特殊地，在平面电路中，为简便常选每个网孔作为独立回路，并假定一组回路电流，这样的回路电流法也称为**网孔电流法**，图 2.7.2 实际就是选网孔为独立回路。进一步，如果规定这些网孔电流的正方向都为顺时针或逆时针，则互阻前总是要加一负号，这样选择回路可使方程的列写更加规范，从而减少出错的可能性。

【例题 2.7.1】　电路如图 2.7.3 所示，试列出回路电流方程。

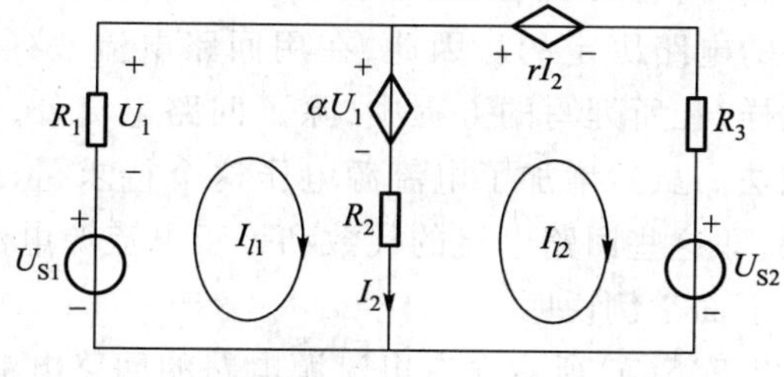

图 2.7.3　例题 2.7.1 图

【解】　选网孔为独立回路，如图中所示，列写回路电流方程的基本形式：

$$\begin{cases} R_1 I_{l1} + \alpha U_1 + R_2(I_{l1} - I_{l2}) = U_{S1} \\ R_3 I_{l2} - R_2(I_{l1} - I_{l2}) - \alpha U_1 + rI_2 = -U_{S2} \end{cases} \tag{1}$$

本例含有受控源,在回路电流法中,用回路电流表示各受控源的控制量,即

$$\begin{cases} U_1 = -R_1 I_{l1} \\ I_2 = I_{l1} - I_{l2} \end{cases} \tag{2}$$

将式(2)代入(1)消去控制量,并整理得回路电流方程的规范形式为

$$\begin{cases} (R_1 + R_2 - \alpha R_1) I_{l1} - R_2 I_{l2} = U_{S1} \\ (-R_2 + \alpha R_1 + r) I_{l1} + (R_2 + R_3 - r) I_{l2} = -U_{S2} \end{cases} \tag{3}$$

由方程(3)可见,$R_{12} = -R_2$,$R_{21} = -R_2 + \alpha R_1 + r$,所以 $R_{12} \neq R_{21}$,即在含受控源的电路中,受控源的控制系数要影响方程组的系数,通常使其不再具有对称性。

【例题 2.7.2】 用观察的办法列出图 2.7.4 所示电路回路电流方程的规范形式,并求支路电流 I_1 和 I_4。

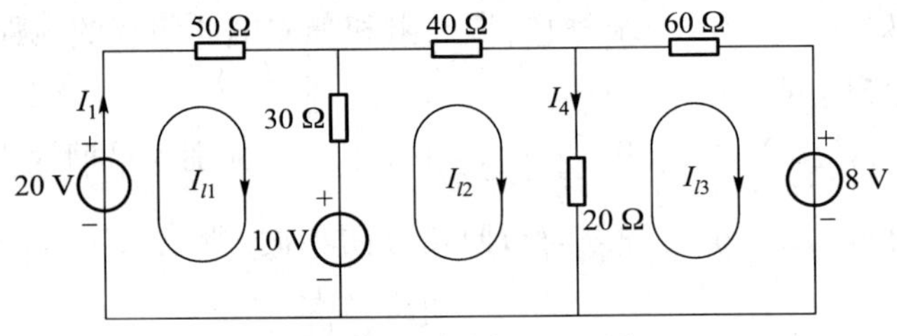

图 2.7.4 例题 2.7.2 图

【解】 按照自阻和互阻的规则列写如下。因为各回路都选择了顺时针方向,所以全部互阻都是负值。

$$\begin{cases} (50 + 30) I_{l1} - 30 I_{l2} = (20 - 10)\ \text{V} \\ -30 I_{l1} + (30 + 40 + 20) I_{l2} - 20 I_{l3} = 10\ \text{V} \\ -20 I_{l2} + (20 + 60) I_{l3} = -8\ \text{V} \end{cases}$$

求解得到各回路电流:$I_{l1} \approx 0.185\ \text{A}$,$I_{l2} \approx 0.159\ \text{A}$,$I_{l3} \approx -0.060\ \text{A}$。

用回路电流合成得到待求支路电流:$I_1 = I_{l1} \approx 0.185\ \text{A}$, $I_4 = I_{l2} - I_{l3} \approx 0.220\ \text{A}$。

3. 回路电流法的改进

当回路中含有独立电流源时,它的端电压不能用回路电流通过其特性方程来表示,因为电流源的端电压是由电流源以外的电路决定的。因此,在用回路电流法列写 KVL 方程时,需将电流源的端电压设为待求量。这样,在所列写的方程中,除了回路电流外,还有电流源电压。本书将这种方法称为**改进回路电流法**。虽然增加了电流源电压这个待求量,但包含电流源的那些回路电流又增加了新的依赖关系,即这些回路电流的代数和等于电流源电流。经这样改进后,回路电流法的适应性便增强许多。下面举例说明。

【例题 2.7.3】 列出图 2.7.5(a)所示含有电流源电路的回路电流方程。

【解】 在图(a)中以网孔作为独立回路。电流源的两端电压 U 是未知的,需将其直接列入回路的 KVL 方程:

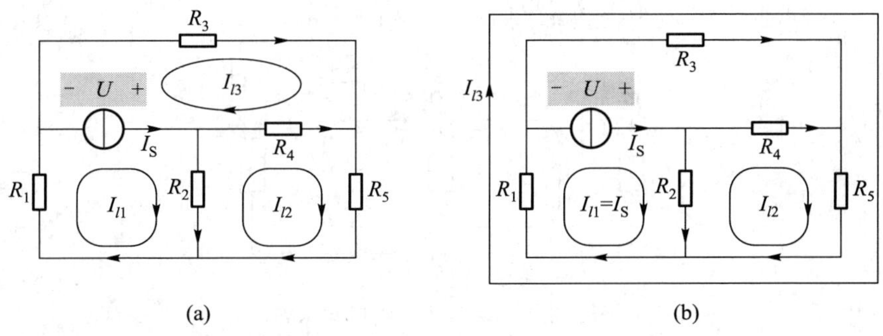

图 2.7.5 例题 2.7.3 图:(a) 两个回路经过电流源;(b) 一个回路经过电流源

$$\begin{cases}\text{回路 } l_1: R_1I_{l1}+R_2(I_{l1}-I_{l2})-U=0\\ \text{回路 } l_2: -R_2(I_{l1}-I_{l2})+R_4(I_{l2}-I_{l3})+R_5I_{l2}=0\\ \text{回路 } l_3: R_3I_{l3}-R_4(I_{l2}-I_{l3})+U=0\end{cases} \tag{1}$$

上述方程中共有 4 个未知量,还要补充一个方程,即包含电流源的回路电流代数和由电流源决定:

$$I_{l1}-I_{l3}=I_S \tag{2}$$

式(1)、式(2)共 4 个方程联立,就是改进后的回路电流方程。

如果适当选取独立回路,使电流源只包含在一个回路中,如图 2.7.5(b)所示。这样该回路电流 I_{l1} 便等于电流源电流 I_S,因此减少一个待求的回路电流。对图 2.7.5(b)所示的三个回路依据 KVL 列出的方程分别为

$$\text{回路 } l_1:\quad R_1(I_S+I_{l3})+R_2(I_S-I_{l2})-U=0 \tag{3}$$

$$\text{回路 } l_2:\quad -R_2(I_S-I_{l2})+R_4I_{l2}+R_5(I_{l2}+I_{l3})=0 \tag{4}$$

$$\text{回路 } l_3:\quad R_1(I_S+I_{l3})+R_3I_{l3}+R_5(I_{l2}+I_{l3})=0 \tag{5}$$

在上述方程中,电流源电压 U 只出现在式(3)中,所以只需联立式(4)、式(5)就可求得两个未知的回路电流 I_{l2} 和 I_{l3}。如需要,再由式(3)求出电流源电压。

2.8 节点电压法及其改进方法

1. 节点电压法原理

在回路电流法中,依据 KCL 来假定回路电流。当以回路电流为待求量时,便相当于应用了 KCL,因而避免了依据 KCL 列写的 $n-1$ 个方程。由此便自然提出:是否可以避免依据 KVL 列写方程,以减少联立方程的个数? 根据 §1.2 和 §1.9 节的论述可知,KVL 与节点电压的概念都源于库仑电场做功与路径无关的事实。因此,如果假定每一节点有一确定的节点电压,在这一假定过程中,相当于应用了库仑电场的性质,或者说相当于应用了 KVL。因此无需再列出 $\sum \pm U_k=0$ 形式的方程。例如,对图 2.8.1 所示电路,选节点④为参考点,①、②、③的节点电压便是

$$U_{n1}=U_1,\quad U_{n2}=U_2,\quad U_{n3}=U_3 \tag{2.8.1}$$

而 4、5 两条支路电压可用节点电压之差来表示:

$$U_4 = U_{n1} - U_{n2}, \qquad U_5 = U_{n2} - U_{n3} \tag{2.8.2}$$

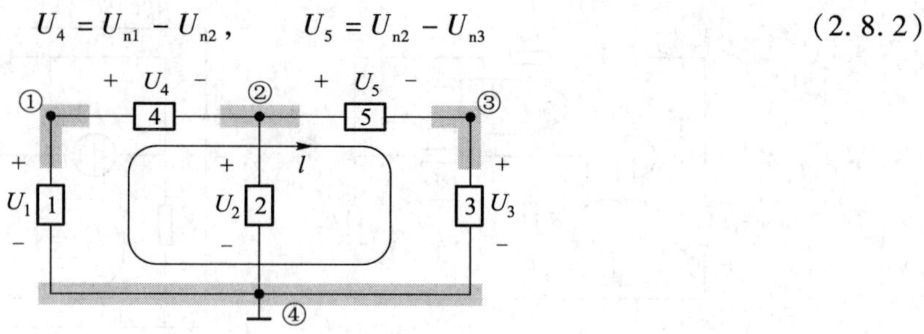

图 2.8.1 说明节点电压与 KVL

于是,对图 2.8.1 电路中的回路 l,各支路电压沿绕行方向的代数和为

$$-U_1 + U_4 + U_5 + U_3 = -U_{n1} + (U_{n1} - U_{n2}) + (U_{n2} - U_{n3}) + U_{n3} \tag{2.8.3}$$

展开等号右端的括号,得到恒等于零的关系式,亦即当假定了节点电压并用其表示支路电压时,这些电压自然满足 KVL。

这样就可以取节点电压为待求量,对 $n-1$ 个节点列写 KCL 方程。这种方法称为节点电压法。它与支路电流法相比,省掉了按 KVL 列写的 $b-(n-1)$ 个方程。

应当意识到,解决电路问题离开欧姆定律是不可能的。在支路电流法和回路电流法中,是把欧姆定律与 KVL 合并在一起运用的,得到类似 $\sum RI = \sum U_S$ 的方程。在运用节点电压法时,因为不用依据 KVL 列写方程,所以必须把欧姆定律与 KCL 一起运用。

下面以图 2.8.2 为例讨论节点电压方程的列写方法。

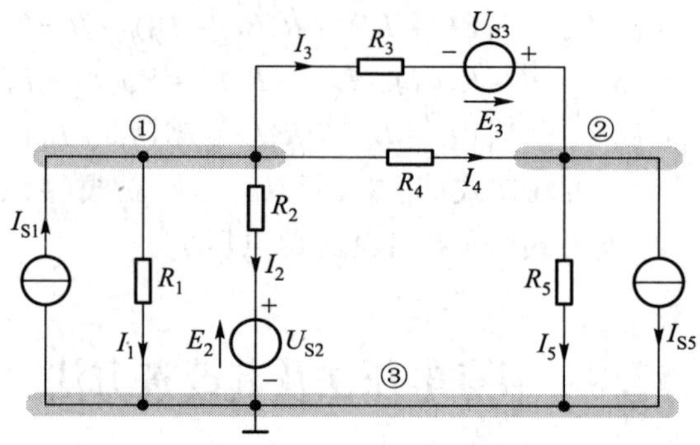

图 2.8.2 节点电压法示例

图中以节点③为参考点,节点①、②的 KCL 方程分别为

$$\begin{cases} I_1 + I_2 + I_3 + I_4 = I_{S1} \\ -I_3 - I_4 + I_5 = -I_{S5} \end{cases} \tag{2.8.4}$$

依据欧姆定律,用节点电压表示电流 I_1 至 I_5,再代入上述方程得到

$$\begin{cases} \dfrac{U_{n1}}{R_1} + \dfrac{U_{n1} - U_{S2}}{R_2} + \dfrac{U_{n1} - U_{n2} + U_{S3}}{R_3} + \dfrac{U_{n1} - U_{n2}}{R_4} = I_{S1} \\ -\dfrac{U_{n1} - U_{n2} + U_{S3}}{R_3} - \dfrac{U_{n1} - U_{n2}}{R_4} + \dfrac{U_{n2}}{R_5} = -I_{S5} \end{cases} \tag{2.8.5}$$

这便是图 2.8.2 的节点电压方程的基本形式,它只含有两个节点电压变量 U_{n1} 和 U_{n2}。

为求解上述方程，合并等号左边的同类项，得

$$\begin{cases}\left(\dfrac{1}{R_1}+\dfrac{1}{R_2}+\dfrac{1}{R_3}+\dfrac{1}{R_4}\right)U_{n1}-\left(\dfrac{1}{R_3}+\dfrac{1}{R_4}\right)U_{n2}=I_{S1}+\dfrac{U_{S2}}{R_2}-\dfrac{U_{S3}}{R_3}\\-\left(\dfrac{1}{R_3}+\dfrac{1}{R_4}\right)U_{n1}+\left(\dfrac{1}{R_3}+\dfrac{1}{R_4}+\dfrac{1}{R_5}\right)U_{n2}=-I_{S5}+\dfrac{U_{S3}}{R_3}\end{cases}\tag{2.8.6}$$

经这样合并后，上式虽然是节点的 KCL 方程，但并不是每一项都对应一个确定的支路电流，例如 U_{S3}/R_3 不代表图 2.8.2 中的任何支路电流。

再将方程(2.8.6)写成节点电压方程的规范形式：

$$\begin{cases}G_{11}U_{n1}+G_{12}U_{n2}=\sum\limits_{节点1}I_{Sk}+\sum\limits_{节点1}G_kU_{Sk}\\G_{21}U_{n1}+G_{22}U_{n2}=\sum\limits_{节点2}I_{Sk}+\sum\limits_{节点2}G_kU_{Sk}\end{cases}\tag{2.8.7}$$

比较方程(2.8.6)与(2.8.7)可以总结出列写节点电压方程规范形式的一般规则为：

(1) $G_{11}=\dfrac{1}{R_1}+\dfrac{1}{R_2}+\dfrac{1}{R_3}+\dfrac{1}{R_4}$、$G_{22}=\dfrac{1}{R_3}+\dfrac{1}{R_4}+\dfrac{1}{R_5}$，分别是与节点①、②直接相连的各支路电导之和，称为节点①、②的**自导**。

(2) $G_{12}=-\left(\dfrac{1}{R_3}+\dfrac{1}{R_4}\right)$，是直接连接在节点①、②之间的诸支路电导之和并添一负号，称为节点①、②之间的**互导**。$G_{21}=-\left(\dfrac{1}{R_3}+\dfrac{1}{R_4}\right)$称为节点②、①之间的互导。一般说来，由二端电阻和独立电源组成的电路，互导或者说节点电压方程的系数具有对称性，即 $G_{ij}=G_{ji}$。

(3) $\sum\limits_{节点1}I_{Sk}$、$\sum\limits_{节点2}I_{Sk}$ 分别是与节点①、②相连的源电流代数和，当电流流入节点时取“+”号；否则取“-”号；$\sum\limits_{节点1}G_kU_{Sk}$、$\sum\limits_{节点2}G_kU_{Sk}$ 分别是与节点①、②相连的源电压与串联电导乘积的代数和，当电动势方向指向节点时，取正号；否则取负号。$\sum\limits_{节点1}I_{Sk}+\sum\limits_{节点1}G_kU_{Sk}$ 与 $\sum\limits_{节点2}I_{Sk}+\sum\limits_{节点2}G_kU_{Sk}$ 分别称为节点①、②的注入电流。

最后得到的节点电压方程(2.8.7)与原来假定的各支路电流的参考方向无关。所以在列写规范形式的节点电压方程时，完全不必考虑所设定的支路电流方向。

根据上述规则，对一些结构简单的电路凭观察的办法就可列出规范形式的节点电压方程。例如，图 2.8.3 是多条支路并联在一起的电路，即双节点电路，由节点电压方程可以很容易地求出 U_{n1} 的表达式。

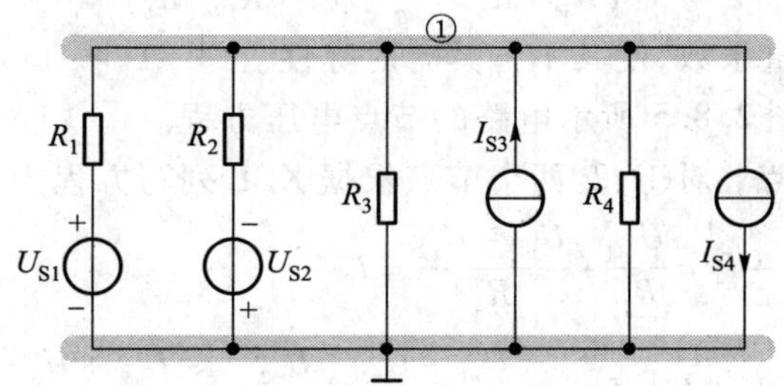

图 2.8.3 并联支路的节点电压法示例

$$\left(\frac{1}{R_1}+\frac{1}{R_2}+\frac{1}{R_3}+\frac{1}{R_4}\right)U_{n1}=I_{S3}-I_{S4}+\frac{U_{S1}}{R_1}-\frac{U_{S2}}{R_2} \tag{2.8.8}$$

解得

$$U_{n1}=\frac{I_{S3}-I_{S4}+U_{S1}/R_1-U_{S2}/R_2}{\frac{1}{R_1}+\frac{1}{R_2}+\frac{1}{R_3}+\frac{1}{R_4}} \tag{2.8.9}$$

【例题 2.8.1】 列出图 2.8.4 所示电路的节点电压方程。

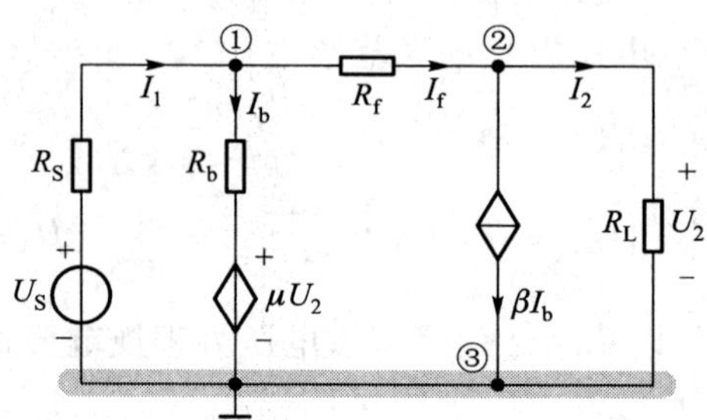

图 2.8.4 例题 2.8.1 图

【解】 用节点电压表示支路电流和全部控制量为

$$\begin{cases} I_1=\dfrac{U_S-U_{n1}}{R_S}, \quad I_b=\dfrac{U_{n1}-\mu U_2}{R_b}=\dfrac{U_{n1}-\mu U_{n2}}{R_b} \\ I_f=\dfrac{U_{n1}-U_{n2}}{R_f}, \quad I_2=\dfrac{U_{n2}}{R_L}, \quad U_2=U_{n2} \end{cases}$$

利用上述关系,分别对节点①、②依据 KCL 列写节点电压方程为

$$\begin{cases} -I_1+I_b+I_f=-\dfrac{U_S-U_{n1}}{R_S}+\dfrac{U_{n1}-\mu U_{n2}}{R_b}+\dfrac{U_{n1}-U_{n2}}{R_f}=0 \\ -I_f+\beta I_b+I_2=-\dfrac{U_{n1}-U_{n2}}{R_f}+\dfrac{\beta(U_{n1}-\mu U_{n2})}{R_b}+\dfrac{U_{n2}}{R_L}=0 \end{cases}$$

合并同类项后得到节点电压方程的规范形式为

$$\begin{cases} \left(\dfrac{1}{R_S}+\dfrac{1}{R_b}+\dfrac{1}{R_f}\right)U_{n1}-\left(\dfrac{1}{R_f}+\dfrac{\mu}{R_b}\right)U_{n2}=\dfrac{U_S}{R_S} \\ -\left(\dfrac{1}{R_f}+\dfrac{\beta}{R_b}\right)U_{n1}+\left(\dfrac{1}{R_f}+\dfrac{1}{R_L}-\dfrac{\beta\mu}{R_b}\right)U_{n2}=0 \end{cases} \tag{1}$$

由式(1)得节点间互导 $G_{12}=-\left(\frac{1}{R_f}+\frac{\mu}{R_b}\right)$,$G_{21}=-\left(\frac{1}{R_f}+\frac{\beta}{R_b}\right)$,所以 $G_{12}\neq G_{21}$。可见,受控源要影响节点电压方程的待求量系数,使其不再具有对称性。

【例题 2.8.2】 列写图 2.8.5 所示电路的节点电压方程。

【解】 选③为参考节点,对①、②两个节点根据 KCL 列写方程为

$$\begin{cases} I_2+I_4=\dfrac{U_{n1}}{R_2}+\dfrac{U_{n1}-U_{n2}}{R_4}=I_S \\ -I_4+I_3-I_5=-\dfrac{U_{n1}-U_{n2}}{R_4}+\dfrac{U_{n2}}{R_3}-\dfrac{-U_{n2}+U_S}{R_5+R_6}=0 \end{cases}$$

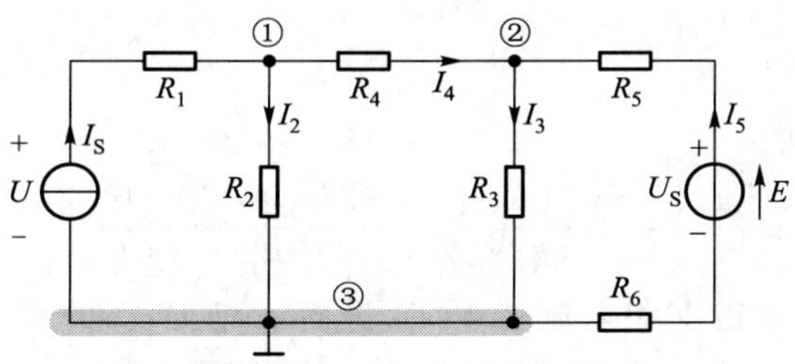

图 2.8.5 例题 2.8.2 图

注意,与电流源串联的电阻 R_1 没有出现在方程中,因为它不影响所在支路电流和各节点电压,但它会影响电流源的端电压和功率,因为 $U = R_1 I_S + U_{n1}$,$P_{IS} = UI_S$。

如果用观察的办法列写节点电压方程,将直接得到

$$\begin{cases}\left(\dfrac{1}{R_2}+\dfrac{1}{R_4}\right)U_{n1}-\dfrac{1}{R_4}U_{n2}=I_S\\ -\dfrac{1}{R_4}U_{n1}+\left(\dfrac{1}{R_4}+\dfrac{1}{R_3}+\dfrac{1}{R_5+R_6}\right)U_{n2}=\dfrac{U_S}{R_5+R_6}\end{cases}$$

在电子技术中,如果电路中的独立电压源比较多,并且有公共的接地端,这时为简单起见,常常不画出这些电压源的符号,而是直接在电源的接入点标上该点的对地电压。见下例。

【例题 2.8.3】 图 2.8.6(a)所示电路是电子技术中常用的差分放大电路,用节点电压法求③的节点电压。

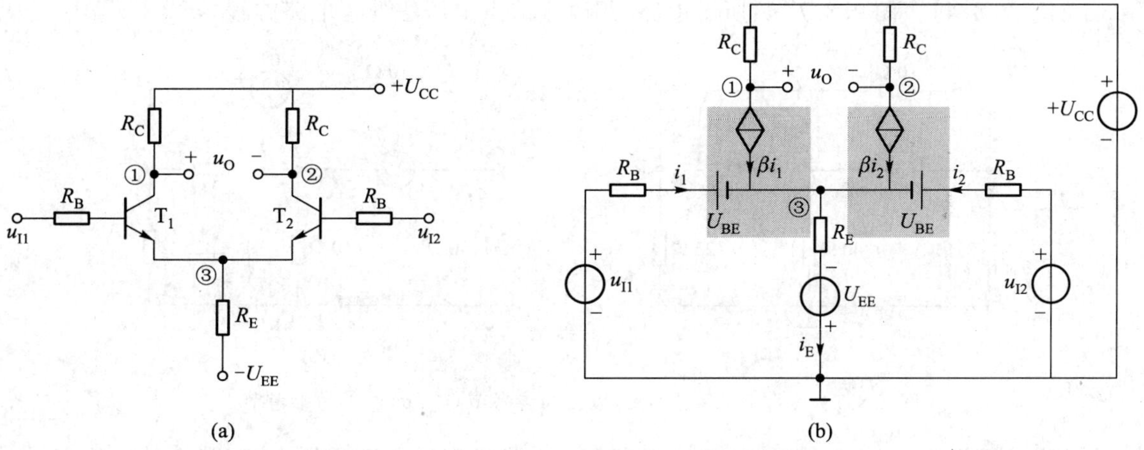

图 2.8.6 (a) 例题 2.8.3 图;(b) 含受控源电路模型

【解】 图 2.8.6(a)的电路模型如图 2.8.6(b)所示,图中用电流控制电流源作为晶体管的电路模型,U_{BE} 表示基极与发射极之间的电压,近似为常量。这里只是为了解释才画出图 2.8.6(b),熟悉图 2.8.6(a)中的电源表示法和晶体管的电路模型后,并不用画出图 2.8.6(b)所示电路。

对节点③列 KCL 方程得

$$-(1+\beta)i_1-(1+\beta)i_2+i_E=0 \tag{1}$$

将支路电流

$$i_1=\frac{u_{I1}-U_{BE}-u_{n3}}{R_B},\quad i_2=\frac{u_{I2}-U_{BE}-u_{n3}}{R_B},\quad i_E=\frac{u_{n3}+U_{EE}}{R_E}$$

代入式(1)求得节点电压为

$$u_{n3}=\frac{(1+\beta)(u_{I1}+u_{I2}+2U_{BE})/R_B-U_{EE}/R_E}{2/R_B+1/R_E}$$

由这一节点电压便可求得支路电流 i_1 和 i_2,进而求得①、②的节点电压和输出电压 u_O。该电路具有左右对称性,当 $u_{I1}=u_{I2}$时,①、②的节点电压是相等的,不产生输出电压。所以它只对 u_{I1}和 u_{I2}的差值部分进行放大,因而称为**差分放大器**。

2. 节点电压法的改进

上述节点电压法是根据欧姆定律用节点电压表示二端电阻的电流,从而得出 $n-1$ 个仅含节点电压的 KCL 方程。若电路中存在纯电压源支路,如图 2.8.7 中①、②节点之间的支路,它相当于理想电压源与零欧姆电阻串联,因此不能像式(2.8.5)那样用节点电压表示电压源支路的电流。遇到这种情况,需将这样支路的电流作为待求量列入两端节点的 KCL 方程中。这样所建立的电路方程同时含有节点电压和若干支路电流,因此称这种方法为**改进节点电压法**。在增加待求电流变量的同时,也增加了新的方程,即纯电压源特性方程:正、负两端的节点电压之差等于源电压。这种改进节点电压法的思想完全适用于难以用节点电压通过元件方程来表示支路电流的任何场合。所以经改进后的节点电压法,其适应能力大为增强,在方程的列写难易程度和方程数量之间提供了令人满意的选择。

【例题 2.8.4】 图 2.8.7(a)所示电路,用改进节点电压法列写电路方程。

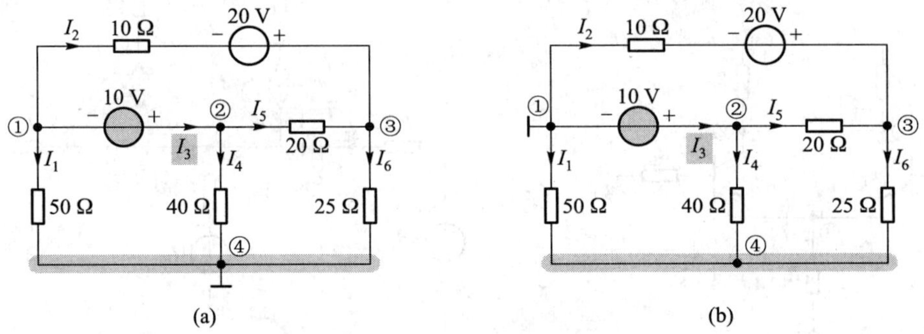

图 2.8.7 例题 2.8.4 图:(a)以④为参考节点;(b)以①为参考节点

【解】 图 2.8.7(a)中①、②节点之间存在一个仅含理想电压源的支路,需将其电流 I_3 设为待求变量并列入①、②节点的 KCL 方程中:

$$\text{节点①:}\quad I_1+I_2+I_3=\frac{U_{n1}}{50}+\frac{U_{n1}-U_{n3}+20}{10}+I_3=0 \tag{1}$$

$$\text{节点②:}\quad -I_3+I_4+I_5=-I_3+\frac{U_{n2}}{40}+\frac{U_{n2}-U_{n3}}{20}=0 \tag{2}$$

$$\text{节点③:}\quad -I_2-I_5+I_6=-\frac{U_{n1}-U_{n3}+20}{10}-\frac{U_{n2}-U_{n3}}{20}+\frac{U_{n3}}{25}=0 \tag{3}$$

以上各式共含 4 个待求量,尚需根据电压源特性列补充方程

$$U_{n2} - U_{n1} = 10\ \text{V} \tag{4}$$

式(1)至(4)就是图(a)电路的改进节点电压方程。

以上改进是处理纯电压源支路的一般方法。当电路中只含有一个纯电压源支路时,如果选择电压源的一端为参考点,则另一端的节点电压便是已知的,问题可以得到简化。例如,在图 2.8.7(b)电路中,以①为参考点,则②的节点电压便被电压源限定为 $U_{n2} = 10$ V。此时的节点电压方程为

$$\text{节点②:}\quad -I_3 + I_4 + I_5 = -I_3 + \frac{10 - U_{n4}}{40} + \frac{10 - U_{n3}}{20} = 0 \tag{5}$$

$$\text{节点③:}\quad -I_2 - I_5 + I_6 = -\frac{-U_{n3} + 20}{10} - \frac{10 - U_{n3}}{20} + \frac{U_{n3} - U_{n4}}{25} = 0 \tag{6}$$

$$\text{节点④:}\quad -I_1 - I_4 - I_6 = -\frac{-U_{n4}}{50} - \frac{10 - U_{n4}}{40} - \frac{U_{n3} - U_{n4}}{25} = 0 \tag{7}$$

注意到,电流 I_3 只出现在节点②的 KCL 方程中,所以这个方程不用与其他方程联立,只需联立式(6)、式(7)便可求得③、④节点电压,如有必要,然后再由式(5)求得电压源电流 I_3。

3. 几种方法的对比

支路电流法、回路电流法和节点电压法都是求解电路问题时普遍适用的方法。支路电流法是以支路电流为待求量,分别列写 KCL 和 KVL 方程;回路电流法由于以回路电流为待求量,相当于应用了 KCL,所以只需列写 KVL 方程;节点电压法由于是以节点电压为待求量,相当于应用了 KVL,所以只需列写 KCL 方程。

支路电流法具有步骤简单、适应性强的特点,但方程个数较多。相比之下,后两种方法都能减少方程的个数,但当遇到特殊支路时需使用它们的改进方法。当电路的独立回路数少于独立节点数时,宜用回路电流法;而当独立节点数少于独立回路数时,宜用节点电压法。求解平面电路时,如果已知数据是电阻而不是电导,或待求量为电流而不是电压,则宜用回路电流法。但若遇到非平面电路,则因独立回路的选择比较困难,此时节点电压法成为首选。一般说来,自导和互导的列写规则要比自阻和互阻的列写规则简单,便于编制计算机程序。所以相比之下,节点电压法比回路电流法得到了更广泛的应用。

【结语】

线性和直流总是相对简单的,以它开始自然符合认识规律。但这种简单中却包含着一般规律,即认识电路的基本依据就是基尔霍夫定律和元件方程。支路电流法、回路电流法和节点电压法,分别以不同的待求变量运用了这一规律。从现在开始,要养成用基尔霍夫定律来认识电路的习惯,不要纠缠在"这个电流来自哪个电源"这样的枝节问题上。

【思考题】

1. 回路电流法为什么可以不用明显地列出 KCL 方程?
2. 节点电压法为什么可以不用明显地列出 KVL 方程?
3. 对不含受控源和含受控源的电路,回路电流方程系数和节点电压方程系数各有什么特点?

4. 对回路电流法进行改进的原因是什么？

5. 对节点电压法进行改进的原因是什么？

6. 求解什么样的电路使用等效化简的方法？什么样的电路使用列写方程组的方法？

7. 依据什么物理事实可以引入回路电流的概念？

习题二

2.1 （1）电路如图题2.1(a)所示，若使电流 $I=\frac{2}{3}$ A，求电阻 R；（2）电路如图题2.1(b)所示，若使电压 $U=\frac{2}{3}$ V，求电阻 R。

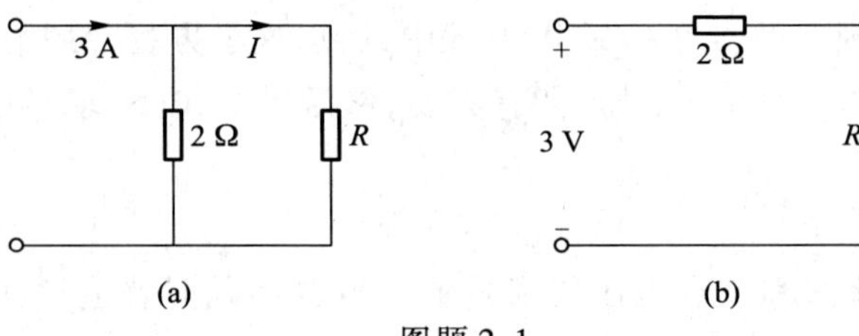

图题2.1

2.2 图题2.2所示电路中，要求 $U_2/U_1=0.05$，等效电阻 $R_{eq}=40\ \text{k}\Omega$，求 R_1 和 R_2 的值。

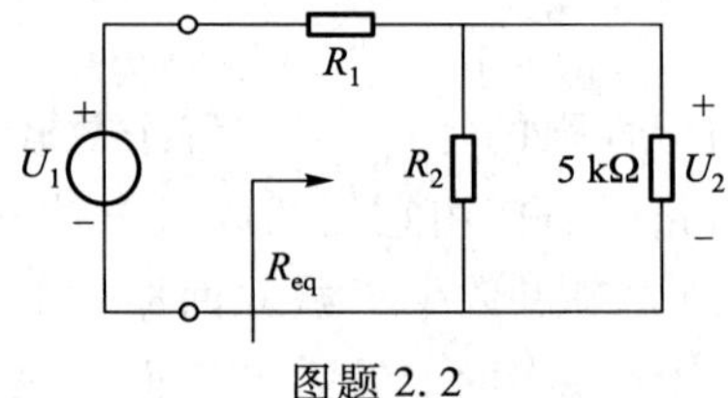

图题2.2

2.3 求图题2.3所示各电路中a、b之间的等效电阻 R_{ab}。

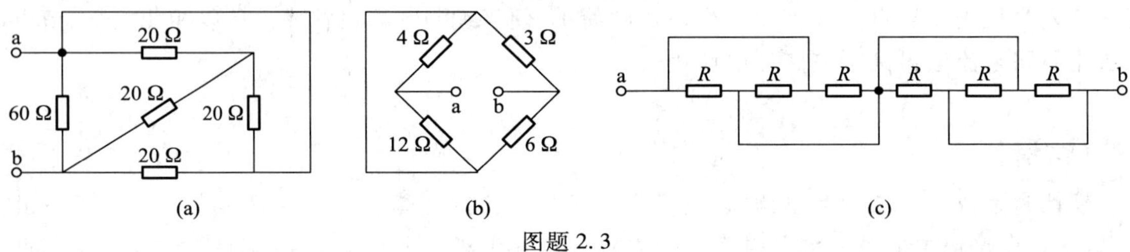

图题2.3

2.4 设图题2.4电路中每个电阻均为 R，求开关为接通和断开两种情况下，a、b之间的等效电阻。

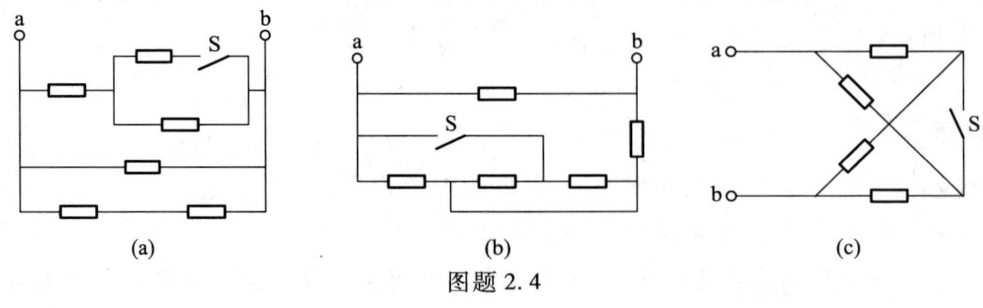

图题2.4

2.5 (1)图题 2.5(a)所示电路,要求在输出端口接上电阻 R_x 后,在输入端口看进去的等效电阻刚好也是 R_x,求 R_x 的取值。(2)图题 2.5(b)所示电路为无限长链形电路,求等效电阻 R_x。

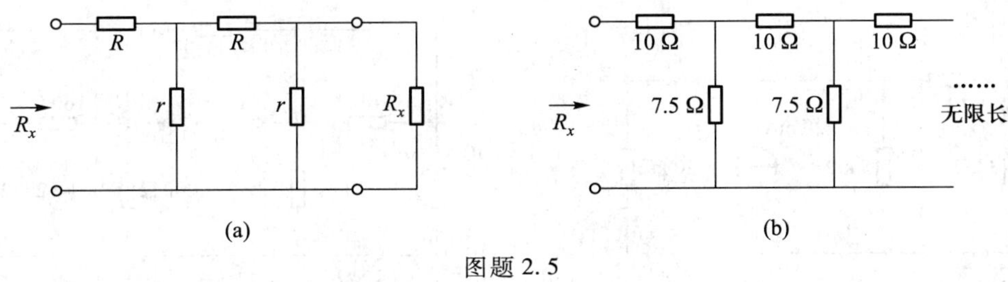

图题 2.5

2.6 求图题 2.6 所示含受控源电路的等效电阻 R_{ab}。

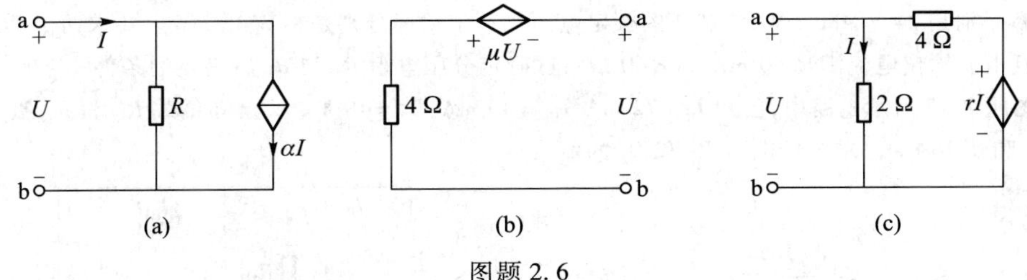

图题 2.6

2.7 图题 2.7(a)所示电路为电压测量电路,图题 2.7(b)为考虑电压表内阻的等效电路。

(1) 若用内阻为 1 200 Ω 的电压表测量,求电压表读数。

(2) 若用内阻为 3 600 Ω 的电压表测量,求电压表读数。

(3) 若用理想电压表即内阻无限大的电压表测量,再求电压表读数。

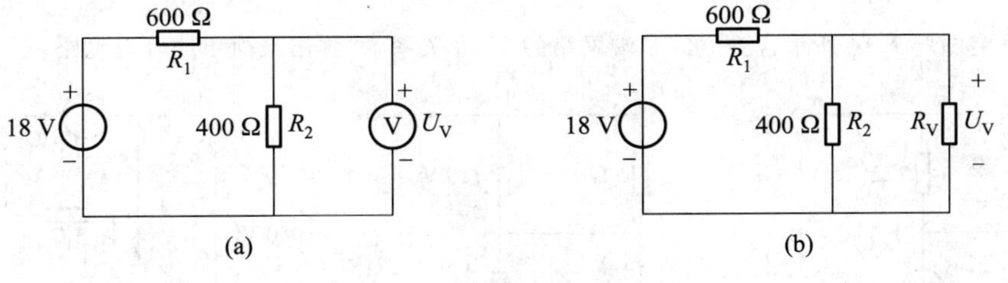

图题 2.7

2.8 求图题 2.8 所示电路的电流 I_{ab}。

2.9 求图题 2.9 所示电路的电流 I_0。

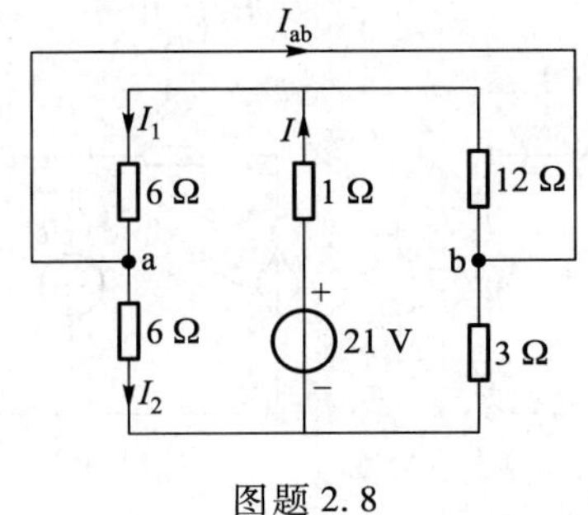

图题 2.8

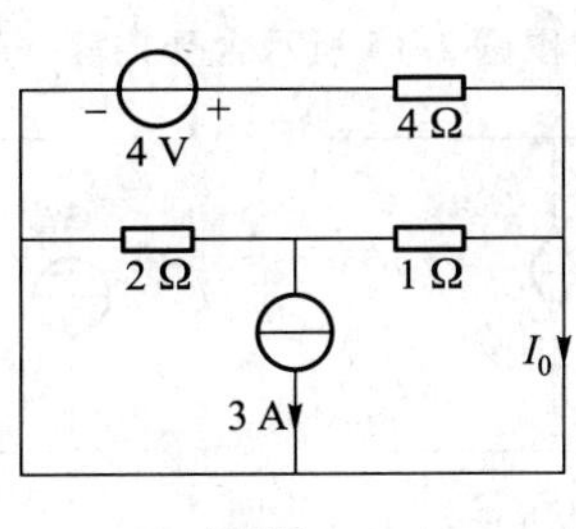

图题 2.9

2.10　求图题 2.10 所示电路的电压 U_1 及电流 I_2。

2.11　求图题 2.11 所示电路的电压 U。

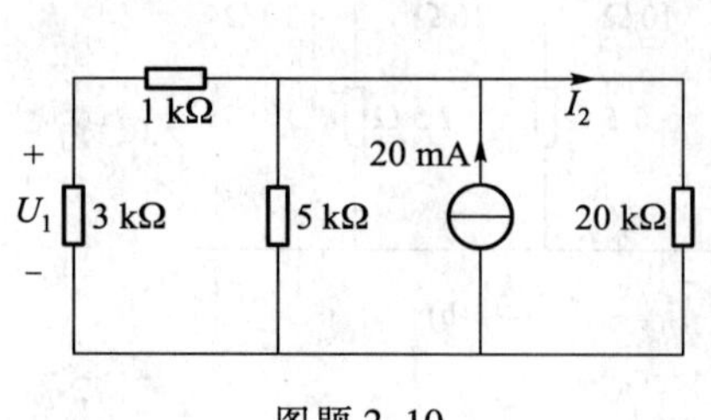

图题 2.10

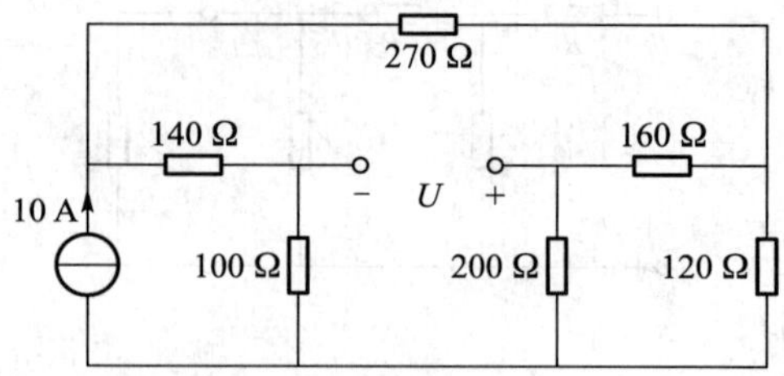

图题 2.11

2.12　电路如图题 2.12 所示，直流电压源 $U_S=24$ V，它同时给负载 1 和负载 2 供电，已知负载 1 的额定电压和额定功率分别是 24 V、480 mW；负载 2 的额定电压和额定功率分别是 9 V、45 mW。要求两个负载均工作在额定状态并且电源输出电流满足 40 mA < I < 60 mA，试确定分压电阻 R_3 和 R_4 所满足的条件。

2.13　图题 2.13 所示电路中，已知 $I_S=72$ mA，$I_{L1}=40$ mA，$U_2=48$ V。又已知负载 R_{L1} 和 R_{L2} 吸收的功率分别是 2.56 W 和 0.768 W。求分压电阻 R_1 和 R_2 的值。

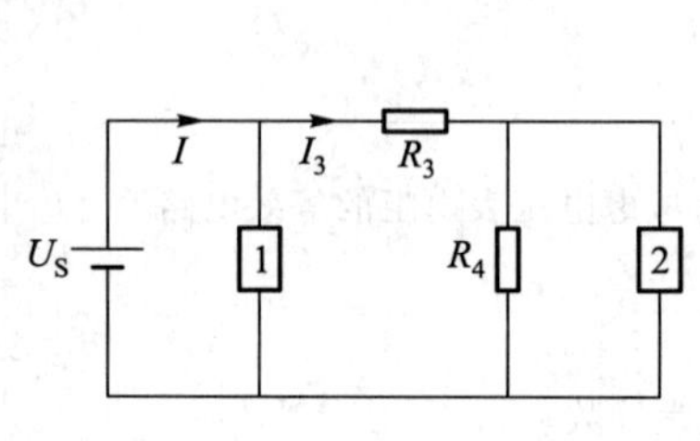

图题 2.12

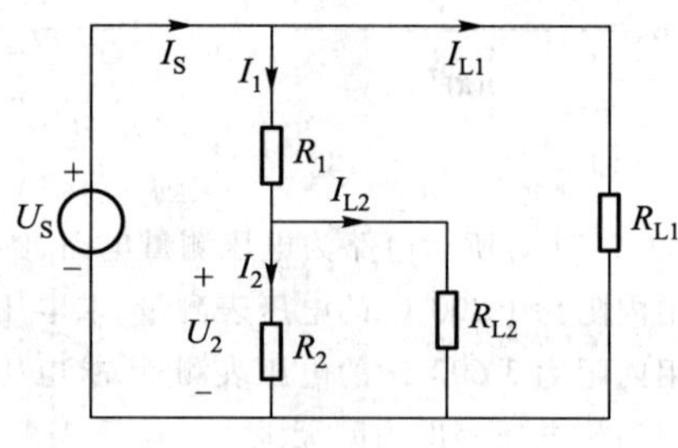

图题 2.13

2.14　试确定图题 2.14 所示含独立源二端网络的 $U-I$ 关系，并画出最简单的等效电路。

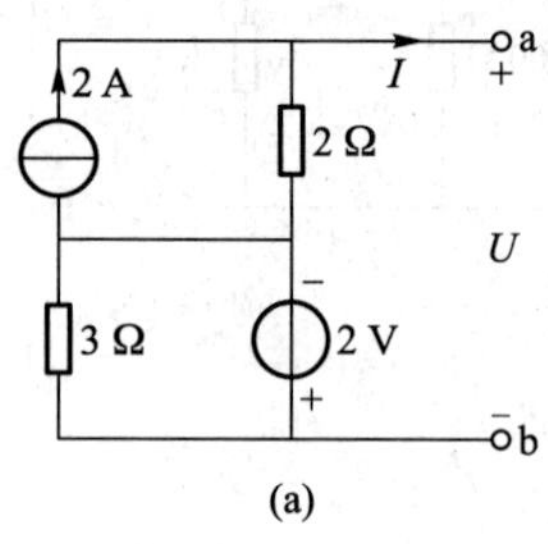

(a)

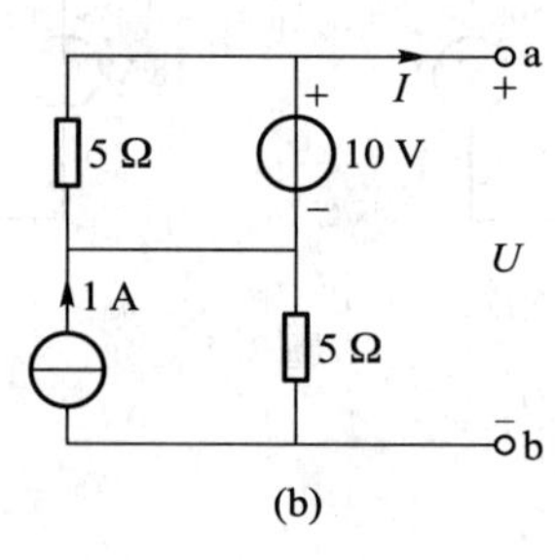

(b)

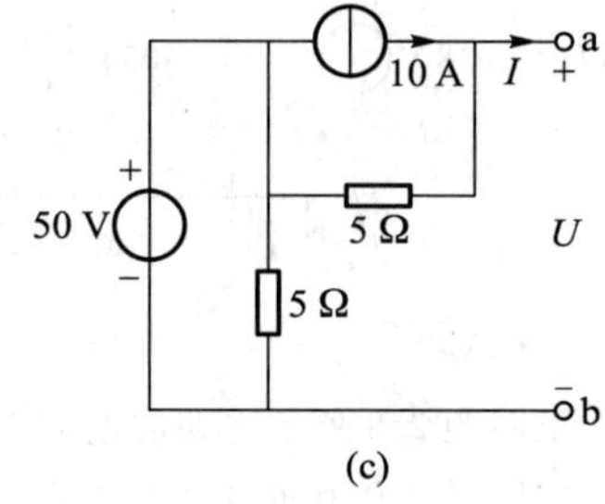

(c)

图题 2.14

2.15　试确定图题 2.15 所示含受控源一端口网络的 $u-i$ 关系。

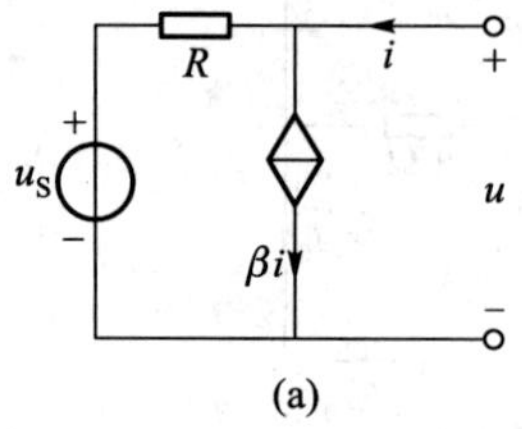

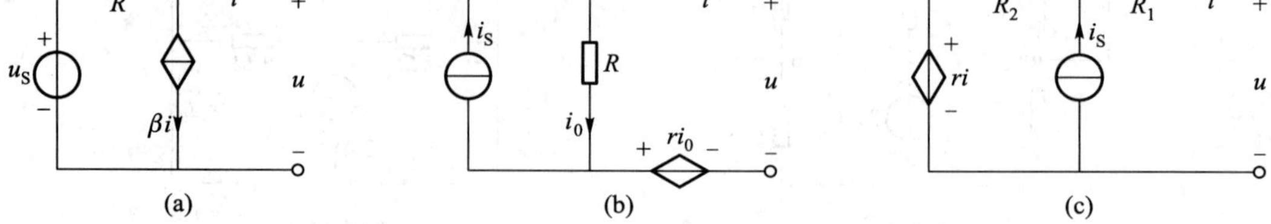

(a)

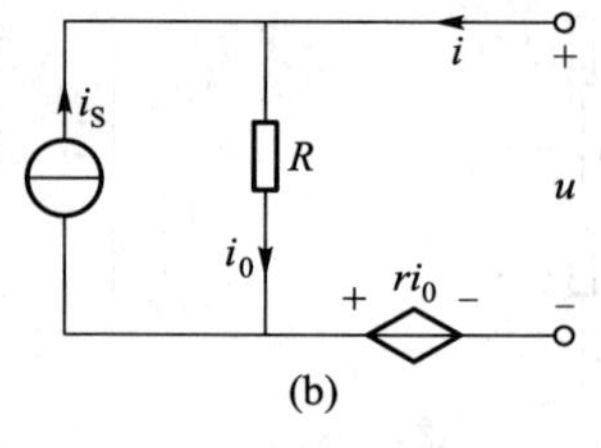

(b)

(c)

图题 2.15

2.16 用电源等效变换求图题 2.16 所示电路的电流 I。

2.17 用任意方法计算图题 2.17 所示电路中 6V 电压源提供的功率。

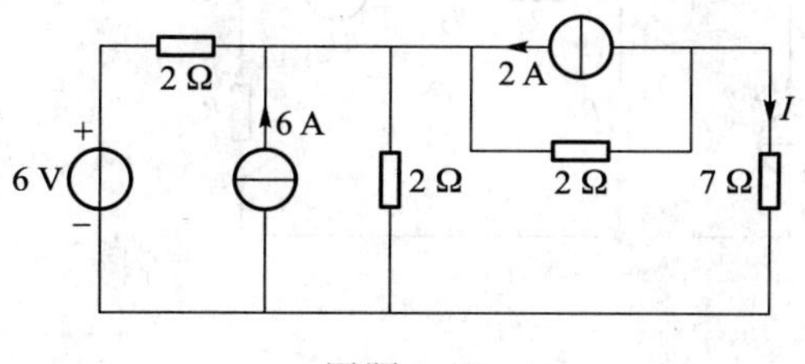

图题 2.16

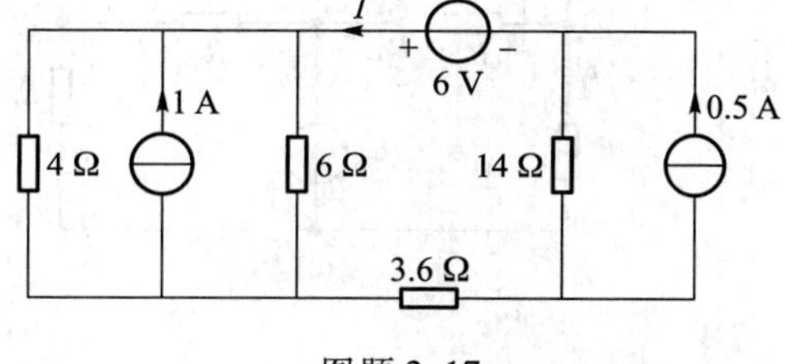

图题 2.17

2.18 求图题 2.18 所示电路中 a、b 之间的电压 U_{ab}。

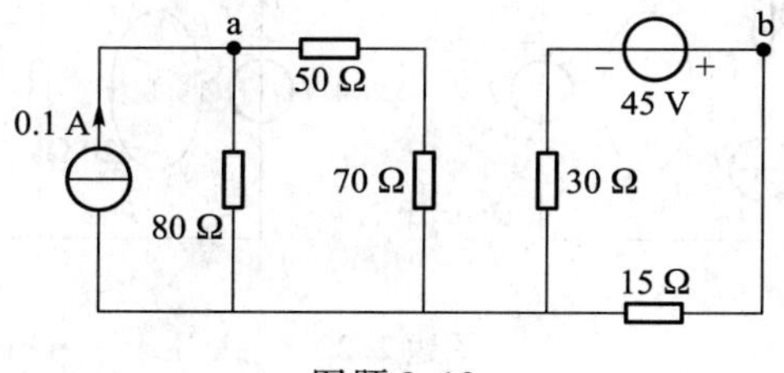

图题 2.18

2.19 求图题 2.19 所示电路的等效电阻 R。

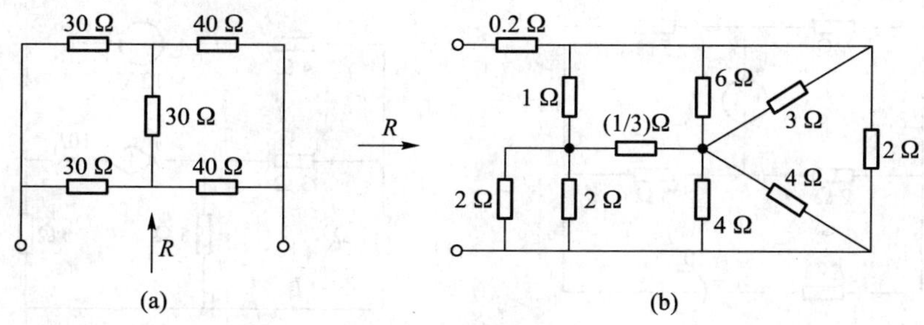

图题 2.19

2.20 求图题 2.20 所示电路的电流 I_1 和 I_2。

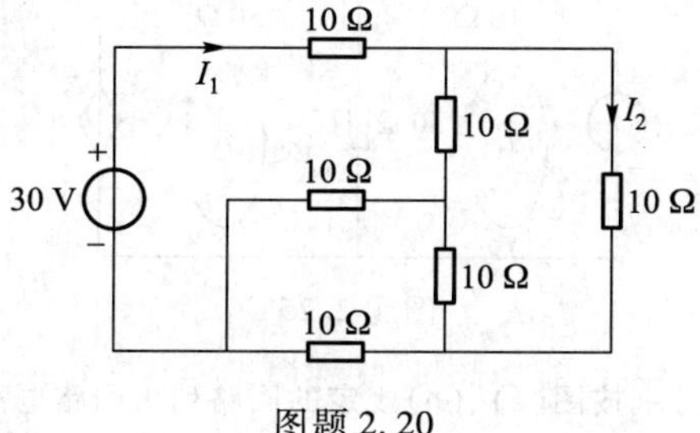

图题 2.20

2.21 列写图题 2.21 所示电路的支路电流方程。

2.22 电路如图题 2.22 所示，分别按图（a）、（b）规定的回路列出支路电流方程。

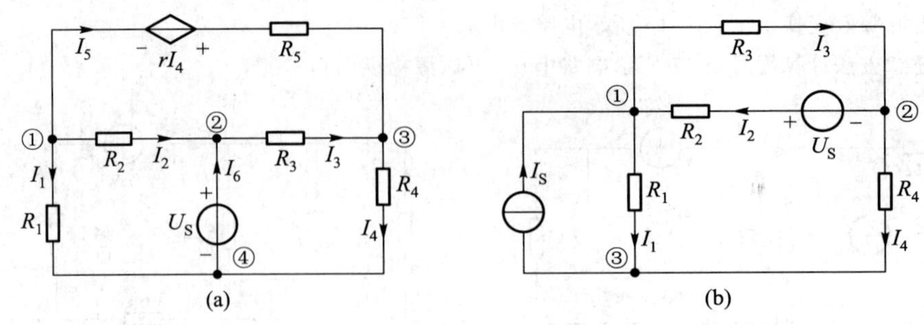

图题 2.21

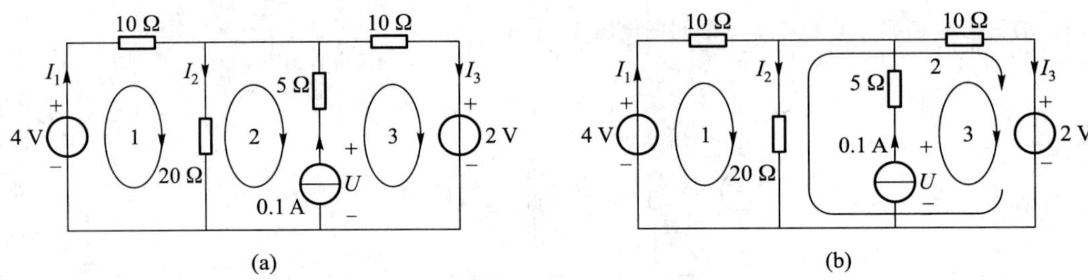

图题 2.22

2.23 用回路电流法求图题 2.23 所示电路的电流 I。

2.24 用回路电流法求图题 2.24 所示电路的电流 I。

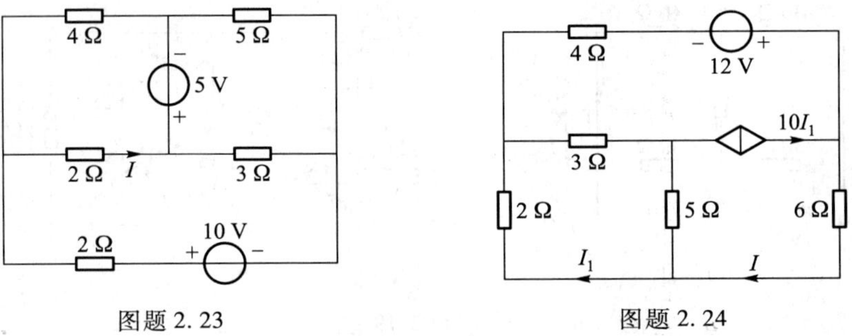

图题 2.23 图题 2.24

2.25 电路如图题 2.25 所示，列出回路电流方程，求 μ 为何值时电路无解。

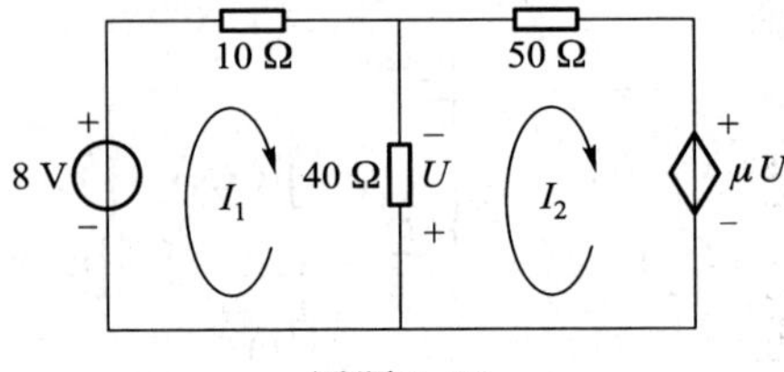

图题 2.25

2.26 电路如图题 2.26 所示，分别按图(a)、(b)规定的回路列出回路电流方程。

2.27 图题 2.27 所示电路中，电压表看作理想的，用回路电流法求电压表的读数，并标出电压表的正、负极。

2.28 电路如图题 2.28 所示，当以④为参考点时，各节点电压为 $U_{n1}=7$ V、$U_{n2}=5$ V、$U_{n3}=4$ V、$U_{n4}=0$。求以①为参考点时的各节点电压。

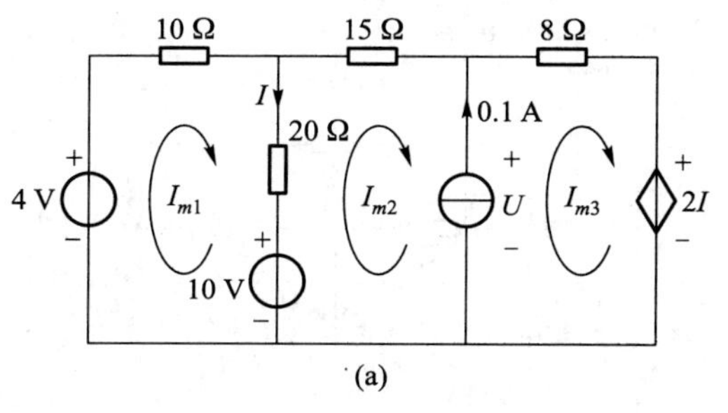

(a)

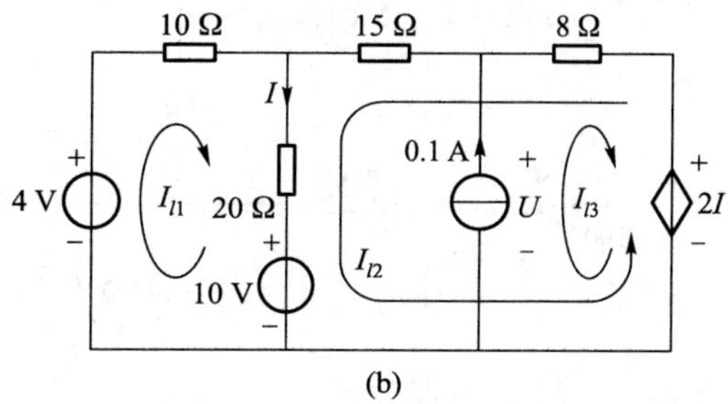

(b)

图题 2.26

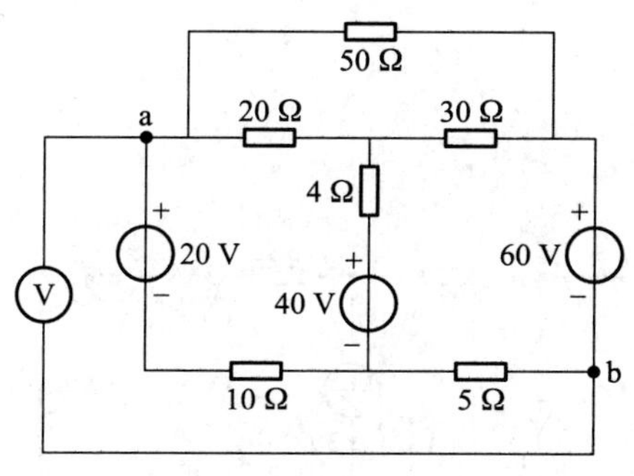

图题 2.27

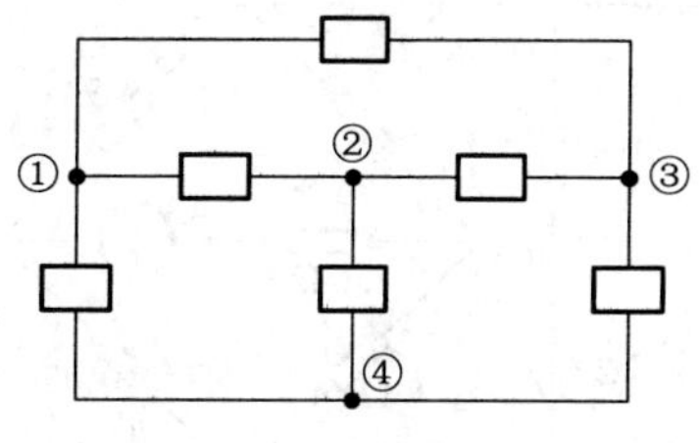

图题 2.28

2.29 电路如图题 2.29 所示，已知部分支路电压及节点①、③之间的电压，求各节点电压。

2.30 列出图题 2.30 所示电路的节点电压方程。

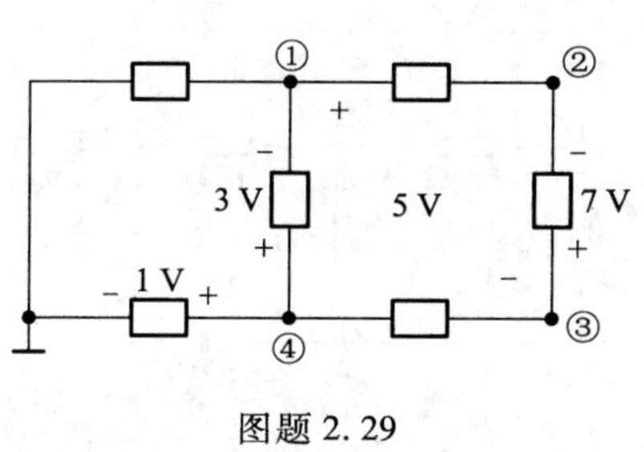

图题 2.29

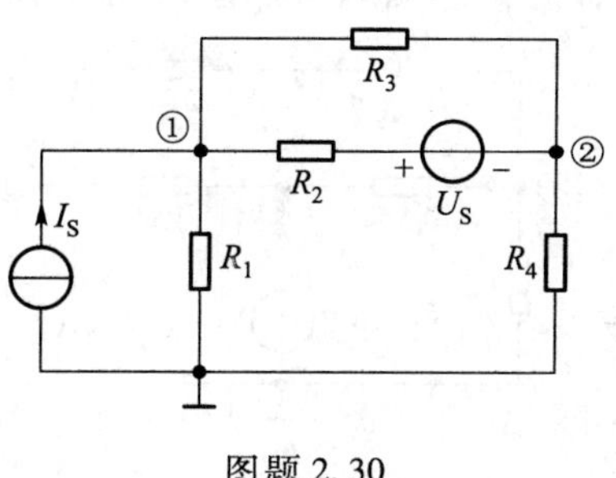

图题 2.30

2.31 电路如图题 2.31 所示，用节点电压法求 1 A 电流源发出的功率。

2.32 电路如图题 2.32 所示，求 a 点电位 U_{na}。

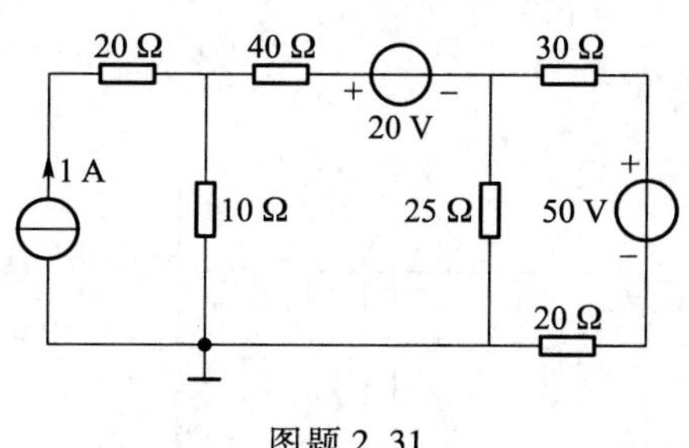

图题 2.31

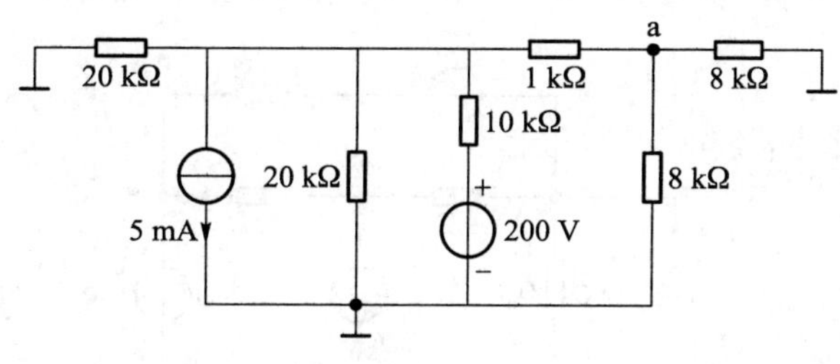

图题 2.32

2.33 图题 2.33 所示电路，电压源电压均用相对于参考点的电位来表示，试用节点电压法求电流 I。

2.34 图题 2.34 所示调压电路，端子 a 处为开路，$R_2 = 2R_1$。若以地为参考点，当调节可变电阻 R_2 的活动触点时，求 a 点电位 U_{na} 的变化范围。

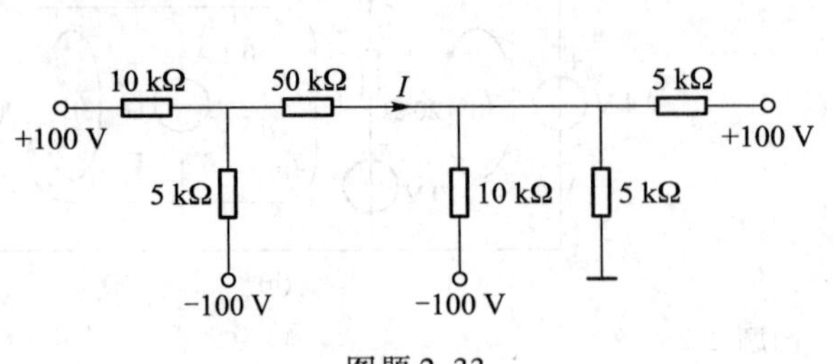

图题 2.33

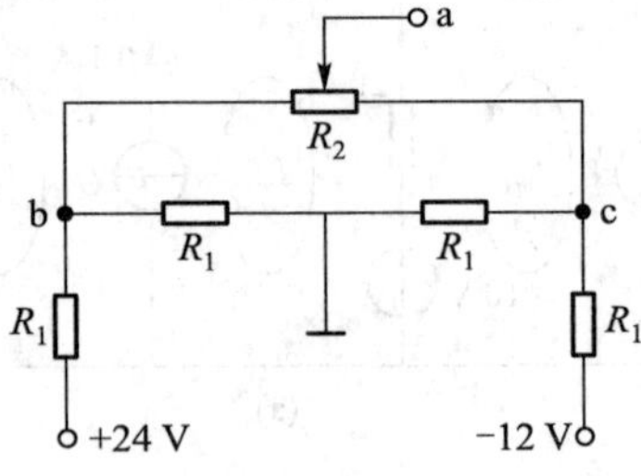

图题 2.34

2.35 列出图题 2.35 所示电路的节点电压方程。

2.36 列出图题 2.36 所示电路的节点电压方程。

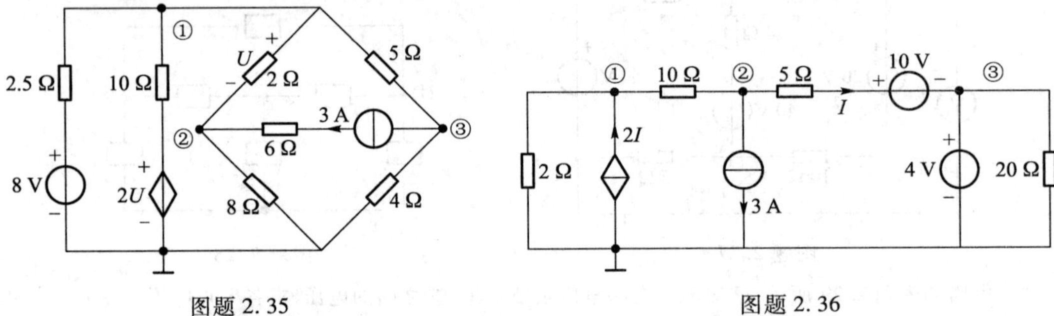

图题 2.35　　图题 2.36

2.37 用改进节点电压法求图题 2.37 所示电路的电流 I。

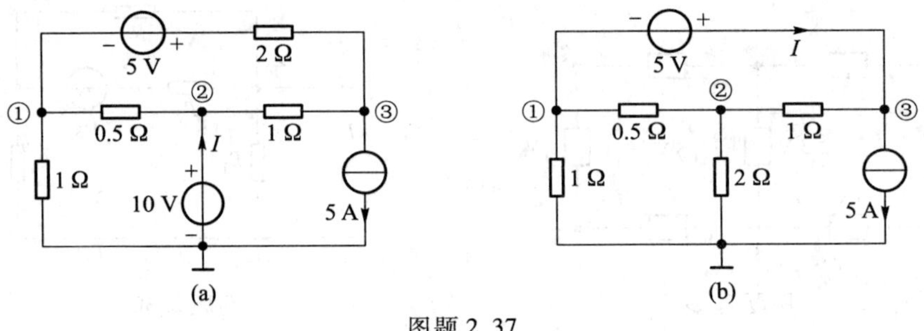

图题 2.37

2.38 电路如图题 2.38 所示，求节点电压 U_{n1} 与 U_{S1}、U_{S2} 及 I_S 的关系。

2.39 电路如图题 2.39 所示，求各独立源发出的功率。

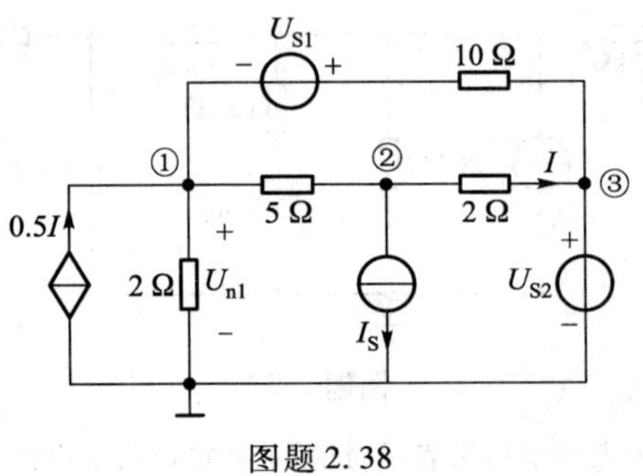

图题 2.38

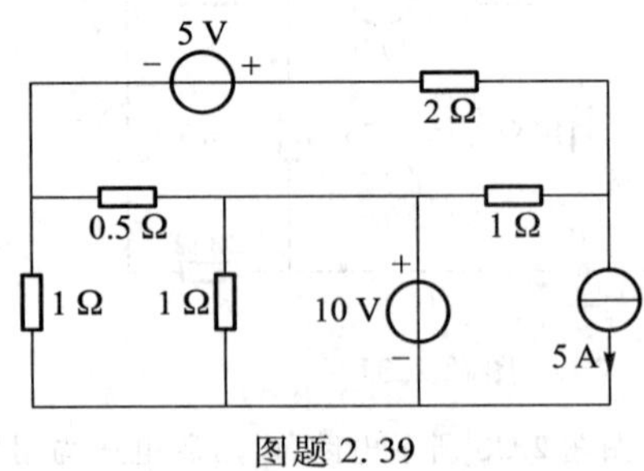

图题 2.39

2.40 电路如图题 2.40 所示，已知节点②的电压为 $U_{n2}=15\ \text{V}$，求电压源 U_S 的量值。

2.41 用任意方法求图题 2.41 所示电路的电流 I_1 和 I_2。

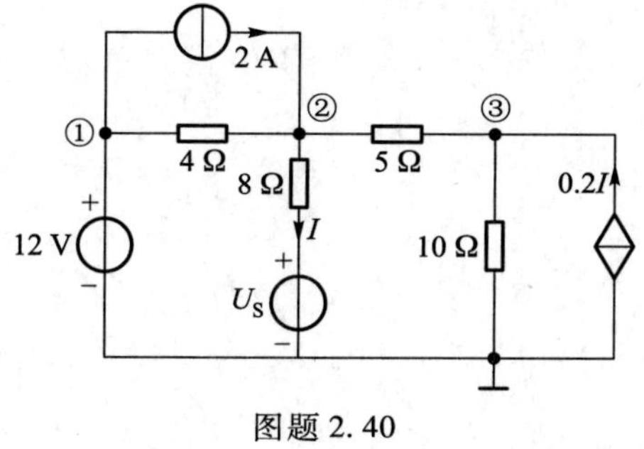

图题 2.40

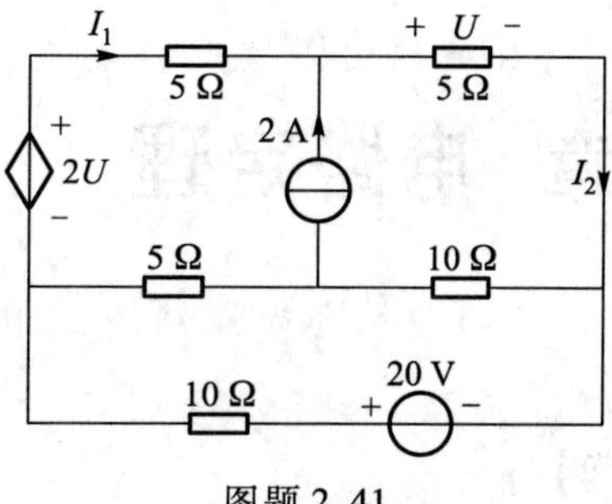

图题 2.41

第 3 章 电路定理

【导读】

前一章根据电流和电压所遵循的客观规律,介绍了电路方程组的列写方法,从而能够分析电流和电压的具体量值,这属于对电路的微观认识。为了能够从宏观上认识电路,还需掌握不同类型电路所具有的一般性质。这些性质表述为本章介绍的几个电路定理。首先介绍齐性定理和叠加定理,它们是反映线性电路性质的重要定理,是线性方程的齐次性和可加性在电路中的表现。其次介绍戴维南定理和诺顿定理,它们是依据线性一端口网络的端口性质得出来的,提供了化简线性一端口网络的有效方法。然后介绍与戴维南定理密切相关的最大功率传输定理。此外介绍了置换定理,并作为它的一种应用,简要介绍了网络撕裂法原理。还介绍了与基尔霍夫定律同样普遍适用的特勒根定理,并作为它的一种应用,简要介绍了灵敏度分析原理,从而能够从变参数的角度去认识电路。作为该定理带附加条件的应用,证明了表述互易性网络普遍性质的互易定理。最后介绍了反映电路对偶性质的对偶原理。所有这些定理都是电路理论的重要组成部分。对这些定理内容的理解和应用的熟练程度是学习后续内容的关键。

3.1 齐性定理与叠加定理

在上一章的电路分析中获知,描述线性直流电路的方程是线性代数方程,其中独立电源的源电压和源电流作为非齐次项出现在方程右边,方程变量可以是支路电流、回路电流和节点电压。线性代数方程的重要性质是齐次性和可加性,这些数学性质反映在电路理论中就表述为齐性定理和叠加定理。

1. 齐性定理

考察如下三个线性直流电路。对图 3.1.1(a)电路,根据分压公式求得

$$U_2=\frac{R_2}{R_1+R_2}U_S \tag{3.1.1}$$

对图 3.1.1(b)电路,根据分流公式和欧姆定律求得

$$U_3=R_3I_3=\frac{R_1R_3}{R_1+R_2+R_3}I_S \tag{3.1.2}$$

对图 3.1.1(c)电路,节点电压方程及其解答是

$$G_1(U_{n1}-U_S)-g(U_S-U_{n1})+G_2U_{n1}=0 \tag{3.1.3}$$

$$U_{n1}=\frac{G_1+g}{G_1+G_2+g}U_S \qquad (3.1.4)$$

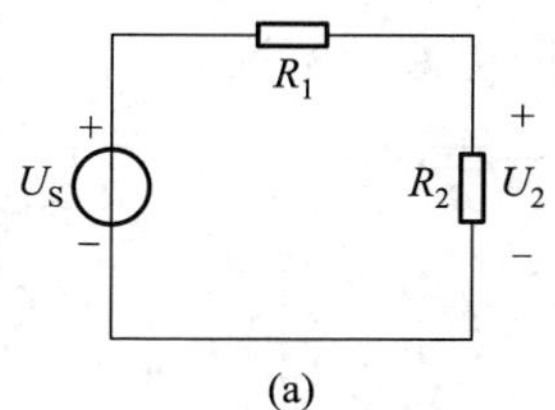

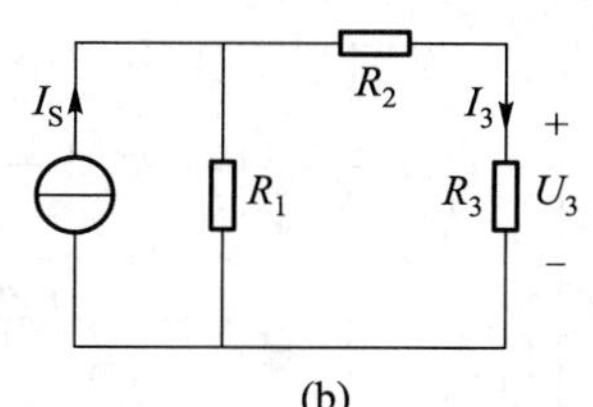

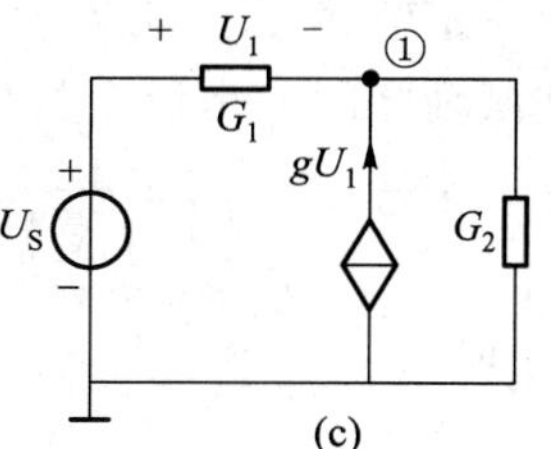

图 3.1.1 齐性定理引例

以上三个引例的共同规律是待求响应（待求电压、电流）与激励（源电压、源电流）成正比，可以统一写成

$$Y=AX \qquad (3.1.5)$$

由此可见，当激励 X 改变到原来的 K 倍时，响应也一定改变到原来的 K 倍。

上述结论在线性电路中具有一般性，概括为**齐性定理**：在只有一个激励作用的线性电路中，若将该激励变为原来的 K 倍，则对应的响应也变为原来响应的 K 倍，或者等价地说响应与激励成正比。

还需说明，上述齐性定理虽然是针对线性电阻电路得出的，但它完全适用于其他线性电路，例如线性交流电路等，详见第 4 章。

【例题 3.1.1】 图 3.1.2 所示电路中电阻 $R_0=R_2=R_4=R_6=4\ \Omega$，$R_1=R_3=R_5=8\ \Omega$。（1）若使 $I_0=1$ A，求 U_S 的值。（2）若 $U_S=66$ V，求各支路电流。

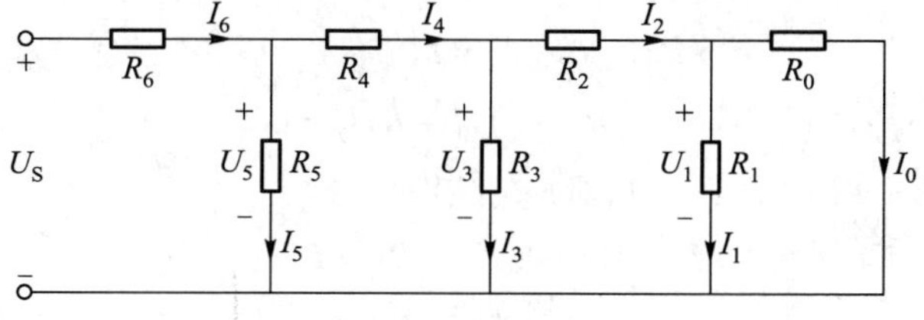

图 3.1.2 例题 3.1.1 图

【解】 （1）根据 KCL、KVL 及欧姆定律，由已知电流 I_0 依次递推可以求出其他支路电流为

$$I_1=\frac{U_1}{R_1}=\frac{R_0I_0}{R_1}=0.5\ \text{A},\quad I_2=I_1+I_0=1.5\ \text{A}$$

$$I_3=\frac{U_3}{R_3}=\frac{R_2I_2+R_1I_1}{R_3}=1.25\ \text{A},\quad I_4=I_2+I_3=2.75\ \text{A}$$

$$I_5=\frac{U_5}{R_5}=\frac{R_4I_4+R_3I_3}{R_5}=2.625\ \text{A},\quad I_6=I_4+I_5=5.375\ \text{A}$$

故所需电源电压为

$$U_S=R_6I_6+R_5I_5=42.5\ \text{V}$$

（2）此时相当于将源电压乘以常数 $K=66/44=1.5$，根据齐性定理，各支路电流均变为原来的 K 倍，即 $I_1'=KI_1=0.75$ A，$I_2'=KI_2=2.25$ A，$I_3'=KI_3=1.875$ A，$I_4'=KI_4=4.125$ A，$I_5'=KI_5=3.938$ A，$I_6'=KI_6=8.063$ A。

2. 叠加定理

上一小节建立了响应与单一激励之间的正比关系，如果电路中含有多个激励，那么电路响应与这些激励之间又是什么关系？为此，考察图 3.1.3 中三个线性电阻电路的情况。

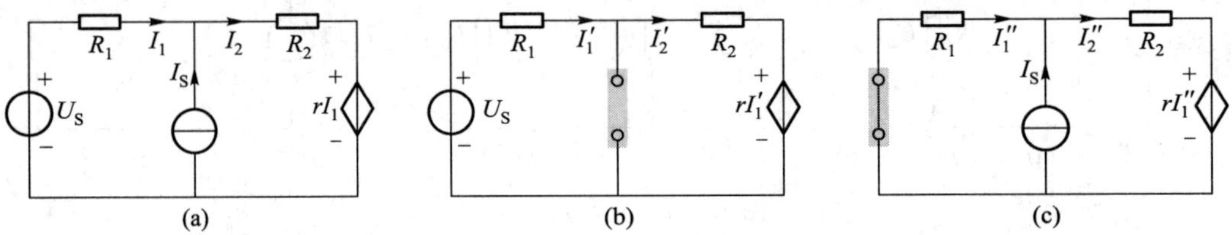

图 3.1.3 叠加定理示例：(a) 独立电源共同作用；(b) 电压源单独作用；(c) 电流源单独作用

图 3.1.3(a)含有两个独立电源，电路的支路电流方程是

$$\begin{cases} -I_1+I_2=I_S \\ (R_1+r)I_1+R_2I_2=U_S \end{cases} \tag{3.1.6}$$

图 3.1.3(b)是在图 3.1.3(a)基础上让电流源不起作用，即源电流为零，电流源位置变成了开路，支路电流方程是

$$\begin{cases} -I_1'+I_2'=0 \\ (R_1+r)I_1'+R_2I_2'=U_S \end{cases} \tag{3.1.7}$$

而图 3.1.3(c)则是在图(a)基础上让电压源不起作用，即源电压为零，电压源位置变成了短路，支路电流方程是

$$\begin{cases} -I_1''+I_2''=I_S \\ (R_1+r)I_1''+R_2I_2''=0 \end{cases} \tag{3.1.8}$$

将式(3.1.7)和式(3.1.8)等号两侧对应项相加，得

$$\begin{cases} -(I_1'+I_1'')+(I_2'+I_2'')=I_S \\ (R_1+r)(I_1'+I_1'')+R_2(I_2'+I_2'')=U_S \end{cases} \tag{3.1.9}$$

式(3.1.9)与式(3.1.6)的系数和等号右端的非齐次项是相同的，由线性代数原理可知，在有唯一解的情况下，它们的解答也是相同的，即

$$\begin{cases} I_1=I_1'+I_1'' \\ I_2=I_2'+I_2'' \end{cases} \tag{3.1.10}$$

上述结论在线性电路中具有普遍性，概括为**叠加定理**：在线性有唯一解[①]的电路中，由几个独立电源共同作用产生的响应等于各个独立电源单独作用时产生相应响应的代数叠加。

根据上述叠加定理的建立过程不难发现：

(1) 如果电阻与电压、电流有关，不是常量，那么式(3.1.7)与式(3.1.8)相加后的方程系数就不能被提出，也就得不到与式(3.1.6)一致的方程。此事表明，叠加定理不能用在参数与电压、电流相关的非线性电路中。

① 大多数线性电路都是有唯一解的，本书不涉及非唯一解的情况。

(2) 据(1)推理,功率与独立电源的源电压和源电流不是线性关系,所以功率不能直接用叠加关系来计算。但是,可以用叠加定理求得总电压或总电流后再计算功率。例如图 3.1.3 中电阻 R_1 消耗的功率为

$$P_1 = R_1 I_1^2 = R_1 (I_1' + I_1'')^2 \neq R_1 (I_1')^2 + R_1 (I_1'')^2 \tag{3.1.11}$$

(3) 由于受控电源的参数出现在方程待求量的系数中,所以各独立电源单独作用时,受控电源必须保留在相应电路中,不能被去掉。

(4) 由于受控电源不是电路的激励,单独作用时不能产生电压和电流,故不用计算受控电源单独作用的电路。

(5) 各独立电源可以分组作用多次,只要每个独立电源每次作用时提供的激励值总和等于它的原激励值即可。

(6) 本章基于线性直流电路建立了叠加定理,其实对任意的线性电路,叠加定理都是成立的,例如线性交流电路、线性暂态电路等。

齐性定理和叠加定理分别回答了只有一个激励和存在多个激励时响应与激励的关系,这些关系可以进一步概括为:线性直流电路的任一响应都是该电路中独立电源的线性组合,即

$$Y = A_1 X_1 + A_2 X_2 + \cdots + A_m X_m \tag{3.1.12}$$

其中,m 表示独立电源个数;$X_j(j=1,2,\cdots,m)$ 表示第 j 个独立电源的源电压或源电流;Y 表示任一响应,$A_j(j=1,2,\cdots,m)$ 是常系数,取决于电路结构和电阻以及受控电源的参数,与独立电源无关。式(3.1.12)同时包含了叠加定理和齐性定理的含义,是线性直流电路基本性质的概括。

【例题 3.1.2】 图 3.1.4(a)所示电路,用叠加定理计算电压 U。

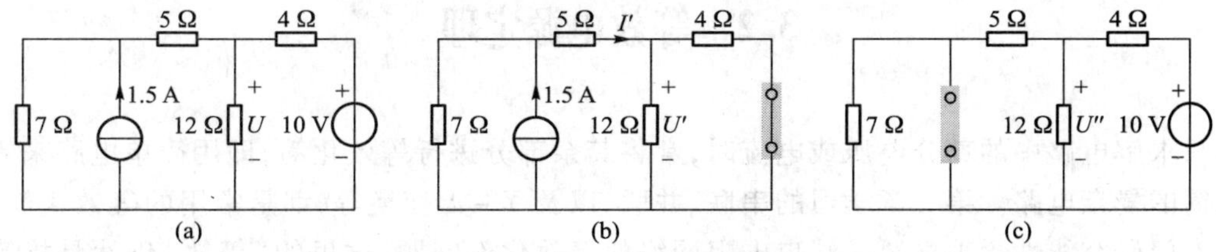

图 3.1.4 (a) 例题 3.1.2 图;(b) 电流源单独作用;(c) 电压源单独作用

【解】 (1) 先使独立电流源单独作用,电压源用短路代替,得图 3.1.4(b),利用电阻的串、并联等效及分流公式计算电压 U',得

$$I' = \frac{7}{\left(\frac{4\times12}{4+12}+5\right)+7} \times 1.5\ \text{A} = 0.7\ \text{A}, \quad U' = \frac{4\times12}{4+12} \times I' = 2.1\ \text{V}$$

(2) 再使独立电压源单独作用,电流源用开路代替,得图 3.1.4(c),计算其中电压 U'',得

$$U'' = \frac{\frac{(5+7)\times12}{(5+7)+12}}{\frac{(5+7)\times12}{(5+7)+12}+4} \times 10\ \text{V} = 6\ \text{V}$$

(3) 根据叠加定理得待求电压

$$U = U' + U'' = 8.1\ \text{V}$$

【例题 3.1.3】 图 3.1.5 所示电路,已知当 $U_{S1}=3$ V 时,电压 $U=4$ V。求当 $U_{S1}=3.6$ V,其他条件不变时电压 U 的值。

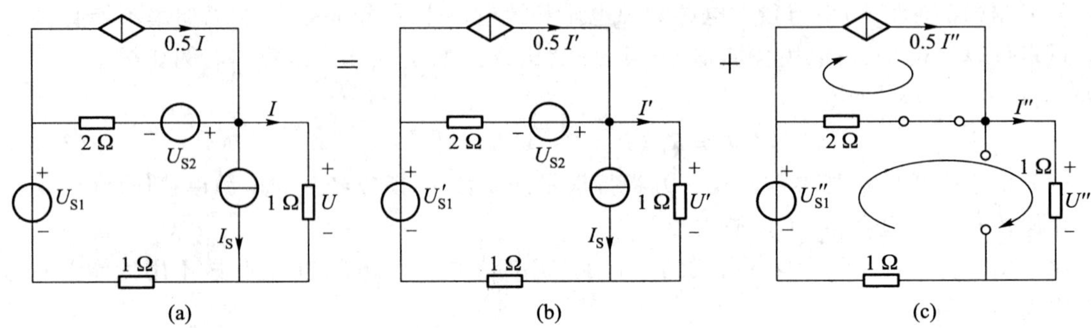

图 3.1.5 (a) 例题 3.1.3 图;(b) U'_{S1}与其他电源作用;(c) U''_{S1}单独作用

【解】 根据已知条件,将电压源 U_{S1}分解成 $U_{S1}=U'_{S1}+U''_{S1}=3\ \text{V}+0.6\ \text{V}$。再利用叠加定理,将图 3.1.5(a)电源的作用情况分解成图 3.1.5(b)和图 3.1.5(c)两组。在图 3.1.5(b)中 $U'_{S1}=3\ \text{V}$,所以 $U'=4\ \text{V}$;图 3.1.5(c)中,只有 $U''_{S1}=0.6\ \text{V}$ 单独作用,对其列回路电流方程可得

$$(1+2+1)\times I''-2\times 0.5I''=0.6\ \text{V}$$

解得

$$I''=0.2\ \text{A},\quad U''=1\times I''=0.2\ \text{V}$$

故题中所求电压

$$U=U'+U''=4.2\ \text{V}$$

3.2 等效电源定理

当只求解电路中的部分电压或电流时,常将其余部分进行等效化简,即用简单电路来等效代替被化简的复杂电路。第二章学习的串联、并联,以及 Y－Δ 变换等,都是常用的等效化简方法。这一节专门研究线性含独立源一端口电阻网络的等效化简问题,这里的“等效”仍然是指等效与被等效电路具有相同的端口方程。这就是寻找等效电路的出发点。

先看一个已经熟悉的特殊电路,如图 3.2.1(a)所示。利用第二章的戴维南与诺顿电路的等效变换,可以求得它的最简等效电路如图 3.2.1(b)、(c)所示。图中有

$$I_{eq}=I_S+\frac{U_S}{R_1},\quad R_{eq}=\frac{R_1R_2}{R_1+R_2} \tag{3.2.1}$$

$$U_{eq}=R_{eq}I_{eq}=\frac{R_2}{R_1+R_2}U_S+\frac{R_1R_2}{R_1+R_2}I_S \tag{3.2.2}$$

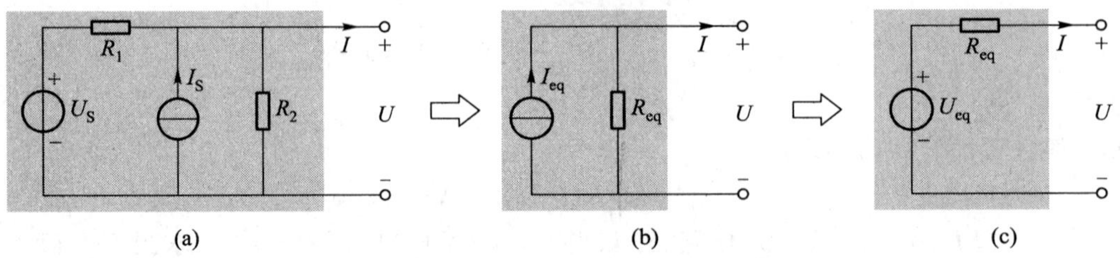

图 3.2.1 (a) 含独立源一端口网络;(b)、(c) 两种等效电路

等效电路中含有独立电源，也就是说图 3.2.1(a)的一端口对外具有电源的作用，可用图 3.2.1(b)或(c)作为该电源的模型。

那么，对于一般的线性含独立源电阻网络，它的等效电路又是怎样呢？

一方面，由于一端口网络内部含有电源，可以通过端口对外提供电能，所以它具有电源的作用。但由于网络内部同时又含有电阻，故一般说来，这个电源不是理想电源，它的端口电压和端口电流相互影响。

另一方面，由于描述线性直流电路的方程是线性代数方程，它的任意两个变量之间的关系都满足直线方程。所以，对图 3.2.2(a)所示的一般线性含独立源电阻网络，其端口电压和电流的依赖关系可用图 3.2.2(b)所示的不过原点的斜直线来表示。它具有负斜率，反映了随着输出电流的增加，输出电压要下降的事实。图中与纵轴的交点处，电流 $I=0$，纵坐标等于端口的**开路电压**，用 U_{OC}表示；与横轴的交点处，电压 $U=0$，横坐标等于端口的**短路电流**，用 I_{SC}表示。显然，U_{OC}和 I_{SC}都是由网络内部条件决定的，它们完全决定了直线的位置即决定了一端口网络的外部特性。

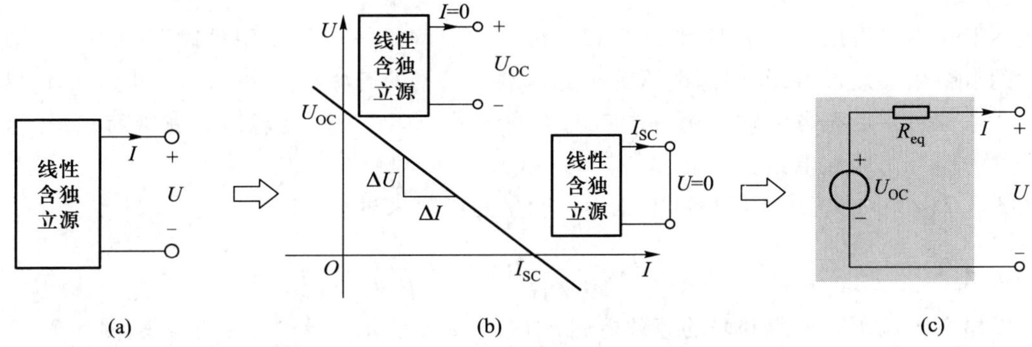

图 3.2.2 戴维南定理的图示：(a) 一端口网络；(b) 外特性；(c) 戴维南等效电路

图 3.2.2(b)的直线可用以电流为自变量的函数表示为

$$U=U_{OC}-\frac{U_{OC}}{I_{SC}}I=U_{OC}-R_{eq}I \tag{3.2.3}$$

根据上式可以做出图 3.2.2(a)的等效电路，如图 3.2.2(c)所示。图中

$$R_{eq}=\frac{U_{OC}}{I_{SC}} \tag{3.2.4}$$

称为网络等效内阻或**输出电阻**，它等于图 3.2.2(b)中 $U-I$ 直线斜率的负值。这种计算 R_{eq}的方法称为**开路短路法**。

在用实验方法确定一个实际含独立源电阻网络的等效内阻时，有时会遇到端口不允许短路或开路的情况，此时可分别测量两组端口电压和电流值，然后用它们的增量来计算等效内阻，称为**增量法**，即

$$R_{eq}=-\frac{\Delta U}{\Delta I} \tag{3.2.5}$$

由齐性定理和叠加定理可知，图 3.2.2(a)的开路电压 U_{OC}是由网络内部所有独立电源的线性组合得来的。所以当这些独立电源都不作用时，自然是 $U_{OC}=0$。另一方面，当 $U_{OC}=0$ 时，图

3.2.2(c)电路中只剩下等效内阻 R_{eq}。所以 R_{eq} 也就是除去图3.2.2(a)中所有独立电源后的一端口网络等效电阻,这种计算 R_{eq} 的方法称为**除源法**。如果除源后难以通过串并联等效化简的话,可以在端口处施加任意电压(或电流),然后计算端口电压与电流的比值,如图3.2.3所示,图中等效电阻为

$$R_{eq}=\frac{U_1}{I_1} \tag{3.2.6}$$

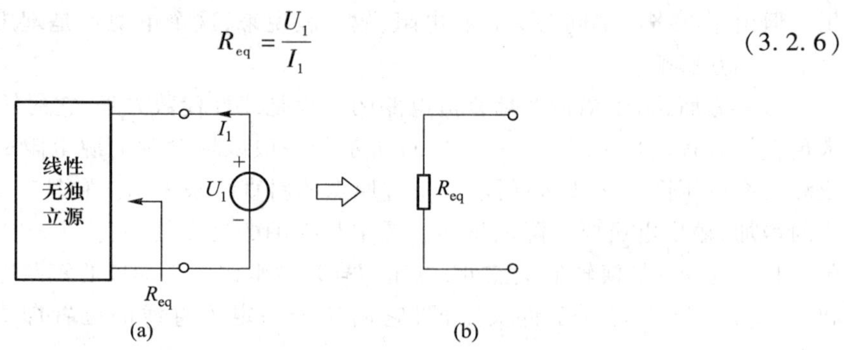

图3.2.3 (a) 无独立源电路;(b) 等效电阻

概括上述内容得出如下定理:线性含独立源一端口网络的对外作用可以用一个电压源与电阻串联的电路来等效代替,其中源电压等于此一端口网络的开路电压,电阻等于此一端口网络内部各独立电源置零后所得无独立源一端口网络的等效电阻[①]。该定理称为**戴维南定理**,这种等效电路称为戴维南等效电路。

图3.2.2(b)中的直线还可用以电压为自变量的函数来表示,即

$$I=I_{SC}-\frac{I_{SC}}{U_{OC}}U=I_{SC}-\frac{U}{R_{eq}} \tag{3.2.7}$$

据此可以建立电流源与电阻并联的等效电路,如图3.2.4所示。这个电路也可从图3.2.2(c)通过戴维南电路与诺顿电路的等效变换来获得。

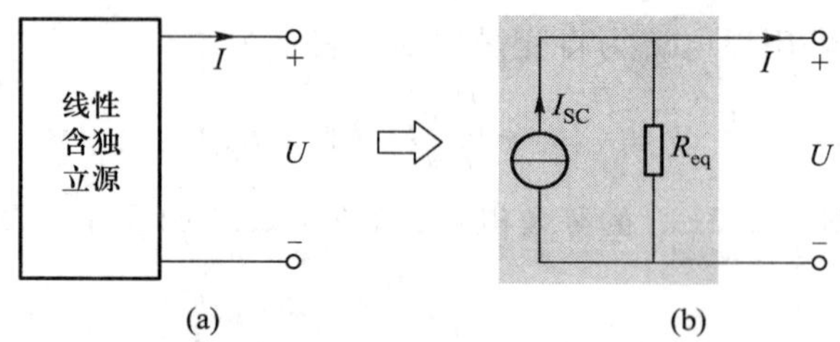

图3.2.4 诺顿定理的图示:(a) 一端口网络;(b) 诺顿等效电路

由此又得到如下定理:线性含独立源一端口网络的对外作用,可以用一个电流源与电阻并联的电路来等效代替,其中源电流等于此一端口网络的短路电流,电阻等于此一端口网络内部各独立源置零后所得无独立源一端口网络的等效电阻[②]。这一定理称为**诺顿定理**,这种等效电路称为诺顿等效电路。

戴维南定理和诺顿定理统称**等效电源定理**,是化简含独立源一端口网络的重要定理。

---

① 这里的开路电压和等效内阻必须有唯一解。线性网络一般都有唯一解,故本书不涉及非唯一解情况。

② 这里的短路电流和等效电阻必须有唯一解。

在实际应用中，常常会遇到电路中的某个元件参数发生变化，例如负载增减，而其他部分则固定不变。等效电源定理为分析这类问题提供了简便方法。首先求出不变部分的戴维南或诺顿等效电路，然后再用等效电路分析元件参数变化的情况。

一般说来，含独立源一端口网络既可用戴维南电路等效代替，也可用诺顿电路等效代替，视问题的需要而定。特殊情况下，若 $R_{eq}=0$，则只能等效成戴维南电路，并成为理想电压源；若 $R_{eq}\to\infty$，则只能等效成诺顿电路，并成为理想电流源。

【例题 3.2.1】 计算图 3.2.5(a)电桥中 R_x 分别等于 0 Ω、0.8 Ω、1.6 Ω 时，该支路的电流和功率。

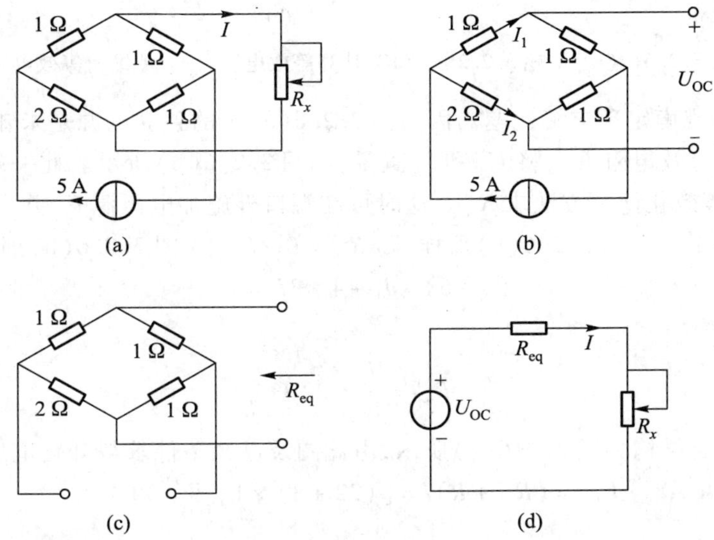

图 3.2.5 (a) 例题 3.2.1 图；(b) 计算开路电压；(c) 计算等效电阻；(d) 戴维南等效电路

【解】 用戴维南定理化简电路中的不变部分。

(1) 求开路电压 U_{OC}。将 R_x 支路断开时电路如图 3.2.5(b)所示。源电流 5 A 分流成 I_1 和 I_2，由分流公式求得

$$I_1=\frac{2+1}{(2+1)+(1+1)}\times 5=3\ \text{A},\quad I_2=5-I_1=2\ \text{A}$$

故

$$U_{OC}=1\times I_1-1\times I_2=1\ \text{V}$$

(2) 求等效电阻 R_{eq}。将电流源用开路代替，电路如图 3.2.5(c)所示。用串、并联化简得

$$R_{eq}=[(1+2)//(1+1)]=1.2\ \Omega$$

(3) 根据步骤(1)、(2)求得戴维南等效电路如图 3.2.5(d)所示，由欧姆定律得电流

$$I=\frac{U_{OC}}{R_{eq}+R_x}=\frac{1}{1.2+R_x}$$

消耗功率为

$$P=I^2R_x$$

当 R_x 分别等于 0 Ω、0.8 Ω、1.6 Ω 时，由上两式求得该支路的电流和功率分别为 0.833 A、0.5 A、0.357 A 和 0 W、0.2 W、0.204 W。

【例题 3.2.2】 图 3.2.6 所示电路。已知 $R=8\ \Omega$ 时,$I=1\ \text{A}$。求 R 为何值时 $I=0.5\ \text{A}$?

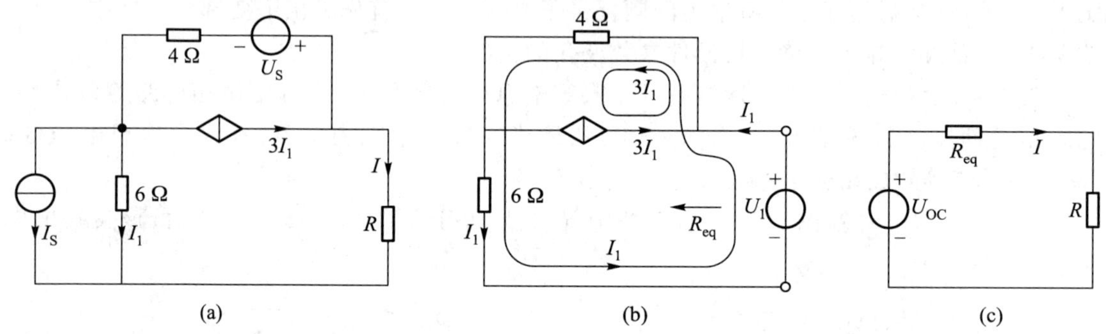

图 3.2.6 (a) 例题 3.2.2 图;(b) 计算等效电阻;(c) 戴维南等效电路

【解】 应用戴维南定理求解此题。因为图 3.2.6(a)中的独立电源是未知的,所以不宜先求开路电压。为求出等效电阻 R_{eq},将 U_S 和 I_S 置零,如图 3.2.6(b)所示。此一端口内部含受控电源,不能只用电阻等效化简的方法求 R_{eq}。这时可在端口外施加电压源 U_1 并求端口电流 I_1(也可加电流源求端口电压),如图 3.2.6(b)那样,则 $R_{eq}=U_1/I_1$。对图 3.2.6(b)列回路电流方程

$$(4+6)\times I_1+4\times 3I_1=U_1 \tag{1}$$

解得

$$R_{eq}=\frac{U_1}{I_1}=22\ \Omega \tag{2}$$

戴维南等效电路结构如图 3.2.6(c)所示,由此图及已知条件求得开路电压

$$U_{OC}=(R_{eq}+R)I=[(22+8)\times 1]\ \text{V}=30\ \text{V} \tag{3}$$

再根据题意得

$$I=\frac{U_{OC}}{R_{eq}+R}=\frac{30}{22+R}=0.5\ \text{A} \tag{4}$$

由式(4)解得所需电阻值 $R=38\ \Omega$ 。

3.3 最大功率传输定理

在信号测量、传输和变换技术中,有时要求负载能够从信号源那里获得最大的功率。这类问题可用图 3.3.1(a)所示的电路模型来描述。图中电压源对应待传输的电信号,U_S 是它的开路电压,R_{eq}是它的等效内阻,R_L 表示接收端的等效负载电阻。于是上述问题可以陈述为:负载电阻 R_L 为何值时,它能够从给定电源那里获得最大功率?

为回答此问题,按数学方法需建立负载功率 P_L 与其电阻 R_L 的函数关系。由图 3.3.1(a)可以求得

$$P_L=I^2R_L=\left(\frac{U_S}{R_{eq}+R_L}\right)^2R_L \tag{3.3.1}$$

这个函数的图像如图 3.3.1(b)所示,图中存在极大值,也是最大值。

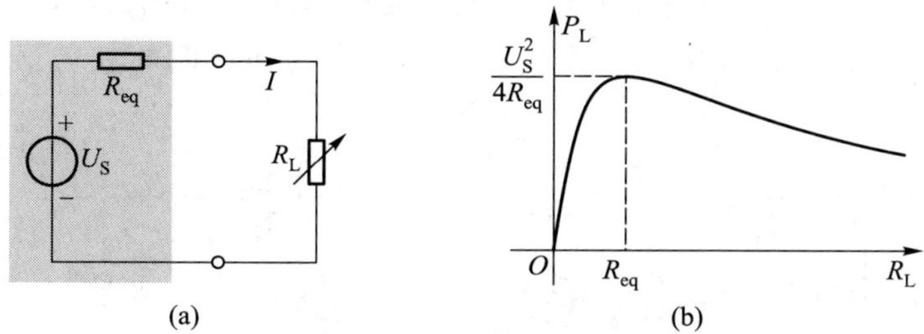

图 3.3.1 讨论最大功率传输:(a) 电源与负载的连接;(b) 功率曲线

为求出负载获得最大功率的条件,按数学方法,令式(3.3.1)对 R_L 的导数为零,即

$$\frac{dP_L}{dR_L}=\frac{(R_{eq}+R_L)^2-2R_L(R_{eq}+R_L)}{(R_{eq}+R_L)^4}\times U_S^2=0 \tag{3.3.2}$$

由此解得

$$R_L=R_{eq} \tag{3.3.3}$$

可见,当负载电阻与电源内阻相等时,可以获得最大功率。此时称为负载与电源**匹配**。

将式(3.3.3)代入式(3.3.1)便求得负载获得的最大功率,即

$$P_{Lmax}=\frac{U_S^2}{4R_{eq}} \tag{3.3.4}$$

概括以上内容便得**最大功率传输定理**:对给定的电源,当负载电阻等于该电源的内阻时,负载可以从电源获得最大功率,此功率由式(3.3.4)给出。

根据这一定理,当负载与电源匹配时,由于负载电阻与电源内阻相等,因此电源内部的损耗的功率将等于此时负载所消耗的功率,即电源中转换产生的电能只有一半传输到负载,其余都在内部损失了,效率只有 50%。

显然,对一个实际电源,例如蓄电池、发电机等,都不可能工作在匹配状态。一方面是由于效率太低而白白浪费宝贵的电能;另一方面是由于匹配时电源供给的电流已达短路电流的一半,远远超过其额定电流,电源会因为过载而损坏或发生过载保护。

然而,当电源或等效电源本身的内阻较大,或有不可避免的大电阻要串联在电源和负载之间时,此时获得最大功率不仅是可能的,而且从满足负载的需求来看也是必要的。在电讯工程中由于传输功率很小,效率问题不再重要,因此常常要设法使电源和负载处于匹配连接以使负载获得最大功率。

如果给负载供电的是一个复杂的含独立源一端口电阻网络,这时可用戴维南定理将其等效成电压源与电阻的串联,如图 3.3.2 所示,然后再使用上述最大功率传输定理。

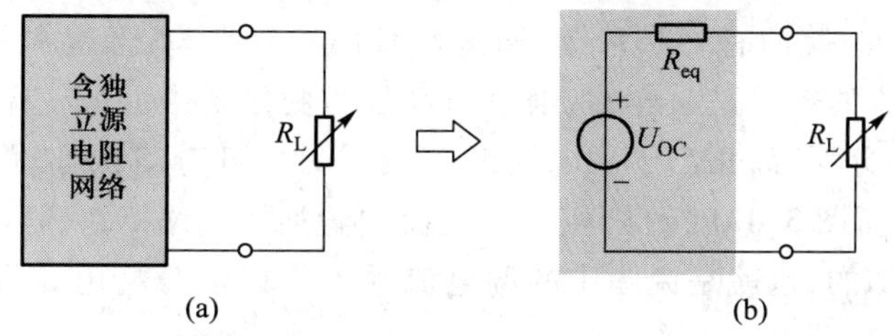

图 3.3.2 (a) 含独立源电阻网络连接负载;(b) 戴维南等效电路

【例题 3.3.1】 图 3.3.3(a)所示电路，已知当负载电阻 R_L 分别为 10 Ω 和 40 Ω 时，电压表读数分别为 20 V 和 50 V。设电压表为理想的，求 R_L 为何值时能获得最大功率，并求出此功率。

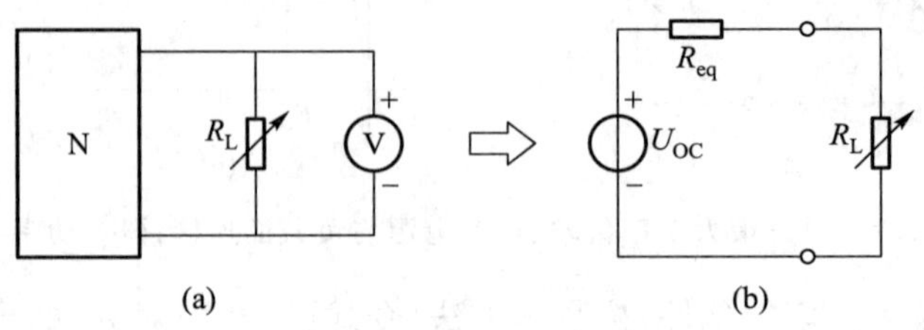

图 3.3.3 例题 3.3.1 图

【解】 首先将图(a)中的一端口网络用戴维南电路来等效，如图(b)。图中的等效参数可根据已知条件通过下列方程来求得

$$\begin{cases} \dfrac{10U_{OC}}{10+R_{eq}}=20 \\ \dfrac{40U_{OC}}{40+R_{eq}}=50 \end{cases}$$

解方程得

$$\begin{cases} U_{OC}=100\ \text{V} \\ R_{eq}=40\ \Omega \end{cases}$$

根据最大功率传输定理，当负载电阻 $R_L=R_{eq}=40\ \Omega$ 时，它获得最大功率，此功率为

$$P_{Lmax}=\frac{U_{OC}^2}{4R_{eq}}=\frac{100^2}{4\times 40}\ \text{W}=62.5\ \text{W}$$

3.4 置换定理及其应用

在分析规模复杂的电路时，自然会想到将复杂电路撕裂（即分割）成若干个简单部分再分别加以研究。但这种撕裂不能是机械地将联络线断开，这样会使得撕裂后的电路与原电路的工作条件不一致。然而，如果在撕裂处能够用某种方法，通过联络线向撕裂后的电路提供与撕裂前一致的电流，使得撕裂后的电路感知不到已经被撕裂，则撕裂后电路的解答与撕裂前完全相同。在图 3.4.1 中，就是用电流源来提供这个电流，该电流等于联络线电流，从而将图(a)撕裂成(b)、(c)两部分。打一个比方：院内有一个水箱，通过水管向外放水，不管这水是用来浇灌花草，还是用来冲洗庭院，只要水流的规律是一样的，则水箱水位的变化规律也是一样的。

就撕裂后的每一部分而言，相当于用电流源置换了另一部分。例如，图 3.4.1(b)相当于用电流源置换了网络 N_2，而图 3.4.1(c)则相当用电流源置换了网络 N_1。但是，在获得电路解答之前，联络线的电流是未知的，也就是说图中的源电流并不像以前分析电路那样可以作为已知量，它需要用联络线的电流来获得。

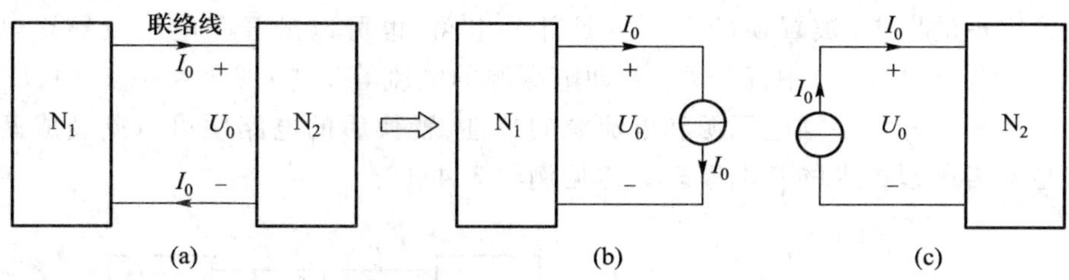

图 3.4.1　基于电流源的网络撕裂:(a) 撕裂前;(b)、(c) 撕裂后

用电流源来提供被撕裂支路的电流只是网络撕裂技术的一种。同理还可用电压源来提供被撕裂处的电压,如保证撕裂前后联络线之间的电压不变,撕裂后的网络便与撕裂前的网络具有相同的解答,如图 3.4.2 所示。此时,对 N_1 来说,相当于用电压源置换了 N_2;对 N_2 来说,相当于用电压源置换了 N_1。

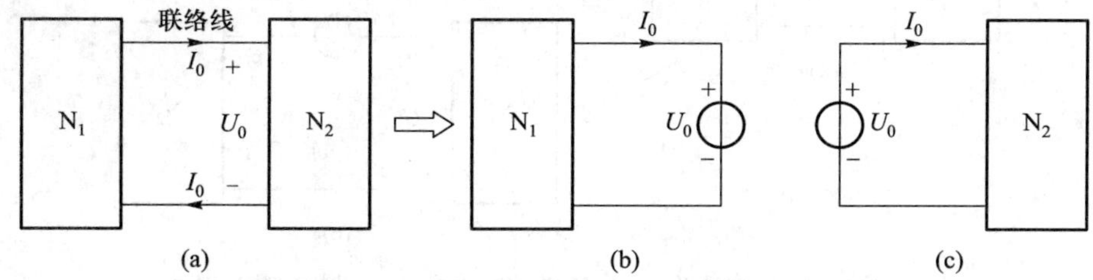

图 3.4.2　基于电压源的网络撕裂:(a) 撕裂前;(b)、(c) 撕裂后

上述撕裂过程可以概括为如下定理:在任意线性或非线性电路中,若某一端口的电压和电流为 U 和 I,则可用 $I_S=I$ 的电流源或 $U_S=U$ 的电压源来置换此一端口,而不影响电路中其他部分的电流和电压。这个定理称为**置换定理**。

置换定理的正确性可用解析几何原理来解释。图 3.4.3(a)电路的解答(I_0,U_0)实际就是代表 N_1 的特性曲线 $U=f_1(I)$和代表 N_2 的特性曲线 $U=f_2(I)$的交点坐标。这个交点也可以分别用过该交点的竖直线和水平线来得到,分别如图 3.4.3(b)、图 3.4.3(c)所示。前者就是用电流源置换了 N_2,如图 3.4.3(d);后者就是用电压源置换了 N_2,如图 3.4.3(e)。

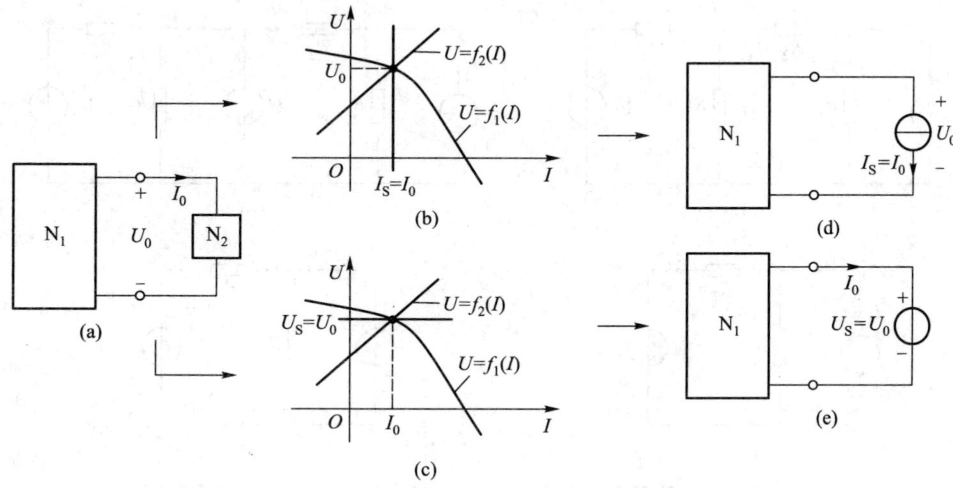

图 3.4.3　置换定理图示

作为置换定理的引申，被置换的不一定是部分电路，也可以是开路电压或导线电流。如图3.4.4所示，其中图3.4.4(b)中，$I'=I''=I$，即电压源的电流等于零；图3.4.4(c)中，$U'=U''=U$，即电流源的电压等于零。根据电压源和电流源的特性，置换后的电路便可以撕裂成两个电路来计算。这就是网络撕裂技术的基本原理。详见例题3.4.1。

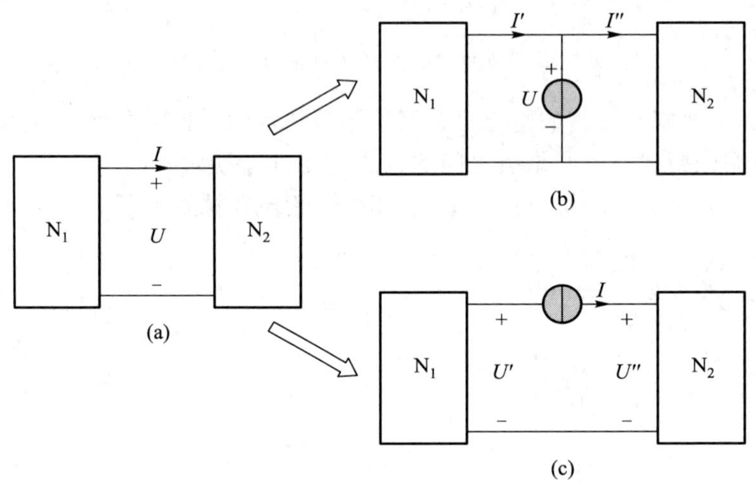

图3.4.4　(a) 置换前；(b) 置换开路电压；(c) 置换导线电流

在应用置换定理时还需说明：

(1) 置换定理要求置换后的电路有唯一解。

(2) 除被置换部分发生变化外，其余部分电路的结构和参数在置换前后必须保持相同。

(3) 用于置换的电压源所提供的电压是由置换前的电路状态决定的，不是严格意义上的独立电源，一个电压值只能用来置换一种状态的电路。所以不能说这个电压源与被置换的部分在任何时候都等效。用电流源置换也存在类似情况。

【例题3.4.1】　用置换定理计算图3.4.5(a)所示电路的电压 U 和电流 I。

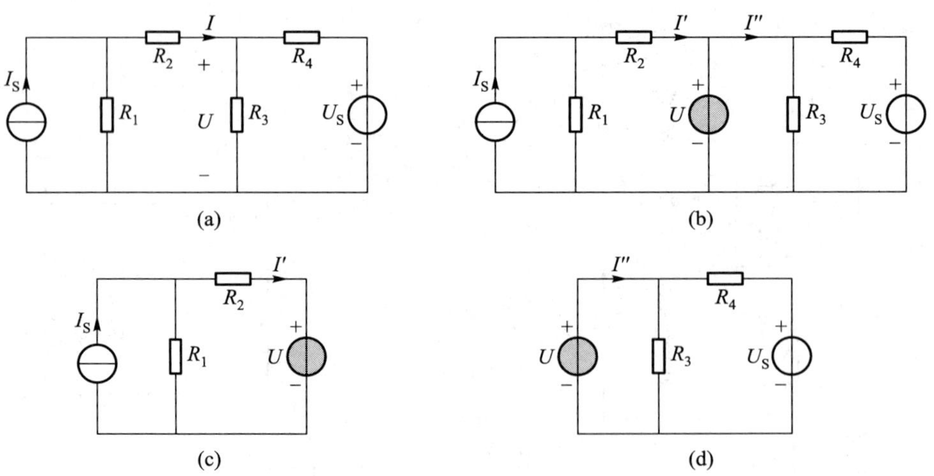

图3.4.5　(a) 例题3.4.1图；(b) 置换电压 U；(c)、(d) 网络撕裂

【解】 用电压源置换开路电压 U,得图 3.4.5(b)所示电路。由于用来置换的电压源与左右两边电路并联,根据电压源的特性,可以将电路分裂成左右两部分并分别进行计算,见图 3.4.5(c)和图 3.4.5(d),每一部分的电路规模都小于原电路,因此便于计算。

对图 3.4.5(c)电路,应用叠加定理可立即求得

$$I' = \frac{R_1 I_S}{R_1 + R_2} - \frac{U}{R_1 + R_2} \tag{1}$$

对图 3.4.5(d)电路,同样应用叠加定理可得

$$I'' = \left(\frac{1}{R_3} + \frac{1}{R_4}\right)U - \frac{U_S}{R_4} \tag{2}$$

因为置换前后电路的解答保持不变,即 $I' = I'' = I$,所以有

$$\frac{R_1 I_S}{R_1 + R_2} - \frac{U}{R_1 + R_2} = \left(\frac{1}{R_3} + \frac{1}{R_4}\right)U - \frac{U_S}{R_4}$$

解得

$$U = \frac{\dfrac{R_1 I_S}{R_1 + R_2} + \dfrac{U_S}{R_4}}{1/R_3 + 1/R_4 + 1/(R_1 + R_2)}$$

将上式带回到式(1)或式(2)便求得电流 I。

【说明】 ① 以上过程是为了理解和练习网络撕裂技术与置换定理,仅就计算本例而言,直接对图 3.4.5(a)列写节点电压方程,或者使用叠加定理,或者使用电源等效变换会更方便。② 也可用电流源置换导线电流 I,如图 3.4.6 所示。接下来的计算过程,请读者参照本例自行分析。

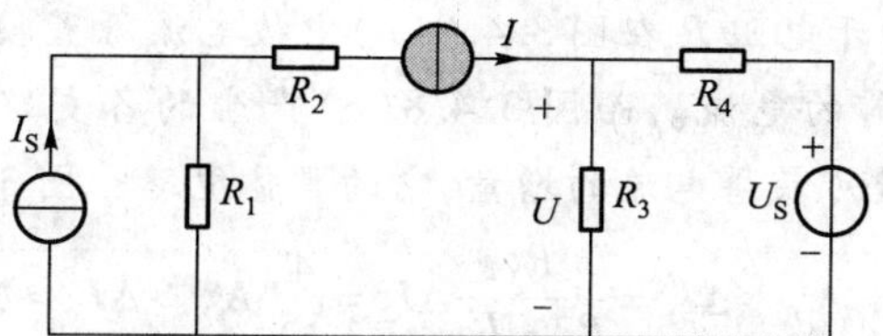

图 3.4.6 用电流源置换图示

【扩展】

参数变动电路的计算 在工程上往往遇到这样的问题:处于稳定工作的电路,由于人为或故障等原因,它的某支路会突然发生明显变动,例如电力系统输电线突然短路、断路,或突然切除、接通某地区负荷等。这些突然性的支路变动必然要引起所有响应电压和电流的变化。为了认识这些突然变动产生的后果,就需要对变动后的电路加以分析。假如变动发生前的电压和电流是已知的,在这种条件下,计算变动后电压和电流就可以采用相对简单的方法,只需计算电压和电流在原来基础上所产生的增量即可。下面仅以直流电路为例加以说明。

【例题 3.4.2】 图 3.4.7(a)所示电路,已知 $R_1 = 3\ \Omega$,$R_2 = 8\ \Omega$,$R_3 = 6\ \Omega$。当 $R = 10\ \Omega$ 时,电流 $I = 2$ A。求 $R = 15\ \Omega$ 时下列电流变化量:ΔI、ΔI_1、ΔI_2、ΔI_3。

【解】 方法一:先求出电阻 $R = 15\ \Omega$ 时的电流 I 及其增量 ΔI。为此,利用戴维南定理将原电路等效为图 3.4.7(b)。图中等效电阻为

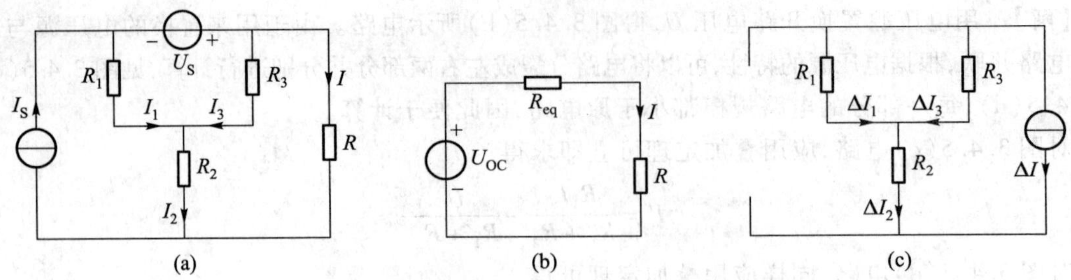

图 3.4.7 (a) 例题 3.4.2 图；(b) 戴维南等效电路；(c) 计算增量电路

$$R_{eq}=\frac{R_1R_3}{R_1+R_3}+R_2=10\ \Omega$$

由 $R=10\ \Omega$ 时的电流 I 计算开路电压为

$$U_{OC}=I(R_{eq}+R)=2\times(10+10)\ \text{V}=40\ \text{V}$$

由图 3.4.7(b)得 $R=15\ \Omega$ 时，有

$$I'=\frac{U_{OC}}{R+R_{eq}}=\frac{40}{15+10}\ \text{A}=1.6\ \text{A}$$

电流 I 的增量为

$$\Delta I=I'-I=(1.6-2)\ \text{A}=-0.4\ \text{A}$$

然后根据置换定理，将电流 I' 用两个电流源置换，其中一个为电阻变动之前的电流 I，另一个为变动引起的电流增量 ΔI，如图 3.4.8(a)所示。根据叠加定理，电阻变动后的各支路电流可以分解为两部分：网络内的独立电源与电流源 I 共同作用产生的电流，如图 3.4.8(b)所示，以及电流源 ΔI 单独作用产生的电流。由于电阻 R 在图 3.4.8(b)中被电流源置换，所以图 3.4.8(b)中的各支路电流实际就是电阻变动之前的电流。而图 3.4.8(c)产生的各支路电流显然就是电流的增量。因此，只需计算图 3.4.8(c)就可获得电流的增量，它的具体电路如图 3.4.7(c)所示。由该图求得

$$\Delta I_2=-\Delta I=0.4\ \text{A},\quad \Delta I_1=\frac{R_3}{R_1+R_3}\Delta I_2=\frac{4}{15}\ \text{A},\quad \Delta I_3=\Delta I_2-\Delta I_1=\frac{2}{15}\ \text{A}$$

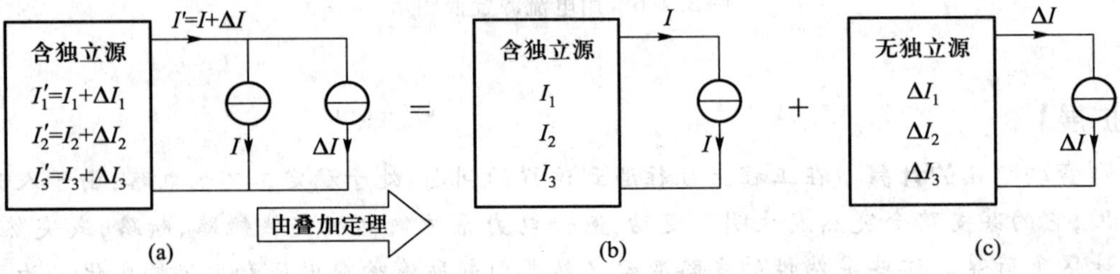

含独立源 $I_1'=I_1+\Delta I_1$ $I_2'=I_2+\Delta I_2$ $I_3'=I_3+\Delta I_3$ $I'=I+\Delta I$ I ΔI (a) = 含独立源 I_1 I_2 I_3 I (b) + 无独立源 ΔI_1 ΔI_2 ΔI_3 ΔI (c) 由叠加定理

图 3.4.8 方法一的原理：(a) 应用置换定理；(b)、(c) 应用叠加定理

方法二： 在变动前的电阻支路串入两个元件，如图 3.4.9(a)所示，一个是阻值为 ΔR 的电阻，另一个是源电压为 $I\Delta R$ 的电压源，由于串入的这两个元件电压相等而极性相反，电压之和为零，所以串入后对其他电压和电流没有任何影响。再根据叠加定理，这些电压和电流都由两部分组成：一部分是串入的电压源不作用，仅由网络内的独立电源产生的分量，如图 3.4.9(b)所示；另一部分是网络内部独立电源不作用，仅由串入的电压源产生的分量，如图 3.4.9(c)所示。显然，前者就是电阻变动之后的实际电压和电流，而后者就是变动产生的电压和电流增量的负值。

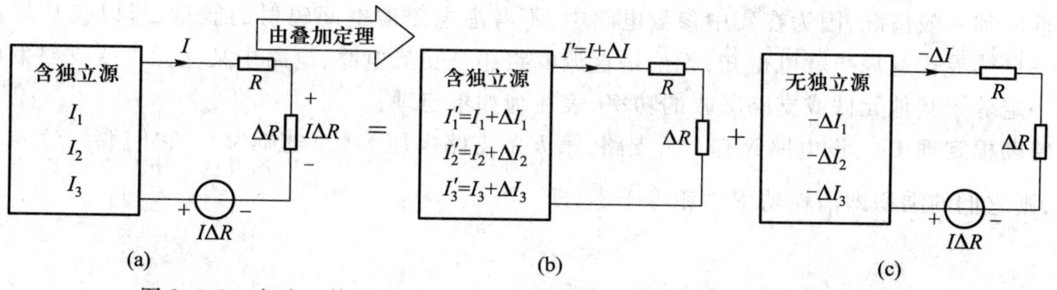

图 3.4.9　方法二的原理：(a) 串入电压源与电阻；(b)、(c) 应用叠加定理

因此，只需计算图 3.4.9(c)就可获得电压和电流的增量值。对本题而言，图 3.4.9(c)的具体电路如图 3.4.10 所示，但由于改变了串入电压源的方向，所有电流增量前面的负号也就可以去掉，这样更便于计算。解得各电流增量分别是

$$\Delta I_2 = \frac{I\Delta R}{R + \Delta R + \dfrac{R_1 R_3}{R_1 + R_3} + R_2} = 0.4\ \text{A} = -\Delta I,$$

$$\Delta I_1 = \frac{R_3 \Delta I_2}{R_1 + R_3} = \frac{4}{15}\ \text{A},\ \Delta I_3 = \Delta I_2 - \Delta I_1 = \frac{2}{15}\ \text{A}$$

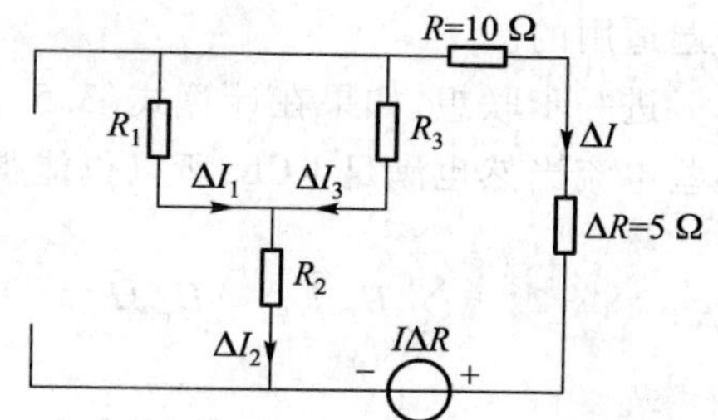

图 3.4.10　计算增量的电路模型

3.5　特勒根定理及其应用

基尔霍夫电流定律和电压定律分别说明了支路电流和支路电压所遵循的规律，在集中参数电路中具有普遍适用性。那么，支路电压与支路电流的乘积即支路功率将遵循怎样的规律呢？先用图 3.5.1 的具体电路体会一下。它有 3 个节点、5 条支路，无论何种支路，支路电压和支路电流都取一致的参考方向。当用节点电压表示支路电压时，可以得到这 5 条支路消耗的功率之和是

$$\begin{aligned}\sum_{k=1}^{5} U_k I_k &= U_{n1} I_1 + U_{n1} I_2 + (U_{n1} - U_{n2}) I_3 + U_{n2} I_4 + U_{n2} I_5 \\ &= U_{n1}(I_1 + I_2 + I_3) + U_{n2}(-I_3 + I_4 + I_5)\end{aligned} \tag{3.5.1}$$

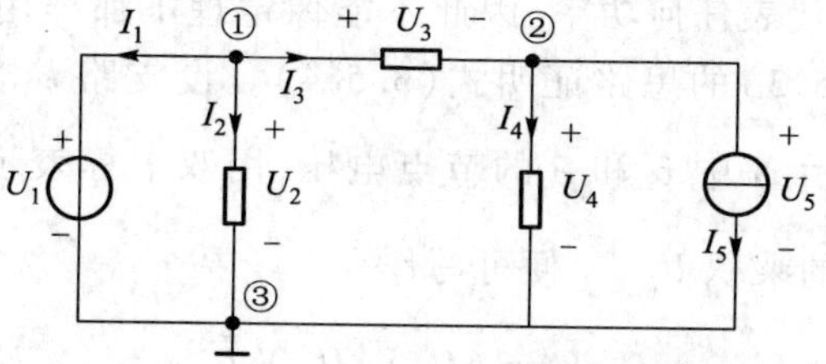

图 3.5.1　说明支路功率之和

上式括号中的电流分别是节点①和节点②各支路电流的代数和，根据 KCL，它们都等于零。因此这 5 条支路消耗的功率之和等于零。这一结论实际就是电路中的功率守恒。功率为负值的支路是发出功率；为正值的是消耗功率，它们的绝对值相等。

推广到一般情况，因为在集中参数电路中，不考虑电磁波空间辐射的能量，所以仅从能量守恒这一自然界普遍规律就可得知，无论是直流电路还是交流电路，电路中某些元件或支路发出的功率一定等于其他元件或支路吸收的功率，表述为如下定理：

特勒根定理1： 设电路N有b条支路，第k条支路电压为U_k、电流为I_k，它们取一致的参考方向，则它们的乘积即消耗功率之和等于零，即

$$\sum_{k=1}^{b} U_k I_k = 0 \tag{3.5.2}$$

根据式(3.5.1)来解释上述定理正确性的理由是：电流满足KCL，并且能够用节点电压表示支路电压，即电压满足KVL。在集中参数电路中，KCL和KVL是普遍成立的，因而上述定理也是普遍适用的。

进一步联想，如果在计算式(3.5.1)时，支路电流来自另外一个与之结构完全相同的电路，这些电流当然也满足KCL，所以也能得到类似的结论，即

$$\begin{aligned}\sum_{k=1}^{5} U_k \tilde{I}_k &= U_{n1}\tilde{I}_1 + U_{n1}\tilde{I}_2 + (U_{n1} - U_{n2})\tilde{I}_3 + U_{n2}\tilde{I}_4 + U_{n2}\tilde{I}_5 \\ &= U_{n1}(\tilde{I}_1 + \tilde{I}_2 + \tilde{I}_3) + U_{n2}(-\tilde{I}_3 + \tilde{I}_4 + \tilde{I}_5) = 0\end{aligned} \tag{3.5.3}$$

式中带“~”的电流来自另外一个电路，它与原来电路的电压之积虽然不代表发出或吸收的电功率，但也能得出乘积之和等于零的结论，并且可以推广到一般情况，表述为如下定理：

特勒根定理2： 设N和$\tilde{N}$是两个具有相同结构的电路，支路编号相同，电压和电流参考方向相同。电路N第k条支路电压为U_k、电流为I_k；电路$\tilde{N}$第k条支路电压为$\tilde{U}_k$、电流为$\tilde{I}_k$。则得

$$\sum_{k=1}^{b} U_k \tilde{I}_k = 0 \tag{3.5.4}$$

和

$$\sum_{k=1}^{b} \tilde{U}_k I_k = 0 \tag{3.5.5}$$

特勒根定理2的特点是在两个电路N和$\tilde{N}$之间建立了电压与电流的量值关系。定理中$U_k\tilde{I}_k$和$\tilde{U}_kI_k$虽有功率的量纲，但都不代表任何功率，故称为似功率，因而特勒根定理2又称为**似功率守恒定理**。

由于$U_k\tilde{I}_k$和$\tilde{U}_kI_k$不代表任何功率，因此不能像定理1那样用能量守恒来理解。下面应用基尔霍夫定律并循式(3.5.3)的思路证明式(3.5.4)。设支路k接在节点α与β之间，见图3.5.2，用$U_{n\alpha}$和$U_{n\beta}$分别表示N中α和β的节点电压，用双下标表示$\tilde{N}$中第k条支路电流，即$\tilde{I}_k = \tilde{I}_{\alpha\beta}$，则式(3.5.4)中的乘积$U_k\tilde{I}_k$便可写作

$$U_k\tilde{I}_k = (U_{n\alpha} - U_{n\beta})\tilde{I}_{\alpha\beta} \tag{3.5.6}$$

将上式代入式(3.5.4)，并利用$-\tilde{I}_{\alpha\beta} = \tilde{I}_{\beta\alpha}$得

$$\sum_{k=1}^{b} U_k\tilde{I}_k = \sum_{\text{所有支路}} (U_{n\alpha}\tilde{I}_{\alpha\beta} + U_{n\beta}\tilde{I}_{\beta\alpha}) \tag{3.5.7}$$

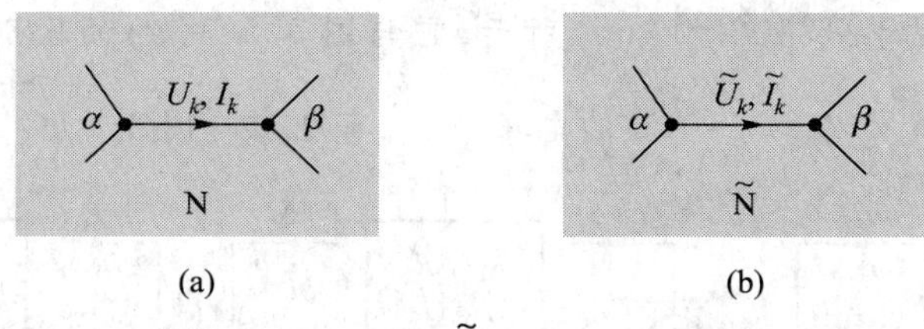

图 3.5.2　N 与 $\tilde{\mathrm{N}}$ 中的第 k 条支路

由于上式是对所有支路求和，所以 $U_{n\alpha}$ 应与 $\tilde{\mathrm{N}}$ 中所有与节点 α 相连的各支路电流的代数和相乘，即存在 $U_{n\alpha} \times \sum\limits_{与\alpha点相连支路} \pm \tilde{I}_k$，根据 KCL，它必然等于零。对于其他节点也一定能得到同样的结果。由此便证明了式(3.5.4)。同样可以证明式(3.5.5)。

如果特勒根定理 2 中的 $\tilde{\mathrm{N}}$ 与 N 是同一个电路，该定理就成为定理 1，即定理 1 是定理 2 的一种特例。因此上面的证明完全适用于定理 1 的证明。但由于定理 1 中的 U_kI_k 代表支路消耗的功率，因而根据能量守恒就可理解定理的正确性。

上述证明过程表明，只要支路电流和电压分别满足 KCL 和 KVL，它们的乘积就满足特勒根定理。因此说特勒根定理与 KCL 和 KVL 都是集中参数电路中与元件性质无关的普遍规律。事实上，由 KCL、KVL 和特勒根定理中任何两个规律都可以证明出第三个规律，请读者自行尝试。

【扩展】

电路的灵敏度分析　作为特勒根定理的一种有效应用，下面介绍当电路参数发生微小变动时的电路计算问题。

在以前分析电路时，总是把电阻视为具有精确阻值且保持不变的元件。在实际应用中这是很难做到的。一方面，在具体实现一个设计方案时，所选择的元件均有其标称值和相对误差。例如 100 Ω ±1% 表示标称值是 100 Ω、相对误差是 1% 的一个电阻。当将这样的电阻接入电路时，它的真正值可能是 99 Ω、100 Ω、101 Ω 等值，不一定刚好等于标称值。另一方面，实际电路在工作时，随着使用时间的延续、周围环境等因素的变化，元件参数值也难免要发生不同程度的变化而偏离标称值，况且有的元件本身就是作为敏感元件使用的，以实现对物理量的测量。这些元件参数的变化必将导致电路响应的变化。因此，研究元件参数变化对电路响应的影响尤为重要，它属于电路灵敏度分析内容。著名的电路分析软件 PSpice 和 Multisim 都有灵敏度分析功能。为了有效使用这些软件，有必要对灵敏度的概念及其分析方法有所了解。

考察图 3.5.3 所示各网络。图 3.5.3(a)表示待分析灵敏度的网络，其中 U_1 为激励且保持不变，I_2 为响应，方框内均为电阻。图 3.5.3(b)表示电阻参数发生微小变化后的网络，响应变成 $I_2 + \Delta I_2$。为便于使用特勒根定理，所有支路电压和电流都选择一致的参考方向。数学上，描述增量之间的关系常用偏导数表示，因此图 3.5.3(b)中的响应增量与电阻增量之间的关系可以记作

$$\Delta I_2 \approx \sum_{k=3}^{b} \frac{\partial I_2}{\partial R_k} \Delta R_k \tag{3.5.8}$$

上式中的偏导数就是响应 I_2 对电阻参数 R_k 的灵敏度。b 表示全部支路数。

下面要介绍的计算灵敏度的方法并不需要建立响应与元件参数之间的函数关系，也就省掉了求偏导数过程。为此，依据响应和激励的特点，人为构造一个原来网络的**伴随网络**(因构造过

程超出本课程要求而略去),如图3.5.3(c)所示,它与图3.5.3(a)的区别是:激励 U_1 支路用短路代替;在响应 I_2 支路串入 $\tilde{U}_2=-1$ V的电压源;所有电阻与图3.5.3(a)一一对应相等。

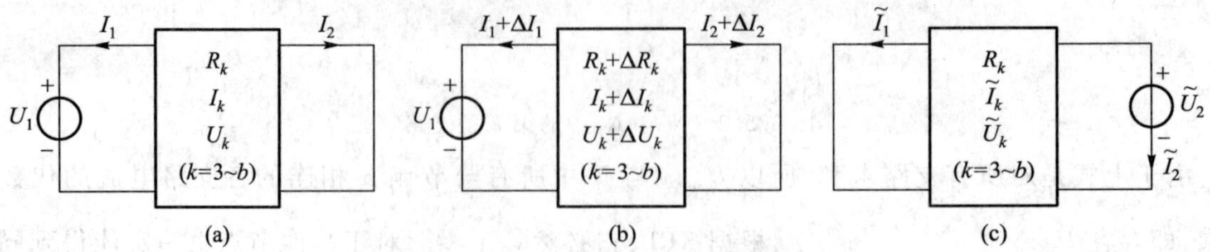

图3.5.3 灵敏度分析原理:(a) 原网络;(b) 发生增量的网络;(c) 伴随网络

显然上述三个网络具有相同的结构,因而任何两个之间都可使用特勒根定理2。例如在图3.5.3(a)和图3.5.3(c)之间有

$$\sum_{k=1}^{b} U_k \tilde{I}_k = 0, \quad \sum_{k=1}^{b} I_k \tilde{U}_k = 0 \tag{3.5.9}$$

在图3.5.3(b)和图3.5.3(c)之间有

$$\sum_{k=1}^{b} (U_k + \Delta U_k) \tilde{I}_k = 0, \quad \sum_{k=1}^{b} (I_k + \Delta I_k) \tilde{U}_k = 0 \tag{3.5.10}$$

将上两式的括号展开并利用式(3.5.9)得

$$\sum_{k=1}^{b} \Delta U_k \tilde{I}_k = 0, \quad \sum_{k=1}^{b} \Delta I_k \tilde{U}_k = 0 \tag{3.5.11}$$

即对电压和电流的增量也可使用特勒根定理。上述两式相减后又得

$$\sum_{k=1}^{b} (\Delta U_k \tilde{I}_k - \Delta I_k \tilde{U}_k) = 0 \tag{3.5.12}$$

因为 U_1 为常量、$U_2=0$,所以 $\Delta U_1=0,\Delta U_2=0$。图3.5.3(c)中,$\tilde{U}_1=0$, $\tilde{U}_2=-1$ V,所以式(3.5.12)中针对激励和响应两个支路的电压、电流乘积之和只剩 ΔI_2:

$$(\Delta U_1 \tilde{I}_1 - \Delta I_1 \tilde{U}_1) + (\Delta U_2 \tilde{I}_2 - \Delta I_2 \tilde{U}_2) = (0\times \tilde{I}_1 - \Delta I_1 \times 0) + [0\times \tilde{I}_2 - \Delta I_2(-1)] = \Delta I_2 \tag{3.5.13}$$

由于电阻电压增量等于电阻变化后的电压减去变化前的电压,即

$$\Delta U_k = (R_k+\Delta R_k)(I_k+\Delta I_k) - R_k I_k \approx \Delta R_k I_k + R_k \Delta I_k \tag{3.5.14}$$

近似相等是因为略去了高阶无穷小项 $\Delta R_k \Delta I_k$。所以式(3.5.12)中对第 k 条电阻支路的求和项是

$$\Delta U_k \tilde{I}_k - \Delta I_k \tilde{U}_k \approx (\Delta R_k I_k + R_k \Delta I_k)\tilde{I}_k - \Delta I_k R_k \tilde{I}_k = \Delta R_k I_k \tilde{I}_k \tag{3.5.15}$$

将式(3.5.13)和(3.5.15)代入式(3.5.12)便得电流 I_2 的增量为

$$\Delta I_2 \approx -\sum_{k=3}^{b} \Delta R_k I_k \tilde{I}_k \tag{3.5.16}$$

再考察式(3.5.8)得电流 I_2 对各电阻的灵敏度为

$$\frac{\partial I_2}{\partial R_k} = -I_k \tilde{I}_k \quad (k=3,4,\cdots,b) \tag{3.5.17}$$

由此可见,可以通过计算原网络和伴随网络的电阻电流,然后用它们的乘积来获得表示灵敏度的偏导数值,无需求出 I_2 与各电阻的复杂关系式,也避免了数学上的求导运算。更具意义的

是:求式(3.5.17)电流 I_k 和 $\tilde{I}_k$ 的两个网络具有相同的结构和电阻参数,其节点电压方程或回路电流方程的系数是相同的,只有方程右端的电压源不同。因此,虽然计算了两个网络,但计算量并不是加倍关系。这些都是来自特勒根定理的美妙之处。

【例题 3.5.1】 如图 3.5.4 所示电路,设 $U_1=10\ \text{V}, R_3=26\ \Omega, R_4=40\ \Omega, R_5=60\ \Omega$。求电流 I_2 对各电阻的灵敏度。

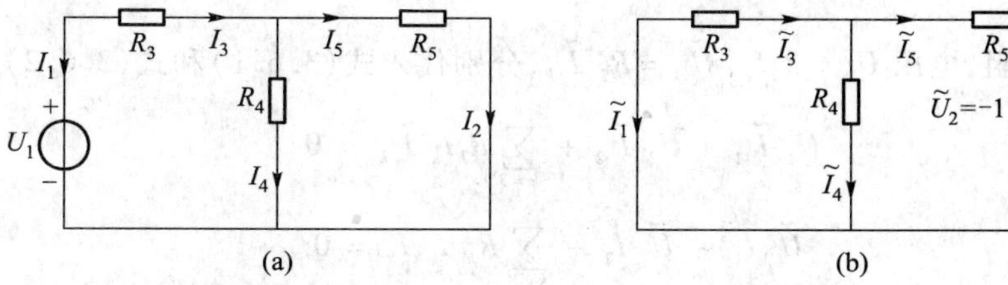

图 3.5.4 (a) 例题 3.5.1 图;(b) 伴随网络

【解】 先计算图 3.5.4(a)各电阻电流。

$$I_3=\frac{U_1}{R_3+\dfrac{R_4R_5}{R_4+R_5}}=\frac{10}{26+\dfrac{40\times 60}{40+60}}\ \text{A}=0.2\ \text{A}$$

$$I_4=\frac{R_5}{R_4+R_5}I_3=0.12\ \text{A},\qquad I_5=I_3-I_4=0.08\ \text{A}$$

再构造伴随网络,如图 3.5.4(b)所示,计算各电阻电流。

$$\tilde{I}_5=-\frac{\tilde{U}_2}{R_5+\dfrac{R_3R_4}{R_3+R_4}}=0.013\ 2\ \text{A}$$

$$\tilde{I}_3=\frac{R_4}{R_3+R_4}\tilde{I}_5=0.008\ \text{A},\quad \tilde{I}_4=\tilde{I}_3-\tilde{I}_5=-0.005\ 2\ \text{A}$$

根据灵敏度计算公式(3.5.17)得

$$\frac{\partial I_2}{\partial R_3}=-I_3\tilde{I}_3=-1.6\times 10^{-3}\ \text{A}/\Omega$$

$$\frac{\partial I_2}{\partial R_4}=-I_4\tilde{I}_4=6.24\times 10^{-4}\ \text{A}/\Omega$$

$$\frac{\partial I_2}{\partial R_5}=-I_5\tilde{I}_5=-1.056\times 10^{-3}\ \text{A}/\Omega$$

3.6 互易定理及其应用

作为特勒根定理的另一应用,本节将证明由二端电阻组成的二端口网络的一种性质——互易性。先考察图 3.6.1(a)、(b)两个电路,其中方框里的电路完全相同,且只含二端电阻,只是两个端口所接元件可能不同。若把图 3.6.1(a)、(b)所示电路分别视为电路 N 和 Ñ,则 N 和 Ñ 是结构相同的电路,服从特勒根定理 2:

$$\sum_{k=1}^{b} U_k \tilde{I}_k = U_1 \tilde{I}_1 + U_2 \tilde{I}_2 + \sum_{k=3}^{b} U_k \tilde{I}_k = 0 \tag{3.6.1}$$

$$\sum_{k=1}^{b} \tilde{U}_k I_k = \tilde{U}_1 I_1 + \tilde{U}_2 I_2 + \sum_{k=3}^{b} \tilde{U}_k I_k = 0 \tag{3.6.2}$$

对方框内的二端电阻,电压 $U_k = R_k I_k$, $\tilde{U}_k = R_k \tilde{I}_k$,分别代入式(3.6.1)和式(3.6.2),得

$$U_1 \tilde{I}_1 + U_2 \tilde{I}_2 + \sum_{k=3}^{b} R_k I_k \tilde{I}_k = 0 \tag{3.6.3}$$

$$\tilde{U}_1 I_1 + \tilde{U}_2 I_2 + \sum_{k=3}^{b} R_k \tilde{I}_k I_k = 0 \tag{3.6.4}$$

上述两式中,$k=3,\cdots,b$ 对应项是相同的,因此端口上电压和电流满足下面的一般关系:

$$U_1 \tilde{I}_1 + U_2 \tilde{I}_2 = \tilde{U}_1 I_1 + \tilde{U}_2 I_2 \tag{3.6.5}$$

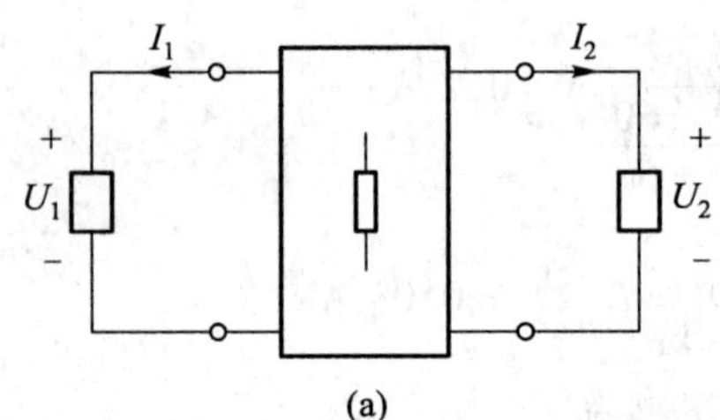

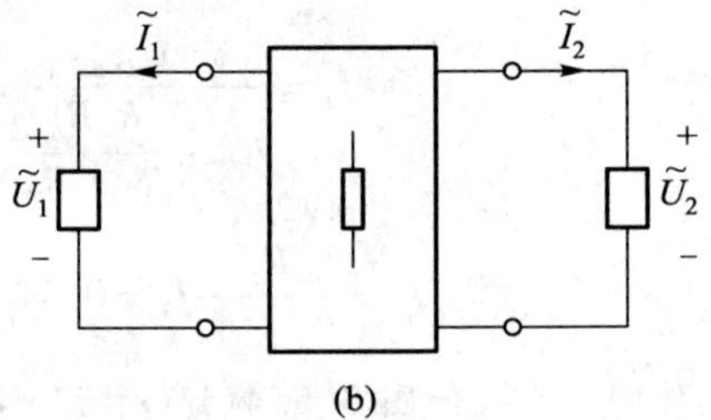

图 3.6.1 说明端口电压与电流的一般关系:(a) 网络 N;(b) 网络 Ñ

将式(3.6.5)应用于下面三种特殊情况,便证得**互易定理**的三种形式。

形式 1:电路如图 3.6.2 所示,对照图 3.6.1 可得已知的端口电压为

$$U_2 = \tilde{U}_1 = 0 \tag{3.6.6}$$

代入式(3.6.5)得

$$U_1 \tilde{I}_1 + 0 = 0 + \tilde{U}_2 I_2 \tag{3.6.7}$$

所以两个短路的端口电流和另外两个端口电压满足

$$\frac{I_2}{U_1} = \frac{\tilde{I}_1}{\tilde{U}_2} \tag{3.6.8}$$

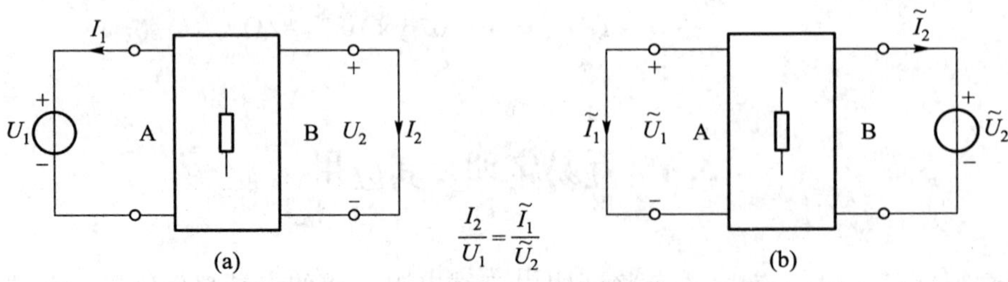

图 3.6.2 互易定理 1 的图示:(a) 网络 N;(b) 网络 Ñ

特殊地，当 $U_1=\tilde{U}_2$ 时，便有

$$I_2=\tilde{I}_1 \tag{3.6.9}$$

互易定理 1：对图 3.6.2 所示的线性二端电阻网络，图(a)端口 B 电流与端口 A 电压之比，等于图(b)端口 A 电流与端口 B 电压之比。

形式 2：电路如图 3.6.3 所示，对照图 3.6.1 可得已知的端口电流为

$$I_2=\tilde{I}_1=0 \tag{3.6.10}$$

代入式(3.6.5)，得

$$U_1\times 0+U_2\tilde{I}_2=\tilde{U}_1I_1+\tilde{U}_2\times 0 \tag{3.6.11}$$

所以两个开路的端口电压和另外两个端口电流满足

$$\frac{U_2}{I_1}=\frac{\tilde{U}_1}{\tilde{I}_2} \tag{3.6.12}$$

特殊地，当 $I_1=\tilde{I}_2$ 时，便有

$$U_2=\tilde{U}_1 \tag{3.6.13}$$

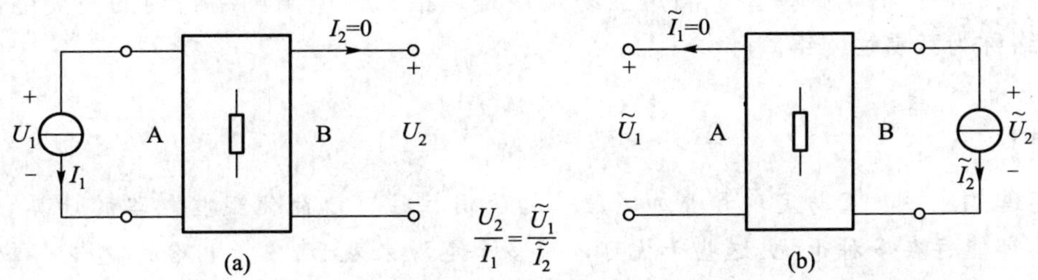

图 3.6.3 互易定理 2 的图示：(a) 网络 N；(b) 网络 $\tilde{\mathrm{N}}$

互易定理 2：对图 3.6.3 所示的线性二端电阻网络，图(a)端口 B 电压与端口 A 电流之比等于图(b)端口 A 电压与端口 B 电流之比。

形式 3：电路如图 3.6.4 所示，对照图 3.6.1 可得已知的端口电压、电流为

$$I_2=0,\quad \tilde{U}_1=0 \tag{3.6.14}$$

代入式(3.6.5)，得

$$U_1\tilde{I}_1+U_2\tilde{I}_2=0\times I_1+\tilde{U}_2\times 0 \tag{3.6.15}$$

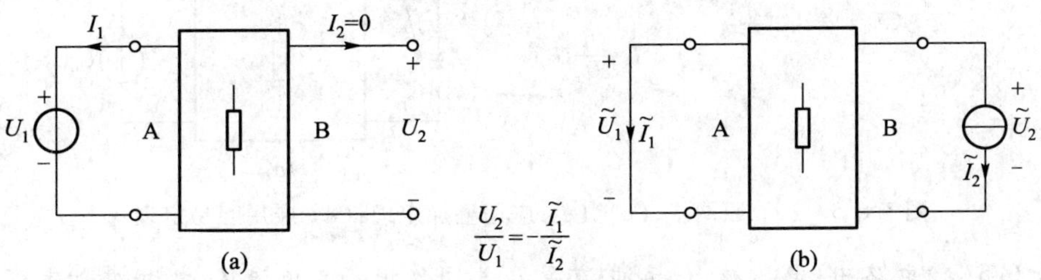

图 3.6.4 互易定理 3 的图示：(a) 网络 N；(b) 网络 $\tilde{\mathrm{N}}$

所以两个电路的端口电压和电流满足

$$\frac{U_2}{U_1}=-\frac{\tilde{I}_1}{\tilde{I}_2} \tag{3.6.16}$$

互易定理 3：对图 3.6.4 所示的线性二端电阻网络，图(a)端口 B 与端口 A 电压之比等于图(b)端口 A 与端口 B 电流之比的负值。

综观互易定理的三种形式，对每一种形式，当激励不作用时，互易前后的两个电路是完全一样的。注意这一共性，便于正确应用互易定理。

上述三种形式的互易定理都是源于式(3.6.5)，而式(3.6.5)又源于下面的条件：

$$\sum_{k=3}^{b} U_k \tilde{I}_k=\sum_{k=3}^{b} \tilde{U}_k I_k \tag{3.6.17}$$

前面对定理的论述中假设网络内部只含二端电阻，这时求和的每一对应项都是相等的，即都是 $R_k I_k \tilde{I}_k$，因而求和的结果也是相等的。但这只是满足上式的充分条件而非必要条件，因为求和的每一项可能是不等的，即 $U_k \tilde{I}_k \neq \tilde{U}_k I_k$，而它们的和有可能是相等的。也就是说满足互易定理的网络不一定是二端电阻网络，例如含有受控电源的网络也可能满足互易定理，而受控电源又可能来自多种实际器件的电路模型。满足互易定理是包括二端电阻网络在内的一类电网络的性质，这类网络称为**互易性网络**。

【扩展】

互易定理的应用 互易定理和叠加定理一起使用往往可以简化某些电路的计算。例如，一个实际电路可能存在多种干扰，这些干扰可以用多个电源来表示，分析电路的输出对每种干扰的敏感程度就属这种情形。下面用图 3.6.5 所示的含有两个电源的互易性网络来做简单说明。

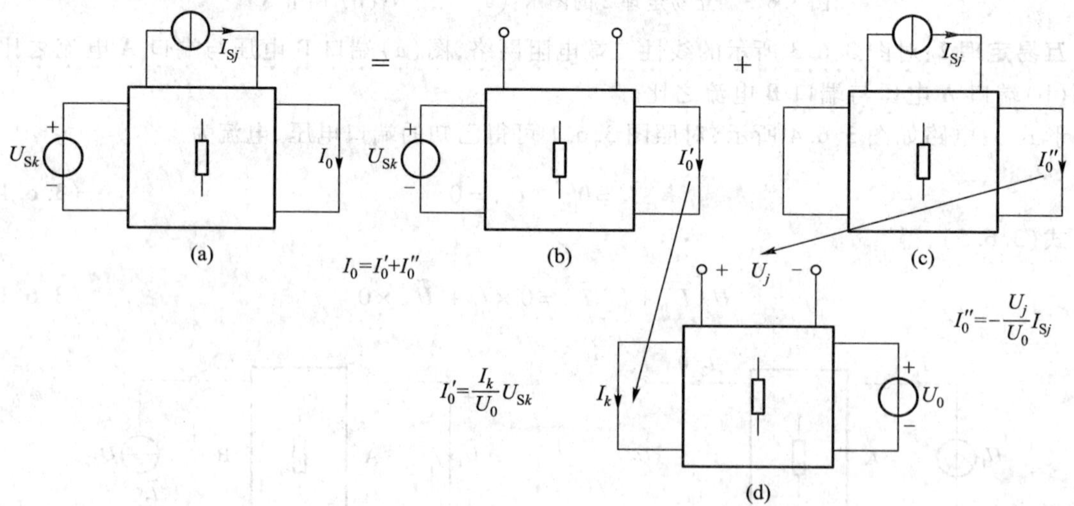

图 3.6.5 (a) 原网络；(b)、(c) 应用叠加定理；(d) 应用互易定理

在图 3.6.5(a)电路中，电压源 U_{Sk} 和电流源 I_{Sj} 共同作用产生电流 I_0，根据叠加定理和齐性定理，I_0 等于它们单独作用时在同一支路产生电流的叠加，如图(b)、(c)所示。

$$I_0 = I_0' + I_0'' = A_k U_{Sk} + A_j I_{Sj} \tag{3.6.18}$$

其中,A_k 和 A_j 由网络的结构和参数决定,与激励大小无关,分别反映了响应 I_0 对激励 U_{Sk} 和 I_{Sj} 的敏感程度,称为**响应对激励的灵敏度**。设想,如果网络中存在大量的激励源,则需要计算多次这些激励源单独作用的电路以获得这些灵敏度。如果网络是互易性的,那么使用互易定理可使计算得到简化。

当电压源单独作用时,根据互易定理 1 得图 3.6.5(d)所示电路,其中电流 I_k 和 I_0' 的关系是

$$I_0' = \frac{I_k}{U_0} U_{Sk} \tag{3.6.19}$$

当电流源单独作用时,根据互易定理 3 也得图 3.6.5(d)所示电路,其中电压 U_j 和 I_0'' 的关系是

$$I_0'' = -\frac{U_j}{U_0} I_{Sj} \tag{3.6.20}$$

综合式(3.6.18)~式(3.6.20)得

$$I_0 = I_0' + I_0'' = \frac{I_k}{U_0} U_{Sk} - \frac{U_j}{U_0} I_{Sj} = A_k U_{Sk} + A_j I_{Sj} \tag{3.6.21}$$

特殊地,当 $U_0 = 1$ V 时,有

$$A_k = \frac{\partial I_0}{\partial U_{Sk}} = \frac{I_k}{U_0} = I_k, \quad A_j = \frac{\partial I_0}{\partial I_{Sj}} = -\frac{U_j}{U_0} = -U_j \tag{3.6.22}$$

这样就把对各电源单独作用电路的多次计算化成了对含一个电源电路的一次计算,这个电路可通过互易定理来构造,计算的内容是原来电压源位置的短路电流和电流源位置的开路电压,当 $U_0 = 1$ V 时,这些短路电流和开路电压在数值上就等于响应对激励的灵敏度。

【例题 3.6.1】 如图 3.6.6(a)所示电路,根据叠加定理和齐性定理,电流 I_0 可以写成 U_{S1} 和 U_{S2} 的线性组合,$I_0 = G_1 U_{S1} + G_2 U_{S2}$。试利用互易定理计算比例系数即灵敏度 G_1 和 G_2。

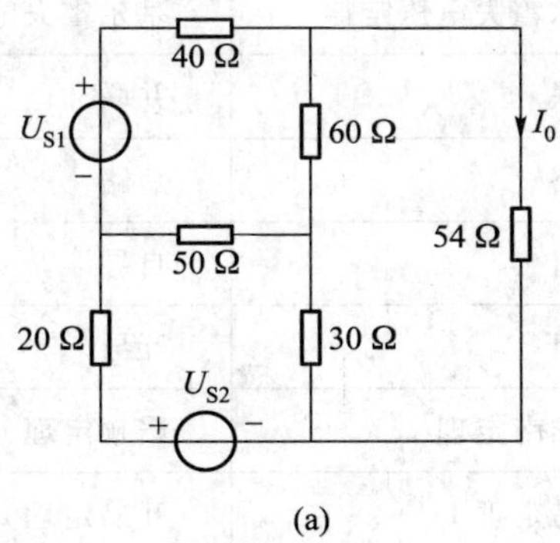

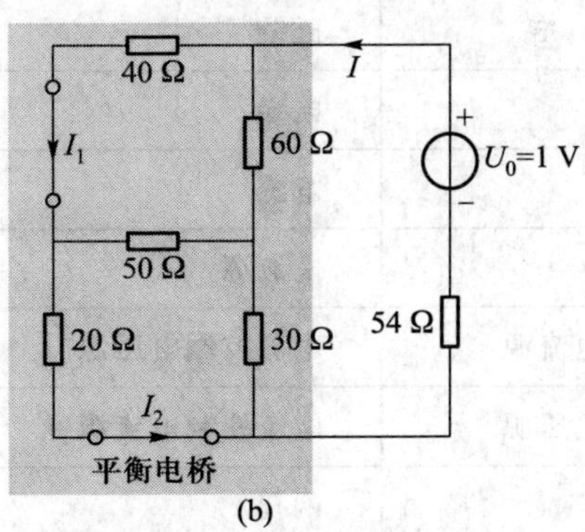

图 3.6.6 (a) 例题 3.6.1 图;(b) 应用互易定理

【解】 根据图 3.6.5 的原理构造图 3.6.6(b)所示电路,图中,原来的电压源用短路代替,在 I_0 支路串入电压源,$U_0 = 1$ V。这个电路为平衡电桥,即 50 Ω 电阻的电流为零,相当于开路。所以电压源总电流为

$$I = \frac{U_0}{\dfrac{(40+20)(60+30)}{(40+20)+(60+30)} + 54} = \frac{1}{90}\ \text{A}$$

两个短路位置的电流为

$$I_1 = I_2 = \frac{60+30}{(40+20)+(60+30)} \times I = \frac{1}{150}\ \text{A}$$

响应对激励的灵敏度为

$$G_1 = G_2 = I_1 = \frac{1}{150}\ \text{S}$$

3.7 对偶原理

如果对从前研究的问题进行比较，则不难发现电路中有许多内容是对偶的。例如 KCL 表述为：在节点上 $\sum \pm i_k = 0$；KVL 表述为：在网孔上 $\sum \pm u_k = 0$。若将“节点”与“网孔”互换、“i”与“u”互换，则 KCL 的表述就与 KVL 的表述实现互换。再比如，在电容电荷与电压的关系 $q = Cu$ 中，将电荷用磁链替换、电压用电流替换、电容用电感替换，就得到电感的磁链与电流的关系，即 $\Psi = Li$。类似的规律还有许多。

电路在结构、连接方式、定律、元件、参数、名词、变量及其关系等方面都存在着相互对偶性。这些相互对偶的“内容”称为对偶因素。表 3.7.1 列出了部分对偶因素。在以后的学习中还将出现其他对偶因素。

表 3.7.1 部分对偶因素

对偶因素		对偶因素	
电压	电流	星形联结	三角形联结
电荷	磁链	基尔霍夫电压定律	基尔霍夫电流定律
电阻	电导	串联	并联
电容	电感	开路	短路
电压源	电流源	自阻	自导
电压控制电流源	电流控制电压源	互阻	互导
电压控制电压源	电流控制电流源	戴维南定理	诺顿定理
节点	网孔	互易定理 1	互易定理 2

如果电路中某一定理、方程或关系式等的表述是成立的，则将其中的概念（变量、参数、元件、结构等）用其对偶因素替换所得的对偶表述也一定是成立的。这就是**对偶原理**。

利用对偶原理可以简化某些问题的分析过程，将已有的结果直接推广到对偶情况而无需进一步证明。例如，由电阻串联时的分压规律，利用表中的对偶因素，可以直接得出电导并联时的分流规律，如图 3.7.1 所示。

由电容的电流电压关系，利用对偶因素，可以直接得到电感的电流电压关系，如图 3.7.2 所示。

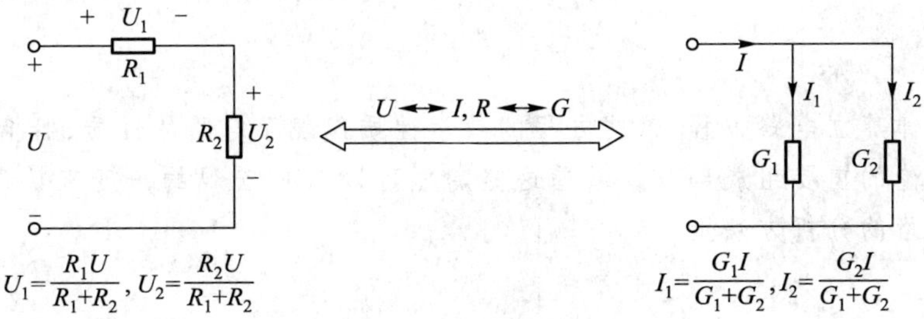

图 3.7.1 分压与分流的对偶关系

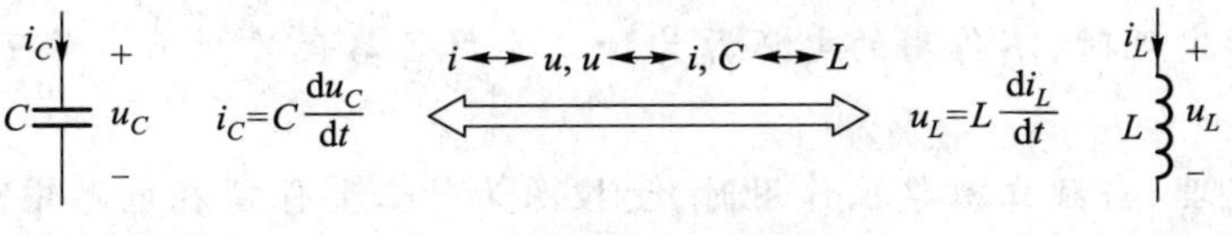

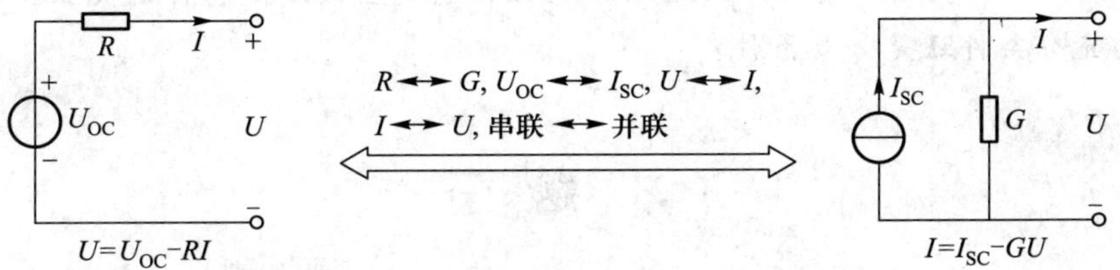

图 3.7.2 电容与电感的对偶关系

由戴维南电路的外特性，利用对偶因素，可以直接得到诺顿电路的外特性，如图 3.7.3 所示。

图 3.7.3 戴维南电路与诺顿电路的对偶关系

如果两个电路的方程互为对偶，则称这两个电路互为对偶。例如图 3.7.4(a)的网孔电流方程为

$$\begin{cases}(R_1+R_2)I_1-R_2I_2=U_S\\-R_2I_1+(R_2+R_3)I_2=0\end{cases}\tag{3.7.1}$$

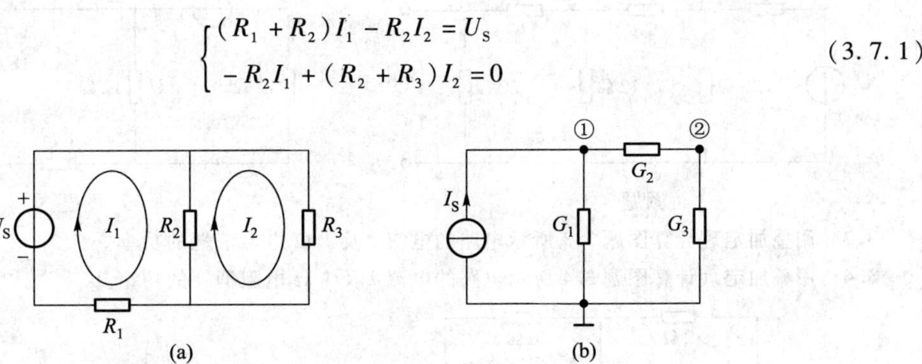

图 3.7.4 对偶电路的概念：(a)、(b) 互为对偶

将方程中的各电阻换成对偶的电导、网孔电流换成对偶的节点电压、电压源换成对偶的电流源，便得到方程(3.7.1)的对偶方程，即

$$\begin{cases}(G_1+G_2)U_{n1}-G_2U_{n2}=I_S\\-G_2U_{n1}+(G_2+G_3)U_{n2}=0\end{cases}\tag{3.7.2}$$

与对偶方程(3.7.2)对应的电路如图 3.7.4(b)所示。

【结语】

根据电路定律建立电路方程,这些方程的数学性质代表了电路的性质,概括为电路定理。这些定理是电路理论的重要组成部分。掌握这些定理可以从更宏观的角度来认识电路,而不是停留在某些具体电路的分析方法上。

【思考题】

1. “等效”与“置换”有何异同?

2. 在应用叠加定理时,不作用的电压源为什么要用短路代替? 而不作用的电流源要用开路代替?

3. 应用叠加定理,当独立源单独作用时,受控源为什么要保留在电路中?

4. 含独立源一端口网络为什么最多用两个元件就可以等效?

5. 怎样理解对偶原理的正确性?

6. 若使互易定理成立,二端口网络的端口电压和电流应该满足怎样的关系? 二端电阻网络是互易定理的充分条件还是必要条件?

习 题 三

3.1 求图题 3.1 所示梯形电路的开路电压比 U_0/U_S。

3.2 用叠加定理计算图题 3.2 所示电路的电压 U。

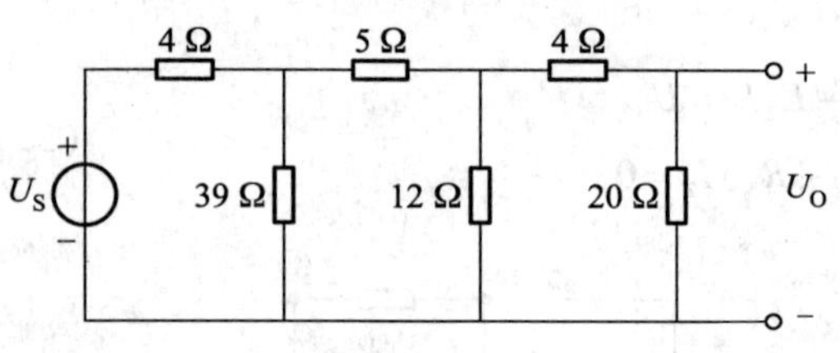

图题 3.1

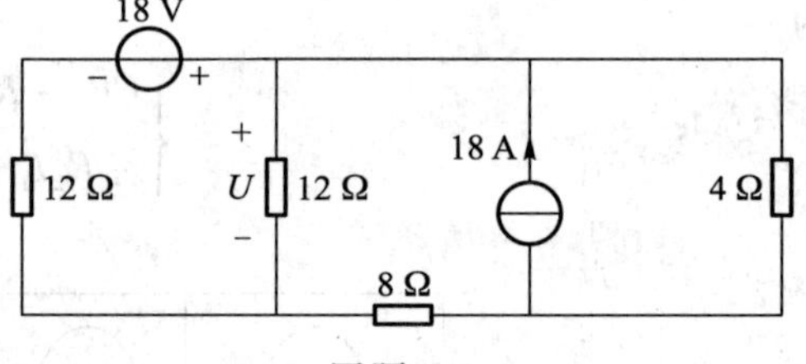

图题 3.2

3.3 用叠加定理计算图题 3.3 所示电路的电流 I 及 1 Ω 电阻消耗的功率。

3.4 用叠加定理计算图题 3.4 所示电路的电流 I 及 1 Ω 电阻消耗的功率。

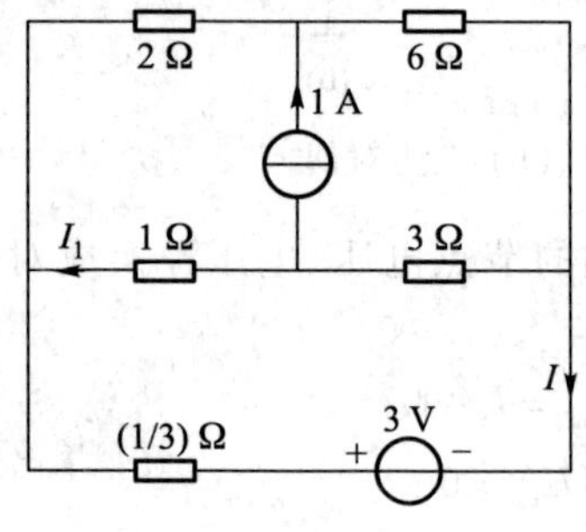

图题 3.3

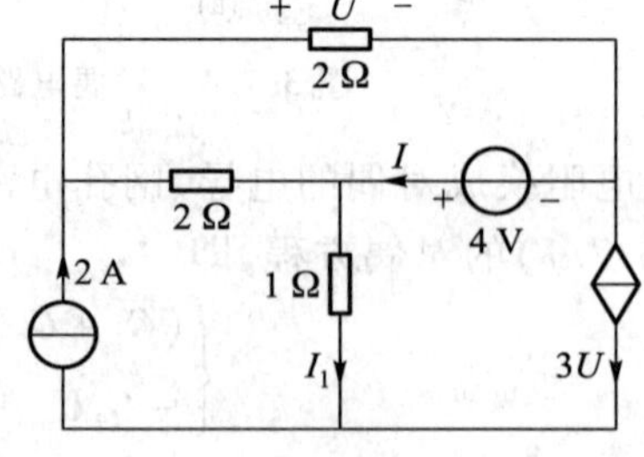

图题 3.4

3.5 用叠加定理计算图题 3.5 所示电路的电流 I_x。

3.6 电路如图题 3.6 所示，N_a 为线性含独立源电阻网络，已知当 $I_S=2$ A 时，$I=-1$ A；当 $I_S=4$ A 时，$I=0$。若要使 $I=1$ A，I_S 应为多少？

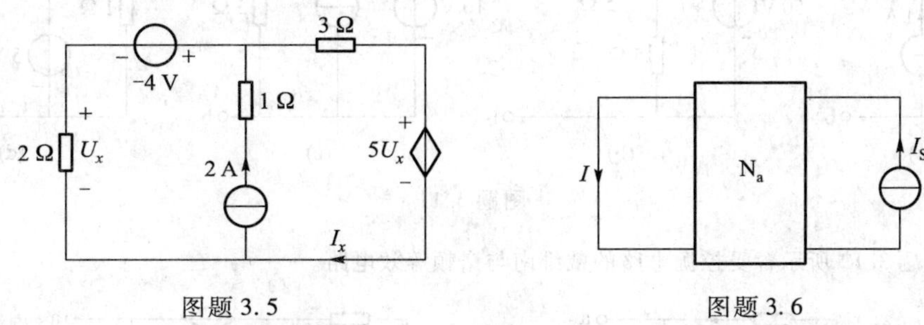

图题 3.5　　图题 3.6

3.7 电路如图题 3.7 所示，已知当 $U_{S1}=10$ V 时，电流 $I_1=0.5$ A。求当 $U_{S1}=28$ V，其他参数不变时电流 I_1 的值。

3.8 图题 3.8 所示电路具有对称性，U_1、U_2 为两个输入电压。(1) 若 $U_1=U_2=5$ V（称为共模输入），计算输出电压 U_O；(2) 若 $U_1=-U_2=3$ V（称为差模输入），再计算输出电压 U_O；(3) 若 $U_1=8$ V、$U_2=2$ V，将输入电压分解成 $U_1=U'+U''$、$U_2=U'-U''$，求出 U'、U'' 后再利用(1)、(2)的计算结果求此时输出电压 U_O。

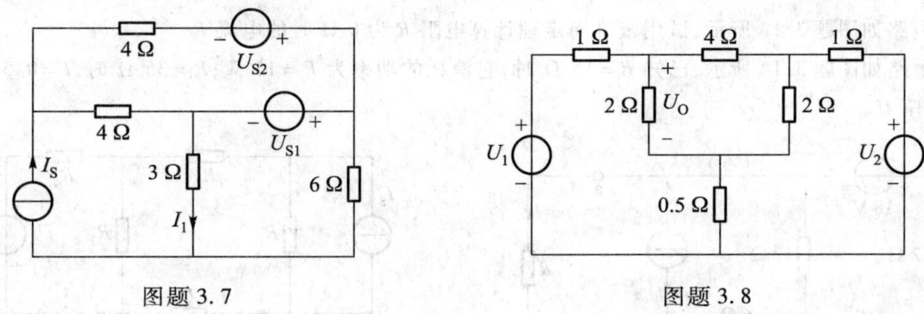

图题 3.7　　图题 3.8

3.9 图题 3.9 所示电路，N_p 为线性无独立源电阻网络。当 $I_{S1}=2$ A，$I_{S2}=0$ 时，I_{S1} 的输出功率为 28 W，且 $U_2=8$ V；当 $I_{S1}=0$，$I_{S2}=3$ A 时，I_{S2} 的输出功率为 54 W，且 $U_1=12$ V。求当 $I_{S1}=2$ A，$I_{S2}=3$ A 共同作用时每个电流源的输出功率。

3.10 图题 3.10 所示电路，N_a 为线性含独立源电阻网络，当 $U_S=6$ V 时，$I_2=1$ A，$U_3=2$ V；当 $U_S=10$ V 时，$I_2=2$ A。求当 $U_S=12$ V 时的 I_2 和 U_3。

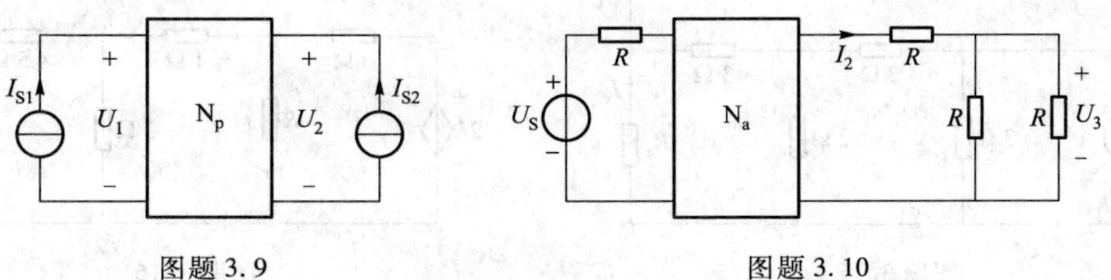

图题 3.9　　图题 3.10

3.11 求图题 3.11 所示各电路的戴维南等效电路或诺顿等效电路。通过这些实例，研究哪些电路既存在戴维南等效电路，又存在诺顿等效电路，哪些电路只能具有一种等效电路。

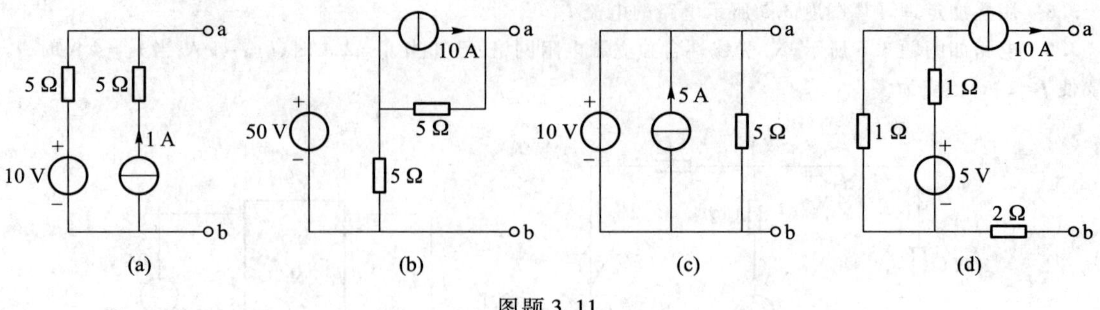

图题 3.11

3.12　求图题 3.12 所示含受控源电路的戴维南与诺顿等效电路。

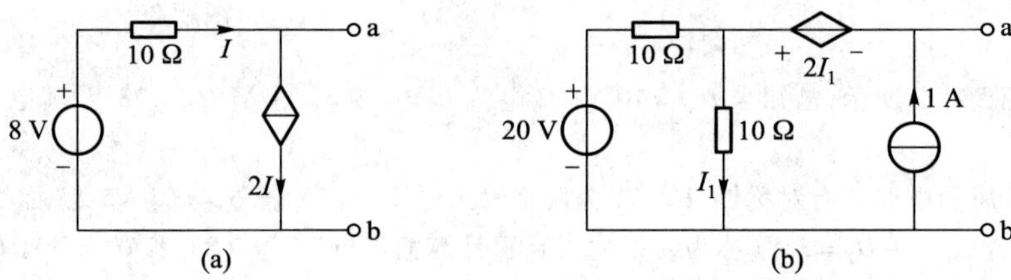

图题 3.12

3.13　电路如图题 3.13 所示，试用戴维南定理计算电阻 R 为 8 Ω 时的电流 I。

3.14　电路如图题 3.14 所示，已知 $R=15$ Ω 时，它消耗的功率为 $P=15$ W；$R=35$ Ω 时，$I=0.5$ A。求 $R=45$ Ω 时的电压 U。

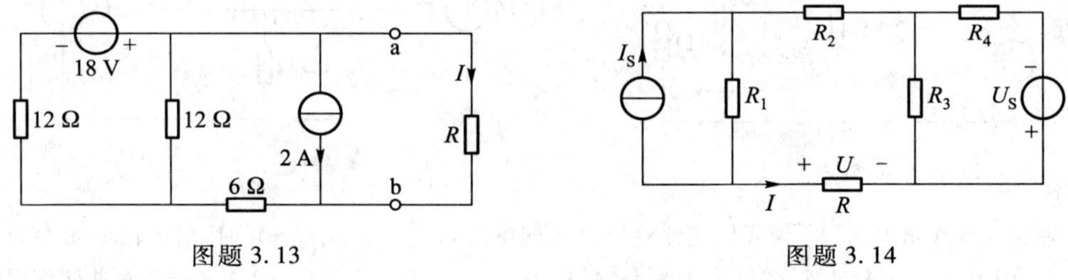

图题 3.13　　图题 3.14

3.15　电路如图题 3.15 所示，已知电流 $I_x=0.5$ A，求电阻 R_x 的值。

3.16　电路如图题 3.16 所示，已知电流 $I=0.5$ A，求电阻 R。

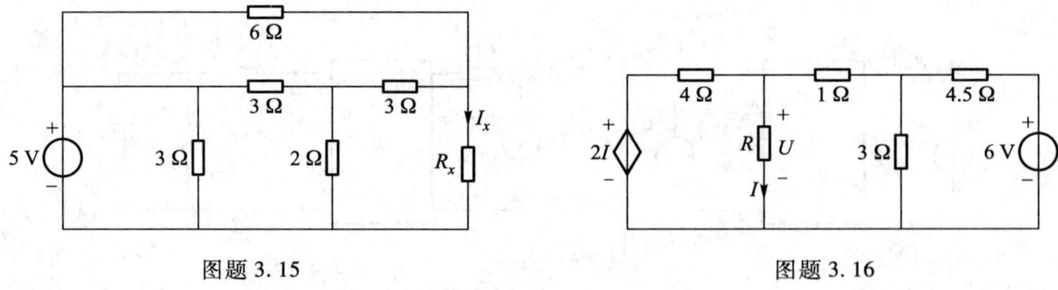

图题 3.15　　图题 3.16

3.17　电路如图题 3.17 所示，当开关 S 断开时，$I=5$ A 。求开关接通后 $I=?$

3.18　图题 3.18 所示电路，N_a 为线性含独立源电阻网络。已知当 $R=10$ Ω 时，$U=15$ V；$R=20$ Ω 时，$U=20$ V。求 $R=30$ Ω 时，$U=?$

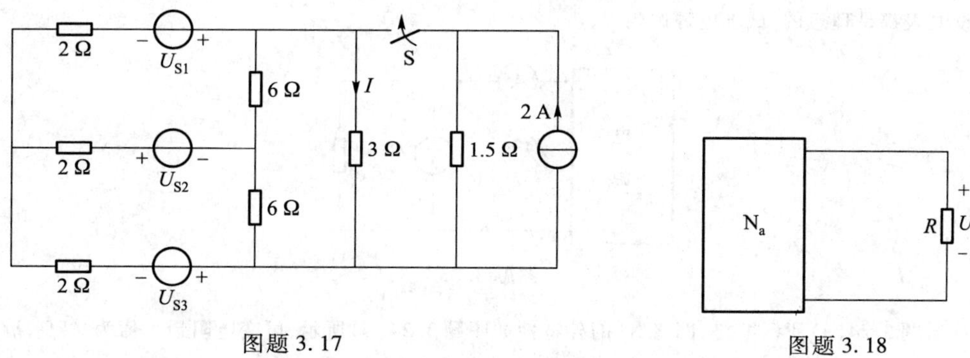

图题 3.17　　图题 3.18

3.19　图题 3.19 所示电路，N_a 为线性含独立源电阻网络，开关断开时量得电压 $U=13$ V；接通时量得电流 $I=3.9$ A。求网络 N_a 的最简等效电路。

3.20　图题 3.20 所示电路，N_a 为线性含独立源电阻网络，当 $R=10\ \Omega$ 时，其消耗的功率为 22.5 W；$R=20\ \Omega$ 时，其消耗的功率为 20 W。求 $R=30\ \Omega$ 时它所消耗的功率。

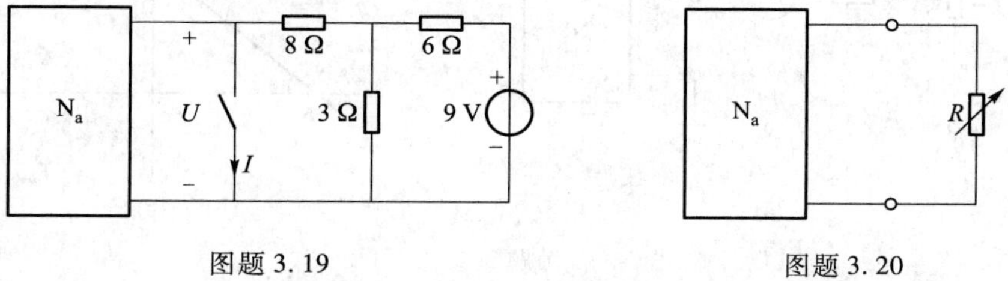

图题 3.19　　图题 3.20

3.21　图题 3.21 所示电路，N_a 为线性含独立源电阻网络，当 $I_S=0$ 时，$U=-2$ V；$I_S=2$ A 时，$U=0$。求网络 N_a 的戴维南等效电路。

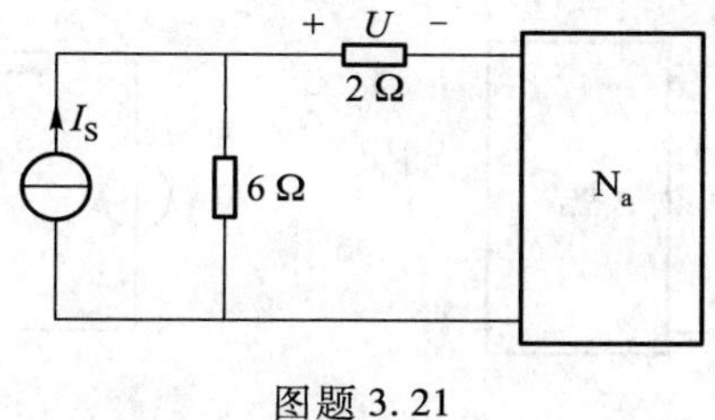

图题 3.21

3.22　图题 3.22(a)所示电路，N_a 为线性含独立源电阻网络。已知当 $U_S=10$ V 时，电流 $I=2$ A；当 $U_S=5$ V 时，电流 $I=3$ A。现将电压源 U_S 换成 $R=15\ \Omega$ 的电阻，如图题 3.22(b)所示，求该电阻消耗的功率。

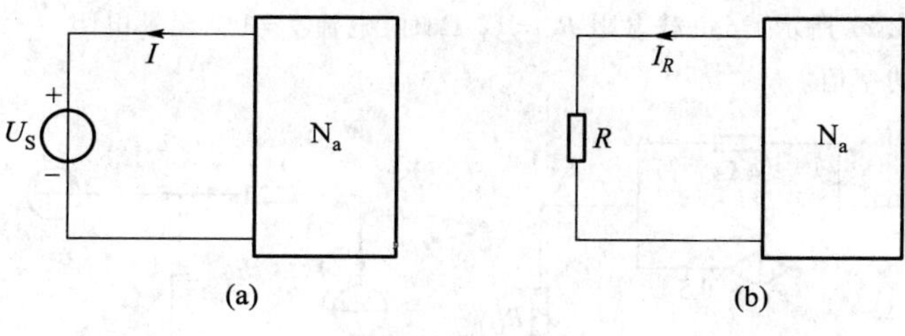

图题 3.22

3.23　实际电源的内阻是不能直接用欧姆表测量的，可通过测量电源端电压、电流后计算出来。测量电路如图题 3.23 所示，调节 R_L，分别测得两组电压、电流：电压为 8.98 V 时，电流为 0.5 A；电压为 8.99 V 时，电流为

0.25 A。设电表都是理想的，试求电源内阻 R_S。

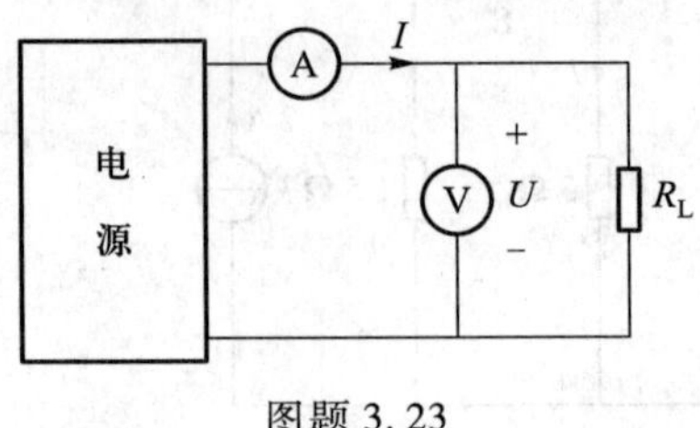

图题 3.23

3.24　图题3.24(a)所示电路，网络 N_a 的外特性如图题3.24(b)所示，可变电阻最大值为9 kΩ，滑动端为A点，设A点下部电阻大小为 R_1，问 R_1 为多少时电流表的指示为零？

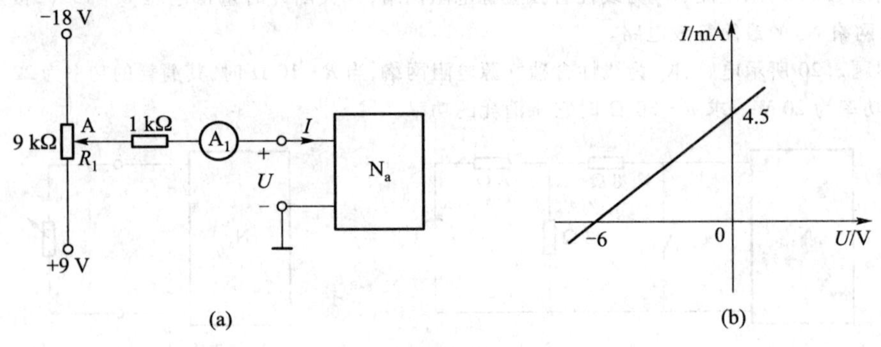

图题 3.24

3.25　图题3.25(a)所示电路，N_a 为线性含独立源电阻网络，已知 $U_2=12.5$ V。若将网络 N_a 短路，如图题3.25(b)所示，短路电流 $I=10$ mA，试求网络 N_a 在a、b端的戴维南等效电路。

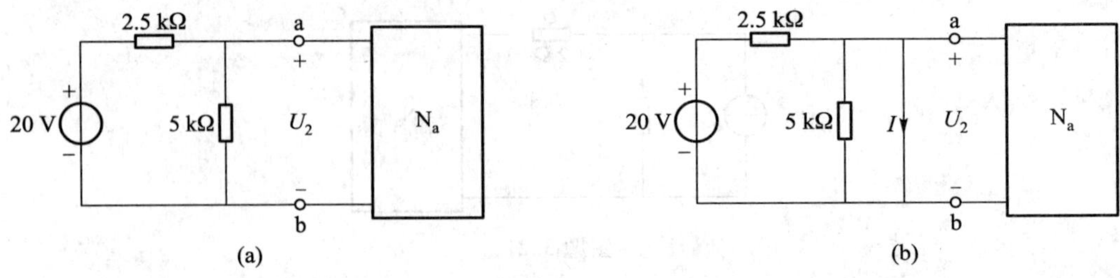

图题 3.25

3.26　电路如图题3.26所示，负载 R_L 为多大时它可以获得最大功率？最大功率为多少？

3.27　电路如图题3.27所示，当负载电阻 $R_L=12\ \Omega$ 时，电流 $I=1$ A。求电阻 R_L 为何值时，负载消耗的功率为最大？并求此最大功率值。

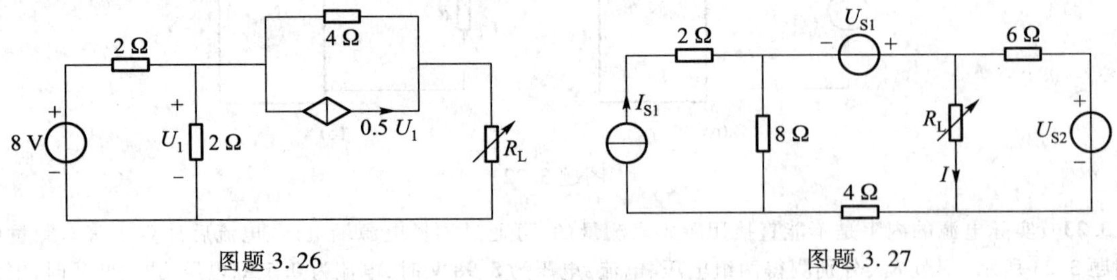

图题 3.26　　图题 3.27

3.28 电路如图题 3.28 所示，N_a 为线性含独立源电阻网络，当 a、b 端开路时，$I=3$ A；当 a、b 端短路时，$I=5$ A；当 a、b 端接 2 Ω电阻时，2 Ω电阻刚好获得最大功率，求此时的 I 为多少？

3.29 电路如图题 3.29 所示，(1) 选一电阻置换图中的电流源，使电路的各电压、电流不受影响；(2) 选一电流源置换图中的 18 Ω 电阻，使电路的各电压、电流不受影响。

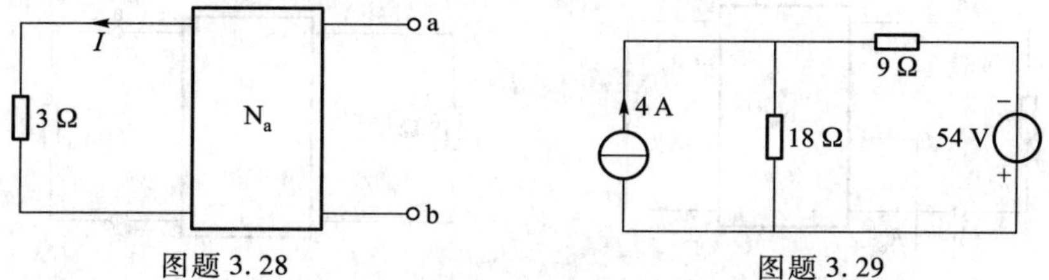

图题 3.28　　图题 3.29

3.30 图题 3.30 所示电路，N_a 为线性含独立源电阻网络，$R=100$ Ω。当 $I_S=0$ 时，$I=1.2$ mA；当 $I_S=10$ mA 时，$I=1.4$ mA，22′的戴维南等效电阻为 $R_{eq}=50$ Ω。(1) 求当 $I_S=15$ mA 时，I 为多少？(2) 在 $I_S=15$ mA 时，将 R 改为 200 Ω，再求电流 I。

3.31 图题 3.31 所示电路，当 $R=2$ Ω 时，$I_1=5$ A、$I_2=4$ A。求当 $R=4$ Ω 时 I_1 和 I_2 的值。

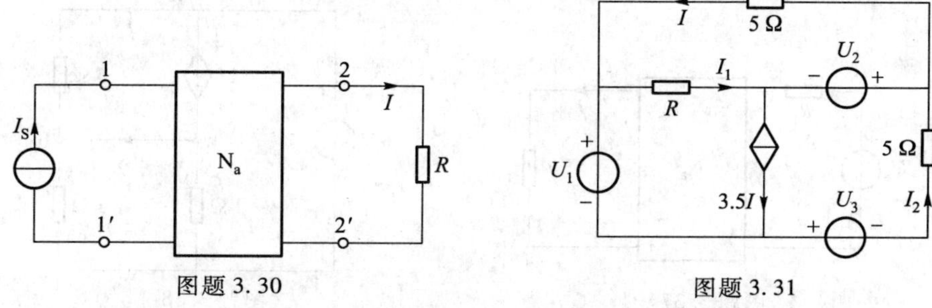

图题 3.30　　图题 3.31

3.32 图题 3.32 所示电路，N_a 为线性含独立源电阻网络，当 $U_S=20$ V、$R=10$ Ω 时，电流 $I=2$ A；当 $U_S=32$ V、$R=8$ Ω时，电流 $I=2.5$ A。又已知等效电阻 $R_{eq}=12$ Ω，求当 $U_S=40$ V、$R=15$ Ω 时，电流 I 的值。

3.33 图题 3.33 所示电路，N_a 为线性含独立源电阻网络，当 $R\to\infty$时，$I=1.6$ A；当 $R=12$ Ω 时，$I=2.5$ A。求当 $R=3$ Ω 时，电流 $I=$？

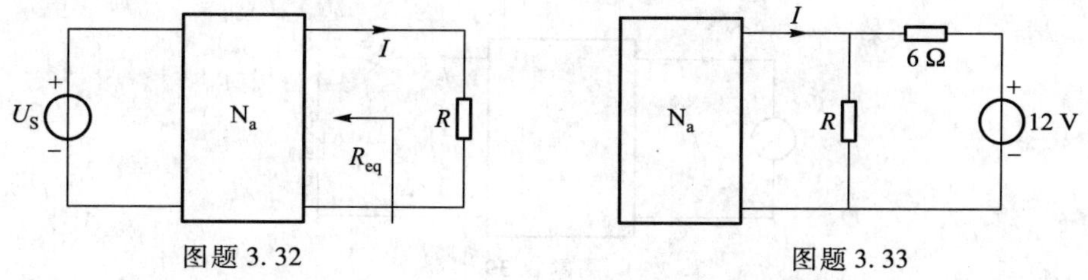

图题 3.32　　图题 3.33

3.34 图题 3.34 所示电路，已知 $U=8$ V，$R=12$ Ω 。求电流 I 和 I_1 的值。

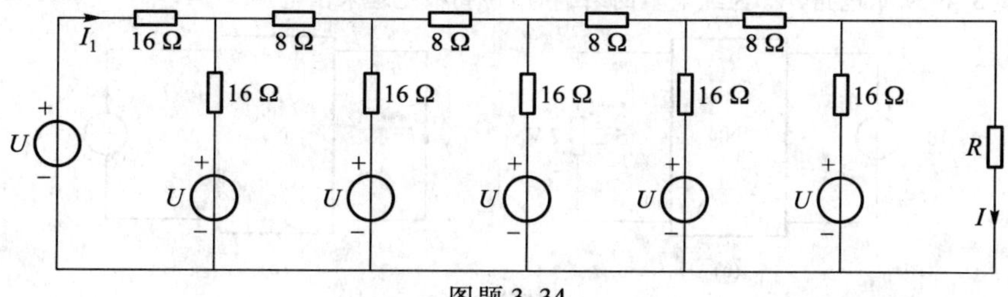

图题 3.34

3.35　图题3.35所示电路，N_a 为线性含独立源电阻网络。当 $R=0$ 时，$I_2=6$ A；当 $R\to\infty$ 时，$I_2=9$ A。a、b 端戴维南等效电阻为 $R_{eq}=9\ \Omega$。求电流 I_2 与电阻 R 的一般关系。

3.36　图题3.36所示电路，N_a 为线性含独立源电阻网络，当 a、b 端接电阻 $R=4\ \Omega$ 时，$U_{ab}=4$ V、$I=1.5$ A；当 a、b 端接电阻 $R=12\ \Omega$ 时，$U_{ab}=6$ V、$I=1.75$ A。问 a、b 端接电阻 R 为多少时 $I=1.9$ A？

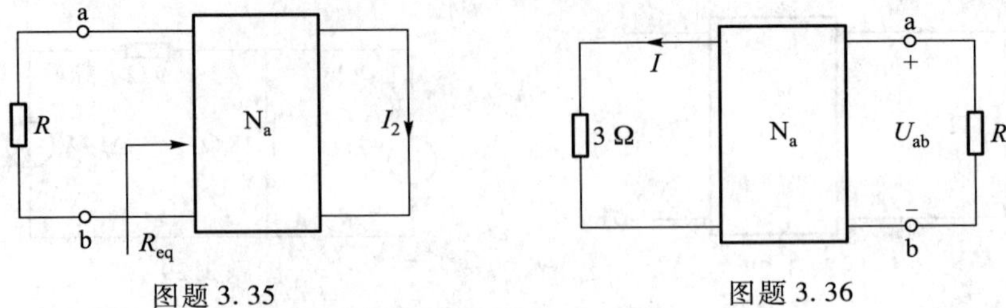

图题3.35　　　　图题3.36

3.37　图题3.37所示电路，N_a 为线性含独立源电阻网络，当 $U_S=10$ V、$R=2\ \Omega$ 时，$I=1$ A，且此时电阻 R 获得最大功率；当 $U_S=13$ V、$R=3\ \Omega$ 时，$I=1.2$ A。求当 $U_S=16$ V、$R=6\ \Omega$ 时，电流 I 的值。

3.38　图题3.38所示电路。(1) 求 a、b 两点间的导线上需串入一个多大的电阻 R，才能使这两点之间的电流减小为短路电流 I_{ab} 的一半？(2) 串入多大电阻，该电阻才能获得最大功率？并求此功率。

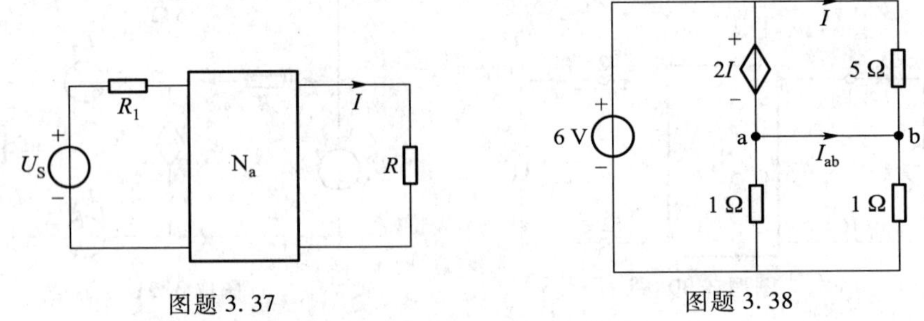

图题3.37　　　　图题3.38

3.39　图题3.39所示电路，N_a 为线性含独立源电阻网络，A_1 和 A_2 是电流表，已知 S 打开时 $I_1=1$ A，$I_2=5$ A；S 闭合后，$I_1=2$ A，$I_2=4$ A，此时调节 R 使两电流表读数相等，求此读数的大小。

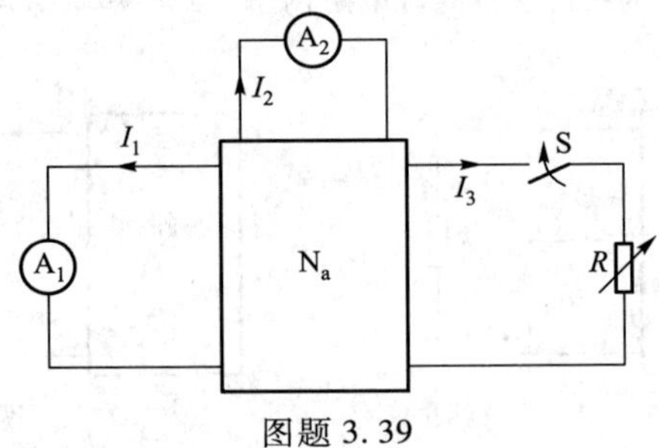

图题3.39

3.40　图题3.40所示电路，N_R 为纯电阻网络，利用特勒根定理求出电流 I。

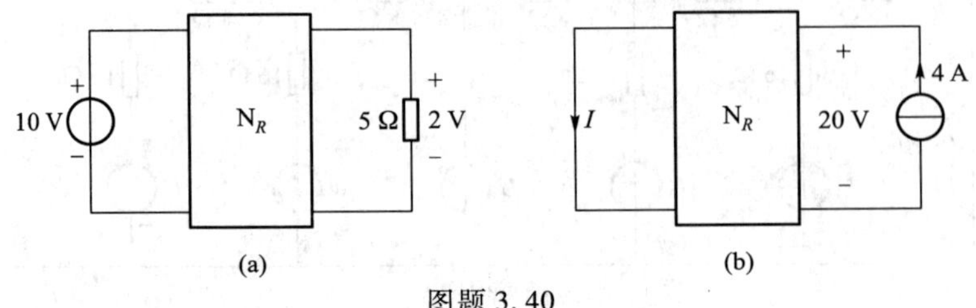

图题3.40

3.41　图题 3.41 所示电路，N_R 为纯电阻网络。图(a)中，$I_{S1}=1\ A$、$U_1=2\ V$、$U_2=1\ V$；图(b)中 $\tilde{U}_{S1}=20\ V$、$\tilde{I}_{S2}=10\ A$。试确定电流 $\tilde{I}_1$ 的值。

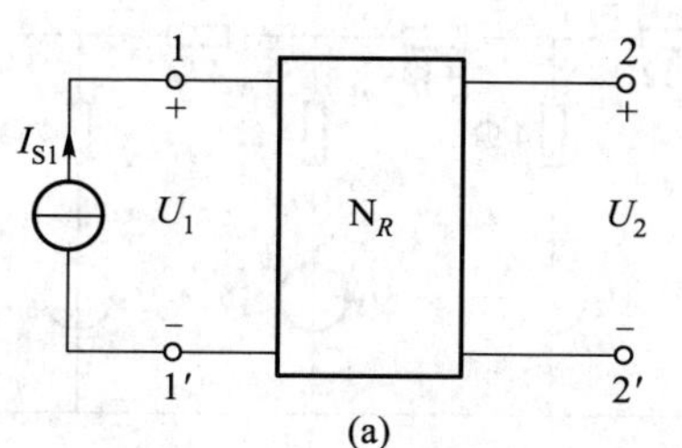

(a)

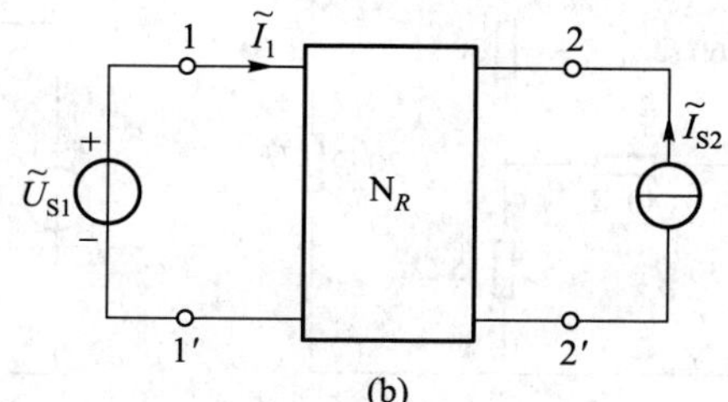

(b)

图题 3.41

3.42　图题 3.42 所示电路，N_R 为纯电阻网络，试根据图中已知条件求图题 3.42(b)中的电压 U_1。

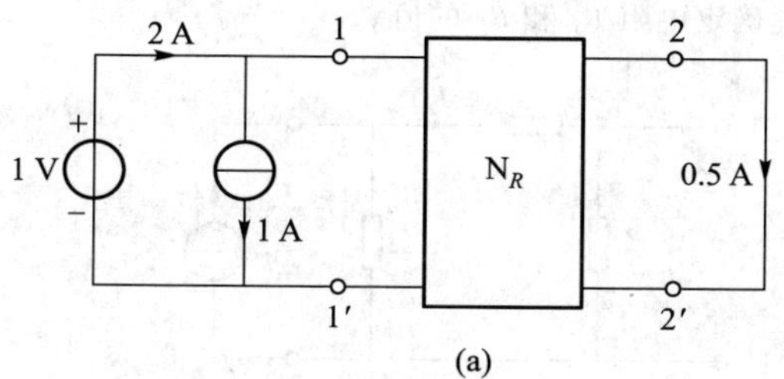

(a)

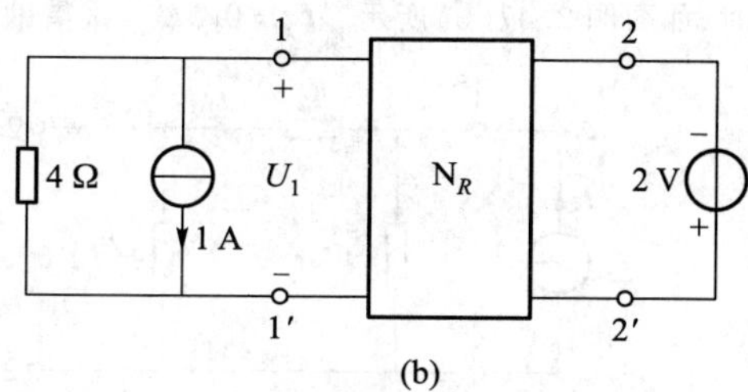

(b)

图题 3.42

3.43　图题 3.43 所示电路，电阻 R_1 可调，其他电阻固定不变。当 $U_S=12\ V$、$R_1=0$ 时，$I_1=5\ A$、$I=4\ A$；当 $U_S=18\ V$、$R_1\to\infty$时，$U_1=15\ V$、$I=1\ A$。求当 $U_S=12\ V$、$R_1=3\ \Omega$ 时的电流 I 。

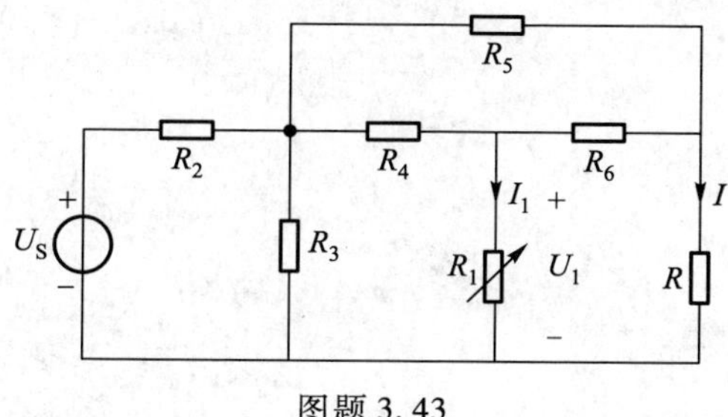

图题 3.43

3.44　电路如图题 3.44 所示，N_R 为互易性网络，试根据图中已知条件计算电阻 R。

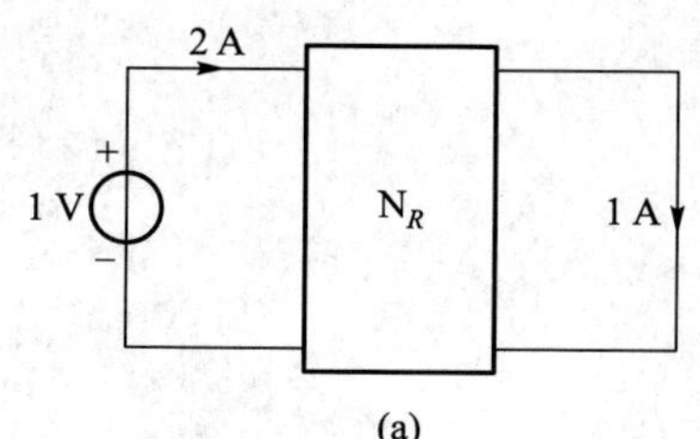

(a)

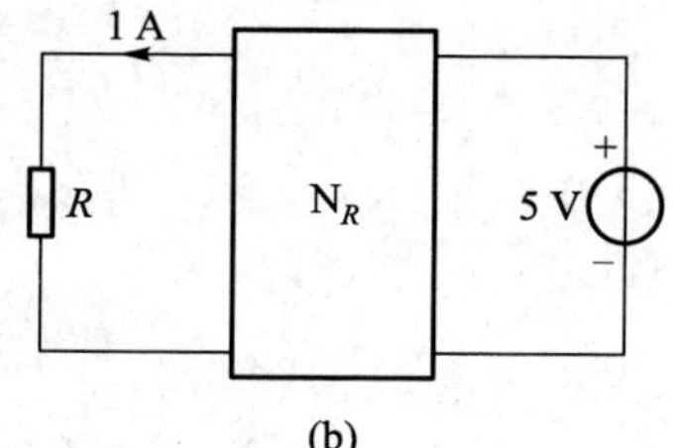

(b)

图题 3.44

3.45　用互易定理求图题 3.45 所示电路的电压 U。

3.46 电路如图题3.46所示，根据线性电路的性质，电流 I 可以表达成 $I=K_1U_1+K_2U_2+K_3U_3+K_4U_4$，试借助互易定理求各比例系数 $K_i(i=1,2,3,4)$。

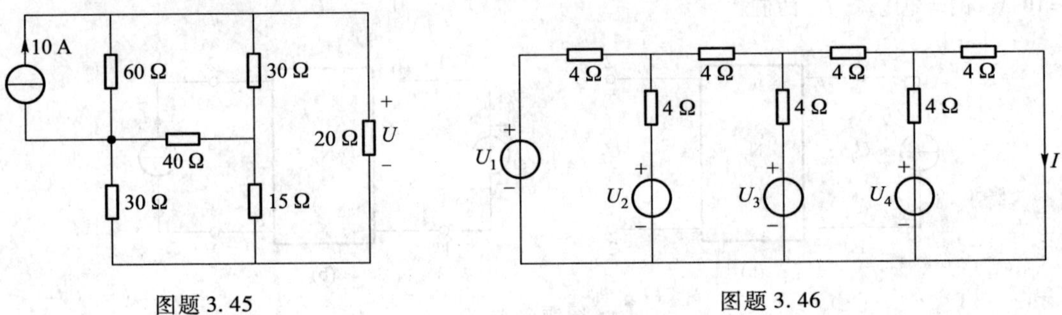

图题3.45　　图题3.46

3.47 图题3.47(a)为含有两个未知电阻的网络，当电流源 I_S 作用于 $1-1'$ 时，$I_2=I_S/6$；当电流源 I_S 作用于 $2-2'$ 时，如图题3.47(b)所示，$\tilde{I}_2=0.5I_S$。试借助互易定理确定电阻 R_1 和 R_2 的值。

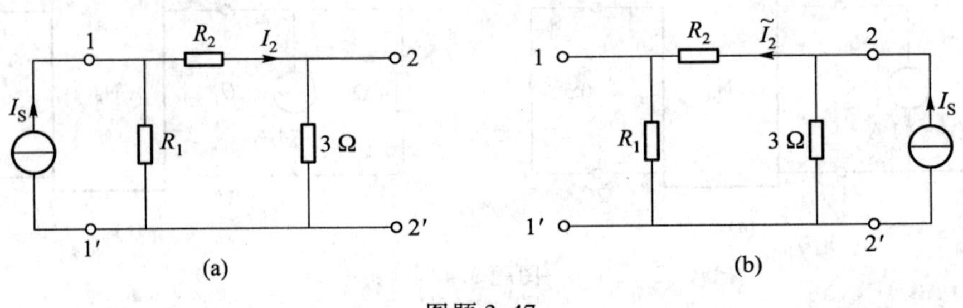

图题3.47

第4章 正弦交流电路

【导读】

前两章主要介绍了线性直流电路，其中不涉及时间变量。本章将研究电路各处电压、电流都随时间按同频率正弦规律变化的电路，称为**正弦交流电路**，简称**正弦电路**。这种电路在电力、电子、通信和控制等工程领域有着广泛的应用。当前，电能的生产、传输和分配主要是以正弦交流电的形式进行的。

对于所有电源都是同频率正弦量的线性电路，达到稳定状态时便是正弦电路。所以正弦电路也称为**正弦稳态电路**。例如，交流电动机在经历起动过程进入平稳转动后，其电压和电流便是正弦量。因此，正弦电路只是代表实际电路特定时间段的电路行为。不过，对许多电工设备或系统来说，这些时间段却占其全部工作时间的主要部分。

在电信方面，人们广泛使用非正弦周期信号。根据傅里叶级数理论，一个非正弦周期信号可以分解成不同频率的正弦信号，也就是说正弦信号是构成非正弦周期信号的基。所以正弦交流电路还是认识非正弦周期电流电路的基础。调频通信、调幅通信、信号滤波等，都离不开正弦电路理论。

本章主要学习正弦电路的相量分析法和正弦电路的功率，为此要涉及相量变换、相量模型、阻抗、导纳等概念。

4.1 正弦电路的特点和正弦量的概念

1. 正弦电路的特点

一般说来，研究正弦电路要比研究直流电路复杂很多。因为正弦电路中电压和电流都是随时间变动的，使得电路周围的电场和磁场也随着时间在变动，这些变动的电场和磁场反过来要影响电路中的电流与电压。首先，根据麦克斯韦电磁理论，变动的电场引起位移电流，它与传导电流一起满足电流连续性定律。其次，变化的电流产生变化的磁场和磁通，根据法拉第电磁感应定律，任何回路磁通的变化都要在此回路中产生感应电动势，它与电源电动势一起作用在电路中。

但在实际应用中，如果电压和电流变动的频率不是特别高，且电路尺度不是很大时，连线上的位移电流、感应电动势、电阻电压和漏导电流都可忽略不计。当电路中接有电场比较集中的电容时，电容极板间就有较强的电场，由于电场的变动而形成的位移电流也就相当可观，但这些位移电流都集中在电容元件内部；如果电路中接有磁场比较集中的电感时，电感中就有较多的磁通，这些磁通的变动产生的感应电动势就会达到可观的量值，但这种感应电动势都集中在电感元件上。所以在研究频率不是很高、尺度不是很大的正弦电路时，仍可建立集中参数电路模型，并使用基尔霍夫定律进行分析。本章就是研究这种正弦电路。当频率特别高或尺度很大时，可参照本书第15章介绍的方法。

在正弦交流电路中，电容电压和电感电流按周期规律变化，这意味着电容储能和电感储能也按周期规律变化，说明在交流电路中有能量的吸收和释放现象。这是不同于直流电路的特点。

在正弦交流电路中，电容电压的变化要产生电容电流；电感电流的变化要产生电感电压。由于正弦量的导数、同频率正弦量的和与差仍然是正弦量，所以在正弦电源作用的线性电路中，稳态时各处的电压和电流都是同频率的正弦量。这是正弦电路有别于电源按其他规律变化的电路的重要特点。

基于此特点，在电力系统中广泛使用正弦交流电。因为交流发电机和交流变压器都是靠电磁感应原理工作的，而感应电动势正比于磁通的变化率，所以正弦磁通能够产生正弦的感应电动势和输出电压，进而产生正弦电流。

2. 正弦量的瞬时描述

大小和方向随时间按正弦规律变动的电流、电压和电动势等统称为**正弦量**或正弦交流，它们的波形称为**正弦波**。正弦量可以由交流发电机产生，也可以由信号发生器等电子装置产生。正弦量既可用时间的正弦函数表示，也可用时间的余弦函数表示。本书在一般情况下采用余弦函数。以电流为例，其数学表达式为

$$i = I_m \cos(\omega t + \psi_i) \tag{4.1.1}$$

式中，t 表示计算用的时间，$t=0$ 表示计算的起始时刻。t 的定义域是$(-\infty, +\infty)$，但这只是表示在所考虑的时间范围内，电流 i 始终是正弦量而已。实际电路工作时当然不可能没有确定的起止时刻，也不可能在起止时刻范围内电压和电流都是正弦量。

式(4.1.1)所代表的正弦电流波形及各参数的意义如图4.1.1所示。

式(4.1.1)中 i 表示电流在 t 时刻的量值，称为电流的**瞬时值**。I_m 表示它的最大值，称为**振幅**或**幅值**。

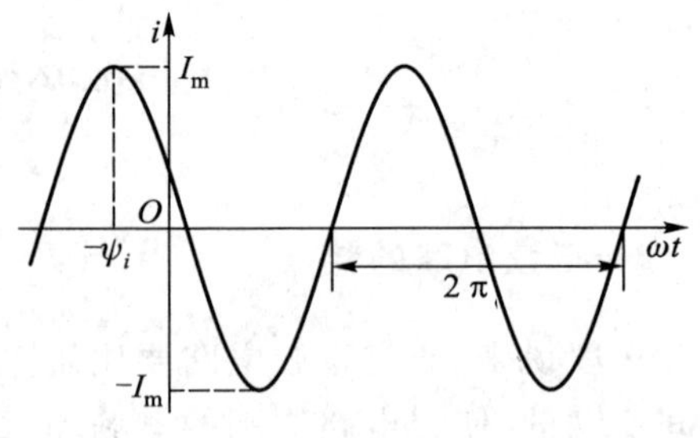

图4.1.1 正弦电流的波形

正弦电流变动的进程取决于$(\omega t + \psi_i)$，称为正弦电流的**相位**或**相角**，单位为弧度，但为了便于理解，往往也转换成度。$t=0$ 时的相位为 ψ_i，故 ψ_i 称为**初相**。$\omega t + \psi_i = 0$ 时电流达到最大值，所以这个点的横坐标是 $\omega t = -\psi_i$。几种典型的初相与电流波形的关系如图4.1.2所示。其中图4.1.2(a)对应 $\psi_i = 0°$，即 $i = I_m \cos \omega t$，这相当于把该电流变动到最大值的时刻规定为计算的起始时刻，这样的正弦量称为**参考正弦量**。在正弦电路分析中，可以指定任一正弦量为参考正弦量（视分析的方便性而定），但只能指定一个。

电流变化一个循环所需要的时间称为**周期**，用 T 表示，单位时间内的循环数称为**频率**，用 f 表示。因此频率和周期的关系自然是

$$f = \frac{1}{T} \tag{4.1.2}$$

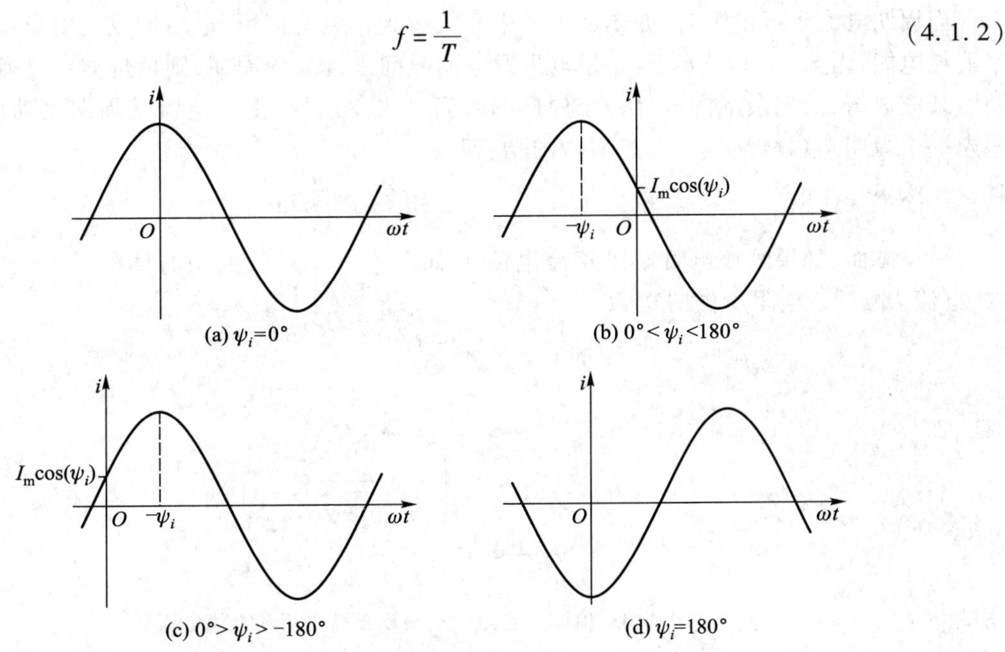

图 4.1.2 正弦电流初相与波形的关系

周期的单位为 s，频率的单位便是 s^{-1}，称为**赫兹**，简称赫，符号 Hz。在不同的应用场合，频率的差异是很大的。在电力方面应用的标准频率称为**工频**，我国、俄罗斯及欧洲大多数国家的工频为 50 Hz。美国、加拿大则为 60 Hz；在电热方面应用的频率范围为 50 Hz ~ 50 MHz；无线电方面可以使用 500 kHz ~ 10 GHz 的频率。

余弦函数的周期相角为 2π 弧度，所以当时间 t 经过一个周期 T，对应于相角变动 2π 弧度，即

$$\omega T = 2\pi \tag{4.1.3}$$

故

$$\omega = \frac{2\pi}{T} = 2\pi f \tag{4.1.4}$$

由此可见，ω 表示单位时间内相角变动的弧度数，故称为正弦电流的**角频率**，其单位为弧度/秒，符号 rad/s。

由式(4.1.1)可见，幅值 I_m、初相 ψ_i 和角频率 ω 三个量唯一地确定了正弦电流的变化规律。因此称它们为正弦电流的三要素。同样，所有正弦量的变动规律也都能由幅值、初相和角频率这三个要素来唯一确定。

从数学上已知，不同于其他函数的是，正弦函数的求导和积分仍然是同频率的正弦函数，这也是广泛使用正弦电压和电流的原因。

3. 周期量的有效值

当周期电流用于做功和能量转换等目的时，往往需要考虑它在较长一段时间内的平均效果。此外，人们还希望能与直流电的效果作一比较，使之尽可能得到一致的计算公式。

当周期电流经过电阻时，如图 4.1.3 中开关扳到左侧的情形，电阻便以周期规律按不同的速率消耗电能，因为 $p_R(t)=Ri^2$。如果电阻通电的时间远远大于周期，则可近似认为通电时间是周期的某整数倍，而把余下的不足一个周期的时间舍去。这样，由于电流是周期变动的，所以只需考虑一个周期 T 内电流通过电阻所做的功，即

$$A_{ac}=\int_0^T p_R(t)\,dt=R\int_0^T i^2\,dt \tag{4.1.5}$$

另一方面，如果给该电阻通以直流电流 I，如图 4.1.3 开关扳到右侧的情形，在同一时间 T 内，电流 I 通过该电阻所做的功为

$$A_{dc}=TRI^2 \tag{4.1.6}$$

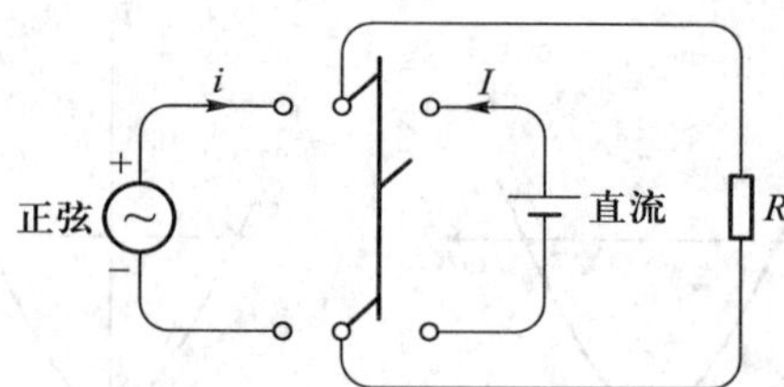

图 4.1.3　给同一电阻分别通以正弦电流和直流电流

根据人们的希望，要使 $A_{dc}=A_{ac}$，这个直流电流就应是

$$I=\sqrt{\frac{1}{T}\int_0^T i^2\,dt} \tag{4.1.7}$$

也就是说，由上式确定的直流电流 I 在时间 T 内所做的功与周期电流在同一时间内所做的功完全相同，因此称直流 I 为周期电流 i 的**有效值**。式(4.1.7)表明：有效值乃是瞬时值的平方在一个周期内的平均值再开平方根。因此，有效值按其数学计算顺序又称为**方均根值**，有时也称为**均方根值**。

上面的讨论虽然是以电流为例，但所得结论完全适用于其他物理量，如电压、电动势等。也就是说，任何周期量的有效值都等于该周期量的方均根值。不过某些量的有效值并无明显的物理意义。例如磁通的有效值是数值上与产生该周期磁通的电流的有效值相等的直流电流在同一条件下所产生的磁通。

如果将式(4.1.1)代入式(4.1.7)得到正弦电流的有效值为

$$I=\sqrt{\frac{1}{T}\int_0^T I_m^2\cos^2(\omega t+\psi_i)\,dt}=\sqrt{\frac{1}{T}\int_0^T I_m^2\frac{1+\cos 2(\omega t+\psi_i)}{2}dt}=\frac{I_m}{\sqrt{2}} \tag{4.1.8}$$

即正弦电流的有效值等于其幅值的 $1/\sqrt{2}$ 倍，与频率和初相无关。

类似地，可以得到正弦电压、电动势有效值与其幅值的关系。为了与瞬时值相区别，有效值都用大写字母来表示，所以有

$$U=\sqrt{\frac{1}{T}\int_0^T u^2\,dt}=\frac{U_m}{\sqrt{2}},\quad E=\sqrt{\frac{1}{T}\int_0^T e^2\,dt}=\frac{E_m}{\sqrt{2}} \tag{4.1.9}$$

由于有效值比幅值更为实用，工程上谈到正弦电流和电压的量值时，若无特殊声明总是指有效值。一般交流仪表上所标示的电流、电压量值也都是有效值。例如 220 V 交流电，是指这个电压的有效值是 220 V，其最大值是 $220\sqrt{2}$ V≈311.13 V。

【扩展】

有效值的应用举例 有了有效值的定义，电阻 R 通以任意周期电流 i 时，它在一个周期内的**平均功率**便是

$$P_R = \frac{1}{T}\int_0^T p_R(t)\,\mathrm{d}t = \frac{1}{T}\int_0^T Ri^2\,\mathrm{d}t = R \times \frac{1}{T}\int_0^T i^2\,\mathrm{d}t = RI^2 \tag{4.1.10}$$

或者用周期电压的有效值来计算为

$$P_R = \frac{1}{T}\int_0^T p_R(t)\,\mathrm{d}t = \frac{1}{T}\int_0^T \frac{u^2}{R}\mathrm{d}t = \frac{1}{R} \times \frac{1}{T}\int_0^T u^2\,\mathrm{d}t = \frac{U^2}{R} \tag{4.1.11}$$

由此可见，当用电流和电压有效值计算电阻的平均功率时，计算公式与直流电路完全相同。

有了有效值的定义，在周期电流电路中，电容和电感储能的平均值可以分别按下式计算

$$\overline{W}_{\mathrm{e}} = \frac{1}{T}\int_0^T W_{\mathrm{e}}\,\mathrm{d}t = \frac{1}{T}\int_0^T \frac{1}{2}Cu^2\,\mathrm{d}t = \frac{1}{2}CU^2 \tag{4.1.12}$$

$$\overline{W}_{\mathrm{m}} = \frac{1}{T}\int_0^T W_{\mathrm{m}}\,\mathrm{d}t = \frac{1}{T}\int_0^T \frac{1}{2}Li^2\,\mathrm{d}t = \frac{1}{2}LI^2 \tag{4.1.13}$$

由此可见，使用电压和电流有效值时，电容和电感平均储能的计算公式与直流电路完全相同。

再比如，当平板电容极板之间存在电压 u 时，如图 4.1.4 所示，两个极板之间便存在吸引力，给出这个力的计算公式如下：

$$F = -\frac{1}{2}u^2\frac{\partial C}{\partial y} \tag{4.1.14}$$

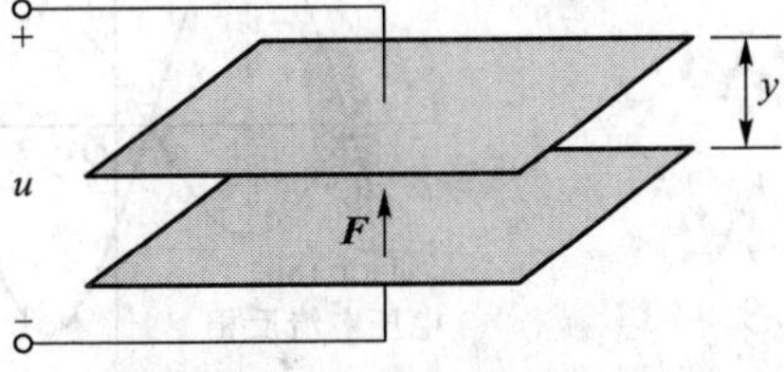

图 4.1.4 平板电容受力分析

如果在极板之间施加的是周期电压，极板之间的吸引力必然也是周期变化的。在电压的一个周期内，吸引力的平均值是

$$F_{\mathrm{av}} = \frac{1}{T}\int_0^T F(t)\,\mathrm{d}t = -\frac{1}{2}\frac{\partial C}{\partial y} \times \frac{1}{T}\int_0^T u^2\,\mathrm{d}t = -\frac{1}{2}U^2\frac{\partial C}{\partial y} \tag{4.1.15}$$

可见，这个平均吸引力与施加量值为 U 的直流电压时两极板之间的吸引力完全相同。

综上所述，当使用有效值时，可以使得对平均功率、平均储能和平均受力的计算变得与直流电路相同。这也是广泛使用有效值的重要原因之一。

4. 正弦量的相位差

在分析正弦电路时，常关心两个同频率正弦量的相位相对关系。由于同频率正弦量的相位随时间增加的速率都是 ω，所以它们的相位之差保持常量，称为**相位差**。设正弦电压 $u = U_{\mathrm{m}}\cos(\omega t + \psi_u)$、正弦电流 $i = I_{\mathrm{m}}\cos(\omega t + \psi_i)$，则它们的相位差为

$$\varphi = (\omega t + \psi_u) - (\omega t + \psi_i) = \psi_u - \psi_i \tag{4.1.16}$$

即两个同频率正弦量的相位差就等于它们的初相之差。

根据相位差的取值情况，为表述方便，用不同的名称来表示两个正弦量的相位关系，这些情况包括：

(1) 若 $\psi_u - \psi_i > 0$，则称 u **超前**于 i，意思是说 u 比 i 先达到最大值或从同一变化方向先达到零值。也可称 i **滞后**于 u。波形如图 4.1.5(a)所示。

(2) 若 $\psi_u-\psi_i<0$,则称 u 滞后于 i,或者称 i 超前于 u。波形如图4.1.5(b)所示。

上述超前或滞后的相角通常以 $-180°$ 到 $+180°$ 为限。超出这个范围时要根据三角函数的周期性,换算成上述范围后再比较相位关系。

(3) 若 $\psi_u-\psi_i=0$,则称 u 与 i **同相**,即同时达到最大值和零值,即 $u=ki$,且 $k>0$,波形如图4.1.5(c)所示。

(4) 若 $\psi_u-\psi_i=\pm180°$,则称 u、i **反相**,即 u 为正的最大值时,i 为负的最小值,或者说从不同的方向同时达到零值,即 $u=ki$,且 $k<0$,波形如图4.1.5(d)所示。

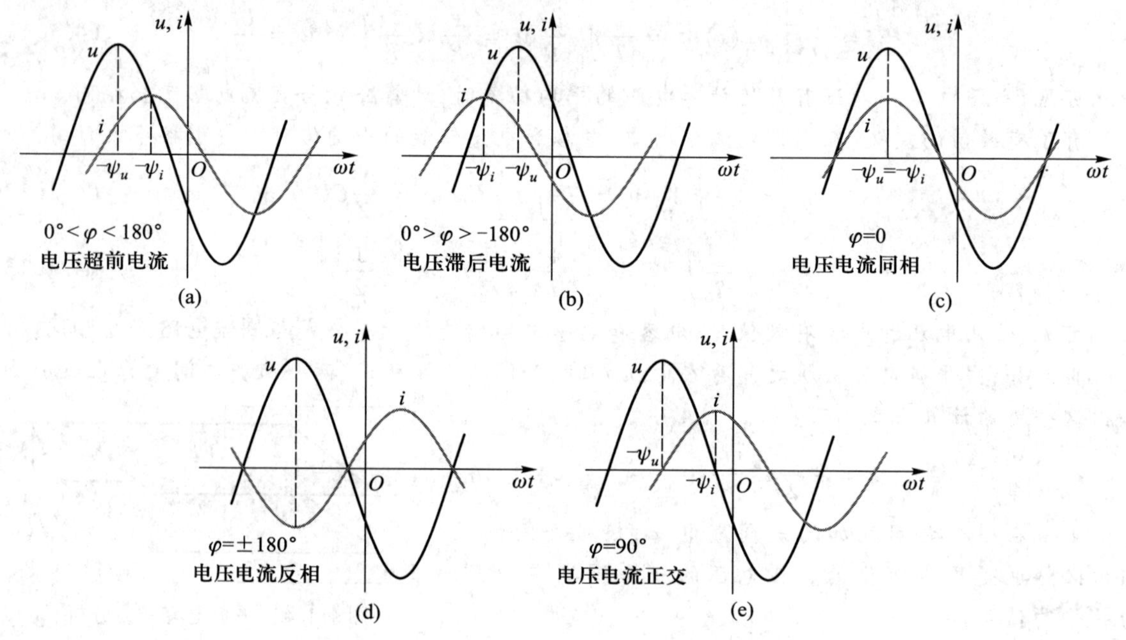

图4.1.5 u 与 i 的典型相位关系及其名称

(5) 若 $\psi_u-\psi_i=\pm90°$,则称 u、i **正交**,图4.1.5(e)表示 $\psi_u-\psi_i=+90°$ 的情况。

注意,在计算两个正弦量的相位差时,如果它们不是用同名函数表示的,则要将两个正弦量转化为同名的余弦函数或正弦函数,然后再计算初相之差。

4.2 正弦量的相量变换

正弦电路中常含有电容和电感元件。1.4 和 1.5 节分别给出了线性电容和线性电感的端口电压、电流之间的微分或积分关系。因此,若以正弦量作为电路变量,所列电路方程将是微分、积分方程。在求解过程中必将遇到大量的正弦量的加减运算和微积分运算。比如图4.2.1所示的简单 RL 串联电路,设已知正弦电流 $i=I_m\cos(\omega t+\psi_i)$,则电阻电压由欧姆定律确定:

$$u_R=Ri=RI_m\cos(\omega t+\psi_i) \tag{4.2.1}$$

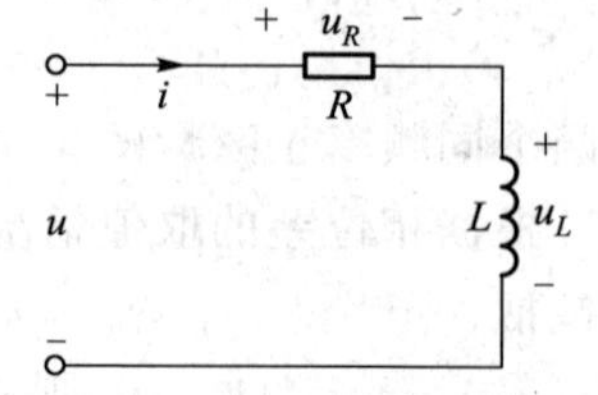

图4.2.1 简单 RL 串联电路

它与电流同相。电感电压由电磁感应定律确定:

$$u_L = L\frac{\mathrm{d}i}{\mathrm{d}t} = -(\omega L)I_{\mathrm{m}}\sin(\omega t+\psi_i) = (\omega L)I_{\mathrm{m}}\cos(\omega t+\psi_i+\pi/2) \tag{4.2.2}$$

它超前电流 π/2。根据 KVL,串联电路总电压是

$$u = u_R + u_L = RI_{\mathrm{m}}\cos(\omega t+\psi_i) - (\omega L)I_{\mathrm{m}}\sin(\omega t+\psi_i) = U_{\mathrm{m}}\cos(\omega t+\psi_u) \tag{4.2.3}$$

它也是正弦量。利用三角函数运算,获得该电压的振幅和初相,分别是

$$U_{\mathrm{m}} = \sqrt{R^2+(\omega L)^2}\times I_{\mathrm{m}},\quad \psi_u = \psi_i + \arctan(\omega L/R) \tag{4.2.4}$$

由此可见,即便仅仅是两个电压的求和,为了获得总电压的振幅和初相也需要复杂的三角函数运算。

如果已知的是正弦电压 u,要求确定正弦电流 i,计算的复杂性还要增加,因为这时就不得不求解依据 KVL 列出的微分方程

$$u_R + u_L = Ri + L\frac{\mathrm{d}i}{\mathrm{d}t} = u \tag{4.2.5}$$

可以想象,当电路含有较多元件时,对三角函数的求和以及微分或积分运算将变得更加频繁,列写微分方程并求解的任务也难以由人力去完成。1893 年,年仅 28 岁的**斯泰因梅茨**(Charles Proteus Steinmetz,1865—1923)向国际电工委员会报告了用复数计算正弦电路的方法,他称为符号分析法(Symbolic Method of Alternating - current Calculations),从而使人们计算交流电路的能力得以大大提高,使交流输电理论和交流电事业得到快速发展,并为电路理论做出了里程碑式的贡献。

为阐述这一方法,下面简要复习复数的基本知识。

1. 复数

设 A 是一个复数,可用直角坐标式表示为

$$A = a + \mathrm{j}b \tag{4.2.6}$$

式中,$\mathrm{j}=\sqrt{-1}$表示虚数单位,a 和 b 分别称为复数 A 的实部和虚部,记为

$$a = \mathrm{Re}[A],\quad b = \mathrm{Im}[A] \tag{4.2.7}$$

复数还可用极坐标式表示为

$$A = |A|\angle\theta = |A|\mathrm{e}^{\mathrm{j}\theta} \tag{4.2.8}$$

式中,$|A|$和 θ 分别称为复数 A 的**模**和**辐角**。

复数 A 还可以用复平面上的点或有向线段来表示,前者对应于直角坐标式;后者对应于极坐标式,如图 4.2.2 所示。做复数的加减运算宜采用直角坐标式,而进行乘除运算采用极坐标式比较方便。因此要反复进行直角坐标式与极坐标式的转换。根据欧拉公式 $\mathrm{e}^{\mathrm{j}\theta}=\cos\theta+\mathrm{j}\sin\theta$,或从图 4.2.2 直接得到换算公式

$$a = |A|\cos\theta,\quad b = |A|\sin\theta \tag{4.2.9}$$

和

$$|A| = \sqrt{a^2+b^2},\quad \theta = \arctan\frac{b}{a} \tag{4.2.10}$$

利用式(4.2.10)计算辐角 θ 时,须根据实部 a 和虚部 b 各自的符号判断其所在象限,而不能仅看它们比值的符号。

科学计算器一般都具有复数的直角坐标式和极坐标式转换功能,使用这种转换要比利用式(4.2.9)和(4.2.10)简便得多。

关于复数的运算规则,请读者参阅数学课程教材或本书附录A。

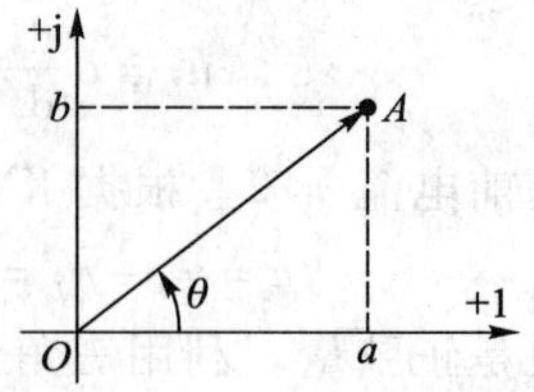

图4.2.2 用复平面上的点或有向线段表示复数

2. 相量变换

用复数运算简化正弦量运算首先要建立复数和正弦量的关系,这个关系来自欧拉公式,本书将这种关系建立在数学变换基础上[31,32]。

根据欧拉公式可以将下列随时间变化的复数写成

$$F_{\mathrm{m}}\mathrm{e}^{\mathrm{j}(\omega t+\psi)}=F_{\mathrm{m}}\cos(\omega t+\psi)+\mathrm{j}F_{\mathrm{m}}\sin(\omega t+\psi) \tag{4.2.11}$$

上式的实部就是正弦量$f(t)=F_{\mathrm{m}}\cos(\omega t+\psi)$,即

$$f(t)=\mathrm{Re}[F_{\mathrm{m}}\mathrm{e}^{\mathrm{j}(\omega t+\psi)}]=\mathrm{Re}[F_{\mathrm{m}}\mathrm{e}^{\mathrm{j}\psi}\mathrm{e}^{\mathrm{j}\omega t}]=\mathrm{Re}[\dot{F}_{\mathrm{m}}\mathrm{e}^{\mathrm{j}\omega t}] \tag{4.2.12}$$

其中

$$\dot{F}_{\mathrm{m}}=F_{\mathrm{m}}\mathrm{e}^{\mathrm{j}\psi} \tag{4.2.13}$$

称为正弦量$f(t)$的**相量变换**,简称**相量**,记作

$$\dot{F}_{\mathrm{m}}=\mathbf{P}[f(t)]=F_{\mathrm{m}}\mathrm{e}^{\mathrm{j}\psi}=F_{\mathrm{m}}\angle\psi \tag{4.2.14}$$

它是一个复常数,其模等于正弦量的幅值,辐角等于正弦量的初相。$\dot{F}_{\mathrm{m}}$与$f(t)$具有相同的量纲。

如果将$\dot{F}_{\mathrm{m}}$除以$\sqrt{2}$,便得到模等于正弦量有效值的相量,用不带下标m的符号$\dot{F}$表示,即

$$\dot{F}=\dot{F}_{\mathrm{m}}/\sqrt{2} \tag{4.2.15}$$

当确需区别或强调时,将$\dot{F}_{\mathrm{m}}$称为幅值相量,将$\dot{F}$称为有效值相量。

这样,式(4.2.12)便是由相量计算正弦量的公式,因此称为相量的反变换,记作

$$f(t)=\mathbf{P}^{-1}[\dot{F}_{\mathrm{m}}]=\mathrm{Re}[\dot{F}_{\mathrm{m}}\mathrm{e}^{\mathrm{j}\omega t}]=0.5[\dot{F}_{\mathrm{m}}\mathrm{e}^{\mathrm{j}\omega t}+\dot{F}_{\mathrm{m}}^{*}\mathrm{e}^{-\mathrm{j}\omega t}] \tag{4.2.16}$$

式中$\dot{F}_{\mathrm{m}}^{*}\mathrm{e}^{-\mathrm{j}\omega t}$表示$\dot{F}_{\mathrm{m}}\mathrm{e}^{\mathrm{j}\omega t}$的共轭复数。$\mathrm{e}^{\mathrm{j}\omega t}$在复平面上是以角速度$\omega$按逆时针方向旋转的单位长度矢量,因此称$\mathrm{e}^{\mathrm{j}\omega t}$为旋转因子。那么,复常量$\dot{F}_{\mathrm{m}}$与$\mathrm{e}^{\mathrm{j}\omega t}$之积便对应于复平面上起始于$\dot{F}_{\mathrm{m}}$、以角速度$\omega$逆时针旋转的矢量,称为**旋转矢量**。因此,上述反变换表明:$f(t)$等于旋转矢量$\dot{F}_{\mathrm{m}}\mathrm{e}^{\mathrm{j}\omega t}$在复平面实轴上的投影,如图4.2.3所示。为了便于绘制$f(t)$曲线,图中将复平面逆时针转了90°。

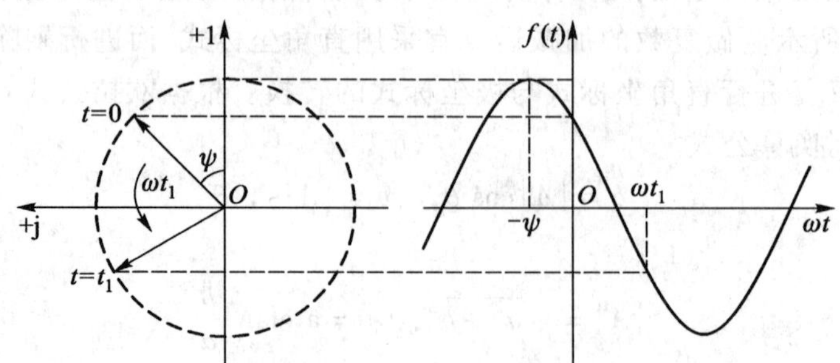

图4.2.3 旋转相量在实轴上的投影对应于正弦量

根据上述原理,正弦量与相量的变换与反变换关系可以用图 4.2.4 来表示,即正弦量的幅值等于相量的模(幅值相量),正弦量的初相位等于相量的辐角。

对应两个同频率正弦量的旋转相量,其角速度相同,旋转相量之间的相对位置保持不变,这刚好反映了两个同频率正弦量的相位差为常量的事实。因此当讨论两个正弦量的幅值和相位关系时,无需考虑它们在旋转,只要画出它们在 $t=0$ 时的位置就可以了,即画出 $\dot{F}_{1m}=F_{1m}\angle\psi_1$ 和 $\dot{F}_{2m}=F_{2m}\angle\psi_2$,如图 4.2.5 所示。这种按着一定的幅值和相位关系画出若干相量的图形称为**相量图**。从相量图上可直观地看出各正弦量的大小和相位。

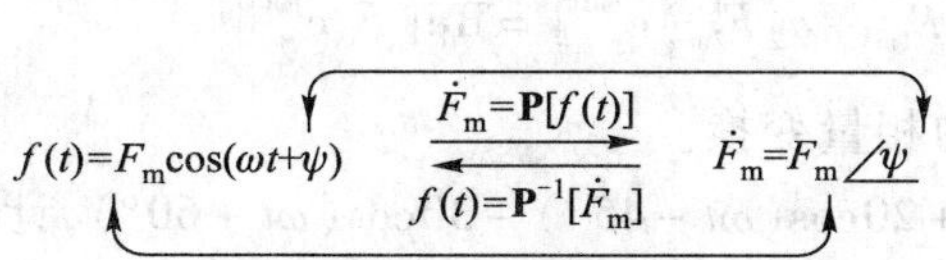

图 4.2.4 相量变换与反变换关系图

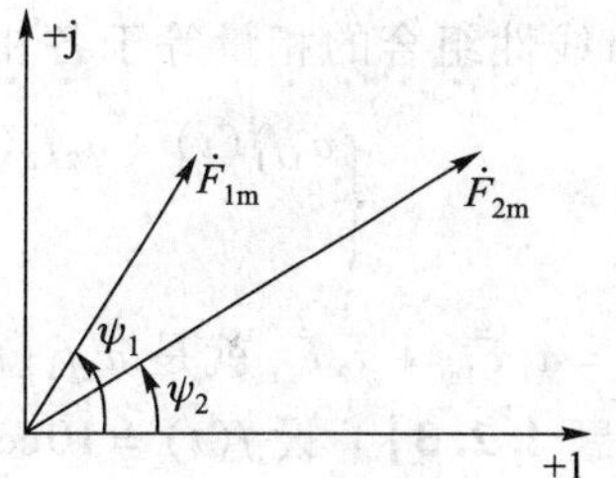

图 4.2.5 相量图示例

【例题 4.2.1】 分别计算下列正弦量的相量变换:(1) $i_1=3\cos\omega t$ A;(2) $i_2=4\cos(\omega t-150°)$ A;(3) $i_3=-5\cos(\omega t-60°)$ A;(4) $i_4=6\sin(\omega t+30°)$ A。

【解】 (1) $\dot{I}_{1m}=\mathbf{P}[i_1]=\mathbf{P}[3\cos\omega t]=3\angle 0°$ A

(2) $\dot{I}_{2m}=\mathbf{P}[i_2]=\mathbf{P}[4\cos(\omega t-150°)]=4\angle -150°$ A

(3) 需要将 −5 换算成相位角后再利用相量和正弦量的对应关系进行变换。因为

$$i_3=-5\cos(\omega t-60°)=5\cos(\omega t-60°+180°)=5\cos(\omega t+120°)\text{ A}$$

所以

$$\dot{I}_{3m}=\mathbf{P}[i_3]=5\angle 120°\text{ A}$$

(4) 需要将正弦函数等效成余弦函数后再进行相量变换。因为

$$i_4=6\sin(\omega t+30°)=6\cos(\omega t+30°-90°)=6\cos(\omega t-60°)\text{ A}$$

所以

$$\dot{I}_{4m}=\mathbf{P}[i_4]=6\angle -60°\text{ A}$$

【例题 4.2.2】 设角频率为 ω,将下列电压相量反变换为正弦量:(1) $\dot{U}_{1m}=(3-\text{j}4)$ V;(2) $\dot{U}_{2m}=(-3+\text{j}4)$ V;(3) $\dot{U}_{3m}=\text{j}4$ V。

【解】 (1) $U_{1m}=\sqrt{3^2+(-4)^2}\text{ V}=5\text{ V}$, $\psi_1=\text{arctg}\dfrac{-4}{3}\approx-53.13°$, $\dot{U}_{1m}\approx 5\angle -53.13°$ V

$$u_1=\mathbf{P}^{-1}[\dot{U}_{1m}]\approx 5\cos(\omega t-53.13°)\text{ V。}$$

(2) $U_{2m}=\sqrt{(-3)^2+4^2}\text{ V}=5\text{ V}$, $\psi_2=\text{arctg}\dfrac{4}{-3}\approx 126.9°$, $\dot{U}_{2m}\approx 5\angle 126.9°$ V

注意:在计算上述辐角时,要根据相量实部和虚部各自的符号,即相量所在的象限来进行,不能仅根据二者比值的符号。当使用计算器进行复数不同坐标的转换功能时,可以自动考虑辐角所在的象限。

$$u_2=\mathbf{P}^{-1}[\dot{U}_{2m}]\approx 5\cos(\omega t+126.9°)\text{ V}$$

(3) $\dot{U}_{3m}=\text{j}4\text{ V}=4\angle 90°\text{ V}$, $u_3=\mathbf{P}^{-1}[\dot{U}_{3m}]=4\cos(\omega t+90°)\text{ V}$

3. 相量变换的性质

为了用复数计算正弦电路,还需研究相量变换的若干性质。

(1) 线性性质

设 $f_1(t)$ 和 $f_2(t)$ 是两个同频率的正弦量,其相量变换分别为 $\dot{F}_{1m}$ 和 $\dot{F}_{2m}$,a_1、a_2 为常实数,则线性组合 $f(t)=a_1f_1(t)+a_2f_2(t)$ 的相量变换 $\dot{F}_m$ 为

$$\dot{F}_m=\mathbf{P}[f(t)]=a_1\dot{F}_{1m}+a_2\dot{F}_{2m} \tag{4.2.17}$$

即正弦量线性组合的相量等于各相量的同一线性组合,表明相量变换是线性变换。这是因为

$$\begin{cases} a_1f_1(t)+a_2f_2(t)=a_1\mathrm{Re}[\dot{F}_{1m}\mathrm{e}^{\mathrm{j}\omega t}]+a_2\mathrm{Re}[\dot{F}_{2m}\mathrm{e}^{\mathrm{j}\omega t}] \\ \qquad\qquad =\mathrm{Re}[(a_1\dot{F}_{1m}+a_2\dot{F}_{2m})\mathrm{e}^{\mathrm{j}\omega t}]=\mathrm{Re}[\dot{F}_m\mathrm{e}^{\mathrm{j}\omega t}] \end{cases} \tag{4.2.18}$$

式中,$\dot{F}_m=a_1\dot{F}_{1m}+a_2\dot{F}_{2m}$ 就是 $a_1f_1(t)+a_2f_2(t)$ 的相量变换。

【例题 4.2.3】 设 $f(t)=10\cos(\omega t+45°)+20\cos(\omega t-45°)-30\cos(\omega t+60°)$,计算 $f(t)$ 的相量变换并化简 $f(t)$。

【解】

$$\begin{aligned}\dot{F}_m&=\mathbf{P}[10\cos(\omega t+45°)+20\cos(\omega t-45°)-30\cos(\omega t+60°)]\\ &=(10\angle 45°)+(20\angle -45°)-(30\angle 60°)\\ &=(5\sqrt{2}+\mathrm{j}5\sqrt{2})+(10\sqrt{2}-\mathrm{j}10\sqrt{2})-(15+\mathrm{j}15\sqrt{3})\\ &=(15\sqrt{2}-15)+\mathrm{j}(-5\sqrt{2}-15\sqrt{3})\\ &\approx 36.631\angle -79.354°\end{aligned}$$

反变换得化简后的 $f(t)$ 为

$$f(t)=\mathbf{P}^{-1}[\dot{F}_m]\approx 36.631\cos(\omega t-79.354°)$$

(2) 微分性质

设 $f(t)$ 为正弦量,其相量变换为 $\dot{F}_m$,则 $f(t)$ 对时间一阶导数的相量变换为

$$\mathbf{P}\left[\frac{\mathrm{d}f(t)}{\mathrm{d}t}\right]=\mathrm{j}\omega\dot{F}_m \tag{4.2.19}$$

即正弦量对时间一阶导数的相量变换等于该正弦量的相量变换乘以虚数 jω。这是因为

$$\frac{\mathrm{d}f(t)}{\mathrm{d}t}=\frac{\mathrm{d}}{\mathrm{d}t}\mathrm{Re}[\dot{F}_m\mathrm{e}^{\mathrm{j}\omega t}]=\mathrm{Re}\left[\frac{\mathrm{d}}{\mathrm{d}t}(\dot{F}_m\mathrm{e}^{\mathrm{j}\omega t})\right]=\mathrm{Re}[\mathrm{j}\omega\dot{F}_m\mathrm{e}^{\mathrm{j}\omega t}] \tag{4.2.20}$$

【例题 4.2.4】 设电感的磁链为正弦量 $\Psi=10^{-3}\cos(2\,000\,t+30°)$ Wb,试写出电压相量表达式。

【解】 当 u 与 i 参考方向一致、i 与 Ψ 的参考方向符合右手螺旋关系时,有

$$u=\frac{\mathrm{d}\Psi}{\mathrm{d}t}$$

根据相量变换的微分性质得

$$\dot{U}_m=\mathrm{j}\omega\dot{\Psi}_m=\mathrm{j}2\,000\times10^{-3}\angle 30°\ \mathrm{V}=\mathrm{j}2\angle 30°\ \mathrm{V}=2\angle 120°\ \mathrm{V}$$

上式利用了 $\mathrm{j}=1\angle 90°$ 的关系。

(3) 积分性质

设$f(t)$为正弦量,其相量变换为 $\dot{F}_{m}$,则$f(t)$的时间积分(不计积分常数,因为在正弦稳态电路中不存在常量的电压和电流。)的相量变换为

$$\mathbf{P}\left[\int f(t)\,\mathrm{d}t\right]=\frac{\dot{F}_{m}}{\mathrm{j}\omega} \tag{4.2.21}$$

即正弦量对时间积分的相量变换等于该正弦量的相量变换除以虚数jω。这是因为

$$\int f(t)\,\mathrm{d}t=\int \mathrm{Re}[\dot{F}_{m}\mathrm{e}^{\mathrm{j}\omega t}]\,\mathrm{d}t=\mathrm{Re}\left[\int \dot{F}_{m}\mathrm{e}^{\mathrm{j}\omega t}\mathrm{d}t\right]=\mathrm{Re}\left[\frac{1}{\mathrm{j}\omega}\dot{F}_{m}\mathrm{e}^{\mathrm{j}\omega t}\mathrm{d}t\right] \tag{4.2.22}$$

综合性质(2)、(3)可见,正弦量对时间的微分或积分运算,对应相量的乘以或除以 jω 的运算。这将为分析正弦交流电路带来很大方便。

4.3 基尔霍夫定律的相量形式

在基尔霍夫定律表达式中,当电流和电压是直流或时间函数时,称为基尔霍夫定律的时域形式。正弦电路中所有电流和电压都是同频率的正弦量,当然也遵循这种时域形式的方程。现在的问题是,当把正弦电流和电压按照上一节的方法变换为相量时,那么这种相量形式的电流和电压又应遵循怎样的规律?

设 $i_{k}=I_{km}\cos(\omega t+\psi_{ik})$,则相量变换后,得幅值相量 $\dot{I}_{km}=I_{km}\angle\psi_{ik}$,有效值相量 $\dot{I}_{k}=I_{k}\angle\psi_{ik}$。复常量 $\dot{I}_{km}$和 $\dot{I}_{k}$ 都称为电流相量。把实变的正弦电流变换为复常量的电流相量,这是人们认识客观事物的一种有效手段,在导线中流过的电流当然不会是复数。

对 KCL 方程的时域形式进行相量变换,并利用线性性质得

$$\mathbf{P}[\sum \pm i_{k}]=\sum\mathbf{P}[\pm i_{k}]=\sum \pm \dot{I}_{km}=0 \tag{4.3.1}$$

即与节点关联的支路电流相量满足

$$\sum \pm \dot{I}_{km}=0 \quad 或 \quad \sum \pm \dot{I}_{k}=0 \tag{4.3.2}$$

上式表述为:在集中参数正弦电流电路中,流出任一节点的各支路电流相量的代数和等于零。这就是 KCL 的相量形式。

图 4.3.1 说明了 KCL 的时域形式与相量形式的关系。

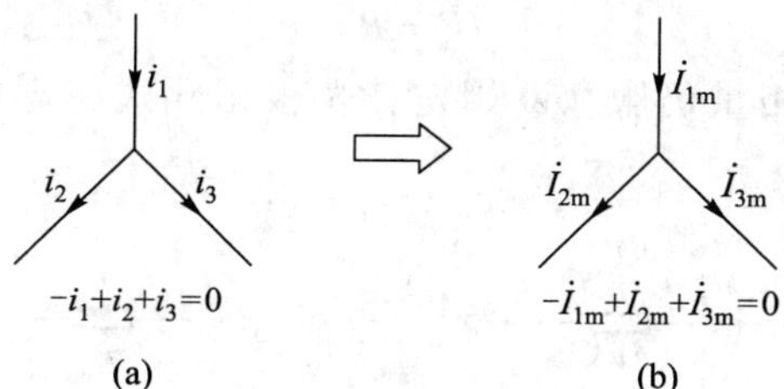

图 4.3.1 (a) KCL 的时域形式;(b) KCL 的相量形式

同理,KVL 的相量形式为

$$\sum \pm \dot{U}_{km}=0 \quad 或 \quad \sum \pm \dot{U}_{k}=0 \tag{4.3.3}$$

表述为:在集中参数正弦电流电路中,沿任一回路各支路电压相量的代数和等于零。

【例题4.3.1】 已知图4.3.2电路中 $u_1=6\cos(\omega t+30°)\ \mathrm{V}$, $u_2=4\cos(\omega t+60°)\ \mathrm{V}$。求电压 u。

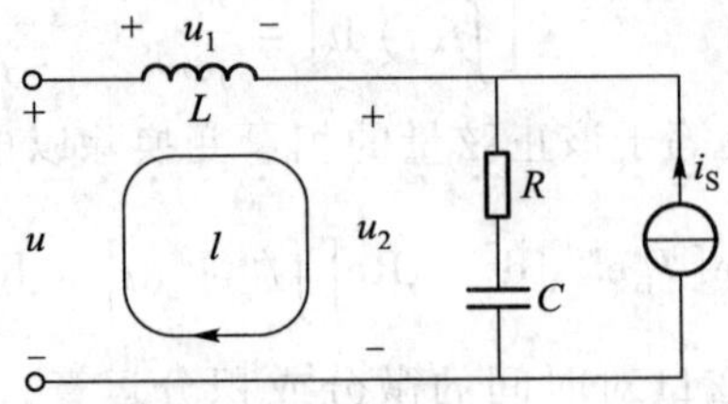

图4.3.2 例题4.3.1图

【解】 代表电压 u_1、u_2 的相量分别为

$$\dot{U}_{1\mathrm{m}}=6\angle 30°\ \mathrm{V} \quad 和 \quad \dot{U}_{2\mathrm{m}}=4\angle 60°\ \mathrm{V}$$

沿回路 l 使用相量形式的KVL得

$$\begin{aligned}\dot{U}_{\mathrm{m}}&=\dot{U}_{1\mathrm{m}}+\dot{U}_{2\mathrm{m}}=(6\angle 30°+4\angle 60°)\ \mathrm{V}\approx[(5.196+\mathrm{j}3)+(2+\mathrm{j}3.464)]\ \mathrm{V}\\&\approx(7.196+\mathrm{j}6.464)\ \mathrm{V}\approx 9.673\angle 41.933°\ \mathrm{V}\end{aligned}$$

反变换得

$$u=\mathbf{P}^{-1}[\dot{U}_{\mathrm{m}}]\approx 9.673\cos(\omega t+41.933°)\ \mathrm{V}$$

4.4 单一元件电压与电流关系的相量形式

上一节基于相量变换的线性性质建立了相量形式的基尔霍夫定律。电路是由元件组成的,电路的行为还取决于元件的性质。因此,本节研究三种典型电路元件电压与电流关系的相量形式。

1. 电阻元件

图4.4.1(a)所示的电阻元件在一致的参考方向下,电压与电流满足如下欧姆定律:

$$u=Ri \tag{4.4.1}$$

根据相量变换的线性性质,可将上式变换成相量形式:

$$\dot{U}_{\mathrm{m}}=R\dot{I}_{\mathrm{m}} \tag{4.4.2}$$

即电阻元件上的电压与电流相量仍服从欧姆定律。根据此式建立的电阻元件的相量模型如图4.4.1(b)所示。

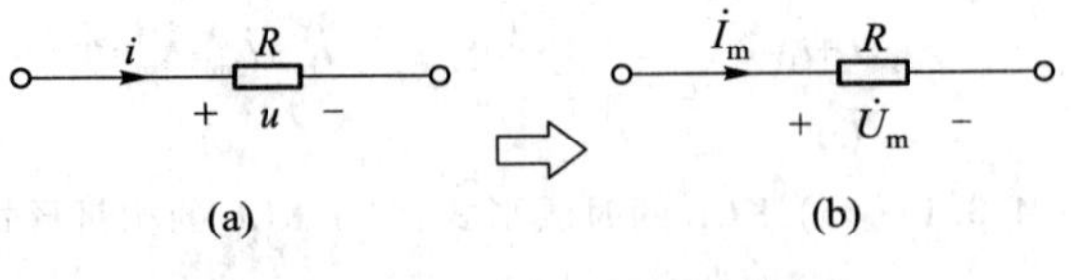

(a) (b)

图4.4.1 电阻及其相量模型

将 $\dot{U}_m = U_m \angle \psi_u$ 和 $\dot{I}_m = I_m \angle \psi_i$，代入式(4.4.2)得

$$U_m \angle \psi_u = RI_m \angle \psi_i \tag{4.4.3}$$

即电压、电流幅值满足

$$U_m = RI_m \tag{4.4.4}$$

初相满足

$$\psi_u = \psi_i \tag{4.4.5}$$

以上两式表明：电阻上电压与电流的幅值之比等于电阻 R；电压与电流同相位。这是因为电阻的电压与电流为正比关系，$u=Ri$，故 u、i 波形同时过零、同时达到最大。可见式(4.4.2)同时给出了电阻上正弦电压与电流的幅值关系和相位关系，其相量图与波形图分别如图 4.4.2(a)、(b)所示。

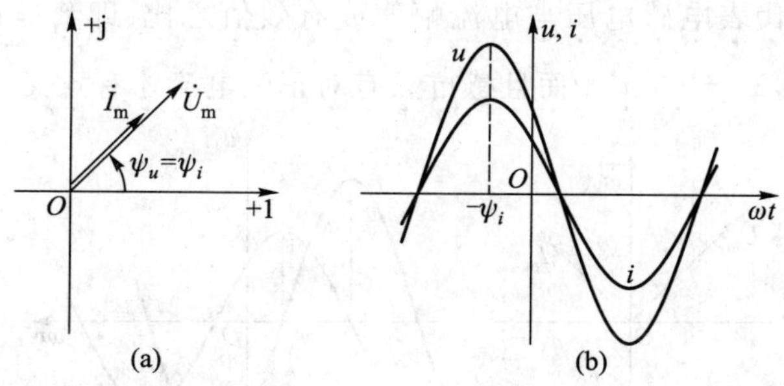

图 4.4.2　电阻电压与电流：(a) 相量图；(b) 波形图

2. 电感元件

图 4.4.3(a)所示电感元件在一致的参考方向下，电压与电流的关系是

$$u = L\frac{\mathrm{d}i}{\mathrm{d}t} \tag{4.4.6}$$

对上式进行相量变换，并利用微分性质，得电感元件方程的相量形式为

$$\dot{U}_m = \mathrm{j}\omega L \dot{I}_m \tag{4.4.7}$$

据此得出的电感元件的相量模型如图 4.4.3(b)所示。

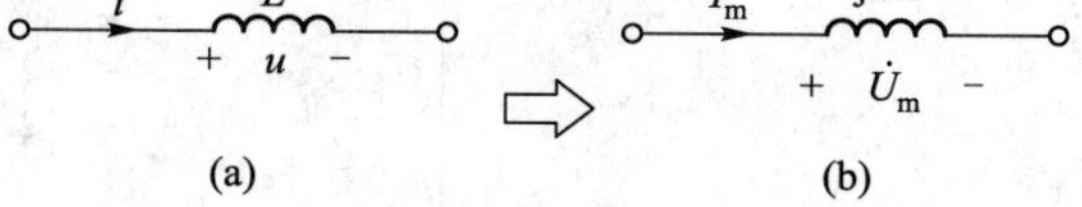

图 4.4.3　电感及其相量模型

令

$$X_L = \omega L \tag{4.4.8}$$

称为电感的**感抗**，具有电阻的量纲，单位为 Ω。

引入感抗后，式(4.4.7)便可以写成

$$\dot{U}_m = \mathrm{j}X_L \dot{I}_m \tag{4.4.9}$$

将 $\dot{U}_m = U_m \angle \psi_u$ 和 $\dot{I}_m = I_m \angle \psi_i$ 代入式(4.4.9)得

$$U_m \angle \psi_u = \mathrm{j}X_L I_m \angle \psi_i = X_L I_m \angle \psi_i + 90° \tag{4.4.10}$$

由上式得 $$U_{\mathrm{m}}=X_L I_{\mathrm{m}} \tag{4.4.11}$$

和 $$\psi_u=\psi_i+90^{\circ} \tag{4.4.12}$$

以上两式说明：电感电压与电流幅值之比等于感抗X_L，相位上电压比电流超前90°。这都是由于电感电压 u 与电流 i 的变化率成正比的缘故。式(4.4.9)同时给出了电压与电流的幅值关系和相位关系。电感上电压与电流的相量图和波形图分别如图 4.4.4(a)、(b)所示。式(4.4.11)还可写成 $I_{\mathrm{m}}=U_{\mathrm{m}}/X_L$，这说明在电压幅值一定的情况下，$X_L$ 越大，产生的电流幅值越小，因此感抗 X_L 具有阻碍电流通过的作用，这一点与电阻相似。而 $X_L=\omega L=2\pi fL$，它与频率 f 成正比。因而频率越高，阻碍作用越强，这是因为阻碍电流变化的感应电动势越大的缘故。直流的频率为零，故电感对直流的感抗为零，相当于短路，这与直流条件下，基于 $U=L\mathrm{d}I/\mathrm{d}t=0$ 得出的结论相同。

感抗在意义上只能代表电感电压与电流幅值或有效值之比，即$X_L=U_{\mathrm{m}}/I_{\mathrm{m}}=U/I$，不能代表它们的瞬时值之比，即$X_L\neq u/i$。而且感抗只有对正弦电流才有意义。

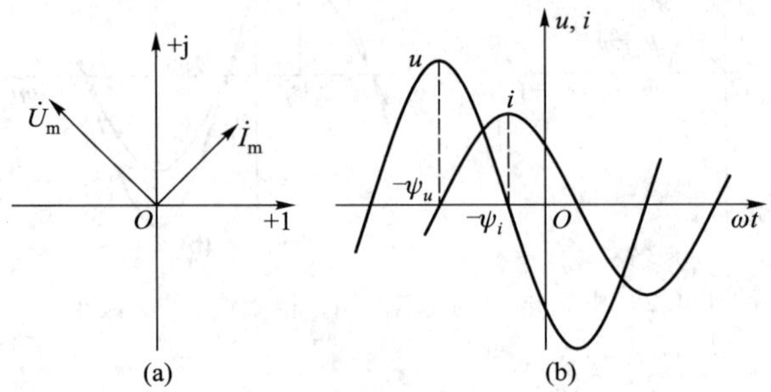

图 4.4.4 电感电压与电流：(a) 相量图；(b) 波形图

在实际应用时，为增加电感值或增加储能，常将若干个电感串联起来，如图 4.4.5 所示。根据 KVL 和电感元件方程的相量形式可以确定串联等效电感，因为

$$\dot{U}_{\mathrm{m}}=\dot{U}_{1\mathrm{m}}+\dot{U}_{2\mathrm{m}}+\cdots+\dot{U}_{n\mathrm{m}}=\mathrm{j}\omega(L_1+L_2+\cdots+L_n)\dot{I}_{\mathrm{m}}=\mathrm{j}\omega L_{\mathrm{eq}}\dot{I}_{\mathrm{m}} \tag{4.4.13}$$

所以串联等效电感 L_{eq} 为

$$L_{\mathrm{eq}}=\sum_{k=1}^{n}L_k \tag{4.4.14}$$

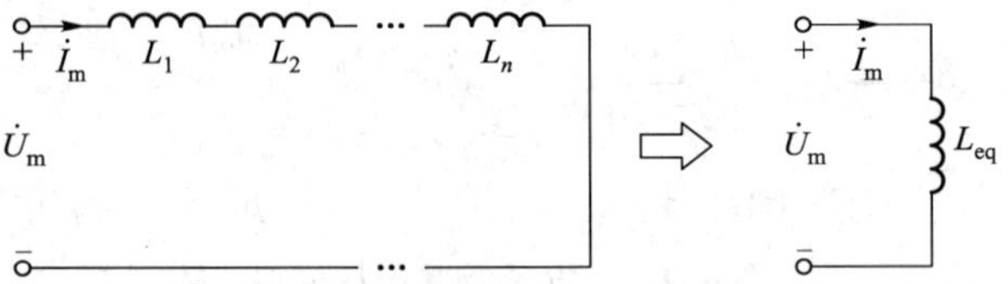

图 4.4.5 电感的串联及其等效电感

为增加电感通过电流的能力，常将若干个电感接成并联形式，如图 4.4.6 所示。根据 KCL 和电感元件方程的相量形式可以确定并联等效电感，因为

$$\dot{I}_{\mathrm{m}}=\dot{I}_{1\mathrm{m}}+\dot{I}_{2\mathrm{m}}+\cdots+\dot{I}_{n\mathrm{m}}=\left(\frac{1}{\mathrm{j}\omega L_1}+\frac{1}{\mathrm{j}\omega L_2}+\cdots+\frac{1}{\mathrm{j}\omega L_n}\right)\dot{U}_{\mathrm{m}}=\frac{\dot{U}_{\mathrm{m}}}{\mathrm{j}\omega L_{\mathrm{eq}}} \tag{4.4.15}$$

故并联等效电感为

$$\frac{1}{L_{\mathrm{eq}}}=\sum_{k=1}^{n}\frac{1}{L_k} \tag{4.4.16}$$

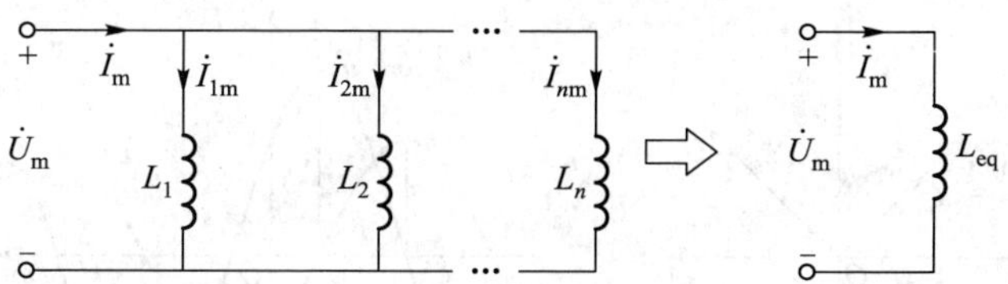

图 4.4.6 电感的并联及其等效电感

可见并联电感越多,等效电感越小,等效电感小于每一个电感。

还需指出,上述在正弦稳态下得到的串联和并联等效电感的计算公式(4.4.14)和(4.4.16),同样适用于电压和电流按其他规律变化的电路。

3. 电容元件

学习这一小节时,可以利用对偶原理,并根据对电感元件的论述来理解。

图 4.4.7(a)所示电容元件在一致的参考方向下,电流与电压的关系是

$$i = C\frac{\mathrm{d}u}{\mathrm{d}t} \tag{4.4.17}$$

对上式进行相量变换,并利用微分性质,得电容元件方程的相量形式为

$$\dot{I}_m = \mathrm{j}\omega C\dot{U}_m \tag{4.4.18}$$

或改写成

$$\dot{U}_m = \frac{1}{\mathrm{j}\omega C}\dot{I}_m = -\mathrm{j}\frac{1}{\omega C}\dot{I}_m \tag{4.4.19}$$

据此得出的电容元件的相量模型如图 4.4.7(b)所示。

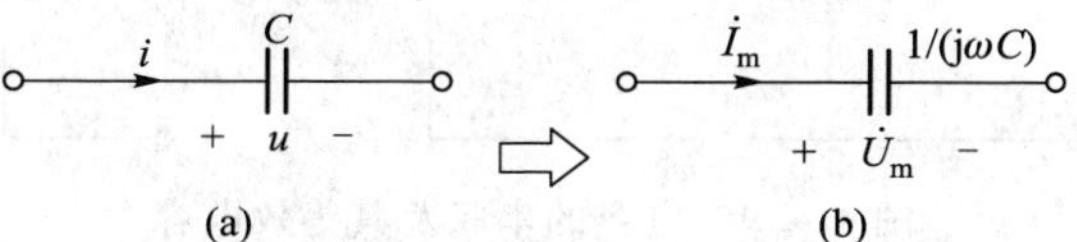

图 4.4.7 电容及其相量模型

令

$$X_C = 1/\omega C \tag{4.4.20}$$

称为电容的**容抗**,其单位为 Ω。引入容抗之后,式(4.4.19)便可写成

$$\dot{U}_m = -\mathrm{j}X_C\dot{I}_m \tag{4.4.21}$$

将 $\dot{U}_m = U_m\angle\psi_u$ 和 $\dot{I}_m = I_m\angle\psi_i$ 代入上式得

$$U_m\angle\psi_u = -\mathrm{j}X_C I_m\angle\psi_i = X_C I_m\angle\psi_i - 90^\circ \tag{4.4.22}$$

由上式得

$$U_m = X_C I_m \tag{4.4.23}$$

和

$$\psi_u = \psi_i - 90^\circ \tag{4.4.24}$$

以上两式说明:电容上电压与电流幅值之比等于容抗 X_C;相位上电压比电流滞后 90°,或者说电流比电压超前 90°。这都是因为电容电流与电压的变化率成正比的缘故。电容电压与电流的相量图和波形图分别如图 4.4.8(a)、(b)所示。

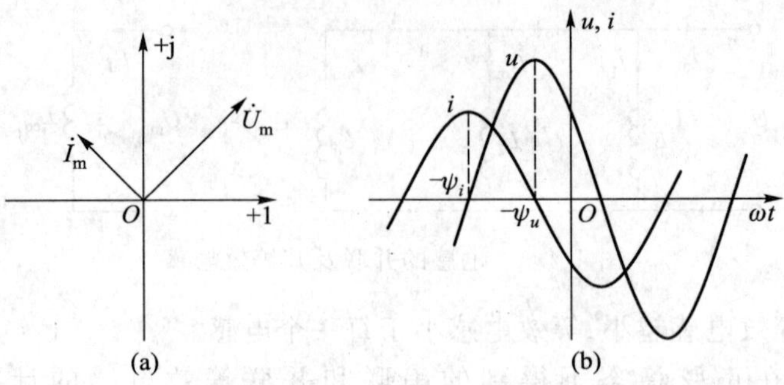

图 4.4.8 电容电压与电流:(a) 相量图;(b) 波形图

由于 $I_m = U_m/X_C$,所以类似于感抗,容抗 X_C 也具有阻碍电流通过的作用。而 $X_C = 1/(\omega C) = 1/(2\pi fC)$,它与频率 f 成反比。这是因为频率越高,电容充放电越频繁,电流也就越大的缘故。直流的频率为零,容抗为无穷大,所以在直流电路中电容相当于开路,这与在直流条件下,基于 $I = CdU/dt = 0$得出的结论相同。

类似于感抗的还有:容抗在意义上只能代表电容电压与电流幅值或有效值之比,即 $X_C = U_m/I_m = U/I$,不能代表它们的瞬时值之比,即$X_C \neq u/i$。而且容抗只有对正弦电流才有意义。

在实际使用时,为了增加电压承受能力,常将若干电容接成串联形式,如图 4.4.9 所示。根据 KVL 和电容元件方程的相量形式可以确定串联等效电容,因为

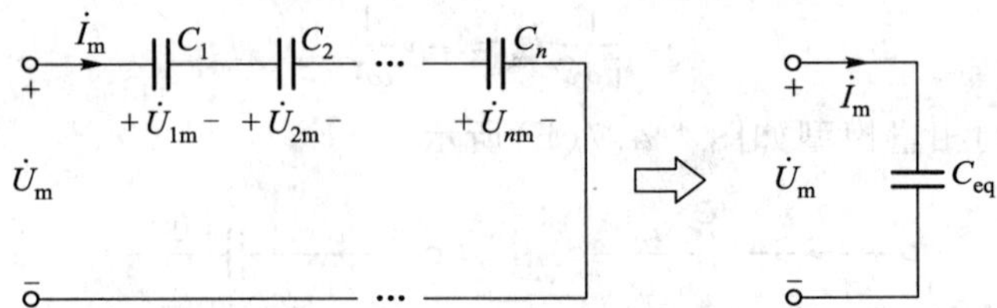

图 4.4.9 电容的串联及其等效电容

$$\dot{U}_m = \dot{U}_{1m} + \dot{U}_{2m} + \cdots + \dot{U}_{nm} = \left(\frac{1}{j\omega C_1} + \frac{1}{j\omega C_2} + \cdots + \frac{1}{j\omega C_n}\right)\dot{I}_m = \frac{\dot{I}_m}{j\omega C_{eq}} \tag{4.4.25}$$

故串联等效电容为

$$\frac{1}{C_{eq}} = \sum_{k=1}^{n} \frac{1}{C_k} \tag{4.4.26}$$

由此可见,串联电容越多,等效电容越小,等效电容小于每一个电容。

为了增加电容值或增加储能,可将若干个电容并联起来使用,如图 4.4.10 所示。根据 KCL 和电容元件方程的相量形式可以确定并联等效电容,因为

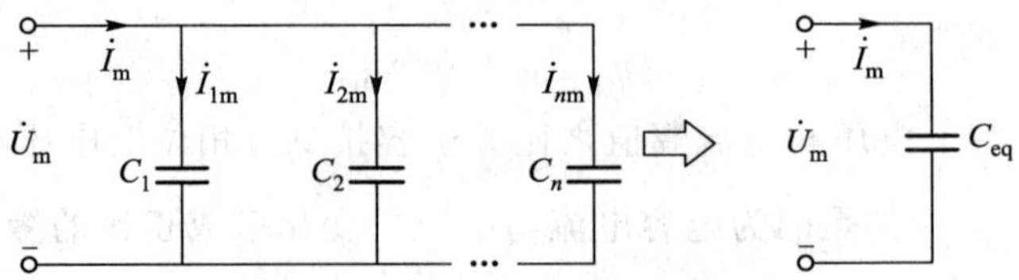

图 4.4.10 电容的并联及其等效电容

$$\dot{I}_{m}=\dot{I}_{1m}+\dot{I}_{2m}+\cdots+\dot{I}_{nm}=j\omega(C_1+C_2+\cdots+C_n)\dot{U}_{m}=j\omega C_{eq}\dot{U}_{m} \tag{4.4.27}$$

所以并联等效电容为

$$C_{eq}=\sum_{k=1}^{n}C_k \tag{4.4.28}$$

还需指出，上述在正弦稳态下得到的串联和并联等效电容的计算公式(4.4.26)和(4.4.28)同样适用于电压和电流按其他规律变化的电路。

综上可见，由于采用相量变换，并引入感抗和容抗作为电感和电容的元件“参数”，则所得元件方程，即式(4.4.9)和式(4.4.21)均为代数方程。这正是采用相量变换的优点之一。

由于实际的电压和电流的量值都是实数，也没有一个元件的参数会是虚数，所以各元件的相量模型是一种用于计算的数学模型，是分析正弦电路所采取的一种有效手段。

由于正弦量的幅值等于有效值的$\sqrt{2}$倍，所以将上述各式中电压和电流的幅值同时替换为有效值，所得关系式也都是成立的。以后会视不同情况，使用幅值或有效值形式的关系式。

【例题 4.4.1】 已知图 4.4.11 所示电路中 $i_S=0.2\cos(\omega t+45°)$ A，$\omega=10$ rad/s，$R=20\ \Omega$，$L=3$ H，$C=5\times10^{-3}$ F。试求电压 u_R、u_L 和 u_C。

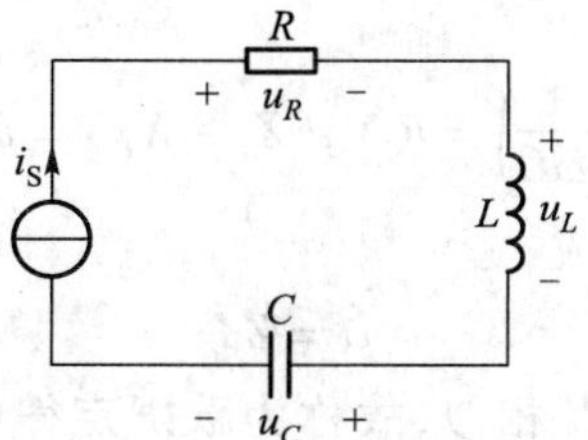

图 4.4.11　例题 4.4.1 图

【解】 电流源 i_S 的幅值相量为　$\dot{I}_{sm}=0.2\angle 45°$ A

感抗和容抗分别为

$$X_L=\omega L=10\times3\ \Omega=30\ \Omega \quad 和 \quad X_C=1/(\omega C)=1/(10\times5\times10^{-3})\ \Omega=20\ \Omega$$

根据式(4.4.2)、式(4.4.9)和式(4.4.21)得

$$\dot{U}_{Rm}=R\dot{I}_{sm}=20\times0.2\angle 45°\ \text{V}=4\angle 45°\ \text{V}$$

$$\dot{U}_{Lm}=jX_L\dot{I}_{sm}=j30\times0.2\angle 45°\ \text{V}=6\angle 135°\ \text{V}$$

$$\dot{U}_{Cm}=-jX_C\dot{I}_{sm}=-j20\times0.2\angle 45°\ \text{V}=4\angle -45°\ \text{V}$$

相量反变换得各电压的瞬时表达式

$$u_R=4\cos(\omega t+45°)\ \text{V},\quad u_L=6\cos(\omega t+135°)\ \text{V},\quad u_C=4\cos(\omega t-45°)\ \text{V}$$

4.5　RLC 串联电路的阻抗

图 4.5.1(a)所示的 *RLC* 串联电路是交流电路中的典型电路。本节研究此电路电压相量与电流相量之间的关系。为此将 *RLC* 串联电路的时域模型变换成相量模型，如图 4.5.1(b)所示。为表述方便，以下采用有效值相量，其过程对幅值相量也是成立的。

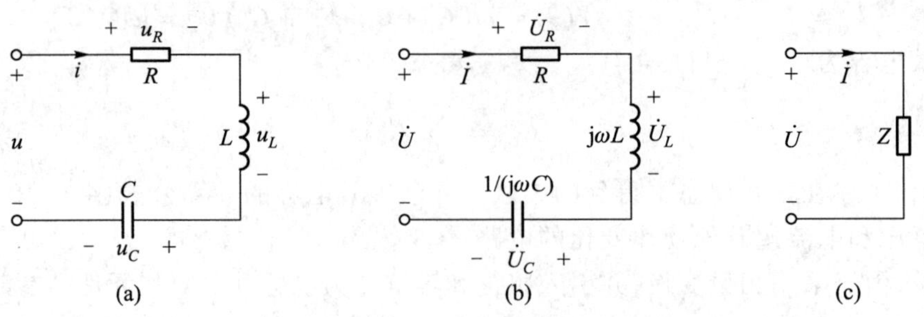

图 4.5.1 *RLC* 串联电路：(a) 时域模型；(b) 相量模型；(c) 阻抗

根据 KVL 的相量形式，图 4.5.1(b) 电路的电压相量方程为

$$\dot{U} = \dot{U}_R + \dot{U}_L + \dot{U}_C \tag{4.5.1}$$

将 $\dot{U}_R = R\dot{I}$、$\dot{U}_L = \mathrm{j}\omega L\dot{I}$ 和 $\dot{U}_C = \dfrac{1}{\mathrm{j}\omega C}\dot{I}$ 代入上式得

$$\dot{U} = R\dot{I} + \mathrm{j}\omega L\dot{I} + \frac{1}{\mathrm{j}\omega C}\dot{I} = \left[R + \mathrm{j}\left(\omega L - \frac{1}{\omega C}\right)\right]\dot{I} \tag{4.5.2}$$

令

$$Z = R + \mathrm{j}\left(\omega L - \frac{1}{\omega C}\right) = R + \mathrm{j}(X_L - X_C) = R + \mathrm{j}X = |Z|\underline{/\varphi} \tag{4.5.3}$$

利用复数 Z，式(4.5.2)可简单地写成

$$\dot{U} = Z\dot{I} \tag{4.5.4}$$

上式在形式上与线性电阻上的 $u = Ri$ 相似，故称为**欧姆定律的相量形式**。

复数 Z 称为 *RLC* 串联电路的**复阻抗**，简称**阻抗**，用图 4.5.1(c) 所示的矩形符号表示。Z 可以作为相量模型中的电路元件来看待，称为阻抗元件，其中实部是电阻 R，虚部 X 等于感抗与容抗之差，称为 *RLC* 串联电路的**电抗**。Z 和 X 的单位与电阻的单位相同。阻抗 Z 虽然也是复数，但不能视为相量，因为它不是来自正弦量的相量变换。

阻抗 Z 的极坐标式中 $|Z|$ 和 φ 分别称为**阻抗模**（在不至于误解的情况下有时也称为阻抗）和**阻抗角**，即

$$|Z| = \sqrt{R^2 + (X_L - X_C)^2} \tag{4.5.5}$$

$$\varphi = \arctan\frac{X}{R} = \arctan\frac{X_L - X_C}{R} \tag{4.5.6}$$

和一般复数一样，阻抗的直角坐标和极坐标的关系可以借助直角三角形来表示，如图 4.5.2 所示，称为**阻抗三角形**。但这个图形不是相量图，各线段不能使用方向。

为了进一步说明电压、电流相量与阻抗的关系，将 $\dot{U} = U\underline{/\psi_u}$、$\dot{I} = I\underline{/\psi_i}$ 和 $Z = |Z|\underline{/\varphi}$ 代入式(4.5.4)得

$$\frac{\dot{U}}{\dot{I}} = \frac{U\underline{/\psi_u}}{I\underline{/\psi_i}} = \frac{U}{I}\underline{/\psi_u - \psi_i} = Z = |Z|\underline{/\varphi} \tag{4.5.7}$$

|Z| $X=X_L-X_C$ φ R

图 4.5.2 阻抗三角形

由上式得到

$$\frac{U}{I} = |Z| \tag{4.5.8}$$

和

$$\psi_u - \psi_i = \varphi \tag{4.5.9}$$

即阻抗上电压与电流有效值之比等于阻抗模;电压超前于电流的相位差等于阻抗角 φ。根据 X_L 与 X_C 的相对大小关系,由式(4.5.6)可以得出电路的三种情况:

① 当 $X_L - X_C > 0$ 时,$\varphi > 0$,电压超前电流,阻抗的作用等同于电阻与电感的串联,故称电路为感性;

② 当 $X_L - X_C < 0$ 时,$\varphi < 0$,电压滞后于电流,阻抗的作用等同于电阻与电容的串联,故称电路为容性;

③ 当 $X_L - X_C = 0$ 时,$\varphi = 0$,电压与电流同相,阻抗的作用等同于纯电阻,此时称电路为阻性。

因为 $X_L = \omega L$,$X_C = 1/(\omega C)$,所以通过改变电感、电容和角频率可以改变 X_L 与 X_C 的相对大小,从而使电路具有或者避免某种性质。

综上所述,由式(4.5.4)表示的欧姆定律的相量形式,以一个复数方程同时给出了阻抗元件上电压与电流的大小关系和相位关系。

那么,各串联元件电压与总电压是什么关系呢?比如说,能不能用电压表测量每一个元件的电压,然后相加得到总电压?下面直观地借助相量图来讨论这一问题。

因为各元件流过同一电流 $\dot{I}$,故取电流作为**参考相量**(对应参考正弦量,其初相为零),把它画在水平方向。$\dot{U}_R = R\dot{I}$ 与 $\dot{I}$ 同相位,也画在水平方向,如图 4.5.3(a)所示,因为 $\dot{U}_R$ 和 $\dot{I}$ 不是同种物理量,因此它们的长度不宜做比较。$\dot{U}_L = \mathrm{j}X_L\dot{I}$,它比 $\dot{I}$ 超前90°,所以从电流 $\dot{I}$ 所在位置算起逆时针转90°,此90°即为电压 $\dot{U}_L$ 的辐角,它的长度即 X_LI 要与 $\dot{U}_R$ 的长度成比例,因为它们是同种物理量。$\dot{U}_C = -\mathrm{j}X_C\dot{I}$,它比 $\dot{I}$ 滞后90°,所以从电流 $\dot{I}$ 的位置顺时针转90°就是 $\dot{U}_C$ 的辐角,它的长度也要与 $\dot{U}_R$ 的长度成比例,道理同上。用多边形法则画出上述电压相量相加后的总电压相量,$\dot{U} = \dot{U}_R + \dot{U}_L + \dot{U}_C$,如图 4.5.3(b)所示。图中假设了 $X_L > X_C$,即 $U_L > U_C$,所以总电压超前电流,电路呈现感性。呈现容性和阻性时的相量图请读者循此自行绘制。

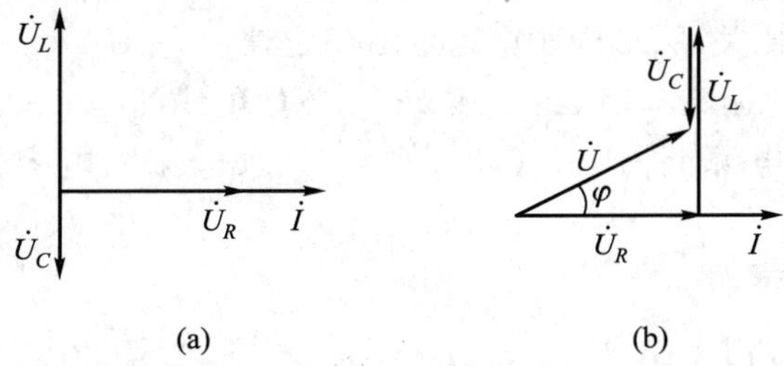

图 4.5.3 RLC 串联电路相量图:(a) 起点重合的画法;(b) 按多边形法则的画法

从这一相量图,根据勾股定理可以立即求出 RLC 串联电路各元件电压有效值与总电压有效值的关系,即

$$U = \sqrt{U_R^2 + (U_L - U_C)^2} \tag{4.5.10}$$

这说明,不能将各元件的电压测量值(有效值)相加来得到总电压的有效值,这是因为各元件上的电压存在着相位差的缘故。这一点不同于直流电路或纯电阻的正弦电路。

为了进一步解释相位差与有效值的关系,在图4.5.4中画出了电流和电压的波形图。图中 i 为参考正弦量,u_L 比 i 超前90°,u_C 比 i 滞后90°。将电感和电容串联部分的电压称为电抗电压,用 $u_X=u_L+u_C$ 来表示。由图可见,u_L 和 u_C 相位相反,电抗电压 u_X 的幅值等于 u_L 和 u_C 的幅值之差,即 $U_{Xm}=|U_{Lm}-U_{Cm}|$ 或有效值 $U_X=|U_L-U_C|$。这就是在式(4.5.10)中 U_L 和 U_C 相减的原因。将式(4.5.10)等号两端除以电流有效值 I,便得到式(4.5.5),这说明 $X=X_L-X_C$ 中感抗与容抗相加,也是由于 u_L 和 u_C 相位相反的缘故。

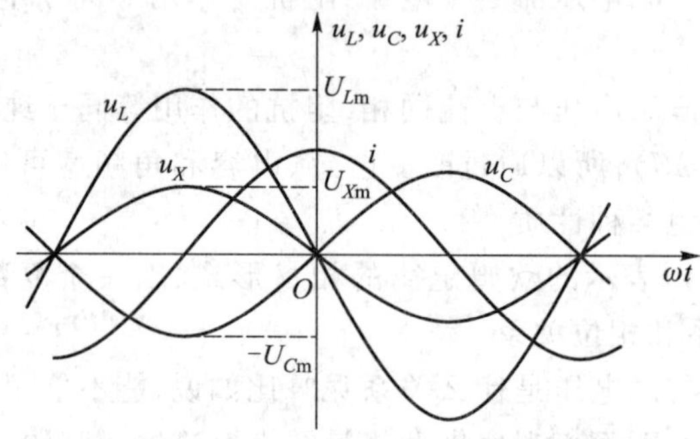

图4.5.4 *RLC* 串联电路中电流和电压波形图

欲由总电压来确定各串联元件电压,用式(4.5.2)求出电流后,再由元件电压电流关系的相量形式便可得到

$$\begin{cases}\dot{U}_R=R\dot{I}=\dfrac{R\dot{U}}{R+\mathrm{j}\omega L+1/(\mathrm{j}\omega C)}\\ \dot{U}_L=\mathrm{j}\omega L\dot{I}=\dfrac{\mathrm{j}\omega L\dot{U}}{R+\mathrm{j}\omega L+1/(\mathrm{j}\omega C)}\\ \dot{U}_C=\dfrac{\dot{I}}{\mathrm{j}\omega C}=\dfrac{(1/\mathrm{j}\omega C)\dot{U}}{R+\mathrm{j}\omega L+1/(\mathrm{j}\omega C)}\end{cases}\tag{4.5.11}$$

上述电压的表达式在形式上相当于直流电路的分压公式,这是因为经相量变换后,R、L、C 元件的电压和电流关系都成为正比关系,形同于电阻的欧姆定律。

【例题4.5.1】 一个电阻 $R=15\ \Omega$、电感 $L=12\ \mathrm{mH}$ 的线圈与 $C=5\ \mu\mathrm{F}$ 的电容器相串联,接在电压 $u=100\cos\omega t$ V 的电源上,$\omega=5\ 000$ rad/s。试求电流 i、电容器端电压 u_C 和线圈端电压 u_W。

【解】 此为 *RLC* 串联电路。

$$X_L=\omega L=5\ 000\times12\times10^{-3}\ \Omega=60\ \Omega,\quad X_C=\frac{1}{\omega C}=\frac{1}{5\ 000\times5\times10^{-6}}\ \Omega=40\ \Omega$$

$$Z=R+\mathrm{j}(X_L-X_C)=(15+\mathrm{j}20)\ \Omega\approx25\angle53.13^\circ\ \Omega$$

电流幅值相量和瞬时表达式分别为

$$\dot{I}_m=\frac{\dot{U}_m}{Z}\approx\frac{100\angle0^\circ}{25\angle53.13^\circ}\ \mathrm{A}\approx4\angle-53.13^\circ\ \mathrm{A}$$

$$i=4\cos(\omega t-53.13^\circ)\ \mathrm{A}$$

电容端电压幅值相量和瞬时表达式分别为

$$\dot{U}_{Cm}=\frac{1}{j\omega C}\dot{I}_{m}\approx -j40\times 4\underline{/-53.13^\circ}\ V=160\underline{/-143.13^\circ}\ V$$

$$u_C\approx 160\cos(\omega t-143.13^\circ)\ V$$

线圈电阻 R 与电感 L 为串联关系，其阻抗

$$Z_W=R+j\omega L=(15+j60)\ \Omega\approx 61.847\underline{/75.964^\circ}\ \Omega$$

线圈端电压幅值相量和瞬时表达式分别为

$$\dot{U}_m=Z_W\dot{I}_m\approx 247.386\underline{/22.834^\circ}\ V$$

$$u_W\approx 247.386\cos(\omega t+22.834^\circ)\ V$$

4.6 RLC 并联电路的导纳

图 4.6.1(a)所示的 RLC 并联电路也是正弦电路中的一种典型电路，如果用电导 G 作为电阻元件的参数，那么 RLC 并联电路便与上节的 RLC 串联电路存在对偶关系，因此本节简要加以介绍。

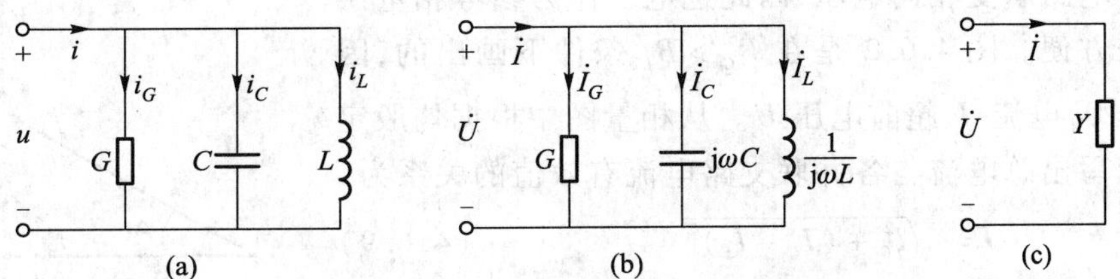

图 4.6.1 RLC 并联电路：(a) 时域模型；(b) 相量模型；(c) 导纳

根据 KCL，图 4.6.1(b)所示电路的电流方程相量形式为

$$\dot{I}=\dot{I}_G+\dot{I}_C+\dot{I}_L \tag{4.6.1}$$

并联支路具有相同电压，所以各支路电流为 $\dot{I}_G=G\dot{U}$、$\dot{I}_C=j\omega C\dot{U}$和 $\dot{I}_L=\dot{U}/(j\omega L)$，代入上式得

$$\dot{I}=G\dot{U}+j\omega C\dot{U}+\frac{\dot{U}}{j\omega L}=\left[G+j\left(\omega C-\frac{1}{\omega L}\right)\right]\dot{U} \tag{4.6.2}$$

令

$$Y=\left[G+j\left(\omega C-\frac{1}{\omega L}\right)\right]=G+j(B_C-B_L)=G+jB=|Y|\underline{/\varphi_Y} \tag{4.6.3}$$

式(4.6.2)便可简写成

$$\dot{I}=Y\dot{U} \tag{4.6.4}$$

上式在形式上与线性电阻上的 $i=Gu$ 相似，故也称为欧姆定律的相量形式。

复数 Y 的实部是电导 G，虚部 B 中 $B_C=\omega C$ 和 $B_L=1/(\omega L)$，分别称为容纳和感纳，而 $B=B_C-B_L$ 称为 GCL 并联电路的**电纳**。因此称 Y 为 GCL 并联电路的**复导纳**，简称**导纳**，在电路的相量模型中可以作为电路元件来使用，称为导纳元件，用图 4.6.1(c)所示符号表示。

导纳 Y 的极坐标式中 $|Y|$ 和 φ_Y 分别称为导纳模和导纳角，即

$$|Y| = \sqrt{G^2 + (B_C - B_L)^2} \tag{4.6.5}$$

$$\varphi_Y = \arctan \frac{B_C - B_L}{G} \tag{4.6.6}$$

导纳 Y 和电纳 B 的单位与电导 G 的单位相同，都是西门子，符号 S。

将 $\dot{I} = I\angle\psi_i$、$\dot{U} = U\angle\psi_u$、$Y = |Y|\angle\varphi_Y$ 代入式(4.6.4)得

$$\frac{\dot{I}}{\dot{U}} = \frac{I\angle\psi_i}{U\angle\psi_u} = \frac{I}{U}\angle\psi_i - \psi_u = Y = |Y|\angle\varphi_Y \tag{4.6.7}$$

即
$$\frac{I}{U} = |Y|,\quad \psi_i - \psi_u = \varphi_Y \tag{4.6.8}$$

可见，导纳上电流与电压有效值之比等于导纳模；电流超前电压的相位差等于导纳角 φ_Y。

与阻抗角类似，导纳角的取值也有三种情况，对应电路的三种性质：

① 当 $B = B_C - B_L < 0$ 时，$\varphi_Y < 0$，电流滞后电压，电路呈现感性；

② 当 $B = B_C - B_L > 0$ 时，$\varphi_Y > 0$，电流超前电压，电路呈现容性；

③ 当 $B = B_C - B_L = 0$ 时，$\varphi_Y = 0$，电流与电压同相，电路呈现纯电阻性。

通过改变 C、L 和 ω 就可改变容纳和感纳的大小，从而使并联电路具有或者避免某种性质。

因为并联电路承受相同电压，因此选电压作为参考相量绘制相量图比较方便。图 4.6.2 是在 $B_C > B_L$ 条件下画出的，因而 $I_C > I_L$，$\varphi_Y > 0$，电流 $\dot{I}$ 超前电压 $\dot{U}$。从相量图中根据勾股定理可以直观地写出总电流与各并联支路电流有效值的关系为

$$I = \sqrt{I_G^2 + (I_C - I_L)^2} \tag{4.6.9}$$

可见，不能用各并联支路电流的有效值之和代表总电流的有效值，这是由于各支路电流存在相位差的缘故。

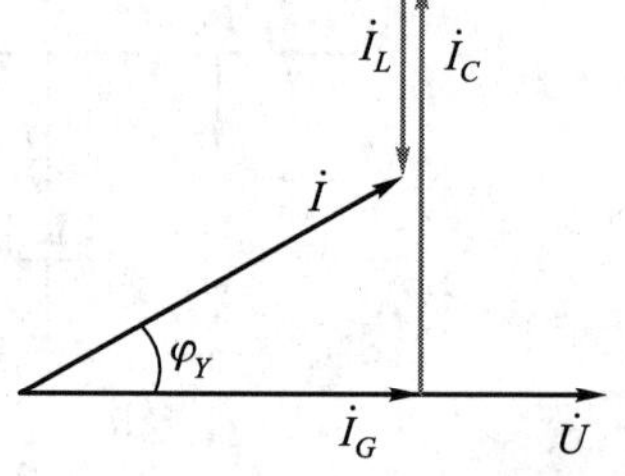

图 4.6.2 GCL 并联电路的相量图

【例题 4.6.1】 图 4.6.3(a)所示电路，已知 $R = 40\ \Omega$，$C = 16\ \mu\text{F}$，$L = 30\ \text{mH}$，$\omega = 10^3\ \text{rad/s}$，$I_R = 1\ \text{A}$。求有效值 U 和 I。

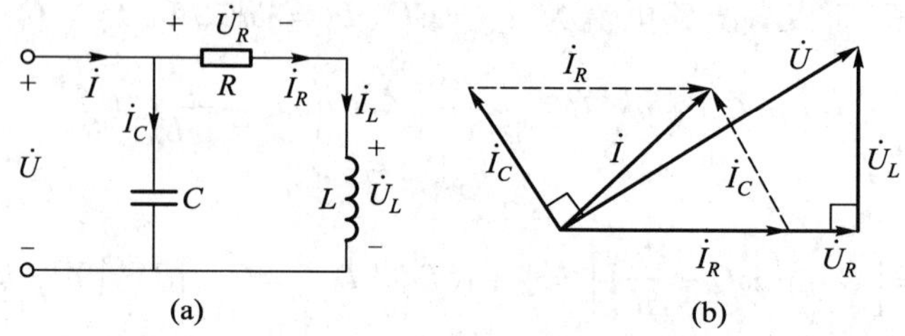

图 4.6.3 (a) 例题 4.6.1 图；(b) 相量图

【解】 这是 RL 串联再与 C 并联的电路，为作图和计算方便，设电流 $\dot{I}_R$ 为参考相量，即 $\dot{I}_R = 1\angle 0°\ \text{A}$，按相量关系依次计算如下：

$$\dot{U}_R = R\dot{I}_R = 40\angle 0°\ \text{V},\quad \dot{U}_L = \text{j}\omega L\dot{I}_L = \text{j}30\ \text{V}$$

$$\dot{U} = \dot{U}_R + \dot{U}_L = (40 + \text{j}30)\ \text{V} = 50\angle 36.870°\ \text{V}，电压有效值\ U = 50\ \text{V}$$

$$\dot{I}_C = \text{j}\omega C\dot{U} = 0.8\angle 90° + 36.897°\ \text{A} \approx (-0.480 + \text{j}0.640)\ \text{A}$$

$$\dot{I} = \dot{I}_C + \dot{I}_R = (0.520 + \text{j}0.640)\ \text{A} \approx 0.825 \angle 50.906^\circ\ \text{A}$$，电流有效值 $I \approx 0.825$ A

依次画出上述各相量，如图 4.6.3(b)所示，用于直观理解或借助几何关系计算本题。

4.7 给定频率下一端口网络的等效电路

4.5 和 4.6 节分别通过 *RLC* 串联电路和 *GCL* 并联电路的电压电流关系引入了阻抗和导纳的概念。这些概念可以推广到用阻抗参数或导纳参数表示的任意线性无独立源一端口网络，因为使用这些参数时，电压与电流的相量关系在形式上与直流电路是相同的。因此，这样的一端口网络既可用阻抗来等效，又可用导纳来等效。对图 4.7.1(a)所示电路，电压与电流关系可以分别写作

$$\dot{U} = Z\dot{I} \quad 和 \quad \dot{I} = Y\dot{U} \tag{4.7.1}$$

由于阻抗可以写成直角坐标形式：

$$Z = R + \text{j}X \tag{4.7.2}$$

因此可用电阻与电抗的串联来等效阻抗 Z，如图 4.7.1(b)所示，图中假设电压超前电流，因而虚部 $X > 0$，对应电感元件。

同理，由于导纳也可以写成直角坐标形式：

$$Y = G + \text{j}B \tag{4.7.3}$$

因此可用电导与电纳的并联来等效导纳 Y，如图 4.7.1(c)所示，图中仍然假设电压超前电流，因而虚部 $B < 0$，对应电感元件。

在确定的角频率下，可以根据 X 和 B 计算出等效电感值：

$$图 4.7.1(b)中：L = \frac{X}{\omega}; \quad 图 4.7.1(c)中：L = -\frac{1}{\omega B} \tag{4.7.4}$$

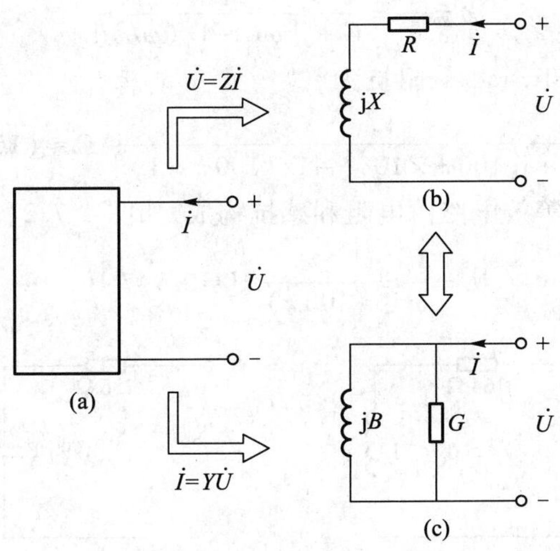

图 4.7.1 (a) 无独立源一端口网络；(b) 等效阻抗；(c) 等效导纳

由于图 4.7.1(b)、(c)都与图 4.7.1(a)等效，因而这两种结构的电路也可以实现等效变换，根据式(4.7.1)，等效条件自然就是

$$Y=\frac{1}{Z}\quad 即\quad G+\mathrm{j}B=\frac{1}{R+\mathrm{j}X} \tag{4.7.5}$$

例如，一个具有电阻 R 和电感 L 的线圈，其模型为 R、L 串联电路，如图 4.7.1(b) 所示，可直接写出阻抗为

$$Z=R+\mathrm{j}\omega L \tag{4.7.6}$$

与此阻抗等效的导纳为

$$Y=\frac{1}{Z}=\frac{1}{R+\mathrm{j}\omega L}=\frac{R}{R^2+(\omega L)^2}-\mathrm{j}\frac{\omega L}{R^2+(\omega L)^2}=G+\mathrm{j}B \tag{4.7.7}$$

式中

$$\begin{cases}G=\dfrac{R}{R^2+(\omega L)^2}\\ B=-\dfrac{\omega L}{R^2+(\omega L)^2}\end{cases} \tag{4.7.8}$$

由此可见，若把一个电阻和感抗相串联的电路化为等效的电导与感纳并联的电路，其等效电导不是原串联电阻的倒数，感纳也不是原串联感抗的倒数，这是因为它们与串联电路中各参数和角频率都有关系，应该按复数的倒数运算来进行等效变换。同样，如果把一个电导与电纳相并联的电路化为电阻与电抗相串联的等效电路也会出现这种情况。因此说，在某一频率下根据式(4.7.8)求出的等效参数，只是在这一频率下才是有效的。换句话说，对于一个实际电路，一般不存在适用于所有频率的具有确定参数的等效电路。下面通过例题进一步说明这个问题。

【例题 4.7.1】 有一 GCL 并联电路，其中 $G=2\ \mathrm{mS}$，$L=1\ \mathrm{H}$，$C=1\ \mu\mathrm{F}$。试在频率为 50 Hz 和 400 Hz 两种情况下求其串联等效电路的参数。

【解】 GCL 并联电路的导纳为 $Y=G+\mathrm{j}[\omega C-1/(\omega L)]$

其等效阻抗为

$$Z=\frac{1}{Y}=\frac{1}{G+\mathrm{j}[\omega C-1/(\omega L)]}$$

当 $f=50\ \mathrm{Hz}$ 时，$\omega=2\pi f=100\pi\ \mathrm{rad/s}$，阻抗为

$$Z=\frac{1}{2\times10^{-3}+\mathrm{j}[100\pi\times10^{-6}-1/(100\pi\times1)]}\ \Omega\approx(164+\mathrm{j}235)\ \Omega$$

阻抗 Z 的虚部为正，其串联等效电路由电阻和感抗构成，如图 4.7.2(a) 所示。其中等效电感为

$$L=\frac{X_L}{\omega}=\frac{235}{(100\pi)}\ \mathrm{H}\approx0.747\ \mathrm{H}$$

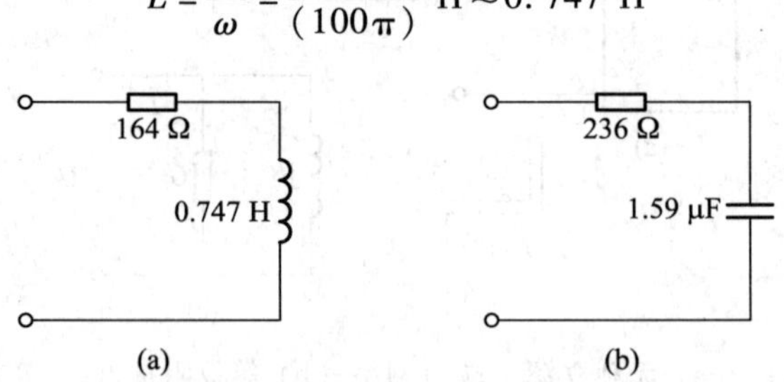

图 4.7.2 两种频率下的等效电路：(a) $f=50\ \mathrm{Hz}$；(b) $f=400\ \mathrm{Hz}$

当 $f=400$ Hz 时，$\omega=2\pi f=800\pi$ rad/s，其阻抗为

$$Z=\frac{1}{2\times10^{-3}+\mathrm{j}[800\pi\times10^{-6}-1/(800\pi\times1)]}\ \Omega\approx(236-\mathrm{j}250)\ \Omega$$

阻抗 Z 的虚部为负，表明它所对应的等效电路由电阻和容抗串联构成，如图 4.7.2(b)所示。等效电容为

$$C=\frac{1}{\omega X_C}=\frac{1}{800\pi\times250}\ \mathrm{F}\approx1.59\ \mu\mathrm{F}$$

比较图 4.7.2(a)、(b)可见，在不同频率下的等效电路，不仅其电路参数不同，甚至连元件类型也可能发生改变。

交流电路或电工装置的等效参数与频率相关现象不仅是因为感抗和容抗与频率相关，还因为集肤效应、电磁辐射、涡流效应、磁滞效应和电滞效应等自然现象。这些现象甚至对最简单的电路元件也是存在的，如电阻器、电感线圈和电容器。正如第一章所述，集肤效应使得交流电按导线截面的分布是不均匀的，越靠近导线表面，电流密度越大。电流密度的不均匀分布，导致等效电阻增大和等效电感减小，且这种现象会随着频率的增大而趋于显著；交变电磁场形成电磁波，例如无线电台的振荡回路。频率越高，波动现象越明显，电磁波向电路以外的空间传播要从电路中带走能量；涡流效应、磁滞效应和电滞效应使得电路的损耗增加，并且这些损耗都与频率密切相关。所有这些与频率有关的现象都导致电路的等效参数随频率的变化而变化。

以上表明，电路参数与频率存在复杂的关系。当欲建立某个工程问题的交流电路模型时，这些关系都是需要不同程度地加以考虑的。然而，当频率不变，或在某些限定的范围内变化时，一般仍可近似认为电阻器的电阻、线圈的电感和电容器的电容为确定的常量。

工程上测量交流等效阻抗的便捷方法是使用阻抗测试仪或 *LCR* 表，如图 4.7.3 所示。它可以测量在选定频率下的等效电阻、电感、电容、阻抗模、阻抗角等。

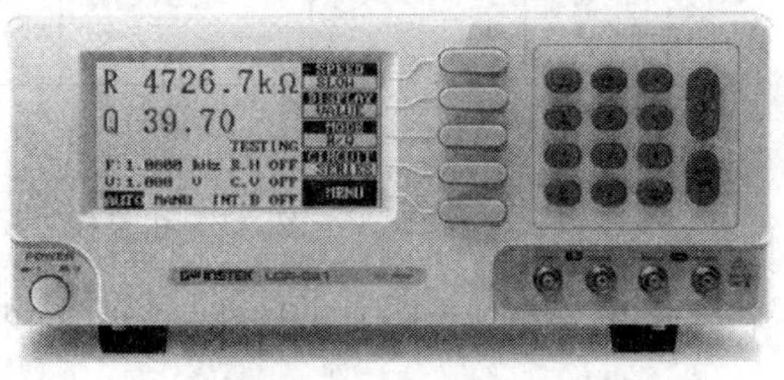

图 4.7.3 一种 *LCR* 表

4.8 正弦电路的相量分析法

正弦量经相量变换，并引入阻抗和导纳后，得到相量形式的基尔霍夫定律方程和元件方程，它们都是线性代数方程，和直流电路中相应方程的形式是相似的，这是对正弦量进行相量变换带来的重要结果。因此，在第二、三章针对线性直流电路提出的各种分析方法、定理、公式和等效变换，都可推广用于正弦电路的相量模型。具体地说：只需将以前方程和公式中的电阻推广为阻

抗，将电导推广为导纳，将恒定电压、电流推广为电压、电流相量，就可以按照直流电路的计算方法来计算正弦电流电路，这时所列方程为复系数线性代数方程。根据相量与正弦量的变换关系，由相量形式的解答便可得到待求电压、电流的幅值和初相，进而得到它们的正弦量表达式。上述计算正弦电路的方法称为**相量分析法**，简称**相量法**，其过程可用图 4.8.1 来说明。

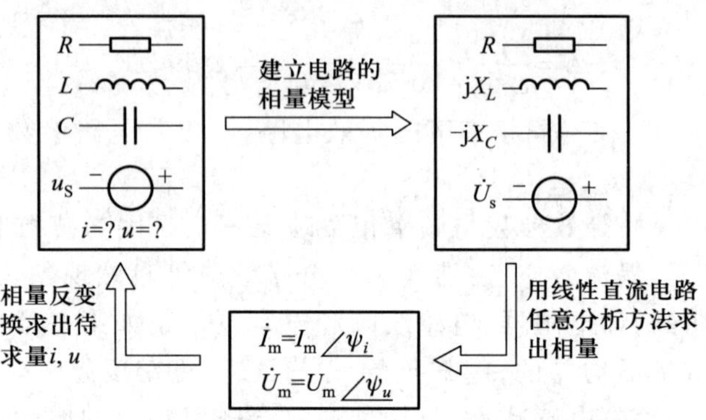

图 4.8.1 相量法的一般过程

采用相量法后，解决了正弦量的线性组合运算问题；避免了求解微分方程；并且能够应用线性直流电路的各种分析方法，从而在复数域内认识正弦交流电路。下面通过例题来理解相量法的具体内容。

【例题 4.8.1】 设图 4.8.2(a)电路中 $u_S = 60\sqrt{2}\cos(\omega t + 45°)$ V，$\omega = 100$ rad/s，$R = 10\ \Omega$，$L = 0.1$ H，$C = 10^{-3}$ F。求电流 i_C。

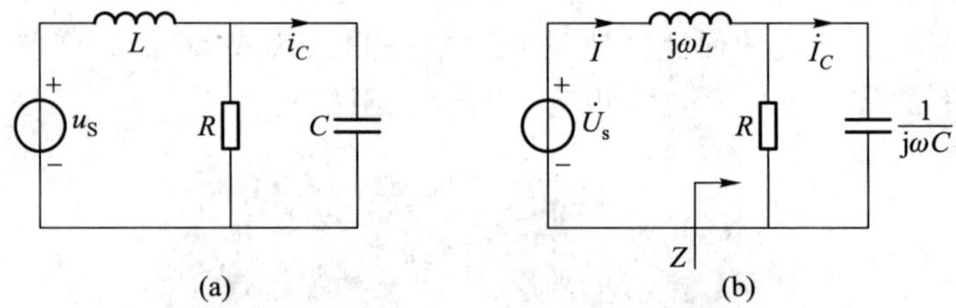

图 4.8.2 (a) 例题 4.8.1 图；(b) 相量模型

【解】 将图 4.8.2(a)中时域电路模型变换为相量模型，如图 4.8.2(b)所示，其中有效值相量 $\dot{U}_s = 60\angle 45°$ V。

仿照线性直流电路的计算方法，图 4.8.2(b)中 RC 并联部分的等效阻抗及总电流相量计算如下

$$Z = \frac{R \times \frac{1}{j\omega C}}{R + \frac{1}{j\omega C}} = \frac{R}{1 + j\omega RC} = \frac{10}{1 + j}\ \Omega = 5(1 - j)\ \Omega$$

$$\dot{I} = \frac{\dot{U}_s}{Z + j\omega L} = \frac{60\angle 45°}{5(1 - j) + j10}\ \text{A} = \frac{60\angle 45°}{5 + j5}\ \text{A} = \frac{60\angle 45°}{5\sqrt{2}\angle 45°}\ \text{A} = 6\sqrt{2}\ \text{A}$$

由分流公式得

$$\dot{I}_C=\frac{R}{R+\frac{1}{\mathrm{j}\omega C}}\times\dot{I}=\frac{\mathrm{j}\omega RC}{1+\mathrm{j}\omega RC}\times\dot{I}=\frac{\mathrm{j}}{1+\mathrm{j}}\times\dot{I}=6\angle 45^\circ\ \mathrm{A}$$

因为 $\dot{U}_s$ 是有效值相量,所以上述电流也为有效值相量。因此,反变换后的正弦电流幅值为 $6\sqrt{2}$ A,即

$$i_C=6\sqrt{2}\cos(100t+45^\circ)\ \mathrm{A}$$

【例题 4.8.2】 列写图 4.8.3 所示电路的回路电流方程。

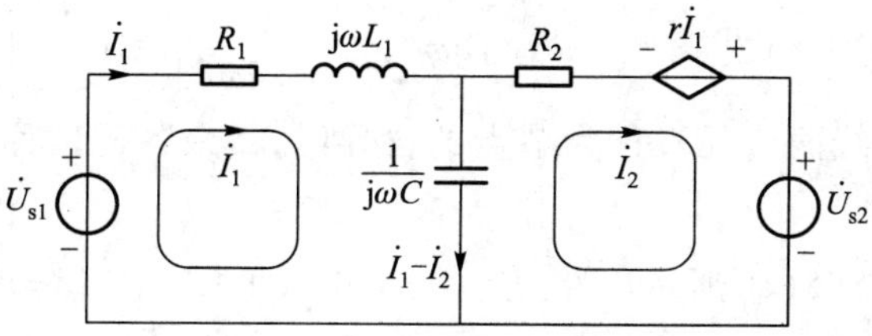

图 4.8.3　例题 4.8.2 图

【解】 仿照直流电路的回路电流法,用回路电流合成支路电流,然后列写 KVL 方程为

$$\begin{cases}(R_1+\mathrm{j}\omega L_1)\dot{I}_1+\dfrac{1}{\mathrm{j}\omega C}(\dot{I}_1-\dot{I}_2)=\dot{U}_{s1}\\ -\dfrac{1}{\mathrm{j}\omega C}(\dot{I}_1-\dot{I}_2)+R_2\dot{I}_2-r\dot{I}_1=-\dot{U}_{s2}\end{cases}$$

如果合并相同的回路电流,则得到回路电流方程的规范形式为

$$\begin{bmatrix}R_1+\mathrm{j}\omega L_1+\dfrac{1}{\mathrm{j}\omega C} & -\dfrac{1}{\mathrm{j}\omega C}\\ -\left(r+\dfrac{1}{\mathrm{j}\omega C}\right) & R_2+\dfrac{1}{\mathrm{j}\omega C}\end{bmatrix}\begin{bmatrix}\dot{I}_1\\ \dot{I}_2\end{bmatrix}=\begin{bmatrix}\dot{U}_{s1}\\ -\dot{U}_{s2}\end{bmatrix}$$

上述系数矩阵中主对角线的两个元素称为回路自阻抗,其余各元素称为回路之间的互阻抗,其列写规则参见 2.7 节。

【例题 4.8.3】 列写图 4.8.4 所示电路的节点电压方程。

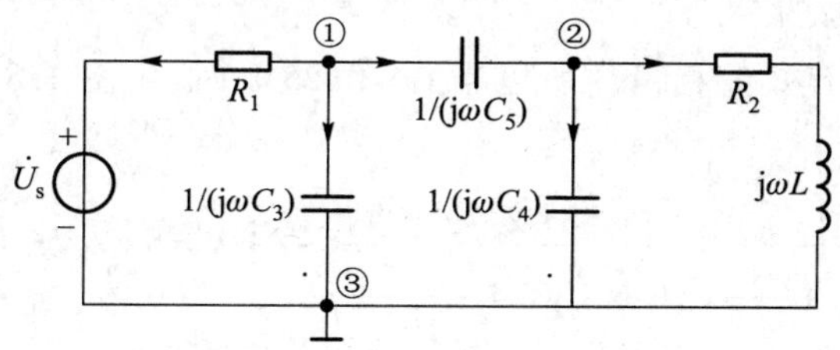

图 4.8.4　例题 4.8.3 图

【解】 图示电路有三个节点,取节点③为参考点,其余两节点的节点电压相量分别用 $\dot{U}_{n1}$ 和 $\dot{U}_{n2}$ 表示,用节点电压和相量形式的欧姆定律表示各支路电流,对独立节点列写相量形式的 KCL 方程为

$$\begin{cases} \dfrac{\dot{U}_{n1} - \dot{U}_s}{R_1} + j\omega C_3 \dot{U}_{n1} + j\omega C_5(\dot{U}_{n1} - \dot{U}_{n2}) = 0 \\ -j\omega C_5(\dot{U}_{n1} - \dot{U}_{n2}) + j\omega C_4 \dot{U}_{n2} + \dfrac{\dot{U}_{n2}}{R_2 + j\omega L} = 0 \end{cases}$$

如果合并相同的节点电压,则得到节点电压方程的规范形式为

$$\begin{bmatrix} \dfrac{1}{R_1} + j\omega C_3 + j\omega C_5 & -j\omega C_5 \\ -j\omega C_5 & j\omega C_4 + j\omega C_5 + \dfrac{1}{R + j\omega L} \end{bmatrix} \begin{bmatrix} \dot{U}_{n1} \\ \dot{U}_{n2} \end{bmatrix} = \begin{bmatrix} \dfrac{\dot{U}_s}{R_1} \\ 0 \end{bmatrix}$$

上述系数矩阵中的主对角线两个元素称为节点的自导纳,其余各元素称为节点之间的互导纳,其列写规则参见2.8节。

【例题4.8.4】 图4.8.5(a)所示电路,当 $C=0.05$ F 时,电流 $i_C=5\sqrt{2}\cos(10t-60°)$ A。求当 $C=0.25$ F 时的电流 i_C。

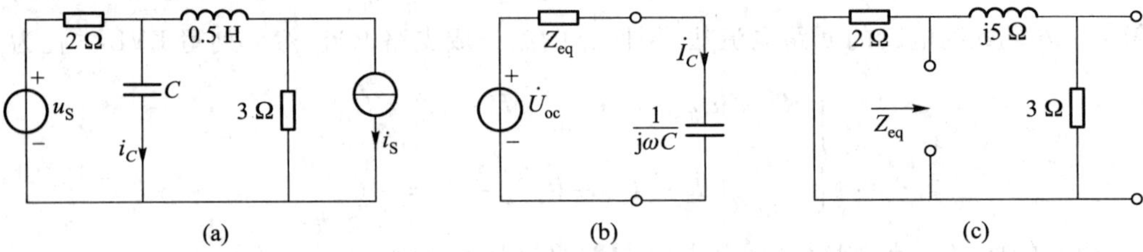

图4.8.5 (a) 例题4.8.4图;(b) 戴维南等效电路;(c) 计算等效阻抗

【解】 此电路除电容外其他元件参数保持不变,因此可将电容以外的电路化为相量形式的戴维南等效电路,如图4.8.5(b)所示。由图4.8.5(c)计算等效阻抗为

$$Z_{eq} = \frac{2\times(3+j5)}{2+3+j5}\ \Omega = (1.6+j0.4)\ \Omega$$

由题给已知条件及图4.8.5(b)电路计算开路电压为

$$\dot{U}_{oc} = \left(Z_{eq} + \frac{1}{j\omega C}\right)\dot{I}_C = (1.6+j0.4-j2)\times 5\angle -60°\ \text{V} = 8\sqrt{2}\angle -105°\ \text{V}$$

上式中 $\dot{I}_C = 5\angle -60°$ A 是有效值相量。所以当 $C=0.25$ F 时,由图4.8.5(b)得电容电流有效值相量为

$$\dot{I}_C = \frac{\dot{U}_{oc}}{Z_{eq} + \dfrac{1}{j\omega C}} = \frac{8\sqrt{2}\angle -105°}{1.6+j0.4+\dfrac{1}{j10\times 0.25}}\ \text{A} = 5\sqrt{2}\angle -105°\ \text{A}$$

反变换得电流瞬时表达式为

$$i_C = \sqrt{2}\times 5\sqrt{2}\cos(10t-105°)\ \text{A} = 10\cos(10t-105°)\ \text{A}$$

相量的加减运算还可以在复平面上利用相量图来进行,从相量图上可以直观地看出各电压、电流相量的幅值关系和相位关系,并可借助相量之间的几何关系完成运算。下面举例说明。

【例题4.8.5】 图4.8.6(a)所示电路,正弦电压源角频率为 $\omega=10^3$ rad/s,电压表为理想的。求可变电阻比值 R_1/R_2 为何值时,电压表的读数为最小?

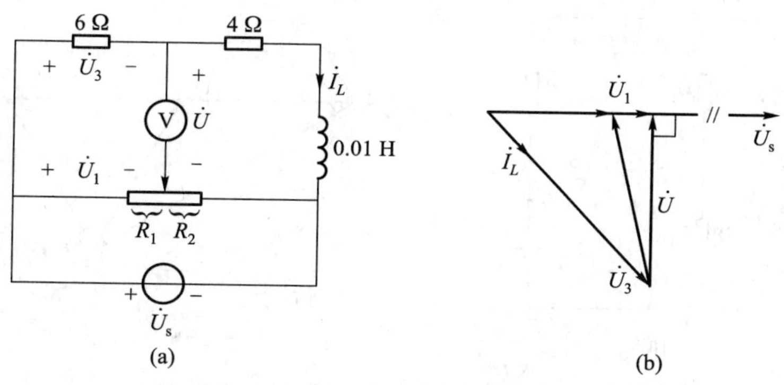

图 4.8.6 (a) 例题 4.8.5 图;(b) 相量图

【解】 从电压源两端看进去的电路,总体上是并联,所以选择电压 $\dot{U}_s$ 为参考相量,画在水平方向。$\dot{U}_1$ 是电阻分压器的电压,它是 $\dot{U}_s$ 的一部分,也画在水平方向。电阻与电感串联为感性支路,电流 $\dot{I}_L$ 要滞后于电压 $\dot{U}_s$。$\dot{U}_3$ 为电阻电压,它与 $\dot{I}_L$ 同相。根据 KVL,电压表的电压 $\dot{U}$ 等于 $\dot{U}_1$ 和 $\dot{U}_3$ 之差。根据上述关系,做出相量图,如图 4.8.6(b)所示。

当触点变动时,电压 $\dot{U}_1$ 和 $\dot{U}$ 将发生变化。从图 4.8.6(b)不难发现,当 $\dot{U}_1$ 变到与 $\dot{U}$ 垂直的位置,即 $\dot{U}_1$ 的长度等于 $\dot{U}_3$ 的实部时,$\dot{U}$ 的长度即电压表的读数为最小。据此形成如下计算过程:

设 $R_1/R_2=r$,则 R_1 分得电压为

$$\dot{U}_1=\frac{R_1\dot{U}_s}{R_1+R_2}=\frac{r}{r+1}\dot{U}_s$$

6 Ω 电阻电压为

$$\dot{U}_3=\frac{6\dot{U}_s}{(6+4)+j\omega L}=\frac{6\dot{U}_s}{10+j10}=(0.3-j0.3)\dot{U}_s$$

令 $\dot{U}_1$ 的量值等于 $\dot{U}_3$ 的实部得

$$\frac{r}{r+1}=0.3$$

故当 $r=3/7$ 时,电压表的读数为最小,并且此最小值等于 $\dot{U}_3$ 的虚部,即 $U_{min}=0.3U_s$。

【例题 4.8.6】 图 4.8.7(a)为 *RC* 移相电路,当改变可变电容时,输出电压 $\dot{U}_2$ 与输入电压 $\dot{U}_s$ 的相位差 φ 便发生改变。试分析工作原理。

【解】 按如下关系画出相量图,参见图 4.8.7(b)。

从 11′向右看进去,总体上为并联电路,故取电压 $\dot{U}_s$ 为参考相量,位于水平方向;两个相同的电阻 R_1 分压得到 $\dot{U}_1$,所以 $\dot{U}_1$ 与 $\dot{U}_s$ 重合,长度为 $0.5U_s$;*RC* 串联支路为容性支路,所以电流 $\dot{I}_C$ 超前电压 $\dot{U}_s$;电容电压 $\dot{U}_C$ 滞后其电流 $\dot{I}_C$ 的角度为90°;因为 $\dot{U}_R$ 与 $\dot{I}_C$ 同相,所以 $\dot{U}_R$ 始终超前 $\dot{U}_C$ 90°,它们之间的夹角为圆周角,即 P 点在虚线所示的直径为 U_s 的圆周上;根据 KVL,$\dot{U}_R$ 与 $\dot{U}_C$ 之和便是 $\dot{U}_s$,$\dot{U}_1$ 与 $\dot{U}_C$ 之差便是 $\dot{U}_2$。

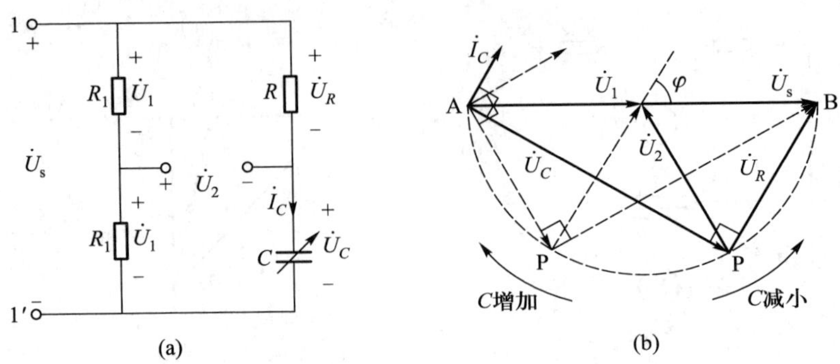

图 4.8.7 (a) 例题 4.8.6 图;(b) 相量图

又因为

$$U_C=\left|\frac{1/(\mathrm{j}\omega C)}{R+1/(\mathrm{j}\omega C)}\right|U_s=\frac{U_s}{\sqrt{1+(\omega RC)^2}}$$

所以,当 C 减小时,其电压将增加,动点 P 朝逆时针方向运动。$C=0$ 时,运动到 B 点,$\varphi=180°$;当 C 增大时,其电压将减小,动点 P 朝顺时针方向运动。$C\to\infty$时,运动到 A 点,$\varphi=0°$。故当 C 在 $0\to\infty$变化时,可以实现 φ 从$180°\to0°$的移相功能。

由于 P 点始终位于圆周上,因而从相量图中还可得知,在移相过程中,输出电压 $\dot{U}_2$ 的模即有效值始终等于圆的半径,即 $0.5U_s$。

4.9 正弦电路单一元件的功率

正弦电路的一个重要用途就是电能的生产、传输和利用。当做这种用途时,便要关心功率问题。按照由特殊到一般的认识规律,这一节研究单一理想电路元件即电阻、电感和电容在正弦电路中的功率特点,下一节研究由它们组成的一端口网络的功率。

1. 电阻的功率

电阻元件的电压与电流满足欧姆定律,在正弦电路中电压与电流保持同相关系。设电流

$$i=\sqrt{2}I\cos(\omega t+\psi_i) \tag{4.9.1}$$

其中 $\omega=2\pi f=2\pi/T$,则在一致的参考方向下,电压

$$u=Ri=\sqrt{2}RI\cos(\omega t+\psi_i)=\sqrt{2}U\cos(\omega t+\psi_u) \tag{4.9.2}$$

因此,电阻消耗的功率随时间的变化规律是

$$p_R(t)=ui=2UI\cos^2(\omega t+\psi_u) \tag{4.9.3}$$

上述功率代表了电阻消耗电能的瞬间速率,称为**瞬时功率**。它是一个非负的周期量,表明电阻是耗能元件。利用三角函数恒等式,这个瞬时功率还可写成

$$p_R(t)=UI+UI\cos[2(\omega t+\psi_u)] \tag{4.9.4}$$

这又表明:电阻消耗的功率包含两个分量:恒定分量和角频率为 2ω(或者说周期为 $T/2$)的正弦分量。瞬时功率以及电流和电压的波形如图 4.9.1 所示。

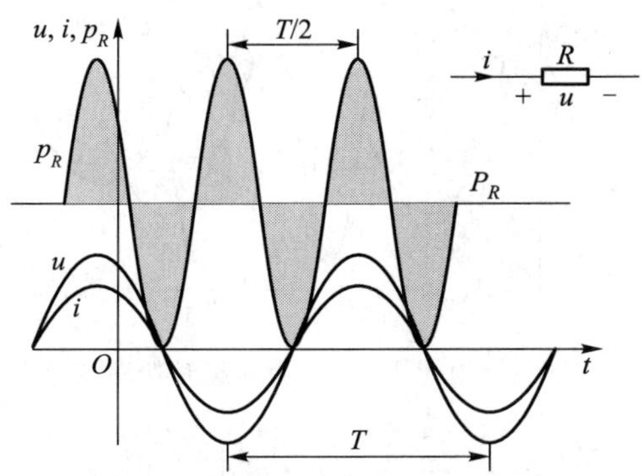

图 4.9.1 电阻电流、电压与瞬时功率波形图

瞬时功率代表了电能转换的瞬间速率,如果着眼于瞬间做功的速率,使用瞬时功率是方便的。然而,在电力工程中,往往着眼于在一段时间内电能转换的平均速率,这时可用周期函数平均值的概念来定义电阻在周期 T 内消耗电能的平均速率即**平均功率**,并用大写字母 P_R 表示:

$$P_R = \frac{1}{T}\int_0^T p_R(t)\,\mathrm{d}t \text{①} \tag{4.9.5}$$

本章 4.1 节在讨论有效值的应用时,给出了基于电流、电压有效值计算电阻平均功率的公式,重写如下:

$$P_R = I^2 R = \frac{U^2}{R} = UI \tag{4.9.6}$$

2. 电感的功率

电感元件的感应电动势与电流关系满足电磁感应定律。设电流

$$i = \sqrt{2} I\cos(\omega t + \psi_i) \tag{4.9.7}$$

则在一致参考方向下,电感电动势和端电压为

$$u = -e = L\frac{\mathrm{d}i}{\mathrm{d}t} = -\sqrt{2}\omega LI\sin(\omega t + \psi_i) = -\sqrt{2}U\sin(\omega t + \psi_i) \tag{4.9.8}$$

因此,电感的瞬时功率为

$$p_L(t) = ui = -2UI\cos(\omega t + \psi_i)\sin(\omega t + \psi_i) = -UI\sin[2(\omega t + \psi_i)] \tag{4.9.9}$$

上式代表电感的瞬时功率是角频率为 2ω,或者说周期为 $T/2$ 的正弦量。电压、电流及瞬时功率的对应波形如图 4.9.2 所示。

按正弦规律变化的瞬时功率表明,就一个周期而言,有一半时间,$p_L > 0$,电感吸收电能,转变为磁场能量;另一半时间,$p_L < 0$,电感释放所存储的磁场能量。由于吸收和释放的能量相等,因而电感的平均功率等于零,即

① T 是正弦电压和电流的周期,功率的周期是 $T/2$。因此计算 T 或 $T/2$ 时间内的平均值,结果是一样的。

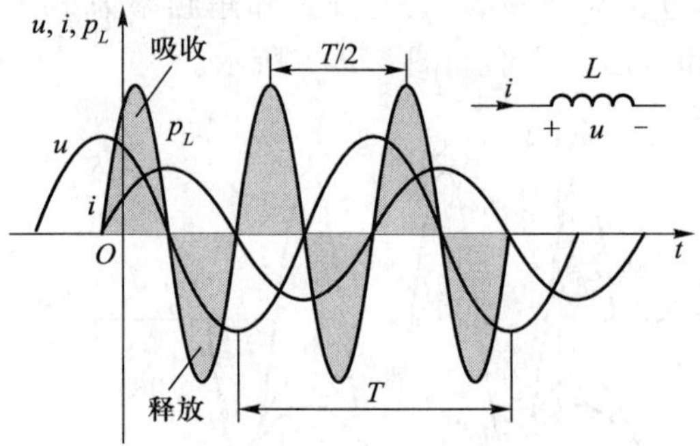

图 4.9.2 电感电压、电流与瞬时功率波形图

$$P_L = \frac{1}{T}\int_0^T p_L(t)\,\mathrm{d}t = 0 \tag{4.9.10}$$

也就是说,从一个周期来看,电感并没有吸收电能,维持理想电感的正弦电压和电流不需要消耗其他能量。

电感瞬时功率的正负变化实际就是电感与外电路之间存在着能量交换现象,这种交换是实现电路的预期功能所必需的,因而也需要科学计量。不难理解,电感储存磁场能量的最大值就是用来交换的那部分能量,即

$$W_{\mathrm{mmax}} = \frac{1}{2}LI_{\mathrm{m}}^2 = LI^2 = LI \times \frac{U}{\omega L} = \frac{UI}{\omega} \tag{4.9.11}$$

可见在 ω 确定的条件下,UI 可以代表电感进行能量交换的规模。它虽具有功率的量纲,但并不代表电感所消耗的功率,因而称为电感的**无功功率**,意思是电抗上的功率,简称**无功**,用 Q_L 表示为

$$Q_L = UI \tag{4.9.12}$$

由式(4.9.9)可见,Q_L 代表了电感磁场能量与外电路进行交换的最大速率。

引入感抗参数 $X_L = \omega L$,还可得到其他计算电感无功功率的公式:

$$Q_L = UI = I^2 X_L = U^2 / X_L \tag{4.9.13}$$

如果用电阻替换上式中的感抗,这些公式就变成计算电阻平均功率的公式。

有了无功功率的概念,前面定义的平均功率便可对应地称为**有功功率**,简称**有功**。

由于无功功率和有功功率在本质上是完全不同的,为加以区别,无功功率不使用瓦为计量单位,而是使用乏,符号 var(缩写自 volt ampere reactive,意思是电抗上的伏安)。

3. 电容的功率

由于电容元件和电感元件互为对偶要素,因此可以按照对偶原理来理解电容元件的功率。

设电容电压为

$$u = \sqrt{2}U\cos(\omega t + \psi_u) \tag{4.9.14}$$

则在一致的参考方向下,电容电流为

$$i = C\frac{\mathrm{d}u}{\mathrm{d}t} = -\sqrt{2}\omega CU\sin(\omega t + \psi_u) = -\sqrt{2}I\sin(\omega t + \psi_u) \tag{4.9.15}$$

因此，电容的瞬时功率是

$$p_C(t) = ui = -2UI\cos(\omega t + \psi_u)\sin(\omega t + \psi_u) = -UI\sin[2(\omega t + \psi_u)] \tag{4.9.16}$$

它也是角频率为 2ω 的正弦量。电压、电流及瞬时功率的对应波形如图 4.9.3 所示。

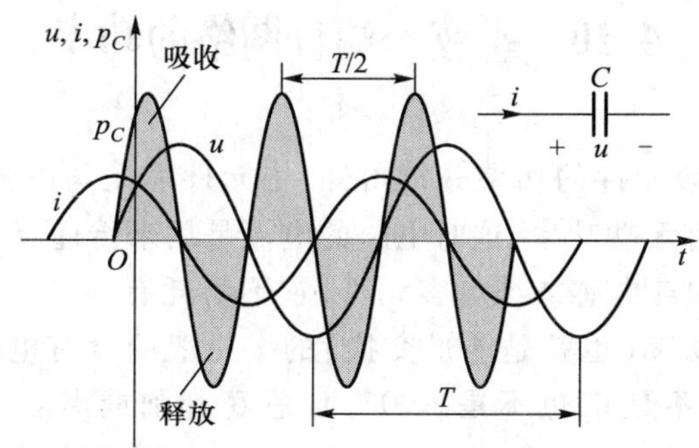

图 4.9.3 电容电压、电流与瞬时功率波形图

与电感类似，对电容来说，在一个周期内，有一半时间，$p_C>0$，电容吸收电能，转变为电场能量；另一半时间，$p_C<0$，电容释放所存储的电场能量。吸收和释放的能量相等，因而电容的平均功率和电感一样也等于零，即

$$P_C = \frac{1}{T}\int_0^T p_C(t)\,\mathrm{d}t = 0 \tag{4.9.17}$$

电容以电场能量的形式对外进行能量交换，电容储存电场能量的最大值就是电容与外电路进行交换的那部分能量，即

$$W_{\mathrm{emax}} = \frac{1}{2}CU_{\mathrm{m}}^2 = CU^2 = CU \times \frac{I}{\omega C} = \frac{UI}{\omega} \tag{4.9.18}$$

可见在 ω 确定的条件下，UI 可以代表能量交换的规模。为区别于电感以磁场能量进行交换时所定义的无功功率，这里将 $-UI$ 定义为电容的无功功率，即

$$Q_C = -UI \tag{4.9.19}$$

由式(4.9.19)可见，$|Q_C|$代表了电容电场能量与外电路进行交换的最大速率。

引入容抗参数 $X_C = 1/(\omega C)$，还可得到其他计算电容无功功率的公式：

$$Q_C = -UI = -I^2X_C = -U^2/X_C \tag{4.9.20}$$

如果用电阻替换上式中的容抗并取绝对值，这些公式就变成计算电阻平均功率的公式。

电感是按照电压超前电流90°的规律，并以磁场能量的形式进行能量交换；而电容则是按照电压滞后电流90°的规律，并以电场能量的形式进行能量交换。这是两种不同的现象。因此为加以区别，分别将电感和电容上的无功功率称为感性无功和容性无功。又由于感性无功大于零，容性无功小于零，所以在电力工程中，有时也形象地比作电感能够“消耗”无功，电容能够“发出”无功。因为无功并不对应做功，所以这里的“消耗”与“发出”只是为了区别两种不同性质的无功而采取的形象称谓，与消耗有功和发出有功的涵义是完全不同的。无功功率既不是无用功率，也不是被损耗掉的功率。无功功率对电感和电容来说是工作所需，但对电源来说却是一种负担。

综上三种情况得出以下结论：在正弦电路中，同相位的电压与电流不产生无功功率，但产生平均功率,且等于其有效值之积;而相位正交的电压与电流不产生平均功率,但产生无功功率,其绝对值等于电压有效值与电流有效值之积。

4.10 正弦一端口网络的功率

上一节通过对单一参数元件的功率分析得知:当元件电压与电流相位相同时,例如电阻元件,它只消耗有功功率,没有无功功率,这时电路的电流是用来传递有功功率的;当元件电压与电流的相位差为 ±90°时,例如纯电感或纯电容元件,它不消耗有功功率,只有无功功率,这时电路中的电流是用来传递无功功率(也就是能量交换)的。一般的含有电阻和储能元件的交流电路中,电压与电流的相位差既不是0°也不是 ±90°,而是 $\dot{U}$ 超前或滞后 $\dot{I}$ 一个 φ 角。所以这种电路将兼有能量消耗和能量交换现象,分别用有功功率和无功功率来计量。

1. 瞬时功率

从物理现象上看,在含有电阻和储能元件的一端口网络中,瞬时功率既包含电阻消耗的瞬时功率,也包含储能元件与电源能量往返交换的瞬时功率。下面基于这一思想加以讨论。

设图4.10.1(a)所示无独立源正弦一端口网络的端口电压、电流分别为 $u=\sqrt{2}U\cos(\omega t+\psi_u)$ 和 $i=\sqrt{2}I\cos(\omega t+\psi_i)$,$u$ 与 i 的相位差为 $\varphi=\psi_u-\psi_i$,且假设 $0°<|\varphi|<90°$。

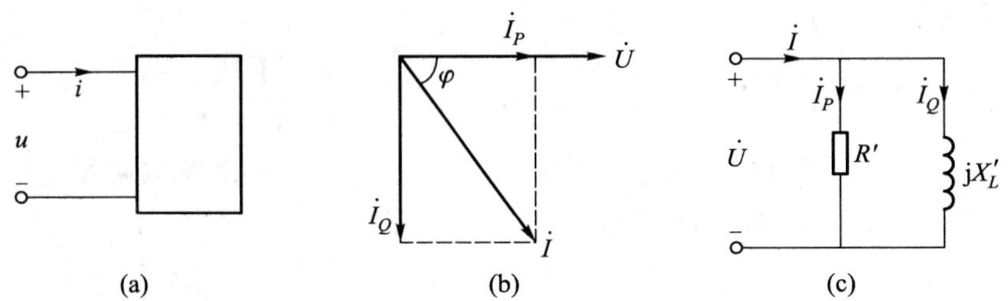

图4.10.1 (a) 正弦一端口;(b) 相量图;(c) 等效电路

为认识其中的功率,现在假设一端口是感性的,端口电流 $\dot{I}$ 滞后于电压 $\dot{U}$,其相量图如图4.10.1(b)所示。以电压为参考相量,将电流相量分解成与电压同相位的分量和与电压正交的分量。这相当于用电阻和电感的并联来等效这个一端口,如图4.10.1(c)所示。这样分解后,便于使用上节的方法认识一端口网络的功率。由于电阻的电流传递有功功率,故称为电流的有功分量,并用 $\dot{I}_P$ 表示;电感上的电流传递无功功率,故称为电流的无功分量,并用 $\dot{I}_Q$ 表示。所以

$$\dot{I}=\dot{I}_P+\dot{I}_Q=I\cos\varphi-\mathrm{j}I\sin\varphi \tag{4.10.1}$$

利用相量的反变换,得到这种分解对应电流的瞬时值表达式为

$$i=i_P+i_Q=\sqrt{2}I\cos\varphi\cos(\omega t+\psi_u)+\sqrt{2}I\sin\varphi\sin(\omega t+\psi_u) \tag{4.10.2}$$

因而一端口网络的瞬时功率为

$$p(t)=ui=2UI\cos\varphi\cos^2(\omega t+\psi_u)+UI\sin\varphi\sin[2(\omega t+\psi_u)]=p_R+p_L \tag{4.10.3}$$

瞬时功率的波形如图 4.10.2 所示。它包括非负的分量 p_R 和以角频率为 2ω 按正弦规律变化的分量 p_L。前者就是等效电阻消耗的功率，后者是往返于一端口和外电路之间的交换功率，即等效电感的功率。

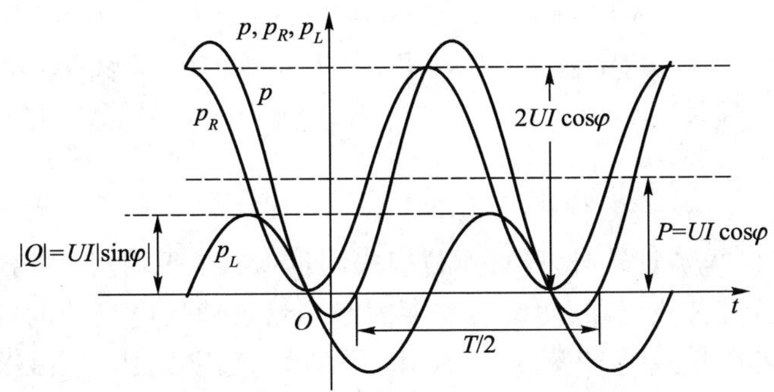

图 4.10.2 瞬时功率及其分解

2. 有功功率和无功功率

由于瞬时功率中同时包含消耗和往返两个功率分量，因而电压与电流有效值的乘积，既不像纯电阻那样等于有功功率，也不像纯电感那样等于无功功率，需重新建立这些功率与电压和电流之间的关系。

由图 4.10.2 可见，在一个周期内，$p(t)$ 存在大于零和小于零的时段，但这两个时段长度不相等，因而存在平均功率。按照定义并利用式(4.10.3)的结果计算如下：

$$P = \frac{1}{T}\int_0^T p(t)\,\mathrm{d}t = \frac{1}{T}\int_0^T 2UI\cos\varphi\cos^2(\omega t+\psi_u)\,\mathrm{d}t + \frac{1}{T}\int_0^T UI\sin\varphi\sin[2(\omega t+\psi_u)]\,\mathrm{d}t \tag{4.10.4}$$

上式等号右边第一项是等效电阻的平均功率，结果为 $UI\cos\varphi$；第二项是等效电感的平均功率，结果为零。所以该一端口网络的平均功率即有功功率为

$$P = UI\cos\varphi = UI\lambda \tag{4.10.5}$$

式中

$$\lambda = \cos\varphi = P/UI \tag{4.10.6}$$

称为**功率因数**，$\varphi=\psi_u-\psi_i$ 表示电压超前电流的相位差，也称为**功率因数角**。

式(4.10.5)表明，正弦电压与电流产生的平均功率等于其有效值的乘积再打一个 $\lambda\leqslant 1$ 的折扣，而 λ 取决于 u 与 i 的相位差。

通常提到交流电路的功率，若不加特殊说明，都是指平均功率。

一端口网络的瞬时功率除了包含被等效电阻消耗的功率 p_R 外，还包含往返于一端口与外电路之间的交换功率，即等效电感上的瞬时功率 p_L（如果是容性电路的话，则是等效电容上的瞬时功率）。与单一元件相似，能量交换现象用无功功率来计量。仿照电感上的无功功率，并依据 p_L 的最大值表达式，一端口网络的无功功率需按下式计算

$$Q = UI\sin\varphi \tag{4.10.7}$$

当一端口为感性时，$\varphi>0$，因而 $Q>0$；为容性时，$\varphi<0$，因而 $Q<0$。所以不同阻抗性质的一

端口网络,其无功功率的符号自然是不一样的。

有了一端口网络的有功功率和无功功率表达式,上节的单一元件的功率在计算上就可作为一端口网络功率的特例:

$$R:\varphi=0^\circ,\quad \lambda=\cos\varphi=1,\quad P_R=UI\cos\varphi=UI,\quad Q_R=UI\sin\varphi=0$$

$$L:\varphi=90^\circ,\quad \lambda=\cos\varphi=0,\quad P_L=UI\cos\varphi=0,\quad Q_L=UI\sin\varphi=UI$$

$$C:\varphi=-90^\circ,\quad \lambda=\cos\varphi=0,\quad P_C=UI\cos\varphi=0,\quad Q_C=UI\sin\varphi=-UI$$

3. 平均功率的测量

平均功率除用电压、电流计算外,还可用仪表来测量。测量平均功率的仪表称为功率表或瓦特计。根据平均功率的计算公式可知,功率表需要同时测量负载的电流和电压才能测出功率值。常用的有数字式功率表和模拟式功率表,如图 4.10.3 所示。数字式功率表是通过对电压、电流进行采样,然后再通过数值计算得出平均功率。模拟式功率表包括电压线圈和电流线圈,分别用于检测负载上的电压和电流,然后通过电磁作用力大小得到平均功率。图 4.10.4(a)是它的简化示意图。其中的电流线圈用于测量负载电流,所以具有导线粗、匝数少、等效阻抗小的特征,与负载串联;电压线圈用于测量负载电压,所以具有导线细、匝数多、等效阻抗大的特点,与负载并联。在近似测量时,可以忽略电流线圈的等效阻抗,并视电压线圈的阻抗为无限大。电压线圈和电流线圈都有始末两个端可供使用,通常将两个始端连接在一起,如图 4.10.4(a)的“ * ”标所示,但当指针反向偏转时,为了能够正确读数,需将一个线圈的始端和另一个线圈的末端连接在一起,这样指针才能正向偏转,但读数后要填上负号,意思是代表发出的功率。这一改接是通过仪表上的选择开关进行的,无需卸下导线后重接。为作图方便,功率表常用图 4.10.4(b)所示的符号来表示。

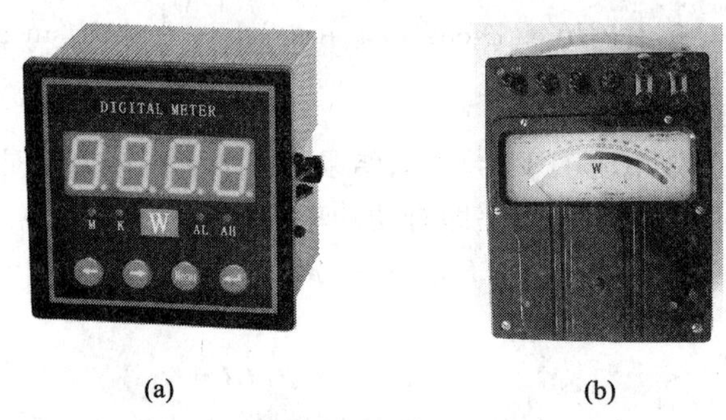

图 4.10.3　功率表:(a) 数字式;(b) 模拟式

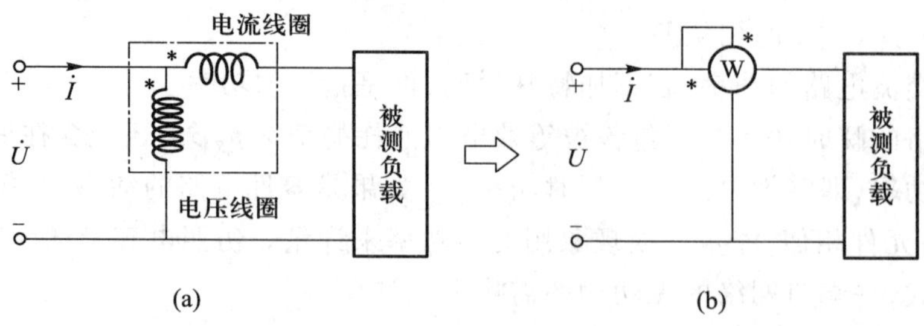

图 4.10.4　(a) 功率表示意图;(b) 平均功率的测量

4. 视在功率

在有功功率的计算式(4.10.5)和无功功率的计算式(4.10.7)中,都涉及电压、电流有效值之积 UI。一般说来,这个乘积既不是网络消耗的功率,也不是反映能量交换的功率。因此,工程上把这一乘积定义为**视在功率**,即

$$S = UI \tag{4.10.8}$$

为了与有功功率和无功功率相区别,视在功率 S 直接用 V·A 作单位,读作伏安。

一般电气设备都要规定额定电压和额定电流,工程上用它们的乘积表示某些电气设备的容量,并称为**额定视在功率**。例如说 560 kV·A 的变压器,是指这台变压器的额定视在功率是 560 kV·A。

根据 P、Q 和 S 的表达式,可知它们之间的关系为

$$\begin{cases} P = S\cos\varphi = \lambda S \\ Q = S\sin\varphi = P\tan\varphi \\ S = \sqrt{P^2 + Q^2} \end{cases} \tag{4.10.9}$$

上述关系也可用直角三角形来表示,如图 4.10.5 所示,称为功率三角形。

5. 复功率

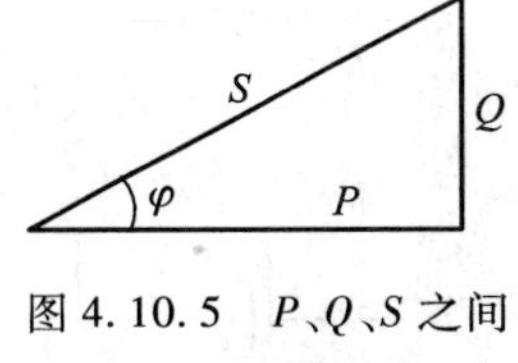

图 4.10.5 P、Q、S 之间的三角形关系

考察有功功率和无功功率的表达式可见,在形式上它们刚好是某复数的实部和虚部。这样,用它们来人为地构造一个复量就是

$$\tilde{S} = P + \mathrm{j}Q = UI\cos\varphi + \mathrm{j}UI\sin\varphi \tag{4.10.10}$$

复量 $\tilde{S}$ 称为**复数功率**,简称**复功率**,它只是计算用的复量,不是来自相量变换,因此不属于相量,直接用 V·A 作为它的单位。

上式基于有功功率和无功功率定义了复功率,而在电路计算中情况往往是相反的,即先计算复功率,然后取其实部便是有功功率;虚部便是无功功率;它的模就是视在功率;辐角等于电压超前电流的相位差或功率因数角,即

$$\begin{cases} P = \mathrm{Re}[\tilde{S}] \\ Q = \mathrm{Im}[\tilde{S}] \\ S = |\tilde{S}| = \sqrt{P^2 + Q^2} = UI \\ \varphi = \arctan\dfrac{Q}{P} = \arccos\lambda \end{cases} \tag{4.10.11}$$

可见,复功率完全包含了有功功率、无功功率、视在功率以及功率因数和功率因数角的信息。

在正弦电路分析中常使用相量法,即通过列写相量形式的电路方程求得电压和电流相量。因此下面研究如何用电压相量和电流相量计算复功率。

利用欧拉公式,将式(4.10.10)的直角坐标式写成指数形式,并利用相位差 $\varphi = \psi_u - \psi_i$ 得

$$\tilde{S} = UI\mathrm{e}^{\mathrm{j}\varphi} = UI\mathrm{e}^{\mathrm{j}(\psi_u - \psi_i)} = (U\mathrm{e}^{\mathrm{j}\psi_u})(I\mathrm{e}^{-\mathrm{j}\psi_i}) \tag{4.10.12}$$

上式等号右边，$Ue^{j\psi_u}$刚好是电压相量 $\dot{U}$，而 $Ie^{-j\psi_i}$则是电流相量 $\dot{I}$ 的共轭。由此得到用电压相量和电流相量计算复功率的方法，即

$$\tilde{S}=\dot{U}\dot{I}^* \tag{4.10.13}$$

显然，电流相量之所以取共轭，是为了与电压相量相乘时使二者的辐角相减，从而得到电压超前电流的相位差。

当计算某阻抗 $Z=R+jX$ 或导纳 $Y=G+jB$ 所吸收的复功率时，可把 $\dot{U}=Z\dot{I}$ 或 $\dot{I}=Y\dot{U}$代入式(4.10.13)，得

$$\begin{cases}\tilde{S}=\dot{U}\dot{I}^*=Z\dot{I}\dot{I}^*=ZI^2=RI^2+jXI^2\\ \tilde{S}=\dot{U}\dot{I}^*=\dot{U}(Y^*\dot{U}^*)=Y^*U^2=GU^2-jBU^2\end{cases} \tag{4.10.14}$$

特殊地，下面讨论 RLC 串联电路的无功功率问题，电路如图4.10.6(a)、(b)所示。已熟悉该电路的串联阻抗为

$$Z=R+jX=R+j(X_L-X_C) \tag{4.10.15}$$

也就是说串联电路的感抗与容抗是直接相减的。

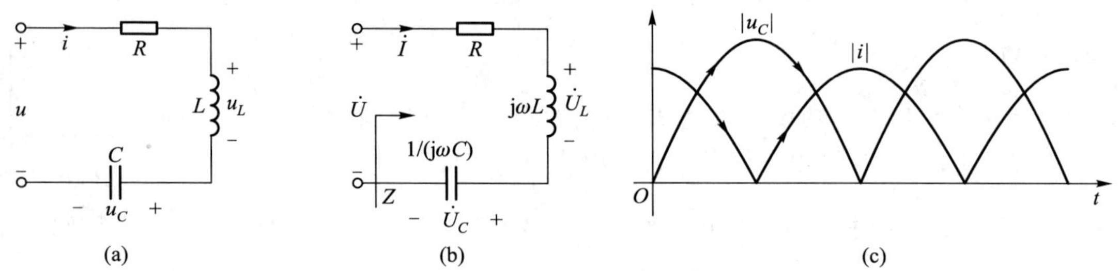

图4.10.6 (a) RLC 串联电路；(b) 相量模型；(c) 电压电流绝对值

电路总的无功功率由式(4.10.11)和式(4.10.14)得

$$Q=\mathrm{Im}[\tilde{S}]=\mathrm{Im}[ZI^2]=I^2X=I^2(X_L-X_C)=Q_L-|Q_C| \tag{4.10.16}$$

这又说明电感上的无功功率与电容上的无功功率绝对值也是直接相减的。

以上事实可以用物理现象做如下分析[2-上]：由于电容电压与电流存在90°的相位差，所以在电容充电即$|u_C|$增大时，电流$|i|$在变小，如图4.10.6(c)所示。$|u_C|$增大说明电容储能在增加，$|i|$变小说明电感储能在减少，即电场的加强伴随着磁场的减弱。反过来，放电时，$|u_C|$减小而$|i|$增大，即电场的减弱伴随着磁场的加强。因此建立一种场所需要的能量可以从另外一种场的消失所放出的能量得到补偿，这就是 RLC 串联电路中感抗与容抗直接相减以及感性无功与容性无功绝对值相减的物理本质。

然而在一般情况下，上述的补偿作用总是一方过剩一方不足。例如若 $X_L>X_C$，则 $U_L>U_C$，$Q_L>|Q_C|$。这表明磁场作用较显著。当建立磁场时，所需要的能量除来自电场消失所放出的能量外还需电源供给一部分，而在磁场消失的过程中所放出的能量则除供建立电场和电阻消耗之外还有剩余返还给电源，这样电路就表现出电感性。对偶地，若 $X_L<X_C$，则电场作用较显著，这样电路就表现出电容性。

由此可预见:在从电感性到电容性的过渡中必然存在一种特殊情况,使得电场能量和磁场能量实现完全补偿,不再与电源进行能量交换。这就是 8.2 节所介绍的串联谐振。

在正弦电路中,支路电压与支路电流相量(包括共轭复量)分别满足 KVL 和 KCL。根据 3.5 节的原理,它们之积一定满足特勒根定理,即

$$\sum_{k=1}^{b} \dot{U}_k \dot{I}_k = 0 \tag{4.10.17}$$

$$\sum_{k=1}^{b} \dot{U}_k \dot{I}_k^* = 0 \tag{4.10.18}$$

目前对式(4.10.17)的意义和应用尚需研究。现在分析式(4.10.18),它的每一求和项代表一条支路的复功率,因此上述求和可以写成

$$\sum_{k=1}^{b} \dot{U}_k \dot{I}_k^* = \sum_{k=1}^{b} \tilde{S}_k = \sum_{k=1}^{b} (P_k + \mathrm{j}Q_k) = \sum_{k=1}^{b} P_k + \mathrm{j}\sum_{k=1}^{b} Q_k = 0 \tag{4.10.19}$$

在一致参考方向条件下,$\dot{U}_k \dot{I}_k^*$ 表示第 k 条支路"吸收"的复功率。因而式(4.10.19)表示**各支路"吸收"的复功率代数和等于零**。其中实部代数和等于零也可从平均功率的定义和时域中的特勒根定理得出,即

$$\sum_{k=1}^{b} P_k = \frac{1}{T}\sum_{k=1}^{b} \int_0^T u_k i_k \mathrm{d}t = \frac{1}{T}\int_0^T \left(\sum_{k=1}^{b} u_k i_k\right)\mathrm{d}t = \frac{1}{T}\int_0^T 0\mathrm{d}t = 0 \tag{4.10.20}$$

表明**在正弦电路中,各电源发出的平均功率代数和等于各负载吸收的平均功率代数和**;而虚部代数和等于零,即

$$\sum_{k=1}^{b} Q_k = 0 \tag{4.10.21}$$

表明**在正弦电路中,各电源"发出"的无功功率代数和等于各感性负载无功功率与各容性负载无功功率的代数和**。这说明在正弦电路中,有功功率、无功功率和复功率均具有守恒性。然而,视在功率不具有这种性质,因为

$$\sum_{k=1}^{b} U_k I_k = \sum_{k=1}^{b} S_k \geqslant 0 \tag{4.10.22}$$

因此,在正弦电路中,一般不能将部分支路的视在功率相加作为总的视在功率。

【例题 4.10.1】 在不具备阻抗测试仪的条件下,可使用电压表、电流表和功率表,分别测量负载的电压、电流和平均功率,然后通过计算的方法来获得等效阻抗,故称为"三表法",连接方式如图 4.10.7 所示。本例设在工频条件下电压表、电流表和功率表的读数分别为 100 V、5 A 和 300 W,各仪表视为理想的。根据测量结果求此线圈的功率因数、等效电阻和等效电感。

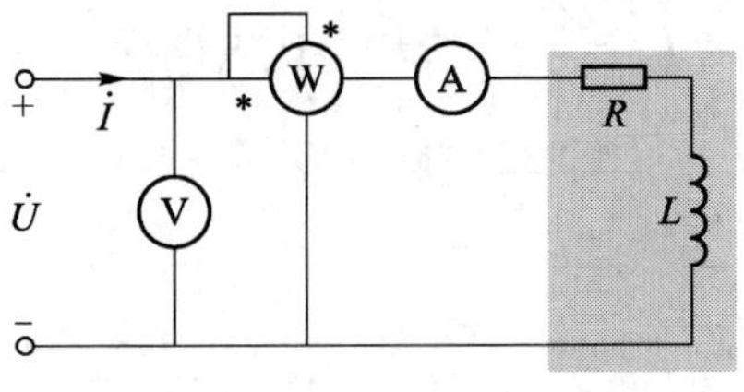

图 4.10.7 例题 4.10.1 图

【解】 由式(4.10.6)求出功率因数为

$$\lambda=\cos\varphi=\frac{P}{UI}=\frac{300}{100\times5}=0.6$$

阻抗角

$$\varphi=\arccos 0.6\approx53.13^\circ$$

阻抗模

$$|Z|=\frac{U}{I}=\frac{100}{5}\ \Omega=20\ \Omega$$

线圈电阻、感抗和电感分别为

$$R=|Z|\cos\varphi=20\times0.6\ \Omega=12\ \Omega$$

$$X_L=|Z|\sin\varphi=20\times0.8\ \Omega=16\ \Omega$$

$$L=\frac{X_L}{\omega}=\frac{16}{2\pi\times50}\ \text{H}\approx0.051\ \text{H}$$

在上述计算过程中将各仪表均视为理想的,因此存在误差。如果需要考虑功率表电流线圈的等效阻抗和电流表的等效阻抗(可在仪表盘上找到),应如何修正上述计算方法?请读者考虑。

【例题 4.10.2】 图 4.10.8 所示正弦电路相量模型,设 $R_1=20\ \Omega$,$R_2=40\ \Omega$,$X_{L1}=X_{L2}=X_C=30\ \Omega$,$\dot{U}_s=100\underline{/0^\circ}\ \text{V}$。求电源提供的复数功率,验证功率守恒性。

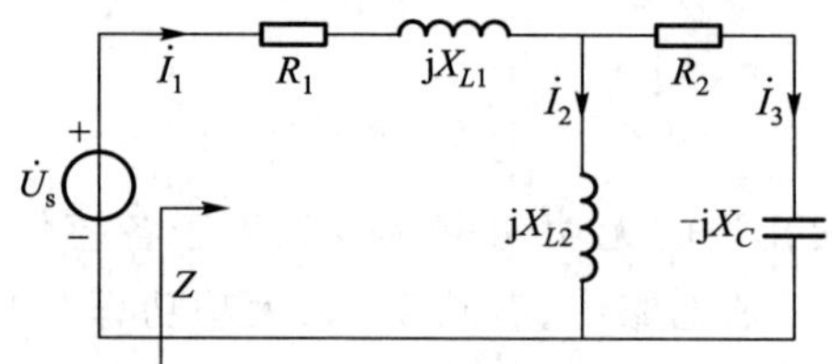

图 4.10.8 例题 4.10.2 图

【解】 电源端等效复阻抗

$$Z=(R_1+\text{j}X_{L1})+\frac{\text{j}X_{L2}(R_2-\text{j}X_C)}{\text{j}X_{L2}+R_2-\text{j}X_C}=(42.5+\text{j}60)\ \Omega\approx73.527\underline{/54.689^\circ}\ \Omega$$

电源提供的电流

$$\dot{I}_1=\frac{\dot{U}_s}{Z}\approx(0.786-\text{j}1.110)\ \text{A}\approx1.360\underline{/-54.689^\circ}\ \text{A}$$

两条并联支路的电流分别是

$$\dot{I}_2=\frac{R_2-\text{j}X_C}{\text{j}X_{L2}+R_2-\text{j}X_C}\times\dot{I}_1\approx(-0.046-\text{j}1.699)\ \text{A}\approx1.700\underline{/-91.559^\circ}\ \text{A}$$

$$\dot{I}_3=\dot{I}_1-\dot{I}_2\approx(0.832+\text{j}0.590)\ \text{A}\approx1.02\underline{/35.311^\circ}\ \text{A}$$

电源提供的复功率

$$\tilde{S}=\dot{U}_s\dot{I}_1^*=I_1^2Z=U_s^2/Z^*\approx136\underline{/54.689^\circ}\ \text{V}\cdot\text{A}\approx(78.613+\text{j}110.98)\ \text{V}\cdot\text{A}$$

利用 $\tilde{S}_k=I_k^2Z_k$ 计算三条无源支路的复功率,分别为

$$\tilde{S}_1 = I_1^2(R_1 + jX_{L1}) \approx (36.994 + j55.491)\ \text{V} \cdot \text{A}$$

$$\tilde{S}_2 = I_2^2 \times jX_{L2} \approx j86.705\ \text{V} \cdot \text{A}$$

$$\tilde{S}_3 = I_3^2(R_2 - jX_C) \approx (41.619 - j31.214)\ \text{V} \cdot \text{A}$$

根据计算结果验证了复功率守恒性,即 $\tilde{S} = \tilde{S}_1 + \tilde{S}_2 + \tilde{S}_3$

复功率的实部等于电源提供的有功功率,虚部等于电源提供的无功功率:

$$P = \text{Re}[\tilde{S}] \approx 78.613\ \text{W}, \quad Q = \text{Im}[\tilde{S}] \approx 110.98\ \text{var}$$

电源提供的有功功率等于电阻上的有功功率之和:

$$P = \text{Re}[\tilde{S}] = I_1^2 R_1 + I_2^2 R_2 \approx 78.613\ \text{W}$$

电源提供的无功功率等于电感和电容上的无功功率代数和:

$$Q = \text{Im}[\tilde{S}] = I_1^2 X_{L1} + I_2^2 X_{L2} - I_3^2 X_C \approx 110.983\ \text{var}$$

4.11 功率因数的提高

功率因数代表了视在功率中有功功率所占的比例,而有功功率是真正用来做功的能量转换的平均速率,因此说功率因数是代表功能转换速率的重要指标。在电源-负载的正弦供电系统中,功率因数是由负载决定的,并且满足 $0 \leqslant \lambda \leqslant 1$。当功率因数较低时会引起以下问题:

(1) 降低供电设备的利用率

容量 S_N 一定的供电设备能够输出的有功功率为

$$P = S_N \cos\varphi = \lambda S_N \tag{4.11.1}$$

λ 越低,则 P 越小,设备容量越得不到充分利用,即出现“大马拉小车”现象。例如,一个容量为 560 kV·A 的变压器,如果它所接负载的功率因数 $\lambda = 1$,它能输出的有功功率可以达到容量的上限即 560 kW;若 $\lambda = 0.5$,就只能输出 280 kW 了。因此,为了充分利用供电设备的容量,减少设备浪费,应设法提高负载的功率因数。

(2) 增加供电设备和输电线路的功率损耗

负载从电源取用的电流为

$$I = \frac{P}{U\lambda} \tag{4.11.2}$$

对恒功率负载,在额定电压下,其有功功率保持不变,因此 λ 越低,I 就越大,供电设备和输电线路的功率损耗也就越大。

此外,在电力系统中,如果负载的功率因数太低从而使得感性无功太大时,还会导致系统电压不稳定。

工程上的负载多为感性,例如异步电动机、电磁铁等,它们的功率因数往往比较低,因而提高感性负载的功率因数会带来显著的经济效益。

从电压和电流的角度看,功率因数较低是由于电压与电流的相位差较大,使得电流的无功分量较大,如图 4.11.1(a)、(b)所示。从功率的角度看,则是由于无功功率较多,使得有功功率和视在功率的比值变小,如图 4.11.1(c)所示。

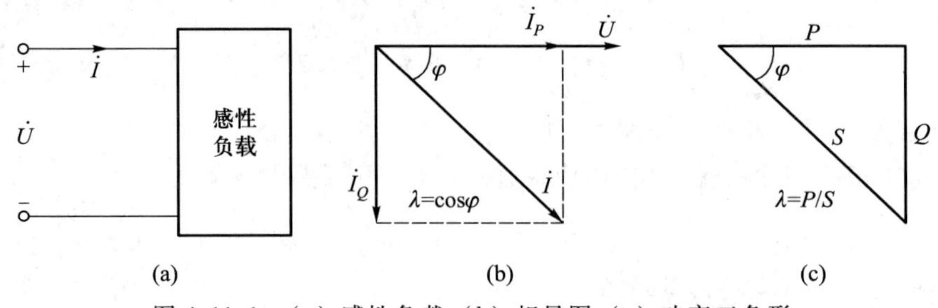

图 4.11.1 (a) 感性负载;(b) 相量图;(c) 功率三角形

由于电容电流具有超前电压90°的特点,并且感性无功功率可以由容性无功功率来补偿(二者符号相反,分别对应磁场和电场储能),所以提高感性负载的功率因数除改进设计尽量提高负载本身的功率因数外,在电压源供电的条件下,还可采用与感性负载并联适当电容的方法来提高等效负载的功率因数,所并联的电容不会影响负载的工作状态,如图 4.11.2(a)所示。

从图 4.11.2(b)所示的相量图可见,由于电容电流 $\dot{I}_C$ 具有超前电压90°的作用,使得并联电容后的总电流变为 $\dot{I}' = \dot{I} + \dot{I}_C$,它滞后 $\dot{U}$ 的相位差为 φ',且 $\varphi' < \varphi$。因而功率因数由原来的 $\lambda = \cos\varphi$ 提高到 $\lambda' = \cos\varphi'$,其实际效果是无功电流由 I_Q 减小到 I'_Q,传输线电流从 I 减小到 I'。从能量交换的角度看,由于电容承担了一部分本该由电源与负载交换的能量,因而电源用来对外交换的能量就减少了。对应无功功率从 $Q = P\tan\varphi$ 减小到 $Q' = P\tan\varphi'$,视在功率由 $S = P/\lambda$ 减小到 $S' = P/\lambda'$。如果还是原来那个电源,它就可以为更多的负载提供电力。这种利用容性无功功率抵消部分感性无功功率的做法称为**无功补偿**。

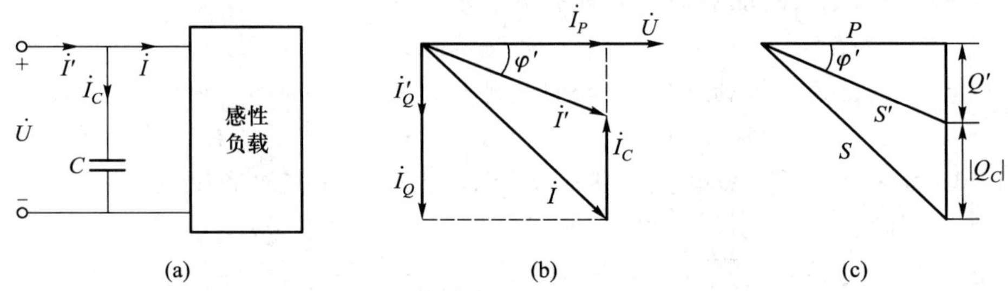

图 4.11.2 (a) 感性负载并联补偿电容;(b) 电流变化;(c) 功率变化

根据并联电容前后电流的变化或无功功率的变化都可寻得计算并联电容的方法,详见例题 4.11.1。

由于对电能质量和电网稳定性要求的提高,越来越多的供电部门开始对用户的功率因数、无功功率甚至无功电能(无功功率的累积)进行计量,从而收取无功电费(称为力调电费)。因此,仅从节约电费角度来说,无功补偿也是十分必要的。

【例题 4.11.1】 如图 4.11.3(a)所示电路,感性负载 Z 接于 220 V、50 Hz 正弦电源上,负载的平均功率和功率因数分别为 2 200 W 和 0.8。并联电容将功率因数提高到 0.95,求电容大小、并联前后的电源电流、无功功率和视在功率。

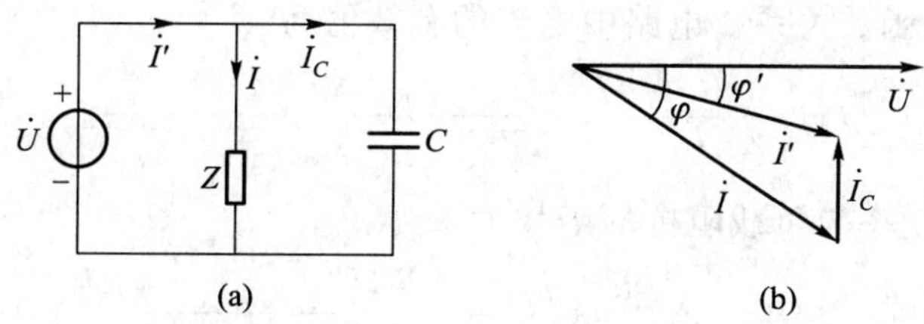

图 4.11.3 （a）例题 4.11.1 图；（b）相量图

【解】 **方法一**：通过电流的无功分量变化计算 C。

	并联电容前	并联电容后
功率因数角	$\varphi=\arccos 0.8\approx 36.9°$，	$\varphi'=\arccos 0.95\approx 18.2°$
电源电流	$I=\dfrac{P}{U\cos\varphi}=\dfrac{2\ 200}{220\times 0.8}\ \text{A}=12.5\ \text{A}$，	$I'=\dfrac{P}{U\cos\varphi'}=\dfrac{2\ 200}{220\times 0.95}\ \text{A}=10.85\ \text{A}$
电流的无功分量	$I_Q=I\sin\varphi=\dfrac{P\tan\varphi}{U}=7.5\ \text{A}$，	$I'_Q=I'\sin\varphi'=\dfrac{P\tan\varphi'}{U}=3.389\ \text{A}$
电源视在功率	$S=\dfrac{P}{\cos\varphi}=UI=2\ 750\ \text{V}\cdot\text{A}$，	$S'=\dfrac{P}{\cos\varphi'}=UI'\approx 2\ 387.26\ \text{V}\cdot\text{A}$

电流无功分量的变化是由于电容的并入，所以电容电流

$$I_C=\omega CU=I_Q-I'_Q=\frac{P(\tan\varphi-\tan\varphi')}{U}$$

由此得到

$$C=\frac{P(\tan\varphi-\tan\varphi')}{\omega U^2}\approx 63.32\ \mu\text{F} \tag{1}$$

方法二：通过无功功率的变化计算 C。

	并联电容前	并联电容后
电源无功功率	$Q=Q_L=P\tan\varphi=1\ 650\ \text{var}$，	$Q'=P\tan\varphi'\approx 723.11\ \text{var}$

无功功率的差值是由电容来补偿的，所以

$$Q_C=-\omega CU^2=Q'-Q=P(\tan\varphi'-\tan\varphi)$$

由此也得式(1)的计算公式。

4.12 正弦电路中的最大功率传输

在第 3 章，针对线性直流电路讨论了最大功率传输问题。类似地，本节讨论正弦电路中负载从给定电源或网络获得最大功率的问题。

图 4.12.1 表示含有内阻抗的正弦电源向一个负载供电的情形。电路中电压源相量 $\dot{U}_s$ 和内阻抗 $Z_S=R_S+jX_S=|Z_S|\underline{/\varphi_S}$ 是给定的，并且 $R_S>0$；负载阻抗 $Z_L=R_L+jX_L=|Z_L|\underline{/\varphi_L}$。首先讨论在 R_L、X_L 可随意改变的条件下负载阻抗 Z_L 取什么值时它才能获得最大平均功率。

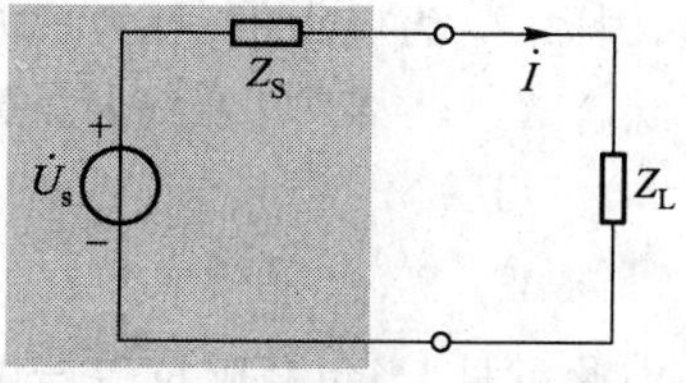

图 4.12.1 讨论传输最大功率的电路

遵照数学上求函数最大值的步骤，需建立负载吸收的

平均功率与负载阻抗的函数关系。电路中电流的有效值为

$$I=\frac{U_{s}}{|Z_{S}+Z_{L}|}=\frac{U_{s}}{\sqrt{(R_{S}+R_{L})^{2}+(X_{S}+X_{L})^{2}}} \tag{4.12.1}$$

因此,负载获得的平均功率与负载阻抗的函数关系为

$$P_{L}=R_{L}I^{2}=\frac{R_{L}U_{s}^{2}}{(R_{S}+R_{L})^{2}+(X_{S}+X_{L})^{2}} \tag{4.12.2}$$

利用 MATLAB 绘制的这个关系对应的函数图像如图 4.12.2 所示,它存在极大值,并且是最大值。分析如下:

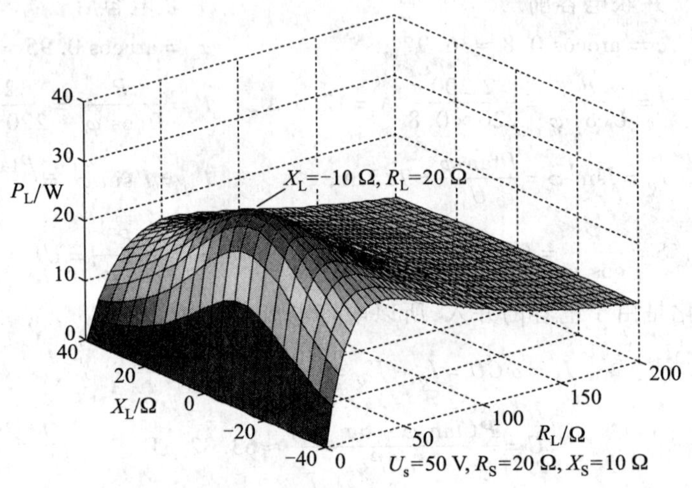

图 4.12.2　负载平均功率与其阻抗实部和虚部的关系

因为 X_L 只以 $(X_S+X_L)^2$ 的形式出现在分母中,可见当 $X_L=-X_S$ 时,P_L 在 X_L 的变化范围内取得最大值,该值为

$$P_{L}=\frac{R_{L}U_{s}^{2}}{(R_{S}+R_{L})^{2}}=\frac{U_{s}^{2}}{(R_{S}+R_{L})^{2}/R_{L}} \tag{4.12.3}$$

在确定的 $X_L=-X_S$ 条件下,负载功率是负载电阻 R_L 的一元函数。为求上述函数的极值,令 P_L 的分母对 R_L 的导数等于零,即

$$\frac{\mathrm{d}}{\mathrm{d}R_{L}}\left[\frac{(R_{S}+R_{L})^{2}}{R_{L}}\right]=\frac{R_{L}^{2}-R_{S}^{2}}{R_{L}^{2}}=0 \tag{4.12.4}$$

解得 $R_L=R_S$(舍掉 $R_L=-R_S$ 的情况,因为实际负载阻抗的实部都是正值)。并且当 $R_L<R_S$ 时,上述导数小于零;当 $R_L>R_S$ 时,上述导数大于零。根据数学原理可知,$R_L=R_S$ 时 P_L 的分母为极小值,因而 P_L 为极大值,且为最大值。

综合 $X_L=-X_S$ 与 $R_L=R_S$,得出负载从给定电源获得最大功率的条件是

$$Z_{L}=R_{L}+\mathrm{j}X_{L}=R_{S}-\mathrm{j}X_{S}$$

即

$$Z_{L}=Z_{S}^{*} \tag{4.12.5}$$

由此可见,当负载阻抗等于电源内阻抗的共轭复数时,负载获得最大功率。这就是正弦电路的最大功率传输定理。负载与电源满足式(4.12.5)时称为最大功率匹配或**共轭匹配**。这时负

载获得的功率可由式(4.12.2)求得：

$$P_{\text{Lmax}}=\frac{U_{\text{s}}^2}{4R_{\text{S}}} \tag{4.12.6}$$

由于 $R_{\text{L}}=R_{\text{S}}$，所以当负载获得最大功率时，负载功率与电源内阻消耗的平均功率相等，电路的传输效率只有50%。这一结论与直流电路是一样的。

有时负载阻抗 $Z_{\text{L}}=|Z_{\text{L}}|\text{e}^{\text{j}\varphi_{\text{L}}}$ 的模 $|Z_{\text{L}}|$ 可以改变，而阻抗角 φ_{L} 不能改变，例如纯电阻负载。下面讨论在这种情况下 $|Z_{\text{L}}|$ 需满足什么条件才能获得最大功率。为此，将 $R_{\text{S}}=|Z_{\text{S}}|\cos\varphi_{\text{S}}$、$R_{\text{L}}=|Z_{\text{L}}|\cos\varphi_{\text{L}}$、$X_{\text{S}}=|Z_{\text{S}}|\sin\varphi_{\text{S}}$ 和 $X_{\text{L}}=|Z_{\text{L}}|\sin\varphi_{\text{L}}$ 代入式(4.12.2)得

$$\begin{aligned}P_{\text{L}}&=\frac{U_{\text{s}}^2|Z_{\text{L}}|\cos\varphi_{\text{L}}}{|Z_{\text{S}}|^2+|Z_{\text{L}}|^2+2|Z_{\text{S}}||Z_{\text{L}}|(\cos\varphi_{\text{L}}\cos\varphi_{\text{S}}+\sin\varphi_{\text{L}}\sin\varphi_{\text{S}})}\\&=\frac{U_{\text{s}}^2\cos\varphi_{\text{L}}}{|Z_{\text{S}}|^2/|Z_{\text{L}}|+|Z_{\text{L}}|+2|Z_{\text{S}}|\cos(\varphi_{\text{S}}-\varphi_{\text{L}})}\end{aligned} \tag{4.12.7}$$

上式代表的三维函数图像如图4.12.3所示。当阻抗模 $|Z_{\text{L}}|$ 和阻抗角 φ_{L} 改变时，P_{L} 存在极大值，也是最大值。当固定不同的 φ_{L} 而使 $|Z_{\text{L}}|$ 改变时，得到功率与 $|Z_{\text{L}}|$ 的二维曲线族，如图4.12.4所示。最大值分析如下：

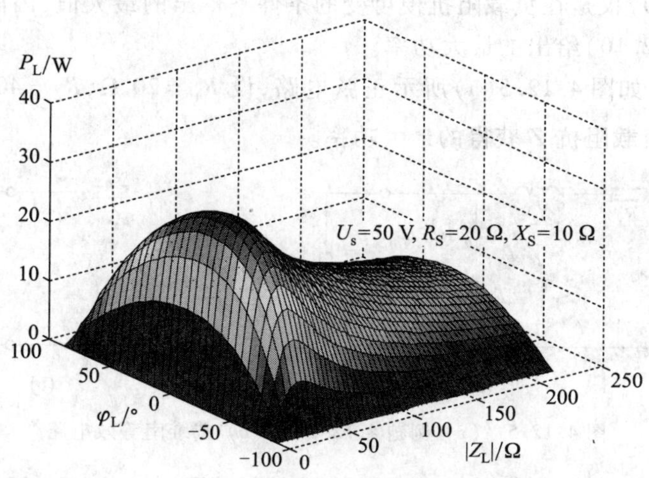

图4.12.3　负载平均功率与其阻抗模和阻抗角的关系

式(4.12.7)分子与负载阻抗 $|Z_{\text{L}}|$ 无关，为求得 P_{L} 的极大值，只需令分母对 $|Z_{\text{L}}|$ 的导数等于零，即

$$-\frac{|Z_{\text{S}}|^2}{|Z_{\text{L}}|^2}+1=0 \tag{4.12.8}$$

得

$$|Z_{\text{L}}|=|Z_{\text{S}}| \tag{4.12.9}$$

此时式(4.12.7)的分母取唯一极小值，P_{L} 取唯一极大值，也是最大值。因此，当只有负载阻抗模可以改变时，负载从给定电源获得最大功率的条件是负载阻抗模与电源内阻抗模相等。此时由式(4.12.2)求得最大功率为

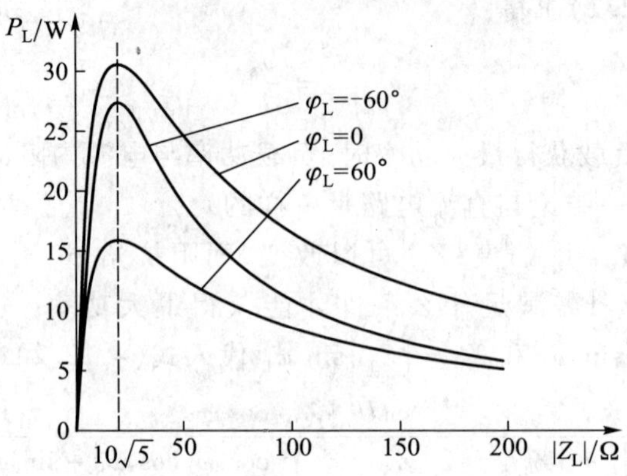

图4.12.4　负载平均功率与其阻抗模的关系曲线

$$P_{\text{Lmax}}=\frac{U_s^2\cos\varphi_L}{2|Z_S|[1+\cos(\varphi_S-\varphi_L)]} \tag{4.12.10}$$

例如,当电源内阻抗为 $Z_S=R_S+jX_S$ 时,纯电阻负载获得最大功率的条件是 $R_L=|Z_S|$。

由于式(4.12.6)是在负载阻抗实部和虚部都可变,或者说模和辐角都可变的条件下得出的最大值,而式(4.12.10)仅是在负载阻抗模可变的条件下得出的最大值,因而式(4.12.6)给出的最大功率大于式(4.12.10)给出的最大功率。

【例题4.12.1】　如图4.12.5(a)所示正弦电路,设 $R_1=20\ \Omega, R_2=40\ \Omega, X_L=X_C=30\ \Omega$, $\dot{U}_s=100\angle 0°\ \text{V}$。求负载阻抗 Z 获得的最大功率。

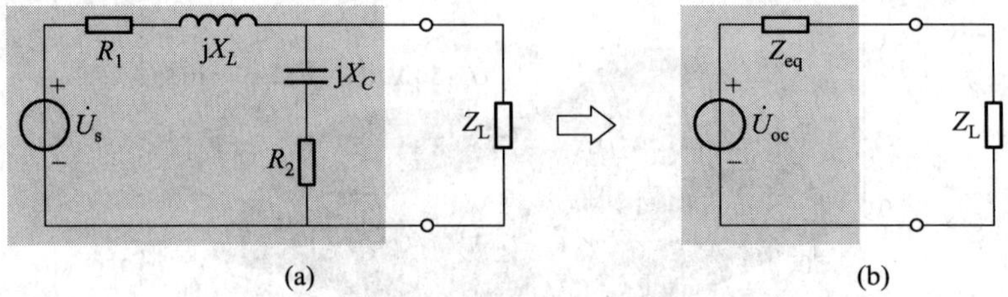

图4.12.5　(a) 例题4.12.1图;(b) 戴维南等效电路

【解】　为使用最大功率传输定理,需将原电路等效成图4.12.5(b)所示的戴维南电路。利用图4.12.6(a)求得等效内阻抗为

$$Z_{eq}=R_{eq}+jX_{eq}=\frac{(R_1+jX_L)(R_2-jX_C)}{(R_1+jX_L)+(R_2-jX_C)}\approx(28.333+j10.0)\ \Omega$$

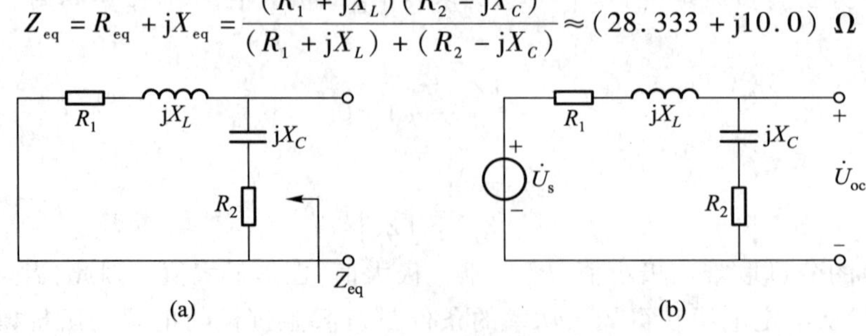

图4.12.6　(a) 求等效内阻抗;(b) 求开路电压

利用图 4.12.6(b)求得开路电压为

$$\dot{U}_{\text{oc}}=\frac{R_2-\text{j}X_C}{(R_1+\text{j}X_L)+(R_2-\text{j}X_C)}\times\dot{U}_{\text{s}}\approx(66.667-\text{j}50.0)\ \text{V}\approx 83.333\angle{-36.870^\circ}\ \text{V}$$

根据最大功率传输定理,当

$$Z_{\text{L}}=Z_{\text{eq}}^*=R_{\text{eq}}-\text{j}X_{\text{eq}}\approx(28.333-\text{j}10.0)\ \Omega$$

时,负载获得的功率为最大:

$$P_{\text{Lmax}}=\frac{U_{\text{oc}}^2}{4R_{\text{eq}}}\approx\frac{83.333^2}{4\times 28.333}\ \text{W}\approx 61.275\ \text{W}$$

【结语】

正弦量的导数和积分仍然是正弦量,这是正弦量有别于其他函数的主要优点。因此,无论是电力还是电讯领域,正弦交流电路都是十分重要的。斯泰因梅茨 1893 年向国际电工委员会报告的计算交流电路的实用方法——相量法,用抽象的复数电流与电压去计算正弦的电流与电压,大大增强了人们认识交流电路的能力,促进了交流电的发展。他一生的研究领域涉及发电、输电、配电、电照明、电机、电化学等方面。

将正弦量变换成相量,线性直流电路的分析方法可移来使用。巧做变换,方法归一。

【思考题】

1. 为什么电感和电容的阻抗具有不同的符号?

2. 如果电路的视在功率等于有功功率,它是否还含有电抗元件?

3. 能否根据瞬时功率的曲线确定电路阻抗的性质?感性还是容性?

4. 将铜坯放入通有交流电的线圈中,问线圈的等效阻抗如何变化?

5. 从实际应用角度考虑,影响一端口网络等效参数的因素有哪些?

6. 为什么在计算复功率时,电流的相量变成了共轭?

7. 试述提高功率因数的意义和方法。

8. 如何提高容性负载的功率因数?

9. 在正弦电路中,什么条件下可以不用相量分析法,而直接使用有效值或瞬时值进行计算?

10. 在正弦电路中,使用相量分析比直接使用电压和电流的瞬时值分析有哪些益处?

11. 与容性一端口网络相比,感性一端口网络的主要特征是什么?

12. 一般情况下正弦交流电路的视在功率不满足守恒性,为什么?对什么样的电路,电源发出的视在功率等于负载吸收的视在功率?

13. 怎样区别功率因数与传输效率?它们分别是衡量什么问题的指标?

习 题 四

4.1 电路如图题 4.1 所示,设 $u=100\cos(\omega t+10^\circ)$ V,$i_1=2\cos(\omega t+100^\circ)$ A,$i_2=-4\cos(\omega t+190^\circ)$ A,$i_3=$

$5\sin(\omega t+10°)$ A。试写出电压和各电流的有效值、初相位，并求电压超前各电流的相位差。

4.2　已知正弦电流的波形如图题4.2所示，试求此正弦电流的幅值、周期、频率、角频率和初相，并写出该电流表达式。

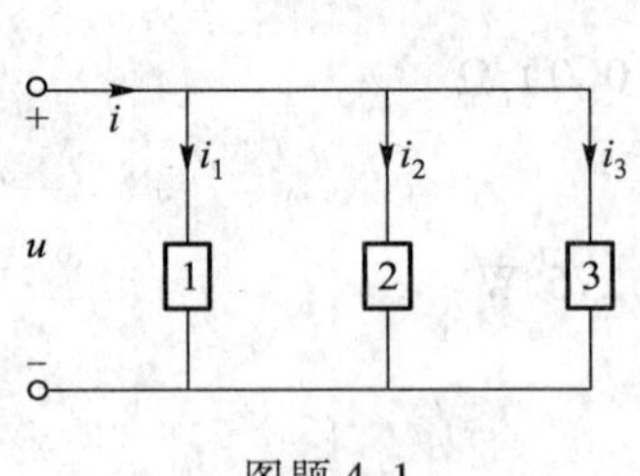

图题4.1

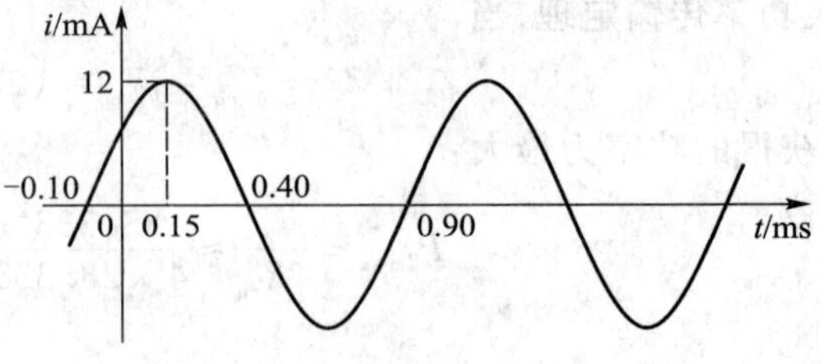

图题4.2

4.3　将下列各正弦量表示为有效值相量，并绘出相量图。

（1）$i_1(t)=2\cos(\omega t-30°)$ A；$i_2(t)=3\sin(\omega t+\pi/4)$ A。

（2）$u_1(t)=100\cos(314t+2\pi/3)$ V；$u_2(t)=-250\cos(314t)$ V。

4.4　设角频率为 ω，写出下列电压、电流相量所代表的正弦电压和电流：

（a）$\dot{U}_m=10\angle-10°$ V；（b）$\dot{U}=(-6-j8)$ V；（c）$\dot{I}_m=(0.2-j20.8)$ A；（d）$\dot{I}=-30$ A。

4.5　下列各式中电压、电流、磁通、电荷均为同频率的正弦量，角频率为 ω，试将下列各式变换为相量形式：

（a）$u=N\dfrac{d\Phi}{dt}$；（b）$Ri+L\dfrac{di}{dt}=u$。

4.6　用相量法计算图题4.1电路的总电流 i。

4.7　（1）如图题4.7(a)所示电路，已知 $i_{S1}=I_m\cos(\omega t+\pi/6)$，$i_{S2}=I_m\cos(\omega t-\pi/3)$，求电压 u_C 和 u_L；（2）如图题4.7(b)所示电路，已知 $u_{S1}=U_m\cos\omega t$，$u_{S2}=U_m\cos(\omega t+\pi/2)$，求电流 i_C 和 i_L。

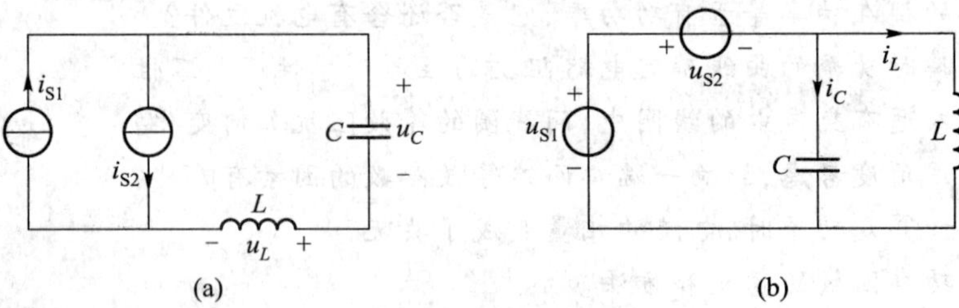

图题4.7

4.8　如图题4.8所示电路，若电流 $i=\cos(314t)$ A，试求电压 u_R、u_L、u_C 和 u，并绘出波形图和相量图。

4.9　图题4.9所示电路，已知 $i_R=\sqrt{2}\cos(\omega t)$ A，$\omega=2\times10^3$ rad/s，求各元件电压、电流及总电压 u，并作各电压、电流的相量图。

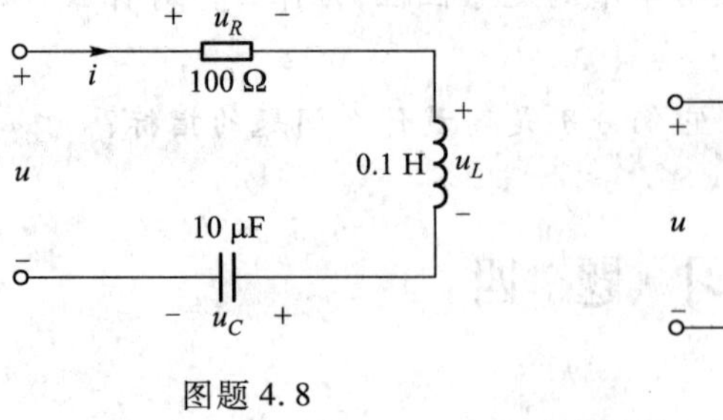

图题4.8

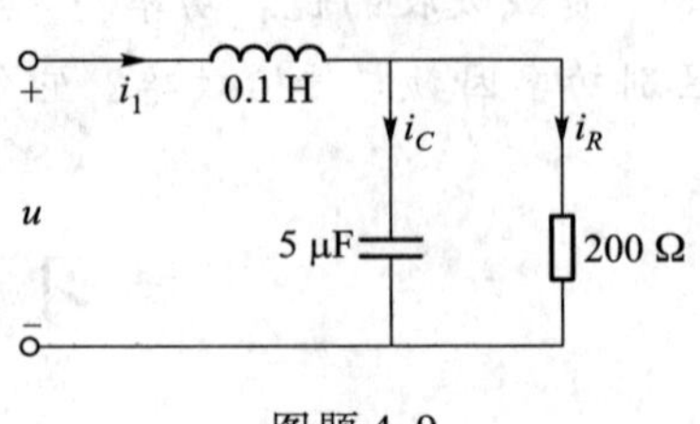

图题4.9

4.10 如图题 4.10 所示各电路,已标明电压表和电流表的读数,试求电压 u 和电流 i 的有效值。

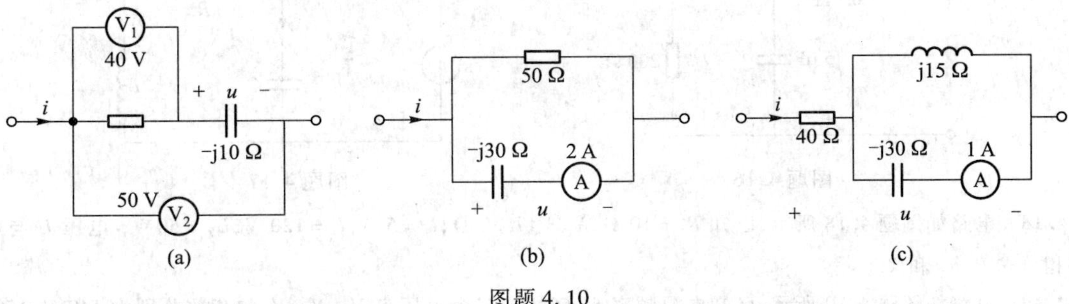

图题 4.10

4.11 在图题 4.11 所示电路中,各元件电压、电流取一致的参考方向。设有效值 $I_1 = 1$ A,取 $\dot{I}_1$ 为参考相量,画出各电流、电压相量图,再根据相量图写出各元件电压、电流有效值相量。

4.12 如图题 4.12 所示电路,已知 $U_R = U_L = 10$ V,$R = 10$ Ω,$X_C = 10$ Ω,求 I_s 的值。

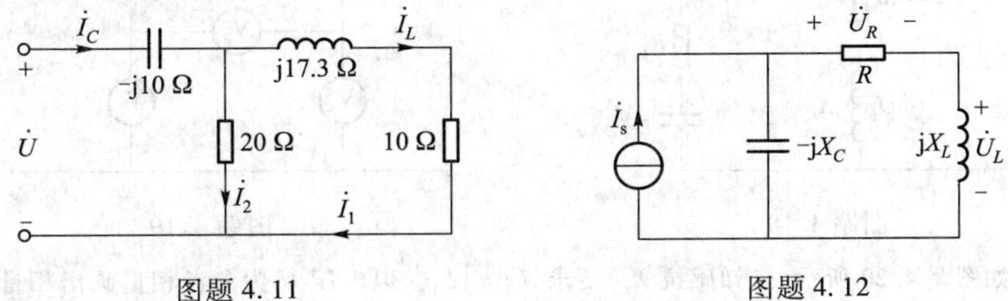

图题 4.11　　图题 4.12

4.13 求图题 4.13 所示电路 a、b 之间的等效阻抗 Z_{ab},设角频率为 ω。

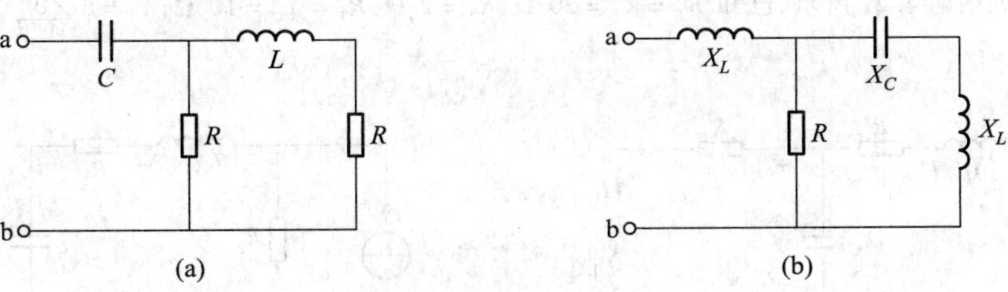

图题 4.13

4.14 求图题 4.14 所示一端口网络的输入阻抗 Z,并证明当 $R = \sqrt{L/C}$ 时,Z 与频率无关,再求出 Z。

4.15 求图题 4.15 所示一端口网络的输入阻抗 Z。

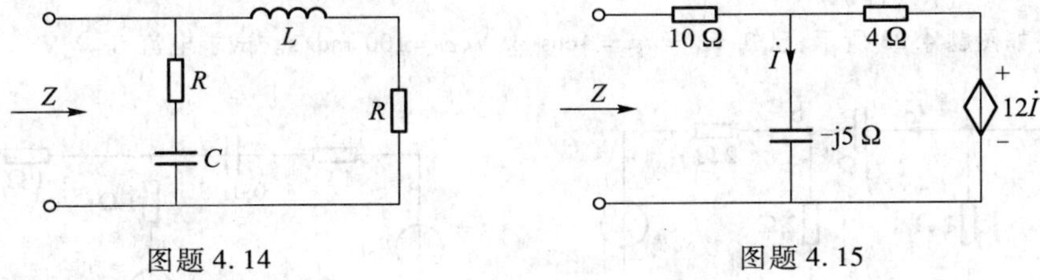

图题 4.14　　图题 4.15

4.16 设图题 4.16 所示电路中,正弦电源角频率分别为 500、1 000 和 2 000 rad/s,试求此电路在这三种频率下的等效阻抗以及串联等效电路参数。

4.17 电路如图题 4.17 所示,已知正弦电源角频率 $\omega = 3$ rad/s,$L = 1$ H,$R = 4$ Ω,问电流 i_2 超前 i_1 多少度?

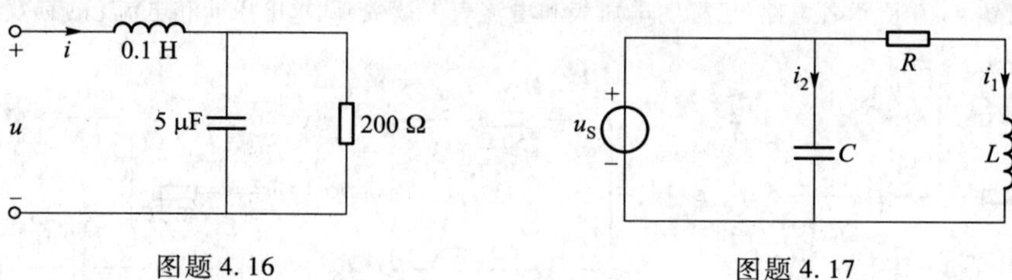

图题 4.16　　　　图题 4.17

4.18　电路如图题 4.18 所示，已知 $R_1=10\ \Omega$，$X_C=17.32\ \Omega$，$I_1=5\ \text{A}$，$U=120\ \text{V}$，$U_L=50\ \text{V}$，电压 $\dot{U}$ 与电流 $\dot{I}$ 同相。求 R、R_2 和 X_L。

4.19　电路如图题 4.19 所示，已知电源频率 $f=50\ \text{Hz}$，三个电压表 V_1、V_2、V_3 的读数分别为 149 V、150 V、120 V，求 R 和 L 的值。

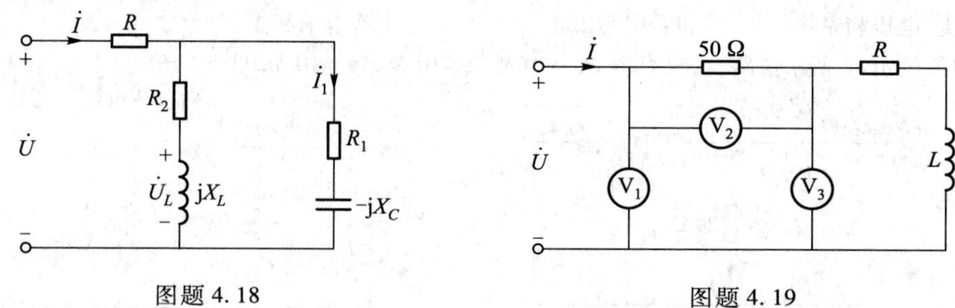

图题 4.18　　　　图题 4.19

4.20　电路如图题 4.20 所示，已知感抗 X_L，要求 $\dot{I}_2=\text{j}\dot{I}_1$。以电压 $\dot{U}$ 为参考相量画出相量图，求电阻 R 和容抗 X_C。

4.21　电路如图题 4.21 所示，已知 $R_1=X_L=20\ \Omega$，$R_2=2\ \Omega$，$R_3=X_C=10\ \Omega$，$\dot{I}_s=6\angle 0^\circ\ \text{A}$，$\dot{E}=30\angle 0^\circ\ \text{V}$。求电流 $\dot{I}$。

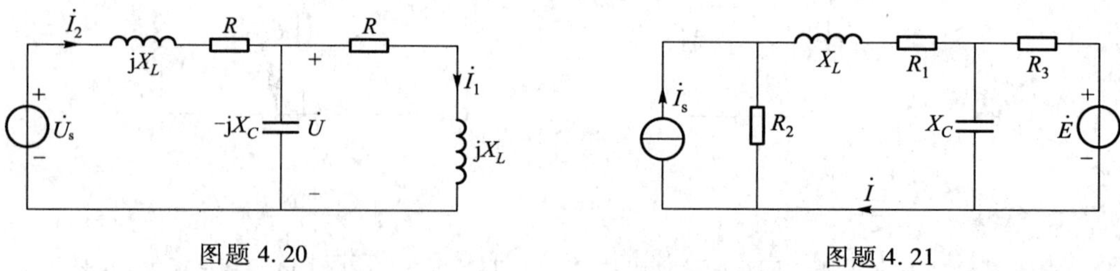

图题 4.20　　　　图题 4.21

4.22　电路如图题 4.22 所示，已知 $\dot{I}_s=10\angle 0^\circ\ \text{A}$，$\dot{U}_s=20\angle 90^\circ\ \text{V}$，用节点电压法求各节点电压及流过电容的电流 $\dot{I}_C$。

4.23　电路如图题 4.23 所示，已知 $u_{S1}=u_{S2}=4\cos\omega t\ \text{V}$，$\omega=100\ \text{rad/s}$。试求电流 i。

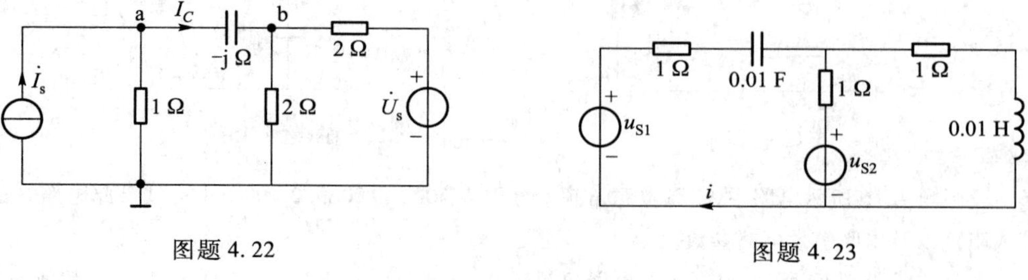

图题 4.22　　　　图题 4.23

4.24 在图题 4.24 所示 RC 移相电路中，设 $R=1/(\omega C)$，试求输出电压 u_o 和输入电压 u_i 的相位差。

4.25 图题 4.25 为双 T 形选频电路，已知输入电压 $\dot{U}_i$ 及电路参数 R、C。试求输出电压 $\dot{U}_o$ 的表达式，并讨论输入电压频率为何值时输出电压 $\dot{U}_o$ 等于零？

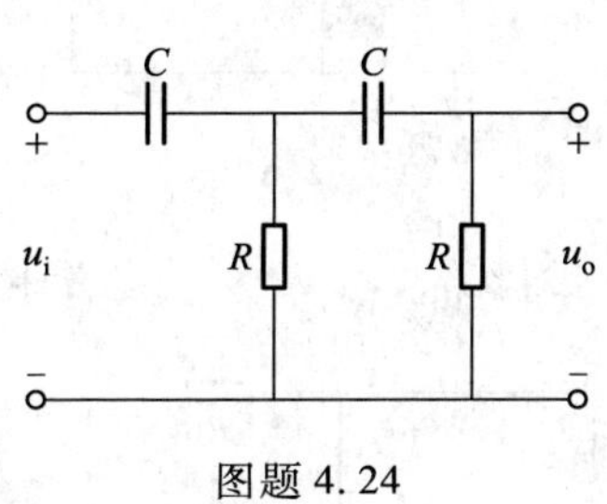

图题 4.24

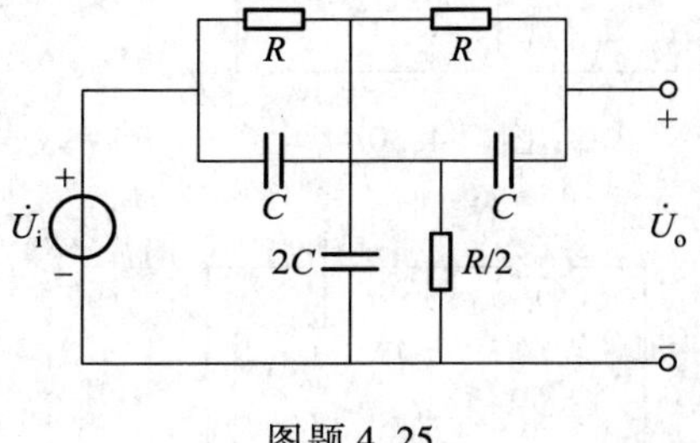

图题 4.25

4.26 如图题 4.26 所示电路，要求在正弦稳态下，电压 u_1 与 u_2 的相位差为90°，求电路参数应满足的关系。

4.27 如图题 4.27 所示电路，已知 $u_S=2\cos(\omega t)$ V，$\omega=10^3$ rad/s，$R_1=10\ \Omega$，$L=10$ mH，$C=5\ \mu$F。(1) 求 R_2 为何值时，电压 $u_2=0$？(2) 求 $R_2=100\ \Omega$ 时电压 u_2 与 u_S 的相位差。

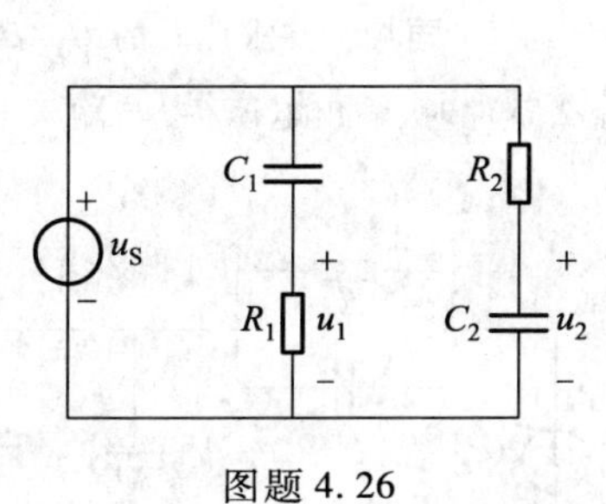

图题 4.26

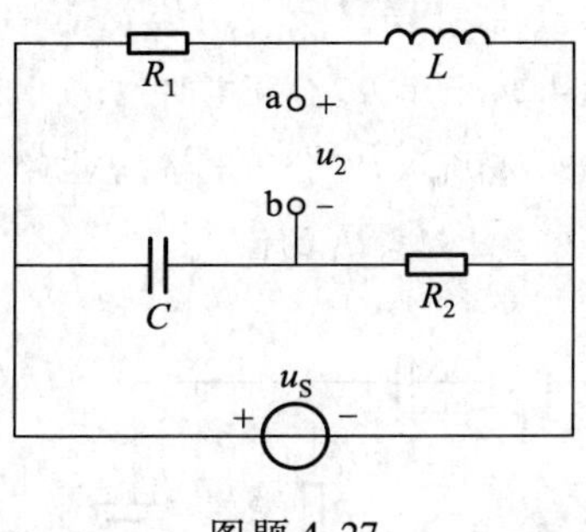

图题 4.27

4.28 求图题 4.28 所示电路的戴维南等效电路。

4.29 设图题 4.29 所示一端口网络中 $u_S=200\sqrt{2}\cos\omega t$ V，$\omega=10^3$ rad/s，求其戴维南等效电路。

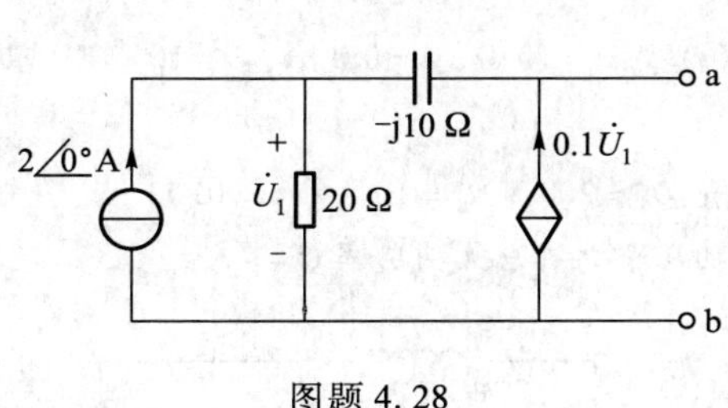

图题 4.28

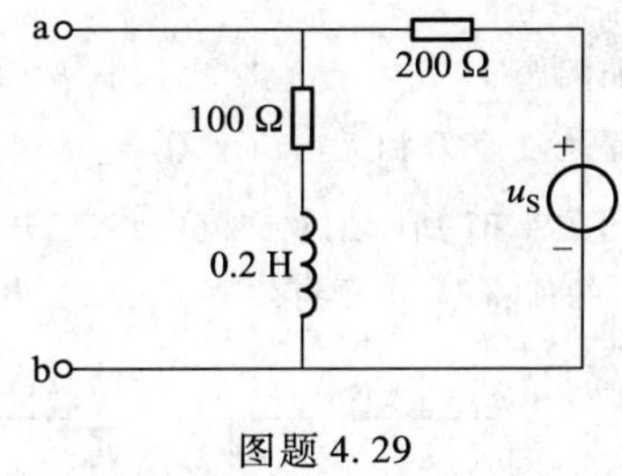

图题 4.29

4.30 如图题 4.30 所示电路，已知 $L=0.01$ H，$C=0.01$ F，$i_S=10\sqrt{2}\cos\omega t$ A。求 ω 为何值时电压 u 与电阻 $R(R\neq 0)$ 无关？求出电压 u。

4.31 图题 4.31 所示电路，已知 u_S 为正弦电压源，$\omega=2\ 000$ rad/s。问电容 C 等于多少才能使电流 i 的有效值达到最大？

4.32 图题 4.32 所示阻容移相电路，设输入电压 $\dot{U}_i$ 及 R_1、C 已知，求输出电压 U_o，并讨论当 R 由零变到无穷时输出电压 $\dot{U}_o$ 与输入电压 $\dot{U}_i$ 的相位差变化范围。

4.33 图题 4.33 所示电路，设 $\dot{U}_s=10$ V，角频率 $\omega=10^3$ rad/s。要求无论 R 怎样改变，电流有效值 I 始终不变，求 C 的值，并分析电流 $\dot{I}$ 的相位变化情况。

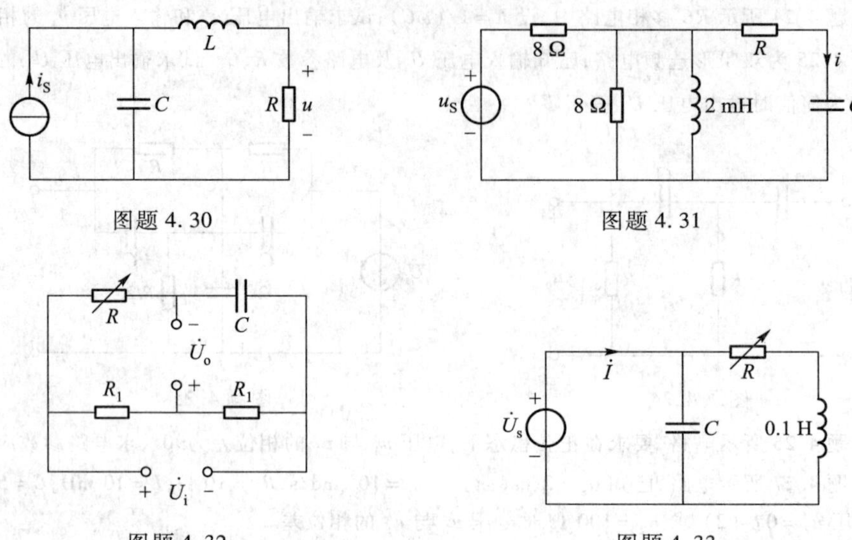

图题 4.30 图题 4.31

图题 4.32 图题 4.33

4.34 如图题 4.34 所示 RC 分压电路，求频率为何值时 $\dot{U}_2$ 与 $\dot{U}_1$ 同相？并求此时的 $\dot{U}_2/\dot{U}_1$。

4.35 如图题 4.35 所示 RC 分压电路，求电路参数满足什么条件时，输出电压 $\dot{U}_o$ 与输入电压 $\dot{U}_i$ 在任何频率下都保持同相位？并求 $\dot{U}_o/\dot{U}_i$ 的值。

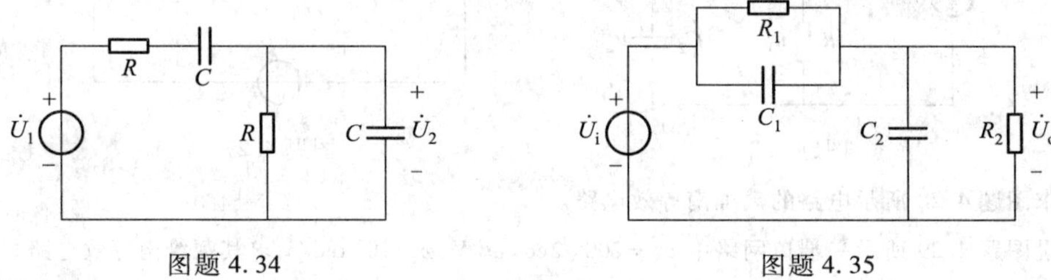

图题 4.34 图题 4.35

4.36 如图题 4.36 所示电路，已知 $u_L = 10\sqrt{2}\cos(100t)$ V，$R = 10\ \Omega$，$L = 0.1$ H，$C = 10^{-3}$ F。求电流 i 及电压源提供的平均功率 P 和无功功率 Q。

4.37 图题 4.37 所示工频交流电路，已知如下有效值：$U_2 = 200$ V，$I_1 = 10$ A，$I_2 = 10\sqrt{3}$ A。又知 $L = 5$ mH。求：(1) R、X_C 的值；(2) 电压有效值 U_1；(3) 电路的总有功功率 P 和总无功功率 Q。

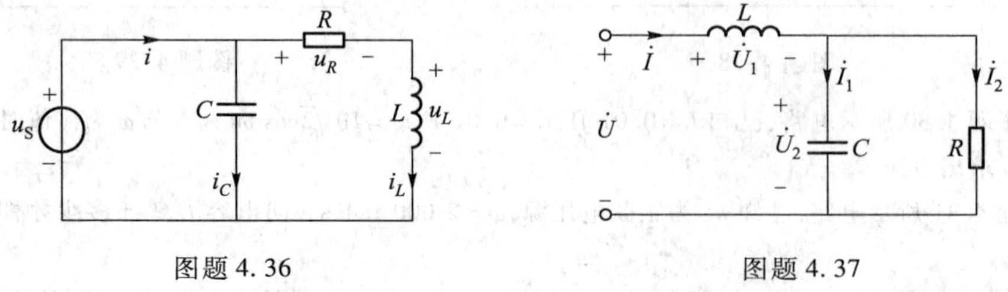

图题 4.36 图题 4.37

4.38 图题 4.38 所示电路，已知电压源 u_S 的有效值为 60 V，角频率为 100 rad/s，$R_1 = 10\ \Omega$，$R_2 = 20\ \Omega$，$C = 500\ \mu$F。(1) 计算等效导纳 Y_{eq}。(2) 计算电压源的平均功率、无功功率、视在功率和功率因数。

4.39 如图题 4.39 所示电路，已知 $R = 10\ \Omega$，$L = 0.1$ H，$C = 0.001$ F，$i_C = 20\sqrt{2}\cos(100t)$ A。求 u_S 及电压源提供的复功率，并用相量图定性表示各电压电流关系。

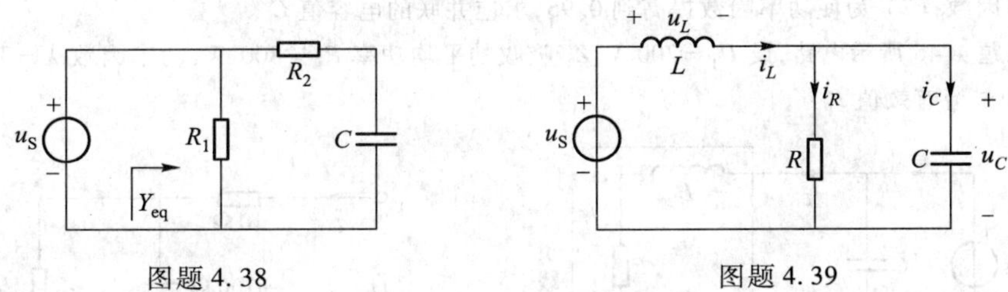

图题 4.38　　　　图题 4.39

4.40　图题 4.40 为三表法测量负载等效阻抗的电路。现已知电压表、电流表、功率表读数分别为 36 V、10 A 和288 W，各表均为理想仪表，求感性负载等效阻抗 Z。再设电路角频率为 $\omega = 314$ rad/s，求负载的等效电阻和等效电感。

4.41　如图题 4.41 所示电路，已知电压 $U_1 = 100$ V，电流 $I_1 = 10$ A，电源输出功率 $P = 500$ W。求负载阻抗及端电压 U_2。

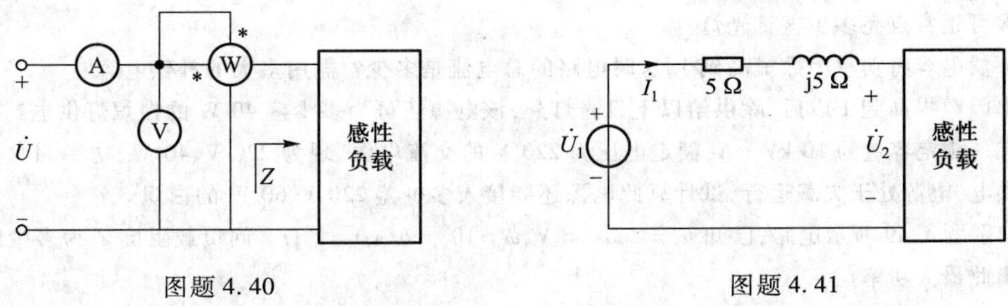

图题 4.40　　　　图题 4.41

4.42　如图题 4.42 所示电路，已知 $U = 100$ V，功率表不消耗功率，问它的读数为多少？

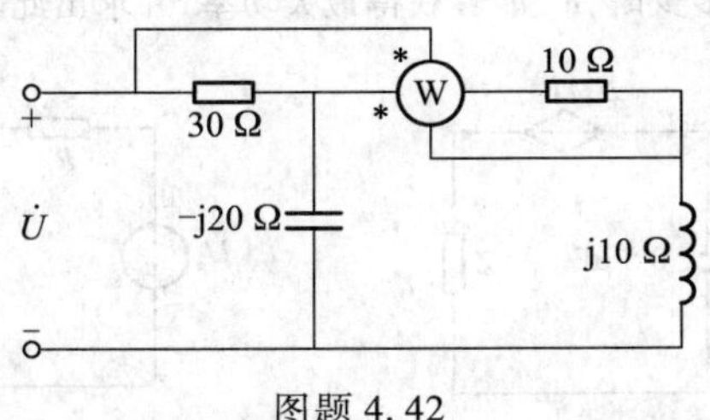

图题 4.42

4.43　某负载 Z 与 220 V 正弦电压源相连接，为测量此负载，将该负载并接了一个可变电容箱，如图题 4.43 所示。当改变电容时，量测到的电流如下表，单位 A。求负载 Z 的复阻抗及其消耗的有功功率。

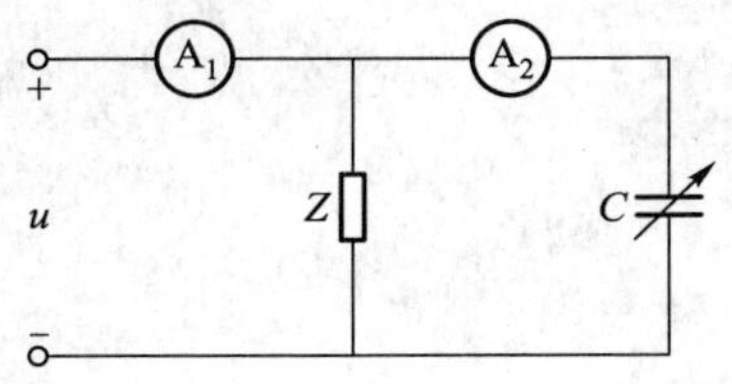

A_1	3.0	2.646	2.646	3.0
A_2	0.0	1.0	2.0	3.0

图题 4.43

4.44　功率为 40 W 的白炽灯和日光灯各 100 只并联在电压 220 V 的工频交流电源上，设日光灯的功率因数为 0.5（感性），求总电流以及总功率因数。如通过并联电容把功率因数提高到 0.9，问电容应为多少？求这时的总电流。

4.45　如图题 4.45 所示电路，设负载电感 $L = 0.1$ H，电阻 $R = 10$ Ω，$u_S = 100\sqrt{2}\cos(100t)$ V。(1) 求负载的

平均功率和功率因数;(2) 为使功率因数提高到 0.95,求应并联的电容值 C 。

4.46　如图题 4.46 所示电路,设 $U_1=200\ \text{V}$,Z_1 吸收的平均功率 $P_1=800\ \text{W}$,功率因数 $\lambda=0.8$(感性)。求电压有效值 U 和电流有效值 I。

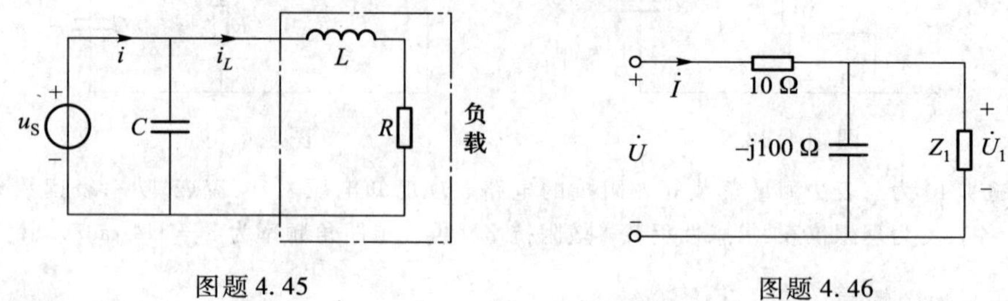

图题 4.45　　　　图题 4.46

4.47　某单相 50 Hz 的交流电源,其额定容量为 $S_N=40\ \text{kV}\cdot\text{A}$,额定电压 $U_N=220\ \text{V}$,给照明电路供电,若负载都是 40 W 的日光灯(可认为是 RL 串联电路),其功率因数为 0.5,试求:

(1) 最多可正常点亮多少盏日光灯?

(2) 用补偿电容将功率因数提高到1,这时电路的总电流是多少?需用多大的补偿电容?

(3) 功率因数提高到 1 以后,除供给以上日光灯外,该电源还可为多少盏 40 W 的白炽灯供电?

4.48　有一额定容量为 10 kV·A,额定电压为 220 V 的交流电源,现为 220 V、40 W、功率因数为 0.5 的日光灯 100 盏供电,电源处于欠载运行,试计算此电源还能接入多少盏 220 V、60 W 的白炽灯?

4.49　如图题 4.49 所示电路,已知 $u_S=2\cos\omega t\ \text{V}$,$\omega=10^6\ \text{rad/s}$,$r=1\ \Omega$。问负载阻抗 Z 为多少时可获得最大功率?求出此最大功率。

4.50　如图题 4.50 所示电路,已知电源频率 $f=31.8\ \text{kHz}$,$U_S=1\ \text{V}$,内阻 $R_S=125\ \Omega$,负载电阻 $R_2=200\ \Omega$。LC 组成阻抗匹配网络,问 L 和 C 为多少时,R_2 能够获得最大功率,并求出此功率。

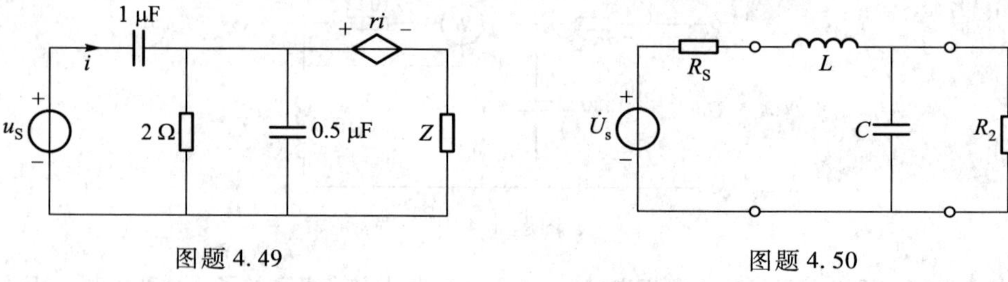

图题 4.49　　　　图题 4.50

第 5 章 含磁耦合器件的电路

【导读】

由于磁场的空间分布特性和磁通的连续特性，载有电流的两个相邻线圈所产生的磁通必然相互交链，即一个线圈电流所产生的磁通会穿过邻近的另一个线圈。这种现象称为磁耦合。利用磁耦合及电磁感应现象能够实现电能或电信号的非电气接触式传输。据此，人们设计了许多基于磁耦合原理工作的器件和设备，例如电压互感器、电流互感器、电力变压器、隔离变压器、钳形电流表等。为了认识这些器件的共同规律，本章从物理原型出发，介绍磁耦合器件的理想化电路模型，包括互感模型和理想变压器模型，内容涉及这些理想元件的端口特性方程、等效化简，以及含有这些元件的电路分析。

5.1 磁耦合现象与互感元件

1. 磁耦合现象

载有电流的线圈能够在周围空间建立磁场，所产生的磁通能够穿过与其邻近的另一线圈。例如图 5.1.1(a)线圈 1 中电流所激发的磁通不仅形成本线圈的自感磁链 Ψ_{11}，即线圈 1 各匝自感磁通(Φ_{11})的总和，而且还有部分磁通与线圈 2 交链而形成线圈 1 对线圈 2 的互感磁链 Ψ_{21}，即线圈 2 各匝互感磁通(Φ_{21})的总和。同样，线圈 2 中电流所激发的磁通(Φ_{22})不仅形成线圈 2 的自感磁链 Ψ_{22}，而且有一部分磁通(Φ_{12})与线圈 1 交链而形成线圈 2 对线圈 1 的互感磁链 Ψ_{12}，如图 5.1.1(b)所示。上述这种现象称为**磁耦合现象**或**互感现象**。

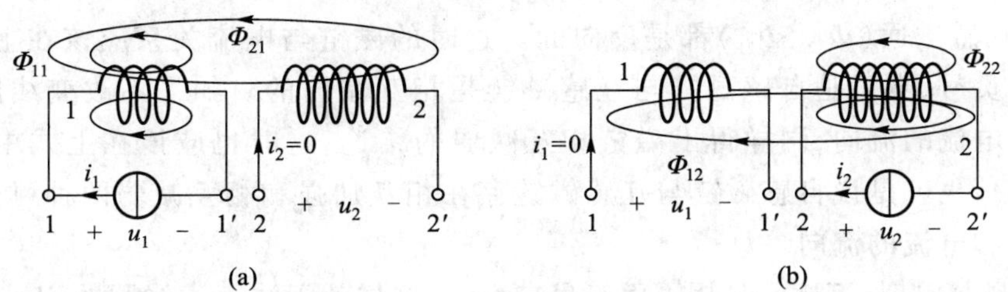

图 5.1.1 磁耦合现象图示：(a) 线圈 1 通电；(b) 线圈 2 通电

根据上述分析，如果两个线圈都载有电流，则每个线圈的总磁链将包括两部分：本线圈电流产生的自感磁链和邻近线圈产生的互感磁链，如图 5.1.2 所示。

如果线圈中的电流是交变的,因而产生的磁通也是交变的。根据电磁感应定律,在另一个线圈的回路中就会产生感应电动势,从而将能量或信号从一个线圈传递到另一个线圈。一般将与电源相接的线圈即输入电能或电信号的线圈称为**一次侧**,与负载相接的线圈即输出电能或电信号的线圈称为**二次侧**。

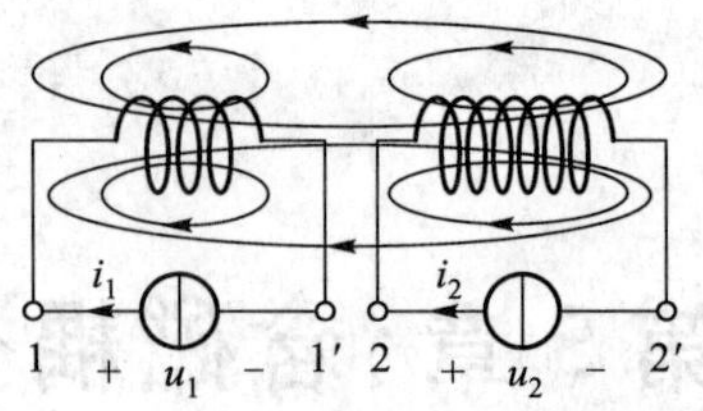

图 5.1.2 耦合线圈磁链的构成

基于磁耦合现象,工程上设计了许多电气元件,为了研究这些实际的磁耦合器件,在电路理论中需要根据它们的主要电磁特征,建立理想化的电路模型。一般说来,磁耦合器件的线圈是用导电性能很好的铜线绕制的,并且具有足够大的横截面积,因而线圈的等效电阻或功率损耗很小可以略去不计。此外,在设计磁耦合器件时,通过选择材质、改进工艺和结构等措施,尽量降低磁介质的功率损耗,因而也可略去不计。经这种理想化后的元件在电路理论中称为互感元件,简称**互感**。下面建立线性互感(即磁导率 μ 为常量的线性介质中的互感)的磁链与电流的关系以及电压与电流的关系。

2. 互感的磁链与电流关系

根据电磁学原理,在线性条件且不考虑介质功率损耗时,无论自感磁链还是互感磁链都正比于激发它们的线圈电流,而每个线圈的总磁链等于自感磁链与互感磁链的线性叠加。再根据电流与磁通之间的右手螺旋法则,图 5.1.2 各线圈总磁链与电流的关系为

$$\begin{cases}\Psi_1=\Psi_{11}+\Psi_{12}=L_1 i_1+M_{12} i_2\\ \Psi_2=\Psi_{21}+\Psi_{22}=M_{21} i_1+L_2 i_2\end{cases} \tag{5.1.1}$$

式中,L_1 和 L_2 分别是线圈 1 和线圈 2 的自感系数,简称**自感**,也就是线圈 1 和线圈 2 单独存在时的各自电感。M_{12}及 M_{21}分别是线圈 2 对线圈 1 及线圈 1 对线圈 2 的互感系数,也简称**互感**。这样,“互感”一词就有两个含义:磁耦合元件和它的一个参数。稍后结合能量的计算可以证明,M_{12}和 M_{21}是相等的,因此用不带下标的 M 来表示,即

$$M_{12}=M_{21}=M \tag{5.1.2}$$

这样式(5.1.1)便可写成

$$\begin{cases}\Psi_1=\Psi_{11}+\Psi_{12}=L_1 i_1+M i_2\\ \Psi_2=\Psi_{21}+\Psi_{22}=M i_1+L_2 i_2\end{cases} \tag{5.1.3}$$

如果仅改变线圈 2 的绕向,其他条件保持不变,如图 5.1.3 所示,则每个线圈的自感磁通(Φ_{11}、Φ_{22})与互感磁通(Φ_{12}、Φ_{21})都是反向的。这时的磁链与电流关系应该在上式中的互感系数前面添上负号,意思是自感磁链与互感磁链是相互减弱的。如果不改变线圈 2 的绕向,但改变线圈 2 电流的流向,同样得出磁链相互减弱的结论,这时也应该在上式中的互感系数前面添上负号。也就是说自感磁链与互感磁链存在相互加强和相互减弱两种可能,取决于线圈的相对绕向和电流的流向。

在建立电路模型时,互感元件用平面符号来表示,这样就无法表达线圈的相对绕向,也就无法确定互感系数前面的符号。为此,人们在相应的端子上用加星号的方法来表示两个线圈的相对绕向,如图 5.1.4 所示,并将带有星号的两个端子称为**同名端**。它们是这样约定的:当两个线圈中的自感磁通和互感磁通方向相同时,流入(或流出)电流的两个端子规定为同名端。对图

5.1.2,1 和 2 是同名端,1′和 2′也是同名端;而对图 5.1.3,1 和 2′是同名端,1′和 2 是同名端。上述两种情况分别用图 5.1.4(a)和(b)的所示符号来表示。非同名端的两个端子称为**异名端**。

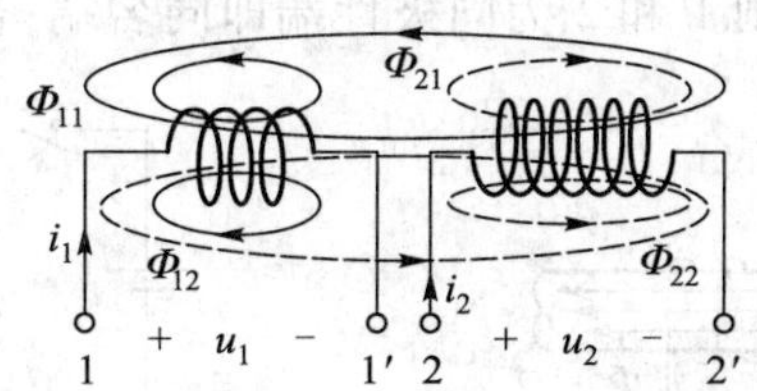

图 5.1.3 改变线圈 2 绕向后的磁链构成

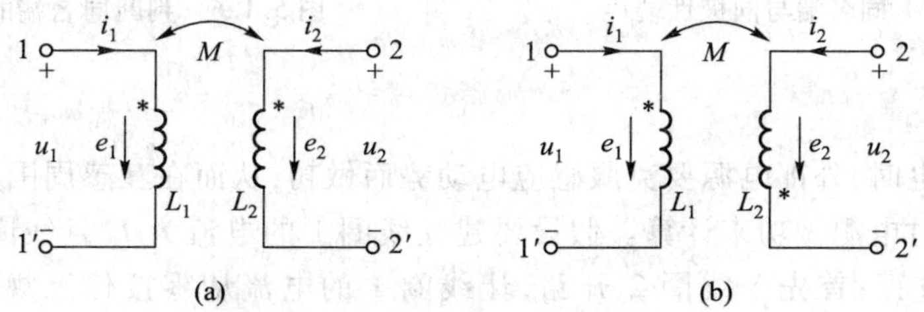

图 5.1.4 互感元件的符号:(a)电流从同名端流入;(b)电流从异名端流入

根据同名端的约定,当电流都从同名端流入(或流出)时,方程(5.1.3)的互感磁链前面使用正号;否则使用负号。

同名端不同于电压或电流的参考方向,它是在互感的平面符号中用来表示线圈相对绕向的一种手段,是客观的,不能随意假定,而参考方向是可以随意假定的。

3. 互感的电压与电流关系

根据电磁感应定律和互感磁通的相互交链特性,当某线圈电流变化时,不仅要在本线圈产生**自感电动势**,还要在邻近的另一线圈产生**互感电动势**。每个线圈的电动势等于自感电动势与互感电动势的叠加。在不计线圈电阻的理想情况下,当电压、电流、电动势选择一致的参考方向(以后均这样选择)时,由式(5.1.3)可以写出互感元件电压与电流的关系为

$$\begin{cases} u_1 = -e_1 = \dfrac{\mathrm{d}\Psi_1}{\mathrm{d}t} = L_1\dfrac{\mathrm{d}i_1}{\mathrm{d}t} \pm M\dfrac{\mathrm{d}i_2}{\mathrm{d}t} = -(e_{11}+e_{12}) \\ u_2 = -e_2 = \dfrac{\mathrm{d}\Psi_2}{\mathrm{d}t} = \pm M\dfrac{\mathrm{d}i_1}{\mathrm{d}t} + L_2\dfrac{\mathrm{d}i_2}{\mathrm{d}t} = -(e_{21}+e_{22}) \end{cases} \tag{5.1.4}$$

上式 M 前的符号仍取决于自感磁链与互感磁链的相对方向。但在使用电压与电流关系时,可以不涉及磁链的方向。以上式第一个方程为例,这时 M 前面的符号规则可以等价地叙述成:当电压 u_1 从星标端指向非星标端,并且 i_2 从星标端流入时,M 前取正号。每改变一个条件,M 前的符号跟着改变一次。

根据同名端的约定和电磁感应现象还可获知,当两个线圈的公共磁通发生变化时,例如增加,那么两个线圈同名端相对于本线圈另一端的感应电压极性(即电位的高低)是相同的,所以同名端也称为**同极性端**。例如图 5.1.5 所示情况,当 Φ 增加时,两个线圈中都要产生感应电压,并且 1 和 2′同为低电位端,1′和 2 同为高电位端,即 1 和 2′是同极性端,1′和 2 也是同极性端。

根据这一原理,可以采用突然施加直流电压的方法来判断实际互感器件的同名端。图5.1.6所示电路,将开关突然闭合,线圈1(左侧)的自感磁通和线圈2(右侧)的互感磁通便开始增加。如果电压表指示为正值,则1和2为同极性端即同名端;否则1和2′为同名端。

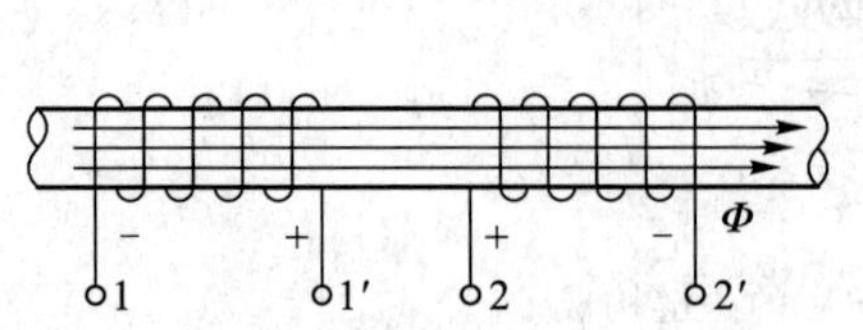

图5.1.5 同名端与同极性端

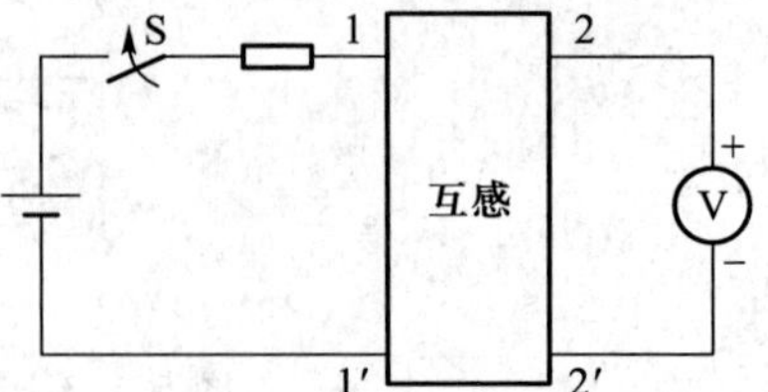

图5.1.6 判断同名端的一种方法

4. 互感储能[*]

互感元件在通电时,外部电源要克服感应电动势而做功,从而在互感周围建立磁场。因此该磁场的能量可以通过电源做功来计算。假设要建立线圈1的电流为 I_1 且线圈2的电流为 I_2 的磁场,可以分两步进行:首先令线圈2开路,让线圈1的电流从零按任意规律上升到 I_1,如图5.1.7(a)所示。建立这部分磁场所需要的能量即电源1所做的功已在1.5节进行了分析,并由式(1.5.13)给出:

$$W_1 = \frac{1}{2}L_1 I_1^2 \tag{5.1.5}$$

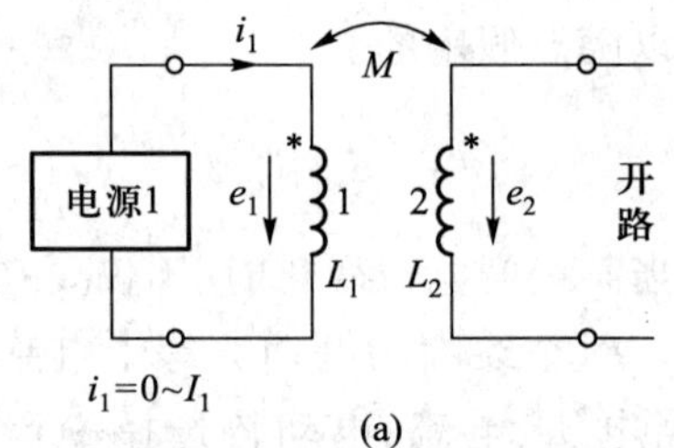

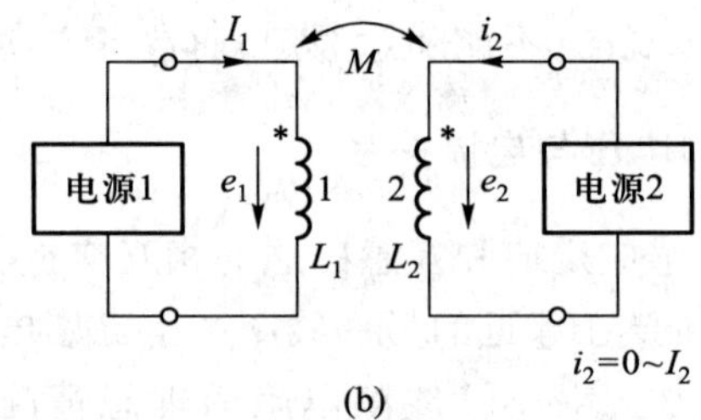

图5.1.7 互感磁场能量的建立:(a) 线圈1先通电;(b) 线圈2后通电

然后维持线圈1的电流不变,让线圈2的电流从零按任意规律上升到 I_2,如图5.1.7(b)所示。在这个过程中,由于线圈1的电流保持不变,从而线圈2中无互感电动势,故在这个过程中电源2所做的功为

$$W_2 = \frac{1}{2}L_2 I_2^2 \tag{5.1.6}$$

但在这个过程中,由于线圈1中有互感电动势 e_{12},所以为了维持线圈1的不变电流,图5.1.7(b)中的电源1要克服该互感电动势而做功,这部分功当然也变成了互感的磁场能量,称为互感磁能,计算如下:

$$W_M = \int_0^{t_2}(-e_{12})I_1\,\mathrm{d}t = \int_0^{t_2}M_{12}\frac{\mathrm{d}i_2}{\mathrm{d}t}I_1\,\mathrm{d}t = M_{12}\int_0^{I_2}I_1\,\mathrm{d}i_2 = M_{12}I_1I_2 \tag{5.1.7}$$

积分上限 t_2 表示建立 I_2 所需要的时间。因此,当线圈1有电流 I_1 且线圈2有电流 I_2 时,总的磁场能量为

$$W_{\mathrm{m}} = W_1 + W_2 + W_{\mathrm{M}} = \frac{1}{2}L_1 I_1^2 + \frac{1}{2}L_2 I_2^2 + M_{12} I_1 I_2 \tag{5.1.8}$$

如果交换两个线圈的通电顺序，也就是先使线圈 2 的电流达到 I_2，然后保持 I_2 不变，再使线圈 1 的电流达到 I_1，根据上述原理，此时所建立的磁场能量为

$$W'_{\mathrm{m}} = W_1 + W_2 + W'_{\mathrm{M}} = \frac{1}{2}L_1 I_1^2 + \frac{1}{2}L_2 I_2^2 + M_{21} I_1 I_2 \tag{5.1.9}$$

一般说来能量是状态的单值函数，所以上述按照两种顺序建立的磁场能量应该是相等的，也就是说磁场能量只与 I_1 和 I_2 有关，不应与这些电流的建立顺序和建立过程有关，或者说不应与电流变化的“历史”有关。因此，比较上述二式可知 $M_{12} = M_{21}$。

注意，在某些情况下，能量与电流变化的“历史”可能是有关的。例如含铁磁物质的互感，由于磁滞回线与电流变化的“历史”有关，所以能量也与电流变化的历史有关。在这种情况下，可能存在 $M_{12} \neq M_{21}$，且它们都是与电流有关的函数。再如，松弛缠绕的螺线管，通电后由于同向电流的线匝之间存在吸引力，长度会有所缩短，此时的自感和互感都不是常量，磁场能量便与电流变化的历史有关。

上述分析中假设电流都是从同名端流入的。当电流从异名端流入时，M_{12} 和 M_{21} 前面要使用负号。再考虑 $M_{12} = M_{21} = M$ 的关系，互感储存的磁场能量最终可以写成

$$W_{\mathrm{m}} = \frac{1}{2}L_1 I_1^2 + \frac{1}{2}L_2 I_2^2 \pm M I_1 I_2 \tag{5.1.10}$$

如果两个线圈不存在磁耦合，即 $M = 0$，则总磁能就是两个自感分别储能之和。存在磁耦合时，要增或减一项 MI_1I_2，增与减决定于互感的作用是使磁场增强还是减弱，但即便减弱也不会使式(5.1.10)出现负值。这是因为物理上两个线圈不管在空间怎样布置，其电流在空间总是形成磁场，充其量两者磁场正好抵消。基于这一事实，将互感储能的二次型表达式(5.1.10)等价地改写成矩阵之积的形式：

$$W_{\mathrm{m}} = \frac{1}{2}\begin{bmatrix} I_1 & I_2 \end{bmatrix}\begin{bmatrix} L_1 & \pm M \\ \pm M & L_2 \end{bmatrix}\begin{bmatrix} I_1 \\ I_2 \end{bmatrix} \tag{5.1.11}$$

因为对任意的电流 I_1 和 I_2，上述能量都是非负的，因此上述二次型矩阵一定是半正定的，即自感系数和互感系数客观上满足

$$L_1 L_2 - M^2 \geqslant 0 \qquad 或 \qquad M \leqslant \sqrt{L_1 L_2} \tag{5.1.12}$$

基于上述关系，定义

$$k = \frac{M}{\sqrt{L_1 L_2}} \tag{5.1.13}$$

称为**耦合系数**。为了进一步理解 k 的涵义，将上式分子和分母同时乘以 $\sqrt{I_1 I_2}$ 得

$$k = \frac{\sqrt{(MI_1)(MI_2)}}{\sqrt{(L_1 I_1)(L_2 I_2)}} = \sqrt{\frac{\Psi_{21}\Psi_{12}}{\Psi_{11}\Psi_{22}}} \tag{5.1.14}$$

可见，耦合系数等于互感磁链(Ψ_{21} 和 Ψ_{12})与自感磁链(Ψ_{11} 和 Ψ_{22})比值的平方根。互感磁链相对自感磁链越大，则 k 就越大，因此 k 的大小代表了线圈磁耦合的紧密程度。

根据式(5.1.12)可知，耦合系数满足 $0 \leqslant k \leqslant 1$。$k = 0$ 表示无耦合，两个线圈的磁通相互不交链；$k = 1$ 称为**全耦合**，是一种理想情况。当两个线圈的导线并行密集缠绕时，就近似为全耦合。

如果两个线圈导线虽不是并行的，但均缠绕在同一高磁导率的介质上，这时每一匝都近似有相同的磁通，也接近是全耦合。理想情况下，在这种全耦合中，每个线圈的磁链和感应电动势与它的匝数成正比，即

$$\frac{\Psi_1}{\Psi_2}=\frac{e_1}{e_2}=\frac{N_1}{N_2}=n \tag{5.1.15}$$

对实际的耦合器件，线圈总是存在电阻，产生功率损耗。如确需考虑线圈电阻，则可将它们分别串联在理想线圈回路中，构成如图 5.1.8 所示的电路模型。根据 KVL 得此时电压与电流关系为

$$\begin{cases} u_1=R_1 i_1+L_1\dfrac{\mathrm{d}i_1}{\mathrm{d}t}+M\dfrac{\mathrm{d}i_2}{\mathrm{d}t} \\ u_2=R_2 i_2+M\dfrac{\mathrm{d}i_1}{\mathrm{d}t}+L_2\dfrac{\mathrm{d}i_2}{\mathrm{d}t} \end{cases} \tag{5.1.16}$$

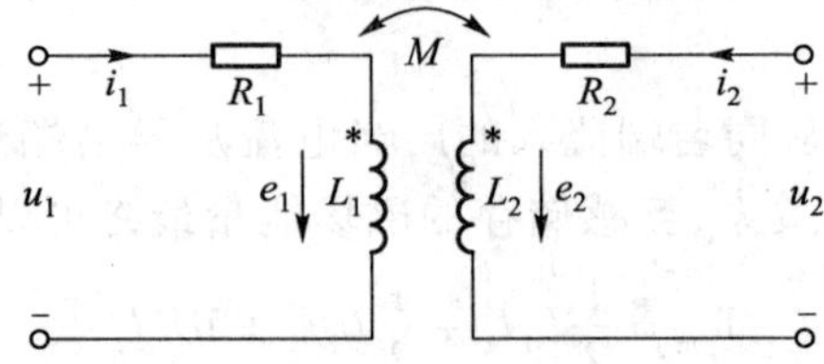

图 5.1.8　考虑线圈电阻时的耦合器件电路模型

5.2　互感元件的等效化简

当互感的两个线圈按串联或并联进行连接时，通电后仍能储存磁场能量，并在时变情况下产生感应电动势，因此它们的对外作用可以用等效电感来代替。下面讨论互感的连接关系和对应的等效电感。

1. 串联等效化简

图 5.2.1(a)或(b)所示的串联电路，电流 i 从两个线圈的同名端流入，称为**正串**或**顺接**。列 KVL 方程得

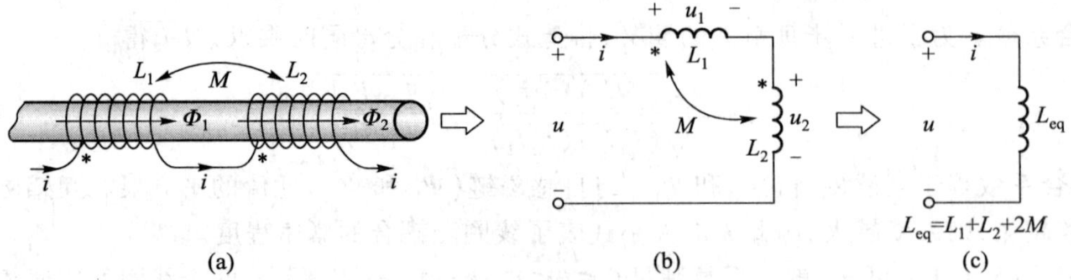

图 5.2.1　互感的正串：(a) 实际连接；(b) 电路模型；(c) 等效电感

$$u=u_1+u_2=\left(L_1\frac{\mathrm{d}i}{\mathrm{d}t}+M\frac{\mathrm{d}i}{\mathrm{d}t}\right)+\left(M\frac{\mathrm{d}i}{\mathrm{d}t}+L_2\frac{\mathrm{d}i}{\mathrm{d}t}\right)=(L_1+L_2+2M)\frac{\mathrm{d}i}{\mathrm{d}t}=L_{\mathrm{eq}}\frac{\mathrm{d}i}{\mathrm{d}t} \tag{5.2.1}$$

由此得正串时的等效电感为

$$L_{\mathrm{eq}}=L_1+L_2+2M \tag{5.2.2}$$

如果电流是从两个异名端流入，称为**反串或逆接**，如图 5.2.2(a)、(b)所示。仿照正串时的分析得反串时的等效电感为

$$L_{\mathrm{eq}}=L_1+L_2-2M \tag{5.2.3}$$

对实际的耦合电感，无论怎样串联，它储存的磁场能量总是非负的，因而总是存在 $L_{\mathrm{eq}}\geqslant 0$，所以互感系数和自感系数满足如下关系：

$$M\leqslant\frac{L_1+L_2}{2} \tag{5.2.4}$$

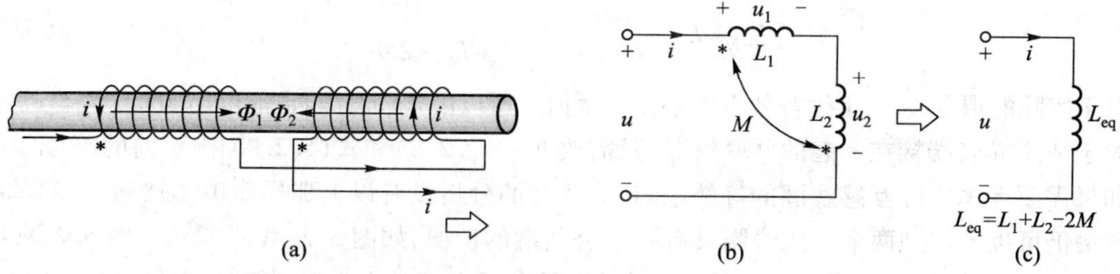

图 5.2.2　互感的反串：(a) 实际连接；(b) 电路模型；(c) 等效电感

由式(5.2.2)和式(5.2.3)可见，正串时的等效电感大于反串时的等效电感。根据这一原理，可以通过测量等效电感的大小来判断同名端。等效电感较大的连接为正串，流入电流的两个端子为同名端；较小的为反串，流入电流的两个端子为异名端。如用 L' 和 L'' 分别表示这两种串联的等效电感，则互感系数与等效电感的关系如下所示：

$$M=\frac{L'-L''}{4} \tag{5.2.5}$$

利用这一关系，可以通过测量两种串联等效电感的大小来测量互感系数。

2. 并联等效化简

互感线圈的并联也存在两种情况，图 5.2.3(a)为同名端接在一起的情况。为化简该电路，依据 KVL、KCL 和互感元件电压与电流关系列出如下方程：

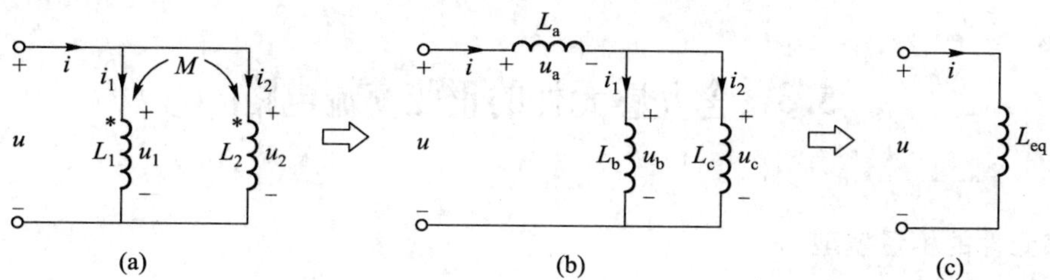

图 5.2.3　(a) 互感的同名端并联；(b) 消去互感；(c) 等效电感

$$u=u_1=L_1\frac{\mathrm{d}i_1}{\mathrm{d}t}+M\frac{\mathrm{d}i_2}{\mathrm{d}t}=L_1\frac{\mathrm{d}i_1}{\mathrm{d}t}+M\frac{\mathrm{d}(i-i_1)}{\mathrm{d}t}=L_{\mathrm{a}}\frac{\mathrm{d}i}{\mathrm{d}t}+L_{\mathrm{b}}\frac{\mathrm{d}i_1}{\mathrm{d}t}=u_{\mathrm{a}}+u_{\mathrm{b}} \tag{5.2.6}$$

$$u=u_2=M\frac{\mathrm{d}i_1}{\mathrm{d}t}+L_2\frac{\mathrm{d}i_2}{\mathrm{d}t}=M\frac{\mathrm{d}(i-i_2)}{\mathrm{d}t}+L_2\frac{\mathrm{d}i_2}{\mathrm{d}t}=L_{\mathrm{a}}\frac{\mathrm{d}i}{\mathrm{d}t}+L_{\mathrm{c}}\frac{\mathrm{d}i_2}{\mathrm{d}t}=u_{\mathrm{a}}+u_{\mathrm{c}} \tag{5.2.7}$$

上述电压 u 的两个表达式含有公共项 u_{a}，它正比于总电流的导数，而 u_{b} 和 u_{c} 分别正比于 i_1 和 i_2 的导数。由此可以建立不含互感的等效电路如图 5.2.3(b)所示。图中各等效电感为

$$\begin{cases}L_{\mathrm{a}}=M\\L_{\mathrm{b}}=L_1-M\\L_{\mathrm{c}}=L_2-M\end{cases} \tag{5.2.8}$$

如无需计算电流 i_1 和 i_2，根据电感的串、并联等效规律，图 5.2.3(b)可进一步等效成一个电感，如图 5.2.3(c)所示，图中

$$L_{\mathrm{eq}}=L_{\mathrm{a}}+\frac{L_{\mathrm{b}}L_{\mathrm{c}}}{L_{\mathrm{b}}+L_{\mathrm{c}}}=\frac{L_1L_2-M^2}{L_1+L_2-2M} \tag{5.2.9}$$

对于实际的耦合线圈，上述等效电感必为非负值。所以由式(5.2.9)也能得出 $M\leqslant\sqrt{L_1L_2}$ 的关系。

对于两个异名端接在一起的并联情况，只需改变式(5.2.8)和式(5.2.9)中 M 前的符号即可。

如果需要考虑实际互感线圈的等效电阻，并联时的分析没有以上那样简单。然而，互感的并联等效方法仍可以推广到两个互感线圈具有一个公共端的情况，如图 5.2.4(a)所示。图 5.2.4(b)是它的不含互感的等效电路，当同名端连在一起时，图中三个等效电感的计算与式(5.2.8)相同。就是说，即便线圈含有串联电阻，也可以通过这种方法来消除互感，得到互感的去耦等效电路。

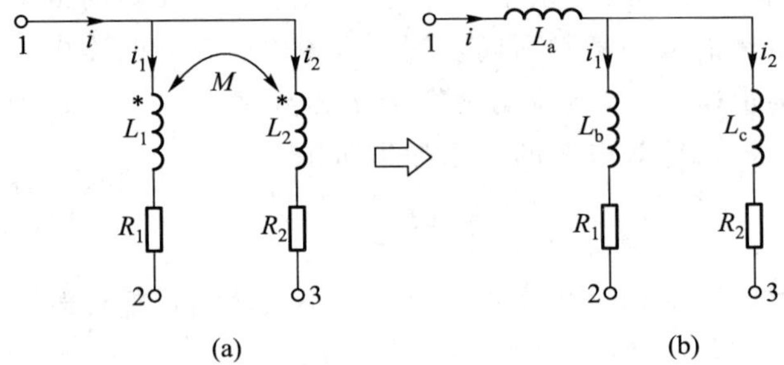

图 5.2.4 (a) 同名端接于公共节点；(b) 消去互感

本节介绍的等效化简，由于是基于微分方程得到的，所以可用于电压、电流按任何周期或非周期规律变化的电路。

5.3 含互感元件的正弦交流电路

1. 互感元件的相量模型

在正弦电路中使用耦合电感是很普遍的。为了使用相量分析法分析这种电路，需要将互感的电压与电流关系变换成相量形式。根据相量变换的线性性质和微分性质可得

$$\begin{cases} \dot U_1 = \mathbf{P}\left[L_1\dfrac{\mathrm{d}i_1}{\mathrm{d}t} \pm M\dfrac{\mathrm{d}i_2}{\mathrm{d}t}\right] = \mathrm{j}\omega L_1\dot I_1 \pm \mathrm{j}\omega M\dot I_2 \\ \dot U_2 = \mathbf{P}\left[\pm M\dfrac{\mathrm{d}i_1}{\mathrm{d}t} + L_2\dfrac{\mathrm{d}i_2}{\mathrm{d}t}\right] = \pm\mathrm{j}\omega M\dot I_1 + \mathrm{j}\omega L_2\dot I_2 \end{cases} \tag{5.3.1}$$

上式中的 ± 号要根据同名端与电压和电流的参考方向来确定。与 $+M$ 对应的互感的相量模型如图 5.3.1 所示。

对理想化的互感元件,它可以从实际的磁耦合器件通过忽略线圈损耗和介质损耗而来,所以从这一原理上讲,在正弦电路中,它是不消耗平均功率的。这一事实也可从下面的复功率分析过程得到验证:

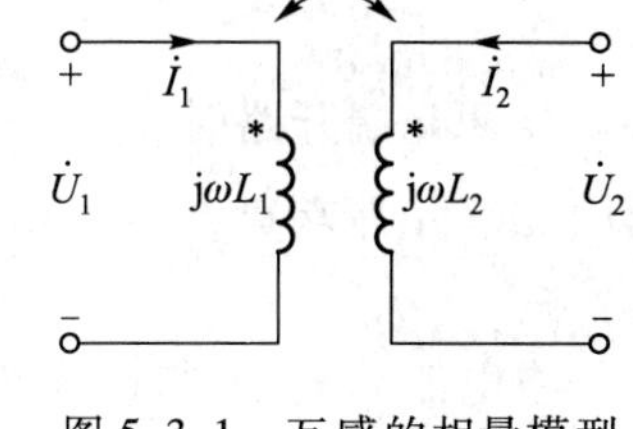

图 5.3.1 互感的相量模型

$$\tilde S = \dot U_1\dot I_1^* + \dot U_2\dot I_2^* = \mathrm{j}\omega(L_1I_1^2 + L_2I_2^2) \pm \mathrm{j}\omega M(\dot I_2\dot I_1^* + \dot I_1\dot I_2^*) = \mathrm{j}Q \tag{5.3.2}$$

可见,$\tilde S$ 的实部即平均功率为零。

然而,与电感元件不同的是,互感元件的每个线圈消耗的平均功率却不为零。这是因为每个互感线圈的电压都是两个线圈电流变化率的线性组合,因而线圈电压与本线圈电流的相位差 φ_1 和 φ_2 不像电感那样是90°。根据平均功率的计算公式便知:

$$P_1 = U_1I_1\cos\varphi_1 \neq 0, \qquad P_2 = U_2I_2\cos\varphi_2 \neq 0 \tag{5.3.3}$$

这些不等于零的功率实际就是它们通过互感电动势所传递的功率,即

$$P_1 = \mathrm{Re}[\dot E_{12}\dot I_1^*] = \mathrm{Re}[\mathrm{j}\omega M\dot I_2\dot I_1^*] = \mathrm{Re}[-\mathrm{j}\omega M\dot I_1\dot I_2^*] = \mathrm{Re}[\dot E_{21}(-\dot I_2^*)] = -P_2 \tag{5.3.4}$$

式中,$\dot E_{12} = \mathrm{j}\omega M\dot I_2$、$\dot E_{21} = \mathrm{j}\omega M\dot I_1$ 为两个线圈的互感电动势,用图 5.3.2 中的电流控制电压源来表示。

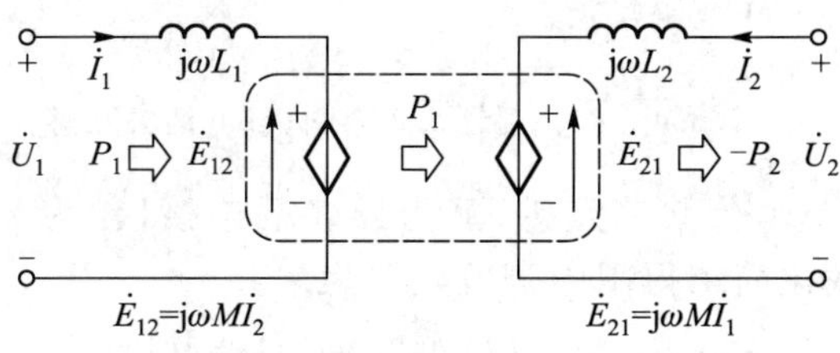

图 5.3.2 互感传递能量示意图

2. 用等效化简分析含互感电路

如上节所述,两个彼此耦合的线圈串联、并联或存在公共节点时可消去互感,化简成无互感电路,这样就可像分析含有电感元件的电路那样进行分析。

【例题 5.3.1】 电路如图 5.3.3(a)所示,已知 $R=20\ \Omega$,$L_1=0.1\ \mathrm{H}$,$L_2=0.4\ \mathrm{H}$,耦合系数 $k=0.85$,$i_S=3\sqrt{2}\cos(100\ t)\ \mathrm{A}$。求此一端口网络的戴维南等效电路。

【解】 计算互感 $M = k\sqrt{L_1L_2} = 0.17\ \mathrm{H}$

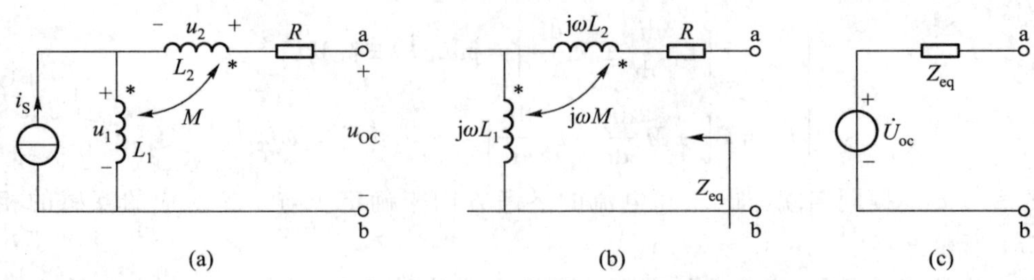

图 5.3.3 (a) 例题 5.3.1 图;(b) 计算等效阻抗;(c) 戴维南等效电路

当 a,b 端开路时,u_1 中只有自感电压,而 u_2 中只有互感电压。由已知条件得 $\dot{I}_s = 3\angle 0°$ A,利用互感元件端口方程的相量形式即式(5.3.1)求得 a,b 端开路电压为

$$\dot{U}_{oc} = \dot{U}_2 + \dot{U}_1 = j\omega M\dot{I}_s + j\omega L_1\dot{I}_s = j81\ \text{V}$$

将电流源置零,得图 5.3.3(b)所示相量模型。图中两个线圈为"正串"连接,其等效电感为 $L_{eq} = L_1 + L_2 + 2M$。由此求得戴维南等效阻抗

$$Z_{eq} = R + j\omega L_{eq} = R + j\omega(L_1 + L_2 + 2M) = (20 + j84)\ \Omega$$

相量形式的戴维南等效电路如图 5.3.3(c)所示。

【例题 5.3.2】 已知图 5.3.4(a)中 $\dot{U}_s = 20\angle 0°$ V,$R_1 = 2\ \Omega$,$R_2 = 4\ \Omega$,$R_3 = 6\ \Omega$,$\omega L_1 = 2\ \Omega$,$\omega L_2 = 4\ \Omega$,$\omega M = 1\ \Omega$。求电流 $\dot{I}_1$、$\dot{I}_2$ 和电压 $\dot{U}_1$。

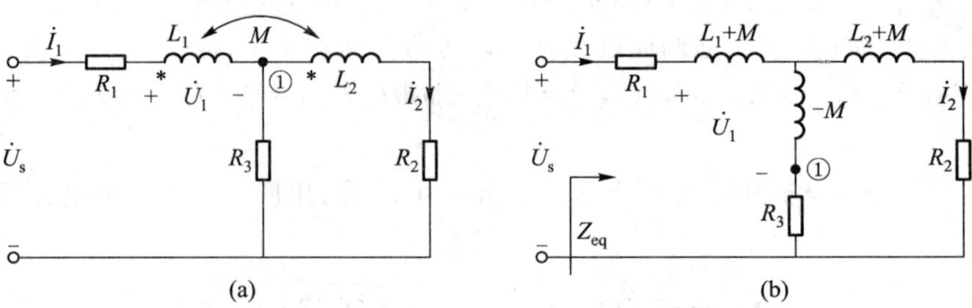

图 5.3.4 (a) 例题 5.3.2 图;(b) 消去互感

【解】 图示两线圈有一个公共节点①,且为异名端连接,化为无互感等效电路如图 5.3.4(b)所示。利用阻抗串并联化简求得图中等效阻抗为

$$Z_{eq} = R_1 + j\omega(L_1 + M) + \frac{(R_3 - j\omega M)[R_2 + j\omega(L_2 + M)]}{(R_3 - j\omega M) + [R_2 + j\omega(L_2 + M)]} \approx 6.864\angle 38.165°\ \Omega$$

电流 $\dot{I}_1$ 为

$$\dot{I}_1 = \frac{\dot{U}_s}{Z_{eq}} \approx 2.914\angle -38.165°\ \text{A}$$

由分流公式得

$$\dot{I}_2 = \frac{R_3 - j\omega M}{(R_3 - j\omega M) + [R_2 + j\omega(L_2 + M)]} \times \dot{I}_1 \approx 1.646\angle -69.429°\ \text{A}$$

由图 5.3.4(a),利用互感特性方程计算电压 $\dot{U}_1$ 为

$$\dot{U}_1 = j\omega L_1\dot{I}_1 + j\omega M\dot{I}_2 \approx 7.285\angle 45.102°\ \text{V}$$

或利用图 5.3.4(b)的无互感等效电路,注意节点①的位置,$\dot{U}_1$ 包括两个等效电感上的电压,根据 KVL,电压 $\dot{U}_1$ 的计算式为

$$\dot{U}_1 = \mathrm{j}\omega(L_1 + M)\dot{I}_1 + \mathrm{j}\omega(-M)(\dot{I}_1 - \dot{I}_2)$$

耦合电感在电路中常用于电能或电信号的传输与变换,这时的电路结构如图 5.3.5(a)所示,它的一次侧和二次侧分别在输入回路和输出回路。当分析一次侧回路电压、电流时,可将二次侧所在的回路等效到一次侧,得到一次侧等效阻抗;当分析二次侧回路电压、电流时,可将一次侧回路等效到二次侧,得到戴维南等效电路。下面分别加以讨论。

为求得一次侧等效阻抗,对一次侧和二次侧回路分别列写 KVL 方程得

$$\begin{cases}\mathrm{j}\omega L_1\dot{I}_1 + \mathrm{j}\omega M\dot{I}_2 = \dot{U}_1 \\ \mathrm{j}\omega M\dot{I}_1 + \mathrm{j}\omega L_2\dot{I}_2 + Z_2\dot{I}_2 = 0\end{cases} \tag{5.3.5}$$

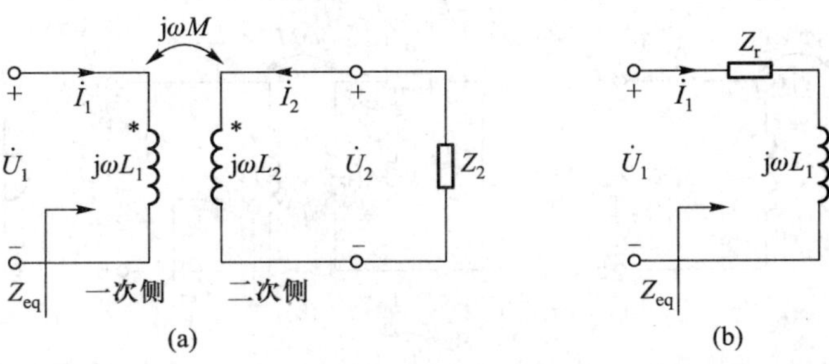

图 5.3.5　(a) 互感二次侧线圈接阻抗;(b) 一次侧等效阻抗

根据等效阻抗的定义,由上式求得从一次侧看进去的等效阻抗为

$$Z_{\mathrm{eq}} = \frac{\dot{U}_1}{\dot{I}_1} = \frac{(\omega M)^2}{Z_2 + \mathrm{j}\omega L_2} + \mathrm{j}\omega L_1 = Z_{\mathrm{r1}} + \mathrm{j}\omega L_1 \tag{5.3.6}$$

其中

$$Z_{\mathrm{r1}} = \frac{(\omega M)^2}{Z_2 + \mathrm{j}\omega L_2} = \frac{(\omega M)^2}{\text{二次侧回路总阻抗}} = R_{\mathrm{r1}} + \mathrm{j}X_{\mathrm{r1}} \tag{5.3.7}$$

表示二次侧回路阻抗对等效阻抗的影响,称为二次侧对一次侧的**引入阻抗**,其实部和虚部分别称为**引入电阻**和**引入电抗**。式(5.3.7)中 ωM 以平方形式出现,因此引入阻抗不受同名端位置的影响。

利用引入阻抗的概念,可以设计耦合系数的测量方法,见下面的例题。

【例题 5.3.3】 图 5.3.6 所示为耦合系数测量电路。设开关 S 分别处于断开和接通位置时,用 *LCR* 表(一种测量二端电感、电容、电阻参数的仪器)测得 a、b 端等效电感为 $L_{\mathrm{OC}} = 0.8\ \mathrm{H}$,$L_{\mathrm{SC}} = 0.1\ \mathrm{H}$。试根据上述结果计算互感的耦合系数 k。

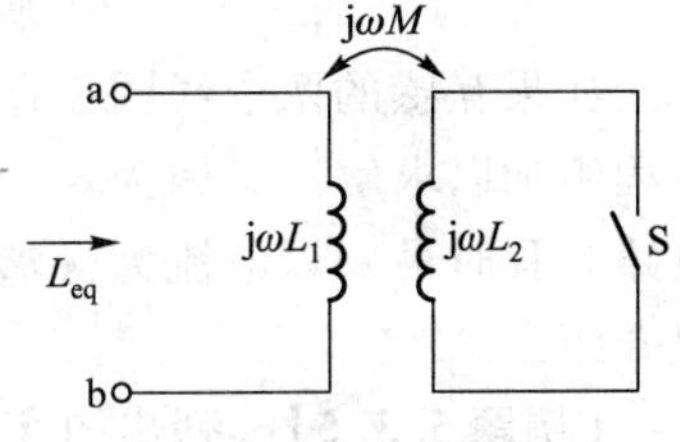

图 5.3.6　例题 5.3.3 图

【解】 当开关断开时,一次侧电感就是此时的等效电感,即

$$L_{\mathrm{OC}} = L_1 = 0.8\ \mathrm{H} \tag{1}$$

当开关接通时,由式(5.3.6)算得输入端口等效阻抗为

$$Z_{eq}=j\omega L_1+\frac{(\omega M)^2}{j\omega L_2}=j\omega\left(\frac{L_1L_2-M^2}{L_2}\right)=j\omega L_{SC}$$

故等效电感

$$L_{SC}=\frac{L_1L_2-M^2}{L_2}=L_1-\frac{M^2}{L_2}=0.1\ \text{H} \tag{2}$$

将 $M=k\sqrt{L_1L_2}$及式(1)代入式(2)得耦合系数为

$$k=\sqrt{1-L_{SC}/L_{OC}}=\sqrt{1-0.1/0.8}\approx 0.935$$

当计算从二次侧看进去的戴维南等效电路时,等效阻抗的计算与式(5.3.6)相似。二次侧开路时,一次侧不再有互感电压,因此一次侧电流和二次侧的开路电压都很容易求得。下面举例说明。

【例题 5.3.4】 求图 5.3.7(a)的戴维南等效电路。

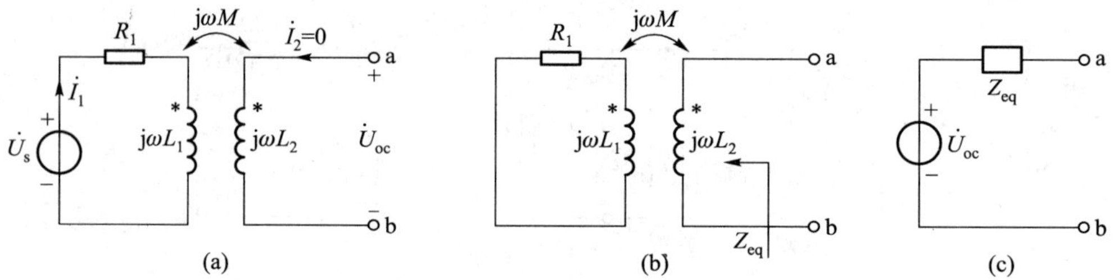

图 5.3.7 (a) 例题 5.3.4 图;(b) 二次侧等效阻抗;(c) 戴维南等效电路

【解】 当二次侧开路时,二次侧回路不会对一次侧回路产生影响,因此一次侧电流可简单地用欧姆定律求出

$$\dot{I}_1=\frac{\dot{U}_s}{R_1+j\omega L_1}$$

一次侧电流在二次侧产生的互感电压就是开路电压

$$\dot{U}_{oc}=j\omega M\dot{I}_1=\frac{j\omega M}{R_1+j\omega L_1}\dot{U}_s$$

计算等效阻抗的电路如图 5.3.7(b)所示。参照式(5.3.6)和式(5.3.7)可得戴维南等效阻抗为

$$Z_{eq}=Z_{r2}+j\omega L_2=\frac{(\omega M)^2}{\text{一次侧回路总阻抗}}+j\omega L_2=\frac{(\omega M)^2}{R_1+j\omega L_1}+j\omega L_2$$

戴维南等效电路如图 5.3.7(c)所示。

3. 用支路电流法或回路电流法分析含互感电路

如果互感的两个线圈不存在上述串联、并联,或分属两个回路的特殊连接关系,则需要列写方程组加以求解。又因为式(5.3.1)所示的互感元件方程是用电流来表示电压的,所以在列写电路方程时最好以电流为待求量,也就是列写支路电流方程或回路电流方程。下面结合例题加以介绍。

【例题 5.3.5】 列出图 5.3.8 所示电路的支路电流方程和回路电流方程。

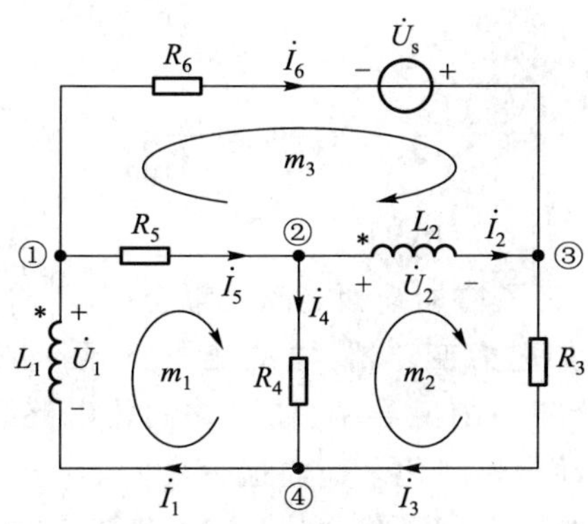

图 5.3.8 例题 5.3.5 图

【解】 (1) 支路电流方程的列写

依次对节点①、②和③列写 KCL 方程：

节点①： $-\dot{I}_1+\dot{I}_5+\dot{I}_6=0$

节点②： $\dot{I}_2+\dot{I}_4-\dot{I}_5=0$

节点③： $-\dot{I}_2+\dot{I}_3-\dot{I}_6=0$

依次对网孔 m_1、m_2、m_3 列写 KVL 方程。由于互感线圈电压 $\dot{U}_1$ 和 $\dot{U}_2$ 为

$$\begin{cases}\dot{U}_1=-\mathrm{j}\omega L_1\dot{I}_1+\mathrm{j}\omega M\dot{I}_2\\ \dot{U}_2=-\mathrm{j}\omega M\dot{I}_1+\mathrm{j}\omega L_2\dot{I}_2\end{cases}$$

所以各网孔的 KVL 方程为

网孔 m_1： $R_5\dot{I}_5+R_4\dot{I}_4-(-\mathrm{j}\omega L_1\dot{I}_1+\mathrm{j}\omega M\dot{I}_2)=0$

网孔 m_2： $R_3\dot{I}_3-R_4\dot{I}_4+(-\mathrm{j}\omega M\dot{I}_1+\mathrm{j}\omega L_2\dot{I}_2)=0$

网孔 m_3： $-R_5\dot{I}_5+R_6\dot{I}_6-(-\mathrm{j}\omega M\dot{I}_1+\mathrm{j}\omega L_2\dot{I}_2)=\dot{U}_s$

这组 KVL 方程与 KCL 方程联立就是本例的支路电流方程。

(2) 回路电流方程的列写

选图中的三个网孔为独立回路，回路电流为 $\dot{I}_1$、$\dot{I}_3$ 和 $\dot{I}_6$。利用 KCL 将 $\dot{I}_2$、$\dot{I}_4$ 和 $\dot{I}_5$ 表达成回路电流的代数和：

$$\dot{I}_2=\dot{I}_3-\dot{I}_6、\quad \dot{I}_4=\dot{I}_1-\dot{I}_3、\quad \dot{I}_5=\dot{I}_1-\dot{I}_6$$

将上述电流代入 KVL 方程，便得到本例的回路电流方程：

网孔 m_1： $R_5(\dot{I}_1-\dot{I}_6)+R_4(\dot{I}_1-\dot{I}_3)-[-\mathrm{j}\omega L_1\dot{I}_1+\mathrm{j}\omega M(\dot{I}_3-\dot{I}_6)]=0$

网孔 m_2： $R_3\dot{I}_3-R_4(\dot{I}_1-\dot{I}_3)+[-\mathrm{j}\omega M\dot{I}_1+\mathrm{j}\omega L_2(\dot{I}_3-\dot{I}_6)]=0$

网孔 m_3： $-R_5(\dot{I}_1-\dot{I}_6)+R_6\dot{I}_6-[-\mathrm{j}\omega M\dot{I}_1+\mathrm{j}\omega L_2(\dot{I}_3-\dot{I}_6)]=\dot{U}_s$

之所以按照上述过程列写回路电流方程，是因为每个互感线圈的电压都取决于两个支路电流，而这两个支路可能包含在多个回路中，因此用回路电流表示的互感电压变得复杂，这样就不便使用“自阻抗”和“互阻抗”的规则来列写 KVL 方程。

由此可见，对含有互感的电路列写支路电流方程时，虽然方程个数较多，但列写的步骤比较

简单，比回路电流法更加可取。

5.4　电磁变压器

工程上有许多磁耦合器件，为了增加线圈之间的耦合程度，将它们的线圈缠绕在用高磁导率的铁磁物质[①]制成的铁心上，例如电力变压器、电源变压器、隔离变压器等。这些器件虽然也属磁耦合器件，但由于紧密的耦合和高的磁导率，使得它们的电路模型有可能比互感模型来得简单。下面通过对实际变压器的逐步理想化来建立这一模型。

图 5.4.1 是双绕组变压器的原理示意图，它的一次侧和二次侧绕在了同一铁心上。由于铁心的高磁导率特性和线圈的紧密缠绕，使得电流所激发的磁通主要集中在铁心内部，称为**主磁通** Φ（公有磁通），不能相互交链的称为**漏磁通** $\Phi_{\sigma1}$、$\Phi_{\sigma2}$（私有磁通），漏磁通相对主磁通量值很小。因此，理想化第一步是不计漏磁通，认为两个线圈是全耦合的。这样每个线圈的磁链 Ψ_1 和 Ψ_2 分别等于其匝数 N_1 和 N_2 与铁心内磁通 Φ 的乘积，即

$$\Psi_1 = N_1\Phi,\qquad \Psi_2 = N_2\Phi \tag{5.4.1}$$

如此一来，主磁通在线圈上产生的感应电动势便存在如下关系：

$$\frac{e_1}{e_2}=\frac{-\dfrac{\mathrm{d}\Psi_1}{\mathrm{d}t}}{-\dfrac{\mathrm{d}\Psi_2}{\mathrm{d}t}}=\frac{-N_1\dfrac{\mathrm{d}\Phi}{\mathrm{d}t}}{-N_2\dfrac{\mathrm{d}\Phi}{\mathrm{d}t}}=\frac{N_1}{N_2}=n \tag{5.4.2}$$

即感应电动势之比等于线圈匝数之比 n。

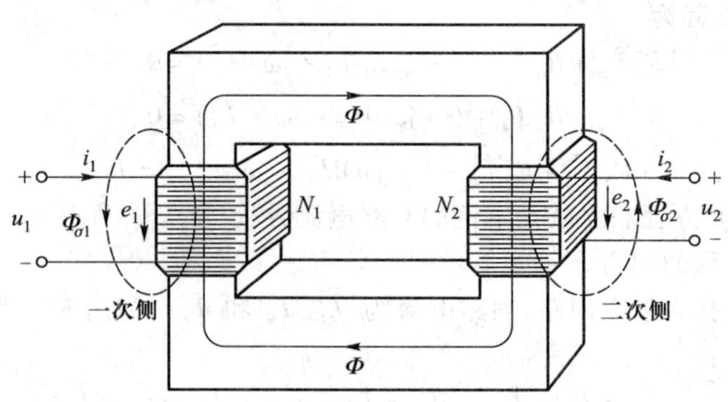

图 5.4.1　变压器示意图

理想化第二步是忽略线圈电阻即忽略**铜损**。这样，各线圈端电压便等于感应电动势的负值：

$$u_1 = -e_1,\qquad u_2 = -e_2 \tag{5.4.3}$$

因此，线圈端电压之比也等于匝数之比，两个电压直接建立了比例关系：

$$\frac{u_1}{u_2}=\frac{N_1}{N_2}=n\quad 或\quad u_1 = nu_2 \tag{5.4.4}$$

① 铁族元素及其合金。其他材料称为非铁磁材料，例如空气、铜、木材、橡胶、纸等。

在上述理想化条件下，如果给变压器施加正弦交流电压，记作 $u_1=\sqrt{2}U_1\cos(\omega t)$，由于电压正比于磁通的导数，所以磁通便正比于电压的积分，故磁通也是正弦量，相位上滞后于电压 90°，记作 $\Phi=\Phi_m\cos(\omega t-90°)=\Phi_m\sin(\omega t)$。仅从数学上看，磁通中还可能含有不随时间变化的恒定分量，但在交流稳态电路中，电流是不含恒定分量的，所以它所产生的磁通也不会含有恒定分量。于是，根据

$$u_1=-e_1=N_1\frac{\mathrm{d}\Phi}{\mathrm{d}t}=\omega N_1\Phi_m\cos(\omega t)=\sqrt{2}U_1\cos(\omega t) \tag{5.4.5}$$

得到电压有效值与磁通最大值之间所遵循的关系，即

$$\Phi_m=\frac{\sqrt{2}}{\omega N_1}U_1=\frac{\sqrt{2}}{2\pi fN_1}U_1\approx\frac{U_1}{4.44fN_1} \tag{5.4.6}$$

上式形象地称为"4.44 公式"，它说明：在忽略漏磁和线圈电阻的条件下，如果频率和线圈的匝数一定，则铁心中的磁通最大值直接取决于外加电压的有效值。这其实就是法拉第电磁感应定律在正弦铁心变压器条件下的表述，因为电磁感应产生的反电动势需要与外加的正弦电压相平衡，以便满足 KVL，而产生确定幅值的正弦反电动势必须有确定幅值的正弦磁通。但这只是磁通和电压在特定条件下的数量关系，不能从表面上理解成磁通是由电压产生的，磁通仍然是由电流产生的。

同理还得

$$\Phi_m\approx\frac{U_2}{4.44fN_2} \tag{5.4.7}$$

理想化的第三步是认为铁心的磁导率 $\mu\to\infty$，因而铁心内磁场强度 $H=B/\mu=0$。由于磁场能量密度为 0.5 BH，因此 $\mu\to\infty$时，铁心内没有磁场能量。

理想化的第四步是不计铁心的功率损耗，因为实际变压器都采取措施尽量减小涡流损耗和磁滞损耗，例如对铁磁材料进行切片和掺杂等。

在第三步和第四步的理想化假设下，对图 5.4.1 中的路径 l 应用安培定则（见附录 B）得

$$\oint_l \boldsymbol{H}\cdot\mathrm{d}\boldsymbol{l}=N_1i_1+N_2i_2=0\text{ ①} \tag{5.4.8}$$

上式的积分路径方向与 Φ 相同，它与 i_1、i_2 的参考方向符合右手螺旋法则，故式中 N_1i_1、N_2i_2 前均取正号。

由式(5.4.8)得到线圈电流之间的比例关系为

$$\frac{i_1}{i_2}=-\frac{N_2}{N_1}=-\frac{1}{n}\quad\text{或}\quad i_1=-i_2/n \tag{5.4.9}$$

i_1 与 i_2 符号相反，说明当 i_1 的真实方向是从同名端流入时，i_2 则是从同名端流出。

上式还可以从功率角度来获得。因为在上述理想化假设下，变压器已成为既不消耗能量，也不储存能量的非能元件，所以一次侧从电源那里接收的瞬时功率一定等于二次侧向负载送出的瞬时功率，或者说从两边输入的瞬时功率之和恒为零，即

$$u_1i_1+u_2i_2=0 \tag{5.4.10}$$

① 当存在涡流损耗时，式(5.4.8)的电流求和中还应包括涡流。

因而

$$\frac{i_1}{i_2}=-\frac{u_2}{u_1}=-\frac{N_2}{N_1}=-\frac{1}{n} \tag{5.4.11}$$

综合上述理想化结果便得变压器的电压、电流关系为

$$\begin{cases} u_1 = nu_2 \\ i_1 = -i_2/n \end{cases} \tag{5.4.12}$$

在电路理论中，把具有上述特性的元件称为**理想变压器**，并用图 5.4.2 的符号来表示，其唯一参数是**变比** n。

从上述过程可见，电动势变换关系、电压变换关系和电流变换关系，它们所需要的理想化条件是不一样的。对仅忽略漏磁的情况，存在电动势变换关系；对忽略漏磁同时又忽略导线铜损的情况，存在电压变换关系；而对磁导率无限大和忽略铁损的情况，则存在电流变换关系。但若同时存在电压变换和电流变换关系，则要求：(1) 忽略漏磁即全耦合；(2) 磁导率无限大；(3) 不计线圈和铁心的功率损耗。

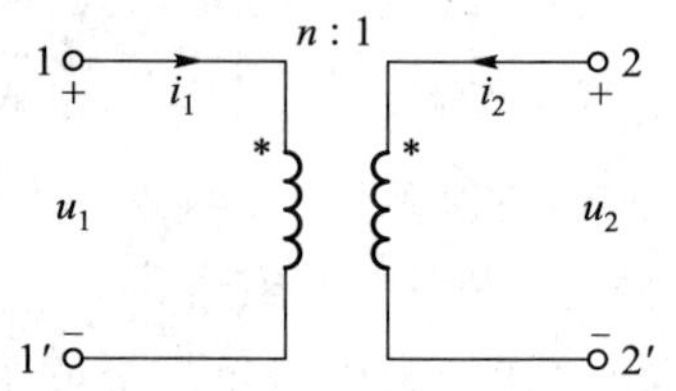

图 5.4.2　理想变压器符号

上述在建立理想变压器方程时涉及有关变量的参考方向和两线圈的相对绕向，也就是说使用理想变压器模型时也涉及同名端问题，在电路符号中仍用星标来表示，标注方法与在互感元件中所用的方法相同。

理想变压器和互感的物理原型虽然都是磁耦合器件，但由于理想化的条件不同，使得它们之间存在性质上的差别。理想变压器方程是代数方程，它不能储存磁场能量，而互感则不然。如果从互感的角度来认识理想变压器，它是互感的极限结果——正比于磁导率的自感系数、互感系数均为无限大，但 $\sqrt{L_1/L_2}=n$ 的全耦合互感。

如果理想变压器模型用在正弦电路中并使用相量法进行分析，那么就需要使用理想变压器方程的相量形式。因为式(5.4.12)是线性代数方程，根据相量变换的线性性质，将其中的电压和电流用相量代替，便得到理想变压器方程的相量形式：

$$\begin{cases} \dot{U}_1 = n\dot{U}_2 \\ \dot{I}_1 = -\dot{I}_2/n \end{cases} \tag{5.4.13}$$

在实际中使用变压器的目的是不同的。通常是用来变换电压和电流，有时也用来变换阻抗。在图 5.4.3(a)所示电路中，理想变压器的二次侧接阻抗 Z_L，而一次侧电压与电流之比即等效阻抗则为

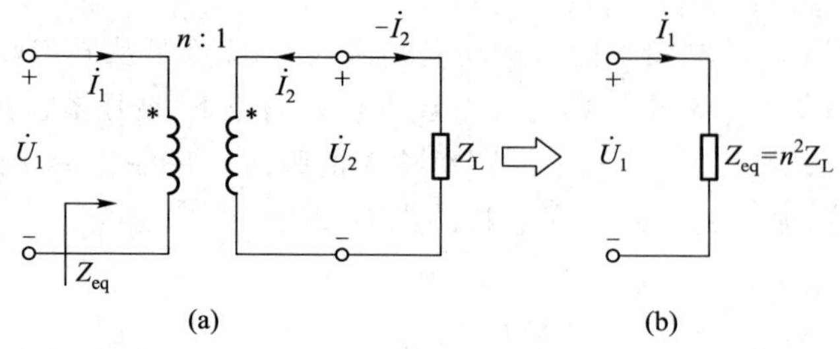

图 5.4.3　阻抗变换：(a) 二次侧接阻抗 Z_L；(b) 一次侧等效阻抗 Z_{eq}

$$Z_{eq}=\frac{\dot{U}_1}{\dot{I}_1}=\frac{n\dot{U}_2}{-\dot{I}_2/n}=n^2\frac{\dot{U}_2}{-\dot{I}_2}=n^2Z_L \tag{5.4.14}$$

经变压器变换后的阻抗变成了原来的 n^2 倍。基于这一规律,可以通过在电源和负载之间增加变压器的方法来近似实现阻抗匹配,从而使负载从电源那里近似获得最大功率。

实际变压器不可能是理想的,所以上述阻抗变换关系对实际变压器来说是一种近似关系。

实际变压器总是存在漏磁、有限的磁导率和来自线圈与铁心的功率损耗。如果有必要考虑这些非理想因素,可在理想变压器模型的基础上,通过增加对应的电路元件来近似建立实际变压器更加准确的电路模型,如图 5.4.4 所示。用串联电阻 R_1 和 R_2 代表线圈的导线损耗;用串联电感 $L_{\sigma1}$ 和 $L_{\sigma2}$ 代表线圈非全耦合导致的漏磁 $\Phi_{\sigma1}$ 和 $\Phi_{\sigma2}$;用并联电导 G_0 代表铁心的功率损耗;用并联电纳 B_0 代表变压器铁心内磁通 Φ。这些参数可通过对变压器本体的电路与磁路计算或测量来得到。

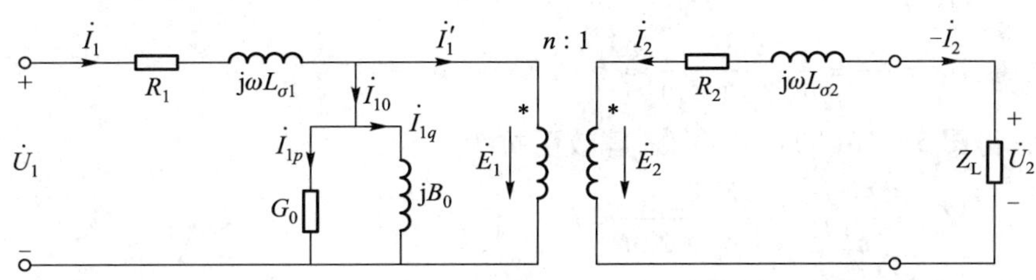

图 5.4.4 双绕组变压器电路模型的相量形式

实际变压器都有额定的工作频率。当实际工作频率低于额定频率时,基于式(5.4.6)的思想可知,这时磁通的幅值就要增大。如果增大的结果使铁心进入了饱和状态,则产生磁通所需的线圈电流以及由电流引起的线圈损耗便要明显增加。铁心进入饱和状态后,还会使磁导率显著下降,使线圈的漏磁显著增加。这些原本被忽略的因素的显著变化,一方面会因变压器损耗过大而严重发热,缩短使用寿命,甚至很快被烧毁;另一方面还使得电压变换与电流变换关系明显偏离额定条件下的关系。当工作频率甚低时,电磁感应现象不起主要作用,建立理想变压器模型所需要的条件得不到满足,所以基于电磁感应现象工作的变压器不能变换直流或缓变的电压与电流。这时,一种用作 DC/DC 变换的**直流斩波器**可以发挥作用,它能够实现直流电到直流电的升压或降压变换。为理解其原理,需要学好电路理论、模拟电子技术和电力电子技术。

【例题 5.4.1】 图 5.4.5 所示的正弦交流电路。已知 $\dot{U}_s=20\angle 0^\circ$ V,$Z_1=(30+j40)\ \Omega$,$Z_2=(80+j60)\ \Omega$。(1) 若 $n=2$,求负载阻抗为何值时它获得的平均功率为最大? (2) 若 $Z_L=(10+j10)\ \Omega$,求 n 为何值时,Z_L 消耗的平均功率为最大?

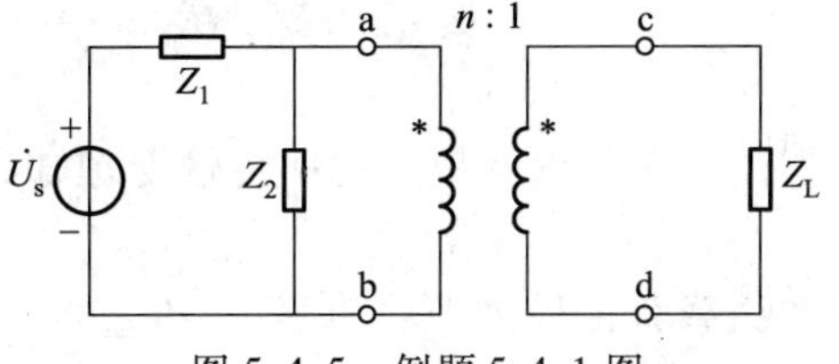

图 5.4.5 例题 5.4.1 图

【解】 (1) 为了使用最大功率传输定理,需求出 c、d 左侧电路的戴维南等效电路。用图 5.4.6(a)计算开路电压。变压器一次侧、二次侧电流均为零,所以一次侧电压可用阻抗分压来计算:

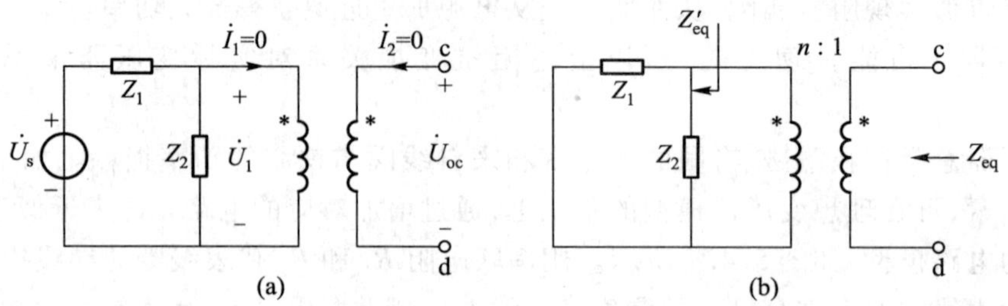

图 5.4.6 (a) 计算开路电压;(b) 计算等效阻抗

$$\dot{U}_1 = \frac{Z_2 \dot{U}_s}{Z_1 + Z_2}$$

二次侧开路电压:$\dot{U}_{oc} = \dfrac{\dot{U}_1}{n} = \dfrac{Z_2 \dot{U}_s}{n(Z_1 + Z_2)} \approx 6.727\angle -5.404^\circ$ V

电压源不作用,得图 5.4.6(b)所示电路,等效阻抗为

$$Z_{eq} = \frac{Z'_{eq}}{n^2} = \frac{Z_1 Z_2}{n^2(Z_1 + Z_2)} = R_{eq} + jX_{eq} \approx (5.656 + j6.222)\ \Omega$$

根据最大功率传输定理,当负载阻抗满足 $Z_L = Z_{eq}^* = (5.656 - j6.222)\ \Omega$ 时,它获得平均功率为最大:

$$P_{L\max} = \frac{U_{oc}^2}{4R_{eq}} = \frac{6.727^2}{4 \times 5.656}\ \text{W} \approx 2\ \text{W}$$

也可将负载向变压器一次侧等效,并将 Z_1、Z_2 和 $\dot{U}_s$ 等效成戴维南电路,如图 5.4.7 所示。图中,等效负载阻抗:

$$Z'_L = n^2 Z_L = R'_L + jX'_L$$

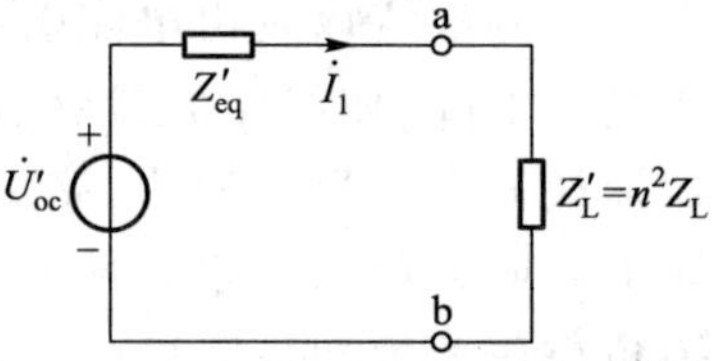

戴维南等效阻抗:

$$Z'_{eq} = \frac{Z_1 Z_2}{Z_1 + Z_2} = R'_{eq} + jX'_{eq} \approx 22.624 + j24.887$$

$$\approx 33.634\angle 47.726^\circ\ \Omega$$

图 5.4.7 计算最大功率另一种等效电路

戴维南等效开路电压:

$$\dot{U}'_{oc} = \frac{Z_2 \dot{U}_s}{Z_1 + Z_2} \approx 13.454\angle -5.404^\circ\ \text{V}$$

根据图 5.4.7 以及最大功率传输定理知,当 $Z'_L = Z'^*_{eq}$,即 $Z_L = \dfrac{Z'^*_{eq}}{n^2} \approx (5.656 - j6.222)\ \Omega$ 时,

等效负载获得最大平均功率: $P_{L\max} = \dfrac{U'^2_{oc}}{4R'_{eq}} = \dfrac{13.454^2}{4 \times 22.624}\ \text{W} \approx 2\ \text{W}$

上述功率也就是负载 Z_L 获得的最大平均功率,因为理想变压器不消耗平均功率。

(2) 因为变压器变比是待求的,所以要使用图 5.4.7 所示的等效电路,以使电源部分是给定

的。改变理想变压器的变比只能改变等效负载阻抗的模，所以要使用模匹配的条件，即当

$$|n^2 Z_L| = |Z'_{eq}|,\text{或 } n = \sqrt{\frac{|Z'_{eq}|}{|Z_L|}} \approx 1.542$$

时，等效负载可以获得最大平均功率：

$$P_{L\max} = I_1^2 R'_L = \left|\frac{\dot{U}'_{oc}}{Z'_{eq} + n^2 Z_L}\right|^2 \times \mathrm{Re}[n^2 Z_L] \approx 0.952\ \mathrm{W}$$

这也就是负载 Z_L 获得的最大功率。

当变压器的一次侧回路和二次侧回路存在电气连接时，便不能进行二次侧向一次侧，或一次侧向二次侧的等效变换，这时可采用列写电路方程组的办法进行分析。下面结合例题说明改进节点电压方程的列写方法，其他方程由读者自行尝试。

【例题 5.4.2】 列出图 5.4.8 所示电路的节点电压方程。

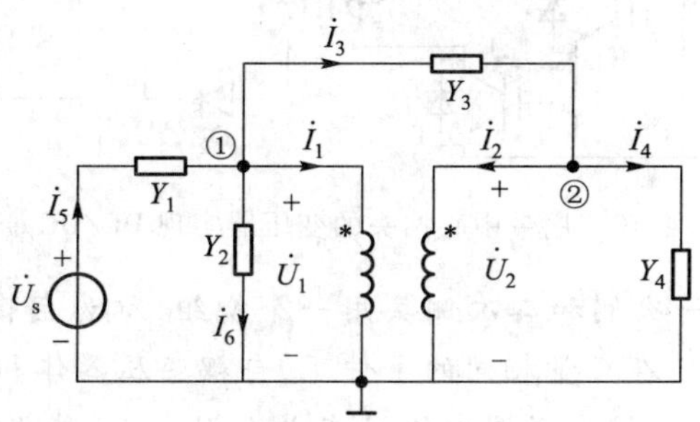

图 5.4.8 例题 5.4.2 图

【解】 根据理想变压器的特性方程，它的一次侧和二次侧电流不是由其自身电压决定的，所以不能用自导和互导的概念来表示理想变压器的电流，而要将这些电流设为变量，并用支路电流直接列写 KCL 方程为

节点①： $-\dot{I}_5 + \dot{I}_6 + \dot{I}_3 + \dot{I}_1 = -Y_1(\dot{U}_s - \dot{U}_{n1}) + Y_2\dot{U}_{n1} + Y_3(\dot{U}_{n1} - \dot{U}_{n2}) + \dot{I}_1 = 0$

节点②： $-\dot{I}_3 + \dot{I}_4 + \dot{I}_2 = -Y_3(\dot{U}_{n1} - \dot{U}_{n2}) + Y_4\dot{U}_{n2} + \dot{I}_2 = 0$

再补充列写理想变压器的特性方程为

$$\begin{cases}\dot{U}_{n1} = n\dot{U}_{n2}\\ \dot{I}_1 = -\dot{I}_2/n\end{cases}$$

上述全部方程就是本例的改进节点电压方程。

【扩展】

其他变压器 在实际应用中还经常用到除上述简单双绕组结构以外的其他变压器，下面选择常见的三种情况加以介绍，以便帮助读者能够尽快从事简单的电子制作。

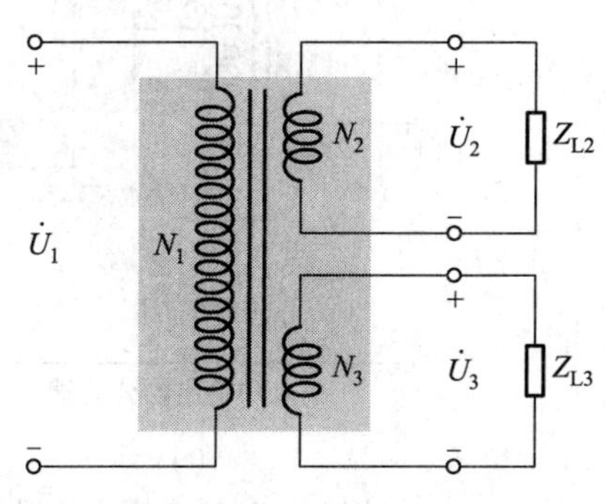

图 5.4.9 三绕组变压器

图 5.4.9 是三绕组变压器，其中一个为输入绕组，两个为输出绕组，以便给需要不同电压的负载供电，或用于彼此间的电气隔离。例如给控制用的微处理器供电需要 5 V 直

流电源，给执行部分供电可能需要 12 V 直流电源，并且二者必须是电气隔离的，这些直流电源可以通过对不同电压的交流电进行整流来获得。

实际变压器本身只能用来改变交流电压，那么如何改变直流电压呢？图 5.4.10 就是用绕组带中心抽头的变压器构成的直流到直流的变换电路，即 DC/DC 变换器。图中两个开关器件 T_1 和 T_2 在外电路的控制下以很高的频率轮流导通或关断，因此在变压器铁心磁路中产生交变磁通，从而在二次侧绕组中产生交变的感应电动势和输出电压。该电压经两只二极管全波整流和 LC 滤波后，在负载上就产生了高于或低于输入电压 U_{dc} 的直流电压 U_O，并且输出和输入是电气隔离的。

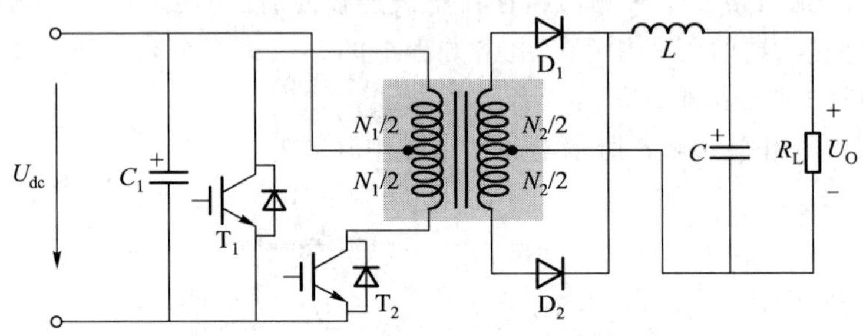

图 5.4.10 用带中心抽头的变压器实现 DC/DC 变换

图 5.4.11(a)的变压器一次侧和二次侧共用一个绕组，称为**自耦变压器**。由于存在公共绕组，所以和双绕组变压器相比，在容量相同的条件下，自耦变压器体积更小。另外，自耦变压器容易做成变比连续可调的形式，也就是说图中的 C 点是个触点，既能保证可靠连接，又可以沿着绕组表面往返滑动，就像使用可变电阻那样。这种自耦变压器也称为自耦调压器，广泛用于实验室或其他需要连续地升高或降低电压的场合。

同样是由于存在公共绕组的原因，自耦变压器的输入和输出电路总是存在电气连接，不能实现电气隔离，而且使用时火线和零线也要分清。这一点不像双绕组变压器那样，输入和输出没有电气的连接，完全靠磁场传递能量，因而能够实现电气隔离。在输入和输出不允许共地的情况下，采用电气隔离技术是非常重要的。图 5.4.11(b) 是单相(右)和三相(左)自耦变压器产品图片。

上述三种变压器，在采用与简单双绕组变压器同样的理想化假设下，各绕组电压之比都等于匝数之比。

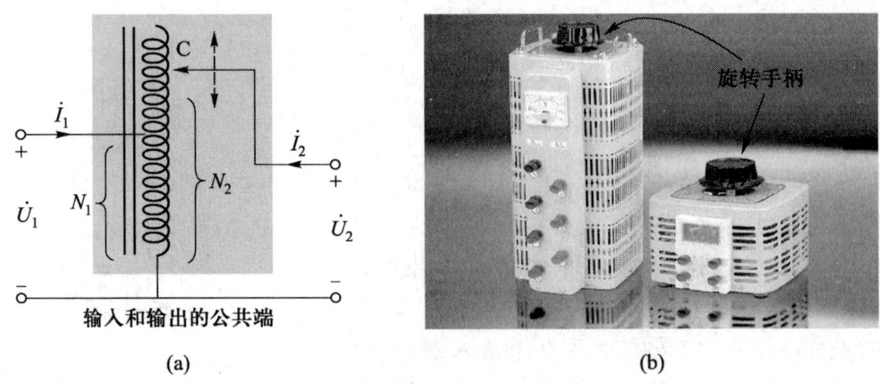

图 5.4.11 自耦变压器：(a) 原理图；(b) 单相(右)和三相(左)自耦变压器

【结语】

电磁如同形影相随，在交变中彼此转化、相互依赖、共存于一个电磁场整体；随空间的变化可以转化成随时间的变化，反之亦然。这些都体现了电磁理论的转化美。

耦合元件的公共磁场就像一组铰链，将两部分电路紧紧连接在一个能量系统之中，能够使电压升高或降低，从而实现远距离高压交流输电；能够通过非电气接触方式传递能量，因而能够将供电和用电部分加以隔离甚至分离。

奥斯特 1820 年发现了电的磁效应；法拉第 1831 年发现了磁的电效应。

“奥斯特先生……已经永远把他的名字和一个新纪元联系在一起了。”——安培。

“对于我们，迈克尔·法拉第的一些概念，可以说是同我们母亲的奶一道吮吸来的，它们的伟大和大胆难以估量”。“我相信，从迈克尔·法拉第的电磁场概念中，后人仍旧可以学到许多东西，一点也不比别人学到的少”。——爱因斯坦。

【思考题】

1. 在什么样的位置下，两个平面回路的互感具有最大值？怎样提高互感的耦合系数？

2. 两个具有磁耦合的线圈，其中一个线圈端子之间的电压会滞后于此线圈的电流吗？

3. 三个线圈互相耦合着。如果第三个线圈远离其他两个，试问：互感 M_{12} 是否会发生改变？

4. 一般情况下，互感储存的磁场能量为什么只与电流的状态有关，而与电流的建立过程，或者说与电流的变化“历史”无关？

5. 与双绕组变压器相比，自耦变压器有哪些特点？

6. 设计三种确定互感同名端的实验方法。

7. 从电磁场的角度分析，理想变压器为什么不能储存磁场能量？

8. 互感和理想变压器分别用于何种磁耦合器件的模型？

9. 在计算上，两个线圈具有公共端的耦合电感，可以用不含耦合关系且连接成梯形的电感来等效。反过来，能否用耦合电感来等效连接成梯形的三个电感？这三个电感需满足什么关系，与之等效的耦合电感才是客观上可实现的？

10. 如果一台实际变压器可以近似用理想变压器来分析，那么它的电压变换与电流变换关系便取决于线圈的匝数比。但相同的匝数比却可用多种匝数关系来实现，例如 1 000:500、600:300、100:50 等，匝数比都是 2:1。请思考应该根据哪些因素选择合适的线圈匝数？

11. 如果一台变压器的实际工作频率高于额定频率，那么它的电磁关系将如何变化？是否还能得到额定频率下的电压变换与电流变换关系？

习 题 五

5.1 写出图题 5.1 所示各耦合电感的端口方程，注意同名端的用法。

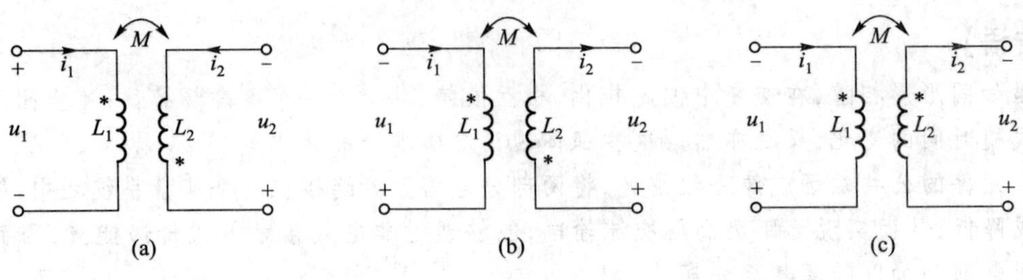

图题 5.1

5.2　图题 5.2 所示电路，已知 $i_S = 0.6e^{-10t}$ A，$u_S = 10te^{-20t}$ V，式中 $t>0$，求电压 u_1 的变化规律。

5.3　图题 5.3 所示电路，已知 $X_1 = 20\ \Omega$，$X_2 = 10\ \Omega$，$X_C = 10\ \Omega$，$X_M = 10\ \Omega$，$R = 40\ \Omega$，$E = 200$ V，求理想电压表的读数。

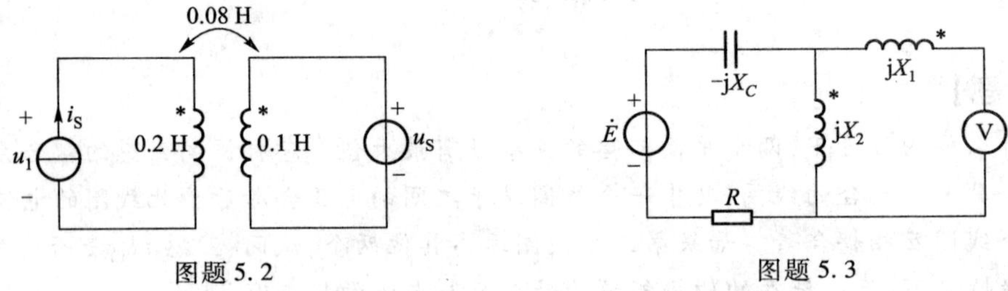

图题 5.2　　图题 5.3

5.4　图题 5.4(a)、(b)所示电路中哪个等效阻抗的模更大？设角频率为 ω。

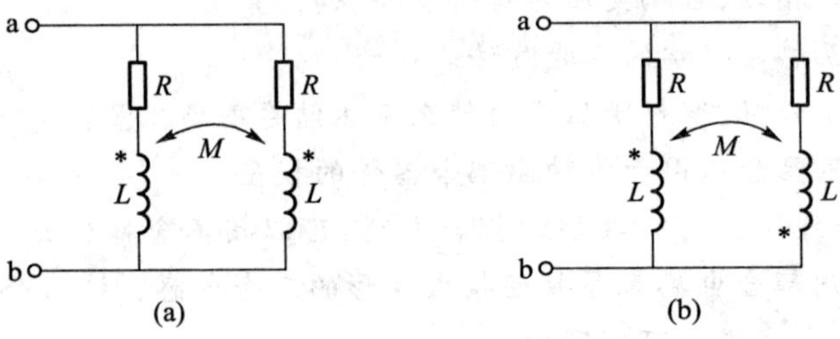

图题 5.4

5.5　求图题 5.5 所示电路的等效电感 L_{eq}。

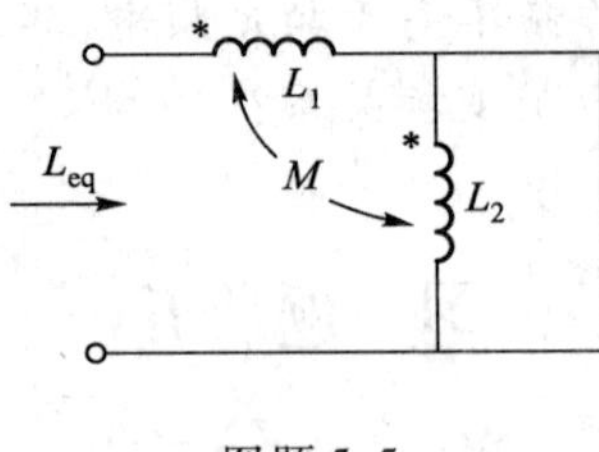

图题 5.5

5.6　求图题 5.6 所示各电路的等效阻抗，设角频率为 ω。

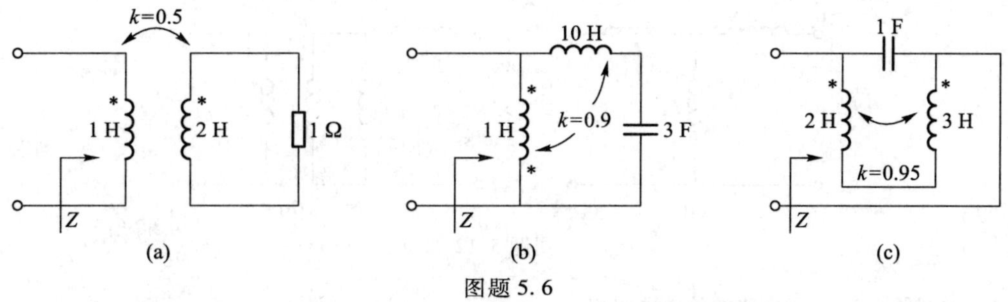

图题 5.6

5.7　求图题 5.7 所示电路开关断开和接通时的等效阻抗 Z。

5.8　图题 5.8 所示电路，n 个电感均为 L 的线圈彼此并联，任意两个线圈之间的互感均为 M，当线圈个数 $n\to\infty$时，求电路的等效电感 L_{eq}。

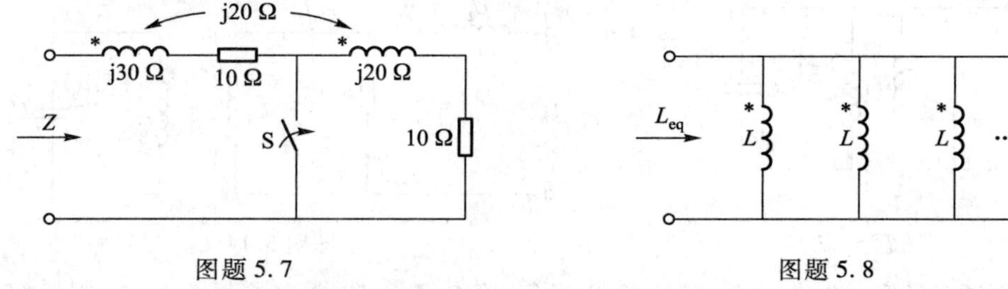

图题 5.7　　图题 5.8

5.9　图题 5.9 所示互感线圈，L_1、L_2 及 M 均未知，现有一台 LCR 测试仪（一种用于测量二端电感、电容和电阻的仪器）。(1) 说明两种用该仪器测量耦合系数 k 的方法，包括被测量及有关计算公式；(2) 说明用该仪器确定同名端的方法。

5.10　设图题 5.10 所示一端口网络中 $u_S = 200\sqrt{2}\cos \omega t$ V，$\omega = 10^3$ rad/s，求其戴维南等效电路。

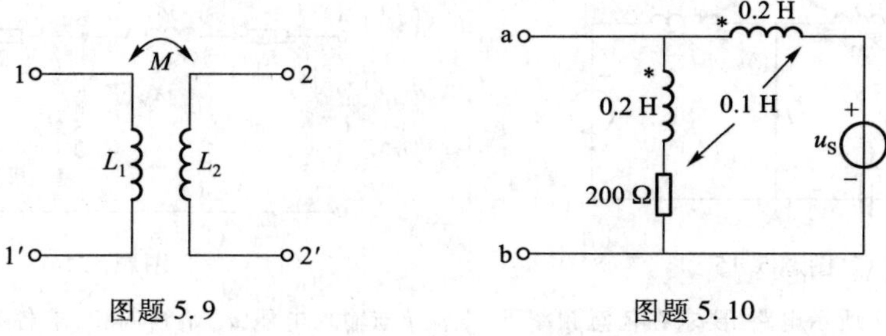

图题 5.9　　图题 5.10

5.11　图题 5.11(a)为全耦合互感，证明图(b)是它的等效电路，其中 $n = \sqrt{L_1/L_2}$。

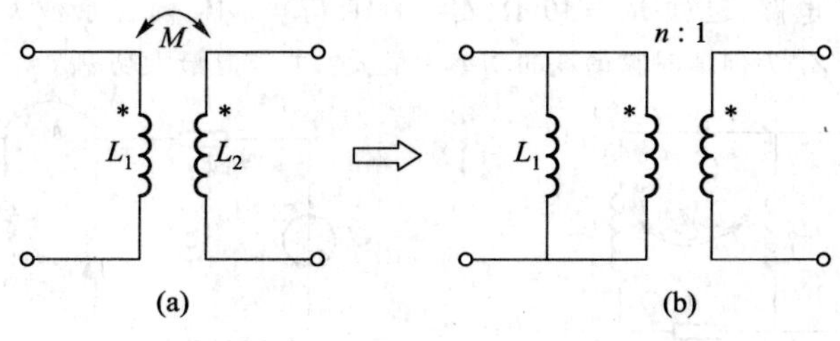

图题 5.11

5.12　证明图题 5.12(a)的梯形电路与图题 5.12(b)所示的含理想变压器电路相互等效，求出 L_a、L_b 及变比 n。

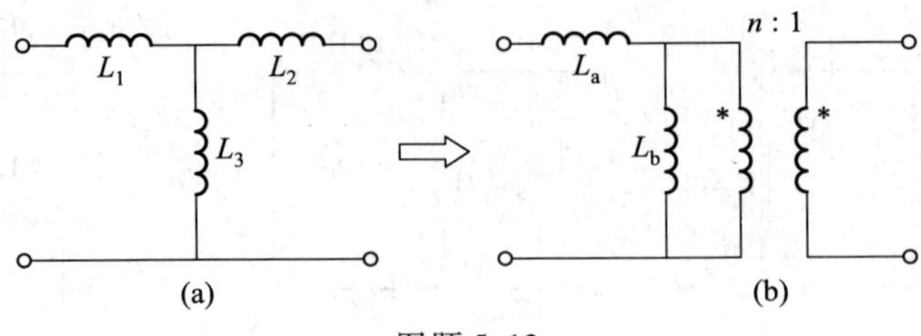

图题 5.12

5.13　求图题 5.13 所示电路的等效电容 C_{eq}。

5.14　图题 5.14 所示电路，已知角频率 $\omega = 100$ rad/s，$R = 4$ Ω，$L = 0.01$ H，$C = 0.01$ F，理想变压器变比 $n = 2$，$\dot{U}_2 = 10\angle 0°$ V。求电压 $\dot{U}_s$。

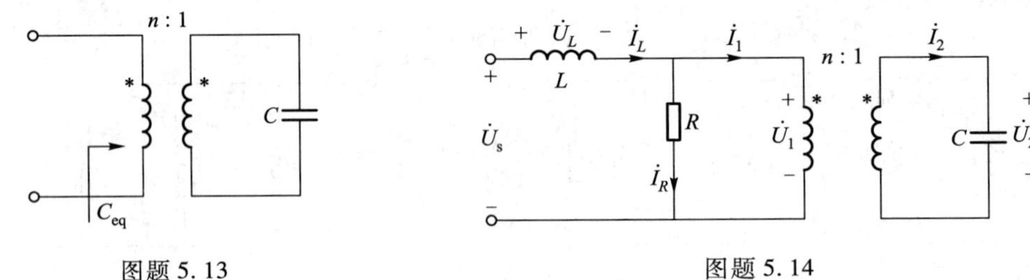

图题 5.13　　　　图题 5.14

5.15　图题 5.15 所示电路，已知 $X_{L1} = 40$ Ω，$X_{L2} = 10$ Ω，$X_C = 50$ Ω，耦合系数 $k = 1$，$\dot{U}_{s1} = (80 - j60)$ V，$\dot{U}_{s2} = (40 + j30)$ V。求电流 $\dot{I}$。

5.16　图题 5.16 所示电路，设 $R_1 = 12$ Ω，$X_1 = 12$ Ω，$X_2 = 10$ Ω，$X_M = 6$ Ω，$R_3 = 8$ Ω，$X_3 = 6$ Ω，电压有效值 $U = 120$ V。求电压 U_{AB}。

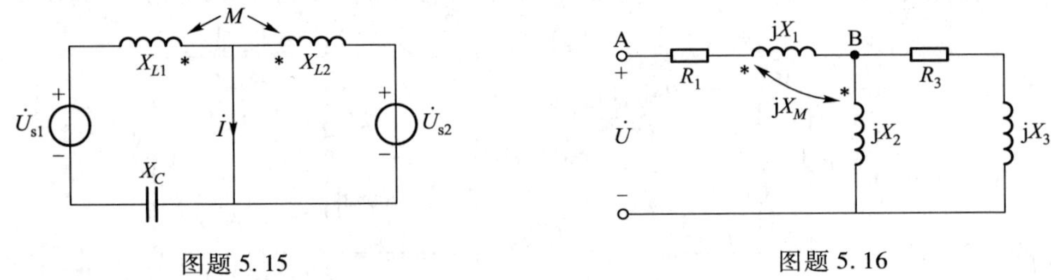

图题 5.15　　　　图题 5.16

5.17　图题 5.17 所示电路，要求在任意频率下，电流 i 与输入电压 u_S 始终同相，求各参数应满足的关系及电流 i 的有效值表达式。

5.18　图题 5.18 所示电路，已知 $R_1 = 10$ Ω，$L_1 = 1$ H，$L_2 = 1$ H，耦合系数 $k = 0.2$，$\dot{U}_s = 20$ V，角频率 $\omega = 100$ rad/s。求负载阻抗 Z_L 为何值时它消耗的功率为最大？并求此最大功率。

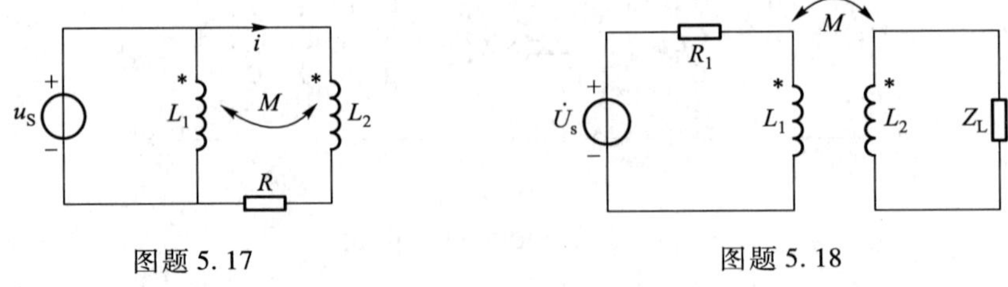

图题 5.17　　　　图题 5.18

5.19　图题 5.19 所示电路，要求 $u_2 = u_1$，变比 n 应为多少？

5.20　电路如图题 5.20 所示，设 $i_S = 0.6e^{-10t}$ A，$(t > 0)$。求 8 Ω 电阻消耗的功率。

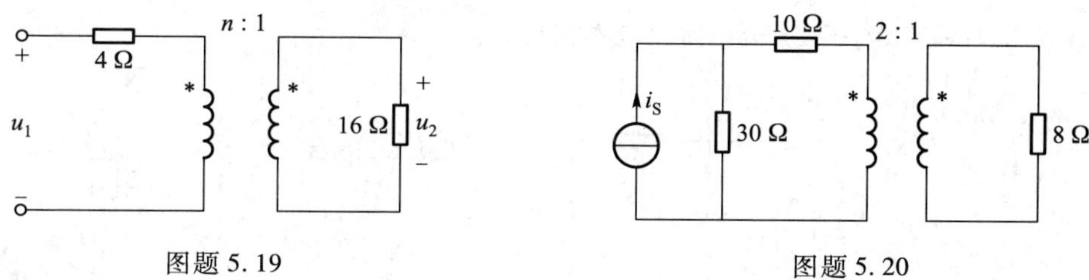

图题 5.19　　图题 5.20

5.21　电路如图题 5.21 所示，已知电源电压有效值 $U_s=100$ V，内阻 $R_S=5$ Ω，负载阻抗 $Z_L=(16+\mathrm{j}12)$ Ω，问理想变压器的变比 n 为多少时，Z_L 可获得最大平均功率？试求此最大功率。

5.22　电路如图题 5.22 所示，已知正弦电压源 $u_S=10\cos(100\,t)$ V，负载 Z_L 通过变比为 2∶1 的理想变压器与电路相连。求 Z_L 为何值时它消耗的平均功率为最大？并求出此时负载的平均功率 P、视在功率 S 和功率因数 λ。

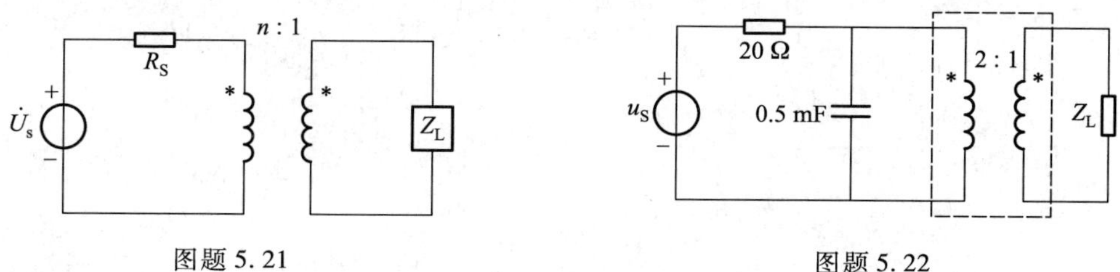

图题 5.21　　图题 5.22

5.23　电路如图题 5.23 所示，已知 $R_1=60$ Ω，$R_2=80$ Ω，$\dot{U}_s=840\angle 0^\circ$ V，$n=4$。求 R_L 获得的最大功率。

5.24　电路如图题 5.24 所示，已知 $U_s=200$ V，问 n_1、n_2 为何值时，2 Ω 电阻获得最大功率？最大功率为多少？

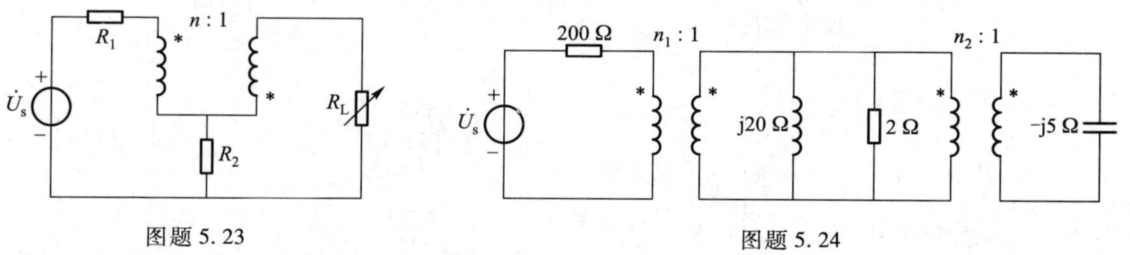

图题 5.23　　图题 5.24

5.25　图题 5.25 所示含两个理想变压器电路，已知 $\dot{U}_s=680\angle 0^\circ$ V，$R_S=136$ kΩ，$R_1=320$ Ω，$R_2=40$ Ω。两个负载与正弦电源匹配，R_2 吸收的功率是 R_1 吸收功率的 16 倍。(1) 求变比 n_1 和 n_2；(2) 计算 R_2 吸收的平均功率；(3) 计算 R_1 的电压有效值。

5.26　图题 5.26 所示含中间抽头的理想变压器，各组匝数如图所示，列出回路电流方程。

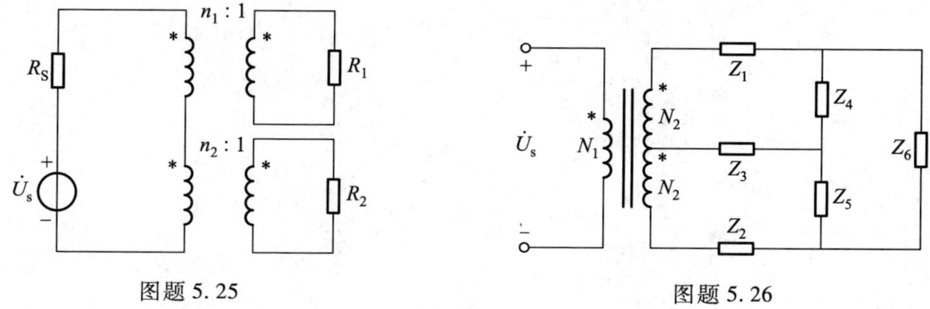

图题 5.25　　图题 5.26

5.27　图题 5.27 所示含自耦变压器电路，已知 $\dot{U}_1=80\angle 0^\circ$ V，$R=40$ Ω，$L=0.1$ H，$C=4$ μF，$\omega=10^3$ rad/s，$N_1=500$，$N_2=400$。求电源提供的复功率。

5.28　图题5.28所示含自耦变压器电路，求等效阻抗 Z_{ab}。

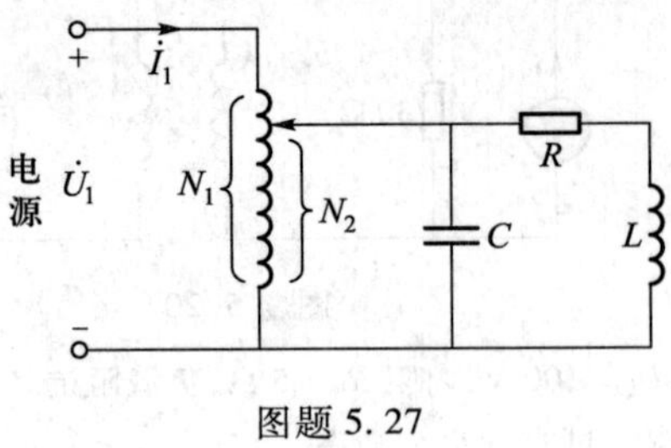

图题5.27

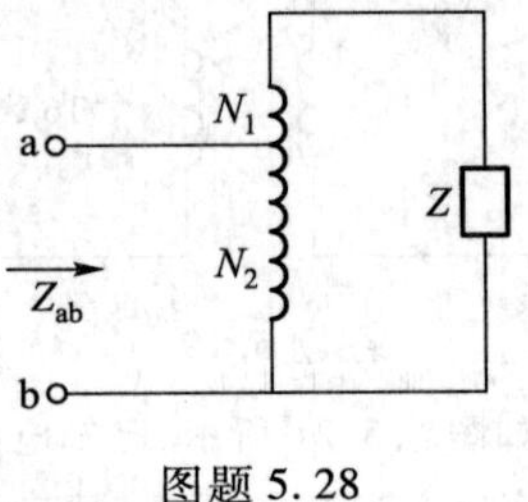

图题5.28

第6章 三相电路

【导读】

在人们生活的城乡或交通走廊，随处可见不同电压等级的交流输电线路，它们将来自发电厂的巨大电能传输到广大用户。自从1888年，俄罗斯人成功建立了三相交流输电方式后，到目前为止，三相制一直是电力生产、变送和应用的主要形式。这是因为三相制在技术上和经济上具有许多优越性。例如，从三相四线制中可以得到两种电压，居民生活用的单相电就是从三相四线制中获取的；同体积的三相发电机的容量大于单相发电机的容量；传输相同功率时，使用三相传输线要比使用单相传输线节省金属耗材和输电损耗；对称三相电路的瞬时功率等于常量，使得三相发电机和三相电动机能够平稳旋转；使用三相制易于产生旋转磁场，它是三相电动机工作的基本原理；对三相电整流得到的直流电要比对单相电整流得到的直流电质量更好。要理解这些优越性，并正确使用三相电，必须对三相电路加以认识。

从认识方法上看，三相电路可以看做一种复杂的交流电路而用第4章介绍的方法进行分析。但由于三相电路在电能传输和利用中得到广泛应用，同时三相电路中存在着特殊现象和规律，掌握这些特殊性可以准确认识和正确应用三相电路，因此有必要单独讨论三相电路。

作为三相电路的入门内容，本章重点介绍三相电路的星形和三角形联结方式，对称三相电路中相电压与线电压、相电流与线电流的关系，对称三相电路的单相计算法和三相电路的功率。扼要介绍不对称三相电路。

6.1 三相制的初步认识

所谓三相制，就是由三相电源供电的体系。这种三相电源通常来自三相**同步发电机**，其构造原理如图6.1.1(a)、(b)所示。发电机的静止部分称为**定子**，包括定子**铁心**和定子**绕组**等。定子铁心由硅钢片叠装而成，呈空心圆柱体，内壁有槽，槽内镶嵌着形状、尺寸和匝数都相同的三组绕组：A－X、B－Y和C－Z，中心线依次相差120°，它们称为定子绕组，绕组A－X如图6.1.1(c)所示。发电机的转动部分称为**转子**，直流电流通过转子上的励磁绕组在转子上产生磁极，因而工作时在气隙中产生旋转磁场。

转子是靠原动机带动而旋转的。原动机的动力可以来自水力、蒸汽等。当原动机带动转子沿逆时针方向恒速旋转时，定子三相绕组便切割转子产生的磁感应线，分别产生e_A、e_B和e_C三个正弦感应电动势。由于三个绕组结构完全相同，又是切割同一转子的磁感应线，只是绕组的中心线互差120°，因而e_A、e_B和e_C是三个频率相同、幅值相同，而相位互差120°的电动势，称为**对称三**

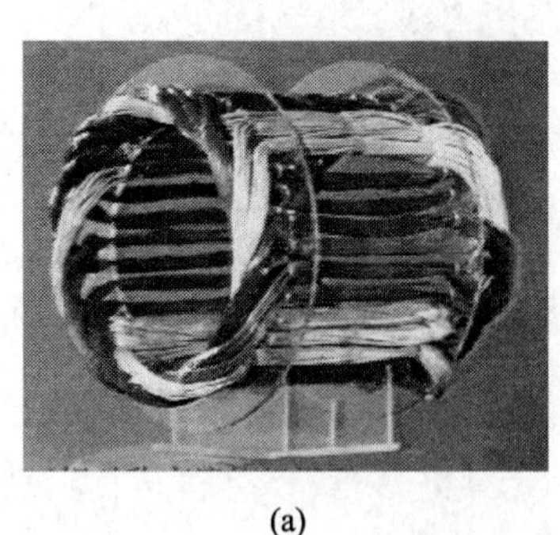

(a)

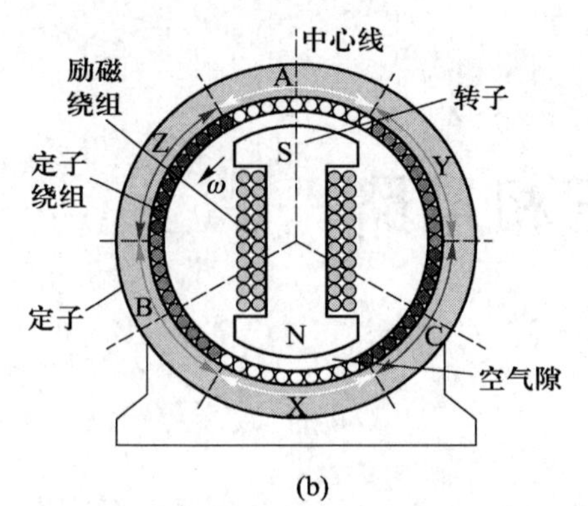

(b)

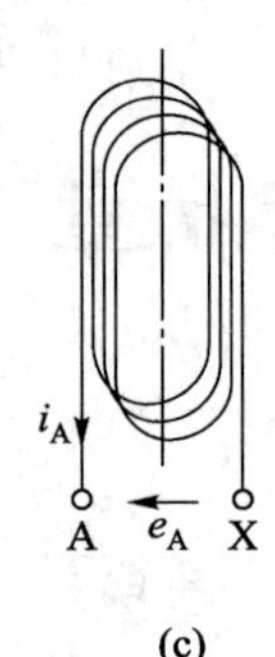

(c)

图 6.1.1　三相发电机构造示意图:(a) 模型;(b) 截面图;(c) A－X 绕组

相电动势。能够产生对称三相电动势的电源称为对称三相电源,简称**三相电源**。

图 6.1.1 中画出的是转子有一对磁极的情况,此外还有多对磁极的情况。因为每对磁极转动一圈,感应电动势将变化一个循环,所以如果转子上有 p 对磁极,则转子每转一圈,电动势将变化 p 个循环。若转子转速为 n,单位转/分钟,记作 r/min,则电动势每分钟变化了 pn 个循环。因此,三相电动势的频率即每秒钟的循环数与磁极对数和转子转速的关系为

$$f=\frac{pn}{60} \tag{6.1.1}$$

我国的电力工业标准频率为 50 Hz,为保持该频率不变,同步发电机的转速必须保持 $pn=50\ \text{Hz}\times 60\ \text{s}=3\ 000$,$n$ 与 p 成反比。例如,火力发电厂中的发电机是由汽轮机带动的,故名为汽轮发电机,它是卧式的高速发电机。由于转速高,故磁极对数较少,一般为一对磁极;水力发电厂中的发电机是由水轮机带动的,故名水轮发电机,大多是立式的低速发电机,故磁极对数较多。

三相发电机的每组绕组称为**相**,三个相分别称为 A 相、B 相和 C 相,我国在工程上分别用黄、绿、红表示 A、B、C 相。各相的始端用 A、B、C 表示,末端用 X、Y、Z 表示。它们的电路符号分别如图 6.1.2(a)、(b)所示。当用图 6.1.2(a)时不要理解成是电感元件,应理解成是用绕组符号表示的正弦电压源。

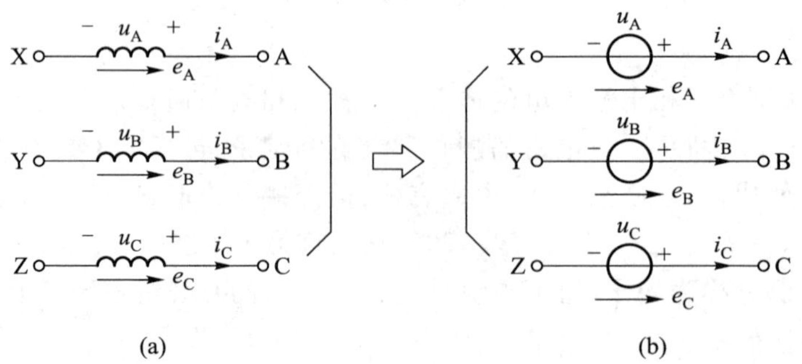

图 6.1.2　三相发电机绕组的电路符号

三相绕组产生三相感应电动势,用 e_A、e_B、e_C 表示。当不计绕组等效阻抗时,这三个电动势按图中参考方向分别与绕组的端电压 u_A、u_B、u_C 相等,称为**三相电压**。按照图 6.1.1(b)中转子

的转动方向,三相电压或三相电动势将依次滞后120°,对称三相正弦电动势和三相正弦电压的瞬时表达式为

$$\begin{cases} e_A = u_A = U_m\cos(\omega t+\psi) \\ e_B = u_B = U_m\cos(\omega t+\psi-120°) \\ e_C = u_C = U_m\cos(\omega t+\psi-240°) \quad = U_m\cos(\omega t+\psi+120°) \end{cases} \tag{6.1.2}$$

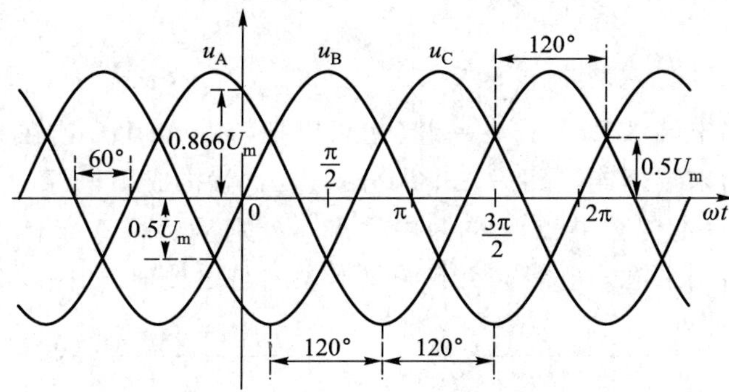

图 6.1.3　对称三相正弦电压波形

其波形如图 6.1.3 所示。设 $U = U_m/\sqrt{2}$,则对称正弦三相电压有效值相量就是

$$\begin{cases} \dot{U}_A = U\angle\psi \\ \dot{U}_B = U\angle\psi-120° = a^2\dot{U}_A \\ \dot{U}_C = U\angle\psi+120° = a\dot{U}_A \end{cases} \tag{6.1.3}$$

式中

$$a = e^{j2\pi/3} = 1\angle 2\pi/3 = 1\angle 120° = -0.5 + j0.5\sqrt{3} \tag{6.1.4}$$

是一个旋转因子,它乘到某一相量上相当于把这一相量逆时针方向旋转120°角或顺时针方向旋转240°角;乘以 a^2 则为逆时针方向旋转240°角或顺时针方向旋转120°角。对称三相电压的相量图如图 6.1.4 所示,它们是长度相等、角度彼此相差120°的三个相量。

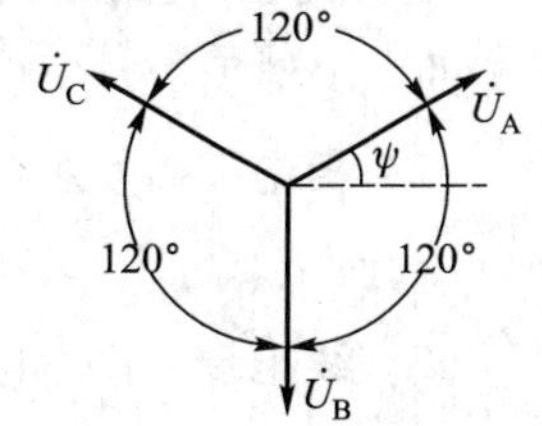

图 6.1.4　对称三相电压相量图

上述三相电压,从 u_A 到 u_B 再到 u_C,相位上依次滞后120°,这种相位顺序称为**正序或顺序**。如果交换任意两相,例如将 B 相当作 C 相,C 相当作 B 相,或者想象转子发生了反向旋转,那么从 u_A 到 u_B 再到 u_C,相位上便是依次超前120°,与正序相反,称为**负序或逆序**。如无特别说明,本书均使用正序。

在三相制中,负载一般也是由三部分组成的,每一部分称为负载的一个相,这样的负载称为**三相负载**,常见的三相感应电动机便是一例。如果三相负载中各相的参数都相同,则称为**对称三相负载**。有了三相负载的概念,以前的二端交流负载便称为**单相负载**。在三相制中通常把若干单相负载按功率尽可能均等的原则分成三组,然后按三相负载分别与三相电源的不同相连接。

由三相电源、三相负载、单相负载和三相传输线所组成的电路称为**三相电路**。当三相电源和所连接的负载都对称而且三相传输线的阻抗也都相等时,则称为**对称三相电路**。

6.2 三相电源及三相负载的连接

三相电源和三相负载的每一相不是单独使用的,需要把三个相按照一定的规律连接起来以后再接入电路。基本的连接方式就是星形联结和三角形联结。

1. 星形联结

把电源三个绕组的末端 X、Y、Z 连在一起(也可以把始端 A、B、C 连在一起,但不可使某些绕组的始端和另外绕组的末端相连),而另三个端分别连出,就构成了电源的星形联结,如图 6.2.1(a)所示。三个相连在一起的公共点 N 称为**中性点**。分别从始端 A、B、C 引出的三根导线称为**端线**或**相线**,俗称火线,用来输送电能。负载的星形联结与之类似,如图 6.2.1(b)所示。

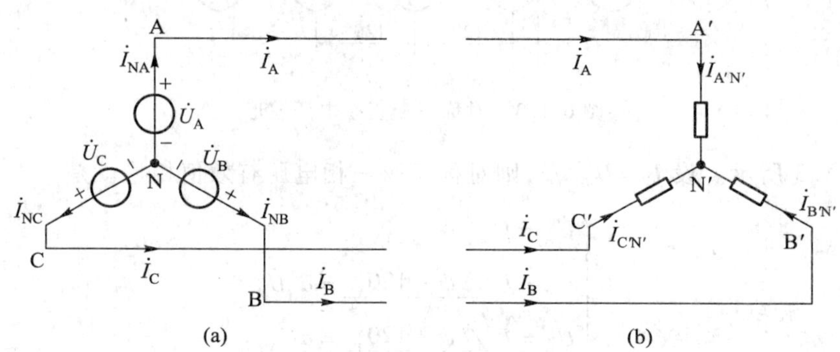

图 6.2.1 (a) 电源的星形联结;(b) 负载的星形联结

在描述三相电路问题时,常用到下列术语:

(1) **相电流**:流过电源或负载各相的电流,参考方向如图 6.2.1 所示,例如 $\dot{I}_{NA}$、$\dot{I}_{NB}$、$\dot{I}_{NC}$ 为电源的相电流,而 $\dot{I}_{A'N'}$、$\dot{I}_{B'N'}$、$\dot{I}_{C'N'}$ 为负载的相电流;

(2) **相电压**:电源或负载各相的电压,参考方向如图 6.2.1 所示,例如 $\dot{U}_A$、$\dot{U}_B$、$\dot{U}_C$ 为电源的相电压,而 $\dot{U}_{A'N'}$、$\dot{U}_{B'N'}$、$\dot{U}_{C'N'}$ 为负载的相电压;

(3) **线电流**:流过电源或负载端线的电流,参考方向是从电源指向负载,例如 $\dot{I}_A$、$\dot{I}_B$、$\dot{I}_C$;

(4) **线电压**:每两条端线之间的电压,参考方向按照 A→B→C→A 的顺序,例如 $\dot{U}_{AB}$、$\dot{U}_{BC}$、$\dot{U}_{CA}$ 为电源侧线电压,而 $\dot{U}_{A'B'}$、$\dot{U}_{B'C'}$、$\dot{U}_{C'A'}$ 为负载侧线电压。

工程上所说的三相电路的电压都是指线电压,例如说 220 kV 的输电线,是说它的线电压有效值为 220 kV。

下面建立电源星形联结时线电流与相电流的关系,以及线电压与相电压的关系,其过程和结论完全适用于负载的星形联结。

根据星形联结的电路结构可知:在星形联结中,线电流等于相应的相电流,即

$$\dot{I}_A = \dot{I}_{NA},\quad \dot{I}_B = \dot{I}_{NB},\quad \dot{I}_C = \dot{I}_{NC} \tag{6.2.1}$$

在对称情况下,三个线电流有效值相等,用 I_L 表示;三个相电流有效值也相等,用 I_P 表示。这样

便有

$$I_L = I_P \tag{6.2.2}$$

星形联结的每个线电压等于相应的两个相电压之差，即

$$\begin{cases} \dot U_{AB} = \dot U_A - \dot U_B \\ \dot U_{BC} = \dot U_B - \dot U_C \\ \dot U_{CA} = \dot U_C - \dot U_A \end{cases} \tag{6.2.3}$$

在相电压对称的情况下，$\dot U_B = \dot U_A \times 1\angle -120°$，意思是 $\dot U_B$ 比 $\dot U_A$ 滞后120°。因此线电压与相电压的关系可进一步简化，例如：

$$\dot U_{AB} = \dot U_A - \dot U_A \times 1\angle -120° = [1-(-0.5-j0.5\sqrt{3})]\dot U_A = \sqrt{3}\dot U_A\angle 30° \tag{6.2.4}$$

同理可以得出另外两个线电压与相电压的关系，将它们合写在一起便是

$$\begin{cases} \dot U_{AB} = \sqrt{3}\dot U_A\angle 30° \\ \dot U_{BC} = \sqrt{3}\dot U_B\angle 30° \\ \dot U_{CA} = \sqrt{3}\dot U_C\angle 30° \end{cases} \tag{6.2.5}$$

上述关系也可通过绘制相量图，并用几何关系来直观地获得，如图 6.2.2 所示。

相量图和式(6.2.5)均表明：在星形联结的电路中，当正弦相电压为对称时，线电压也是对称的，其有效值等于相电压有效值的$\sqrt{3}$倍，即

$$U_L = \sqrt{3}U_P \tag{6.2.6}$$

线电压在相位上超前先行相电压30°。例如，线电压 $\dot U_{AB} = \dot U_A - \dot U_B$，其中 $\dot U_A$ 超前 $\dot U_B$，相对 $\dot U_B$ 来说，$\dot U_A$ 是先行相，那么 $\dot U_{AB}$便比先行相 $\dot U_A$ 超前30°，即 $\dot U_{AB} = \sqrt{3}\dot U_A\angle 30°$。

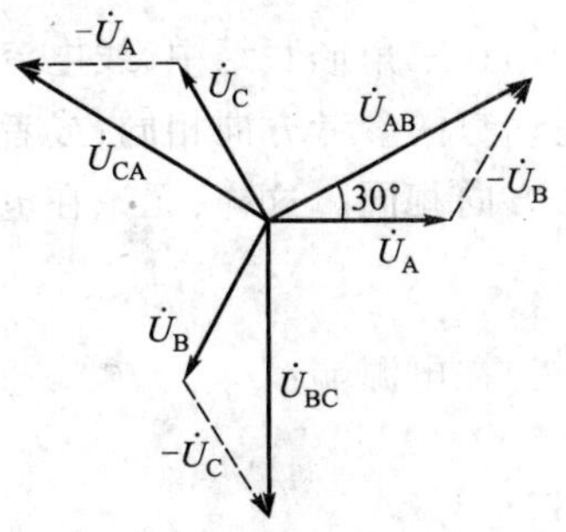

图 6.2.2　星形联结线电压与相电压的关系

需要指出，当对电源进行星形联结时，如果失误，没有把各相的末端(或始端)接在一起，例如将两个末端和一个始端接在了一起，这时得到的线电压便不是对称的，不能对外电路提供正确的三相电压；当对负载进行星形联结时，如果负载各相之间存在第 5 章介绍的磁耦合，例如电动机类负载和变压器类负载，此时若没有把各相末端(或始端)接在一起，将造成负载的不对称，使负载不能正常工作甚至损坏。对三相变压器来说，从输出侧看，相当于三相电源；从输入侧看，相当于存在磁耦合的三相负载。因此，当对三相变压器进行星形联结时，要同时注意上述两个问题。如果负载各相之间没有磁耦合关系，例如三相电阻炉，则可不用区分始末端。

【例题 6.2.1】　对称星形联结的三相电源，设线电压 $\dot U_{BC} = 380\angle 0°$ V，分析相电压 $\dot U_A$。

【解】　因为

$$\dot U_{BC} = \dot U_B - \dot U_C = \sqrt{3}\dot U_B\angle 30° = 380\angle 0° \text{ V}$$

所以

$$\dot U_B = \frac{380}{\sqrt{3}}\angle -30° \text{ V} \approx 219.39\angle -30° \text{ V}$$

$\dot{U}_A$ 超前 $\dot{U}_B$ 的角度为120°，故 $\dot{U}_A \approx 219.39\angle(-30+120)^\circ\ \text{V} = 219.39\angle 90^\circ\ \text{V}$。

2. 三角形联结

如果将电源每相的始端和末端依次相接，即 X 接 B，Y 接 C，Z 接 A，再从各连接点引出端线，就构成了电源的三角形联结，如图 6.2.3(a)所示。同理，可以构成负载的三角形联结，如图 6.2.3(b)所示。

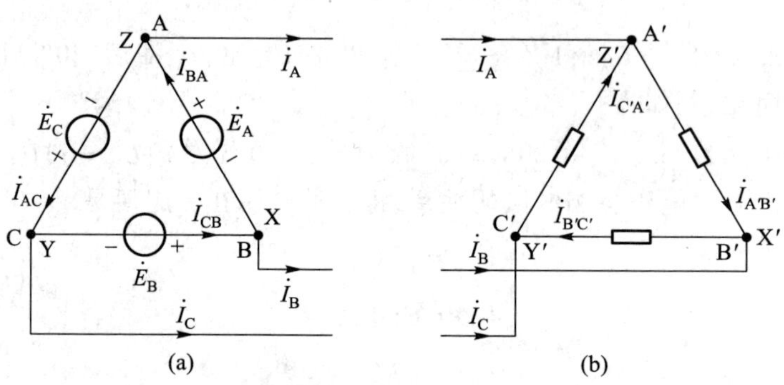

图 6.2.3 (a) 电源的三角形联结；(b) 负载的三角形联结

在三角形联结中，线电流和相电流是不同的。按照习惯，在电源中选取相电流的参考方向与电动势的参考方向相同，或者说与相电压的参考方向相反；而在负载中选取相电流与相电压的参考方向相同。这样，无论在电源端或在负载端，线电流都等于两个相电流之差，用相量表示为

在电源端：
$$\begin{cases} \dot{I}_A = \dot{I}_{BA} - \dot{I}_{AC} \\ \dot{I}_B = \dot{I}_{CB} - \dot{I}_{BA} \\ \dot{I}_C = \dot{I}_{AC} - \dot{I}_{CB} \end{cases} \tag{6.2.7}$$

在负载端：
$$\begin{cases} \dot{I}_A = \dot{I}_{A'B'} - \dot{I}_{C'A'} \\ \dot{I}_B = \dot{I}_{B'C'} - \dot{I}_{A'B'} \\ \dot{I}_C = \dot{I}_{C'A'} - \dot{I}_{B'C'} \end{cases} \tag{6.2.8}$$

如果三个相电流是对称的，以负载端为例，可做出图 6.2.4 所示的相量图，并由此得线电流与相电流的关系为

$$\begin{cases} \dot{I}_A = \dot{I}_{A'B'} - \dot{I}_{C'A'} = \sqrt{3}\,\dot{I}_{A'B'}\angle -30^\circ \\ \dot{I}_B = \sqrt{3}\,\dot{I}_{B'C'}\angle -30^\circ \\ \dot{I}_C = \sqrt{3}\,\dot{I}_{C'A'}\angle -30^\circ \end{cases} \tag{6.2.9}$$

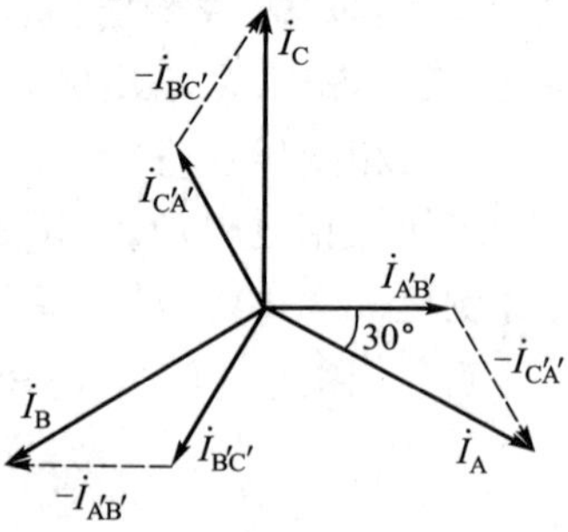

可见，在三角形联结中，当相电流对称时，线电流也是对称的，其有效值等于相电流有效值的$\sqrt{3}$倍，即

$$I_L = \sqrt{3} I_P \tag{6.2.10}$$

线电流在相位上滞后于后续相电流30°。例如，线电流

图 6.2.4 三角形联结线电流与相电流的关系

$\dot{I}_A=\dot{I}_{A'B'}-\dot{I}_{C'A'}$，其中 $\dot{I}_{A'B'}$ 滞后于 $\dot{I}_{C'A'}$，相对 $\dot{I}_{C'A'}$ 来说，$\dot{I}_{A'B'}$ 是后续相，那么 $\dot{I}_A$ 便比后续相 $\dot{I}_{A'B'}$ 滞后30°，即 $\dot{I}_A=\sqrt{3}\dot{I}_{A'B'}\angle -30°$。

根据电路结构，三角形联结中各相电压均等于相应的线电压，在对称情况下可以记作

$$U_P=U_L \tag{6.2.11}$$

需要指出，当对电源进行三角形联结时，必须把各相的始端和末端依次相接。这样，在电源对称的条件下，回路的总电动势为

$$\dot{E}=\dot{E}_A+\dot{E}_B+\dot{E}_C=\dot{E}_A(1+a^2+a)=0 \tag{6.2.12}$$

由于绕组中存在一定的内阻抗，因此在没有负载（即端线开路）的情况下，在三角形回路中不会产生对绕组有害的循环电流。

由于一般电源内阻抗极小，即使三相电动势之和很小（例如不对称时），在三角形回路中也会产生很大的循环电流，甚至有烧毁电源的危险。如果没按正确顺序进行连接，情况就更加严重了，这是不允许发生的。

当把负载接成三角形时，如果负载各相之间存在第5章介绍的磁耦合，例如电动机类负载和变压器类负载，此时也必须按始端和末端依次相连的方法接成三角形，否则将造成负载的不对称，使负载不能正常工作，甚至损坏。三相变压器既有电源的作用，又有负载的作用。因此，当对变压器进行三角形联结时，必须将始末端按正确顺序进行连接。

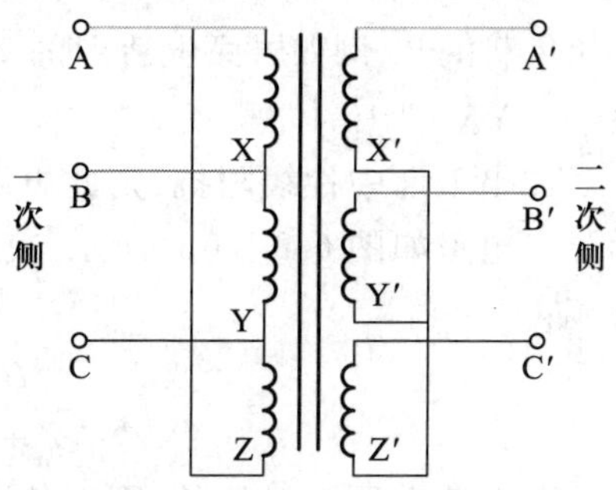

图 6.2.5　三相变压器的三角形－星形联结

图 6.2.5 画出了一次侧为三角形联结、二次侧为星形联结的三相变压器示意图。其他连接关系可循此进行。

3. 两种联结的对比

（1）若把电源（发电机或变压器二次侧）连接成星形，可以向外电路提供较高的线电压。若接成三角形，则不能得到较高的线电压，但额定线电流却增加到星形联结时的$\sqrt{3}$倍。

（2）若把负载（如三相变压器一次侧或三相电动机、三相电阻炉等）连接成星形，则每相所承受的电压为三角形联结时的 $1/\sqrt{3}$。如果负载的功率是一定的，则相电流必将增大到三角形联结时的$\sqrt{3}$倍。但如负载的阻抗是一定的，则将使电流减小到三角形联结时的$1/\sqrt{3}$，或功率下降到1/3。三相功率的计算见 6.5 节。

一个三相负载应当接成星形或三角形应视其额定电压和电源线电压的大小而定。

（3）如果电源和负载都连接成星形，则可将两个中性点用导线连接起来，构成三相四线制。详见下节分析。

6.3　三相电路的连接与对称条件下的计算

上一节说明了三相电源和三相负载都可能按星形或三角形联结，因此，三相电源和三相负载

之间的连接关系有多种情况,例如 Y-Y、Y-Δ、Δ-Y 、Δ-Δ 等。下面根据几种典型的连接情况讨论对称三相电路的计算方法。

三相电路作为正弦交流电路的一种,完全可以用第 4 章建立的相量分析法按照一般交流电路进行分析。然而,对称三相电路的电压和电流具有对称性,因此有必要根据对称性寻求更简便的计算方法,从而避免按照一般交流电路所进行的不必要的复杂计算。

1. 电源和负载都接成星形

图 6.3.1(a)是电源和负载都接成星形并且用导线将两个中性点连起来的情况,这条导线称为**中性线**。由于使用了四条导线,故这种连接方式称为**三相四线制**。在三相四线制中,可以得到两种电压:端线之间的线电压和端线与中性线之间的相电压,前者为后者的$\sqrt{3}$倍。相电压常用于给单相负载供电,例如居民生活用的 220 V 单相交流电压就是相电压,对应的线电压为 $220\sqrt{3}$ V≈381.05 V。

如果不计中性线阻抗,则此电路相当于三个无分支电路通过中性线而组合在一起。A 相的无分支电路如图 6.3.1(b)所示,其他两相与之类似。对每个无分支电路可以应用欧姆定律计算电流:

$$\dot{I}_A = \frac{\dot{U}_A}{Z + Z_L},\quad \dot{I}_B = \frac{\dot{U}_B}{Z + Z_L},\quad \dot{I}_C = \frac{\dot{U}_C}{Z + Z_L} \tag{6.3.1}$$

若电源电压是对称的,则电流也是对称的,这时并不需要运用上式对每一相电流分别计算,只需计算出参考相(通常为 A 相)的电流 $\dot{I}_A$,然后利用对称关系即可推算出另外两相的电流为

$$\dot{I}_B = \dot{I}_A \angle -120°,\quad \dot{I}_C = \dot{I}_A \angle 120° \tag{6.3.2}$$

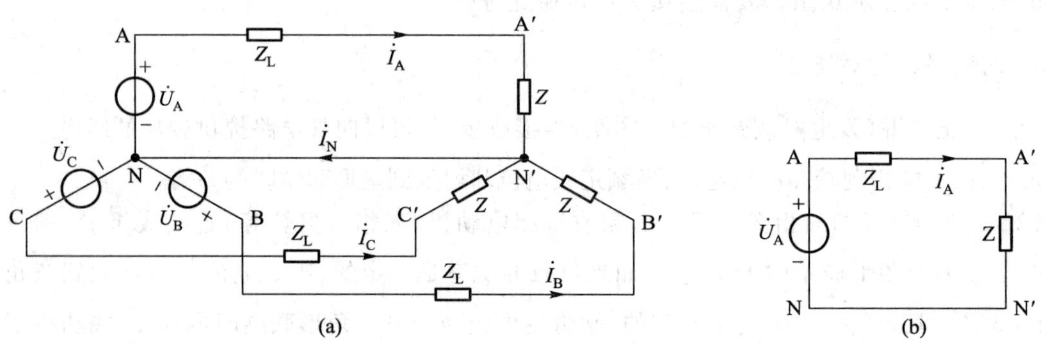

图 6.3.1　(a) 三相四线制;(b) A 相无分支电路

在线电流对称的条件下,流过中性线的电流为

$$\dot{I}_N = \dot{I}_A + \dot{I}_B + \dot{I}_C = 0 \tag{6.3.3}$$

这就是说,对这种对称三相四线制而言,中性线电流始终为零,因此中性线的有无并不影响电路的工作情况。在远距离高压输电中,由于电路非常接近对称状态,故可省掉中性线,或将中性点直接接地,以使电路中各处对地电压不至于超过相电压。这样在同一线电压的条件下,既降低了设备和线路对地绝缘的要求,又利于站在地面上的人畜安全。

既然中性线的有无并不影响电路的工作,因此在没有中性线的情况下,计算时可以先用假想

的中性线连上两个中性点，如图 6.3.2 中虚线所示，然后按式(6.3.1)计算；如果中性线业已存在且含有等效阻抗 Z_N，如图 6.3.3 中所示。因为中性线上没有电流，虽有阻抗也不能产生压降，即 $\dot{U}_{N'N}=Z_N\dot{I}_N=0$，或者说两个中性点的电位始终保持相等，故可把此阻抗用短路代替，如图 6.3.3 中的虚线所示。代替后，便可用式(6.3.1)计算。

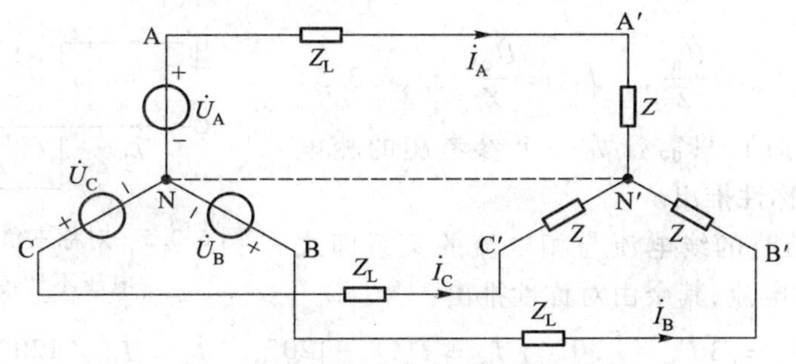

图 6.3.2　用假想中性线连接中性点

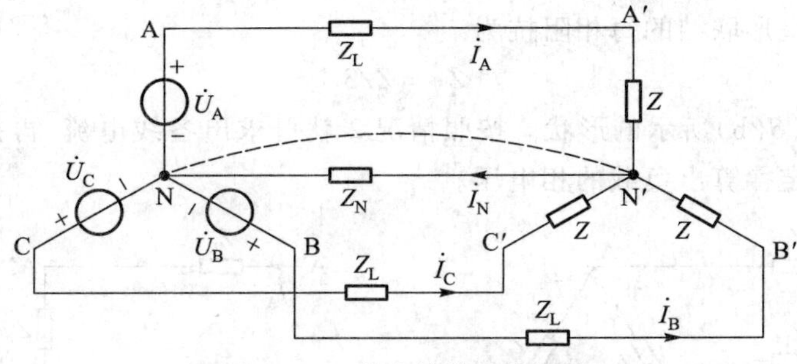

图 6.3.3　将中性线阻抗短路

2. 对称星形负载接到对称线电压

这种连接关系如图 6.3.4(a)所示，已知对称线电压 $\dot{U}_{AB}$、$\dot{U}_{BC}$和 $\dot{U}_{CA}$。在这种情况下，可以作出一个假想的星形联结的对称三相电源，用于等效已知的对称线电压，如图 6.3.4(b)所示。其参考相 A 的电压可利用星形联结时线电压与相电压的关系即式(6.2.5)计算为

$$\dot{U}_A=\frac{1}{\sqrt{3}}\dot{U}_{AB}\angle -30^\circ \tag{6.3.4}$$

作出这个假想电源以后，分析方法就与情况 1 相同了。

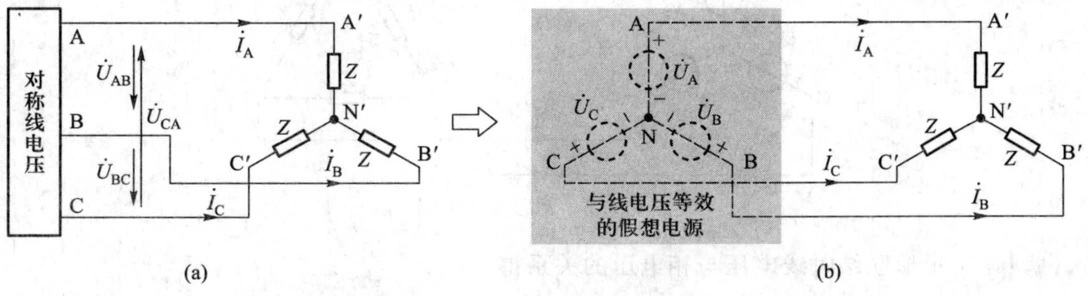

图 6.3.4　(a) 对称星形负载接到对称线电压；(b) 等效电路

3. 对称三角形负载接到对称线电压

三角形联结由于没有中性线，它只能连接于线电压。如果不计传输线阻抗，如图 6.3.5 所示，则负载各相直接受线电压的作用。根据欧姆定律求得各相电流为

$$\dot{I}_{AB}=\frac{\dot{U}_{AB}}{Z},\quad \dot{I}_{BC}=\frac{\dot{U}_{BC}}{Z},\quad \dot{I}_{CA}=\frac{\dot{U}_{CA}}{Z} \tag{6.3.5}$$

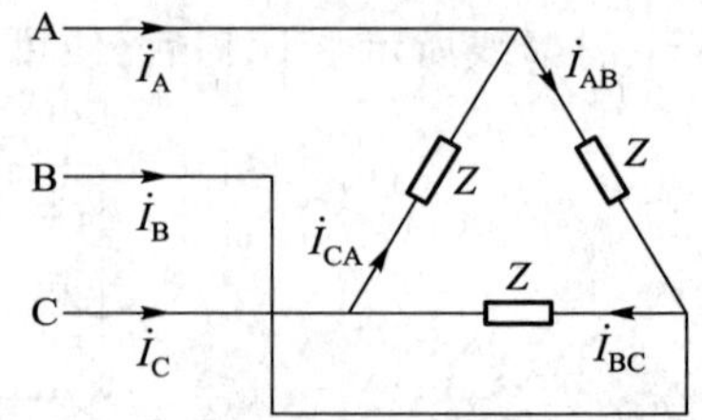

图 6.3.5 对称三角形负载接到对称线电压不计传输线阻抗

若线电压为对称的，只需计算一个参考相的相电流，其余便可根据对称性推出。

再由三角形联结时的线电流与相电流的关系即式(6.2.9)计算出 A 线电流，其余由对称性推出：

$$\dot{I}_A=\sqrt{3}\,\dot{I}_{AB}\angle -30^\circ,\quad \dot{I}_B=\dot{I}_A\angle -120^\circ,\quad \dot{I}_C=\dot{I}_A\angle 120^\circ \tag{6.3.6}$$

如果需要考虑传输线阻抗，如图 6.3.6(a)所示，可以把三角形联结的负载化为等效的星形联结。对称情况下，星形联结的每相阻抗为

$$Z_Y=Z/3 \tag{6.3.7}$$

从而电路化为图 6.3.6(b)所示的形状。按照情况 2 就可求出各线电流，再按式(6.2.9)求出各相电流，然后按欧姆定律算出负载的相电压。

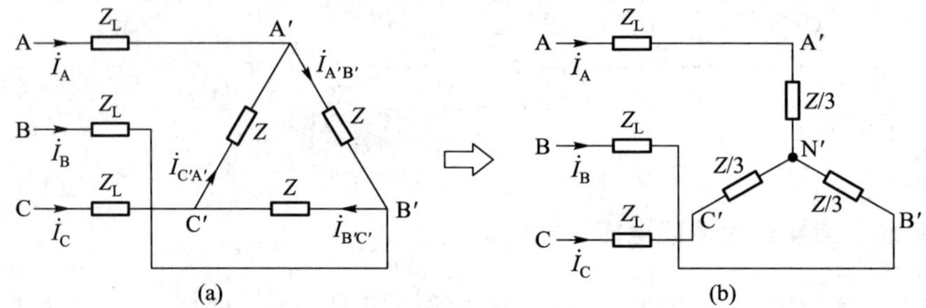

图 6.3.6 (a) 对称三角形负载接到对称线电压考虑传输线阻抗；(b) 等效电路

【**例题 6.3.1**】 如图 6.3.7 所示对称三相电路，已知 $\dot{U}_A=220\angle 0^\circ$ V，负载阻抗 $Z=(3+\mathrm{j}4)\,\Omega$。求负载每相电压、电流及线电流的相量值。

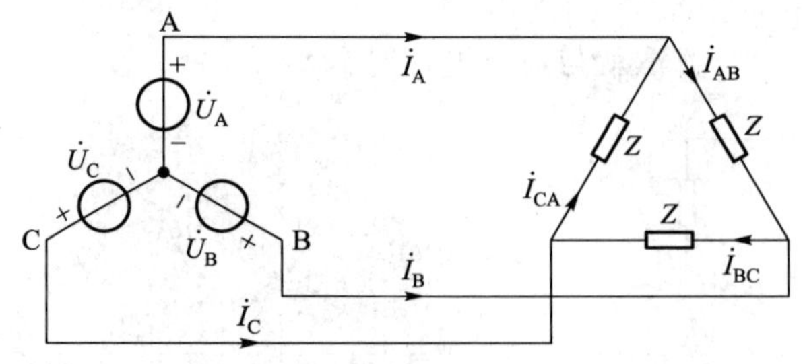

图 6.3.7 例题 6.3.1 图

【**解**】 由星形联结时线电压与相电压的关系得

$$\dot{U}_{AB}=\dot{U}_A-\dot{U}_B=\sqrt{3}\,\dot{U}_A\angle 30^\circ\approx 380\angle 30^\circ\ \mathrm{V}$$

由对称性得其他线电压为

$$\dot{U}_{BC} \approx 380\angle 30° - 120°\ \text{V} = 380\angle -90°\ \text{V}$$

$$\dot{U}_{CA} \approx 380\angle 30° + 120°\ \text{V} = 380\angle 150°\ \text{V}$$

根据欧姆定律求得负载相电流为

$$\dot{I}_{AB} = \frac{\dot{U}_{AB}}{Z} \approx 76.0\angle -23.13°\ \text{A}$$

由对称性得其他相电流为

$$\dot{I}_{BC} \approx 76.0\angle -23.13° - 120°\ \text{A} = 76.0\angle -143.13°\ \text{A}$$

$$\dot{I}_{CA} \approx 76.0\angle -23.13° + 120°\ \text{A} = 76.0\angle 96.87°\ \text{A}$$

由三角形联结时线电流与相电流的关系得

$$\dot{I}_{A} = \dot{I}_{AB} - \dot{I}_{CA} = \sqrt{3}\,\dot{I}_{AB}\angle -30° \approx 131.6\angle -23.13° - 30°\ \text{A} = 131.6\angle -53.13°\ \text{A}$$

由对称性求得其他线电流为

$$\dot{I}_{B} \approx 131.6\angle -53.13° - 120°\ \text{A} = 131.6\angle -173.13°\ \text{A}$$

$$\dot{I}_{C} \approx 131.6\angle -53.13° + 120°\ \text{A} = 131.6\angle 67.87°\ \text{A}$$

4. 一般情况

设有图 6.3.8(a)所示电路，同时存在星形和三角形联结的负载，需要考虑传输线阻抗，各部分都是对称的。求解此类电路时首先要把电源和三角形负载都化为等效的星形联结。在电源方面 $\dot{U}_{A} = (1/\sqrt{3})\dot{U}_{AB}\angle -30°$，而负载方面 $Z_4' = Z_4/3$。电路变成图 6.3.8(b)的实线部分。

把所有星形联结的中性点用一根虚设的理想导线连接起来，如图 6.3.8(b)中虚线所示。由于电路是对称的，所以在这根虚设的中性线上并没有电流，故并未改变电路的工作状态。

这样便可取出一个参考相（例如 A 相）来计算，如图 6.3.8(c)所示。于是，对称三相电路的计算问题就化为单相计算问题。

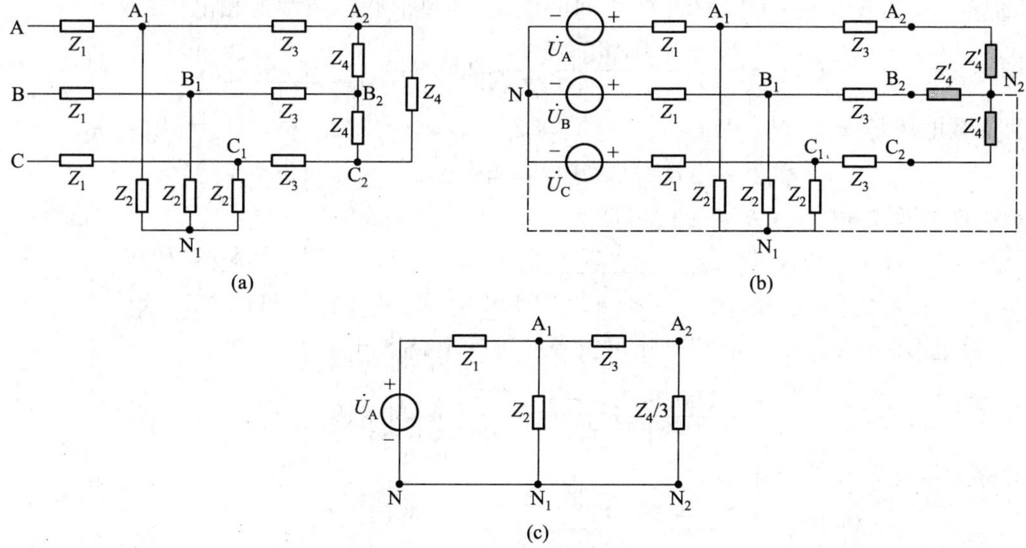

图 6.3.8　(a) 对称三相电路的一般连接；(b) 都化为星形联结；(c) 单相计算电路

因此得出一般结论：无论何种联结，对称三相电路都可化为单相电路来计算。其步骤是：(1) 把各三角形联结的电源和负载化为等效的星形联结；(2) 用假想中性线连接各负载和电源的中性点，中性线上原有的阻抗一律不计；(3) 取出一个参考相来计算；(4) 推算其他两相的电压、电流和电路变换前部分的各电压、电流。这便是利用对称三相电路的特点建立的专门分析方法，这要比按照一般复杂交流电路计算简单得多。

【例题 6.3.2】 对称三相电路如图 6.3.9(a)所示，其中 $Z_1=50\ \Omega$，$Z_2=(90+\mathrm{j}120)\ \Omega$，$Z_L=\mathrm{j}5\ \Omega$。设电源电压 $\dot{U}_{AB}=380\angle 0^\circ\ \mathrm{V}$，试求负载电压和各负载的相电流。

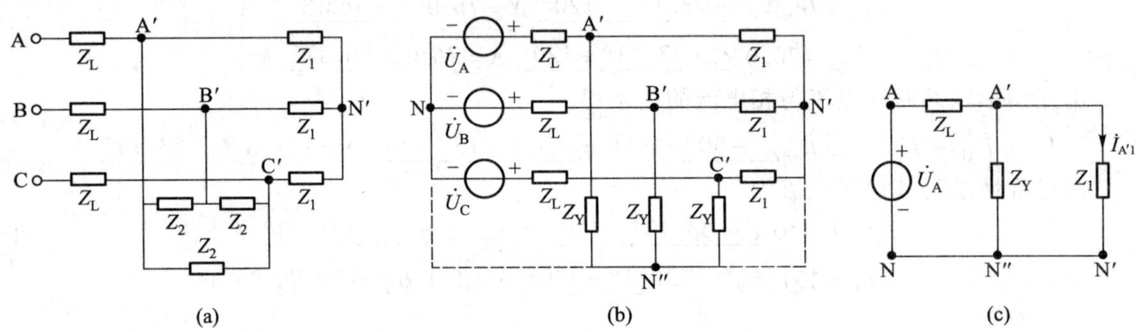

图 6.3.9 (a) 例题 6.3.2 图；(b) 化为星形联结；(c) 单相计算电路

【解】 首先将已知的电源和三角形联结的负载都用等效星形联结电路代替，如图 6.3.9(b)所示。图中 A 相的相电压和等效星形联结负载的阻抗分别为

$$\dot{U}_A=\frac{1}{\sqrt{3}}\dot{U}_{AB}\angle -30^\circ\approx 219.393\angle -30^\circ\ \mathrm{V}$$

$$Z_Y=\frac{1}{3}Z_2=(30+\mathrm{j}40)\ \Omega$$

其次在图 6.3.9(b)中添上假想中性线，再取出单相即 A 相，如图 6.3.9(c)所示。根据节点电压法，可直接写出图 6.3.9(c)中 A′和 N′之间的电压，即星形联结负载的相电压：

$$\dot{U}_{A'N'}=\frac{\dot{U}_A/Z_L}{1/Z_1+1/Z_Y+1/Z_L}\approx 200.949\angle -38.427^\circ\ \mathrm{V}$$

待求的负载电压是指线电压，故

$$\dot{U}_{A'B'}=\sqrt{3}\dot{U}_{A'N'}\angle 30^\circ\approx 348.053\angle -8.427^\circ\ \mathrm{V}$$

利用对称规律写出 BC 和 CA 两个线电压为

$$\dot{U}_{B'C'}\approx 348.053\angle -8.427^\circ-120^\circ\ \mathrm{V}=348.053\angle -128.427^\circ\ \mathrm{V}$$

$$\dot{U}_{C'A'}\approx 348.053\angle -8.427^\circ+120^\circ\ \mathrm{V}=348.053\angle 111.573^\circ\ \mathrm{V}$$

负载 Z_1 为星形联结，其 A 相的相电流可由单相等效电路图 6.3.9(c)求出，

$$\dot{I}_{A'1}=\frac{\dot{U}_{A'N'}}{Z_1}\approx\frac{200.949\angle -38.427^\circ}{50}\ \mathrm{A}\approx 4.019\angle -38.427^\circ\ \mathrm{A}$$

利用对称规律写出 B、C 相电流为

$$\dot{I}_{B'1}\approx 4.019\angle -38.427^\circ-120^\circ\ \mathrm{A}=4.019\angle -158.427^\circ\ \mathrm{A}$$

$$\dot{I}_{C'1}\approx 4.019\angle -38.427^\circ+120^\circ\ \mathrm{A}=4.019\angle 81.573^\circ\ \mathrm{A}$$

负载 Z_2 为三角形联结,其 AB 相电流为

$$\dot{I}_{A'B'2}=\frac{\dot{U}_{A'B'}}{Z_2}\approx\frac{348.053\angle -8.427^{\circ}}{90+j120}\ A\approx 2.320\angle -61.557^{\circ}\ A$$

利用对称规律写出 BC 和 CA 相电流为

$$\dot{I}_{B'C'2}\approx 2.320\angle -61.557^{\circ}-120^{\circ}\ A=2.320\angle -181.557^{\circ}\ A$$

$$\dot{I}_{C'A'2}\approx 2.320\angle -61.557^{\circ}+120^{\circ}\ A=2.320\angle 58.443^{\circ}\ A$$

6.4 不对称三相电路

当三相电路中电源电动势或端电压不对称,或电路参数不对称时,电路中的电流一般也是不对称的,这种电路称为**不对称三相电路**。不对称三相电路是大量存在的。首先,三相电路中有许多小功率单相负载,很难把它们组合成完全对称的三相负载;其次,对称三相电路发生断线、短路等故障时,则成为不对称三相电路;再次,有的电气设备或仪器正是利用不对称三相电路的某些特性工作的。

不对称三相电路中电源和负载的中性点(或等效的中性点)之间的电压一般不为零,所以不能直接化为单相电路计算,而要作为一般正弦电流电路进行分析。本节通过分析,使读者了解不对称三相电路的特殊现象,以便正确利用或避免这些现象。

1. 中性点位移

考察图 6.4.1 所示的低压三相四线制系统。由于低压系统中存在大量单相负载,很难做到三个相的等效阻抗满足 $Z_A=Z_B=Z_C$,而电源的电动势和端电压通常可认为是对称的。这样就形成了对称三相电源向不对称三相负载供电的情形。下面对其进行分析。

图 6.4.1 有两个节点,根据节点电压法可直接写出两节点之间的电压为

$$\dot{U}_{N'N}=\frac{\dot{U}_A/Z_A+\dot{U}_B/Z_B+\dot{U}_C/Z_C}{1/Z_A+1/Z_B+1/Z_C+1/Z_N} \tag{6.4.1}$$

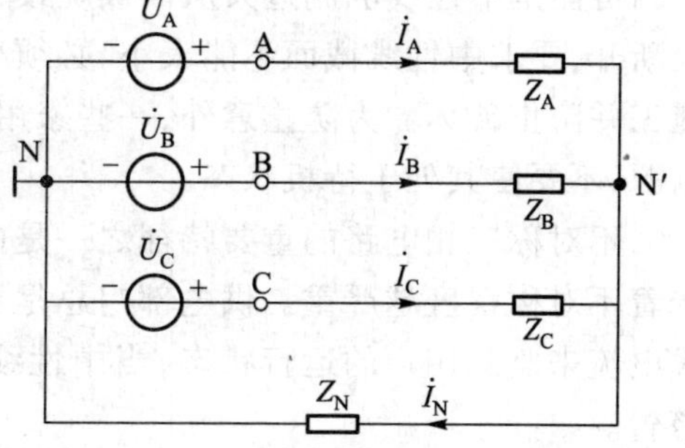

图 6.4.1 负载阻抗不对称的三相四线制

上式中虽然电源电压是对称的,但因负载不对称,一般情况下 $\dot{U}_{N'N}\neq 0$,即电源中性点和负载中性点电位不相等,这种现象称为负载**中性点位移**。由于存在中性点位移现象,所以不能像图 6.3.3 那样,用导线连接两个中性点,从而取出 A 相进行计算。

由于图 6.4.1 中负载输入端的节点电压是由电源决定的,与负载对称与否无关,所以当发生中性点位移现象时,负载的各相电压必然发生改变,不再是对称的。在式(6.4.1)的基础上,根据 KVL 和欧姆定律可以写出负载的各相电压为

$$\begin{cases} \dot{U}_{AN'} = \dot{U}_A - \dot{U}_{N'N} = \dot{I}_A Z_A \\ \dot{U}_{BN'} = \dot{U}_B - \dot{U}_{N'N} = \dot{I}_B Z_B \\ \dot{U}_{CN'} = \dot{U}_C - \dot{U}_{N'N} = \dot{I}_C Z_C \end{cases} \tag{6.4.2}$$

假设位移电压 $\dot{U}_{N'N}$滞后于 $\dot{U}_A$,可以做出与上式对应的相量图如图 6.4.2 所示。

图 6.4.2 清楚表明,负载相电压 $\dot{U}_{AN'}$、$\dot{U}_{BN'}$、$\dot{U}_{CN'}$不对称的程度(有效值差异和相位差不均匀)与中性点位移程度 $\dot{U}_{N'N}$有关。位移有效值 $\dot{U}_{N'N}$越大,负载相电压不对称程度越严重;在位移电压有效值相同的情况下,$\dot{U}_{N'N}$的辐角不同,也会导致不同程度的负载相电压不对称。在图 6.4.2 中相电压 $\dot{U}_{CN'}$过高,可能造成该相负载因电压超过定额值太多而损坏;而相电压 $\dot{U}_{AN'}$又太低,使得该相负载不能正常工作。因此,在供电系统中,要设法减小中性点位移电压。

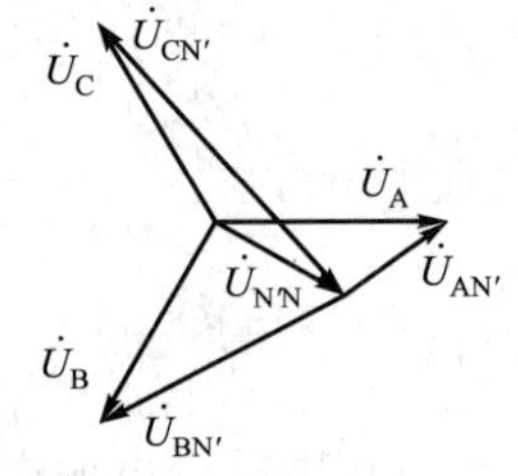

图 6.4.2 中性点位移时的相量图

根据欧姆定律,中性点位移电压又可写作 $\dot{U}_{N'N} = Z_N \dot{I}_N = Z_N(\dot{I}_A + \dot{I}_B + \dot{I}_C)$,所以有两种减小或消除中性点位移的措施。第一,尽量使负载处于对称状态,特别是在某一地区有很多单相负载时,在连接这些负载时应尽量考虑到各相负载的对称性,这样 $|\dot{I}_A + \dot{I}_B + \dot{I}_C|$ 就很小。第二,尽量减小中性线阻抗$|Z_N|$。假如中性线阻抗 $|Z_N| = 0$,则 $\dot{U}_{N'N} = 0$,此时尽管负载阻抗不对称也能保持负载相电压对称。

在没有中性线时,因负载不对称而引起的中性点位移程度最为严重。日常生活中偶尔发生的居民家用电器被烧毁的现象,有些就是由于总开关处中性线突然断开造成的。中性线断开的原因可能是中性线电流过大从而被烧毁,也可能是工程施工或人为破坏等。因此,为了避免中性线断开,要求中性线截面不能太小,必须牢固安装,并且在中性线上不得单独安装熔断器,要小心施工并防止破坏。为防止意外,一些家用电器,例如电视、电脑和空调等,在不用时最好彻底关掉电源,不要使其处于待机状态。

不对称三相电路的重要特征之一是中性线电流 $\dot{I}_N = \dot{I}_A + \dot{I}_B + \dot{I}_C \neq 0$,中性线电流越大,意味着不对称程度越严重。供电部门总是希望电力用户工作在对称状态,因此可以通过检测中性线电流来监测用户的运行状态,当中性线电流超过限定值时,可以采取继电保护或向用户发出警告。

【例题 6.4.1】 有一不对称三相电路如图 6.4.3 所示,设对称电源相电压为220 V,各相负载电阻分别是 $R_A = 40\ \Omega$, $R_B = 20\ \Omega$, $R_C = 10\ \Omega$。(1) 计算有中性线时的中性线电流;(2) 假设中性线意外断开,计算负载各相电压值。

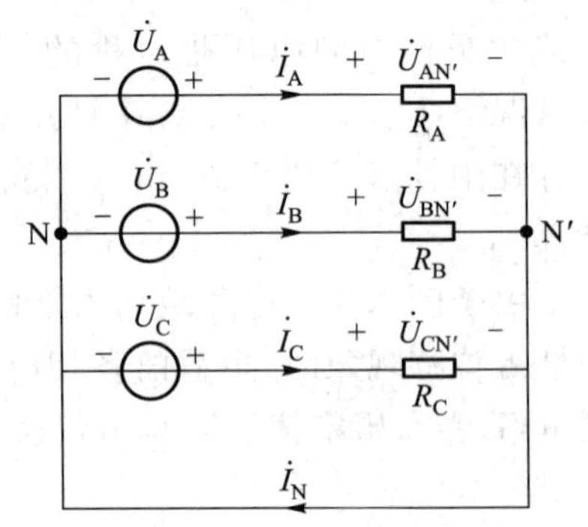

图 6.4.3 例题 6.4.1 图

【解】 (1) 有中性线时,

$$\dot{I}_N = \dot{I}_A + \dot{I}_B + \dot{I}_C = \left(\frac{220}{40} + \frac{220\angle -120^\circ}{20} + \frac{220\angle 120^\circ}{10}\right)\ \text{A}$$

$$\approx 14.552\angle 139.107^\circ\ \text{A}$$

(2) 设中性线意外断开,根据式(6.4.1)求得中点之间

的电压为

$$\dot{U}_{\mathrm{N'N}}=\frac{\dot{U}_{\mathrm{A}}/R_{\mathrm{A}}+\dot{U}_{\mathrm{B}}/R_{\mathrm{B}}+\dot{U}_{\mathrm{C}}/R_{\mathrm{C}}}{1/R_{\mathrm{A}}+1/R_{\mathrm{B}}+1/R_{\mathrm{C}}}=\frac{220/40+220\angle -120^{\circ}/20+220\angle 120^{\circ}/10}{1/40+1/20+1/10}\ \mathrm{V}$$

$$\approx 83.152\angle 139.107^{\circ}\ \mathrm{V}\approx(-62.857+\mathrm{j}54.436)\ \mathrm{V}$$

负载各相电压依次为

$$\dot{U}_{\mathrm{AN'}}=\dot{U}_{\mathrm{A}}-\dot{U}_{\mathrm{N'N}}=220\ \mathrm{V}-(-62.857+\mathrm{j}54.436)\ \mathrm{V}\approx 288.048\angle -10.893^{\circ}\ \mathrm{V}$$

超过额定电压。

$$\dot{U}_{\mathrm{BN'}}=\dot{U}_{\mathrm{B}}-\dot{U}_{\mathrm{N'N}}=220\angle -120^{\circ}\ \mathrm{V}-(-62.857+\mathrm{j}54.436)\ \mathrm{V}\approx 249.457\angle -100.893^{\circ}\ \mathrm{V}$$

超过额定电压。

$$\dot{U}_{\mathrm{CN'}}=\dot{U}_{\mathrm{C}}-\dot{U}_{\mathrm{N'N}}=220\angle +120^{\circ}\ \mathrm{V}-(-62.857+\mathrm{j}54.436)\ \mathrm{V}\approx 144.024\angle 109.107^{\circ}\ \mathrm{V}$$

低于额定电压。

2. 中性点位移的应用——相序指示器原理*

在给三相异步电动机供电并确保正确转向时,需要知道三相电源的相序,即识别 A、B 和 C 相。利用中性点位移原理可以就地取材设计相序指示器。将两个相同的电阻和一个电容连接成星形电路就构成一种简易的相序指示器,如图 6.4.4 所示,其中的电阻可以用耐压足够的白炽灯代替。根据电阻电压的大小或灯泡的亮度差异就可识别出相序。作为中性点位移现象的应用和相量图的练习,下面分析它的工作原理[38]。

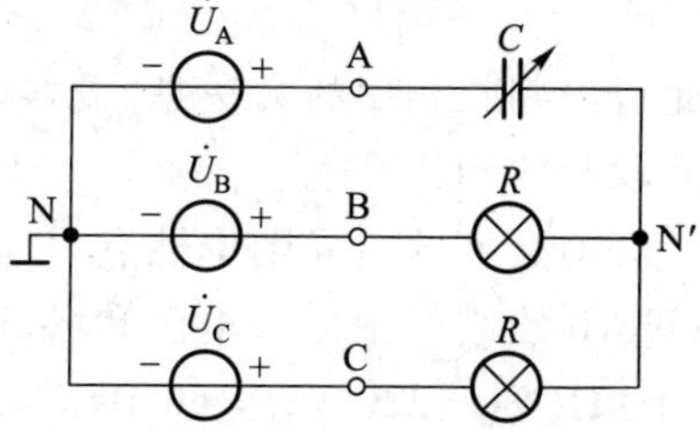

图 6.4.4 相序指示器原理

设 $G=1/R$,根据式(6.4.1),中性点 N′与 N 之间的电压为

$$\dot{U}_{\mathrm{N'N}}=\frac{\mathrm{j}\omega C\dot{U}_{\mathrm{A}}+G\dot{U}_{\mathrm{B}}+G\dot{U}_{\mathrm{C}}}{\mathrm{j}\omega C+2G} \tag{6.4.3}$$

设三相电压是对称的,$\dot{U}_{\mathrm{B}}=\dot{U}_{\mathrm{A}}\mathrm{e}^{-\mathrm{j}2\pi/3}=0.5(-1-\mathrm{j}\sqrt{3})\dot{U}_{\mathrm{A}}$,$\dot{U}_{\mathrm{C}}=\dot{U}_{\mathrm{A}}\mathrm{e}^{\mathrm{j}2\pi/3}=0.5(-1+\mathrm{j}\sqrt{3})\dot{U}_{\mathrm{A}}$,将其代入式(6.4.3)得

$$\dot{U}_{\mathrm{N'N}}=\frac{(\omega C)^2-2G^2+\mathrm{j}3G\omega C}{(2G)^2+(\omega C)^2}\dot{U}_{\mathrm{A}}=H(C)\dot{U}_{\mathrm{A}} \tag{6.4.4}$$

设 $\dot{U}_{\mathrm{A}}$ 为参考相量,则 $\dot{U}_{\mathrm{N'N}}$的辐角为

$$\varphi=\arctan\frac{3G\omega C}{(\omega C)^2-2G^2} \tag{6.4.5}$$

这是个关于电容 C 的单调函数。当 C 从 0 到∞变化时,φ 从 π 到 0 变化。

还可证明:

$$|H(C)-0.25|^2=\left[\frac{(\omega C)^2-2G^2}{(2G)^2+(\omega C)^2}-0.25\right]^2+\left[\frac{3G\omega C}{(2G)^2+(\omega C)^2}\right]^2=0.75^2 \tag{6.4.6}$$

所以,当 C 从 0 到∞变化时,$\dot{U}_{\mathrm{N'N}}$的终点轨迹为上半圆,圆心位于$(0.25U_{\mathrm{A}},0)$,半径为 $0.75U_{\mathrm{A}}$,如图 6.4.5 所示。

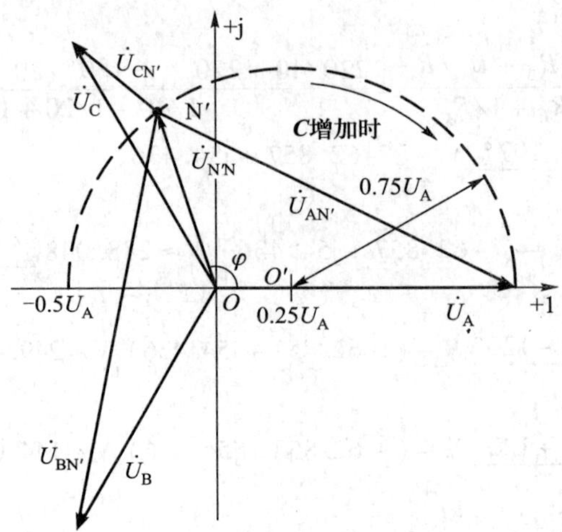

图 6.4.5 相序指示器中性点电压相量轨迹

由图可见，由于 $\dot{U}_{N'N}$ 始终位于上半平面，故总有

$$U_{BN'}=|\dot{U}_B-\dot{U}_{N'N}|>|\dot{U}_C-\dot{U}_{N'N}|=U_{CN'} \tag{6.4.7}$$

因此得出判断相序的方法是：设接电容的相为 A 相，则电压大或灯泡较亮的相为 B 相，电压小或灯泡较暗的相为 C 相。

灯泡亮度的差异随中性点电压 $\dot{U}_{N'N}$ 的变化而变化，而中性点电压又取决于电容的量值。用 MATLAB 绘制的中性点电压和各相电压随电容的变化规律如图 6.4.6 所示，对应电路参数为：$R=1\ \text{k}\Omega$，$U_A=220\ \text{V}$，$f=50\ \text{Hz}$。

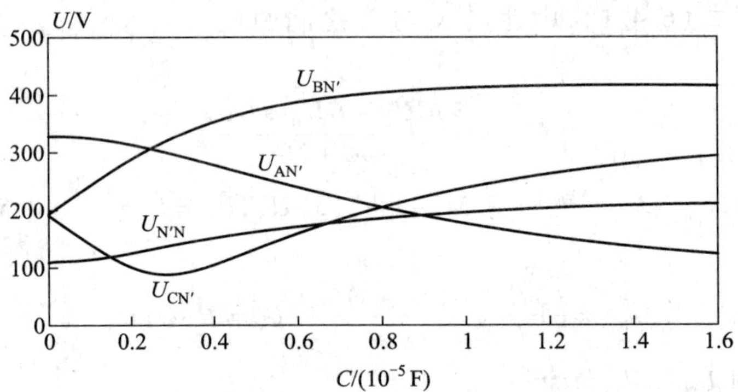

图 6.4.6 相序指示器相电压随电容的变化曲线

特殊地，当 $\omega C=G$ 时，由式(6.4.4)可算得

$$\dot{U}_{N'N}=\frac{1-2+3\text{j}}{4+1}\dot{U}_A=(-0.2+\text{j}0.6)\dot{U}_A \tag{6.4.8}$$

该相量如图 6.4.5 所示。B 相和 C 相所接白炽灯的电压分别为

$$\dot{U}_{BN'}=\dot{U}_B-\dot{U}_{N'N}=\dot{U}_A\text{e}^{-\text{j}2\pi/3}-(-0.2+\text{j}0.6)\dot{U}_A\approx(1.496\angle-101.565^\circ)\dot{U}_A \tag{6.4.9}$$

$$\dot{U}_{CN'}=\dot{U}_C-\dot{U}_{N'N}=\dot{U}_A\text{e}^{\text{j}2\pi/3}-(-0.2+\text{j}0.6)\dot{U}_A\approx(0.401\angle 138.435^\circ)\dot{U}_A \tag{6.4.10}$$

由于 $U_{BN'}\approx1.5U_A$，所以当使用 380 V 的三相电源时，$U_{BN'}$ 已大大超过标准白炽灯的额定电压，此

时不宜采用灯泡直接代替电阻。请读者自行考虑各种改进方法。

3. 不对称负载接到已知线电压

如果不对称负载接到已知线电压上,如图6.4.7(a)所示。根据KVL可知,无论这三个电压是否对称,它们都满足 $\dot{U}_{AB}+\dot{U}_{BC}+\dot{U}_{CA}=0$。因此,这三个电压并不是三个独立量。根据这一关系,并不需要同时知道三个线电压的大小和相位,而只需知道其中的两个,或者只需要知道三个线电压的有效值而运用解析法或图解法求出相位。

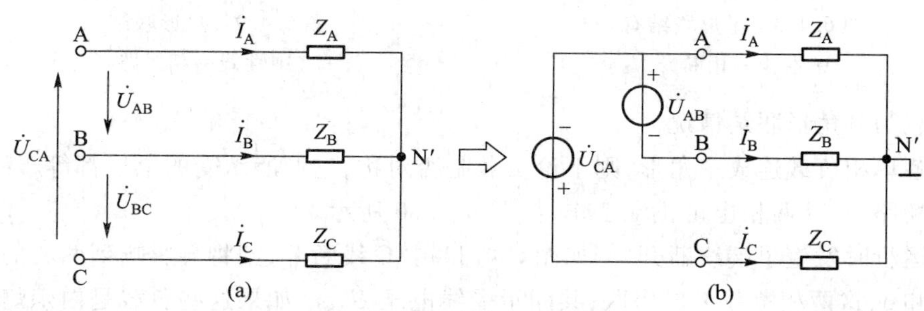

图6.4.7 (a)不对称负载接到已知线电压;(b)等效电路

假如已知 $\dot{U}_{AB}$ 和 $\dot{U}_{CA}$,根据置换定理,得图6.4.7(b)所示等效电路。这样就可根据节点电压法求出A相的相电压为

$$\dot{U}_{AN'}=\frac{\dot{U}_{AB}/Z_B-\dot{U}_{CA}/Z_C}{1/Z_A+1/Z_B+1/Z_C} \tag{6.4.11}$$

其余两个相电压可以按照下标轮换原则,即按如下顺序替换阻抗和电压:$Z_A\to Z_B\to Z_C\to Z_A$,$\dot{U}_{AB}\to\dot{U}_{BC}\to\dot{U}_{CA}\to\dot{U}_{AB}$,然后参照式(6.4.11)写出:

$$\dot{U}_{BN'}=\frac{\dot{U}_{BC}/Z_C-\dot{U}_{AB}/Z_A}{1/Z_A+1/Z_B+1/Z_C},\quad \dot{U}_{CN'}=\frac{\dot{U}_{CA}/Z_A-\dot{U}_{BC}/Z_B}{1/Z_A+1/Z_B+1/Z_C} \tag{6.4.12}$$

4. 故障情况下的不对称三相电路

由于意外事故、设备老化或不当操作等原因,可能导致各种短路或断路故障。一般说来,故障发生后,自动装置会立即切除故障处的三相电路。下面讨论的是,假设故障发生后,电路仍在运行,在达到新的正弦稳态时所表现出的主要特征,以确定故障的严重程度,从而给故障切除提供必要的信息。

(1) 星形联结有中性线一相断开情况

在三相四线制中,如果略去输电导线(包括中性线)的阻抗,负载的相电压便始终等于电源的相电压。只要电源方面保持电压有效值不变,就可以在负载方面保持有效值恒定的电压。如果在运行时偶然发生一相断线,也仅仅影响本相的负载,其他两相的电压不受影响,见图6.4.8。假如这两相是由单相负载构成的,它们仍可以正常工作。但若运行时中性线因事故断开,那么在不对称负载条件下,必然造成中性点位移,使得各相所受电压不一致。

(2) 星形联结无中性线一相短路情况

如果正在运行的星形联结的负载发生一相短路,例如 A 相,如图 6.4.9 所示,则另外两相承受的电压由短路前的相电压变为线电压,分别为 $\dot{U}_{BA}$ 和 $\dot{U}_{CA}$。

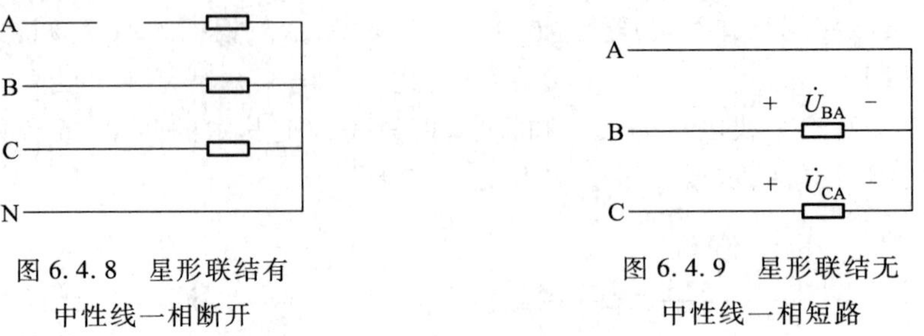

图 6.4.8 星形联结有中性线一相断开

图 6.4.9 星形联结无中性线一相短路

(3) 负载为三角形联结情况

如果把各单相负载连成三角形,则不论负载是否对称,它们所承受的电压都等于线电压。即使某相发生断路,另外两相也可正常工作,如图 6.4.10 所示。

但若在运行时发生了端线断开,例如图 6.4.11 中 C 线断开,则将会影响到两相的负载,如图中的负载 2 和 3,这两相负载形成串联,共同承受线电压 $\dot{U}_{AB}$。如果这些负载是白炽灯,则因串联而使电压下降造成亮度不足。另外一相负载 1 则不受影响。

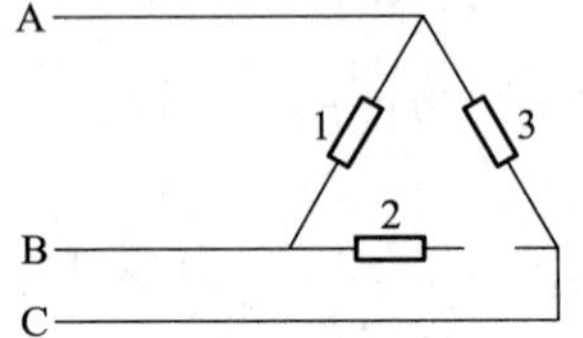

图 6.4.10 三角形联结负载一相断开

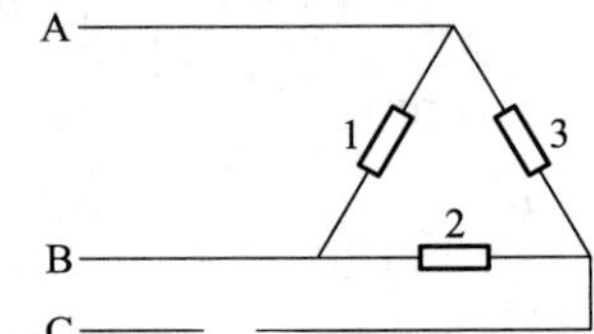

图 6.4.11 三角形联结端线断开

如果在运行时某相发生短路,则对应的线电压即被短路,这是一种十分严重的短路故障。

6.5 三相电路功率的计算

三相电路常用于电能的生产、传输和应用。因此,三相电路的功率是重要的计算内容。对三相电源和负载来说,它们的每一相都产生功率。因此,计算三相电源和负载的功率时必须包括三个相的功率。下面先以对称三相负载为例进行分析。

设在对称三相负载中各相的电压与电流取一致的参考方向,且取 A 相的相电压为参考正弦量,即 $u_A=U_m\cos\omega t=\sqrt{2}U\cos\omega t$。电流滞后电压的角度为 φ,即 $i_A=I_m\cos(\omega t-\varphi)=\sqrt{2}I\cos(\omega t-\varphi)$。利用三角函数关系

$$\cos\alpha\cos\beta=0.5\cos(\alpha-\beta)+0.5\cos(\alpha+\beta) \tag{6.5.1}$$

求得 A 相负载吸收的瞬时功率为

$$p_A=u_Ai_A=\sqrt{2}U\cos\omega t\times\sqrt{2}I\cos(\omega t-\varphi)=UI\cos\varphi+UI\cos(2\omega t-\varphi) \tag{6.5.2}$$

同样求得 B 相和 C 相的瞬时功率分别为

$$p_B = u_B i_B = UI\cos\varphi + UI\cos(2\omega t - 240° - \varphi) \tag{6.5.3}$$

$$p_C = u_C i_C = UI\cos\varphi + UI\cos(2\omega t - 480° - \varphi) \tag{6.5.4}$$

注意上述三式中的时间余弦函数在相位上依次滞后240°，是一组对称正弦量，所以这三个余弦函数之和等于零。故三相瞬时功率之和为

$$p = p_A + p_B + p_C = 3UI\cos\varphi \tag{6.5.5}$$

由此可见，在对称三相正弦电路中，瞬时功率等于常量。这种性质称为**瞬时功率平衡**。三相制是一种平衡制，这是三相制的优点之一。这一性质使得作用在发电机转子上的原动机驱动力矩与电磁反作用力矩之和为常量，从而使发电机能够平稳旋转。对电动机而言也有类似的情况。

既然式(6.5.5)表示的瞬时功率是常量，因此它也就是对称三相电路的平均功率，即

$$P = 3UI\cos\varphi = 3U_P I_P\cos\varphi \tag{6.5.6}$$

上式表明，对称三相电路的平均功率等于其中一相平均功率的三倍。

由于对称三相电路的瞬时功率为常量，所以如果将三个相作为整体来看的话，三相负载与三相电源之间并无能量交换现象。但三相负载的每一相与电源之间还是存在能量交换的。这种能量交换现象要影响三相电源输出的平均功率，因此须用无功功率来计量。在第 4 章已得知，正弦电路的总无功功率等于各部分无功功率的代数和。因此，对称三相电路的无功功率等于一相无功功率的三倍，即

$$Q = 3U_P I_P\sin\varphi \tag{6.5.7}$$

由于线电压和线电流更便于测量，所以通常用线电压和线电流来计算三相功率。在对称三相电路中，当负载接成星形时，有 $U_P = U_L/\sqrt{3}$和 $I_P = I_L$，以此代入式(6.5.6)和式(6.5.7)，得

$$\begin{cases} P = \sqrt{3}U_L I_L\cos\varphi \\ Q = \sqrt{3}U_L I_L\sin\varphi \end{cases} \tag{6.5.8}$$

若负载接成三角形，则有 $U_P = U_L$ 和 $I_P = I_L/\sqrt{3}$，以此代入式(6.5.6)和式(6.5.7)仍然得到上面的结果。因此说，在对称三相正弦电路中，不论接成星形或三角形，负载的平均功率总是等于线电压、线电流和功率因数三者乘积的$\sqrt{3}$倍。

注意，式(6.5.8)中 φ 是相电压超前相电流的角度，不是线电压超前线电流的角度。

类似于单相电路，三相电路的复功率仍然定义为

$$\tilde{S} = P + \mathrm{j}Q \tag{6.5.9}$$

在对称条件下，

$$\tilde{S} = P + \mathrm{j}Q = 3U_P I_P(\cos\varphi + \mathrm{j}\sin\varphi) = \sqrt{3}U_L I_L(\cos\varphi + \mathrm{j}\sin\varphi) \tag{6.5.10}$$

复功率的模定义为三相视在功率：

$$S = |\tilde{S}| = \sqrt{P^2 + Q^2} \tag{6.5.11}$$

在对称条件下，根据式(6.5.10)，得到用电压和电流计算视在功率的方法：

$$S = 3U_P I_P = \sqrt{3}U_L I_L \tag{6.5.12}$$

利用视在功率，平均功率和无功功率可以分别写成

$$\begin{cases} P = \sqrt{3}U_L I_L\cos\varphi = S\cos\varphi \\ Q = \sqrt{3}U_L I_L\sin\varphi = S\sin\varphi \end{cases} \tag{6.5.13}$$

进而得到功率因数与三相视在功率和三相平均功率的关系为

$$\lambda = \cos\varphi = \frac{P}{S} \tag{6.5.14}$$

在不对称三相电路中，各相电压之间和各相电流之间均无特定关系，只能分别计算各相的功率。而三相负载的平均功率等于其中各相的平均功率之和，即

$$P = P_A + P_B + P_C = U_A I_A \cos\varphi_A + U_B I_B \cos\varphi_B + U_C I_C \cos\varphi_C \tag{6.5.15}$$

同理，三相无功功率等于各相无功功率之和：

$$Q = Q_A + Q_B + Q_C = U_A I_A \sin\varphi_A + U_B I_B \sin\varphi_B + U_C I_C \sin\varphi_C \tag{6.5.16}$$

不对称三相负载的视在功率仍用式(6.5.11)来计算，功率因数用 $\lambda = P/S$ 来计算，但一般不能用 $\cos\varphi$ 表示功率因数，因为各相的功率因数角 φ_A、φ_B 和 φ_C 可能是不同的，此时 φ 没有实际意义。

【例题 6.5.1】　已知对称三相星形负载（感性）的线电压、线电流及平均功率分别为 $U_L = 380$ V，$I_L = 10$ A，$P = 5.7$ kW。(1) 求三相负载的功率因数及等效阻抗；(2) 设 C 相负载短路，再求各相电流、线电流和平均功率。

【解】　(1) 由式(6.5.8)得　$\lambda = \cos\varphi = \dfrac{P}{\sqrt{3}U_L I_L} = \dfrac{5\ 700}{\sqrt{3}\times 380\times 10} \approx 0.866$

各相等效阻抗的阻抗角

$$\varphi = \arccos 0.866 = 30°$$

对称三相负载的等效电路如图 6.5.1(a)所示，等效阻抗为

$$Z = \frac{U_P}{I_P}\angle\varphi = \frac{220}{10}\angle 30°\ \Omega = 22\angle 30°\ \Omega = (19.0 + \mathrm{j}10.969\ 7)\ \Omega = R + \mathrm{j}X$$

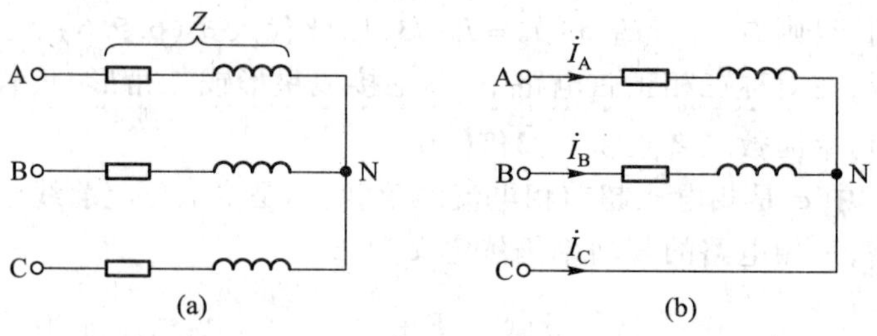

图 6.5.1　(a) 例题 6.5.1 图；(b) C 相短路

(2) 图 6.5.1(b)表示 C 相负载短路的情形，这时 A、B 两相负载均承受线电压。取 $\dot{U}_{AB}$ 为参考相量，即 $\dot{U}_{AB} = 380\angle 0°$ V，$\dot{U}_{BC} = 380\angle -120°$ V，$\dot{U}_{CA} = 380\angle 120°$ V。于是

$$\dot{I}_A = \frac{\dot{U}_{AN}}{Z} = \frac{-\dot{U}_{CA}}{Z} = \frac{-380\angle 120°}{22\angle 30°}\ \text{A} \approx 17.321\angle -90°\ \text{A} = -\mathrm{j}17.321\ \text{A}$$

$$\dot{I}_B = \frac{\dot{U}_{BN'}}{Z} = \frac{\dot{U}_{BC}}{Z} = \frac{380\angle -120°}{22\angle 30°}\ \text{A} \approx 17.321\angle -150°\ \text{A} \approx (-15.000 - \mathrm{j}8.660)\ \text{A}$$

$$\dot{I}_C = -\dot{I}_A - \dot{I}_B \approx 30\angle 60°\ \text{A}$$

C 相短路时的负载平均功率等于两个电阻吸收平均功率之和，即

$$P = I_A^2 R + I_B^2 R = (2\times 17.303^2 \times 19.0)\ \text{W} \approx 11.40\ \text{kW}$$

【例题 6.5.2】 如图 6.5.2(a)所示对称三相电路,已知负载额定电压为 380 V,额定功率为 3.3 kW,功率因数为 0.5(感性),线路阻抗 $Z_L=(1+j4)\ \Omega$。

(1) 若要求负载端线电压为额定电压,问电源线电压应为多少?

(2) 若电源线电压为 380 V,求负载端线电压和负载实际消耗的平均功率。

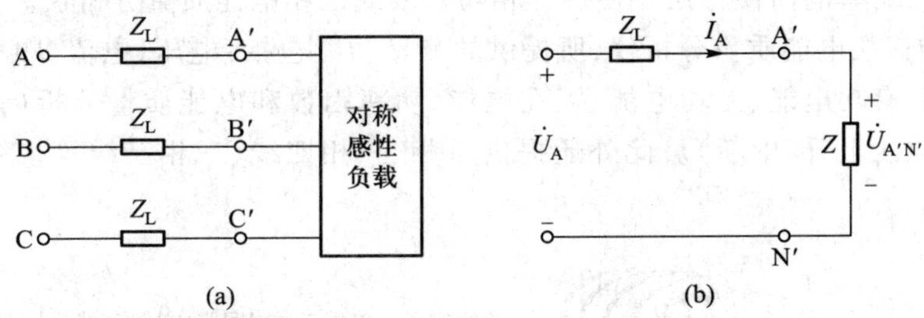

图 6.5.2 (a) 例题 6.5.2 图;(b) 单相计算电路

【解】 (1) 要求负载端线电压为 380 V,求电源线电压时可采用倒推法。设负载为星形联结,取出 A 相,如图 6.5.2(b)所示。取 $\dot{U}_{A'N'}$为参考相量,即

$$\dot{U}_{A'N'}=\frac{380}{\sqrt{3}}\angle 0^\circ\ \text{V}\approx 219.39\angle 0^\circ\ \text{V}$$

线电流

$$I_A=I_L=\frac{P}{\sqrt{3}U_L\lambda}=\frac{3.3\times 10^3}{\sqrt{3}\times 380\times 0.5}\ \text{A}\approx 10\ \text{A}$$

$\dot{U}_{A'N'}$超前 $\dot{I}_A$ 的相位差

$$\varphi=\arccos\lambda=\arccos 0.5=60^\circ$$

故

$$\dot{I}_A=10\angle -60^\circ\ \text{A}$$

电源相电压

$$\dot{U}_A=\dot{U}_{A'N'}+Z_L\dot{I}_A=[219.39+(1+j4)\times 10\angle -60^\circ]\ \text{V}\approx 260\angle 2.5^\circ\ \text{V}$$

所求电源线电压为

$$U_{AB}=\sqrt{3}U_A\approx 450\ \text{V}$$

(2) 当电源线电压为 380 V 时,根据响应与激励的齐性关系,得如下比例式

$$\frac{450}{380}=\frac{380}{U_L}$$

由此求得负载线电压为

$$U_L=\frac{380\times 380}{450}\ \text{V}\approx 321\ \text{V}$$

由于功率与电压的平方成正比,所以当电源电压为 380 V 时,负载消耗的平均功率为

$$P=\left(\frac{321}{380}\right)^2\times 3.3\times 10^3\ \text{W}\approx 2\ 355\ \text{W}$$

6.6 三相电路功率的测量*

测量三相电路功率的简便方法是使用三相功率表或三相电能质量分析仪。图6.6.1就是型号为KEW6310的三相电能质量分析仪,所提供的测量功能包括:电压、电流、频率、有功功率、无功功率、视在功率、有功电能、无功电能、视在电能、功率因数和电能质量分析(谐波/不平衡率/瞬变/电压下降/电压上升/中断)。此外还提供单相、三相四线、三相三线等接线选择以及数据存储等辅助功能。

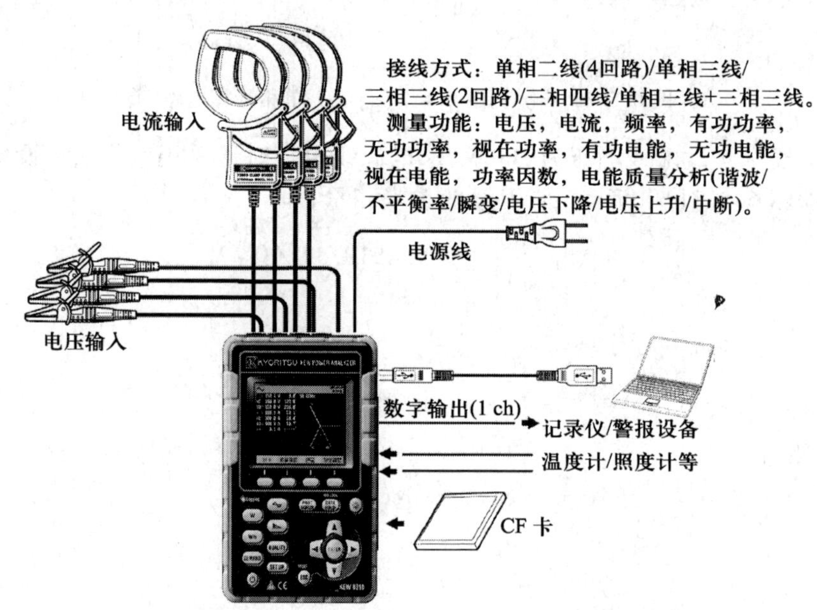

图6.6.1 KEW6310三相电能质量分析仪

在不具备电能质量分析仪的条件下也可用若干个单相功率表来测量三相功率。为加深对三相电路规律性的认识,以下介绍用单相功率表测量三相功率的方法。用三相功率表测量三相功率时只需查阅功率表产品说明书就可以了。

1. 对称三相电路功率的测量

对称三相电路各相平均功率相同,只需一个功率表测量其中一相的功率(功率表的用法已在第4章介绍),然后乘以3即可。但在某些情况下,星形联结的负载中性点没有引出,或负载为三角形联结,此时可用三个相等的适当电阻连成星形,人为制造一个中性点,如图6.6.2所示。由于图中功率表的电压线圈承受的是相电压,所以它的读数代表一相的平均功率。

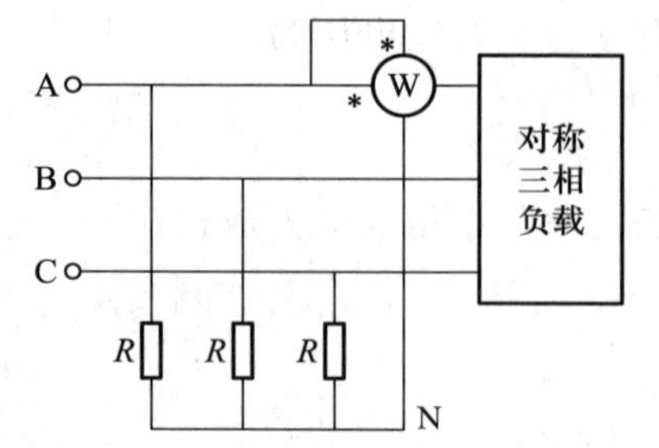

图6.6.2 用单个功率表测量对称电路功率

2. 任意三相三线制功率的测量

这里的“任意”是指电源和负载可以是对称或不对称情况。为易于理解，做出图 6.6.3 所示的等效电路，其中电源和负载都用星形联结来等效。因为负载吸收的总瞬时功率等于各相瞬时功率之和，所以

$$p = u_{AN'}i_A + u_{BN'}i_B + u_{CN'}i_C \tag{6.6.1}$$

在三相三线制中，线电流满足 $i_A + i_B + i_C = 0$，即 $i_C = -i_A - i_B$。代入上式得

$$p = (u_{AN'} - u_{CN'})i_A + (u_{BN'} - u_{CN'})i_B = u_{AC}i_A + u_{BC}i_B \tag{6.6.2}$$

对上式各项取平均值便得三相平均功率为

$$P = \frac{1}{T}\int_0^T p\mathrm{d}t = \frac{1}{T}\int_0^T (u_{AC}i_A + u_{BC}i_B)\mathrm{d}t = U_{AC}I_A\cos\varphi_1 + U_{BC}I_B\cos\varphi_2 \tag{6.6.3}$$

式中 φ_1 表示 u_{AC} 与 i_A 的相位差；φ_2 表示 u_{BC} 与 i_B 的相位差。

根据式(6.6.3)可以设计出图 6.6.4 所示的测量电路。因为式中使用了两个独立的线电压和两个独立的线电流，所以测量电路中需要两个功率表，故这种方法称为**二表法**。图中 W_1 的电压线圈承受 u_{AC}，电流线圈通过 i_A，所以它的读数便是 $U_{AC}I_A\cos\varphi_1 = P_1$。同理，$W_2$ 的读数是 $U_{BC}I_B\cos\varphi_2 = P_2$。这就证明了电路无论对称与否，两个功率表的读数之和都等于三相负载的平均功率。

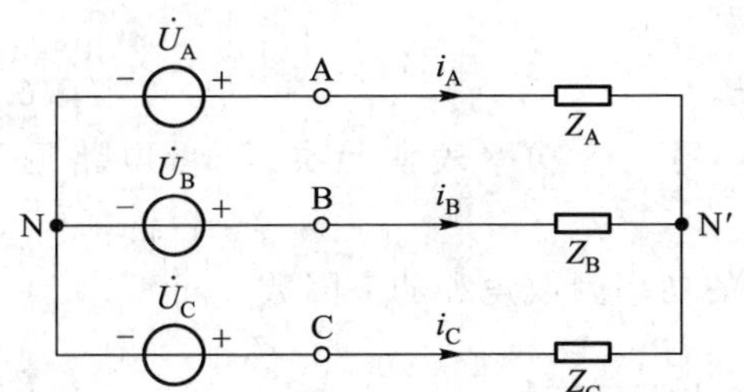

图 6.6.3　对称三相三线制 Y－Y 等效电路

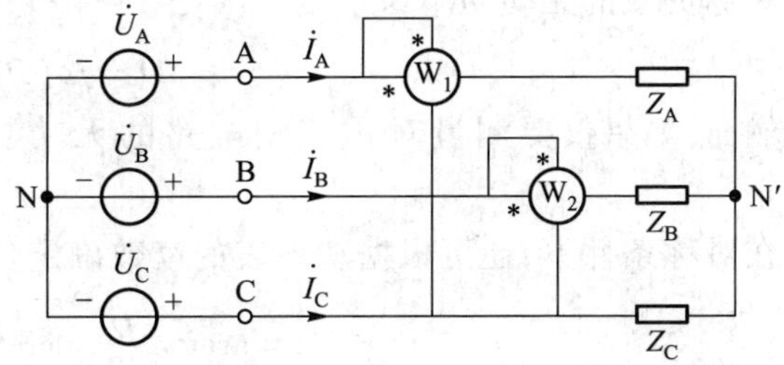

图 6.6.4　二表法测量三相三线制功率

一般说来，两个功率表的读数是不相等的，即使在对称情况也是如此。下面对此作进一步分析。

设图 6.6.4 电路为对称的，$Z_A = Z_B = Z_C = |Z_L|\angle\varphi$，则 N 和 N′等电位，每个等效负载上的电压等于所在相的电源相电压。如选 $\dot U_A$ 为参考相量，用 U_L、I_L 分别表示线电压和线电流有效值，根据星形联结特点，可推算出与功率表有关的电压、电流相量分别为

$$\dot U_{AC} = -\dot U_{CA} = -\dot U_{AB}e^{j2\pi/3} = -(\sqrt{3}\dot U_A e^{j\pi/6})e^{j2\pi/3} = U_L\angle -30^\circ \tag{6.6.4}$$

$$\dot I_A = I_L\angle -\varphi \tag{6.6.5}$$

$$\dot U_{BC} = \dot U_{AB}e^{-j2\pi/3} = (\sqrt{3}\dot U_A e^{j\pi/6})e^{-j2\pi/3} = U_L\angle -90^\circ \tag{6.6.6}$$

$$\dot I_B = \dot I_A e^{-j2\pi/3} = I_L\angle -\varphi - 120^\circ \tag{6.6.7}$$

据此得功率表 W_1、W_2 的读数分别为

$$P_1 = U_LI_L\cos[-30^\circ - (-\varphi)] = U_LI_L\cos(30^\circ - \varphi) \tag{6.6.8}$$

$$P_2 = U_LI_L\cos[-90^\circ - (-\varphi - 120^\circ)] = U_LI_L\cos(30^\circ + \varphi) \tag{6.6.9}$$

以上二式表明,当负载阻抗角 $\varphi \neq 0$ 时,便有 $P_1 \neq P_2$。特别是当功率因数在 0.5 以下,即 $|\varphi| > 60°$时,将有一个功率表的读数为负,如图 6.6.5 所示。如果使用指针式仪表,指针将反偏,此时需通过功率表上的"+、-"选择开关来对调电流线圈的两个接线端,这时功率表的实际读数应是指针指示值的负值。

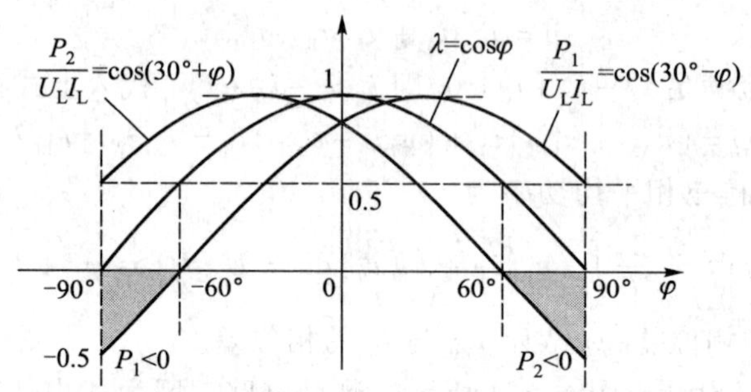

图 6.6.5 功率表读数的正负与功率因数角的关系

在对称情况下,根据功率表的读数还可推算出负载的无功功率。若将式(6.6.8)与式(6.6.9)相减,则得

$$P_1 - P_2 = U_L I_L[\cos(30° - \varphi) - \cos(30° + \varphi)] = 2U_L I_L \sin 30° \sin \varphi = U_L I_L \sin \varphi \quad (6.6.10)$$

因此对称负载的无功功率为

$$Q = \sqrt{3}(P_1 - P_2) \quad (6.6.11)$$

然而,如果仅要测量对称三相电路的无功功率,用一个功率表便足矣,测量电路见习题 6.23。

在对称条件下,还可根据功率表的读数确定负载的功率因数角和功率因数:

$$\varphi = \arctan\frac{Q}{P} = \arctan\left(\sqrt{3}\,\frac{P_1 - P_2}{P_1 + P_2}\right) \quad (6.6.12)$$

$$\lambda = \cos\varphi = \frac{P}{\sqrt{P^2 + Q^2}} = \frac{P_1 + P_2}{2\sqrt{P_1^2 - P_1 P_2 + P_2^2}} \quad (6.6.13)$$

在对称三相电路中,这种二表法除了能够测量三相平均功率和无功功率外,在已知负载性质的情况下还能够识别相序,即做相序指示器使用。或者在已知相序的情况下判断负载的性质。这是因为,根据式(6.6.8)和式(6.6.9),当 $0 < \varphi < 90°$时,$P_1 > P_2$;当 $-90° < \varphi < 0°$时,$P_1 < P_2$。例如,若已知负载为感性,并设两个功率表的公共端接于 C 相,则读数较大的功率表所在相为 A 相,较小的为 B 相;若已知负载为容性,结论正好相反。若按照图 6.6.4 的相序连接功率表,则当 $P_1 > P_2$ 时,负载为感性;$P_1 < P_2$ 时为容性。

三相三线制的功率还可用三个功率表来测量,这只要把各功率表的电压线圈的另一端彼此连接在一起即可,如图 6.6.6 所示,相当于人为构造中性点。但如果这个中性点未与三相负载的中性点相连,则各功率表读数并不指示各相功率,仅各读数的和才指示各相功率的和。简单证明如下:

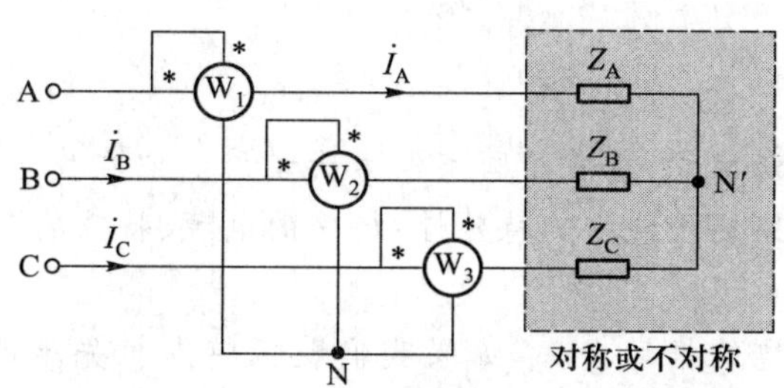

图 6.6.6 三表法测量三相三线制功率

根据连接关系,三个功率表的读数之和等于三个复功率的实部之和,即

$$P_{sum}=\mathrm{Re}[\dot{U}_{AN}\overset{*}{\dot{I}_A}]+\mathrm{Re}[\dot{U}_{BN}\overset{*}{\dot{I}_B}]+\mathrm{Re}[\dot{U}_{CN}\overset{*}{\dot{I}_C}]=\mathrm{Re}[\dot{U}_{AN}\overset{*}{\dot{I}_A}+\dot{U}_{BN}\overset{*}{\dot{I}_B}+\dot{U}_{CN}\overset{*}{\dot{I}_C}] \tag{6.6.14}$$

设负载为星形联结或等效为星形联结,N′和 N 之间存在电压 $\dot{U}_{N'N}$,则功率表电压线圈电压可以分别写作

$$\dot{U}_{AN}=\dot{U}_{AN'}+\dot{U}_{N'N},\qquad \dot{U}_{BN}=\dot{U}_{BN'}+\dot{U}_{N'N},\qquad \dot{U}_{CN}=\dot{U}_{CN'}+\dot{U}_{N'N} \tag{6.6.15}$$

代入式(6.6.14)得

$$\begin{aligned}P_{sum}&=\mathrm{Re}[(\dot{U}_{AN'}+\dot{U}_{N'N})\overset{*}{\dot{I}_A}+(\dot{U}_{BN'}+\dot{U}_{N'N})\overset{*}{\dot{I}_B}+(\dot{U}_{CN'}+\dot{U}_{N'N})\overset{*}{\dot{I}_C}]\\&=\mathrm{Re}[\dot{U}_{AN'}\overset{*}{\dot{I}_A}+\dot{U}_{BN'}\overset{*}{\dot{I}_B}+\dot{U}_{CN'}\overset{*}{\dot{I}_C}]+\mathrm{Re}[\dot{U}_{N'N}(\overset{*}{\dot{I}_A}+\overset{*}{\dot{I}_B}+\overset{*}{\dot{I}_C})]\end{aligned} \tag{6.6.16}$$

根据 KCL,三个线电流共轭之和 $\overset{*}{\dot{I}_A}+\overset{*}{\dot{I}_B}+\overset{*}{\dot{I}_C}=0$,所以功率表读数之和为

$$P_{sum}=\mathrm{Re}[\dot{U}_{AN'}\overset{*}{\dot{I}_A}+\dot{U}_{BN'}\overset{*}{\dot{I}_B}+\dot{U}_{CN'}\overset{*}{\dot{I}_C}]=\mathrm{Re}[\dot{U}_{AN'}\overset{*}{\dot{I}_A}]+\mathrm{Re}[\dot{U}_{BN'}\overset{*}{\dot{I}_B}]+\mathrm{Re}[\dot{U}_{CN'}\overset{*}{\dot{I}_C}] \tag{6.6.17}$$

它刚好是三相负载复功率的实部之和,即三相平均功率。

与二表法相比,此时的功率表电压线圈承受较低的相电压,而二表法则要承受较高的线电压。

3. 三相四线制功率的测量

在三相四线制中有三个独立的相电压和三个独立的线电流,因此要用三个功率表才能测量功率,称为三表法,如图 6.6.7 所示。根据图中各功率表的接法可知,每个功率表测得的功率都是所在相负载吸收的功率,所以它们的和就等于三相四线制负载吸收的总功率。

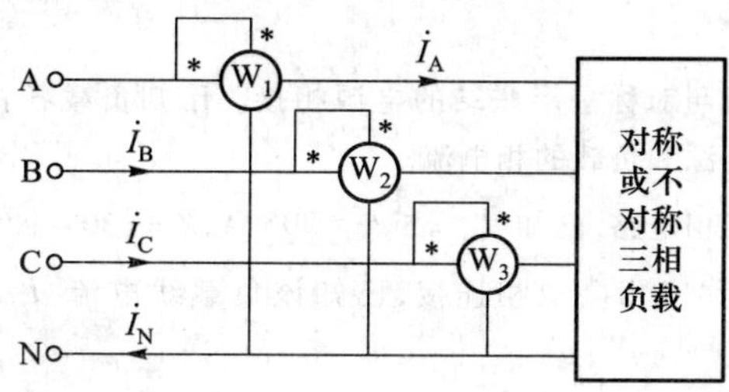

图 6.6.7 三表法测量三相四线制功率

【结语】

三相交流电网横贯大江南北，构成了国家电力大动脉。它在发电、输电、配电和用电方面都优于单相电。研究三相电路要围绕它的特殊性：特殊的电源、特殊的负载、特殊的连接、特殊的求解方式。

特斯拉是三相交流输电的推动者。“如果我们贬低特斯拉先生的工作成果，那么工业的轮子就会停转，电车和火车将会抛锚，城市会陷入黑暗，工厂会瘫痪”——贝伦德。这既是对特斯拉的评价，也是对“电气”和“电讯”的评价，因为特斯拉的名字标志着电气科学一个勇进的时代，他的卓越贡献开启了两次工业革命。

在将来一段时间，三相交流输电虽然仍将发挥重要作用，但直流输电正随着电力电子技术的发展而快速崛起，形成交直流输电并存的局面。然而，当今的直流输电水平远不是昔日爱迪生所主张的那种直流输电水平。这就是事物的螺旋式发展规律。

【思考题】

1. 为什么中性线的截面积可以比端线的截面积来得小？

2. 星形联结的电源和负载，如果中性线电流为零，能否表明相电动势是对称的？

3. 由于哪些原因使得三角形联结的发电机绕组在外电路开路时有可能存在电流？

4. 对称三相电路的瞬时功率是常量，为什么还存在无功功率？

5. 在电压对称且有效值不变的情况下，将恒阻抗负载分别接成星形和三角形，线电流有何变化？将恒功率负载也做这样的连接，情况又怎样？

习 题 六

6.1 已知对称星形联结三相电源的A相电压为 $u_{AN}=311\cos(\omega t-30°)$ V，试写出各线电压瞬时表达式，并作出各相电压和线电压的相量图。

6.2 对称三相发电机的三个绕组，相电压为220 V，若接成图题6.2所示电路，求电压有效值 U_{AB}、U_{BC} 和 U_{CA}。

6.3 今测得三角形联结负载的三个线电流均为10 A，能否说线电流和相电流都是对称的？若已知负载对称，试求相电流。

6.4 对称三角形联结的负载与对称星形联结的电源相接。已知负载各相阻抗为 $(8-\mathrm{j}6)\ \Omega$，线路阻抗为 $\mathrm{j}2\ \Omega$，电源相电压为220 V，试求电源和负载的相电流。

6.5 如图题6.5所示对称三相电路，已知 $\dot{I}_A=5\sqrt{3}\angle 30°$ A，$Z=(30+\mathrm{j}40)\ \Omega$，求电压 $\dot{U}_{BC}$。

6.6 某对称星形负载与对称三相电源相连接，已知该负载线电流 $\dot{I}_A=5\angle 10°$ A，线电压 $\dot{U}_{AB}=380\angle 75°$ V，试求此负载每相复阻抗。

6.7 作星形联结的三相电源，每相内阻抗为 $Z_i=(2+\mathrm{j}4)\ \Omega$，供给一个功率因数为0.8的感性对称三相负载，用电压表和电流表分别测得三相电源输出电压和电流各为380 V和2 A。若把此负载断开，电源输出电压应为多少？

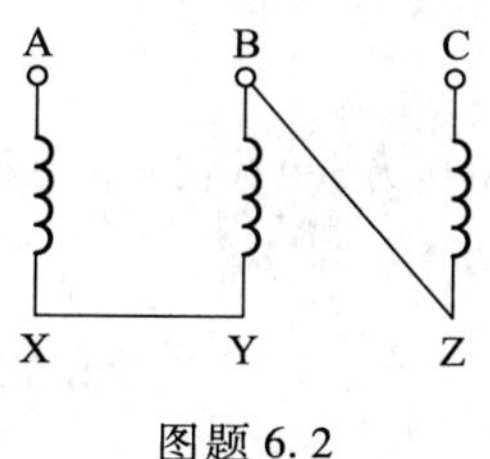

图题 6.2

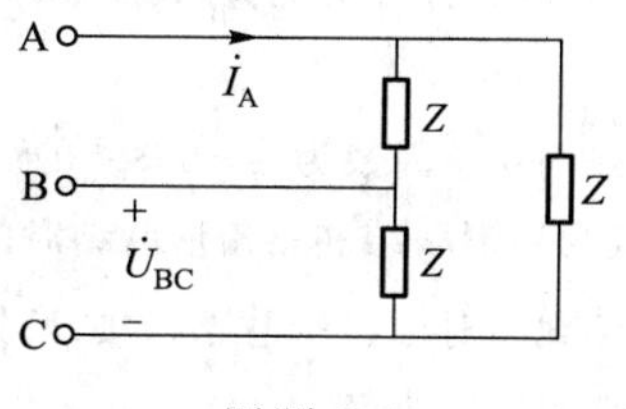

图题 6.5

6.8　星形联结的负载与线电压为 380 V 的对称三相电源相接，各相负载的电阻分别为 10 Ω、12 Ω、15 Ω，无中线，试求各相电压。

6.9　图题 6.9 所示非对称三相电路，已知 $\dot{U}_{AN}=220\angle 0°$ V，$\dot{U}_{BN}=220\angle -120°$ V，$\dot{U}_{CN}=220\angle 120°$ V，$Z_A=(16+\mathrm{j}11)$ Ω，$Z_B=(8+\mathrm{j}3)$ Ω，$Z_C=(11+\mathrm{j}17)$ Ω。(1) 当开关断开时，求两中性点间的电压 $\dot{U}_{N'N}$；(2) 求开关接通时的中性线电流 $\dot{I}_0$。

6.10　图题 6.10 所示电路电流表的读数均为 2 A，求电流 I_A、I_B 和 I_C。

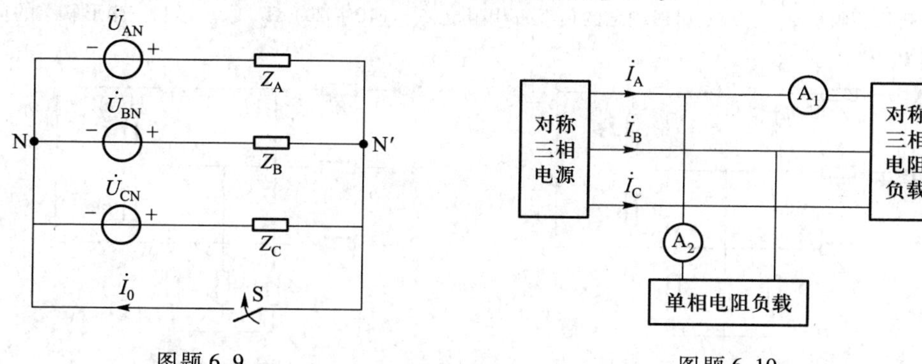

图题 6.9　　图题 6.10

6.11　一个连接成星形的对称负载接在线电压为 380 V 的对称三相电源上，无中线，负载每相阻抗 $Z=(8+\mathrm{j}6)$ Ω。(1) 求负载相电压和相电流；(2) 设 C 相断线，重求各相电压和相电流；(3) 设 C 相负载短路，再求各相电压和相电流。

6.12　图题 6.12 所示电路，当 S_1、S_2 都闭合时，各电流表的读数均为 5 A，电压 $U_{BC}=220$ V。试问在下列两种情况下，各电流表的读数应为多少？(1) S_1 闭合，S_2 断开；(2) S_1 断开，S_2 闭合。

6.13　图题 6.13 所示电路，电源为正序对称三相电源，设 $u_A=220\sqrt{2}\cos 314t$ V，线路阻抗 $Z_L=(0.3+\mathrm{j}0.4)$ Ω，Z_A、Z_B、Z_C 为对称三相负载，已知 $i_A=220\cos(314t-45°)$ A。求：(1) i_B、i_C 和 i_0 各等于多少？(2) 当 A 相负载短路时，i_B、i_C 和 i_0 又各等于多少？

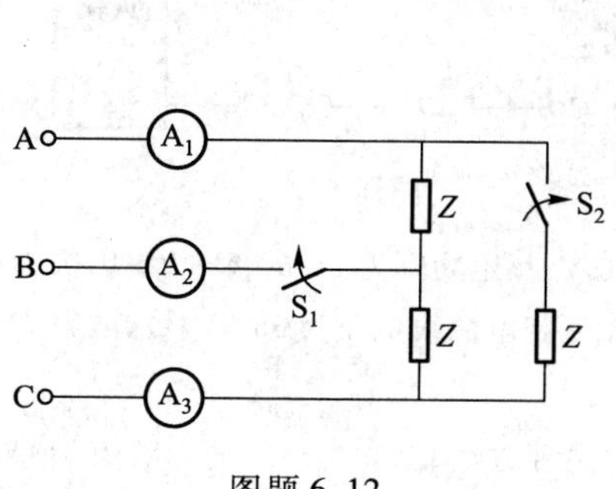

图题 6.12

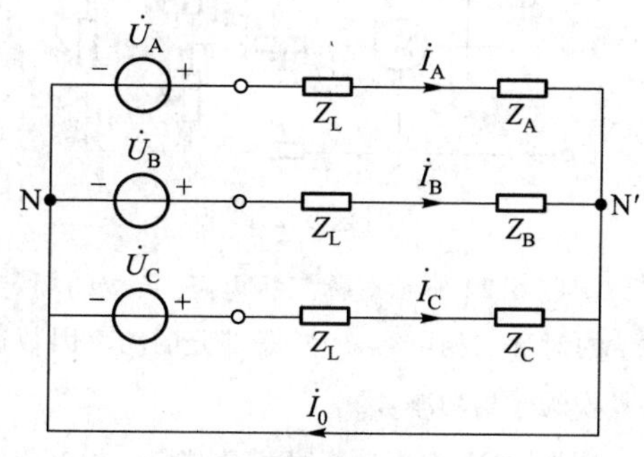

图题 6.13

6.14 负载为星形联结，各相阻抗为$(10+j15)\ \Omega$，施加380 V对称线电压。试求此负载的功率因数和吸收的平均功率。

6.15 某对称负载的功率因数为$\lambda=0.866$(感性)，当接于线电压为380 V的对称三相电源时，平均功率为30 kW。分别计算负载为星形联结和三角形联结时的每相等效阻抗。

6.16 对称三相负载与对称三相电源相接，已知线电流 $\dot{I}_A=5\angle 10^\circ$ A，线电压 $\dot{U}_{AB}=380\angle 75^\circ$ V，求此负载的功率因数和吸收的平均功率。

6.17 某负载各相阻抗$Z=(6+j8)\ \Omega$，所加对称线电压为380 V，分别计算负载接成星形和三角形时所吸收的平均功率。

6.18 两组对称负载并联，如图题6.18所示，其中一组接成三角形，功率为10 kW，功率因数为0.8(感性)；另一组接成星形，功率也是10 kW，功率因数为0.85(感性)。端线阻抗$Z_L=(0.1+j0.2)\ \Omega$，要求负载端线电压有效值保持在380 V，问电源线电压应为多少？

6.19 图题6.19所示对称三相电路接于对称三相电源，电源端的线电压为$150\sqrt{3}$ V，线路每相阻抗$Z_1=j6\ \Omega$，三角形联结的负载每相阻抗$Z_2=30\ \Omega$，星形联结的负载每相阻抗$Z_3=(10+j20)\ \Omega$。求星形和三角形联结的负载各自吸收的平均功率P_Y和P_Δ。

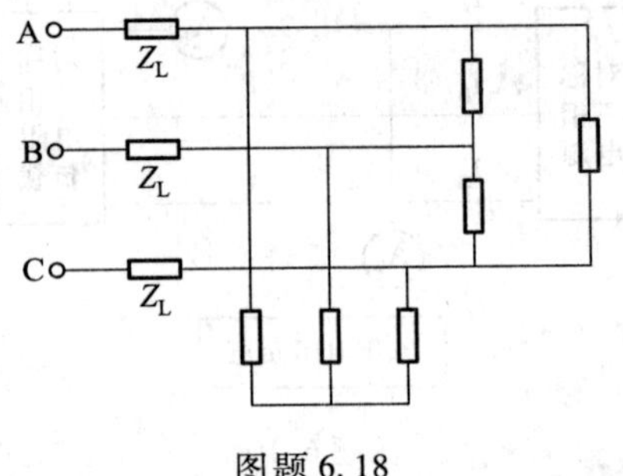

图题6.18

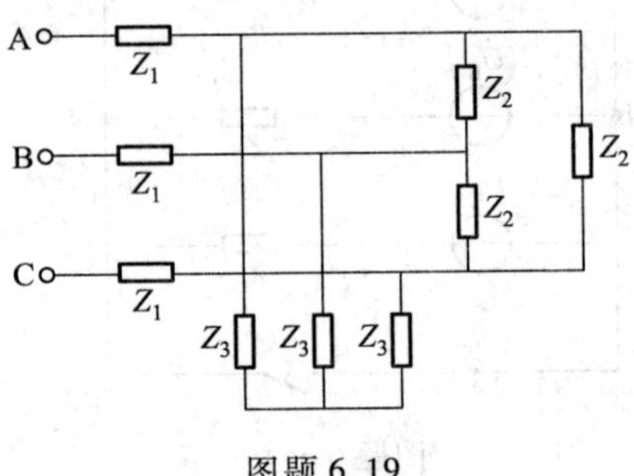

图题6.19

6.20 图题6.20所示对称三相电路，已知电源的线电压为380 V，设图中功率表为理想的，线路电阻$R=2\ \Omega$，负载每相阻抗$Z=(12+j18)\ \Omega$。求三角形负载的线电压、线电流有效值和功率表的读数。

6.21 图题6.21所示对称三相电路，设电阻$R=1\ \Omega$，电感$L=0.01$ H，电源侧线电压有效值$U_s=380$ V，频率为50 Hz，平均功率$P_s=4\ 000$ W，无功功率$Q_s=3\ 000$ var。求负载侧的平均功率P_L、无功功率Q_L及线电压U_L。

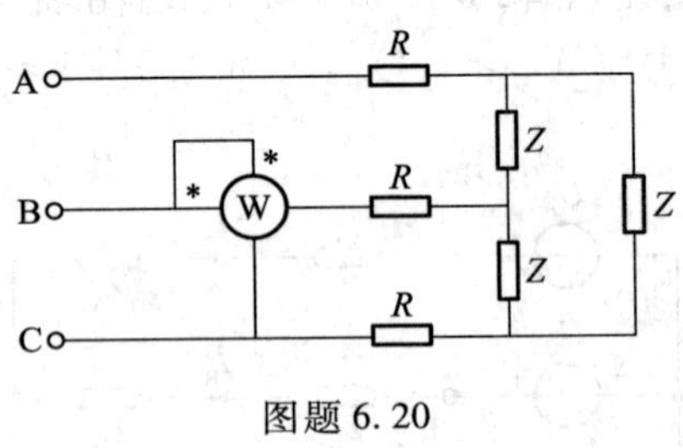

图题6.20

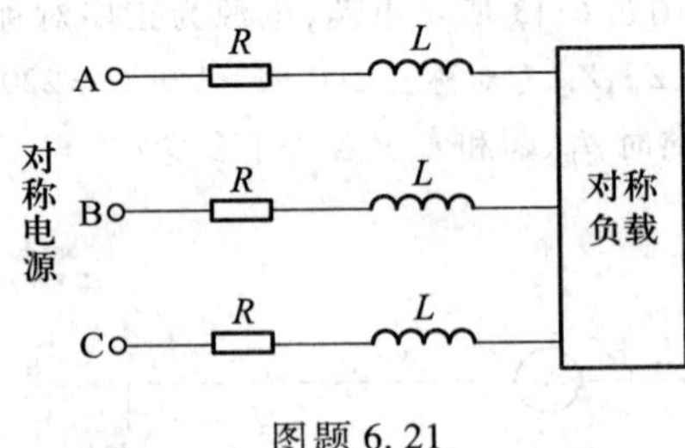

图题6.21

6.22 图题6.22所示对称三相电路，负载的额定电压为380 V，额定功率为11.6 kW，功率因数为0.8，现并联星形联结的对称三相电容，使并联部分的功率因数达到1，工频三相电源线电压为380 V。求电容C和负载实际电压及吸收的平均功率。

6.23 图题6.23为用功率表测量对称三相电路无功功率的一种方法，已知功率表的读数为4 000 W，求三相负载的无功功率。

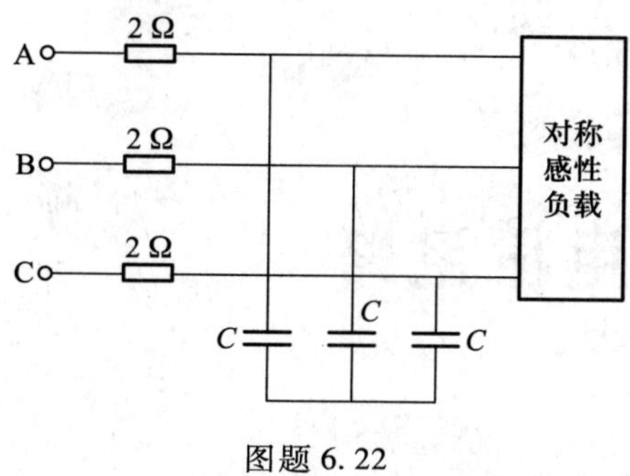

图题 6.22

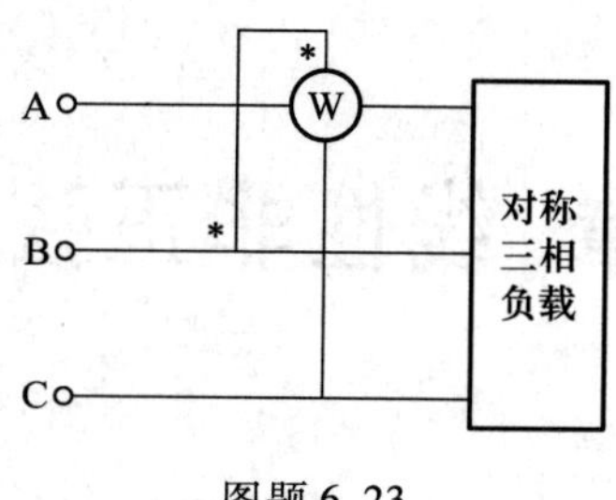

图题 6.23

第7章 线性非正弦周期电流电路

【导读】

本书主要以电压和电流的变化规律为线索加以展开。本章之前介绍了线性直流电路和正弦交流电路。此外,在电气、电子及通信等工程领域还广泛存在非正弦周期电流电路,其中的电流和电压是时间的非正弦周期函数。存在非正弦周期量的原因,一方面是由于作用在电路中的电源是非正弦周期量,所以由其引起的电流和电压也是非正弦周期量;另一方面,即使作用在电路中的电源都是正弦周期量,如果这些电源的频率不同,那么由它们共同作用产生的电流和电压一般来说却是非正弦周期量;再一方面,即使所有电源都是同频率的正弦周期量,如果电路中存在非线性的电路元件,例如阻值不是常量的非线性电阻,那么电路中的电压和电流一般来说应是非正弦周期量。这些非正弦周期量的产生有的是人们期望的,用以实现特定功能;有的虽不期望却又难以避免。见下节举例。

作为基础性知识,本章讨论线性非正弦周期电流电路。学习这一章要特别关注傅里叶级数和叠加定理的应用,它们分别从数学方法上和电路性质上奠定了线性非正弦周期电流电路分析方法的基础。

7.1 非正弦周期量的存在性

本节举例阐明非正弦周期电流和电压的产生,以便初步认识非正弦周期量。

图7.1.1(a)是在电子技术中常用的 RC 触发电路,当输入电压 u_1 为矩形脉冲时,由于电容的充放电作用,电阻上的输出电压 u_2 具有指数脉冲的特征。仿真波形如图7.1.1(b)所示。这

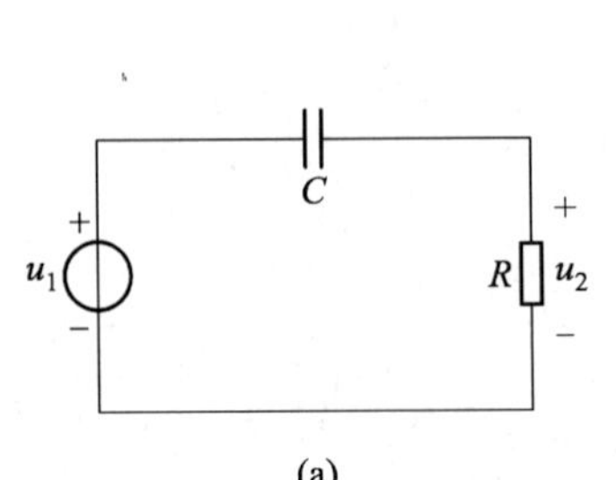

(a)

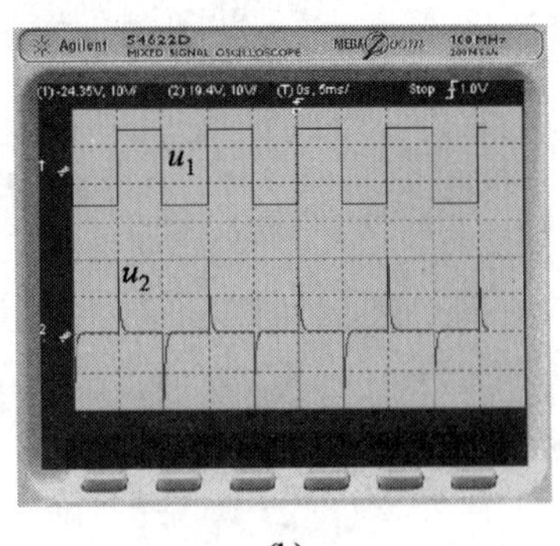

(b)

图7.1.1 (a) RC 触发电路;(b) 输入电压 u_1 与输出电压 u_2 波形

个例子的非正弦电压和电流是由于作用在电路中的激励即 u_1 为非正弦量，即在线性电路中，如果存在非正弦的周期激励，它所引起的响应也是同频率的非正弦量，但波形可能完全不同。

图 7.1.2(a)是两个不同频率正弦电源同时作用的线性电路，其中 $u_{S1}=100\sqrt{2}\cos(2\pi f_1 t)$ V，$u_{S2}=100\sqrt{2}\cos(2\pi f_2 t)$ V，$f_1=3f_2=600$ Hz。它们共同产生的电容电压如图 7.1.2(b)所示，属于非正弦周期电压。

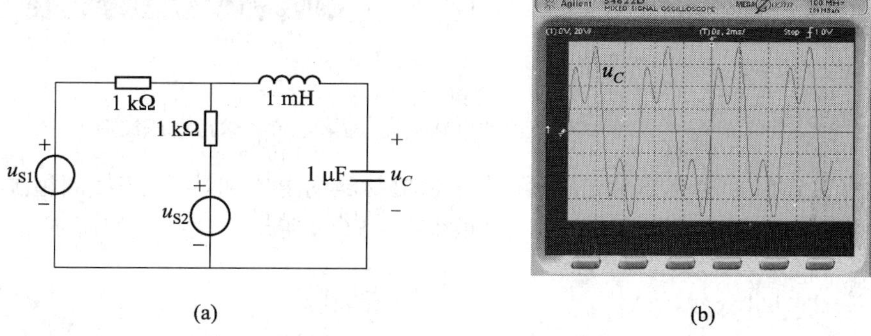

图 7.1.2 (a) 含不同频率正弦电源的线性电路；(b) 电容电压

图 7.1.3(a)所示的晶体管放大电路是两个激励同时作用在一个电路中的例子，其中直流电压源 U_S 的作用是给电路设置工作点并为放大作用提供电能，正弦电压源 u_i 提供被放大的小信号电压。正确设计时，在负载 R_L 能够得到放大后的正弦输出电压 u_o。但若设计不当，在输出端可能得到如图 7.1.3(b)所示的非正弦电压，称为**失真**。

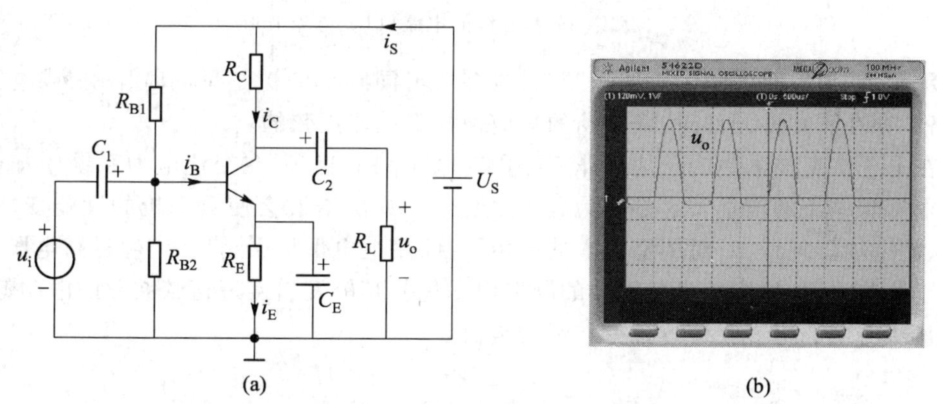

图 7.1.3 (a) 晶体管放大电路；(b) 失真的输出电压

图 7.1.4(a)是众多便携式电子设备的电源适配器和多种稳压电源的部分电路，称为**桥式整流滤波电路**。由于二极管的单向导电特性，它能将输入的正弦电压 u_1 变换成脉动的直流电压 u_2，同时从电源那里吸收非正弦的电流 i_1。这样的电流对电能质量构成负面影响，称为**电力污染**。仿真波形如图 7.1.4(b)所示，电流 i_1 具有断续和脉冲的特征，电压 u_2 是带有纹波的脉动直流电压。

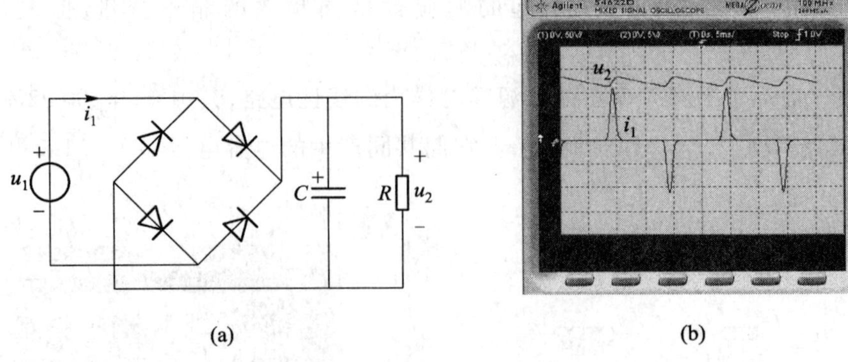

图 7.1.4　(a) 桥式整流滤波电路；(b) 输入电流和输出电压波形

再例如，图 7.1.5(a)所示的铁心线圈，由于**铁磁材料**的**磁饱和**特性，当线圈施加正弦电压 u_S 时，它从电网中吸收的电流 i 却是非正弦的，如图 7.1.5(b)所示。这是人们所不希望的，但又难以避免。

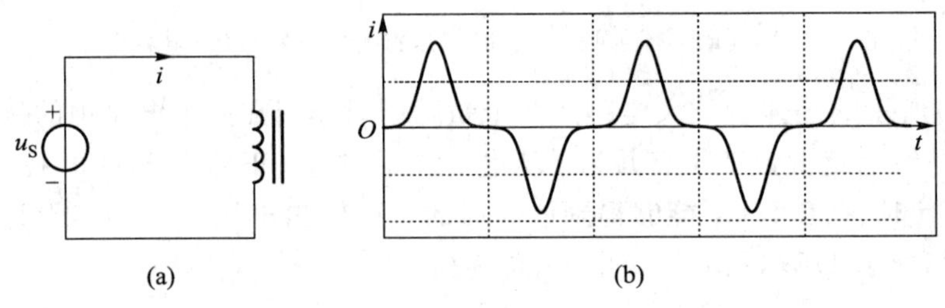

图 7.1.5　(a) 铁心线圈电路；(b) 电流波形

综上示例：如果电路的激励为非正弦量，或多个不同频率的正弦量同时作用，或电路设计不当，或电路中存在非线性元件时，则电路的响应通常都是非正弦的。

虽然在电子信息技术中广泛使用非正弦周期电压和电流，但在交流电力系统中却要极力避免非正弦电压和电流的产生。这是因为电力系统中的高次谐波会使电动机的性能变坏、使仪表测量不准、使电能损耗增加、对周围用电器产生干扰、使继电保护误动作、产生过高电压和过大电流等。由于这些原因，发电机和变压器的制造应尽量使其能发出接近正弦波形的电动势，各电力用户应尽量从电网那里吸收接近正弦波形的电流。

7.2　非正弦周期信号的频谱

随着电气和信息技术的发展，按非正弦周期规律变化的信号日益普遍，正起到越来越重要的作用。无论是出于电路分析，还是出于信号处理，都需要掌握认识信号成分的方法。本节介绍这方面的初步知识。

设 $f(t)$ 为非正弦周期函数，即 $f(t)=f(t+T)$，其中 T 称为 $f(t)$ 的周期，其倒数等于该周期函数的频率,即 $f_1=1/T$。根据数学原理,当周期函数 $f(t)$ 满足狄里赫利条件①时,可以展开成收敛的**傅里叶级数**:

$$f(t)=A_0+\sum_{k=1}^{\infty}[a_k\cos(k\omega_1 t)+b_k\sin(k\omega_1 t)] \tag{7.2.1}$$

式中 $\omega_1=2\pi f_1=2\pi/T$。由于正交的三角函数系 1、$\cos(k\omega_1 t)$、$\sin(k\omega_1 t)$ $(k=1,2,\cdots,\infty)$ 满足下列关系:

$$\int_0^T\sin(k\omega_1 t)\,\mathrm{d}t=\int_0^T\cos(k\omega_1 t)\,\mathrm{d}t=0 \quad (k=1,2,\cdots,\infty) \tag{7.2.2}$$

$$\int_0^T\sin(k_1\omega_1 t)\cos(k_2\omega_1 t)\,\mathrm{d}t=0 \quad (k_1,k_2=1,2,\cdots,\infty) \tag{7.2.3}$$

$$\int_0^T\sin(k_1\omega_1 t)\sin(k_2\omega_1 t)\,\mathrm{d}t=\int_0^T\cos(k_1\omega_1 t)\cos(k_2\omega_1 t)\,\mathrm{d}t=\begin{cases}0 & (k_1\neq k_2)\\ T/2 & (k_1=k_2)\end{cases} \tag{7.2.4}$$

所以各傅里叶系数 A_0、a_k 和 b_k 可按下列方法计算:

(1) 直接对式(7.2.1)两边积分得

$$A_0=\frac{1}{T}\int_0^T f(t)\,\mathrm{d}t \tag{7.2.5}$$

(2) 两边乘以 $\cos(k\omega_1 t)$ 后再积分得

$$a_k=\frac{2}{T}\int_0^T f(t)\cos(k\omega_1 t)\,\mathrm{d}t \tag{7.2.6}$$

(3) 两边乘以 $\sin(k\omega_1 t)$ 后再积分得

$$b_k=\frac{2}{T}\int_0^T f(t)\sin(k\omega_1 t)\,\mathrm{d}t \tag{7.2.7}$$

傅里叶级数的数学含义是,以三角函数系 1、$\cos(k\omega_1 t)$、$\sin(k\omega_1 t)$ $(k=1,2,\cdots,\infty)$ 为正交基,将 $f(t)$ 向这组正交基的坐标轴上投影,投影坐标就是 A_0、a_k 和 b_k $(k=1,2,\cdots,\infty)$。

式(7.2.1)是数学上常用的傅里叶级数形式,利用三角函数关系可以把它改写成在电子和电气技术中更为常用的形式,即

$$f(t)=A_0+\sum_{k=1}^{\infty}A_{km}\cos(k\omega_1 t+\psi_k) \tag{7.2.8}$$

式中 A_{km} 和 ψ_k 与傅里叶系数的关系可由三角函数公式得出,

$$\begin{cases}A_{km}=\sqrt{a_k^2+b_k^2}\\ \psi_k=\arctan\dfrac{-b_k}{a_k}\end{cases} \tag{7.2.9}$$

或者

$$\begin{cases}a_k=A_{km}\cos\psi_k\\ b_k=-A_{km}\sin\psi_k\end{cases} \tag{7.2.10}$$

从波形的成分上看,傅里叶级数式(7.2.8)中第一项 A_0 是常量,它是 $f(t)$ 的平均值,称为 $f(t)$ 的恒定分量或**直流分量**。其余各项都是正弦波,称为 $f(t)$ 的**谐波**。其中,第二项

① 傅里叶级数收敛的充分条件是 $f(t)$ 满足狄里赫利条件:在一个周期内,(1) 连续或只存在有限个第一类间断点;(2) 存在有限个分段单调区间。工程上遇到的非正弦周期函数一般都能满足这些条件。

$A_{1m}\cos(\omega_1 t+\psi_1)$的频率与$f(t)$的频率相同,称为**基波**或1次谐波,$A_{1m}$和$\psi_1$分别是它的振幅和初相。除基波以外的谐波称为**高次谐波**,例如第三项$A_{2m}\cos(2\omega_1 t+\psi_2)$的频率是基波频率的2倍,称为**2次谐波**。依此类推,有3次谐波、4次谐波等等。由于傅里叶级数的收敛特性,一般来说其谐波次数越高,振幅便越小。

谐波振幅A_{km}随角频率变动的情形可用图形来表示,例如图7.2.1,称为非正弦周期信号的**振幅频谱**。图中竖线长度表示A_{km}的量值,称为**谱线**。相邻两谱线的间隔等于基波角频率ω_1。这种谱线间具有一定间隔的频谱称为**离散频谱**。同样可以画出**相位频谱**,用以表示各次谐波的初相ψ_k随角频率变动的情形。可见,振幅频谱和相位频谱代表了信号各频率成分的分布情况。

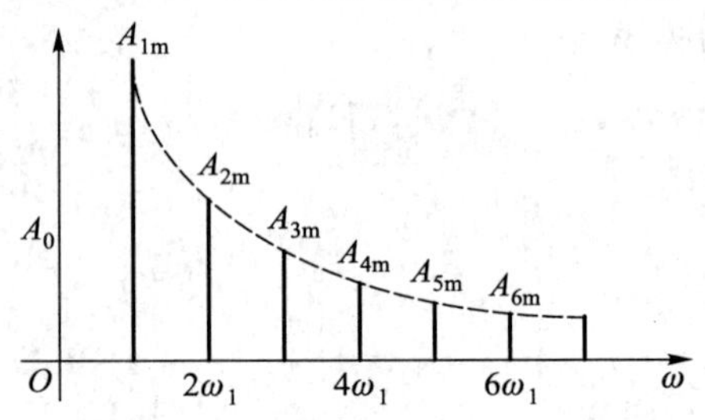

图7.2.1 振幅频谱

这种将周期函数分解为恒定分量和各次谐波分量的做法称为**谐波分析**。附录A.5给出了几种常见周期函数的傅里叶级数,供谐波分析时引用。

【例题7.2.1】 求图7.2.2所示周期性方波的傅里叶级数展开式。

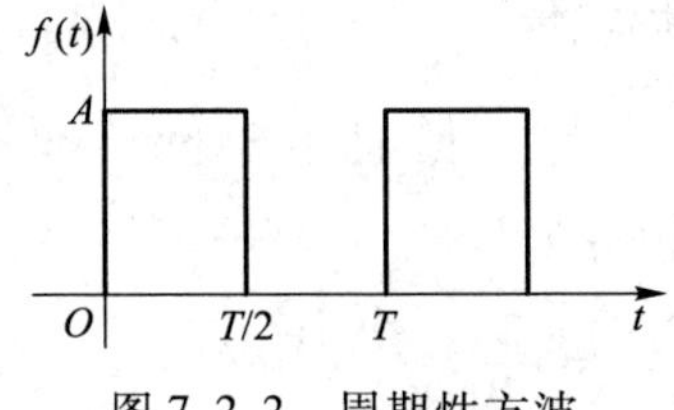

图7.2.2 周期性方波

【解】 首先写出所给波形在一个周期内的表达式:

$$f(t)=\begin{cases}A, & 0<t\leqslant T/2\\ 0, & T/2<t\leqslant T\end{cases}$$

根据式(7.2.5)、式(7.2.6)和式(7.2.7)求A_0、a_k和b_k:

$$A_0=\frac{1}{T}\int_0^T f(t)\,\mathrm{d}t=\frac{1}{T}\int_0^{T/2}A\,\mathrm{d}t=\frac{A}{2}$$

$$a_k=\frac{2}{T}\int_0^{T/2}A\cos(k\omega_1 t)\,\mathrm{d}t=\frac{2A}{k\omega_1 T}\sin(k\omega_1 t)\Big|_0^{T/2}=0$$

$$b_k=\frac{2}{T}\int_0^{T/2}A\sin(k\omega_1 t)\,\mathrm{d}t=\frac{A}{k\pi}[1-\cos(k\pi)]=\begin{cases}\dfrac{2A}{k\pi}, & k=1,3,5,\cdots\\ 0, & k=2,4,6,\cdots\end{cases}$$

将上述三式代入式(7.2.1)得到如下傅里叶级数:

$$\begin{aligned}f(t)&=\frac{A}{2}+\frac{2A}{\pi}\left[\sin(\omega_1 t)+\frac{1}{3}\sin(3\omega_1 t)+\frac{1}{5}\sin(5\omega_1 t)+\cdots\right]\\&=\frac{A}{2}+\frac{2A}{\pi}\sum_{k=1}^{\infty}\frac{1}{2k-1}\sin[(2k-1)\omega_1 t]\end{aligned}\qquad(1)$$

这一方波的分解情况如图7.2.3所示,图7.2.3(a)为直流分量、图7.2.3(b)为基波分量、

图 7.2.3(c)为 3 次谐波分量。根据式(1)可以画出该方波的振幅频谱,如图 7.2.4(a)所示,其中谐波的振幅随谐波次数增加成反比地下降。因为 $a_k=0$,所以各次谐波的初相位相同,均为 $\psi_k=-\pi/2$。相位频谱如图 7.2.4(b)所示。

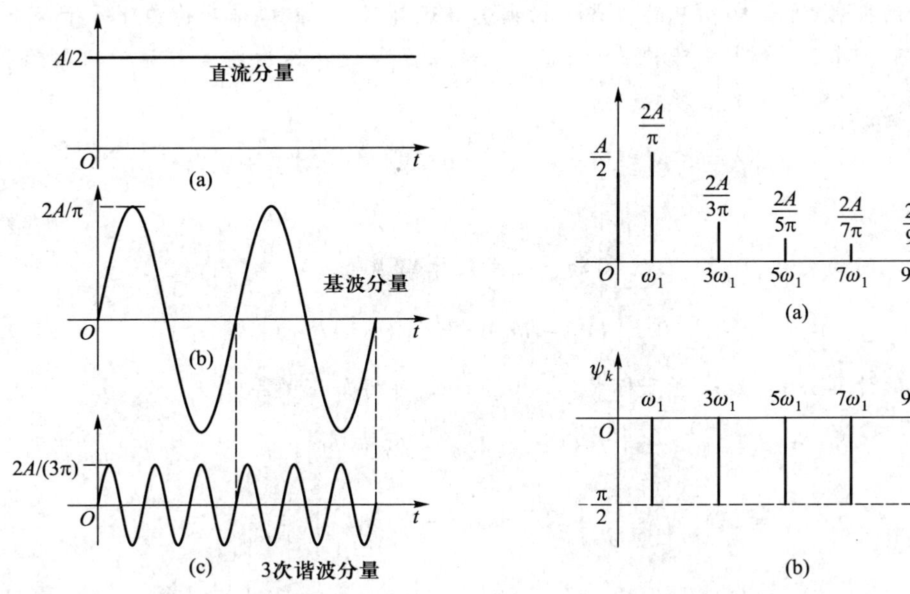

图 7.2.3　周期性方波的波形分解　　图 7.2.4　(a) 周期性方波的振幅频谱;(b) 相位频谱

再用波形合成的过程来理解傅里叶级数。令 $A=1$,分别作出保留到 3、5、7、9 次谐波时的合成波形,逼近情况如图 7.2.5(a)～(d)所示。显然,保留的谐波次数越多,用有限项级数合成的波形越逼近非正弦周期函数 $f(t)$。

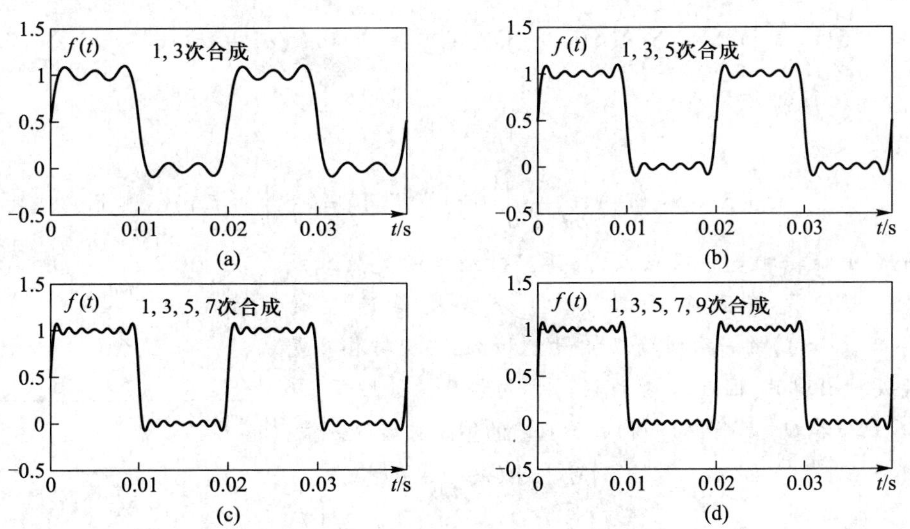

图 7.2.5　用不同次数谐波合成的波形

【扩展】傅里叶级数的复数形式

根据正弦量与相量的变换关系，即式(4.2.16)，傅里叶级数中每个正弦量都可以表达成旋转相量在实轴上的投影，即旋转相量的实部。根据复数运算规则，旋转相量的实部等于两个共轭反向旋转相量和的一半，但这些旋转相量的长度、起始位置和旋转速度都是与谐波次数有关的。这样，傅里叶级数可以表达成如下形式，

$$f(t) = A_0 + \sum_{k=1}^{\infty} \mathrm{Re}[A_{km}\mathrm{e}^{\mathrm{j}\psi_k}\mathrm{e}^{\mathrm{j}k\omega_1 t}] = A_0 + \sum_{k=1}^{\infty} 0.5[A_{km}\mathrm{e}^{\mathrm{j}\psi_k}\mathrm{e}^{\mathrm{j}k\omega_1 t} + A_{km}\mathrm{e}^{-\mathrm{j}\psi_k}\mathrm{e}^{-\mathrm{j}k\omega_1 t}] \tag{7.2.11}$$

利用傅里叶系数之间的关系，即式(7.2.10)，把上式继续写成

$$f(t) = A_0 + \sum_{k=1}^{\infty} 0.5[(a_k - \mathrm{j}b_k)\mathrm{e}^{\mathrm{j}k\omega_1 t} + (a_k + \mathrm{j}b_k)\mathrm{e}^{-\mathrm{j}k\omega_1 t}] \tag{7.2.12}$$

根据傅里叶系数的计算公式，如果将下标 k 代以 0 和 $-k$，可得如下关系：

$$a_0 = a_k\big|_{k\to 0} = \frac{2}{T}\int_0^T f(t)\,\mathrm{d}t = 2A_0, \quad b_0 = b_k\big|_{k\to 0} = 0 \tag{7.2.13}$$

$$a_{-k} = a_k\big|_{k\to -k} = \frac{2}{T}\int_0^T f(t)\cos[(-k)\omega_1 t]\,\mathrm{d}t = a_k \tag{7.2.14}$$

$$b_{-k} = b_k\big|_{k\to -k} = \frac{2}{T}\int_0^T f(t)\sin[(-k)\omega_1 t]\,\mathrm{d}t = -b_k \tag{7.2.15}$$

这样，式(7.2.12)中顺时针旋转相量从 1 到 ∞ 的求和便可写成从 -1 到 $-\infty$ 的求和：

$$\sum_{k=1}^{\infty} 0.5(a_k + \mathrm{j}b_k)\mathrm{e}^{-\mathrm{j}k\omega_1 t} = \sum_{k=-1}^{-\infty} 0.5(a_k - \mathrm{j}b_k)\mathrm{e}^{\mathrm{j}k\omega_1 t} \tag{7.2.16}$$

由此傅里叶级数便可以写成如下的复数形式：

$$f(t) = 0.5(a_0 - \mathrm{j}b_0) + \sum_{k=1}^{\infty} 0.5(a_k - \mathrm{j}b_k)\mathrm{e}^{\mathrm{j}k\omega_1 t} + \sum_{k=-1}^{-\infty} 0.5(a_k - \mathrm{j}b_k)\mathrm{e}^{\mathrm{j}k\omega_1 t} = \sum_{k=-\infty}^{\infty} C_k \mathrm{e}^{\mathrm{j}k\omega_1 t} \tag{7.2.17}$$

其中复系数

$$C_k = 0.5(a_k - \mathrm{j}b_k) = \frac{1}{T}\int_0^T f(t)\mathrm{e}^{-\mathrm{j}k\omega_1 t}\mathrm{d}t = \frac{1}{T}\int_{-T/2}^{T/2} f(t)\mathrm{e}^{-\mathrm{j}k\omega_1 t}\mathrm{d}t \tag{7.2.18}$$

从复平面上旋转相量的观点来看，傅里叶级数的复数形式所包含的意义就是将周期函数 $f(t)$ 分解成角速度为 $k\omega_1$ $(k\in(-\infty,+\infty))$的一系列旋转相量之和，这些旋转相量是以共轭形式成对出现的，因此二者的旋转方向相反。如图 7.2.6 所示，图中 $C_k\mathrm{e}^{\mathrm{j}k\omega_1 t}$ 和 $C_{-k}\mathrm{e}^{-\mathrm{j}k\omega_1 t}$ 的和构成了 $f(t)$ 的第 k 次谐波分量：

$$f_k(t) = C_k\mathrm{e}^{\mathrm{j}k\omega_1 t} + C_{-k}\mathrm{e}^{-\mathrm{j}k\omega_1 t} = 2|C_k|\cos(k\omega_1 t + \psi_k) \tag{7.2.19}$$

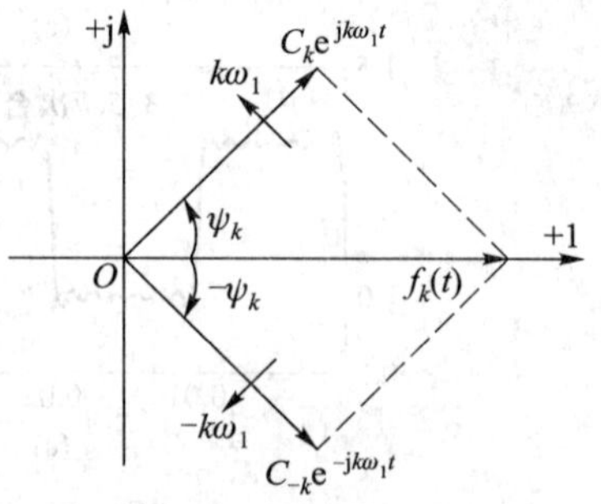

图 7.2.6 傅里叶级数复数形式的含义($k>0$)

由于 $|C_k| = |C_{-k}| = 0.5A_{km}$，所以按照傅里叶级数的指数形式绘制频谱时，其振幅频谱是对称于纵轴的，且谱线高度是

傅里叶级数频谱的一半。

傅里叶级数的复数形式与实数形式没有本质区别,但复数形式比较简洁,且只用一个算式计算系数,能够用旋转相量加以理解,所以在应用上较为方便。

在数值计算和信号采样技术中,往往得到的是周期信号在一些离散时间点上的离散值而不是它的解析表达式,例如图 7.2.7 所示。这时使用式(7.2.18)进行谐波分析就显得格外方便。如果把一个周期分成 m 等分,则时间间隔为 $\Delta t=T/m$,角度间隔为 $\Delta\theta=2\pi/m$。在任一分点 n 上,$t_n=n\Delta t$, $\omega_1 t_n=n\Delta\theta$, ($n=0, 1, \cdots, m$)。在该点上被积函数的模为离散值 $f(t_n)=f(n\Delta t)=f_n$,辐角为 $k\omega_1 t_n=kn\Delta\theta$。根据定积分原理,可以用下面的求和运算近似代替式(7.2.18)的定积分,即

$$C_k \approx \frac{1}{T}\sum_{n=1}^{m}\left[f(n\Delta t)\mathrm{e}^{-\mathrm{j}kn\Delta\theta}\Delta t\right]=\frac{1}{m}\sum_{n=1}^{m}f_n\mathrm{e}^{-\mathrm{j}kn\Delta\theta} \tag{7.2.20}$$

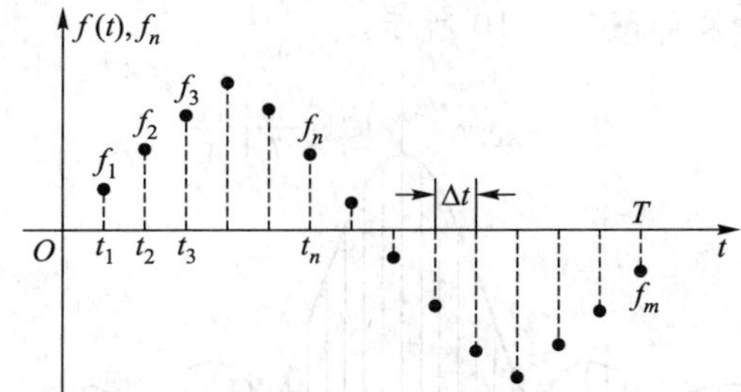

图 7.2.7 根据采样值进行谐波分析的原理

由上式求得 C_k 后,再根据 $C_k=0.5(a_k-\mathrm{j}b_k)$进一步求得 $a_k=2\mathrm{Re}[C_k]$和 $b_k=-2\mathrm{Im}[C_k]$,进而由式(7.2.9)确定第 k 次谐波的振幅 A_{km}和初相 ψ_k。

对信号进行谐波分析的方法除了数学计算外,还有仿真和测量的方法。许多通用的电路或控制系统仿真软件包,例如 PSpice、Multisim、PSIM、MATLAB 等,都有谐波分析功能。数字式电子示波器一般也都具有谐波分析功能。**频谱分析仪**更是专门用来对信号进行实时谐波分析的仪器,如图 7.2.8 所示。

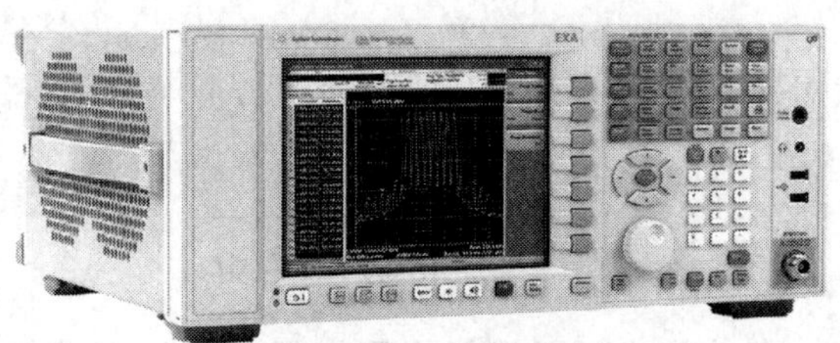

图 7.2.8 安捷伦 N9010A EXA 频谱分析仪

【例题 7.2.2】 求图 7.2.9 所示函数傅里叶级数的指数形式并分析振幅频谱。

【解】 根据式(7.2.18)算得傅里叶系数为

$$C_k=\frac{1}{T}\int_{-\delta/2}^{\delta/2}A\mathrm{e}^{-\mathrm{j}k\omega_1 t}\mathrm{d}t=\frac{A\delta}{T}\cdot\frac{\sin x}{x}\qquad 其中, x=\frac{k\omega_1\delta}{2},\ k\neq 0$$

$k=0$ 时,上式出现 0/0 的不定式,可利用洛必达法则计算 C_0:

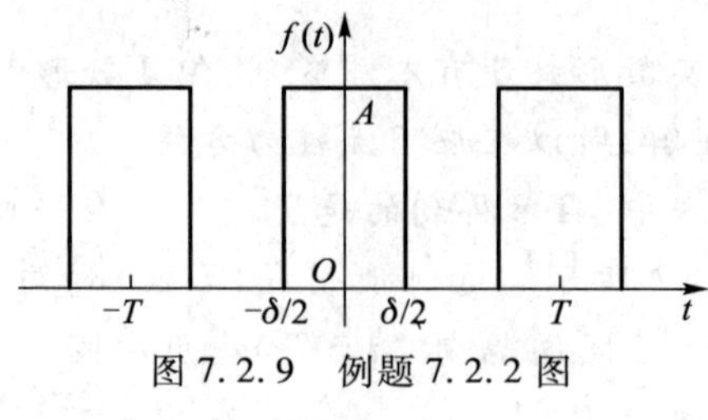

图 7.2.9　例题 7.2.2 图

$$C_0 = \frac{A\delta}{T}\lim_{x\to 0}\frac{\sin x}{x} = \frac{A\delta}{T}$$

所以图 7.2.9 中 $f(t)$ 的傅里叶级数的指数形式为

$$f(t) = \sum_{k=-\infty}^{\infty} C_k e^{jk\omega_1 t} = \frac{A\delta}{T}\sum_{k=-\infty}^{\infty}\frac{\sin x}{x}e^{jk\omega_1 t} \quad \left(x = \frac{k\omega_1\delta}{2}\right) \tag{1}$$

根据式(1)绘制振幅频谱，结果如图 7.2.10 所示。

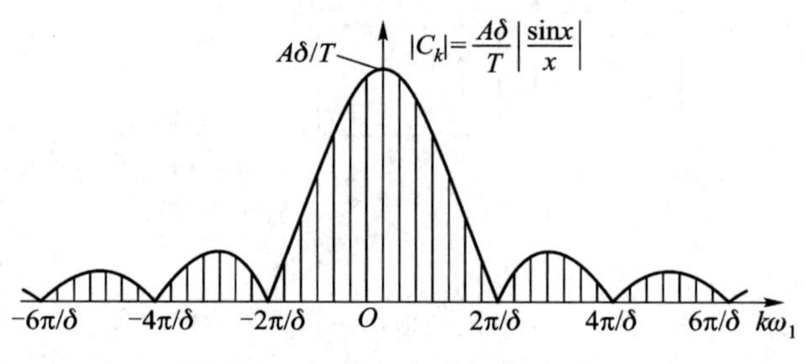

图 7.2.10　振幅频谱的仿真波形

7.3　有效值、平均值及波形性质的描述

1. 有效值

在 4.1 节定义了任意周期电流的有效值，即式(4.1.7)，它等于瞬时值的方均根，将这一定义写成一般表达式就是

$$A = \sqrt{\frac{1}{T}\int_0^T [f(t)]^2 dt} \tag{7.3.1}$$

式中 $f(t)$ 可以是电流、电压、电动势或磁通等任意周期量。当给出函数 $f(t)$ 在一个周期内的表达式时，便可直接代入上式计算有效值。工程上，将根据这一定义测量任意非正弦周期电压或电流有效值的方法称为**真有效值**测量，以区别于基于平均绝对值的有效值测量原理(例如磁电式仪表)。现在广泛使用的数字电压表，它通过专门的真有效值芯片来完成式(7.3.1)的计算。

在非正弦周期电流电路的谐波分析中，往往得到的是周期量的恒定分量和各次谐波分量，这时它的有效值也可根据这些分量的有效值做近似计算，原理如下。

把 $f(t)$ 的傅里叶级数即式(7.2.8)代入式(7.3.1)得

$$A=\sqrt{\frac{1}{T}\int_0^T\left[A_0+\sum_{k=1}^{\infty}A_{km}\cos(k\omega_1 t+\psi_k)\right]^2\mathrm{d}t} \tag{7.3.2}$$

把上式中方括号平方展开后将得到下列四种类型的积分，根据三角函数的正交性，其积分结果分别为

$$(1)\ \frac{1}{T}\int_0^T A_0^2\mathrm{d}t=A_0^2 \tag{7.3.3}$$

$$(2)\ \frac{1}{T}\int_0^T A_{km}^2\cos^2(k\omega_1 t+\psi_k)\mathrm{d}t=\frac{1}{2}A_{km}^2\quad(k=1,2,\cdots,\infty) \tag{7.3.4}$$

$$(3)\ \frac{1}{T}\int_0^T A_0A_{km}\cos(k\omega_1 t+\psi_k)\mathrm{d}t=0\quad(k=1,2,\cdots,\infty) \tag{7.3.5}$$

$$(4)\ \frac{1}{T}\int_0^T A_{k_1\mathrm{m}}\cos(k_1\omega_1 t+\psi_{k_1})\times A_{k_2\mathrm{m}}\cos(k_2\omega_1 t+\psi_{k_2})\mathrm{d}t=0\quad(k_1,k_2=1,2,\cdots,\infty,k_1\neq k_2) \tag{7.3.6}$$

以上只有式(7.3.3)和式(7.3.4)对有效值有贡献，将它们代入式(7.3.2)得到用各分量有效值计算非正弦周期量有效值的方法为

$$A=\sqrt{A_0^2+\sum_{k=1}^{\infty}\frac{1}{2}A_{km}^2}=\sqrt{A_0^2+A_1^2+A_2^2+\cdots} \tag{7.3.7}$$

式中，$A_1=A_{1\mathrm{m}}/\sqrt{2}$、$A_2=A_{2\mathrm{m}}/\sqrt{2}$、…分别为基波、2 次谐波……的有效值，这是因为各谐波都是正弦量，其有效值等于振幅的 $1/\sqrt{2}$。

式(7.3.7)表明，任意周期量的有效值等于它的恒定分量与各谐波分量有效值的平方和的平方根。

上述结论也可根据傅里叶级数的复数形式(7.2.17)来获得，请读者自行尝试。

【例题 7.3.1】 设电压为锯齿形波形，如图 7.3.1 所示。求该电压的有效值。

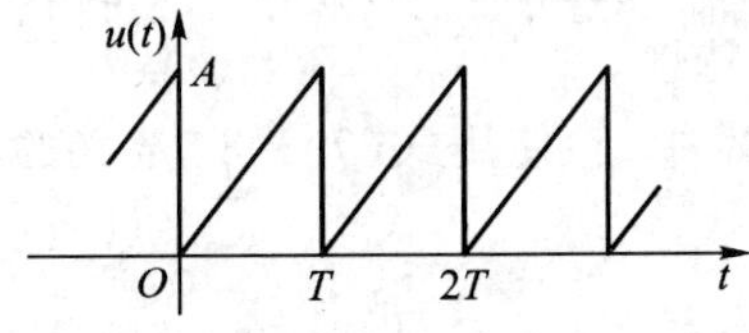

图 7.3.1 例题 7.3.1 图

【解】 电压在一个周期内的变化规律为 $u(t)=\frac{A}{T}t$，将其代入有效值的定义式(7.3.1)便得该电压有效值为

$$U=\sqrt{\frac{1}{T}\int_0^T u^2(t)\mathrm{d}t}=\sqrt{\frac{1}{T}\int_0^T\left(\frac{A}{T}t\right)^2\mathrm{d}t}=\sqrt{\frac{1}{T}\times\frac{1}{3}\left(\frac{A}{T}\right)^2\times t^3\Big|_0^T}=\frac{A}{\sqrt{3}}$$

说明：如果电压或电流不是用傅里叶级数表示的，直接使用定义计算有效值更为方便，无需展开成级数后再按式(7.3.7)计算有效值。

【例题 7.3.2】 已知周期电流的谐波表达式为 $i=[1+0.707\cos(\omega_1 t-20°)+0.42\cos(2\omega_1 t+50°)]\mathrm{A}$，求其有效值。

【解】 应用式(7.3.7)计算周期电流 i 的有效值。

$$I=\sqrt{1^2+\frac{1}{2}(0.707)^2+\frac{1}{2}(0.42)^2}\ \mathrm{A}\approx 1.16\ \mathrm{A}$$

2. 平均值

按照数学观点,周期量的平均值为其恒定分量,即

$$A_{\mathrm{av}}=\frac{1}{T}\int_0^T f(t)\,\mathrm{d}t \tag{7.3.8}$$

根据这一定义,可以讨论周期电流电路中电感电压的平均值。根据电感电流与电压的关系得

$$i_L(t_0+T)=\frac{1}{L}\int_{-\infty}^{t_0+T}u_L(t)\,\mathrm{d}t=i_L(t_0)+\frac{1}{L}\int_{t_0}^{t_0+T}u_L(t)\,\mathrm{d}t \tag{7.3.9}$$

其中 t_0 为某一时刻。由于电感电流是周期变化的,即 $i_L(t_0+T)=i_L(t_0)$,所以电感电压的平均值为

$$\frac{1}{T}\int_{t_0}^{t_0+T}u_L(t)\,\mathrm{d}t=\frac{L}{T}[i_L(t_0+T)-i_L(t_0)]=0 \tag{7.3.10}$$

即在周期电流电路中,电感电压的平均值等于零,电感上不会出现恒定的电压分量。这也就是电感对直流相当于短路的特性。

对偶地,根据电容电压与电流的关系得

$$u_C(t_0+T)=\frac{1}{L}\int_{-\infty}^{t_0+T}i_C(t)\,\mathrm{d}t=u_C(t_0)+\frac{1}{L}\int_{t_0}^{t_0+T}i_C(t)\,\mathrm{d}t \tag{7.3.11}$$

周期变化的电容电压满足 $u_C(t_0+T)=u_C(t_0)$,所以电容电流的平均值为

$$\frac{1}{T}\int_{t_0}^{t_0+T}i_C(t)\,\mathrm{d}t=\frac{C}{T}[u_C(t_0+T)-u_C(t_0)]=0 \tag{7.3.12}$$

即在周期电流电路中,电容电流的平均值等于零,电容上不会出现恒定的电流分量。这也就是电容对直流相当于开路即"隔直"的特性。

在测量、电力、电信等工程技术中,除使用式(7.3.8)定义的平均值外,还广泛使用基于绝对值定义的平均值,即

$$A_{\mathrm{av}}=\frac{1}{T}\int_0^T|f(t)|\,\mathrm{d}t \tag{7.3.13}$$

按上式求得正弦电压的平均值为

$$U_{\mathrm{av}}=\frac{1}{T}\int_0^T|U_{\mathrm{m}}\sin(\omega t)|\,\mathrm{d}t=\frac{2U_{\mathrm{m}}}{T}\int_0^{T/2}\sin(\omega t)\,\mathrm{d}t=\frac{2U_{\mathrm{m}}}{\pi}\approx 0.637\,U_{\mathrm{m}}\approx 0.900\,U \tag{7.3.14}$$

上述正弦量的平均值实际就是正弦电压经全波整流后所得输出电压的数学平均值。

3. 波形性质的描述*

为描述周期量波形的性质,定义其有效值和上述绝对值的平均值之比叫做**波形因数**,即

$$K_{\mathrm{f}}=\frac{A}{A_{\mathrm{av}}} \tag{7.3.15}$$

此波形因数恒大于 1。波形越尖则波形因数越大,波形越平则波形因数越小。对正弦波来说,$K_f = A/(0.900\ A) \approx 1.111$。

还可用**波顶因数**描述波形的性质,定义为周期量最大值与有效值之比,即

$$K_a = \frac{A_m}{A} \tag{7.3.16}$$

它也是随波形变尖而增大的。显然对正弦波形,上式等于$\sqrt{2}$。可以证明波顶因数大于波形因数。

为了描述交变周期量(不含直流分量)的波形与正弦波的差异,工程上还经常使用**谐波总畸变度**,称为 *THD* 值,定义为所有高次谐波有效值平方和的平方根与基波有效值之比的百分数,即

$$THD = \frac{\sqrt{\sum_{k=2}^{\infty} A_k^2}}{A_1} \times 100\% \tag{7.3.17}$$

显然,*THD* 越小,表明它所含的高次谐波成分越少,因而越接近正弦波。正弦波的 *THD* 值为零。

无论波形因数、波顶因数或谐波总畸变度都只能大致上表明波形是平还是尖,与正弦波相差大还是不大。例如具有相同波形因数的各种周期量,其波形一般说来未必相同。

7.4　平均功率和视在功率

1. 平均功率

在非正弦周期电流电路中,电压、电流及它们形成的瞬时功率都是随时间按周期规律变化的。分析非正弦周期电压和电流做功的平均速率时也要使用平均功率。对图 7.4.1 所示的一端口网络,它消耗的平均功率一般表达式为

$$P = \frac{1}{T}\int_0^T p(t)\,\mathrm{d}t = \frac{1}{T}\int_0^T ui\,\mathrm{d}t \tag{7.4.1}$$

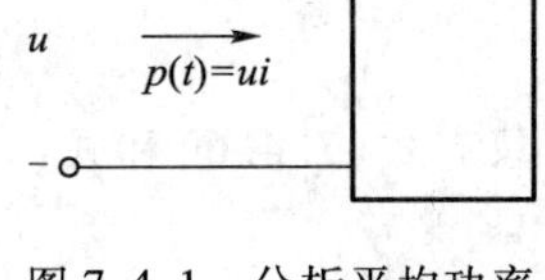

图 7.4.1　分析平均功率的一端口网络

如已知电压和电流的表达式,便可把它们直接代入上式计算出平均功率。

平均功率实际就是能量转换或消耗的平均速率,从这个意义上说,平均功率还可表述成

$$P = \frac{\Delta W}{T} \tag{7.4.2}$$

式中 ΔW 表示一个周期内消耗或存储能量的净增量。对电感元件来说,由于电流是周期变化的,所以它的储能也是周期变化的,t_0 和 $t_0 + T$ 时刻的储能完全一样,也就是在一个周期内,电感储能虽有出纳变化,但储能的净增量为零,因此电感的平均功率

$$P_L = \frac{\Delta W_m}{T} = \frac{W_m(t_0 + T) - W_m(t_0)}{T} = 0 \tag{7.4.3}$$

对偶地,电容的平均功率也为零,即

$$P_C=\frac{\Delta W_e}{T}=\frac{W_e(t_0+T)-W_e(t_0)}{T}=0 \tag{7.4.4}$$

所以,在任意周期电流电路中,电感和电容都不产生平均功率。(在 4.9 节已经基于正弦周期情况下瞬时功率的平均值得出了同样的结论。)这符合理想电感和电容的无损性质。

在谐波分析中,往往得到的是电压和电流的傅里叶级数形式,即

$$\begin{cases} u = U_0 + \sum\limits_{k=1}^{\infty} U_{km}\cos(k\omega_1 t + \psi_{uk}) \\ i = I_0 + \sum\limits_{k=1}^{\infty} I_{km}\cos(k\omega_1 t + \psi_{ik}) \end{cases} \tag{7.4.5}$$

把它们代入式(7.4.1),展开后得到无穷多项定积分。这些项可分成下面几种形式,根据三角函数的正交性,其结果分别为

(1) 直流电压和直流电流形成平均功率

$$\frac{1}{T}\int_0^T U_0 I_0 \mathrm{d}t = U_0 I_0 \tag{7.4.6}$$

(2) 直流电压(电流)与正弦电流(电压)不形成平均功率

$$\frac{1}{T}\int_0^T U_0 I_{km}\cos(k\omega_1 t + \psi_{ik})\mathrm{d}t = 0, \qquad \frac{1}{T}\int_0^T I_0 U_{km}\cos(k\omega_1 t + \psi_{uk})\mathrm{d}t = 0 \tag{7.4.7}$$

(3) 不同频率的正弦电压和正弦电流不形成平均功率

$$\frac{1}{T}\int_0^T U_{k_1\mathrm{m}}\cos(k_1\omega_1 t + \psi_{uk_1}) \times I_{k_2\mathrm{m}}\cos(k_2\omega_1 t + \psi_{ik_2})\mathrm{d}t = 0 \quad (k_1 \neq k_2) \tag{7.4.8}$$

(4) 相同频率的正弦电压和正弦电流形成平均功率

$$\frac{1}{T}\int_0^T U_{km}\cos(k\omega_1 t + \psi_{uk}) \times I_{km}\cos(k\omega_1 t + \psi_{ik})\mathrm{d}t = \frac{1}{2}U_{km}I_{km}\cos(\psi_{uk} - \psi_{ik}) = U_k I_k \cos\varphi_k \tag{7.4.9}$$

上面只有式(7.4.6)和式(7.4.9)对平均功率有贡献,将它们代入式(7.4.1)得

$$P = U_0 I_0 + \sum_{k=1}^{\infty} U_k I_k \cos\varphi_k = P_0 + \sum_{k=1}^{\infty} P_k \tag{7.4.10}$$

由此可见,非正弦周期电流电路的平均功率等于恒定分量和各次谐波分量分别产生的平均功率之和。

上述结论也可根据傅里叶级数的复数形式(7.2.17)来获得,请读者自行尝试。

表面上看来似乎可用叠加定理来计算平均功率,也就是可以分别求出各谐波的平均功率,然后叠加起来即可得到总的平均功率。这样计算根据式(7.4.10)是正确的,但用叠加定理来作为理论根据则是形式上的看法。出现这种叠加形式是由于不同频率的谐波电压和电流不形成平均功率的缘故,即像式(7.4.7)和式(7.4.8)那样。如果讨论的是瞬时功率,情况就不同了,因为任何频率关系的电压和电流都可以形成瞬时功率,因而不能用叠加的方法来计算。

【例题 7.4.1】 已知某一端口网络的端口输入电压和电流分别为

$$u = [50 + 84.6\cos(\omega t + 30°) + 56.6\cos(2\omega t + 10°)]\ \mathrm{V}$$

$$i = [1 + 0.707\cos(\omega t - 20°) + 0.424\cos(2\omega t + 50°)]\ \mathrm{A}$$

求一端口网络输入的平均功率。

【解】 根据式(7.4.10)得

$$P=\left[50\times1+\frac{84.6}{\sqrt{2}}\times\frac{0.707}{\sqrt{2}}\cos(30^\circ+20^\circ)+\frac{56.6}{\sqrt{2}}\times\frac{0.424}{\sqrt{2}}\cos(10^\circ-50^\circ)\right]\text{ W}\approx78.42\text{ W}$$

2.视在功率*

在非正弦周期电流电路中,一端口网络的视在功率仍定义为电压有效值和电流有效值的乘积,即

$$S=UI=\sqrt{U_0^2+U_1^2+U_2^2+\cdots}\times\sqrt{I_0^2+I_1^2+I_2^2+\cdots} \tag{7.4.11}$$

而把平均功率与视在功率之比称为功率因数:

$$\lambda=\frac{P}{S} \tag{7.4.12}$$

非正弦周期电路的无功功率目前还没有形成统一认识。有些地方按照与平均功率在形式上的相似性,把各次谐波无功功率之和定义为一段支路的无功功率,即

$$Q=Q_1+Q_2+\cdots=\sum_{k=1}^{\infty}Q_k=\sum_{k=1}^{\infty}U_kI_k\sin\varphi_k \tag{7.4.13}$$

显然这种定义不满足 $S^2=P^2+Q^2$ 的关系。还有些地方仿照正弦电路中 $S^2=P^2+Q^2$ 的关系,将 $\pm\sqrt{S^2-P^2}$ 定义为无功功率。这些都是有待进一步研究的内容。

7.5 非正弦周期电流电路的计算

在分析正弦电路时,由于正弦信号的导数和积分仍然是同频率的正弦信号,函数性质没有发生改变,只是振幅和相位发生了变化,因此能够建立相量分析法,从而提高了人们分析正弦交流电路的能力。然而,对非正弦周期信号情况则不同,其导数和积分与原来的函数具有不同的性质。因此,对于含有电感和电容的电路来说,由于涉及电压和电流的导数或积分,如果电路的激励是非正弦周期的,一般说来电路的响应也是非正弦周期的,但激励和响应的函数形式必然有所不同。

本章7.2节介绍了将非正弦周期函数分解为傅里叶级数的数学原理。基于这一原理,可以将非正弦的周期激励分解为恒定分量和一系列不同频率的正弦交流分量的叠加。这就为分析非正弦周期激励下的线性电路提供了重要的数学基础。以电压源为例,这一数学基础的电路含义,就是用级数各个分量对应的电压源的串联来近似代替按非正弦周期规律变化的电压源,如图7.5.1所示。对电流源也有类似解释,只是要将各电流源分量并联起来。

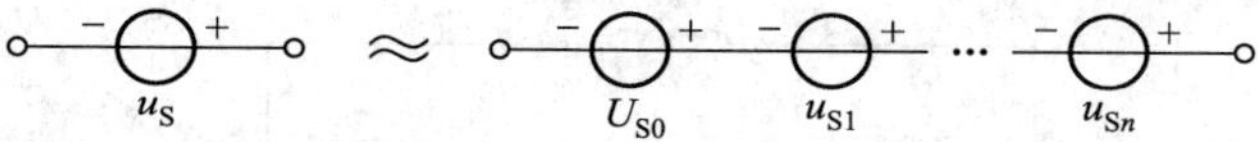

图7.5.1 非正弦周期电压源傅里叶级数的电路含义

本章假定所分析的电路是线性的,因而可以使用叠加定理计算上述分量单独作用于电路时引起的响应,再将这些响应叠加就得非正弦周期激励引起的响应的近似值,近似的原因是只能使用傅里叶级数中的有限项进行计算,因此存在截断误差。

综合运用傅里叶级数和叠加定理，便得计算线性非正弦周期电流电路的一般步骤：

(1) 把给定的各非正弦周期激励分解为恒定分量和不同频率的谐波分量，并保留前若干项。

(2) 计算各激励中恒定分量同时作用时引起的响应，以及各激励中相同频率的谐波分量同时作用时引起的响应。

求恒定分量引起的响应时，所有电感视为短路，这些短路线的电流就是流过电感的恒定电流分量；所有电容视为开路，这些开路处的电压就是加在电容上的恒定电压分量。电路的计算如同直流电路的计算一样。

求各激励中相同频率的谐波分量引起的响应时，如同计算正弦交流电路，因而可用相量法。但需注意，电感和电容对不同频率的谐波分量呈现不同的感抗和容抗。因此，感抗、容抗、阻抗等必须指明是对哪种频率的谐波而言。例如电感对基波的感抗为 $X_{L1}=\omega_1 L$，而对 k 次谐波的感抗则为

$$X_{Lk}=k\omega_1 L=kX_{L1}\quad(k=1,2,\cdots,n)\quad(n\text{ 为截取的谐波次数})\tag{7.5.1}$$

又如电容对基波的容抗为 $X_{C1}=1/\omega_1 C$，而对 k 次谐波的容抗则为

$$X_{Ck}=\frac{1}{k\omega_1 C}=\frac{1}{k}X_{C1}(k=1,2,\cdots,n)\quad(n\text{ 为截取的谐波次数})\tag{7.5.2}$$

由此可见：谐波的次数越高，则电容所表现的容抗就越小，所以即使在电压中所含的高次谐波百分数很小，在电容中也能产生比较显著的高次谐波电流，也就是说电容电流中高次谐波的百分比大于电压中高次谐波的百分比。电感的情况则相反。

因此说，只要电路中有电感或电容存在，则在非正弦周期电流电路中，电流波形一般就不会与电压波形一样。

严格说来，由于集肤效应的缘故，电阻和电感的值也与谐波的频率有关。不过，一般需要计算的谐波次数不会很高，若导线截面不是十分粗大的话，这些差别可以忽略不计。

根据步骤(2)，在分析一个非正弦周期电流电路时，要反复进行交流电路的计算。因此，即便是对经常处理非正弦信号的电子信息类专业的学生来说，也要加强对正弦电路分析方法的学习，因为它是研究非正弦周期电流电路的基础。

(3) 根据叠加定理，把恒定分量和各谐波分量引起响应的瞬时值进行叠加，便得到非正弦周期激励引起响应的近似值。在此基础上，可继续由式(7.3.7)和式(7.4.10)求得有效值或平均功率。

需要特别指出的是，在步骤(3)使用叠加定理时，只能将各响应的瞬时值进行叠加，而不能将各响应的相量值进行叠加。因为不同的相量值来自不同频率的正弦电路。从数学上看，它们实际是不同线性代数方程的解答，因而它们的代数和无实际意义。对此可结合图 7.5.2 做进一步解释。

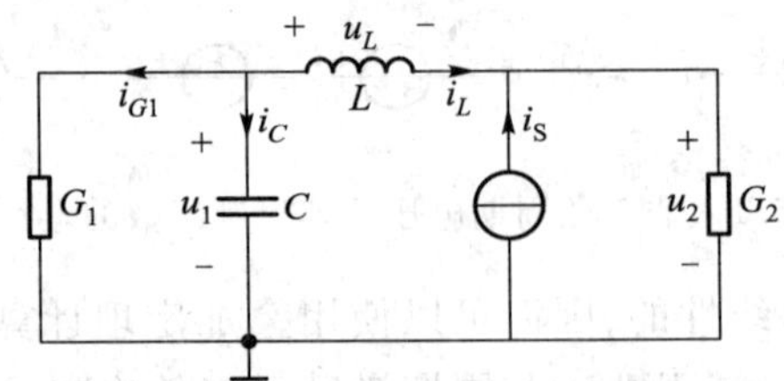

图 7.5.2　解释各谐波相量不能叠加的理由

设非正弦电流源为 $i_S = i'_S + i''_S = I'_m\cos(k_1\omega_1 t) + I''_m\cos(k_2\omega_1 t)$，它包含 $k_1\omega_1$ 和 $k_2\omega_1$ 两个不同角频率的谐波分量。当 i'_S 单独作用时，相量形式的节点电压方程为

$$\begin{cases}\left(G_1 + jk_1\omega_1 C + \dfrac{1}{jk_1\omega_1 L}\right)\dot{U}'_1 - \dfrac{1}{jk_1\omega_1 L}\dot{U}'_2 = 0\\ -\dfrac{1}{jk_1\omega_1 L}\dot{U}'_1 + \left(G_2 + \dfrac{1}{jk_1\omega_1 L}\right)\dot{U}'_2 = I'_s\end{cases} \tag{7.5.3}$$

当 i''_S 单独作用时，由于角频率发生了变化，上面方程中的 $k_1\omega_1$ 都要变为 $k_2\omega_1$，节点电压方程变成

$$\begin{cases}\left(G_1 + jk_2\omega_1 C + \dfrac{1}{jk_2\omega_1 L}\right)\dot{U}''_1 - \dfrac{1}{jk_2\omega_1 L}\dot{U}''_2 = 0\\ -\dfrac{1}{jk_2\omega_1 L}\dot{U}''_1 + \left(G_2 + \dfrac{1}{jk_2\omega_1 L}\right)\dot{U}''_2 = I''_s\end{cases} \tag{7.5.4}$$

上面两个线性方程组等号左边的系数是不同的，实际是两个不同的复系数方程。因此根据数学原理，将它们的解答相加无实际意义。

而之所以瞬时值可以进行叠加，是因为响应的瞬时值与电路激励满足线性微分方程，见第10章。

【例题 7.5.1】 图 7.5.3(a)中 LC 构成低通滤波电路，设 $L=10$ mH，$C=2$ μF，输入为矩形脉冲电压，占空比为 $\alpha=0.6$，频率 $f_1=5\ 000$ Hz，波形如图 7.5.3(b)所示，电压振幅 $U_m=100$ V，负载电阻 $R=200$ Ω。求电感电流 i 和负载端电压 u 以及它们的有效值，再求电源提供的平均功率。

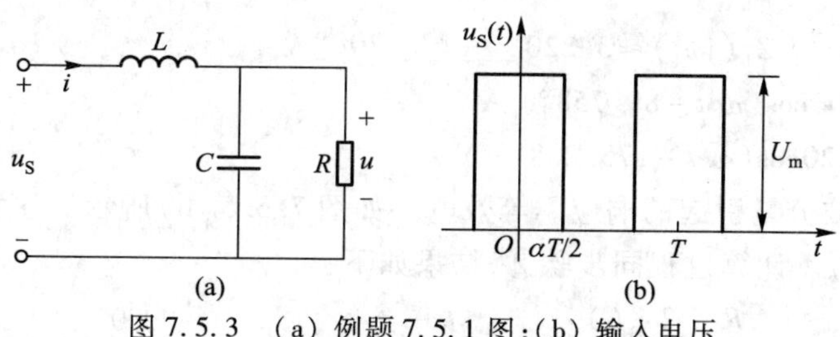

图 7.5.3 (a) 例题 7.5.1 图；(b) 输入电压

【解】 (1) 从附录 A 表 A.5.1 中查出电压 u_S 的傅里叶级数，保留前 3 项的近似表达式为

$$\begin{aligned}u_S(t) &\approx \alpha U_m + \frac{2U_m\sin(\alpha\pi)}{\pi}\cos(\omega_1 t) + \frac{2U_m\sin(2\alpha\pi)}{2\pi}\cos(2\omega_1 t)\\ &\approx [60 + 60.546\cos(\omega_1 t) - 18.710\cos(2\omega_1 t)]\ \text{V} = U_{S0} + u_{s1} + u_{s2}\end{aligned}$$

(2) 计算 u_S 各分量单独作用引起的响应。

① u_S 的直流分量 $U_{S0}=60$ V 单独作用时引起的响应。电感视为短路、电容视为开路，等效电路如图 7.5.4 所示。

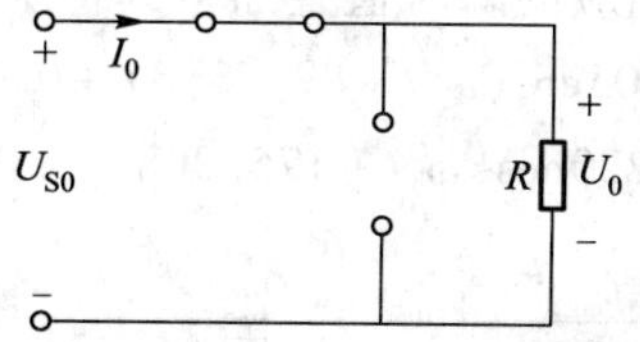

图 7.5.4 例题 7.5.1 的直流等效电路

$$I_0=\frac{U_{S0}}{R}=\frac{60}{200}\text{ A}=0.3\text{ A},\qquad U_0=U_{S0}=60\text{ V}$$

② 计算基波分量引起的响应。等效电路如图 7.5.5(a)所示。

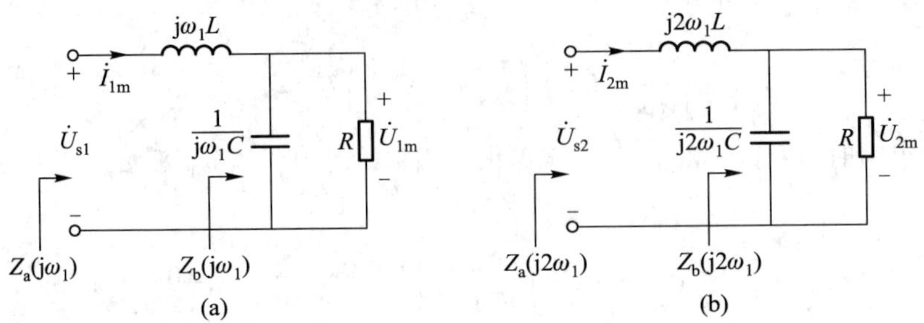

图 7.5.5 (a) 基波等效电路;(b) 2 次谐波等效电路

等效阻抗

$$Z_b(j\omega_1)=\frac{R/(j\omega_1C)}{R+1/(j\omega_1C)}=\frac{R}{1+j\omega_1CR}=\frac{200}{1+j10^4\pi\times2\times10^{-6}\times200}\ \Omega$$

$$\approx15.865\angle-85.450^\circ\ \Omega$$

$$Z_a(j\omega_1)=j\omega_1L+Z_b(\omega_1)=j10^4\pi\times10^{-2}+Z_b\approx298.347\angle89.758^\circ\ \Omega$$

电流基波相量:$\dot I_{1m}=\dfrac{\dot U_{s1}}{Z_a(j\omega_1)}=\dfrac{60.546}{298.347\angle89.758^\circ}\text{ A}\approx0.203\angle-89.758^\circ\text{ A}$(这里使用振幅相量)

电压基波相量:$\dot U_{1m}=\dot I_{1m}Z_b(j\omega_1)\approx3.220\angle-175.208^\circ\text{ V}$

电流瞬时值:$i_1=0.203\cos(\omega_1t-89.758^\circ)$ A

电压瞬时值:$u_1=3.220\cos(\omega_1t-175.208^\circ)$ V

③ 计算 2 次谐波分量引起的响应。等效电路如图 7.5.5(b)所示。注意感抗和容抗分别变为 $2\omega_1L$ 和 $1/(2\omega_1C)$。计算过程同步骤②,结果如下:

$$Z_b(j2\omega_1)=\frac{R/(j2\omega_1C)}{R+1/(j2\omega_1C)}=\frac{R}{1+j2\omega_1CR}=\frac{200}{1+j2\times10^4\pi\times2\times10^{-6}\times200}\ \Omega$$

$$\approx7.952\angle-87.722^\circ\ \Omega$$

$$Z_a(j2\omega_1)=j2\omega_1L+Z_b(j2\omega_1)=j2\times10^4\pi\times10^{-2}+Z_b(j2\omega_1)\approx620.373\angle89.971^\circ\ \Omega$$

$$\dot I_{2m}=\frac{\dot U_{s2}}{Z_a(j2\omega_1)}=\frac{-18.710}{620.373\angle89.971^\circ}\text{ A}\approx0.030\angle90.029^\circ\text{ A}$$

$$\dot U_{2m}=\dot I_{2m}Z_b(j2\omega_1)\approx0.240\angle2.308^\circ\text{ V}$$

$$i_2\approx0.030\,2\cos(2\omega_1t+90.029^\circ)\text{ A},\quad u_2\approx0.240\cos(2\omega_1t+2.308^\circ)\text{ V}$$

(3) 将各分量单独作用引起响应的瞬时值叠加得到待求响应的近似值为

$$i_L\approx I_0+i_1+i_2\approx[0.3+0.203\cos(\omega_1t-89.758^\circ)+0.030\cos(2\omega_1t+90.029^\circ)]\text{ A}$$

$$u_R\approx U_0+u_1+u_2\approx[60+3.220\cos(\omega_1t-175.208^\circ)+0.240\cos(2\omega_1t+2.308^\circ)]\text{ V}$$

上述电流和电压的有效值为

$$I_L=\sqrt{I_0^2+I_1^2+I_2^2}=\sqrt{0.3^2+(0.203/\sqrt2)^2+(0.030\,2/\sqrt2)^2}\text{ A}\approx0.333\text{ A}$$

$$U_R=\sqrt{U_0^2+U_1^2+U_2^2}=\sqrt{60^2+(3.220/\sqrt{2})^2+(0.240/\sqrt{2})^2}\ \text{V}\approx 60.043\ \text{V}$$

电压 u_S 和稳态响应 i_L 及 u_R 的对比仿真波形如图 7.5.6 所示。由图可见，响应 i_L 及 u_R 的波形都不同于激励 u_S 的波形。这除了由于保留有限项的原因外，还由于这些波形中具有不同的谐波百分比。

按照式(7.4.10)计算电源提供的平均功率为

$$P=\left[60\times 0.3+\frac{1}{2}\times 60.546\times 0.203\cos[0°-(-89.758°)]+\frac{1}{2}\times 18.710\times 0.030\cos(180°-90.029°)\right]\ \text{W}\approx 18.026\ \text{W}$$

由于这些功率都消耗在电阻上，因而也可通过计算电阻消耗的功率来确定电源提供的功率，即

$$P=\frac{U^2}{R}=\frac{U_0^2+U_1^2+U_2^2}{R}=\frac{60^2+(3.220/\sqrt{2})^2+(0.240/\sqrt{2})^2}{200}\ \text{W}\approx 18.026\ \text{W}$$

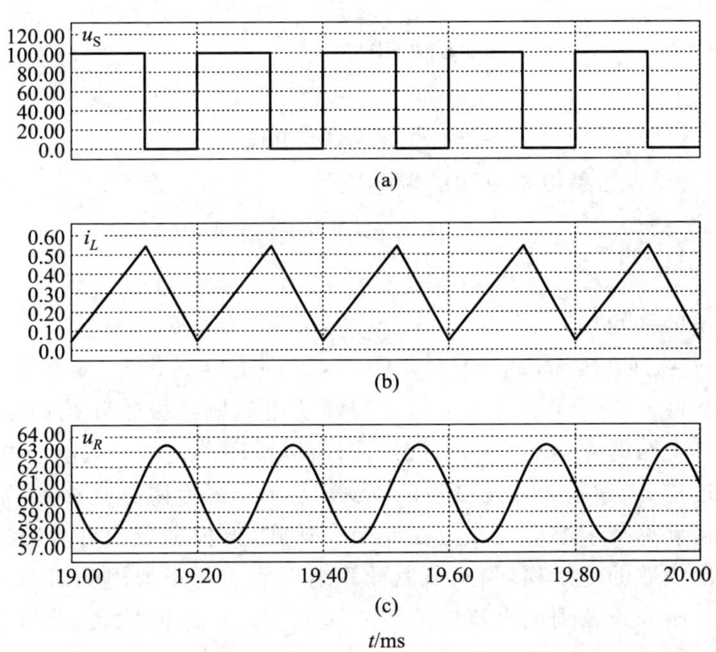

图 7.5.6　例题 7.5.1 的仿真波形：(a) 输入电压；(b) 电感电流；(c) 电阻电压

【例题 7.5.2】　设图 7.5.7(a)所示电路中 $U_{S1}=10$ V，$u_{S2}=20\sqrt{2}\cos(\omega_1 t)$ V，$i_S=[2+2\sqrt{2}\cdot\cos(\omega_1 t)]$ A，$\omega_1=10$ rad/s。(1) 求电流源的端电压 u 及其有效值；(2) 求电流源发出的平均功率。

【解】　(1) 这个电路中三个电源包括两种变化规律：直流和正弦交流。因此，在使用叠加定理时，将直流电源分在一组，将同频率的正弦交流电源分在另一组。

① 令 U_{S1} 和 i_S 中的直流分量作用，电感短路，电容开路，建立如图 7.5.7(b)所示直流电路模型。电流源端电压的直流分量为

$$U_0=(10+2\times 2)\ \text{V}=14\ \text{V}$$

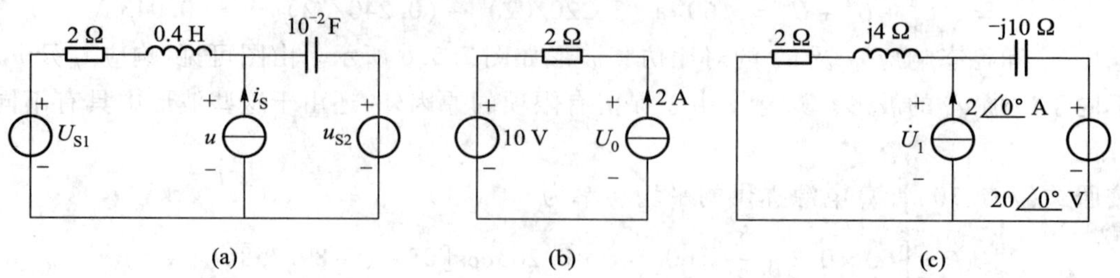

图 7.5.7 (a) 例题 7.5.2 图;(b) 直流模型;(c) 同频率相量模型

② 再令角频率为 ω_1 的正弦电源即 u_{S2} 和 i_S 中的交流分量作用,建立如图 7.5.7(c)所示的相量模型。用节点电压法求电流源端电压相量 $\dot{U}_1$。

$$\left(\frac{1}{2+\mathrm{j}4}+\frac{1}{-\mathrm{j}10}\right)\dot{U}_1=\frac{20}{-\mathrm{j}10}+2$$

解得

$$\dot{U}_1=20\angle 90^\circ\ \mathrm{V}$$

瞬时表达式为

$$u_1=20\sqrt{2}\cos(\omega_1 t+90^\circ)\ \mathrm{V}$$

③ 由上述两步的计算结果得电流源的端电压及其有效值分别为

$$u=U_0+u_1=[14+20\sqrt{2}\cos(\omega_1 t+90^\circ)]\ \mathrm{V}$$

$$U=\sqrt{U_0^2+U_1^2}=\sqrt{14^2+20^2}\ \mathrm{V}\approx 24.41\ \mathrm{V}$$

(2) 电流源发出的平均功率

$$P=I_0U_0+I_1U_1\cos\varphi_1=[2\times 14+2\times 20\cos(90^\circ-0^\circ)]\ \mathrm{W}=28\ \mathrm{W}$$

并不是所有的线性非正弦周期电流电路都需要使用傅里叶级数和叠加定理,例如线性电阻电路。由于描述这种电路的方程是线性代数方程,所以激励和它所引起响应的波形是相似的,只是幅值有所不同。这样,当激励为非正弦量时,无需将其分解为傅里叶级数,而是按照线性电阻电路的计算方法直接计算待求响应的非正弦周期表达式,再根据定义计算有效值和平均功率即可。由于不存在截取级数的若干项问题,所以计算结果要比基于傅里叶级数和叠加定理的方法来得准确。因此在分析非正弦周期电流电路时要注意鉴别电路的性质,选择最适合的方法。详见下面例题。

【例题 7.5.3】 图 7.5.8(a)所示电路,已知 $R_1=20\ \Omega$,$R_2=30\ \Omega$,$R_3=15\ \Omega$,电压源为三角波,如图 7.5.8(b)所示,图中 $U_m=90$ V。求电流 i_3 及其有效值、R_3 消耗的平均功率。

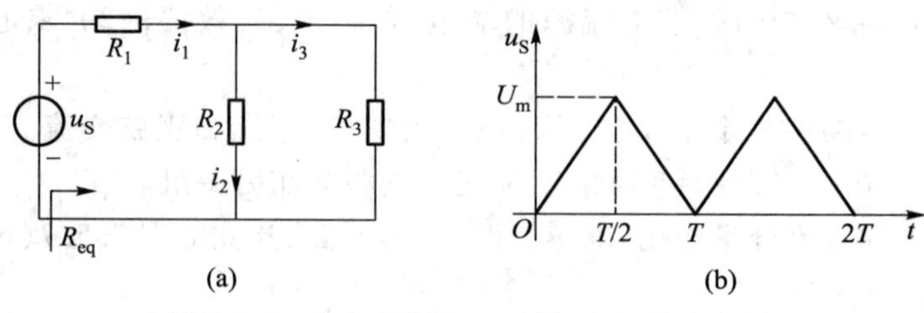

图 7.5.8 (a) 例题 7.5.3 图;(b) 输入电压

【解】 计算支路电流

$$i_1=\frac{u_S}{R_{eq}}=\frac{u_S}{R_1+\dfrac{R_2R_3}{R_2+R_3}}=\frac{u_S}{30}$$

再使用分流公式求电流 i_3

$$i_3=\frac{R_2}{R_2+R_3}\times i_1=\frac{u_S}{45}=\begin{cases}\dfrac{1}{45}\times\dfrac{2U_m}{T}t & (0<t\leqslant T/2)\\ -\dfrac{1}{45}\times\left(\dfrac{2U_m}{T}t-2U_m\right) & (T/2<t\leqslant T)\end{cases}$$

根据定义计算 i_3 的有效值

$$I_3=\sqrt{\frac{1}{T}\int_0^T i_3^2\mathrm{d}t}=\frac{U_m}{45\sqrt{3}}=\frac{2}{\sqrt{3}}\text{ A}\approx 1.155\text{ A}$$

根据定义计算 R_3 消耗的平均功率

$$P=\frac{1}{T}\int_0^T i_3^2R_3\mathrm{d}t=I_3^2R_3=\left(\frac{2}{\sqrt{3}}\right)^2\times 15\text{ W}=20\text{ W}$$

7.6 对称三相电路中的谐波*

在三相电路中一般不希望出现谐波，但是很难完全避免。例如，随着大功率电力变换器（整流器、变频器等）在工业生产中的广泛应用，电力系统中的谐波日趋严重。含有谐波的电力系统会表现诸多的负面效应，已引起电气工程师们的高度重视。作为今后研究工作的基础，本节简要介绍对称三相电路中含有谐波时的特殊现象。

以相电压为例，如果是对称的，则三个电压的波形相同，只是在时间上彼此相差三分之一周期，可表示为

$$\begin{cases}u_A=f(t)\\ u_B=f(t-T/3)\\ u_C=f(t-2T/3)\end{cases}\tag{7.6.1}$$

三相电路中的非正弦波通常是上下半波镜像对称的，即 $f(t)=-f(t\pm T/2)$，夸张化的比喻如图 7.6.1 所示。其傅里叶级数只含奇次谐波（对含有偶次谐波的情况也可做与此类似的讨论），即下面的傅里叶级数中 k 为奇数：

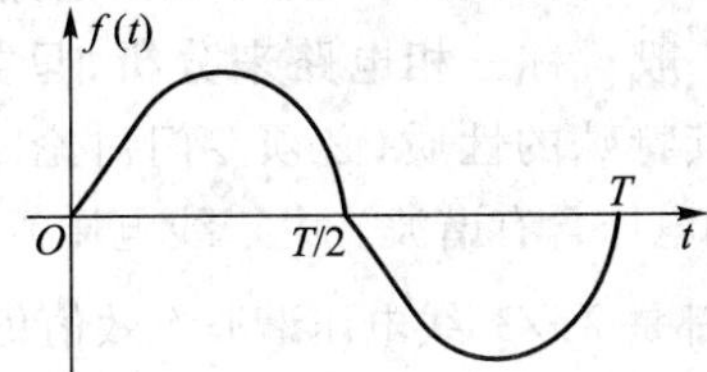

图 7.6.1 三相电路中的非正弦波示例

$$\begin{cases} u_A = f(t) = \sum\limits_{k=1}^{\infty} U_{km}\cos(k\omega_1 t + \psi_k) \\ u_B = f\left(t - \dfrac{T}{3}\right) = \sum\limits_{k=1}^{\infty} U_{km}\cos\left[k\omega_1\left(t - \dfrac{T}{3}\right) + \psi_k\right] = \sum\limits_{k=1}^{\infty} U_{km}\cos\left(k\omega_1 t + \psi_k - \dfrac{2k\pi}{3}\right) \\ u_C = f\left(t - \dfrac{2T}{3}\right) = \sum\limits_{k=1}^{\infty} U_{km}\cos\left[k\omega_1\left(t - \dfrac{2T}{3}\right) + \psi_k\right] = \sum\limits_{k=1}^{\infty} U_{km}\cos\left(k\omega_1 t + \psi_k - \dfrac{4k\pi}{3}\right) \end{cases} \tag{7.6.2}$$

由于谐波的初相位与谐波次数有关，而 u_A、u_B、u_C 中相同次数谐波的相位差决定了这些谐波电压的相序，因此不同次数的三相电压谐波可能具有不同的相序，从而对电力系统产生不同的影响。表7.6.1是根据式(7.6.2)所做的谐波次数与谐波初相、谐波相序的关系对照。

表7.6.1　谐波次数与谐波初相、谐波相序的关系对照

谐波次数 k	谐波初相			谐波相序
	A相：ψ_k	B相：$\psi_k - 2k\pi/3$	C相：$\psi_k - 4k\pi/3$	
1	ψ_1	$\psi_1 - 2\pi/3$	$\psi_1 - 4\pi/3$	$\dot U_{Ck}$　2π/3　$\dot U_{Ak}$　2π/3　2π/3　$\dot U_{Bk}$　正序　k=1,7,13…
7	ψ_7	$\psi_7 - 14\pi/3 = (\psi_7 - 2\pi/3) - 4\pi$	$\psi_7 - 28\pi/3 = (\psi_7 - 4\pi/3) - 8\pi$	
13	ψ_{13}	$\psi_{13} - 26\pi/3 = (\psi_7 - 2\pi/3) - 8\pi$	$\psi_{13} - 52\pi/3 = (\psi_7 - 4\pi/3) - 16\pi$	
5	ψ_5	$\psi_5 - 10\pi/3 = (\psi_5 + 2\pi/3) - 4\pi$	$\psi_5 - 20\pi/3 = (\psi_5 + 4\pi/3) - 8\pi$	$\dot U_{Bk}$　2π/3　$\dot U_{Ak}$　2π/3　2π/3　$\dot U_{Ck}$　负序　k=5,11,17…
11	ψ_{11}	$\psi_{11} - 22\pi/3 = (\psi_{11} + 2\pi/3) - 8\pi$	$\psi_{11} - 44\pi/3 = (\psi_{11} + 4\pi/3) - 16\pi$	
17	ψ_{17}	$\psi_{17} - 34\pi/3 = (\psi_{17} + 2\pi/3) - 12\pi$	$\psi_{17} - 68\pi/3 = (\psi_{17} + 4\pi/3) - 24\pi$	
3	ψ_3	$\psi_3 - 6\pi/3 = \psi_3 - 2\pi$	$\psi_3 - 12\pi/3 = \psi_3 - 4\pi$	零序　$\dot U_{Ak}$　$\dot U_{Bk}$　$\dot U_{Ck}$　k=3,9,15…
9	ψ_9	$\psi_9 - 18\pi/3 = \psi_9 - 6\pi$	$\psi_9 - 36\pi/3 = \psi_9 - 12\pi$	
15	ψ_{15}	$\psi_{15} - 30\pi/3 = \psi_{15} - 10\pi$	$\psi_{15} - 60\pi/3 = \psi_{15} - 20\pi$	

根据 u_A、u_B、u_C 各谐波的初相位不难总结出：

(1) $k = 1, 7, 13, \cdots$，$\dot U_{Ak}$、$\dot U_{Bk}$、$\dot U_{Ck}$ 的初相位依次滞后 $2\pi/3$，它们是对称正序三相电压；

(2) $k = 5, 11, 17, \cdots$，$\dot U_{Ak}$、$\dot U_{Bk}$、$\dot U_{Ck}$ 的初相位依次超前 $2\pi/3$，它们是对称负序三相电压；

(3) $k = 3, 9, 15, \cdots$，$\dot U_{Ak}$、$\dot U_{Bk}$、$\dot U_{Ck}$ 的初相位相同，它们是零序电压。

由此可见，对称三相非正弦周期电压含有正序组、负序组和零序组三类对称谐波电压。

在利用叠加定理分别考虑基波和各次谐波分量对三相电路的作用时，正序组和负序组相电压的相位差都是 $2\pi/3$，所以可按一般对称三相电路来分析，只需注意由于相序不同而引起的各相间相位差的差异。而零序组有其特殊的性质，必须专门讨论。

在对称Y－Y系统中，设电源相电压含有谐波。由于线电压等于两个相电压之差，所以各正序组和各负序组相电压的相位差绝对值都是 $2\pi/3$，线电压谐波有效值仍等于相电压谐波有效值的 $\sqrt{3}$ 倍，即

$$U_{L1} = \sqrt{3}U_{P1}, U_{L5} = \sqrt{3}U_{P5}, U_{L7} = \sqrt{3}U_{P7}, \cdots \tag{7.6.3}$$

而零序组谐波各相电压同相位，两两相减为零，**故线电压中不含零序谐波**。这一结论与电源

和负载的接法无关，因为线电压遵循 KVL，$u_{AB}+u_{BC}+u_{CA}=0$，线电压中不可能含有振幅和相位都相同的零序谐波。

既然线电压中不含零序谐波，那么线电压的有效值便小于相电压有效值的$\sqrt{3}$倍，即

$$U_L=\sqrt{U_{L1}^2+U_{L5}^2+U_{L7}^2+\cdots}=\sqrt{3}\sqrt{U_{P1}^2+U_{P5}^2+U_{P7}^2+\cdots} \tag{7.6.4}$$

而

$$U_P=\sqrt{U_{P1}^2+U_{P3}^2+U_{P5}^2+U_{P7}^2+\cdots} \tag{7.6.5}$$

故

$$U_L<\sqrt{3}U_P \tag{7.6.6}$$

在负载方面，如果电源与负载之间没有中线，例如图 7.6.2 中开关处于断开的情况，则线电流中没有零序谐波。因为零序谐波是同相位的，三个相的零序谐波电流都要以中线作为返回路径，在没有中线时，零序谐波电流便无处返回。这样，负载相电压中也就没有了零序谐波。总之，**对星形负载来说，如果没有中线，则线电压、相电压和线电流中都不存在零序谐波分量**。这时电源相电压中的零序分量只好与电源和负载两中性点间的电压相平衡，也就是说在非正弦情况下，即使是对称三相电路，它的负载和电源中性点之间的电压也不等于零，而是等于电源电压中的零序谐波电压，即出现中性点位移电压

$$U_{N'N}=\sqrt{U_{P3}^2+U_{P9}^2+\cdots} \tag{7.6.7}$$

如果有中线，例如图 7.6.2 中开关接通的情况，零序谐波电流便有了通路，负载相电压和相电流中都有零序谐波，同时中线电流有效值为一相零序谐波电流的 3 倍，即

$$I_N=3\sqrt{I_{P3}^2+I_{P9}^2+\cdots} \tag{7.6.8}$$

当对称三相电源连接成三角形时，如电源相电压中存在零序谐波，例如 3 次谐波，则在电源的三角形回路中三个相电压之和不再等于零，而等于相电压中 3 次谐波电压有效值的 3 倍，并且不论外电路是否接通，在三角形电源回路中始终存在 3 次谐波循环电流。要计算此电流，需计入每相电源对 3 次谐波的内阻抗①，设为 Z_3，如图 7.6.3。由于线电压中不存在 3 次谐波，即 $\dot{U}_{AB3}=\dot{U}_{BC3}=\dot{U}_{CA3}=0$，因此 3 次谐波循环电流可以简单地按下式计算：

$$\dot{I}_3=\dot{U}_3/Z_3 \tag{7.6.9}$$

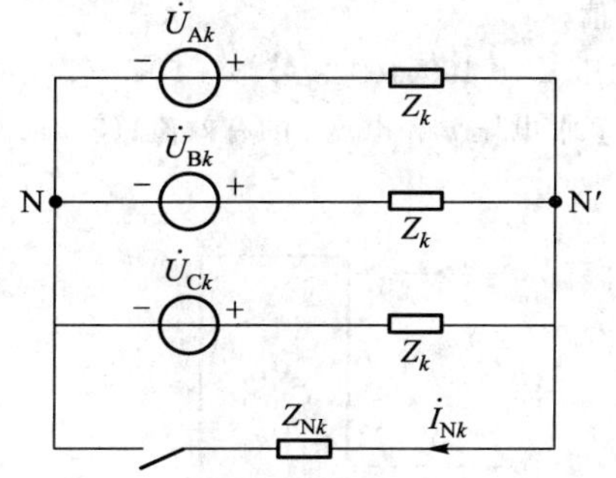

图 7.6.2 零序谐波在 Y－Y 系统中的影响

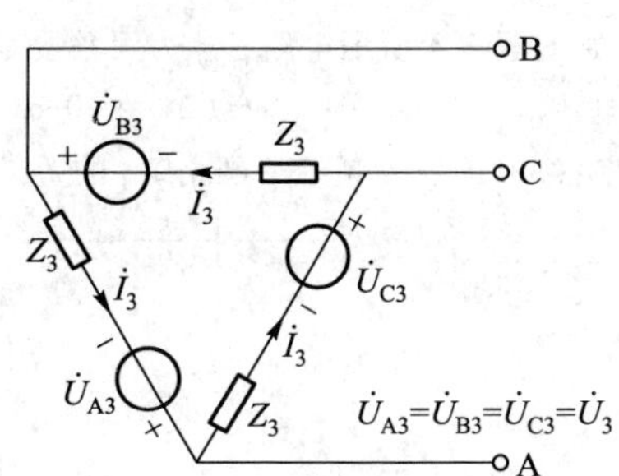

图 7.6.3 零序环流的计算

① 由于发电机构造的原因，它的零序阻抗与同频率的正序或负序阻抗是不同的。详见电机学课程。

为了避免零序谐波电压产生的循环电流，同时也为了得到较高的线电压，三相发电机一般不接成三角形，而是接成星形。

【结语】

正弦量虽然十分完美，但我们却生活在非正弦量的世界里。人们每次发出的声音信号、每次心跳的信号和电话机的按键音等都是非正弦的。正是有了非正弦信号，才使得电气和电信技术无处不在，电路理论变得丰富多彩。傅里叶级数和叠加定理，让人们能够使用认识正弦交流电路的方法来认识非正弦交流电路。这是用已经掌握的知识来解决新问题的范例，是分解再叠加的思维过程。

正弦信号是简谐信号，无数的简谐信号构成了非正弦信号之基。

【思考题】

1. 为使周期电流的有效值在给定幅值的情况下最大，电流的波形有什么样的特征？

2. 在非正弦周期电路中，平均功率为什么能用各谐波分量单独作用的平均功率之和来计算？瞬时功率能否也这样计算？为什么？

3. 不同频率谐波的相量为什么不能叠加，而瞬时值却可以叠加？

4. 为什么发电机和其他电能装置被设计成所产生的电压和电流尽量接近正弦波？

5. 怎样研究非正弦周期电流电路中的无功功率和功率因数？

6. 如果一个非正弦电流通过电感元件，那么电流的振幅频谱和电压的振幅频谱在特征上有哪些区别？如果通过电容元件呢？

习 题 七

7.1 设图题 7.1 所示电路中，正弦电压 $u_S = 80\cos(\omega_1 t)$ V，$R = 100\ \Omega$，设晶体管为理想的，求电流 i 的有效值和此二端电路吸收的平均功率。

7.2 RLC 串联电路角频率 $\omega_1 = 314$ rad/s，端口电压 $u = [100\cos(\omega_1 t) + 50\cos(3\omega_1 t - 30°)]$ V，端口电流 $i = [10\cos(\omega_1 t) + 1.755\cos(3\omega_1 t - \psi_i)]$ A，求 R、L、C 及 ψ_i 的值。

7.3 如图题 7.3 所示电路，N_p 为无独立源网络，已知电压 $u = [100\cos(t - 45°) + 50\cos(2t) + 25\cos(3t + 45°)]$ V，电流 $i = [80\cos t + 20\cos(2t) + 10\cos(3t)]$ mA。(1) 求电压 u 和电流 i 的有效值；(2) 求网络 N_p 吸收的平均功率；(3) 求三种频率下网络 N_p 的等效阻抗。

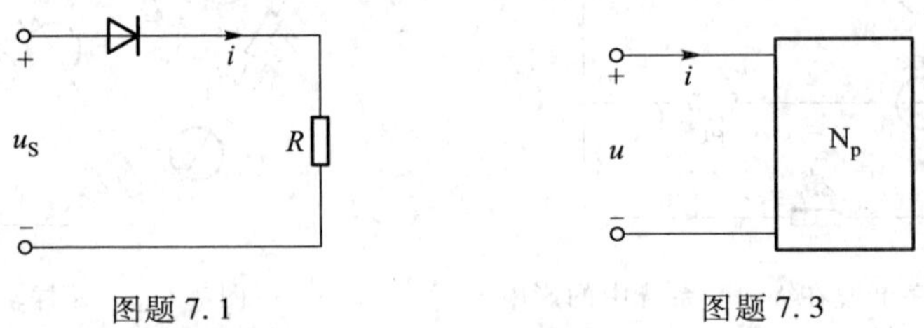

图题 7.1　　图题 7.3

7.4 如图题 7.4 所示电路，一个线圈接在电压 $u = [14.14\cos(\omega_1 t) + 2.83\cos(3\omega_1 t + 30°)]$ V 的非正弦电源上，设 $\omega_1 L = 1\ \Omega$，求线圈电流的瞬时表达式及其有效值，并比较电压和电流所含 3 次谐波的百分数。

7.5 有效值为 100 V 的正弦电压加在电感 L 的两端时,测得电流 $I=10$ A,当电压中有 3 次谐波分量而有效值仍为 100 V 时,测得电流 $I=8$ A。试求这一电压的基波和 3 次谐波的有效值。

7.6 如图题 7.6 所示电路,已知 $u=[220\sqrt{2}\cos(\omega_1 t+20°)+110\sqrt{2}\cos(3\omega_1 t-30°)]$ V,求电流 i 及其有效值,以及此电路吸收的平均功率。

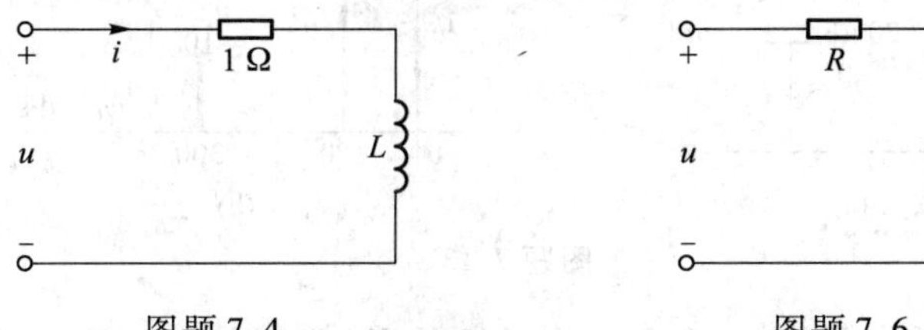

图题 7.4 图题 7.6

7.7 如图题 7.7 所示电路,已知 $u_S=[1+\sqrt{2}\cos(\omega_1 t)+0.2\sqrt{2}\cos(2\omega_1 t)]$ V,$\omega_1 L=1/(\omega_1 C)=1$ Ω,$R=1$ Ω,求电压 u 及电源提供的平均功率。

7.8 如图题 7.8 所示电路,已知 $u_S=4\cos(\omega_1 t)$ V, $i_S=4\cos(2\omega_1 t)$ A, $\omega_1=100$ rad/s,求电流 i 和电压源发出的平均功率。

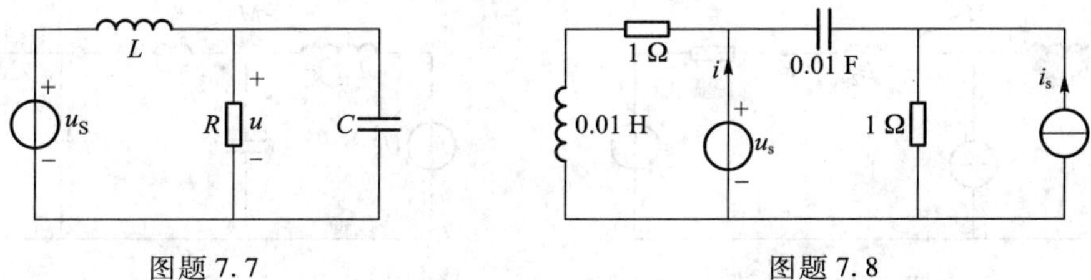

图题 7.7 图题 7.8

7.9 如图题 7.9 所示电路,已知 $R_1=1$ Ω,$R_2=3$ Ω,$L=2$ H,$I_S=4$ A,$u_S=4\sqrt{2}\cos(2t)$ V,求电流 i 的有效值。

7.10 如图题 7.10(a)所示电路,直流电压源 $U_S=160$ V,非正弦周期电流源波形如图题 7.10(b)所示,求 30 Ω 电阻消耗的平均功率。

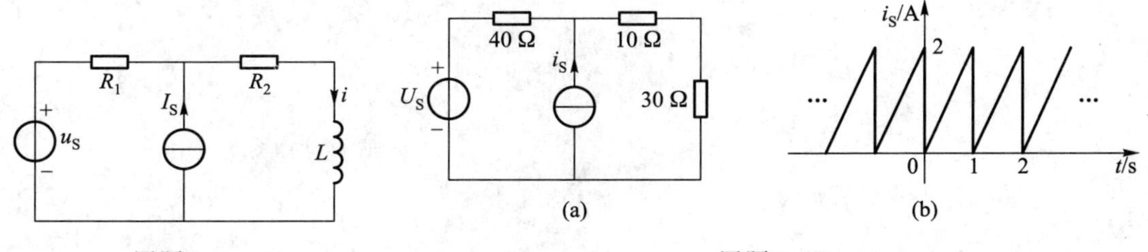

图题 7.9 图题 7.10

7.11 电路如图题 7.11 所示,已知 $u_S=(10+8\cos\omega_1 t)$ V, $R_1=R_2=50$ Ω,$\omega_1 L_1=\omega_1 L_2=50$ Ω,$\omega_1 M=40$ Ω,求两电阻吸收的平均功率和电源发出的平均功率。

7.12 电路如图题 7.12 所示,已知 $u_S=[80\sqrt{2}\cos(\omega_1 t)+18\sqrt{2}\cos(6\omega_1 t)]$ V,$R=12$ Ω,$1/(\omega_1 C)=18$ Ω,求电流 i 及其有效值。

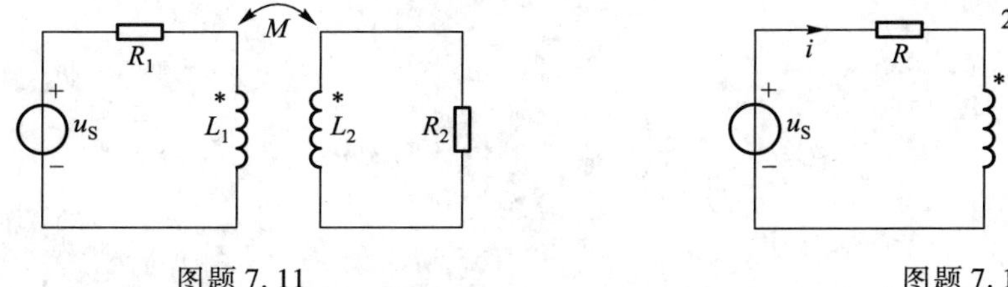

图题 7.11 图题 7.12

7.13　RC 电路如图题7.13(a)所示，设输入非正弦周期电压 u_1 的振幅频谱如图题7.13(b)所示，试画出输出电压 u_2 的振幅频谱并计算 u_2 的有效值。

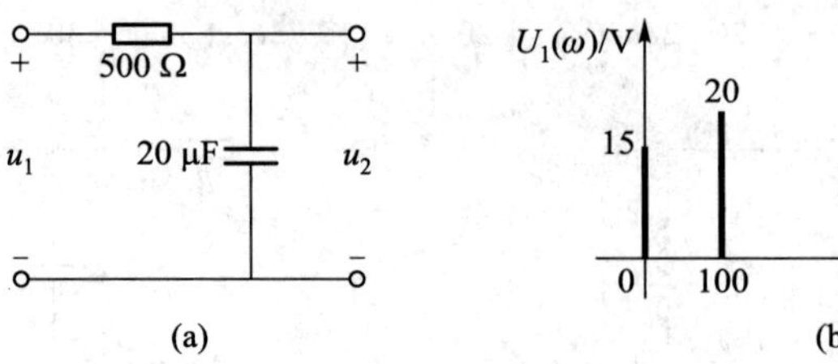

图题7.13

7.14　电路如图题7.14所示，已知 $L_1=0.2\ \text{H}$，$L_2=0.4\ \text{H}$，$M=0.1\ \text{H}$，$R_1=100\ \Omega$，$R_2=300\ \Omega$，直流电流源 $I_S=4\ \text{A}$，正弦电压源 $u_S=500\sqrt{2}\cos(10^3t)\ \text{V}$。求电流 i_2 的有效值。

7.15　电路如图题7.15所示，设直流电压源 $U_S=50\ \text{V}$，正弦电流源 $i_S=2.4\sqrt{2}\cos(100t)\ \text{A}$，$M=0.25\ \text{H}$，$L_1=L_2=0.5\ \text{H}$，$R=25\ \Omega$，$C=4\times10^{-4}\ \text{F}$。求电阻 R 吸收的平均功率。

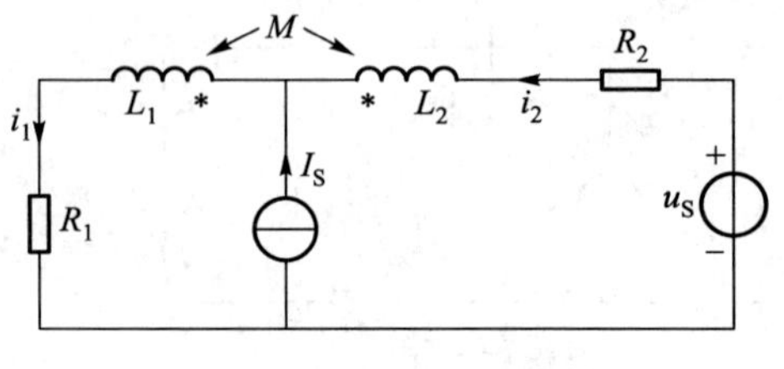

图题7.14

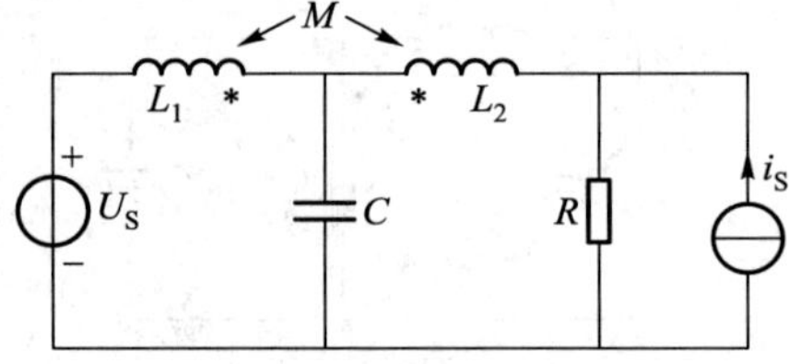

图题7.15

第 8 章 电路的频率特性

【导读】

通过对正弦电路的学习已经知道,正弦激励下的线性电路达到稳态时,它的响应是与激励同频率的正弦量,只需确定它的振幅和初相。因为感抗和容抗分别与频率成正比和反比关系,且阻抗的符号相反,所以对含有电感或电容的电路,如果激励的频率发生了变化而振幅保持不变,那么达到新的正弦稳态后,响应的振幅和初相也要发生改变。例如,在某些频率下,响应的振幅几乎与激励的振幅是一样的;而在另外一些频率下,响应的振幅可能远远小于或远远大于激励的振幅。类似地,在某些频率下,响应可能明显地滞后于激励;而在另外一些频率下,这种滞后可能小到忽略不计。

假如输入电压是非正弦的周期量,从傅里叶级数角度看,它包含多种频率的正弦分量,因此研究一个电路对不同频率的激励所产生的响应特性是很重要的。例如,人类的语音信号包含 20 Hz 到 20 kHz 的频率,那么用于放大语音信号的放大器必须以相同的放大倍数放大所有频率范围内的输入电压,且所产生的相位滞后必须正比于输入电压的频率,这样放大电路才能不失真地放大输入电压;否则放大后输出的语音信号就将失真。

本章将正弦电源的频率作为连续变量,研究当频率改变而振幅不变时电路的正弦稳态响应分析方法和典型电路的响应性质,这些性质是用频率特性或称频率响应来描述的。

8.1 电路响应与频率的关系

本节以几个简单实用的电路为例,认识正弦稳态响应与频率的关系。

先考察图 8.1.1 所示的 RC 电路。输入端连接角频率为 ω、有效值为 U_s、初相为零的正弦电压源,$\dot{U}_s = U_s\angle 0°$。输入电压初相为零意味着输出电压的初相就代表了输出电压与输入电压的相位差。同时假设输出端开路或不计所接的负载电流 $\dot{I}_2$。本节及下节的电路都是在这样的条件下进行研究。

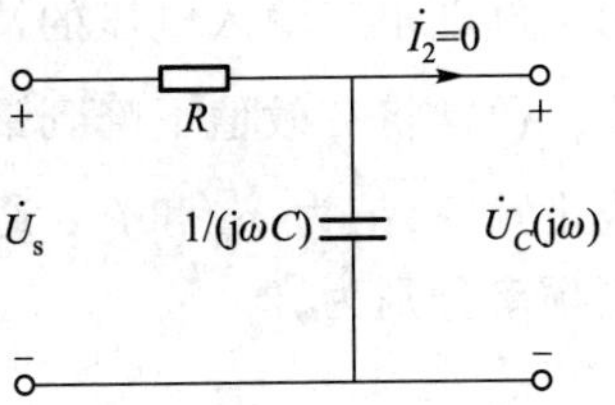

图 8.1.1 RC 电路

根据上述假设,由阻抗的串联分压求得输出电压有效值相量为

$$\dot{U}_C(\mathrm{j}\omega) = \frac{1/(\mathrm{j}\omega C)}{R + 1/(\mathrm{j}\omega C)}\dot{U}_s = \frac{\dot{U}_s}{1 + \mathrm{j}\omega RC} = U_C(\omega)\angle\varphi_C(\omega) \tag{8.1.1}$$

输出电压有效值以及初相分别为

$$U_C(\omega)=\frac{U_s}{\sqrt{1+(\omega RC)^2}},\qquad \varphi_C(\omega)=-\arctan(\omega RC) \tag{8.1.2}$$

可见在输入电压有效值一定的情况下，输出电压的有效值和初相都与输入电压的角频率有关。令

$$\omega_0=\frac{1}{RC} \tag{8.1.3}$$

它具有频率的量纲，称为该 RC 电路的**固有角频率**或**自然角频率**，将其代入式(8.1.2)得

$$U_C(\omega)=\frac{U_s}{\sqrt{1+(\omega/\omega_0)^2}},\qquad \varphi_C(\omega)=-\arctan(\omega/\omega_0) \tag{8.1.4}$$

由于有效值乘以$\sqrt{2}$便是振幅，所以 $U_C(\omega)$称为输出电压的**幅频特性**；而 $\varphi_C(\omega)$则称为**相频特性**，统称**频率特性**或**频率响应**。

以角频率的相对值 ω/ω_0 为横坐标，依据上式并利用仿真工具 MATLAB 绘制的频率特性曲线如图 8.1.2 所示。

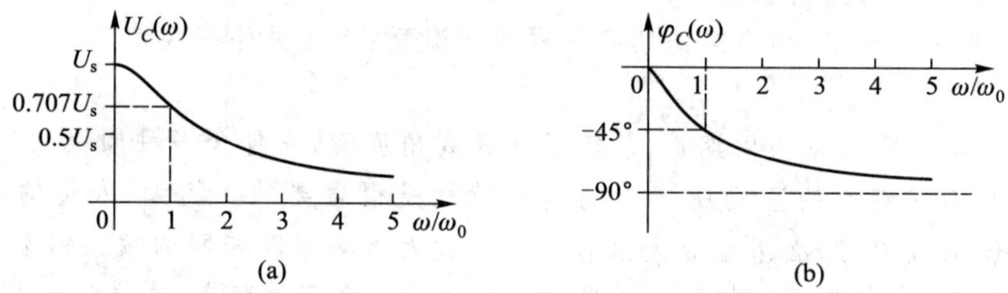

图 8.1.2 RC 电路的频率特性：(a) 幅频特性；(b) 相频特性

图 8.1.2(a)的幅频特性表明：在输入电压有效值不变的情况下，当频率较低时输出电压有效值较大，频率增加时输出电压有效值单调减小。从输入信号通过此网络变换为输出信号的观点来看，可认为此网络允许低频信号顺利通过，而使高频信号产生较大衰减。具有这种特性的网络称为**低通网络**或**低通滤波器**。据此分析，若输入端接入的是非正弦电压，按照谐波分析的观点，它含有不同频率的谐波，这些谐波电压与总电压之间存在着确定的比例关系。由于网络的低通特性，传输到输出端时，电压中的各次谐波不能一视同仁地按照在输入电压中所占的比例关系传输到输出端。具体就是，电压中低次谐波所占的比例要大于输入电压的情况，而高次谐波所占的比例则小于输入电压的情况。谐波所占比例的变化必将导致信号波形失真。

通常将有效值下降到最大有效值的 $1/\sqrt{2}$时所对应的角频率和频率分别称为**截止角频率**和**截止频率**，记为 ω_c 和 f_c。通过令 $\sqrt{1+(\omega_c/\omega_0)}=\sqrt{2}$便可求得此 RC 低通网络的截止角频率和截止频率分别为，

$$\omega_c=\omega_0=\frac{1}{RC},\quad f_c=\frac{\omega_0}{2\pi} \tag{8.1.5}$$

对于低通网络，频率为 $0\sim\omega_c$ 这一频率范围称为**通带**，意思是信号容易通过；而 $\omega_c\sim\infty$ 这一频率范围称为**阻带**，意思是信号不容易通过，要产生比通带大得多的衰减。

图 8.1.2(b)所示的相频特性表明：输出电压总是滞后于输入电压，频率越高滞后的角度越大，当 $\omega=\omega_c$ 时刚好滞后 45°。

再考察图 8.1.3 所示的 RL 电路。利用阻抗分压可求得输出电压相量为

$$\dot{U}_L(\mathrm{j}\omega)=\frac{\mathrm{j}\omega L\dot{U}_\mathrm{s}}{R+\mathrm{j}\omega L}=U_L(\omega)\underline{/\varphi_L(\omega)} \tag{8.1.6}$$

输出电压的有效值及初相分别为

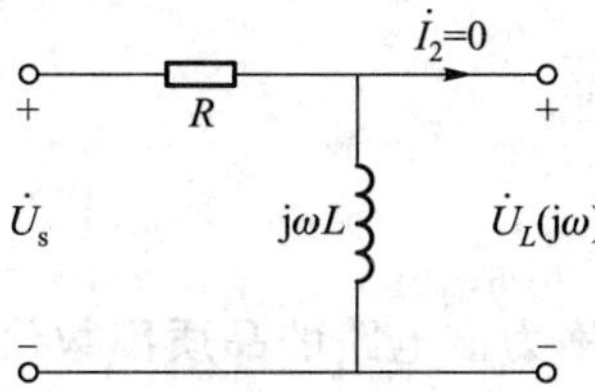

$$U_L(\omega)=\frac{\omega LU_\mathrm{s}}{\sqrt{R^2+(\omega L)^2}},\qquad \varphi_L(\omega)=\frac{\pi}{2}-\arctan\frac{\omega L}{R} \tag{8.1.7}$$

图 8.1.3 RL 电路

令

$$\omega_0=\frac{R}{L} \tag{8.1.8}$$

ω_0 具有频率的量纲,称为该 RL 电路的**固有角频率**或**自然角频率**。利用 ω_0,式(8.1.7)又可写成

$$U_L(\omega)=\frac{(\omega/\omega_0)U_\mathrm{s}}{\sqrt{1+(\omega/\omega_0)^2}},\qquad \varphi_L(\omega)=\frac{\pi}{2}-\arctan\frac{\omega}{\omega_0} \tag{8.1.9}$$

以角频率的相对值 ω/ω_0 为横坐标,依据上式并利用 MATLAB 绘制的频率特性曲线如图 8.1.4 所示。

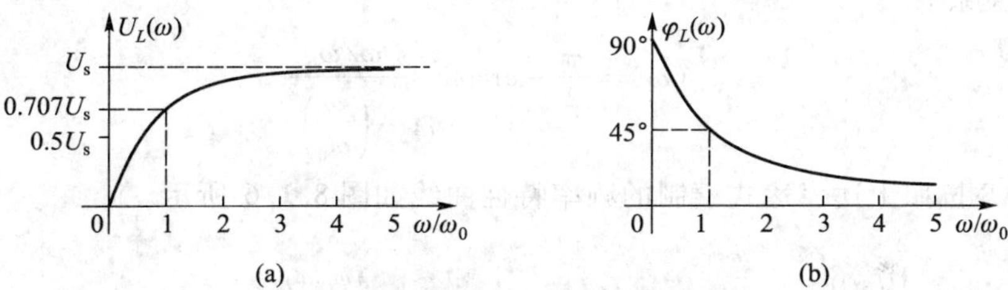

图 8.1.4 RL 电路的频率特性:(a) 幅频特性;(b) 相频特性

图 8.1.4(a)的幅频特性表明:在输入电压有效值不变的情况下,输出电压有效值随频率单调增加,当频率较大时能够产生较大的输出,最大输出为电源电压 U_s。此网络具有允许高频信号顺利通过,而抑制低频信号的能力。具有这种特性的网络称为**高通网络**或**高通滤波器**。

按照截止角频率的定义,令 $(\omega_\mathrm{c}/\omega_0)/\sqrt{1+(\omega_\mathrm{c}/\omega_0)^2}=1/\sqrt{2}$,求得 RL 高通滤波器的截止角频率为

$$\omega_\mathrm{c}=\omega_0=\frac{R}{L} \tag{8.1.10}$$

对于高通滤波器,频率为 $0\sim\omega_\mathrm{c}$ 的范围属于阻带;而频率为 $\omega_\mathrm{c}\sim\infty$ 的范围属于通带。

图 8.1.4(b)的相频特性表明:输出电压总是超前输入电压,频率越高超前的角度越小,当 $\omega=\omega_\mathrm{c}$ 时刚好超前 45°。

如果电路中含有两种储能元件,其频率特性将表现出新的特征。为此先考察图 8.1.5 所示的 RLC 电路。在输出电流为零的假设下,按照阻抗分压求得输出电压相量为

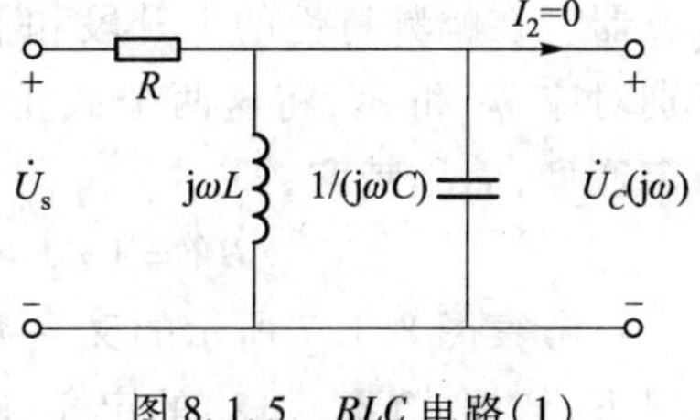

图 8.1.5 RLC 电路(1)

$$\dot{U}_C(\mathrm{j}\omega)=\frac{\dfrac{L/C}{\mathrm{j}\omega L+1/(\mathrm{j}\omega C)}\dot{U}_\mathrm{s}}{\dfrac{L/C}{\mathrm{j}\omega L+1/(\mathrm{j}\omega C)}+R}=\frac{\mathrm{j}\omega/(RC)}{-\omega^2+\mathrm{j}\omega/(RC)+1/(LC)}\times\dot{U}_\mathrm{s} \quad (8.1.11)$$

再设

$$Q=\frac{1}{R}\sqrt{\frac{L}{C}},\quad \omega_0=\frac{1}{\sqrt{LC}} \quad (8.1.12)$$

Q 称为该电路的**品质因数**(由于无功功率也用 Q 来表示,所以需根据上下文来理解 Q 的涵义),ω_0 称为该电路的固有角频率。借助 Q 和 ω_0,输出电压又可写成

$$\dot{U}_C(\mathrm{j}\omega)=\frac{\mathrm{j}(Q\omega_0)\omega\dot{U}_\mathrm{s}}{-\omega^2+\mathrm{j}Q\omega_0\omega+\omega_0^2}=\frac{\mathrm{j}Q(\omega/\omega_0)U_\mathrm{s}}{-\left(\dfrac{\omega}{\omega_0}\right)^2+\mathrm{j}Q\left(\dfrac{\omega}{\omega_0}\right)+1}=U_C(\omega)\angle\varphi_C(\omega) \quad (8.1.13)$$

其有效值与频率的关系为

$$U_C(\omega)=\frac{(Q\omega/\omega_0)U_\mathrm{s}}{\sqrt{\left[1-\left(\dfrac{\omega}{\omega_0}\right)^2\right]^2+Q^2\left(\dfrac{\omega}{\omega_0}\right)^2}} \quad (8.1.14)$$

初相与频率的关系为

$$\varphi_C(\omega)=\frac{\pi}{2}-\arctan\frac{Q\omega/\omega_0}{1-\left(\dfrac{\omega}{\omega_0}\right)^2} \quad (8.1.15)$$

用 MATLAB 按照上述表达式绘制的频率特性曲线如图 8.1.6 所示。

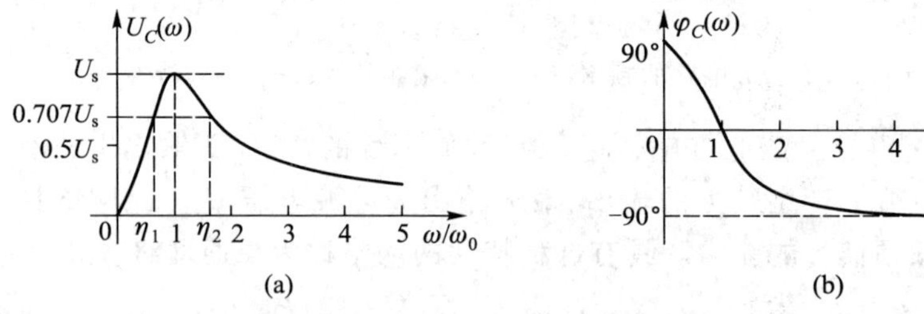

图 8.1.6　*RLC* 电路(1)的频率特性:(a) 幅频特性;(b) 相频特性

从图 8.1.6(a)可见:输出电压的有效值不是随频率单调变化的,在 $\omega=\omega_0$ 处存在极大值,该网络对频率在 ω_0 附近的输入电压比其他频率的输入电压能够产生较大的输出。具有这种特性的网络称为**带通网络**或**带通滤波器**。在幅频特性的上升段和下降段各有一个截止角频率,分别对应 η_1 和 η_2,将这两个截止角频率之间的频率范围称为**通带宽度**,简称**带宽**,即

$$BW=(\eta_2-\eta_1)\omega_0 \quad (8.1.16)$$

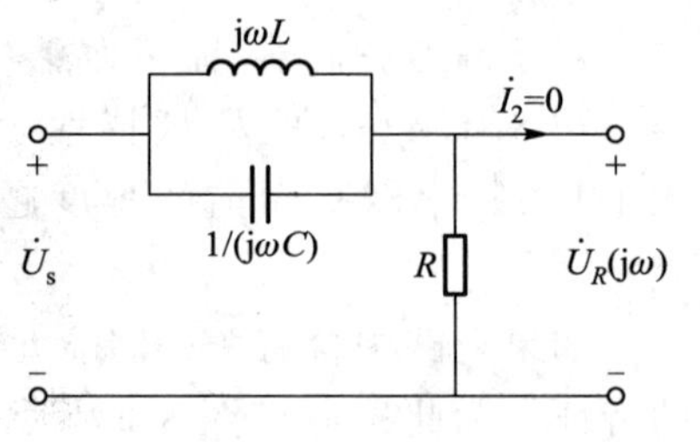

图 8.1.7　*RLC* 电路(2)

再考察图 8.1.7 所示的又一 *RLC* 电路,在不计输出电流的情况下,依据式(8.1.12)的定义,输出电压相量为

$$\dot{U}_R(\mathrm{j}\omega)=\frac{R\dot{U}_s}{\dfrac{L/C}{\mathrm{j}\omega L+1/(\mathrm{j}\omega C)}+R}=\frac{\left[1-(\omega/\omega_0)^2\right]U_s}{-\left(\dfrac{\omega}{\omega_0}\right)^2+\mathrm{j}Q\left(\dfrac{\omega}{\omega_0}\right)+1}=U_R(\omega)\underline{/\varphi_R(\omega)}\tag{8.1.17}$$

输出电压的幅频特性为

$$U_R(\omega)=\frac{\left|1-(\omega/\omega_0)^2\right|}{\sqrt{\left[1-\left(\dfrac{\omega}{\omega_0}\right)^2\right]^2+Q^2\left(\dfrac{\omega}{\omega_0}\right)^2}}\tag{8.1.18}$$

相频特性为

$$\varphi_R(\omega)=\begin{cases}-\arctan\dfrac{Q\omega/\omega_0}{1-(\omega/\omega_0)^2}, & (\omega<\omega_0)\\ \pi-\arctan\dfrac{Q\omega/\omega_0}{1-(\omega/\omega_0)^2} & (\omega>\omega_0)\end{cases}\tag{8.1.19}$$

频率特性曲线如图 8.1.8 所示。

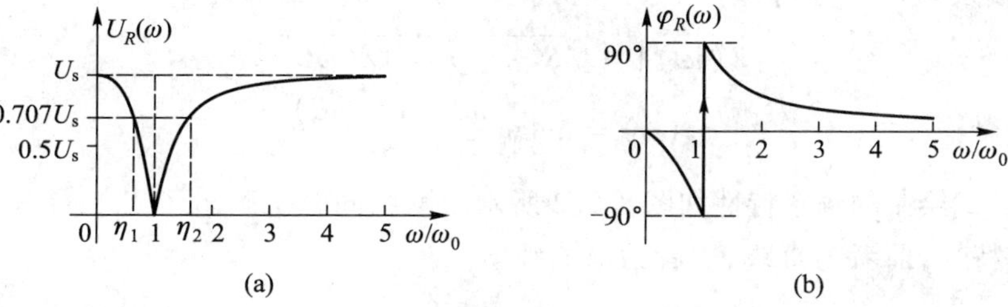

图 8.1.8　*RLC* 电路(2)的频率特性:(a) 幅频特性;(b) 相频特性

由图 8.1.8(a)可见:输出电压的有效值在 $\omega=\omega_0$ 处存在极小值,该网络对频率在 ω_0 附近的输入电压比其他频率的输入电压能产生更大的衰减。具有这种特性的网络称为**带阻网络**或**带阻滤波器**。在幅频特性的下降段和上升段各有一个截止角频率,分别对应 η_1 和 η_2,两个截止角频率之间的范围称为**阻带宽度**,记作

$$SBW=(\eta_2-\eta_1)\omega_0\tag{8.1.20}$$

由图 8.1.8(b)可见:相频特性在 $\omega=\omega_0$ 处发生了跳变,由滞后 90°突然变成超前 90°。

在上述四个电路中,均假设输出电流小到可以忽略不计,否则输出电压的频率特性便与上述分析结果有别,差异程度取决于输出电流的大小。因此,为使各频率特性接近上述分析结果,就应设法使输出电流很小。

在理论分析时,可以借助 MATLAB 等仿真工具,通过频率特性表达式来绘制频率特性曲线。也可使用基于电路原理图的仿真工具,例如 PSpice 或 Multisim 来获得频率特性曲线。另外,在实际应用中,可以通过一种叫做**频率特性分析仪**的测试设备来测量频率特性,例如图 8.1.9 所示的 FRA5097,可以测量 0.1 mHz ~ 15 MHz 范围内的频率特性。

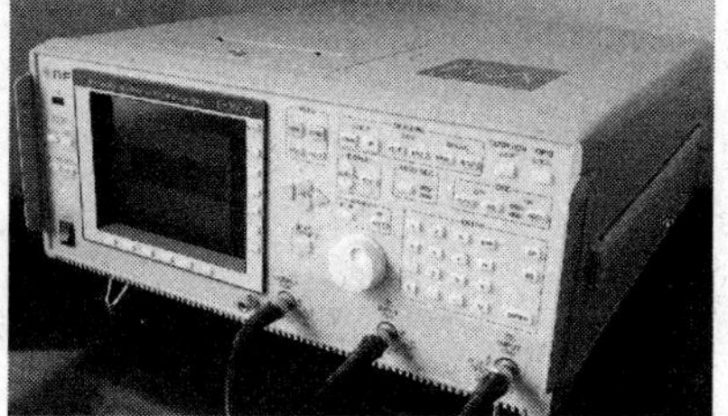

图 8.1.9　FRA5097 频率特性分析仪

8.2 *RLC* 串联电路的频率特性

RLC 串联电路是常用的典型电路。本节分别研究以电流、电容电压和电感电压为响应时的频率特性。图 8.2.1 电路中电源与负载的条件与上节相同。

当以电流 $\dot{I}(\mathrm{j}\omega)$ 为响应时，由于 $\dot{I}(\mathrm{j}\omega)=\dot{U}_{\mathrm{s}}/Z(\mathrm{j}\omega)$，所以可通过研究阻抗 $Z(\mathrm{j}\omega)$ 的频率特性来研究 $\dot{I}(\mathrm{j}\omega)$ 的频率特性。

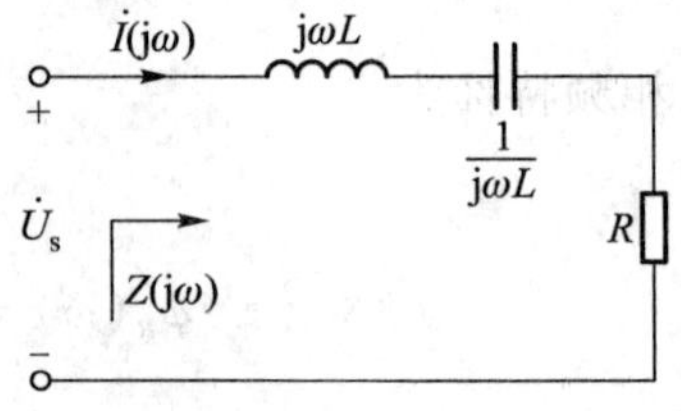

图 8.2.1 *RLC* 串联电路响应为电流

电路的串联等效阻抗为

$$
\begin{aligned}
Z(\mathrm{j}\omega) &= R+\mathrm{j}(X_L-X_C)=R+\mathrm{j}\left(\omega L-\frac{1}{\omega C}\right)\\
&=|Z(\mathrm{j}\omega)|\angle\varphi_Z(\omega)
\end{aligned}
\tag{8.2.1}
$$

其中阻抗模及阻抗角分别为

$$|Z(\mathrm{j}\omega)|=\sqrt{R^2+[\omega L-1/(\omega C)]^2} \tag{8.2.2}$$

$$\varphi_Z(\omega)=\arctan\frac{\omega L-1/(\omega C)}{R} \tag{8.2.3}$$

按照以上二式绘制的频率特性如图 8.2.2 所示。图中同时也画出了 $X_L(\omega)=\omega L$ 和 $X_C(\omega)=1/(\omega C)$ 的频率特性，前者为直线，后者为双曲线。

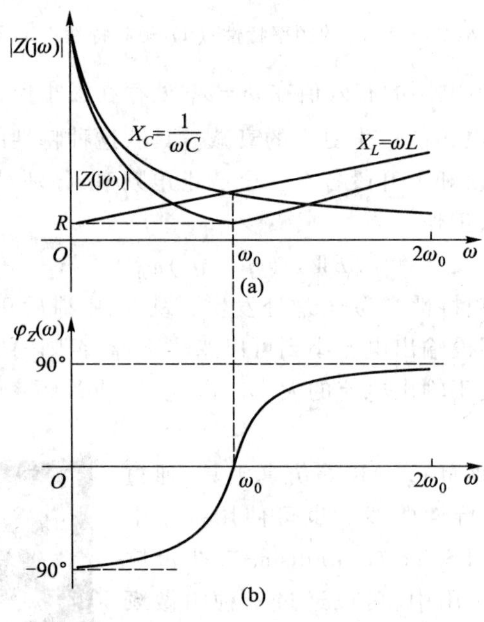

图 8.2.2 *RLC* 串联电路阻抗的频率特性：(a) 阻抗模；(b) 阻抗角

上述阻抗模的频率特性曲线呈开口向上形。这是因为在 ω_0 处，感抗与容抗曲线相交，感抗等于容抗，相减后的电抗为零，因而阻抗模达到最小值：$|Z(\mathrm{j}\omega_0)|=\sqrt{R^2+[\omega_0 L-1/(\omega_0 C)]^2}=$

R。$\omega \to 0$ 时,容抗 $1/(\omega C) \to \infty$;$\omega \to \infty$ 时,感抗 $\omega L \to \infty$。

从阻抗角的频率特性上看,随着频率的增加,阻抗角经历了从小于零到大于零的连续变化过程。这是因为 $\omega < \omega_0$ 时,容抗大于感抗,电路呈容性,$\varphi_Z(\omega) < 0$;而 $\omega > \omega_0$ 时则相反,电路呈感性,$\varphi_Z(\omega) > 0$。就在 $\omega = \omega_0$ 时,由于电抗为零,复阻抗变成实数 R,阻抗角等于零,这时的电源电压与电流相位相同,这种现象称为**谐振**。把感抗与容抗相等即 $\omega_0 L = 1/(\omega_0 C)$ 时的角频率和频率

$$\omega_0 = \frac{1}{\sqrt{LC}} \tag{8.2.4}$$

$$f_0 = \frac{1}{2\pi \sqrt{LC}} \tag{8.2.5}$$

分别称为**谐振角频率**和**谐振频率**。

根据阻抗表达式(8.2.1),电流可通过欧姆定律表达成

$$\dot{I}(\mathrm{j}\omega) = \frac{\dot{U}_s}{Z(\mathrm{j}\omega)} = \frac{\dot{U}_s}{R + \mathrm{j}[\omega L - 1/(\omega C)]} \tag{8.2.6}$$

根据上式,电流的相频特性就是阻抗角频率特性的负值。而电流的幅频特性为

$$I(\omega) = \frac{U_s}{\sqrt{R^2 + [\omega L - 1/(\omega C)]^2}} \tag{8.2.7}$$

其频率特性曲线如图 8.2.3 所示。

上述频率特性具有带通特征,相对于 ω_0 点,频率较低和较高的电压产生的电流都较小,在谐振角频率处,电流有效值达到最大:

$$I_0 = I(\omega_0) = \frac{U_s}{R} \tag{8.2.8}$$

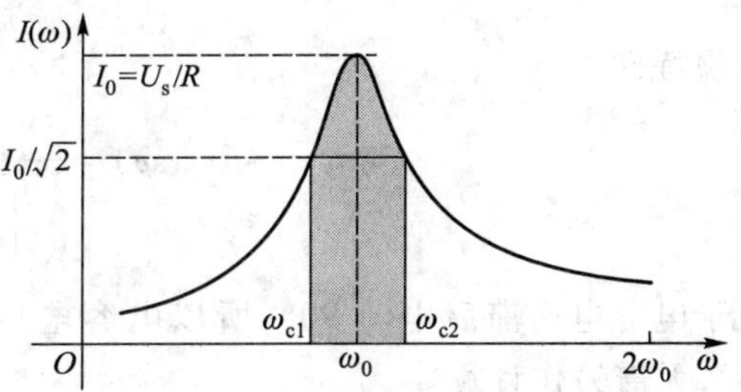

图 8.2.3 RLC 串联电路电流的幅频特性

为便于描述频率特性的主要特征或建立通用的频率特性,定义

$$Q = \frac{1}{R}\sqrt{\frac{L}{C}} \tag{8.2.9}$$

称为 ***RLC* 串联电路的品质因数**。根据式(8.2.4),品质因数也等于谐振时感抗或容抗与串联电阻之比:

$$Q = \frac{\omega_0 L}{R} = \frac{1}{R\omega_0 C} \tag{8.2.10}$$

利用 ω_0 和 Q,电流的幅频特性又可写成

$$I(\omega) = \frac{U_s/R}{\sqrt{1 + \frac{1}{R^2}\left(\omega L - \frac{1}{\omega C}\right)^2}} = \frac{I_0}{\sqrt{1 + Q^2\left(\frac{\omega}{\omega_0} - \frac{\omega_0}{\omega}\right)^2}} \tag{8.2.11}$$

根据截止角频率的涵义,令

$$I(\omega) = \frac{I_0}{\sqrt{1 + Q^2\left(\frac{\omega}{\omega_0} - \frac{\omega_0}{\omega}\right)^2}} = \frac{I_0}{\sqrt{2}} \tag{8.2.12}$$

由此解得两个截止角频率分别为

$$\omega_{c1}=\omega_0\left[-\frac{1}{2Q}+\sqrt{1/(4Q^2)+1}\right] \tag{8.2.13}$$

$$\omega_{c2}=\omega_0\left[\frac{1}{2Q}+\sqrt{1/(4Q^2)+1}\right] \tag{8.2.14}$$

截止角频率 ω_{c1} 和 ω_{c2} 之间为通带，因此通带宽度 BW 可以写作

$$BW=\omega_{c2}-\omega_{c1}=\omega_0/Q=R/L \tag{8.2.15}$$

可见通带宽度与品质因数 Q 成反比。图 8.2.4 分别画出了三种品质因数对应的幅频特性曲线。电路中电阻 R 越小，品质因数 Q 越高，通带宽度就越窄，在截止角频率处的曲线就越陡峭。

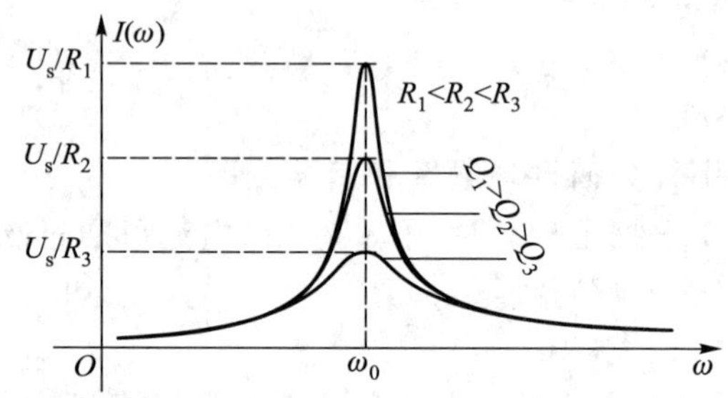

图 8.2.4 电流的频率特性与品质因数的关系

如果在 RLC 串联电路中以电容电压 $\dot{U}_C$ 为响应或输出，如图 8.2.5 所示，且仍然引用 $\omega_0=1/\sqrt{LC}$ 和 $Q=\omega_0L/R=1/(\omega_0RC)$，则阻抗分压后的输出电压为

$$\dot{U}_C(\mathrm{j}\omega)=\frac{\dot{U}_s/(\mathrm{j}\omega C)}{R+\mathrm{j}\omega L+1/(\mathrm{j}\omega C)}=\frac{\dot{U}_s}{\left[1-\left(\frac{\omega}{\omega_0}\right)^2\right]+\mathrm{j}\frac{1}{Q}\left(\frac{\omega}{\omega_0}\right)} \tag{8.2.16}$$

幅频特性为

$$U_C(\omega)=\frac{U_s}{\sqrt{\left[1-\left(\frac{\omega}{\omega_0}\right)^2\right]^2+\frac{1}{Q^2}\left(\frac{\omega}{\omega_0}\right)^2}} \tag{8.2.17}$$

由于电容电压滞后电流 90°，所以电容电压的相频特性就是在电流相频特性的基础上再减小 90°，无需另作计算。

由上式可见，在 ω_0 一定的情况下，幅频特性曲线的形状取决于品质因数 Q。设 Q 分别等于 2、1、0.7，画出相应的幅频性曲线如图 8.2.6 所示。总的来看它们都具有低通特性，这可从容抗的频率特性来解释：当 $\omega\to0$ 时，容抗 $1/(\omega C)\to\infty$，电容处于开路，因而全部输入电压都作用在电容上，$U_C(\omega)=U_s$；当 $\omega=\omega_0$ 时，$U_C(\omega_0)=QU_s$，电容电压达到总电压的 Q 倍；当 $\omega\to\infty$ 时，容抗 $1/(\omega C)\to0$，因而 $U_C(\omega)\to0$。

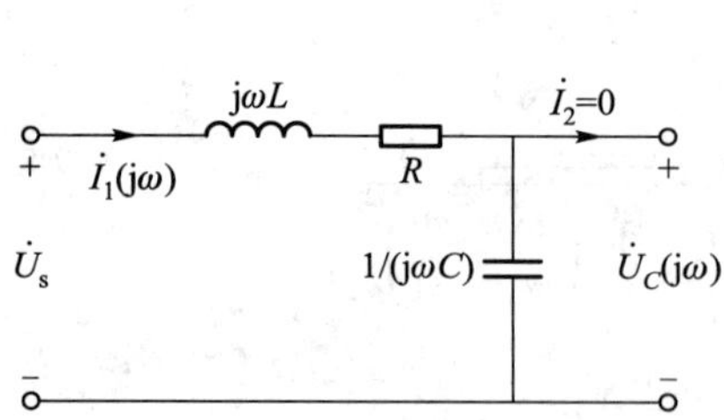

图 8.2.5 RLC 串联电路响应为电容电压

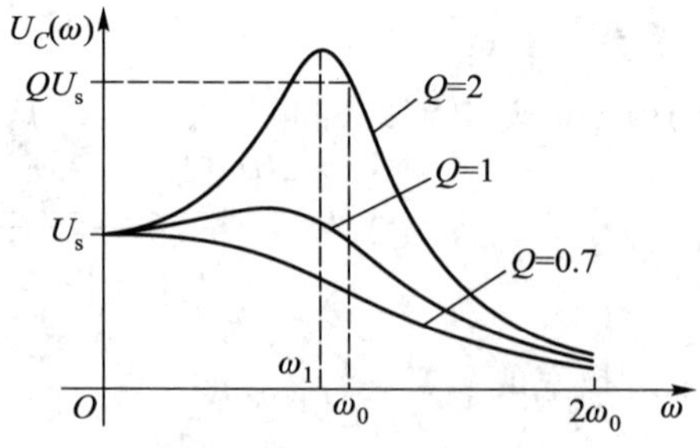

图 8.2.6 电容电压的幅频特性

另外可见，频率特性存在极大值。如令导数

$$\mathrm{d}U_C(\omega)/\mathrm{d}\omega=0 \tag{8.2.18}$$

求得当

$$\omega=\omega_0\sqrt{1-1/(2Q^2)}=\omega_1 \tag{8.2.19}$$

时，幅频特性出现极大值。根据上述表达式不难理解，只有当 $Q>1/\sqrt{2}$时，才能存在有意义的实数 ω_1，这时的幅频特性才存在极大值，且极大值出现在谐振角频率之前，即 $\omega_1<\omega_0$，但 Q 值越高，ω_1 越接近于 ω_0；$Q<1/\sqrt{2}$时，曲线是单调的，无极值，如图 8.2.6 中 $Q=0.7$ 的情况。

最后取电感电压 $\dot{U}_L$ 为响应或输出电压，如图 8.2.7 所示。由阻抗分压求得电感电压是

$$\dot{U}_L(\mathrm{j}\omega)=\frac{\mathrm{j}\omega L\dot{U}_{\mathrm{s}}}{R+\mathrm{j}\omega L+1/(\mathrm{j}\omega C)}=\frac{\dot{U}_{\mathrm{s}}}{\left[1-\left(\dfrac{\omega_0}{\omega}\right)^2\right]-\mathrm{j}\dfrac{1}{Q}\left(\dfrac{\omega_0}{\omega}\right)} \tag{8.2.20}$$

幅频特性为

$$U_L(\omega)=\frac{U_{\mathrm{s}}}{\sqrt{\left[1-\left(\dfrac{\omega_0}{\omega}\right)^2\right]^2+\dfrac{1}{Q^2}\left(\dfrac{\omega_0}{\omega}\right)^2}} \tag{8.2.21}$$

由于电感电压超前电流 90°，所以电感电压的相频特性就是在电流相频特性的基础上再增加 90°，无需另作计算。

图 8.2.8 画出了在 ω_0 一定的情况下，品质因数 Q 分别等于 2、1、0.7 时的幅频特性曲线。总的来看它们都具有高通特性，这可从感抗的频率特性来解释：当 $\omega\to 0$ 时，感抗 $\omega L\to 0$，因而电感上没有电压，$U_L(\omega)\to 0$；当 $\omega=\omega_0$ 时，$U_L(\omega_0)=QU_{\mathrm{s}}$，电压达到总电压的 Q 倍；当 $\omega\to\infty$ 时，感抗 $\omega L\to\infty$，此时全部电压都作用在电感上。

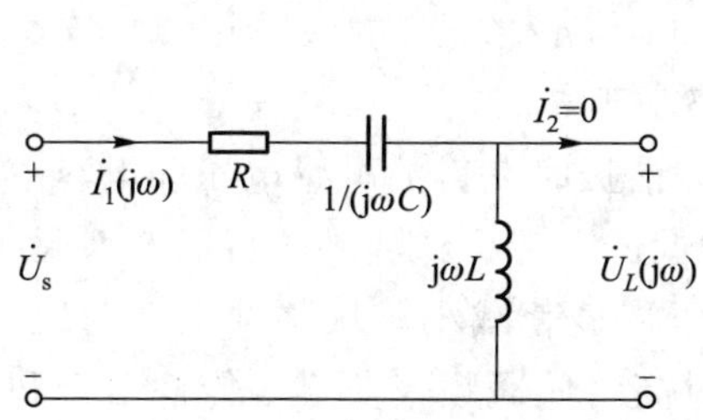

图 8.2.7 RLC 串联电路响应为电感电压

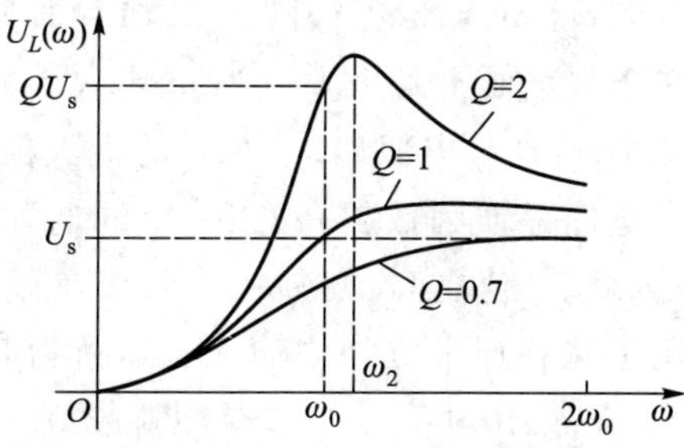

图 8.2.8 电感电压的幅频特性

与输出为电容电压的情况类似，当 $Q>1/\sqrt{2}$时，幅频特性存在极大值，对应角频率为

$$\omega_2=\frac{\omega_0}{\sqrt{1-1/(2Q^2)}}>\omega_0 \tag{8.2.22}$$

Q 值越高，ω_2 越接近于 ω_0。

如果将电流、电容电压和电感电压的幅频特性绘制在同一坐标系中，可以进行更好的对比分析，如图 8.2.9 所示。

在谐振角频率 ω_0 处，电流有效值达到最大：$I_0=U_{\mathrm{s}}/R$；电感电压和电容电压有效值相等：

$$U_C(\omega_0)=U_L(\omega_0)=QU \tag{8.2.23}$$

而它们的串联总电压 $\dot{U}_L(\mathrm{j}\omega_0)+\dot{U}_C(\mathrm{j}\omega_0)=0$，这是由于它们的相位相差180°而相互抵消，使得电感和电容串联的结果对外作用相当于短路，因此串联谐振也称为**电压谐振**。谐振时的电流和电压相量分别为

$$\dot{I}_0=\dot{U}_s/R,\qquad \dot{U}_L(\mathrm{j}\omega_0)=\mathrm{j}\omega_0L\dot{I}_0,\qquad \dot{U}_C(\mathrm{j}\omega_0)=\dot{I}_0/(\mathrm{j}\omega_0C) \tag{8.2.24}$$

相量图如图 8.2.10 所示。

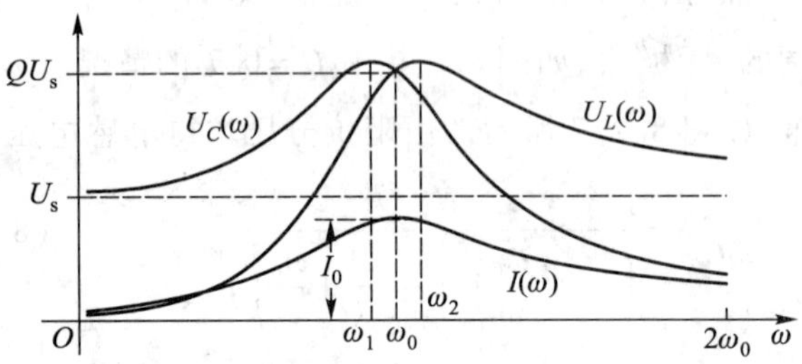

图 8.2.9　*RLC* 串联电路各响应变量的幅频特性

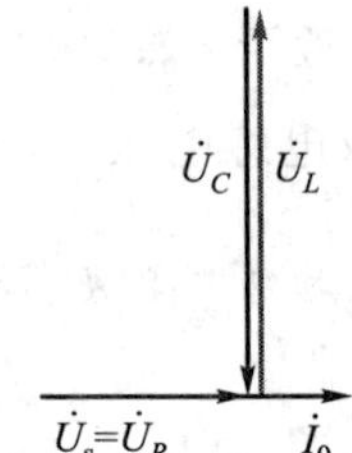

图 8.2.10　串联谐振时的相量图

如果电路的品质因数很高，例如 $Q>10^3$，则在谐振时，很小的输入电压就能产生很大的电容电压和电感电压。因此，电气工程上用谐振原理产生高电压，以进行高电压实验等；在通信工程上，通过调谐，使电路的谐振频率与待接收的无线电信号频率相同，便能在电感或电容上产生明显高于其他频率信号的电压，从而接收到与其他电磁波混杂在一起的有用无线电信号。当然，在许多场合也要避免谐振的发生，因为谐振时在电容上和电感上可能出现比正常电压大得多的过电压，从而击穿电气设备的绝缘。

从幅频特性曲线看，$U_L(\omega)$ 和 $U_C(\omega)$ 的极大值并不是发生在谐振角频率处，这是因为当 ω 改变时，$X_L(\omega)$ 和 $X_C(\omega)$ 都随着变动。谐振时虽然电流极大，但 $U_L(\omega)=I(\omega)X_L(\omega)$ 则由于 $X_L(\omega)$ 并非常量而不是极大。当 ω 略大于 ω_0 时，虽然 $I(\omega)$ 略小，但 $X_L(\omega)$ 则上升，故反而能产生更大的 $U_L(\omega)$。类似地，$U_C(\omega)$ 的极大值发生在 ω 略小于 ω_0 处。

串联电路品质因数越高，在一定的电源电压作用下，谐振时获得的电感电压和电容电压就越大；不仅如此，Q 值越高，幅频特性曲线在截止角频率附近还表现出越陡峭的特征。因此，在截止角频率附近且在通带之外的输入电压所引起的输出电压将显著减小。从这种意义上说，串联电路的 Q 值越高，其对信号的选择性就越好。但是 Q 值过高将使通频带变窄。传输语音和图像时应具有必要的通带宽度，通带过窄会使得某些有用频率的信号被大大抑制，导致信号失真，从而影响传输信号的质量。在 *RLC* 串联谐振电路中选择性和通带宽度这对矛盾只能折中考虑。

第 4.10 节曾指出，*RLC* 串联电路电场能量与磁场能量此升彼降，二者进行着相互补偿。一般情况下这种补偿总是一方过剩一方不足，结果仍需要与电源进行能量交换。但在谐振状态下，感抗与容抗恰好相等，这时上述补偿作用就能做到完全彻底。电路中的电场能量与磁场能量自行相互转换，因此不再需要电源参与能量交换，或者说电源提供的无功功率为零，即

$$Q=Q_L-|Q_C|=I_0^2\omega_0L-I_0^2/(\omega_0C)=0,\quad \lambda=\cos\varphi_Z(\omega_0)=1 \tag{8.2.25}$$

这里 Q 表示无功功率。

谐振时电感与电容的总无功功率虽然为零，但各自往往表现出很大的无功功率，可以用无功功率相对电阻上的有功功率的比值来衡量：

$$\frac{Q_L(\text{或}|Q_C|)}{P}=\frac{I_0^2\omega_0 L}{I_0^2 R}=\frac{\omega_0 L}{R}=Q(\text{品质因数}) \tag{8.2.26}$$

可见,谐振时电感或电容上的无功功率是电阻消耗有功功率的 Q(品质因数)倍。

【例题 8.2.1】 设计 *RLC* 带通滤波器电路,已知总电阻为 $R=20\ \Omega$,要求谐振频率为 $f_0=10^4$ Hz,带宽为 $BW=10^3$ Hz,求电感 L 和电容 C 的值以及低频截止频率和高频截止频率。

【解】 由式(8.2.15)计算品质因数,但角频率换成了频率, $Q=\dfrac{f_0}{BW}=10$。

又由式(8.2.10)得

$$L=\frac{QR}{\omega_0}=\frac{10\times 20}{2\pi\times 10^4}\ \text{H}\approx 3.18\ \text{mH}$$

$$C=\frac{1}{QR\omega_0}=\frac{1}{10\times 20\times(2\pi\times 10^4)}\ \text{F}\approx 0.0796\ \mu\text{F}$$

最后根据式(8.2.13)和式(8.2.14),并将式中的角频率改为频率,求得低频和高频截止频率分别为

$$f_{c1}=f_0\left(-\frac{1}{2Q}+\sqrt{\frac{1}{4Q^2}+1}\right)\approx f_0\left(-\frac{1}{2Q}+1\right)=9\ 500\ \text{Hz}$$

$$f_{c2}=f_0\left(+\frac{1}{2Q}+\sqrt{\frac{1}{4Q^2}+1}\right)\approx f_0\left(+\frac{1}{2Q}+1\right)=10\ 500\ \text{Hz}$$

【例题 8.2.2】 一个线圈与电容相串联,线圈电阻 $R=16.2\ \Omega$,电感 $L=0.26$ mH,当把电容调节到 100 pF 时发生串联谐振。(1) 求谐振频率和品质因数;(2) 设外加电压为 10μV,其频率等于电路的谐振频率,求电路中的电流和电容电压;(3) 若外加电压仍为 10 μV,但其频率比谐振频率高 10%,再求电容电压。

【解】 (1) 由式(8.2.5)和式(8.2.10)求得谐振频率和品质因数分别为

$$f_0=\frac{1}{2\pi\sqrt{LC}}=\frac{1}{2\pi\sqrt{0.26\times 10^{-3}\times 100\times 10^{-12}}}\ \text{Hz}\approx 9.87\times 10^5\ \text{Hz}$$

$$Q=\frac{\omega_0 L}{R}=\frac{2\pi f_0 L}{R}=\frac{2\pi\times 9.87\times 10^5\times 0.26\times 10^{-3}}{16.2}\approx 99.5$$

(2) 谐振时的电流、容抗和电容电压依次为

$$I_0=\frac{U_s}{R}=\frac{10\times 10^{-6}}{16.2}\approx 0.617\ \mu\text{A}$$

$$X_C=\frac{1}{\omega_0 C}=\frac{1}{(2\pi\times 9.87\times 10^5)\times 100\times 10^{-12}}\ \Omega=1\ 612\ \Omega$$

$$U_C=X_C I_0=1\ 620\times 0.617\times 10^{-6}\ \text{V}\approx 0.995\ \text{mV}$$

或

$$U_C=QU_s=99.5\times 10\times 10^{-6}\ \text{V}=0.995\ \text{mV}$$

(3) 电源频率比电路谐振频率高 10% 的情形

$$f'=(1+0.1)f_0=1.1\times 9.87\times 10^5\ \text{Hz}\approx 1.09\times 10^6\ \text{Hz}$$

$$X'_L=\omega' L=(2\pi\times 1.09\times 10^6)\times 0.26\times 10^{-3}\ \Omega\approx 1\ 780\ \Omega$$

$$X'_C=\frac{1}{\omega' C}=\frac{1}{(2\pi\times 1.09\times 10^6)\times 100\times 10^{-12}}\ \Omega\approx 1\ 460\ \Omega$$

$$|Z'|=\sqrt{R^2+(X'_L-X'_C)^2}=\sqrt{(16.2)^2+(1\ 780-1\ 460)^2}\ \Omega\approx 320\ \Omega$$

$$U'_C=\frac{U_s}{|Z'|}\times X'_C=\frac{10\times10^{-6}}{320}\times 1\ 460\ \text{V}\approx 0.046\ \text{mV}$$

比较 U'_C 与 U_C 可见,对于偏离电路谐振频率的信号,其响应显著下降。有些收音机就是利用这个原理选择所要收听的电台广播,而抑制其他电台的广播信号。

8.3 RLC 并联电路的频率特性

研究频率特性的另一个典型电路是 RLC 并联,如图 8.3.1 所示。根据对偶原理,由电流源激励的 RLC 并联电路与由电压源激励的 RLC 串联电路是对偶电路,所以串联电路的频率特性可以按照对偶规律用在并联电路的情况。例如并联电路的复导纳为

$$Y(\mathrm{j}\omega)=1/R+\mathrm{j}(\omega C-1/\omega L)=G+\mathrm{j}[\omega C-1/(\omega L)] \tag{8.3.1}$$

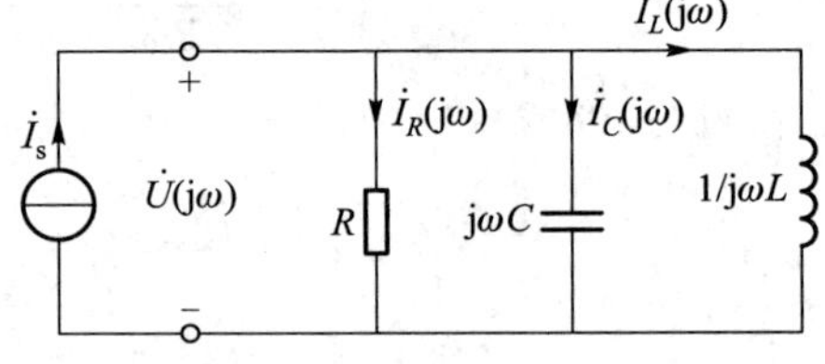

图 8.3.1　RLC 并联电路

设 $\dot{I}_s=I_s\angle 0°=I_s$,则并联电路的电压由欧姆定律确定为

$$\dot{U}(\mathrm{j}\omega)=\frac{\dot{I}_s}{Y(\mathrm{j}\omega)}=\frac{\dot{I}_s}{G+\mathrm{j}[\omega C-1/(\omega L)]} \tag{8.3.2}$$

令

$$\omega_0=\frac{1}{\sqrt{LC}},\quad Q=\frac{1}{G}\sqrt{\frac{C}{L}}=\frac{\omega_0 C}{G}=\frac{R}{\omega_0 L} \tag{8.3.3}$$

ω_0 和 Q 分别称为 RLC 并联电路的**固有角频率**和**品质因数**,则并联电路的电感电流和电容电流分别为

$$\dot{I}_L(\mathrm{j}\omega)=\frac{\dot{I}_s/(\mathrm{j}\omega L)}{G+\mathrm{j}[\omega C-1/(\omega L)]}=\frac{\dot{I}_s}{\left[1-\left(\frac{\omega}{\omega_0}\right)^2\right]-\mathrm{j}\frac{1}{Q}\left(\frac{\omega}{\omega_0}\right)} \tag{8.3.4}$$

$$\dot{I}_C(\mathrm{j}\omega)=\frac{\mathrm{j}\omega C\dot{I}_s}{G+\mathrm{j}[\omega C-1/(\omega L)]}=\frac{\dot{I}_s}{\left[1-\left(\frac{\omega_0}{\omega}\right)^2\right]-\mathrm{j}\frac{1}{Q}\left(\frac{\omega_0}{\omega}\right)} \tag{8.3.5}$$

图 8.3.2 画出了并联电压、电感电流和电容电流的幅频特性曲线,它们分别与串联电路的电流、电容电压和电感电压的幅频特性相一致。

特性曲线中,$\omega=\omega_0$ 时,感纳等于容纳:

$$\frac{1}{\omega_0 L}=\omega_0 C \tag{8.3.6}$$

复导纳为 $Y(\mathrm{j}\omega_0)=G+\mathrm{j}[\omega_0 C-1/(\omega_0 L)]=G$,成为实数,端口电压与电流同相位,这种现象称为 ***RLC* 并联谐振**。从这个意义上说,ω_0 也就是并联电路的谐振角频率。

发生并联谐振时,复导纳模最小:$|Y(\mathrm{j}\omega_0)|=\sqrt{G^2+[\omega_0 C-1/(\omega_0 L)]^2}=G$;电压有效值最

大：$U_0=I_s/|Y(j\omega_0)|=I_s/G$；电容电流与电感电流有效值相等：

$$I_C(\omega_0)=I_L(\omega_0)=\omega_0CU_0=QI_s \tag{8.3.7}$$

都等于电源电流的 Q 倍。如果 Q 值很大，谐振时在电容和电感上会产生较大的电流。但由于它们的相位是相反的，合成电流必为 $\dot{I}_C(j\omega_0)+\dot{I}_L(j\omega_0)=0$。因此并联谐振也称为**电流谐振**。并联部分对外作用相当于开路，也就是说理想的电感与电容发生并联谐振时，其等效阻抗为无穷大，根本不能流过电流。但在电感和电容中却分别存在较大电流，只是因为它们的有效值相等、相位相反，互相抵消，才使总电流等于零。谐振时的相量图 8.3.3 清楚地表明了这些关系。

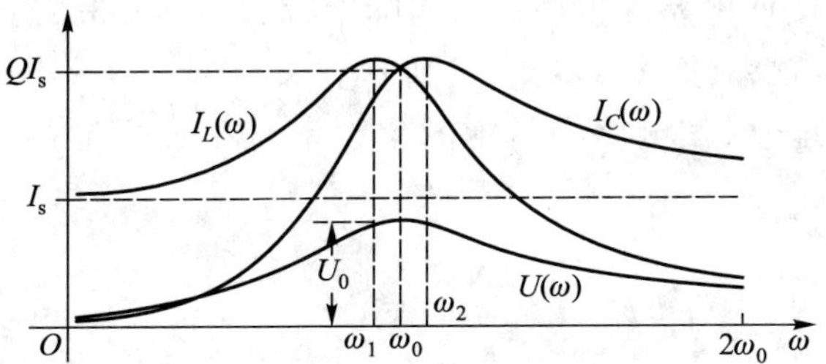

图 8.3.2 *RLC* 并联电路各响应的幅频特性

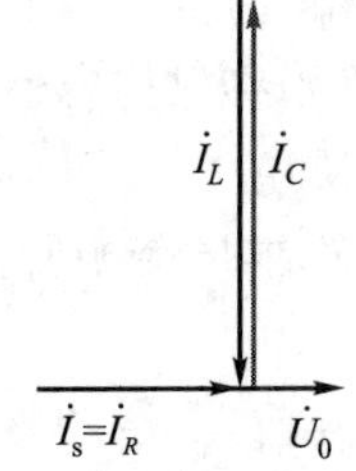

图 8.3.3 并联谐振时的相量图

在实际应用中，电感线圈一般要用电感和电阻相串联作为其模型，而电容器的损耗很小，一般可视为理想电容。当电感线圈和电容器并联时便得到图 8.3.4 所示的并联电路模型，其中 R 是线圈的等效电阻。

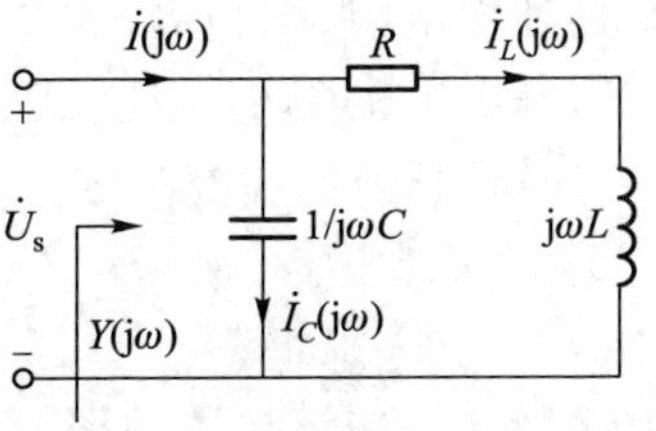

图 8.3.4 线圈与电容器并联电路

下面研究等效导纳的频率特性。

$$Y(j\omega)=j\omega C+\frac{1}{R+j\omega L}=G(\omega)+jB(\omega) \tag{8.3.8}$$

其中实部电导和虚部电纳分别为

$$G(\omega)=\frac{R}{R^2+(\omega L)^2},\ B(\omega)=\omega C-\frac{\omega L}{R^2+(\omega L)^2} \tag{8.3.9}$$

基于上述各式绘制的电导、电纳和导纳模的频率特性曲线如图 8.3.5 所示。

(a) R=10 Ω, L=2 mH, C=5 μF　　(b) R=20 Ω, L=2 mH, C=5 μF

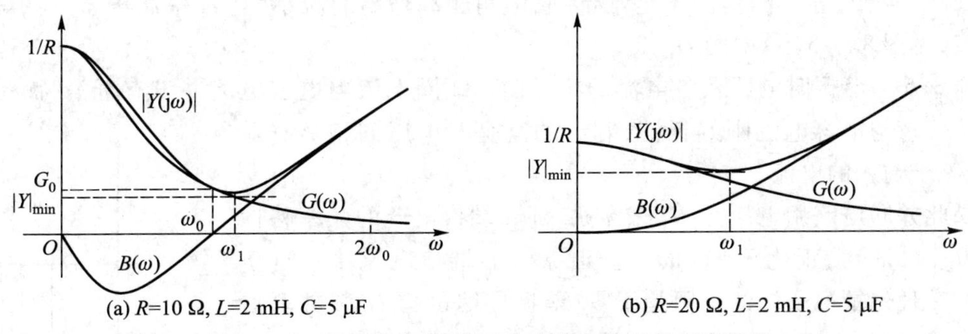

图 8.3.5 两种参数下的电导、电纳和导纳的频率特性

由图 8.3.5(a)可见，虚部电纳 $B(\omega)$经历了由负到正的变化过程，在 ω_0 点虚部为零，复导纳呈实数，因而电压与总电流同相位，发生了谐振。为求出谐振角频率 ω_0，可令导纳的虚部为零，即

$$B(\omega)=\omega C-\frac{\omega L}{R^2+(\omega L)^2}=0 \tag{8.3.10}$$

解得

$$\omega=\omega_0=\sqrt{\frac{1}{LC}-\frac{R^2}{L^2}} \tag{8.3.11}$$

ω_0 为两项之差开平方,因此在电路参数一定的条件下,改变角频率并不总能使电路发生谐振。只有当 $R<\sqrt{L/C}$时,根号下为正值,存在实数谐振角频率 ω_0,这时电路才存在谐振状态;若 $R>\sqrt{L/C}$,ω_0 为虚数,意味着改变角频率无法使电路发生谐振。实际上,此时式(8.3.8)的虚部恒为正,电路始终保持容性,故不存在谐振角频率,如图 8.3.5(b)所示。

在实际使用中,还可以通过改变电容或电感,使电路在指定的角频率 ω 下发生谐振。由式(8.3.10)不难求出谐振所需电容为

$$C_0=\frac{L}{R^2+(\omega L)^2} \tag{8.3.12}$$

谐振所需电感为

$$L_0=\frac{1\pm\sqrt{1-4\omega^2C^2R^2}}{2\omega^2C} \tag{8.3.13}$$

若 R 是外接电阻,则当 $R>1/(2\omega C)$时,上式被开方数为负值,说明改变电感不能使电路发生谐振;当 $R<1/(2\omega C)$时,从上式得到两个解,把电感调到其中任何一个都能使电路发生谐振。

谐振时导纳的虚部为零,等效为纯电导,记为 G_0,由式(8.3.9)得

$$G_0=G(\omega_0)=\frac{R}{R^2+(\omega_0 L)^2} \tag{8.3.14}$$

将式(8.3.11)中谐振角频率 ω_0 代入上式得

$$G_0=\frac{RC}{L} \tag{8.3.15}$$

上式说明线圈电阻 R 越小,并联谐振时的等效电导 G_0 也越小。这是因为 R 越小,电路越接近理想的 LC 并联。但是,不同于 RLC 并联的是,当调节角频率达到谐振时,G_0 并不是导纳的最小值。由式(8.3.9)可知,导纳的实部不是常量,它随角频率增高而减小,当 ω 略高于 ω_0 时,导纳才达到最小值,见图 8.3.5(a)中的 ω_1 点。

图 8.3.6 为谐振时电压及各电流的相量图。线圈电流与电容电流并没有抵消,而是线圈电流的无功分量与电容电流刚好抵消,剩下的就是与电压同相的有功电流,它等于输入的电流。

如果此并联电路用电压源 $\dot{U}_s$ 来激励,那么端口电流的频率特性 $I(\omega)=U_s|Y(j\omega)|$,正比于$|Y(j\omega)|$。谐振时的端口电流将接近于最小值。在理想情况下线圈电阻趋于零,谐振导纳也趋于零,并联后相当于开路,这与 L、C 中电流相互抵消得出的开路结论是一致的。

如果用电流源 $\dot{I}_s$ 来激励,那么端口电压的频率特性 $U(\omega)=I_s/|Y(j\omega)|$,反比于$|Y(j\omega)|$。在谐振时由于导纳接近于最小,所以电压 U 接近于最大,这时在线圈和电容中产生的电流可能比电源电流大得多。

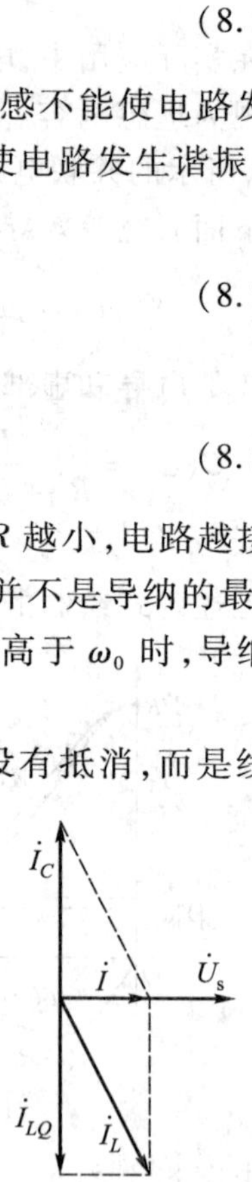

$\dot{I}_C$ $\dot{I}$ $\dot{U}_s$ $\dot{I}_{LQ}$ $\dot{I}_L$

图 8.3.6 线圈与电容器并联谐振相量图

已经知道,谐振电路的性能与品质因数密切相关。在分析结构比较复杂的电路时,很难根据电路参数定义像 RLC 串联或并联那样的品质因数。因而有时引用元件品质因数的概念。这时线圈的品质因数可定义为在谐振角频率下的感抗与串联电阻之比,即 $Q_L=\omega_0 L/R$;如果电容器的损耗不容忽略,可用并联的漏电导 G 来表示,则电容器的品质因数可定义为谐振时的容纳与并联电导之比,即 $Q_C=\omega_0 C/G$。

当线圈的电阻较小即品质因数较大时,例如 $Q_L>10$,工程上常用简便方法近似计算图 8.3.4 所示电路。例如,谐振角频率近似成 LC 并联电路的谐振角频率,即

$$\omega_0=\sqrt{\frac{1}{LC}-\frac{R^2}{L^2}}\approx\frac{1}{\sqrt{LC}} \tag{8.3.16}$$

品质因数近似成

$$Q=\frac{\omega_0 L}{R}\approx\frac{1}{R}\sqrt{\frac{L}{C}} \tag{8.3.17}$$

而谐振时的等效电阻则近似成

$$R_0=\frac{1}{G_0}=\frac{L}{RC}\approx Q^2 R \tag{8.3.18}$$

【例题 8.3.1】 一个电感为 0.25 mH、电阻为 25 Ω 的线圈与 85 pF 的电容器接成并联电路,试求该并联电路的谐振角频率和谐振时的等效电阻。

【解】 谐振角频率和谐振频率分别为

$$\omega_0=\sqrt{\frac{1}{LC}-\frac{R^2}{L^2}}=\sqrt{\frac{1}{0.25\times10^{-3}\times85\times10^{-12}}-\frac{25^2}{(0.25\times10^{-3})^2}}\ \text{rad/s}\approx6.86\times10^6\ \text{rad/s}$$

$$f_0=\frac{\omega_0}{2\pi}=\frac{6.86\times10^6}{2\pi}\ \text{Hz}\approx1\ 092\ \text{kHz}$$

谐振时的等效电阻为

$$R_0=\frac{1}{G_0}=\frac{L}{RC}=\frac{0.25\times10^{-3}}{25\times85\times10^{-12}}\ \Omega\approx117.65\ \text{k}\Omega$$

可见谐振时的等效电阻与线圈电阻之比 $R_0/R=117.65\times10^3/25\approx4\ 706$ 倍,远大于线圈电阻。

8.4 网络函数及其频率特性

前几节针对若干具体电路,在激励电压或电流有效值不变的条件下,根据响应电压相量和电流相量与频率的关系,研究了它们的频率特性。这些相量均正比于激励电压相量或电流相量,这是因为正弦交流电路的相量模型满足齐性定理,即响应与激励成正比。因此,在研究电路频率特性的时候,可以用响应相量与激励相量的比值来进行,这一比值与激励的幅值无关,由网络结构、参数和频率决定,故称为**网络函数**。根据图 8.4.1,若用 $\dot{Y}(\mathrm{j}\omega)$ 表示网络的响应相量,用 $\dot{X}$ 表示激励相量,则网络函数 $H(\mathrm{j}\omega)$ 就可定义成

$$H(\mathrm{j}\omega)\overset{\text{def}}{=}\frac{\dot{Y}(\mathrm{j}\omega)}{\dot{X}} \tag{8.4.1}$$

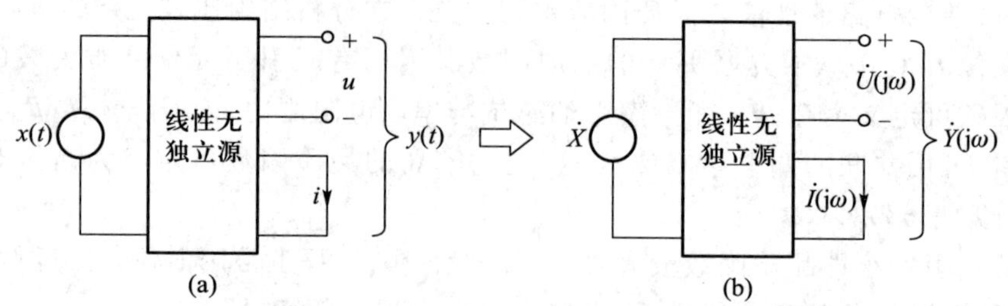

图 8.4.1　网络的激励与响应：(a) 时域模型；(b) 相量模型

如果激励和响应属于同一端口，对应的网络函数实际就是端口的等效阻抗（激励为电流，响应为电压）或等效导纳（激励为电压，响应为电流）。如果激励和响应属于不同端口，则这种网络函数又称为**转移函数或传递函数**。根据激励和响应是电压还是电流，可分为表 8.4.1 所列四种情况：

表 8.4.1　转移函数的四种情况

	响应为电压	响应为电流
激励为电压	转移电压比，无量纲	转移导纳，导纳的量纲，单位为西门子(S)
激励为电流	转移阻抗，阻抗的量纲，单位为欧姆(Ω)	转移电流比，无量纲

由于 $j\omega L$ 和 $1/(j\omega C)$ 的存在，网络函数通常是复数，记作

$$H(j\omega)=|H(j\omega)|\angle\varphi(\omega) \tag{8.4.2}$$

它的模和辐角与频率的关系即 $|H(j\omega)|$ 和 $\varphi(\omega)$ 分别称为网络函数的幅频特性和相频特性。根据网络函数的定义，幅频特性代表响应有效值与激励有效值之比；相频特性代表响应与激励的相位差。对给定的网络，欲确定网络函数，只需从定义出发。下面结合例题介绍几个实用电路的网络函数的计算方法和频率特性的主要特征。

【例题 8.4.1】　分析图 8.4.2 所示电路的网络函数 $H(j\omega)$ 并绘制频率特性曲线。定义 $H(j\omega)=\dot{U}_2(j\omega)/\dot{U}_1$，其中 $\dot{U}_2(j\omega)$ 为开路电压。

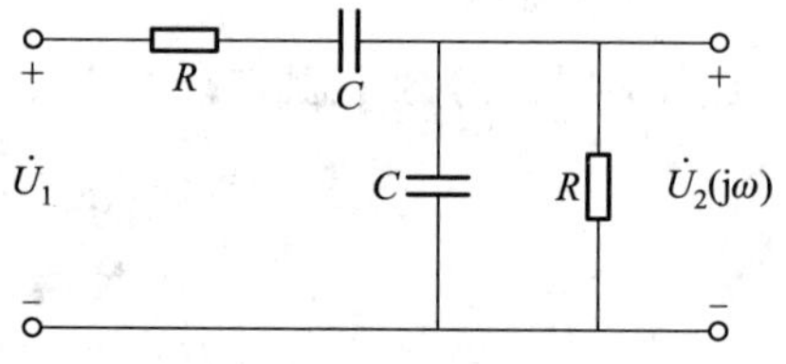

【解】　并联部分的等效阻抗为

$$Z(j\omega)=\frac{R/(j\omega C)}{R+1/(j\omega C)}=\frac{R}{1+j\omega RC}$$

图 8.4.2　例题 8.4.1 图

由阻抗分压确定的输出电压为

$$\dot{U}_2(j\omega)=\frac{Z(j\omega)\dot{U}_1}{R+\dfrac{1}{j\omega C}+Z(j\omega)}=\frac{j\omega RC\dot{U}_1}{(j\omega RC)^2+j3\omega RC+1}$$

令 $\omega_0=1/(RC)$，得网络函数为

$$H(j\omega)=\frac{\dot{U}_2(j\omega)}{\dot{U}_1}=\frac{1}{3+j\left(\dfrac{\omega}{\omega_0}-\dfrac{\omega_0}{\omega}\right)}$$

根据上式，利用 MATLAB 绘制的频率特性曲线如图 8.4.3 所示。图中横坐标使用了频率的对数，这是研究频率特性时常用的坐标形式。由幅频特性可见，它具有带通特性，$\omega=\omega_0$ 时，幅频特性达到极大值，为 1/3，相频特性为零。按照截止角频率的定义，令

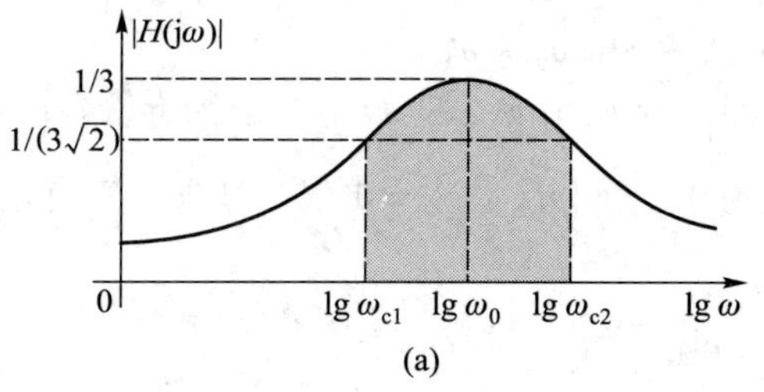

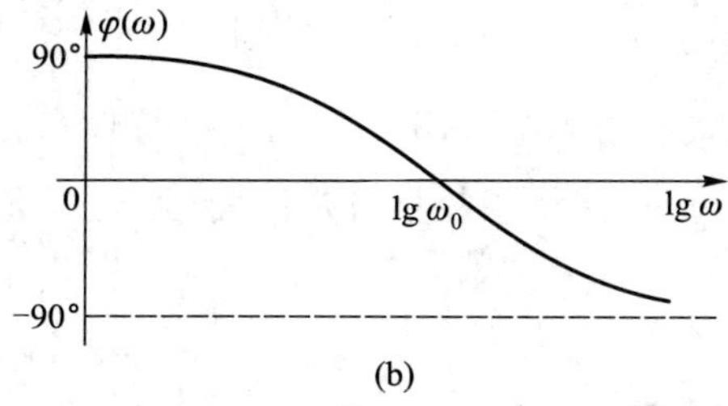

图 8.4.3 例题 8.4.1 电路的频率特性:(a) 幅频特性;(b) 相频特性

$$\frac{1}{\sqrt{3^2+\left(\frac{\omega}{\omega_0}-\frac{\omega_0}{\omega}\right)^2}}=\frac{1/3}{\sqrt{2}}$$

求得两个截止角频率分别为

$$\omega_{c1}=\left(\frac{\sqrt{13}-3}{2}\right)\omega_0,\qquad \omega_{c2}=\left(\frac{\sqrt{13}+3}{2}\right)\omega_0$$

因此带宽为

$$BW=\omega_{c2}-\omega_{c1}=3\omega_0$$

【例题 8.4.2】 求图 8.4.4 所示的双梯形选频电路的网络函数 $H(\mathrm{j}\omega)$,并绘制频率特性曲线,定义 $H(\mathrm{j}\omega)=\dot{U}_2(\mathrm{j}\omega)/\dot{U}_1$,其中 $\dot{U}_2(\mathrm{j}\omega)$ 为开路电压。

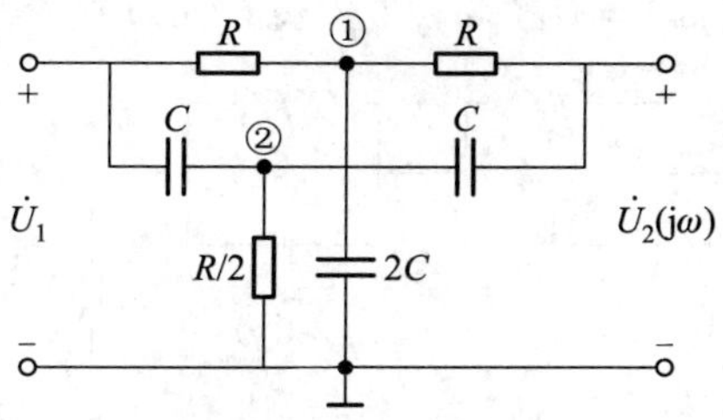

图 8.4.4 例题 8.4.2 图

【解】 设 $G=1/R$,利用节点电压法列写电路方程为

$$\begin{cases}(2G+\mathrm{j}2\omega C)\dot{U}_{n1}(\mathrm{j}\omega)-G\dot{U}_1-G\dot{U}_2(\mathrm{j}\omega)=0\\(2G+\mathrm{j}2\omega C)\dot{U}_{n2}(\mathrm{j}\omega)-\mathrm{j}\omega C\dot{U}_1-\mathrm{j}\omega C\dot{U}_2(\mathrm{j}\omega)=0\\-G\dot{U}_{n1}-\mathrm{j}\omega C\dot{U}_{n2}(\mathrm{j}\omega)+(G+\mathrm{j}\omega C)\dot{U}_2(\mathrm{j}\omega)=0\end{cases}$$

解得

$$\dot{U}_2(\mathrm{j}\omega)=\frac{(\mathrm{j}\omega C)^2+G^2}{(\mathrm{j}\omega C)^2+\mathrm{j}4\omega GC+G^2}\dot{U}_1$$

所以网络函数为

$$H(\mathrm{j}\omega)=\frac{\dot{U}_2(\mathrm{j}\omega)}{\dot{U}_1}=\frac{(\mathrm{j}\omega C)^2+G^2}{(\mathrm{j}\omega C)^2+\mathrm{j}4\omega GC+G^2}$$

再令 $\omega_0=1/(RC)=G/C$,代入上式得

$$H(\mathrm{j}\omega)=\frac{\dot{U}_2(\mathrm{j}\omega)}{\dot{U}_1}=\frac{(\mathrm{j}\omega)^2+\omega_0^2}{(\mathrm{j}\omega)^2+\mathrm{j}4\omega\omega_0+\omega_0^2}$$

基于上式利用 MATLAB 绘制的幅频特性和相频特性曲线如图 8.4.5 所示。由图 8.4.5(a)的幅频特性可见,网络函数具有带阻特性,通带最大值为 1。令 $|H(\mathrm{j}\omega)|=1/\sqrt{2}$,可求得两个截止角频率分别为

$$\omega_{c1}=(\sqrt{5}-2)\omega_0,\qquad \omega_{c2}=(\sqrt{5}+2)\omega_0$$

故阻带宽度为

$$SBW=\omega_{c2}-\omega_{c1}=4\omega_0$$

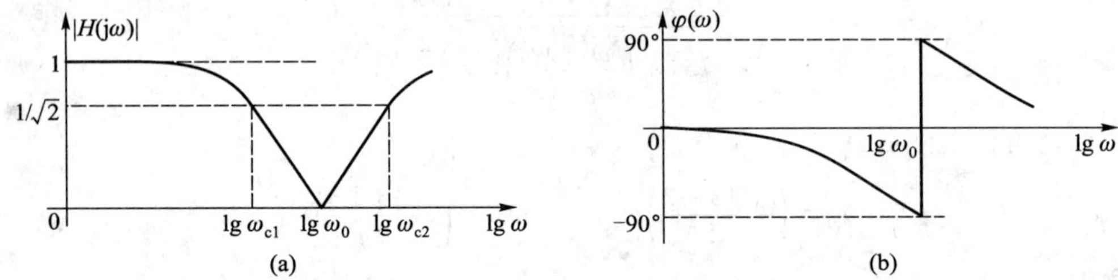

图 8.4.5　例题 8.4.2 电路的频率特性:(a) 幅频特性;(b) 相频特性

在 ω_0 处,相频特性发生了跳变,输出电压由滞后一跃转为超前。

【例题 8.4.3】 电路如图 8.4.6 所示,已知 $R_L=15\ \Omega$,$L_1=2\ \mathrm{mH}$,$C_1=5\ \mu\mathrm{F}$,$L_2=1\ \mathrm{mH}$,$C_2=2.5\ \mu\mathrm{F}$。定义网络函数 $H(\mathrm{j}\omega)=\dot{U}_L(\mathrm{j}\omega)/\dot{U}_s$,求 $H(\mathrm{j}\omega)$并绘制频率特性曲线。

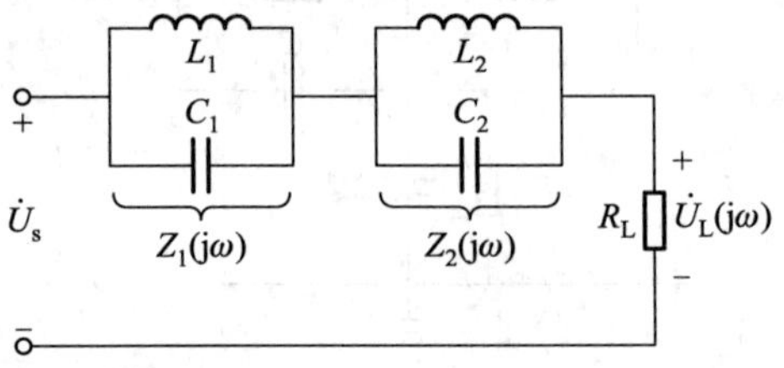

图 8.4.6　例题 8.4.3 图

【解】 先求出两个并联部分的阻抗为

$$Z_1(\mathrm{j}\omega)=\frac{L_1/C_1}{\mathrm{j}\omega L_1+1/(\mathrm{j}\omega C_1)}=\frac{\mathrm{j}\omega/C_1}{-\omega^2+\omega_{01}^2}\tag{1}$$

$$Z_2(\mathrm{j}\omega)=\frac{L_2/C_2}{\mathrm{j}\omega L_2+1/(\mathrm{j}\omega C_2)}=\frac{\mathrm{j}\omega/C_2}{-\omega^2+\omega_{02}^2}\tag{2}$$

上面二式中

$$\omega_{01}=\frac{1}{\sqrt{L_1C_1}}=10^4\ \mathrm{rad/s},\qquad \omega_{02}=\frac{1}{\sqrt{L_2C_2}}=2\times10^4\ \mathrm{rad/s}\tag{3}$$

分别是两个并联部分的谐振角频率。

利用阻抗分压规律,求得网络函数为

$$H(\mathrm{j}\omega)=\frac{\dot{U}_L(\mathrm{j}\omega)}{\dot{U}_s}=\frac{R_L}{Z_1(\mathrm{j}\omega)+Z_2(\mathrm{j}\omega)+R_L}\tag{4}$$

基于上式利用 MATLAB 绘制的频率特性曲线如图 8.4.7 所示。

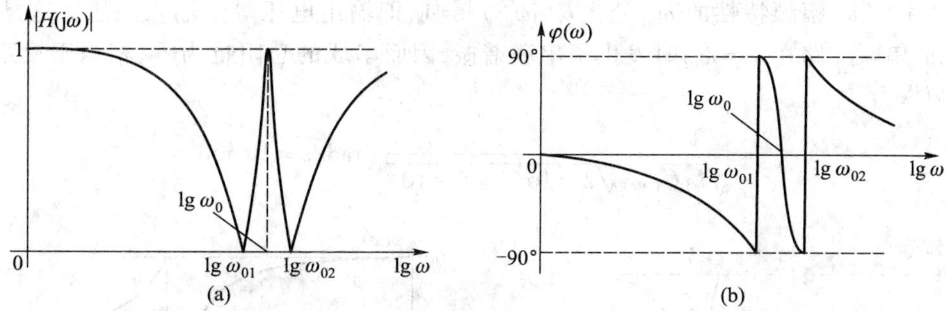

图 8.4.7 例题 8.4.3 电路的频率特性:(a) 幅频特性;(b) 相频特性

幅频特性存在两个等于零的频率点,分别是 ω_{01} 和 ω_{02}。这是因为 ω_{01} 和 ω_{02} 刚好是两个 LC 并联电路的谐振角频率。发生并联谐振时,相当于开路,故在这两个频率处输出电压为零。这样的频率称为网络函数的零点。

由幅频特性还注意到,在两个零点之间存在 ω_0,该点的幅频特性等于 1,说明在此频率处,输出电压等于输入电压。这是因为在 $\omega>\omega_{01}$ 时,第一个 LC 并联部分的容抗小于感抗,并联后等效为电容;$\omega<\omega_{02}$ 时,第二个 LC 并联部分的感抗小于容抗,并联后等效为电感。所以在 $\omega_{01}<\omega<\omega_{02}$ 区间内,一个为等效电容,另一个为等效电感。恰在 $\omega=\omega_0$ 处,等效容抗与等效感抗相等,使得 $Z_1(\mathrm{j}\omega_0)+Z_2(\mathrm{j}\omega_0)=0$,发生了等效的串联谐振。据此可以求出 ω_0 为

$$Z_1(\mathrm{j}\omega_0)+Z_2(\mathrm{j}\omega_0)=\frac{\mathrm{j}\omega_0/C_1}{-\omega_0^2+\omega_{01}^2}+\frac{\mathrm{j}\omega_0/C_2}{-\omega_0^2+\omega_{02}^2}=0$$

$$\omega_0=\sqrt{\frac{L_1+L_2}{L_1L_2(C_1+C_2)}}=\sqrt{2}\times10^4\ \mathrm{rad/s}$$

【例题 8.4.4】 电路如图 8.4.8 所示,已知 $R_{\mathrm{L}}=15\ \Omega$,$L_1=2\ \mathrm{mH}$,$C_1=5\ \mu\mathrm{F}$,$C_2=2.5\ \mu\mathrm{F}$。定义网络函数 $H(\mathrm{j}\omega)=\dot{U}_{\mathrm{L}}(\mathrm{j}\omega)/\dot{U}_{\mathrm{s}}$,求出 $H(\mathrm{j}\omega)$ 并绘制频率特性曲线。

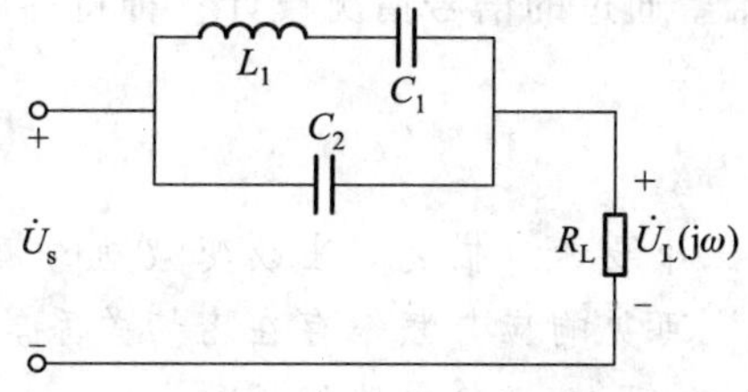

图 8.4.8 例题 8.4.4 图

【解】 令电抗串并联部分的等效阻抗为 $Z(\mathrm{j}\omega)$,计算得

$$Z(\mathrm{j}\omega)=\frac{\left(\mathrm{j}\omega L_1+\dfrac{1}{\mathrm{j}\omega C_1}\right)\times\dfrac{1}{\mathrm{j}\omega C_2}}{\mathrm{j}\omega L_1+\dfrac{1}{\mathrm{j}\omega C_1}+\dfrac{1}{\mathrm{j}\omega C_2}}=\frac{-\omega^2L_1C_1+1}{-\mathrm{j}\omega^3L_1C_1C_2+\mathrm{j}\omega(C_1+C_2)}$$

利用阻抗分压求得网络函数为

$$H(\mathrm{j}\omega)=\frac{\dot{U}_{\mathrm{L}}(\mathrm{j}\omega)}{\dot{U}_{\mathrm{s}}}=\frac{R_{\mathrm{L}}}{R_{\mathrm{L}}+Z(\mathrm{j}\omega)}=\frac{-\mathrm{j}\omega^3R_{\mathrm{L}}L_1C_1C_2+\mathrm{j}\omega R_{\mathrm{L}}(C_1+C_2)}{-\mathrm{j}\omega^3R_{\mathrm{L}}L_1C_1C_2-\omega^2L_1C_1+\mathrm{j}\omega R_{\mathrm{L}}(C_1+C_2)+1}$$

基于上式利用 MATLAB 绘制的频率特性曲线如图 8.4.9 所示。

在图 8.4.9(a)幅频特性的 ω_{01} 处，$|H(\mathrm{j}\omega_{01})|=1$，即输出电压等于输入电压。这是因为 L_1 与 C_1 组成的串联支路在 $\omega=\omega_{01}$ 时发生了串联谐振，因而串联的总阻抗为零，相当于短路。串联谐振的角频率为

$$\omega_{01}=\frac{1}{\sqrt{L_1C_1}}=\frac{1}{\sqrt{2\times10^{-3}\times5\times10^{-6}}}\ \mathrm{rad/s}=10^4\ \mathrm{rad/s}$$

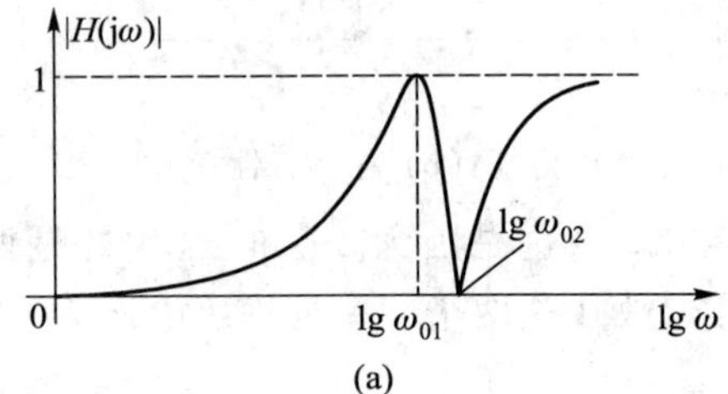

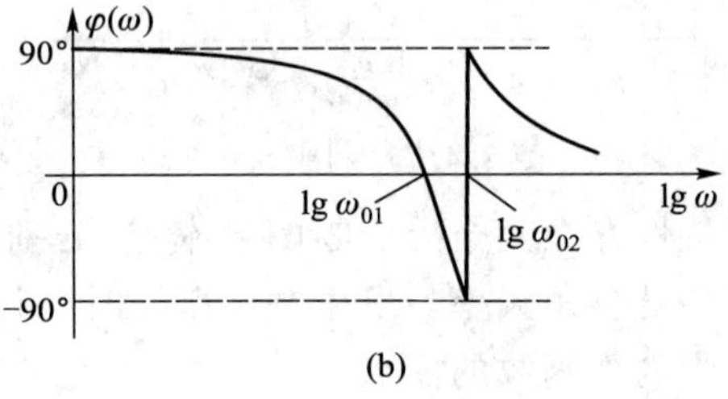

图 8.4.9　例题 8.4.4 电路的频率特性：(a) 幅频特性；(b) 相频特性

当角频率大于这个值时，L_1 与 C_1 组成的串联支路便因 $\omega L_1>1/(\omega C_1)$ 而呈感性，于是在 ω_{02} 处与并联的电容 C_2 再发生并联谐振，使得并联网络的导纳为零，相当于开路，因而输出电压变为零。这个谐振角频率可通过令并联部分的总导纳为零来求得：

$$Y(\mathrm{j}\omega_{02})=\frac{1}{\mathrm{j}\omega_{02}L_1+\dfrac{1}{\mathrm{j}\omega_{02}C_1}}+\mathrm{j}\omega_{02}C_2=0$$

$$\omega_{02}=\sqrt{\frac{C_1+C_2}{L_1C_1C_2}}=10^4\sqrt{3}\ \mathrm{rad/s}$$

由例题 8.4.3 和例题 8.4.4 可见，利用电感和电容组成的纯电抗性网络，基于谐振原理，可以让某些频率的信号毫不衰减地传输到输出端，同时又能阻止某些频率的信号使其完全不能传输到输出端。据此可以根据所希望通过的信号情况设计各种特性的滤波电路。

【结语】

正弦量用幅值、频率和相位三个要素来描述。当改变激励的频率而保持幅值不变时，响应的幅值、频率和相位都要发生变化。可见响应与频率存在密切关系。对这些关系的认识，让人们能够站在频域的角度理解电路的频率行为，评价电路的性质。

【思考题】

1. 若 *RLC* 串联电路由电流源供电，谐振时电流源电压取怎样的值？
2. *RLC* 串联电路为什么会出现谐振现象？*RL* 或 *RC* 电路能否出现谐振现象？
3. 在正弦激励的振幅和初相不变的情况下，响应的振幅和初相为什么与激励的频率有关？
4. 为什么能够用网络函数来研究电路的频率特性？
5. *RLC* 串联电路的品质因数怎样影响电路的频率特性？

习　题　八

8.1　求图题 8.1 所示电路的网络函数 $H(\mathrm{j}\omega)=\dot{U}_R/\dot{U}$ 及其截止角频率，指出通带范围。

8.2　求图题 8.2 所示 RC 并联电路的输入阻抗 $Z(\mathrm{j}\omega)$，大致画出其幅频特性和相频特性，确定通带、阻带和截止角频率。

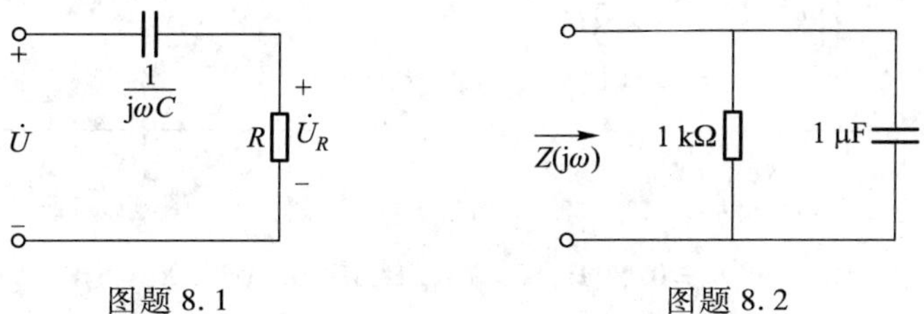

图题 8.1　　　　图题 8.2

8.3　如图题 8.3 所示电路，在什么条件下端口电压与端口电流波形相似？即在任何频率下等效输入阻抗 $Z(\mathrm{j}\omega)$ 为不变的实数，求出 $Z(\mathrm{j}\omega)$ 表达式。

8.4　求图题 8.4 所示电路的转移电压比 $H(\mathrm{j}\omega)=\dot{U}_2/\dot{U}_1$，它具有高通特性还是低通特性？

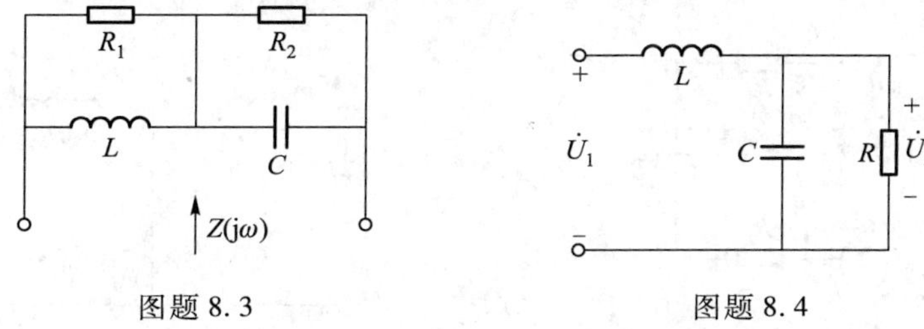

图题 8.3　　　　图题 8.4

8.5　求图题 8.5 所示电路的转移电压比 $H(\mathrm{j}\omega)=\dot{U}_2/\dot{U}_1$（$\dot{U}_2$ 为开路电压），写出其幅频特性和相频特性，指出 $H(\mathrm{j}\omega)$ 的相位随频率变化的范围。

8.6　图题 8.6 所示电路，已知 $u=0.1\sqrt{2}\cos(\omega t)$ V，$\omega=10^4$ rad/s 时电流 i 的有效值为最大，量值是 1 A，此时 $U_L=10$ V。(1) 求 R、L、C 及品质因数 Q；(2) 求电压 u_C。

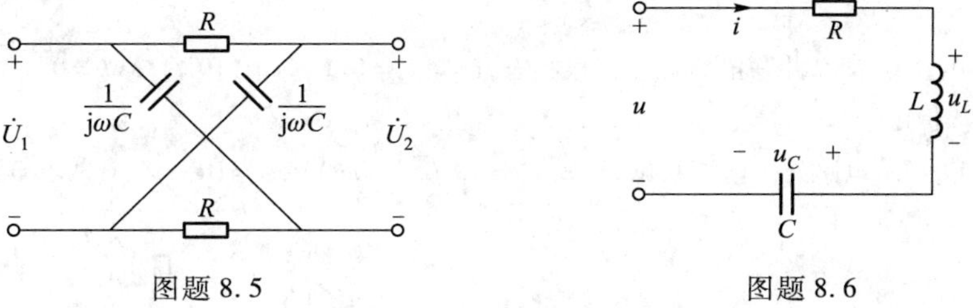

图题 8.5　　　　图题 8.6

8.7　RLC 串联电路的谐振角频率为 $\omega_0=1\ 000$ rad/s，通带宽度为 100 rad/s，谐振时阻抗为 100 Ω。求 R、L、C。

8.8　RLC 串联电路的谐振频率为 875 Hz，通带宽度为 250 Hz，已知 $L=0.32$ H。

(1) 求 R、C、品质因数 Q 及截止频率；

(2) 设输入电压有效值为 23.2 V，求在谐振频率和截止频率时电路的平均功率；

(3) 求谐振时电感电压和电容电压的有效值。

8.9　设图题 8.9 所示电路处于谐振状态，其中有效值 $I_s=1$ A，$U_1=50$ V，并且 $R_1=X_C=100$ Ω。求电压 U_L

和电阻 R_2。

8.10 RLC 串联电路中，已知电感 $L=320\ \mu\text{H}$，若要求电路的谐振频率覆盖中波无线电广播频率（从 550 Hz 到 1.6 MHz），试求可变电容 C 的变化范围。

8.11 图题 8.11 所示电路，已知 $u_S=30\sqrt{2}\cos(10^4 t)$ V，要求谐振时电流 i 的有效值不大于 2 A，电压 u_L 的有效值不小于 150 V，试确定 R、L 和 C 应满足的约束条件。

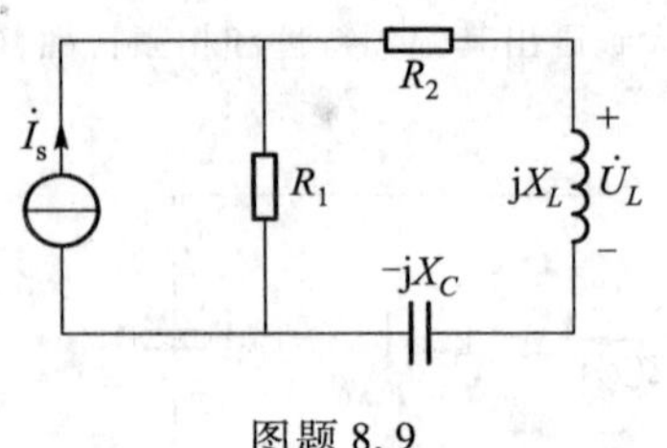

图题 8.9

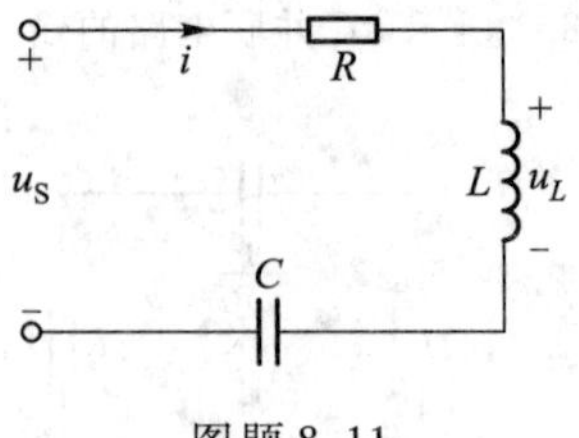

图题 8.11

8.12 图题 8.12 所示电路，已知 $L_1=0.01$ H，$L_2=0.02$ H，$M=0.01$ H，$R_1=5\ \Omega$，$R_2=10\ \Omega$，$C=20\ \mu\text{F}$，分别求当两线圈正串和反串时的谐振角频率、品质因数和带宽。若在这两种情况下外加电压均为 6 V，试求两线圈上的电压 U_1 和 U_2。

8.13 图题 8.13 所示电路，正弦电流源有效值 $I_s=10$ mA，角频率 $\omega=10^3$ rad/s，$L_1=L_2=3$ H，$M=1$ H，$R=2\ \text{k}\Omega$。问可变电容 C 为何值时电流 I 最小？C 又为何值时电流 I 最大？并求出 I 的最小值和最大值。

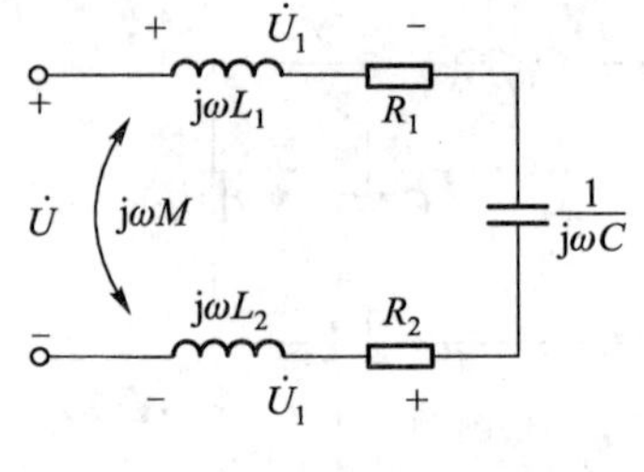

图题 8.12

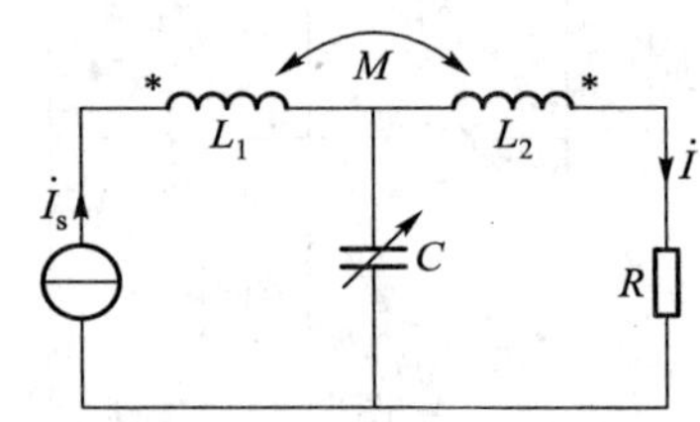

图题 8.13

8.14 电阻为 12 Ω、电感为 160 mH 的线圈与可调电容器串联，接到电压为 $u=179\cos(\omega t)$ V，$\omega=(100\pi)$ rad/s 的电源上。当调节电容使电路达到谐振时，问电容器和线圈的端电压各为多少？

8.15 RLC 并联电路中，已知谐振角频率 $\omega_0=10^3$ rad/s，谐振时阻抗为 $10^3\ \Omega$，频带宽度为 $\Delta\omega=100$ rad/s。求 R、L、C。

8.16 图题 8.16 所示 RLC 并联电路处于谐振状态，已知 $i_S=0.1\sqrt{2}\cos(10^3 t)$ A，$L=0.2$ H，电容电流有效值 $I_C=2$ A，求 R 和 C 的值。

8.17 图题 8.17 所示电路处于谐振状态，已知 $u_S=10\sqrt{2}\cos(\omega t)$ V，$\omega=10^4$ rad/s，试求电流 i_1、i_2、i_L 和 i_C。

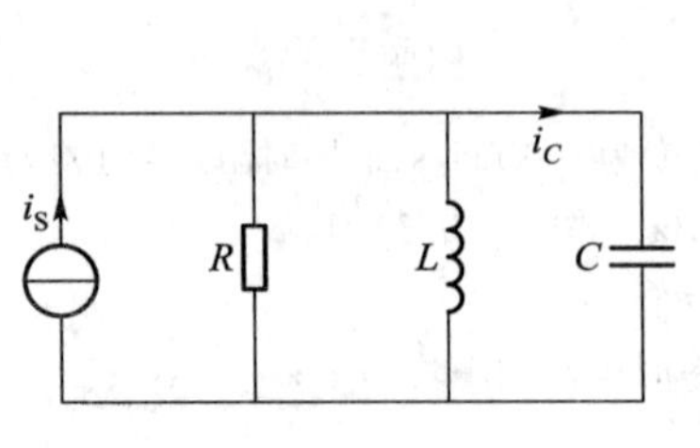

图题 8.16

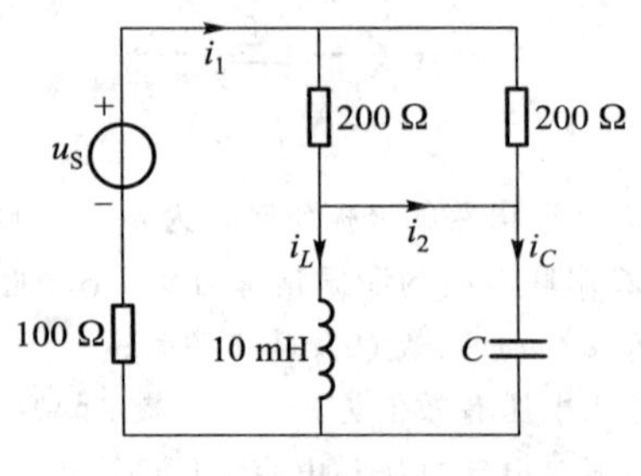

图题 8.17

8.18 电路如图题 8.18 所示。(1) 求它的并联谐振角频率表达式,并说明电路各参数间应满足什么条件才能实现并联谐振;(2) 当 $R_1 = R_2 = \sqrt{L/C}$ 时,问电路将出现什么样的情况?

8.19 电路如图题 8.19 所示,已知电流有效值 $I_s = 1$ A,$\omega = 1\ 000$ rad/s 时电路发生谐振,$R_1 = R_2 = 100\ \Omega$,$L = 0.2$ H,求电容值及谐振时的电流源电压。

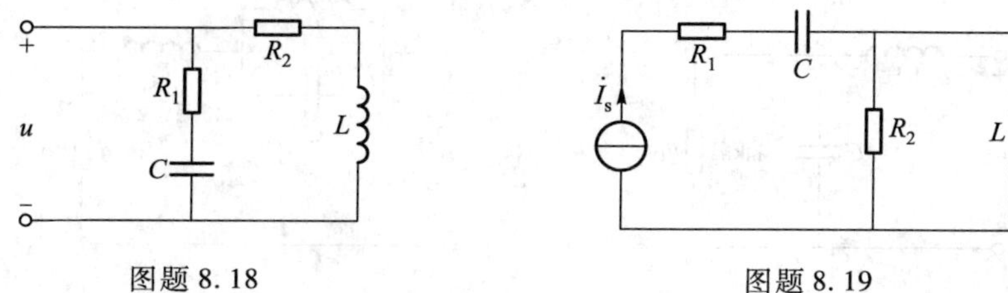

图题 8.18　　图题 8.19

8.20 图题 8.20 所示电路为一无线发射机的输出网络,谐振频率为 1 MHz,$R = 50\ \Omega$,谐振时的总阻抗为 8 000 Ω,求 L、C 的值。

8.21 电路如图题 8.21 所示,已知 $u_S = [141\cos(\omega_1 t) + 14.1\cos(3\omega_1 t + 30°)]$ V,基波频率 $f_1 = 500$ Hz,$C_1 = C_2 = 3.18\ \mu$F,$R = 10\ \Omega$。当基波电压单独作用时,电流表读数为零;当 3 次谐波电压单独作用时,电压表的读数为零。求电感 L_1、L_2 及电容 C_2 两端的电压 u_O。

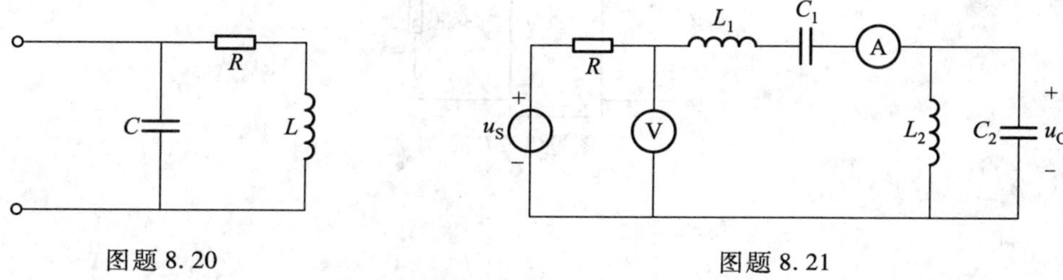

图题 8.20　　图题 8.21

8.22 求图题 8.22 所示一端口网络的谐振角频率和谐振时等效阻抗与 R、L、C 的关系。

8.23 求图题 8.23(a)、(b)两个电路的等效阻抗为零或无穷大的谐振角频率。

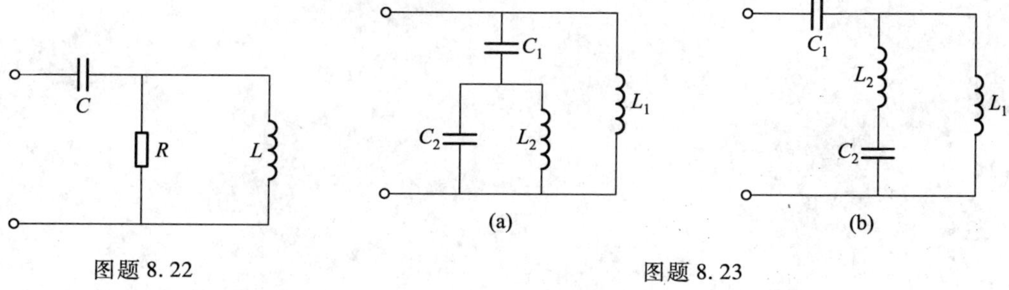

图题 8.22　　图题 8.23

8.24 求图题 8.24(a)、(b)两个电路的等效阻抗为零或无穷大的谐振角频率。

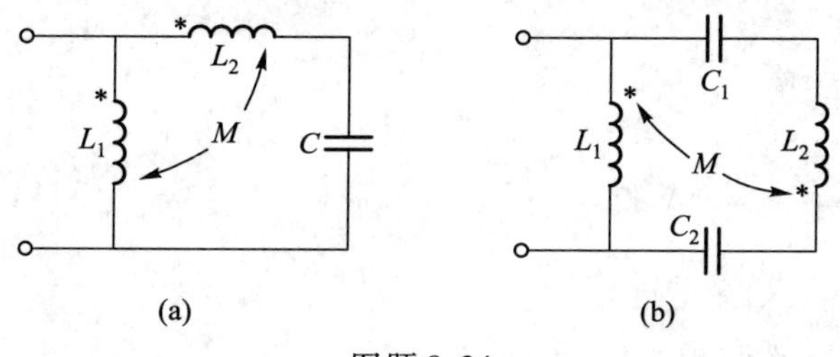

图题 8.24

8.25 设图题 8.25 所示滤波电路的输入电压 u_{I} 中除直流分量外尚有 $\omega_1=10^4$ rad/s 的正弦分量，若要求输出电压 u_{O} 中正弦分量占滤波前的 5%，问电容 C 应为多少？

8.26 图题 8.26 所示滤波器能够阻止电流的基波通至负载，同时能使 9 次谐波顺利地通至负载，设 $C=0.04\ \mu\text{F}$，基波频率 $f_1=50$ kHz，求电感 L_1 和 L_2。

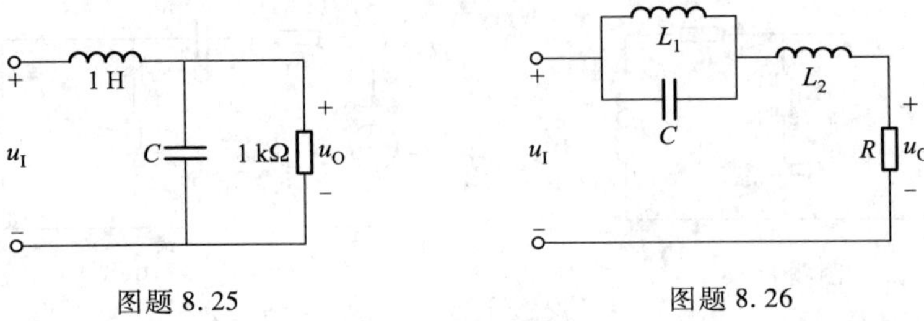

图题 8.25　　　　图题 8.26

8.27 电路如图题 8.27 所示，电压 u 含有基波和 3 次谐波，问网络 N 应该具有怎样的结构和参数，使得输出电压完全没有 3 次谐波，而对基波不衰减？

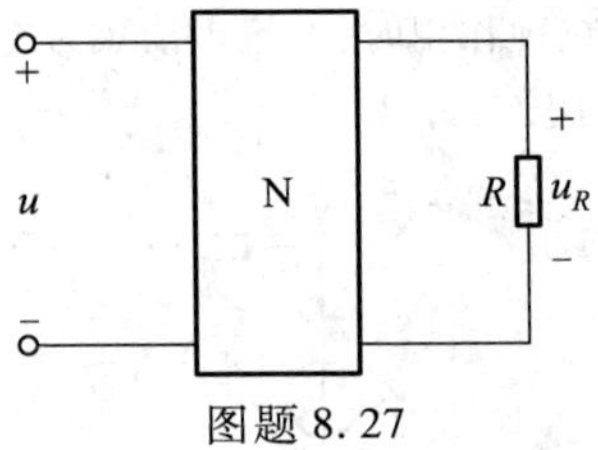

图题 8.27

第9章 运算放大器及其应用

【导读】

在测量、通信以及自动化等技术领域，经常需要对电压信号进行放大。由此人们基于集成电路制造技术，设计并生产了多种用途的电压放大器。由于这些放大器能够近似实现多种数学运算，例如比较、放大、求和、求差、积分、微分、指数、对数等，故而称为**运算放大器**，简称**运放**，它是设计模拟电子计算机的重要器件。随着科技的发展，运算放大器的应用已远远超出上述运算范畴。无论是在理论上，还是在应用上，运放都是一种极为重要的电路元件。

作为入门知识，本章主要从外部端子上介绍实际运算放大器的基本特性，然后根据主要特征进行理想化，建立理想运算放大器模型，并用其近似分析含运算放大器的简单电路，理解它的运算功能。它的内部工作原理有待电子技术课程中加以详细介绍。

学完本章以后，便可以从事简单电子产品的制作，例如温度、湿度、照度、浓度等非电量的测量与控制，各种报警装置等，从中可以体会实践带来的无穷乐趣。

9.1 运算放大器简介

运算放大器（简称运放）是用集成电路工艺制成的多端电子元件。有多种型号的产品，以uA741为例，它的内部构造如图9.1.1所示。它由多级放大电路组成，各级之间采用的是直接耦合而非阻容耦合，因此它既能放大交流信号，也能放大直流信号。后续的电子技术课程将会详细介绍它的工作原理。uA741经封装后如图9.1.2(a)所示，它的引脚名称及功能参见图9.1.2(b)，描述如下：

端子1、端子5：调零端。调整外接电阻使得当输入电压为零时输出电压也为零。有些运放可以没有调零端。

端子2、端子3：分别为反相输入端和同相输入端，简称**反相端**和**同相端**。当同相端相对反相端的电压为正时，输出电压也为正；反之为负。或者说，如果同相端接地，输入电压从反相端对地加入，则输出电压与输入电压的符号相反；如果反相端接地，输入电压从同相端对地加入，则输出电压与输入电压符号相同。实际使用时，输入电压可能从两个输入端同时加入，也可能从某个输入端单独加入。

端子4、端子7：分别为负电源接入端和正电源接入端。运放内部含有晶体管，需外接对称电压源才能工作。例如 $-12\ \mathrm{V}\sim+12\ \mathrm{V}$、$-15\ \mathrm{V}\sim+15\ \mathrm{V}$ 等。（特殊用途时，也可采用单电源供电。）

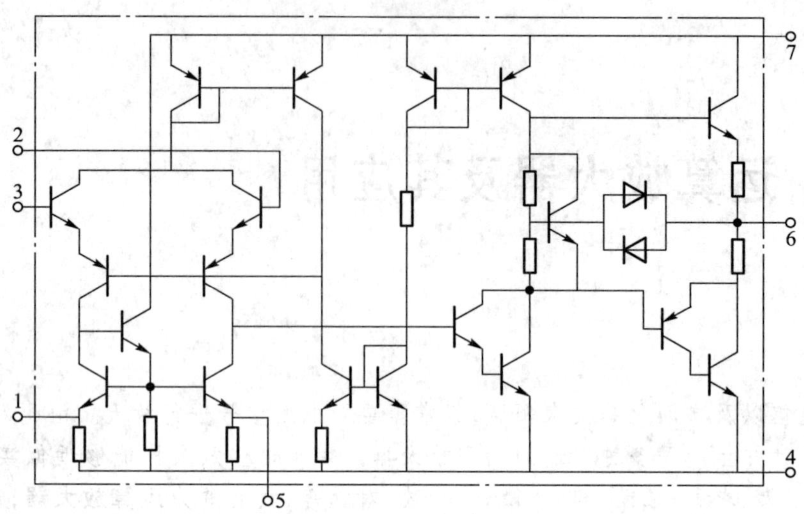

图 9.1.1　运算放大器 uA741（F007）电路原理图

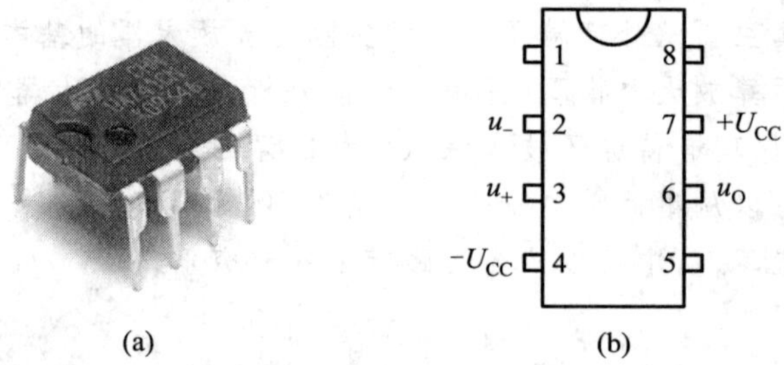

图 9.1.2　运算放大器 uA741,(a) 封装图;(b) 引脚功能

端子 6:电压输出端。负载接于此端和地之间。

端子 8:未用。

运算放大器的主要功能端与外电路的连接情况如图 9.1.3 所示。

仅从外部端子分析,运算放大器实际就是一种高**增益**(放大倍数)的电压放大器,既能放大交流电压,又能放大缓变的、甚至直流电压。用 u_+ 和 u_- 分别表示同相端和反相端的节点电压,则输入端口的电压为 $u_d = u_+ - u_-$。在输出端开路的情况下,输出电压 u_O 与输入电压 u_d 的关系曲线可近似用图 9.1.4 所示的折线来表示,称为**传输特性**。它包括三个区域:特性的中间部分即

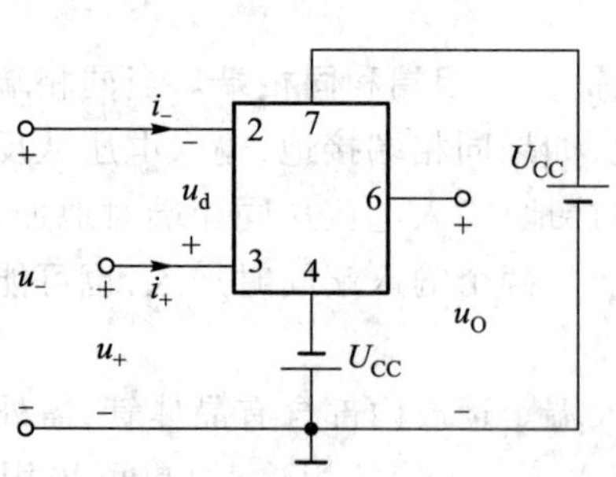

图 9.1.3　uA741 主要功能端的连接

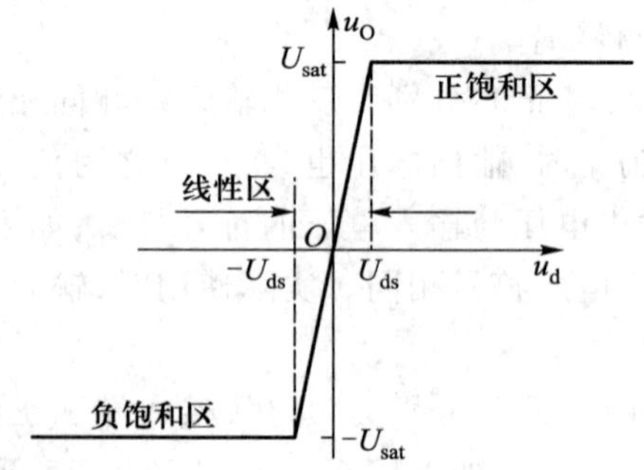

图 9.1.4　传输特性

$-U_{ds} < u_d < +U_{ds}$为**线性区**,在此区域内输出电压 u_O 与输入电压 u_d 成正比,该比值称为**开环增益**,用 A 来表示,即

$$u_O = Au_d \tag{9.1.1}$$

两边的水平部分称为**饱和区**,在饱和区内,运算放大器的输出电压几乎不随输入电压的变化而变化,没有放大作用,近似为常量,大约等于工作电源的电压,即 $u_O = U_{sat} \approx U_{CC}$,或 $u_O = -U_{sat} \approx -U_{CC}$。

实际运算放大器具有如下特征:① 开环增益非常大,可以在$10^5 \sim 10^8$之间,因此若使其工作在线性区,输入只能是一个极微小的电压 u_d;② 输入电阻非常大,可以在$10^6\ \Omega$以上,因此输入电流也是极微小的量。对 uA741 型运放来说,输入电流是微安数量级。有的运放可以小到纳安数量级;③ 输出电阻(输出端口戴维南等效电路中的电阻)相对负载电阻来说非常小,因此负载电阻在规定的范围内变化时,运放的输出电压几乎不变。

根据运算放大器的上述特点,为了突出主要特征、简化分析且能够获得足够高的准确度,常对其理想化,采用所谓**理想运算放大器**(简称理想运放)模型。理想化的条件是:在线性区内具有无穷大的开环增益、无穷大的输入电阻、零输出电阻和无穷大的带宽。在上述理想条件下,可以得到理想运放的端口特性如下:

(1) 因为在线性区内开环增益为无穷大,所以输入电压是

$$u_d = u_+ - u_- = \lim_{A\to\infty}(u_O/A) = 0 \quad 或 \quad u_+ = u_- \tag{9.1.1}$$

因此,从数学角度看,理想运放的输出电压表达式为 $Au_d = \infty \times 0$,这是个不定式,其电路涵义就是:理想运放的输出电压不能由运放自身决定,取决于外电路。但这是对线性区而言的,即输出电压在$(-U_{sat}, +U_{sat})$范围内,输出电流在$(-I_{sat}, +I_{sat})$范围内。当位于饱和区时,$u_O = +U_{sat}$或$u_O = -U_{sat}$,且 $u_d \neq 0$。

(2) 因为输入电阻为无穷大,所以两个输入端的电流是

$$\begin{cases} i_+ = 0 \\ i_- = 0 \end{cases} \tag{9.1.2}$$

式(9.1.1)和式(9.1.2)共包括三个独立方程,这就是理想运算放大器的端口特性方程。式(9.1.1)表明输入端口电压为零,类似于短路;而式(9.1.2)表明输入端电流为零,又类似于断路。所以形象地称理想运放的两个输入端之间是**虚短**和**虚断**的。

理想运放的传输特性和电路符号如图 9.1.5 所示。值得注意的是:在某些简化符号中,省掉了图 9.1.5(b)、(c)中的接地端子,这时会造成 $i_O = i_+ + i_- = 0$ 的误解。

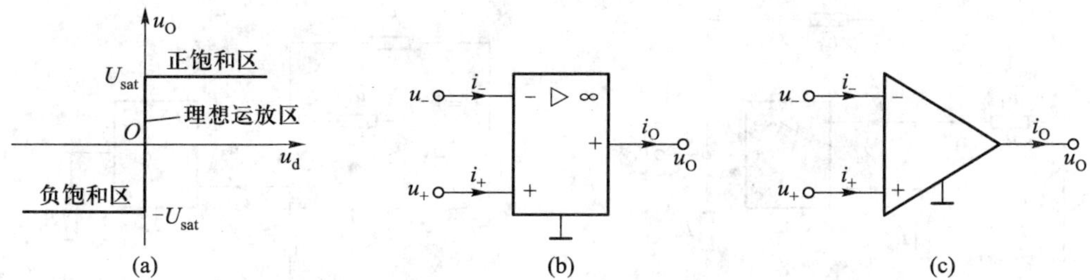

图 9.1.5 (a) 理想运放的传输特性;(b) 国标符号;(c) 国际通用符号

理想运放在输入为虚短和虚断的情况下,仍能产生输出电压,对外输出电能,所以模型化的理想运放是有源元件。然而,对实际运放来说,它是由半导体材料通过集成工艺制造的,如图9.1.1所示,不存在能够产生电能的部分,仍然是无源元件,它能够输出电能完全是由于外加电源的作用。

9.2 运算放大器在信号运算中的应用

运算放大器的转移特性有线性区间和饱和区间之分,如图9.1.4所示,两种区间的输入/输出关系是不一样的,所以它的应用需要分为在线性区的应用和在饱和区的应用。由于运算放大器的放大倍数极高,所以极微小的输入电压就足以使其工作在饱和区。因此,为使运放工作在线性区,采用**负反馈**技术是十分必要的。所谓负反馈,就是将输出端通过反馈电路连到反相输入端,以抵消一部分输入电压或电流。本节学习在线性区时的应用,因而可用理想运算放大器作为其模型来简化分析。

工作在线性区时,从电路的输入和输出关系看,运放可用来对输入信号进行比例(放大)、加法、减法、积分和微分等数学运算。工程上,对实现这些运算的电路规定了专门的名称,如下所述。

1. 反相放大器

考察图9.2.1所示电路。输入电压加在反相端和地之间,输出端经电阻 R_f 与反相端相连,实现负反馈。同相端经电阻 R_+ 接地,并且 R_+ 等于 R_1 和 R_f 的并联值:

$$R_+ = R_1 // R_f = \frac{R_1 R_f}{R_1 + R_f} \tag{9.2.1}$$

R_+ 称为输入端**平衡电阻**。对理想运放来说,由于 $i_+ = 0$,所以 R_+ 上面并没有电压产生,R_+ 的存在与否并不影响输出电压。但对实际运放来说,由于制造工艺所限,在输入电压 $u_I = 0$ 的情况下,如图9.2.2所示,它的输入电流 i_+ 和 i_- 并不为零,称为**失调电流**。失调电流在外部电阻上要产生电压 u_2 和 u_1,使得运放两个输入端之间的电压 $u_d = u_1 - u_2 \neq 0$,称为**失调电压**。虽然失调电流很小,产生的失调电压也很微弱,但经过极高倍数的放大后,便会产生可观的输出电压。在输入电压为零的情况下存在输出电压,显然是不希望的,这叫**零点漂移**。如果在同相端接入的电阻

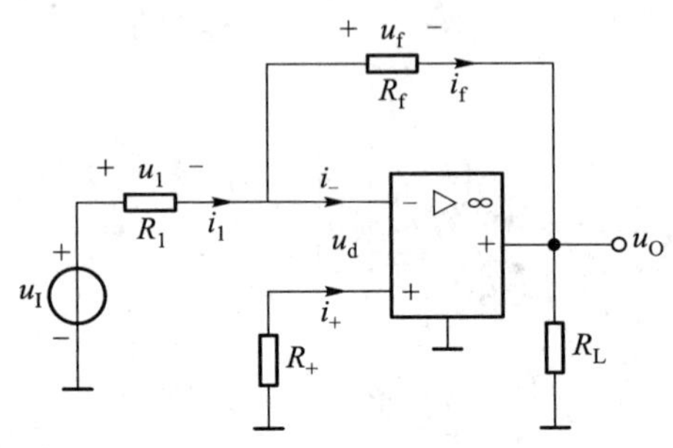

图9.2.1 反相放大器

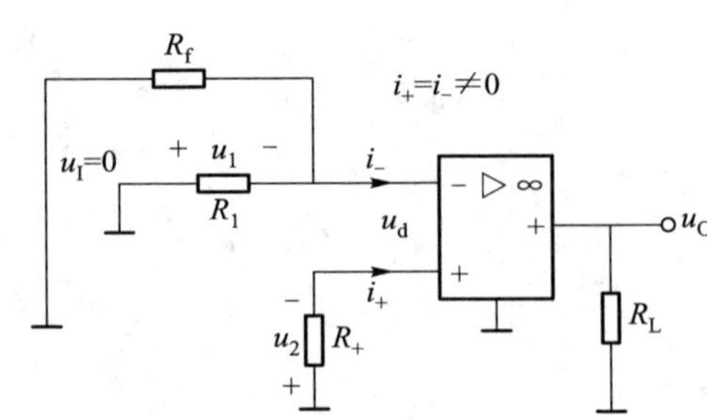

图9.2.2 输入电压为零时的等效电路

R_+,其阻值等于反相输入端的等效电阻,如式(9.2.1),这样失调电流在两个输入端对地产生的电压就接近相等,失调电压近似为零,零点漂移得以抑制。为使读者养成在线性放大区内使用平衡电阻的正确习惯,以下虽然基于理想运放进行分析,但仍然接以平衡电阻。

再回到图 9.2.1 电路。由于 $i_- = 0$,所以

$$i_1 = i_f \tag{9.2.2}$$

由于 $u_d = 0$,所以 R_1 上的电压等于输入电压,其电流为

$$i_1 = \frac{u_1}{R_1} = \frac{u_I}{R_1} \tag{9.2.3}$$

因此,根据 KVL,输出电压与输入电压的关系为

$$u_O = -u_f - u_d - R_+ i_+ = -R_f i_f = -\frac{R_f}{R_1} u_I = A_f^- u_I \tag{9.2.4}$$

由上式可见,输出电压与输入电压成正比、符号相反,因此图 9.2.1 称为**反相放大器**,其增益 $A_f^- = -R_f/R_1$,只与外接电阻有关,因此可以通过选择高精度电阻来实现高精度的电压放大。

如果将反相放大器作为电路的基本模块来应用,则可用含有电压控制电压源的电路模型来表示,如图 9.2.3 所示。理想情况下,R_1 就是反相放大器的输入电阻,它的输出电阻为零。

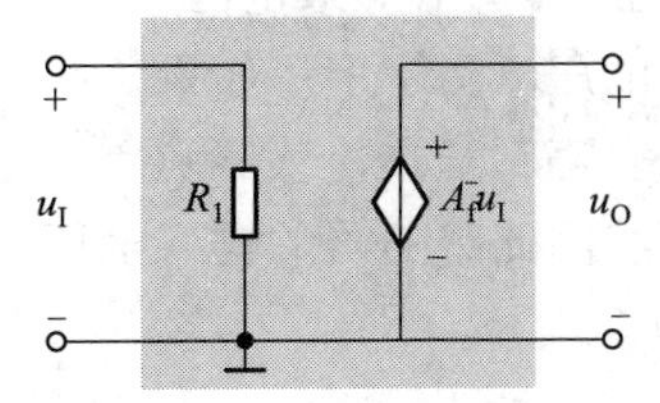

图 9.2.3 反相放大器的电路模型

2. 同相放大器

如果输入电压加在运放的同相端和地之间,仍在反相端引入负反馈,就构成了图 9.2.4 所示的电路,图中 $R_+ = R_1 // R_f$ 仍起到平衡电阻的作用。下面基于理想运放分析输出电压与输入电压的关系。

根据理想运放的虚断和虚短特性并应用 KVL 得

$$u_O = R_f i_f - u_d - R_+ i_+ + u_I = R_f i_f + u_I \tag{9.2.5}$$

$$u_1 = u_I, \quad i_f = i_1 = \frac{u_1}{R_1} = \frac{u_I}{R_1} \tag{9.2.6}$$

由上述各式得放大器输出电压与输入电压的关系为

$$u_O = \left(1 + \frac{R_f}{R_1}\right) u_I = A_f^+ u_I \tag{9.2.7}$$

增益 $A_f^+ = (1 + R_f/R_1) \geqslant 1$,所以该电路只能实现放大,不能缩小,它的输出电压与输入电压符号相同,故名**同相放大器**。它的输入电阻极大,几乎不从被测部分产生分流,因而对被测电压影响极小,可用于对内阻较大的被测电压进行放大。

如果令 $R_f = 0, R_1 \to \infty$,则图 9.2.4 电路变成图 9.2.5 电路。根据运放的虚短特性可知,此时的输出电压恒等于输入电压,即

$$u_O = u_I \tag{9.2.8}$$

故图 9.2.5 电路称为**电压跟随器**,常在多级电路中起**隔离**作用。它从输入信号源中吸收的电流十分微弱,却能提供较大的输出电流。如果输入信号是传感器产生的被测电压,采用电压跟随器后,可以减小测量电路对被测电压的影响,并且允许输出端接较大电流的负载。

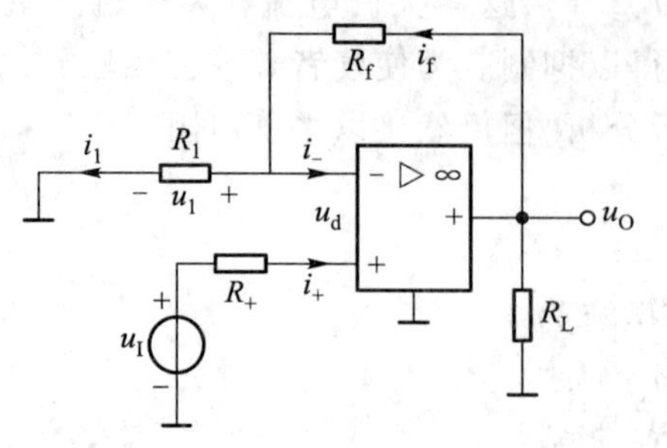

图 9.2.4　同相放大器

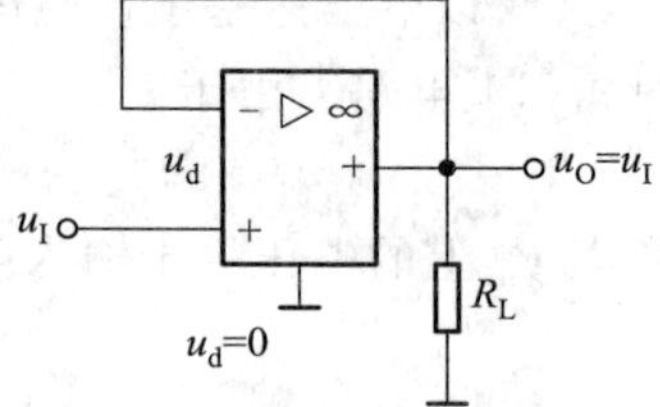

图 9.2.5　电压跟随器

以图 9.2.6 为例，图 9.2.6(a)中将负载直接连于传感器的输出，由于有限的负载电阻 R_L 和可观的传感器等效电阻 R_{eq}，使得负载接入后，传感器的输出电压 u_O 要下降，并且 R_{eq} 越大、R_L 越小，电压下降越多。如果负载是后一级测量电路的等效电阻，则测量的结果就随 R_L 的变化而变化。然而，若在传感器和负载之间使用电压跟随器，如图 9.2.6(b)所示，由于跟随器的输入电流极微，因此跟随器的输入电压和输出电压都极接近传感器的开路电压，并且在很大范围内与负载无关。

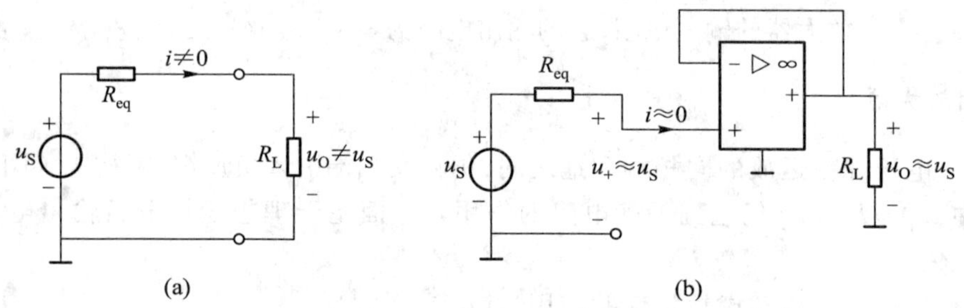

图 9.2.6　(a) 负载直接连于传感器；(b) 用电压跟随器实现隔离

3. 加法器

考察图 9.2.7 所示电路。它有三个输入支路：电压 u_1、u_2 和 u_3 分别通过电阻 R_1、R_2 和 R_3 汇聚在运放的反相端，上述电压都是指输入端对地的电压；R_f 为反馈电阻；R_+ 为平衡电阻，根据平衡电阻的作用，此时 R_+ 应当选择三个输入端电阻与反馈电阻的并联值，即

$$R_+=R_1//R_2//R_3//R_f \tag{9.2.9}$$

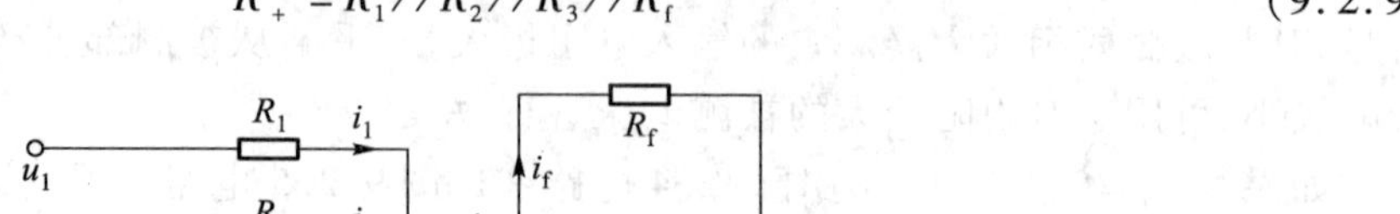
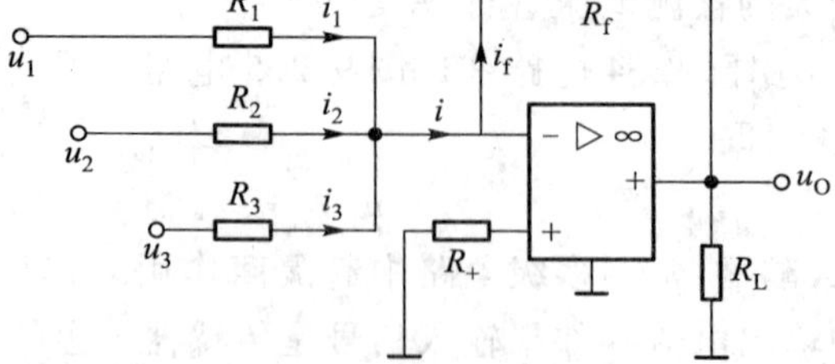

图 9.2.7　三输入加法器

这个电路也存在负反馈,运放工作在线性区,可以利用叠加定理进行分析。当只有 u_1 加于输入支路时,另外两个输入支路由于电阻两端的电压为零,所以不产生电流,这时的电路就相当于本节标题1中介绍的反相放大器,可以利用式(9.2.4)获得输出电压 $u'_O=(-R_f/R_1)u_1$。对另外两个输入电压也可做类似分析。因此,当三个输入电压同时作用时,总输出电压为

$$u_O=u'_O+u''_O+u'''_O=-\frac{R_f}{R_1}u_1-\frac{R_f}{R_2}u_2-\frac{R_f}{R_3}u_3=k_1u_1+k_2u_2+k_3u_3 \tag{9.2.10}$$

式(9.2.10)表明输出电压是输入电压的线性组合,称为加权和,各系数称为加权系数。因而图9.2.7所示电路称为**加法器**。

如果选择电阻使得 $R_f=4R_1=2R_2=R_3$,则

$$-u_O=4u_1+2u_2+u_3 \tag{9.2.11}$$

当输入电压按照表9.2.1第一行进行组合时,对应的输出电压 $-u_O$ 的取值可由上式算得,结果见该表第二行。该行十进制的输出电压值正好等于输入电压组成的二进制的值。这种对应关系称为数字量到模拟量的转换,简称**数/模转换**。在实际应用时,输入电压不一定刚好是1 V,只要是某个稳定的电压就可以。

表9.2.1 三输入加法器的输入/输出关系——数/模转换

$(u_1u_2u_3)$/V	000	001	010	011	100	101	110	111
$-u_O$/V	0	1	2	3	4	5	6	7

4. 差分放大器

同相放大器和反相放大器的输入电压分别是从运放的同相端和反相端接入的,如果同时从同相端和反相端施加输入电压,如图9.2.8所示,这时的输出电压与两个输入电压关系可利用叠加定理计算如下:

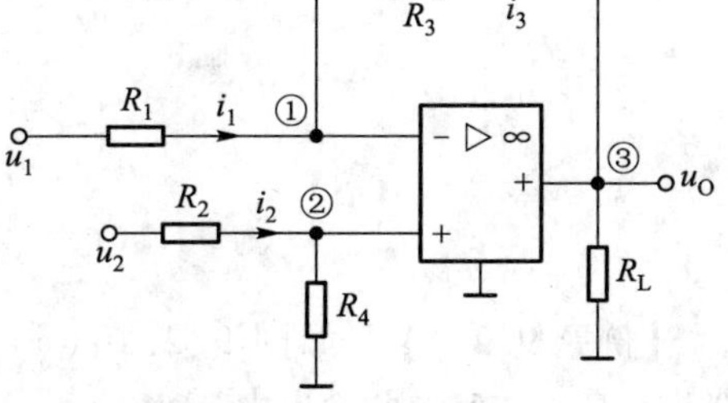

图9.2.8 差分放大器

当 u_1 单独作用时,电路相当于反相放大器,根据式(9.2.4),它产生的输出电压为

$$u'_O=-\frac{R_3}{R_1}u_1 \tag{9.2.12}$$

当 u_2 单独作用时,相当于同相放大器,但电压 u_2 没有全部施加在同相输入端,而是由电阻 R_2 和 R_4 进行了分压,结果分到同相输入端的电压是

$$u_{n2}=\frac{R_4}{R_2+R_4}u_2 \tag{9.2.13}$$

根据同相放大器的输出与输入电压的关系即式(9.2.7),得 u_2 单独作用时的输出电压

$$u''_O=\left(1+\frac{R_3}{R_1}\right)u_{n2}=\left(1+\frac{R_3}{R_1}\right)\frac{R_4}{R_2+R_4}u_2 \tag{9.2.14}$$

因此,两个输入电压共同作用引起的输出电压为

$$u_O=u'_O+u''_O=-\frac{R_3}{R_1}u_1+\left(1+\frac{R_3}{R_1}\right)\frac{R_4}{R_2+R_4}u_2 \tag{9.2.15}$$

它等于两个输入电压的加权差,因此图中电路称为**差分放大器**。

如果电阻满足

$$\frac{R_3}{R_1}=\frac{R_4}{R_2}=A_d \tag{9.2.16}$$

则式(9.2.15)简化为

$$u_O=A_d(u_2-u_1) \tag{9.2.17}$$

即输出电压与两个输入电压之差成正比。如果由于干扰等原因导致两个输入电压受到相同扰动,即 $u_1'=u_1+\Delta u, u_2'=u_2+\Delta u$,则该扰动 Δu 在运放的两个输入端相互抵消,不会影响输出电压。这是差分放大器的重要优点。

综合上述各放大器可以设计一个更加实用的信号测量电路,如图 9.2.9 所示。图中电桥部分包括一敏感电阻,例如热敏电阻、光敏电阻、气敏电阻等。当这些电阻的敏感环境发生变化时,含有敏感元件的支路电阻就要发生改变,电桥就会输出一个不平衡电压 u_{ab}。该电压经由三个运算放大器组成的两级放大电路后,产生输出电压 u_O。请读者自行分析工作原理,包括计算输出电压与 u_{ab}的关系、u_{ab}与 ΔR 的关系等,并参照此电路设计某非电量的测量电路,以加深对运算放大器的认识。实际设计时,图中的三个运算放大器只需一个集成芯片。

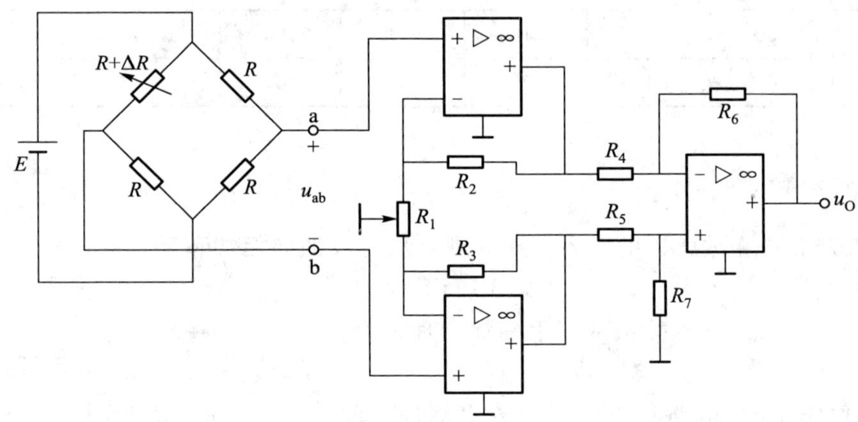

图 9.2.9　实用的信号测量电路

【例题 9.2.1】　如图 9.2.10(a)所示电路,已知 $R_1=R_2=R_4=6\ \text{k}\Omega, R_3=30\ \text{k}\Omega, R_5=10\ \text{k}\Omega, U_S=2\ \text{V}$。求输出电压 U_O。

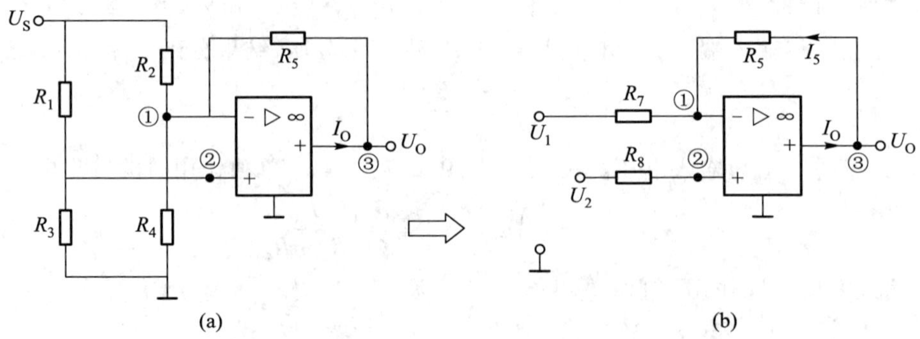

图 9.2.10　(a) 例题 9.2.1 图;(b) 戴维南等效电路

【解】　**方法一**：将两个输入端分别使用戴维南定理进行等效，得到图 9.2.10(b) 所示电路。图中的输入电压 U_1 和 U_2 按图 9.2.11(a) 计算为

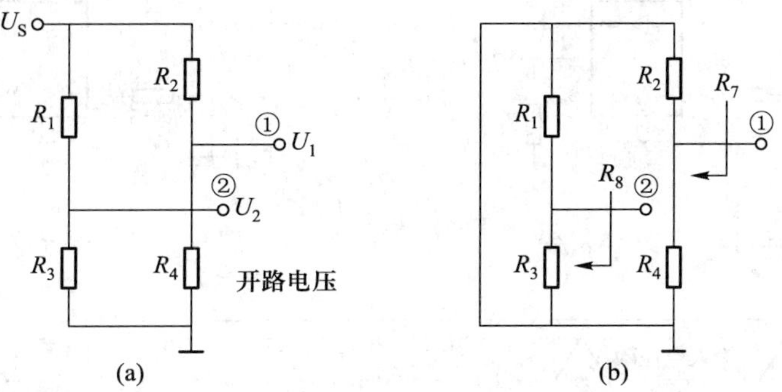

图 9.2.11　(a) 计算开路电压；(b) 计算等效电阻

$$U_1=\frac{R_4U_S}{R_2+R_4}=1\ \text{V},\quad U_2=\frac{R_3}{R_1+R_3}U_S=\frac{5}{3}\ \text{V}$$

R_7 和 R_8 按图 9.2.11(b) 计算为

$$R_7=\frac{R_2R_4}{R_2+R_4}=3\ \text{k}\Omega,\quad R_8=\frac{R_1R_3}{R_1+R_3}=5\ \text{k}\Omega$$

对图 9.2.10(b) 使用叠加定理，U_1 和 U_2 单独作用时，刚好是反相放大器和同相放大器，因此

$$U_O=U'_O+U''_O=-\frac{R_5}{R_7}U_1+\left(1+\frac{R_5}{R_7}\right)U_2=\frac{35}{9}\ \text{V}$$

方法二：选择节点电压为变量，对图 9.2.10(a) 列写 KCL 方程为

节点①：
$$\frac{U_{n1}-U_S}{R_2}+\frac{U_{n1}}{R_4}+\frac{U_{n1}-U_O}{R_5}=0$$

节点②：
$$\frac{U_{n2}-U_S}{R_1}+\frac{U_{n2}}{R_3}=0$$

对于理想运算放大器，上述方程中存在 $U_{n1}=U_{n2}$，代入上述二式便可得解。

5. 积分与微分放大器

考察图 9.2.12 所示的在反馈支路中含有电容的电路。其中 $R_+=R$ 为输入端平衡电阻。按照理想运算放大器的虚短和虚断条件不难确定输出电压为

$$u_O=-u_C=-\frac{1}{C}\int_{-\infty}^{t}i_C(\lambda)\mathrm{d}\lambda=-\frac{1}{C}\int_{-\infty}^{t}i_1(\lambda)\mathrm{d}\lambda=-\frac{1}{RC}\int_{-\infty}^{t}u_I(\lambda)\mathrm{d}\lambda \quad (9.2.18)$$

即输出电压正比于输入电压对时间的积分，因而称为积分放大器，简称**积分器**。

类似地，对图 9.2.13 电路分析可得

$$u_O=-Ri_f=-Ri_C=-RC\frac{\mathrm{d}u_C}{\mathrm{d}t}=-RC\frac{\mathrm{d}u_I}{\mathrm{d}t} \quad (9.2.19)$$

即输出电压正比于输入电压对时间的导数，因而称为微分放大器，简称**微分器**。

如果将三角波施加在微分器的输入端，则在输出端便得到双极性的方波，仿真波形如图 9.2.14 所示。由此可见，微分器可以将三角波变换为方波。反之，积分器可以将方波变换成三角波。

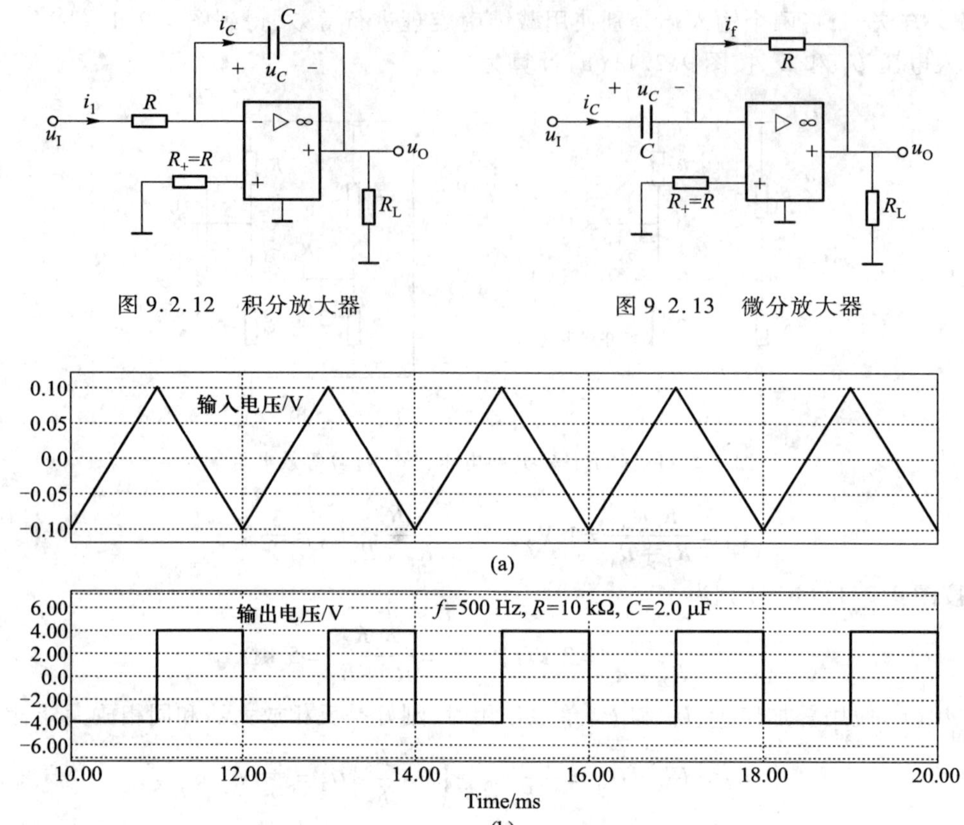

图 9.2.12　积分放大器

图 9.2.13　微分放大器

图 9.2.14　(a) 微分电路的输入电压;(b) 微分电路的输出电压

在工业过程控制中广泛使用比例、积分和微分控制(简称 PID 控制)技术,由于使用运算放大器可以实现上述运算功能,因此得到了广泛应用。

如果配合非线性元件,运算放大器还能用于实现指数、对数、平方和开方等运算,因此说运算放大器是制造模拟计算机的核心单元。

9.3　运算放大器在信号处理中的应用*

1. 有源滤波器

上一章学习了 RC 低通和高通滤波器,这些滤波器具有结构简单、可以传输较大功率等优点。但也存在输出电压总是小于输入电压,以及滤波特性易受负载影响等缺点。只有当负载电流足够小时,滤波特性才接近所计算的 RC 电路的滤波特性,这给分析和设计带来不便。作为运算放大器的应用,本节介绍用运放实现的滤波器,它们能够克服上述不足,在电信号滤波技术中获得广泛应用,但不可用在功率较大的电力滤波技术中。由于理想运放是有源元件,所以含有运放的滤波器都称为**有源滤波器**。

考察图 9.3.1(a)所示含电容和运放的电路。由于电容对低频信号的容抗大于对高频信号的容抗，所以输入电压中的低频成分较多地加在了运放的同相端，放大后能够产生较大的输出电压，因此该电路具有低通特性，称为 **RC 有源低通滤波器**。

研究滤波器的工具是网络函数的频率特性，因此需要在频域内进行分析。从频域看，图 9.3.1(a) 就是同相比例放大器，因此可以用相量模型按下面过程确定网络函数：

输入电压经 RC 分压后，施加在同相输入端的电压为

$$\dot{U}_{+}(\mathrm{j}\omega)=\frac{-\mathrm{j}X_C}{R-\mathrm{j}X_C}\dot{U}_{\mathrm{i}}=\frac{\dot{U}_{\mathrm{i}}}{1+\mathrm{j}\omega RC} \tag{9.3.1}$$

根据同相放大器的输入/输出关系，求得滤波器的输出电压为

$$\dot{U}_{\mathrm{o}}(\mathrm{j}\omega)=\left(1+\frac{R_{\mathrm{f}}}{R_1}\right)\dot{U}_{+}(\mathrm{j}\omega)=\left(1+\frac{R_{\mathrm{f}}}{R_1}\right)\times\frac{\dot{U}_{\mathrm{i}}}{1+\mathrm{j}\omega RC}=\frac{A_0\dot{U}_{\mathrm{i}}}{1+\mathrm{j}\omega RC} \tag{9.3.2}$$

那么输出电压对输入电压的网络函数及其幅频特性就是

$$H(\mathrm{j}\omega)=\frac{\dot{U}_{\mathrm{o}}(\mathrm{j}\omega)}{\dot{U}_{\mathrm{i}}}=\frac{A_0}{1+\mathrm{j}\omega RC},\quad |H(\mathrm{j}\omega)|=\frac{A_0}{\sqrt{1+(\omega RC)^2}} \tag{9.3.3}$$

它与简单 RC 低通滤波器相比，增加了放大倍数 $A_0=1+R_{\mathrm{f}}/R_1$，A_0 代表频率趋于零时的电压增益。因此，图 9.3.1(a)电路在滤波的同时还能对信号进行放大。图 9.3.1(b)是幅频特性的仿真曲线，在通带内增益大于 1。由于网络函数与负载电阻 R_{L} 无关，所以在实际使用时，只要负载电阻产生的电流不超过运放允许输出的最大电流，负载对频率特性的影响就可忽略不计。这些都是无源 RC 滤波器难以做到的。

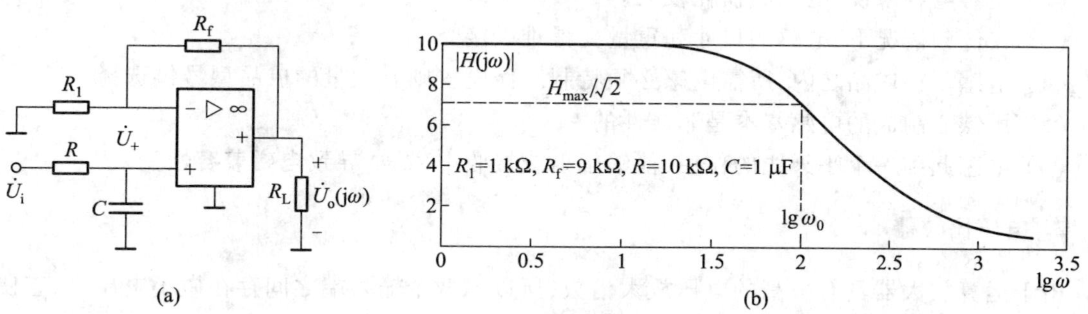

图 9.3.1 (a) RC 有源低通滤波器；(b) 幅频特性

如果将图 9.3.1(a)中的 R 和 C 交换位置，构成图 9.3.2(a)所示电路。由于电容对高频信号的容抗小于对低频信号的容抗，所以输入电压中的高频成分较多地施加在了运放的同相端，放大后能够产生较大的输出电压，故该电路具有高通特性，称为 **RC 有源高通滤波器**。

按照与低通滤波器相同的分析步骤，可以建立高通滤波器的网络函数及其幅频特性如下：

$$H(\mathrm{j}\omega)=\frac{\dot{U}_{\mathrm{o}}(\mathrm{j}\omega)}{\dot{U}_{\mathrm{i}}}=\frac{\mathrm{j}\omega RCA_{\infty}}{1+\mathrm{j}\omega RC},\quad |H(\mathrm{j}\omega)|=\frac{\omega RCA_{\infty}}{\sqrt{1+(\omega RC)^2}} \tag{9.3.4}$$

式中 $A_{\infty}=1+R_{\mathrm{f}}/R_1$，表示频率趋于无限大时的电压增益。图 9.3.2(b)画出了 RC 有源高通滤波器的幅频特性仿真曲线。它也具有信号放大和受负载影响小的优点。

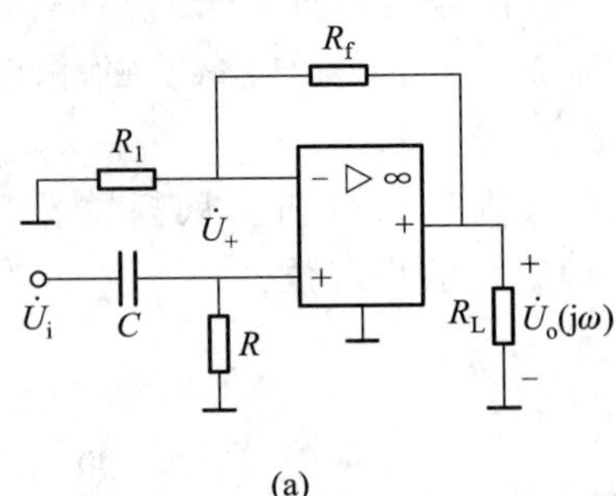

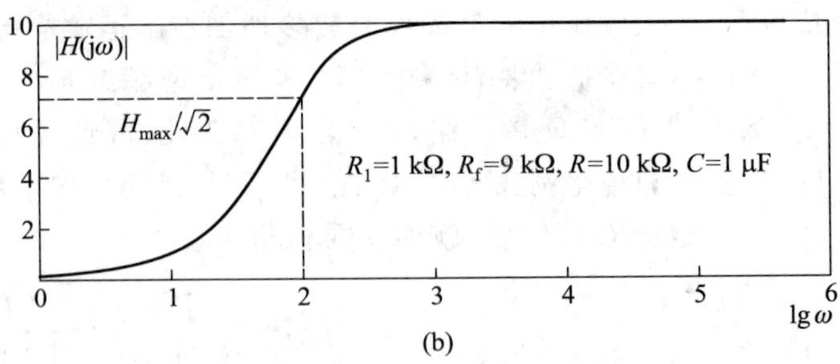

图 9.3.2 (a) *RC* 有源高通滤波器;(b) 幅频特性

RC 有源滤波器有着多种多样的电路结构,以上介绍的只是它们的代表。根据容抗的频率特性,还可以设计出其他结构和特性的滤波器,例如信号从反相端加入的滤波器、使用两个电容的二阶滤波器、具有带通或带阻特性的滤波器等。

值得注意的是:在有源滤波器中,应该避免使用电感,而且也完全可以不用电感来实现各种特性的滤波器。不仅如此,在其他场合也应尽量避免使用电感,即追求无感设计。避免使用电感的原因是:

(1) 半导体内得不到线圈那样的电磁效应,而半导体是制造集成电路的主要材料。因此制作电感用的铁心和导线必须沉积在半导体表面上,只能得到很小的电感值且品质因数低下。而对 *RC* 有源滤波器,包括电容在内的所有器件完全可以采用集成工艺加以制造,即集成的有源滤波器。

(2) 相对电容来说,电感的损耗较大。

(3) 在低频情况下,电感的尺寸和重量变得难以接受。

(4) 电感不在成品之内,所需电感必须特制。而电容则有大量的成品型号供选择。

(5) 用铁心制成的电感基本是非线性的。

(6) 电感起到一个小天线的作用,能够辐射或接收电磁波,导致**电磁兼容**性变差。

2. 电压比较器

由于运算放大器具有极高的电压放大倍数,所以当两个输入端之间存在微小电压时,它便工作在饱和区,至于是正饱和区还是负饱和区,则取决于这个微小电压的极性。据此,人们设计了**电压比较器**,用以对两个电压的大小进行比较,根据比较结果产生正负极性的输出电压。图 9.3.3(a) 就是电压比较器的一个例子,其中,同相端接参考电压 U_{ref},反相端接用来与参考电压比较的输入电压 u_I,运算放大器没有反馈回路,称为**开环**。根据图 9.1.4 所示的运算放大器的传输特性,并认为特性中的 $U_{ds} \approx 0$,得该电压比较器输出电压与输入电压的关系即传输特性是

$$u_O = \begin{cases} U_{sat} & (u_I < U_{ref}) \\ -U_{sat} & (u_I > U_{ref}) \end{cases} \tag{9.3.5}$$

图 9.3.3(b) 画出了这种传输特性的图像。可见,开环使用的运算放大器只能工作在两种饱和状态,并且输入电压 $u_d \approx U_{ref} - u_I \neq 0$,不再具有虚短的特征。

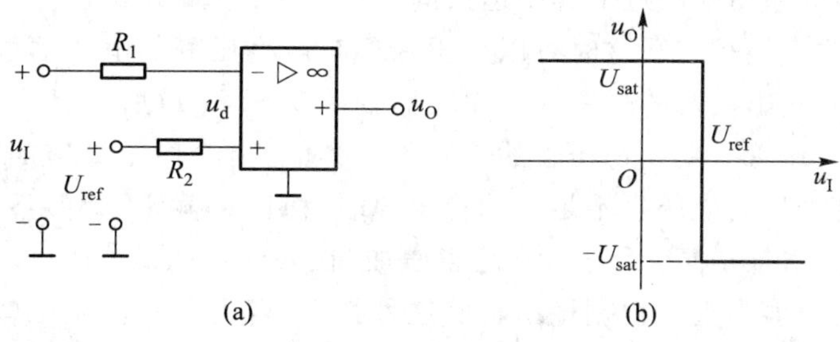

(a) (b)

图 9.3.3 (a) 电压比较器;(b) 传输特性

上图中,如果输入电压来自炉内温度传感器,参考电压对应温度设定值,则炉内的温度低于设定值时,比较器产生正的输出电压,此电压便可用来报警或控制加热装置的开关使其接通电源。

比较器中的参考电压不一定是常量,也可随时间变化。举例来说,如果参考电压和用来比较的电压都是正弦量,如图 9.3.4(a)所示,则在比较器输出端得到的是带有正、负极性的方波,方波在这两个电压波形的相交处发生跳变,如图 9.3.4(b)所示。如果用三个这样的比较器,对三相电压两两进行比较,根据各比较器的输出状态便可鉴别三相电压的六种大小关系:$u_A > u_C > u_B$;$u_A > u_B > u_C$;$u_B > u_A > u_C$;$u_B > u_C > u_A$;$u_C > u_B > u_A$;$u_C > u_A > u_B$。

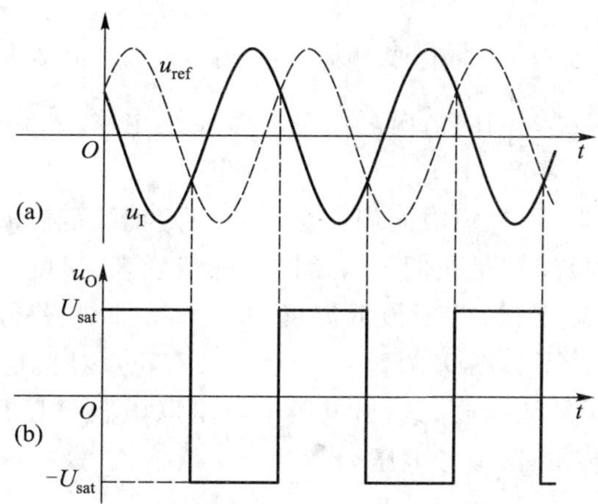

图 9.3.4 (a) 两个正弦电压比较;(b) 输出电压

如果电压比较器中的参考电压为零,即将同相端直接接地,如图 9.3.5(a)所示,这时如果输入电压大于零,运放输出就是负饱和;小于零,就是正饱和。因此,在输入电压经过零值前后,比较器的输出是两个极性不同的电压值,因此称为**过零电压比较器**,其传输特性如图 9.3.5(b)所示。

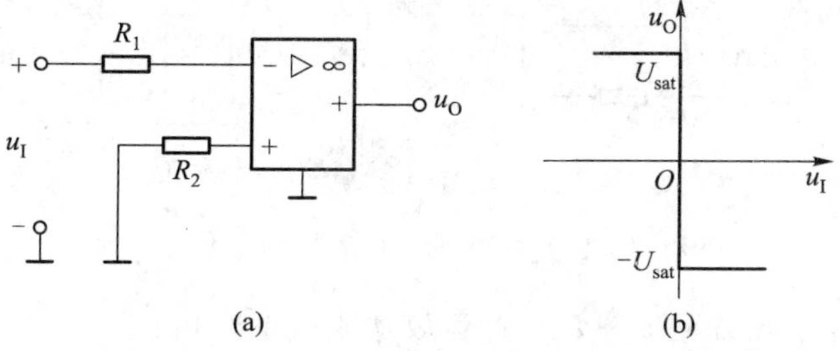

(a) (b)

图 9.3.5 (a) 过零电压比较器;(b) 传输特性

上述电压比较器的输出电压近似等于运放的工作电压，当输出端接数字电路器件时，这个输出电压显得过高，无法直接相连。这时可以采用一种叫做**稳压管**的电子器件对输出电压大小进行限制，称为**限幅**。带输出限幅的过零电压比较器如图 9.3.6(a)所示，图中用了两个单向稳压管，也可用一个双向稳压管。单向稳压管的特性是这样的：当给稳压管施加正向电压时，它便导通，类似二极管；当施加反向电压且不足它的稳压值时，稳压管截止，近似不产生电流；当反向电压超过稳压值时，稳压管被击穿，反向电流迅速增加，在限流电阻 R 的配合下，稳压管两端的电压基本保持在它的稳压值附近。根据稳压管的这种特性，得到带有输出限幅的过零电压比较器的传输特性如图 9.3.6(b)所示，它的输出电压幅值等于稳压管的稳压值 U_Z，小于运放的饱和电压。

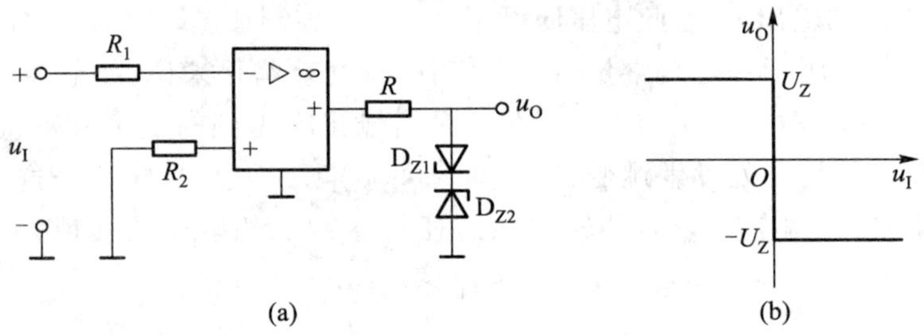

图 9.3.6　(a) 带输出限幅的过零电压比较器；(b) 传输特性

再分析图 9.3.3 用于温度控制的情况。加热装置接通电源后，炉内温度便开始升高。当温度升高到设定值时，比较器就要产生一个负极性的输出电压，用以控制加热装置开关使其关闭电源。关闭后，炉温便开始下降，可能短时间内就会低于设定值，又得重新起动加热装置。如此便导致加热装置的频繁起停，显然这是我们不希望的。一般说来，温度控制问题都要给出温度的变化范围，即最低温度和最高温度，当低于最低温度时才开始加热；高于最高温度时才停止加热。为满足类似的需要，人们设计了如图 9.3.7(a)所示的带有正反馈的电压比较器。

这种比较器的参考电压是从运放的输出电压中经串联电阻分压得来的，因而它依赖于运放的输出电压。当输出为正饱和时，参考电压为

$$U_{ref}=\frac{R_2u_O}{R_2+R_f}=\frac{R_2U_{sat}}{R_2+R_f}=U_H \tag{9.3.6}$$

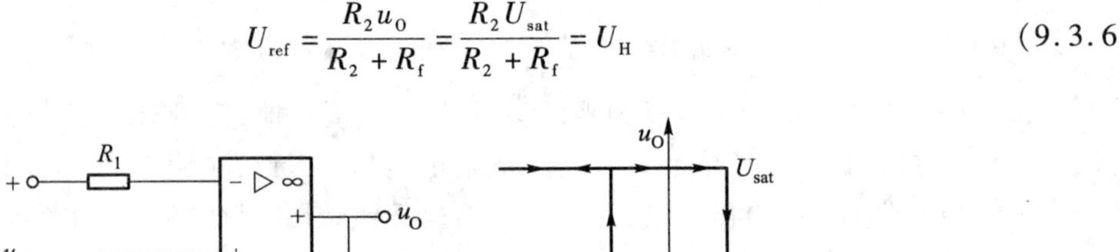

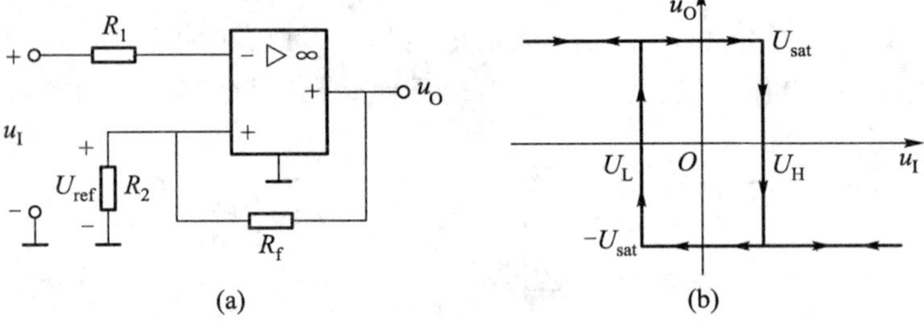

图 9.3.7　(a) 滞回电压比较器；(b) 传输特性

这时输入电压需由较小值增加到 $u_I>U_H$ 时，运放才能由正饱和变到负饱和。

当输出为负饱和时，参考电压为

$$U_{ref}=\frac{R_2u_O}{R_2+R_f}=-\frac{R_2U_{sat}}{R_2+R_f}=U_L \tag{9.3.7}$$

这时输入电压须由较大值减小到 $u_I<U_L$ 时，运放才能由负饱和变到正饱和。所以这种比较器的传输特性如图 9.3.7(b)所示，它具有回线特征，因此称其为**滞回电压比较器**。根据上述两个参考电压的作用，U_H 称为上门限电压，U_L 称为下门限电压。当输入电压位于上、下门限电压之间时，比较器的输出保持不变，可能是 U_{sat}，也可能是 $-U_{sat}$，取决于从哪一方向进入门限电压之间。

为理解滞回电压比较器的比较过程，现将图 9.3.8(a)所示的正弦电压加在滞回比较器的输入端，比较器的输出电压如图 9.3.8(b)所示，它是双极性的方波，在输入电压经过上、下门限时，输出电压才改变极性。

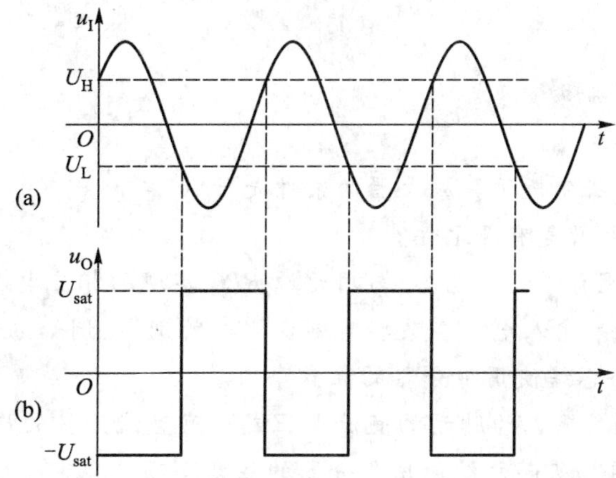

图 9.3.8 (a) 滞回比较器的输入电压；(b) 输出电压

如果图 9.3.7(a)中电阻 R_2 的接地端改接于直流电压 U_S，则上门限电压和下门限电压都要发生量值为 U_S 的增量，从而传输特性发生左右平移，使得滞回比较器更具灵活性。图 9.3.9 就是采用这种滞回比较器的温度控制电路。当温度低于 U_L 对应的温度时，比较器输出正饱和电压，经过限流电阻 R 和稳压管 D_Z 加在功率晶体管 T 的基极，晶体管饱和导通，接触器线圈得到

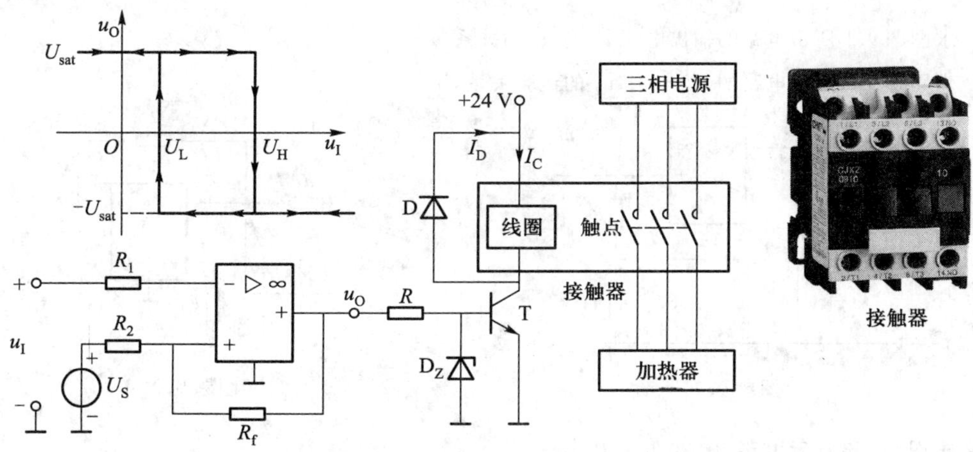

图 9.3.9 采用滞回比较器的温度控制电路

直流电压并产生电流 I_C。该电流产生足够强的磁场，使接触器主触点被吸合，加热器与电源接通。当温度高于 U_H 对应的温度时，过程刚好相反。图中二极管 D 的作用是当晶体管截止时，能够为线圈电流提供通路，以缓慢释放线圈储存的磁场能量，避免产生过高电压，以保护晶体管安全。详见【例题 10.3.1】。

【结语】

运算放大器具有特性好、功耗低、价格便宜、便于设计与调试等优点，在电子技术中已成为极为常用的器件。本章内容为了解运算放大器及其应用打开了一扇窗口。利用这些知识，读者可以制作多种用途的电子产品，并从实践中提高对运算放大器的应用能力，提高学习电路理论的兴趣。

【思考题】

1. 应用虚短、虚断方法分析运算放大器的条件是什么？
2. 为什么称运算放大器是有源元件？
3. 用运算放大器实现有源滤波电路，与用无源 *RLC* 实现的相应电路比较有何特点？
4. 在微分电路中，如果输入电压在某些时刻变化率特别大，例如方波脉冲电压，那么微分器的输出电压会怎样？从而总结使用微分器的注意事项。
5. 在积分电路中，如果输入为脉动的直流电压或含有直流分量的周期电压，长期工作下去，积分器的输出电压会怎样？从而总结使用积分器的注意事项。
6. 在加法器、积分器和微分器等电路中，运算放大器为什么要接成负反馈形式？
7. 在比较器中，运算放大器为什么没有接成负反馈形式？

习　题　九

9.1　求图题 9.1 所示电路的输出电压 u_2 与 u_1 的关系。

9.2　求图题 9.2 所示电路的 u_O 与 u_1、u_2 的运算关系。

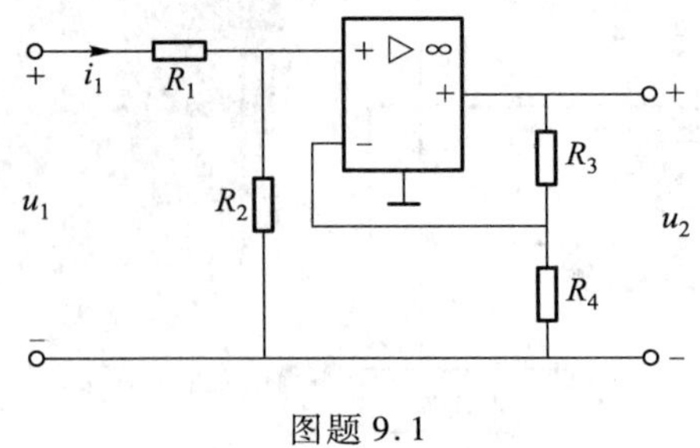

图题 9.1

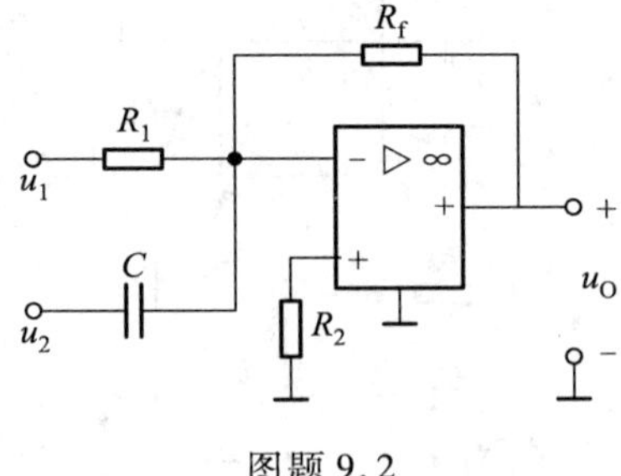

图题 9.2

9.3　求图题 9.3 所示电路的输出电压 U_O。

9.4　求图题 9.4 所示电路的输出电流 I_O。

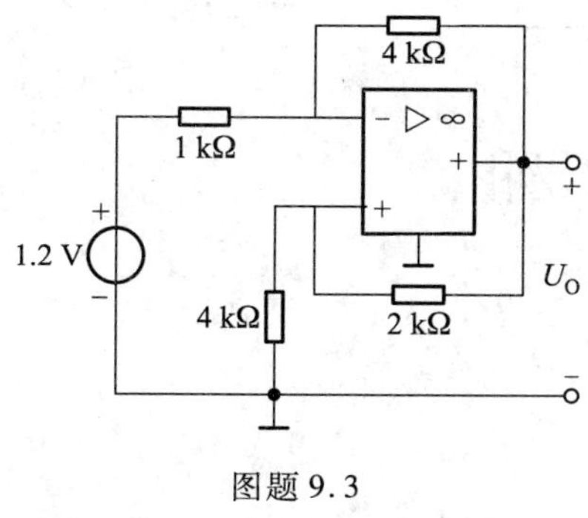

图题 9.3

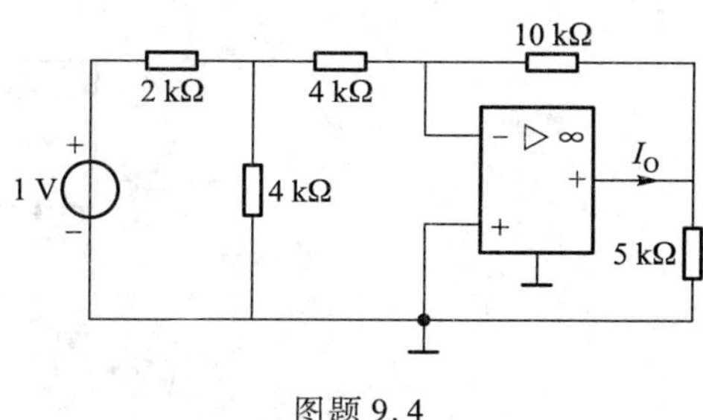

图题 9.4

9.5 求图题 9.5 所示电路的输出电压 U_O。

9.6 电路如图题 9.6 所示，已知 $u_S = \cos \omega t$ V，$\omega = 10^3$ rad/s，求输出电压 u_O。

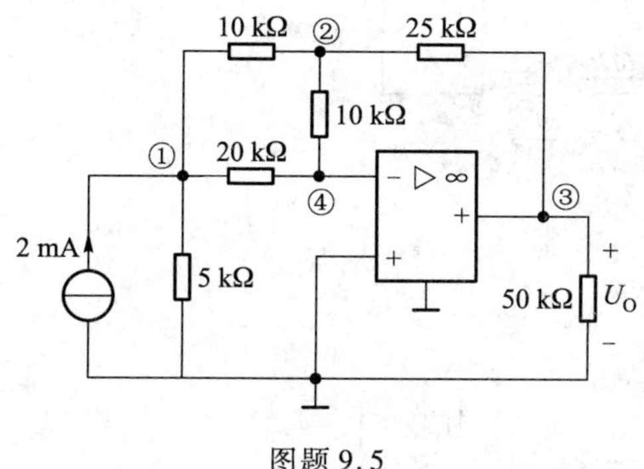

图题 9.5

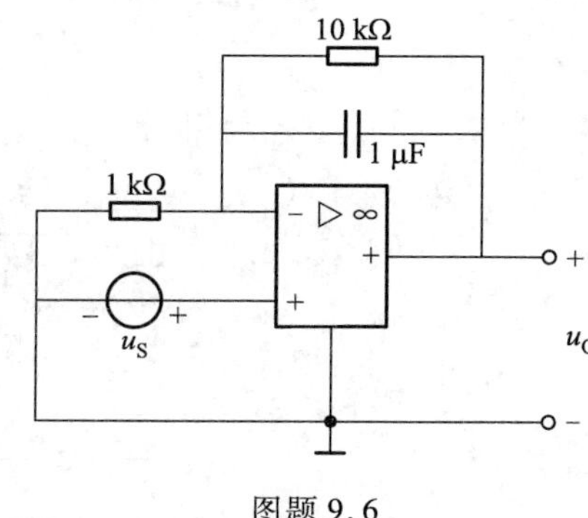

图题 9.6

9.7 电路如图题 9.7 所示，设运算放大器最大输出电压 $U_{sat} = 12$ V，稳压管的稳定电压 $U_Z = 6$ V，正向电压降 $U_D = 0.7$ V，$u_I = 10\sin \omega t$ V。当参考电压 U_R 等于 +3 V 和 −3 V 时，画出传输特性和输出电压波形。

9.8 电路如图题 9.8 所示，求输出电压 U_L 与滑动变阻器位置 α 的关系，其中 $0 \leqslant \alpha \leqslant 1$。设计电路使得 $U_L = -6\alpha + 4$。

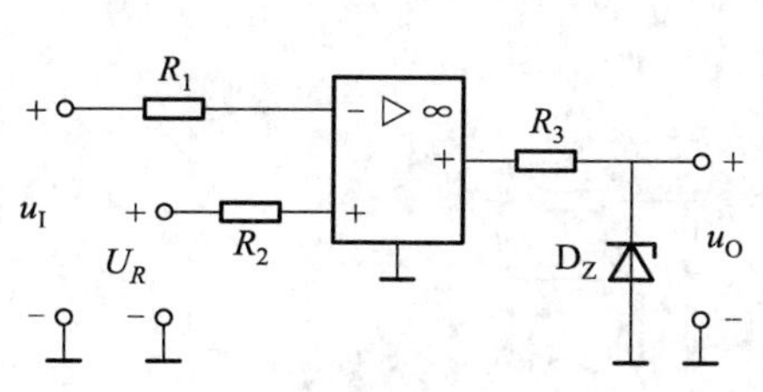

图题 9.7

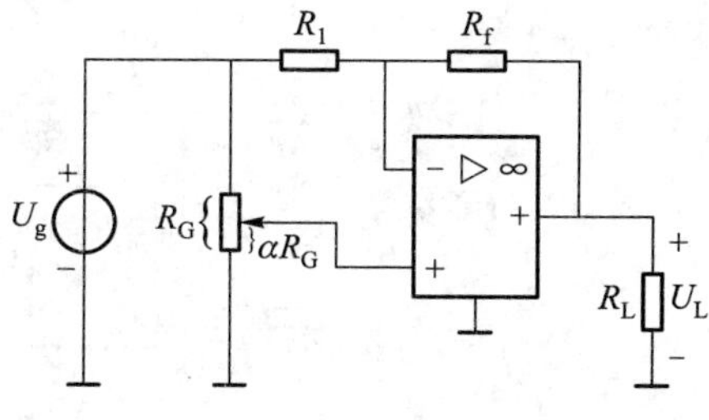

图题 9.8

9.9 电路如图题 9.9 所示，已知 $U_S = 3$ V，$R_1 = 1$ kΩ，$R_2 = R_3 = 30$ kΩ，$R_4 = 10$ kΩ。求输出电压 U_O 和输出电流 I_O。

9.10 电路如图题 9.10 所示，求 u_O 与 u_1 和 u_2 的关系。

9.11 图题 9.11 所示电路。(1) 推导 u_{O1}、u_{O2} 与 u_1、u_2 和 u_3 的运算关系；(2) 如果 $R_1 = R_f = R_3 = R_4 = 40$ kΩ，$C = 1$ μF，简化上述运算关系；(3) 求电阻 R_2 和 R_5 的阻值。

9.12 某运算电路如图题 9.12 所示，设 $R_1 = R_2 = R_3 = 10$ kΩ，$R_4 = R_5 = 18$ kΩ，$R_6 = 30$ kΩ，$R_7 = R_8 = 10$ kΩ，$R_9 = 5$ kΩ，求 u_O 与 u_1、u_2 和 u_3 的运算关系，电阻 R 的作用是什么？

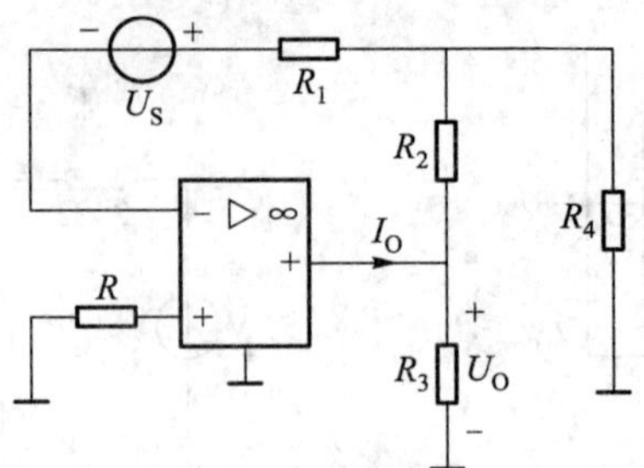

图题 9.9

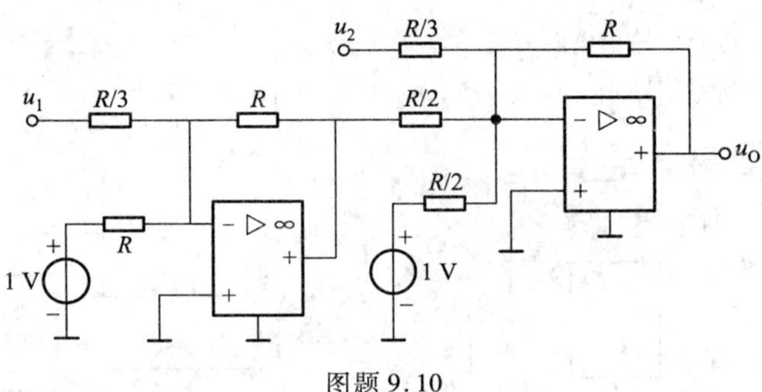

图题 9.10

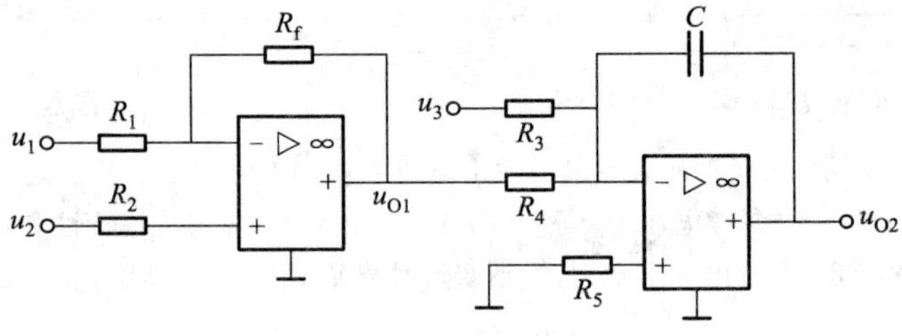

图题 9.11

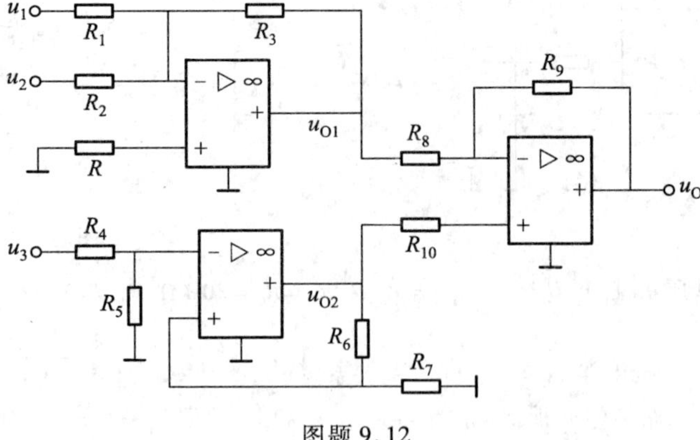

图题 9.12

9.13 求图题 9.13 所示电路的输出电压 u_O。

9.14 求图题 9.14 所示电路的电压转移函数 $H(j\omega)=\dot{U}_o/\dot{U}_i$,分析是何种滤波器?

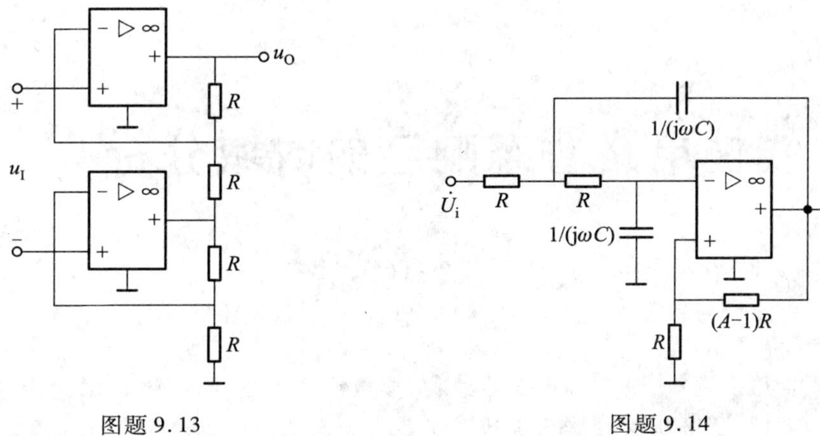

图题 9.13　　图题 9.14

9.15　求图题 9.15 所示电路电压转移函数 $H(\mathrm{j}\omega)=\dot{U}_o/\dot{U}_i$，分析是何种滤波器？

9.16　求图题 9.16 所示电路的电压转移函数 $H(\mathrm{j}\omega)=\dot{U}_o/\dot{U}_i$。

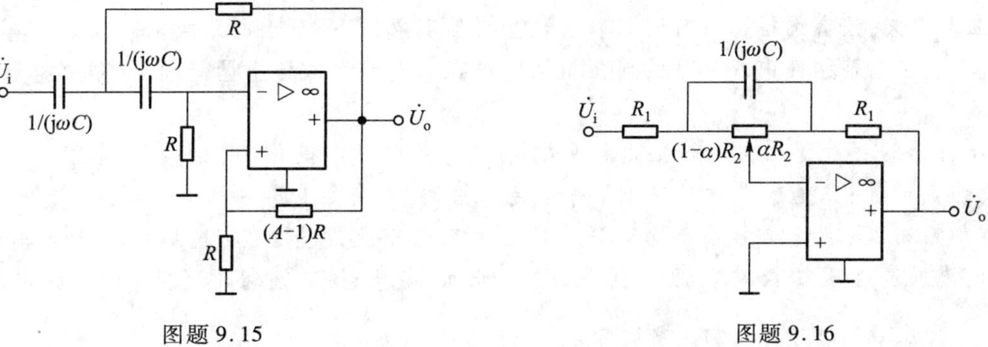

图题 9.15　　图题 9.16

第10章 线性电路暂态响应的时域分析

【导读】

在此之前分析电路问题时，没有考虑电路结构、参数和激励的突然变化，或者认为这些变化已经完成足够长的时间，所分析的电路已经达到了稳定状态，电压、电流要么为常量，要么随时间按周期规律变化。现在需要指出：在一般情况下，这种稳定的状态并不是通电后就立即建立起来的；已经处于稳定状态的电路，当结构、参数和激励发生突然变化时，电压、电流也要随之发生变化，并且变化规律也与稳定状态时有很大不同；突然断电的电路或电气设备，其电压和电流通常并不会立即消失，还会维持一段时间。以上这些自然现象，都是源于电路或电气设备所具有的能量属性，亦即在电路元件中或电路的周围空间能够存储电场和磁场能量，而自然界中能量的变化总是连续的。

上述所说的突然变化在工程上是常见的。一是来自正常操作，例如合闸、拉闸、变更电路结构、投切负荷等；二是来自意外事故，例如突然短路、断路、继电保护动作等；三是来自意外干扰，例如雷击、强电场或强磁场扰动等。在上述突然变化发生以后，电路中有时会出现短时间的强电流或高电压等极端现象。因此，要想全面认识电路，就不能仅限于对稳定状态的研究。

本章及下一章将研究发生上述突然变化以后的电路行为特征和分析方法。本章主要研究通过列写微分方程进行分析的方法。主要内容包括：电路量的初始值；一阶电路的零输入响应、零状态响应和全响应的特点及其计算方法；强制分量、自由分量、稳态分量、暂态分量、时间常数等概念；简单介绍二阶电路的特点以及状态方程的列写。

10.1 时域分析概述

在以前所介绍的直流电路、正弦电流电路和非正弦周期电流电路中，电流和电压要么是常量，要么是周期量。电路的这种工作状态称为稳定状态，简称**稳态**。一般说来，这种状态并不是一通电就立即建立起来的。处于稳定状态工作的电路也会发生这样或那样的突然变动，例如开关接通或断开、电源量值突变、元件参数突变、遭遇事故或干扰等，这些变动都会影响电流、电压即电路响应的变化规律。这种引起电路工作状态变动的因素统称为**换路**。图10.1.1(a)所示开关突然接通就是一种换路。

对含有电感、电容的电路，换路发生后它们的储能情况就要发生改变。在实际电路中，电感、电容吸收或释放一定的能量是不可能瞬间完成的，需要经历一段过渡过程，称为**暂态过程**，在暂态过程中产生的响应称为**暂态响应**，处于暂态过程的电路称为**暂态电路**。如果电路是由电源和其他线性元件组成的，就称为**线性暂态电路**。例如，图 10.1.1(a)就是线性暂态电路，开关接通之前电容 C 未充电，$u_C=0$。开关接通之后，直流电压源 U_S 便通过电阻 R 对电容 C 充电，电容电压 u_C 按某种规律升高，直至达到与电源电压相等，充电结束，电路达到新的稳态，如图 10.1.1(b)所示。

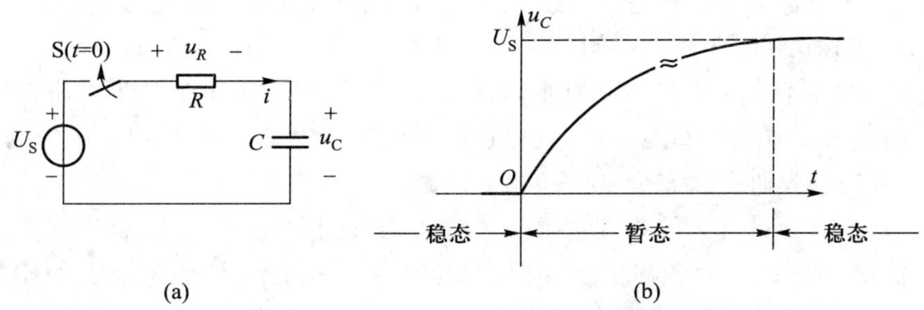

图 10.1.1 *RC* 充电电路及其工作状态

一般说来，电路的暂态响应既不是直流量，也不是正弦或非正弦的周期量。因此，既不能把电感、电容视为短路或断路，也不能在电路中使用复阻抗和相量的概念。这时，为了认识电路暂态响应的变化规律，就需要使用电感和电容上电压与电流任意时间函数之间的关系。这些关系含有关于时间的导数或积分，所以电路方程将是以时间为主变量的微分方程或微分－积分方程。例如图 10.1.1 (a)所示电路在换路后的 KVL 方程为

$$u_R+u_C=Ri+u_C=U_S \tag{10.1.1}$$

将电容元件电流与电压的导数关系即 $i=C\dfrac{\mathrm{d}u_C}{\mathrm{d}t}$代入上式消去电流得

$$RC\frac{\mathrm{d}u_C}{\mathrm{d}t}+u_C=U_S \tag{10.1.2}$$

从数学上看，它是线性常系数一阶微分方程。

微分方程的定解问题需要初始条件。例如，求解一阶微分方程需要待求变量在换路后瞬间的值，称为电路变量的**初始值**；求解二阶微分方程需要待求变量及其一阶导数在换路后瞬间的值，依此类推。若规定电路发生换路时刻为计算的起始时刻，即 $t=0$，则可用 0_- 和 0_+ 分别表示换路前和换路后的瞬间，用 $u(0_+)$、$i(0_+)$、$q(0_+)$、$\Psi(0_+)$表示电路变量的初始值，其中 $u(0_+)$表示 $\lim\limits_{t\to0_+}u(t)$，是一种极限值，其他类似符号照此理解。

微分方程和初始条件共同描述了电路变量所遵循的数学方程。仍以图 10.1.1(a)为例，换路后 u_C 遵循的数学方程是

$$\begin{cases}RC\dfrac{\mathrm{d}u_C}{\mathrm{d}t}+u_C=U_S\\ u_C(0_+)=U_0\end{cases} \tag{10.1.3}$$

综上所述，本章分析线性暂态电路的思路是，以时间为主变量列写电路的微分方程并确定初始条件，通过求解微分方程获得待求响应随时间的变化规律。这种分析方法由于是以时间为主变量，因此称为**时域分析法**。

10.2　电路变量的初始值

上节指出，描述电路暂态响应的方程是微分方程，而微分方程的定解问题需要初始条件。在数学上，微分方程的初始条件通常是作为已知条件给出的，而在电路问题中，则需要根据物理规律确定初始条件。本节专门研究这一问题。

电容和电感是储能元件，它们储存的能量分别与电压的平方和电流的平方成正比，因此电容电压和电感电流代表了电路的储能状态，故称它们为电路的**状态变量**。状态变量的性质有别于非状态变量，所以这里先研究状态变量的初始值问题。

自然界中，凡是与能量有关的物理量都是随时间连续变化的，即遵循**渐变**规律，否则用来使能量发生改变的做功速率即功率就将是无限大，这在实际中是不可能的。例如质量为 m 的物体，它与动能相关的速度、与势能相关的高度、与热能相关的温度等都是随时间连续变化的。

电容能够储存电场能量，因此，在符合能量渐变规律的条件下，任意时刻 t_0，电容上的电场能量都满足：

$$\lim_{t\to t_{0+}} W_e(t)=\lim_{t\to t_{0-}} W_e(t)\quad \text{或简写成}\quad W_e(t_{0+})=W_e(t_{0-}) \tag{10.2.1}$$

亦即 $W_e(t)$ 是关于时间的连续函数，如图 10.2.1 所示。

如果把换路时刻规定为时间的起点即 $t=0$，并令 $t_0=0$，根据式(10.2.1)则有

$$W_e(0_+)=W_e(0_-) \tag{10.2.2}$$

线性电容储存的电场能量与电荷平方或与电压平方成正比：

$$W_e(t)=\frac{1}{2C}q^2(t)=\frac{1}{2}Cu_C^2(t) \tag{10.2.3}$$

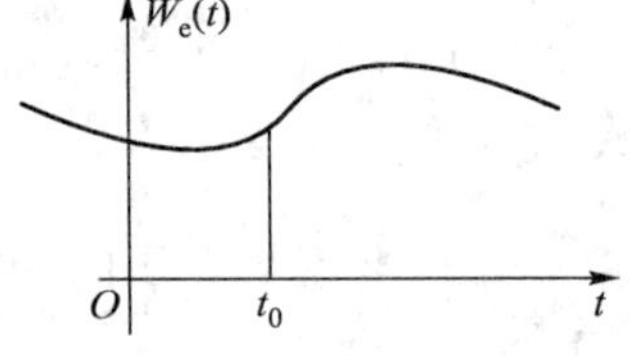

图 10.2.1　电场能量连续变化示意图

因此，在换路时刻电容电荷和电压满足

$$q(0_+)=q(0_-),\quad u_C(0_+)=u_C(0_-) \tag{10.2.4}$$

式中，$q(0_-)$ 和 $u_C(0_-)$ 分别表示换路前瞬刻的电容电荷和电压，称为电荷和电压的**原始值**。

上面基于能量连续变化的事实得出了电容电荷和电压在换路时刻是连续变化的结论，因此可用换路前的原始值作为它们的初始值。

举例来说，图 10.2.2 所示电路，在换路前电容上没有储能，相当于 $u_C(0_-)=0$，则在开关动作后的瞬间满足 $u_C(0_+)=u_C(0_-)=0$，即在 $t=0$ 瞬间电容相当于短路。若不然，假设电容电压在换路时发生了跃变，即 $u_C(0_+)\neq u_C(0_-)$，则流过电容的电流 $|i_C|=C|\mathrm{d}u_C/\mathrm{d}t|$ 必然为无限大，含有内阻的电压源是不可能提供无限大电流或无限大功率的，因而假设不成立，u_C 只能是连续变化。

由于电容元件、参数及相关变量与电感元件、参数及相关变量是对偶要素，所以基于对偶原理，根据式(10.2.4)可直接写出电感磁链和电流的初始值与原始值的关系为

$$\Psi(0_+)=\Psi(0_-),\quad i_L(0_+)=i_L(0_-) \tag{10.2.5}$$

上式说明：在符合能量渐变的条件下，电感磁链和电流在换路时刻是连续变化的，可用换路前的原始值作为它们的初始值。

例如图 10.2.3 所示电路中，开关断开前，电感处于短路，其磁场能量为

$$W_{\mathrm{m}}(0_-)=0.5\Psi^2(0_-)/L=0.5Li_L^2(0_-)\text{，其中 } i_L(0_-)=U_{\mathrm{S}}/R_1 \tag{10.2.6}$$

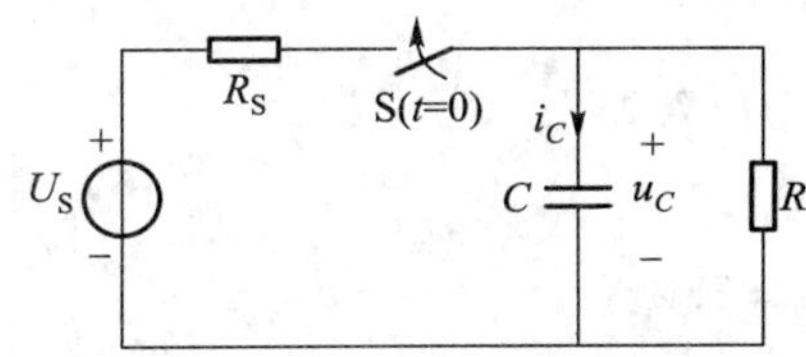

图 10.2.2　电容电压连续变化的例子

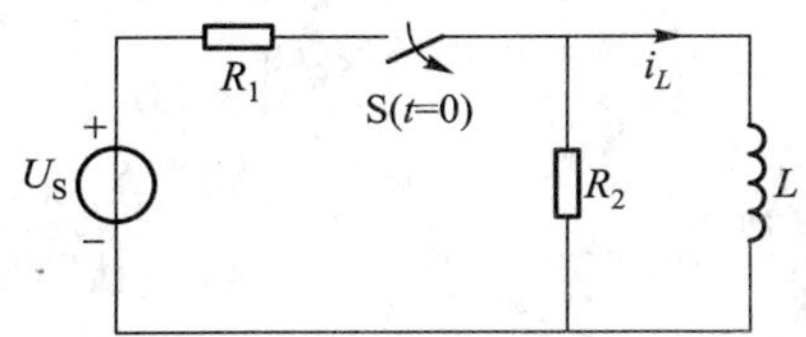

图 10.2.3　电感电流连续变化的例子

开关断开后的一瞬间能量保持不变，即

$$W_{\mathrm{m}}(0_+)=0.5\Psi^2(0_+)/L=0.5Li_L^2(0_+)=W_{\mathrm{m}}(0_-) \tag{10.2.7}$$

因此换路瞬间，磁链和电流均保持不变，即

$$\Psi(0_+)=\Psi(0_-)=Li_L(0_-),\qquad i_L(0_+)=i_L(0_-)=U_{\mathrm{S}}/R_1 \tag{10.2.8}$$

式(10.2.4)和式(10.2.5)统称为**换路定律**，它们是计算初始值的基本依据。

式(10.2.4)关于电容的换路定律是建立在能量渐变基础上的，这对实际电路而言总是正确的。然而，对于某些电路模型，由于忽略了原本存在的电源内阻、导线电阻、电容的串联等效电阻等，可能会发生电容电压的跃变现象。例如图 10.2.2 中，如果 $R_{\mathrm{S}}=0$，根据理想电压源能够提供确定电压的特性可知，换路后电容电压为 $u_C(0_+)=U_{\mathrm{S}}\neq u_C(0_-)$，$u_C$ 必然发生跃变，此时必伴随有无限大的电流给电容充电。对理想电压源来说，它是可以提供无限大电流的；对理想电容来说，它也能够输入无限大电流。因而在理想化的电路模型中，可能会发生电容电压跃变现象。对偶地，也可能发生电感电流跃变现象。对发生跃变现象的电路模型，初始值的计算要依据基尔霍夫定律、电荷守恒定律或磁链守恒定律。读者可通过习题加以练习。

在研究工程问题时，若所使用的电路模型中出现电容电压或电感电流的跃变现象，说明该模型已不能很好地反映客观电路，应修改电路模型，恢复那些已被忽略的电磁现象，并用相应的参数来表示。

对于电容电压和电感电流以外的非状态变量，由于不一定直接对应电路的储能，因而可能发生跃变现象，不能用原始值作为初始值。为求它们的初始值，可先根据换路定律求出状态变量的初始值，然后分别用电压源和电流源置换电容和电感，得到计算初始值用的电阻电路，再用分析电阻电路的各种方法来求解即可。

【例题 10.2.1】　图 10.2.4(a)所示电路，在 $t<0$ 时处于稳态，$t=0$ 时开关突然接通。求初始值 $i_L(0_+)$、$u_C(0_+)$、$u_1(0_+)$、$u_L(0_+)$及 $i_C(0_+)$。

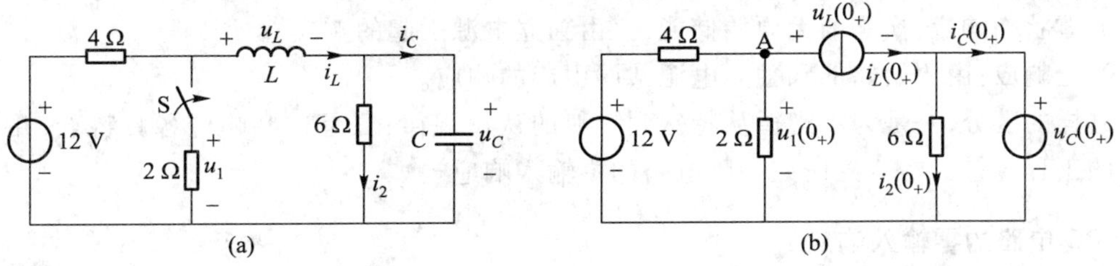

图 10.2.4　例题 10.2.1 图

【解】 开关在接通之前,电路是直流稳态,电容相当于开路,电感相当于短路,于是求得

$$\begin{cases} i_L(0_-)=\dfrac{12}{4+6}\text{A}=1.2\ \text{A} \\ u_C(0_-)=6\times i_L(0_-)=7.2\ \text{V} \end{cases}$$

由换路定律得

$$\begin{cases} i_L(0_+)=i_L(0_-)=1.2\ \text{A} \\ u_C(0_+)=u_C(0_-)=7.2\ \text{V} \end{cases}$$

根据上述结果,画出 0_+ 瞬间等效电路,如图 10.2.4(b)所示。对节点 A 列 KCL 方程得

$$\frac{u_1(0_+)-12}{4}+\frac{u_1(0_+)}{2}+i_L(0_+)=0$$

解得

$$u_1(0_+)=2.4\ \text{V}$$

根据 KVL 和 KCL 进一步求得

$$u_L(0_+)=u_1(0_+)-u_C(0_+)=-4.8\ \text{V}$$

$$i_C(0_+)=i_L(0_+)-i_2(0_+)=i_L(0_+)-\frac{u_C(0_+)}{6}=0$$

如果用叠加定理计算图 10.2.4(b)所示电路,便会得出:非状态变量的初始值是由外加激励和状态变量的初始储能共同作用产生的,并且满足叠加关系。

10.3 一阶电路的零输入响应

描述暂态响应的方程是微分方程,因此求解的复杂性取决于微分方程的阶数。在暂态响应分析中,常根据微分方程的阶数给电路归类。例如用一阶微分方程描述的电路就称为**一阶电路**。此外还有二阶、三阶、高阶等。

本章重点认识一阶电路,它是最简单的一类暂态电路。电路中除电阻之外只含一个电容或一个电感的电路,或经变换后可等效为一个电容或一个电感的电路都是一阶电路。例如图 10.2.2、10.2.3 所示电路分别只含一个电容和一个电感,它们都是一阶电路。

本章以下内容总体上是按照引起电路响应的能量来源加以展开。这些能量来源包括独立电源(也称为输入或激励)和电容、电感的原始储能(也称为原始状态),因而响应分成如下三种类型:

(1) **零输入响应**:换路后无独立电源,仅由原始储能引起的响应。

(2) **零状态响应**:换路前无原始储能,仅由独立电源引起的响应。

(3) **全响应**:由原始储能和独立电源共同引起的响应。

做这样的区分,一是为了遵循从特殊到一般的认识规律;二是这些响应各具特点,并且都存在鲜明的工程背景。本节先研究一阶电路的零输入响应。

1. *RC* 电路的零输入响应

图 10.3.1(a)所示电路,开关原来与 a 点接触,电容电压 $u_C=U_0$,电容上储存了电场能量。

$t=0$ 时开关由 a 点突然扳到 b 点。$t>0$ 时构成图 10.3.1(b)所示的零输入电路,电容开始释放能量。下面分析 $t>0$ 时 u_C 和 i_C 的变化规律。

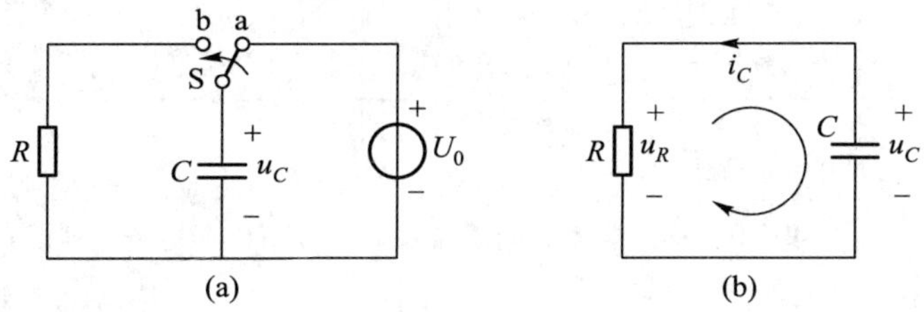

图 10.3.1 讨论零输入响应的 RC 电路:(a) 换路前;(b) 换路后

根据 KVL 列出 $t>0$ 时电路的微分方程为

$$-u_R+u_C=-Ri_C+u_C=RC\frac{\mathrm{d}u_C}{\mathrm{d}t}+u_C=0 \tag{10.3.1}$$

根据换路定律确定电容电压初始值为

$$u_C(0_+)=u_C(0_-)=U_0 \tag{10.3.2}$$

方程(10.3.1)为一阶常系数线性齐次常微分方程,数学上可用分离变量法求解:

$$\frac{\mathrm{d}u_C}{u_C}=-\frac{\mathrm{d}t}{RC} \tag{10.3.3}$$

$$\ln u_C=-\frac{t}{RC}+A' \tag{10.3.4}$$

因此,微分方程(10.3.1)的通解为

$$u_C=A\mathrm{e}^{-\frac{t}{RC}} \quad 其中 \quad A=\mathrm{e}^{A'} \tag{10.3.5}$$

式中,常数 $\mathrm{e}\approx2.718\ 3$,$A$ 为积分常数,需根据初始条件即式(10.3.2)来确定为

$$u_C(0_+)=A\mathrm{e}^0=A=U_0 \tag{10.3.6}$$

将上式代入式(10.3.5),得到满足方程(10.3.1)和初始条件式(10.3.2)的解为

$$u_C=A\mathrm{e}^{-\frac{t}{RC}}=U_0\mathrm{e}^{-\frac{t}{RC}} \quad (t\geqslant0) \tag{10.3.7}$$

再由欧姆定律或电容上 i_C 与 u_C 的关系求出电流 i_C 为

$$i_C=\frac{u_C}{R}=-C\frac{\mathrm{d}u_C}{\mathrm{d}t}=\frac{U_0}{R}\mathrm{e}^{-\frac{t}{RC}} \quad (t>0) \tag{10.3.8}$$

由于 $i_C(t)$ 在 $t=0$ 处非连续,因此式(10.3.8)的定义域不含 $t=0$。上述二式表明:零输入响应 u_C 和 i_C 都是从初始值开始,按同一指数倍率即 $\mathrm{e}^{-t/RC}$ 衰减至零,放电结束。图 10.3.2(a)、(b)分别画出了 u_C 及 i_C 的变化规律。电容电压下降速度呈现先快后慢的特点。对此还可做这样的解释:起初电容电压较大,因而能产生较大的放电电流,使得电容上的电荷减少很快,电压也就下降很快。随着放电时间的延续,电压变得越来越小,产生的放电电流也变得越来越小,因而电压下降速度就变得越来越慢。

由式(10.3.7)和式(10.3.8)可见,u_C 及 i_C 的衰减速率取决于 RC 之积。为了量化描述衰减速率,令

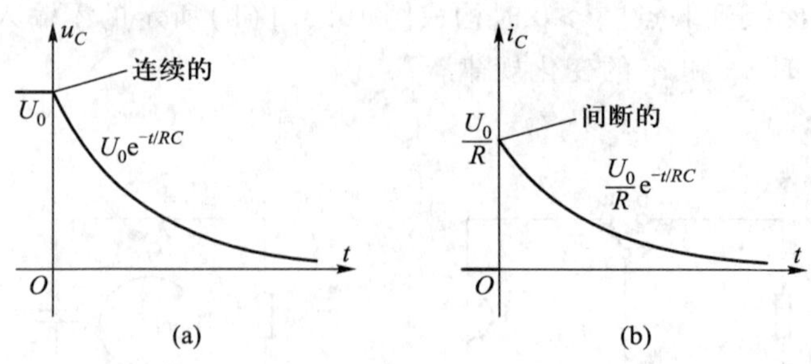

图 10.3.2　电容放电规律：(a) 电压；(b) 电流

$$\tau = RC \tag{10.3.9}$$

当电阻单位为 Ω、电容单位为 F 时，τ 的单位为 $\Omega \cdot \mathrm{F} = \frac{\mathrm{V}}{\mathrm{A}} \times \frac{\mathrm{A \cdot s}}{\mathrm{V}} = \mathrm{s}$，它具有时间的量纲，称为 RC 电路的**时间常数**。

下面分析时间常数 τ 对衰减速率或放电时间的影响。根据式(10.3.7)可得

$$u_C(t_0 + \tau) = U_0 e^{-\frac{t_0+\tau}{\tau}} = U_0 e^{-1} e^{-\frac{t_0}{\tau}} = e^{-1} u_C(t_0) \approx 0.368 u_C(t_0) \tag{10.3.10}$$

所以电路的时间常数就是从任意时刻 t_0 开始，当电压大约下降到 t_0 时刻的 36.8% 时所经历的时间，图 10.3.3(a) 解释了这一含义。因此，时间常数越大，电压下降越慢，放电时间越长。图 10.3.3(b) 画出了在同一初始电压下对应 3 个不同时间常数 τ 的 u_C 变化曲线，其中 $\tau_2 = 2\tau_1$，$\tau_3 = 3\tau_1$。

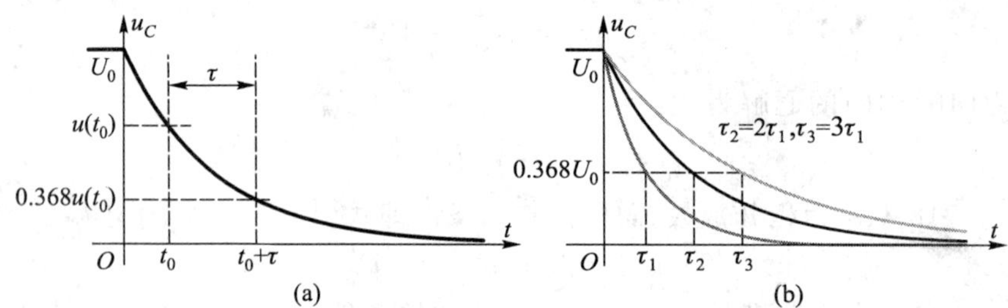

图 10.3.3　(a) 时间常数的含义；(b) 不同时间常数对应的 u_C 曲线

另外，根据式(10.3.7)不难发现

$$\left| \frac{\mathrm{d}u_C/\mathrm{d}t}{u_C} \right| = \frac{(1/\tau) U_0 e^{-t/\tau}}{U_0 e^{-t/\tau}} = \frac{1}{\tau} \tag{10.3.11}$$

即电容电压的时间变化率与电压比值的绝对值等于时间常数的倒数。这是用相对变化率的方式说明时间常数越大，电压下降越慢的变化规律。

图 10.3.4 画出了从 $t=0$ 开始，经历不同时间的电容电压相对值。由图可见，理论上虽需经无限长时间放电才能结束，但实际上只要经过 $3\tau \sim 5\tau$ 的时间，就可近似认为放电基本结束。

时间常数取决于电路参数即 $\tau = RC$，说明 R、C 越大，放电时间越长。对此可做这样的理解：因为电容储能和电阻消耗功率都与电压的平方成正比($W_e = Cu_C^2/2$，$p_R = u_R^2/R = u_C^2/R$)，所以在确定的电压下，C 越大电容储能越多；R 越大，电阻消耗功率越小，电容上的能量释放越慢。故 R、C 越大，放电时间就越长。

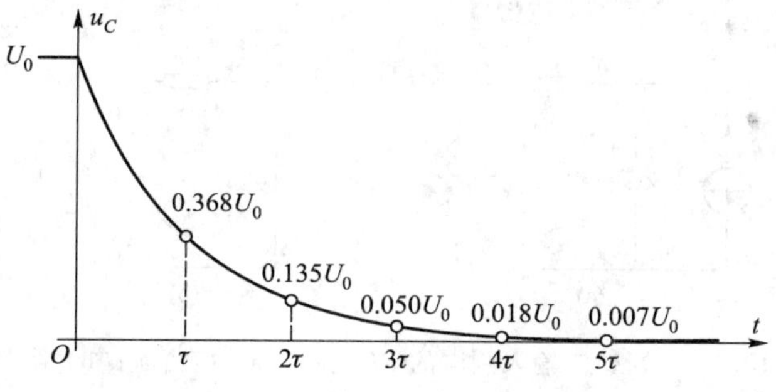

图 10.3.4 电容电压在不同时间的相对值

由式(10.3.8)可见,放电的初始电流为 $i_C(0_+)=U_0/R$。如果 R 很小,则在放电开始的一瞬间,将会产生很大的放电电流,实际应用时,应注意避免或正确利用这一现象。图 10.3.5 画出了在 U_0 和 C 不变的情况下,不同电阻 R 对应的电流曲线。R 越小,放电开始瞬间的放电电流越大,因而电荷减少越快,电压和电流衰减也就愈加迅速。但不同的电阻值对应的响应曲线与时间轴围成的面积是相同的,因为这个面积等于所放掉的电荷,理应都等于放电开始时电容储存的电荷,即

$$Q = \int_0^{\infty} i_C(t)\,\mathrm{d}t = \int_0^{\infty} \frac{U_0}{R}\mathrm{e}^{-\frac{t}{RC}}\mathrm{d}t = CU_0 = q(0_-) \quad (\text{与 } R \text{ 无关}) \tag{10.3.12}$$

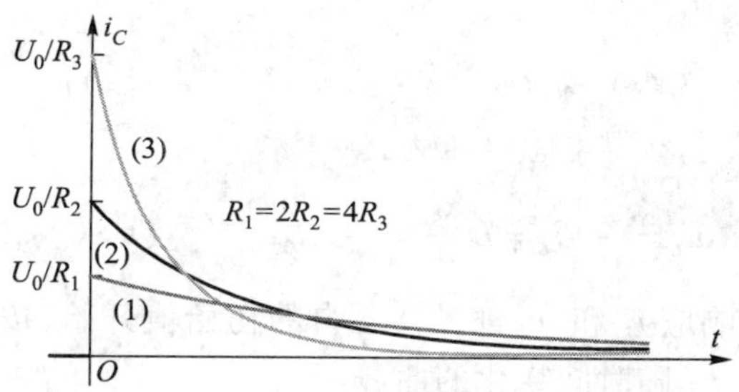

图 10.3.5 *RC* 电路电阻与电流的关系

上述 RC 电路的零输入响应是由电容原始储能引起的。因此,根据能量守恒定律,在整个放电过程中电阻所消耗的能量必然等于电容的原始储能,验证如下:

$$W_R = \int_0^{\infty} p_R(t)\,\mathrm{d}t = \int_0^{\infty} \frac{u_C^2}{R}\mathrm{d}t = \frac{1}{2}CU_0^2 = \frac{1}{2}Cu_C^2(0_-) = W_\mathrm{e}(0_-) \tag{10.3.13}$$

2. *RL* 电路的零输入响应

考察图 10.3.6(a)所示的 RL 电路。开关原是断开的,电路处于稳态,电感相当于短路,电流 $i_L=I_0$。$t=0$ 时开关突然接通。$t>0$ 时就得到图 10.3.6(b)所示的 RL 零输入响应电路,其 KVL 方程为

$$u_L + u_R = L\frac{\mathrm{d}i_L}{\mathrm{d}t} + Ri_L = 0 \tag{10.3.14}$$

根据换路定律得初始值

$$i_L(0_+) = i_L(0_-) = I_0 \tag{10.3.15}$$

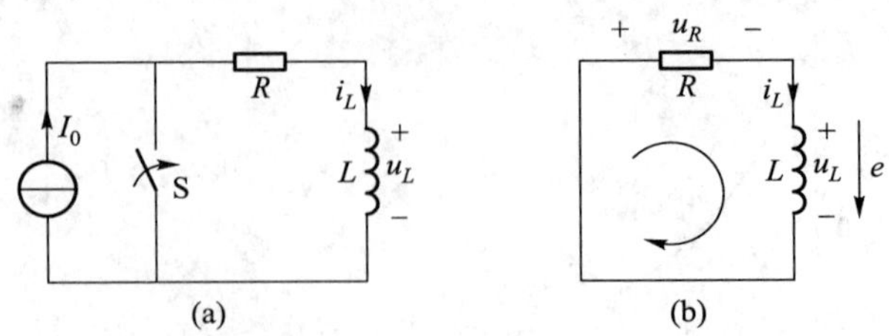

图 10.3.6 讨论零输入响应的 RL 电路:(a) 换路前;(b) 换路后

式(10.3.14)也是一阶线性齐次微分方程,仿照求解式(10.3.1)所用的分离变量法得通解为

$$i_L(t)=Ae^{-\frac{R}{L}t}=Ae^{-t/\tau} \tag{10.3.16}$$

式中

$$\tau=\frac{L}{R} \tag{10.3.17}$$

当电感单位为 H,电阻单位为 Ω 时,τ 的单位是 $\mathrm{H}/\Omega=[(\mathrm{V}/\mathrm{A})\mathrm{s}]/\Omega=\mathrm{s}$。这里 τ 也具有时间的量纲,称为 RL 电路的时间常数。

由初始条件即式(10.3.15)确定通解中的积分常数 A 为

$$i_L(0_+)=Ae^0=A=I_0 \tag{10.3.18}$$

将上式代入式(10.3.16),得

$$i_L(t)=i_L(0_+)e^{-t/\tau}=I_0e^{-t/\tau}\quad(t\geqslant 0) \tag{10.3.19}$$

根据欧姆定律或对电感电流求导得电感电压为

$$u_L=-Ri_L=L\frac{\mathrm{d}i_L}{\mathrm{d}t}=-RI_0e^{-t/\tau}\quad(t>0) \tag{10.3.20}$$

上述二式表明,零输入响应 i_L 和 u_L 都是从各自的初始值开始,按同一指数倍率 $e^{-t/\tau}$ 衰减至零。图 10.3.7 画出了 i_L 及 u_L 随时间变化的曲线。

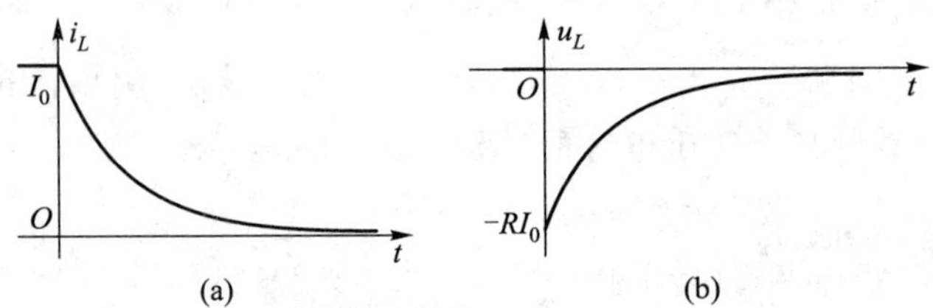

图 10.3.7 RL 电路的响应曲线;(a) 电流 i_L;(b) 电压 u_L

i_L 及 u_L 变化速率取决于时间常数 $\tau=L/R$。L 越大、R 越小,i_L 及 u_L 衰减就越缓慢,暂态过程就越长。这是因为电感储能和电阻消耗功率都与电流的平方成正比:$W_m=Li_L^2/2$,$p_R=Ri_L^2$。可见,在确定的电流下,L 越大电感储能越多;R 越小电阻消耗的功率越小,电感上的能量释放就越慢。故 L 越大、R 越小,暂态过程也就越长。

在暂态过程中,电感电压为负值,说明电压的真实方向与图中的参考方向相反,或者说感应电动势的真实方向如图中的箭头所示,这正好符合楞次定律,即感应电动势试图维持电流不变。

由图 10.3.7(b)可见,在换路的初始瞬间电感电压为$|u_L(0_+)|=RI_0$。若电阻 R 很大,则在换路时电感两端会出现很高的瞬时电压。在实际应用时,要设法避免或正确利用这一现象。图 10.3.8 画出了对应不同电阻值的电感电压响应曲线。电阻越大,电感电压也越大,同时电压衰减也越快。对此可参照 RC 电路并应用对偶原理加以理解。

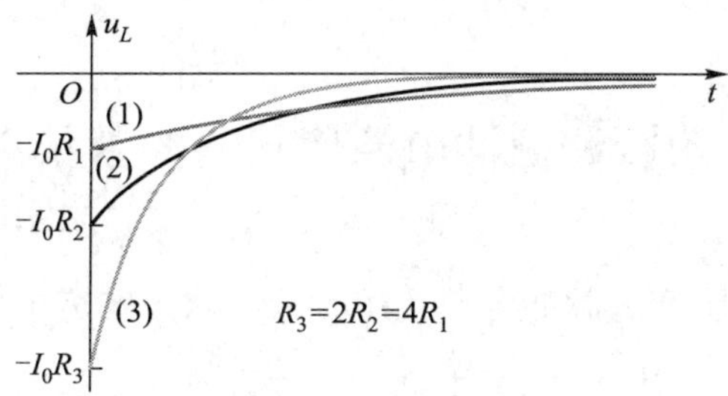

图 10.3.8 电阻 R 与电感电压的关系曲线

【例题 10.3.1】 如图 10.3.9 所示电路,已知 $U_S=35\ \text{V}$,$R_1=5\ \Omega$,$R_2=5\ \text{k}\Omega$,$L=0.4\ \text{H}$。$t<0$ 时电路处于直流稳态,$t=0$ 时开关断开。求 $t>0$ 时的电流 i_L 及开关两端电压 u_k。

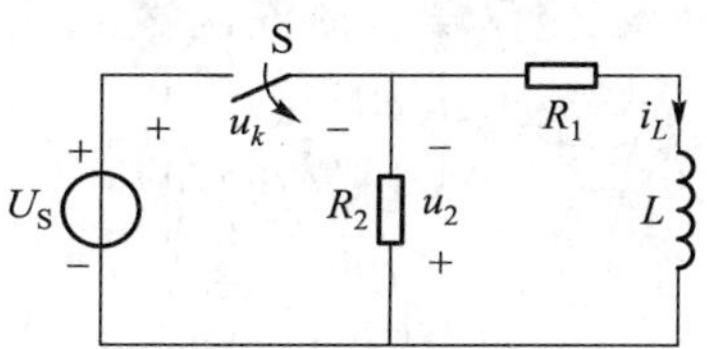

图 10.3.9 例题 10.3.1 图

【解】 先计算 i_L。换路后的电路与图 10.3.5(b)所示的 RL 电路相似,可直接引用其分析结果。i_L 的初始值及电路的时间常数分别为

$$i_L(0_+)=i_L(0_-)=\frac{U_S}{R_1}=7\ \text{A},\quad \tau=\frac{L}{R}=\frac{L}{R_1+R_2}\approx 8\times10^{-5}\ \text{s}$$

根据式(10.3.19)直接写出为

$$i_L=i_L(0_+)\mathrm{e}^{-t/\tau}=7\mathrm{e}^{-1.25\times10^4t}\ \text{A}\quad (t\geqslant 0)$$

再由 KVL 求得开关两端电压为

$$u_k=U_S+u_2=U_S+R_2i_L=(35+3.5\times10^4\mathrm{e}^{-1.25\times10^4t})\ \text{V}\quad (t>0)$$

由上式可以求得

$$u_k(0_+)=35+3.5\times10^4\ \text{V}\approx3.5\times10^4\ \text{V}$$

可见,在开关断开瞬间,开关要承受很高的电压。这是由于 i_L 不能跃变,从而在较大电阻 R_2 两端产生很大电压。因此可以通过减小电阻 R_2 来减小开关上的高电压。但 R_2 的减小又会使得在开关闭合期间消耗较大的功率。为此,可选择二极管与电阻 R_2 串联,如图 10.3.10 所示。这样,在开关闭合期间,加在二极管上的是反向电压,因而二极管截止,近似开路,R_2 消耗的功率近似为零;当开关断开时,加在二极管上的

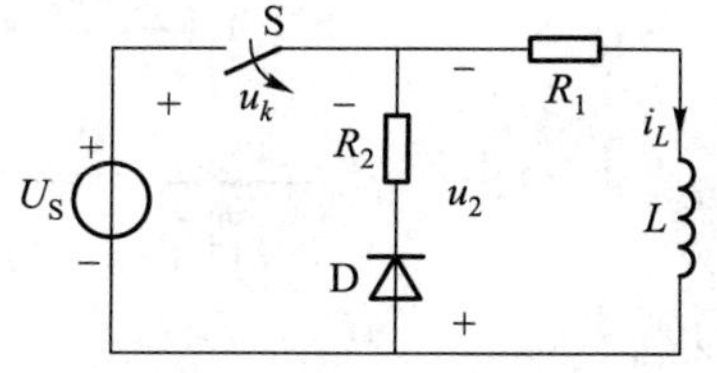

图 10.3.10 采用续流二极管的 RL 电路

是正向电压，因而二极管导通，近似短路，等效电路与图 10.3.9 相同。由于二极管在开关断开后为电感电流提供了通路，因此称其为**续流二极管**。它在驱动继电器等感性负载的电路中，能够对开关器件起到有效的保护作用。选择适当的电阻 R_2，既可使开关两端不会产生过高的电压，又能获得较快的暂态过程。这就是图 9.3.9 中在接触器线圈两端并联续流二极管的原因。

10.4　阶跃和脉冲电源作用下的零状态响应

这一节研究一阶电路在阶跃和脉冲电源作用下的零状态响应。为此先介绍**阶跃函数**和**脉冲函数**。

1. 阶跃函数与脉冲函数

考察图 10.4.1(a)所示电路，图中开关在 $t=0$ 时从触点 1 换接至触点 2，RC 电路的端口电压 u 的波形如图 10.4.1(b)所示。这一波形的特点是在 $t<0$ 时为零，$t>0$ 时为常量，在 $t=0$ 时发生了跃变。为了描述这类跃变现象，定义**单位阶跃函数**，并用 $\varepsilon(t)$ 表示为

$$\varepsilon(t)=\begin{cases}0 & (t<0)\\ 1 & (t>0)\end{cases} \tag{10.4.1}$$

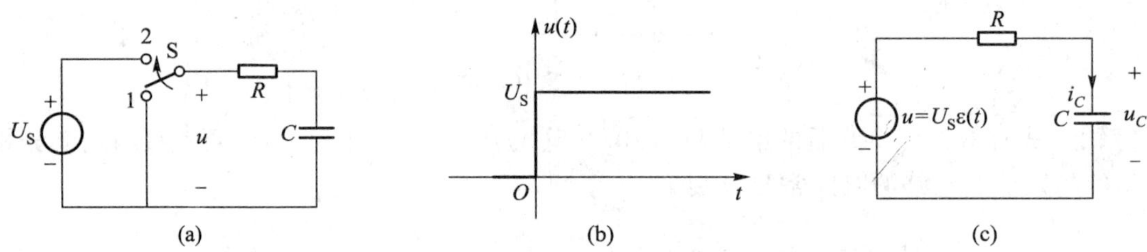

图 10.4.1　(a) RC 电路；(b) 阶跃电压；(c) 用阶跃函数表示突然接入电压源

$\varepsilon(t)$ 无量纲，其波形如图 10.4.2(a)所示，在跃变点 $t=0$ 处，函数值无定义。将 $\varepsilon(t)$ 乘以恒定电压 U_S，则成为图 10.4.1(b)所表示的电压波形，即 $u(t)=U_S\varepsilon(t)$，称为**阶跃电压**。引用阶跃电压可将图 10.4.1(a)简化成图 10.4.1(c)。

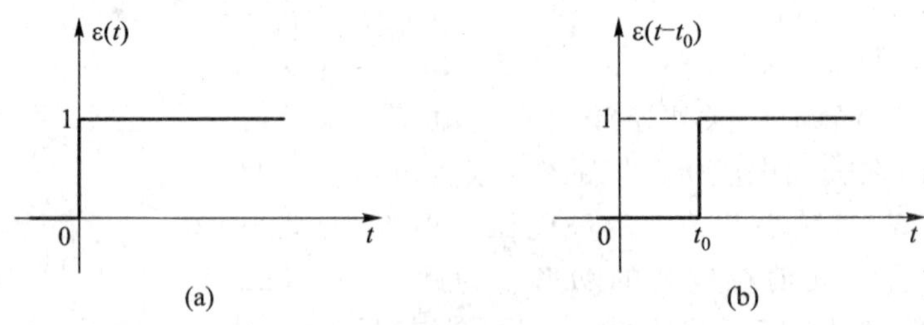

图 10.4.2　(a) 单位阶跃函数；(b) 延迟单位阶跃函数

如果跃变点出现在 $t=t_0$ 处，则是**延迟单位阶跃函数**，即

$$\varepsilon(t-t_0)=\begin{cases}0 & (t<t_0)\\ 1 & (t>t_0)\end{cases} \tag{10.4.2}$$

$\varepsilon(t-t_0)$的波形如图 10.4.2(b)所示。

延迟单位阶跃函数可用来起始或延迟一个任意函数。设 $f(t)$ 波形如图 10.4.3(a)所示，则 $f(t)\varepsilon(t-t_0)$ 的波形和 $f(t-t_0)\varepsilon(t-t_0)$ 的波形分别如图 10.4.3(b)、(c)所示。这些不难根据 $\varepsilon(t-t_0)$ 的定义加以理解。

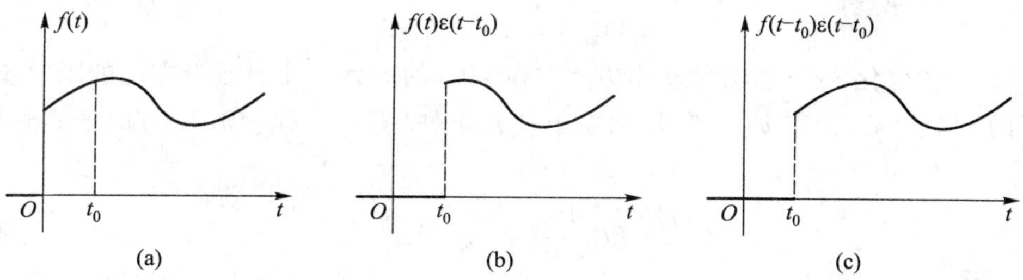

图 10.4.3 (a) $f(t)$的波形；(b) 在 t_0 时刻起始；(c) 延迟至 t_0 时刻

根据 $\varepsilon(t)$的定义，用 $\varepsilon(t)$ 与 $\varepsilon(t-t_0)$ 之差可表示幅值为 1、宽度为 t_0 的**矩形脉冲**，如图 10.4.4 所示，记为

$$G(t)=\varepsilon(t)-\varepsilon(t-t_0) \tag{10.4.3}$$

若用 $G(t)$乘以某一函数便可以表示各种波形的脉冲。例如

$$f(t)=BtG(t)=Bt[\varepsilon(t)-\varepsilon(t-t_0)] \tag{10.4.4}$$

表示锯齿形脉冲，如图 10.4.5 所示。

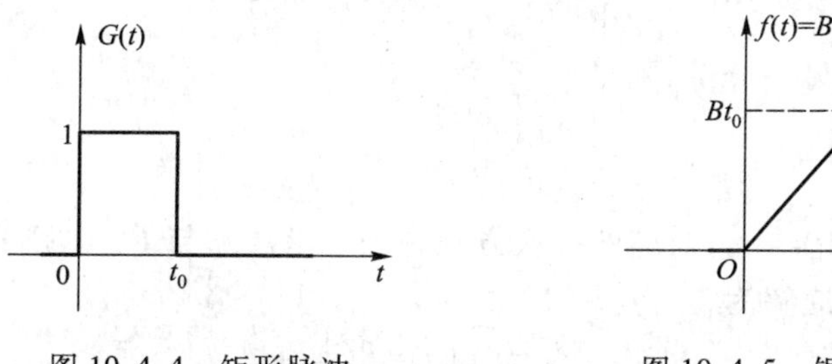

图 10.4.4 矩形脉冲　　图 10.4.5 锯齿形脉冲

描述脉冲函数的参数有：**脉冲幅度**、**脉冲宽度**和**脉冲强度**（即脉冲的“面积”）。对图 10.4.5 所示锯齿形脉冲而言，幅度为 Bt_0，宽度为 t_0，强度为 $Bt_0^2/2$。若脉冲强度等于 1，则称为**单位脉冲**。

2. 阶跃响应与单位阶跃特性

阶跃函数可以用来表示电源的突然变化、意外扰动等换路动作，因此按阶跃函数变化的电源是研究暂态电路的一种常用激励。电路在阶跃电源作用下的零状态响应称之为**阶跃响应**。

以图 10.4.6 所示的 RC 充电电路为例，设 $u_C(0_-)=0$，$u_S=U_S\varepsilon(t)$。下面来分析阶跃响应 $u_C(t)$。$t>0$ 时电路的 KVL 方程为

$$u_R+u_C=u_S=U_S \tag{10.4.5}$$

将元件方程即 $u_R=Ri, i=C\dfrac{du_C}{dt}$代入上式得

$$RC\frac{du_C}{dt}+u_C=U_S \tag{10.4.6}$$

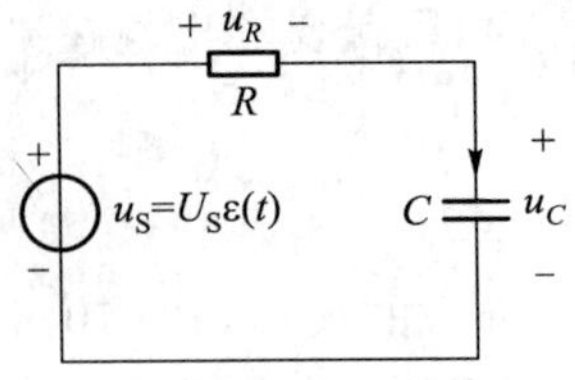

图 10.4.6　RC 充电电路

式中 R 和 C 都是与电压无关的常量，故上式为一阶**常系数线性非齐次微分方程**。

根据电容电压的连续变化规律，u_C 除满足上述方程外，还应满足由换路定律确定的初始条件，即

$$u_C(0_+)=u_C(0_-)=0 \tag{10.4.7}$$

要得到 u_C 的变化规律，就必须求出方程(10.4.6)的通解。按照数学方法的求解步骤是：先求出方程的一个特解，记作 u_{Cp}。它是独立于初始条件，满足方程(10.4.6)的任意解答，即 u_{Cp} 满足

$$RC\frac{du_{Cp}}{dt}+u_{Cp}=U_S \tag{10.4.8}$$

因为方程(10.4.8)的右边是常量，所以令 u_{Cp}也是常量，代回上述方程就可确定 u_{Cp}的值。另一方面，从电路上看，因为这个方程是依据 $t>0$ 后的电路列出的，亦即 $t>0$ 后的电压 u_C 都满足该方程。因此，可简单地用 $t\to\infty$ 即新的直流稳态解作为它的特解：

$$u_{Cp}=\lim_{t\to\infty}u_C(t)=u_C(\infty)=U_S \tag{10.4.9}$$

方程(10.4.6)的特解未必满足初始条件，所以 u_C 中还必须包含另一分量。为寻求这一分量，将方程(10.4.6)与方程(10.4.8)相减得

$$RC\frac{d(u_C-u_{Cp})}{dt}+(u_C-u_{Cp})=0 \tag{10.4.10}$$

令 $u_{Ch}=u_C-u_{Cp}$代表电压的另一分量，则得

$$RC\frac{du_{Ch}}{dt}+u_{Ch}=0 \tag{10.4.11}$$

可见，另一分量 u_{Ch}应从式(10.4.6)对应的齐次方程中去寻求。它与 RC 电路的零输入响应方程即式(10.3.1)是一样的，故通解为

$$u_{Ch}=Ae^{-t/\tau}\quad(\tau=RC) \tag{10.4.12}$$

将式(10.4.9)与式(10.4.12)相加得到方程(10.4.6)与初始条件无关的通解为

$$u_C=u_{Cp}+u_{Ch}=U_S+Ae^{-t/\tau} \tag{10.4.13}$$

通解中的积分常数 A 需由换路定律决定的初始条件式(10.4.7)来确定：

$$u_C(0_+)=U_S+Ae^0=U_S+A=0,\ 即\ A=-U_S \tag{10.4.14}$$

将 A 代回式(10.4.13)得到满足方程(10.4.6)和初始条件式(10.4.7)的定解，即 u_C 的阶跃响应为

$$u_C=u_{Cp}+u_{Ch}=U_S-U_Se^{-t/\tau}\quad(t\geqslant0) \tag{10.4.15}$$

再根据 KVL 和欧姆定律可写出充电电流的表达式为

$$i_C=\frac{U_S-u_C}{R}=\frac{U_S}{R}e^{-t/\tau}=i_C(0_+)e^{-t/\tau}\quad(t>0) \tag{10.4.16}$$

u_C 和 i_C 的变化规律分别如图 10.4.7(a)、(b)所示。在阶跃电源开始作用的瞬间，电容电压为零，电容相当于短路，故此刻产生最大的充电电流：$i_C(0_+) = U_S/R$。$t>0$ 后，电容电压逐渐升高，因此充电电流 $i_C = (U_S - u_C)/R$ 逐渐减小。充电电流的减小又导致电容电压的升高变得缓慢，它们变化的倍率都是 $e^{-t/\tau}$。

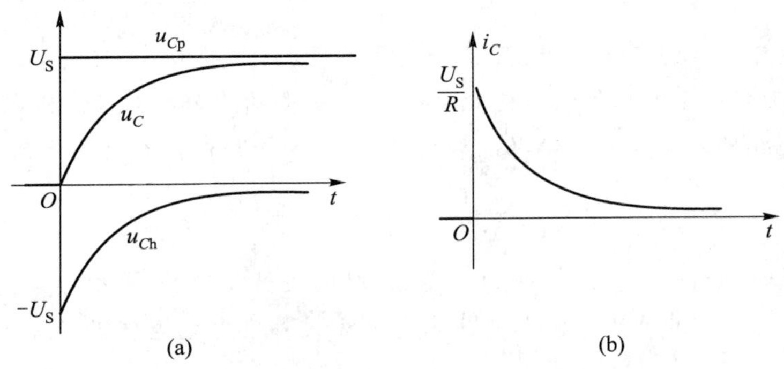

图 10.4.7 RC 电路的阶跃响应：(a) 电压 u_C；(b) 电流 i_C

在 u_C 的表达式中，$u_{Cp} = U_S$ 是 $t\to\infty$ 即充电结束进入新的稳态时的电容电压，称为 u_C 的**稳态分量**，而 $u_{Ch} = Ae^{-t/\tau} = -U_S e^{-t/\tau}$，逐渐衰减为零，称为 u_C 的**暂态分量**。暂态分量就是已经确定积分常数的齐次微分方程的通解。暂态分量的作用是在初始值和新的稳态值之间实现连续过渡，也就是说，从数学上看，是暂态分量 u_{Ch} 保证了电容电压处处连续变化，因为积分常数 A 实际是由初始值和新的稳态值之差决定的。

【扩展】RC 充电效率分析*

在 RC 充电过程中，电容储存能量，而电阻则消耗能量。计算得知，无论 R、C 为何值，当充电结束时，电阻消耗的能量总是等于电容最终储存的能量：

$$W_R(\infty) = \int_0^\infty i_C^2(t)R\mathrm{d}t = \int_0^\infty \left[\frac{U_S}{R}e^{-t/RC}\right]^2 R\mathrm{d}t = \frac{1}{2}CU_S^2 = W_e(\infty) \qquad (10.4.17)$$

如果电路是以充电为应用目的，这种只有 50% 的充电效率是对电能的很大浪费。

充电效率低下是由于在充电的初期存在较大的充电电流，因而在电阻上消耗较多的电能。为减小充电电流，可采用分段充电的方法。如图 10.4.8(a)所示的两段充电法，即将全部充电电压分两次施加，经计算这种方法的充电效率为[38]

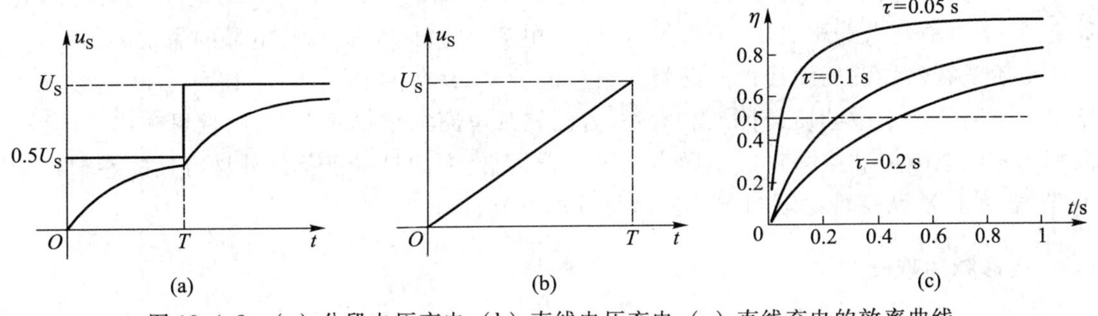

图 10.4.8 (a) 分段电压充电；(b) 直线电压充电；(c) 直线充电的效率曲线

$$\eta=\frac{W_{\mathrm{e}}}{W}=\frac{2}{3+\mathrm{e}^{-T/\tau}} \tag{10.4.18}$$

式中，W_{e} 和 W 分别表示充电结束时电容储存的能量和电源提供的能量。这个充电效率又与分段时刻 T 有关。当 $T>(3\sim5)\tau$ 时，充电效率近似为 66.67%。但 T 增大会使总的充电时间加长，需综合考虑。

既然分成两段可以提高充电效率，那么分成更多段，例如 n 段，一定可以进一步提高充电效率。由此设想，选用直线型电压源进行充电会是提高效率的更好方案，如图 10.4.8(b) 所示，它相当于无限多段的阶梯式分段充电情况。经计算，截止到 t 时刻的充电效率为

$$\eta=\frac{W_{\mathrm{e}}}{W}=\frac{0.5\,(t-\tau+\tau\mathrm{e}^{-t/\tau})^{2}}{0.5t^{2}+\tau(t+\tau)\mathrm{e}^{-t/\tau}-\tau^{2}} \tag{10.4.19}$$

该效率与时间的关系曲线如图 10.4.8(c) 所示，当时间足够大时，充电效率便超过 50%。

为了获得直线型的充电电压，可采用恒流充电方式。设充电电流为 I，$u_C(0)=0$，则恒流源两端电压为

$$u=u_R+u_C=RI+\frac{1}{C}\int_0^t I\mathrm{d}t=RI+\frac{I}{C}t \tag{10.4.20}$$

它与时间满足不过原点的直线关系。这就是工程上在充电前期采用恒流充电的原因之一。

由于 $t<0$ 时，$u_C=0$，$i_C=0$，所以借助单位阶跃函数，电容电压和电流可以写成在 $-\infty<t<\infty$ 范围内的函数：

$$u_C=(U_{\mathrm{S}}-U_{\mathrm{S}}\mathrm{e}^{-t/\tau})\varepsilon(t)\quad(-\infty<t<+\infty) \tag{10.4.21}$$

$$i_C=\frac{U_{\mathrm{S}}}{R}\mathrm{e}^{-t/\tau}\varepsilon(t)=i_C(0_+)\mathrm{e}^{-t/\tau}\varepsilon(t)\quad(-\infty<t<+\infty) \tag{10.4.22}$$

这种表达式便于求导运算，见后续应用。

概括上述结果得出一般结论：线性电路的阶跃响应与阶跃电源的幅值成正比。因此可用阶跃的幅值去除阶跃响应，得到“规范化”的阶跃响应，称为**单位阶跃特性**，记作 $s(t)$，用其描述和评价电路在阶跃电源作用下的响应特征。上述电容电压和电流的单位阶跃特性分别为

$$s_u(t)=\frac{u_C(t)}{U_{\mathrm{S}}}=(1-\mathrm{e}^{-t/\tau})\varepsilon(t) \tag{10.4.23}$$

$$s_i(t)=\frac{i_C(t)}{U_{\mathrm{S}}}=\frac{1}{R}\mathrm{e}^{-t/\tau}\varepsilon(t) \tag{10.4.24}$$

由于单位阶跃特性是阶跃响应除以阶跃电源的幅值，所以它不再具有电压或电流的量纲。例如上述 $s_u(t)$ 是两个电压之比，无量纲；$s_i(t)$ 是电流与电压之比，具有电导的量纲。

单位阶跃特性能够反映线性电路暂态响应的性质，例如衰减速率、最终稳态值等，其作用相当于评价电路暂态响应性质的标尺。此外，若已知某电路的单位阶跃特性，便可求出该电路对任意激励的零状态响应。本书对此不做详细讨论，取而代之的是基于单位冲激特性的卷积积分，见 10.7 节，但单位阶跃特性是学习单位冲激特性的基础。

3. 矩形脉冲响应

在阶跃响应的基础上，可以很方便地研究在矩形脉冲电源作用下的零状态响应。因为图

10.4.9(a)所示的矩形脉冲可以写作

$$u_S = U_S\varepsilon(t) - U_S\varepsilon(t-t_0) = u'_S + u''_S$$

即将矩形脉冲视为阶跃电压源 $u'_S = U_S\varepsilon(t)$ 与反向延迟阶跃电压源 $u''_S = -U_S\varepsilon(t-t_0)$ 之和。根据线性电路叠加定理,令 u'_S、u''_S 分别作用于 RC 电路,再将它们引起的响应 u'_C 和 u''_C 相叠加就得到在矩形脉冲电源作用下的零状态响应。对 $u'_S = U_S\varepsilon(t)$ 的零状态响应已如式(10.4.21)所示,借助单位阶跃特性可以表达成

$$u'_C(t) = U_S(1-e^{-t/\tau})\varepsilon(t) = U_S s_u(t) \tag{10.4.25}$$

对 $u''_S = -U_S\varepsilon(t-t_0)$ 的零状态响应可分两步来考虑:即反向和延迟。反向即在上述表达式前面添上负号;延迟就是用 $t-t_0$ 代替上式中的所有 t。因此得

$$u''_C(t) = -U_S[1-e^{-(t-t_0)/\tau}]\varepsilon(t-t_0) = -U_S s_u(t-t_0) \tag{10.4.26}$$

这样做是基于线性非时变电路的延迟性质:延迟电源产生的响应等于将原电源产生的响应延迟相同的时间。

将上述二式叠加得矩形脉冲作用下的零状态响应为

$$u_C(t) = U_S s_u(t) - U_S s_u(t-t_0) = U_S(1-e^{-t/\tau})\varepsilon(t) - U_S[1-e^{-(t-t_0)/\tau}]\varepsilon(t-t_0) \tag{10.4.27}$$

u'_C、u''_C 和 u_C 的波形分别如图 10.4.9(b)、(c)所示。

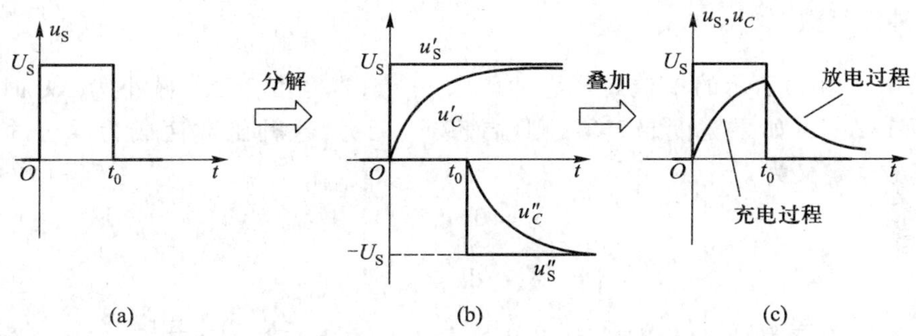

图 10.4.9 (a) 矩形脉冲;(b) 激励与响应的分解;(c) 响应的叠加

前面基于叠加定理获得了矩形脉冲作用下零状态响应 u_C 的统一表达式,这对进一步的求导运算(例如求电流)是方便的,但对理解物理过程则显得不够直接。从 u_C 的变化曲线来看,它经历了先充电后放电的物理过程。在充电阶段属于阶跃电压作用下的零状态响应;在放电阶段属于零输入响应,放电的初始值就是在 t_0 时的充电值即 $u(t_0) = U_S(1-e^{-t_0/\tau})$。这样,$u_C$ 又可按物理过程分段地表达成

$$u_C(t) = \begin{cases} 0 & (t<0) \\ U_S(1-e^{-t/\tau}) & (0\leqslant t<t_0)(\text{充电过程}) \\ U_S(1-e^{-t_0/\tau})e^{-(t-t_0)/\tau} & (t\geqslant t_0)(\text{放电过程}) \end{cases} \tag{10.4.28}$$

这种按时间分段的表达式显然易于理解各时间段的暂态过程,如图 10.4.9(c)所示。

如果在电容放电还未结束时,又施加了下一个同样宽度的充电脉冲,如图 10.4.10 所示的第 2 个脉冲,那么电容就要在非零的状态下开始充电,充电结束时的电压值 u_{C3} 显然就要大于第一

次充电结束时的电压 u_{C1}。设想这种充电脉冲周期性地循环下去，电容电压也将呈周期性变化。从宏观角度看，电路进入了非正弦稳态，电压存在最大值 $u_{C\max}$ 和最小值 $u_{C\min}$。但从一个周期来看，电容电压都是按指数规律进行充放电变化的，处于暂态，也就是说，稳态中包含着暂态。

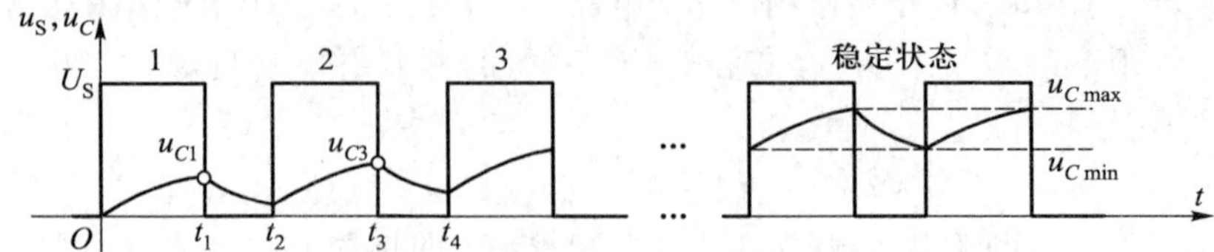

图 10.4.10　矩形脉冲序列作用于 RC 电路

10.5　冲激电源作用下的零状态响应*

在研究电路的暂态过程时，还会遇到作用时间极短的脉冲电源，例如目前正处于研究热点的**功率脉冲**技术、稍纵即逝的电磁干扰等。为研究这类电源作用所引起的响应，提出了冲激函数模型。

1. 单位冲激函数

考察图 10.5.1(a)所示的单位矩形脉冲函数 $p(t)$，当宽度由 $\Delta\lambda$ 减小为 $\Delta\lambda'$时，幅值则由 $1/\Delta\lambda$ 增加至 $1/\Delta\lambda'$。如果宽度趋于零，则幅值趋于无穷，这种函数便成为**单位冲激函数**，用 $\delta(t)$表示，其数学定义为

$$\begin{cases}\delta(t)=0, & t\neq 0\\ \int_{-\infty}^{+\infty}\delta(t)\,\mathrm{d}t=1\end{cases}\tag{10.5.1}$$

由于 $t=0$ 时，$\delta(t)$的函数值趋于无穷大，所以 $\delta(t)$不是普通意义上的函数，而是一种**奇异函数**。其图形用图 10.5.1(b)表示，箭头旁的(1)代表式(10.5.1)中的积分值为 1，称为**冲激强度**。由定义可知，$\delta(t)$具有时间倒数的量纲，单位为 s^{-1}。

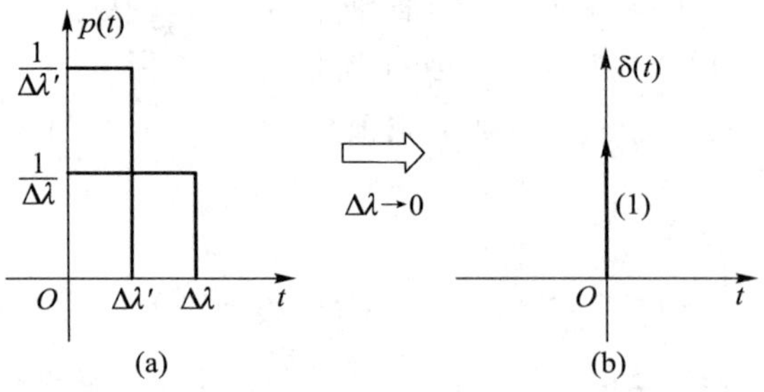

图 10.5.1　从单位脉冲函数到单位冲激函数

单位冲激函数乘以常量 K 得 $K\delta(t)$，即一般的冲激函数，其中 K 是它的冲激强度。因为$\delta(t)$的主单位是 s^{-1}，所以如果 $K\delta(t)$表示电流，则 K 的单位就是 A · s，即库仑，符号为 C；如果表示

电压,则 K 的单位就是 V · s,即韦伯,符号为 Wb。单位冲激函数也可延迟 t_0 而得延迟单位冲激函数 $\delta(t-t_0)$。

下面再用 $R\to 0$ 的 RC 放电过程来理解 $\delta(t)$的含义。

由于放电电流 $i_C=(U_0/R)\mathrm{e}^{-t/RC}$,当 $R\to 0$ 时电路如图 10.5.2(a)所示,放电电流趋于无限大,放电时间则趋于零,即电容上的电荷瞬间释放完毕,所放掉的电荷等于电容的初始电荷 Q,所以电流的变化规律可以描述成

$$\begin{cases} i_C = 0 & (t \neq 0) \\ \int_{-\infty}^{+\infty} i_C(t)\,\mathrm{d}t = Q \end{cases} \tag{10.5.2}$$

这时的电流满足冲激函数的定义,其冲激强度为 Q,即 $i_C=Q\delta(t)$,它的图像如图 10.5.2(b)所示,所以这里的冲激函数就是图 10.3.2(b) 所示放电电流当电阻趋于零时的极限描述。

由于在 $t=0$ 瞬间 $i_C\to\infty$,电容在瞬间将能量释放完毕,能量发生了跃变,所以 u_C 不服从换路定律,即 $u_C(0_-)=U_0$,而 $u_C(0_+)=0$,如图 10.5.2(c)所示。但这种极限描述是从理想化的电路模型中得到的,实际情况中换路定律仍是正确的。$i_C\to\infty$ 只是描述其量值在极短的时间内极大而已,实际总不能是无限大,因为当电流极大时,导线的等效电阻和电感、电容的串联等效电阻等便不可忽略,这些都对电流起限制作用,使得 u_C 从 U_0 降到零不可能完全不需要时间。

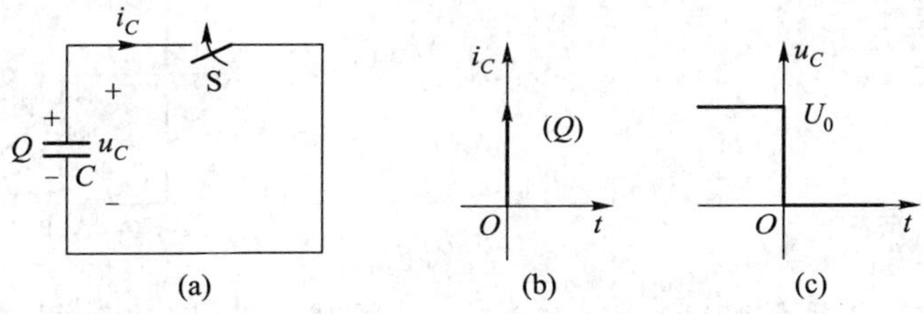

图 10.5.2 强度为 Q 的冲激电流

冲激函数不能按普通函数进行运算,而需按**广义函数**处理。关于广义函数的概念要涉及专门的数学问题,不拟详细讨论。下面列举一些本课程需要用到的计算公式,其中涉及的导数和积分是广义函数意义下的导数和积分;涉及的函数 $f(t)$ 也有严格的条件,电路中实际遇到的函数都能满足这些条件。

$$\begin{cases} \delta(t) = \delta(-t) \\ \delta(t-t_1) = \delta(t_1-t) \end{cases} \tag{10.5.3}$$

$$\begin{cases} f(t)\delta(t) = f(0)\delta(t) \\ f(t)\delta(t-t_1) = f(t_1)\delta(t-t_1) \end{cases} \tag{10.5.4}$$

$$\begin{cases} \int_{-\infty}^{+\infty} f(t)\delta(t)\,\mathrm{d}t = f(0) \\ \int_{-\infty}^{+\infty} f(t)\delta(t-t_1)\,\mathrm{d}t = f(t_1) \end{cases} \tag{10.5.5}$$

$$\begin{cases} \int_{-\infty}^{t} \delta(\lambda)\,\mathrm{d}\lambda = \varepsilon(t) \\ \int_{-\infty}^{t} \delta(\lambda-t_1)\,\mathrm{d}\lambda = \varepsilon(t-t_1) \end{cases} \tag{10.5.6}$$

$$\begin{cases}\delta(t)=\dfrac{\mathrm{d}}{\mathrm{d}t}\varepsilon(t)\\[2ex]\delta(t-t_1)=\dfrac{\mathrm{d}}{\mathrm{d}t}\varepsilon(t-t_1)\end{cases}\tag{10.5.7}$$

2．冲激响应与单位冲激特性

电路在冲激电源作用下的零状态响应称为**冲激响应**。前已指出，单位冲激函数 $\delta(t)$ 可视为单位脉冲函数 $p(t)$ 当脉冲宽度 $\Delta\lambda$ 趋于零时的极限，见图 10.5.1。与此对应，单位冲激响应可视为单位脉冲响应当脉冲宽度 $\Delta\lambda$ 趋于零时的极限。以图 10.5.3 所示的 RC 电路为例，其响应电压 u_C 在 $\Delta\lambda$ 趋于零时的演变过程如图 10.5.4 所示。下面依此极限关系讨论冲激响应的计算。

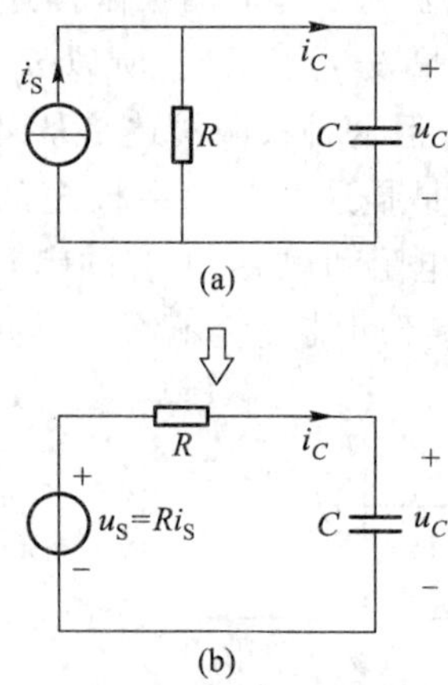

图 10.5.3　脉冲电源作用下的 RC 电路

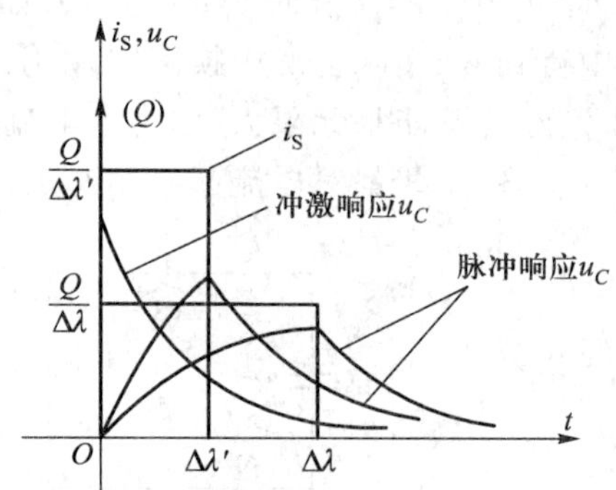

图 10.5.4　RC 电路的脉冲响应与冲激响应

设 i_S 是宽度为 $\Delta\lambda$、幅度为 $Q/\Delta\lambda$ 即脉冲强度为 Q 的矩形脉冲电流，将其分解成幅度为 $Q/\Delta\lambda$ 的阶跃电流和延迟反向阶跃电流的叠加，即

$$i_S=\frac{Q}{\Delta\lambda}\varepsilon(t)-\frac{Q}{\Delta\lambda}\varepsilon(t-\Delta\lambda)=i'_S+i''_S\tag{10.5.8}$$

根据线性电路的叠加定理，由 i_S 作用产生的响应等于由 i'_S 和 i''_S 分别作用产生的响应的代数和。设 $s_u(t)$ 表示激励为电流时电容电压的单位阶跃特性，则

$$u_C=u'_C+u''_C=\frac{Q}{\Delta\lambda}s_u(t)-\frac{Q}{\Delta\lambda}s_u(t-\Delta\lambda)=Q\times\frac{s_u(t)-s_u(t-\Delta\lambda)}{\Delta\lambda}\tag{10.5.9}$$

式中 $s_u(t)$ 分析如下：设电流源为阶跃函数 $i_S=I_S\varepsilon(t)$，把这样的电流源与电阻的并联用电压源与电阻的串联来等效，其中源电压为 $u_S=RI_S\varepsilon(t)=U_S\varepsilon(t)$，如图 10.5.3(b) 所示。这样就可参照 RC 串联电路的阶跃响应即式(10.4.21)而直接写出电容电压对该阶跃电流源的响应：

$$u_C=U_S(1-\mathrm{e}^{-t/\tau})\varepsilon(t)=RI_S(1-\mathrm{e}^{-t/\tau})\varepsilon(t)\tag{10.5.10}$$

因此，根据单位阶跃特性的定义得

$$s_u(t)=\frac{u_C}{I_S}=R(1-\mathrm{e}^{-t/\tau})\varepsilon(t)\tag{10.5.11}$$

再回到式(10.5.9)，当脉冲宽度 $\Delta\lambda\to0$ 时的极限就是在 $i_S=Q\delta(t)$ 作用下电容电压的冲激

响应。根据导数的定义得

$$u_C=\lim_{\Delta\lambda\to 0}Q\times\frac{[s_u(t)-s_u(t-\Delta\lambda)]}{\Delta\lambda}=Q\frac{\mathrm{d}s_u(t)}{\mathrm{d}t} \tag{10.5.12}$$

即电容电压的冲激响应等于其单位阶跃特性的时间导数乘以激励的冲激强度。对其他电路的冲激响应也有同样的结论。

将式(10.5.11)的 $s_u(t)$ 代入上式并利用乘积函数的求导规则得

$$\begin{aligned}u_C(t)&=Q\frac{\mathrm{d}}{\mathrm{d}t}[R(1-\mathrm{e}^{-t/\tau})\varepsilon(t)]=\frac{QR}{\tau}\mathrm{e}^{-t/\tau}\varepsilon(t)+QR(1-\mathrm{e}^{-t/\tau})\frac{\mathrm{d}\varepsilon(t)}{\mathrm{d}t}\\&=\frac{Q}{C}\mathrm{e}^{-t/\tau}\varepsilon(t)+QR(1-\mathrm{e}^{-t/\tau})\delta(t)\end{aligned} \tag{10.5.13}$$

根据式(10.5.4)所表述的单位冲激函数的性质,上式右端第二项

$$QR(1-\mathrm{e}^{-t/\tau})\delta(t)=QR(1-\mathrm{e}^{0})\delta(t)=0\cdot\delta(t)=0$$

表示没有冲激强度。所以电容电压对冲激电流源的零状态响应就是

$$u_C(t)=\frac{Q}{C}\mathrm{e}^{-t/\tau}\varepsilon(t)=U\mathrm{e}^{-t/\tau}\varepsilon(t) \tag{10.5.14}$$

式中 $U=Q/C$,代表电容的初始电压。

再分析电容电流。根据电容的电压电流方程并利用乘积函数求导规则得

$$i_C(t)=C\frac{\mathrm{d}u_C}{\mathrm{d}t}=-\frac{Q}{RC}\mathrm{e}^{-t/\tau}\varepsilon(t)+Q\mathrm{e}^{0}\delta(t)=-\frac{Q}{RC}\mathrm{e}^{-t/\tau}\varepsilon(t)+Q\delta(t) \tag{10.5.15}$$

u_C 和 i_C 的波形如图 10.5.5 所示。在 $t=0$ 时电容电压 u_C 发生了跃变,即 $u_C(0_-)=0$,而 $u_C(0_+)=Q/C=U\neq 0$。这是因为冲激电流源在 $t=0$ 瞬间迅速给电容充入电荷 Q,即式(10.5.15)中的第二项,它使电容电荷和电压发生"强迫跃变",这是忽略导线电阻和电感等因素的一种极限情况。$t>0$ 时,冲激电流消失,电流源相当于断路,电容便经电阻释放在 $t=0$ 瞬间获得的电荷 Q 和电场能量。

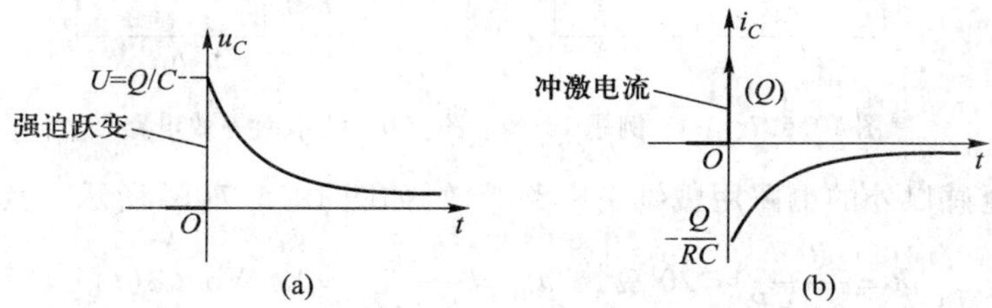

图 10.5.5 RC 电路冲激响应:(a) 电压 u_C;(b) 电流 i_C

根据上述原理,可以提出求一阶电路冲激响应的另一种方法,即先计算冲激电源在储能元件中产生的电容电压或电感电流,然后再求出 $t>0$ 时的零输入响应。下面探讨这种思路的一般规律。

对含有一个电容的 RC 电路,可基于诺顿定理用图 10.5.6(a)所示的电路来等效。图中等效的冲激电流源在 $t=0$ 瞬间向电路提供了电荷 Q,并且这些电荷完全转移到了电容的极板上,因为在宽度为零的时间内和有限的电压作用下,电阻中不会有电荷流过。因此电容获得的初始电压为

$$u_C(0_+) = \frac{Q}{C} \tag{10.5.16}$$

即电容电压的初始值等于诺顿等效电路电流源的冲激强度 Q 除以电容值。

对偶地，在冲激电源作用下，电感电流获得的初始值等于戴维南等效电路电压源的冲激强度 Ψ 除以电感值。即

$$i_L(0_+) = \frac{\Psi}{L} \tag{10.5.17}$$

因为电压的冲激强度单位是 V·s 即韦伯，与磁链的单位相同，所以用 Ψ 表示电压的冲激强度，参见图 10.5.6(b)。

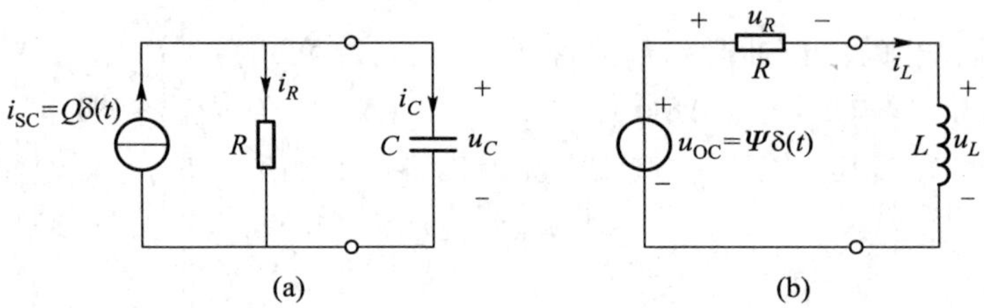

图 10.5.6　冲激电源作用下初始值的计算：(a) RC 电路；(b) RL 电路

求得电容电压和电感电流的初始值，再计算由它们引起的零输入响应，这种过程可以避免对单位阶跃特性的求导运算。

【例题 10.5.1】　图 10.5.7(a)所示电路，设 $R_1 = 30\ \Omega$，$R_2 = 60\ \Omega$，$L = 0.1\ \text{H}$，$u_S = 18\ \text{Wb} \times \delta(t)$。求冲激响应 i_L。

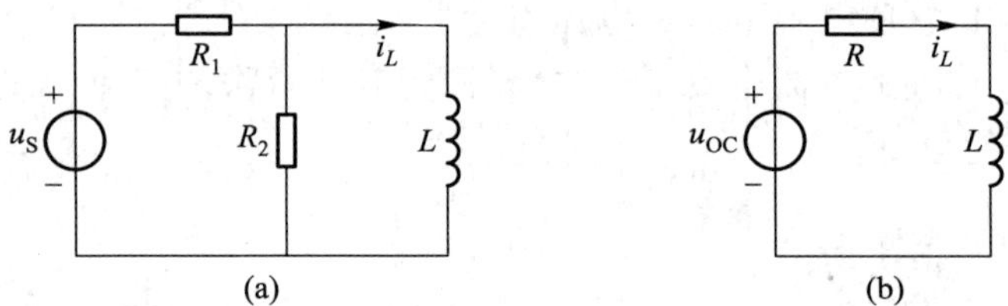

图 10.5.7　(a) 例题 10.5.1 图；(b) 戴维南等效电路

【解】　将除电感以外的电路用戴维南电路等效，如图 10.5.7(b)所示。其中

$$R = \frac{R_1 R_2}{R_1 + R_2} = 20\ \Omega,\quad u_{OC} = \frac{R_2 u_S}{R_1 + R_2} = 12\ \text{Wb} \times \delta(t)$$

u_{OC}的冲激强度为 12 Wb，所以电流 i_L 的初始值为

$$i_L(0_+) = \frac{12}{L} = 120\ \text{A}$$

时间常数为

$$\tau = \frac{L}{R} = 0.005\ \text{s}$$

冲激电源作用下的电感电流为

$$i_L = i_L(0_+)\,\mathrm{e}^{-t/\tau} = 120\mathrm{e}^{-200t}\ \text{A}\quad (t > 0)$$

由式(10.5.14)和式(10.5.15)的结果不难推断，线性电路的冲激响应都与电源的冲激强度

成正比。因此,可以用电源的冲激强度去除冲激响应,得到“规范化”的冲激响应,称为**单位冲激特性**,用 $h(t)$ 表示。图 10.5.3(a)所示 RC 电路中,由 $i_S = Q\delta(t)$ 引起的响应 $u_C(t)$ 如式(10.5.12)所示,因此对应的单位冲激特性为

$$h_u(t) = \frac{u_C(t)}{Q} = \frac{\mathrm{d}s_u(t)}{\mathrm{d}t} \tag{10.5.18}$$

此式可以推广到一般情况,即单位冲激特性等于单位阶跃特性对时间的导数,其单位等于相应单位阶跃特性的单位比上时间的单位。

将式(10.5.11)代入上式并利用乘积求导规则和单位冲激函数的性质式(10.5.4)得

$$h_u(t) = \frac{\mathrm{d}s_u(t)}{\mathrm{d}t} = \frac{R}{\tau}\mathrm{e}^{-t/\tau}\varepsilon(t) + R(1-\mathrm{e}^0)\delta(t) = \frac{1}{C}\mathrm{e}^{-t/\tau}\varepsilon(t) \tag{10.5.19}$$

单位冲激特性也能够反映线性电路的性质。若已知某电路的单位冲激特性,便可求出该电路对任意激励的零状态响应,见本章 10.7 节。

10.6 正弦电源作用下的零状态响应

工业上广泛使用以正弦电源供电的交流负载。这些负载与正弦电源突然接通后的暂态过程便属于正弦电源激励下的零状态响应,例如起动交流电动机、接通交流电磁铁等。作为基础内容,本节研究一阶电路在正弦电源激励下的零状态响应。

设图 10.6.1 所示电路中,u_S 为正弦电压源:

$$u_S = U_m\cos(\omega t + \psi_u) \tag{10.6.1}$$

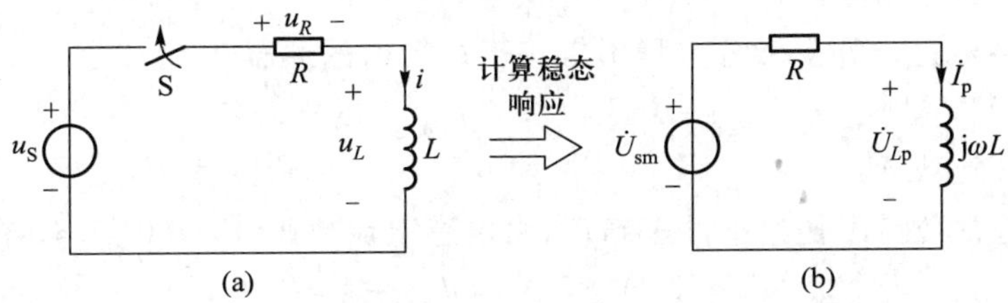

图 10.6.1 (a) RL 电路与正弦电源接通;(b) 正弦稳态相量模型

其中 ψ_u 是开关接通时刻即 $t=0$ 时 u_S 的值所对应的相位,称为**接入相角**。现讨论 $t>0$ 时的零状态响应 i。根据 KVL,开关接通后电路的微分方程为

$$u_L + u_R = L\frac{\mathrm{d}i}{\mathrm{d}t} + Ri = u_S \tag{10.6.2}$$

零状态条件下的初始值为

$$i(0_+) = i(0_-) = 0 \tag{10.6.3}$$

式(10.6.2)是常系数线性非齐次常微分方程,类似的方程已在 10.4 节进行了求解,下面结合正弦激励情况对这种方程的求解步骤加以归纳。

非齐次微分方程(10.6.2)的通解由两个分量组成:任一特解 i_p 和齐次方程的通解 i_h,即

$$i = i_p + i_h \tag{10.6.4}$$

(1) 任意特解 $i_p(t)$

凡是满足微分方程(10.6.2)的解均可作为特解。显然,在 u_S 作用下的正弦稳态解也满足该方程,因此可作为特解。求正弦稳态解宜用相量分析法,为此根据正弦稳态电路的相量模型,即图10.6.1(b)得 i_p 的振幅相量为

$$\dot{I}_{pm}=\frac{\dot{U}_{Sm}}{R+j\omega L}=\frac{U_{Sm}\angle\psi_u}{|Z|\angle\varphi}=\frac{U_{Sm}}{|Z|}\angle\psi_u-\varphi=I_{pm}\angle\psi_i \tag{10.6.5}$$

式中 $R+j\omega L=|Z|\angle\varphi$ 就是 RL 串联电路的复阻抗。$I_{pm}=U_{Sm}/|Z|$、$\psi_i=\psi_u-\varphi$ 分别是电路进入正弦稳态时电流的振幅和初相。

对 $\dot{I}_{pm}$ 进行相量反变换,得到它所表示的正弦量即方程(10.6.2)的特解为

$$i_p(t)=\mathbf{P}^{-1}[\dot{I}_{pm}]=I_{pm}\cos(\omega t+\psi_i) \tag{10.6.6}$$

上述过程说明:第4章用相量法计算的正弦电路某响应的解答,从数学上看,它只是描述该响应微分方程的一个特解。由于采用了相量法,所以并不需要列出这个微分方程;从时间过程上看,它是经历了暂态过程后,电路所达到的正弦稳态解答,并不适用于开关闭合后的全部时间范围。

(2) 齐次微分方程的通解 $i_h(t)$

$i_h(t)$ 满足如下齐次微分方程

$$L\frac{di_h}{dt}+Ri_h=0 \tag{10.6.7}$$

可用类似于求解方程(10.3.1)所用的分离变量法求其通解,它是指数函数

$$i_h(t)=Ae^{-\frac{R}{L}t}=Ae^{-t/\tau} \tag{10.6.8}$$

(3) 非齐次微分方程的通解 $i(t)$

将 i_p 和 i_h 相加就是非齐次微分方程不依赖于初始值的通解

$$i=I_{pm}\cos(\omega t+\psi_i)+Ae^{-t/\tau} \tag{10.6.9}$$

(4) 确定积分常数 A

通解中的积分常数需由初始条件来确定,由电感电流 $i(0_+)=i(0_-)=0$ 得

$$i(0_+)=I_{pm}\cos(\psi_i)+A=0 \tag{10.6.10}$$

$$A=-I_{pm}\cos\psi_i \tag{10.6.11}$$

将 A 代入式(10.6.9),得到同时满足微分方程(10.6.2)和初始条件(10.6.3)的定解

$$i=i_p+i_h=I_{pm}\cos(\omega t+\psi_i)-(I_{pm}\cos\psi_i)e^{-t/\tau}\quad(t\geqslant 0) \tag{10.6.12}$$

从电路响应角度看,上式 $i_p=I_{pm}\cos(\omega t+\psi_i)$ 是响应的稳态分量,长期存在;而 $i_h=-(I_{pm}\cos\psi_i)e^{-t/\tau}$ 则是响应的暂态分量,逐渐消失。图10.6.2中画出了 $\psi_u=0$ 时的 i、i_p 和 i_h 的波形。

式(10.6.12)表明:暂态分量 i_h 的量值与 $\psi_i=\psi_u-\varphi$ 有关。其中接入相角 ψ_u 又与开关闭合时电压源的量值对应的相位有关。下面讨论两种情况。

(1) 若 ψ_u 满足 $\psi_i=\psi_u-\varphi=\pm\pi/2$,则暂态分量为

$$i_h=-(I_{pm}\cos\psi_i)e^{-t/\tau}=0 \tag{10.6.13}$$

即电流中无暂态分量,只有稳态分量。对此可作如下理解:因为在 $t\to 0_+$ 时,稳态分量 $i_p(0_+)=$

$I_{pm}\cos(\psi_i)=0$,仅稳态分量就满足了初始条件 $i_p(0_+)=i(0_+)=0$,这样在初始状态和稳定状态之间就不需经历暂态过程,所以暂态分量为零。

(2) 若 ψ_u 满足 $\psi_i=\psi_u-\varphi=0$ 或 $\psi_i=\psi_u-\varphi=\pi$,此时暂态分量为

$$i_h=-(I_{pm}\cos\psi_i)e^{-t/\tau}=\mp I_{pm}e^{-t/\tau} \tag{10.6.14}$$

其绝对值最大。如令 $\psi_i=\pi$,代入式(10.6.12)得到

$$\begin{aligned} i &= i_p+i_h=I_{pm}\cos(\omega t+\pi)-I_{pm}\cos(\pi)e^{-t/\tau} \\ &= -I_{pm}\cos\omega t+I_{pm}e^{-t/\tau} \quad (t\geqslant 0) \end{aligned} \tag{10.6.15}$$

图 10.6.3 画出了对应上式的 i、i_p 及 i_h 的波形。由图可见,若电路的时间常数较大,暂态分量 i_h 便衰减较慢,开关接通后经过半个周期时间($\omega t=\pi$),电流近似为稳态时电流最大值的两倍,$|i_{max}|\approx 2I_{pm}$。在计算电气设备承受电流产生的电动力时,必须考虑这种过电流。

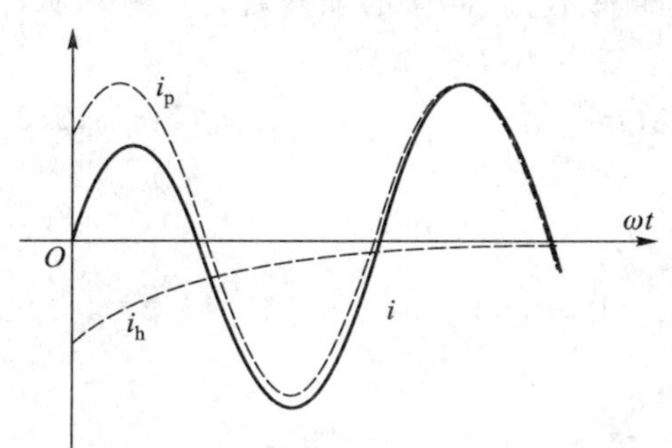

图 10.6.2 $\psi_u=0$ 时的电流波形

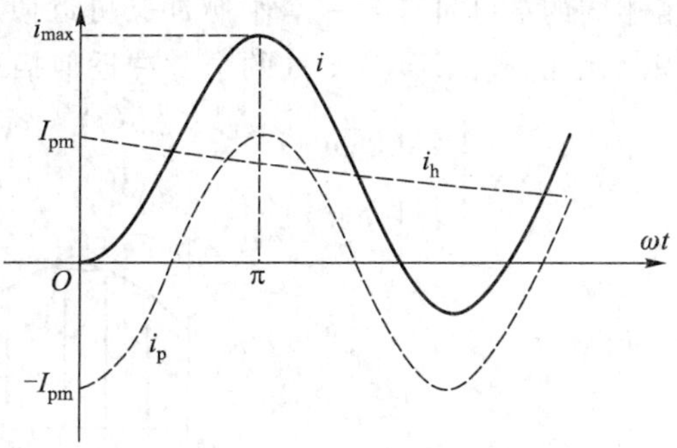

图 10.6.3 $\psi_i=\pi$ 时的电流波形

综合本节和 10.3、10.4 节所述:从数学观点看,描述零状态响应的方程是非齐次微分方程,其通解包含它的特解和对应齐次方程的通解,通解中的积分常数同时取决于初始值和特解。特解和通解的依存关系是不同的,讨论如下:

① 一般说来,特解取决于独立电源,例如本节中 $i_p(t)$ 是与 u_S 同频率的正弦量;10.4 节图 10.4.1 的激励为阶跃电源,$t>0$ 时为常量,所以 u_{C_p} 也是常量。在暂态响应分析中,将这一由独立电源决定的特解称为**强制分量**[①]。零输入响应因无外加电源,故无强制分量。一些电路虽无外加电源,但微分方程仍存在特解。所以,相对特解而言,强制分量的含义较狭隘。

② 齐次方程通解的函数形式与独立电源的变化规律无关,取决于电路结构与元件参数,它的积分常数需由初始条件和强制分量来确定。因此在暂态响应分析中,将这一确定了积分常数的通解称为**自由分量**。对一阶电路而言,自由分量都是指数形式 $Ae^{-t/\tau}$。

③ 在恒定电源、阶跃电源或周期电源作用的电路中,其稳态响应就是特解,因此这时的强制分量就等于稳态分量,自由分量就等于暂态分量;而在非周期电源作用,或电路响应是发散的情况,这时无稳态分量,但仍有强制分量和自由分量。所以,相对强制分量而言,稳态分量的含义较狭隘。

以上这种通过列写微分方程、确定初始条件、再分别求解强制分量和自由分量的方法称为分析暂态响应的**经典法**。

① 从数学上看,特解有许多,而强制分量只有一个,它是与激励具有相同变化规律的特解。但在电路理论中,特解一般就指强制分量。

10.7 任意电源作用下的零状态响应——卷积*

除了上述介绍的典型激励电源外，工程上还存在许多其他形式的激励电源。为分析在这些激励源作用下的零状态响应，一方面可以参照上述求解微分方程的思路；另一方面可以利用数学上的定积分原理来分析。下面讨论后者。

用 $x(t)$ 表示按任意规律变化的激励电压源或激励电流源，其图形假设如图 10.7.1 所示，欲求 t 时刻的响应值 $y(t)$。因为从激励和响应的因果关系上讲，t 时刻的响应与 t 时刻之前的全部激励的历史都有关，因此可循数学上细分、求和、求极限的思想，将 $0\sim t$ 区间的激励划分成许多宽度相同的窄脉冲。每一个窄脉冲又可近似成延迟的冲激激励，冲激的强度就是这些窄脉冲的面积。例如，起始于 $t=\lambda$ 处的窄脉冲近似描述为

$$\Delta p(t)\approx x(\lambda)\Delta\lambda\cdot\delta(t-\lambda) \tag{10.7.1}$$

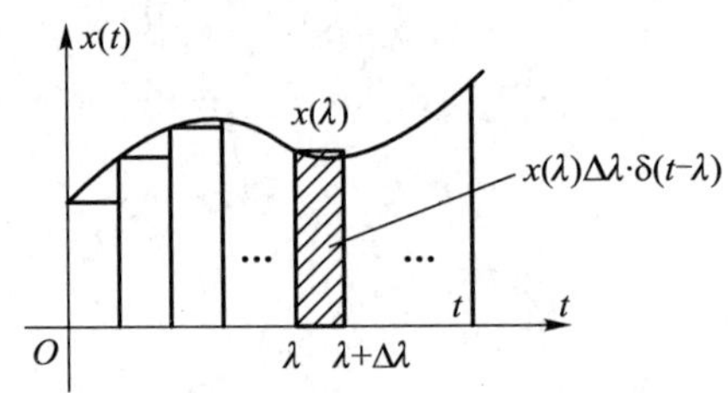

图 10.7.1 将任意激励分解成微分冲激激励的和

根据电路的单位冲激特性 $h(t)$ 的定义和激励与响应的延迟规律，上述窄脉冲产生的响应就等于单位冲激特性 $h(t)$ 乘以窄脉冲的冲激强度 $x(\lambda)\Delta\lambda$ 后再延迟 λ，即

$$\Delta y(t)\approx x(\lambda)\Delta\lambda\cdot h(t-\lambda) \tag{10.7.2}$$

如要计算 t 时刻的响应，理应把 t 时刻之前全部窄脉冲引起的响应叠加起来。为使叠加的结果更加准确，应使脉冲宽度足够窄或脉冲个数足够多。极限情况是，令脉冲宽度 $\Delta\lambda\to 0$，从而脉冲个数趋于无穷。这样无穷多个窄脉冲引起响应的叠加就成为如下的定积分：

$$y(t)=\int_0^t x(\lambda)h(t-\lambda)\mathrm{d}\lambda \tag{10.7.3}$$

如果激励 $x(t)$ 在 0 或 t 时刻存在冲激分量，为计入此冲激分量的作用，积分上、下限还需分别修改为 t_+ 和 0_-，得到

$$y(t)=\int_{0_-}^{t_+} x(\lambda)h(t-\lambda)\mathrm{d}\lambda \tag{10.7.4}$$

上两式的积分在数学上称为**卷积**。也就是说：线性电路对任意激励 $x(t)$ 的零状态响应 $y(t)$ 等于 $x(t)$ 与单位冲激特性 $h(t)$ 的卷积，记作

$$y(t)=x(t)*h(t) \tag{10.7.5}$$

如果知道了电路的单位冲激特性，通过计算上述卷积就可求得电路对任意激励的零状态响应，无需再求解微分方程。这就是 10.5 节定义单位冲激特性的用意之一。

从上述过程可见，卷积实际是应用了对激励无限细分并对响应求无限项和的思想，这样做的

电路理论依据是叠加定理。所以上述卷积积分只能用于线性电路，而不能用于非线性电路。

如令 $\lambda' = t-\lambda$，则 $\lambda = t-\lambda'$，$\mathrm{d}\lambda = -\mathrm{d}\lambda'$，式(10.7.4)的积分便可改写成

$$y(t) = \int_{t_+}^{0_-} x(t-\lambda')h(\lambda')(-\mathrm{d}\lambda') = \int_{0_-}^{t_+} x(t-\lambda')h(\lambda')\mathrm{d}\lambda' = h(t) * x(t) \tag{10.7.6}$$

即卷积满足交换律。

【例题 10.7.1】 设图 10.7.2 所示电路中，$u_S = 15\mathrm{e}^{-0.25t}\varepsilon(t)$ V。用卷积计算 u_C。

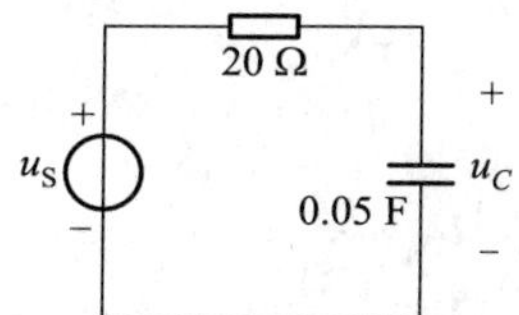

图 10.7.2 例题 10.7.1 图

【解】 以 u_C 为响应，该电路的单位阶跃特性已在 10.4 节得出，即式(10.4.23)，重写为

$$s(t) = (1-\mathrm{e}^{-t/\tau})\varepsilon(t) \tag{1}$$

其中时间常数

$$\tau = RC = 20 \times 0.05 \text{ s} = 1 \text{ s}$$

对(1)求导便得单位冲激特性

$$h(t) = \frac{\mathrm{d}s(t)}{\mathrm{d}t} = \mathrm{e}^{-t}\varepsilon(t)\,\mathrm{s}^{-1}$$

根据卷积积分式(10.7.3)并考虑在积分区间内 $\varepsilon(t)=1$ 得

$$u_C(t) = \int_0^t u_S(\lambda)h(t-\lambda)\mathrm{d}\lambda = \int_0^t 15\mathrm{e}^{-0.25\lambda} \times \mathrm{e}^{-(t-\lambda)}\mathrm{d}\lambda$$

$$= 15 \times \mathrm{e}^{-t}\int_0^t \mathrm{e}^{0.75\lambda}\mathrm{d}\lambda = 20 \times \mathrm{e}^{-t} \times \mathrm{e}^{0.75\lambda}\Big|_0^t = (20\mathrm{e}^{-0.25t} - 20\mathrm{e}^{-t}) \text{ V}$$

式中 $20\mathrm{e}^{-0.25t}$ 与电源的函数形式相同，即相同的指数项，故为响应的强制分量；另一分量 $-20\mathrm{e}^{-t}$ 则是自由分量。但用卷积计算零状态响应时，对强制分量和自由分量的理解不如经典法那样直接。

【例题 10.7.2】 如图 10.7.3(a)所示电路，$R = 10\ \Omega$，$L = 1$ H，激励 u_S 波形如图 10.7.3(b)所示。求零状态响应 i_L。

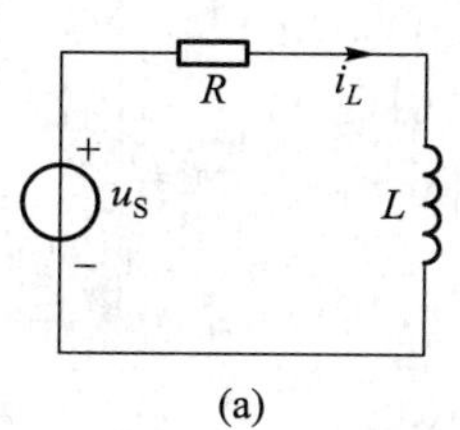

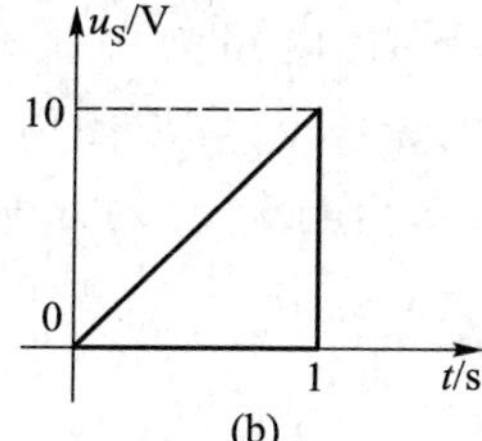

图 10.7.3 例题 10.7.2 图

【解】 设 u_S 为阶跃电压源，即 $u_S = U_S\varepsilon(t)$ V，电路的微分方程为

$$Ri_L + L\frac{\mathrm{d}i_L}{\mathrm{d}t} = U_S \tag{1}$$

方程的初始条件为 $$i_L(0_+)=i_L(0_-)=0 \tag{2}$$
上述方程(1)和初始条件(2)分别形如 RC 电路的式(10.4.6)和式(10.4.7),参照 RC 电路求解过程,得到电感电流的阶跃响应为

$$i_L(t)=\frac{U_S}{R}(1-e^{-t/\tau}),\text{其中 } \tau=\frac{L}{R}=0.1\ \text{s}$$

所以电流 i_L 的单位阶跃特性为

$$s(t)=\frac{i_L(t)}{U_S}=\frac{1}{R}(1-e^{-t/\tau})$$

求导得 i_L 的单位冲激特性为

$$h(t)=\frac{ds(t)}{dt}=\frac{1}{R\tau}e^{-t/\tau}$$

根据图 10.7.3(b),在 $0\leqslant t<1$ s 时,$u_S(t)=Kt$,其中 $K=10\ \text{V}\cdot\text{s}^{-1}$。由卷积积分式(10.7.3)计算电流得

$$\begin{aligned}i_L&=\int_0^t u_S(\lambda)h(t-\lambda)d\lambda=\int_0^t\frac{K}{R\tau}\lambda e^{-(t-\lambda)/\tau}d\lambda\\&=\frac{K}{R\tau}e^{-t/\tau}\int_0^t\lambda e^{\lambda/\tau}d\lambda=(t-0.1+0.1e^{-10t})\ \text{A}\quad(0\leqslant t<1\ \text{s})\end{aligned}$$

$t\geqslant 1$ s 时,$u_S(t)=0$,所以在$[0,t]$区间内,电压 $u_S(t)$ 是分段连续的,故应分段计算卷积积分:

$$\begin{aligned}i_L&=\int_0^t u_S(\lambda)h(t-\lambda)d\lambda=\int_0^1 u_S(\lambda)h(t-\lambda)d\lambda+\int_1^t u_S(\lambda)h(t-\lambda)d\lambda\\&=\int_0^1\frac{K}{R\tau}\lambda e^{-(t-\lambda)/\tau}d\lambda+0=\frac{K}{R\tau}e^{-t/\tau}\int_0^1\lambda e^{\lambda/\tau}d\lambda=(0.9+0.1e^{-10})e^{-10(t-1)}\ \text{A}\quad(t\geqslant 1\ \text{s})\end{aligned}$$

10.8 暂态过程的全响应

前面几节分别阐述了仅由原始储能和独立电源引起的响应,即零输入响应和零状态响应。一般情况下,电路在独立电源作用之初可能已经具有了原始储能,换路后,在它们的共同作用下产生暂态响应。这种响应就称为**全响应**。

仍以图 10.8.1 所示 RC 电路为例研究全响应的性质。设 $u_C(0_-)=U_0\neq 0$,由电压源 u_S 和原始值 $u_C(0_-)$ 共同引起的响应 u_C 即为全响应。求全响应 u_C 的方程和初始条件如下:

$$RC\frac{du_C}{dt}+u_C=u_S \tag{10.8.1}$$

$$u_C(0_+)=u_C(0_-)=U_0 \tag{10.8.2}$$

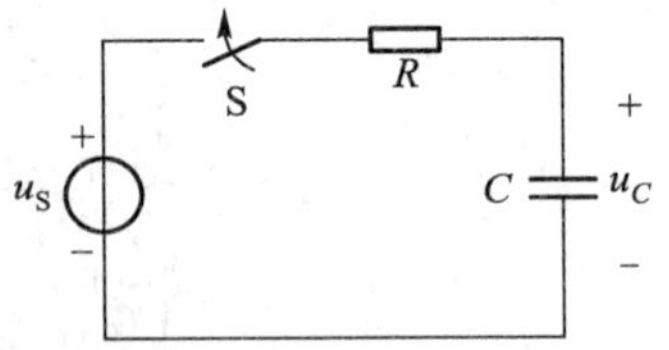

图 10.8.1 讨论全响应的 RC 电路

方程(10.8.1)与 10.4 节 RC 电路零状态响应方程(10.4.6)在形式上相同,所以求解步骤也相同,无需重述。本节的重点是研究全响应与零输入响应和零状态响应的关系。

设图 10.8.1 中无独立电源作用,即 $u_S=0$。根据 10.3 节,仅由 $u_C(0_-)=U_0$ 引起的零输入

响应 u'_C所满足的方程和初始条件分别为

$$RC\frac{\mathrm{d}u'_C}{\mathrm{d}t}+u'_C=0 \tag{10.8.3}$$

$$u'_C(0_+)=u'_C(0_-)=U_0 \tag{10.8.4}$$

再设图 10.8.1 为零状态，则仅由独立电源 u_S 引起的零状态响应 u''_C所满足的方程和初始条件分别为

$$RC\frac{\mathrm{d}u''_C}{\mathrm{d}t}+u''_C=u_S \tag{10.8.5}$$

$$u''_C(0_+)=u''_C(0_-)=0 \tag{10.8.6}$$

将方程(10.8.3)和方程(10.8.5)相加；再将初始条件式(10.8.4)和式(10.8.6)也相加，得到

$$RC\frac{\mathrm{d}}{\mathrm{d}t}(u'_C+u''_C)+(u'_C+u''_C)=u_S \tag{10.8.7}$$

$$u'_C(0_+)+u''_C(0_+)=U_0 \tag{10.8.8}$$

将方程(10.8.7)与方程(10.8.1)进行比较，再将初始条件式(10.8.8)与式(10.8.2)进行比较，根据线性微分方程的性质可得三种解答之间的关系是

$$u_C=u'_C+u''_C \tag{10.8.9}$$

上式表明：全响应u_C等于其零输入响应u'_C与零状态响应u''_C的叠加。

如果设 u_S 为阶跃电压源，记作 $u_S=U_S\varepsilon(t)$，这个电路的零输入响应 u'_C和零状态响应 u''_C分别在 10.3 和 10.4 节进行了分析，将它们叠加起来就是该电路的全响应，即

$$u_C=u'_C+u''_C=U_S+(U_0-U_S)\mathrm{e}^{-t/\tau} \tag{10.8.10}$$

其波形关系如图 10.8.2 所示。

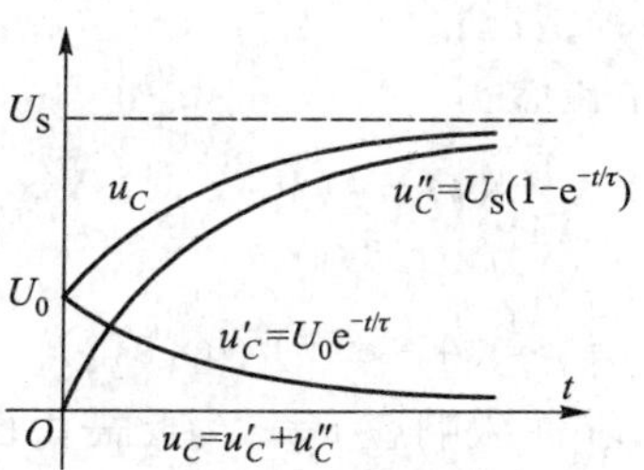

图 10.8.2 全响应与零输入响应和零状态响应的关系

上述结论是基于常系数线性微分方程解的性质得出的，线性暂态电路的微分方程都是常系数线性微分方程，所以针对 RC 电路获得的式(10.8.9)对于所有线性暂态电路都是成立的，即

全响应 = 零输入响应 + 零状态响应

这就是线性暂态电路全响应的性质。有了这样的性质，从前学习的零输入响应和零状态响应自然就可以看做是全响应分别在输入为零和原始状态为零时的特例。

用工程观点看，上述是按照引起全响应的不同原因(外加输入或原始储能)，将其分解成零输入响应和零状态响应两个分量。作这样分解的意义在于，引起响应(结果)的原因不同，原因与结果之间的因果关系也不同。当需要专门关注原始储能或外加电源对全响应的影响

时，就必须分成上述两个分量进行研究。例如，在外加输入不变的情况下，当电容的初始电压加倍时，零输入响应也加倍，而全响应则等于加倍后的零输入响应与不变的零状态响应的叠加。

有了全响应等于零输入响应与零状态响应叠加的结论，再联系零状态响应等于强制分量加上自由分量、零输入响应无强制分量的结论，自然又得出

全响应 = 强制分量 + 自由分量

其中的强制分量就是零状态响应的强制分量；而自由分量则是零输入响应和零状态响应的自由分量之和。全响应的这种分解实际上是经典法的直接结果。

【例题 10.8.1】 在图 10.8.3 所示电路中，以电流源 i_S 为激励、以电压 u_C 为响应的单位阶跃特性 $s(t)=2(1-e^{-5t})\ \Omega\times\varepsilon(t)$。$t<0$ 时电容已充电，$u_C(0_-)=3$ V。分别在 $i_S=2\ A\times\varepsilon(t)$ 和 $i_S=0.2\ C\times\delta(t)$（正体 C 表示电荷的单位库仑）两种情况下求全响应 $u_C(t)$。

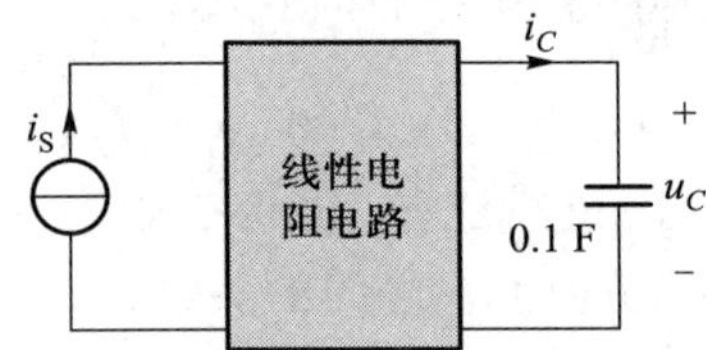

图 10.8.3　例题 10.8.1 图

【解】 根据题意，通过 $s(t)$ 只能求出 u_C 中的零状态响应，所以必须分别计算零输入响应 u'_C 和零状态响应 u''_C。

先求零输入响应 u'_C。u'_C 只有自由分量，其函数形式与 $s(t)$ 中的自由分量相同，故

$$u'_C=u'_C(0_+)e^{-5t}=u_C(0_-)e^{-5t}=3e^{-5t}\ V\times\varepsilon(t)$$

再求零状态响应 u''_C，分下面两种情况：

(1) 令 $i_S=2\varepsilon(t)$ A 作用，阶跃响应为

$$u''_C=2\ A\times s(t)=4(1-e^{-5t})\ V\times\varepsilon(t)$$

全响应

$$u_C=u'_C+u''_C=(4-e^{-5t})\ V\times\varepsilon(t)\quad(t\geqslant 0)$$

(2) 令 $i_S=0.2\ C\times\delta(t)$ 作用，求冲激响应 u''_C。为此需由已知条件求出单位冲激特性 $h(t)$。

$$h(t)=\frac{ds(t)}{dt}=2(1-e^{-5t})\times\delta(t)+10e^{-5t}\ \Omega s^{-1}\times\varepsilon(t)=10e^{-5t}\ \Omega s^{-1}\times\varepsilon(t)$$

由齐性定理，在 $i_S=0.2\ C\times\delta(t)$ 作用下的冲激响应为

$$u''_C=0.2\ C\times h(t)=2e^{-5t}\ V\times\varepsilon(t)$$

全响应

$$u_C=u'_C+u''_C=(3e^{-5t}+2e^{-5t})\ V\times\varepsilon(t)=5e^{-5t}\ V\times\varepsilon(t)$$

由上式得 $u_C(0_+)=5$ V，u_C 在 $t=0$ 处不连续。不连续的原因是存在冲激电流给电容充电。为求这个电流需借助单位阶跃函数将 u_C 表示成定义域为 $(-\infty,+\infty)$ 内的时间表达式，即

$$u_C=5e^{-5t}\ V\times\varepsilon(t)+3\ V\times\varepsilon(-t)\quad(-\infty<t<+\infty)$$

这样求导后就得到充电电流

$$i_C = C\frac{\mathrm{d}u_C}{\mathrm{d}t} = 0.1[-25\mathrm{e}^{-5t}\varepsilon(t) + 5\mathrm{e}^{-5t}\delta(t) - 3\delta(t)] = -2.5\ \mathrm{e}^{-5t}\mathrm{A}\times\varepsilon(t) + 0.2\ \mathrm{C}\times\delta(t)$$

上式表明，在 $t=0$ 瞬间有 $Q=0.2$ C 的电荷给电容迅速充电，致使电容电压在原来的基础上又跃变了 $\Delta u_C = Q/C = (0.2/0.1)$ V $=2$ V，即从 $u_C(0_-)=3$ V 跃升至 $u_C(0_+)=5$ V。

10.9　一阶电路暂态响应的普遍形式

前面几节分门别类地讨论了几种特殊的由 RC 或 RL 组成的简单一阶电路，并针对零输入响应、零状态响应和全响应三种情况进行了求解，结合这些解答得出了全响应等于零输入响应加上零状态响应，以及全响应等于强制分量加上自由分量的重要结论。本节将在此基础上，讨论当一阶电路结构变得较为复杂时，例如含有较多的电阻和电源等，电路全响应的一般计算方法，从而进一步提高对暂态电路的认识能力。

下面先从电容电压和电感电流即状态变量入手，然后再将结论推广到任意响应变量。

对于含有一个电容的任意复杂一阶电路，利用戴维南定理，可以等效成简单的 RC 串联电路，如图 10.9.1 所示。依据 KVL 对等效电路列写关于电容电压的微分方程为

$$\begin{cases} R_{\mathrm{eq}}C\dfrac{\mathrm{d}u_C}{\mathrm{d}t} + u_C = u_{\mathrm{OC}} \\ u_C(0_+) = U_0 \end{cases} \tag{10.9.1}$$

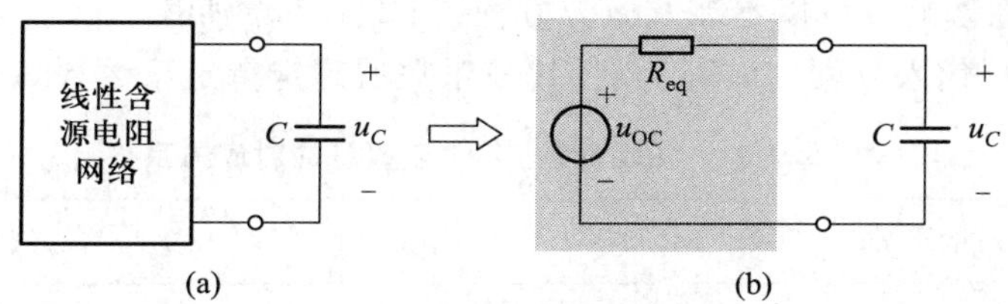

图 10.9.1　(a) 含一个电容的一阶电路；(b) 戴维南等效电路

对偶地，对于含有一个电感的任意复杂一阶电路，利用诺顿定理，可以等效成简单的 RL 并联电路，如图 10.9.2 所示。依据 KCL 对等效电路列写关于电感电流的微分方程为

$$\begin{cases} G_{\mathrm{eq}}L\dfrac{\mathrm{d}i_L}{\mathrm{d}t} + i_L = i_{\mathrm{SC}} \\ i_L(0_+) = I_0 \end{cases} \tag{10.9.2}$$

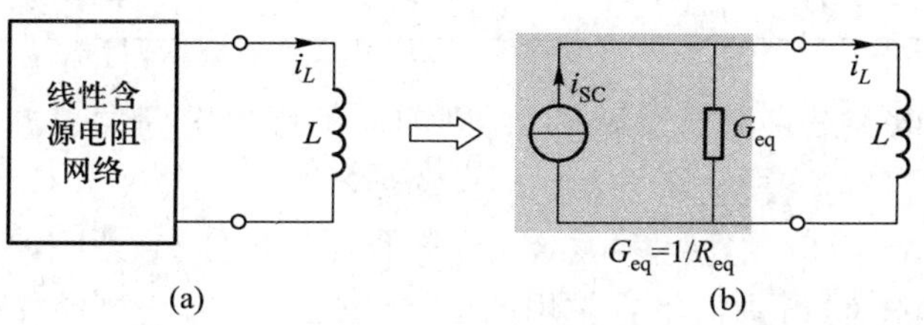

图 10.9.2　(a) 含一个电感的一阶电路；(b) 诺顿等效电路

上述两种电路的微分方程可以概括成如下的一般形式：

$$\begin{cases}\dfrac{\mathrm{d}f(t)}{\mathrm{d}t}+\dfrac{1}{\tau}f(t)=g(t)\\ f(0_+)=F_0\end{cases}\tag{10.9.3}$$

式中 $f(t)$ 代表电容电压或电感电流；τ 代表时间常数，对 RC 电路，$\tau=R_{\mathrm{eq}}C$；对 RL 电路，$\tau=G_{\mathrm{eq}}L=L/R_{\mathrm{eq}}$，$R_{\mathrm{eq}}$ 是由 C 或 L 看进去的一端口网络的等效电阻；$g(t)$ 一般是由独立电源决定的函数。

按照经典法的思路，上式的通解由非齐次方程特解和齐次方程通解组成，写成一般形式就是

$$f(t)=f_{\mathrm{p}}(t)+f_{\mathrm{h}}(t)=f_{\mathrm{p}}(t)+A\mathrm{e}^{-t/\tau}\tag{10.9.4}$$

其中 $f_{\mathrm{p}}(t)$ 的变化规律从数学上看由 $g(t)$ 决定，从电路上看一般由外加独立电源决定，此时它也就是 $f(t)$ 的强制分量。积分常数 A 需由初始条件加以确定：

$$f(0_+)=f_{\mathrm{p}}(0_+)+A,\quad A=f(0_+)-f_{\mathrm{p}}(0_+)\tag{10.9.5}$$

这样，全响应 $f(t)$ 便可写成如下的普遍形式：

$$f(t)=f_{\mathrm{p}}(t)+[f(0_+)-f_{\mathrm{p}}(0_+)]\mathrm{e}^{-t/\tau}\tag{10.9.6}$$

上式表明：欲求全响应 $f(t)$，只需分别求出其初始值 $f(0_+)$、时间常数 τ 和强制分量 $f_{\mathrm{p}}(t)$ 这三个要素，故上式称为计算全响应的"**三要素公式**。"

如前所述，强制分量 $f_{\mathrm{p}}(t)$ 的函数形式决定于 $g(t)$。表10.9.1中列出了几个常用的 $g(t)$ 与 $f_{\mathrm{p}}(t)$ 的对应关系。在直流、阶跃、正弦和非正弦周期电源作用下，可以用电路的稳态响应作为强制分量，也就是说，这时的强制分量对应明确的电路概念即稳态响应，并非仅仅是个数学上的特解函数，而确定这些稳态响应可以不涉及微分方程，如2、4、7章所述。除此之外，需将表10.9.1中与 $g(t)$ 对应的 $f_{\mathrm{p}}(t)$ 代入方程(10.9.3)，用比较系数法确定待定系数 A、B、C。

表10.9.1　强制分量 $f_{\mathrm{p}}(t)$ 与 $g(t)$ 的对应关系

$g(t)$ 的形式	$f_{\mathrm{p}}(t)$ 的形式
K	A
Kt	$A+Bt$
Kt^2	$A+Bt+Ct^2$
$K\mathrm{e}^{-bt}(b\neq 1/\tau)$	$A\mathrm{e}^{-bt}$
$K\mathrm{e}^{-bt}(b=1/\tau)$	$At\mathrm{e}^{-bt}$
$K\cos(\omega t+\varphi)$	$A\cos(\omega t+B)$

特殊地，如果外加电源是直流或阶跃函数，则响应的强制分量是常量，等于 $t\to\infty$ 时的稳态解，即

$$f_{\mathrm{p}}(t)=f(\infty)=\text{常量}=f_{\mathrm{p}}(0_+)\tag{10.9.7}$$

将上述关系代入式(10.9.6)得到简单且常用的"三要素公式"：

$$f(t)=f(\infty)+[f(0_+)-f(\infty)]\mathrm{e}^{-t/\tau}\tag{10.9.8}$$

在建立"三要素公式"时,$f(t)$用于表示电容电压或电感电流。其实$f(t)$可代表任意的待求电压或电流,对此可结合 RC 电路做简单解释。

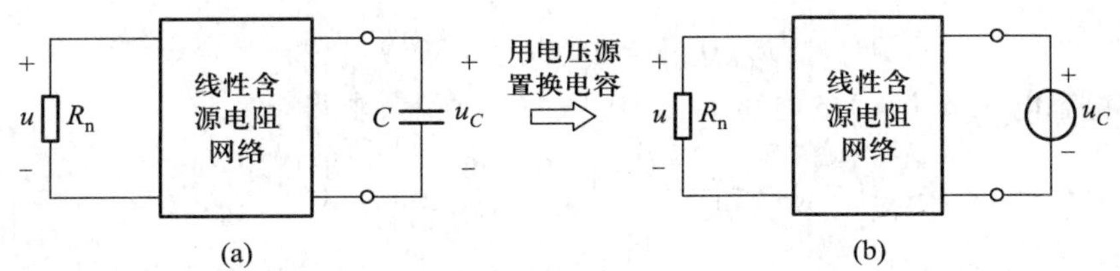

图 10.9.3　(a) 求 RC 电路的电阻电压 u;(b) 用电压源置换电容

考察图 10.9.3(a)所示电路,欲求电阻 R_n 上的电压 u。假设已经用"三要素公式"求出了电容电压 u_C,现在用电压源置换这个电容,得图 10.9.3(b)所示的电阻电路。根据叠加定理和齐性定理,电压 u 可以写成网络内部独立电源与 u_C 的线性组合:

$$u = u' + ku_C \tag{10.9.9}$$

式中,u'代表当电容处于短路时,仅由网络内部独立电源作用在 R_n 上产生的电压;ku_C 代表由电容电压单独作用在 R_n 上产生的电压,k 是由网络结构和参数决定的比例系数。将 u_C 的一般表达式 $u_C = u_{Cp} + u_{Ch} = u_{Cp} + Ae^{-t/\tau}$代入上式得到

$$u = u' + ku_C = u' + ku_{Cp} + kAe^{-t/\tau} = u_p + Be^{-t/\tau} \tag{10.9.10}$$

亦即 u 也是由强制分量和自由分量合成的,其中的系数 B 需由初始值来确定:

$$B = u(0_+) - u_p(0_+) \tag{10.9.11}$$

所以 u 也可写成类似(10.9.6)所示的三要素形式:

$$u = u_p(t) + [u(0_+) - u_p(0_+)]e^{-t/\tau} \tag{10.9.12}$$

这样式(10.9.6)便成为线性一阶电路暂态响应的普遍形式。

式(10.9.12)清楚地说明:对给定的一阶电路,它的任何响应电压或电流都与状态变量具有相同的时间常数。因此要把"时间常数"概念理解成是电路固有的时间常数,而不是哪个响应变量所特有的时间常数。

上面虽然说明了对一阶电路任意响应都可按"三要素公式"来分析,但建议最好对状态变量使用"三要素公式"。求得状态变量的解答后,再利用置换定理和电阻电路的计算方法获得非状态变量的解答,这是因为状态变量的初始值和强制分量更易于确定。

【例题 10.9.1】　图 10.9.4(a)所示电路,$R_1 = 30\ \Omega$,$R_2 = 60\ \Omega$,$C = 0.5$ F,$U_{S1} = 60$ V,$U_{S2} = 30$ V,$t < 0$ 时处于稳态,$t = 0$ 时开关接通。求 $t > 0$ 时电压 u_C 和电流 i。

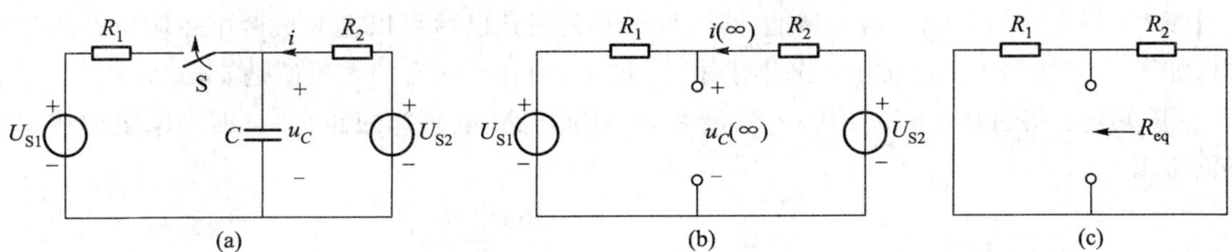

图 10.9.4　(a) 例题 10.9.1 图;(b) 计算 $u_C(\infty)$;(c) 计算 R_{eq}

【解】 由图 10.9.4(a)换路前的电路求得原始值

$$u_C(0_-)=U_{S2}=30\ \text{V}$$

由换路定律得

$$u_C(0_+)=u_C(0_-)=30\ \text{V}$$

计算直流稳态电压 $u_C(\infty)$ 的电路如图 10.9.4(b)所示，求得

$$i(\infty)=\frac{U_{S2}-U_{S1}}{R_1+R_2}=\frac{30-60}{30+60}\ \text{A}=-\frac{1}{3}\ \text{A}$$

$$u_C(\infty)=R_1 i(\infty)+U_{S1}=\left[30\times\left(-\frac{1}{3}\right)+60\right]\ \text{V}=50\ \text{V}$$

将两个独立电源置零，得到计算等效电阻的电路，如图 10.9.4(c)所示，求得

$$R_{eq}=\frac{R_1R_2}{R_1+R_2}=\frac{30\times 60}{30+60}\ \Omega=20\ \Omega$$

时间常数

$$\tau=R_{eq}C=20\times 0.5\ \text{s}=10\ \text{s}$$

将 $u_C(0_+)$、$u_C(\infty)$ 和 τ 代入"三要素公式"(10.9.8)得电容电压全响应为

$$u_C=u_C(\infty)+[u_C(0_+)-u_C(\infty)]e^{-t/\tau}=(50-20e^{-0.1t})\ \text{V}\quad (t\geqslant 0)$$

求得电容电压后，再利用欧姆定律计算电阻电流

$$i(t)=\frac{U_{S2}-u_C}{R_2}=-\frac{1}{3}(1-e^{-0.1t})\ \text{A}\quad (t>0)$$

【例题 10.9.2】 图 10.9.5(a)所示电路中 $t<0$ 时开关是接通的，电路处于稳态。设 $U_S=24\ \text{V}$，$R_1=R_2=R_3=R_4=40\ \Omega$，$L=0.3\ \text{H}$，$C=0.25\ \text{mF}$，$t=0$ 时开关突然断开。求 $t>0$ 时开关两端的电压 u。

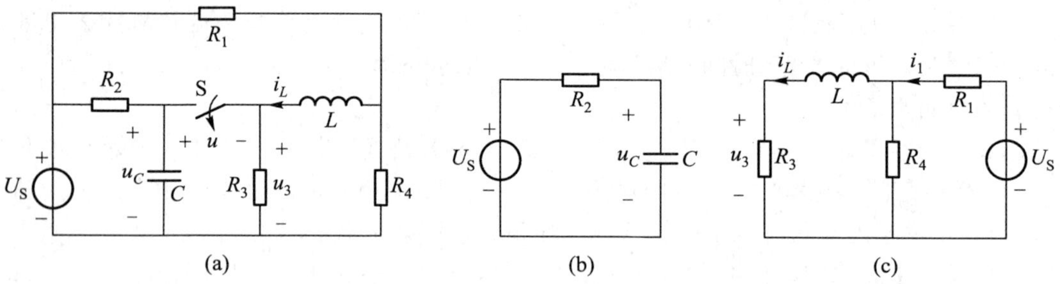

图 10.9.5　(a) 例题 10.9.2 图；(b) RC 一阶电路；(c) RL 一阶电路

【解】 该电路虽然包含两个储能元件，但当开关断开以后可以等效成两个一阶电路的计算问题，如图 10.9.5(b)、(c)所示。分别求出 u_C 和 u_3，则开关两端的电压便是 $u=u_C-u_3$。

在开关处于接通状态时，图 10.9.5(a)中电容为开路、电感为短路，并且四个电阻构成平衡电桥，所以

$$i_L(0_-)=0,\quad u_C(0_-)=\frac{R_3U_S}{R_2+R_3}=12\ \text{V}$$

换路后的初始值　　$i_L(0_+)=i_L(0_-)=0$，　$u_C(0_+)=u_C(0_-)=12\ \text{V}$

考察图 10.9.5(b),有

$$u_C(\infty)=U_S=24\ \text{V},\quad \tau_1=R_2C=40\times0.25\times10^{-3}\ \text{s}=10\ \text{ms}$$

$$u_C=u_C(\infty)+[u_C(0_+)-u_C(\infty)]e^{-t/\tau_1}=(24-12e^{-100t})\ \text{V}$$

考察图 10.9.5(c),有

$$i_L(\infty)=\frac{R_4i_1}{R_3+R_4}=\frac{R_4}{R_3+R_4}\times\frac{U_S}{R_1+\dfrac{R_3R_4}{R_3+R_4}}=0.2\ \text{A}$$

$$\tau_2=\frac{L}{R_{eq}}=\frac{L}{R_3+\dfrac{R_1R_4}{R_1+R_4}}=0.005\ \text{s}=5\ \text{ms}$$(R_{eq}是从电感两端看进去的无独立源网络等效电阻)

$$i_L=i_L(\infty)+[i_L(0_+)-i_L(\infty)]e^{-t/\tau_2}=(0.2-0.2e^{-200t})\ \text{A}$$

$$u_3=R_3i_L=(8-8e^{-200t})\ \text{V}$$

开关两端电压结果是

$$u=u_C-u_3=(16-12e^{-100t}+8e^{-200t})\ \text{V}$$

这个例子给出的提示是:当电路中含有多于一个的储能元件时,首先考察这个电路能否化成一阶电路的计算问题。若能,便可直接使用"三要素公式"进行分析。

【例题 10.9.3】 图 10.9.6(a)所示电路中,$U_S=12$ V,$R_1=5$ kΩ,$R_2=10$ kΩ,$\beta=0.5$,$C=2$ μF,开关原是接通的,$t=0$ 时突然断开。求 $t\geqslant0$ 时电容电压的变化规律。

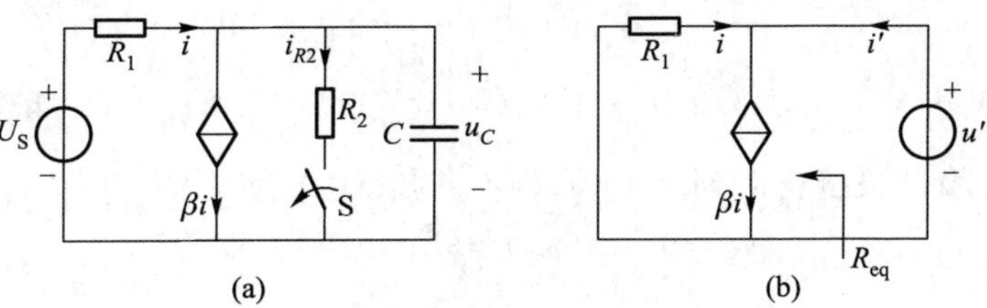

图 10.9.6 (a) 例题 10.9.3 图;(b) 计算 R_{eq}

【解】 开关处于接通状态时,依据 KCL 列出如下方程:

$$-i(0_-)+\beta i(0_-)+i_{R2}(0_-)=(-1+\beta)\frac{U_S-u_C(0_-)}{R_1}+\frac{u_C(0_-)}{R_2}=0$$

求得原始值为

$$u_C(0_-)=\frac{(1-\beta)U_S/R_1}{\dfrac{1-\beta}{R_1}+\dfrac{1}{R_2}}=6\ \text{V}$$

由换路定律求得初始值为

$$u_C(0_+)=u_C(0_-)=6\ \text{V}$$

令上式电阻 $R_2\to\infty$ 求得稳态电压

$$u_C(\infty)=\frac{(1-\beta)U_S/R_1}{\dfrac{1-\beta}{R_1}}=12\ \text{V}$$

用除源法求电容两端的等效电阻,电路如图 10.9.6(b)所示。因为图中 $u'=-R_1i$,$i'=\beta i-i$,所

以等效电阻

$$R_{eq}=\frac{u'}{i'}=\frac{-R_1}{\beta-1}=10\ \text{k}\Omega$$

电路的时间常数

$$\tau=R_{eq}C=10\times10^3\times2\times10^{-6}\ \text{s}=20\ \text{ms}$$

由“三要素公式”求得电容电压全响应为

$$u_C=u_C(\infty)+[u_C(0_+)-u_C(\infty)]\text{e}^{-t/\tau}=(12-6\text{e}^{-50t})\ \text{V}\quad(t\geqslant0)$$

注：若本例中的控制系数 $\beta>1$，则等效电阻 R_{eq} 和时间常数 τ 都将为负值，全响应中的自由分量将随时间的增加而增加。所以在含有受控源的电路中，它的暂态响应可能是不稳定的。

【例题 10.9.4】 电路如图 10.9.7(a)所示，$R_1=30\ \Omega$，$R_2=60\ \Omega$，$C=10^{-3}$ F，u_S 为正弦电压源，振幅为 90 V，角频率为 50 rad/s。当 u_S 为正的最大值时，将开关接通，接通前电容电压为 10 V。求接通后电压 u 的变化规律。

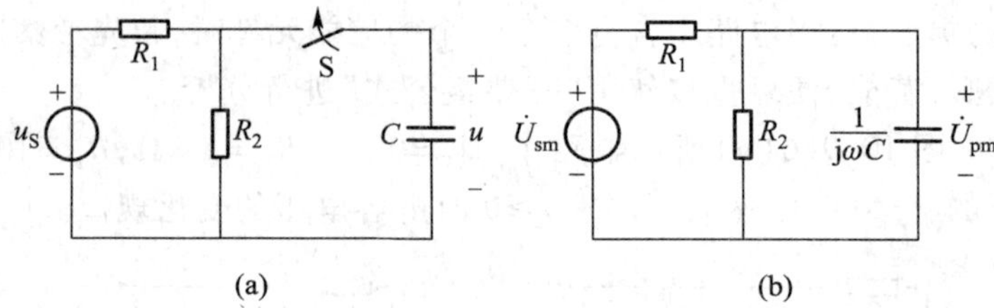

图 10.9.7　(a) 例题 10.9.4 图；(b) 计算正弦稳态响应的相量模型

【解】 据题意，设开关接通时刻为 $t=0$，则 u_S 的表达式为

$$u_S=U_m\cos(\omega t)=90\cos(50t)\ \text{V}$$

电容电压初始值为

$$u(0_+)=u(0_-)=10\ \text{V}$$

该电路当 $t\to\infty$ 时，达到正弦稳态。利用图 10.9.7(b)的相量模型计算正弦稳态分量 $u_p(t)$。使用幅值相量列节点电压方程为

$$\left(\frac{1}{R_1}+\frac{1}{R_2}+\text{j}\omega\text{C}\right)\dot{U}_{pm}=\frac{\dot{U}_{sm}}{R_1}=\frac{90}{R_1}$$

解得

$$\dot{U}_{pm}=\frac{3}{0.05(1+\text{j})}\ \text{V}=30\sqrt{2}\angle-45^\circ\ \text{V}$$

正弦稳态电压

$$u_p(t)=30\sqrt{2}\cos(50t-45^\circ)\ \text{V}$$

时间常数

$$\tau=R_{eq}C=\frac{R_1R_2}{R_1+R_2}C=0.02\ \text{s}$$

此例由于 $u_p(t)$ 为正弦量，所以要将 $u(0_+)$、u_p 和 τ 代入式(10.9.6)，即一般形式的“三要素

公式”，得到

$$
\begin{aligned}
u(t) &= u_p(t) + [u(0_+) - u_p(0_+)]e^{-t/\tau} \\
&= 30\sqrt{2}\cos(50t - 45°) + [10 - 30\sqrt{2}\cos(-45°)]e^{-50t} \quad (t \geqslant 0) \\
&= [30\sqrt{2}\cos(50t - 45°) - 20e^{-50t}]\ \mathrm{V}
\end{aligned}
$$

【例题 10.9.5】 将例题 10.9.4 中的正弦电压源改为斜坡电压源即 $u_S(t) = Kt\varepsilon(t)$，$K = 90\ \mathrm{Vs}^{-1}$，且在 $t = 0$ 时将开关接通，其他条件不变，重求电压 $u(t)(t \geqslant 0)$。

【解】 改变独立电源只影响强制分量 $u_p(t)$，电容电压初始值和时间常数仍保持不变，即

$$u(0_+) = u(0_-) = 10\ \mathrm{V}, \quad \tau = 0.02\ \mathrm{s}$$

为求强制分量(因为不存在稳态，故这里不能称为稳态分量)，需列电路的微分方程。应用戴维南定理将图 10.9.7(a)所示电路化简，如图 10.9.8 所示。图中

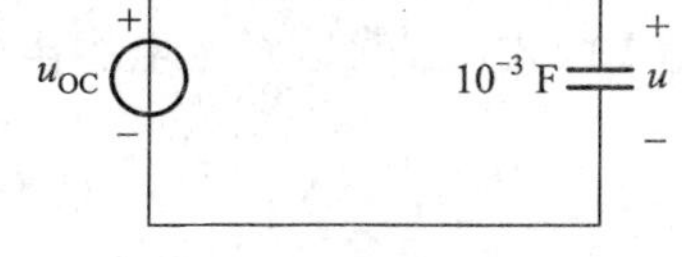

图 10.9.8　例题 10.9.4 图的简化电路

$$u_{OC} = \frac{R_2 u_S}{R_1 + R_2} = \frac{2}{3}Kt\varepsilon(t), \quad R_{eq} = \frac{R_1 R_2}{R_1 + R_2} = 20\ \Omega$$

$t > 0$ 时电路的微分方程为

$$R_{eq}C\frac{du}{dt} + u = u_{OC} \tag{1}$$

由表 10.9.1 查出与 $u_{OC} = (2/3)Kt\varepsilon(t) = (2/3)Kt(t > 0)$ 对应的强制分量形式为

$$u_p(t) = At + B \tag{2}$$

将 u_p 代入方程(1)得

$$R_{eq}CA + (At + B) = u_{OC} = \frac{2}{3}Kt$$

比较式(1)的系数，得

$$A = \frac{2}{3}K = 60\ \mathrm{V \cdot s^{-1}}, \quad B = -R_{eq}CA = -1.2\ \mathrm{V}$$

将 A、B 代入式(2)，得强制分量为

$$u_p(t) = (60t - 1.2)\ \mathrm{V}$$

由于 u_p 为时间函数，需将 $u_p(t)$、$u(0_-)$ 和 τ 代入式(10.9.6)所示的一般“三要素公式”，得

$$u(t) = u_p(t) + [u(0_+) - u_p(0_+)] = (60t - 1.2 + 11.2e^{-50t})\ \mathrm{V} \quad (t \geqslant 0)$$

这个例子说明：当电源不是直流、阶跃和周期量时，需通过列写电路的微分方程来确定响应的强制分量 $f_p(t)$。

【例题 10.9.6】 电路如图 10.9.9(a)所示，电压源为阶跃函数，$u_S = U\varepsilon(t)$。求电容电压的零状态响应。

【解】 这个电路虽然含有两个电容，但仍为一阶电路，因为在求时间常数时，电压源应视为短路，故两个电容为并联，如图 10.9.9(b)所示。

电路为零状态，$u_1(0_-) = u_2(0_-) = 0$。在电压源发生阶跃的一瞬间，电容电压之和要等于电源电压，所以两个电容的电压都要发生**强迫跃变**以满足 KVL，因此不能使用换路定律来确定初始值。这时要依据 KVL 和两个电容的电荷关系来确定初始值。由 KVL 得

$$u_1(0_+) + u_2(0_+) = U \tag{1}$$

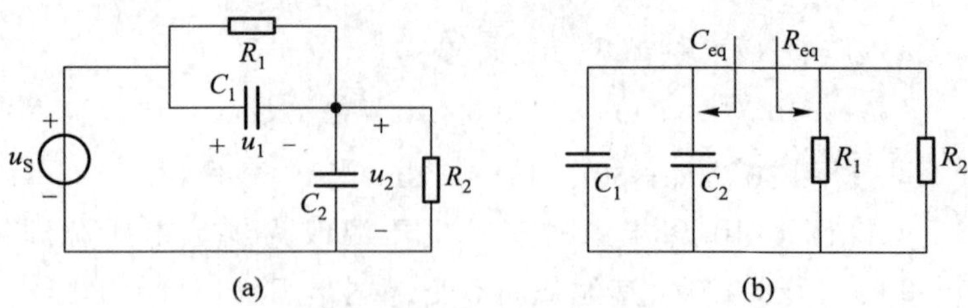

图 10.9.9　(a) 例题 10.9.6 图;(b) 计算 τ 的等效电路

由于跃变是在瞬间完成的,且电阻电压和电流均为有限值,所以在发生跃变的瞬间没有电荷从电阻上流过。这样,两个电容正极板上的电荷在跃变后必然是相等的:

$$C_1u_1(0_+) = C_2u_2(0_+) \tag{2}$$

式(1)、式(2)就是确定电容电压初始值的依据。联立二式得到

$$u_1(0_+) = \frac{C_2U}{C_1+C_2},\quad u_2(0_+) = \frac{C_1U}{C_1+C_2}$$

当 $t\to\infty$ 时,两个电容变为开路,按照电阻串联分压得到

$$u_1(\infty) = \frac{R_1U}{R_1+R_2},\quad u_2(\infty) = \frac{R_2U}{R_1+R_2}$$

电路的时间常数是由电路的结构和参数决定的,与激励的量值无关。因此,令 $u_S=0$ 得到图 10.9.9(b)所示电路,两个并联电容可以等效为一个电容。电路的时间常数为

$$\tau = R_{eq}C_{eq} = \frac{R_1R_2}{R_1+R_2}(C_1+C_2)$$

电容电压的零状态响应为

$$u_1 = u_1(\infty) + [u_1(0_+) - u_1(\infty)]e^{-t/\tau} = \frac{R_1U}{R_1+R_2} + \left[\frac{C_2U}{C_1+C_2} - \frac{R_1U}{R_1+R_2}\right]e^{-t/\tau}$$

$$u_2 = u_2(\infty) + [u_2(0_+) - u_2(\infty)]e^{-t/\tau} = \frac{R_2U}{R_1+R_2} + \left[\frac{C_1U}{C_1+C_2} - \frac{R_2U}{R_1+R_2}\right]e^{-t/\tau}$$

注:不难验证,当电路参数满足 $R_1C_1=R_2C_2$ 时,上述零状态响应的自由分量都将消失,电容电压必然按阶跃函数规律变化,阶跃的幅值按电阻分压来确定。由于没有了自由分量,所以当输入为任意波形时,在电容上都能获得与输入相似的电压波形。故上述条件对确保分压波形相对输入电压**不失真**是非常必要的。

既然电容电压发生了跃变,就必然伴随冲激电流,请读者尝试分析。

10.10　微分电路和积分电路*

考察图 10.10.1(a)所示的 RC 一阶电路。假设电路输出所接负载产生的电流 i_2 很小,即 $i_2 \ll i_1$,以至可认为 $i_2\approx 0$,或 $i_1\approx i_R$。这样输出电压就可近似成:

$$u_2 = Ri_R \approx Ri_1 = RC\frac{du_C}{dt} \tag{10.10.1}$$

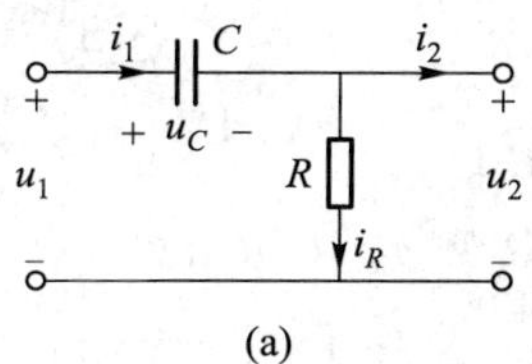

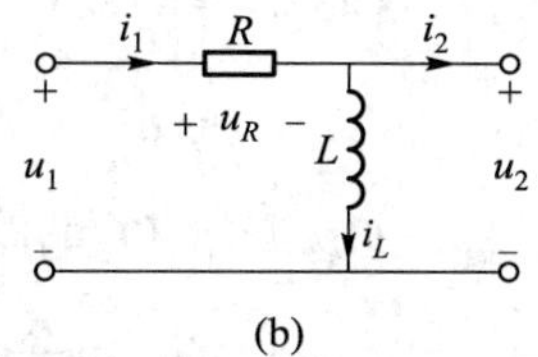

图 10.10.1 (a) RC 微分电路;(b) RL 微分电路

如果选择电路参数使得电容上的电压 $u_C = \dfrac{1}{C}\int_{-\infty}^{t} i_1 \mathrm{d}t$ 远大于电阻上的电压 $u_2 = Ri_R \approx Ri_1$,即时间常数 $\tau = RC$ 很小,尤其是对快速变化的信号。这样就有 $u_C \approx u_1$,而输出电压近似就是

$$u_2 \approx RC\frac{\mathrm{d}u_C}{\mathrm{d}t} \approx RC\frac{\mathrm{d}u_1}{\mathrm{d}t} \tag{10.10.2}$$

类似地,对图 10.10.1(b)所示电路,当参数满足 $\tau = L/R$ 很小时,也可近似得到

$$u_2 = L\frac{\mathrm{d}i_L}{\mathrm{d}t} \approx L\frac{\mathrm{d}i_1}{\mathrm{d}t} = \frac{L}{R}\frac{\mathrm{d}u_R}{\mathrm{d}t} \approx \frac{L}{R}\frac{\mathrm{d}u_1}{\mathrm{d}t} \tag{10.10.3}$$

当输出电流很小时,这两个电路的输出电压都与输入电压的时间导数近似成正比关系。故称为**微分电路**。

若将周期性方波脉冲施加于 RC 微分电路,它的输出电压如图 10.10.2 所示。在输入电压的跳变处,输出电压出现正、负极性的窄脉冲,幅值为 U_S,并不会出现导数所描述的无限大电压。这是由于电容电压只能连续变化,在输入电压的上升沿到来时,电容上面没有电压,输入电压全部加在电阻上;之后电容电压被迅速充电到输入电压,电阻电压迅速下降为零;而在下降沿到来时,输入电压变成零值,因此电阻电压等于电容电压的负值,之后电容迅速放电,电阻电压又变为零值。

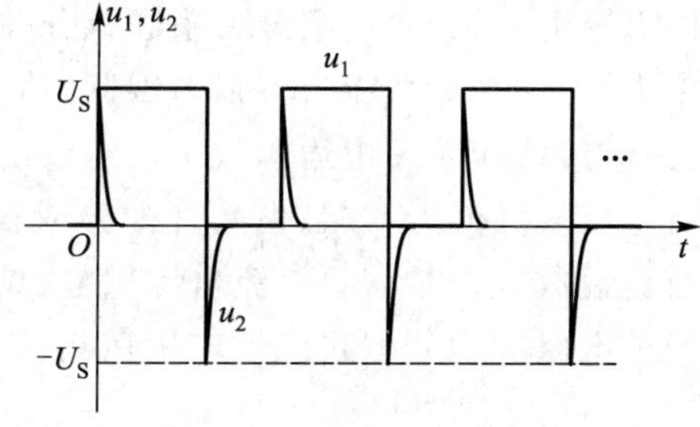

图 10.10.2 周期性脉冲作用下的微分电路波形

再考察图 10.10.3(a)所示电路。仍假设电路输出所接负载产生的电流 i_2 很小以至于 $i_1 \approx i_C$,则输出电压近似为

$$u_2 = \frac{1}{C}\int_{-\infty}^{t} i_C(\lambda)\mathrm{d}\lambda \approx \frac{1}{C}\int_{-\infty}^{t} i_1(\lambda)\mathrm{d}\lambda = \frac{1}{RC}\int_{-\infty}^{t} u_R(\lambda)\mathrm{d}\lambda \tag{10.10.4}$$

(a) (b)

图 10.10.3 (a) RC 积分电路;(b) RL 积分电路

如果选择电路参数使得电阻电压 $u_R = Ri_1$ 远大于电容电压,则

$$u_2 = \frac{1}{C}\int_{-\infty}^{t} i_C(\lambda)\mathrm{d}\lambda \approx \frac{1}{C}\int_{-\infty}^{t} i_1(\lambda)\mathrm{d}\lambda \tag{10.10.5}$$

即时间常数 $\tau=RC$ 较大,这时 $u_R\approx u_1$,那么输出电压近似为

$$u_2\approx\frac{1}{RC}\int_{-\infty}^{t}u_R(\lambda)\mathrm{d}\lambda\approx\frac{1}{RC}\int_{-\infty}^{t}u_1(\lambda)\mathrm{d}\lambda \tag{10.10.6}$$

类似地,对图10.10.3(b)所示 RL 电路,如果时间常数 $\tau=L/R$ 很大,也可得到

$$u_2=Ri_R\approx Ri_1=\frac{R}{L}\int_{-\infty}^{t}u_L(\lambda)\mathrm{d}\lambda\approx\frac{R}{L}\int_{-\infty}^{t}u_1(\lambda)\mathrm{d}\lambda \tag{10.10.7}$$

当输出电流很小时,以上两个电路的输出电压都与输入电压的时间积分近似成正比关系,故称为**积分电路**。

如果在 RC 积分电路的输入端施加周期性方波脉冲,输出电压起初近似按积分规律增长。但当输出电压增长较大时,由于不满足电阻电压远大于电容电压的条件,输出电压与输入电压的积分关系近似程度变差。稳态时,输出电压在最大值和最小值之间周期性变化,见图10.10.4。

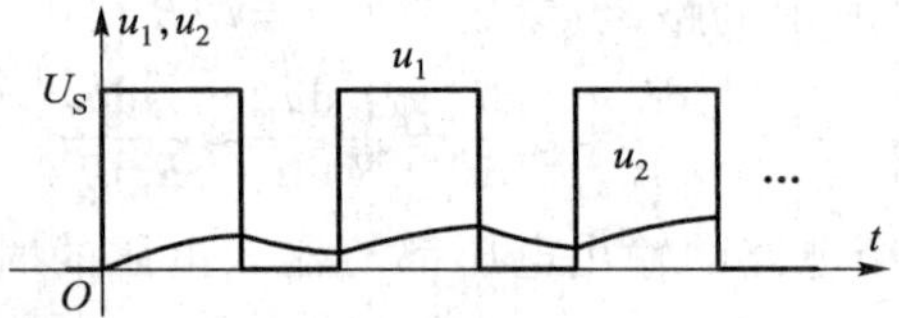

图10.10.4 周期性脉冲作用下的积分电路波形

以上分析可见,要使微分关系和积分关系愈准确,则输出电压 u_2 就愈小,负载产生的电流 i_2 也不能太大,即带负载能力不强。因此,通常在输出端口和负载之间接入放大器来提高输出电压和带负载能力,或采用由运算放大器组成的微分或积分电路。这些电路在实现微分或积分关系时还有电压放大能力,并且也允许微分或积分电路输出较大的电流(受运放本身限制),不方便之处就是运放工作时需要直流电源供电,见第9章。

微分电路和积分电路广泛应用在测量技术和自动控制系统中,例如相位的超前矫正或滞后矫正等。

10.11 二阶电路的暂态响应

本章至此重点讨论了一阶电路暂态响应的特点和计算方法。由于一阶电路只含一种储能元件,所以从特点上看,一阶电路的暂态响应还缺少典型性。另外,在工程上还广泛使用一阶以上的电路。因此,本节在一阶电路的基础上介绍**二阶电路**暂态响应的特点,它是用二阶微分方程描述电路。二阶电路一般含有两个储能元件,下面以 RLC 串联电路全响应为例加以讨论。

在图10.11.1所示电路中,为讨论方便,设 $u_C(0_-)=U_{C0}>0$,$U_S>U_{C0}$,$t=0$ 时开关突然接通。$t>0$ 时由KVL得

$$u_R+u_L+u_C=U_S \tag{10.11.1}$$

将元件方程

$$u_R=Ri_L,\quad u_L=L\frac{\mathrm{d}i_L}{\mathrm{d}t},\quad i_L=C\frac{\mathrm{d}u_C}{\mathrm{d}t} \tag{10.11.2}$$

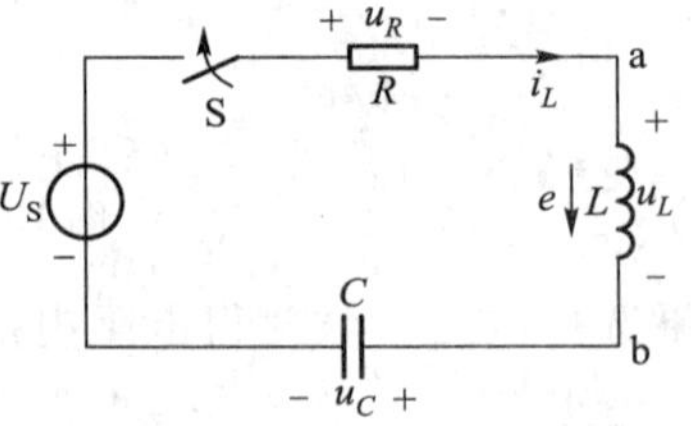

图10.11.1 RLC 串联的二阶电路

代入式(10.11.1),得到 u_C 所遵循的微分方程为

$$\frac{\mathrm{d}^2u_C}{\mathrm{d}t^2}+\frac{R}{L}\frac{\mathrm{d}u_C}{\mathrm{d}t}+\frac{1}{LC}u_C=\frac{1}{LC}U_\mathrm{S} \tag{10.11.3}$$

这是二阶常系数线性非齐次微分方程,解此二阶微分方程需要两个初始值:u_C 及其一阶导数。u_C 的初始值由已知条件直接给出;u_C 导数的初始值需借助其物理意义即电容电流(见式(10.11.2))来确定。在图 10.11.1 所示电路中,电容电流等于电感电流,而电感电流的初始值为 $i_L(0_+)=i_L(0_-)=0$。所以求解方程(10.11.3)所需要的初始条件就是

$$\begin{cases}u_C(0_+)=u_C(0_-)=U_{C0}\\ \left.\dfrac{\mathrm{d}u_C}{\mathrm{d}t}\right|_{t=0_+}=\dfrac{1}{C}i_L(0_+)=\dfrac{1}{C}i_L(0_-)=0\end{cases} \tag{10.11.4}$$

按照经典法的求解步骤,方程(10.11.3)的通解仍是由非齐次方程特解和齐次方程通解组成,即

$$u_C=u_{C\mathrm{p}}+u_{C\mathrm{h}} \tag{10.11.5}$$

电路的直流稳态解就是它的一个特解,亦即强制分量。稳态时电流为零,电容电压等于电源电压,即

$$u_{C\mathrm{p}}=\lim_{t\to\infty}u_C(t)=u_C(\infty)=U_\mathrm{S} \tag{10.11.6}$$

为求齐次通解 $u_{C\mathrm{h}}$,需建立由微分方程系数组成的特征方程,并求其特征根:

$$p^2+\frac{R}{L}p+\frac{1}{LC}=0 \tag{10.11.7}$$

$$p=-\frac{R}{2L}\pm\sqrt{\left(\frac{R}{2L}\right)^2-\frac{1}{LC}} \tag{10.11.8}$$

令 $\alpha=R/(2L)$,$\omega_0=1/\sqrt{LC}$,代入上式得到两个特征根的 α、ω_0 表达式为

$$p_1=-\alpha+\sqrt{\alpha^2-\omega_0^2},\quad p_2=-\alpha-\sqrt{\alpha^2-\omega_0^2} \tag{10.11.9}$$

特征根取决于微分方程的系数,或者说取决于电路参数。当电路参数取不同值时,p_1、p_2 可为相异实根、共轭复根或二重根。相应地,齐次方程通解及对应的自由分量将具有不同的变化规律。下面分别进行讨论。

1. 电路参数满足 $R>2\sqrt{L/C}$ 即 $\alpha>\omega_0$ 情况

此时由式(10.11.9)可知,p_1、p_2 为两个相异负实根(设 R、L、C 均为正值)。方程(10.11.3)的通解为

$$u_C=u_{C\mathrm{p}}+u_{C\mathrm{h}}=U_\mathrm{S}+A_1\mathrm{e}^{p_1t}+A_2\mathrm{e}^{p_2t} \tag{10.11.10}$$

其中 A_1 和 A_2 需通过初始条件即式(10.11.4)来确定:

$$\begin{cases}u_C(0_+)=U_\mathrm{S}+A_1+A_2=U_{C0}\\ \left.\dfrac{\mathrm{d}u_C}{\mathrm{d}t}\right|_{t=0_+}=A_1p_1+A_2p_2=0\end{cases} \tag{10.11.11}$$

解得

$$A_1=\frac{p_2}{p_2-p_1}(U_{C0}-U_S),\quad A_2=-\frac{p_1}{p_2-p_1}(U_{C0}-U_S) \tag{10.11.12}$$

将 A_1、A_2 代入式(10.11.10)得电容电压为

$$u_C=u_{Cp}+u_{Ch}=U_S+\frac{(U_{C0}-U_S)}{p_2-p_1}(p_2e^{p_1t}-p_1e^{p_2t})\quad(t>0) \tag{10.11.13}$$

上式 $u_{Ch}=\frac{(U_{C0}-U_S)}{p_2-p_1}(p_2e^{p_1t}-p_1e^{p_2t})$ 就是响应的自由分量,它包括两个指数函数。

根据电容、电感的元件方程并考虑到 $p_1p_2=1/(LC)$ 可得

$$i_L=C\frac{du_C}{dt}=\frac{U_{C0}-U_S}{L(p_2-p_1)}(e^{p_1t}-e^{p_2t})\quad(t>0) \tag{10.11.14}$$

$$u_L=L\frac{di_L}{dt}=\frac{U_{C0}-U_S}{p_2-p_1}(p_1e^{p_1t}-p_2e^{p_2t})\quad(t>0) \tag{10.11.15}$$

由于电容电压的强制分量为常量,其导数为零,所以电路中电流和电感电压只有自由分量而无强制分量。

为了作图方便还需讨论几个关系。由式(10.11.9)可知

$$p_1<0,\quad p_2<0,\ 且\quad |p_1|<|p_2| \tag{10.11.16}$$

再由式(10.11.12)又知

$$A_1<0,\quad A_2>0,\quad |A_1|>|A_2| \tag{10.11.17}$$

根据上述关系便可画出各响应的波形,图 10.11.2(a)、(b)是用计算机绘制的结果。

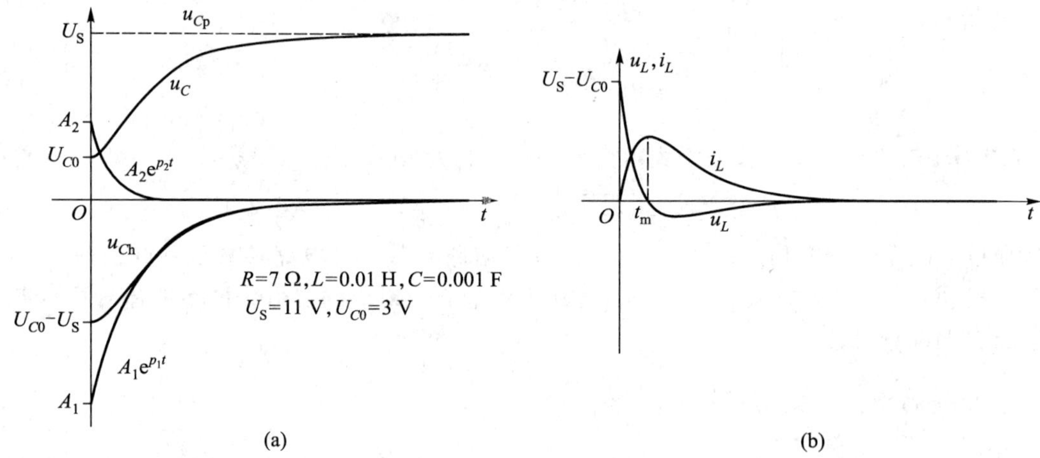

图 10.11.2 $\alpha>\omega_0$ 时 RLC 串联电路的响应:(a) 电容电压;(b) 电感电压与电流

图 10.11.2(a)中电压 u_C 的 $A_1e^{p_1t}$ 分量具有绝对值较大且衰减较慢的特点;而 $A_2e^{p_2t}$ 分量具有绝对值较小且衰减较快的特点。有时二者相差很大,此时 $A_1e^{p_1t}$ 起主要作用,换路后不久便有 $u_{Ch}\approx A_1e^{p_1t}$。又由图 10.11.2(b)可见,$t>0$ 时电流恒为正值,在整个暂态过程中,电容一直处于充电状态,直至电压达到 U_S。而充电电流则经过了从零增加,达到极大值后又减小到零的过程。该极值点 t_m 可通过令 $di_L/dt=0$,相当于 $u_L(t_m)=0$ 来求得,即

$$\frac{U_{C0}-U_S}{p_2-p_1}(p_1e^{p_1t_m}-p_2e^{p_2t_m})=0 \tag{10.11.18}$$

解得

$$t_m = \frac{1}{p_1 - p_2}\ln\frac{p_2}{p_1} \tag{10.11.19}$$

下面讨论 u_L 的变化规律。开关接通时，由于 $i_L(0_+) = i_L(0_-) = 0$，电感相当于开路，故 $u_L(0_+) = U_S - U_{C0}$。之后电流逐渐增大，根据楞次定律，电感产生的感应电动势 e 必然要阻止电流增大，所以 e 的真实方向与图 10.11.1 中的方向相反，即 a 点电位高于 b 点电位，因而电压 $u_L > 0$。当电流经过极值点以后，开始逐渐减小，感应电动势又要阻止它减小，故 $e > 0$、$u_L < 0$。

从能量角度看，在 $0 < t < t_m$ 期间，电感的储能在增加，并于 t_m 时刻达到最大值。$t > t_m$ 以后，电感持续地释放磁场能量，直至释放完毕。

上述电流和电压的自由分量没有出现正负交替变化，所以这种情况称为**非振荡过程**或**过阻尼过程**。

2. 电路参数满足 $R < 2\sqrt{L/C}$ 即 $\alpha < \omega_0$ 的情况

此时由式(10.11.9)可知，p_1、p_2 为一对共轭复根，把它们写成直角坐标形式就是

$$p_1 = -\alpha + \sqrt{\alpha^2 - \omega_0^2} = -\alpha + \mathrm{j}\omega_d \tag{10.11.20}$$

$$p_2 = -\alpha - \sqrt{\alpha^2 - \omega_0^2} = -\alpha - \mathrm{j}\omega_d \tag{10.11.21}$$

其中

$$\omega_d = \sqrt{\omega_0^2 - \alpha^2} \tag{10.11.22}$$

当 p_1、p_2 为共轭复根时，根据数学原理，非齐次方程(10.11.3)的通解为

$$u_C = u_{Cp} + u_{Ch} = U_S + A\mathrm{e}^{-\alpha t}\sin(\omega_d t + \theta) \tag{10.11.23}$$

其中 A 和 θ 仍由初始条件来确定：

$$\begin{cases} u_C(0_+) = U_S + A\sin\theta = U_{C0} \\ \left.\dfrac{\mathrm{d}u_C}{\mathrm{d}t}\right|_{t=0_+} = -\alpha A\sin\theta + A\omega_d\cos\theta = 0 \end{cases} \tag{10.11.24}$$

解得

$$A = \frac{\omega_0}{\omega_d}(U_{C0} - U_S), \quad \theta = \arctan\frac{\omega_d}{\alpha} \tag{10.11.25}$$

根据 θ 的上述表达式和式(10.11.22)所做的定义，ω_0、ω_d、α、θ 之间的关系可用图 10.11.3 所示的直角三角形来表示，由此图得 $\omega_d = \omega_0\sin\theta$，$\alpha = \omega_0\cos\theta$。利用这些关系有助于理解下面所做的数学推演。

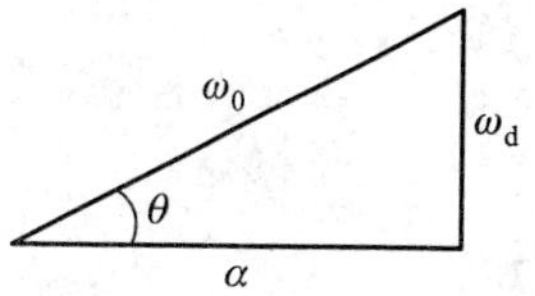

图 10.11.3 ω_0、ω_d、α、θ 之间的关系

再回到方程的求解问题。将 A、θ 代入式(10.11.23)得全响应

$$u_C = U_S + \frac{\omega_0}{\omega_d}(U_{C0} - U_S)\mathrm{e}^{-\alpha t}\sin(\omega_d t + \theta) \tag{10.11.26}$$

根据电容元件方程得

$$i_L = C\frac{\mathrm{d}u_C}{\mathrm{d}t} = C\frac{\omega_0}{\omega_d}(U_{C0} - U_S)\mathrm{e}^{-\alpha t}[-\alpha\sin(\omega_d t + \theta) + \omega_d\cos(\omega_d t + \theta)]$$

$$= -C\frac{\omega_0}{\omega_d}(U_{C0}-U_S)e^{-\alpha t}[\omega_0\cos\theta\sin(\omega_d t+\theta)-\omega_0\sin\theta\cos(\omega_d t+\theta)]$$

$$= -C\frac{\omega_0^2}{\omega_d}(U_{C0}-U_S)e^{-\alpha t}\sin\omega_d t = -\frac{U_{C0}-U_S}{\omega_d L}e^{-\alpha t}\sin\omega_d t \tag{10.11.27}$$

根据电感元件方程得

$$u_L = L\frac{di_L}{dt}=\frac{\omega_0}{\omega_d}(U_{C0}-U_S)e^{-\alpha t}\sin(\omega_d t-\theta) \tag{10.11.28}$$

图 10.11.4 通过计算机仿真画出了 $R<2\sqrt{L/C}$时 u_C、i_L 及 u_L 的波形图。

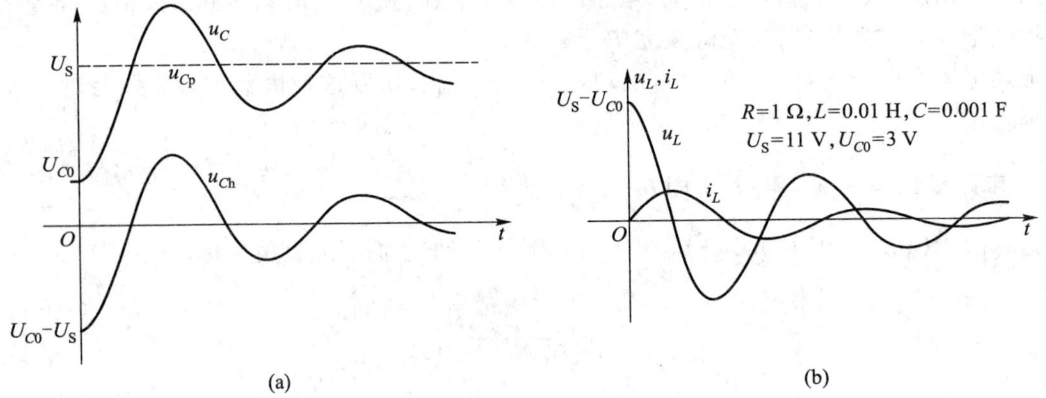

图 10.11.4　$\alpha<\omega_0$ 时 RLC 串联电路的响应：(a) 电容电压；(b) 电感电压与电流

由图可见，各电压、电流的自由分量都是振幅按指数规律衰减的正弦函数，它们的符号按着相同的角频率 ω_d 周期性地正负交替变化。这种现象称为**自由振荡**。此自由振荡因振幅不断衰减，故为**衰减振荡**或**阻尼振荡**，其中 α 称为**衰减系数**。这种情况称为**振荡过程**或**欠阻尼过程**。在欠阻尼过程中，电容上的电场能量和电感上的磁场能量都经历了增减变化过程，也就是说，电容和电感都经历了与外电路的能量交换过程。

为进一步理解衰减振荡的物理意义，下面讨论一种理想情况。设图 10.11.1 所示电路中 $U_S=0$，$R=0$，满足 $R<2\sqrt{L/C}$，故属于振荡情形，式(10.11.26)～(10.11.28)中有关参数为

$$\begin{cases}\alpha=\dfrac{R}{2L}=0\\ \omega_d=\sqrt{\omega_0^2-\alpha^2}=\omega_0=\dfrac{1}{\sqrt{LC}}\\ \theta=\arctan\dfrac{\omega_d}{\alpha}=\dfrac{\pi}{2}\end{cases} \tag{10.11.29}$$

于是，式(10.11.26)～(10.11.28)从数量上分别变为

$$\begin{cases}u_C=U_{C0}\cos\omega_0 t\\ i_L=-\omega_0 CU_{C0}\sin\omega_0 t=\dfrac{U_{C0}}{\omega_0 L}\cos(\omega_0 t+\pi/2)\\ u_L=-U_{C0}\cos\omega_0 t\end{cases} \tag{10.11.30}$$

上式表明，将含有初始储能的电容与电感并联后，各电压与电流都是不衰减的正弦量，称为不衰减的自由振荡或**无阻尼自由振荡**，振荡的角频率为 ω_0。其物理过程是：$t>0$ 时，电容与电感不断地进行电场与磁场能量的交换。由于回路中无电阻，在交换过程中总能量不会减少，即出现等幅振荡。而当电阻为 $0<R<2\sqrt{L/C}$ 时，因电阻消耗能量，便形成衰减振荡。电阻 R 越大，衰减系数 α 就越大，衰减也就越甚。当 R 大到一定程度，即 $R>2\sqrt{L/C}$ 时，便不能形成振荡过程。因此 R 称为**阻尼电阻**，它在决定 RLC 串联电路暂态过程性质中起到重要作用。

上述无阻尼自由振荡是基于电路模型得出的结论。实际的回路中总会或多或少地存在电阻，交变的电流还会产生交变的磁场，进而向回路以外的空间辐射电磁能。这些因素都使得回路中的能量会随着振荡的进行而越来越少。因此，如要维持振幅不衰减的自由振荡，必须不断地向电路提供能量，从而构成正弦波振荡器。

3. 电路参数满足 $R=2\sqrt{L/C}$ 即 $\alpha=\omega_0$ 的情况

此时由式(10.11.9)可知，p_1 和 p_2 为两个相等的负实根，即特征方程存在二重根：

$$p_1=p_2=p=-\alpha \tag{10.11.31}$$

根据数学原理，此时方程(10.11.3)通解形式为

$$u_C=u_{Cp}+u_{Ch}=U_S+(A_1+A_2t)e^{-\alpha t} \tag{10.11.32}$$

其中 A_1、A_2 由初始条件确定如下：

$$\begin{cases} u_C(0_+)=U_S+A_1=U_{C0} \\ \left.\dfrac{du_C}{dt}\right|_{t=0_+}=A_2-\alpha A_1=0 \end{cases} \tag{10.11.33}$$

解得

$$A_1=U_{C0}-U_S,\quad A_2=\alpha(U_{C0}-U_S) \tag{10.11.34}$$

将上式代入式(10.11.32)得电容电压全响应为

$$u_C=U_S+(U_{C0}-U_S)(1+\alpha t)e^{-\alpha t} \tag{10.11.35}$$

以及

$$i_L=C\frac{du_C}{dt}=-\alpha^2C(U_{C0}-U_S)te^{-\alpha t}=-\frac{U_{C0}-U_S}{L}te^{-\alpha t} \tag{10.11.36}$$

和

$$u_L=L\frac{di_L}{dt}=(U_{C0}-U_S)(\alpha t-1)e^{-\alpha t} \tag{10.11.37}$$

由于 $\alpha=\omega_0$ 刚好介于振荡与非振荡之间，所以这种情况称为**临界振荡**，此时电阻 R 称为**临界电阻**。

以上讨论了 RLC 串联电路全响应的三种可能情况：非振荡、振荡和临界。从数学上看，它们依次对应二阶微分方程两个特征根的三种关系：相异实根、共轭复根和相等实根；从电路参数上看，就是对应电阻 R 与 $2\sqrt{L/C}$ 的三种大小关系。图 10.11.5 总结了特征根在复平面上的位置与全响应的对应关系。

在以上讨论的 RLC 串联电路全响应的基础上，如果令上述各响应表达式中 $U_{C0}=0$ 便得到零状态响应；如果令 $U_S=0$，便得到零输入响应。例如对欠阻尼状态，电容电压和电感电流的零

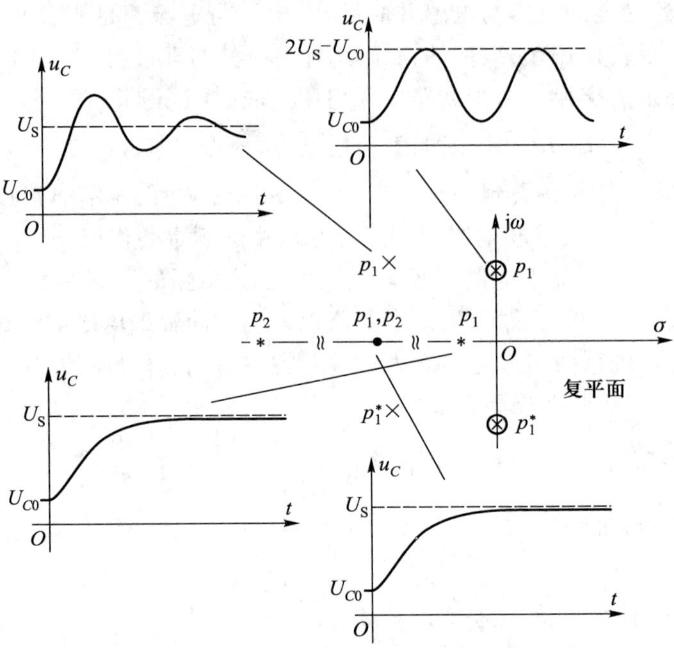

图 10.11.5　RLC 串联电路特征根位置与全响应的对应关系

输入响应可以通过令式(10.11.26)和式(10.11.27)中 $U_S=0$ 来获得：

$$u_C=\frac{\omega_0}{\omega_d}U_{C0}e^{-\alpha t}\sin(\omega_d t+\theta) \tag{10.11.38}$$

$$i_L=-\frac{U_{C0}}{\omega_d L}e^{-\alpha t}\sin\omega_d t \tag{10.11.39}$$

电压、电流的变化曲线如图 10.11.6(a)所示。由于没有外加电源向电路提供能量，因此电容电压和电感电流都按衰减振荡的规律趋于零。振荡规律说明了电容储能和电感储能有增减变化，并发生能量转换。为进一步理解此意，现计算电容储能 W_e 和电感储能 W_m 的变化规律：

$$W_e=\frac{1}{2}Cu_C^2=\frac{1}{2}C\left(\frac{\omega_0}{\omega_d}U_{C0}\right)^2e^{-2\alpha t}\sin^2(\omega_d t+\theta) \tag{10.11.40}$$

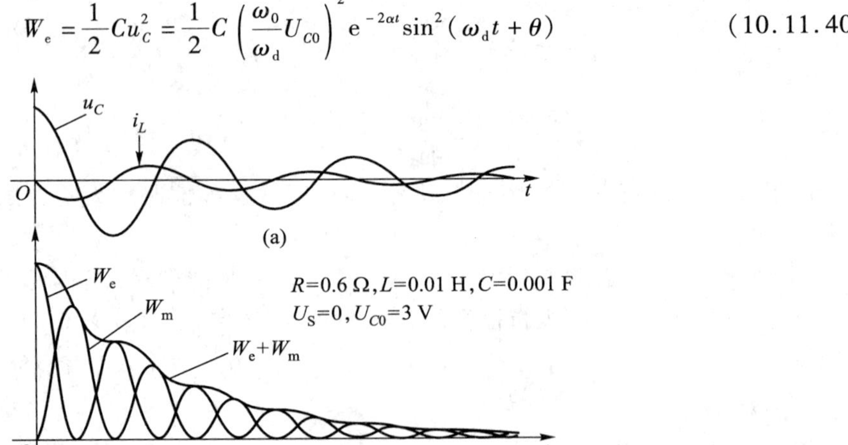

图 10.11.6　(a) RLC 串联电路的零输入响应；(b) 储能变化曲线

$$W_{\mathrm{m}}=\frac{1}{2}Li_L^2=\frac{1}{2}L\left(\frac{U_{C0}}{\omega_{\mathrm{d}}L}\right)^2\mathrm{e}^{-2\alpha t}\sin^2\omega_{\mathrm{d}}t \tag{10.11.41}$$

据此表达式可以做出电容储能和电感储能的变化波形,如图 10.11.6(b)所示。当两种储能此消彼长时,便说明它们储存的能量发生了转换。但由于电阻在不断消耗着能量,所以总的储能在不断减少,直至消失。

【例题 10.11.1】 图 10.11.7 所示电路,设 $i_{\mathrm{S}}=1\ \mathrm{A}\times\varepsilon(t)$,$R=20\ \Omega$,$L=0.1\ \mathrm{H}$,$C=20\ \mu\mathrm{F}$。求 i_L 的阶跃响应。

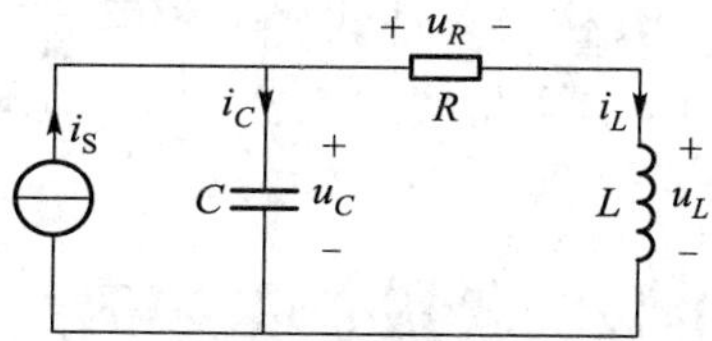

图 10.11.7 例题 10.11.1 图

【解】 根据 KCL,列写关于电容电压的微分方程为

$$i_C+i_L=C\frac{\mathrm{d}u_C}{\mathrm{d}t}+i_L=i_{\mathrm{S}} \tag{1}$$

再根据 KVL 又列出关于电感电流的微分方程为

$$u_L-u_C+u_R=L\frac{\mathrm{d}i_L}{\mathrm{d}t}-u_C+Ri_L=0 \tag{2}$$

将式(2)对时间求导,再将式(1)代入求导后的方程,得关于电感电流的二阶微分方程为

$$\frac{\mathrm{d}^2i_L}{\mathrm{d}t^2}+\frac{R}{L}\frac{\mathrm{d}i_L}{\mathrm{d}t}+\frac{1}{LC}i_L=\frac{1}{LC}i_{\mathrm{S}}\quad(t>0) \tag{3}$$

代入已知数得

$$\frac{\mathrm{d}^2i_L}{\mathrm{d}t^2}+200\frac{\mathrm{d}i_L}{\mathrm{d}t}+5\times10^5i_L=5\times10^5 \tag{4}$$

由零状态电路得初始条件为

$$\begin{cases}i_L(0_+)=i_L(0_-)=0\\ \left.\dfrac{\mathrm{d}i_L}{\mathrm{d}t}\right|_{t=0_+}=\dfrac{1}{L}u_L(0_+)=\dfrac{1}{L}[-Ri_L(0_+)+u_C(0_+)]=0\end{cases} \tag{5}$$

下面求满足方程(4)和初始条件式(5)的解答。

图 10.11.7 所示电路在 $i_{\mathrm{S}}=1\ \mathrm{A}\times\varepsilon(t)$ 作用下存在稳态解。稳态时电容成为开路,所以 i_L 的稳态分量或强制分量为 $i_{L\mathrm{p}}=1\ \mathrm{A}$。为求自由分量需写出方程(4)的特征方程并求出特征根

$$p^2+200p+5\times10^5=0$$

$$p_{1,2}=\left(\frac{-200\pm\sqrt{200^2-4\times5\times10^5}}{2}\right)\mathrm{s}^{-1}=(-100\pm\mathrm{j}700)\,\mathrm{s}^{-1}=-\alpha\pm\mathrm{j}\omega_{\mathrm{d}}$$

$p_{1,2}$ 为一对共轭复根,故方程(4)的齐次通解形式为

$$i_{L\mathrm{h}}=A\mathrm{e}^{-\alpha t}\sin(\omega_{\mathrm{d}}t+\theta)=A\mathrm{e}^{-100t}\sin(700t+\theta)$$

$i_{L\mathrm{p}}$ 与 $i_{L\mathrm{h}}$ 相加便是非齐次方程(4)的通解

$$i_L = i_{Lp} + i_{Lh} = 1 + A\mathrm{e}^{-100t}\sin(700t+\theta) \tag{6}$$

由初始条件式(5)确定 A 和 θ 为

$$\begin{cases} i_L(0_+) = 1 + A\sin\theta = 0 \\ \left.\dfrac{\mathrm{d}i_L}{\mathrm{d}t}\right|_{t=0_+} = -100A\sin\theta + 700A\cos\theta = 0 \end{cases}$$

解得

$$A \approx -1.01\ \mathrm{A},\quad \theta \approx 81.87°$$

将 A、θ 代入式(6)得到满足方程(4)及初始条件式(5)的解,即 i_L 的阶跃响应为

$$i_L = [1 - 1.01\mathrm{e}^{-100t}\sin(700t + 81.87°)]\ \mathrm{A}\quad (t \geqslant 0)$$

10.12 状态变量分析法*

上节针对 RLC 串联电路列写了关于电容电压的二阶微分方程,即式(10.11.3)。求解时需要电容电压及其一阶导数的初始值,即式(10.11.4)。通过求解联立方程来确定积分常数。可以想象,当电路阶数进一步增加时,上述过程将要变得复杂起来。具体就是:为了获得关于某响应的高阶微分方程,需要进行复杂的消元运算;由于响应的二阶以上导数已无物理意义,故找不到物理依据来确定它们的初始值;为了确定积分常数,需要计算响应的各阶导数并求解多元联立方程。这些问题可以通过变更电路方程的列写方法来解决。

先考察上节图 10.11.1 所示的 RLC 串联电路。如果同时选择电容电压和电感电流两个变量来列写方程,根据 KCL 和 KVL 得到

$$\begin{cases} C\dfrac{\mathrm{d}u_C}{\mathrm{d}t} = i_C = i_L \\ L\dfrac{\mathrm{d}i_L}{\mathrm{d}t} = u_L = -u_C - Ri_L + U_S \end{cases} \tag{10.12.1}$$

这个方程的列写要比式(10.11.3)来得容易。由于方程中只含一阶导数,所以为求解上述方程,只需电容电压和电感电流本身的初始值,不再需要它们导数的初始值。而电容电压和电感电流的初始值可以根据换路定律加以确定,即

$$\begin{cases} u_C(0_+) = u_C(0_-) = U_0 \\ i_L(0_+) = i_L(0_-) = 0 \end{cases} \tag{10.12.2}$$

再考察图 10.12.1(a)所示电路。按照刚才的思路,选择电容电压和电感电流为变量列写微分方程。

对节点①列 KCL 方程为

$$i_C = C\frac{\mathrm{d}u_C}{\mathrm{d}t} = -i_L + i_1 \tag{10.12.3}$$

对回路 l 列 KVL 方程为

$$u_L = L\frac{\mathrm{d}i_L}{\mathrm{d}t} = u_C - u_2 \tag{10.12.4}$$

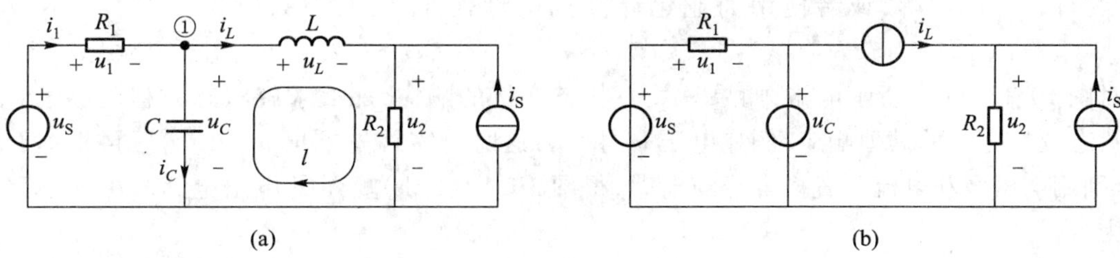

图 10.12.1 列写状态方程(a)与输出方程(b)

式(10.12.3)和式(10.12.4)中分别含有 i_1 和 u_2，它们不是所设的方程变量，应设法用 u_C 和 i_L 来表示。由图 10.12.1(a)并根据欧姆定律得

$$i_1=\frac{1}{R_1}(u_S-u_C) \tag{10.12.5}$$

$$u_2=R_2(i_S+i_L) \tag{10.12.6}$$

将式(10.12.5)代入式(10.12.3)、将式(10.12.6)代入式(10.12.4)，再使各导数项的系数为 1，得

$$\begin{cases}\dfrac{\mathrm{d}u_C}{\mathrm{d}t}=-\dfrac{1}{R_1C}u_C-\dfrac{1}{C}i_L+\dfrac{1}{R_1C}u_S\\[2ex]\dfrac{\mathrm{d}i_L}{\mathrm{d}t}=\dfrac{1}{L}u_C-\dfrac{R_2}{L}i_L-\dfrac{R_2}{L}i_S\end{cases} \tag{10.12.7}$$

为简化书写，采用如下记号

$$\dot{u}_C=\frac{\mathrm{d}u_C}{\mathrm{d}t},\qquad \dot{i}_L=\frac{\mathrm{d}i_L}{\mathrm{d}t} \tag{10.12.8}$$

这样，式(10.12.7)就可表达成如下的矩阵形式

$$\begin{bmatrix}\dot{u}_C\\ \dot{i}_L\end{bmatrix}=\begin{bmatrix}-\dfrac{1}{R_1C} & -\dfrac{1}{C}\\[2ex] \dfrac{1}{L} & -\dfrac{R_2}{L}\end{bmatrix}\begin{bmatrix}u_C\\ i_L\end{bmatrix}+\begin{bmatrix}\dfrac{1}{R_1C} & 0\\[2ex] 0 & -\dfrac{R_2}{L}\end{bmatrix}\begin{bmatrix}u_S\\ i_S\end{bmatrix} \tag{10.12.9}$$

上式是关于 u_C 和 i_L 的线性一阶**微分方程组**，称为图 10.12.1(a)电路的**状态方程**。把它推广到一般情况得线性暂态电路状态方程的标准形式为

$$\dot{\boldsymbol{X}}=\boldsymbol{AX}+\boldsymbol{BV} \tag{10.12.10}$$

其中

$$\boldsymbol{X}=[u_{C1},u_{C2},\cdots,i_{L1},i_{L2},\cdots]^{\mathrm{T}} \tag{10.12.11}$$

称为**状态变量**或**状态向量**。$\dot{\boldsymbol{X}}$ 表示状态变量的一阶导数。

$$\boldsymbol{V}=[u_{S1},u_{S2},\cdots,i_{S1},i_{S2},\cdots]^{\mathrm{T}} \tag{10.12.12}$$

称为**输入向量**。$\boldsymbol{A}$ 是 $n\times n$ 方阵，n 为状态变量个数。$\boldsymbol{B}$ 是 $n\times m$ 矩阵，m 是独立电源个数。$\boldsymbol{A}$ 与 $\boldsymbol{B}$ 均由电路的结构和参数决定。矩阵 $\boldsymbol{A}$ 在状态变量分析中起着重要作用，它的性质反映了电路暂态过程的性质。

在根据换路定律确定了各状态变量的初始值后，便可求解状态方程。通常采用数值分析法，例如欧拉法、梯形法等；或者使用商业化计算机仿真软件，例如 MATLAB 等。本书不做详细介绍。

对图 10.12.1(a)所示电路，如果只关心状态变量的响应，那么求解状态方程就够了。但若关心状态变量之外的其他响应，例如电压 u_1 和 u_2，这时仍需首先求出 u_C、i_L，然后再根据置换定理，分别用电压源和电流源置换电容与电感，得图 10.12.1(b)所示的电阻电路。由该电路列出方程为

$$\begin{cases} u_1 = -u_C + u_S \\ u_2 = R_2 i_L + R_2 i_S \end{cases} \tag{10.12.13}$$

写成矩阵形式就是

$$\begin{bmatrix} u_1 \\ u_2 \end{bmatrix} = \begin{bmatrix} -1 & 0 \\ 0 & R_2 \end{bmatrix}\begin{bmatrix} u_C \\ i_L \end{bmatrix} + \begin{bmatrix} 1 & 0 \\ 0 & R_2 \end{bmatrix}\begin{bmatrix} u_S \\ i_S \end{bmatrix} \tag{10.12.14}$$

上式是关于 u_1 和 u_2 的**代数方程组**，称为**输出方程**。u_1、u_2 称为**输出变量**。一般情况下，输出方程的标准形式是

$$\boldsymbol{Y} = \boldsymbol{CX} + \boldsymbol{DV} \tag{10.12.15}$$

其中

$$\boldsymbol{Y} = [u_1, u_2, \cdots, i_1, i_2]^{\mathrm{T}} \tag{10.12.16}$$

称为**输出向量**。设 $\boldsymbol{Y}$ 包含 p 个输出变量，则 $\boldsymbol{C}$ 和 $\boldsymbol{D}$ 分别为 $p \times n$ 和 $p \times m$ 的系数矩阵。它们的元素也是由电路的结构和参数决定的。

上述通过列写状态方程来分析暂态过程的方法称为**状态变量分析法**。一般步骤是：

(1) 选择一组独立的状态变量，通常选取电容电压和电感电流。

(2) 列写关于这组变量的状态方程。

(3) 采用适当的方法求解状态方程，得到状态变量的解。

(4) 根据输出方程求出待求输出变量的解。

上述过程说明：由状态变量的初始值和激励源，根据状态方程就可以确定 $t>0$ 以后状态变量的变化规律，再由输出方程又可确定其他响应变量的变化规律。也就是说，对一个给定的线性暂态电路，由状态变量的初始值和外加激励完全可以确定电路在未来 $t>0$ 以后的演变规律。

与经典法相比，状态变量分析法的优点是方程易于列写，易于确定初始值(不需要确定高阶导数的初始值)，便于利用计算机求解，是目前分析高阶暂态电路的常用方法。

观察状态方程的标准形式，它的每个 $\dot{u}_C$ 对应一个 KCL 方程，每个 $\dot{i}_L$ 对应一个 KVL 方程。因此，可按下列步骤列写简单电路的状态方程：

(1) 对含电容的节点列 KCL 方程，该方程中应包括尽可能少的非状态变量。

(2) 对含电感的回路列 KVL 方程，该方程中应包括尽可能少的非状态变量。

(3) 用状态变量表示在步骤(1)、(2)中出现的非状态变量。

【例题 10.12.1】 列出图 10.12.2 所示电路的状态方程标准形式。

【解】 对含电容的节点①列 KCL 方程为

$$i_C = C\dot{u}_C = i_L - i_2 \tag{1}$$

对含电感的回路 l 列 KVL 方程为

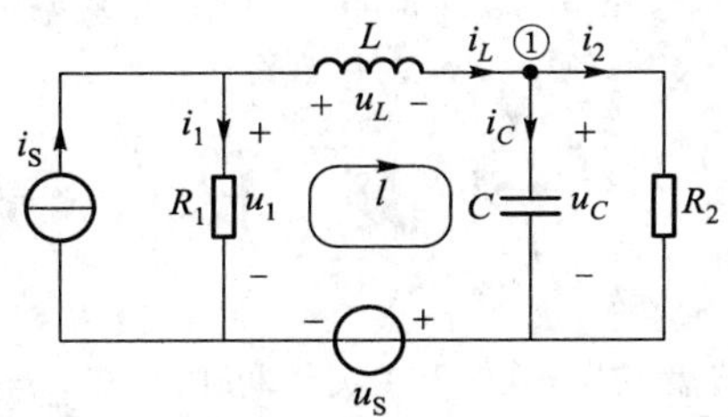

图 10.12.2 例题 10.12.1 图

$$u_L = L\dot{i}_L = u_1 - u_S - u_C \tag{2}$$

用状态变量表示上面出现的非状态变量为

$$i_2 = u_C/R_2, \quad u_1 = R_1 i_1 = R_1(i_S - i_L) \tag{3}$$

将式(3)代入式(1)、式(2),消去非状态变量,得状态方程标准形式为

$$\begin{bmatrix} \dot{u}_C \\ \dot{i}_L \end{bmatrix} = \begin{bmatrix} -1/(R_2C) & 1/C \\ -1/L & -R_1/L \end{bmatrix}\begin{bmatrix} u_C \\ i_L \end{bmatrix} + \begin{bmatrix} 0 & 0 \\ -1/L & R_1/L \end{bmatrix}\begin{bmatrix} u_S \\ i_S \end{bmatrix}$$

【结语】

稳态不是恒久的。电路有通断、有干扰、有事故。这些换路动作发生后电路的行为和分析方法不同于稳态情况。只有认识了这些行为,才能在时间范围内完整地认识电路的工作过程。理解这些行为特征的关键是要理解能量的连续变化特性和电磁场能量的相互转化。

【思考题】

1. 对 RL 串联电路,为减小时间常数,能不能(1) 成比例地增大线圈尺寸,同时保持匝数和材料不变;(2) 插入磁心;(3) 增加匝数但保持尺寸不变;(4) 使用同样材料但更细的导线缠绕,且保持尺寸和匝数不变。

2. 直流激励、初始状态不为零的电路,若直流激励增加一倍、初始状态保持不变,则全响应、零输入响应、零状态响应、自由分量、强制分量做怎样变化? 若改变初始状态,情况又怎样?

3. 一阶电路暂态响应可用”三要素公式”来描述,讨论电路的外加激励影响哪些要素? 电路的初始储能影响哪些要素?

4. 从电路结构和激励的函数形式上分析,在什么情况下电容电压和电感电流会发生跃变现象? 如果发生上述跃变,如何确定电容电压和电感电流的初始值?

5. 为使 RLC 串联电路中电容电压的极性做周期性变化,应采取下面哪些措施? (1) 降低比值 R/L;(2) 提高回路的固有频率;(3) 提高回路的品质因数。

6. RLC 二阶电路为什么能产生振荡的暂态过程? RC 和 RL 二阶电路能否也产生振荡的暂态过程?

7. 应当怎样设定 RLC 串联电路的初始条件,使此电路施加恒定电压时不产生过渡过程?

8. 用运算放大器实现的微分电路和积分电路,与用无源 RC 电路实现的相应电路比较有何特点?

9. 列状态方程时为什么以电容电压和电感电流为待求变量？

习　题　十

10.1　图题 10.1 所示电路原处于稳态，$t=0$ 时开关突然断开，已知 $I_S=10\ \text{mA}$，$R_1=R_2=2\ \text{k}\Omega$，$C=0.1\ \text{mF}$，求初始值 $u_C(0_+)$、$i_1(0_+)$ 和 $i_C(0_+)$。

10.2　图题 10.2 所示电路原处于稳态，$t=0$ 时开关突然断开，求初始值 $u_C(0_+)$、$i_L(0_+)$ 及开关两端电压 $u(0_+)$。

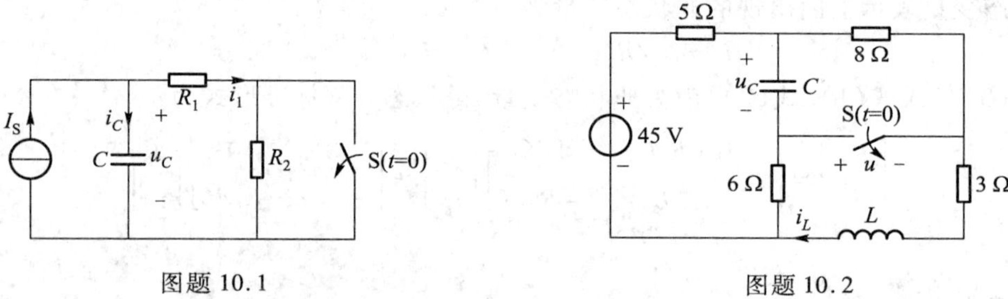

图题 10.1　　　　图题 10.2

10.3　图题 10.3 所示电路原处于稳态，$t=0$ 时开关突然断开，求 $t>0$ 时 u_1 的变化规律。

10.4　图题 10.4 所示电路原处于稳态，$t=0$ 时开关突然断开，求 $t>0$ 时的电压 u。

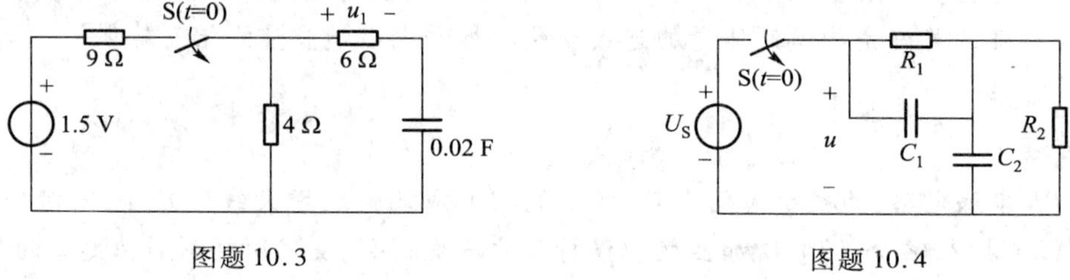

图题 10.3　　　　图题 10.4

10.5　图题 10.5 所示电路，$t=0$ 时开关突然接通，设 $u_1(0_-)=20\ \text{V}$，$u_2(0_-)=0\ \text{V}$，求 $t>0$ 时的电压 u_1 和 u_2。

10.6　一个高压电容原先已充电，其电压为 10 kV，从电路中断开后，经过 15 分钟它的电压下降为 3.2 kV。问：

(1) 再过 15 分钟电压下降到多少？

(2) 如果电容 $C=15\ \mu\text{F}$，那么它的绝缘电阻是多少？

(3) 需要经过多长时间，可使电压下降为 30 V 以下？

(4) 若要求在 10 分钟内放电完毕，应并联多大的放电电阻？放电的平均功率是多少？

10.7　图题 10.7 所示电路原处于稳态，$t=0$ 时开关突然接通，求 $t>0$ 时的电压 u_1 及 3 Ω 电阻消耗的能量。

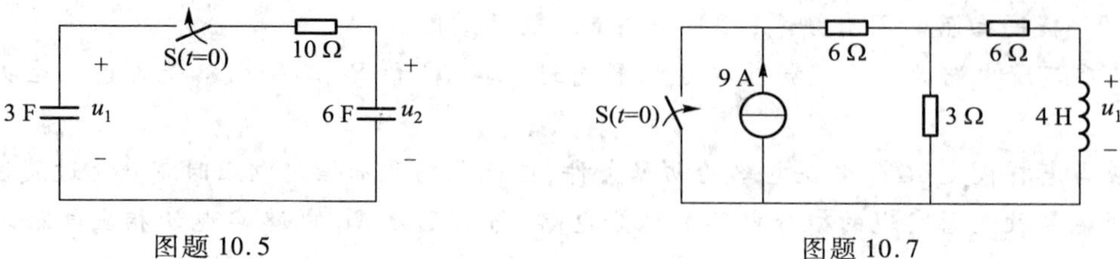

图题 10.5　　　　图题 10.7

10.8 图题 10.8 所示电路原处于稳态，$t=0$ 时突然断开，已知 $u_S=10\sqrt{2}\cos(100t)$ V，求电压 u_C。

10.9 图题 10.9 所示电路原处于稳态，$t=0$ 时开关突然接通，求 $t>0$ 时的电流 i_L。

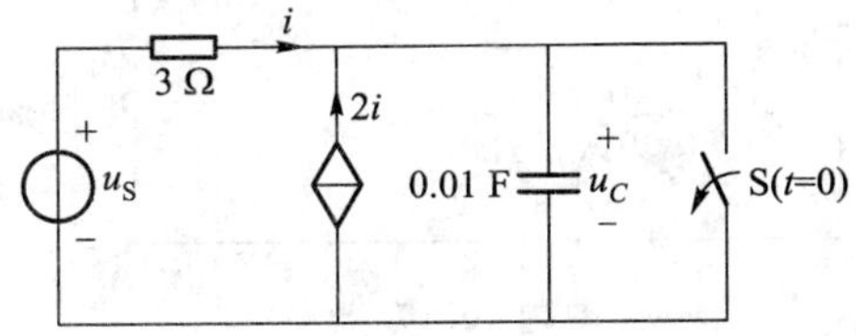

图题 10.8

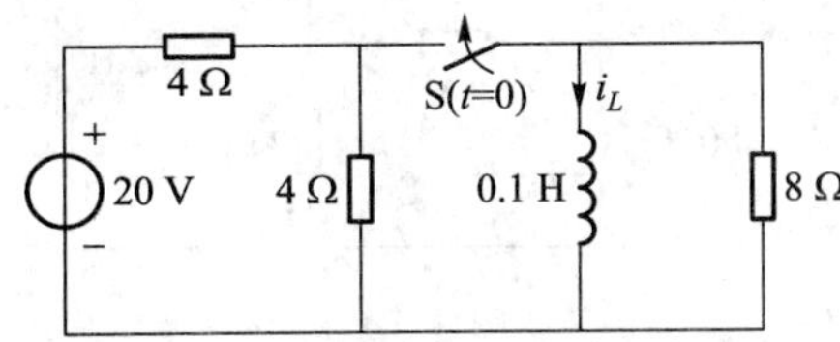

图题 10.9

10.10 图题 10.10 所示电路原处于稳态，$t=0$ 时开关突然接通，求 $t>0$ 时的电压 u_C。

10.11 图题 10.11 所示电路原处于稳态，$t=0$ 时开关突然从 a 扳到 b，求 $t>0$ 时的电压 u。

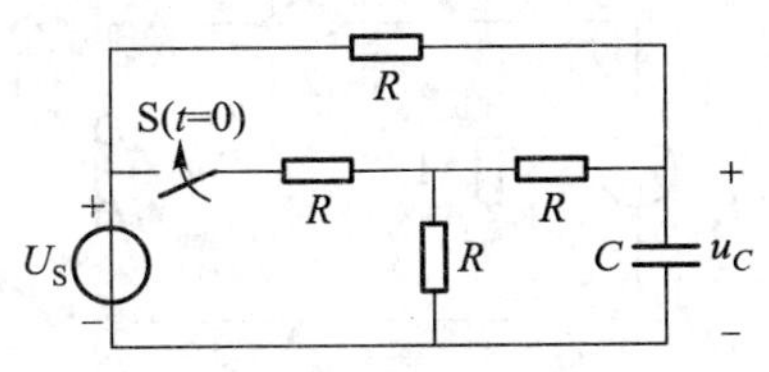

图题 10.10

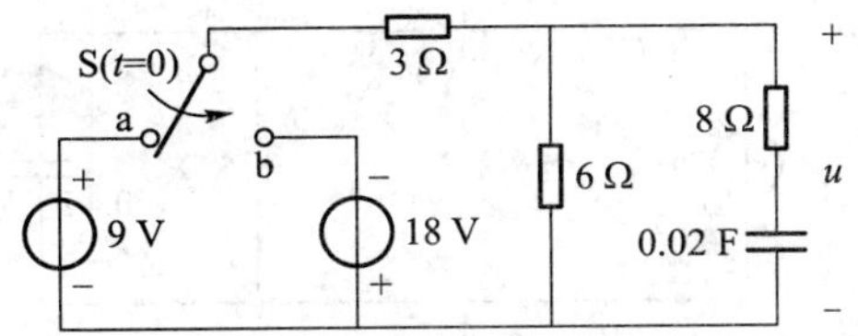

图题 10.11

10.12 图题 10.12 所示电路原处于稳态，$t=0$ 时开关突然断开，求 $t>0$ 时的电压 u_C。

10.13 图题 10.13 所示电路原处于稳态，$t=0$ 时开关突然接通，求 t 为何值时 $u_C=0$。

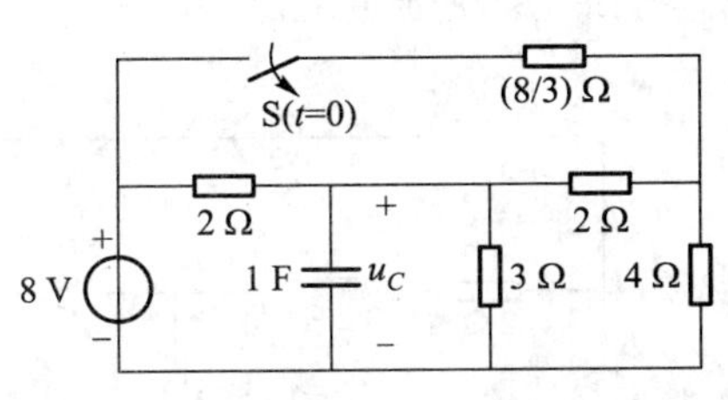

图题 10.12

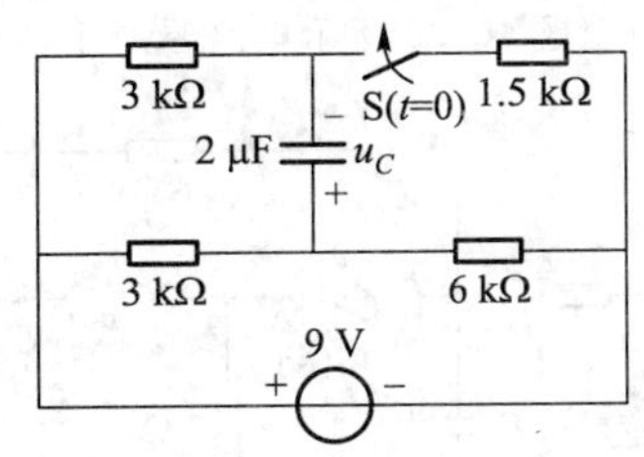

图题 10.13

10.14 图题 10.14 所示电路原处于稳态，$t=0$ 时开关突然接通，求 $t>0$ 时的电流 i_L。

10.15 图题 10.15 所示电路原处于稳态，$t=0$ 时开关突然接通，求 $t>0$ 时的电流 i。

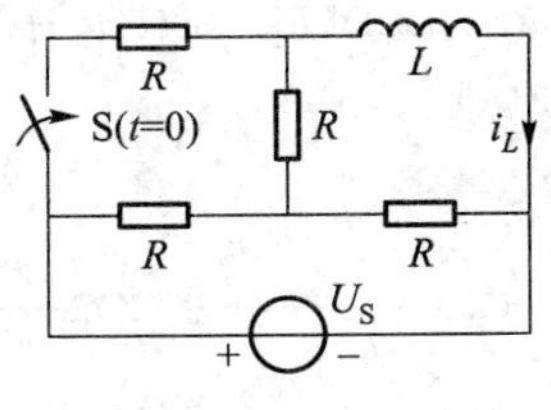

图题 10.14

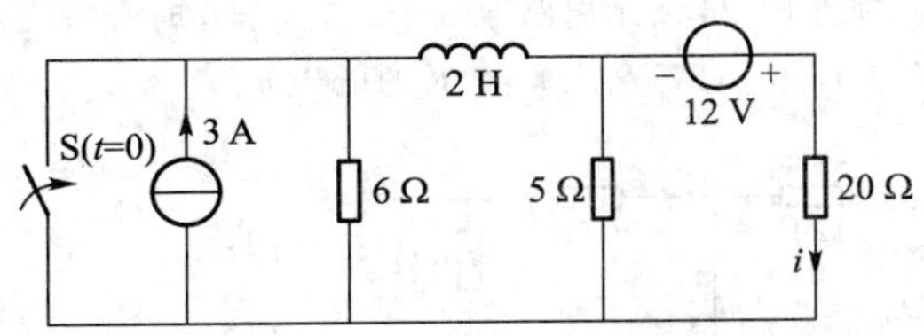

图题 10.15

10.16 图题 10.16 所示电路原处于稳态，$t=0$ 时开关突然断开，求 $t>0$ 时的电感电流 i_L。

10.17 图题 10.17 所示电路原处于稳态，$R_1=R_2=R_3=5\ \Omega$，$R_4=10\ \Omega$，$L=10$ H，$U_S=10$ V，$t=0$ 时开关突然断开，求 $t>0$ 时的电流 i_L。

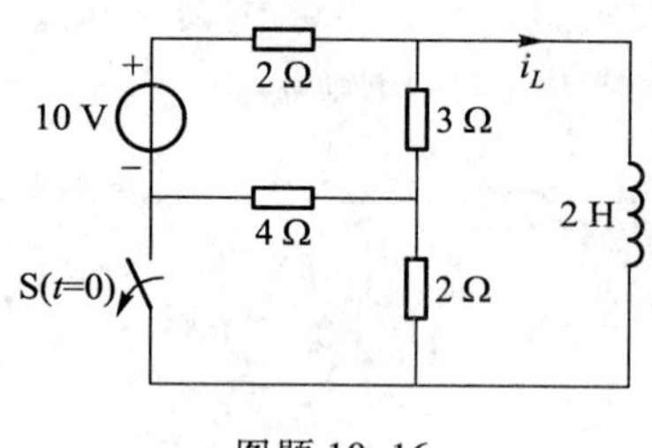

图题 10.16

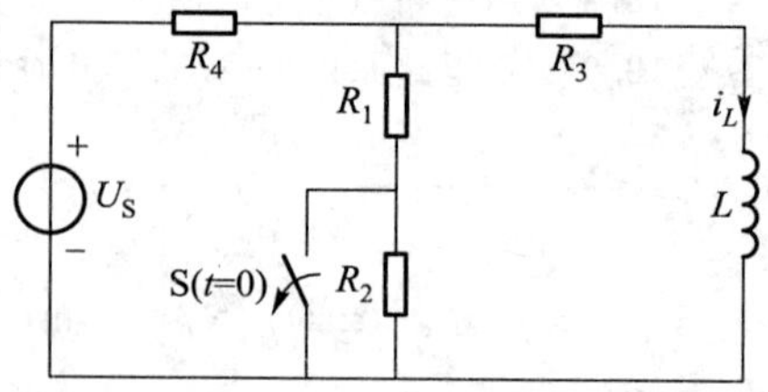

图题 10.17

10.18　图题 10.18 所示电路原处于稳态，$t=0$ 时 r 突然由 10 Ω 变为 5 Ω，求 $t>0$ 时的电压 u_C。

10.19　电路如图题 10.19 所示，设 $i_L(0_-)=3$ A，$i_S=5e^{-10t}$ A$(t>0)$，求 $t>0$ 时 i_L 的变化规律，指出其中的强制分量与自由分量。

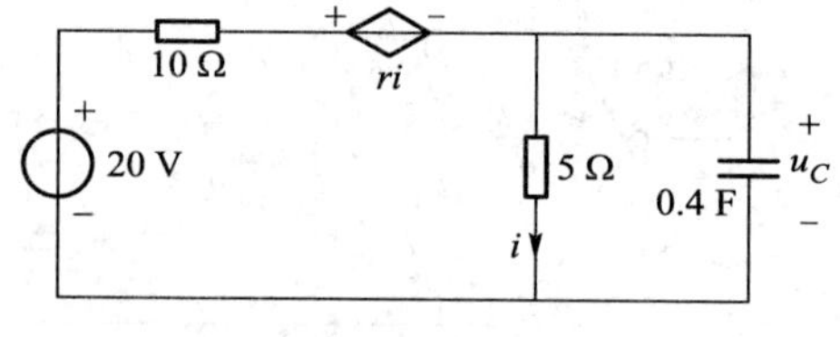

图题 10.18

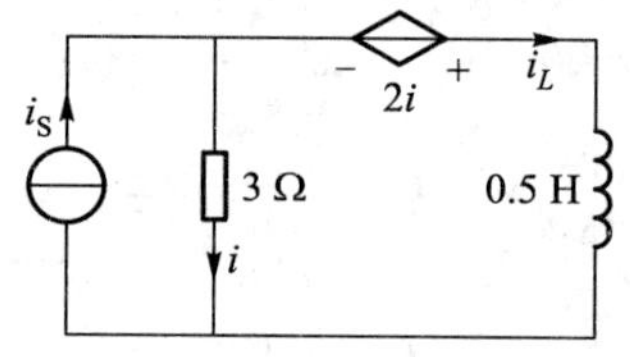

图题 10.19

10.20　某 RC 一阶电路的全响应 $u_C=(12-5e^{-8t})$ V，若初始状态不变而输入减少为原来的四分之三，则全响应 u_C 将如何变化？

10.21　图题 10.21 所示电路原处于稳态，$t=0$ 时开关突然断开，求 $t>0$ 时的电压 u。

10.22　图题 10.22 所示电路原处于稳态，$t=0$ 开关突然接通，求 $t>0$ 时的电压 u_C 和电流 i_L。

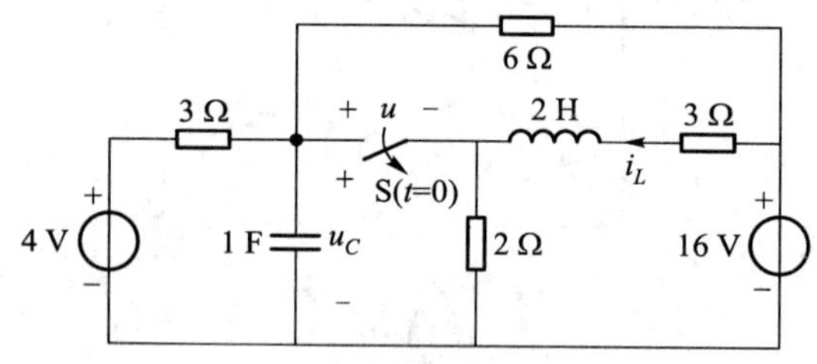

图题 10.21

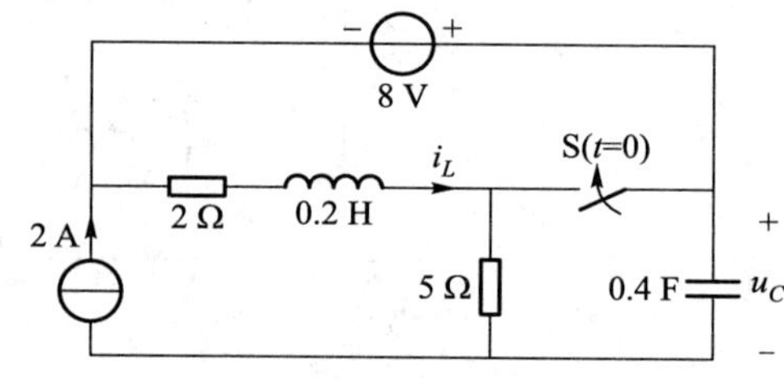

图题 10.22

10.23　图题 10.23 所示电路原处于稳态，$t=0$ 时开关突然接通，求 $t>0$ 时的电流 i。

10.24　图题 10.24 所示电路原处于稳态，$t=0$ 时开关突然断开，已知 $R_1=12$ Ω，$R_2=8$ Ω，$L_1=0.2$ H，$L_2=0.4$ H，$M=0.1$ H，$U_S=32$ V，求 $t>0$ 时的电压 u。

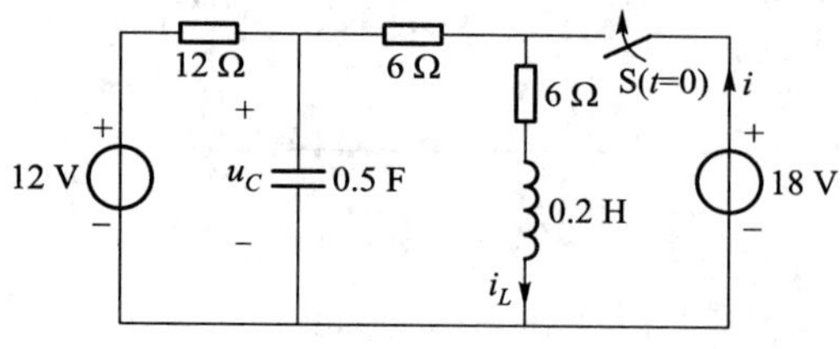

图题 10.23

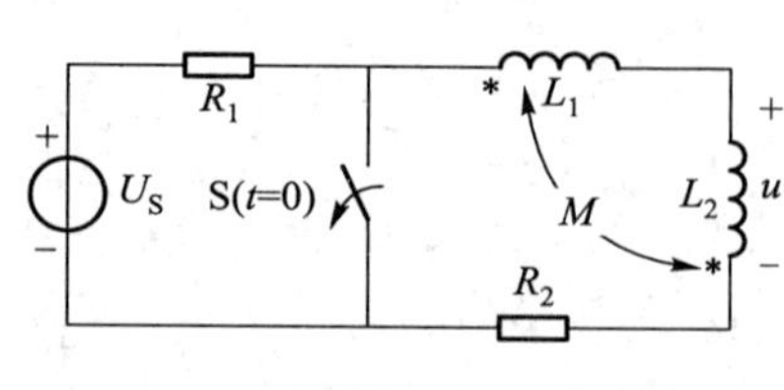

图题 10.24

10.25 图题 10.25 所示电路原处于稳态，$t=0$ 时开关突然接通，已知 $L_1=0.2$ H，$L_2=0.1$ H，$M=0.1$ H，求 $t>0$时的输出电压 u_2。

10.26 图题 10.26 所示电路原处于稳态，$t=0$ 时开关突然由 a 扳到 b，已知 $u_2(0_-)=2$ V，求 $t>0$ 时的电压 u_2。

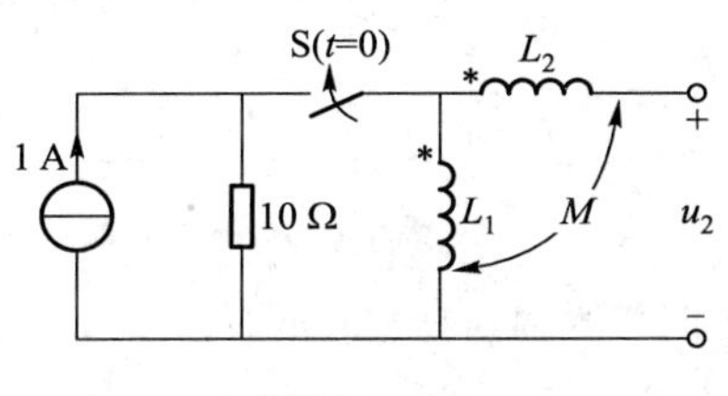

图题 10.25

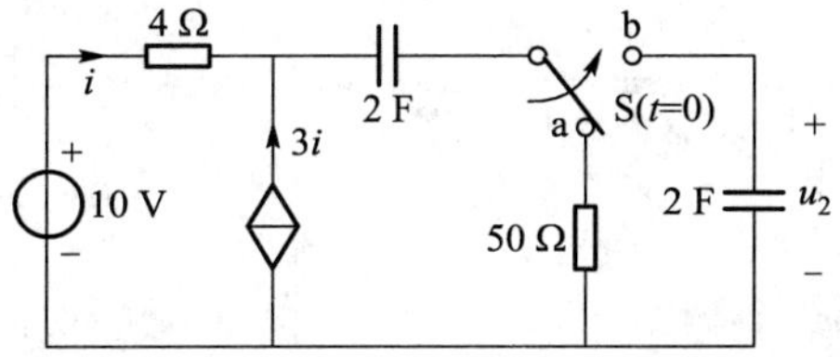

图题 10.26

10.27 图题 10.27 所示电路原处于稳态，$t=0$ 时开关 S_1 突然接通，$t=1$ s 时开关 S_2 又突然接通，已知 $u_C(0_-)=2$ V，求 $t>0$ 时的电压 u_C，并画出波形。

10.28 图题 10.28 所示电路原处于稳态，$t=0$ 时开关突然由 a 扳到 b，求 $t>0$ 时的电压 u_2。

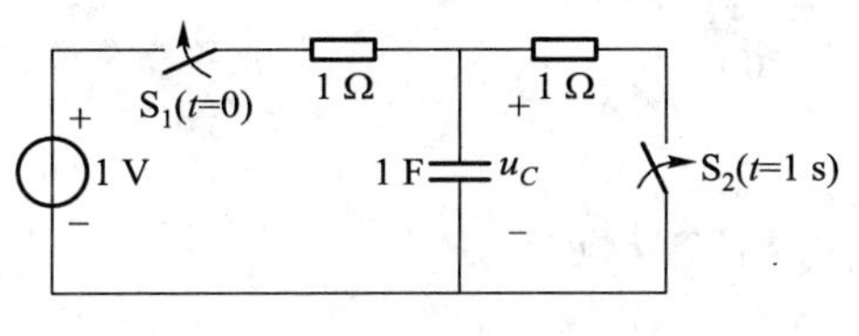

图题 10.27

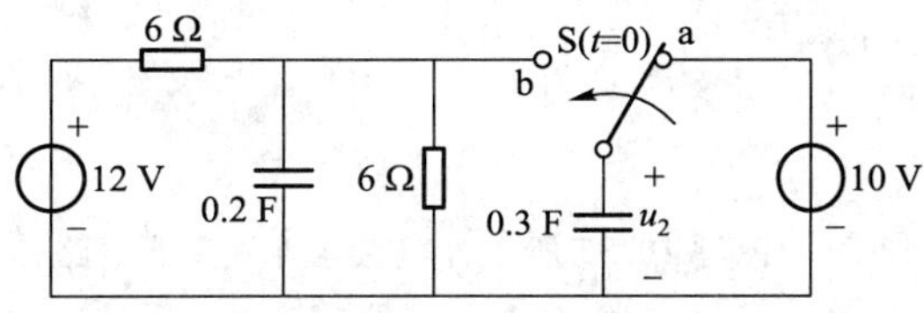

图题 10.28

10.29 图题 10.29 所示电路原处于稳态，$t=0$ 时开关突然接通，设 $u_2(0_-)=0$，求 $t>0$ 时的电压 u_1 和 u_2。

10.30 图题 10.30 所示电路原处于稳态，$t=0$ 时开关突然断开，求 $t>0$ 时的电流 i_1 和电压 u。

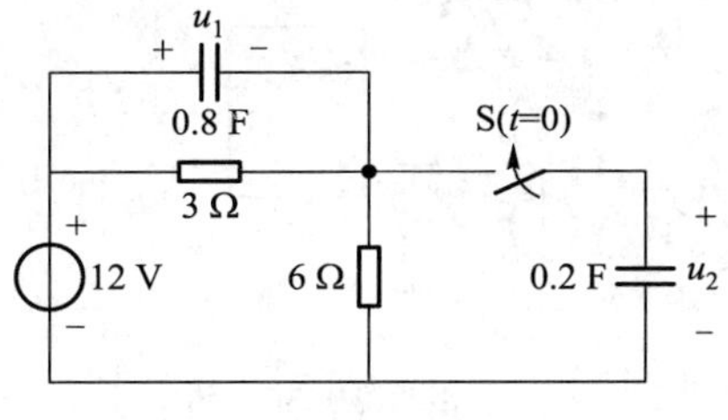

图题 10.29

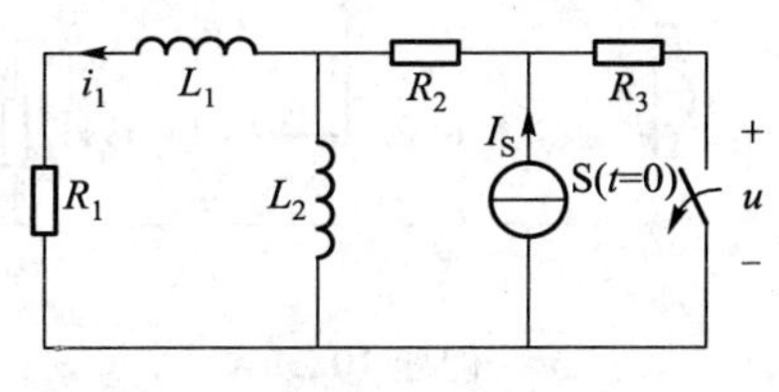

图题 10.30

10.31 电路如图题 10.31 所示，i_S 是幅值为 15 mA 的阶跃电流源，各电阻均为 9 Ω，电感 $L=6$ mH，计算电流 i_4 在 $t>0$ 时的零状态响应。

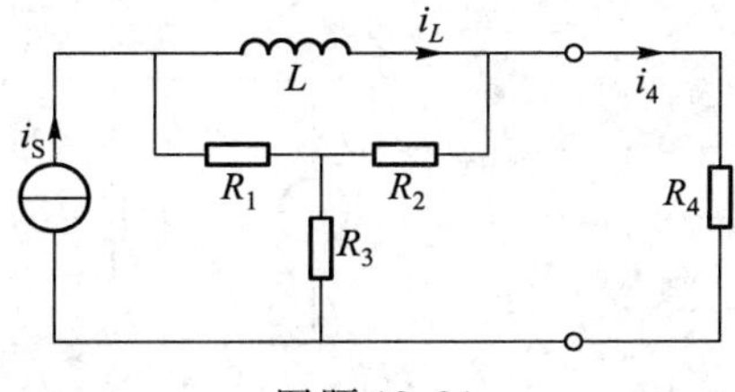

图题 10.31

10.32 图题 10.32(a)所示电路，电压源波形如图题 10.32(b)所示，求 $t>0$ 时电压 u 的变化规律。

10.33 电路如图题 10.33 所示，设 $u_S=\varepsilon(t)$ V，$i_S=\varepsilon(t-1)$ A，求电流 i_L 并画出波形。

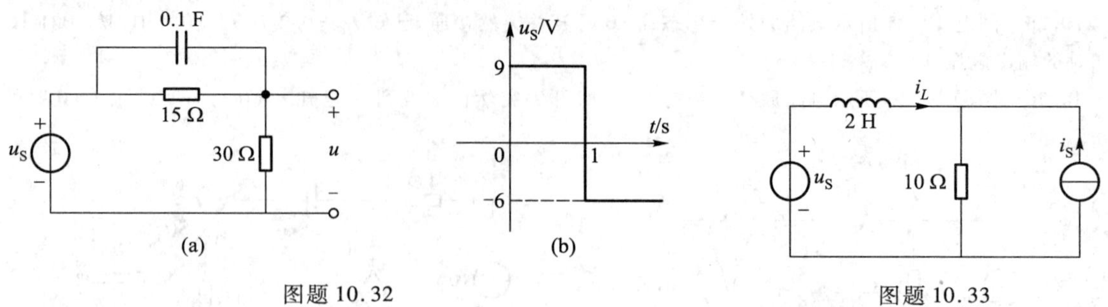

图题 10.32　　　　图题 10.33

10.34　电路及输入电压波形分别如图题 10.34(a)、(b)所示，求在周期稳态时电容电压的最大值和最小值。

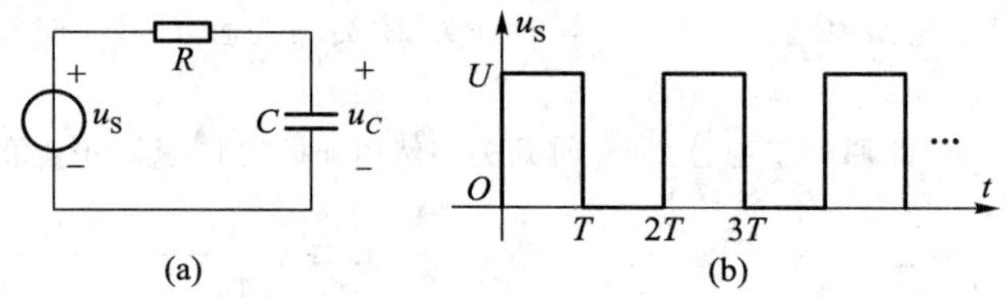

图题 10.34

10.35　图题 10.35 所示含理想运算放大器电路，$u_S=\varepsilon(t)$ V，求阶跃响应 i_O。

10.36　求图题 10.36 所示电路的输出电压 u_O。

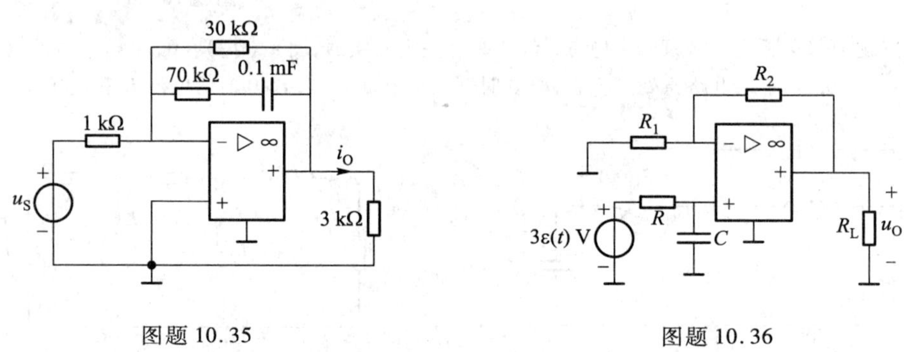

图题 10.35　　　　图题 10.36

10.37　图题 10.37 所示电路，u_S 为阶跃电压。已知当 $C=0.01$ F 时，零状态响应 $u=(10-5e^{-2t})$ V$(t>0)$。现把 C 换成 5 H 电感，其他参数不变，再求零状态响应 u。

10.38　电路如图题 10.38 所示。(1) 求 u_C 的单位阶跃特性；(2) 求 u_C 的单位冲激特性。

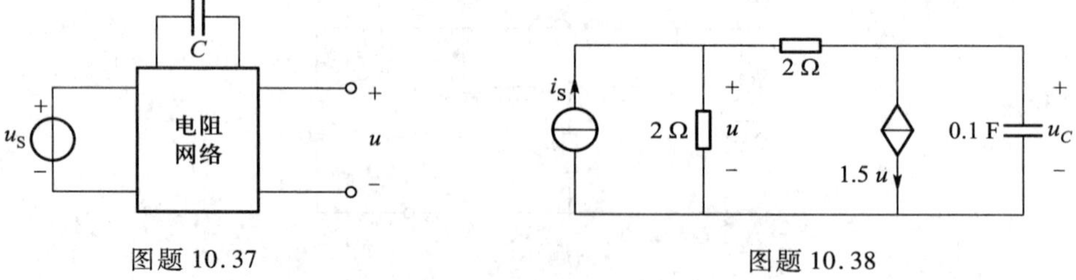

图题 10.37　　　　图题 10.38

10.39　求图题 10.39 所示电路电压 u 的单位冲激特性 $h(t)$，并画出波形。

10.40　电路如图题 10.40(a)所示，用卷积积分计算 i_S 为图题 10.40(b)时的零状态响应 u_C。

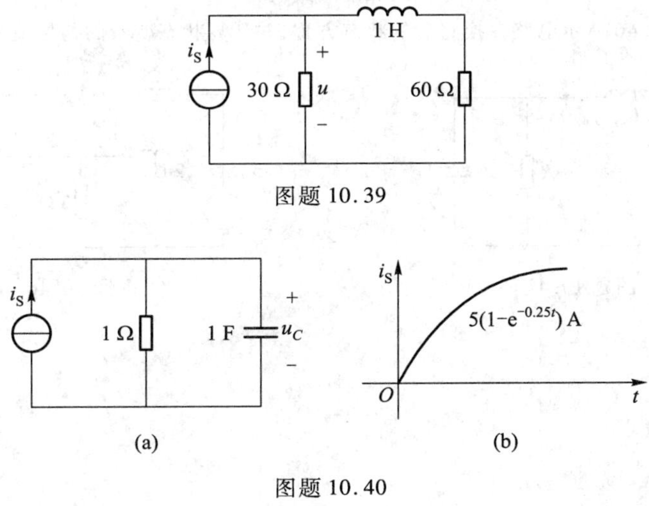

图题 10.39

图题 10.40

10.41 电路如图题 10.41 所示，已知 $u_{S1}=10e^{-5t}\varepsilon(t)$ V，$u_{S2}=5(1-e^{-5t})\varepsilon(t)$ V，用卷积积分计算 $t>0$ 时输出电压 u 的变化规律。

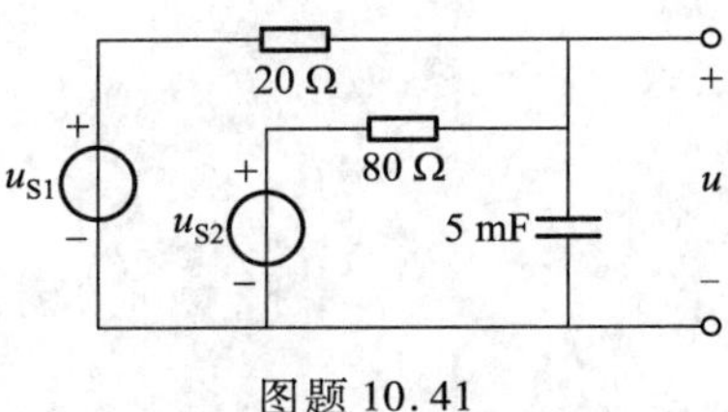

图题 10.41

10.42 图题 10.42 所示二阶动态电路，求：(1) 图题 10.42(a) 中 α 为何值时电路处于过阻尼状态；(2) 图题 10.42(b) 中 α 为何值时电路处于临界阻尼状态。

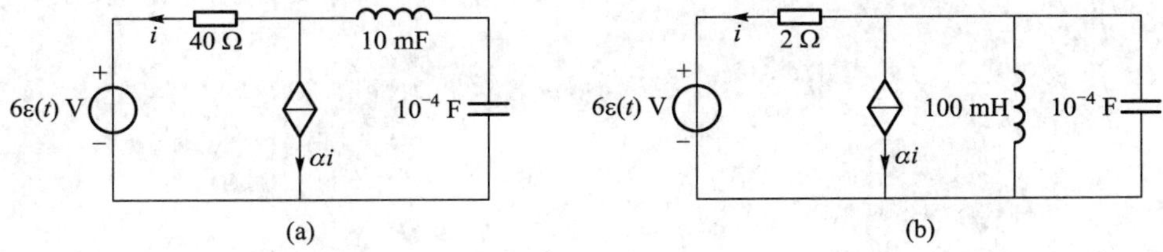

图题 10.42

10.43 求图题 10.43 所示电路 u_C 的单位阶跃特性 $s(t)$ 及单位冲激特性 $h(t)$。

10.44 图题 10.44 所示电路原处于稳态，$u_C(0_-)=10$ V，$t=0$ 时开关突然接通，求 $t>0$ 时的全响应 u_C。

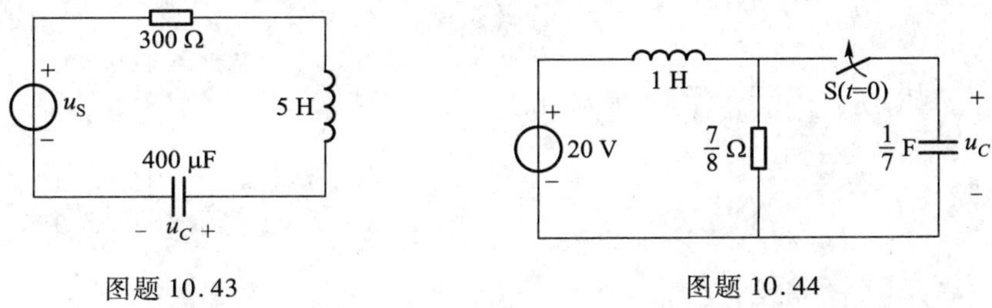

图题 10.43

图题 10.44

10.45 列出图题 10.45 所示电路状态方程的标准形式。

10.46 列出图题 10.46 所示电路在换路后的状态方程,并计算状态变量的初始值和稳态值。

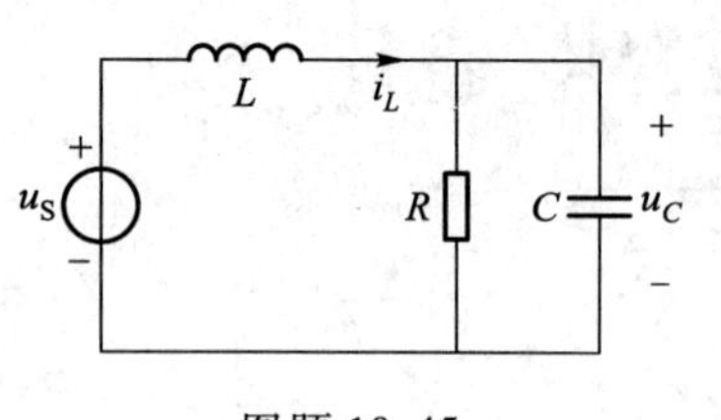

图题 10.45

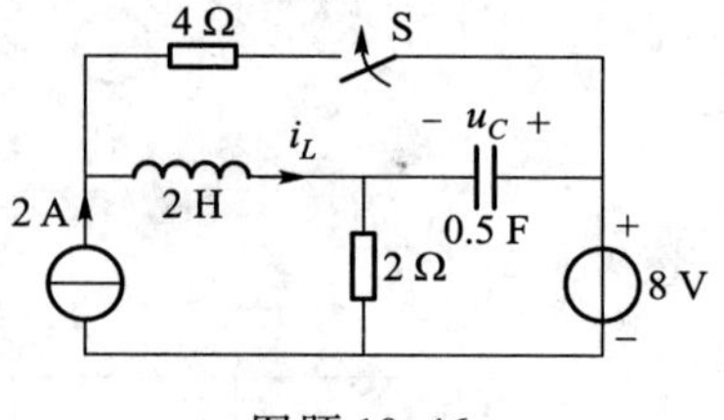

图题 10.46

第 11 章 线性电路暂态响应的复频域分析

【导读】

前一章在时间域中研究了线性电路暂态响应的分析问题，主要是一阶电路的经典法。按照经典法的思路，在储能元件较多时，需要列写高阶微分方程并确定高阶导数的初始值。由于变量的高阶导数常常失去明确的物理意义，因而初始值和积分常数都难以确定。为此，本章介绍采用数学上的拉普拉斯变换原理分析线性电路暂态响应的方法。它把以时间为变量的实变函数通过拉普拉斯变换化为复变量 s 的复变函数。使用这种方法不涉及任何导数的初始值，并将常微分方程化为代数方程。由于 s 是复变量且具有频率的量纲，因此称为复频域分析法，它属于电路理论中的变换域分析法。在第 4 章将正弦量变换为相量然后加以分析的方法也属于变换域分析法。

考虑读者已有的数学基础，本章不对拉普拉斯变换的数学原理展开介绍，只是为了叙述方便，简要介绍拉普拉斯变换的定义及反变换的基本思想，从中引出若干术语。关于拉普拉斯变换的更多内容，请读者参看数学课程教材。

本章的核心内容是利用拉普拉斯变换原理分析线性电路暂态响应，为此要依次介绍电路模型和电路定律的复频域形式，复频域电路方程的列写等。最后讨论与复频域网络函数相关的问题。学习本章时要注意与时域分析法和正弦电流电路的相量分析法进行对比。

11.1 拉普拉斯变换与复频域概述

拉普拉斯变换属于一种数学变换，它可以从广义傅里叶变换引出，也可以做如下定义：

设函数 $f(t)$ 在 $t>0$ 及 $t=0$ 的某个邻域内有定义，并且积分

$$\int_{0_-}^{\infty} f(t)\mathrm{e}^{-st}\mathrm{d}t \qquad (s\text{ 是复变量}) \tag{11.1.1}$$

在复平面 s 的某一域内收敛，则由此积分所确定的复变函数

$$F(s) = \int_{0_-}^{\infty} f(t)\mathrm{e}^{-st}\mathrm{d}t \tag{11.1.2}$$

称为函数 $f(t)$ 的**拉普拉斯变换**[①]简称**拉氏变换**，或称为 $f(t)$ 的**象函数**，记作

---

① 存在条件：1. $f(t)$ 在 $t\geqslant 0$ 的任何有限区间内分段连续；2. 存在常数 $M>0$ 和 $\sigma>0$，使得在 $[0,+\infty)$ 上 $|f(t)|\leqslant M\mathrm{e}^{\sigma t}$。工程上大部分函数都满足此条件。

$$F(s)=\mathscr{L}[f(t)] \tag{11.1.3}$$

复变量 $s=\sigma+\mathrm{j}\omega$。因为 e 指数中的 st 是无量纲变量，而在电路中 t 代表时间，所以 s(注意这里是小写斜体符号，不要与表示秒的小写正体 s 相混淆)具有时间的倒数量纲，即频率的量纲，因此称为**复频率**。$F(s)$的单位是$f(t)$的单位乘以时间的单位。例如，如果 $f(t)$表示电流，则 $F(s)$的单位就是 A·s，即库仑，符号为 C；如果$f(t)$表示电压，则 $F(s)$的单位就是 V·s，即韦伯，符号为 Wb。

与数学课略有不同的是，式(11.1.2)中的积分下限取 0_- 而不是取 0，这样定义的拉普拉斯变换对分析电路的暂态过程会更加方便。

由式(11.1.2)可见，拉普拉斯变换将以时间 t 为实变量的实变函数 $f(t)$，变换为以复变量 s 为变量的复变函数 $F(s)$。自变量的变化域从一维的时间轴变到了二维的复平面，即**复频域**，如图 11.1.1 所示。

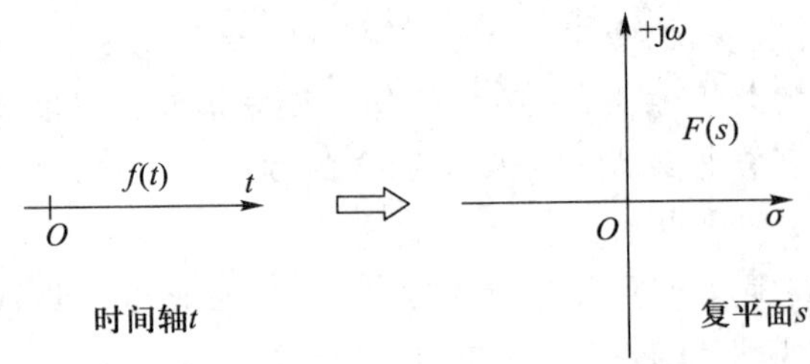

图 11.1.1 时域到复频域的变换

由 $F(s)$求$f(t)$的运算称为**拉普拉斯反变换**。在数学课中介绍计算反变换的一般公式是

$$f(t)=\mathscr{L}^{-1}[F(s)]=\frac{1}{2\pi\mathrm{j}}\int_{\sigma-\mathrm{j}\infty}^{\sigma+\mathrm{j}\infty}F(s)\mathrm{e}^{st}\mathrm{d}s \tag{11.1.4}$$

这时，$f(t)$称为 $F(s)$的**原函数**。

上式是关于复变函数 $F(s)\mathrm{e}^{st}$的积分。计算复变函数的积分通常比较困难，但当 $F(s)$满足一定条件时，可以通过计算位于 $\mathrm{Re}[s]<\sigma$ 平面内孤立奇点的留数来计算这个积分。

可以结论性地指出：在线性集中参数电路中，$F(s)$都是 s 的有理分式，即

$$F(s)=\frac{N(s)}{D(s)}=\frac{b_m s^m+b_{m-1}s^{m-1}+\cdots+b_0}{a_n s^n+a_{n-1}s^{n-1}+\cdots+a_0} \tag{11.1.5}$$

因此，可通过对分母多项式进行因式分解，进而将 $F(s)$展开成部分分式和的形式，然后再逐项计算拉普拉斯反变换。见后续例题。

$F(s)$与$f(t)$构成拉普拉斯变换对。在本书中原函数用小写字母表示，而象函数则用同名的大写字母表示，例如

$$\begin{cases}U(s)=\mathscr{L}[u(t)], & u(t)=\mathscr{L}^{-1}[U(s)]\\ I(s)=\mathscr{L}[i(t)], & i(t)=\mathscr{L}^{-1}[I(s)]\end{cases} \tag{11.1.6}$$

为了便于练习，附录 A 表 A.8.1 列出了一些常用函数的拉普拉斯变换对。

11.2 复频域中的电路定律与电路模型

从数学上得知，拉普拉斯变换能够将微分方程变换成代数方程。因此用拉普拉斯变换

分析暂态电路有两种思路：第一，在时域内列出电路的微分方程，然后对微分方程进行拉普拉斯变换，得到复频域中的代数方程，求解该代数方程得到响应的象函数，再计算拉普拉斯反变换，得到响应的时间函数；第二，对电路定律和元件方程进行拉普拉斯变换，得到它们的复频域形式，进而建立复频域形式的电路模型，对该电路模型列写复频域中的代数方程，求解，反变换，得到响应的时间函数。第二种思路不仅完全不用列写微分方程，而且可以用线性直流电路的任意方法分析复频域电路模型，因而更加实用。本章主要介绍第二种思路。

本节讨论复频域中的基尔霍夫定律和电路元件的电压与电流关系，即电压与电流象函数所遵循的规律。这些规律是列写复频域电路方程的基础。

1. 复频域中的基尔霍夫定律

KCL 方程的时域形式为$\sum \pm i_k(t)=0$。根据拉普拉斯变换的线性性质得

$$\mathscr{L}\left[\sum \pm i_k(t)\right]=\sum \mathscr{L}\left[\pm i_k(t)\right]=\sum \pm I_k(s)=0 \tag{11.2.1}$$

式中$I_k(s)=\mathscr{L}[i_k(t)]$，表示第 k 个电流的象函数。由此得到复频域中的 KCL 方程为

$$\sum \pm I_k(s)=0 \tag{11.2.2}$$

即在集中参数电路中，流出任意节点的各支路电流象函数的代数和为零。图 11.2.1 说明了 KCL 从时域形式到复频域形式的变换关系。

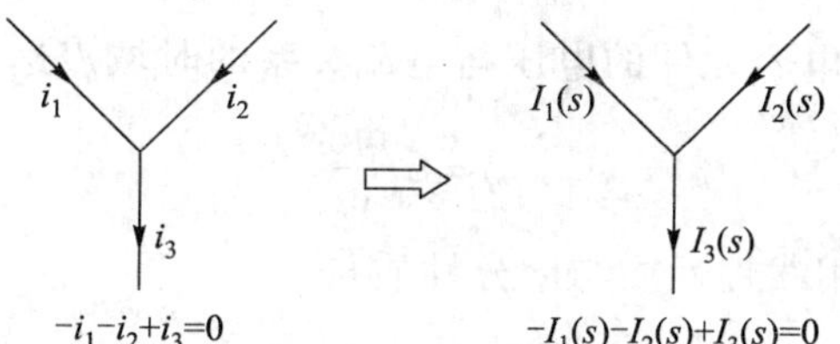

图 11.2.1　KCL 从时域形式到复频域形式

同理，对 KVL 方程的时域形式$\sum \pm u_k(t)=0$进行拉普拉斯变换，并令$U_k(s)=\mathscr{L}[u_k(t)]$表示第 k 个电压的象函数，得到复频域中的 KVL 方程为

$$\sum \pm U_k(s)=0 \tag{11.2.3}$$

即在集中参数电路中，沿任一回路各支路电压象函数的代数和为零。图 11.2.2 说明了 KVL 从时域形式到复频域形式的变换关系。

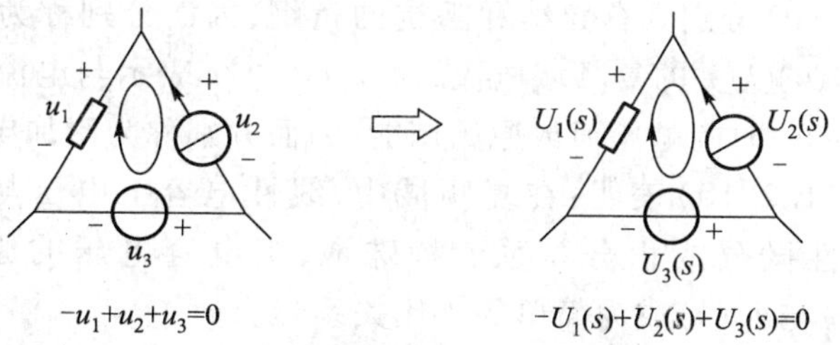

图 11.2.2　KVL 从时域形式到复频域形式

2. 复频域中的电路元件

电路中的电流和电压不仅要满足 KCL 和 KVL 所规定的关系，还要满足电路元件所规定的关系，为在复频域中分析电路，后者也需要从时域变换到复频域。

(1) 电阻元件

图 11.2.3(a)所示线性电阻的电压和电流关系在时域中遵循欧姆定律：

$$u_R = Ri_R \tag{11.2.4}$$

对上式取拉普拉斯变换，并利用线性性质得

$$\mathscr{L}[u_R] = \mathscr{L}[Ri_R] = R\mathscr{L}[i_R] \tag{11.2.5}$$

令 $U_R(s) = \mathscr{L}[u_R]$、$I_R(s) = \mathscr{L}[i_R]$，分别表示 u_R 和 i_R 的象函数，得欧姆定律的复频域形式为

$$U_R(s) = RI_R(s) \tag{11.2.6}$$

与上式对应的电阻元件复频域模型如图 11.2.3(b)所示。

图 11.2.3　(a) 电阻；(b) 复频域模型

(2) 电容元件

图 11.2.4(a)所示线性电容元件的电压与电流关系的时域表达式为

$$i_C = C\frac{\mathrm{d}u_C}{\mathrm{d}t} \tag{11.2.7}$$

两边取拉普拉斯变换，并利用线性性质与微分性质得

$$\mathscr{L}[i_C] = C\mathscr{L}\left[\frac{\mathrm{d}u_C}{\mathrm{d}t}\right] = C\{s\mathscr{L}[u_C] - u_C(0_-)\} \tag{11.2.8}$$

令 $I_C(s) = \mathscr{L}[i_C]$、$U_C(s) = \mathscr{L}[u_C]$，分别表示电容电流与电压的象函数，得电容元件方程的复频域形式为

$$I_C(s) = sCU_C(s) - Cu_C(0_-) \tag{11.2.9}$$

或

$$U_C(s) = \frac{1}{sC}I_C(s) + \frac{u_C(0_-)}{s} \tag{11.2.10}$$

以上二式中，sC 和 $1/sC$ 分别具有导纳和阻抗的量纲，因而分别称为**运算容纳**和**运算容抗**。$Cu_C(0_-)$表示与电压 $U_C(s)$无关的复频域电流；而 $u_C(0_-)/s$ 表示与电流 $I_C(s)$无关的复频域电压，它们都是来自电容在 0_- 时的电压值或原始储能，因而分别称为**附加电流源**和**附加电压源**。

式(11.2.9)和式(11.2.10)表明：在复频域中，线性电容上电压与电流象函数之间为线性代数关系，不再是线性微分或积分关系。特殊地，当电容电压的原始值 $u_C(0_-) = 0$ 时，$U_C(s) = I_C(s)/sC$，$U_C(s)$与 $I_C(s)$成为简单的正比关系。

由式(11.2.9)和式(11.2.10)可以做出电容元件的复频域模型，分别如图 11.2.4(b)和(c)所示。

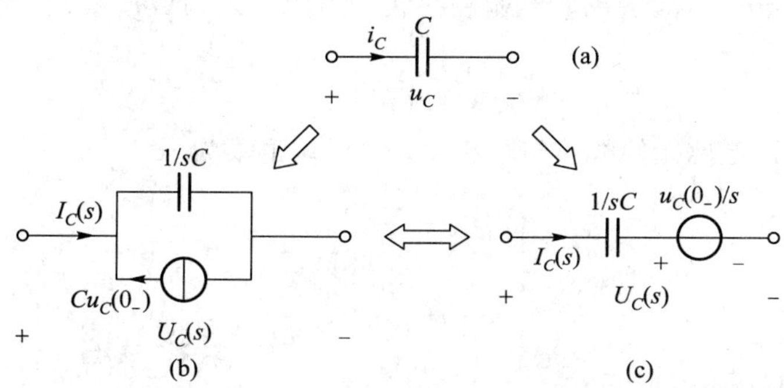

图 11.2.4 (a) 电容;(b) 并联的复频域模型;(c) 串联的复频域模型

(3) 电感元件

图 11.2.5(a)所示线性电感元件的电压与电流关系的时域表达式为

$$u_L = L\frac{\mathrm{d}i_L}{\mathrm{d}t} \tag{11.2.11}$$

两边取拉普拉斯变换,并利用线性性质和微分性质得

$$\mathscr{L}[u_L] = L\{s\mathscr{L}[i_L] - i_L(0_-)\} \tag{11.2.12}$$

令 $U_L(s) = \mathscr{L}[u_L]$、$I_L(s) = \mathscr{L}[i_L]$,分别表示电感电压和电感电流的象函数,得到电感元件方程的复频域形式为

$$U_L(s) = sLI_L(s) - Li_L(0_-) \tag{11.2.13}$$

或者

$$I_L(s) = \frac{U_L(s)}{sL} + \frac{i_L(0_-)}{s} \tag{11.2.14}$$

以上二式中,sL 和 $1/sL$ 分别具有阻抗和导纳的量纲,因而分别称为**运算感抗**和**运算感纳**。$Li_L(0_-)$表示与电流 $I_L(s)$无关的复频域电压;而 $i_L(0_-)/s$ 表示与电压 $U_L(s)$无关的复频域电流,它们都源自电感在 0_- 时的电流值或原始储能,因而分别称为电感的附加电压源和附加电流源。

式(11.2.13)和式(11.2.14)表明:在复频域中,线性电感上电压与电流象函数之间为线性代数关系,不再是线性微分或积分关系。特殊地,当电感电流的原始值 $i_L(0_-)=0$ 时,$U_L(s)=sLI_L(s)$,$U_L(s)$与 $I_L(s)$成为简单的正比关系。

由式(11.2.13)和式(11.2.14)可以做出电感元件的复频域模型,分别如图 11.2.5(b)和(c)所示。

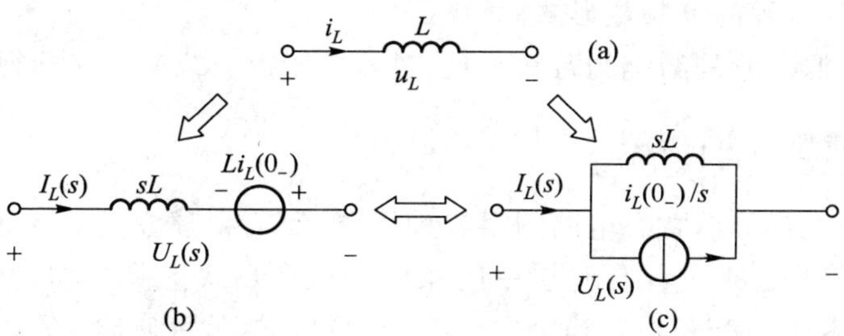

图 11.2.5 (a) 电感;(b) 串联的复频域模型;(c) 并联的复频域模型

电容和电感都有相互等效的串联结构和并联结构两种复频域模型，可根据使用的方便性选择其一。

(4) 互感元件

图 11.2.6(a)所示互感元件电压与电流关系的时域形式为

$$\begin{cases} u_1 = L_1 \dfrac{\mathrm{d}i_1}{\mathrm{d}t} + M \dfrac{\mathrm{d}i_2}{\mathrm{d}t} \\ u_2 = M \dfrac{\mathrm{d}i_1}{\mathrm{d}t} + L_2 \dfrac{\mathrm{d}i_2}{\mathrm{d}t} \end{cases} \tag{11.2.15}$$

取拉普拉斯变换，并利用线性性质和微分性质得

$$\begin{cases} U_1(s) = sL_1 I_1(s) + sMI_2(s) - L_1 i_1(0_-) - Mi_2(0_-) \\ U_2(s) = sMI_1(s) + sL_2 I_2(s) - Mi_1(0_-) - L_2 i_2(0_-) \end{cases} \tag{11.2.16}$$

这是一组线性代数方程。对应的复频域模型如图 11.2.6(b)所示。其中的附加电压源 $U'_1(s)$ 和 $U'_2(s)$ 与两个线圈电流的原始值 $i_1(0_-)$ 和 $i_2(0_-)$ 都有关，即

$$\begin{cases} U'_1(s) = L_1 i_1(0_-) + Mi_2(0_-) \\ U'_2(s) = Mi_1(0_-) + L_2 i_2(0_-) \end{cases} \tag{11.2.17}$$

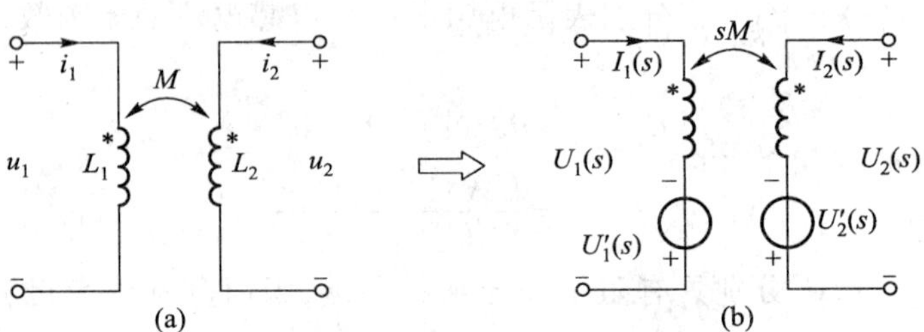

图 11.2.6　(a) 互感；(b) 复频域模型

从电容、电感和互感的复频域模型可以总结出：在时域中用导数关系表述的元件方程，经拉普拉斯变换后，电压象函数与电流象函数之间都成为了代数关系。这一性质决定了对复频域电路模型(见下面小节)只需列写代数方程。这是拉普拉斯变换用于分析暂态响应的重要效果之一。

由于受控电源、理想变压器、理想运算放大器的元件方程在时域中均为线性代数方程或方程组，所以根据拉普拉斯变换的线性性质，只要将这些元件时域方程中的电压与电流用相应的象函数代替，即得这些元件方程的复频域形式。

电路中的独立电源一般是给定的时间函数，对其进行拉普拉斯变换即得它们的复频域形式。

3. 复频域电路模型

按照用拉普拉斯变换分析暂态电路的第二种思路，还需要建立复频域形式的电路模型。由于复频域中的基尔霍夫定律方程与时域中的相应方程在形式上是相似的，见式(11.2.2)和式(11.2.3)，只是电流和电压变量被替换为它们的象函数。这就意味着，在复频域中，各元件的连接关系与时域中的连接关系是一致的。这样，将电路中所有元件均用其复频域模型表示，并保持

连接关系不变,所得电路模型就是原电路的**复频域模型**或称为**运算电路**。

例如,把图 11.2.7(a)中的 R_1、R_2、L、C 和电压源 u_S 都用复频域模型表示,开关断开后不再考虑 R_3,便得到 $t>0$ 时原电路的复频域模型,如图 11.2.7(b)所示。其中的附加电压源要通过电感电流和电容电压的原始值来求得。如设图 11.2.7(a)中 u_S 为直流电压源,$u_S=U$,在 $t<0$ 时电路处于稳态,由开关断开前的电路求得电感电流和电容电压的原始值分别为

$$i_L(0_-)=\frac{U}{R_1+R_2//R_3} \tag{11.2.18}$$

$$u_C(0_-)=(R_2//R_3)i_L(0_-) \tag{11.2.19}$$

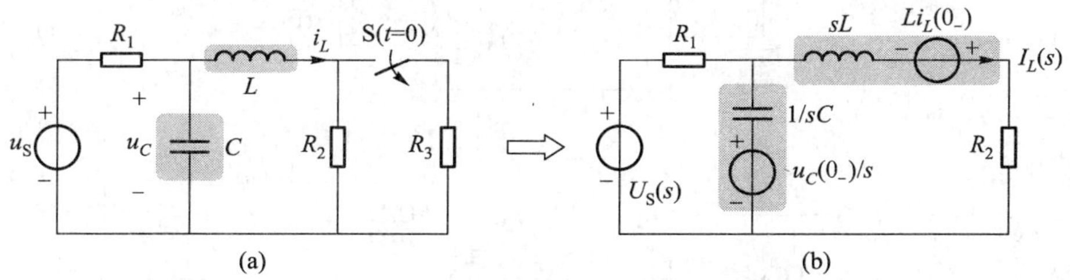

图 11.2.7 (a) *RLC* 电路;(b) 复频域模型

11.3 暂态响应的复频域分析法

1. 步骤与范例

上节已阐明,复频域中的基尔霍夫定律方程与时域中的相应方程在形式上是相似的,见式(11.2.2)和式(11.2.3)。各元件方程的复频域形式都是线性代数方程,与线性直流电路情况相似。因此,在第二、三章针对线性直流电路提出的各种分析方法、定理和公式可推广用于电路的复频域模型。具体地说:只需将以前方程和公式中的电阻推广为运算容抗或运算感抗,将电导推广为运算容纳或运算感纳,将恒定电压、电流推广为电压、电流象函数,就可用计算线性直流电路的方法计算复频域电路模型。这种方法称为**复频域分析法**,或称**运算法**。具体步骤是:

(1) 由换路前的电路求出全部电容的 $u_C(0_-)$ 和全部电感的 $i_L(0_-)$。

(2) 根据换路后的电路建立复频域模型,其中已知的和待求的电压与电流均用它们的象函数来表示。

(3) 将求解线性直流电路的方法推广用于复频域电路模型,求出待求响应的象函数。

(4) 用拉氏反变换将响应的象函数反变换为原函数,得响应随时间的变化规律。

以上步骤大致可用图 11.3.1 来表示。

下面循序渐进地举例说明。

【例题 11.3.1】 如图 11.3.2(a)所示电路,$u_S=20e^{-t}\varepsilon(t)$ V,电路为零状态。求 $t\geqslant0$ 时 u_O 的变化规律。

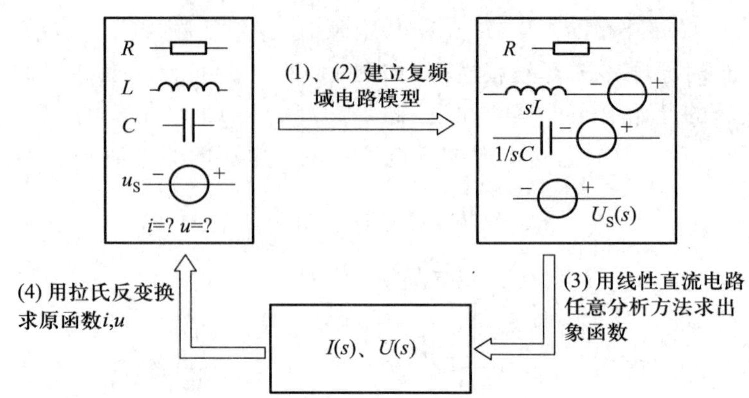

图 11.3.1 复频域分析法的基本过程

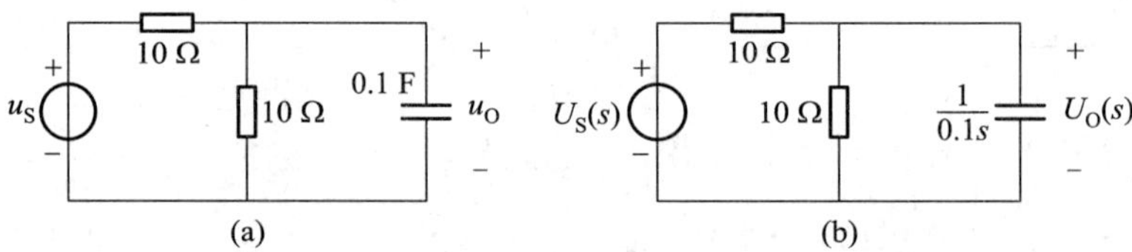

图 11.3.2 (a) 例题 11.3.1 图;(b) 复频域电路模型

【解】 查附录 A 表 A.8.1 得到电源的象函数为 $U_S(s)=\mathscr{L}[20e^{-t}\varepsilon(t)]=\mathscr{L}[20e^{-t}]=\frac{20}{s+1}$ V。复频域电路模型如图 11.3.2(b)所示。其节点电压方程为

$$\left(\frac{1}{10}+\frac{1}{10}+0.1s\right)U_0(s)=\frac{U_S(s)}{10}=\frac{2}{s+1}$$

解得

$$U_0(s)=\frac{20}{(s+1)(s+2)}$$

$U_0(s)$的分母多项式为两个因式之积,利用数学方法,对上述象函数进行如下部分分式展开:

$$U_0(s)=\frac{A_1}{s+1}+\frac{A_2}{s+2}$$

利用极限计算待定系数 A_1、A_2 为

$$A_1=\lim_{s\to-1}U_0(s)(s+1)=\lim_{s\to-1}\frac{20}{(s+1)(s+2)}\times(s+1)=20\ \text{V}$$

$$A_2=\lim_{s\to-2}U_0(s)(s+2)=\lim_{s\to-2}\frac{20}{(s+1)(s+2)}\times(s+2)=-20\ \text{V}$$

利用表 A.8.1 对 $U_0(s)$进行拉氏反变换得所求电压为

$$u_0(t)=\mathscr{L}^{-1}[U_0(s)]=\mathscr{L}^{-1}\left[\frac{A_1}{s+1}+\frac{A_2}{s+2}\right]=A_1e^{-t}+A_2e^{-2t}=20(e^{-t}-e^{-2t})\ \text{V}\quad(t\geqslant0)$$

【例题 11.3.2】 如图 11.3.3(a)所示电路,$t<0$ 时处于稳态,$t=0$ 时开关断开。已知 $U_S=30$ V,$R_1=25\ \Omega$,$R_2=75\ \Omega$,$L=0.5$ H,$C=5\times10^{-3}$ F。求 $t>0$ 时的全响应 u_L 和 u_C。

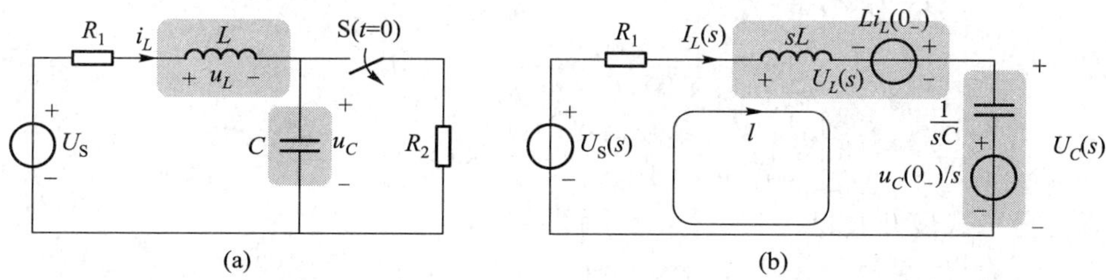

图 11.3.3 (a) 例题 11.3.2 图;(b) 复频域电路模型

【解】 外加激励的象函数为 $U_S(s)=\mathscr{L}[U_S]=\dfrac{U_S}{s}=\dfrac{30}{s}$ V。$t<0$ 时,电感相当于短路,电容相当于开路。因此原始值

$$\begin{cases} i_L(0_-)=\dfrac{U_S}{R_1+R_2}=0.3\ \text{A} \\ u_C(0_-)=R_2 i_L(0_-)=22.5\ \text{V} \end{cases}$$

根据以上结果,画出对应的复频域电路模型如图 11.3.3(b)所示,对其列写 KVL 方程得

$$\left(R_1+sL+\frac{1}{sC}\right)I_L(s)=U_S(s)+Li_L(0_-)-\frac{u_C(0_-)}{s}$$

式中,R_1+sL+1/sC 表示 RLC 串联电路中电阻、运算感抗和运算容抗之和,称为**运算阻抗**。它虽为 s 的函数,但不是象函数。

由上式解得

$$I_L(s)=\frac{U_S(s)+Li_L(0_-)-u_C(0_-)/s}{R_1+sL+\dfrac{1}{sC}}=\frac{\dfrac{30}{s}+0.5\times0.3-\dfrac{22.5}{s}}{25+0.5s+\dfrac{1}{5\times10^{-3}s}}=\frac{0.3s+15}{s^2+50s+400}$$

由电感和电容元件方程的复频域形式,即式(11.2.13)和式(11.2.10),求得 u_L 及 u_C 的象函数分别为

$$U_L(s)=sLI_L(s)-Li_L(0_-)=\frac{-60}{s^2+50s+400}$$

$$U_C(s)=\frac{1}{sC}I_L(s)+\frac{u_C(0_-)}{s}=\frac{22.5s^2+1\,185s+12\,000}{s(s^2+50s+400)}$$

注意,$U_L(s)$ 及 $U_C(s)$ 都必须包括各自附加电压源的电压。

为对 $U_L(s)$ 的分母进行因式分解,需求出分母多项式等于零的根,这些根称为**极点**:

$$s^2+50s+400=0,\quad p_{1,2}=\frac{-50\pm\sqrt{50^2-4\times400}}{2}=\begin{cases}-10\ \text{s}^{-1}\\-40\ \text{s}^{-1}\end{cases}\quad(\text{s 表示时间单位秒})$$

得到 $U_L(s)$ 分母的因式分解表达式为

$$s^2+50s+400=(s-p_1)(s-p_2)=(s+10)(s+40)$$

针对分母中的因式,对 $U_L(s)$ 进行部分分式展开,形式为

$$U_L(s)=\frac{-60}{(s+10)(s+40)}=\frac{A_1}{s+10}+\frac{A_2}{s+40}$$

利用极限计算待定系数 A_1、A_2 得

$$A_1=\lim_{s\to -10}\frac{-60}{(s+10)(s+40)}\times(s+10)=-2\ \mathrm{V}$$

$$A_2=\lim_{s\to -40}\frac{-60}{(s+10)(s+40)}\times(s+40)=2\ \mathrm{V}$$

即 $U_L(s)$的部分分式展开式为

$$U_L(s)=\frac{-60}{(s+10)(s+40)}=\frac{-2}{s+10}+\frac{2}{s+40}$$

同理求得 $U_C(s)$的部分分式展开式为

$$U_C(s)=\frac{22.5s^2+1\ 185s+12\ 000}{s(s+10)(s+40)}=\frac{30}{s}+\frac{-8}{s+10}+\frac{0.5}{s+40}$$

做上述展开后,每一项的拉普拉斯反变换都是容易求得的,见表 A.8.1,再利用线性性质就得到 $U_L(s)$和 $U_C(s)$的反变换为

$$u_L=\mathscr{L}^{-1}[U_L(s)]=(-2\mathrm{e}^{-10t}+2\mathrm{e}^{-40t})\ \mathrm{V}\quad(t>0)$$

$$u_C=\mathscr{L}^{-1}[U_C(s)]=(30-8\mathrm{e}^{-10t}+0.5\mathrm{e}^{-40t})\ \mathrm{V}\quad(t\geqslant 0)$$

注:在图 11.3.3(b)所示的复频域电路模型中,如果令附加电源为零,仅由 $U_S(s)$作用产生的响应便是零状态响应;反之,如果 $U_S(s)=0$,则仅由附加电源作用产生的响应便是零输入响应。所以,虽然在计算方法上,附加电源与独立电源是相同的,但它们单独作用引起的响应类别却是不同的。电容、电感原始储能的作用,在时域分析法中用微分方程的初始条件 $u_C(0_+)$和 $i_L(0_+)$来体现,而在复频域分析法中则用附加电压源 $u_C(0_-)/s$ 和 $Li_L(0_-)$来体现。

【例题 11.3.3】　图 11.3.4(a)所示电路中,已知 $R_1=9\ \Omega$,$R_2=1\ \Omega$,$C_1=1\ \mathrm{F}$,$C_2=4\ \mathrm{F}$,外加电压 $u_S=10\varepsilon(t)\ \mathrm{V}$,电路为零状态。求电流 i 和电压 u_2。

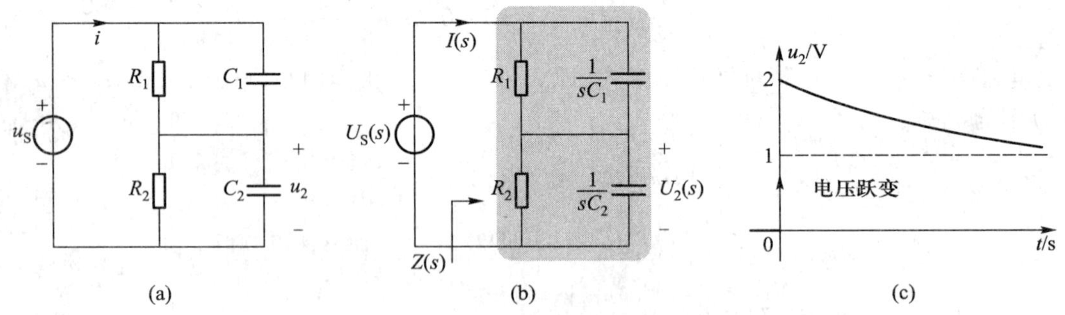

图 11.3.4　(a) 例题 11.3.3 图;(b) 复频域电路模型;(c) 响应电压

【解】　因为电路是零状态,故复频域电路模型中无附加电源,如图 11.3.4(b)所示。此时从电源看进去的复频域一端口电压与电流成正比,可以等效为阻抗,称为**等效运算阻抗**。类似于计算等效电阻,等效运算阻抗计算如下:

$$Z(s)=\frac{U_S(s)}{I(s)}=\frac{R_1\times\dfrac{1}{sC_1}}{R_1+\dfrac{1}{sC_1}}+\frac{R_2\times\dfrac{1}{sC_2}}{R_2+\dfrac{1}{sC_2}}=\frac{R_1R_2(C_1+C_2)s+R_1+R_2}{(R_1C_1s+1)(R_2C_2s+1)}=\frac{45s+10}{(9s+1)(4s+1)}$$

外加阶跃电压的象函数为 $U_S(s)=\mathscr{L}[10\varepsilon(t)]=\dfrac{10}{s}$ V,因此电流 i 的象函数为

$$I(s)=\frac{U_S(s)}{Z(s)}=\frac{10(9s+1)(4s+1)}{s(45s+10)}=\frac{36s^2+13s+1}{4.5s^2+s}$$

上式分子、分母均为 s 的二次多项式,称为假分式,需首先化成商与真分式的和:

$$I(s)=8+\frac{5s+1}{4.5s^2+s}$$

对上面真分式的分母进行因式分解,并进行部分分式展开得

$$I(s)=8+\frac{5s+1}{s(4.5s+1)}=8+\frac{1}{s}+\frac{1/9}{s+1/4.5}$$

反变换得响应电流为

$$i=\mathscr{L}^{-1}[I(s)]=8\ \text{A}\cdot\text{s}\times\delta(t)+\left(1+\frac{1}{9}\text{e}^{-t/4.5}\right)\varepsilon(t)\ \text{A}$$

电压 u_2 的象函数为

$$U_2(s)=I(s)\times\frac{R_2\times\dfrac{1}{sC_2}}{R_2+\dfrac{1}{sC_2}}=\frac{9s+1}{s(4.5s+1)}=\frac{1}{s}+\frac{1}{s+1/4.5}$$

反变换得响应电压为

$$u_2=\mathscr{L}^{-1}[U_2(s)]=(1+\text{e}^{-t/4.5})\varepsilon(t)\ \text{V}$$

在图 11.3.4(c)中画出了 u_2 随时间变化的曲线。图中 $u_2(0_-)=0$,$u_2(0_+)=2$ V,故电容 C_2 上的电压发生了**“强迫跃变”**,这是冲激电流 8 A · s × δ(t)给 C_2 充电,从而使 C_2 立刻得到 8 C 电荷的结果。但在计算过程中并未考虑是否会发生跃变,从数学上看原因是复频域分析法中用的是储能元件在 0_- 时刻的原始值而不是 0_+ 时刻的初始值。因此,在处理“强迫跃变”问题时,复频域分析法要比时域分析法有较大的优越性,这也是在拉普拉斯变换的定义式(11.1.2)中,从 0_- 开始积分带来的益处。本例还在第 10 章【例题 10.9.6】进行了分析,由此可以对本例两种分析方法的特点进行对比思考。

【例题 11.3.4】　电路如图 11.3.5(a)所示,已知 $i_S=1$ A · s × δ(t),求冲激响应 u_C。

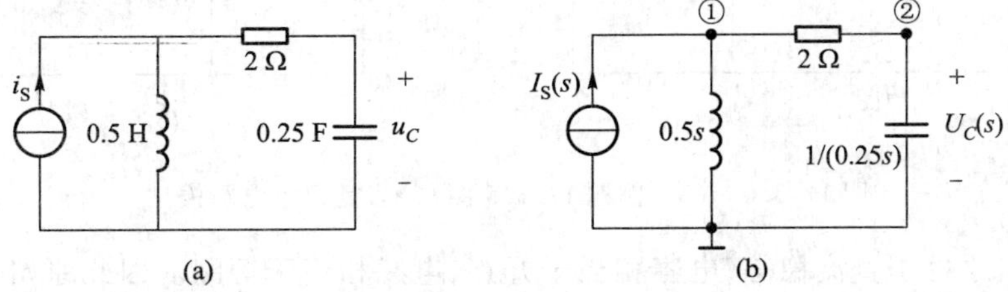

图 11.3.5　(a) 例题 11.3.4 图;(b) 复频域电路模型

【解】　电路为零状态,复频域电路模型如图(b)所示,其中

$$I_S(s)=\mathscr{L}[i_S]=\mathscr{L}[1\ \text{A}\cdot\text{s}\times\delta(t)]=1\ \text{A}\cdot\text{s}$$

对其列写节点电压方程为

$$\begin{cases}\left(\dfrac{1}{0.5s}+0.5\right)U_{n1}(s)-0.5U_{n2}(s)=1\\ -0.5U_{n1}(s)+(0.5+0.25s)U_{n2}(s)=0\end{cases}$$

求解得节点电压象函数为

$$U_{n1}(s)=\frac{2s(s+2)}{s^2+4s+8},\quad U_{n2}(s)=U_C(s)=\frac{4s}{s^2+4s+8}$$

令 $U_C(s)$的分母多项式为零,即

$$s^2+4s+8=0$$

得 $U_C(s)$的极点为

$$p_{1,2}=(-2\pm\mathrm{j}2)\mathrm{s}^{-1}=\alpha\pm\mathrm{j}\omega \quad (\text{s 表示时间单位秒})$$

它们是一对共轭复数。$U_C(s)$为真分式,它的部分分式展开式为

$$U_C(s)=\frac{A_1}{s-(-2+\mathrm{j}2)}+\frac{A_2}{s-(-2-\mathrm{j}2)}$$

p_1、p_2 是 $U_C(s)$的两个**单重极点**,所以待定系数仍可用乘积求极限的方法来求得:

$$A_1=\lim_{s\to p_1}U_C(s)(s-p_1)=2\sqrt{2}\underline{/45^\circ}\ \mathrm{V}=|A_1|\underline{/\psi}$$

可以证明,对实系数的有理分式象函数,对应共轭极点的待定系数也是共轭的,即

$$A_2=A_1^*$$

一对共轭极点部分分式的反变换可以直接使用表 A.8.1 的第 15 项得到

$$u_C=2|A_1|\mathrm{e}^{\alpha t}\cos(\omega t+\psi)=4\sqrt{2}\mathrm{e}^{-2t}\cos(2t+45^\circ)\ \mathrm{V}\quad(t>0)$$

由本例可见,当响应象函数出现共轭复根且实部为负时,其响应的时间函数将含有按指数规律衰减的正弦振荡分量。

【例题 11.3.5】 电路如图 11.3.6(a)所示。已知 $R_1=R_2=2\ \Omega$, $L=1$ H, $C=1$ F,直流电流源 $I_S=1$ A, $t<0$ 时处于稳态, $t=0$ 时开关由闭合突然断开。求 $t>0$ 时的电压 u_C。

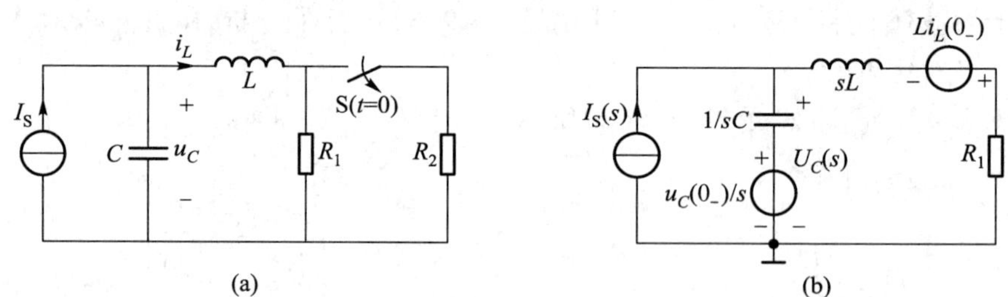

图 11.3.6 (a) 例题 11.3.5 图;(b) 复频域电路模型

【解】 电路原处于直流稳态,电容相当于开路,电感相当于短路。因此原始值为

$$u_C(0_-)=I_S\times\frac{R_1R_2}{R_1+R_2}=1\ \mathrm{V},\quad i_L(0_-)=I_S=1\ \mathrm{A}$$

画出复频域电路模型如图 11.3.6(b)所示,其中 $I_S(s)=1\ \mathrm{A}/s$。列写节点电压方程为

$$\left(\frac{1}{sL+R_1}+sC\right)U_C(s)=I_S(s)+sC\times\frac{u_C(0_-)}{s}-\frac{Li_L(0_-)}{sL+R_1}$$

代入已知条件后解得

$$U_C(s)=\frac{s^2+2s+2}{s(s^2+2s+1)}=\frac{s^2+2s+2}{s(s+1)^2}$$

令分母多项式 $s(s^2+2s+1)=0$，求得根为

$$p_1=0,\qquad p_2=p_3=-1\ \mathrm{s}^{-1}\quad (\mathrm{s}\text{ 表示时间单位秒})$$

即 $s(s^2+2s+1)=0$ 存在一个单根和一个二重根，说明该二阶电路处于临界状态。这时它的部分分式展开式应如下所示，注意对应二重根的展开式须有两项：

$$U_C(s)=\frac{s^2+2s+2}{s(s+1)^2}=\frac{A_1}{s}+\frac{A_2}{(s+1)^2}+\frac{A_3}{s+1}$$

对应单根或单重极点的待定系数为

$$A_1=\lim_{s\to p_1}U_C(s)(s-p_1)=\left.\frac{s^2+2s+2}{(s+1)^2}\right|_{s=0}=2\ \mathrm{V}$$

因为

$$U_C(s)(s-p_2)^2=\frac{A_1}{s}(s-p_2)^2+A_2+A_3(s-p_2)$$

所以，对应二重根或二重极点的两个待定系数分别为

$$A_2=\lim_{s\to p_2}U_C(s)(s-p_2)^2=\left.\frac{s^2+2s+2}{s}\right|_{s=-1}=-1\ \mathrm{V\cdot s^{-1}}\quad (\mathrm{s}\text{ 表示时间单位秒})$$

$$A_3=\lim_{s\to p_2}\frac{\mathrm{d}}{\mathrm{d}s}[U_C(s)(s-p_2)^2]=\left.\frac{\mathrm{d}}{\mathrm{d}s}\left(\frac{s^2+2s+2}{s}\right)\right|_{s=-1}=-1\ \mathrm{V}$$

查表 A.8.1 序号 1、8、4，求拉普拉斯反变换得电容电压为

$$u_C(t)=\mathscr{L}^{-1}\left[\frac{2}{s}+\frac{-1}{(s+1)^2}+\frac{-1}{s+1}\right]=(2-t\mathrm{e}^{-t}-\mathrm{e}^{-t})\ \mathrm{V}\quad (t\geqslant 0)$$

【例题 11.3.6】 如图 11.3.7 所示电路，已知 $u_S=10\varepsilon(t)$ V，$R=10\ \Omega$，$L=0.1$ H，$C=0.2$ F，$g=0.01$ S。用戴维南定理求 $R_1=20\ \Omega$ 时零状态响应电流 i_1 的象函数 $I_1(s)$。

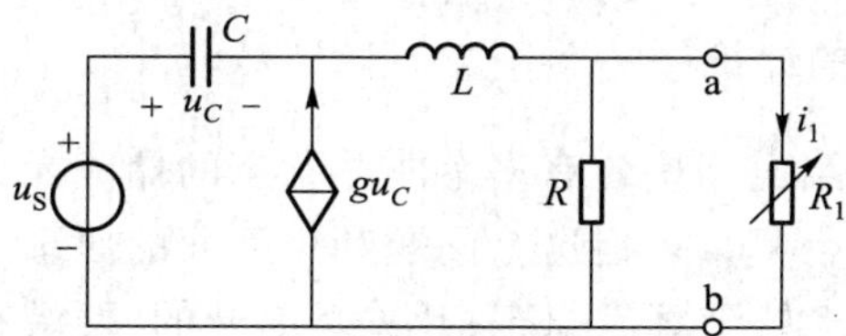

图 11.3.7　例题 11.3.6 图

【解】 令 a、b 处开路，如图 11.3.8(a) 所示。利用节点电压法，在复频域内计算开路电压：

$$\begin{cases}sC[U_{n1}(s)-U_S(s)]-g[U_S(s)-U_{n1}(s)]+\dfrac{U_{n1}(s)-U_{n2}(s)}{sL}=0\\[2ex]\dfrac{U_{n2}(s)-U_{n1}(s)}{sL}+\dfrac{U_{n2}(s)}{R}=0\end{cases}\qquad(1)$$

代入已知条件整理得

$$\begin{cases}(0.02s^2+0.001s+1)U_{n1}(s)-U_{n2}(s)=0.2s+0.01\\ -U_{n1}(s)+(1+0.01s)U_{n2}=0\end{cases}$$

解得

$$\begin{cases}U_{n1}(s)=\dfrac{(0.2s+0.01)(0.01s+1)}{s(2s^2+200.1s+110)}\\ U_{n2}(s)=\dfrac{0.2s+0.01}{s(2s^2+200.1s+110)}=U_{OC}(s)\end{cases}$$

利用除源法在复频域内计算戴维南等效阻抗，电路如图 11.3.8(b)所示。

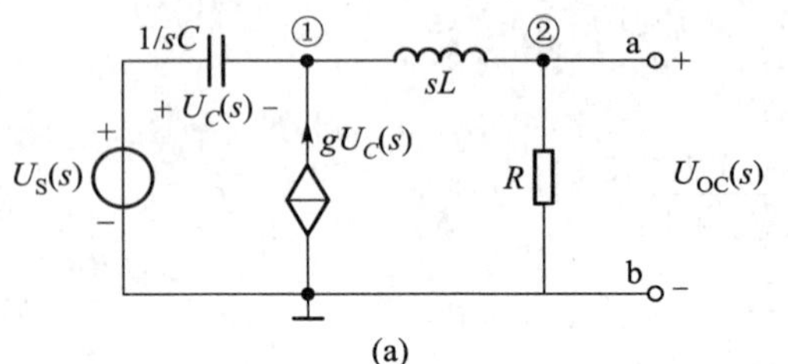

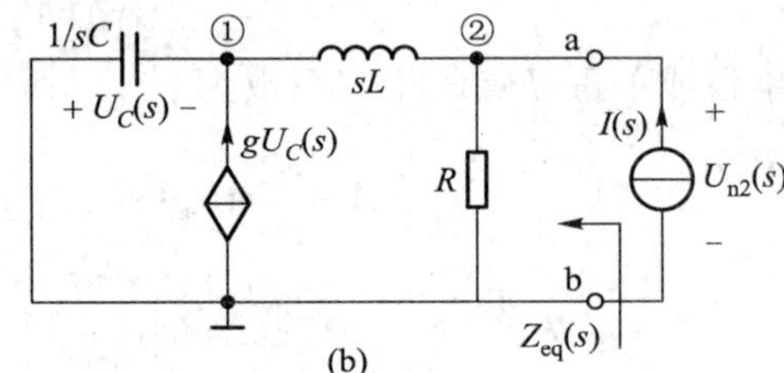

图 11.3.8　(a) 计算开路电压；(b) 计算等效阻抗

在方程(1)中令 $U_S(s)=0$，并在节点②方程的右端加上 $I(s)$，就得到图 11.3.8(b)的节点电压方程，求解后得到戴维南等效阻抗为

$$Z_{eq}(s)=\frac{U(s)}{I(s)}=\frac{R(-s^2LC-gLs-1)}{R(-sC-g)+(-s^2LC-gLs-1)}$$

代入已知条件得

$$Z_{eq}(s)=\frac{20s^2+s+1\ 000}{2s^2+200.1s+110}$$

利用戴维南等效电路即图 11.3.9 求得电流象函数为

$$I_1(s)=\frac{U_{OC}(s)}{Z_{eq}(s)+R_1}=\frac{0.2s+0.01}{s(60s^2+4\ 003s+3\ 200)}$$

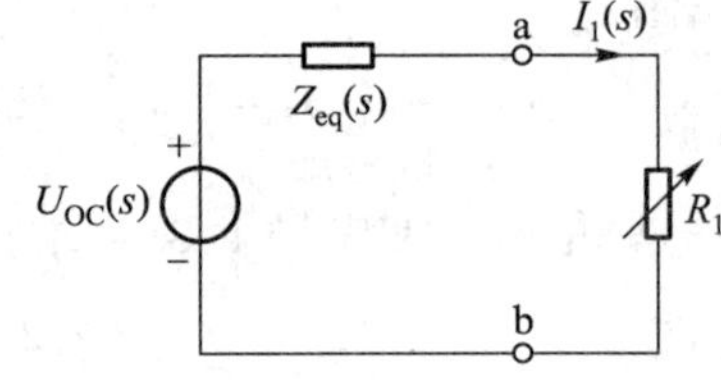

图 11.3.9　图 11.3.7 的戴维南等效电路

2. 化为零初始状态电路的计算*

根据复频域分析法原理，当电路中含有多个非零状态的储能元件时，复频域电路模型中便含有较多的附加电源，使计算变得复杂。但这个问题利用下面的原理可以得到简化。

设图 11.3.10(a)电路原来处于直流稳态，开关是断开的，两端存在电压 U_0。$t=0$ 时开关突然接通。接通后的开关可以用两个大小相同、方向相反的理想电压源的串联来等效，如图 11.3.10(b)所示。为利于计算，这两个电压源的源电压都选作开关断开时的电压 U_0。根据叠加定理，对图 11.3.10(b)的计算可以分解成对图 11.3.10(c)和图 11.3.10(d)的计算。其中图 11.3.10(c)实际就是开关一直保持断开的电路，只是根据置换定理，开关用理想电压源代替了，因此流过电压源的电流 $I_0=0$。而图 11.3.10(d)的网络内部既无独立电源，又为零状态，因此它的复频域电路模型只含有一个独立电源，无任何附加电源。将开关接通前电路的解答与图 11.3.10(d)的解答相叠加就是图 11.3.10(a)电路换路后的全响应，也就是说，图 11.3.10(d)代表了换路后各响应的增量。

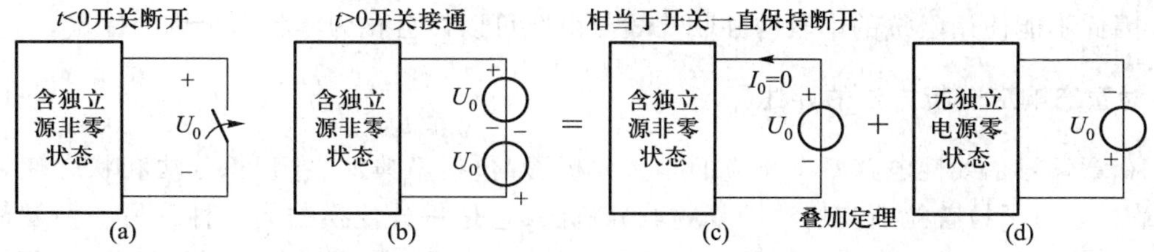

图 11.3.10 (a) 开关断开;(b) 开关接通后的等效电路;(c)、(d) 应用叠加定理

如果电路中含有时变电源,开关两端的电压便不是常量,但上述原理仍是适用的,只是 U_0 要改为设想的开关一直未接通情况下两端电压于 $t>0$ 时随时间变化的函数。

【例题 11.3.7】 电路如图 11.3.11 所示,$R=1\ \Omega, L=1.25\ \mathrm{H}, C_1=C_2=0.1\ \mathrm{F}, U_S=10\ \mathrm{V}$。开关接通之前电路处于稳态,$t=0$ 时突然接通。求开关接通之后电压 u_{C2} 的变化规律。

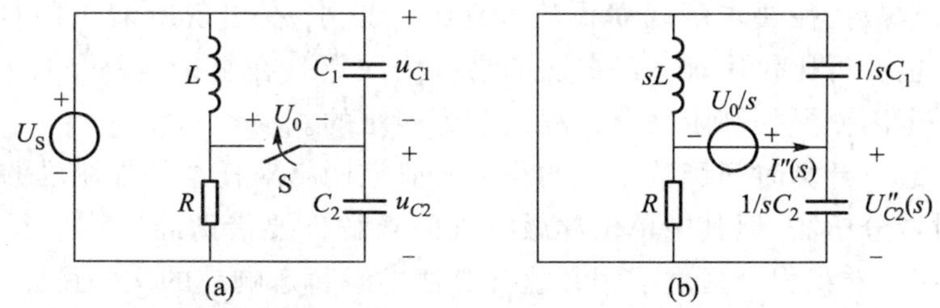

图 11.3.11 (a) 例题 11.3.7 图;(b) 化为零状态计算电路

【解】 开关接通之前,电感处于短路状态。电容值相等的两个电容串联,设串联前都无储能,则串联后其电压总是相等的。所以开关两端的电压是

$$U_0=u_{C1}(0_-)=U_S/2=5\ \mathrm{V}$$

建立零状态复频域电路模型如图 11.3.11(b)所示。由于只含一个独立电源,因此便于使用阻抗的串联、并联规律进行计算。电源电流

$$I''(s)=\frac{U_0/s}{\dfrac{R\times sL}{R+sL}+\dfrac{1}{s(C_1+C_2)}}$$

电压象函数

$$U''_{C2}(s)=I''(s)\times\frac{1}{s(C_1+C_2)}=\frac{(R+sL)U_0}{s[RL(C_1+C_2)s^2+Ls+R]}=\frac{25s+20}{s(s^2+5s+4)}$$
$$=\frac{5}{s}+\frac{5/3}{s+1}+\frac{-20/3}{s+4}$$

求拉氏反变换得 $\quad u''_{C2}=\mathscr{L}^{-1}[U''_{C2}(s)]=\left(5+\dfrac{5}{3}\mathrm{e}^{-t}-\dfrac{20}{3}\mathrm{e}^{-4t}\right)\ \mathrm{V}\quad(t\geqslant 0)$

将上述电压与设想的开关一直未接通情况下的电容电压即 $u'_{C2}=u_{C2}(0_-)=U_S/2=5\ \mathrm{V}$ 相加就是所求的电压

$$u_{C2}=u'_{C2}+u''_{C2}=\left(10+\frac{5}{3}\mathrm{e}^{-t}-\frac{20}{3}\mathrm{e}^{-4t}\right)\ \mathrm{V}\quad(t\geqslant 0)$$

如果直接使用图 11.3.11(a),换路后的复频域模型中将含有三个附加电源和一个外加的独

立电源,因此不能使用阻抗的串联与并联等效。由此可以体会化为零状态计算的优点。

3. 对暂态响应分析方法的评述*

第 10 章学习了线性电路暂态响应的时域分析法,包括经典法、卷积积分法和状态变量分析法。本章又学习了拉普拉斯变换法即复频域分析法,它是积分变换法的一种。另一种是傅里叶变换法。但由于傅里叶变换要求函数除满足狄里赫利条件外,还须满足绝对可积条件,而拉普拉斯变换没有后一个限制,故在积分变换法中只学习了适应性较强的拉普拉斯变换法。

用经典法计算暂态响应在物理概念上比复频域法来得清楚,例如强制分量与自由分量的产生及其变化规律。对工程上大量遇到的较简单电路来说,经典法在计算步骤上也是简捷的,很多情况下可以直接使用“三要素公式”。经典法的缺点是在微分方程阶数较高的情况下,确定初始值和由初始值确定积分常数都显得特别困难,因为高阶导数的初始值往往失去明确的物理意义,由初始值确定积分常数往往要求解联立代数方程组。另外,在出现所谓“强迫跃变”的情况下,初始值本身的确定也变得比较困难。经典法的另一个缺点是在复杂电路条件下,从联立微分方程组中化为只含一个因变量的高阶微分方程是较为困难的。

卷积积分法是通过计算时间函数乘积的积分来研究网络对任意外加激励的零状态响应。从表面上看也属于时域分析法,但其中单位冲激特性的求解仍要借助经典法或复频域法。当外加激励不能解析表达时,卷积积分提供了用数值计算法求解暂态响应的又一途径。

状态变量分析法由于列写的是关于状态变量(电容电压和电感电流)的一阶微分方程组,因而避免了求高阶导数初始值的困难,这是它的重要优点。其他优点还有:无需从状态方程中通过消去其他变量得到只含一个因变量的高阶微分方程,因此更易于列写;如果借助计算机来求解,已有成熟的计算方法可供调用;在无需求解状态变量解答的情况下,就可获得状态变量与状态变量之间的依赖关系,并分析电路是振荡还是非振荡等性质。但当求解线性状态方程时(超出教学要求,不予涉及),仍需计算状态转移矩阵 $\boldsymbol{A}$ 的特征值,对应于求高阶微分方程的特征根。状态变量分析法还是分析非线性电路暂态响应的常用方法。

拉普拉斯变换法把微分方程化成了代数方程,同时可建立复频域电路模型,以利于采用已经熟悉的线性直流电路的分析方法来求解待求量的象函数;激励的象函数都是有理分式形式,不像时域中的激励函数那么多样,且不同的激励函数要用不同的方法来计算响应的强制分量;在分析发生所谓“强迫跃变”的电路时不需要做特殊考虑;在求原函数时,为把象函数化为部分分式之和,仍需求解一个高次代数方程的根,类似经典法中求高阶微分方程的特征根,但各部分分式中的待定系数无需用联立方程来求解;不需要确定高阶导数的初始值;它用与初始值对应的附加电源表示电路的初始储能对暂态响应的作用。

经典法、卷积积分法和复频域分析法都运用了叠加的概念:经典法中把各待求响应看做是它的强制分量和自由分量相叠加的结果,或者把全响应看做是零输入响应与零状态响应的叠加结果;卷积积分则是把任意激励视为无限多个依次作用的微分冲激激励,用它们所产生的微分量的暂态响应的叠加(积分)来计算对该激励的零状态响应;拉普拉斯变换是线性变换,复频域电路模型是线性电路模型,任意响应的象函数等于各附加电源和各独立电源单独作用引起响应象函数的叠加,前者就是零输入响应,后者是零状态响应。因此,这些方法都只适用于线性电路。

11.4 复频域网络函数及其性质

1. 复频域网络函数

通过以上学习可知,基于拉普拉斯变换的复频域分析法,提高了人们计算暂态响应的能力。从这个意义上说,拉普拉斯变换是人们认识电路暂态响应的一种重要的计算手段。然而,情况不仅如此,拉普拉斯变换还可以为人们提供认识网络性质、进行网络综合的有效方法。进行这些研究的重要工具是复频域网络函数。

设图 11.4.1(a)所示网络为线性零状态且只有一个独立电压源或电流源,用 $x(t)$ 表示。以某一支路电流或某两点间的电压为响应,用 $y(t)$ 表示。与图 11.4.1(a)对应的复频域电路如图 11.4.1(b)所示,其中只有独立电源 $X(s)$,内部没有附加电源,各元件电压、电流象函数均为齐性关系。类似于线性电阻网络,所以在只有一个独立电源作用的线性零状态电路中,响应象函数 $Y(s)$ 与激励象函数 $X(s)$ 必然成正比,这个比值称为**复频域网络函数**,简称**网络函数**,用符号 $H(s)$ 表示,即

$$H(s) \xlongequal{\text{def}} \frac{Y(s)}{X(s)} \tag{11.4.1}$$

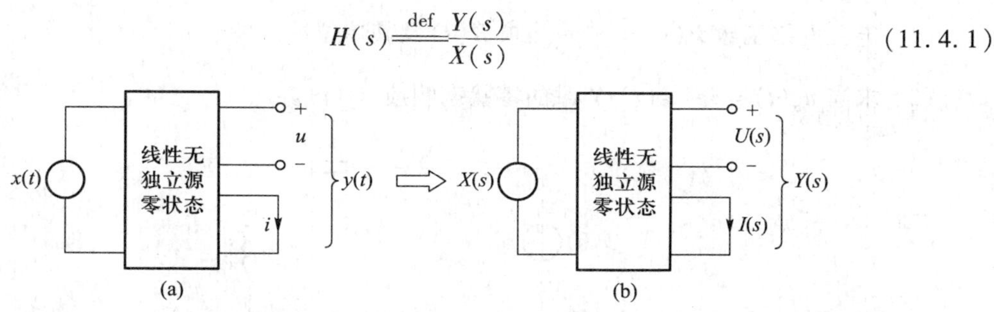

图 11.4.1　网络函数的定义:(a) 只含一个独立源的电路;(b) 复频域电路模型

因为激励和响应都可以是电压或电流,因此当激励和响应位于不同端口时,共有四种不同量纲的网络函数,其名称和量纲与表 8.4.1 相同。

如果激励和响应位于同一端口,则网络函数实际就是端口的等效运算阻抗或等效运算导纳,又分别称为**策动点阻抗**和**策动点导纳**。

之所以规定网络为零状态,是因为这种网络的复频域模型中无附加电源,这时响应象函数才与激励象函数成正比。否则,复频域模型中便存在附加电源,根据线性电路的性质,此时的响应象函数除了包括与激励象函数成正比的零状态响应分量外,还包括由附加电源产生的零输入响应分量。

根据网络函数的定义,如果激励象函数为 $X(s)=A$(A 为常量),则响应为

$$Y(s)=AH(s) \tag{11.4.2}$$

根据拉普拉斯变换,$X(s)=A$ 就意味着时域中 $x(t)=A\delta(t)$,而 $x(t)=A\delta(t)$ 所产生的响应即冲激响应可用单位冲激特性表示成 $y(t)=Ah(t)$。由此可见,$AH(s)$ 与 $Ah(t)$,或者说网络函数 $H(s)$ 与单位冲激特性 $h(t)$ 构成拉普拉斯变换对,即

$$\begin{cases} H(s) = \mathscr{L}[h(t)] \\ h(t) = \mathscr{L}^{-1}[H(s)] \end{cases} \tag{11.4.3}$$

网络函数和单位冲激特性是在不同的变量域里用来反映网络的固有性质,因此它们之间必然有内在联系,式(11.4.3)就代表了这种联系。

再从任意激励作用下的零状态响应看,在复频域中这个响应可以用网络函数表述成

$$Y(s) = X(s)H(s) \tag{11.4.4}$$

而在时域中,零状态响应可以用 $x(t)$ 与单位冲激特性的卷积积分来计算

$$y(t) = x(t) * h(t) = \int_{0_-}^{t} x(\lambda)h(t-\lambda)\mathrm{d}\lambda \tag{11.4.5}$$

显然,$Y(s)$ 和 $y(t)$ 是同一响应在不同变量域里的不同表现形式,因此它们的内在联系就是拉普拉斯变换对,即

$$\begin{cases} \mathscr{L}[x(t)*h(t)] = X(s)H(s) \\ \mathscr{L}^{-1}[X(s)H(s)] = x(t)*h(t) \end{cases} \tag{11.4.6}$$

简述成:卷积的拉普拉斯变换等于拉普拉斯变换的乘积;乘积的拉普拉斯反变换等于拉普拉斯反变换的卷积。这一结论称为**卷积定理**。

【例题 11.4.1】 如图 11.4.2 所示电路,已知 $R_1 = 10\ \Omega, R_2 = 20\ \Omega, L = 0.2\ \mathrm{H}, C = 0.01\ \mathrm{F}$。

(1) 定义网络函数 $H(s) = \dfrac{U_C(s)}{U_S(s)}$,求 $H(s)$ 及其单位冲激特性 $h(t)$。

(2) 求当 $u_S(t) = 3\mathrm{e}^{-t}\varepsilon(t)$ V 时的零状态响应 $u_C(t)$。

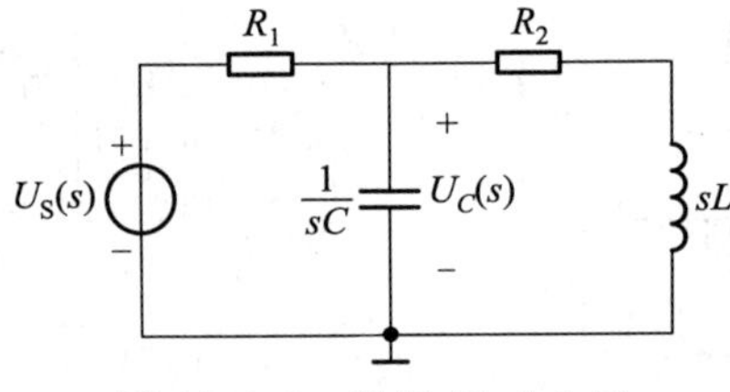

图 11.4.2 例题 11.4.1 图

【解】 (1) 节点电压方程为

$$\left(\frac{1}{R_1} + sC + \frac{1}{R_2 + sL}\right)U_C(s) = \frac{U_S(s)}{R_1}$$

所以

$$H(s) = \frac{U_C(s)}{U_S(s)} = \frac{sL + R_2}{R_1LCs^2 + (L + R_1R_2C)s + R_1 + R_2}$$

$$= \frac{10s + 1\ 000}{s^2 + 110s + 1\ 500} \approx \frac{10(s+100)}{(s+15.949)(s+94.051)}$$

为求单位冲激特性,将 $H(s)$ 展成部分分式为

$$H(s) \approx \frac{10.762}{s+15.949} + \frac{-0.762}{s+94.051}$$

其拉普拉斯反变换即单位冲激特性为

$$h(t) = \mathscr{L}^{-1}[H(s)] \approx (10.762\mathrm{e}^{-15.949t} - 0.762\mathrm{e}^{-94.051t})\ \mathrm{s}^{-1}$$

（2）当 $u_S(t)=3e^{-t}\varepsilon(t)$ V 时，

$$U_S(s)=\mathscr{L}[u_S(t)]=\frac{3\ \mathrm{V}}{s+1}$$

根据网络函数的定义，响应的象函数为

$$U_C(s)=U_S(s)H(s)\approx\frac{3}{(s+1)}\times\frac{10(s+100)}{(s+15.949)(s+94.051)}$$

部分分式展开得

$$U_C(s)\approx\frac{2.135}{s+1}+\frac{-2.160}{s+15.949}+\frac{0.025}{s+94.051}$$

求拉普拉斯反变换得所求响应

$$u_C(t)=\mathscr{L}^{-1}[U_C(s)]=(2.135e^{-t}-2.160e^{-15.949t}+0.025e^{-94.051t})\ \mathrm{V}\quad(t>0)$$

如果用卷积来计算，积分表达式为

$$u_C(t)=u_S(t)*h(t)=\int_0^t 3e^{-\lambda}\times[10.762e^{-15.949(t-\lambda)}-0.762e^{-94.051(t-\lambda)}]d\lambda$$

【例题 11.4.2】 图 11.4.3 所示具有两个端口的网络，其中输出端口为开路。已知当输入电压为 $u_S=10\varepsilon(t)$ V 时，网络的全响应为 $u=(10-3.2e^{-5t})$ V；当输入电压为 $u'_S=20\varepsilon(t)$ V、初始值保持不变时，网络的全响应为 $u'=(20-7.2e^{-5t})$ V。求当输入电压改为 $u''_S=12e^{-10t}\varepsilon(t)$ V 时，全响应 u'' 的变化规律。

图 11.4.3 例题 11.4.2 图

【解】 此网络为非零状态，在复频域内，网络的全响应包括零输入响应和零状态响应，其中零输入响应 $U_0(s)$ 是确定的；零状态响应则与输入电压成比例，满足网络函数的定义。将全响应写成一般形式就是

$$U(s)=U_0(s)+H(s)U_S(s)$$

根据第一组已知条件得

$$U_S(s)=\mathscr{L}[10\varepsilon(t)]=\frac{10\ \mathrm{V}}{s},\quad U(s)=\mathscr{L}[(10-3.2e^{-5t})]=\frac{10\ \mathrm{V}}{s}-\frac{3.2\ \mathrm{V}}{s+5}$$

根据第二组已知条件得

$$U'_S(s)=\mathscr{L}[20\varepsilon(t)]=\frac{20\ \mathrm{V}}{s},\quad U'(s)=\mathscr{L}[(20-7.2e^{-5t})]=\frac{20\ \mathrm{V}}{s}-\frac{7.2\ \mathrm{V}}{s+5}$$

将两组已知条件代入一般表达式得

$$\begin{cases}\dfrac{10}{s}-\dfrac{3.2}{s+5}=U_0(s)+H(s)\times\dfrac{10}{s}\\[2ex]\dfrac{20}{s}-\dfrac{7.2}{s+5}=U_0(s)+H(s)\times\dfrac{20}{s}\end{cases}$$

由此求得零输入响应象函数和网络函数为

$$H(s)=\frac{0.6s+5}{s+5},\quad U_0(s)=\frac{0.8\ \mathrm{V}}{s+5}$$

所以，当输入电压变为 $u''_{\mathrm{S}}=12\mathrm{e}^{-10t}\varepsilon(t)\ \mathrm{V}$，或者说变为 $U''_{\mathrm{S}}(s)=12\ \mathrm{V}/(s+10)$ 时，全响应的象函数为

$$U''(s)=U_0(s)+H(s)U''_{\mathrm{S}}(s)=\frac{0.8}{s+5}+\frac{0.6s+5}{s+5}\times\frac{12}{s+10}=\frac{5.6\ \mathrm{V}}{s+5}+\frac{2.4\ \mathrm{V}}{s+10}$$

求拉普拉斯反变换得全响应为

$$u''=(5.6\mathrm{e}^{-5t}+2.4\mathrm{e}^{-10t})\ \mathrm{V}\quad(t>0)$$

2. 网络函数的极点位置与单位冲激特性的关系

如前所述，网络函数与单位冲激特性都能用来反映网络的性质，并且它们构成拉普拉斯变换对。根据部分分式的拉氏反变换结果可知，网络函数的极点性质代表了单位冲激特性的性质。这样，通过网络函数极点在复平面上的位置，就可判断单位冲激特性的某些性质。下面仅就一阶极点情况加以总结。

若网络函数仅含一阶极点，且分子多项式的阶数小于分母多项式的阶数，则网络函数可展开成各个一阶极点的分式之和：

$$H(s)=\frac{N(s)}{D(s)}=\frac{b_ms^m+b_{m-1}s^{m-1}+\cdots+b_1s+b_0}{a_ns^n+a_{n-1}s^{n-1}+\cdots a_1s+a_0}=\sum_{k=1}^{n}\frac{A_k}{s-p_k}\qquad(m<n)\quad(11.4.7)$$

其中极点 $p_1,p_2,\cdots,p_n$ 也称为网络函数的**自然频率**，它们只与网络的结构及参数有关。

根据式(11.4.3)，上式的拉普拉斯反变换就是网络的单位冲激特性，利用线性性质得

$$h(t)=\mathscr{L}^{-1}[H(s)]=\sum_{k=1}^{n}A_k\mathrm{e}^{p_kt}\qquad(11.4.8)$$

这就是单位冲激特性与网络函数极点关系的数学描述。

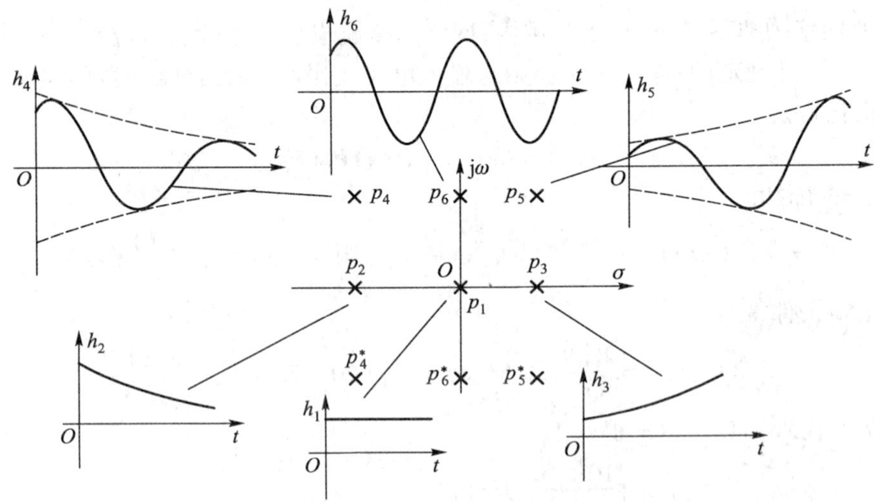

图 11.4.4　$H(s)$的极点位置与单位冲激特性的关系

不失一般性，设 $p_k=\alpha_k+\mathrm{j}\beta_k$，$A_k=|A_k|\underline{/\theta_k}$，根据 p_k 在复平面上的位置，单位冲激特性必然表现出不同的性质：

(1) p_k 位于原点，即 $p_k=0$，则 $h_k(t)=A_k\varepsilon(t)$，对应的冲激特性为阶跃函数。如图 11.4.4 中的 h_1。

(2) p_k 位于左半实轴，即 $\mathrm{Re}[p_k]=\alpha_k<0$，$\mathrm{Im}[p_k]=0$，则 $h_k(t)=A_k\mathrm{e}^{\alpha_k t}$，按指数规律衰减，$p_k$ 距原点越远，衰减越快。如图 11.4.4 中的 h_2。

(3) p_k 位于右半实轴，即 $\mathrm{Re}[p_k]=\alpha_k>0$，$\mathrm{Im}[p_k]=0$，则 $h_k(t)=A_k\mathrm{e}^{\alpha_k t}$，按指数规律增长，$p_k$ 距原点越远，增长越快。如图 11.4.4 中的 h_3。

(4) p_k 位于左半平面但不包括实轴，即 $\mathrm{Re}[p_k]=\alpha_k<0$，$\mathrm{Im}[p_k]=\pm\beta_k\neq 0$。可以证明，在集中参数电路中，复数极点必然以共轭形式成对出现。由表 A.8.1 中第 15 项得 p_k 与 p_k^* 对应的冲激特性为 $h_k(t)=2|A_k|\mathrm{e}^{\alpha_k t}\cos(\beta_k t+\theta_k)$，它是振幅按指数衰减的自由振荡，$p_k$ 距虚轴越远，衰减越快；距实轴越远，振荡频率越高。如图 11.4.4 中的 h_4。

(5) p_k 位于右半平面但不包括实轴，即 $\mathrm{Re}[p_k]=\alpha_k>0$，$\mathrm{Im}[p_k]=\pm\beta_k\neq 0$，由表 A.8.1 中第 15 项得 p_k 与 p_k^* 对应的冲激特性为 $h_k(t)=2|A_k|\mathrm{e}^{\alpha_k t}\cos(\beta_k t+\theta_k)$，它是振幅按指数增长的自由振荡。$p_k$ 距虚轴越远，增长越快。如图 11.4.4 中的 h_5。

(6) p_k 位于虚轴上，即 $\mathrm{Re}[p_k]=\alpha_k=0$，$\mathrm{Im}[p_k]=\pm\beta_k\neq 0$。由表 A.8.1 中第 15 项得 p_k 与 p_k^* 对应的冲激特性为 $h_k(t)=2|A_k|\cos(\beta_k t+\theta_k)$，即不衰减的自由振荡。$p_k$ 距原点越远，振荡频率越高。如图 11.4.4 中的 h_6。

对上述情况再做进一步概括：当极点全部位于左半平面时，网络的冲激特性随着时间的增加而减小，最后衰减为零。这样的暂态过程是**稳定的**；反之，若有极点位于右半平面，网络的冲激特性将随着时间的增加而发散。这样的暂态过程是**不稳定的**。当存在位于虚轴上的极点时属于临界稳定。另外，当极点全部位于实轴上时，冲激特性是非振荡的；否则便存在振荡的分量。这样，根据网络函数极点在复平面上的分布情况，就可以判断网络的暂态响应是稳定还是不稳定、是振荡还是非振荡等性质。

3. 复频域网络函数与复数网络函数的关系

在 8.4 节定义了复数形式的网络函数 $H(\mathrm{j}\omega)$，它等于响应相量与激励相量之比，用它可以讨论网络的频率特性。计算 $H(\mathrm{j}\omega)$ 时要用电路的相量模型。把一个电路在零状态下的复频域模型与相量模型加以比较可以发现，如果把复频域模型中的 s 代以 $\mathrm{j}\omega$，把象函数代以相量，就得到相应的相量模型；反之，也可由相量模型得到相应的复频域模型。如图 11.4.5 所示。

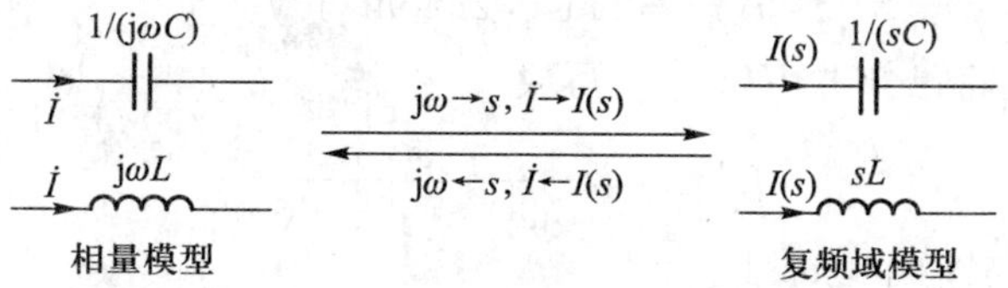

图 11.4.5 相量模型与复频域模型的关系

因此，只需进行 s 和 $\mathrm{j}\omega$ 的替换就可实现两种网络函数之间的转换，即

$$H(\mathrm{j}\omega)=H(s)\big|_{s=\mathrm{j}\omega} \tag{11.4.9}$$

$$H(s)=H(\mathrm{j}\omega)\big|_{\mathrm{j}\omega=s} \tag{11.4.10}$$

上述二式表明：若已知单位冲激特性，按照 $h(t)\to H(s)\to H(\mathrm{j}\omega)$ 的过程，便可得到网络对任意频率正弦电源的稳态响应或频率特性，此过程说明单位冲激特性包含着频率特性的信息；反之，若已知频率特性，按照 $H(\mathrm{j}\omega)\to H(s)\to h(t)$ 的过程，便可得到单位冲激特性，此过程说明频率特性同样包含着单位冲激特性的信息。单位冲激特性和频率特性在不同的域内表述了网络性质，二者存在上述联系是必然的。

【例题 11.4.3】 设图 11.4.6 所示网络为线性无独立源网络。

（1）已知当 $u_S=\varepsilon(t)$ V 时，零状态响应 $u=(-\mathrm{e}^{-t}+2\mathrm{e}^{-2t})\varepsilon(t)$ V。求当 $u_S=3\sqrt{2}\cos(\sqrt{2}t)$ V 时的正弦稳态电压 u。

（2）若已知 $H(\mathrm{j}\omega)=\dfrac{\dot{U}}{\dot{U}_s}=\dfrac{\mathrm{j}\omega}{-\omega^2+\mathrm{j}5\omega+6}$，求单位冲激特性 $h(t)$。

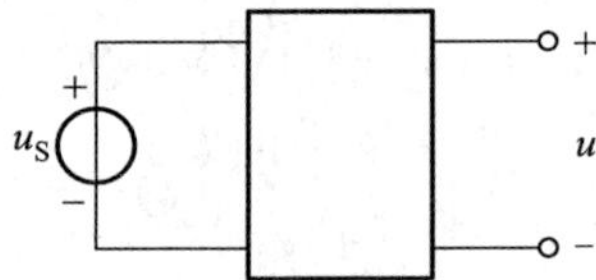

图 11.4.6　例题 11.4.3 图

【解】（1）电路的复频域网络函数为

$$H(s)=\frac{\mathscr{L}[u]}{\mathscr{L}[u_S]}=\frac{\dfrac{-1}{s+1}+\dfrac{2}{s+2}}{\dfrac{1}{s}}=\frac{s^2}{s^2+3s+2}$$

用 s 替换 $\mathrm{j}\omega$ 得到复数形式的网络函数为

$$H(\mathrm{j}\omega)=H(s)\big|_{s=\mathrm{j}\omega}=\frac{-\omega^2}{-\omega^2+\mathrm{j}3\omega+2}$$

所以当 $u_S=3\sqrt{2}\cos(\sqrt{2}t)$ V 时，正弦响应的振幅相量为

$$\dot{U}_m=H(\mathrm{j}\omega)\big|_{\omega=\sqrt{2}}\times\dot{U}_{sm}=\frac{-(\sqrt{2})^2}{-(\sqrt{2})^2+\mathrm{j}3\sqrt{2}+2}\times3\sqrt{2}=\mathrm{j}2\ \mathrm{V}$$

正弦稳态响应电压为

$$u(t)=2\cos(\sqrt{2}t+90^\circ)\ \mathrm{V}$$

（2）为用 s 替换 $\mathrm{j}\omega$，将已知的 $H(\mathrm{j}\omega)$ 改写成

$$H(\mathrm{j}\omega)=\frac{\mathrm{j}\omega}{(\mathrm{j}\omega)^2+\mathrm{j}5\omega+6}$$

用 s 替换 $\mathrm{j}\omega$ 求得复频域网络函数为

$$H(s)=H(\mathrm{j}\omega)\big|_{\mathrm{j}\omega=s}=\frac{s}{s^2+5s+6}$$

部分分式展开得

$$H(s)=\frac{-2}{s+2}+\frac{3}{s+3}$$

求拉普拉斯反变换得单位冲激特性为

$$h(t)=\mathscr{L}^{-1}[H(s)]=(-2e^{-2t}+3e^{-3t})\ s^{-1}\times\varepsilon(t)$$

【结语】

法国数学家、力学家和天文学家拉普拉斯(Laplace,Pierre - Simon,marquisde,1749—1827)在研究天体运动的过程中,创造和发展了许多数学方法,这些方法在科学技术的各个领域有着广泛的应用。随机变量、特征函数、拉普拉斯变换等,都可以说是由拉普拉斯引入或者经他改进的。尤其是拉普拉斯变换,导致了运算微积分在电工理论和控制理论中的应用。

用拉普拉斯变换分析电路问题属于电路理论的变换域分析法。变换域分析法改变了人们认识电路的角度,彰显了数学工具的魅力。

【思考题】

1. 在用经典法和拉普拉斯变换法分析暂态响应时,电感和电容初始储能的作用是如何考虑的?

2. 如果知道一端口网络的等效运算阻抗,可否知道微分方程的根?

3. 如何根据电路的单位阶跃特性计算它的正弦稳态响应?

4. 网络函数的极点与微分方程的特征根存在怎样的关系?

5. 为什么要在零状态下定义网络函数?

6. 一个由无源 LC 组成的一端口网络,根据冲激响应的物理现象,分析它的策动点阻抗(等效阻抗)的极点是怎样分布的。如果是由无源 RC、RL 或 RLC 组成的网络呢?

7. 线性电路的全响应等于零输入响应与零状态响应之和,在电路的复频域模型中如何表述这一关系?

8. 线性直流电路的各种分析方法为什么可以用来分析暂态电路的复频域模型?

习 题 十 一

11.1 电路如图题 11.1 所示,已知 $C_1=0.5\ \mu F$,$C_2=2\ \mu F$,$R_1=4\ k\Omega$,$R_2=1\ k\Omega$,$u_2(0_-)=50\ V$,在 $t=0$ 时开关突然接通,求 $t>0$ 时的电压 u_2。

11.2 电路如图题 11.2 所示,已知 $u_S=e^{-2t}\varepsilon(t)\ V$,求零状态响应 u。

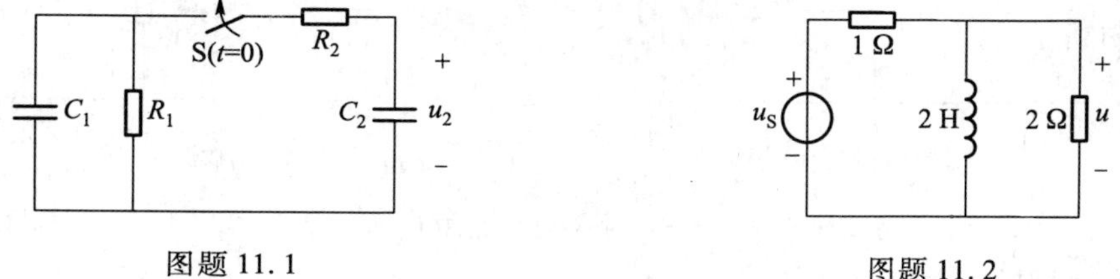

图题 11.1　　图题 11.2

11.3 电路如图题 11.3 所示,已知 $i_S=\varepsilon(t)\ A$,求零状态响应 u_C。

11.4 电路如图题 11.4 所示,已知 $R=2\ \Omega$,$L=1.25\ H$,$C=50\ mF$,$u_S=20\varepsilon(t)\ V$,$i_S=5\varepsilon(t)\ A$,求零状态响应 u。

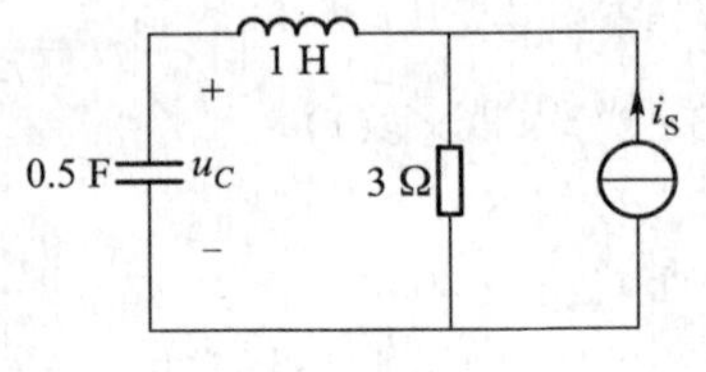

图题 11.3

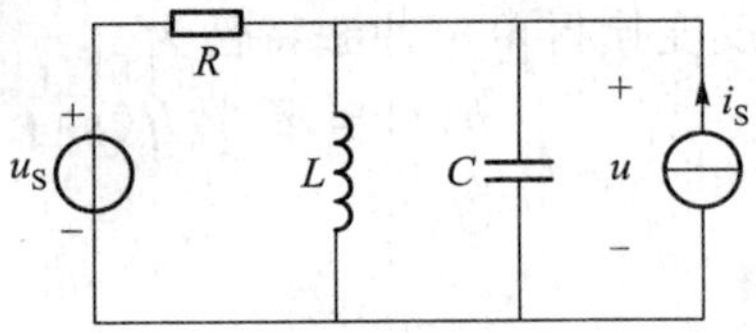

图题 11.4

11.5 图题 11.5 所示电路原处于稳态，已知 $u_C(0_-)=100$ V，$R_1=30$ Ω，$R_2=10$ Ω，$L=0.1$ H，$C=10^{-3}$ F，$U_S=200$ V，$t=0$ 时开关突然接通，求 $t>0$ 时的电流 i_L。

11.6 图题 11.6 所示电路原处于稳态，$t=0$ 时开关突然断开，求 $t>0$ 时的电压 u_C。

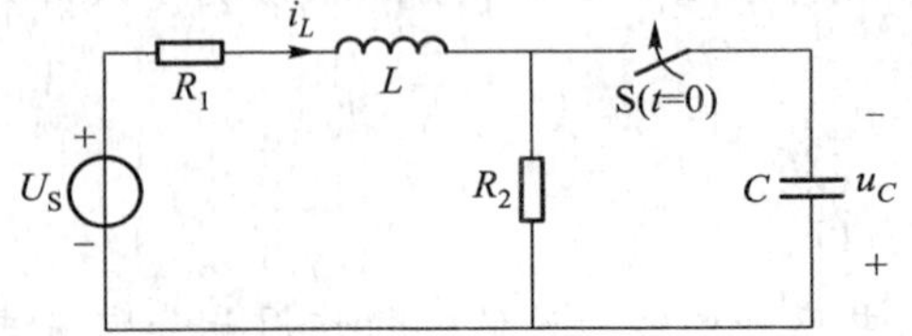

图题 11.5

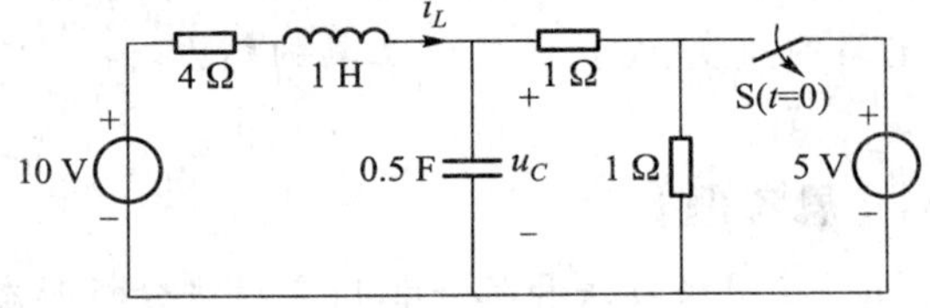

图题 11.6

11.7 图题 11.7 所示电路原处于稳态，$t=0$ 时开关突然接通，已知 $u_S=0.1e^{-5t}\varepsilon(t)$ V，$R_1=1$ Ω，$R_2=2$ Ω，$L=0.1$ H，$C=0.5$ F，求 $t>0$ 时的电流 i_2。

11.8 电路如图题 11.8 所示，已知 $u_{S1}=\varepsilon(t)$ V，$u_{S2}=1$ Wb $\times\delta(t)$，求零状态响应 u_1 和 u_2。

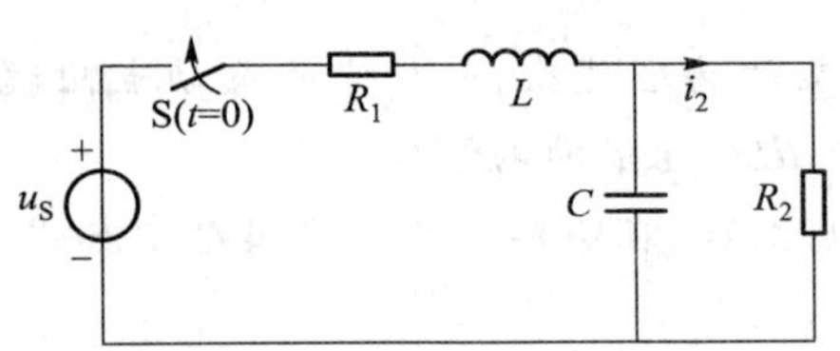

图题 11.7

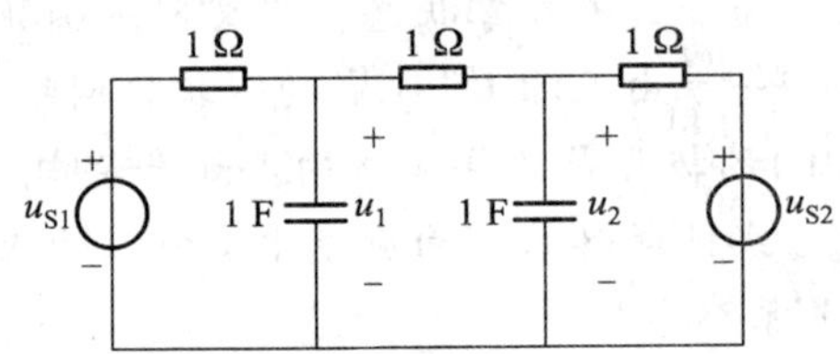

图题 11.8

11.9 图题 11.9 所示电路原处于稳态，$t=0$ 时开关突然断开，又已知 $U_S=70$ V，$R_1=25$ Ω，$R_2=45$ Ω，$L=0.5$ H，$C=5$ mF，求 $t>0$ 时的电压 u_L。

11.10 电路如图题 11.10 所示，已知 $u_C(0_-)=5$ V，$i_L(0_-)=1$ A，冲激电压源 $u_S=12$ Wb $\times\delta(t)$，$C=0.5$ F，$L=1$ H，$R_1=R_2=6$ Ω，求 $t>0$ 时的响应 u_C。

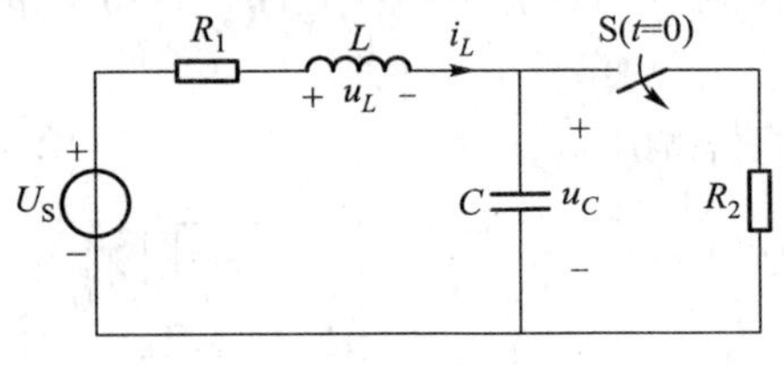

图题 11.9

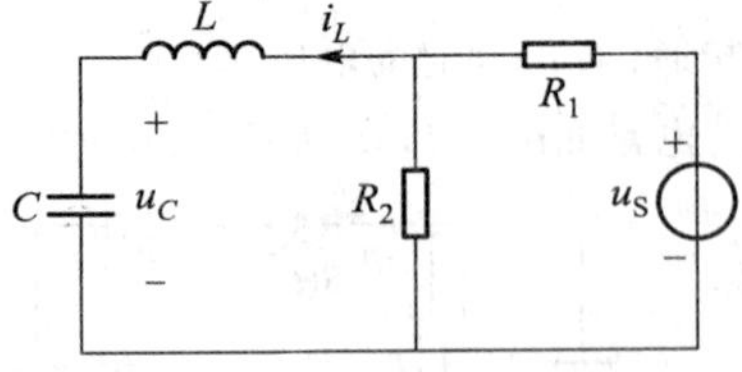

图题 11.10

11.11 图题 11.11 所示电路原处于稳态，$t=0$ 时开关突然断开，$R_1=2$ Ω，$R_2=1$ Ω，$R_3=1$ Ω，$L=2$ H，$C=1$ F，$I_S=4$ A，求 $t>0$ 时的电流 i。

11.12 图题 11.12 所示电路原处于稳态，$t=0$ 时开关突然接通，已知 $U_1=1$ V，$U_2=2$ V，$R_1=2$ Ω，$R_2=R_3=4$ Ω，$L=(5/6)$ H，$C=0.2$ F，求 $t>0$ 时的电压 u。

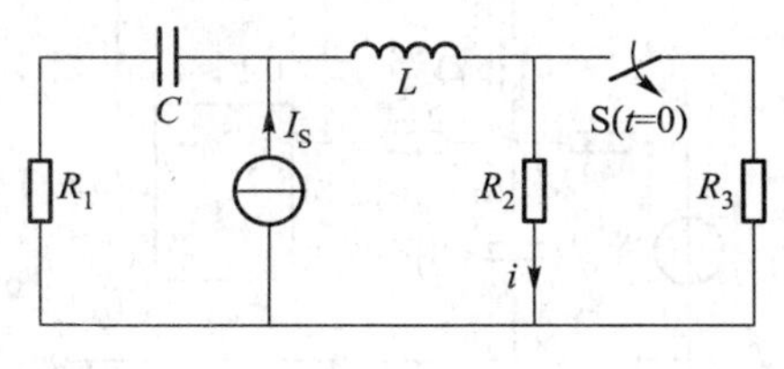

图题 11.11

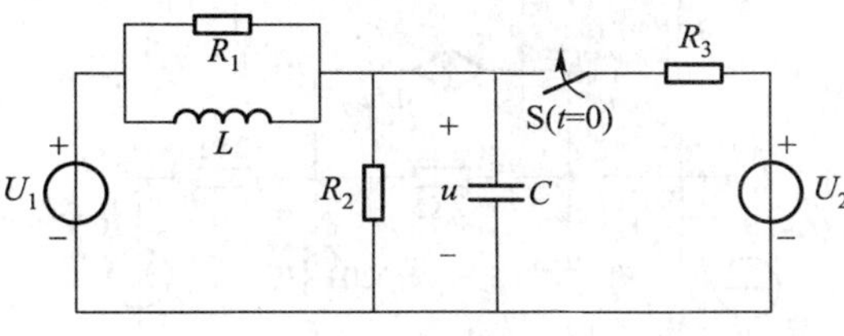

图题 11.12

11.13　电路如图题 11.13 所示，外加阶跃电压 $u_S(t)=9\varepsilon(t)$ V，已知 $C_1=0.3$ F，$C_2=0.7$ F，$R=10\ \Omega$，求零状态响应电压 u_2 及电流 i_2。

11.14　图题 11.14 所示电路原处于稳态，$t=0$ 时开关突然断开，$U_{S1}=20$ V，$U_{S2}=10$ V，求 $t>0$ 时的 i_1、u_1 及 u_2。

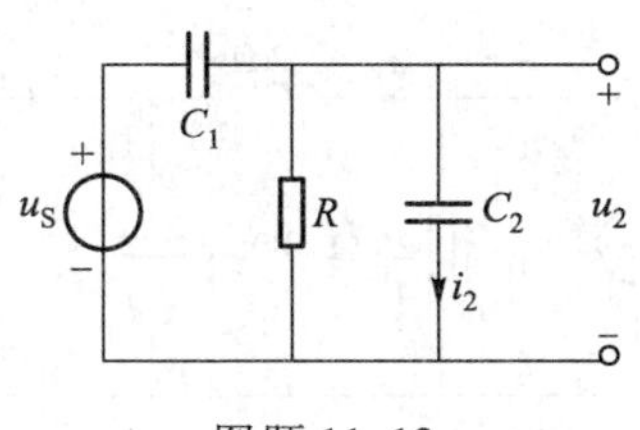

图题 11.13

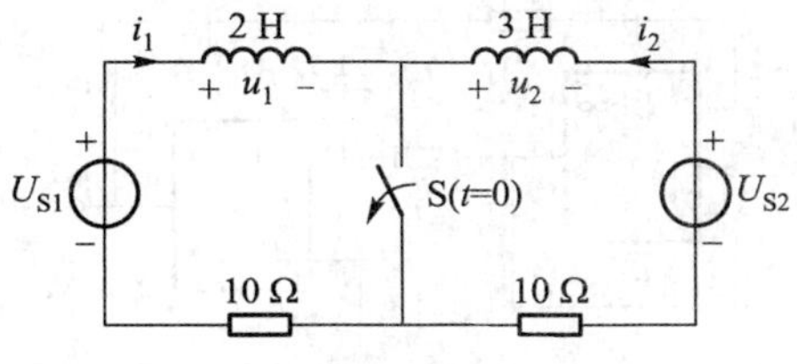

图题 11.14

11.15　电路如图题 11.15 所示，已知 $i_S=3\varepsilon(t)$ A，$u_S=2\ \text{Wb}\times\delta(t)$，$u_C(0_-)=1$ V，$i_L(0_-)=2$ A，求 $t>0$ 时的 u_C。

11.16　图题 11.16 所示电路原处于稳态，$t=0$ 时开关突然接通，已知 $R_1=R_2=1\ \Omega$，$L_1=L_2=0.1$ H，$M=0.05$ H，$U_S=1$ V，求开关接通后的响应 i_1 和 i_2。

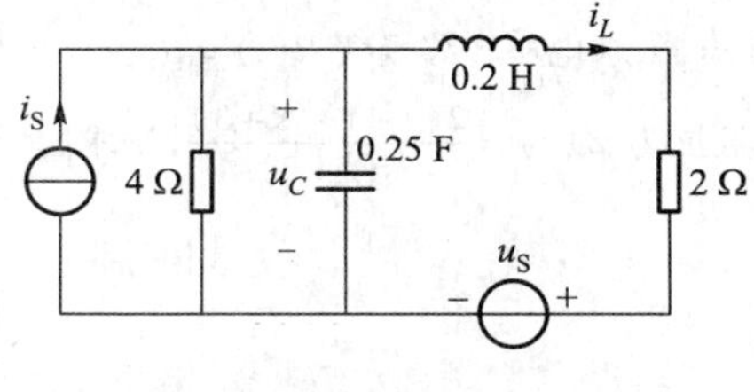

图题 11.15

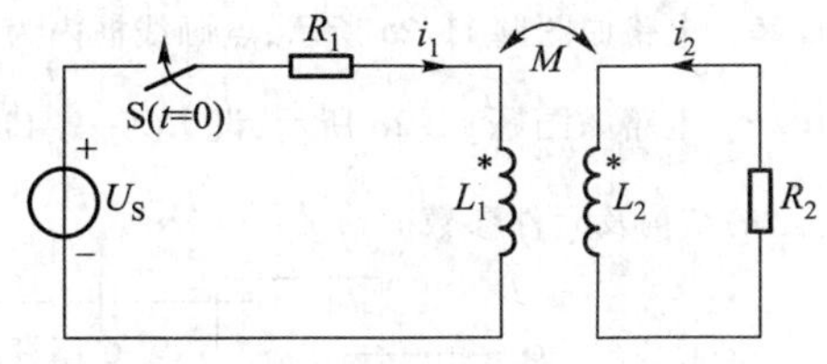

图题 11.16

11.17　图题 11.17 所示电路原处于稳态，在 $t=0$ 时开关突然接通，求出电压 u_2 的象函数 $U_2(s)$，判断此电路的暂态过程是否振荡，利用拉普拉斯变换的初值和终值定理求 u_2 的初始值和稳态值。

11.18　图题 11.18 所示电路原处于稳态，在 $t=0$ 时开关突然接通，已知 $U_S=50$ V，$R_1=1\ \Omega$，$L=1$ H，$C=1$ F，试求电阻 R 为何值时电路处于临界振荡状态？求 R 恰好等于临界电阻时流过它的电流 i。

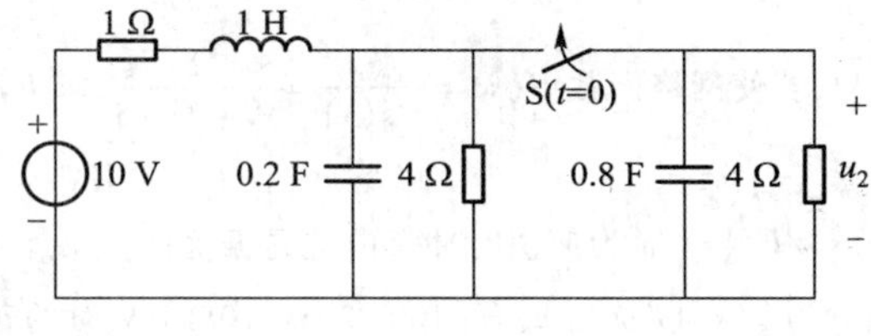

图题 11.17

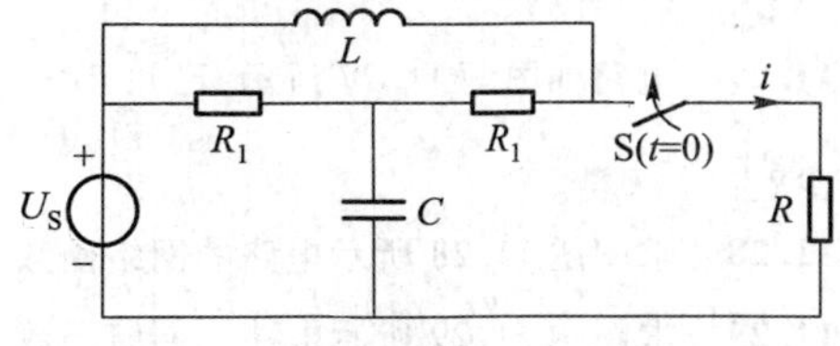

图题 11.18

11.19　图题 11.19 所示电路原处于稳态，求 $t>0$ 时的响应 u_1。

11.20　求图题 11.20 所示电路的电压转移函数 $H(s)=U_0(s)/U_1(s)$ 及其单位冲激特性 $h(t)$。

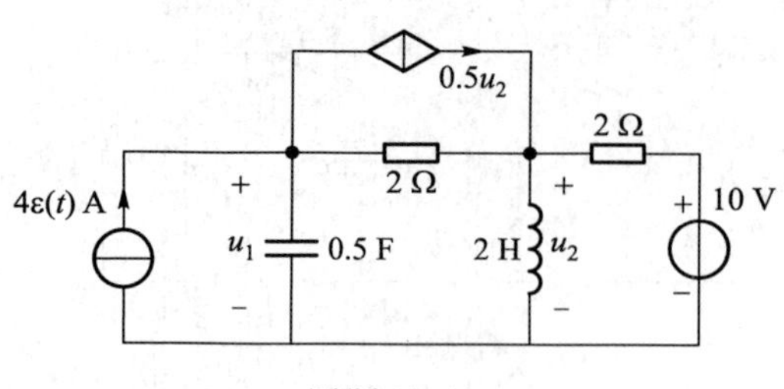

图题 11.19

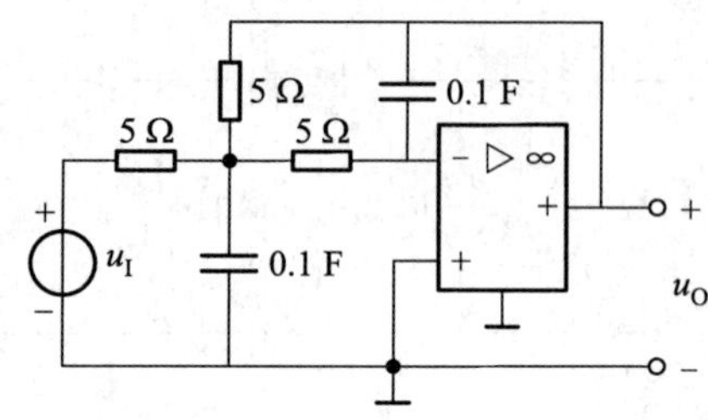

图题 11.20

11.21 求图题 11.21 所示电路的电压转移函数 $H(s)=U_O(s)/U_I(s)$。

11.22 电路如图题 11.22 所示，求电流转移函数 $H(s)=I_2(s)/I_S(s)$，并画出当 r 分别为 −30 Ω、40 Ω、−2 Ω、−80 Ω 时的极点分布图，讨论对应的单位冲激特性是否振荡？是否稳定？

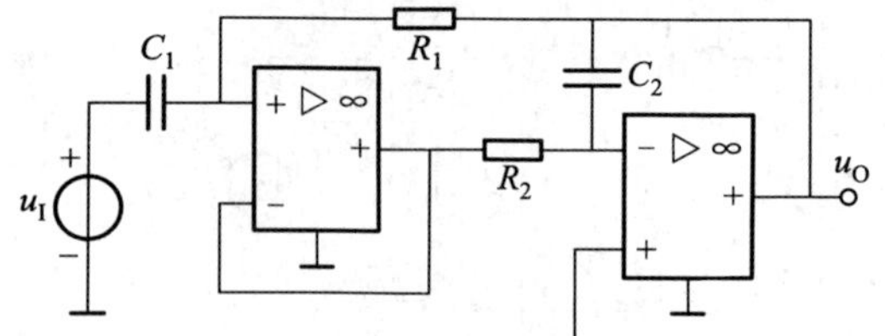

图题 11.21

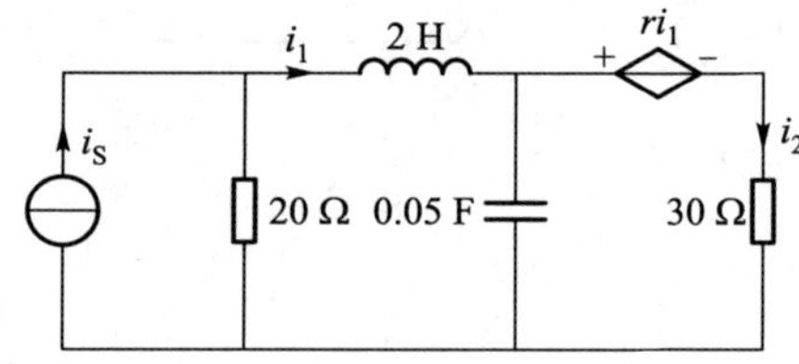

图题 11.22

11.23 当激励为 $u_S(t)=e^{-t}\varepsilon(t)$ V 时，电路的零状态响应为 $u(t)=0.5(e^{-t}-e^{-2t}+2e^{3t})\varepsilon(t)$ V，求该电路的冲激特性 $h(t)$。

11.24 已知电路的单位阶跃特性为 $s(t)=1-e^{-2t}$，为使响应为 $r(t)=1-e^{-2t}-te^{-2t}$，求激励信号 $e(t)$ 的变化规律。

11.25 电路如图题 11.25 所示，点画线框内为 1∶1∶1 的理想变压器，求电压转移函数 $H(s)=U_2(s)/U_1(s)$。

11.26 电路如图题 11.26 所示，设 RC 一端口的复频域等效阻抗为 $Z(s)=\dfrac{2(s+1)(s+3)}{s(s+2)}$，试求出其某种等效电路的结构及元件参数。

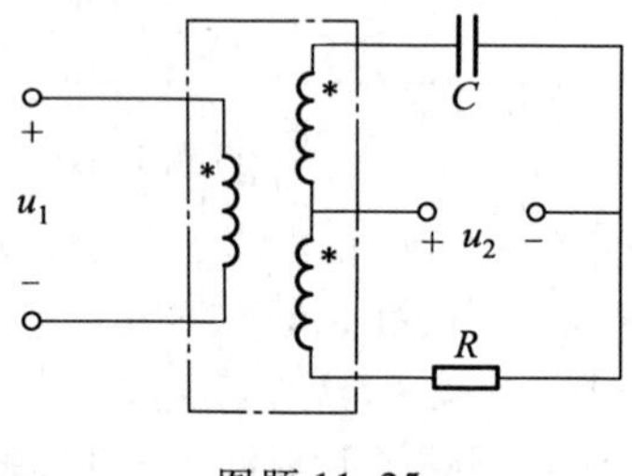

图题 11.25

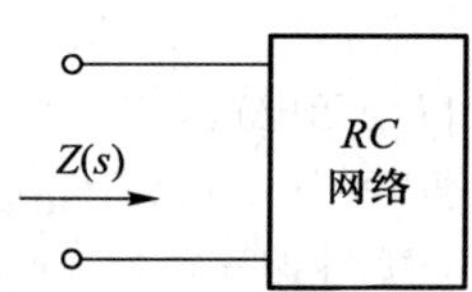

图题 11.26

11.27 电路如图题 11.27 所示，已知 $R_1=4\ \Omega$，$R_2=1\ \Omega$，若使网络函数 $H(s)=\dfrac{U(s)}{U_S(s)}=\dfrac{1}{s^2+2s+5}$，求 L 和 C 为多少？

11.28 求图题 11.28 所示电路的网络函数 $H(s)=U_2(s)/U_S(s)$，n 为何值时冲激响应是振荡的？

11.29 求图题 11.29 所示电路的网络函数 $H(s)=U(s)/U_S(s)$ 以及当 $u_S=[100\sqrt{2}\cos(10t)]$ V 时的正弦稳态电压 u。

11.30 电路如图题 11.30 所示，已知当 $u_S=6\varepsilon(t)$ V 时，全响应 $u_O=(8+2e^{-0.2t})$ V$(t>0)$；当 $u_S=12\varepsilon(t)$ V 时，全响应 $u_O=(11-e^{-0.2t})$ V$(t>0)$。求当 $u_S=6e^{-5t}\varepsilon(t)$ V 时的全响应 u_O。

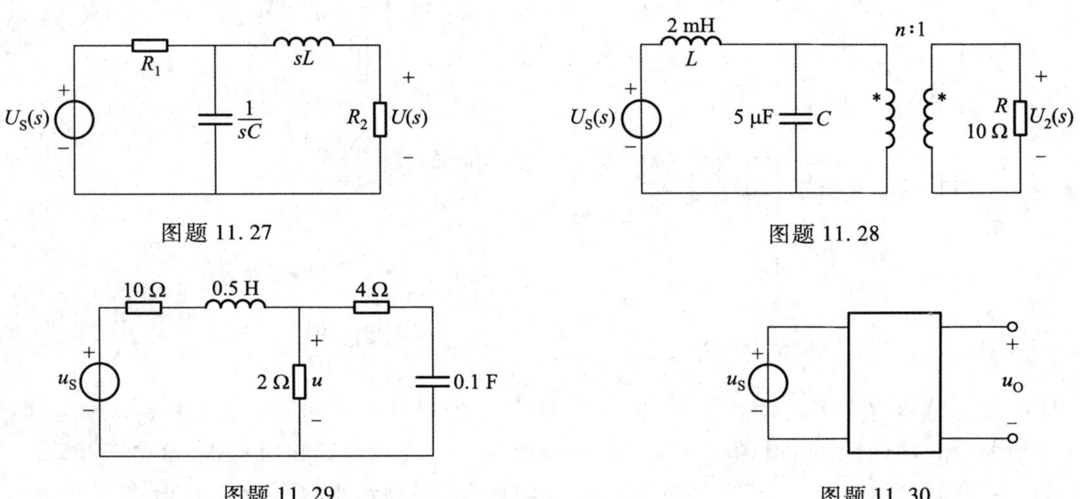

图题 11.27

图题 11.28

图题 11.29

图题 11.30

11.31 求图题 11.31 所示各电路的策动点阻抗函数以及零点和极点分布，若电压为单位冲激函数，求响应电流的波形。

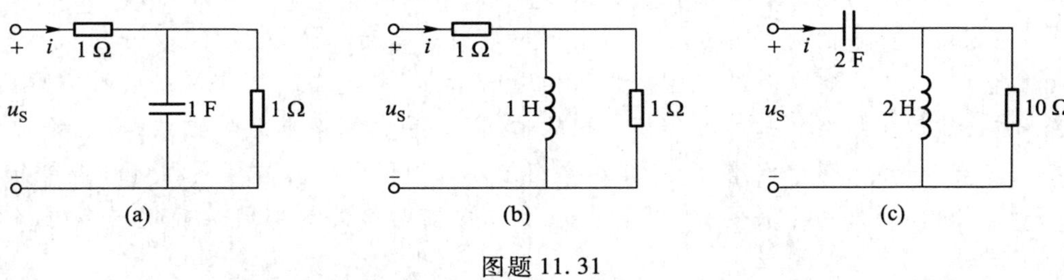

图题 11.31

11.32 求图题 11.32 所示各电路的电压转移函数 $H(s)=U_2(s)/U_1(s)$，以及零点和极点分布。

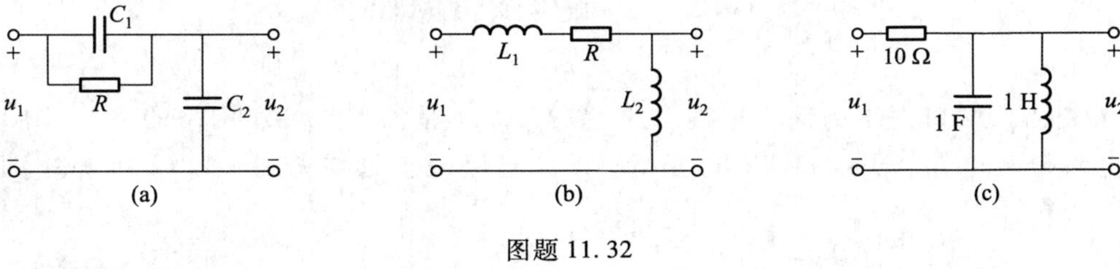

图题 11.32

11.33 求图题 11.33 所示各电路的电压转移函数 $H(s)=U_2(s)/U_1(s)$，确定零点和极点在 s 平面上的位置，总结一般规律。

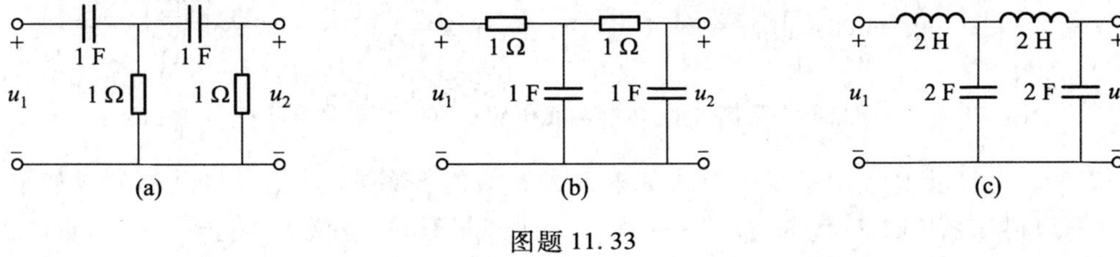

图题 11.33

第 12 章 二端口网络

【导读】

电能或电信号常常是通过网络的端口(电流出入相等的一对端子)进行传输的。如果一个网络包括电能或电信号的一个输入端口和一个输出端口,就称为**二端口网络**,简称**二端口**。

当使用二端口网络时,人们更多的是考虑它们的外部特性,即端口上电压与电流的关系,而对内部构造以及电压、电流分布可以完全不知,这相当于将二端口网络视为一个电路元件。因此,对二端口网络的研制者,需要根据内部构造,采用计算或实验的方法,建立端口上电压与电流的关系及其他技术参数,以便为使用者提供依据。此外,研制者还需要根据使用者对二端口网络特性的具体要求,用尽可能简单的原理研制出满足需要的二端口网络。

基于上述理由,本章首先介绍在已知内部构造的情况下,建立二端口网络参数方程的方法,属于网络分析;然后介绍在已知某种参数方程的情况下,寻求等效电路的方法,用于设计出满足特性需要的二端口网络,属于网络综合;其次介绍二端口网络与电源和负载相连时需要分析的问题;最后介绍二端口网络的互联规律,以便由若干二端口网络的局部特性确定复合网络的整体特性。

12.1 二端口网络概述

能够视为二端口网络的例子是很多的,图 12.1.1 是简单二端口网络的例子,图 12.1.1(a)是电阻分压电路;图 12.1.1(b)是 RC 积分电路或低通滤波器;图 12.1.1(c)是桥式电路。

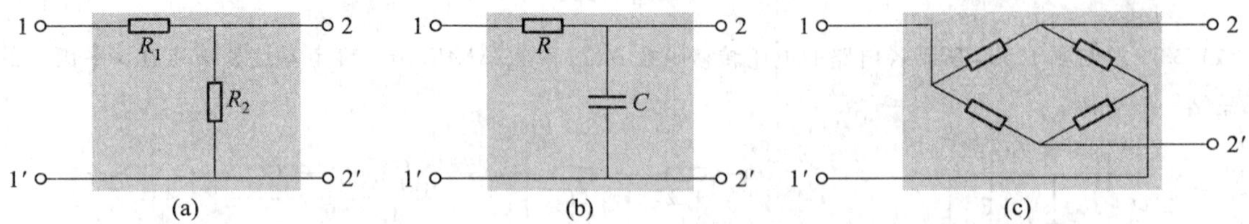

图 12.1.1 二端口网络示例:(a) 电阻分压电路;(b) RC 积分电路;(c) 桥式电路

图 12.1.2 是实验室常用稳压电源的基本组成。根据各部分功能,可将其划分成如下二端口网络:1——电磁干扰(EMI)滤波器、2——电源变压器、3——整流电路、4——低通滤波电路、5——稳压电路。

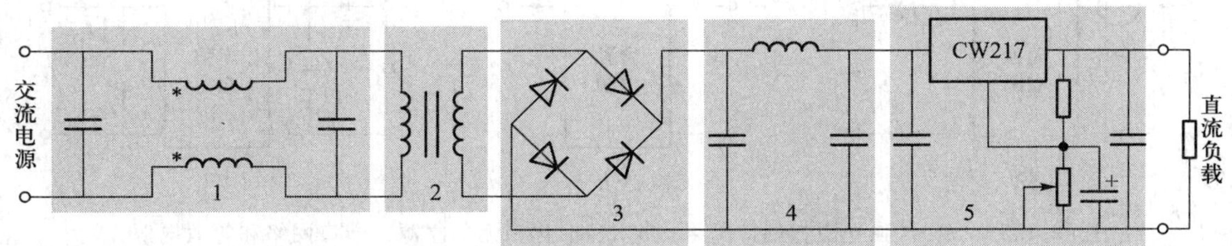

图 12.1.2　稳压电源包含的二端口网络

为描述二端口网络的端口特性,需定义端口变量并建立这些变量满足的端口方程。为此考察图 12.1.3 所示的抽象二端口网络。习惯上将 1 和 1′组成的端口称为**输入端口**,或称端口 1;将 2 和 2′组成的端口称为**输出端口**,或称端口 2。根据端口的定义,它的各端子电流需要满足如下的端口条件:

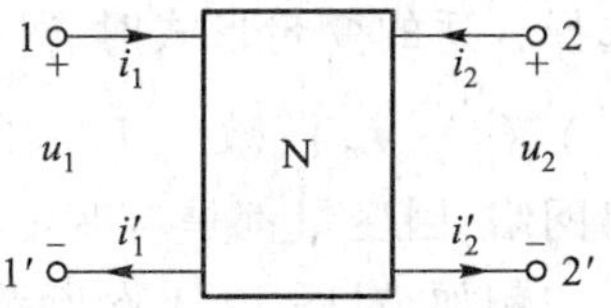

图 12.1.3　端口变量及其参考方向的约定

$$\begin{cases} i_1 = i_1' \\ i_2 = i_2' \end{cases} \tag{12.1.1}$$

i_1、i_2 称为**端口电流**变量。它还有两个**端口电压**变量,分别用 u_1 和 u_2 表示。习惯上约定 u_1、u_2 的参考方向分别与电流 i_1、i_2 的参考方向相对端口来说是一致的,即 $u_1 i_1$ 和 $u_2 i_2$ 分别代表两个端口从外电路吸收的功率。

此外,视分析任务的不同,上述端口变量还要选择相应的表现形式。对电阻电路做时域分析时,可以使用瞬时值形式,即 u_1、i_1、u_2、i_2,它们都是时间 t 的函数,如图 12.1.4(a)所示;对电路正弦稳态响应进行频域分析时,要使用相量形式,即 $\dot{U}_1$、$\dot{I}_1$、$\dot{U}_2$、$\dot{I}_2$,它们都是与角频率 ω 有关的复数,如图 12.1.4(b)所示;对电路暂态响应进行复频域分析时,要使用象函数形式,即 $U_1(s)$、$I_1(s)$、$U_2(s)$、$I_2(s)$,它们都是复频率 s 的函数,如图 12.1.4(c)所示。在零状态下,后两者的电路方程在形式上是完全一致的,只需将 jω 和 s 互换,就可从一种形式转化为另一种形式,因此本章主要使用相量形式的端口变量,亦即在频域内进行研究。

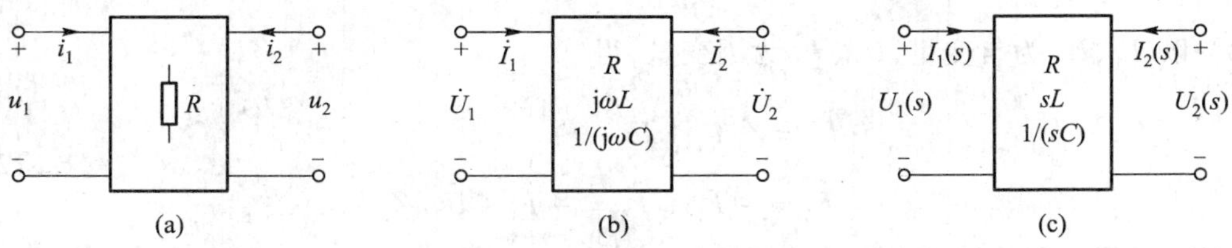

图 12.1.4　端口变量的三种形式:(a) 时域;(b) 频域;(c) 复频域

如果所研究的二端口网络不含独立电源,这样的网络称为**无独立源二端口网络**。如果组成无独立源二端口网络的元件都是线性的,则称为**线性无独立源二端口网络**。如无特别声明,作为入门内容,本章研究的都是这种二端口网络。由于含独立源的线性二端口网络可用无独立源线性二端口网络和移出网络之外的等效电压源或等效电流源来代替,如图 12.1.5(a)到(b)和(c)的等效,所以对线性无独立源二端口网络的研究方法具有基础性。

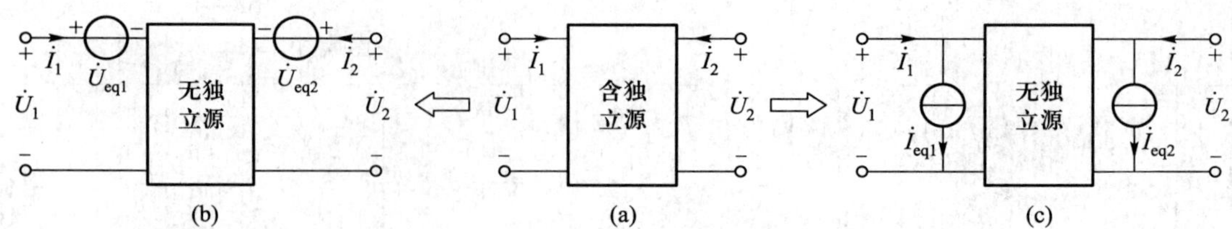

图 12.1.5 (a) 含独立源二端口网络;(b)、(c) 化为无独立源二端口网络和等效电源

分析二端口网络的任务之一就是建立某种形式的端口方程,即端口电压与端口电流的关系。这可从四个端口变量中任意选择两个作为自变量,其余作为因变量。在满足线性和无源假设并选择合适的变量形式时,可以得到六种线性联立方程,这些自变量组合分别是:$(\dot{U}_1,\dot{U}_2)$、$(\dot{I}_1,\dot{I}_2)$、$(\dot{U}_2,\dot{I}_2)$、$(\dot{U}_1,\dot{I}_1)$、$(\dot{I}_1,\dot{U}_2)$、$(\dot{U}_1,\dot{I}_2)$。根据线性电路的性质,对于线性无独立源二端口网络,因变量都是自变量的线性组合。

例如,对图 12.1.6 所示的无源阻抗分压电路,根据基尔霍夫定律可建立如下端口方程:

(1) 以 $\dot{U}_1$、$\dot{U}_2$ 为自变量,$\dot{I}_1$、$\dot{I}_2$ 为因变量,得

$$\begin{cases}\dot{I}_1=(\dot{U}_1-\dot{U}_2)/Z_1=\dot{U}_1/Z_1-\dot{U}_2/Z_1\\ \dot{I}_2=-\dot{I}_1+\dot{I}_3=-\dot{U}_1/Z_1+(1/Z_1+1/Z_2)\dot{U}_2\end{cases}\tag{12.1.2}$$

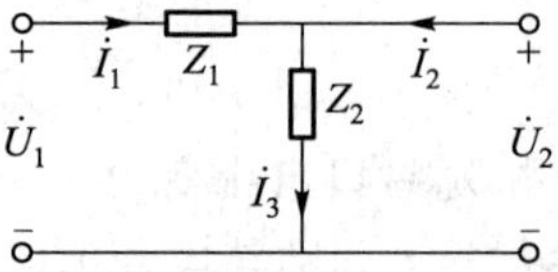

图 12.1.6 无源阻抗分压电路

(2) 以 $\dot{I}_1$、$\dot{I}_2$ 为自变量,$\dot{U}_1$、$\dot{U}_2$ 为因变量,得

$$\begin{cases}\dot{U}_1=Z_1\dot{I}_1+Z_2\dot{I}_3=(Z_1+Z_2)\dot{I}_1+Z_2\dot{I}_2\\ \dot{U}_2=Z_2\dot{I}_3=Z_2\dot{I}_1+Z_2\dot{I}_2\end{cases}\tag{12.1.3}$$

(3) 以 $\dot{U}_2$、$\dot{I}_2$ 为自变量,$\dot{U}_1$、$\dot{I}_1$ 为因变量,得

$$\begin{cases}\dot{U}_1=Z_1\dot{I}_1+\dot{U}_2=Z_1(\dot{U}_2/Z_2-\dot{I}_2)+\dot{U}_2=(1+Z_1/Z_2)\dot{U}_2-Z_1\dot{I}_2\\ \dot{I}_1=\dot{I}_3-\dot{I}_2=\dot{U}_2/Z_2-\dot{I}_2\end{cases}\tag{12.1.4}$$

(4) 以 $\dot{I}_1$、$\dot{U}_2$ 为自变量,$\dot{U}_1$、$\dot{I}_2$ 为因变量,得

$$\begin{cases}\dot{U}_1=Z_1\dot{I}_1+\dot{U}_2\\ \dot{I}_2=-\dot{I}_1+\dot{I}_3=-\dot{I}_1+\dot{U}_2/Z_2\end{cases}\tag{12.1.5}$$

另外两种形式留给读者自行建立。

12.2 导纳参数

上节从阻抗分压电路的特例出发,初步了解了端口方程的种类和形式,接下来的几节对此再做进一步讨论。

对图 12.2.1 所示的二端口网络,如果以端口电压 $\dot{U}_1$、$\dot{U}_2$ 为自变量,端口电流 $\dot{I}_1$、$\dot{I}_2$ 为因变量,则可把 $\dot{U}_1$、$\dot{U}_2$ 视为激励,把 $\dot{I}_1$、$\dot{I}_2$ 视为响应。根据齐性定理和叠加定理,$\dot{I}_1$、$\dot{I}_2$ 必为 $\dot{U}_1$、$\dot{U}_2$ 的线性组合,即

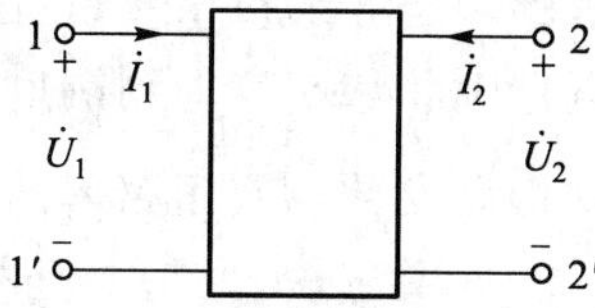

$$\begin{cases}\dot{I}_1 = Y_{11}\dot{U}_1 + Y_{12}\dot{U}_2 \\ \dot{I}_2 = Y_{21}\dot{U}_1 + Y_{22}\dot{U}_2\end{cases} \tag{12.2.1}$$

图 12.2.1 频域二端口网络

式中系数 Y_{11}、Y_{12}、Y_{21} 和 Y_{22} 具有导纳的量纲,称为二端口网络的**导纳参数**,简称 $\boldsymbol{Y}$ 参数。式(12.2.1)称为二端口网络的**导纳参数方程**或 $\boldsymbol{Y}$ 参数方程,其矩阵形式为

$$\begin{bmatrix}\dot{I}_1 \\ \dot{I}_2\end{bmatrix} = \begin{bmatrix}Y_{11} & Y_{12} \\ Y_{21} & Y_{22}\end{bmatrix}\begin{bmatrix}\dot{U}_1 \\ \dot{U}_2\end{bmatrix} \tag{12.2.2}$$

令 $\dot{\boldsymbol{U}} = [\dot{U}_1, \dot{U}_2]^{\mathrm{T}}$ 和 $\dot{\boldsymbol{I}} = [\dot{I}_1, \dot{I}_2]^{\mathrm{T}}$ 分别表示端口电压向量和电流向量,式(12.2.2)可缩写成

$$\dot{\boldsymbol{I}} = \boldsymbol{Y}\dot{\boldsymbol{U}} \tag{12.2.3}$$

式中

$$\boldsymbol{Y} = \begin{bmatrix}Y_{11} & Y_{12} \\ Y_{21} & Y_{22}\end{bmatrix} \tag{12.2.4}$$

称为二端口网络的**导纳参数矩阵**或 **$\boldsymbol{Y}$ 参数矩阵**。

根据方程(12.2.1)的线性组合形式,可以得出各比例系数的物理意义:Y_{11} 和 Y_{21} 分别是端口 2 短路即 $\dot{U}_2 = 0$ 时,$\dot{I}_1$ 和 $\dot{I}_2$ 与电压 $\dot{U}_1$ 的比值,即

$$Y_{11} = \left.\frac{\dot{I}_1}{\dot{U}_1}\right|_{\dot{U}_2 = 0}, \qquad Y_{21} = \left.\frac{\dot{I}_2}{\dot{U}_1}\right|_{\dot{U}_2 = 0} \tag{12.2.5}$$

对应的计算或测试电路如图 12.2.2(a)所示。

同理,Y_{12} 和 Y_{22} 分别是端口 1 短路即 $\dot{U}_1 = 0$ 时,$\dot{I}_1$ 和 $\dot{I}_2$ 与电压 $\dot{U}_2$ 的比值,即

$$Y_{12} = \left.\frac{\dot{I}_1}{\dot{U}_2}\right|_{\dot{U}_1 = 0}, \qquad Y_{22} = \left.\frac{\dot{I}_2}{\dot{U}_2}\right|_{\dot{U}_1 = 0} \tag{12.2.6}$$

对应的计算或测试电路如图 12.2.2(b)所示。

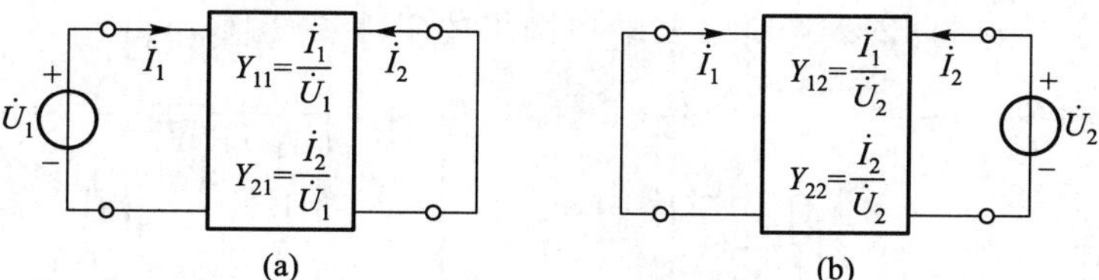

图 12.2.2 短路导纳参数的意义和测试方法:(a) $\dot{U}_2 = 0$;(b) $\dot{U}_1 = 0$

由此可见,这四个 $\boldsymbol{Y}$ 参数是在两个端口分别短路的条件下,端口电流与非零的端口电压的比值,故 $\boldsymbol{Y}$ 参数也称为**短路导纳参数**。其中 Y_{11} 是端口 2 短路时,从端口 1 向网络看进去的等效

导纳,因而称为短路输入导纳;Y_{22}是端口 1 短路时,从端口 2 向网络看进去的等效导纳,因而称为短路输出导纳;Y_{12}和 Y_{21}是不同端口电流与电压的比值,属于网络转移函数,分别称为从端口 2 到端口 1 和从端口 1 到端口 2 的短路转移导纳。根据线性电路的性质,这些导纳都是二端口网络结构和参数以及角频率的函数,与 $\dot{U}_1$ 和 $\dot{U}_2$ 并无关系。

一般说来,一个二端口网络具有四个独立的导纳参数。但是,如果这个二端口是互易的,即满足互易定理,也就是说在图 12.2.3 中,当端口电压满足 $\dot{U}_1 = \dot{U}_2$ 时,端口电流便满足 $\dot{I}_2 = \dot{I}_1$,

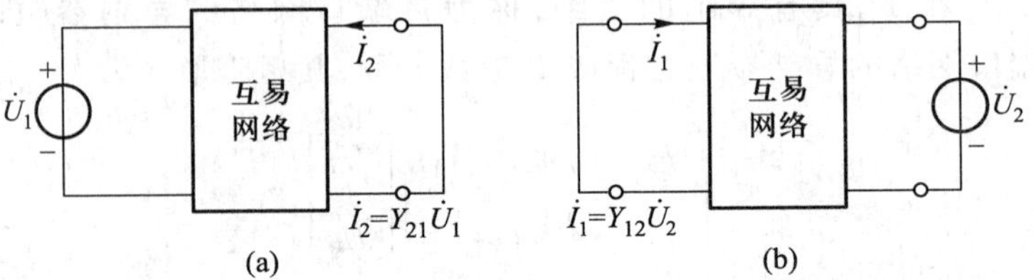

图 12.2.3　互易二端口的说明:(a) $\dot{U}_2 = 0$;(b) $\dot{U}_1 = 0$

那么,根据上述互易关系和导纳参数方程(12.2.1)便得

$$\dot{I}_1 = \dot{I}_2 \Rightarrow Y_{12}\dot{U}_2 = Y_{21}\dot{U}_1 \Rightarrow Y_{12} = Y_{21} \tag{12.2.7}$$

可见,对互易的二端口网络,***Y*** 参数矩阵是对称的,即 $Y_{12} = Y_{21}$,因此互易二端口网络最多只有三个独立参数。

反之,如果 ***Y*** 参数满足

$$Y_{12} = Y_{21} \tag{12.2.8}$$

根据图 12.2.3 的示意,此二端口网络便满足互易定理,因而是互易的。上式就是用 ***Y*** 参数表述的互易性质。

如果二端口网络是电气**对称**的,即结构对称和参数对称,这种二端口网络的特点是可以任意交换它的输入和输出端口,其外部特性保持不变。因此,对于电气对称的二端口网络,其 ***Y*** 参数必须同时满足

$$Y_{12} = Y_{21} \quad 和 \quad Y_{11} = Y_{22} \tag{12.2.9}$$

电气对称的二端口网络最多只有两个独立参数。

另一方面,如果一个二端口网络的 ***Y*** 参数同时满足上述两式,则称该二端口网络是对称的。然而,满足式(12.2.9)的对称二端口网络,其内部结构和参数不一定是电气对称的,因此这种二端口网络实际上是端口对称,不一定是结构和参数对称。

【例题 12.2.1】　求图 12.2.4 所示二端口网络的 ***Y*** 参数矩阵。

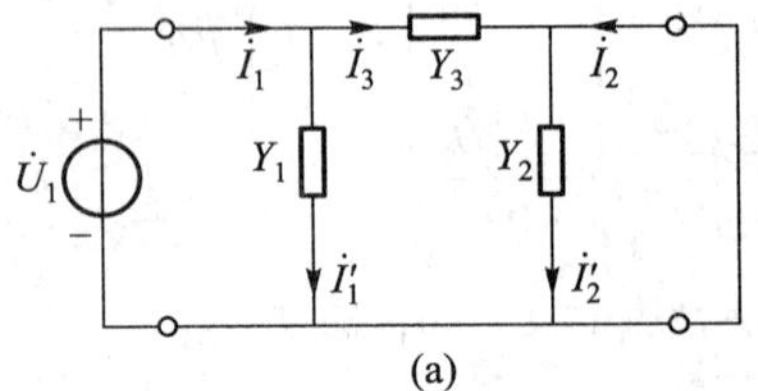

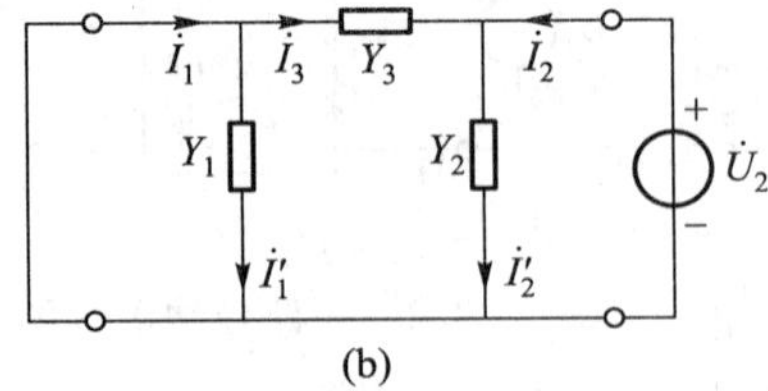

图 12.2.4　例题 12.2.1 图:(a) $\dot{U}_2 = 0$;(b) $\dot{U}_1 = 0$

【解】 根据 $\boldsymbol{Y}$ 参数的物理意义，令 $\dot{U}_2=0$，见图 12.2.4(a)，Y_{11} 和 Y_{21} 计算如下：

$$Y_{11}=\left.\frac{\dot{I}_1}{\dot{U}_1}\right|_{\dot{U}_2=0}=\frac{\dot{I}'_1+\dot{I}_3}{\dot{U}_1}=\frac{Y_1\dot{U}_1+Y_3\dot{U}_1}{\dot{U}_1}=Y_1+Y_3$$

$$Y_{21}=\left.\frac{\dot{I}_2}{\dot{U}_1}\right|_{\dot{U}_2=0}=\frac{-\dot{I}_3}{\dot{U}_1}=\frac{-Y_3\dot{U}_1}{\dot{U}_1}=-Y_3$$

再令 $\dot{U}_1=0$，见图 12.2.4(b)，Y_{22} 和 Y_{12} 计算如下：

$$Y_{22}=\left.\frac{\dot{I}_2}{\dot{U}_2}\right|_{\dot{U}_1=0}=\frac{-\dot{I}_3+\dot{I}'_2}{\dot{U}_2}=\frac{Y_3\dot{U}_2+Y_2\dot{U}_2}{\dot{U}_2}=Y_2+Y_3$$

$$Y_{12}=\left.\frac{\dot{I}_1}{\dot{U}_2}\right|_{\dot{U}_1=0}=\frac{\dot{I}_3}{\dot{U}_2}=\frac{-Y_3\dot{U}_2}{\dot{U}_2}=-Y_3$$

本题二端口网络仅含二端导纳元件，从组成上判断它是互易的，所以可根据互易网络 $\boldsymbol{Y}$ 参数的特点直接得到 $Y_{12}=Y_{21}=-Y_3$。

由于 $\boldsymbol{Y}$ 参数方程(12.2.1)与节点电压方程的形式相近，因此当已知二端口网络内部结构和元件参数时，还可通过列写节点电压方程的方法求出 $\boldsymbol{Y}$ 参数。请见下例。

【例题 12.2.2】 求图 12.2.5 所示二端口网络的 $\boldsymbol{Y}$ 参数矩阵。

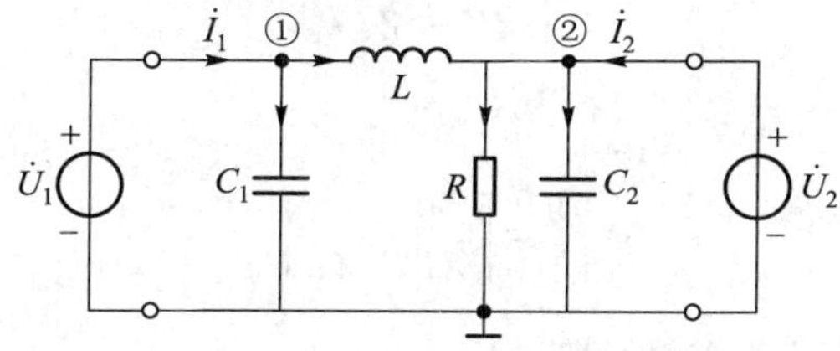

图 12.2.5 例题 12.2.2 图

【解】 ①、②的节点电压就是两个端口电压，以它们为变量，对这两个节点列写 KCL 方程，得到

$$\begin{cases}\dot{I}_1=\mathrm{j}\omega C_1\dot{U}_1+\dfrac{\dot{U}_1-\dot{U}_2}{\mathrm{j}\omega L}=\left(\mathrm{j}\omega C_1+\dfrac{1}{\mathrm{j}\omega L}\right)\dot{U}_1-\dfrac{1}{\mathrm{j}\omega L}\dot{U}_2\\[2ex]\dot{I}_2=-\dfrac{\dot{U}_1-\dot{U}_2}{\mathrm{j}\omega L}+\dfrac{\dot{U}_2}{R}+\mathrm{j}\omega C_2\dot{U}_2=-\dfrac{\dot{U}_1}{\mathrm{j}\omega L}+\left(\dfrac{1}{R}+\mathrm{j}\omega C_2+\dfrac{1}{\mathrm{j}\omega L}\right)\dot{U}_2\end{cases}$$

上述方程的系数矩阵就是所求 $\boldsymbol{Y}$ 参数矩阵：

$$\boldsymbol{Y}=\begin{bmatrix}\mathrm{j}\left(\omega C_1-\dfrac{1}{\omega L}\right) & -\dfrac{1}{\mathrm{j}\omega L}\\[2ex] -\dfrac{1}{\mathrm{j}\omega L} & \dfrac{1}{R}+\mathrm{j}\left(\omega C_2-\dfrac{1}{\omega L}\right)\end{bmatrix}$$

本题二端口网络只含二端元件，因此是互易的，故导纳参数满足 $Y_{12}=Y_{21}=-1/(\mathrm{j}\omega L)$，它就是两个端口对应节点之间的互导。若令 $C_1 = C_2 = C$,且 $R \to \infty$,即 $1/R = 0$,则二端口网络在结构上和参数上都是对称的,所以导纳参数又满足 $Y_{11} = Y_{22} = \mathrm{j}(\omega C - 1/\omega L)$。

12.3 阻抗参数

仍考察图 12.2.1 所示的二端口网络。如果将端口电流选为自变量,端口电压选为因变量,根据线性电路性质,可将它们表述成如下的线性组合:

$$\begin{cases} \dot{U}_1 = Z_{11}\dot{I}_1 + Z_{12}\dot{I}_2 \\ \dot{U}_2 = Z_{21}\dot{I}_1 + Z_{22}\dot{I}_2 \end{cases} \tag{12.3.1}$$

方程系数 Z_{11}、Z_{12}、Z_{21}和 Z_{22}具有阻抗的量纲,称为二端口的网络**阻抗参数**,简称 **Z** 参数。上述方程称为二端口网络的**阻抗参数方程**或 **Z** 参数方程,其矩阵形式就是

$$\begin{bmatrix} \dot{U}_1 \\ \dot{U}_2 \end{bmatrix} = \begin{bmatrix} Z_{11} & Z_{12} \\ Z_{21} & Z_{22} \end{bmatrix} \begin{bmatrix} \dot{I}_1 \\ \dot{I}_2 \end{bmatrix} \tag{12.3.2}$$

简记为

$$\dot{\boldsymbol{U}} = \boldsymbol{Z}\dot{\boldsymbol{I}} \tag{12.3.3}$$

式中

$$\boldsymbol{Z} = \begin{bmatrix} Z_{11} & Z_{12} \\ Z_{21} & Z_{22} \end{bmatrix} \tag{12.3.4}$$

称为二端口的**阻抗参数矩阵**或 **Z 参数矩阵**。

根据阻抗参数方程不难确定阻抗参数的物理意义:Z_{11}和 Z_{21}分别是端口 2 开路即 $\dot{I}_2 = 0$ 时,$\dot{U}_1$ 和 $\dot{U}_2$ 与电流 $\dot{I}_1$ 的比值:

$$Z_{11} = \left.\frac{\dot{U}_1}{\dot{I}_1}\right|_{\dot{I}_2=0}, \quad Z_{21} = \left.\frac{\dot{U}_2}{\dot{I}_1}\right|_{\dot{I}_2=0} \tag{12.3.5}$$

相应的计算或测试电路如图 12.3.1(a)所示。

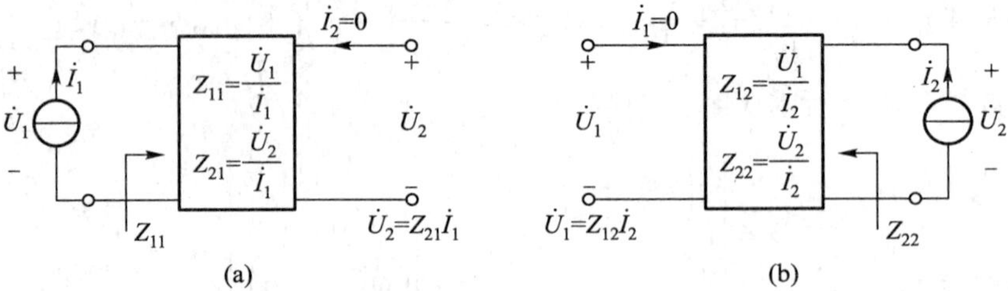

图 12.3.1 开路阻抗参数的意义与测试方法:(a) $\dot{I}_2 = 0$;(b) $\dot{I}_1 = 0$

Z_{12}和Z_{22}则分别是端口 1 开路即 $\dot{I}_1=0$ 时，$\dot{U}_1$ 和 $\dot{U}_2$ 与电流 $\dot{I}_2$ 的比值：

$$Z_{12}=\frac{\dot{U}_1}{\dot{I}_2}\bigg|_{\dot{I}_1=0},\quad Z_{22}=\frac{\dot{U}_2}{\dot{I}_2}\bigg|_{\dot{I}_1=0} \tag{12.3.6}$$

相应的计算或测试电路如图 12.3.1(b)所示。

由于 **Z** 参数是在两个端口分别开路的条件下计算或测得的，故 **Z** 参数又称为**开路阻抗参数**。其中 Z_{11}是端口 2 开路时，从端口 1 向网络看进去的等效阻抗，因而称为开路输入阻抗；Z_{22}是端口 1 开路时，从端口 2 向网络看进去的等效阻抗，因而称为开路输出阻抗；而 Z_{12}和 Z_{21}是不同端口的电压与电流的比值，属于转移阻抗，分别称为从端口 2 到端口 1 和从端口 1 到端口 2 的开路转移阻抗。

基于阻抗参数的上述含义，对于一个互易的二端口网络，当图 12.3.1 中接电流源的两个端口电流满足 $\dot{I}_1=\dot{I}_2$ 时，那么处于开路的两个端口电压必满足 $\dot{U}_1=\dot{U}_2$，由此得

$$\dot{U}_1=\dot{U}_2\Rightarrow Z_{12}\dot{I}_2=Z_{21}\dot{I}_1\Rightarrow Z_{12}=Z_{21} \tag{12.3.7}$$

即互易二端口网络只有三个独立的阻抗参数。

反之，如果阻抗参数满足

$$Z_{12}=Z_{21} \tag{12.3.8}$$

则根据图 12.3.1 的示意，它的端口电压和电流必满足互易关系，该二端口网络是互易的。上式就是用阻抗参数表示的互易性质。

如果二端口网络是对称的，则可任意交换输入和输出端口，其外部特性保持不变，这就意味着阻抗参数在满足上式的基础上还将满足

$$Z_{11}=Z_{22} \tag{12.3.9}$$

因此对称二端口网络只有两个独立的阻抗参数。

另一方面，如果阻抗参数同时满足以上两式，则该二端口网络便是对称的。

其实，观察式(12.3.2)与式(12.2.2)便可发现，对同一二端口网络，阻抗参数矩阵 **Z** 和导纳参数矩阵 **Y** 是互为逆矩阵的关系，

$$\boldsymbol{Z}=\boldsymbol{Y}^{-1},\quad \boldsymbol{Y}=\boldsymbol{Z}^{-1} \tag{12.3.10}$$

据此也可得出互易二端口网络和对称二端口网络的阻抗参数所满足的条件，即式(12.3.8)和式(12.3.9)，但这一过程侧重于数学理解，淡化了物理含义。

对某些特殊二端口网络，上述逆矩阵可能是不存在的。当$\boldsymbol{Y}^{-1}$不存在时，便意味着该二端口网络的端口特性不能用阻抗参数方程来表示；同理，当$\boldsymbol{Z}^{-1}$不存在时，则意味着不能用导纳参数方程来表示。

【例题 12.3.1】 求图 12.3.2 所示梯形二端口网络的阻抗参数。

【解】 在端口 1 施加电流源 $\dot{I}_1$，令端口 2 开路，如图 12.3.2(a)所示，求得 Z_{11}和 Z_{21}为

$$Z_{11}=\frac{\dot{U}_1}{\dot{I}_1}\bigg|_{\dot{I}_2=0}=\frac{(Z_1+Z_3)\dot{I}_1}{\dot{I}_1}=Z_1+Z_3,\quad Z_{21}=\frac{\dot{U}_2}{\dot{I}_1}\bigg|_{\dot{I}_2=0}=\frac{\dot{U}_3}{\dot{I}_1}=\frac{Z_3\dot{I}_1}{\dot{I}_1}=Z_3$$

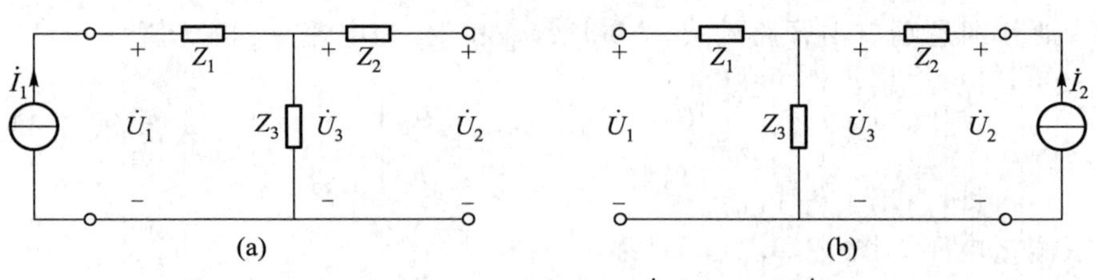

图 12.3.2　例题 12.3.1 图：(a) $\dot{I}_2=0$；(b) $\dot{I}_1=0$

在端口 2 施加电流源 $\dot{I}_2$，令端口 1 开路，如图 12.3.2(b)所示，求得 Z_{12}和 Z_{22}为

$$Z_{12}=\left.\frac{\dot{U}_1}{\dot{I}_2}\right|_{\dot{I}_1=0}=\frac{\dot{U}_3}{\dot{I}_2}=\frac{Z_3\dot{I}_2}{\dot{I}_2}=Z_3,\quad Z_{22}=\left.\frac{\dot{U}_2}{\dot{I}_2}\right|_{\dot{I}_1=0}=\frac{(Z_2+Z_3)\dot{I}_2}{\dot{I}_2}=Z_2+Z_3$$

由于阻抗参数方程与回路电流方程或支路电流方程相似，所以对已知电路结构和元件参数的二端口网络，除用式(12.3.5)和式(12.3.6)来计算 **Z** 参数外，还可通过列回路电流方程或支路电流方程来求 **Z** 参数。见下面例题。

【例题 12.3.2】　求图 12.3.3 所示二端口网络的阻抗参数矩阵。

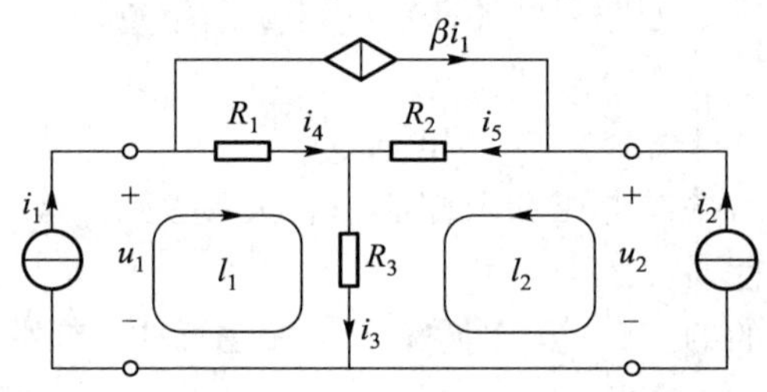

图 12.3.3　例题 12.3.2 图

【解】　这个二端口网络为电阻性的，故可用时域形式的端口变量，即 u_1、i_1、u_2、i_2。在两个端口处施加电流源激励，以支路电流为变量，按照图示回路列写 KVL 方程，并消去非端口电流变量得

$$\begin{cases}u_1=R_1i_4+R_3i_3=R_1(i_1-\beta i_1)+R_3(i_1+i_2)\\u_2=R_2i_5+R_3i_3=R_2(\beta i_1+i_2)+R_3(i_1+i_2)\end{cases}$$

合并同类项便得阻抗参数方程为

$$\begin{cases}u_1=[(1-\beta)R_1+R_3]i_1+R_3i_2\\u_2=(\beta R_2+R_3)i_1+(R_2+R_3)i_2\end{cases}$$

上述方程的系数矩阵就是 **Z** 参数矩阵：

$$\mathbf{Z}=\begin{bmatrix}Z_{11}&Z_{12}\\Z_{21}&Z_{22}\end{bmatrix}=\begin{bmatrix}(1-\beta)R_1+R_3&R_3\\\beta R_2+R_3&R_2+R_3\end{bmatrix}$$

上述 **Z** 参数矩阵中 $Z_{12}\neq Z_{21}$，此二端口网络为非互易的，这是因为二端口网络内部含有受控源。假设无此受控源，即在 **Z** 参数矩阵中令 $\beta=0$，则 $Z_{12}=Z_{21}$，便成为互易二端口网络。总之，只含二端元件的二端口网络总是互易的，含受控源等多端元件的二端口网络，一般是非互易的。

12.4 传输参数

如果将 $\dot{U}_2$、$\dot{I}_2$ 作为自变量，而将 $\dot{U}_1$、$\dot{I}_1$ 表达成它们的线性组合，并记作

$$\begin{cases} \dot{U}_1 = T_{11}\dot{U}_2 + T_{12}(-\dot{I}_2) \\ \dot{I}_1 = T_{21}\dot{U}_2 + T_{22}(-\dot{I}_2) \end{cases} \tag{12.4.1}$$

注意，方程中 $\dot{I}_2$ 前面带有负号。上述方程由于用端口 2 的电压和电流表示端口 1 的电压和电流，所以它直接着眼于电能或电信号的传输关系，故称为二端口网络的**传输参数方程**，简称 ***T*** 参数方程。其中的系数称为**传输参数**，简称 ***T*** 参数。传输参数方程的矩阵形式为

$$\begin{bmatrix} \dot{U}_1 \\ \dot{I}_1 \end{bmatrix} = \begin{bmatrix} T_{11} & T_{12} \\ T_{21} & T_{22} \end{bmatrix} \begin{bmatrix} \dot{U}_2 \\ -\dot{I}_2 \end{bmatrix} \tag{12.4.2}$$

令

$$\boldsymbol{T} = \begin{bmatrix} T_{11} & T_{12} \\ T_{21} & T_{22} \end{bmatrix} \tag{12.4.3}$$

称为**传输参数矩阵**或 ***T*** 参数矩阵。

由传输参数方程不难确定传输参数的物理意义：

$$T_{11} = \left.\frac{\dot{U}_1}{\dot{U}_2}\right|_{\dot{I}_2=0}，端口 2 开路时的电压转移函数。\tag{12.4.4}$$

$$T_{21} = \left.\frac{\dot{I}_1}{\dot{U}_2}\right|_{\dot{I}_2=0}，端口 2 开路时的转移导纳。\tag{12.4.5}$$

T_{11}、T_{21}的计算或测试电路如图 12.4.1(a)所示。

$$T_{12} = \left.\frac{\dot{U}_1}{-\dot{I}_2}\right|_{\dot{U}_2=0}，端口 2 短路时的转移阻抗。\tag{12.4.6}$$

$$T_{22} = \left.\frac{\dot{I}_1}{-\dot{I}_2}\right|_{\dot{U}_2=0}，端口 2 短路时的电流转移函数。\tag{12.4.7}$$

T_{12}、T_{22}的计算或测试电路如图 12.4.1(b)所示。

对一个给定的二端口网络，其端口特性便是确定的。如果这个端口特性既可用传输参数来描述，又可用导纳参数来描述，则这两种参数必然存在确定的联系。为寻求此联系，可将导纳参数方程等价地变换成传输参数方程的形式，即

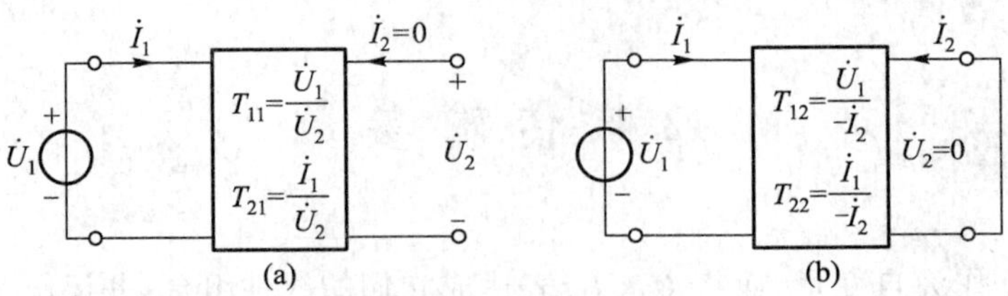

图 12.4.1　传输参数的意义与测试方法：(a) 端口 2 开路；(b) 端口 2 短路

$$\begin{cases}\dot{U}_1 = -\dfrac{Y_{22}}{Y_{21}}\dot{U}_2 + \dfrac{1}{Y_{21}}\dot{I}_2 \\[2ex] \dot{I}_1 = \left(Y_{12} - \dfrac{Y_{11}Y_{22}}{Y_{21}}\right)\dot{U}_2 + \dfrac{Y_{11}}{Y_{21}}\dot{I}_2\end{cases} \tag{12.4.8}$$

将其与传输参数方程对照，便得到由导纳参数计算传输参数的方法：

$$\begin{cases}T_{11} = -\dfrac{Y_{22}}{Y_{21}}, \quad T_{12} = -\dfrac{1}{Y_{21}} \\[2ex] T_{21} = Y_{12} - \dfrac{Y_{11}Y_{22}}{Y_{21}}, \quad T_{22} = -\dfrac{Y_{11}}{Y_{21}}\end{cases} \tag{12.4.9}$$

利用上述关系，便可由互易二端口网络和对称二端口网络导纳参数的特点来讨论传输参数的特点。对于互易二端口网络，由于 $Y_{12}=Y_{21}$，所以传输参数满足

$$T_{11}T_{22} - T_{12}T_{21} = \frac{Y_{22}Y_{11}}{Y_{21}^2} - \frac{Y_{11}Y_{22} - Y_{12}Y_{21}}{Y_{21}^2} = \frac{Y_{12}}{Y_{21}} = 1 \tag{12.4.10}$$

对于对称二端口网络，由于 $Y_{11}=Y_{22}$，所以传输参数除满足上式外还将满足

$$T_{11} = T_{22} \tag{12.4.11}$$

图 12.4.2 所示的理想变压器具有一个输入端口和一个输出端口，它既不存在导纳参数方程，也不存在阻抗参数方程(读者可自行分析)，但它的传输参数方程却很容易写出：

$$\begin{bmatrix}\dot{U}_1 \\ \dot{I}_1\end{bmatrix} = \begin{bmatrix}n & 0 \\ 0 & 1/n\end{bmatrix}\begin{bmatrix}\dot{U}_2 \\ -\dot{I}_2\end{bmatrix} \tag{12.4.12}$$

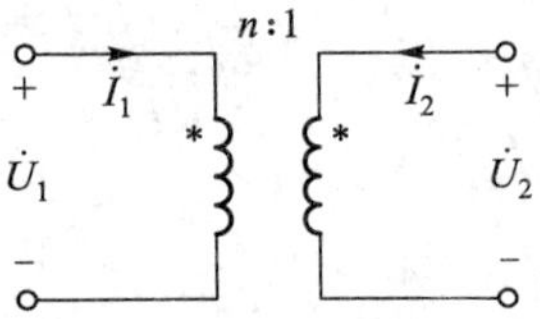

图 12.4.2　理想变压器

并且满足 $T_{11}T_{22} - T_{12}T_{21} = n \times 1/n = 1$ 的互易条件，说明理想变压器是互易网络或称互易元件。

如果用端口 1 的电压 $\dot{U}_1$ 和电流 $\dot{I}_1$ 表示端口 2 的电压 $\dot{U}_2$ 和电流 $\dot{I}_2$，可得到逆传输参数方程：

$$\begin{cases}\dot{U}_2 = T'_{11}\dot{U}_1 + T'_{12}(-\dot{I}_1) \\ \dot{I}_2 = T'_{21}\dot{U}_1 + T'_{22}(-\dot{I}_1)\end{cases} \tag{12.4.13}$$

用矩阵形式表示为

$$\begin{bmatrix}\dot{U}_2 \\ \dot{I}_2\end{bmatrix} = \begin{bmatrix}T'_{11} & T'_{12} \\ T'_{21} & T'_{22}\end{bmatrix}\begin{bmatrix}\dot{U}_1 \\ -\dot{I}_1\end{bmatrix} \tag{12.4.14}$$

令

$$\boldsymbol{T}' = \begin{bmatrix} T'_{11} & T'_{12} \\ T'_{21} & T'_{22} \end{bmatrix} \tag{12.4.15}$$

称为**逆传输参数矩阵**。在传输参数方程中 $\dot{I}_2$ 前方带有负号，而在逆传输参数方程中，$\dot{I}_1$ 前方带有负号，故这两种参数矩阵不是互为逆的关系，即 $\boldsymbol{T}' \neq \boldsymbol{T}^{-1}$。

【例题 12.4.1】 求图 12.4.3 所示梯形滤波器的传输参数。

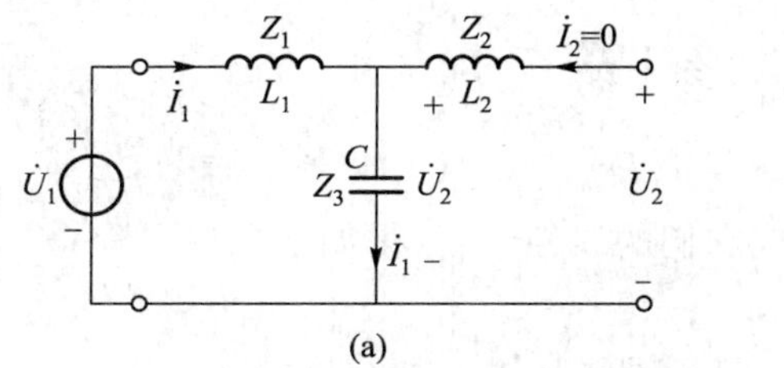

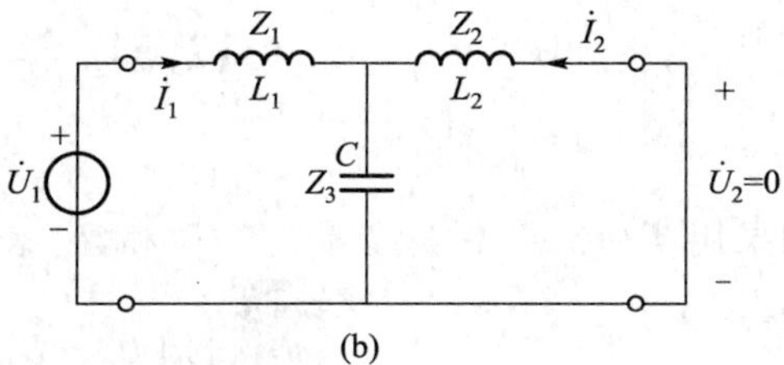

图 12.4.3 例题 12.4.1 图：(a) $\dot{I}_2=0$；(b) $\dot{U}_2=0$

【解】 设 $Z_1 = \mathrm{j}X_{L1} = \mathrm{j}\omega L_1$，$Z_2 = \mathrm{j}X_{L2} = \mathrm{j}\omega L_2$，$Z_3 = -\mathrm{j}X_C = -\mathrm{j}/(\omega C)$。根据式(12.4.4)和式(12.4.5)，为求 T_{11}、T_{21}，需令 $\dot{I}_2=0$，电路如图 12.4.3(a)所示，其中电容上的电流为 $\dot{I}_1$、电压为 $\dot{U}_2$。由此求得 $\dot{U}_1$、$\dot{I}_1$ 与 $\dot{U}_2$ 的关系为

$$\dot{U}_1 = Z_1\dot{I}_1 + Z_3\dot{I}_1 = (Z_1+Z_3)\times\frac{\dot{U}_2}{Z_3},\quad \dot{I}_1 = \frac{\dot{U}_2}{Z_3}$$

故

$$T_{11} = \left.\frac{\dot{U}_1}{\dot{U}_2}\right|_{\dot{I}_2=0} = 1+\frac{Z_1}{Z_3} = 1-\frac{X_{L1}}{X_C},\quad T_{21} = \left.\frac{\dot{I}_1}{\dot{U}_2}\right|_{\dot{I}_2=0} = \frac{1}{Z_3} = \frac{1}{-\mathrm{j}X_C}$$

根据式(12.4.6)和式(12.4.7)，为求 T_{12}、T_{22}，需令 $\dot{U}_2=0$，电路如图 12.4.3(b)所示。由于 L_2 与 C 并联后的总电流为 $\dot{I}_1$，所以由分流公式得

$$-\dot{I}_2 = \frac{Z_3}{Z_2+Z_3}\dot{I}_1$$

故 $\dot{I}_1$ 与 $\dot{I}_2$ 的关系为

$$\dot{I}_1 = \left(1+\frac{Z_2}{Z_3}\right)(-\dot{I}_2) \tag{1}$$

$\dot{U}_1$ 与 $\dot{I}_2$ 的关系分析如下：

由 KVL 得

$$\dot{U}_1 = Z_1\dot{I}_1 - Z_2\dot{I}_2 = Z_1\left(1+\frac{Z_2}{Z_3}\right)(-\dot{I}_2) - Z_2\dot{I}_2 = \left(Z_1+Z_2+\frac{Z_1Z_2}{Z_3}\right)(-\dot{I}_2) \tag{2}$$

由式(2)和式(1)得

$$T_{12}=\left.\frac{\dot U_1}{-\dot I_2}\right|_{\dot U_2=0}=Z_1+Z_2+\frac{Z_1Z_2}{Z_3}=\mathrm{j}X_{L1}+\mathrm{j}X_{L2}-\mathrm{j}\frac{X_{L1}X_{L2}}{X_C}$$

$$T_{22}=\left.\frac{\dot I_1}{-\dot I_2}\right|_{\dot U_2=0}=\left(1+\frac{Z_2}{Z_3}\right)=1-\frac{X_{L2}}{X_C}$$

12.5 混合参数

如果用 $\dot I_1$ 和 $\dot U_2$ 做自变量，将 $\dot U_1$ 和 $\dot I_2$ 表达成它们的线性组合，得如下端口方程：

$$\begin{cases}\dot U_1=H_{11}\dot I_1+H_{12}\dot U_2\\ \dot I_2=H_{21}\dot I_1+H_{22}\dot U_2\end{cases}\tag{12.5.1}$$

上式称为二端口网络的**混合参数方程**。写成矩阵形式为

$$\begin{bmatrix}\dot U_1\\ \dot I_2\end{bmatrix}=\begin{bmatrix}H_{11}&H_{12}\\ H_{21}&H_{22}\end{bmatrix}\begin{bmatrix}\dot I_1\\ \dot U_2\end{bmatrix}\tag{12.5.2}$$

令

$$\boldsymbol{H}=\begin{bmatrix}H_{11}&H_{12}\\ H_{21}&H_{22}\end{bmatrix}\tag{12.5.3}$$

称为**混合参数矩阵**或 ***H*** 参数矩阵。

根据式(12.5.1)不难得出混合参数的物理意义：

$$H_{11}=\left.\frac{\dot U_1}{\dot I_1}\right|_{\dot U_2=0}\text{，端口 2 短路时从端口 1 向网络看进去的等效输入阻抗。}\tag{12.5.4}$$

$$H_{21}=\left.\frac{\dot I_2}{\dot I_1}\right|_{\dot U_2=0}\text{，端口 2 短路时的电流转移函数。}\tag{12.5.5}$$

计算或测试 H_{11}、H_{21} 的电路如图 12.5.1(a)所示。

$$H_{12}=\left.\frac{\dot U_1}{\dot U_2}\right|_{\dot I_1=0}\text{，端口 1 开路时的电压转移函数。}\tag{12.5.6}$$

$$H_{22}=\left.\frac{\dot I_2}{\dot U_2}\right|_{\dot I_1=0}\text{，端口 1 开路时从端口 2 向网络看进去的等效输出导纳。}\tag{12.5.7}$$

计算或测试 H_{12}、H_{22} 的电路如图 12.5.1(b)所示。

对于一个给定的二端口网络，如果可以同时用混合参数方程和导纳参数方程来描述，则这两种参数必然存在确定的关系。为寻求此关系，将导纳参数方程按照混合参数方程的样式进行改写得

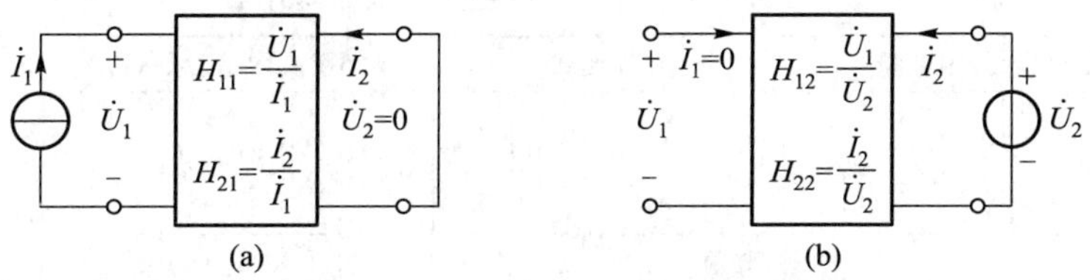

图 12.5.1 混合参数的意义及测试方法：(a) 端口 2 短路；(b) 端口 1 开路

$$\begin{cases}\dot{U}_1=\dfrac{1}{Y_{11}}\dot{I}_1-\dfrac{Y_{12}}{Y_{11}}\dot{U}_2=H_{11}\dot{I}_1+H_{12}\dot{U}_2\\[2ex]\dot{I}_2=Y_{21}\dot{U}_1+Y_{22}\dot{U}_2=\dfrac{Y_{21}}{Y_{11}}\dot{I}_1+\dfrac{Y_{11}Y_{22}-Y_{21}Y_{12}}{Y_{11}}\dot{U}_2=H_{21}\dot{I}_1+H_{22}\dot{U}_2\end{cases}\tag{12.5.8}$$

所以由导纳参数确定混合参数的方法是

$$\begin{cases}H_{11}=\dfrac{1}{Y_{11}},\quad H_{12}=-\dfrac{Y_{12}}{Y_{11}}\\[2ex]H_{21}=\dfrac{Y_{21}}{Y_{11}},\quad H_{22}=\dfrac{Y_{11}Y_{22}-Y_{21}Y_{12}}{Y_{11}}\end{cases}\tag{12.5.9}$$

据此还可基于互易网络和对称网络导纳参数的特点来讨论混合参数的特点。对互易二端口网络，由于存在 $Y_{12}=Y_{21}$ 的关系，所以从上式可以得到 $\boldsymbol{H}$ 参数满足

$$H_{12}=-H_{21}\tag{12.5.10}$$

对于对称网络，由于存在 $Y_{12}=Y_{21}$ 和 $Y_{11}=Y_{22}$ 的关系，将它们代入式(12.5.9)，得 $\boldsymbol{H}$ 参数矩阵还将满足其行列式等于 1 的关系：

$$\Delta_H=H_{11}H_{22}-H_{12}H_{21}=H_{11}H_{22}+H_{12}^2=1\tag{12.5.11}$$

如果用 $\dot{U}_1$ 和 $\dot{I}_2$ 表示 $\dot{I}_1$ 和 $\dot{U}_2$，则得到**逆混合参数方程**：

$$\begin{cases}\dot{I}_1=H'_{11}\dot{U}_1+H'_{12}\dot{I}_2\\[1ex]\dot{U}_2=H'_{21}\dot{U}_1+H'_{22}\dot{I}_2\end{cases}\tag{12.5.12}$$

用矩阵形式表示为

$$\begin{bmatrix}\dot{I}_1\\\dot{U}_2\end{bmatrix}=\begin{bmatrix}H'_{11}&H'_{12}\\H'_{21}&H'_{22}\end{bmatrix}\begin{bmatrix}\dot{U}_1\\\dot{I}_2\end{bmatrix}\tag{12.5.13}$$

令

$$\boldsymbol{H}'=\begin{bmatrix}H'_{11}&H'_{12}\\H'_{21}&H'_{22}\end{bmatrix}\tag{12.5.14}$$

称为**逆混合参数矩阵**。比较式(12.5.2)与式(12.5.13)可以看到 $\boldsymbol{H}'$和 $\boldsymbol{H}$ 互为逆矩阵，即

$$\boldsymbol{H}'=\boldsymbol{H}^{-1}\quad 或\quad \boldsymbol{H}=(\boldsymbol{H}')^{-1}\tag{12.5.15}$$

前面详略不同地介绍了表征二端口网络特性的 6 种参数方程，为便于对比，表 12.5.1 列出了其中 4 种参数方程的形式和参数特点。

表 12.5.1 二端口网络主要参数方程小结

参数名称	自变量	因变量	方程形式	互易网络参数特点	对称网络参数特点
导纳参数 $\boldsymbol{Y}$	$\dot{U}_1$、$\dot{U}_2$	$\dot{I}_1$、$\dot{I}_2$	$\begin{bmatrix}\dot{I}_1\\ \dot{I}_2\end{bmatrix}=\begin{bmatrix}Y_{11} & Y_{12}\\ Y_{21} & Y_{22}\end{bmatrix}\begin{bmatrix}\dot{U}_1\\ \dot{U}_2\end{bmatrix}$	$Y_{12}=Y_{21}$	$Y_{12}=Y_{21}$ $Y_{11}=Y_{22}$
阻抗参数 $\boldsymbol{Z}$	$\dot{I}_1$、$\dot{I}_2$	$\dot{U}_1$、$\dot{U}_2$	$\begin{bmatrix}\dot{U}_1\\ \dot{U}_2\end{bmatrix}=\begin{bmatrix}Z_{11} & Z_{12}\\ Z_{21} & Z_{22}\end{bmatrix}\begin{bmatrix}\dot{I}_1\\ \dot{I}_2\end{bmatrix}$	$Z_{12}=Z_{21}$	$Z_{12}=Z_{21}$ $Z_{11}=Z_{22}$
传输参数 $\boldsymbol{T}$	$\dot{U}_2$、$\dot{I}_2$	$\dot{U}_1$、$\dot{I}_1$	$\begin{bmatrix}\dot{U}_1\\ \dot{I}_1\end{bmatrix}=\begin{bmatrix}T_{11} & T_{12}\\ T_{21} & T_{22}\end{bmatrix}\begin{bmatrix}\dot{U}_2\\ -\dot{I}_2\end{bmatrix}$	$T_{11}T_{22}-T_{12}T_{21}=1$	$T_{11}T_{22}-T_{12}T_{21}=1$ $T_{11}=T_{22}$
混合参数 $\boldsymbol{H}$	$\dot{I}_1$、$\dot{U}_2$	$\dot{U}_1$、$\dot{I}_2$	$\begin{bmatrix}\dot{U}_1\\ \dot{I}_2\end{bmatrix}=\begin{bmatrix}H_{11} & H_{12}\\ H_{21} & H_{22}\end{bmatrix}\begin{bmatrix}\dot{I}_1\\ \dot{U}_2\end{bmatrix}$	$H_{12}=-H_{21}$	$H_{12}=-H_{21}$ $H_{11}H_{22}-H_{12}H_{21}=1$

二端口网络的上述参数用途各异,因此在应用时可能会涉及将一种参数转换成另一种参数的问题。前面使用的由短路导纳参数求传输参数和混合参数的思路,可用于分析任何两种参数之间的相互转换。

【扩展】

对未知结构或元件参数的二端口网络,要用测试的办法来获取参数矩阵。图 12.2.2、图 12.3.1、图 12.4.1 和图 12.5.1 提供了基于二端口网络参数方程的参数矩阵测量原理。但在这些测试电路中都离不开双端测量,即所测量的响应与激励不在同一端口,这给测量带来不便,不能使用简单的仪器完成测量。下面介绍适用于互易二端口网络的单端测量方法。所谓单端测量就是激励和响应在同一端口,因此使用简单的阻抗分析仪或 *LCR* 表就可测量该端口的等效阻抗。下面以开路阻抗矩阵的测量为例加以说明。

先令端口 2 和端口 1 分别处于开路状态,测量另一端口的等效阻抗,如图 12.5.2 所示。这两个等效阻抗显然就是开路阻抗矩阵主对角线的两个元素,即

$$Z_{o1}=\left.\frac{\dot{U}_1}{\dot{I}_1}\right|_{\dot{I}_2=0}=Z_{11},\qquad Z_{o2}=\left.\frac{\dot{U}_2}{\dot{I}_2}\right|_{\dot{I}_1=0}=Z_{22} \tag{12.5.16}$$

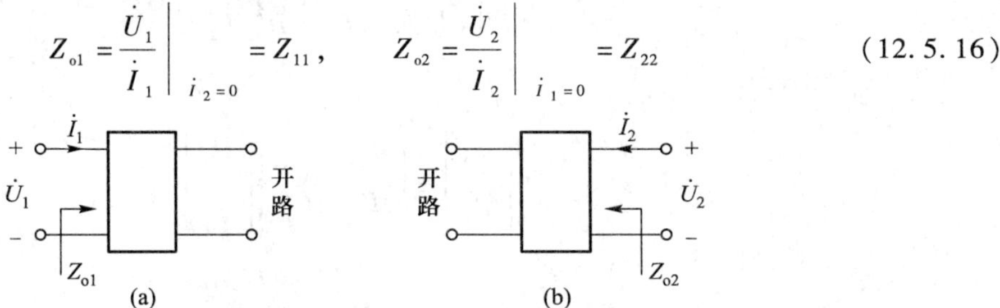

图 12.5.2 端口开路单端等效阻抗:(a) 端口 2 开路;(b) 端口 1 开路

再令端口 2 和端口 1 分别处于短路状态,测量另一端口的等效阻抗,如图 12.5.3 所示。这两个等效阻抗显然就是短路导纳矩阵主对角线的两个元素的倒数,即

$$Z_{s1}=\left.\frac{\dot{U}_1}{\dot{I}_1}\right|_{\dot{U}_2=0}=\frac{1}{Y_{11}},\qquad Z_{s2}=\left.\frac{\dot{U}_2}{\dot{I}_2}\right|_{\dot{U}_1=0}=\frac{1}{Y_{22}} \tag{12.5.17}$$

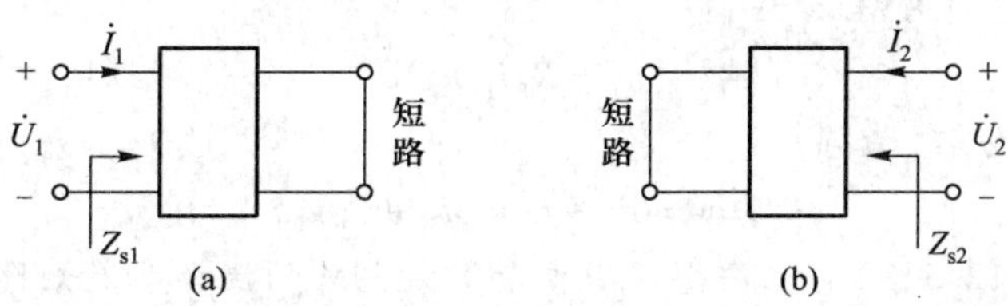

图 12.5.3　端口短路单端等效阻抗：(a) 端口 2 短路；(b) 端口 1 短路

这样就得到了在单端测量的 4 个等效阻抗。由于短路导纳矩阵与开路阻抗矩阵是互为逆矩阵的关系，即

$$\begin{bmatrix} Y_{11} & Y_{12} \\ Y_{21} & Y_{22} \end{bmatrix} = \frac{1}{Z_{11}Z_{22} - Z_{12}Z_{21}} \begin{bmatrix} Z_{22} & -Z_{12} \\ -Z_{21} & Z_{11} \end{bmatrix} \tag{12.5.18}$$

由这一关系和上述各等效阻抗的涵义不难验证下列事实：

$$\frac{Y_{11}}{Y_{22}} = \frac{Z_{22}}{Z_{11}} = \frac{Z_{o2}}{Z_{o1}} = \frac{Z_{s2}}{Z_{s1}} \tag{12.5.19}$$

这说明测得的 4 个等效阻抗不是独立的，它们自动满足上面的比例关系。这就是这种单端测量法只能用来测量互易二端口网络参数矩阵的原因，因为互易二端口网络参数矩阵只有 3 个独立元素。

设 $Z_{12} = Z_{21}$，由

$$Y_{11} = \frac{Z_{22}}{Z_{11}Z_{22} - Z_{12}Z_{21}} = \frac{Z_{o2}}{Z_{o1}Z_{o2} - Z_{12}^2} = \frac{1}{Z_{s1}} \tag{12.5.20}$$

求得

$$Z_{12} = \pm\sqrt{Z_{o2}(Z_{o1} - Z_{s1})} \tag{12.5.21}$$

Z_{12} 出现两种符号，这是因为单端测量的阻抗与另一端口两个端子的定义无关，例如从端口 1 测量时，端口 2 上面的端子可以定义为 2，也可以定义为 2′；从端口 2 测量时也有类似情况，而实际上 Z_{12} 是与端子的定义有关的，存在两种不同定义，对应的 Z_{12} 差一负号。

测得开路阻抗矩阵后，便可利用矩阵之间的关系得到同一二端口网络的其他参数矩阵。

【例题 12.5.1】 求图 12.5.4 所示晶体管低频小信号等效电路的混合参数矩阵。

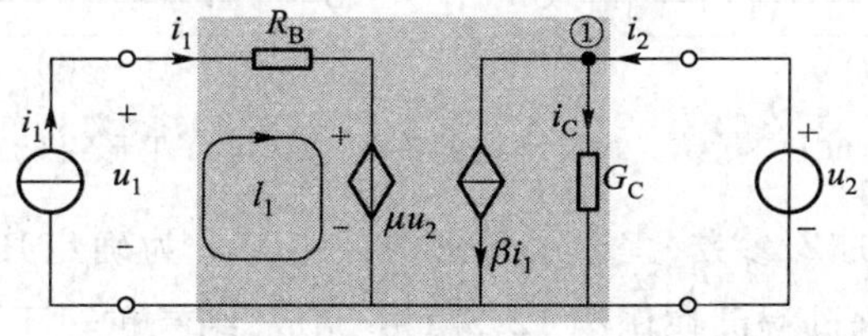

图 12.5.4　例题 12.5.1 图

【解】 这是个电阻性网络，可以用端口变量的时域形式。混合参数方程的自变量是 i_1 和 u_2，它的第一个方程是端口 1 所在回路的电压方程；第二个方程是端口 2 所在节点的电流方程。因此，可分别在端口 1 和端口 2 施加独立电流源和独立电压源，如图 12.5.4 所示，然后分别计算端口 1 的电压和端口 2 的电流。

对端口1所在回路列KVL方程,得

$$u_1 = R_B i_1 + \mu u_2 \tag{1}$$

对节点①列KCL方程,又得

$$i_2 = \beta i_1 + i_C = \beta i_1 + G_C u_2 \tag{2}$$

将式(1)、式(2)与式(12.5.1)对比便得该小信号等效电路的混合参数矩阵

$$\boldsymbol{H} = \begin{bmatrix} R_B & \mu \\ \beta & G_C \end{bmatrix}$$

由本例可见,用混合参数表述晶体管小信号等效电路是方便的,每个$\boldsymbol{H}$参数对应晶体管的一个等效参数。

12.6 二端口网络的等效电路

前几节研究了在已知二端口网络内部结构和参数的情况下确定端口参数的方法,属于二端口网络分析。在实际应用中还常常涉及相反的问题,即在已知二端口网络某种参数的情况下,确定二端口网络内部的某种结构和元件参数,以获得与已知端口参数等效的二端口网络,属于二端口网络综合,它是人们用理论设计电网络的关键步骤。已知的某种参数可能是根据对二端口网络的功能要求而提出来的。

与二端口网络分析不同的是,二端口网络综合即寻求等效电路问题是多解的,因此存在选择最简等效电路问题。

首先讨论只有3个独立参数的互易二端口网络的等效电路问题。它的最简等效电路可由3个阻抗或导纳元件来组成,这3个元件可连成T形电路或Π形电路,分别如图12.6.1(a)、(b)所示。

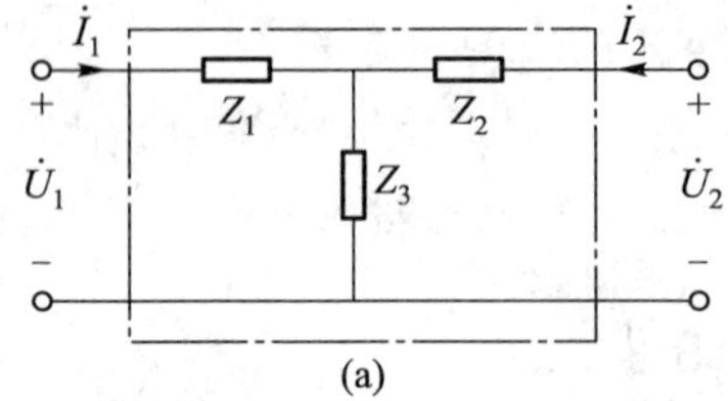

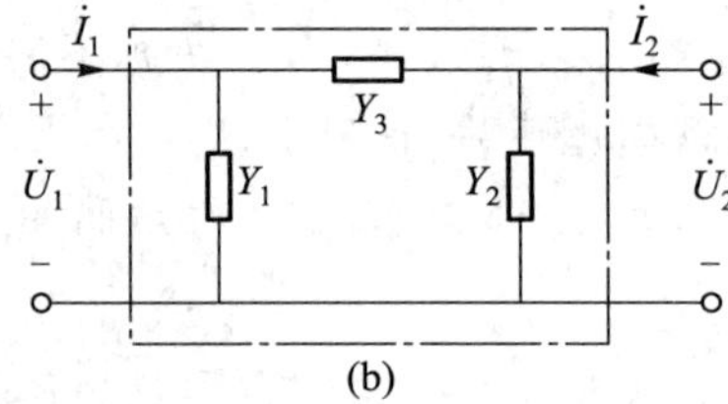

图12.6.1 互易二端口网络的等效电路:(a) T形;(b) Π形

如果给定二端口网络的$\boldsymbol{Z}$参数,宜选用T形等效电路。为确定其中的阻抗Z_1、Z_2、Z_3,可先写出T形电路的$\boldsymbol{Z}$参数,此过程已在例题12.3.1中完成,结果重写于下:

$$\begin{cases} Z_{11} = Z_1 + Z_3 \\ Z_{12} = Z_{21} = Z_3 \\ Z_{22} = Z_2 + Z_3 \end{cases} \tag{12.6.1}$$

由上式便可确定T形等效电路各阻抗值与$\boldsymbol{Z}$参数的关系为

$$\begin{cases}Z_1 = Z_{11} - Z_{12}\\ Z_2 = Z_{22} - Z_{12}\\ Z_3 = Z_{12}\end{cases} \tag{12.6.2}$$

若要进一步求 Π 形等效电路，可在上述求得 T 形等效电路后，再根据 T 形网络与 Π 形网络的等效变换关系来完成，见 2.5 节。

对偶地，如果给定二端口网络的 **Y** 参数，则宜选用 Π 形等效电路，为确定其中的导纳 Y_1、Y_2、Y_3，可先求出 Π 形电路的 **Y** 参数，此过程见例题 12.2.1，结果重写于下：

$$\begin{cases}Y_{11} = Y_1 + Y_3\\ Y_{12} = Y_{21} = -Y_3\\ Y_{22} = Y_2 + Y_3\end{cases} \tag{12.6.3}$$

由上式便可确定 Π 形等效电路各导纳值与 **Y** 参数的关系为

$$\begin{cases}Y_1 = Y_{11} + Y_{12}\\ Y_2 = Y_{22} + Y_{21}\\ Y_3 = -Y_{12}\end{cases} \tag{12.6.4}$$

若要进一步求出 **Y** 参数的 T 形等效电路，可在上述求得 Π 形等效电路后，再根据 T 形网络与 Π 形网络的等效变换关系来进行。

如果给定的是二端口网络的传输参数，可按下面两种思路求出等效电路：(1) 利用方程变换，由传输参数求出等效的阻抗参数或导纳参数，然后求得 T 形或 Π 形等效电路；(2) 求出 T 形或 Π 形网络的传输参数，从而建立传输参数与等效电路参数的关系，进而由传输参数求得 T 形或 Π 形等效电路。对建立二端口网络其他参数的等效电路，这种思路也是适用的。

接下来讨论非互易二端口网络的等效电路问题。它的端口参数方程有 4 个独立参数，所以仅用 3 个阻抗或导纳元件就不够了，必须再增加一个且是非互易的元件。从电路模型上看，就是要增加一个受控源，但这个受控电源怎样接于等效电路？是受控电压源还是受控电流源？选择却是多样的。这个受控电源对应的实际元件或电路也因应用背景不同而不同，可以是分立的半导体器件或集成的运算放大器等。

下面以给定非互易二端口网络的阻抗参数为例展开讨论，其中 $Z_{12} \neq Z_{21}$。设增加的是受控电压源，串接于 T 形电路的输出端口，如图 12.6.2(a) 所示。为使方法具有一般性，首先通过列写 KVL 方程求出该等效电路的阻抗参数。

KVL 方程为

$$\begin{cases}\dot{U}_1 = Z_1\dot{I}_1 + Z_3(\dot{I}_1 + \dot{I}_2) = (Z_1 + Z_3)\dot{I}_1 + Z_3\dot{I}_2\\ \dot{U}_2 = r\dot{I}_1 + Z_2\dot{I}_2 + Z_3(\dot{I}_1 + \dot{I}_2) = (r + Z_3)\dot{I}_1 + (Z_2 + Z_3)\dot{I}_2\end{cases} \tag{12.6.5}$$

阻抗参数为

$$\begin{cases}Z_{11} = Z_1 + Z_3\\ Z_{12} = Z_3\\ Z_{21} = r + Z_3\\ Z_{22} = Z_2 + Z_3\end{cases} \tag{12.6.6}$$

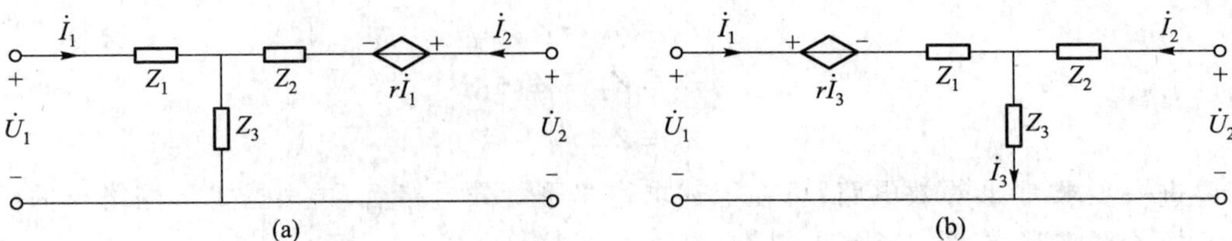

图 12.6.2　非互易二端口网络的 T 形等效电路:(a) 受控源在端口 2;(b) 受控源在端口 1

这组表达式描述了等效电路元件参数与二端口网络阻抗参数的关系。现在二端口阻抗参数是给定的,等效电路的元件参数便由此简单地求得为

$$\begin{cases} Z_1 = Z_{11} - Z_{12} \\ Z_2 = Z_{22} - Z_{12} \\ Z_3 = Z_{12} \\ r = Z_{21} - Z_{12} \end{cases} \tag{12.6.7}$$

如果将受控源置于其他位置,例如图 12.6.2(b)所示的端口 1,并受 $\dot{I}_3$ 控制,求等效电路参数的思路与上述相同,请读者自寻结果。

如果给定的是非互易二端口网络的 $\boldsymbol{Y}$ 参数,其中 $Y_{12} \neq Y_{21}$,则可参照上述步骤进行。设受控电流源并接于输出端口,如图 12.6.3(a)所示。对应输入和输出端口的 KCL 方程是

$$\begin{cases} \dot{I}_1 = Y_1\dot{U}_1 + Y_3(\dot{U}_1 - \dot{U}_2) = (Y_1 + Y_3)\dot{U}_1 - Y_3\dot{U}_2 \\ \dot{I}_2 = g\dot{U}_1 + Y_2\dot{U}_2 - Y_3(\dot{U}_1 - \dot{U}_2) = (g - Y_3)\dot{U}_1 + (Y_2 + Y_3)\dot{U}_2 \end{cases} \tag{12.6.8}$$

因此该网络的导纳参数为

$$\begin{cases} Y_{11} = Y_1 + Y_3 \\ Y_{12} = -Y_3 \\ Y_{21} = g - Y_3 \\ Y_{22} = Y_2 + Y_3 \end{cases} \tag{12.6.9}$$

由已知的导纳参数求得等效电路参数为

$$\begin{cases} Y_1 = Y_{11} + Y_{12} \\ Y_2 = Y_{22} + Y_{12} \\ Y_3 = -Y_{12} \\ g = Y_{21} - Y_{12} \end{cases} \tag{12.6.10}$$

如果将受控源并接于输出端口,如图 12.6.3(b)所示,请读者参照上述过程自寻结果。

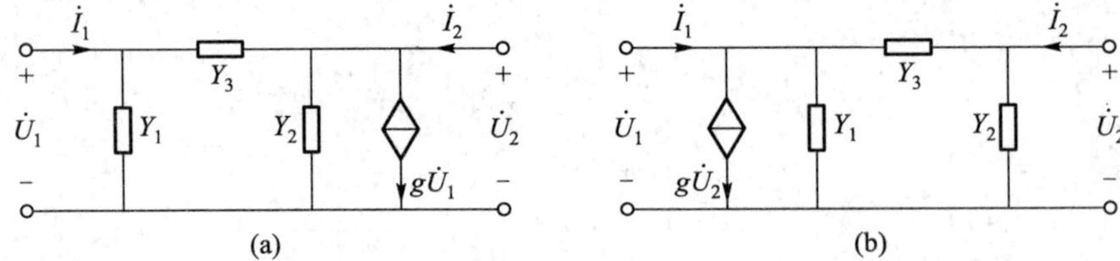

图 12.6.3　非互易性二端口的 Π 形等效电路:(a) 受控源在端口 2;(b) 受控源在端口 1

在结束本节论述之前还需指出,以上所建立的T形和Π形等效电路的端口1和端口2都存在公共端。如果所设计的二端口网络的确如此,则这种等效电路不仅对端口电压和电流特性是等效的,而且对端口节点电压也是等效的。然而,如果所设计网络的端口1和端口2不存在或不允许存在公共端,例如带有隔离变压器的情况,那么这种等效就只是对端口电流和电压特性而言的,对端口的节点电压是不等效的。当把等效电路付诸物理实现时需要特别注意这一点。

【例题12.6.1】 设二端口网络复频域导纳参数矩阵为

$$\boldsymbol{Y}=\begin{bmatrix}2s+1/(0.1+0.05s) & -1/(0.1+0.05s)\\ -1/(0.1+0.05s) & 0.5s+1/(0.1+0.05s)\end{bmatrix}\quad(\text{单位为 S})$$

求它的Π形等效电路参数。

【解】 题给矩阵 $\boldsymbol{Y}$ 中 $Y_{12}=Y_{21}$,可以用不含受控源的Π形电路来等效。根据公式(12.6.4)求得

$$\begin{cases}Y_1(s)=Y_{11}(s)+Y_{12}(s)=2s\\ Y_2(s)=Y_{22}(s)+Y_{12}(s)=0.5s\\ Y_3(s)=-Y_{12}(s)=1/(0.1+0.05s)\end{cases}$$

根据上述复频域中的导纳值可以得出对应的元件性质及参数值,如图12.6.4所示。按照图中的元件参数和电路结构加以连接,便实现了具有低通特性的滤波器。

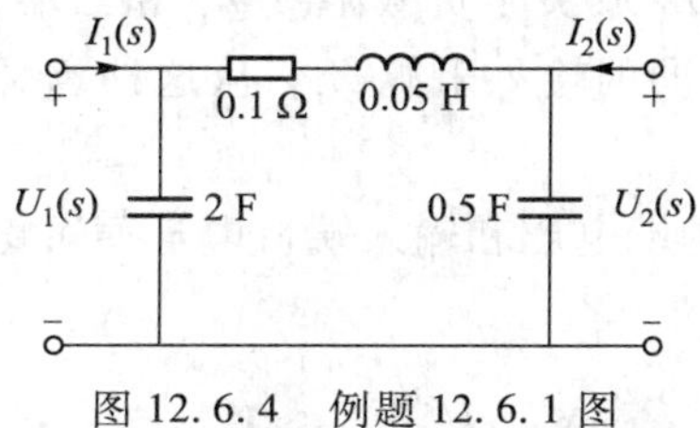

图12.6.4 例题12.6.1图

12.7 二端口网络与电源和负载的连接

前面几节孤立地认识了二端口网络,没有结合外接电路情况。二端口网络在应用时,两个端口都要与外电路连接,如图12.7.1所示。电源或前置含独立源一端口网络接在输入端口;负载或后继无独立源网络接在输出端口。做这种连接时需要从电源和负载的角度加以关切,例如电源与二端口网络连接后,它的端电压将发生怎样的变化?负载与二端口网络连接后,负载电压将遵循怎样的规律?负载获得的最大功率是多少?等等。认识这些问题的方法就是去分析含二端口网络电路的输入阻抗、输出阻抗、戴维南等效电路和转移函数等。

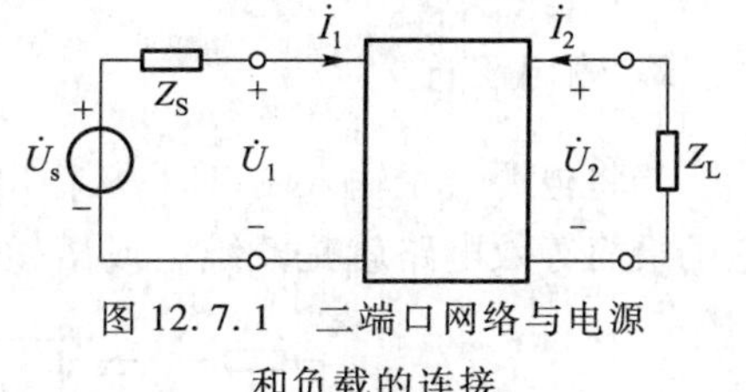

图12.7.1 二端口网络与电源和负载的连接

1. 输入阻抗

电源与二端口网络连接后,电源电压便要发生变化,这是因为有电流流入了输入端口,同时

该电流在电源内阻抗上产生了电压降。这个电流除与电源有关外，还与从输入端口向二端口网络看进去的等效阻抗有关，称其为**二端口的输入阻抗**，用 Z_i 表示，如图 12.7.2 所示。

$$Z_i=\frac{\dot{U}_1}{\dot{I}_1} \tag{12.7.1}$$

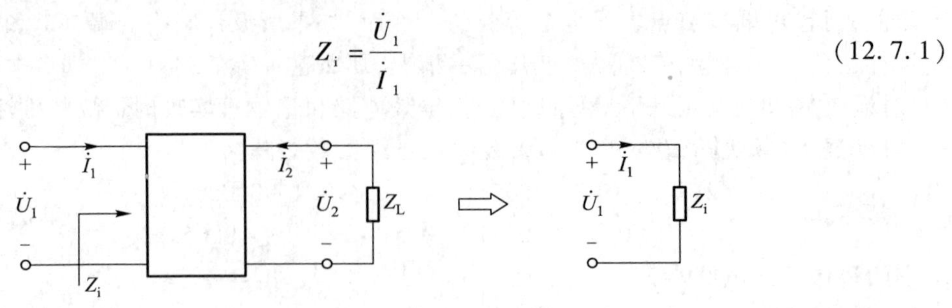

图 12.7.2　输入阻抗的定义

由于 Z_i 是输入端口电压与电流之比，所以使用二端口网络的传输参数并考虑输出端口满足 $\dot{U}_2=-Z_L\dot{I}_2$，便可建立 Z_i 的表达式为

$$Z_i=\frac{\dot{U}_1}{\dot{I}_1}=\frac{T_{11}\dot{U}_2-T_{12}\dot{I}_2}{T_{21}\dot{U}_2-T_{22}\dot{I}_2}=\frac{T_{11}(-Z_L\dot{I}_2)-T_{12}\dot{I}_2}{T_{21}(-Z_L\dot{I}_2)-T_{22}\dot{I}_2}=\frac{T_{11}Z_L+T_{12}}{T_{21}Z_L+T_{22}} \tag{12.7.2}$$

式(12.7.2)表明，输入阻抗 Z_i 取决于负载阻抗 Z_L 和二端口网络的参数。若给定 Z_L，通过改变二端口网络参数便可得到不同的输入阻抗 Z_i。从这种意义上说，二端口网络具有阻抗变换或阻抗映射作用。

在获得输入阻抗以后，电源的端电压和输入端口电流便可由图 12.7.3 所示的输入回路等效电路简单地求出：

$$\dot{U}_1=\frac{Z_i\dot{U}_s}{Z_S+Z_i},\qquad \dot{I}_1=\frac{\dot{U}_s}{Z_S+Z_i} \tag{12.7.3}$$

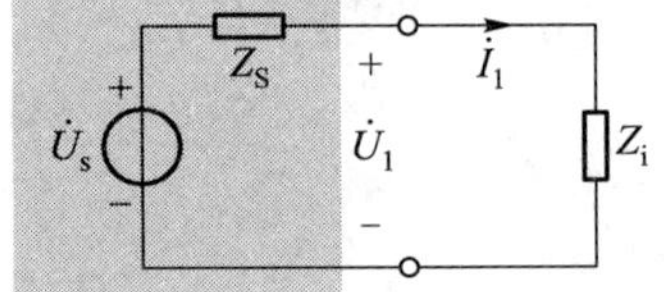

图 12.7.3　输入回路等效电路

可见 Z_i 将明显地影响电源的端电压 $\dot{U}_1$。如果二端口网络是一个电压放大器，则输入阻抗是其重要的技术指标，代表放大器对被放大电压的影响程度。显然，$|Z_i|$越大，影响越小，若 $|Z_i|\gg|Z_S|$，则 $\dot{U}_1\approx\dot{U}_s$。

2. 输出阻抗

当将电源接于输入端口时，从输出端口向二端口网络看进去的是一个含独立源的一端口网络，它的最简等效电路就是戴维南或诺顿等效电路，这里仅讨论戴维南等效电路，如图 12.7.4 所示。

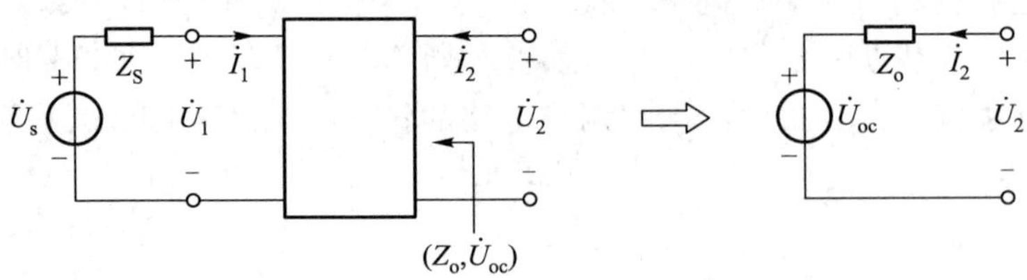

图 12.7.4　输出端口的戴维南等效电路

令 $\dot{I}_2=0$，在给定传输参数的情况下，开路电压计算如下：

$$\begin{cases}\dot{U}_1=T_{11}\dot{U}_2\\ \dot{I}_1=T_{21}\dot{U}_2\\ \dot{U}_1=\dot{U}_s-Z_S\dot{I}_1\end{cases}\tag{12.7.4}$$

$$\dot{U}_{oc}=\dot{U}_2=\frac{\dot{U}_s}{T_{21}Z_S+T_{11}}\tag{12.7.5}$$

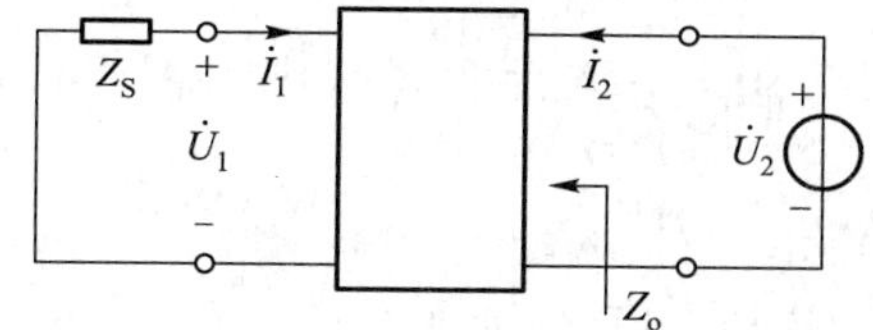

图 12.7.5　等效输出阻抗的定义

根据 3.2 节的"除源法"，令 $\dot{U}_s=0$，电路如图 12.7.5 所示，戴维南等效阻抗 Z_o 计算如下：

$$\begin{cases}\dot{U}_1=T_{11}\dot{U}_2+T_{12}(-\dot{I}_2)\\ \dot{I}_1=T_{21}\dot{U}_2+T_{22}(-\dot{I}_2)\\ \dot{U}_1=-Z_S\dot{I}_1\end{cases}\tag{12.7.6}$$

$$Z_o=\frac{\dot{U}_2}{\dot{I}_2}\bigg|_{\dot{U}_s=0}=\frac{T_{22}Z_S+T_{12}}{T_{21}Z_S+T_{11}}\tag{12.7.7}$$

由于 Z_o 是从输出端口向二端口网络看进去的等效阻抗，故称为**二端口网络的输出阻抗**。式(12.7.7)表明，输出阻抗 Z_o 取决于电源内阻抗 Z_S 和二端口网络的参数。

在获得输出端口的戴维南等效电路后，接任意负载时的输出电压便可简单计算如下：

$$\dot{U}_2=\frac{Z_L\dot{U}_{oc}}{Z_o+Z_L}\tag{12.7.8}$$

输出阻抗反映了当负载阻抗 Z_L 变化时，输出电压的变化情况。若输出阻抗满足 $|Z_o|\ll|Z_L|$，则输出电压 $\dot{U}_2\approx\dot{U}_{oc}$，几乎不受 Z_L 的影响。所以输出阻抗也是电压放大器的重要技术指标。

【例题 12.7.1】　图 12.7.6(a)所示电路的传输参数矩阵为 $\boldsymbol{T}=\begin{bmatrix}1.5 & 5\ \Omega\\ 0.25\ \text{S} & 1.5\end{bmatrix}$，$R_S=2\ \Omega$。求负载电阻 R_L 消耗的最大功率以及此时输入端口的电压 U_1 和电流 I_1。

【解】　求出图 12.7.6(a)所示输出端口的戴维南等效电路，如图 12.7.6(b)所示。由公式(12.7.5)和式(12.7.7)得

$$U_{OC}=\frac{U_S}{T_{21}R_S+T_{11}}=\frac{24}{0.25\times2+1.5}\ \text{V}=12\ \text{V}$$

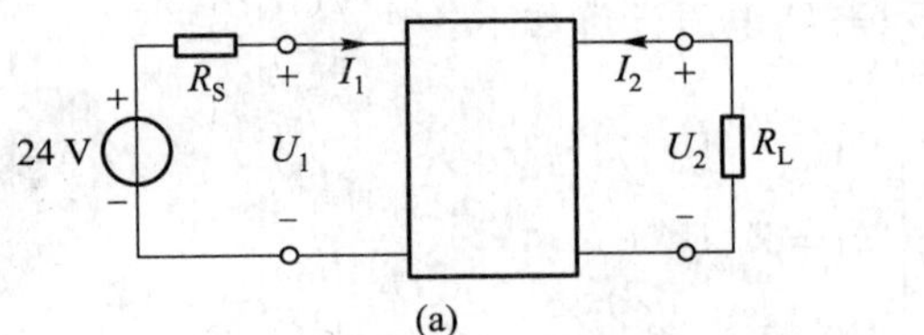

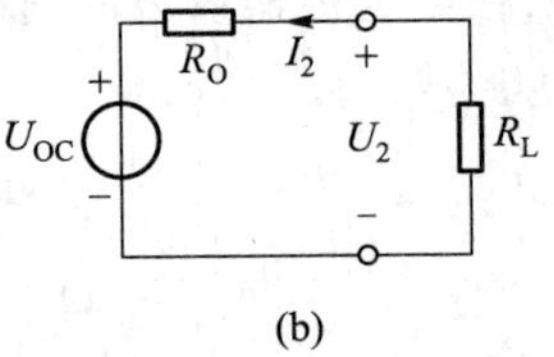

图 12.7.6 (a) 例题 12.7.1 图；(b) 戴维南等效电路

$$R_0=\frac{T_{22}R_S+T_{12}}{T_{21}R_S+T_{11}}=\frac{1.5\times2+5}{0.25\times2+1.5}\ \Omega=4\ \Omega$$

根据最大功率传输定理，当负载电阻 $R_L=R_0=4\ \Omega$ 时，吸收功率为最大：

$$P_{Lmax}=\frac{U_{OC}^2}{4R_0}=\frac{12^2}{4\times4}\ \mathrm{W}=9\ \mathrm{W}$$

当吸收最大功率时，输出端口电压、电流分别为 $U_2=0.5U_{OC}=6\ \mathrm{V}$，$I_2=-U_{OC}/(2R_0)=-1.5\ \mathrm{A}$。由传输参数方程求得输入端口电压、电流为

$$\begin{bmatrix}U_1\\I_1\end{bmatrix}=\begin{bmatrix}T_{11}&T_{12}\\T_{21}&T_{22}\end{bmatrix}\begin{bmatrix}U_2\\-I_2\end{bmatrix}=\begin{bmatrix}1.5&5\\0.25&1.5\end{bmatrix}\begin{bmatrix}6\\1.5\end{bmatrix}=\begin{bmatrix}16.5\ \mathrm{V}\\3.75\ \mathrm{A}\end{bmatrix}$$

3. 特性阻抗

根据本节 1 和 2 的分析可知，对给定的二端口网络，它的输入阻抗受制于负载阻抗；输出阻抗受制于电源内阻抗。如果要求二端口网络的输入阻抗等于电源内阻抗、输出阻抗等于负载阻抗，就需要联立选择负载阻抗和电源内阻抗（假设这些阻抗是可以选择的）。实现上述阻抗连接关系的二端口网络称为**匹配**，如图 12.7.7 所示。

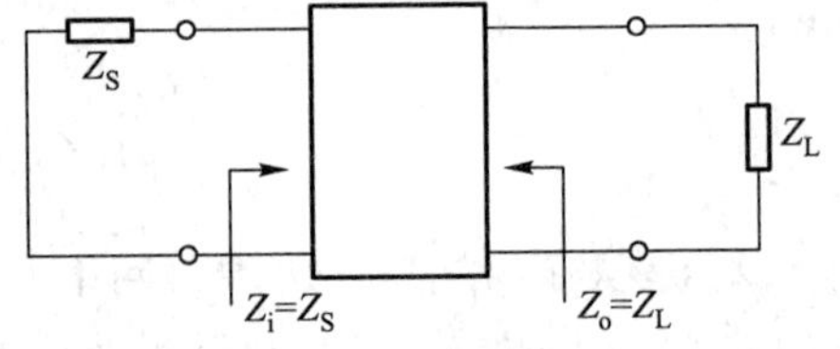

图 12.7.7 匹配连接的涵义

基于匹配的要求，再根据输入阻抗和输出阻抗的计算公式可建立下列联立方程：

$$\begin{cases}Z_i=\dfrac{T_{11}Z_L+T_{12}}{T_{21}Z_L+T_{22}}=Z_S\\[2ex]Z_o=\dfrac{T_{22}Z_S+T_{12}}{T_{21}Z_S+T_{11}}=Z_L\end{cases}\tag{12.7.9}$$

由此便确定了电源内阻抗和负载阻抗应该满足的关系：

$$Z_S=\sqrt{\frac{T_{11}T_{12}}{T_{21}T_{22}}},\quad Z_L=\sqrt{\frac{T_{22}T_{12}}{T_{21}T_{11}}}\tag{12.7.10}$$

这两个阻抗都是由二端口网络参数决定的，故定义

$$Z_{c1}=\sqrt{\frac{T_{11}T_{12}}{T_{21}T_{22}}},\qquad Z_{c2}=\sqrt{\frac{T_{22}T_{12}}{T_{21}T_{11}}}\tag{12.7.11}$$

Z_{c1}、Z_{c2}分别称为二端口网络的输入端口和输出端口的**特性阻抗**。用特性阻抗来表述匹配连接就是：当图 12.7.7 中 $Z_S=Z_{c1}$、$Z_L=Z_{c2}$时，便有 $Z_S=Z_i$、$Z_L=Z_o$。

如果不是同时从两个端口而是从一个端口考虑的话，由式(12.7.9)不难验证：当 $Z_L=Z_{c2}$ 时，输入阻抗刚好是 $Z_i=Z_{c1}$；当 $Z_S=Z_{c1}$ 时，输出阻抗刚好是 $Z_o=Z_{c2}$。这些关系如图 12.7.8 所示。

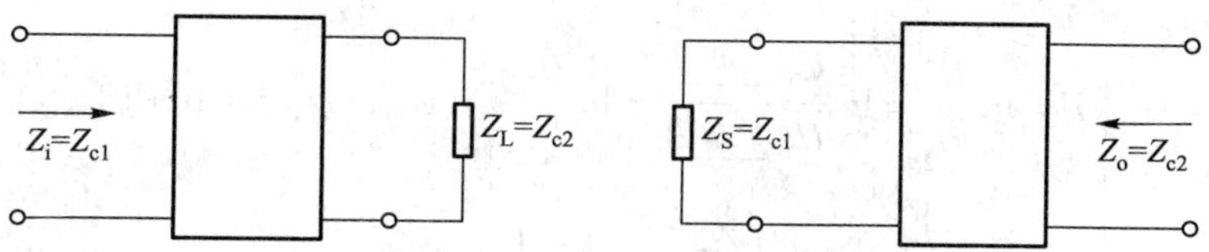

图 12.7.8　特性阻抗与输入、输出阻抗的关系

实际应用时，如果负载阻抗和电源内阻抗不都是任意选择的，那么两个端口就不能同时实现匹配连接。但仍可以单独实现输入端口或输出端口的匹配连接。例如，若通过选择负载阻抗来实现输入端口的匹配连接，那么负载阻抗按下式选择就可以了：

$$Z_S=Z_i=\frac{T_{11}Z_L+T_{12}}{T_{21}Z_L+T_{22}} \tag{12.7.12}$$

但这时输出端口一般来说不是匹配连接的，即 $Z_o\neq Z_L$。

在前面的讨论中假设二端口网络是给定的，然后通过选择负载阻抗和电源(也可以是含独立源一端口网络的等效电路)内阻抗来实现匹配连接。此外，还有一种应用就是电源和负载是给定的，并且电源与负载直接相连时，不能恰好实现匹配，从而影响电路的信号传输性能。这时，如果在电源和负载之间设计一个用于匹配的二端口网络，就有可能达到上述目的。这个二端口网络的传输参数应满足的条件显然就是式(12.7.10)。

【扩展】

特性阻抗在对称二端口网络中的应用更多些。由于存在 $T_{11}=T_{22}$ 的关系，所以由式(12.7.11)可知它的两个特性阻抗是相等的，记作

$$Z_c=Z_{c1}=Z_{c2}=\sqrt{T_{12}/T_{21}} \tag{12.7.13}$$

如果对称二端口网络输出端口所接负载阻抗满足 $Z_L=Z_c$，这时 $\dot U_2=Z_c(-\dot I_2)$，传输参数方程简化为

$$\begin{cases}\dot U_1=T_{11}\dot U_2+T_{12}(-\dot I_2)=T_{11}\dot U_2+T_{12}(\dot U_2/Z_c)=(T_{11}+\sqrt{T_{12}T_{21}})\dot U_2\\ \dot I_1=T_{21}\dot U_2+T_{22}(-\dot I_2)=T_{21}Z_c(-\dot I_2)+T_{22}(-\dot I_2)=(T_{11}+\sqrt{T_{12}T_{21}})(-\dot I_2)\end{cases} \tag{12.7.14}$$

据此定义

$$\ln(T_{11}+\sqrt{T_{12}T_{21}})=\varGamma \quad 即 \quad T_{11}+\sqrt{T_{12}T_{21}}=e^{\varGamma} \tag{12.7.15}$$

$\varGamma$ 称为对称二端口网络的**传输常数**。为说明 $\varGamma$ 的含义，将式(12.7.14)改写成

$$\begin{cases}\dot U_1=\dot U_2e^{\varGamma}\\ \dot I_1=-\dot I_2e^{\varGamma}\end{cases} \tag{12.7.16}$$

由此可见：当输出端口负载阻抗满足 $Z_L = Z_c$ 时，输入端口电压和电流分别是输出端口电压和电流的 e^{Γ} 倍。

传输常数 Γ 通常为复数，记作 $\Gamma = \alpha + j\beta$。为进一步理解 α 和 β 的意义，将式(12.7.16)写成如下的等价形式：

$$\begin{cases} \Gamma = \ln \dfrac{\dot{U}_1}{\dot{U}_2} = \ln \dfrac{U_1 \angle \psi_{u1}}{U_2 \angle \psi_{u2}} = \ln \dfrac{U_1}{U_2} + j(\psi_{u1} - \psi_{u2}) = \alpha + j\beta \\ \Gamma = \ln \dfrac{\dot{I}_1}{-\dot{I}_2} = \ln \dfrac{I_1 \angle \psi_{i1}}{I_2 \angle \psi_{i2}} = \ln \dfrac{I_1}{I_2} + j(\psi_{i1} - \psi_{i2}) = \alpha + j\beta \end{cases} \tag{12.7.17}$$

其中 ψ_{i2} 是 $-\dot{I}_2$ 的辐角。由此得

$$\alpha = \ln \frac{U_1}{U_2} = \ln \frac{I_1}{I_2}, \quad \beta = \psi_{u1} - \psi_{u2} = \psi_{i1} - \psi_{i2} \tag{12.7.18}$$

可见，若 $\alpha > 0$，则 $U_1 > U_2$、$I_1 > I_2$，从输入端口到输出端口时电压和电流被衰减。α 越大，衰减就越多，因此 α 称为**衰减常数**；而 β 等于输入电压（或电流）超前输出电压（或电流）的相位差，因此 β 称为**相位常数**。

衰减常数的单位为**奈培**，符号为 Np。由式(12.7.18)可见，1 Np 表示输入电压有效值为输出电压有效值的 e 倍，即 $U_1 = eU_2 \approx 2.718U_2$，对电流也如此。实用中嫌 Np 单位过大，常用**分贝**，符号为 dB，定义为

$$\text{dB 数} = 20\lg(U_1/U_2) \tag{12.7.19}$$

1 dB≈0.115 Np 或 1 Np≈8.686 dB。

由于 Z_c 和 Γ 都是通过对称二端口网络的传输参数来计算的，而这些传输参数只有两个是独立的，故可以反过来由 Z_c 和 Γ 计算传输参数，从而用 Z_c 和 Γ 来表达对称二端口网络的传输参数方程。

由式(12.7.15)得

$$e^{-\Gamma} = \frac{1}{T_{11} + \sqrt{T_{12}T_{21}}} = \frac{T_{11} - \sqrt{T_{12}T_{21}}}{(T_{11} + \sqrt{T_{12}T_{21}})(T_{11} - \sqrt{T_{12}T_{21}})} = \frac{T_{11} - \sqrt{T_{12}T_{21}}}{T_{11}^2 - T_{12}T_{21}} = T_{11} - \sqrt{T_{12}T_{21}} \tag{12.7.20}$$

由上式及(12.7.15)并根据双曲函数的定义得

$$0.5(e^{\Gamma} + e^{-\Gamma}) = \cosh\Gamma = T_{11} = T_{22}, \quad 0.5(e^{\Gamma} - e^{-\Gamma}) = \sinh\Gamma = \sqrt{T_{12}T_{21}} \tag{12.7.21}$$

另外还有

$$T_{12} = \sqrt{T_{12}/T_{21}}\sqrt{T_{12}T_{21}} = Z_c \sinh\Gamma, \qquad T_{21} = \frac{\sqrt{T_{12}T_{21}}}{\sqrt{T_{12}/T_{21}}} = \frac{\sinh\Gamma}{Z_c} \tag{12.7.22}$$

将 T_{11}、T_{22}、T_{12}、T_{21} 代入式(12.4.1)便得到用 Z_c 和 Γ 及双曲函数表示的对称二端口网络的传输参数方程：

$$\begin{cases} \dot{U}_1 = \dot{U}_2 \cosh\Gamma + (-\dot{I}_2) Z_c \sinh\Gamma \\ \dot{I}_1 = \dfrac{\dot{U}_2}{Z_c} \sinh\Gamma + (-\dot{I}_2)\cosh\Gamma \end{cases} \tag{12.7.23}$$

基于上式，可以寻得用实验来确定 Z_c 和 Γ 的一种方法。当输出端口分别开路和短路时，由式(12.7.23)可求得对应的输入阻抗分别为

$$Z_{io}=\left.\frac{\dot{U}_1}{\dot{I}_1}\right|_{\dot{I}_2=0}=\frac{Z_c}{\tanh\Gamma} \quad 和 \quad Z_{is}=\left.\frac{\dot{U}_1}{\dot{I}_1}\right|_{\dot{U}_2=0}=Z_c\tanh\Gamma \tag{12.7.24}$$

由上两式得

$$Z_c=\sqrt{Z_{io}Z_{is}},\quad \tanh\Gamma=\sqrt{Z_{is}/Z_{io}} \tag{12.7.25}$$

4. 转移函数

在使用二端口网络时通常还关心它的响应和激励的关系，亦即两个变量之间的关系而非4个端口变量之间的关系，这些关系可用各种转移函数来描述。例如作为电压放大器或滤波器使用的二端口网络，人们常关心输出电压与输入电压的关系，并用电压转移函数来表示(参见图12.7.1)：

$$H(j\omega)=\frac{\dot{U}_2}{\dot{U}_s} \tag{12.7.26}$$

如果给定二端口网络的某种参数，则可用这种参数以及电源内阻抗和负载阻抗来表示电压转移函数。仍设给定的是传输参数，则有如下联立关系：

$$\begin{cases}\dot{U}_1=T_{11}\dot{U}_2+T_{12}(-\dot{I}_2)\\ \dot{I}_1=T_{21}\dot{U}_2+T_{22}(-\dot{I}_2)\\ \dot{U}_s=Z_S\dot{I}_1+\dot{U}_1\\ \dot{U}_2=-Z_L\dot{I}_2\end{cases} \tag{12.7.27}$$

上式前两个方程是二端口网络的传输参数方程；第3个方程代表电源的外特性；第4个方程代表负载特性。由上式可求得输出电压 $\dot{U}_o$ 对 $\dot{U}_s$ 的电压转移函数。如果利用图12.7.4所示的戴维南等效电路，过程可以更简单一些，因为

$$\dot{U}_2=\frac{Z_L\dot{U}_{oc}}{Z_o+Z_L}=\frac{Z_L\times\dfrac{\dot{U}_s}{T_{21}Z_S+T_{11}}}{\dfrac{T_{22}Z_S+T_{12}}{T_{21}Z_S+T_{11}}+Z_L}=\frac{Z_L\dot{U}_s}{T_{22}Z_S+T_{12}+Z_L(T_{21}Z_S+T_{11})} \tag{12.7.28}$$

所以电压转移函数为

$$\frac{\dot{U}_2}{\dot{U}_s}=\frac{Z_L}{T_{22}Z_S+T_{12}+Z_L(T_{21}Z_S+T_{11})} \tag{12.7.29}$$

令 $Z_S=0$，则 $\dot{U}_1=\dot{U}_s$，得输出电压对 $\dot{U}_1$ 的电压转移函数如下

$$\frac{\dot{U}_2}{\dot{U}_1}=\frac{Z_L}{T_{12}+Z_LT_{11}} \tag{12.7.30}$$

如果已知的是其他参数或分析其他转移函数，建立联立方程(类似于方程(12.7.27))并求

解的思路仍是可用的。例如对图12.7.9(a)终端接1 Ω电阻情况，用导纳参数求复频域电压转移函数的方程和结果为

$$\begin{cases} I_1(s) = Y_{11}U_1(s) + Y_{12}U_2(s) \\ I_2(s) = Y_{21}U_1(s) + Y_{22}U_2(s) \\ I_2(s) = -U_2(s)/R_2 \end{cases} \tag{12.7.31}$$

$$H(s) = \frac{U_2(s)}{U_1(s)} = \frac{-Y_{12}}{1/R_2 + Y_{22}} = \frac{-Y_{12}}{1 + Y_{22}} \tag{12.7.32}$$

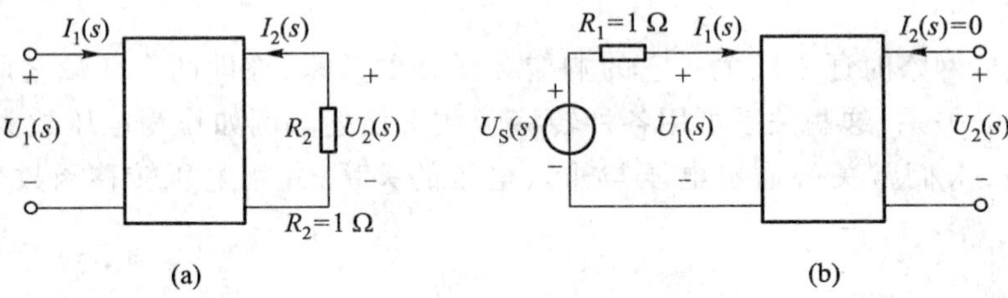

图12.7.9　电压转移函数示例：(a) 终端接1 Ω电阻；(b) 始端接1 Ω电阻

而对图12.7.9(b)所示的始端接1 Ω电阻的情况，用阻抗参数求复频域电压转移函数的方程和结果为

$$\begin{cases} U_1(s) = Z_{11}I_1(s) = U_S(s) - R_1I_1(s) \\ U_2(s) = Z_{21}I_1(s) \end{cases} \tag{12.7.33}$$

$$H(s) = \frac{U_2(s)}{U_S(s)} = \frac{Z_{21}I_1(s)}{(R_1 + Z_{11})I_1(s)} = \frac{Z_{21}}{1 + Z_{11}} \tag{12.7.34}$$

式(12.7.32)和式(12.7.34)将终端接1 Ω电阻和始端接1 Ω电阻两种情况下的电压转移函数分别表达成了导纳参数和阻抗参数的函数。在实际应用中往往是先知道 $H(s)$，例如根据某种要求提出或用函数逼近等，然后将 $H(s)$ 改写成式(12.7.32)或式(12.7.34)的形式，并科学设计 Y_{22}、Y_{12} 和 Z_{11}、Z_{21}，使其是可实现的，通过建立它们的等效电路，就可实现对 $H(s)$ 的综合。如果实际问题中二端口网络的终端或始端所接电阻不是1 Ω，可通过所谓“参数归一化”的方法将其化为1 Ω电阻，因此针对图12.7.9的研究是有普遍性的。详细讨论已涉及研究生课程“电网络分析与综合”，在此只为激发读者的求知欲望，不再深入讨论。

12.8　二端口网络的互联与反馈原理

1. 二端口网络的级联

无论是从分析还是综合的角度，都希望将复杂一些的二端口网络视为多个简单二端口网络的相互连接，其中每个二端口网络完成特定的功能。如果第一个二端口网络的输出端口与第二个二端口网络的输入端口相连，这种连接便称为**级联**，如图12.8.1所示。由于前一级的输出刚

好是下一级的输入，所以分析级联组成的复合二端口网络时，采用传输参数方程比较方便。设二端口网络 N^a 和 N^b 的传输参数方程分别为

$$\begin{bmatrix} \dot{U}_1 \\ \dot{I}_1 \end{bmatrix} = \begin{bmatrix} T_{11}^a & T_{12}^a \\ T_{21}^a & T_{22}^a \end{bmatrix} \begin{bmatrix} \dot{U}_2^a \\ -\dot{I}_2^a \end{bmatrix} \tag{12.8.1}$$

和

$$\begin{bmatrix} \dot{U}_1^b \\ \dot{I}_1^b \end{bmatrix} = \begin{bmatrix} T_{11}^b & T_{12}^b \\ T_{21}^b & T_{22}^b \end{bmatrix} \begin{bmatrix} \dot{U}_2 \\ -\dot{I}_2 \end{bmatrix} \tag{12.8.2}$$

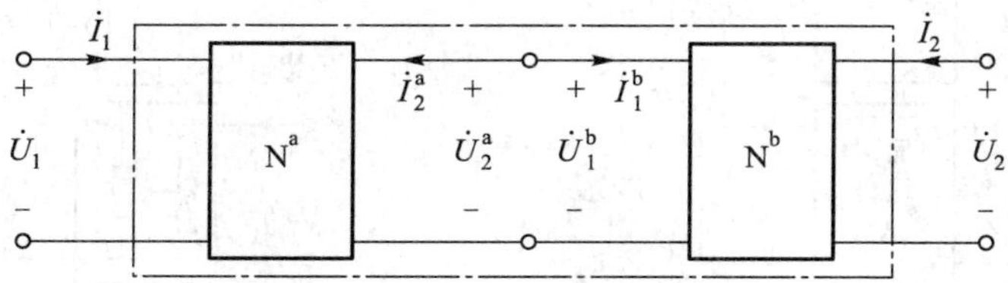

图 12.8.1 二端口网络的级联

在图 12.8.1 所示的参考方向下，N^a 输出端口的变量与 N^b 输入端口的变量存在如下关系：

$$\begin{bmatrix} \dot{U}_2^a \\ -\dot{I}_2^a \end{bmatrix} = \begin{bmatrix} \dot{U}_1^b \\ \dot{I}_1^b \end{bmatrix} \tag{12.8.3}$$

基于式(12.8.1)至式(12.8.3)的关系得到

$$\begin{bmatrix} \dot{U}_1 \\ \dot{I}_1 \end{bmatrix} = \begin{bmatrix} T_{11}^a & T_{12}^a \\ T_{21}^a & T_{22}^a \end{bmatrix} \begin{bmatrix} T_{11}^b & T_{12}^b \\ T_{21}^b & T_{22}^b \end{bmatrix} \begin{bmatrix} \dot{U}_2 \\ -\dot{I}_2 \end{bmatrix} = \begin{bmatrix} T_{11} & T_{12} \\ T_{21} & T_{22} \end{bmatrix} \begin{bmatrix} \dot{U}_2 \\ -\dot{I}_2 \end{bmatrix} \tag{12.8.4}$$

式中

$$\begin{bmatrix} T_{11} & T_{12} \\ T_{21} & T_{22} \end{bmatrix} = \begin{bmatrix} T_{11}^a & T_{12}^a \\ T_{21}^a & T_{22}^a \end{bmatrix} \begin{bmatrix} T_{11}^b & T_{12}^b \\ T_{21}^b & T_{22}^b \end{bmatrix} \tag{12.8.5}$$

这个关系可推广到多个二端口网络级联的情况，即级联二端口网络的传输参数矩阵等于组成级联的各二端口网络的传输参数矩阵按同一顺序的乘积。

2. 反馈与二端口网络的其他连接*

在电压放大器电路中，常设计成前向通路和反馈通路，每个通路可用一个二端口网络来表示，从信号传递关系上可以等效成图 12.8.2(a)所示的结构。其中反馈通路将正向通路的输出电压 $\dot{U}_2$ 经反馈网络后，产生反馈电压 $\dot{U}_1^b$，作用在输入回路，图 12.8.2(b)是反馈网络的一个例子，其中端口 2 为反馈网络的输入端口，端口 1 为反馈网络的输出端口。从二端口网络的连接形式上看，复合二端口网络的输入端口是两个端口的串联，输出端口是两个端口的并联，所以这种连接方式称为**串并联**。在这种连接中，不妨假设各端子电流都满足端口条件，这样两个网络的端

口 1 具有相同的端口电流,且等于复合二端口的输入电流 $\dot{I}_1$。而两个网络的端口 2 具有相同的端口电压,且等于复合二端口的输出电压 $\dot{U}_2$。因此用混合参数建立这种复合二端口和每个二端口的关系比较方便。在满足端口条件的情况下,端口变量存在如下关系:

$$\begin{bmatrix}\dot{U}_1\\ \dot{I}_2\end{bmatrix}=\begin{bmatrix}\dot{U}_1^a\\ \dot{I}_2^a\end{bmatrix}+\begin{bmatrix}\dot{U}_1^b\\ \dot{I}_2^b\end{bmatrix}=\begin{bmatrix}H_{11}^a & H_{12}^a\\ H_{21}^a & H_{22}^a\end{bmatrix}\begin{bmatrix}\dot{I}_1\\ \dot{U}_2\end{bmatrix}+\begin{bmatrix}H_{11}^b & H_{12}^b\\ H_{21}^b & H_{22}^b\end{bmatrix}\begin{bmatrix}\dot{I}_1\\ \dot{U}_2\end{bmatrix}=(\boldsymbol{H}^a+\boldsymbol{H}^b)\begin{bmatrix}\dot{I}_1\\ \dot{U}_2\end{bmatrix} \tag{12.8.6}$$

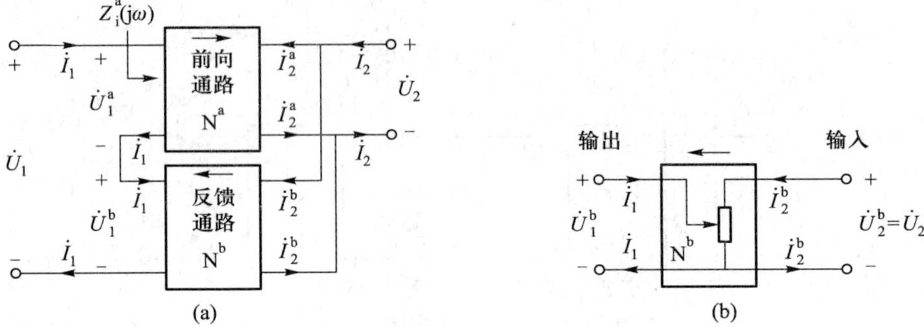

图 12.8.2 (a) 二端口网络的串并联与电压反馈;(b) 反馈网络示例

亦即复合二端口网络的混合参数矩阵等于各个二端口网络混合参数矩阵之和:

$$\boldsymbol{H}=\boldsymbol{H}^a+\boldsymbol{H}^b \tag{12.8.7}$$

采用这种反馈结构的电压放大器具有稳定电压增益、增大输入阻抗和减小输出阻抗的作用。简单分析如下:

定义前向通路电压增益(或称开环增益)和反馈通路电压增益(或称反馈系数)分别为

$$G(j\omega)=\frac{\dot{U}_2}{\dot{U}_1^a} \qquad 和 \qquad F(j\omega)=\frac{\dot{U}_1^b}{\dot{U}_2} \tag{12.8.8}$$

根据图 12.8.2(a),加在前向通路的净输入电压为

$$\dot{U}_1^a=\dot{U}_1-\dot{U}_1^b=\dot{U}_1-F(j\omega)\dot{U}_2 \tag{12.8.9}$$

上面的净输入电压是总的输入电压 $\dot{U}_1$ 和反馈电压 $\dot{U}_1^b$ 之差,也就是说,在相位相同时,反馈电压的引入使得净输入电压被减小,因此这种反馈称为**负反馈**。带有负反馈放大器的输出电压为

$$\dot{U}_2=G(j\omega)\dot{U}_1^a=G(j\omega)[\dot{U}_1-F(j\omega)\dot{U}_2] \tag{12.8.10}$$

因此带有负反馈的电压放大器增益即**闭环增益**为

$$H(j\omega)=\frac{\dot{U}_2}{\dot{U}_1}=\frac{G(j\omega)}{1+G(j\omega)F(j\omega)} \tag{12.8.11}$$

当前向通路电压增益或反馈系数足够大,使得 $|G(j\omega)F(j\omega)|\gg 1$ 时,称为**深度负反馈**,此时有

$$H(j\omega)=\frac{\dot{U}_2}{\dot{U}_1}\approx\frac{1}{F(j\omega)} \tag{12.8.12}$$

该式表明,在深度负反馈时,闭环电压增益与前向通路的电压增益近似无关,仅取决于反馈系数。

由于前向通路含有较多的半导体器件，而反馈通路大都是由无源 R、L、C 元件组成的，因此一般说来，反馈系数受环境（温度、湿度等）影响的稳定性要比前向通路电压增益好得多，故负反馈放大器的电压增益要比开环增益具有更好的环境适应性，且可以通过改变反馈系数方便地调整电压增益。

利用式（12.8.8）还可继续讨论输入阻抗的变化：

$$Z_{\mathrm{i}}(\mathrm{j}\omega)=\frac{\dot{U}_1}{\dot{I}_1}=\frac{\dot{U}_1^{\mathrm{a}}+\dot{U}_1^{\mathrm{b}}}{\dot{I}_1}=\frac{\dot{U}_1^{\mathrm{a}}+G(\mathrm{j}\omega)F(\mathrm{j}\omega)\dot{U}_1^{\mathrm{a}}}{\dot{I}_1}=[1+G(\mathrm{j}\omega)F(\mathrm{j}\omega)]Z_{\mathrm{i}}^{\mathrm{a}}(\mathrm{j}\omega) \tag{12.8.13}$$

亦即反馈放大器的输入阻抗 $Z_{\mathrm{i}}(\mathrm{j}\omega)$ 是前向通路输入阻抗 $Z_{\mathrm{i}}^{\mathrm{a}}(\mathrm{j}\omega)$ 的 $[1+G(\mathrm{j}\omega)F(\mathrm{j}\omega)]$ 倍，输入阻抗得到了提高。

对输出阻抗的影响请读者自行考虑。

两个二端口网络的互联方式还有**串联、并联、并串联**，它们的连接关系和满足端口条件下的参数关系如图 12.8.3 所示，请读者自行建立这些参数关系。

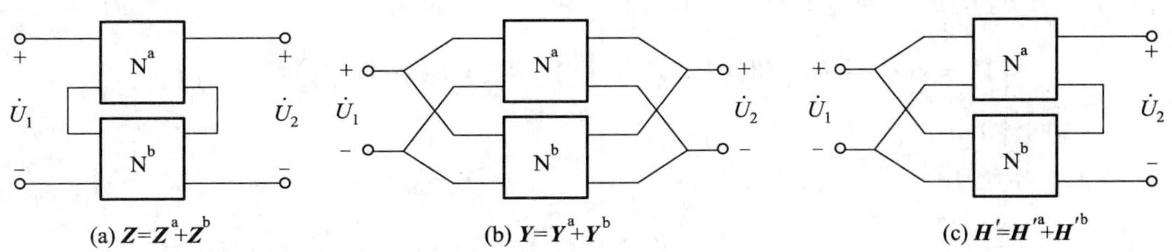

图 12.8.3　二端口网络的互联：(a) 串联；(b) 并联；(c) 并串联

前已说明，只有在满足端口条件的情况下，复合二端口网络的参数才能用各子网络的参数来表达，例如级联时的式（12.8.5）和串并联时的式（12.8.7）。级联时端口条件总是能满足的，所以式（12.8.5）总是成立的，而其他连接就不一定总能满足端口条件。这时虽然也能连成复合二端口网络，但复合网络的参数不能用各子网络的参数来简单表达。这种不能满足端口条件的现象是普遍存在的，因此在使用复合网络与各子网络的参数关系时，必须检验互联后是否满足端口条件。详细讨论超出教学要求，故从略。在不能满足端口条件但仍想使用复合二端口网络的参数关系时，从电路模型角度看，可以在任何一对端子处使用一个 1∶1 的理想变压器，如图 12.8.4 所示。根据 KCL 很容易检验，这 4 对端子都满足了端口条件。在实际使用时，如果是交流电路，可以用一个容量合适的隔离变压器来近似实现 1∶1 的理想变压器。

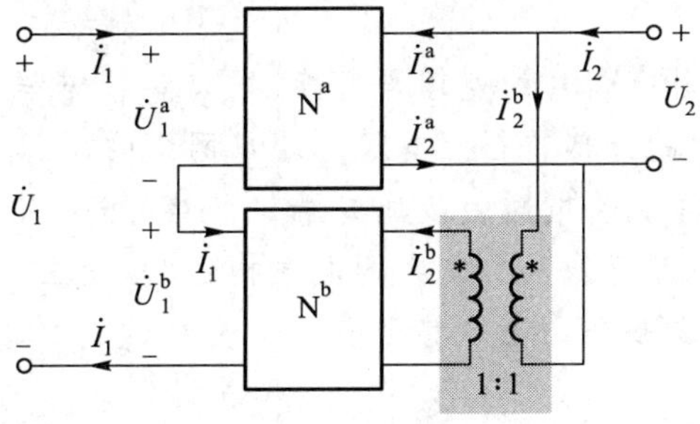

图 12.8.4　用理想变压器强制满足端口条件

【例题 12.8.1】　求图 12.8.5(a)所示二端口网络的传输参数矩阵，设 $R_1=2\ \Omega$、$C=3\ \text{F}$、$L=4\ \text{H}$、$R_2=5\ \Omega$。

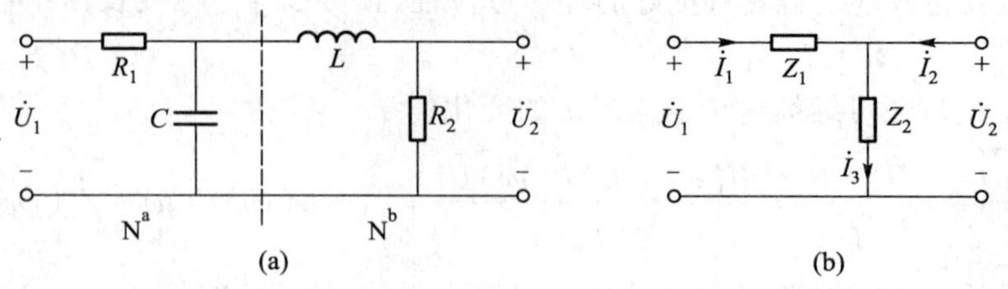

图 12.8.5　(a) 例题 12.8.1 图；(b) Γ 形电路

【解】　将图 12.8.5(a)所示电路看成是由两个 Γ 形二端口级联而成，图 12.8.5(a)中用虚线分界。为求每一个 Γ 形网络的传输参数，先求图 12.8.5(b)所示的一般 Γ 形网络的传输参数，然后将 N^a 和 N^b 看作它的特殊情况即可。

对图 12.8.5(b)分别列写 KVL 和 KCL 方程得

$$\begin{cases}\dot{U}_1=Z_1\dot{I}_1+\dot{U}_2=Z_1(\dot{U}_2/Z_2-\dot{I}_2)+\dot{U}_2=(1+Z_1/Z_2)\dot{U}_2-Z_1\dot{I}_2\\ \dot{I}_1=\dot{I}_3-\dot{I}_2=\dot{U}_2/Z_2-\dot{I}_2\end{cases}$$

所以传输参数矩阵为

$$\boldsymbol{T}=\begin{bmatrix}1+Z_1/Z_2 & Z_1\\ 1/Z_2 & 1\end{bmatrix}$$

令 $Z_1=R_1=2\ \Omega$、$Z_2=1/(\mathrm{j}\omega C)=1/(\mathrm{j}3\omega)$ 得网络 N^a 的传输参数矩阵为

$$\boldsymbol{T}^a=\begin{bmatrix}1+\mathrm{j}6\omega & 2\\ \mathrm{j}3\omega & 1\end{bmatrix}$$

令 $Z_1=\mathrm{j}\omega L=\mathrm{j}4\omega$、$Z_2=R_2=5\ \Omega$ 得网络 N^b 的传输参数矩阵为

$$\boldsymbol{T}^b=\begin{bmatrix}1+\mathrm{j}0.8\omega & \mathrm{j}4\omega\\ 0.2 & 1\end{bmatrix}$$

上述两个矩阵之积就是图 12.8.5(a)的传输参数矩阵：

$$\boldsymbol{T}=\boldsymbol{T}^a\boldsymbol{T}^b=\begin{bmatrix}-4.8\omega^2+\mathrm{j}6.8\omega+1.4 & -24\omega^2+\mathrm{j}4\omega+2\\ -2.4\omega^2+\mathrm{j}3\omega+0.2 & -12\omega^2+1\end{bmatrix}$$

【结语】

二端口网络实现对电能与电信号的处理与变换，端口参数方程描述了二端口网络对电能与电信号的处理规律，代表了它的外部特征。有了二端口网络的概念，器件与电路便是人们从不同的关注角度所使用的不同模型。将电路封装成二端口网络，当只关注它的外部行为时便成为二端口器件；一个二端口器件内部可能具有复杂的电气构造，当关注它的工作原理时便成为具体电路。将一个实际电网络划分成多个二端口甚至多端口网络的互联，是分析和设计复杂电网络的有效措施。

【思考题】

1. 如果二端口网络内部含有独立电源,它的参数方程以及等效电路将会发生怎样变化?

2. 为什么要在无独立电源和零状态下定义二端口网络的参数方程?

3. 处于阻抗匹配状态下的二端口网络,负载是否获得了最大功率?

4. 如果二端口网络完全由 LC 元件组成,它的开路阻抗参数矩阵和传输参数矩阵元素有何特点?

5. 如果已知二端口网络的网络函数,例如电压转移比,如何确定它的 T 形和∏形等效电路?

6. 如果二端口网络的两个端口既不允许开路也不允许短路,那么如何用实验的方法测量它的 $\boldsymbol{Z}$ 参数和 $\boldsymbol{H}$ 参数?

7. 如何化简不含独立电源的复杂二端口网络?

8. 如何判断互联的二端口网络是否满足端口条件?

习 题 十 二

12.1 求图题 12.1 所示各二端口网络的 $\boldsymbol{Y}$ 参数矩阵。

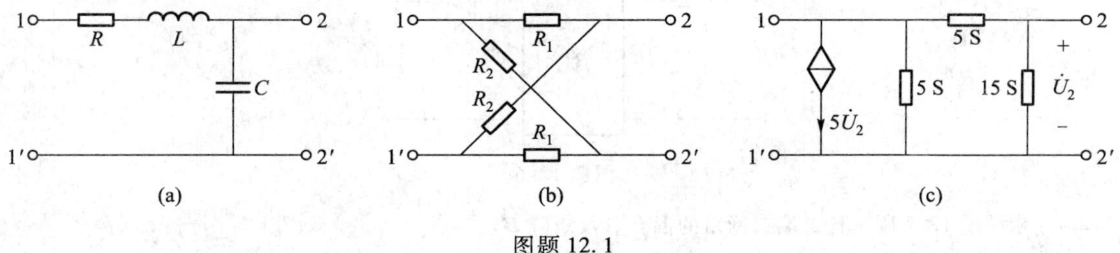

图题 12.1

12.2 互易二端口网络的两组端口变量的相量值如图题 12.2 所示,根据这些值求 $\boldsymbol{Y}$ 参数矩阵。

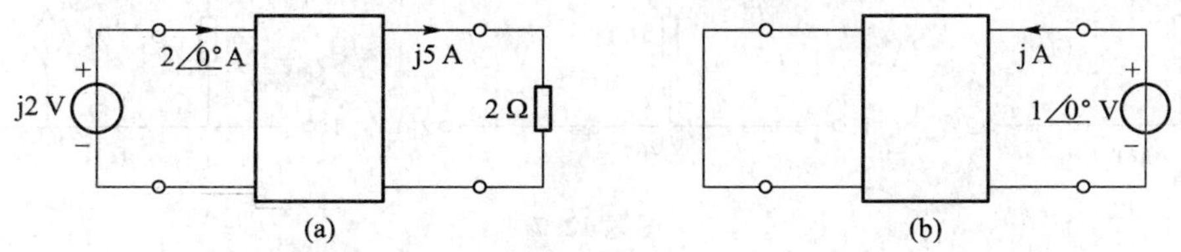

图题 12.2

12.3 在二端口网络的端口 1 处接单位阶跃电流源,端口 2 短路时有

$$u_{1a}=\frac{2}{3}(1-e^{-1.5t})\varepsilon(t)\,\mathrm{V},\quad i_{2a}=\frac{1}{2}(1-e^{-1.5t})\varepsilon(t)\,\mathrm{A};$$

端口 2 接上 4 Ω 电阻,其他参数保持不变时又有

$$u_{1b}=\frac{6}{7}(1-e^{-\frac{7}{6}t})\varepsilon(t)\,\mathrm{V},\quad i_{2b}=\frac{2}{7}(1-e^{-\frac{7}{6}t})\varepsilon(t)\,\mathrm{A}$$

其中端口 2 电流的参考方向为离开二端口网络的方向。试在复频域内求该二端口网络的导纳参数矩阵 $\boldsymbol{Y}(s)$。

12.4 求图题 12.4 所示各二端口网络的 $\boldsymbol{Z}$ 参数矩阵。

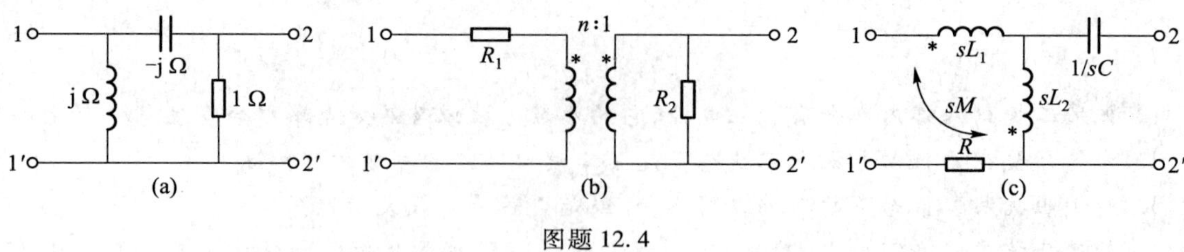

图题 12.4

12.5 求图题 12.5 所示各二端口网络的传输参数矩阵 $\boldsymbol{T}$。

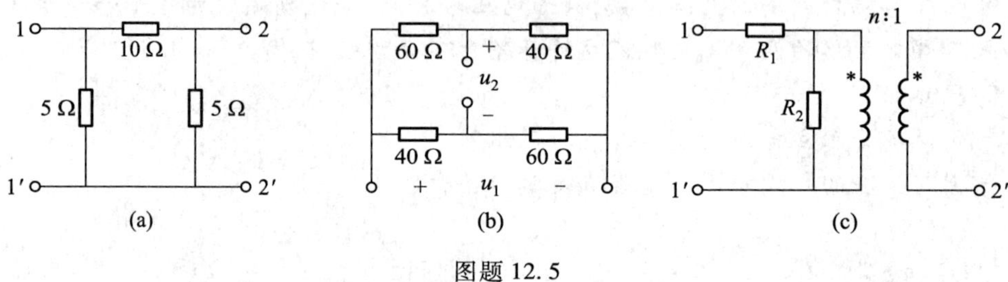

图题 12.5

12.6 图题 12.6 所示二端口网络，当开关断开时测得 $U_3=9$ V，$U_1=5$ V，$U_2=3$ V；开关接通时测得 $U_3=8$ V，$U_1=4$ V，$U_2=2$ V。求二端口网络 N 的传输参数矩阵 $\boldsymbol{T}$。

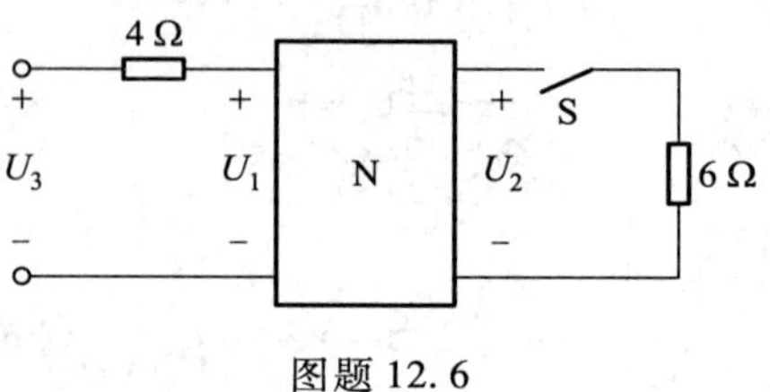

图题 12.6

12.7 求图题 12.7 所示各二端口网络的混合参数矩阵 $\boldsymbol{H}$。

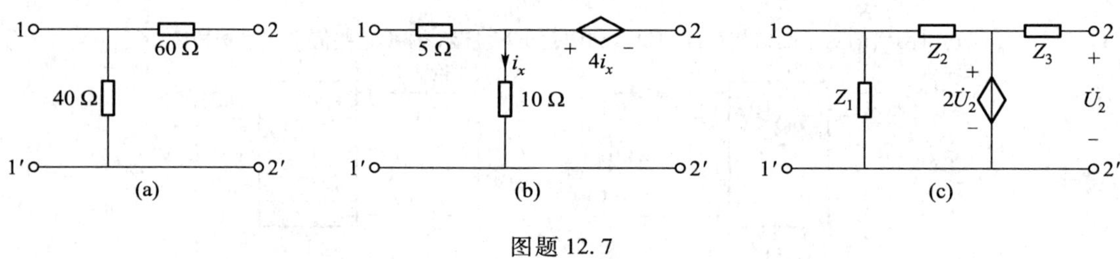

图题 12.7

12.8 设二端口网络的阻抗参数矩阵 $\boldsymbol{Z}=\begin{bmatrix}4 & 3\\3 & 5\end{bmatrix}$ Ω。(1) 求它的混合参数矩阵 $\boldsymbol{H}$；(2) 若 $i_1=10$ A，$u_2=20$ V，求它消耗的功率。

12.9 试绘出对应于下列阻抗参数矩阵的任一种二端口网络模型。

(a) $\begin{bmatrix}3 & 1\\1 & 2\end{bmatrix}$ Ω；　(b) $\begin{bmatrix}1+4/s & 2/s\\2/s & 3+2/s\end{bmatrix}$ Ω；　(c) $\begin{bmatrix}3 & 2\\-4 & 4\end{bmatrix}$ Ω

12.10 证明给定的 $\boldsymbol{Y}$ 参数矩阵可以用图题 12.10 所示电路来等效，求 Y_1、Y_2、Y_3 和 g。

12.11 证明给定的 $\boldsymbol{Z}$ 参数矩阵可以用图题 12.11 所示电路来等效，求 Z_1、Z_2、Z_3 和 β。

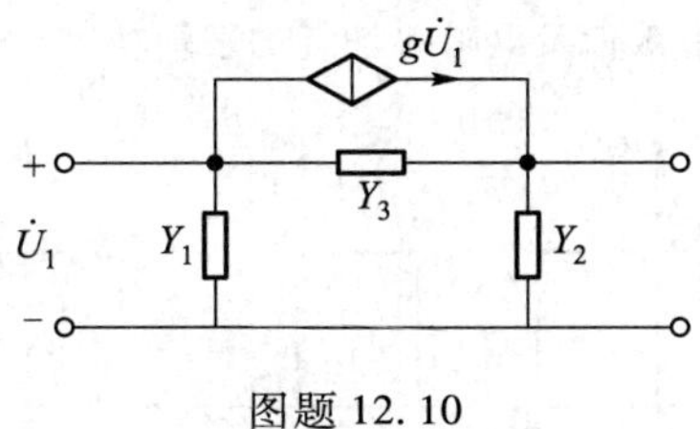

图题 12.10

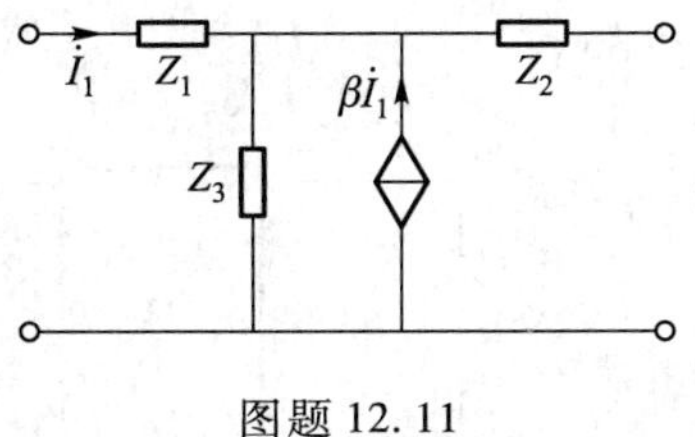

图题 12.11

12.12　图题 12.12 所示电路可以用来等效互易二端口网络，分别求出 Z_1、Z_2 和 n 与 $\boldsymbol{Z}$ 参数和 $\boldsymbol{T}$ 参数的关系。

12.13　电路如图题 12.13 所示，已知二端口网络 N 的阻抗参数矩阵为 $\boldsymbol{Z}=\begin{bmatrix}6 & 4\\4 & 6\end{bmatrix}\ \Omega$，问 R_L 为何值时可获得最大功率，并求出此功率。

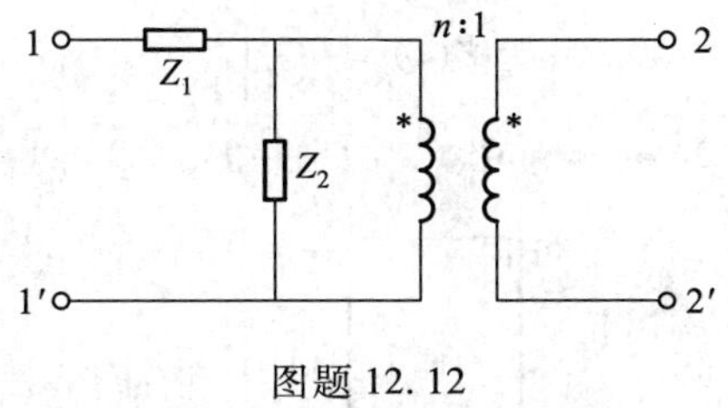

图题 12.12

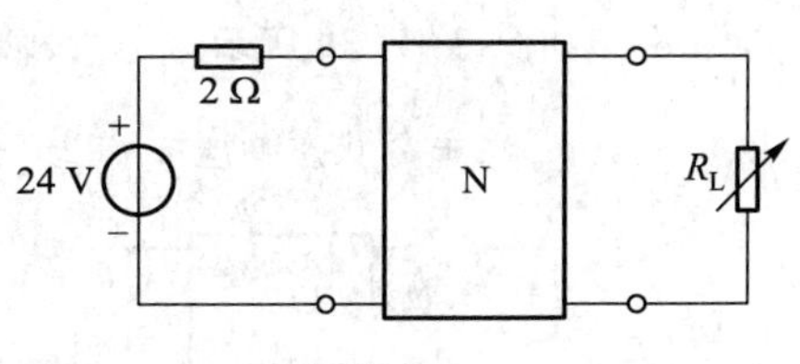

图题 12.13

12.14　图题 12.14 所示电路，二端口网络输出端接电阻 R，定义 $H(\mathrm{j}\omega)=\dot{U}_2/\dot{U}_1$，求出 $H(\mathrm{j}\omega)$ 与二端口网络导纳参数和传输参数的关系。

12.15　图题 12.15 所示电路，电源含有内阻 R_S，定义 $H(\mathrm{j}\omega)=\dot{U}_2/\dot{U}_s$，求出 $H(\mathrm{j}\omega)$ 与二端口网络阻抗参数和混合参数的关系。

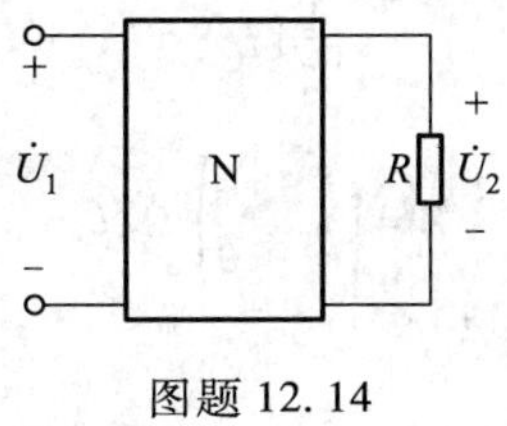

图题 12.14

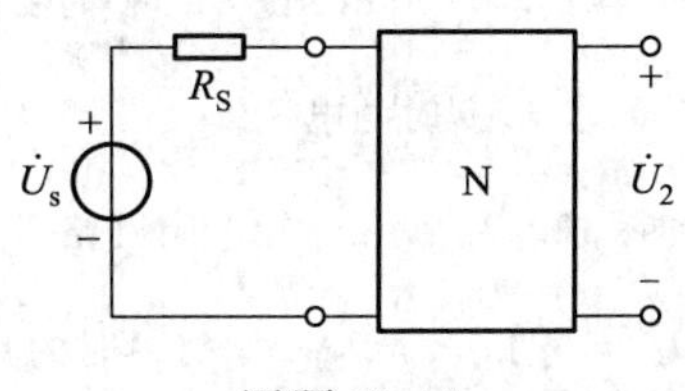

图题 12.15

12.16　电路如图题 12.16 所示，已知二端口网络 N 的开路阻抗矩阵为 $\boldsymbol{Z}=\begin{bmatrix}6 & 4\\4 & 6\end{bmatrix}\ \Omega$，$R_S=2\ \Omega$，$R_L=4\ \Omega$。求电压比 U_2/U_S。

12.17　电路如图题 12.17 所示，已知二端口网络 N 的传输参数矩阵为 $\boldsymbol{T}=\begin{bmatrix}4/3 & 1\ \Omega\\(1/3)\ \mathrm{S} & 1\end{bmatrix}$，输入端口电阻 $R_1=Z_{c1}$，并且 $u_S=22\cos(\omega t)$ V，求电流 i_1、i_2 和 i_3。

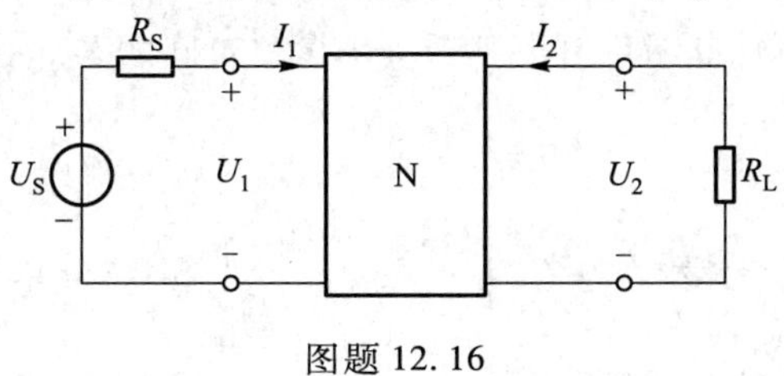

图题 12.16

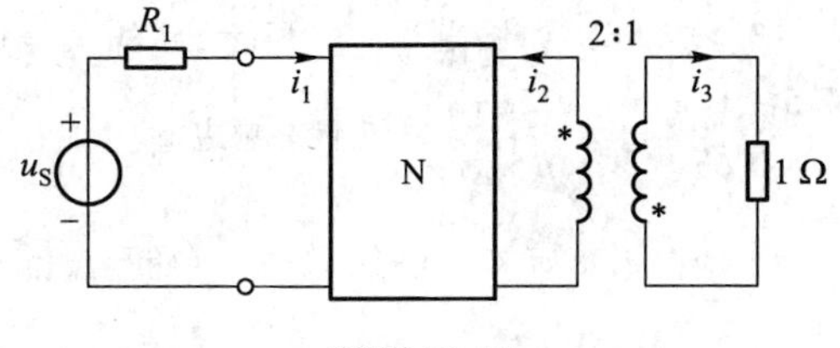

图题 12.17

12.18　图题 12.18(a) 所示电路，已知二端口网络 N 的阻抗参数矩阵为 $\boldsymbol{Z}=\begin{bmatrix}90 & 30\\30 & 30\end{bmatrix}\ \Omega$，$R=80\ \Omega$，$L=1$ H，

电压 u_S 为图题 12.18(b)所示的周期电压。求稳态时电压 u 的有效值及电阻 R 消耗的平均功率。

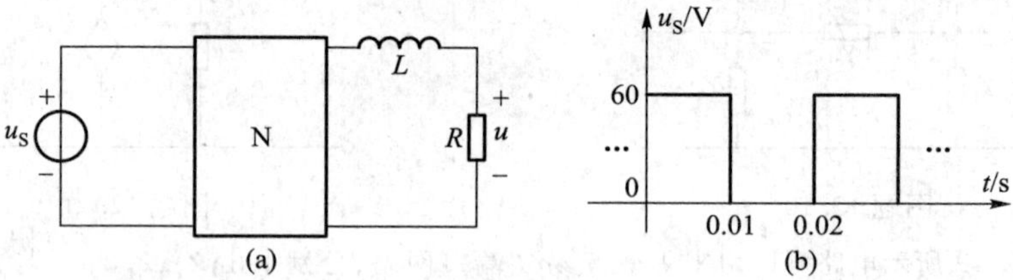

图题 12.18

12.19 图题 12.19 所示电路中 N 为互易二端口网络，当 $I_2=0$ 时，$I_1=2$ A，$U_2=4$ V；当 $U_2=0$ 时，$I_2=-1$ A。求终端接 10 Ω 电阻时的电流 I_1 和 I_2。

12.20 电路如图题 12.20 所示，已知二端口网络 N 的阻抗参数矩阵为 $\boldsymbol{Z}(s)=\frac{1}{s+1}\begin{bmatrix}2 & 1\\ 1 & 3\end{bmatrix}\ \Omega$。(1) 若输入电压 $u_S=\varepsilon(t)$ V，求零状态响应 u_2；(2) 若输入电压 $u_S=10\cos(3t+60°)$ V，求正弦稳态输出电压 u_2。

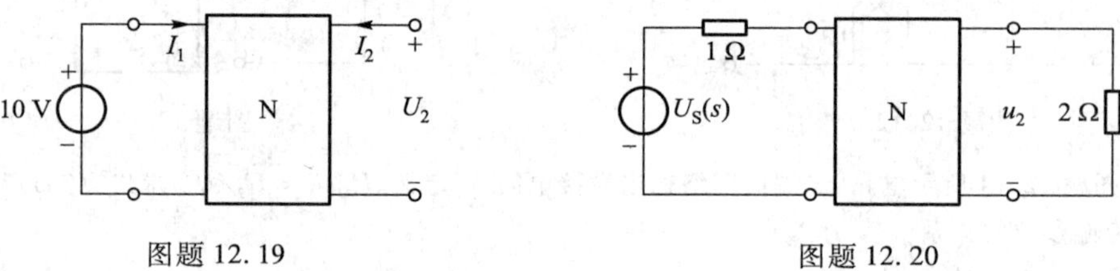

图题 12.19　　图题 12.20

12.21 电路如图题 12.21 所示，已知二端口网络 N 的传输参数矩阵为 $\boldsymbol{T}=\begin{bmatrix}4/3 & 6\ \Omega\\ (1/6)\ \text{S} & 1\end{bmatrix}$，$u_2(0_-)=10$ V，$t=0$ 时开关突然接通，求 $t>0$ 时的电压 u_2。

12.22 电路如图 12.22 所示，已知电阻网络 N_R 的阻抗参数矩阵为 $\boldsymbol{Z}=\begin{bmatrix}8 & 4\\ 4 & 10\end{bmatrix}\ \Omega$，$L=0.1$ H，$R=2$ Ω，求电压源分别为 $u_S=10\varepsilon(t)$ V 和 $u_S=5\ \text{Wb}\times\delta(t)$ 时的响应 i_L。

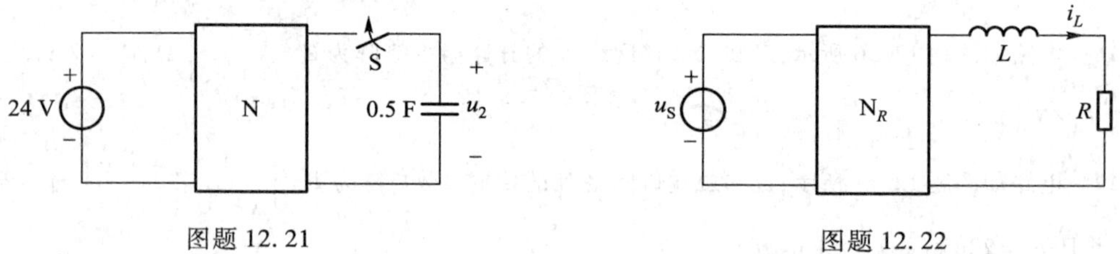

图题 12.21　　图题 12.22

12.23 电路如图题 12.23 所示，已知 $i_S=0.25\ \text{C}\times\delta(t)$，二端口网络 N 的导纳参数矩阵为 $\boldsymbol{Y}(s)=\begin{bmatrix}0.5+0.5s & -0.5s\\ -0.5s & 1+0.5s\end{bmatrix}$。求零状态响应 u_2。

12.24 电路如图题 12.24 所示，已知二端口网络 N 的导纳参数矩阵为 $\boldsymbol{Y}=\begin{bmatrix}1 & -0.5\\ -0.5 & 2/3\end{bmatrix}$ S，电路原处于稳态，$t=0$ 时开关突然断开，用"三要素公式"求 $t>0$ 时的电压 u_2。

12.25 设对称二端口网络导纳参数矩阵为 $\boldsymbol{Y}=\begin{bmatrix}0.03 & -0.01\\ -0.01 & 0.03\end{bmatrix}$ S，求它的特性阻抗和传输常数。

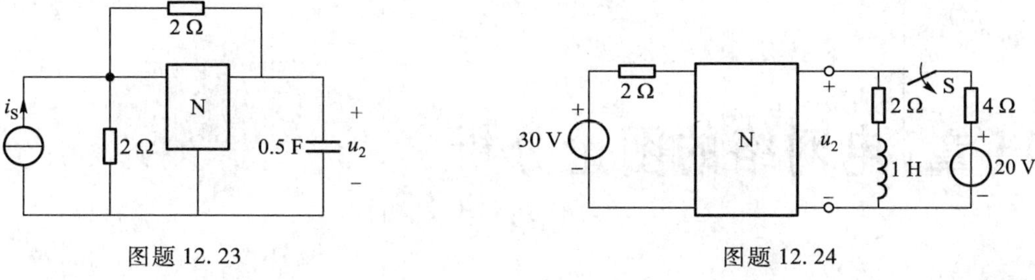

图题 12.23　　图题 12.24

12.26　图题 12.26 所示三个二端口网络级联，已知 N_1 的阻抗参数矩阵为 $\boldsymbol{Z}_1=\begin{bmatrix}6 & 2\\ 2 & 6\end{bmatrix}\ \Omega$，$N_2$ 的传输参数矩阵为 $\boldsymbol{T}_2=\begin{bmatrix}1 & 0\\ 0 & 1\end{bmatrix}$。求复合二端口网络的特性阻抗和传输常数。

12.27　电路如图题 12.27 所示，已知二端口网络 N 的阻抗参数矩阵为 $\boldsymbol{Z}=\begin{bmatrix}5 & 4\\ 4 & 5\end{bmatrix}\ \Omega$，求复合二端口网络的传输参数矩阵 $\boldsymbol{T}$。

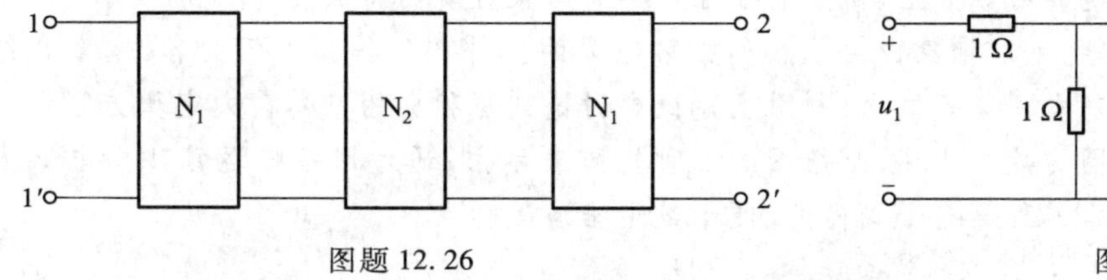

图题 12.26

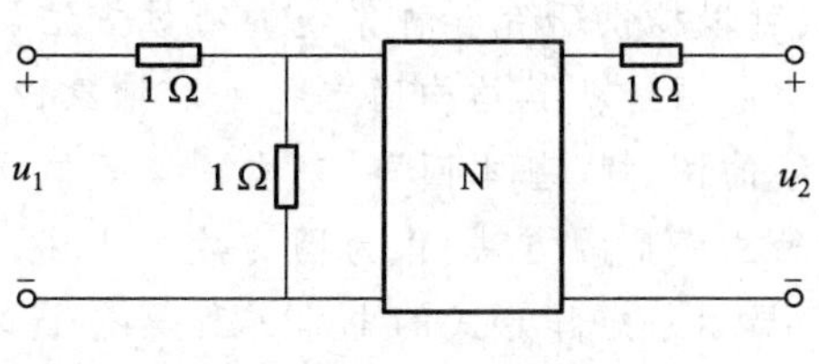

图题 12.27

第 13 章 电网络的图论分析

【导读】

图论是一门数学,研究由点和线组成的集合即拓扑图,简称图。工程上有许多问题可以抽象成图的模型,进而用图论加以研究。例如,计算机网络、通讯网络、交通网络、旅游路线、物流网络、企业质量管理,甚至人类的社会活动和心理活动,微观世界的原子和分子结构等。图论是富有趣味和应用广泛的一门科学,它构成了实际物理系统的一种数学模型。根据图的性质进行分析,可以提供研究各种系统的巧妙方法,而且它往往还具有形象直观的特点。

电网络就其结构而言也可以抽象成由节点和支路组成的拓扑图。作为入门内容,本章介绍网络的图、树、基本回路、基本割集等概念;利用上述概念讨论列写独立的基尔霍夫定律方程和选择独立变量的方法;作为图的数学描述,介绍图的三种矩阵表示法;通过用矩阵运算建立电路方程,显示了矩阵形式的电路方程具有形式简洁、便于数学推演等特点。

13.1 网络的图

根据从前学习内容可知,基尔霍夫电流定律和电压定律分别表述了与节点相连的支路电流和回路所包含的支路电压所遵循的规律。它们的数学描述形式——即$\sum \pm i=0$和$\sum \pm u=0$只取决于电路的结构,即节点和支路的连接关系,而与支路所包含的元件性质无关。因此,为列写基尔霍夫定律方程,只需对电路的结构进行数学描述。为此,可将电网络抽象成由节点和支路组成的图,称为网络的**图**或**网络图**,并利用**图论**的有关概念和方法进行研究。

例如,对图 13.1.1(a)所示的电桥电路,用有向线段代表相应节点之间所存在的支路及其参考方向(电压和电流都使用这个参考方向),便得到图 13.1.1(b)所示的图,其中的节点和支路与电桥电路的节点和支路一一对应。

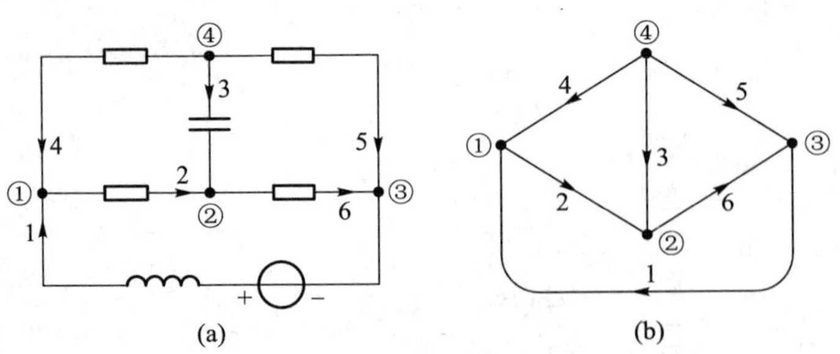

图 13.1.1 (a) 电桥电路;(b) 电桥电路的图

图 13.1.2 是将网络抽象成图的另一示例。由于图 13.1.2(a)中的互感表示磁耦合关系，属于元件性质，不代表网络的结构，因此在网络的图中无需表示。

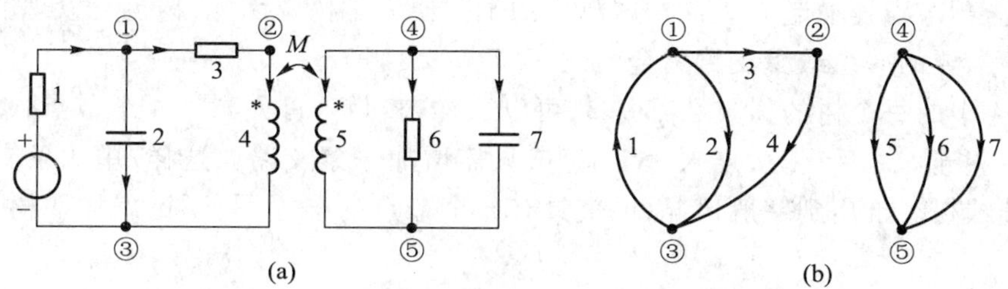

图 13.1.2 (a) 含互感电路；(b) 含互感电路的图

从图论的观点看，图是由节点和支路组成的集合，其中每条支路的两端都连到相应的节点上。通常用符号 G 来表示图。

其实电路模型和电路的图都是实际电路的抽象，不过后者只表示电路的结构特征。

下面结合图 13.1.1(b)和图 13.1.2(b)介绍图论的几个术语。

沿着图上的支路从一个节点到达另一个节点，途中的节点最多经过一次，这组支路集合称为这两个节点之间的**路径**。沿着图上的支路时，既可以顺着支路的方向，也可以逆着支路的方向。例如支路集合{1}、{2,6}、{2,3,5}都是图 13.1.1(b)节点①和③之间的路径。特殊地，如果始节点和终节点重合，则称为**闭合路径**即回路。

如果图中任何两个节点之间至少存在一条路径，则称为**连通图**；否则称为**非连通图**。图 13.1.1(b)是连通图，而图 13.1.2(b)则是非连通图，因为①、②、③节点与④、⑤节点之间无路径相通。

如果图中的所有支路都指定了方向，则称为**有向图**。若都没有规定方向则称为**无向图**。图 13.1.1(b)和图 13.1.2(b)都是有向图，图中支路的方向同时表示电压、电流的参考方向，亦即在抽象成图时，支路电压和电流的参考方向必须一致。

图的一部分称为**子图**。例如图 13.1.3(a)、(b)都是图 13.1.1(b)的子图，其中图 13.1.3(a)是连通子图，而图 13.1.3(b)则是非连通子图。特殊地，一个孤立的节点作为图的一部分也是一个子图。

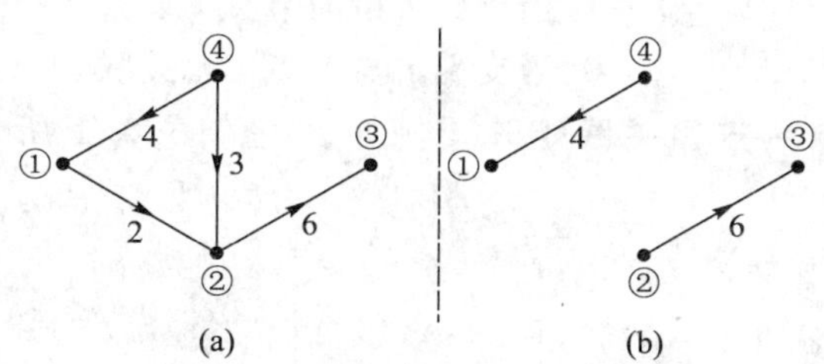

图 13.1.3 图 13.1.1(b)的两个子图

连通图的节点通过支路而连通起来，但为了将全部节点连通起来一般不需要全部支路，因为移去一些构成回路的支路后，图仍能保持连通。例如图 13.1.4 中的 8 个子图，都是仅用 3 个支路就将图 13.1.1(b)的全部节点连通起来的例子，这些例子都不存在回路。像这样，包含全部节点而不形成回路的连通子图,称为连通图的**树**。属于树的支路称为**树支**,其余支路称为**连支**。

不难发现,如果对图 13.1.4 中的每个树再增加一个支路,便会形成回路;如果再删去一个支路,便不能把全部节点连通起来。这样增删后的子图便不是树。因此,树也可以理解成将全部节点连通起来所需要的一组最少支路集合。

图 13.1.4 中的每个树的树支数都是 3,可以这样来理解:首先画出 4 个节点,然后用一条支路将两个节点相连。之后,依次连入一个节点,只需增加一条支路。这样,用 3 条支路就可将全部 4 个节点连成树。推广到一般情况,一个具有 n 个节点的连通图,不论怎样取树,其树支数都是 $n-1$。

如果分别用 b、b_t、b_l 表示支路数、树支数和连支数,则有

$$b_t = n-1 \quad b_l = b-(n-1) \tag{13.1.1}$$

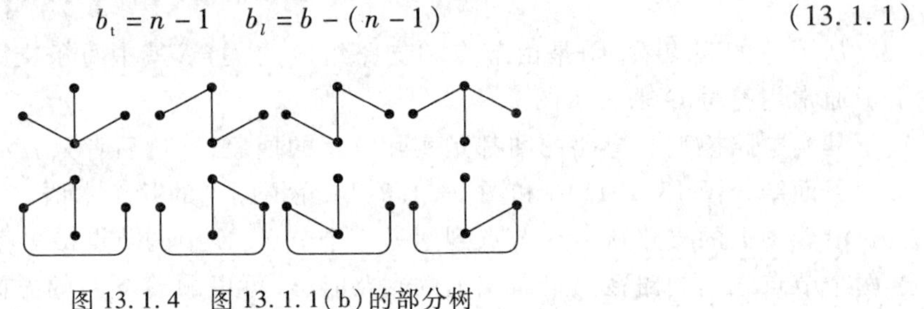

图 13.1.4　图 13.1.1(b)的部分树

13.2　关联矩阵与基尔霍夫定律

1. 关联矩阵

由上节得知,网络图可以用来表示电路的结构,即表示电路的节点和支路的关联关系。这种关联关系也可以用矩阵来表示。对于有 n 个节点、b 条支路的图,定义一个矩阵 $\boldsymbol{A}'$,其中行号对应节点号,列号对应支路号,矩阵中第 i 行第 j 列元素定义为

$$a_{ij} = \begin{cases} 1, 当支路 j 背离节点 i; \\ -1, 当支路 j 指向节点 i; \\ 0, 当支路 j 与节点 i 无关联。\end{cases} \tag{13.2.1}$$

此矩阵称为有向图的**节点-支路关联矩阵**。例如,对图 13.2.1 所示的电桥电路的图,矩阵 $\boldsymbol{A}'$ 为

$$\boldsymbol{A}' = \begin{array}{c} \\ ① \\ ② \\ ③ \\ ④ \end{array}\begin{array}{c} \begin{array}{cccccc} 1 & 2 & 3 & 4 & 5 & 6 \end{array} \\ \begin{bmatrix} -1 & 1 & 0 & 1 & 0 & 0 \\ 0 & -1 & 1 & 0 & 0 & -1 \\ 1 & 0 & 0 & 0 & -1 & 1 \\ 0 & 0 & -1 & -1 & 1 & 0 \end{bmatrix} \end{array} \tag{13.2.2}$$

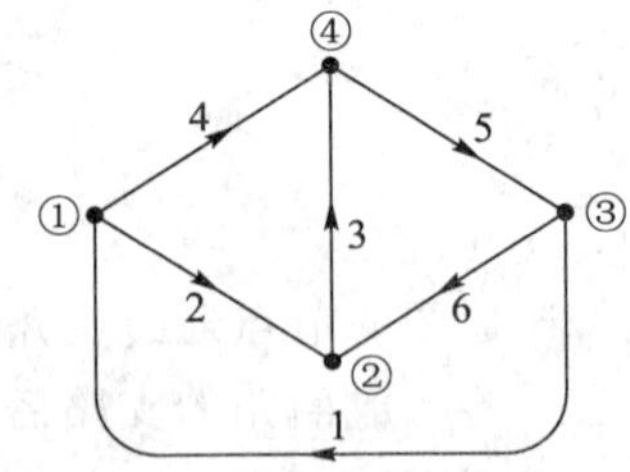

图 13.2.1　电桥电路的图

因为图的每个支路都连接着两个节点(连接同一节点的情况不做考虑),所以 $\boldsymbol{A}'$的每一列只有两个非零元素,1 和 -1,每一列元

素之和均为零。这样，$\boldsymbol{A}'$的任意一行元素都可由其他$(n-1)$行来确定，它只有$(n-1)$个独立行。因此，可将$\boldsymbol{A}'$的任意一行省略，例如省略参考节点对应的行，得到一个缩减的节点－支路关联矩阵，简称**关联矩阵**，记为$\boldsymbol{A}$。例如，在式(13.2.2)中，除去节点④对应的第4行，便得到关联矩阵

$$\boldsymbol{A}=\begin{bmatrix}-1 & 1 & 0 & 1 & 0 & 0\\ 0 & -1 & 1 & 0 & 0 & -1\\ 1 & 0 & 0 & 0 & -1 & 1\end{bmatrix} \tag{13.2.3}$$

关联矩阵与网络的图一一对应。根据给定的图可以写出对应的关联矩阵$\boldsymbol{A}$；反过来，根据关联矩阵$\boldsymbol{A}$也不难画出对应的图。关联矩阵，作为图的一种数学描述，可以直接参与数学运算，而图却不能。这也是用矩阵来表达图的重要用意。

2. 基尔霍夫定律方程的关联矩阵形式

关联矩阵的行代表了相应节点与支路的关联关系，即背离、指向或无关联，这正好用以表达KCL。例如，对图13.2.1所示网络图的节点①、②、③列KCL方程得

$$\begin{cases}-i_1+i_2+i_4=0\\ -i_2+i_3-i_6=0\\ i_1-i_5+i_6=0\end{cases} \tag{13.2.4}$$

写成矩阵形式为

$$\begin{bmatrix}-1 & 1 & 0 & 1 & 0 & 0\\ 0 & -1 & 1 & 0 & 0 & -1\\ 1 & 0 & 0 & 0 & -1 & 1\end{bmatrix}\begin{bmatrix}i_1\\ i_2\\ i_3\\ i_4\\ i_5\\ i_6\end{bmatrix}=\begin{bmatrix}0\\ 0\\ 0\end{bmatrix} \tag{13.2.5}$$

此方程组的系数矩阵就是式(13.2.3)表示的关联矩阵$\boldsymbol{A}$。

推广到一般情况，将b个支路电流写成支路电流列向量$\boldsymbol{I}=[i_1,i_2,\cdots,i_b]^{\mathrm{T}}$，则KCL的关联矩阵形式为

$$\boldsymbol{AI}=0 \tag{13.2.6}$$

这个矩阵形式的方程代表了全部独立节点的KCL方程，显然比$\sum \pm i=0$形式的KCL方程来得简洁，后者只能表达一个节点的电流关系。

再分析KVL的关联矩阵形式。KVL反映了库仑场做功与路径无关的事实，在这个事实基础上，可以定义电位或节点电压，因而KVL又可表述为支路电压等于两端节点电压之差，所以这种表述与$\sum \pm u=0$形式的KVL本质是一致的。为此，选图13.2.1的节点④为参考点，用节点电压之差表示支路电压，并写成矩阵形式，得到图13.2.1中各节点电压与支路电压的关系

$$\begin{bmatrix} u_1 \\ u_2 \\ u_3 \\ u_4 \\ u_5 \\ u_6 \end{bmatrix} = \begin{bmatrix} -1 & 0 & 1 \\ 1 & -1 & 0 \\ 0 & 1 & 0 \\ 1 & 0 & 0 \\ 0 & 0 & -1 \\ 0 & -1 & 1 \end{bmatrix} \begin{bmatrix} u_{n1} \\ u_{n2} \\ u_{n3} \end{bmatrix} \tag{13.2.7}$$

此方程的系数矩阵等于式(13.2.3)表示的关联矩阵 $\boldsymbol{A}$ 的转置。这一结论不难从关联矩阵的定义来理解,因为 $\boldsymbol{A}^{\mathrm{T}}$ 的行正好对应着支路与节点的连接关系。

推广到一般情况,设网络有 b 条支路、n 个节点,第 n 号节点为参考节点,支路电压和节点电压向量分别记作

$$\boldsymbol{U} = [u_1, u_2, \cdots, u_b]^{\mathrm{T}} \quad 和 \quad \boldsymbol{U}_{\mathrm{n}} = [u_{\mathrm{n1}}, u_{\mathrm{n2}}, \cdots, u_{\mathrm{n}(n-1)}]^{\mathrm{T}} \tag{13.2.8}$$

则节点电压与支路电压的关系即 KVL 的关联矩阵形式是

$$\boldsymbol{U} = \boldsymbol{A}^{\mathrm{T}} \boldsymbol{U}_{\mathrm{n}} \tag{13.2.9}$$

关联矩阵形式的基尔霍夫定律方程形式紧凑,且可采用矩阵运算来分析电路问题。下面以特勒根定理的论证为例,体会使用矩阵形式的 KCL 和 KVL 方程的便捷性。

特勒根定理在第 3 章已经学习,重述如下:设两个集中参数电路 N 与 $\tilde{\mathrm{N}}$ 的有向图相同,支路电压列向量分别为 $\boldsymbol{U} = [u_1, u_2, \cdots, u_b]^{\mathrm{T}}$ 及 $\tilde{\boldsymbol{U}} = [\tilde{u}_1, \tilde{u}_2, \cdots, \tilde{u}_b]^{\mathrm{T}}$;支路电流列向量分别为 $\boldsymbol{I} = [i_1, i_2, \cdots, i_b]^{\mathrm{T}}$ 及 $\tilde{\boldsymbol{I}} = [\tilde{i}_1, \tilde{i}_2, \cdots, \tilde{i}_b]^{\mathrm{T}}$,则有

$$\tilde{\boldsymbol{U}}^{\mathrm{T}} \boldsymbol{I} = \sum_{k=1}^{b} \tilde{u}_k i_k = 0 \quad 与 \quad \boldsymbol{U}^{\mathrm{T}} \tilde{\boldsymbol{I}} = \sum_{k=1}^{b} u_k \tilde{i}_k = 0 \tag{13.2.10}$$

证明:将电路 $\tilde{\mathrm{N}}$ 的 KVL 关联矩阵形式,即 $\tilde{\boldsymbol{A}}^{\mathrm{T}} \tilde{\boldsymbol{U}}_{\mathrm{n}} = \tilde{\boldsymbol{U}}$ 转置,得

$$\tilde{\boldsymbol{U}}^{\mathrm{T}} = \tilde{\boldsymbol{U}}_{\mathrm{n}}^{\mathrm{T}} \tilde{\boldsymbol{A}} \tag{13.2.11}$$

上式两边同时右乘电路 N 的支路电流列向量 $\boldsymbol{I}$,得

$$\tilde{\boldsymbol{U}}^{\mathrm{T}} \boldsymbol{I} = \tilde{\boldsymbol{U}}_{\mathrm{n}}^{\mathrm{T}} \tilde{\boldsymbol{A}} \boldsymbol{I} \tag{13.2.12}$$

由于两个电路具有相同的有向图,也就是说它们的关联矩阵是相同的,即 $\tilde{\boldsymbol{A}} = \boldsymbol{A}$。因此上式中 $\tilde{\boldsymbol{A}} \boldsymbol{I} = \boldsymbol{A} \boldsymbol{I} = \boldsymbol{0}$,从而

$$\tilde{\boldsymbol{U}}^{\mathrm{T}} \boldsymbol{I} = \tilde{\boldsymbol{U}}_{\mathrm{n}}^{\mathrm{T}} \boldsymbol{A} \boldsymbol{I} = \tilde{\boldsymbol{U}}_{\mathrm{n}}^{\mathrm{T}} \boldsymbol{0} = 0 \tag{13.2.13}$$

同理可证

$$\boldsymbol{U}^{\mathrm{T}} \tilde{\boldsymbol{I}} = 0 \tag{13.2.14}$$

13.3 基本回路与基本割集

上一节将 KCL 和 KVL 表达成了关联矩阵形式,其中的电路变量分别是支路电流和节点电

压。在有些情况下，还需要以部分支路电流和部分支路电压为变量来列写 KCL 和 KVL 方程。如何选择独立的支路电流和支路电压，以及如何列写独立的 KCL 和 KVL 方程，这类问题可以借助图论中基于树的概念而定义的基本回路和基本割集来解决。

1. 基本回路

在表示电桥电路的图中任取一树，如图 13.3.1 所示，实线表示树支，虚线表示连支。因为树不含回路，因此要想构成回路至少需要包含一条连支。又因为任何两个节点之间只有一条仅由树支形成的路径，否则仅由树支便形成了回路，违背树的定义。例如图 13.3.1(a)中连支 4 两端节点之间只有一条由树支 2、3 构成的路径，所以连支 4 只能与树支 2、3 形成一个单连支回路 l_4。再比如，连支 5 只能和树支 1、2、3 形成单连支回路 l_5，如图 13.3.1(b)所示；连支 6 只能和树支 1、2 形成单连支回路 l_6，如图 13.3.1(c)所示。

像这样，由每个连支和必要的树支构成的一组单连支回路称为**基本回路**，每个基本回路的绕行方向顺应所含连支的方向。

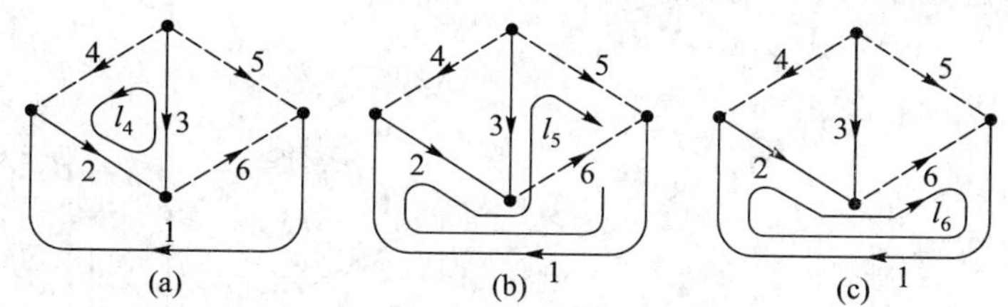

图 13.3.1 连支与基本回路：(a)连支 4；(b)连支 5；(c)连支 6

下面仍以图 13.3.1 为例研究基本回路的性质。图中 3 个基本回路上的 KVL 方程分别为

$$\text{回路 } l_4:(u_4)+u_2-u_3=0 \tag{13.3.1}$$

$$\text{回路 } l_5:(u_5)+u_1+u_2-u_3=0 \tag{13.3.2}$$

$$\text{回路 } l_6:(u_6)+u_1+u_2=0 \tag{13.3.3}$$

上述每个方程中都包含一个在其他方程中不存在的连支电压（括号内的电压）。这样，某个方程不可能用其他方程的线性组合来表达，因此这组 KVL 方程是独立的。

若对基本回路以外的回路列写 KVL 方程，例如对连支 4、5 与树支 1 组成的回路，KVL 方程是

$$u_4-u_1-u_5=0 \tag{13.3.4}$$

此式其实就是含 u_4 的式(13.3.1)与含 u_5 的式(13.3.2)相减的结果，因而该方程相对基本回路的 KVL 方程是不独立的。

推广到一般情况：对基本回路列写的 KVL 方程是一组独立方程，其他回路的 KVL 方程都可通过基本回路 KVL 方程的线性组合来表示，因此称基本回路是一组独立回路，它的方程个数等于连支数 $b_l=b-(n-1)$。

由于每个基本回路只包含一个连支，所以任一连支电压可以通过 KVL 表达成树支电压的线性组合。例如由式(13.3.1)～式(13.3.3)求得各连支电压分别为

$$u_4=-u_2+u_3 \tag{13.3.5}$$

$$u_5 = -u_1 - u_2 + u_3 \tag{13.3.6}$$

$$u_6 = -u_1 - u_2 \tag{13.3.7}$$

但任一树支电压不可能由其余树支电压仅通过 KVL 来求得，这是因为仅由树支不能形成回路。因此又得出结论：在全部支路电压中，树支电压是一组独立变量。

2. 割集

连通图各节点之间都至少存在一条路径，因此要想使连通图变成非连通图，就必须移去部分支路。例如在图 13.3.2(a)中移去 1、2、4，在图(b)中移去 3、4、6，移去后都变成了包括两个分离部分的非连通图。像这样一组满足下列条件的支路集合称为连通图的**割集**：(1) 如果移去此集合中的全部支路（保留支路两端的节点），则此图变成两个分离的部分（一个孤立节点也是一个分离部分）；(2) 如果留下该集合中的任一支路，则剩下的图仍是连通的。

根据这一定义，图 13.3.2(c)的集合{2,3,5}不是割集，因为将其全部移去后并没有将图变成两个分离部分。图 13.3.2(d)的集合{3,4,5,6}也不是割集，因为将支路 6 留下而将 3、4、5 移去，则剩下的图为非连通图，其中有一部分只包含节点④。

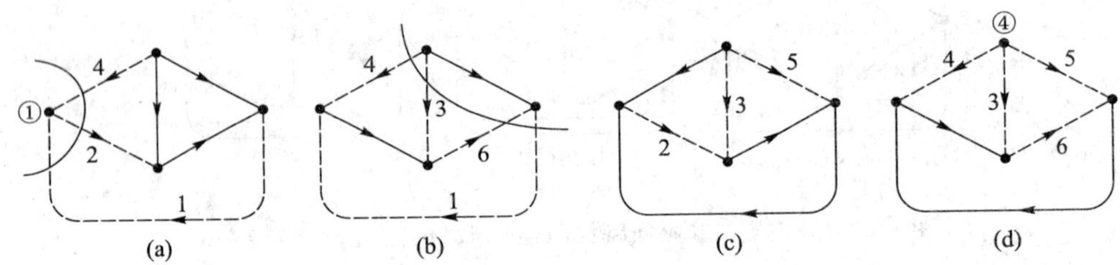

图 13.3.2 割集与非割集示例：(a)、(b) 为割集；(c)、(d) 为非割集

3. 基本割集

观察图 13.3.3 中实线所代表的树，因为树支连通着全部节点，因此根据割集的定义，要想构成割集至少要包括一条树支。另外，取一树支和必要的连支只能构成一个单树支割集。例如在图 13.3.3 中，树支 1 只能与连支 5、6 构成一个单树支割集 $c_1=\{1,5,6\}$。同样，树支 2 和树支 3 也只能各形成一个单树支割集 $c_2=\{2,4,5,6\}$ 和 $c_3=\{3,4,5\}$。

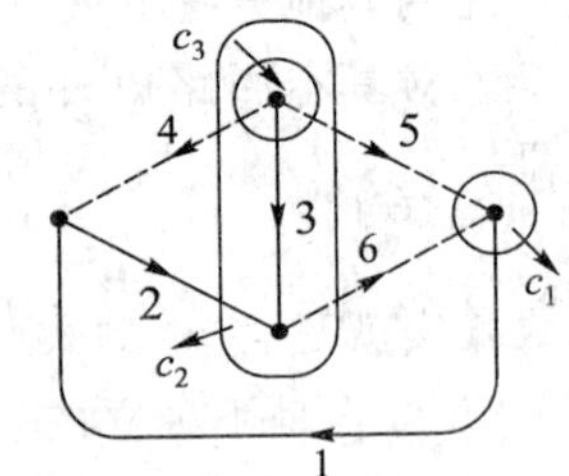

图 13.3.3 基本割集

像这样，由每个树支和必要的连支构成的一组单树支割集称为**基本割集**。基本割集的方向规定为所含树支的方向，它指向或背离闭合面。

下面仍以图 13.3.3 为例研究基本割集的性质。图中 3 个基本割集各对应一个闭合面，它们的 KCL 方程分别是

$$\text{割集 } c_1：(i_1) - i_5 - i_6 = 0 \tag{13.3.8}$$

$$\text{割集 } c_2：(i_2) - i_4 - i_5 - i_6 = 0 \tag{13.3.9}$$

$$\text{割集 } c_3：(i_3) + i_4 + i_5 = 0 \tag{13.3.10}$$

上述每一个方程中都含有一个不被其他方程包含的树支电流(括号中的电流),因此任一方程不可能通过其他方程的线性组合来求得。而其他割集,例如支路集合{1,2,4},其 KCL 方程($-i_1+i_2-i_4=0$)可以通过式(13.3.9)与式(13.3.8)相减来得出,因而该方程相对基本割集的 KCL 方程是不独立的。

推广为一般情况:基本割集的 KCL 方程是一组独立方程,其他割集的 KCL 方程都可用基本割集的 KCL 方程的线性组合来表示,因此称基本割集是一组独立割集。基本割集数等于树支数 $b_t=n-1$。

由于每个基本割集只包含一个树支,所以任一树支电流都可通过 KCL 表达成连支电流的线性组合。例如从式(13.3.8)~式(13.3.10)可求得树支电流

$$i_1=i_5+i_6 \tag{13.3.11}$$

$$i_2=i_4+i_5+i_6 \tag{13.3.12}$$

$$i_3=-i_4-i_5 \tag{13.3.13}$$

但任一连支电流不能由其余连支电流仅通过 KCL 来求得,这是因为仅由连支不能形成割集。由此得出结论:在全部支路电流中,连支电流是一组独立变量。

【例题 13.3.1】 如图 13.3.4 所示网络的图。(1) 选择一组独立的支路电压,并用以表达其他支路电压;(2) 选择一组独立的支路电流,并用以表达其他支路电流。

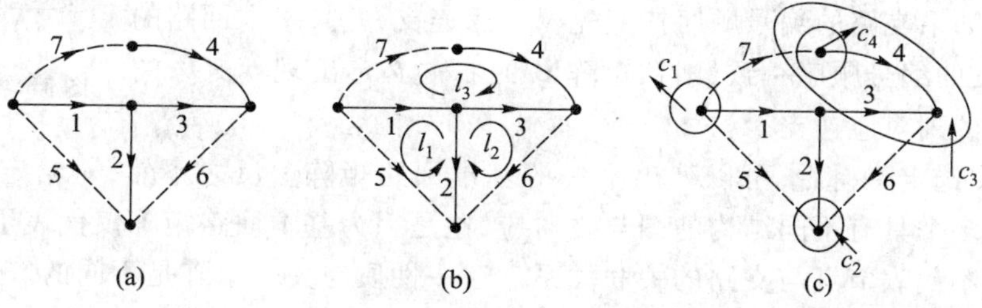

图 13.3.4 (a) 例题 13.3.1 图;(b) 基本回路;(c) 基本割集

【解】 选择一树,例如支路集合{1,2,3,4},树支电压便是一组独立的支路电压,连支电流便是一组独立的支路电流。

(1) 对基本回路(参见图 13.3.4(b))列写 KVL,可以求得连支电压:

基本回路 l_1: $u_5=u_1+u_2$

l_2: $u_6=u_2-u_3$

l_3: $u_7=u_1+u_3-u_4$

(2) 对基本割集(参见图 13.3.4(c))列写 KCL 方程,可以求得树支电流:

基本割集 c_1: $i_1=-i_5-i_7$

c_2: $i_2=-i_5-i_6$

c_3: $i_3=i_6-i_7$

c_4: $i_4=i_7$

13.4 基本回路矩阵与基尔霍夫定律

1. 基本回路矩阵

上一节得出了基本回路是一组独立回路的结论,接下来便需要把基本回路加以数学描述,以便列写矩阵形式的 KCL 和 KVL 方程。所谓数学描述就是要建立基本回路与支路的关联关系。为此定义矩阵 $\boldsymbol{B}$,行依次对应全部基本回路;列依次对应全部支路,其元素定义为

$$b_{ij}=\begin{cases}1,\text{基本回路 } i \text{ 包含支路 } j,\text{且二者方向相同;}\\-1,\text{基本回路 } i \text{ 包含支路 } j,\text{但二者方向相反;}\\0,\text{基本回路 } i \text{ 不包含支路 } j\text{。}\end{cases} \tag{13.4.1}$$

这种 $b_l \times b$ 的矩阵称为**基本回路矩阵**。

例如,图 13.4.1 中选支路 4、5、6 为连支,对应的基本回路矩阵为

$$\boldsymbol{B}=\begin{matrix}l_4\\l_5\\l_6\end{matrix}\begin{bmatrix}0 & 1 & -1 & 1 & 0 & 0\\1 & 1 & -1 & 0 & 1 & 0\\1 & 1 & 0 & 0 & 0 & 1\end{bmatrix} \tag{13.4.2}$$

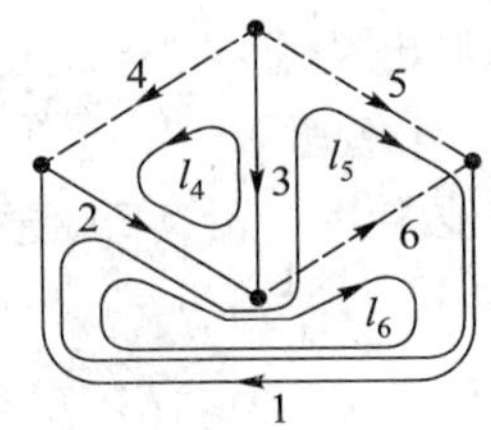

图 13.4.1 基本回路

不难理解,如果支路的编号顺序按照先树支后连支,并且基本回路的编号顺序与连支的编号顺序一致,则在矩阵 $\boldsymbol{B}$ 的右端必定出现 $b_l \times b_l$ 的单位子矩阵,它的列对应连支。

对给定的图选定一树后,可以列出唯一的基本回路矩阵。反之不然,对给定的基本回路矩阵,则可以找到多个具有不同结构的图与之对应,这是因为基本回路矩阵仅代表了基本回路与支路的关联关系,不代表节点与支路的关联关系。这一性质与关联矩阵是不同的。

2. 基尔霍夫定律方程的基本回路矩阵形式

上节指出,对基本回路列写的 KVL 方程是一组独立方程。下面仍以图 13.4.1 为例,将这组独立方程表达成矩阵形式。图 13.4.1 基本回路的 KVL 方程为

$$\begin{cases}u_2-u_3+u_4=0\\u_1+u_2-u_3+u_5=0\\u_1+u_2+u_6=0\end{cases} \tag{13.4.3}$$

再写成矩阵形式为

$$\begin{bmatrix}0 & 1 & -1 & 1 & 0 & 0\\1 & 1 & -1 & 0 & 1 & 0\\1 & 1 & 0 & 0 & 0 & 1\end{bmatrix}\begin{bmatrix}u_1\\u_2\\u_3\\u_4\\u_5\\u_6\end{bmatrix}=\begin{bmatrix}0\\0\\0\end{bmatrix} \tag{13.4.4}$$

上述方程的系数矩阵刚好就是图 13.4.1 的基本回路矩阵即式(13.4.2)。此结论不难从基本回路矩阵的定义去理解,因为基本回路矩阵的每一行代表了该基本回路所包含的全部支路。

推广到一般情况,设 $\boldsymbol{U}$ 表示支路电压列向量,则 KVL 方程的基本回路矩阵形式为

$$\boldsymbol{BU}=\mathbf{0} \tag{13.4.5}$$

如按树支和连支写成分块矩阵并展开得

$$[\boldsymbol{B}_{\mathrm{t}} \vdots \mathbf{1}_l]\begin{bmatrix}\boldsymbol{U}_{\mathrm{t}}\\ \boldsymbol{U}_l\end{bmatrix}=\boldsymbol{B}_{\mathrm{t}}\boldsymbol{U}_{\mathrm{t}}+\boldsymbol{U}_l=\mathbf{0} \tag{13.4.6}$$

从而得到用独立的树支电压来计算连支电压的矩阵表达式为

$$\boldsymbol{U}_l=-\boldsymbol{B}_{\mathrm{t}}\boldsymbol{U}_{\mathrm{t}} \tag{13.4.7}$$

再来分析基尔霍夫电流定律。连支电流是一组独立变量,对基本割集列 KCL 方程,就能够将树支电流表达成连支电流的代数和。对图 13.4.2 所示基本割集列写 KCL 方程并写成矩阵形式,得树支电流为

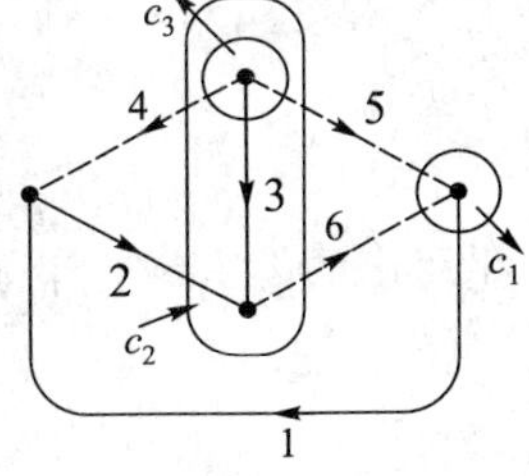

图 13.4.2 基本割集

$$\begin{matrix}c_1:\\c_2:\\c_3:\end{matrix}\begin{bmatrix}i_1\\i_2\\i_3\end{bmatrix}=\begin{bmatrix}0&1&1\\1&1&1\\-1&-1&0\end{bmatrix}\begin{bmatrix}i_4\\i_5\\i_6\end{bmatrix} \tag{13.4.8}$$

再将上述方程扩展到全部支路电流,则是

$$\begin{bmatrix}i_1\\i_2\\i_3\\i_4\\i_5\\i_6\end{bmatrix}=\begin{bmatrix}0&1&1\\1&1&1\\-1&-1&0\\1&0&0\\0&1&0\\0&0&1\end{bmatrix}\begin{bmatrix}i_4\\i_5\\i_6\end{bmatrix} \tag{13.4.9}$$

上述方程的系数矩阵刚好是基本回路矩阵 $\boldsymbol{B}$ 的转置,这是因为 $\boldsymbol{B}$ 转置的每一行代表了包含该支路的所有基本回路,或者说代表了该支路电流由哪些基本回路电流来合成。

上式是用连支电流通过 KCL 表达的支路电流,所以在任意节点上支路电流显然满足 $\sum \pm i=0$ 形式的 KCL 方程,故式(13.4.9)就是图 13.4.2 的 KCL 方程的基本回路矩阵形式。

推广到一般情况,设连支电流列向量为 $\boldsymbol{I}_l=[i_{l1},i_{l2},\cdots,i_{lb_l}]^{\mathrm{T}}$,则 KCL 方程的基本回路矩阵形式为

$$\boldsymbol{I}=\boldsymbol{B}^{\mathrm{T}}\boldsymbol{I}_l \tag{13.4.10}$$

如果基本回路矩阵 $\boldsymbol{B}$ 的右端出现单位子矩阵,则式(13.4.10)可以写成

$$\begin{bmatrix}\boldsymbol{I}_{\mathrm{t}}\\ \boldsymbol{I}_l\end{bmatrix}=[\boldsymbol{B}_{\mathrm{t}} \vdots \mathbf{1}_l]^{\mathrm{T}}\boldsymbol{I}_l \tag{13.4.11}$$

由上式得到用独立的连支电流来计算树支电流的矩阵表达式为

$$\boldsymbol{I}_{\mathrm{t}}=\boldsymbol{B}_{\mathrm{t}}^{\mathrm{T}}\boldsymbol{I}_l \tag{13.4.12}$$

13.5　基本割集矩阵与基尔霍夫定律

1. 基本割集矩阵

13.3 节得出了基本割集是一组独立割集的结论，与基本回路情况相似，对基本割集也需要加以数学描述，以便列写矩阵形式的 KCL 和 KVL 方程。这里的数学描述就是要建立基本割集与支路的关联关系。为此定义矩阵 $\boldsymbol{C}$，行依次对应全部基本割集；列依次对应全部支路，其元素定义为

$$c_{ij}=\begin{cases}1,\text{基本割集 } i \text{ 包含支路 } j,\text{且二者方向相同；}\\-1,\text{基本割集 } i \text{ 包含支路 } j,\text{但二者方向相反；}\\0,\text{基本割集 } i \text{ 不包含支路 } j。\end{cases}\tag{13.5.1}$$

按此写出的 $b_t\times b$ 矩阵称为**基本割集矩阵**。例如，图 13.4.2 的基本割集矩阵为

$$\boldsymbol{C}=\begin{matrix}c_1\\c_2\\c_3\end{matrix}\left[\begin{array}{ccc:ccc}1&0&0&0&-1&-1\\0&1&0&-1&-1&-1\\0&0&1&1&1&0\end{array}\right]\tag{13.5.2}$$

不难理解，如果支路的编号按照先树支后连支的顺序，并且基本割集编号顺序与树支编号顺序一致，则在矩阵 $\boldsymbol{C}$ 的左端必定出现 $b_t\times b_t$ 的单位子矩阵，它的列对应树支。

对给定的图并选定一树后，可以写出唯一的基本割集矩阵。反之不然，对给定的基本割集矩阵，则可以找到多个具有不同结构的图与之对应，这是因为基本割集矩阵仅代表了基本割集与支路的关联关系，不代表节点与支路的关联关系。这一性质与基本回路矩阵是一致的。

2. 基尔霍夫定律方程的基本割集矩阵形式

13.3 节指出，对基本割集列写的 KCL 方程是一组独立方程。下面结合图 13.4.2 将这组独立方程表达成矩阵形式。为此列出图 13.4.2 基本割集上的 KCL 方程并写成矩阵形式得

$$\begin{bmatrix}1&0&0&0&-1&-1\\0&1&0&-1&-1&-1\\0&0&1&1&1&0\end{bmatrix}\begin{bmatrix}i_1\\i_2\\i_3\\i_4\\i_5\\i_6\end{bmatrix}=\begin{bmatrix}0\\0\\0\end{bmatrix}\tag{13.5.3}$$

上述方程的系数矩阵刚好是图 13.4.2 的基本割集矩阵即式(13.5.2)，这是因为基本割集矩阵的每一行反映了该基本割集所包含的支路情况。

推广到一般情况，设 $\boldsymbol{I}$ 表示支路电流列向量，则 KCL 方程的基本割集矩阵形式是

$$\boldsymbol{CI}=\boldsymbol{0}\tag{13.5.4}$$

如果支路编号顺序是树支在前连支在后，使得矩阵 $\boldsymbol{C}$ 的左端出现单位子矩阵，同时将支路

电流按照树支和连支顺序进行分块，则式(13.5.4)可以写成

$$\boldsymbol{CI}=[\boldsymbol{1}_{\mathrm{t}} \vdots \boldsymbol{C}_l]\begin{bmatrix}\boldsymbol{I}_{\mathrm{t}}\\ \boldsymbol{I}_l\end{bmatrix}=\boldsymbol{I}_{\mathrm{t}}+\boldsymbol{C}_l\boldsymbol{I}_l=\boldsymbol{0} \tag{13.5.5}$$

由此得到用独立的连支电流计算树支电流的又一矩阵表达式(前一表达式为式(13.4.12))为

$$\boldsymbol{I}_{\mathrm{t}}=-\boldsymbol{C}_l\boldsymbol{I}_l \tag{13.5.6}$$

再分析基尔霍夫电压定律。13.3 节已指出，树支电压是一组独立变量，可以通过基本回路上的 KVL 方程来表达全部连支电压。例如，对图 13.4.1 所示的基本回路列写 KVL 方程并写成矩阵形式，得连支电压

$$\begin{bmatrix}u_4\\u_5\\u_6\end{bmatrix}=\begin{bmatrix}0&-1&-1\\-1&-1&-1\\1&1&0\end{bmatrix}\begin{bmatrix}u_1\\u_2\\u_3\end{bmatrix} \tag{13.5.7}$$

再将上述方程扩展到全部支路电压便得

$$\begin{bmatrix}u_1\\u_2\\u_3\\u_4\\u_5\\u_6\end{bmatrix}=\begin{bmatrix}1&0&0\\0&1&0\\0&0&1\\0&-1&-1\\-1&-1&-1\\1&1&0\end{bmatrix}\begin{bmatrix}u_1\\u_2\\u_3\end{bmatrix} \tag{13.5.8}$$

上述方程的系数矩阵刚好是图 13.4.1 基本割集矩阵 $\boldsymbol{C}$ 的转置，这是因为 $\boldsymbol{C}$ 转置的每一行刚好反映了包含该行支路的那些基本割集情况，这些基本割集的树支电压代数和就是这个支路电压。

推广到一般情况，设树支电压列向量为 $\boldsymbol{U}_{\mathrm{t}}=[u_{\mathrm{t1}},u_{\mathrm{t2}},\cdots,u_{\mathrm{tb_t}}]^{\mathrm{T}}$，则 KVL 方程的基本割集矩阵形式是

$$\boldsymbol{U}=\boldsymbol{C}^{\mathrm{T}}\boldsymbol{U}_{\mathrm{t}} \tag{13.5.9}$$

按照先树支后连支的顺序写成分块形式为

$$\begin{bmatrix}\boldsymbol{U}_{\mathrm{t}}\\ \boldsymbol{U}_l\end{bmatrix}=[\boldsymbol{1}_{\mathrm{t}} \vdots \boldsymbol{C}_l]^{\mathrm{T}}[\boldsymbol{U}_{\mathrm{t}}] \tag{13.5.10}$$

由此得到用独立的树支电压计算连支电压的又一矩阵表达式(前一表达式为式(13.4.7))为

$$\boldsymbol{U}_l=\boldsymbol{C}_l^{\mathrm{T}}\boldsymbol{U}_{\mathrm{t}} \tag{13.5.11}$$

【例题 13.5.1】 某网络图的连支电流为 $i_4=4\ \mathrm{A}$，$i_5=5\ \mathrm{A}$，$i_6=6\ \mathrm{A}$，树支电阻 $R_1=1\ \Omega$，$R_2=2\ \Omega$，$R_3=3\ \Omega$，基本割集矩阵为

$$\boldsymbol{C}=\begin{bmatrix}1&0&0&-1&1&0\\0&1&0&-1&0&1\\0&0&1&0&1&-1\end{bmatrix}=[\boldsymbol{1}_{\mathrm{t}} \vdots \boldsymbol{C}_l]$$

试求连支电压。

【解】 根据式(13.5.6)，由已知连支电流求得树支电流为

$$\boldsymbol{I}_{\mathrm{t}}=\begin{bmatrix}i_1\\i_2\\i_3\end{bmatrix}=-\boldsymbol{C}_l\boldsymbol{I}_l=\begin{bmatrix}1&-1&0\\1&0&-1\\0&-1&1\end{bmatrix}\begin{bmatrix}4\\5\\6\end{bmatrix}\mathrm{A}=\begin{bmatrix}-1\\-2\\1\end{bmatrix}\mathrm{A}$$

由欧姆定律求得树支电压为

$$\boldsymbol{U}_{\mathrm{t}}=\begin{bmatrix}u_1\\u_2\\u_3\end{bmatrix}=\begin{bmatrix}R_1i_1\\R_2i_2\\R_3i_3\end{bmatrix}=\begin{bmatrix}-1\\-4\\3\end{bmatrix}\mathrm{V}$$

最后由式(13.5.11)求出连支电压为

$$\boldsymbol{U}_l=\begin{bmatrix}u_4\\u_5\\u_6\end{bmatrix}=\boldsymbol{C}_l^{\mathrm{T}}\boldsymbol{U}_{\mathrm{t}}=\begin{bmatrix}5\\2\\-7\end{bmatrix}\mathrm{V}$$

3. 网络矩阵之间的关系

前面定义的三种网络矩阵分别表示了网络的不同信息：$\boldsymbol{A}$——节点与支路；$\boldsymbol{B}$——基本回路与支路；$\boldsymbol{C}$——基本割集与支路。其中 $\boldsymbol{B}$ 和 $\boldsymbol{C}$ 还包含着树的信息。因此对同一图的同一树，这些矩阵之间必定存在一定的关系。借助基尔霍夫定律的三种矩阵形式，可以很容易地从数学上建立这些关系。

(1) 关联矩阵与基本回路矩阵的关系

将基本回路矩阵形式的 KCL 方程即式(13.4.10)代入关联矩阵形式的 KCL 方程即式(13.2.6)得

$$\boldsymbol{AI}=\boldsymbol{A}(\boldsymbol{B}^{\mathrm{T}}\boldsymbol{I}_l)=(\boldsymbol{AB}^{\mathrm{T}})\boldsymbol{I}_l=\boldsymbol{0} \tag{13.5.12}$$

上式对任意连支电流$\boldsymbol{I}_l$ 均成立，而连支电流是一组独立变量，可随意给定。因此可以设$\boldsymbol{I}_l$ 只有第 1 个元素非零，由此断定 $\boldsymbol{AB}^{\mathrm{T}}$ 之积的第 1 列元素均为零；再设$\boldsymbol{I}_l$ 只有第 2 个元素非零，由此又可断定 $\boldsymbol{AB}^{\mathrm{T}}$ 之积的第 2 列元素均为零。依此递推便得出 $\boldsymbol{AB}^{\mathrm{T}}$ 之积的全部元素都为零，即

$$\boldsymbol{AB}^{\mathrm{T}}=\boldsymbol{0}\quad 或\quad \boldsymbol{BA}^{\mathrm{T}}=\boldsymbol{0} \tag{13.5.13}$$

(2) 基本回路矩阵与基本割集矩阵的关系

在图中任取一树，将基本割集矩阵形式的 KVL 方程(即式(13.5.9))代入基本回路矩阵形式的 KVL 方程(即式(13.4.5))得

$$\boldsymbol{BU}=\boldsymbol{B}(\boldsymbol{C}^{\mathrm{T}}\boldsymbol{U}_{\mathrm{t}})=(\boldsymbol{BC}^{\mathrm{T}})\boldsymbol{U}_{\mathrm{t}}=\boldsymbol{0} \tag{13.5.14}$$

上式对任意树支电压 $\boldsymbol{U}_{\mathrm{t}}$ 均成立，仿照对式(13.5.12)的分析可得基本回路矩阵与基本割集矩阵的关系

$$\boldsymbol{BC}^{\mathrm{T}}=\boldsymbol{0}\quad 或\quad \boldsymbol{CB}^{\mathrm{T}}=\boldsymbol{0} \tag{13.5.15}$$

如果选择支路、基本回路和基本割集的编号使得矩阵 $\boldsymbol{B}$ 和矩阵 $\boldsymbol{C}$ 中均出现单位子矩阵，则上式可进一步写成分块矩阵的形式

$$\begin{bmatrix}\boldsymbol{B}_{\mathrm{t}} & \boldsymbol{1}_l\end{bmatrix}\begin{bmatrix}\boldsymbol{1}_{\mathrm{t}}\\\boldsymbol{C}_l^{\mathrm{T}}\end{bmatrix}=\boldsymbol{0} \tag{13.5.16}$$

将上式展开后得常用关系

$$\boldsymbol{B}_{\mathrm{t}} = -\boldsymbol{C}_l^{\mathrm{T}} \tag{13.5.17}$$

上式表明,由基本回路矩阵 $\boldsymbol{B}$ 可以确定基本割集矩阵 $\boldsymbol{C}$,反之亦然。其实上式所代表的关系也可通过对比式(13.4.7)和式(13.5.11)或式(13.4.12)与式(13.5.6)得到。

4. 基尔霍夫定律的数学证明

在13.2节,作为矩阵形式电路方程的一种应用,基于KCL和KVL证明了特勒根定理。其实也可由KCL和特勒根定理证明KVL,或由KVL和特勒根定理证明KCL。下面以前者为例,再次体会矩阵形式电路方程在数学推演中的优势。

将基本回路矩阵形式的KCL方程代入特勒根定理表达式得

$$\boldsymbol{U}^{\mathrm{T}}\boldsymbol{I} = \boldsymbol{U}^{\mathrm{T}}(\boldsymbol{B}^{\mathrm{T}}\boldsymbol{I}_l) = (\boldsymbol{B}\boldsymbol{U})^{\mathrm{T}}\boldsymbol{I}_l = \boldsymbol{0} \tag{13.5.18}$$

上式对任意连支电流均成立,所以必有

$$\boldsymbol{B}\boldsymbol{U} = \boldsymbol{0} \tag{13.5.19}$$

由此KVL得证。

13.6 广义支路及其方程的矩阵形式

前面几节借助图论知识将基尔霍夫定律表达成了矩阵形式。电路中电压和电流除遵循基尔霍夫定律外,还要遵循支路元件所规定的电压与电流关系。因此为建立矩阵形式的电路方程(例如节点电压方程),还需建立矩阵形式的支路方程。为简便起见,定义图13.6.1(a)所示的复频域形式的**广义支路**,其中包括阻抗、电压源和电流源,不含受控电源。广义支路也称为**标准支路或一般支路**。一个广义支路在网络图中对应一条支路,如图13.6.1(b)所示。因此,按广义支路来划分支路,与按元件或按电流来划分支路相比,可以使得支路数和节点数得以减少,从而降低电路方程的复杂性。

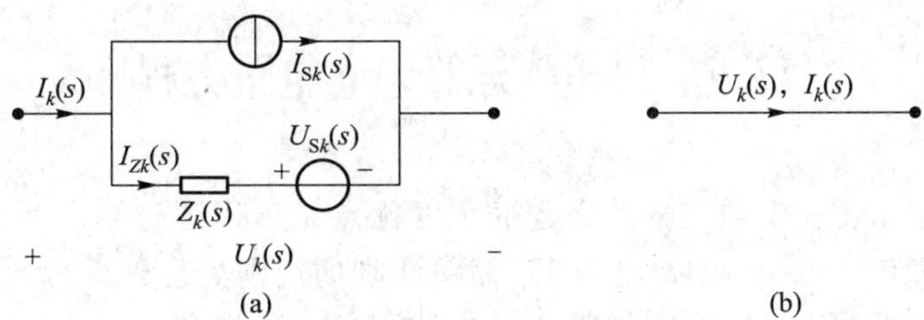

图13.6.1 (a) 广义支路的组成;(b) 广义支路的图

如果用电流来表示电压,图13.6.1中第 k 条广义支路的方程可以表示成(为书写简便,以下省略表示复频域的“(s)”)

$$\begin{aligned} U_k &= Z_k I_{Zk} + U_{\mathrm{S}k} = Z_k(I_k - I_{\mathrm{S}k}) + U_{\mathrm{S}k} \\ &= Z_k I_k - Z_k I_{\mathrm{S}k} + U_{\mathrm{S}k} \end{aligned} \quad (k=1,2,\cdots,b) \tag{13.6.1}$$

把 b 个这样的方程按顺序排在一起,再写成矩阵形式就是

$$\begin{bmatrix}U_1\\U_2\\\vdots\\U_b\end{bmatrix}=\begin{bmatrix}Z_1&0&\cdots&0\\0&Z_2&\cdots&0\\\vdots&\vdots&\ddots&\vdots\\0&0&\cdots&Z_b\end{bmatrix}\begin{bmatrix}I_1\\I_2\\\vdots\\I_b\end{bmatrix}-\begin{bmatrix}Z_1&0&\cdots&0\\0&Z_2&\cdots&0\\\vdots&\vdots&\ddots&\vdots\\0&0&\cdots&Z_b\end{bmatrix}\begin{bmatrix}I_{S1}\\I_{S2}\\\vdots\\I_{Sb}\end{bmatrix}+\begin{bmatrix}U_{S1}\\U_{S2}\\\vdots\\U_{Sb}\end{bmatrix}\tag{13.6.2}$$

或简写为

$$\boldsymbol{U}=\boldsymbol{Z}_b\boldsymbol{I}-\boldsymbol{Z}_b\boldsymbol{I}_S+\boldsymbol{U}_S\tag{13.6.3}$$

其中 $\boldsymbol{U}$、$\boldsymbol{I}$ 分别为支路电压列向量与支路电流列向量；$\boldsymbol{U}_S=[U_{S1},U_{S2},\cdots,U_{Sb}]^T$、$\boldsymbol{I}_S=[I_{S1},I_{S2},\cdots,I_{Sb}]^T$ 分别称为支路源电压列向量与支路源电流列向量；$\boldsymbol{Z}_b=\text{diag}[Z_1,Z_2,\cdots,Z_b]$，是由 b 个支路阻抗组成的对角矩阵，称为**支路阻抗矩阵**。

对偶地，如果用电压来表示电流，则描述第 k 条广义支路的方程将是

$$I_k=Y_kU_{Zk}+I_{Sk}=Y_k(U_k-U_{Sk})+I_{Sk}=Y_kU_k-Y_kU_{Sk}+I_{Sk}\tag{13.6.4}$$

其中 $Y_k=1/Z_k$ 表示支路导纳。把 b 个这样的方程按顺序排在一起，再写成简洁的矩阵形式就是

$$\boldsymbol{I}=\boldsymbol{Y}_b\boldsymbol{U}-\boldsymbol{Y}_b\boldsymbol{U}_S+\boldsymbol{I}_S\tag{13.6.5}$$

其中 $\boldsymbol{Y}_b=\text{diag}[Y_1,Y_2,\cdots Y_b]=\text{diag}[1/Z_1,1/Z_2,\cdots,1/Z_b]$，是由 b 个支路导纳组成的对角矩阵，称为**支路导纳矩阵**，当 $Z_k\neq0(k=1,2,\cdots,b)$ 时，矩阵 $\boldsymbol{Z}_b$ 存在逆矩阵 $\boldsymbol{Z}_b^{-1}$，则 $\boldsymbol{Y}_b=\boldsymbol{Z}_b^{-1}$。

一般情况下，电路的支路方程既可写成式(13.6.3)的形式，也可写成式(13.6.5)的形式，取决于选择电流还是电压作为方程组的待求变量。特殊地，当广义支路中只含电流源时，即 $U_{Sk}=0$，$Y_k=0$，或 $|Z_k|\to\infty$，它不存在式(13.6.3)所示的支路方程；而只含电压源时，即 $I_{Sk}=0$，$Z_k=0$，或 $|Y_k|\to\infty$，它不存在式(13.6.5)所示的支路方程。

本章仅结合图 13.6.1 所示的简单广义支路介绍用矩阵运算列写电路方程的原理和步骤。在实际应用中难免会遇到受控电源、互感、理想变压器、运算放大器等电路元件，这些元件只是增加了运算的复杂性，电路方程的列写原理是一样的。故本书不拟讨论含有这些元件的电路，需要时读者可参见电路计算机辅助分析类参考书。

13.7　用矩阵运算建立电路方程

用矩阵来描述基尔霍夫定律及支路方程的重要优点是可以通过矩阵运算来建立电路方程，从而使建立方程的过程更像是一种数学运算，简单清晰的规则更易于编写计算程序。另外，借助“矩阵分析”中的数学方法（例如矩阵求导、矩阵项级数等）对所建立的电路方程进行数学推理，可以在电路理论的研究中融入更多的数学思想，也使工程问题更加理性化。

1. 节点电压方程

首先讨论借助矩阵运算建立节点电压方程的方法。为此，将支路方程式(13.6.5)代入 KCL 方程的关联矩阵形式，以消去支路电流，取而代之的是支路电压

$$\boldsymbol{AI}=\boldsymbol{A}(\boldsymbol{Y}_b\boldsymbol{U}-\boldsymbol{Y}_b\boldsymbol{U}_S+\boldsymbol{I}_S)=\boldsymbol{0}\tag{13.7.1}$$

再将 KVL 方程的关联矩阵形式 $\boldsymbol{U}=\boldsymbol{A}^T\boldsymbol{U}_n$ 代入上式，得到以节点电压表示的 KCL 方程为

$$AY_b(A^TU_n) - AY_bU_S + AI_S = 0 \tag{13.7.2}$$

移项后得

$$AY_bA^TU_n = AY_bU_S - AI_S \tag{13.7.3}$$

这就是所建立的节点电压方程。它是$(n-1)$元联立方程，方程待求量是节点电压列向量 U_n。其中 AY_bA^T 是$(n-1)\times(n-1)$方阵，AY_bU_S 和 AI_S 都是$(n-1)$个元素的列向量。当电路结构和参数已知时，可以方便地写出 A、Y_b、U_S、I_S，然后按式(13.7.3)的矩阵运算便可建立节点电压方程。

如令

$$Y_n = AY_bA^T \tag{13.7.4}$$

Y_n 称为**节点导纳矩阵**，其中主对角线元素就是自导纳，其余各元素都是互导纳。再令

$$I_{Sn} = AY_bU_S - AI_S \tag{13.7.5}$$

I_{Sn}称为**节点注入电流**列向量，其中右边第一项 AY_bU_S 是广义支路中各电压源化为电流源后，流入各节点的电流；而第二项 AI_S 则是广义支路中流出各节点的电流源电流。根据式(13.7.4)、式(13.7.5)，节点电压方程(13.7.3)又可以简写成

$$Y_nU_n = I_{Sn} \tag{13.7.6}$$

对于较复杂电路，通常要借助计算机求得上述方程的数值解。直接分解法和迭代法是两类常用的数值解法。读者可参阅有关数值分析方面的书籍以获得更多知识和技能。

【例题 13.7.1】 利用本节方法列写图 13.7.1(a)所示电路的节点电压方程，并求出各广义支路的电压和电流。

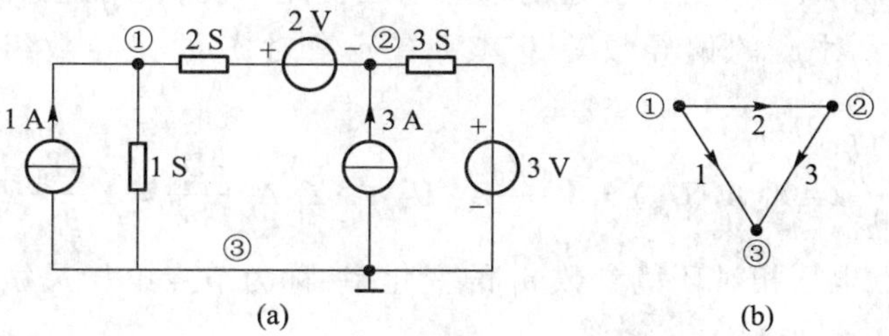

图 13.7.1 (a)例题 13.7.1 图；(b)图(a)的网络图

【解】 按下列步骤列解矩阵形式的节点电压方程：

(1) 按照广义支路的定义，对照图 13.7.1(a)作出网络的图，如图 13.7.1(b)所示。

(2) 根据图写出关联矩阵 A。

$$A = \begin{bmatrix} 1 & 1 & 0 \\ 0 & -1 & 1 \end{bmatrix}$$

(3) 根据网络图并对照图 13.7.1(a)写出：

支路导纳矩阵 $Y_b = \mathrm{diag}[1 \quad 2 \quad 3]$ S

支路源电压向量 $U_S = [0,2,3]^T$ V

支路源电流向量 $I_S = [-1,0,-3]^T$ A

(4) 计算节点导纳矩阵和节点注入电流向量。

$$\boldsymbol{Y}_{\mathrm{n}}=\boldsymbol{A}\boldsymbol{Y}_{\mathrm{b}}\boldsymbol{A}^{\mathrm{T}}=\begin{bmatrix}3 & -2\\ -2 & 5\end{bmatrix}\ \mathrm{S}$$

$$\boldsymbol{I}_{\mathrm{Sn}}=\boldsymbol{A}\boldsymbol{Y}_{\mathrm{b}}\boldsymbol{U}_{\mathrm{S}}-\boldsymbol{A}\boldsymbol{I}_{\mathrm{S}}=[5,8]^{\mathrm{T}}\ \mathrm{A}$$

(5) 按式(13.7.6)列出节点电压方程，即

$$\boldsymbol{Y}_{\mathrm{n}}\boldsymbol{U}_{\mathrm{n}}=\boldsymbol{I}_{\mathrm{Sn}}\Rightarrow\begin{bmatrix}3 & -2\\ -2 & 5\end{bmatrix}\begin{bmatrix}U_{\mathrm{n1}}\\ U_{\mathrm{n2}}\end{bmatrix}=\begin{bmatrix}5\\ 8\end{bmatrix}\ \mathrm{A}$$

(6) 求解上式得节点电压。

$$\boldsymbol{U}_{\mathrm{n}}=\begin{bmatrix}U_{\mathrm{n1}}\\ U_{\mathrm{n2}}\end{bmatrix}=\begin{bmatrix}3 & -2\\ -2 & 5\end{bmatrix}^{-1}\begin{bmatrix}5\\ 8\end{bmatrix}\approx\begin{bmatrix}3.727\\ 3.091\end{bmatrix}\ \mathrm{V}$$

(7) 求出广义支路电压和支路电流。

$$\boldsymbol{U}=[U_1,U_2,U_3]^{\mathrm{T}}=\boldsymbol{A}^{\mathrm{T}}\boldsymbol{U}_{\mathrm{n}}\approx[3.727,0.636,3.091]^{\mathrm{T}}\ \mathrm{V}$$

$$\boldsymbol{I}=[I_1,I_2,I_3]^{\mathrm{T}}=\boldsymbol{Y}_{\mathrm{b}}\boldsymbol{U}-\boldsymbol{Y}_{\mathrm{b}}\boldsymbol{U}_{\mathrm{S}}+\boldsymbol{I}_{\mathrm{S}}\approx[2.727,-2.727,-2.727]^{\mathrm{T}}\mathrm{A}$$

对于本例这样的简单电路，按上述步骤列写节点电压方程还不如用以前学过的方法来得快捷。但对于复杂电路，必须参照这种规范步骤列写电路方程，以便编制计算程序。

2. 节点电压灵敏度分析*

有了矩阵形式的节点电压方程，人们认识电路的角度就很容易地从定参数问题扩展到变参数问题，从而提高分析实际问题的能力。例如，当支路导纳随某环境参数 p_{i}（温度、湿度、照度等）发生微小变化时，欲分析由此引起的节点电压变化情况，就可通过对式(13.7.3)求偏导数来获得，矩阵或向量对 p_{i} 的偏导数等于其所有元素对 p_{i} 的偏导数组成的矩阵或向量，所以有

$$\frac{\partial}{\partial p_{\mathrm{i}}}(\boldsymbol{A}\boldsymbol{Y}_{\mathrm{b}}\boldsymbol{A}^{\mathrm{T}}\boldsymbol{U}_{\mathrm{n}})=\boldsymbol{A}\frac{\partial\boldsymbol{Y}_{\mathrm{b}}}{\partial p_{\mathrm{i}}}\boldsymbol{A}^{\mathrm{T}}\boldsymbol{U}_{\mathrm{n}}+\boldsymbol{A}\boldsymbol{Y}_{\mathrm{b}}\boldsymbol{A}^{\mathrm{T}}\frac{\partial\boldsymbol{U}_{\mathrm{n}}}{\partial p_{\mathrm{i}}}=\boldsymbol{A}\frac{\partial\boldsymbol{Y}_{\mathrm{b}}}{\partial p_{\mathrm{i}}}\boldsymbol{U}_{\mathrm{S}}\tag{13.7.7}$$

上式 $\partial\boldsymbol{U}_{\mathrm{n}}/\partial p_{\mathrm{i}}$ 就是节点电压相对环境参数 p_{i} 的变化率，称为节点电压灵敏度。将这一项保留在等号一边，并利用 KVL 方程 $\boldsymbol{A}^{\mathrm{T}}\boldsymbol{U}_{\mathrm{n}}=\boldsymbol{U}$ 得

$$\boldsymbol{A}\boldsymbol{Y}_{\mathrm{b}}\boldsymbol{A}^{\mathrm{T}}\frac{\partial\boldsymbol{U}_{\mathrm{n}}}{\partial p_{\mathrm{i}}}=\boldsymbol{A}\frac{\partial\boldsymbol{Y}_{\mathrm{b}}}{\partial p_{\mathrm{i}}}(\boldsymbol{U}_{\mathrm{S}}-\boldsymbol{U})\tag{13.7.8}$$

实际应用时，先求解节点电压方程(13.7.6)得到节点电压 $\boldsymbol{U}_{\mathrm{n}}$，并利用 $\boldsymbol{U}=\boldsymbol{A}^{\mathrm{T}}\boldsymbol{U}_{\mathrm{n}}$ 得到支路电压 $\boldsymbol{U}$；再由上述方程求出节点电压灵敏度 $\partial\boldsymbol{U}_{\mathrm{n}}/\partial p_{\mathrm{i}}$。由于上述方程的系数矩阵仍然是节点导纳矩阵 $\boldsymbol{Y}_{\mathrm{n}}$，所以这两步计算可以使用相同的逆矩阵 $\boldsymbol{Y}_{\mathrm{n}}^{-1}$。

在 3.5 节基于特勒根定理讨论了响应对全部参数灵敏度的伴随网络法，本节式(13.7.8)给出的是计算全部节点电压对某一个参数的灵敏度，二者各具用途和特点。灵敏度分析在电路优化设计、提高测试仪器电路性能、电路故障诊断中具有重要作用。

3. 连支电流及树支电压方程*

在 13.3 节指出，连支电流是一组独立变量。下面讨论用这组独立变量列写电路方程的方法。

连支与基本回路一一对应，这是一组独立回路，用基本回路矩阵 $\boldsymbol{B}$ 来描述。其 KVL 方程是 $\boldsymbol{BU}=\boldsymbol{0}$。再将支路方程式(13.6.3)代入，以消去支路电压，代以支路电流

$$\boldsymbol{BU}=\boldsymbol{B}(\boldsymbol{Z}_{\mathrm{b}}\boldsymbol{I}-\boldsymbol{Z}_{\mathrm{b}}\boldsymbol{I}_{\mathrm{S}}+\boldsymbol{U}_{\mathrm{S}})=\boldsymbol{0} \tag{13.7.9}$$

再用独立的连支电流来表达支路电流，即将 $\boldsymbol{I}=\boldsymbol{B}^{\mathrm{T}}\boldsymbol{I}_l$ 代入上式，得到以连支电流为独立变量所表达的 KVL 方程

$$\boldsymbol{B}(\boldsymbol{Z}_{\mathrm{b}}\boldsymbol{B}^{\mathrm{T}}\boldsymbol{I}_l-\boldsymbol{Z}_{\mathrm{b}}\boldsymbol{I}_{\mathrm{S}}+\boldsymbol{U}_{\mathrm{S}})=\boldsymbol{0} \tag{13.7.10}$$

移项得**连支电流方程**

$$\boldsymbol{BZ}_{\mathrm{b}}\boldsymbol{B}^{\mathrm{T}}\boldsymbol{I}_l=\boldsymbol{BZ}_{\mathrm{b}}\boldsymbol{I}_{\mathrm{S}}-\boldsymbol{BU}_{\mathrm{S}} \tag{13.7.11}$$

用上述方程求得连支电流后，再由 $\boldsymbol{I}=\boldsymbol{B}^{\mathrm{T}}\boldsymbol{I}_l$ 求得全部支路电流，由支路方程(13.6.3)求出全部支路电压。

由于每个连支只对应一个基本回路，所以连支电流与基本回路电流是一一对应相等的，故连支电流方程也就是基本回路电流方程。

对偶地，可以建立以独立的树支电压为变量所表达的 KCL 方程。因为树支对应基本割集，所以方程中要使用基本割集矩阵。下面直接按照对偶规律，根据式(13.7.11)给出结果：

$$\boldsymbol{CY}_{\mathrm{b}}\boldsymbol{C}^{\mathrm{T}}\boldsymbol{U}_{\mathrm{t}}=\boldsymbol{CY}_{\mathrm{b}}\boldsymbol{U}_{\mathrm{S}}-\boldsymbol{CI}_{\mathrm{S}} \tag{13.7.12}$$

树支电压也称为割集电压，所以上述方程也称为**割集电压方程**。

【结语】

将电路结构抽象成由点和线组成的拓扑图，可以引入图论工具进行分析，建立了电路分析的图论方法，使得电路定律和电路方程的形式整洁明了，并且便于数学推演和程序化运算。点和线、0 和 1，这些简单元素，描述了复杂的世界。

【思考题】

1. 如果给定图的一个树、两个树、所有树，能否复原电路图的形式？

2. 给出关联矩阵、基本割集矩阵或基本回路矩阵，能否画出唯一的网络图？

3. 电路有 n 个节点 b 条支路，如果不用求解方程组就能确定其余支路的电压（或电流），那么至少要测量多少个支路电压（或电流）？怎样选择这些被测支路？

4. 总结这一章的对偶要素。

5. 根据“树”能建立哪些相关知识？

6. 用图论分析电网络的目的是什么？

习 题 十 三

13.1 列出图题 13.1 所示网络图的关联矩阵。

13.2 按图题 13.2 中节点和支路的编号，画出网络图，写出关联矩阵 $\boldsymbol{A}$，并将 KCL 和 KVL 表达成矩阵形式。

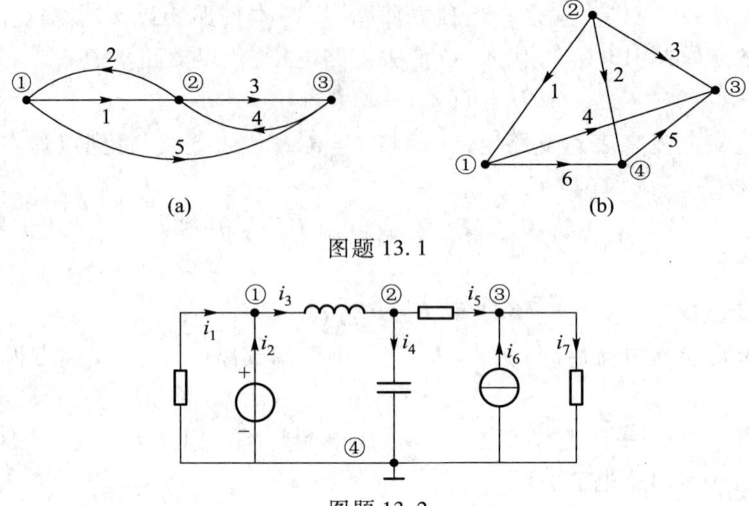

图题 13.1

图题 13.2

13.3　设某网络图的关联矩阵为

$$A=\begin{bmatrix} -1 & 0 & 0 & -1 & 1 \\ 0 & 1 & 0 & 1 & 0 \\ 0 & -1 & 1 & 0 & -1 \end{bmatrix},$$

画出该网络图。

13.4　在图题 13.4 所示的网络图中，问下列支路集合哪些是割集？哪些不是割集？为什么？(1) {1,3,5}；(2) {2,3,4,7,8}；(3) {4,5,6}；(4) {6}；(5) {4,7,9}；(6) {1,3,4,7}。

13.5　在图题 13.5 所示的网络图中，任选一树，指出全部的基本回路的支路集合和全部基本割集的支路集合。

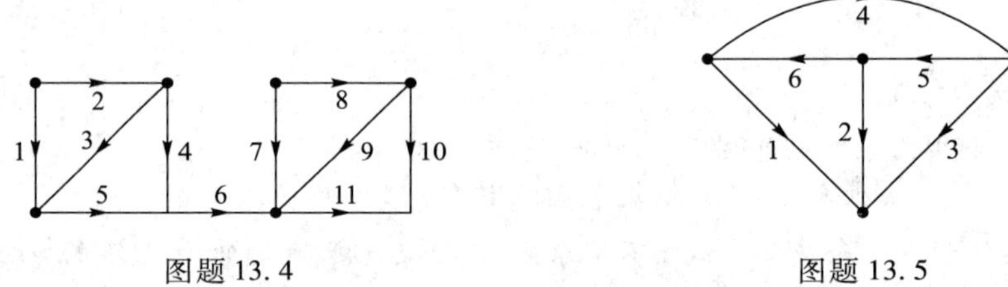

图题 13.4　　图题 13.5

13.6　如图题 13.6 所示的网络图，根据所选的树（用实线表示），列出独立的 KCL 方程和独立的 KVL 方程，并写成矩阵形式。

13.7　如图题 13.7 所示的网络图，需要已知哪些支路电压方可由 KVL 求出其他支路电压？举出一例；需要已知哪些支路电流方可由 KCL 求出其他支路电流，举出一例。

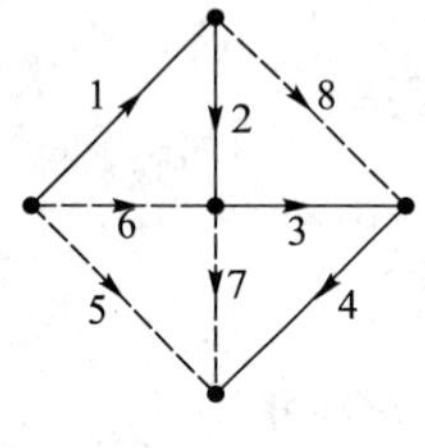

图题 13.6

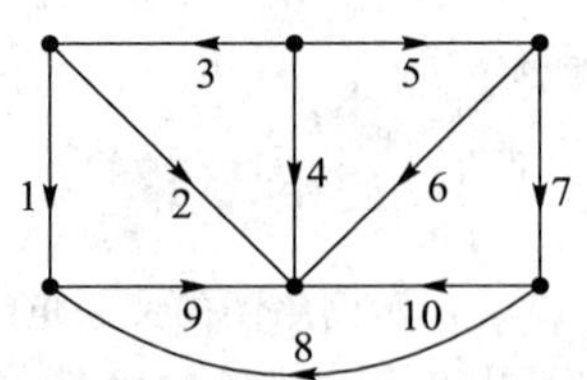

图题 13.7

13.8 如图题 13.8 所示的网络图,已知部分支路电流,若要求出全部支路电流应该怎样补充已知条件?

13.9 如图题 13.9 所示的网络图,已知其中的三条支路电压,应该怎样补充已知条件,才能求出全部未知支路电压?

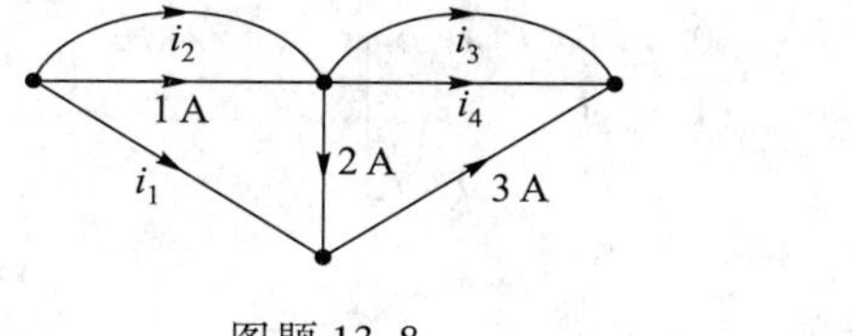

图题 13.8

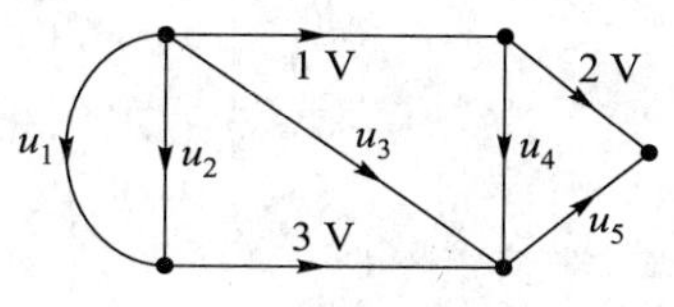

图题 13.9

13.10 设某网络图的基本回路矩阵为

$$\boldsymbol{B}=\begin{bmatrix}0 & -1 & 1 & 1 & 0 & 0\\ 1 & -1 & 1 & 0 & 1 & 0\\ 0 & 0 & 1 & 0 & 0 & 1\end{bmatrix}$$

(1) 若已知连支电流 $i_4=4$ A,$i_5=5$ A,$i_6=6$ A,求树支电流。

(2) 若已知树支电压 $u_1=1$ V,$u_2=2$ V,$u_3=3$ V,求连支电压。

(3) 画出该网络图。

13.11 某网络图有 6 条支路,已知 3 条支路的电阻分别是 $R_1=2\ \Omega$,$R_2=5\ \Omega$,$R_3=10\ \Omega$;其余 3 条支路的电压分别是 $u_4=4$ V,$u_5=6$ V,$u_6=-12$ V。又知该网络图的基本回路矩阵为

$$\boldsymbol{B}=\begin{bmatrix}1 & 0 & 0 & 1 & 0 & 1\\ 0 & 1 & 0 & -1 & -1 & -1\\ 0 & 0 & 1 & 0 & -1 & -1\end{bmatrix}$$

试求该网络全部支路电流。

13.12 如图题 13.12 所示的网络图,实线表示树支,虚线表示连支。

(1) 写出基本割集矩阵 $\boldsymbol{C}$。

(2) 说明哪些支路电流是独立的支路电流?并用以表达其他支路电流。

13.13 如图题 13.13 所示的网络图,以支路 1、2、3、4 为树支,列写基本回路矩阵 $\boldsymbol{B}$ 和基本割集矩阵 $\boldsymbol{C}$。

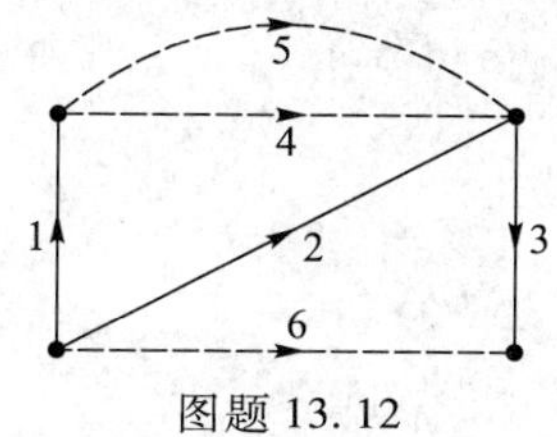

图题 13.12

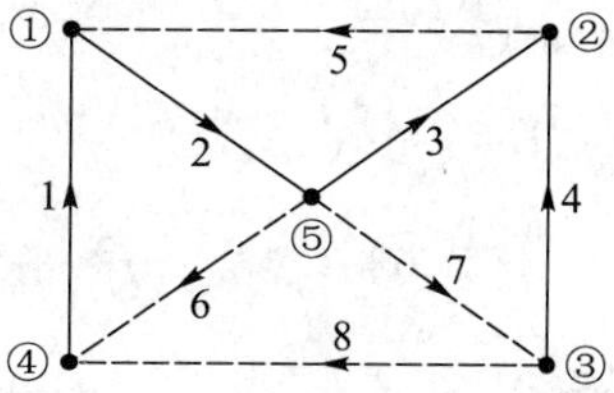

图题 13.13

13.14 设网络图的关联矩阵为

$$\boldsymbol{A}=\begin{bmatrix}-1 & 0 & 0 & 0 & 1 & -1 & 1\\ 0 & -1 & -1 & 0 & -1 & 0 & 0\\ 0 & 0 & 1 & 1 & 0 & 1 & 0\end{bmatrix}$$

取 1、2、3 支路为树支,写出基本割集矩阵。

13.15 已知网络图的连支电流为 $i_4=4\cos(\omega t)$ A,$i_5=6\sqrt{2}\cos(\omega t+45°)$ A,$i_6=8\sqrt{2}\cos(\omega t-45°)$ A,树支为纯阻抗:$Z_1=1\ \Omega$,$Z_2=\mathrm{j}2\ \Omega$,$Z_3=-\mathrm{j}5\ \Omega$,基本割集矩阵为

$$\boldsymbol{C}=\begin{bmatrix}1 & 0 & 0 & -1 & 1 & 0\\ 0 & 1 & 0 & -1 & 0 & 1\\ 0 & 0 & 1 & 0 & 1 & -1\end{bmatrix}$$

试求各树支电压的有效值相量 $\dot{U}_1$、$\dot{U}_2$ 和 $\dot{U}_3$。

13.16　已知网络图的基本回路矩阵

$$\boldsymbol{B}=\begin{bmatrix}1&0&0&0&0&-1&-1&0\\0&1&0&0&0&0&1&1\\0&0&1&0&1&1&1&0\\0&0&0&1&-1&-1&0&1\end{bmatrix}$$

试写出此网络图的基本割集矩阵 $\boldsymbol{C}$。

13.17　利用特勒根定理和 KVL 证明 KCL 的正确性。

13.18　如图题 13.18 所示电路，试写出矩阵 $\boldsymbol{A}$、$\boldsymbol{Y}$、$\boldsymbol{I}_S$、$\boldsymbol{U}_S$ 的表达式，并用矩阵运算列写节点电压方程。

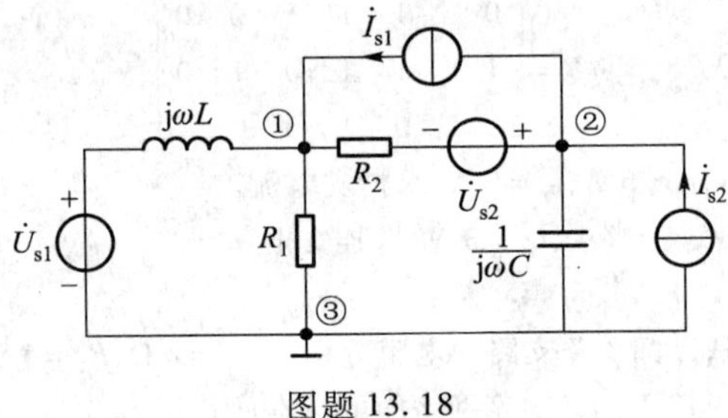

图题 13.18

第 14 章 非线性电路

【导读】

回顾前述各章所学习的电路，均假设电阻、电感、电容等元件的参数是与电压和电流无关的常量，因而列写的电路方程都是线性方程，即线性代数方程或线性微分方程。这种电路称为**线性电路**。

然而，实际的电路元件，它们的参数一般都不是常量，或强或弱地依赖于其电压、电流。这种元件称为非线性元件。含有非线性元件的电路，其电路方程是非线性的，这种电路便称为**非线性电路**。

非线性电路是广泛存在的，一方面是由于某些元件不可避免地具有非线性特性，例如绕在铁磁材料上的线圈等；另一方面是人为设计的非线性电路，用以实现用线性电路无法实现的功能，例如整流电路、自激振荡电路、变频电路等。非线性电路的现象要比线性电路复杂得多，例如波形畸变现象、跳变现象、振荡现象、混沌现象等。分析非线性电路的方法也比分析线性电路的方法更加多样；基于线性方程的电路定理和方法不能直接用于非线性电路，例如叠加定理、戴维南定理、相量分析法、谐波分析法、卷积、复频域分析法等。此外，全响应等于强制分量与自由分量之和、全响应等于零输入响应与零状态响应之和等概念也不能直接用于非线性电路。

之所以花费大量时间学习线性电路，一是由于线性电路理论的基础性作用，也就是说，许多非线性电路常常要化为线性电路进行分析；二是由于实践中存在许多弱非线性电路，用线性电路做其模型时，分析结果往往与实际情况吻合很好，并能大大简化分析过程。

本章按照电路的工作状态，依次介绍非线性直流电路、非线性周期电流电路和非线性暂态电路的特点和分析方法。其中涉及分段线性分析法、数值分析法、小信号分析法等常用方法，以及静态参数、动态参数、工作点、跳变、振荡、稳定性等专门概念。这些都是深入研究非线性电路理论的入门内容。

14.1 非线性电阻的分类认识

1. 非线性电阻特性的描述方法

在从前分析电路时，认为电阻的电压与电流关系符合欧姆定律：$u=Ri$，其中 R 为常量，它的电压与电流关系是通过 $u-i$ 平面原点的直线。具有这种性质的电阻称为**线性电阻**；否则称为**非**

线性电阻。

非线性电阻的电压与电流不成线性关系，需用 u 和 i 的非线性函数来描述，称为**非线性电阻的特性方程**，形如

$$u=f(i),\qquad i=g(u),\qquad h(u,i)=0 \tag{14.1.1}$$

各种原理的非线性电阻在电路模型中的通用符号如图 14.1.1(a)所示。图中字母 R 只表示该元件属于电阻元件，并不代表元件参数。电压 u 和电流 i 的关系除用函数表示外，还可用 $u-i$ 平面上的确定曲线来描述，称为**非线性电阻的特性曲线**，如图 14.1.1(b)所示。

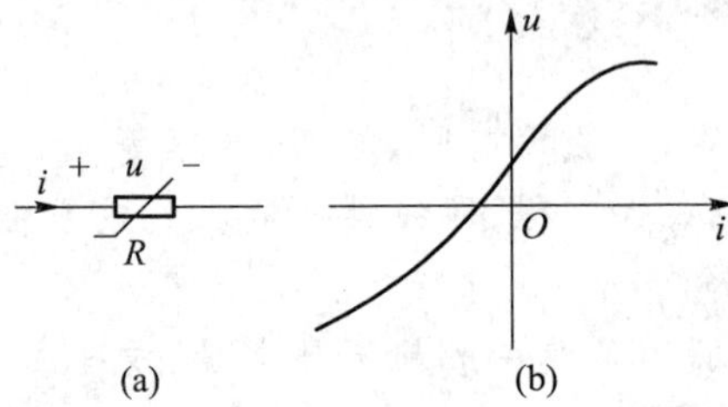

图 14.1.1　(a)非线性电阻的符号；(b)特性曲线示例

如果非线性电阻的特性是通过施加恒定的电压或电流获得的，则这种特性称为**静态特性**；如果是通过施加变化的电压或电流获得的，则称为**动态特性**。由于**热惯性**等原因，一般说来元件的静态特性和动态特性是有别的。但也存在许多元件，例如不必考虑热惯性的电子元件，或在电流变化极慢的情况下获得的动态特性，这时它们的静态特性与动态特性基本一致，可以不用区分。

由静态特性可以定义非线性电阻的**静态电阻** R_s 和**微分电阻** R'如下：

$$R_s=\frac{U}{I} \tag{14.1.2}$$

$$R'=\frac{\mathrm{d}U}{\mathrm{d}I} \tag{14.1.3}$$

p 点的 R_s 和 R'的几何意义如图 14.1.2 所示。R_s 正比于连线 Op 的斜率 $\tan\alpha$，而 R'则正比于 p 点切线的斜率 $\tan\beta$。

由动态特性可以定义**动态电阻**如下：

$$R_d=\frac{\mathrm{d}u}{\mathrm{d}i} \tag{14.1.4}$$

p 点的动态电阻 R_d 正比于该点动态特性切线的斜率，如图 14.1.3 所示。

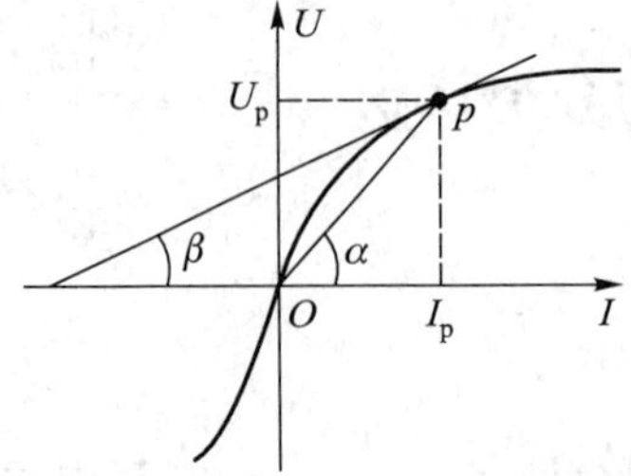

图 14.1.2　静态电阻和微分电阻的几何含义

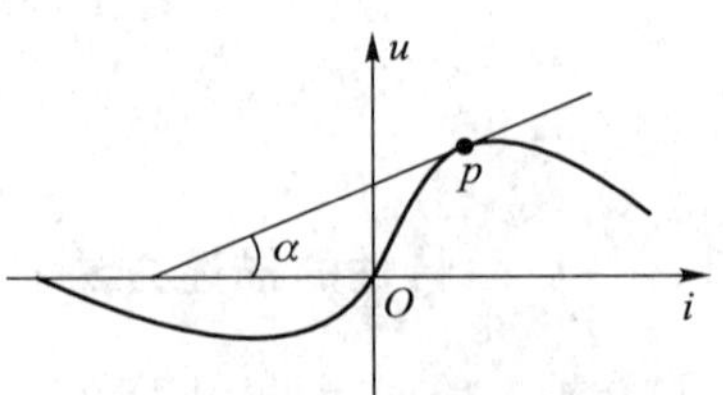

图 14.1.3　动态特性及动态电阻

当静态特性与动态特性基本一致时，可近似认为微分电阻与动态电阻相等。否则二者是有别的。

从特性曲线的一点过渡到另一点时，R_s、R'和 R_d 一般都是变化的。对无源的非线性电阻，它总是消耗功率，$P=UI\geqslant 0$，静态特性总是位于Ⅰ、Ⅲ象限，所以 R_s 总是正的。但对 R'和 R_d，仅当这些点位于相应曲线的上升部分时，它们才是正的；位于下降部分时，则是负的。

显然，对线性电阻，R_s、R'和 R_d 都是同一值，因此没有必要加以区分。

下面按照非线性电阻特性的不同形式加以介绍，以便获得分类认识，并大致了解它们的应用场合。

2. 双向性与单向性

如果改变非线性电阻的电流方向而保持绝对值不变时，产生的电压也是方向改变而绝对值不变，用静态特性函数表示就是：若 $U=f(I)$，则 $-U=f(-I)$。这种特性曲线对称于坐标原点，如图 14.1.4 所示，这种电阻称为对称性或**双向性**非线性电阻；否则称为非对称性或**单向性**非线性电阻。使用双向性非线性电阻时，不用顾及电压的极性问题，否则要顾及极性。在单向性电阻元件及其电路符号上都有明显的极性标志，使用时应按极性正确连接。

许多与温度相关的电阻都是双向性的。例如白炽灯的钨丝，它的静态特性曲线如图 14.1.4 所示。从图中还可见，电压越大，电阻也越大。而电压越大，温度也必然越高。因此它具有正的温度系数。反之，若具有负的温度系数，温度升高电阻便会下降，接在电压源中，它产生的电流和消耗的功率必然增加，使得温度继续升高直至灯丝被融化。所以负温度系数的电阻是不能用做灯丝的。

用电阻丝或半导体制成的**热敏电阻**，其特性也是双向性的。图 14.1.5 画出了半导体热敏电阻在 0 ℃时的动态特性曲线。利用热敏电阻，可以制成各种温度传感器，用于对温度的测量和控制。

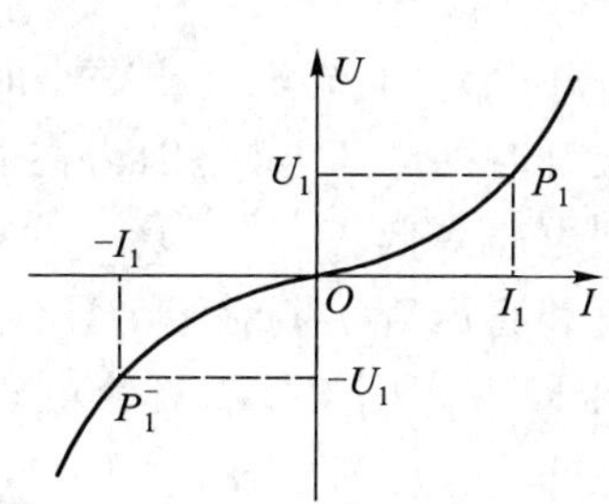

图 14.1.4 钨丝的静态特性曲线

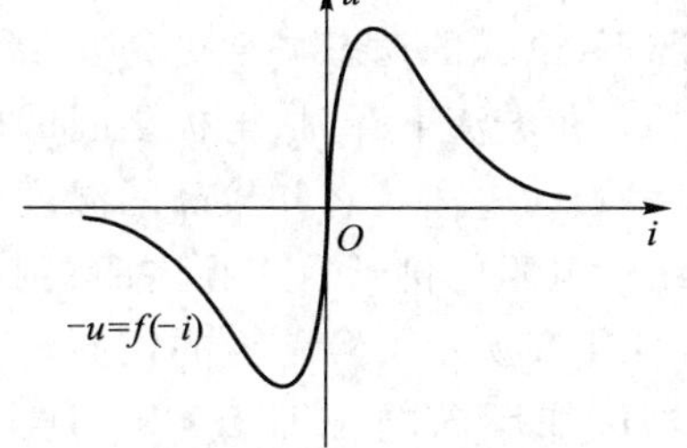

图 14.1.5 半导体热敏电阻在 0 ℃时的特性曲线

碳化硅(SiC)陶瓷也是一种双向性非线性电阻。当施加的电压较低时，其电流甚微，近似断路。当施加的电压超过某一量值时，其电阻急剧下降，电流迅速增加。这样的电阻也叫**压敏电阻**，其第Ⅰ象限的特性曲线如图 14.1.6(a)所示。利用碳化硅的这种特性可以制作放电器，用于电力设备的**过压保护**，图 14.1.6(b)是其中一例。在正常电压下，火花间隙不会被击穿，放电器上无电流。当电压瞬时超过保护设定值时，例如遭到雷击，火花间隙被击穿，较高的电压施加在放电器上，放电器形同短路，立即产生较大电流，使多余的电荷被旁路掉，线路电压便被降了下来,从而使负载免受过电压危害。当瞬时过电压消失后,放电器电流迅速减小,火花间隙停止放电,进而使放电器电流完全消失。在电气产品设计时,同时采用过压保护与**过流保护**,对提高产品可靠性是同等重要的,不可忽视任何一个方面。

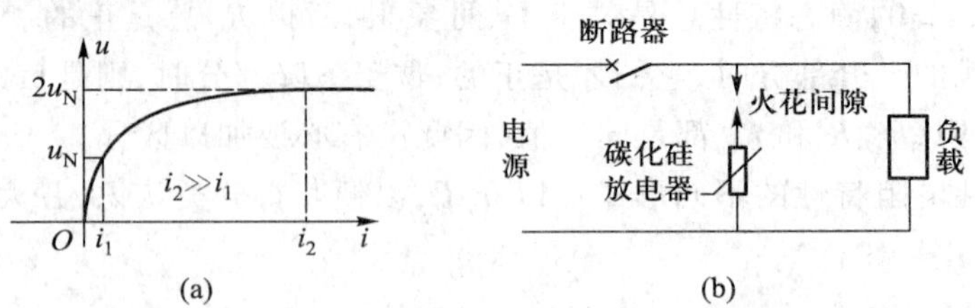

图 14.1.6 (a) 碳化硅陶瓷特性;(b) 过压保护原理

电弧是一种常见的弧光放电现象,并表现为非线性电阻。当两个电极具有相同的形状和材料时,它的特性是双向性的;否则是单向性的。电弧广泛用于照明、电弧炉、电焊、制氮等场合。

电弧的静态特性如图 14.1.7(a)所示。U_1 为起弧电压,当电弧燃起后,维持电弧的电压 U_2 远小于起弧电压。

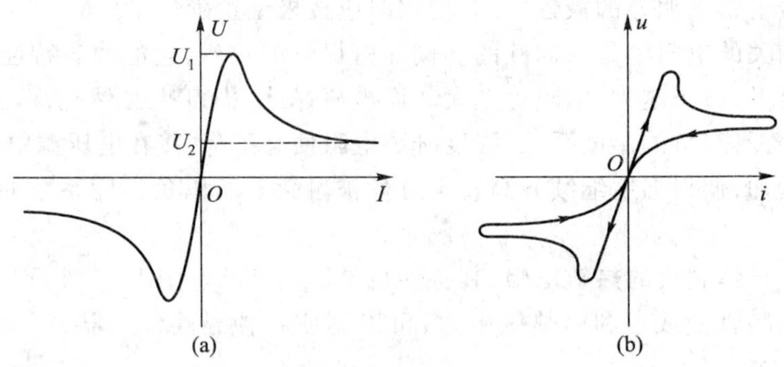

图 14.1.7 (a) 电弧的静态特性;(b) 电弧的动态特性

在交流情况下,电弧的动态特性更为复杂,如图 14.1.7(b)所示。电流增大或减小时的特性曲线是不重合的。在电流下降时,电极之间的电压小于电流上升时的电压,这是因为在电流下降时,电极间已有较强的电离状态和较高的温度,因而电阻减小、电压降低。

单向性非线性电阻的例子也是很多的,例如**半导体二极管**和**稳压管**等。对于半导体二极管,静态特性如图 14.1.8 所示。当施加的正向电压大于导通电压即 $U > U_1$ 时,二极管电流迅速增加,称为**导通**;当施加反向电压即 $U<0$ 且 $|U| < |U_{br}|$ 时,二极管只产生微弱的反向电流 I_S,称为**截止**。二极管的这种单向导电性常用于**整流**(把交流电变成脉动直流电)。但当反向电压达到击穿电压 U_{br}时,二极管的反向电流骤然增加,称为**击穿**。一些专门设计的二极管,可以长期在击穿状态下工作,称为稳压二极管,简称**稳压管**,其静态特性如图 14.1.9(a)所示。利用稳压管可以稳定某部分电路的电压,其典型电路如图 14.1.9(b)所示。其工作原理简述如下:

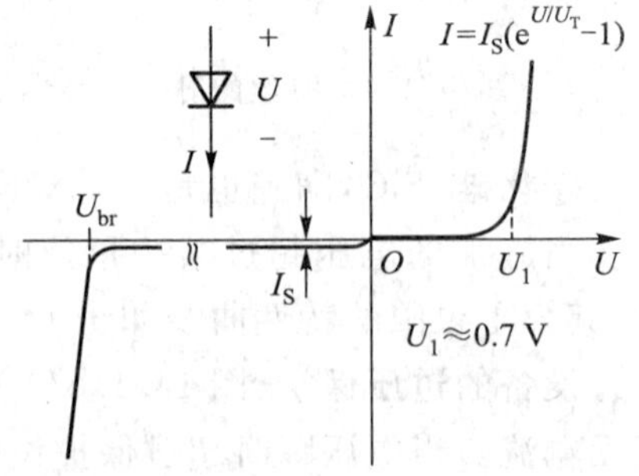

图 14.1.8 半导体二极管静态特性

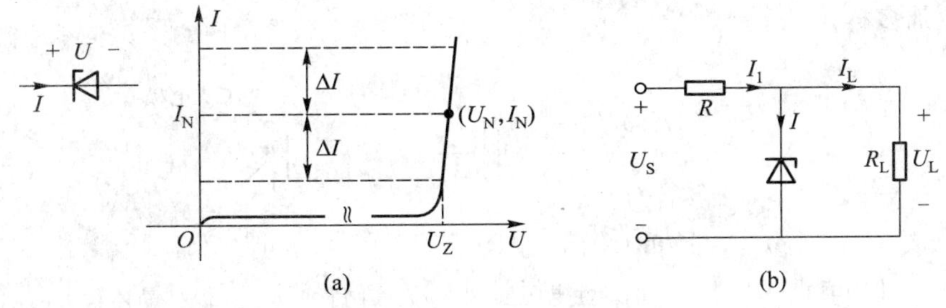

图 14.1.9 （a）稳压管的静态特性；（b）典型稳压电路

在标称电压 U_N 下，通过设计限流电阻 R，使得稳压管流过电流 I_N。当 U_S 发生变化时，流过限流电阻的电流 $I_1=I+I_L$ 也发生变化，但只要这个变化不超过 $\pm\Delta I$，则这个变化几乎等于稳压管的电流变化，而稳压管和负载的电压以及负载电流 I_L 几乎没有改变。甚至在负载电阻变化时，电压 U_L 也能维持稳定，这时电流 I_L 的变化被稳压管电流的变化所抵消。

采用砷化镓（GaAs）和锑化镓（GaSb）等材料混合制成的半导体**隧道二极管**也是单向性非线性电阻，其动态特性如图 14.1.10 所示，其主要特点是正向特性具有下降段，表现为负的动态电阻，因此可用于自激振荡电路，见本章 14.11 节。

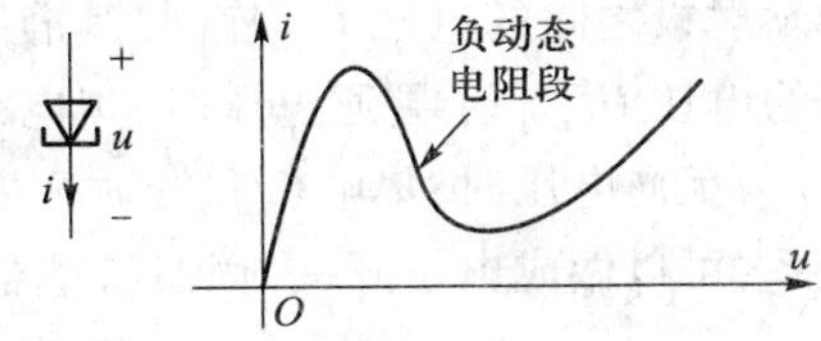

图 14.1.10 隧道二极管动态特性

3. 有惯性与无惯性

由热效应导致的非线性电阻，例如白炽灯的钨丝、热敏电阻等，有一个共同的特点，即当电流迅速变动时，由于元件本身有一定的热容量，故温度的变化不能追随电流的变化，这种非线性电阻具有热惯性，故称为**有惯性**的非线性电阻。惯性的大小与元件的热容量有关。以白炽灯为例，在交流电的一个周期即 20 ms 时间内，它的温度几乎不变，电阻也就不变。只有当交流电的有效值改变时，它的温度和电阻才发生改变。所以，对有效值确定的交流电压和电流瞬时值来说，白炽灯钨丝相当于线性电阻，在灯丝上产生的是正比于电压的正弦电流。但它的电流有效值与电压有效值不按正比关系变化，即 $U=F(I)$ 是非线性函数。

除有惯性非线性电阻外，还存在一些非线性电阻，它们的电阻是由特有的电子运动规律决定的，而与所散逸的热量和具有的温度无直接关系，不具有热惯性，因而称为**无惯性**的非线性电阻。这种电阻的电压和电流的有效值关系 $U=F(I)$ 及瞬时值关系 $u=f(i)$ 都是非线性的。

4. 可控性与不可控性

前面介绍的非线性电阻只有两个端子，它们的特性与其他电压或电流无关，称为**不可控的非线性电阻**。例如半导体二极管，它何时导通、导通后的电压与电流关系如何以及何时击穿等，这些特性都不能通过改变其他电压或电流来使其改变。

此外，实际中还有一些非线性电阻，它们自身带有控制极，属于三端器件。利用控制极，可以改变它的电压与电流关系，因而称为**可控的非线性电阻**。例如图 14.1.11 中的晶闸管、双极型晶体管、场效应晶体管、绝缘栅双极型晶体管，都是可控的非线性电阻实例。由于有了控制极，所以它们的应用更加多样。

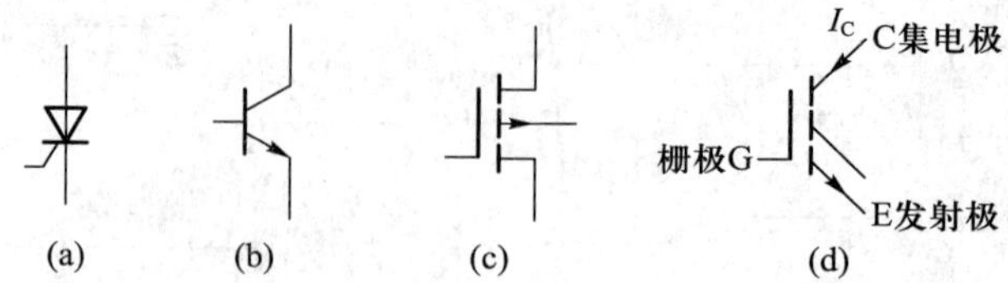

图 14.1.11 可控的非线性电阻实例：(a) 晶闸管；(b) 双极型晶体管；(c) 场效应晶体管；(d) 绝缘栅双极型晶体管

可控性非线性电阻的工作情况可以用阀门对水流的控制过程来形象地理解。当改变阀门开度时，阀门对水的阻力以及水流便发生改变，也就是说水流不仅取决于水压，还取决于阀门的开度，可以是完全打开，也可以是彻底关闭。

以绝缘栅双极型晶体管(简称 IGBT)为例，它的集电极和发射极之间的电阻或电流受栅极与发射极之间的电压 U_{GE} 控制，其静态特性如图 14.1.12 所示。理想情况下，当栅极和发射极之间的电压 U_{GE} 大于导通电压时，集电极和发射极之间可视为短路导通，如图 14.1.13(a)所示；当 U_{GE} 为反向电压时，集电极和发射极之间可视为断路截止，如图 14.1.13(b)所示。利用这种控制关系，可以做成电子开关、固态继电器等，广泛用于电力电子技术。

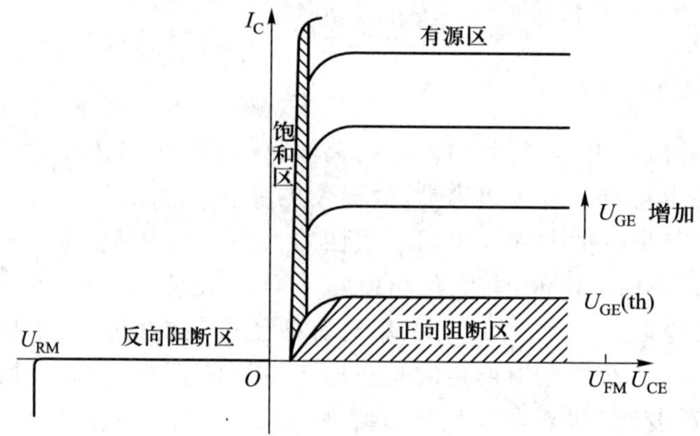

图 14.1.12 IGBT 的静态特性

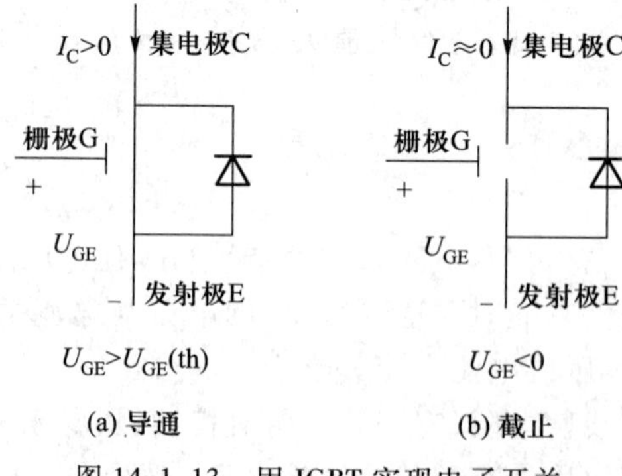

图 14.1.13 用 IGBT 实现电子开关

5. 有记忆性与无记忆性*

如果电阻在断电后通过某种状态能够记住已经发生的过程信息，称为**有记忆性电阻**；否则称为**无记忆性电阻**，前面举出的各种例子，也包括线性电阻在内，都是无记忆性电阻。

很长时间以来，电阻、电感和电容被看做是组成电路的三种无源的基本电路元件，它们以不同的方式直接联系了电路中四个基本变量即电荷、电流、磁链和电压之间的关系，如图 14.1.14 所示。电阻联系电压与电流；电感联系磁链与电流；电容联系电荷与电压。图中对角线上的磁链与电压的关系对应电磁感应现象；电荷与电流的关系对应电流现象。唯独电荷与磁链之间没有元件来直接联系。

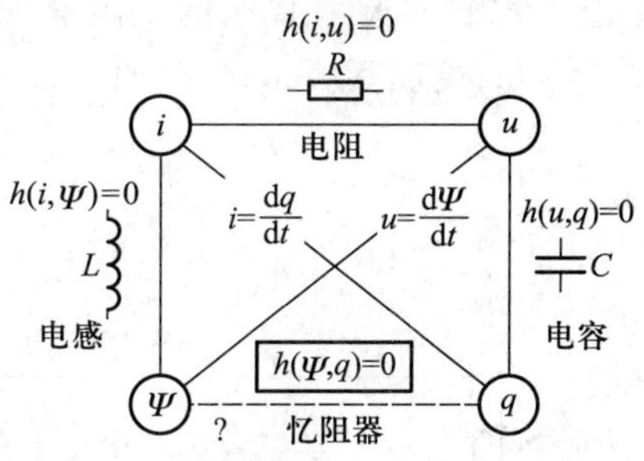

图 14.1.14　电路变量与电路元件的联系

1971 年，美籍华人、加利福尼亚大学伯克利分校的蔡少棠（Leon O. Chua）教授，通过借鉴门捷列夫的化学元素周期律思想，并根据结构完整性原理做出预言：自然界中还应该存在一种直接联系磁链与电荷的元件，用 $\Psi=f(q)$、$q=g(\Psi)$ 或 $h(\Psi,q)=0$ 来描述它的特性。他通过对这种元件特性的理论分析，得出其电气性质是：耗能的；非电感也非电容；非线性才有意义；交流激励下才能正常工作；元件的动态参数具有电阻的量纲：

$$M_R=\frac{\mathrm{d}\Psi}{\mathrm{d}q}=\frac{\mathrm{d}\Psi/\mathrm{d}t}{\mathrm{d}q/\mathrm{d}t}=\frac{u}{i}=R \tag{14.1.5}$$

根据这种器件的磁链与电荷之间的代数关系，他进一步描述了该器件的电阻是通过该器件电荷量的函数。当电荷停止通过即电流为零时，它能够维持先前已经建立的电阻值，有记忆功能，因此创造性地将其命名为 **memristor**，即**忆阻器**。

蔡教授虽然做了上述预言，但自预言以来，人们一直无法用物理方法制造出这种器件，也就无法验证忆阻器的客观存在性。直到 2008 年 5 月，惠普实验室由 R. Stanley Williams 等人组成的研究小组宣布用纳米技术找到了这个“丢失”了的第四种无源元件①，这才从客观上验证了蔡教授所做预言的正确性。

惠普实验室研究人员使用了氧化钛（TiO_2）半导体，原理如图 14.1.15 所示。纯净的氧化钛是一种电阻率很大的材料，但可以通过掺入“掺杂剂”使其变成缺氧的氧化钛（TiO_{2-x}），由于出现氧空缺，导电性能便大大增强。在这种器件的一端（图中左端）掺入“掺杂剂”，其余为纯净的氧化钛。当从左向右施加电压并建立电流时，电流将引起“掺杂剂”向纯净的氧化钛方向移动，即 $w(t)$ 增加，使纯净部分的长度减小，从而器件总电阻减小。电荷流过越多，器件总电阻便越小；如果电荷停止流动即电流为零，则“掺杂剂”和器件阻值都保持不变；如果施加反向电压，电荷和“掺杂剂”便反向移动，$w(t)$ 减小，使纯净部分的长度增加，从而器件的总电阻增大。因为器件的总长度是确定的，所以“掺杂剂”不能在一个方向上长时间运动，即 $0<w(t)<D$，因此这种

① 2008 年 5 月 1 日，惠普公司科学家发布了他们基于纳米技术的研究成果，证实了忆阻器的存在。见：Dmitri B. Strukov, Gregory S. Snider, Duncan R. Stewart & R. Stanley Williams, The missing memristor found. Nature letters, Vol. 453, 1 May 2008, pp:80～83.

器件不能用在直流电路中，须在交流电路中才能发挥作用。

由此可见，这种忆阻器是通过阻值的状态来记住曾经流过的电荷信息。而具有记忆功能的电容是通过电压或电荷记住曾经流过的电流信息；电感则是通过电流或磁链记住曾经施加的电压信息。惠普实验室宣布的忆阻器如图 14.1.16 所示，图中有 17 个忆阻器，每个忆阻器长度 D 大约 15 nm，宽度 50 nm。

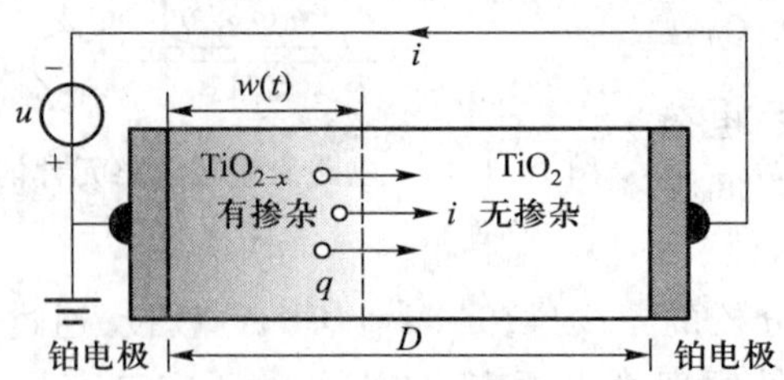

图 14.1.15　忆阻器工作原理示意图

图 14.1.16　惠普实验室制作的忆阻器

惠普实验室忆阻器的工作原理还可以用水流和水管打个比方：设想水管半径是流水量多少和方向的函数，水朝一个方向流动时，水管半径增大、阻力变小；反向流动时，水管半径减小、阻力增大。如果水突然停止流动，水管的半径也停止变化。

根据上述忆阻器的工作原理，它的特性可用如下带有微分方程的联立方程来描述：

$$\begin{cases} u(t)=\left[R_{\mathrm{ON}}\dfrac{w(t)}{D}+R_{\mathrm{OFF}}\left(1-\dfrac{w(t)}{D}\right)\right]i(t) \\ \dfrac{\mathrm{d}w(t)}{\mathrm{d}t}=\mu_{\mathrm{V}}\dfrac{R_{\mathrm{ON}}}{D}i(t) \end{cases} \tag{14.1.6}$$

式中，R_{ON} 和 R_{OFF} 分别是 $w(t)=D$ 和 $w(t)=0$ 时忆阻器的电阻值；μ_{V} 是与材料有关的常量。

根据式(14.1.6)，用仿真方法表示的忆阻器的电压与电流动态特性曲线如图 14.1.17 所示，呈倾斜的 8 字形或扭结形。图 14.1.18 表示了在施加正弦电压时，忆阻器电流、电阻和“掺杂剂”宽度随时间的变化曲线。它的电压和电流虽然同时过零，但不同时达到最大值。

由于忆阻器的电阻取决于流过的电荷量及流动方向，电荷不流动时，能够维持断电时的电阻值。所以，用这种器件制造的计算机能够记住它在关机前的状态，不怕突然掉电或关机。当再次开机时，计算机的状态与上次关机时的状态相同，开机便可使用；由于忆阻器电阻的连续变化特性，因此可以用包括 0 和 1 在内的更多状态来记住信息，使其既可用作数字器件，也可用作模拟器件，并制作模拟计算机，模仿生物大脑；由于忆阻器是使用纳米技术实现的，所以可制作高密度的海量存储器。这些都是忆阻器所表现出的美好应用前景。有关忆阻器的电路理论和工程应用，还有许多问题有待研究。

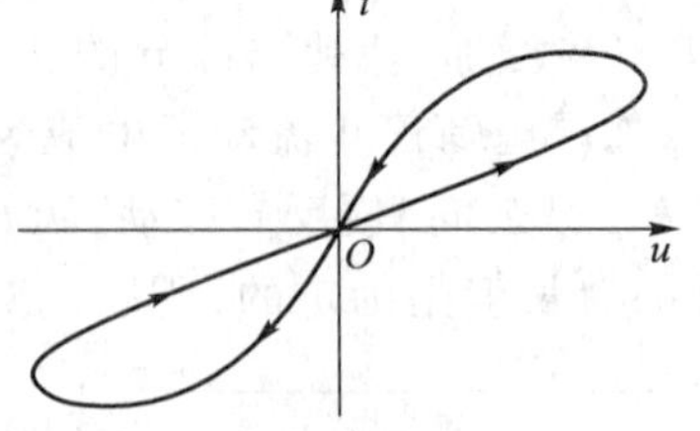

图 14.1.17　忆阻器的动态特性

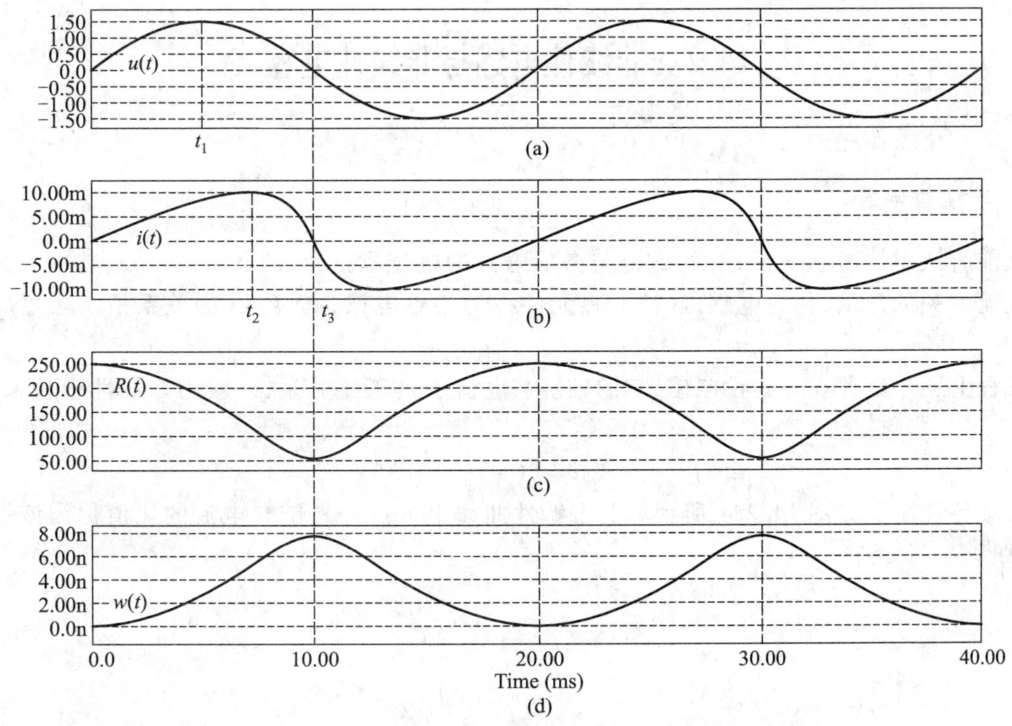

图 14.1.18 忆阻器电压、电流、电阻和“掺杂剂”宽度随时间的变化曲线

6. 单值性与多值性

非线性电阻的特性各有不同。根据电压与电流之间的单值或多值特征，可以区分成如下几种形式：

(1) **单调型**：电压和电流满足单调函数关系。如图 14.1.4 所示钨丝的静态特性和图 14.1.6(a)所示碳化硅的动态特性。

(2) **电流控制型**：电压是电流的单值函数，而电流则不是电压的单值函数。如图 14.1.7(a)所示电弧的静态特性。

(3) **电压控制型**：电流是电压的单值函数，而电压则不是电流的单值函数。如图 14.1.10 所示隧道二极管的动态特性。

(4) **回线型**：电压和电流两者相互之间都是多值关系。如图 14.1.7(b)所示电弧的动态特性和图 14.1.17 所示忆阻器的动态特性。

对非线性电阻做如上区分，一是由于它们所代表的电路性质有所不同。例如，如果电路中的非线性电阻特性都是单调增加的函数，则电路通常有唯一解；如果存在流控或压控的，则电路可能存在多解，还可能产生自激振荡现象，甚至混沌等更复杂现象；二是非线性电阻的特性类别不同时，电路变量的选择和电路方程的列写，以及所采用的数值分析法也不同。

14.2 非线性电感与非线性电容

1. 非线性电感

从前所认识的电感元件，它的磁链与激发磁链的电流成正比关系，即 $\Psi = Li$，其中 L 是与磁链和电流无关的常量，称为电感，这种电感元件称为**线性电感**，其 $\Psi - i$ 的关系是一条过原点的直线。

工程上还广泛存在**非线性电感**，它的磁链与电流不是正比关系，一般用非线性函数来表示，形如：

$$\Psi = f(i), \qquad i = g(\Psi), \qquad h(\Psi, i) = 0 \tag{14.2.1}$$

其符号和特性示例如图 14.2.1 所示。静态特性曲线上 p 点的磁链与电流的比值称为该点的**静态电感**：

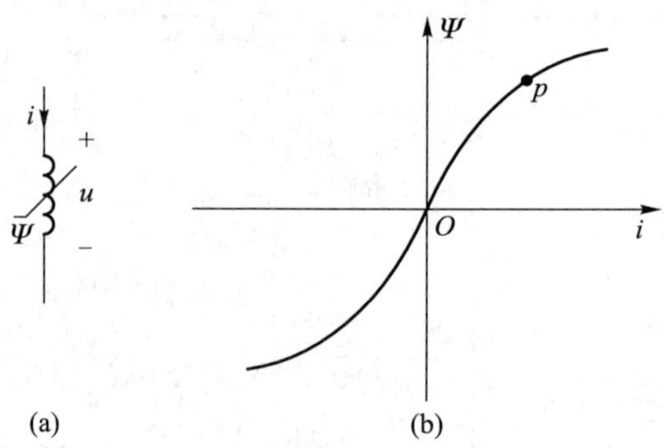

图 14.2.1 （a）非线性电感的符号；（b）特性曲线示例

$$L_s = \frac{\Psi}{i} \tag{14.2.2}$$

而动态特性曲线上 p 点的切线斜率称为该点的**动态电感**：

$$L_d = \frac{d\Psi}{di} \tag{14.2.3}$$

根据非线性函数的单值性与多值性特点，非线性电感区分为单调型、电流控制型、磁链控制型和回线型等。

非线性电感主要源于具有非线性磁介质的线圈，如图 14.2.2 所示。常见的就是**铁磁物质**（铁族元素及其合金）。它具有高磁导率、磁饱和及磁滞等重要特征。由于“**磁畴**”等物理原因，它的磁感应强度 B 与磁场强度 H 为非线性关系，在周期电流作用下的动态特性曲线如图 14.2.3 所示，称为**磁滞回线**。非线性的 $B - H$ 曲线意味着铁磁物质的磁导率 $\mu = B/H$ 不是常

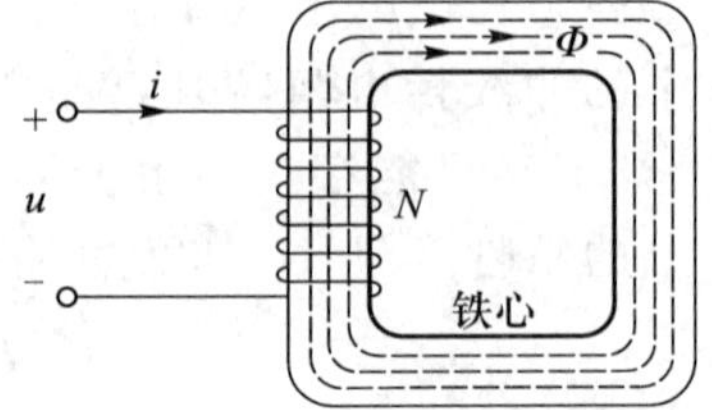

图 14.2.2 均匀截面的铁心线圈

量，而是强烈地依赖于磁感应强度和磁场强度。

对一些回线面积较小的铁心线圈，可近似按**基本磁化曲线**进行分析，如图 14.2.4 所示，它是不同幅值磁场强度对应的磁滞回线顶点的连线。

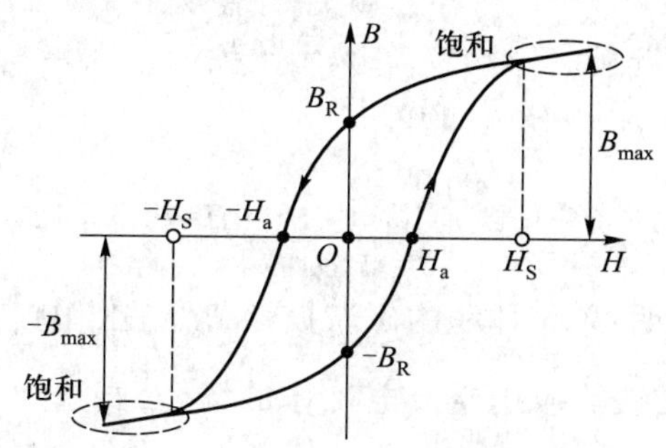

图 14.2.3　铁心线圈的磁滞特性曲线

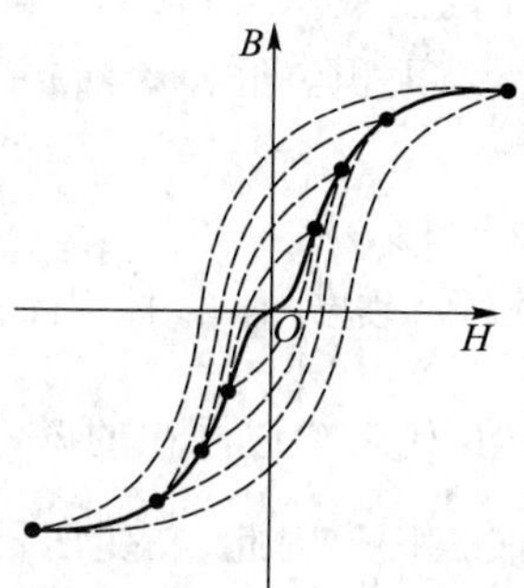

图 14.2.4　基本磁化曲线

由于磁链正比于磁感应强度、电流正比于磁场强度，所以铁心线圈的 Ψ 和 i 的关系曲线形状类似于铁心材料的 $B-H$ 曲线。

根据动态电感的定义，如果不考虑磁滞现象，则 L_d 的变化规律如图 14.2.5(a)所示，在电流较小时，L_d 较大；随着电流的增大 $\Psi-i$ 曲线斜率逐渐变小，L_d 也逐渐变小，当磁链进入饱和段时，L_d 趋于零。

如果考虑磁滞现象，它的动态电感变化规律更加复杂，如图 14.2.5(b)所示。在磁滞回线的上升部分和下降部分，动态电感按照不同曲线变化，并在回线的顶点处产生跳变。

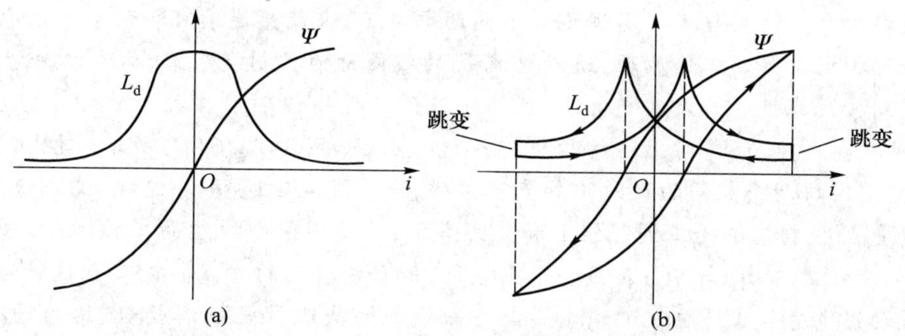

图 14.2.5　铁心线圈的特性曲线及动态电感：(a) 不考虑磁滞；(b) 考虑磁滞

存在磁滞现象的铁心线圈在通以交流电时，由于磁畴的翻转摩擦等原因，会产生功率损耗，称为**磁滞损耗**，分析如下：

不考虑线圈电阻时，线圈吸收的瞬时功率为

$$p=ui=i\frac{\mathrm{d}\Psi}{\mathrm{d}t} \tag{14.2.4}$$

它在一个周期内的平均值即为磁滞损耗：

$$P=\frac{1}{T}\int_0^T i\frac{\mathrm{d}\Psi}{\mathrm{d}t}\mathrm{d}t=f\oint i\mathrm{d}\Psi \tag{14.2.5}$$

等号右边为沿闭合回线的积分，由数学知，它等于 $\Psi-i$ 回线的面积。上式说明：铁心线圈由磁滞引起的功率损耗与工作频率和 $\Psi - i$ 回线的面积成正比。

根据安培定律,电流与磁场强度的关系是 $\oint \boldsymbol{H} \cdot \mathrm{d}\boldsymbol{l} = Hl = Ni$,其中 l、N 分别代表铁心的平均长度和线圈的匝数。又知,不计漏磁情况下,磁链与磁感应强度的关系是 $\Psi = N\Phi = NAB$,其中 A 代表铁心横截面积。这样磁滞损耗又可写成

$$P = fAl\oint \boldsymbol{H} \cdot \mathrm{d}\boldsymbol{B} = fV\oint H\mathrm{d}B = VP_{\mathrm{h0}} \tag{14.2.6}$$

式中 $V = Al$ 代表铁心的体积;由数学知,$\oint H\mathrm{d}B$ 等于铁心材料 $B - H$ 磁滞回线的面积;$P_{\mathrm{h0}} = f\oint H\mathrm{d}B$ 代表单位体积的磁滞损耗。上述说明:单位体积的磁滞损耗 P_{h0} 与工作频率和磁滞回线面积成正比。因此,在变压器、电动机和电磁铁等应用交流电工作的场合,要选用磁滞回线面积小的**软磁材料**。

一般说来,由于磁畴翻转和排列不能立即跟随磁场的变化,需要等待足够长的时间,所以当电流快速改变时,所得到的动态磁滞特性与静态磁滞特性是有别的。但当工作频率不是很高时,二者区别不明显,可以认为是等同的,不加区分。

【扩展】可控电感的设计

铁心线圈的动态电感与磁场强度相关的特性,启示人们在同一铁心上再缠绕一组线圈,且通以恒定电流 I_{c},如图 14.2.6(a)所示。当改变这个电流的大小或方向时,铁心中的磁场强度和磁通就会发生改变,$\Psi - i$ 的关系不再对称于原点,发生左右平移,如图 14.2.6(b)所示,a、b 间的动态电感也随之改变。这样就可以通过施加不同的电流 I_{c},来获得连续可调的动态电感,这就是工程上被称为可控电抗器的工作原理,通以电流 I_{c} 的线圈称为控制绕组,I_{c} 称为控制电流。

为了得到接近线性的等效动态电感,也为了避免工作绕组磁通在控制绕组中产生感应电动势,从而影响控制电流,还需对上述结构进行改进,原理如图 14.2.6(c)所示。控制绕组通以控制电流 I_{c},它同时给两个相同的铁心施加直流偏磁,产生直流磁通 Φ_{c}。这样,工作绕组 1 和 2 的动态电感便受 I_{c} 控制。选择工作绕组 1 和 2 为串联,并使得一个绕组的工作磁通与直流磁通方向相同,例如绕组 2 的 Φ_2 与 Φ_{c};而另一个则相反,例如绕组 1 的 Φ_1 与 Φ_{c}。在这种连接下,一个绕组的等效动态电感随工作电流的增加量与另一绕组的减小量呈抵消趋势,总的等效电感在工作电流变化范围内基本为常量。两个工作绕组在控制绕组中产生的磁通也刚好抵消,不会在控制绕组中产生感应电动势。

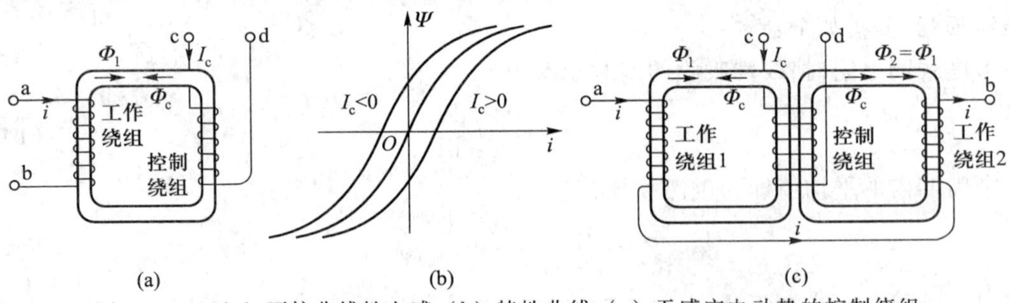

图 14.2.6 (a) 可控非线性电感;(b) 特性曲线;(c) 无感应电动势的控制绕组

非线性电感的另一个例子是 Josephson 结[①],它的磁链与电流关系如图 14.2.7 所示,电流是磁链的单值函数,属于磁链控制型非线性电感。

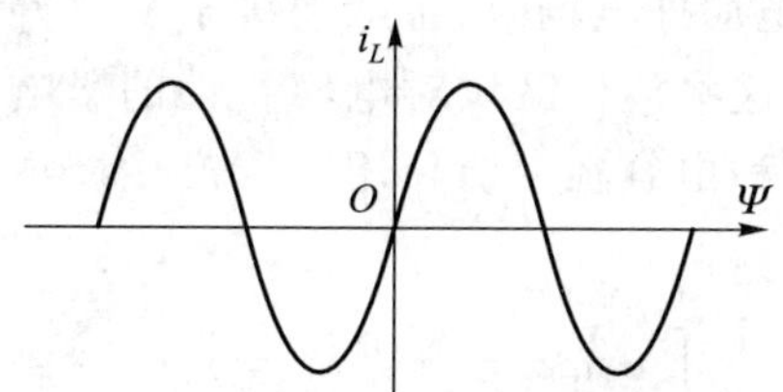

图 14.2.7 Josephson 结的 $\Psi-i$ 特性曲线

2. 非线性电容

从前学习的电容元件,它储存的电荷与电压之间存在正比关系,即 $q=Cu$,其中 C 是与电压或电荷无关的常量,称为电容。这种电容元件称为**线性电容**。

工程上还存在另一类电容,其电荷与电压不满足正比关系,称为**非线性电容**,需用非线性函数来描述,形如:

$$q=f(u),\quad u=g(q),\quad h(q,u)=0 \tag{14.2.7}$$

其符号和特性示例如图 14.2.8 所示。静态特性曲线上 p 点的电荷与电压的比值称为**静态电容**:

$$C_{\mathrm{s}}=\frac{q}{u_C} \tag{14.2.8}$$

而动态特性曲线上 p 点的切线斜率称为**动态电容**:

$$C_{\mathrm{d}}=\frac{\mathrm{d}q}{\mathrm{d}u_C} \tag{14.2.9}$$

根据非线性函数的单值性与多值性特点,非线性电容可以分为单调型、电压控制型、电荷控制型和回线型等。

具有回线型特性的例子是以高介电常数的铁电材料钛酸钡、钛酸锶、二氧化钛为介质的电容器,其特性如图 14.2.9 所示。它像铁磁物质一样具有饱和与滞后特征。当电压增加到较高量值时,所储存的电荷便接近饱和。继续增加电压时,电荷的增加甚微;当电压下降时,电荷的释放有

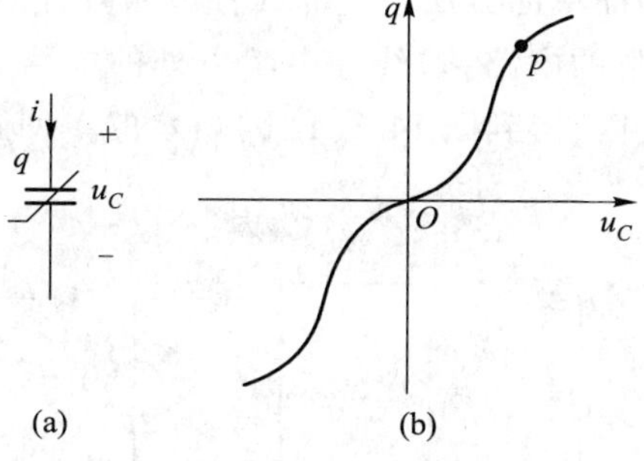

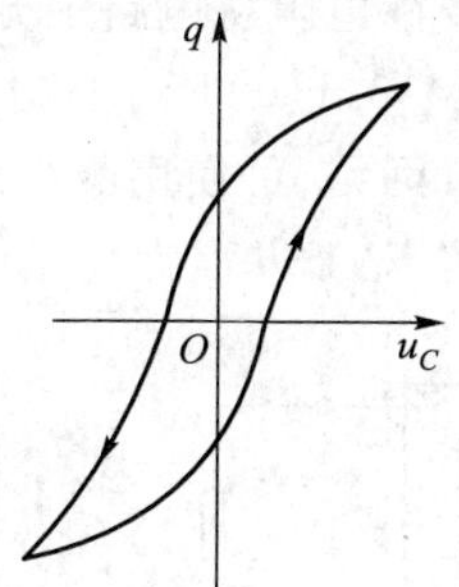

图 14.2.8 (a) 非线性电容的符号;(b) 特性曲线示例

图 14.2.9 钛酸钡介质电容的电滞特性

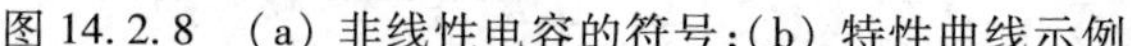

① 由 Josephson 于 1961 年发明,1969 年 Josephson 因此获诺贝尔物理学奖。

滞后现象，因而所留电荷比在电压上升过程中在同一电压值时的电荷要多些。这种特性是由于这类介质的各个区域会在一定方向上自发极化，形成电偶极子造成的。在未加电场时，这种极化并不能在表面上显现出来。在施加外电场时，各电偶极子从负到正的排列方向便都趋于电场的方向，如第 1 章图 1.1.3 所示。这些极化区域对电容特性的影响类似于磁畴对铁心电感特性的影响。不同于其他电容的是，这种电容在交流作用下要产生新的功率损耗，称为**电滞损耗**，按下式计算：

$$P = \frac{1}{T}\int_0^T u_C i \mathrm{d}t = f\oint u_C \mathrm{d}q = f \times \text{回线面积} \tag{14.2.10}$$

可见，电滞损耗与电滞回线面积和交流电的频率成正比。那些电滞回线面积大的电容不宜用在高频场合，以免产生可观的损耗。

一般说来，电容的静态特性和动态特性是有别的，这是由于介质的**粘滞性**造成的。所谓粘滞性，就是当电压改变时，由于极化产生的电偶极子（见图 1.1.3）的翻转和排列需要一定的时间，所以新的电荷分布不能立即建立起来，需要等待足够长的时间。因此，当足够快地改变电压时，所得到的动态特性 $q=f(u)$ 不同于静态特性 $Q=F(U)$。当电压做快速周期变化时，动态的电滞回线也不同于静态的电滞回线。但是，如果电压变化不是很快，则可以认为动态特性等同于静态特性。了解这些，有助于在不同的电压变化场合正确地分析电磁现象，合理地选择电容器。

14.3 非线性直流电路

本章以下按照电路的工作状态，依次介绍非线性直流电路、非线性周期电流电路和非线性暂态电路的分析方法与专门现象。之所以按照这样的顺序，是因为工程上总是要根据非线性电路的工作状态来选择合适的分析方法。

直流激励下的非线性电路处于稳态时称为**非线性直流电路**。在这种电路中，电感元件等效为短路或者等效为直流电阻，电容元件等效为开路或者等效为直流漏导。因此在计算上，非线性直流电路其实就变成了**非线性电阻电路**。

实际电路中常常是线性元件和非线性元件同时并存，当电路只含一、二个非线性电阻时，往往可以将非线性电阻从电路中分出来，这样便可用简单的方法建立非线性电路方程。

例如图 14.3.1(a)所示的含有一个非线性电阻的电路，非线性电阻以外的电路属于线性含独立源一端口网络，可使用戴维南定理对其进行化简，得到图 14.3.1(b)所示的单回路电路。对这个回路列写 KVL 方程为

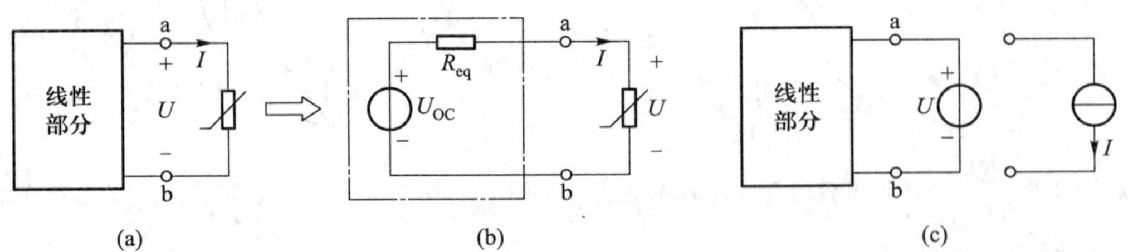

图 14.3.1 (a) 含一个非线性电阻电路；(b) 应用戴维南定理；(c) 应用置换定理

$$R_{eq}I+U=U_{OC} \tag{14.3.1}$$

若非线性电阻是流控型的，则宜用 $U=f(I)$ 代替上式中的 U；若是压控型的，则宜用 $I=g(U)$ 代替上式中的 I。求解**非线性代数方程**（14.3.1）得到非线性电阻的解答 (U,I)。

如需进一步求出线性部分的解答，则可根据上述求得的解答，用电压源或电流源置换非线性电阻，得图 14.3.1(c) 所示的线性直流电路，对其求解便得所需解答。

【例题 14.3.1】 图 14.3.2(a) 所示电路，设非线性电阻静态特性为 $U=I^2-4I$（U 单位为 V，I 单位为 A）。试求电压 U 和 U_1 的值。

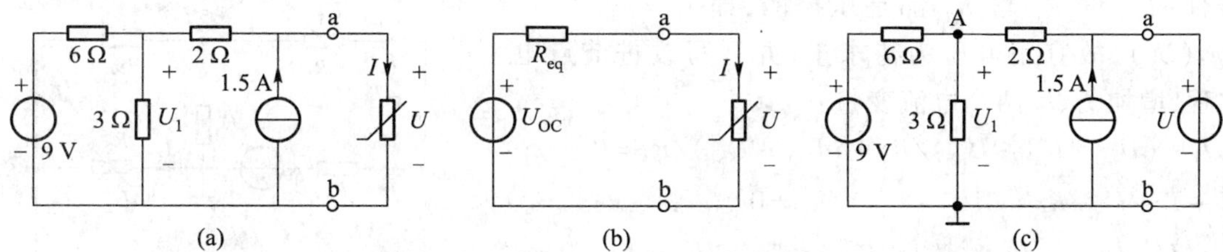

图 14.3.2 (a) 例题 14.3.1 图；(b) 应用戴维南定理；(c) 应用置换定理

【解】 电路中只含一个非线性电阻，按以下步骤计算。

(1) 将 a、b 左边的线性含独立源一端口网络等效成戴维南电路，如图 14.3.2(b) 所示。对图 14.3.2(a) 电路，当 a、b 断开时，基于叠加定理求得开路电压

$$U_{OC}=\left[\frac{3}{(3+6)}\times 9+\left(2+\frac{3\times 6}{3+6}\right)\times 1.5\right]\ \text{V}=9\ \text{V} \tag{1}$$

用除源法求得等效电阻

$$R_{eq}=\left(2+\frac{3\times 6}{3+6}\right)\ \Omega=4\ \Omega \tag{2}$$

(2) 对图 14.3.2(b) 列 KVL 方程为

$$R_{eq}I+U=U_{OC} \tag{3}$$

将式(1)、(2)及非线性电阻特性代入式(3)得

$$4I+I^2-4I=9$$

解上述方程得到非线性电阻电流的两个解答：

$$I'=3\ \text{A},\qquad I''=-3\ \text{A}$$

代入特性方程得到电压的两个解答：

$$U'=[3^2-4\times 3]\ \text{V}=-3\ \text{V},\qquad U''=[(-3)^2-4\times(-3)]\ \text{V}=21\ \text{V}$$

(3) 用电压源置换非线性电阻得图 14.3.2(c) 所示的线性直流电路。对节点 A 列 KCL 方程得

$$\frac{U_1-9}{6}+\frac{U_1}{3}+\frac{U_1-U}{2}=0$$

求解得到 U_1 与 U 的关系为

$$U_1=1.5+0.5U$$

当 U 分别等于 U' 和 U'' 时，由上式求得电压 U_1 的两个值为

$$U_1'=1.5+0.5U'=0,\qquad U_1''=1.5+0.5U''=12\ \text{V}$$

本例说明，从理论上讲非线性电路方程可能存在多解。

如果电路含有两个非线性电阻，自然会想到将线性部分用含独立源二端口网络来等效，请读者自行考虑。

当含有较多的非线性电阻，或需计算较多电压与电流时，则宜对电路列写联立方程组。为便于求解，应使控制量作为方程的待求量。因此要根据非线性电阻是压控的还是流控的列写不同的方程。

以图 14.3.3 所示桥形电路为例。图中含有两个非线性电阻 R_1 和 R_2，其他电阻元件都是线性的。设 R_1 与 R_2 都是压控的，即 $I_1=g_1(U_1)$、$I_2=g_2(U_2)$，故宜用电压为待求量，并列写改进节点电压方程，增加 I_1、I_2 两个电流变量：

$$\begin{cases}I_1+(U_{n1}-U_{n3}-U_{S3})/R_3+(U_{n1}-U_{S4})/R_4=0\\-I_1+U_{n2}/R_5+(U_{n2}-U_{n3})/R_6=0\\-I_2-(U_{n1}-U_{n3}-U_{S3})/R_3-(U_{n2}-U_{n3})/R_6=0\end{cases}\tag{14.3.2}$$

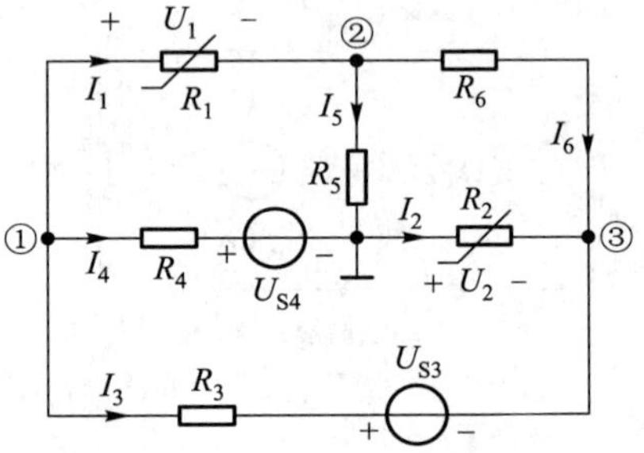

图 14.3.3　桥式非线性直流电路

再用节点电压表示上述方程中的非线性电阻电流 I_1 和 I_2：

$$I_1=g_1(U_1)=g_1(U_{n1}-U_{n2})\tag{14.3.3}$$

$$I_2=g_2(U_2)=g_2(-U_{n3})\tag{14.3.4}$$

将上两式代入式(14.3.2)便得到只包含待求节点电压 U_{n1}、U_{n2}及 U_{n3}的三个独立方程。

按照上述规律，如果非线性电阻都是流控型的，则宜选电流为待求变量，即用支路电流法或回路电流法；如果部分是流控型的，部分是压控型的，则宜选用部分电流和部分电压为待求变量。

【例题 14.3.2】　图 14.3.4 所示电路含一个压控电阻和一个流控电阻，$I_1=g(U_1)$，$U_2=f(I_2)$。试列写关于控制量 U_1 和 I_2 的联立方程。

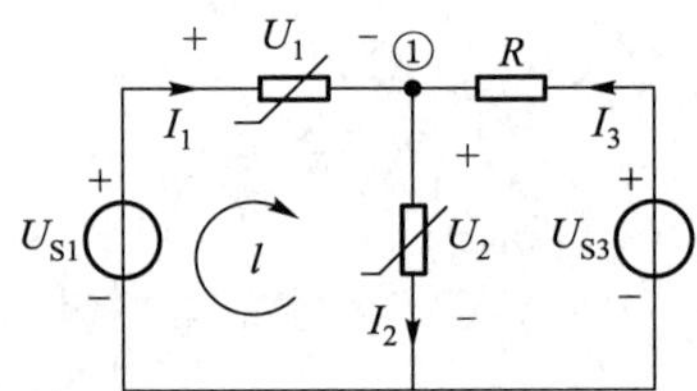

图 14.3.4　例题 14.3.2 图

【解】　对节点①列 KCL 方程得

$$-I_1+I_2-I_3=0\tag{1}$$

将 $I_1=g(U_1)$和 $I_3=(U_{S3}-U_{S1}+U_1)/R$ 代入上式得

$$-g(U_1)+I_2-(U_{S3}-U_{S1}+U_1)/R=0\tag{2}$$

再对左边回路 l 列 KVL 方程得

$$U_2-U_{S1}+U_1=f(I_2)-U_{S1}+U_1=0\tag{3}$$

(2)和(3)便是关于 U_1 和 I_2 的联立方程。

如果非线性电阻特性的解析式比较复杂，譬如是高次多项式或超越函数，或者电路中含有多个非线性电阻等,这时用人工直接求解非线性联立方程是很困难的,通常要借助计算机采用**数值分析法**。所谓数值分析法,就是使用“计算方法”编写计算机程序,计算出电路方程的数值解答而非解析表达式。下面针对一元非线性代数方程展开讨论,以便理解这种方法的基本思想。

设图 14.3.5(a)所示电路中非线性电阻的静态特性为

$$I = g(U) \tag{14.3.5}$$

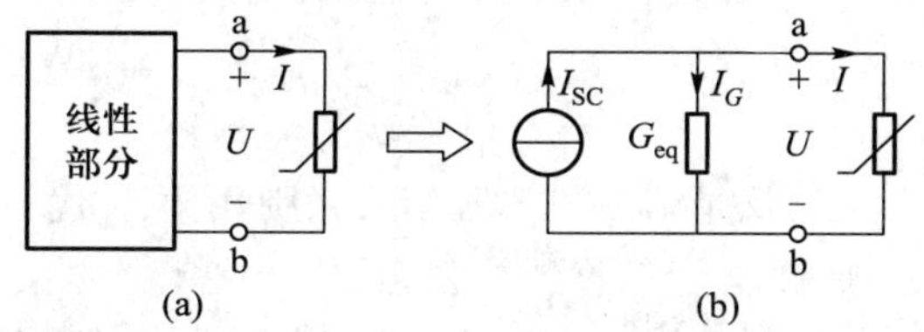

图 14.3.5 (a) 非线性直流电路;(b) 应用诺顿定理

图 14.3.5(a)中 a、b 左端的线性含独立源一端口网络可以等效成诺顿电路,如图 14.3.5(b)所示。对其列写 KCL 方程得

$$I + I_G - I_{SC} = g(U) + G_{eq}U - I_{SC} = 0 \tag{14.3.6}$$

求解电路归结为求非线性方程(14.3.6)的根。若令

$$f(U) = g(U) + G_{eq}U - I_{SC} \tag{14.3.7}$$

并在 $U-f(U)$ 坐标平面上画出 $f(U)$ 与 U 的关系曲线,如图 14.3.6 所示,则它与横坐标 U 的交点就是方程(14.3.6)的解答。现利用该图说明数值分析法过程。

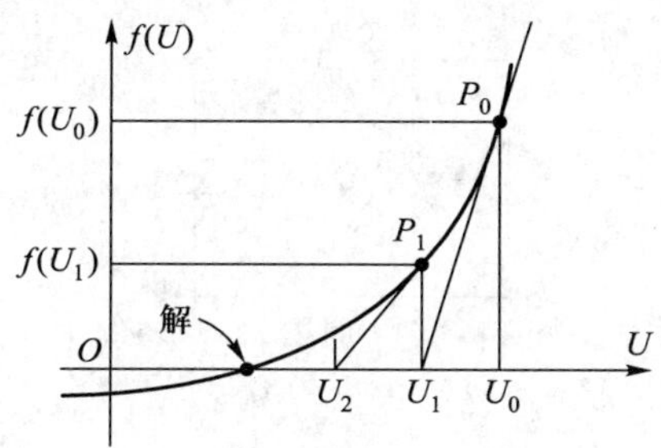

图 14.3.6 牛顿 - 拉夫逊法的解析几何原理

先假设一电压值 U_0,称为初值,代入式(14.3.7)求出 $f(U_0)$,对应图 14.3.6 坐标上的 P_0 点。一般情况下 $f(U_0) \neq 0$,说明初值不是方程的解答。然后在 P_0 点作切线,该切线与 U 轴的交点记作 U_1。根据 P_0 点坐标及其切线斜率,可以求得

$$U_1 = U_0 - \frac{f(U_0)}{f'(U_0)} \tag{14.3.8}$$

其中 $f'(U_0) = \mathrm{d}f(U)/\mathrm{d}U\big|_{U=U_0}$ 表示 P_0 点切线斜率。所得 U_1 比 U_0 更接近方程的解答。再用 U_1 代替 U_0 重复上述过程得到 U_2:

$$U_2 = U_1 - \frac{f(U_1)}{f'(U_1)} \tag{14.3.9}$$

依此类推,得到电压序列:

$$U_0, U_1, U_2, \cdots, U_k, U_{k+1}, \cdots \tag{14.3.10}$$

上述序列的递推公式可以由式(14.3.9)推广得到:

$$U_{k+1} = U_k - \frac{f(U_k)}{f'(U_k)} \quad (k=0,1,2,\cdots) \tag{14.3.11}$$

按上式进行的递推计算过程称为**迭代**,该式称为**牛顿-拉夫逊法**迭代公式。

在每次迭代过程中,要计算相继两次迭代值的绝对误差,如果小于容许误差 ε(例如 10^{-4} V),即

$$\Delta U = \left| U_{k+1} - U_k \right| < \varepsilon \tag{14.3.12}$$

则迭代结束,称为**收敛**,此时 U_{k+1} 就是 U 的近似解答;否则用 U_{k+1} 代替 U_k,继续迭代。若迭代过程始终无法满足上述判别式,则称迭代不收敛或**发散**。

牛顿-拉夫逊法实际上是在迭代的每一步用切线代替曲线,即一阶近似。因此要求非线性函数 $f(U)$ 的一阶导数必须存在且不为零。

在牛顿-拉夫逊法中初值的选取很重要,图 14.3.6 中 $f(U)$ 是单调的,这一问题并不突出。假如 $f(U)$ 不是单调的,就有可能因初值选取不当而导致迭代失败。如果非线性方程存在多解,则对选定的一个初值,只能收敛到其中的一个解答,为求其他解答须另选适当初值。不管 $f(U)$ 是什么情况,都要尽量在解答附近选择初值,这可根据具体电路来选择,如下例。

【例题 14.3.3】 试用牛顿-拉夫逊法求解图 14.3.7 所示 PN 结二极管电路。二极管静态特性为:$I = I_S(e^{U/U_T} - 1)$,其中 $I_S = 2.5 \times 10^{-9}$ A,$U_T = 0.026$ V。又已知 $U_S = 5.0$ V,$R = 5.1$ kΩ。规定容许误差 $\varepsilon = 10^{-3}$ V。

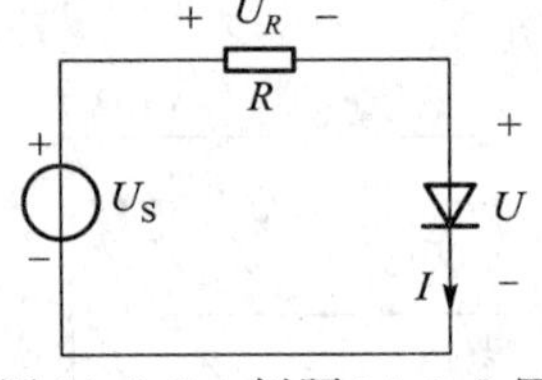

图 14.3.7 例题 14.3.3 图

【解】 列出 KVL 方程得

$$U_R + U - U_S = RI + U - U_S = 0$$

将二极管特性代入上式得

$$RI_S(e^{U/U_T} - 1) + U - U_S = 0$$

令

$$f(U) = RI_S(e^{U/U_T} - 1) + U - U_S \tag{1}$$

求导数得

$$f'(U) = \frac{RI_S}{U_T} e^{U/U_T} + 1 \tag{2}$$

由式(14.3.11)及式(1)、(2)得迭代公式为

$$U_{k+1} = U_k - \frac{f(U_k)}{f'(U_k)}$$

二极管正向导通时两端电压一般小于 0.8 V,因此取初值 $U_0 = 0.5$ V,部分迭代序列如表

14.3.1 所示。从表可见，第 9、10 两次的迭代值误差满足 $|U_{10}-U_9|<\varepsilon$，可以认为收敛。最后得近似解答 $U\approx0.3331\ \text{V}$，$I\approx9.151\times10^{-4}\ \text{A}$。

表 14.3.1　例题 14.3.3 的部分迭代结果

次数 k	0	2	4	6	8	9	10
U_k/V	0.500 0	0.448 2	0.397 3	0.352 9	0.333 7	0.333 1	0.333 1

14.4　分段线性的直流电路

某些非线性电阻，从全局来看，它们的特性曲线不是直线，但从部分区段来看却很接近直线。这时自然会想到用若干个直线段组成的折线来近似代替非线性曲线，如图 14.4.1(a)所示。

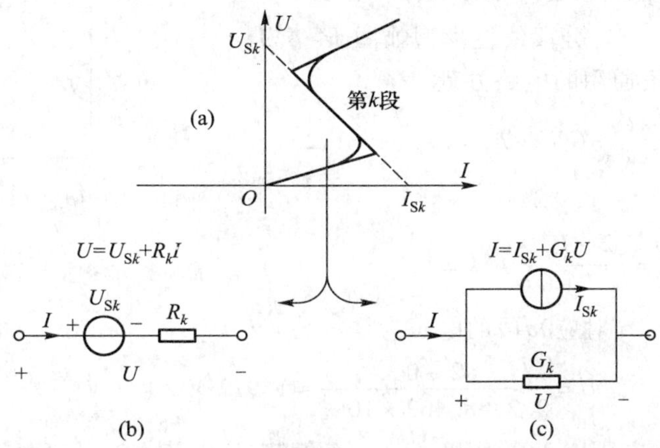

图 14.4.1　(a) 分段线性特性；(b) 串联模型；(c) 并联模型

折线的每个直线段存在一个直线方程。对第 k 段，它的方程既可表述为

$$U=U_{Sk}+R_kI \tag{14.4.1}$$

又可表述为

$$I=I_{Sk}+G_kU \tag{14.4.2}$$

U_{Sk}和 I_{Sk}的意义如图 14.4.1(a)所示。R_k 表示第 k 段的斜率，G_k 是它的倒数。

对应上述方程的电路模型分别如图 14.4.1(b)、(c)所示。将每一段都用这样的电路模型代替，代替后的电路便是分段线性电路。这种分析方法就称为**分段线性近似法**或**折线法**。

对分段线性电路某一区段获得的解答有两种取值情况：第一，解答位于该区段以内，则该解就是电路的近似解答；第二，位于该区段以外，则该解并不是电路的解答，属于电路的虚解。又由于非线性电路可能存在多解，所以在不能肯定存在唯一解的情况下，需对所有区段进行分析和检验。

【例题 14.4.1】　试用分段线性近似法求解图 14.4.2(a)电路，其中非线性电阻的特性由图 14.4.2(b)曲线②表示，图中 a 点坐标近似为(1.3 V,1.1 A)。

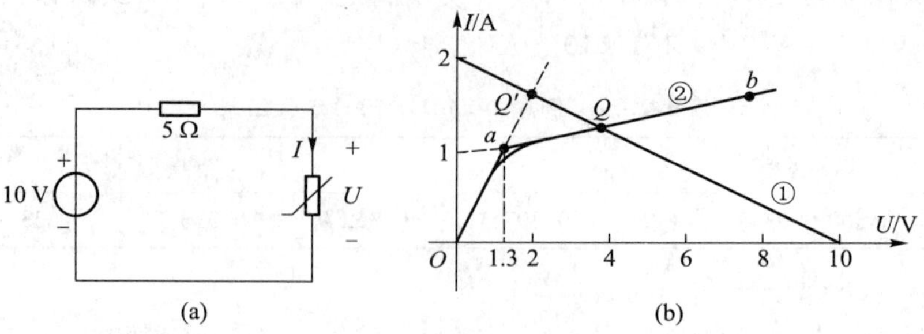

图 14.4.2　(a) 例题 14.4.1 图;(b) 特性曲线

【解】　非线性电阻的特性可用0a、ab 两条直线分段逼近。取 U 为自变量,直线方程是

$$I = I_{Sk} + G_k U \quad (k = 1,2) \tag{1}$$

当 $0 < U \leqslant 1.3$ V 时,取0a段,该段通过原点,$I_{S1} = 0$,$G_1 = 1.1/1.3\ \text{S} \approx 8.462 \times 10^{-1}$ S。

当 $U \geqslant 1.3$ V 时,取ab段,$I_{S2} = 1.0$ A,$G_2 = (1.1 - 1)/1.3\ \text{S} \approx 7.692 \times 10^{-2}$ S。分段线性模型如图 14.4.3 所示。由 KCL 列出两段通用的电路方程为

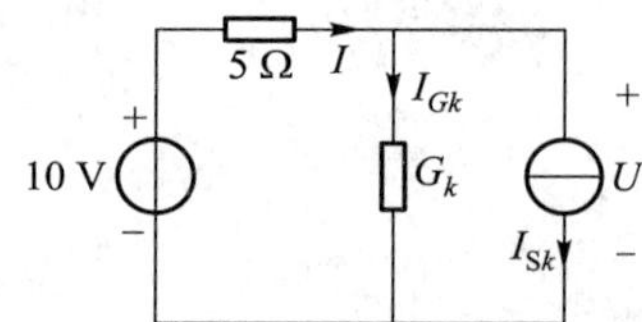

图 14.4.3　例题 14.4.1 的分段线性模型

$$-I + I_{Gk} + I_{Sk} = -\frac{10 - U}{5} + G_k U + I_{Sk} = 0 \quad (k = 1,2)$$

求解得

$$U = \frac{10/5 - I_{Sk}}{1/5 + G_k} = \frac{2 - I_{Sk}}{0.2 + G_k} \quad (k = 1,2) \tag{2}$$

将 I_{S1} 和 G_1 代入上式,得到对应0a段的电压为

$$U = \frac{2 - 0}{0.2 + 8.462 \times 10^{-1}} \approx 1.912\ \text{V} > 1.3\ \text{V}$$

由于它超出了0a的最大电压 1.3 V,所以这是一个虚解,该点落在0a的延长线 Q'点。

将 I_{S2} 和 G_2 代入式(2),得到对应 ab 段的电压为

$$U = \frac{2 - 1}{0.2 + 7.692 \times 10^{-2}}\ \text{V} \approx 3.611\ \text{V}$$

$U > 1.3$ V,在 ab 段内,代入式(1)得

$$I = I_{S2} + G_2 U = (1 + 7.692 \times 10^{-2} \times 3.611)\ \text{A} \approx 1.278\ \text{A}$$

这便是近似解答,在图上位于 Q 点。

如能用简单方法预先判断出解答所在的区段,便可减少许多尝试。对含有一个非线性电阻的电路,可以采用作图的办法来判断。具体过程是:在 $U - I$ 坐标系中,分别画出线性部分和非线性部分的 $U - I$ 关系。对线性部分,它是一条直线,如果含有独立电源,它便不经过原点,如上述例题中的直线①。根据解析几何原理,该直线与折线的相交段就是解答所在的区段。如果能够大致确定交点的坐标,便可近似得到非线性电阻的电压和电流。这种通过作图得到近似解答或分析工作原理的方法称为**图解法**。

如果电路中有多个用分段线性表示的非线性电阻,需对每个非线性电阻取出一个区段进行组合,得到多种区段组合的线性电路。对于某一组合的解答,只有位于该组合的全部区段内时,

才是真正的解答;否则便是虚解。

14.5 周期性电源作用下的非线性电路

在电气及电子技术中,许多非线性电路的电源都是按周期规律变化的,从而引起的稳态电压和电流也按周期规律变化。例如交流电磁铁电路、整流电路、电弧炉电路等。但由于元件的非线性特性,使得电路的性质、分析方法、电磁现象等都比线性电路复杂得多。作为入门内容,下面简单介绍与分析和应用相关的几个专门问题。

1. 惯性与非惯性电路的特点

在认识由周期性电源作用的非线性电路时,要明确是否含有惯性元件。这是因为惯性元件和非惯性元件具有本质上的区别,因而认识方法也有根本的不同。由于在一个周期内惯性元件(例如热电阻、白炽灯等)的参数是不变的,所以当非线性元件全部为惯性元件时,仍可用线性电路的各种分析方法。例如,当电路施加稳定的正弦电压时,可使用相量分析法,因为所有支路的电流和电压都是正弦量。在施加稳定的非正弦电压时,如果认为元件参数不随频率变化,便可使用基于傅里叶级数和叠加定理的谐波分析法。

由于惯性元件的参数取决于电压或电流的有效值,所以如果施加的电压有效值发生了改变,惯性元件的复阻抗也必然随之改变,从而使各支路电压和电流有效值发生非线性改变,即这种改变并不与所施加的电压有效值成线性关系,所以不能使用齐性定理和叠加定理进行计算。

当电路中含有非惯性的非线性元件时,一个最普通的现象就是当施加的电压为稳定的正弦时,而引起的电流却是非正弦的。例如,若非线性电阻的动态特性为 $i=au^3$,则当两端施加 $u=U_m\sin(\omega t)$ 的正弦电压时,其电流则为

$$i=a[U_m\sin(\omega t)]^3=\frac{aU_m^3}{4}[3\sin(\omega t)-\sin(3\omega t)] \qquad (14.5.1)$$

它不仅含有与电压同频率的分量,还含有 3 倍于电压频率的分量,因此电流是非正弦的,波形发生了**畸变**。这种现象也叫**频率倍增现象**。

2. 铁心线圈磁通与电流的特点

为了产生较强的磁场,以便加以利用,在电气工程中广泛使用带有铁心的交流线圈,例如交流电抗器、交流电磁铁等。由于铁心的高导磁特性,使得交流磁通主要集中在铁心内部,如图 14.5.1 所示。假设导线电阻和铁心以外的磁通即漏磁通可以忽略不计,当电压 u 是正弦量时,铁心内的磁通变化产生的反电动势 e 也必须是按同一规律变动的正弦量,以便与电压 u 相平衡,从而满足 KVL。所以,无论铁心是否存在磁饱和与磁滞现象,磁通 Φ 都是正弦量,并且相位上滞后于电压 90°,这是因为

$$u=-e=\frac{\mathrm{d}\Psi}{\mathrm{d}t}=N\frac{\mathrm{d}\Phi}{\mathrm{d}t} \qquad (14.5.2)$$

由此确定的磁通幅值与电压有效值之间的关系为(参见式(5.4.6)):

$$\Phi_m = \frac{\sqrt{2}U}{2\pi fN} \approx \frac{U}{4.44fN} \tag{14.5.3}$$

这说明:在不计线圈电阻和漏磁的情况下,铁心内的磁通幅值 Φ_m 在数量上与外加电压有效值 U 成正比,与匝数 N 和频率 f 成反比。

从物理原理上看,上述正弦的磁通是由线圈中的电流和铁心中的涡流产生的。由于在设计铁心时,大都采取了减小涡流的有效措施,例如切片、绝缘、掺杂等,因此除非专门用于发热目的或专门讨论涡流损耗时,一般情况下涡流现象可以忽略不计。这样就可以突出主要问题,即只讨论线圈中电流的特点。

仍以图 14.5.1 为例进行分析。由于 Φ 与 i 的关系类似于 B 与 H 的关系,即存在磁饱和与磁滞现象,所以,当 Φ 为正弦量时,线圈的电流便不是正弦量。为便于逐步理解,先不考虑磁滞现象,使用基本磁化曲线进行分析。利用图解法,可以大致得出电流的波形,如图 14.5.2 所示。作图过程是:从图 14.5.2(b)的 $\Phi(t)-t$ 曲线开始,在 t_1 时刻,磁通变动到 Φ_1,由图 14.5.2(a)的 $\Phi-i$ 曲线确定出电流变动到 i_1,得到图 14.5.2(c)$i(t)-t$ 坐标系中的一个点,以此类推。将所有点光滑地连接起来就是电流的近似波形,其特征是:电流为正负半波对称的尖顶波,发生了畸变,其傅里叶级数中最大的高次谐波是三次谐波。这样的谐波如果注入电网,会导致电能质量下降,造成**电力污染**。电流成为尖顶波的原因不难从作图过程得到解释:铁心工作在接近饱和区时,磁通的微小变化将对应电流的较大变化。

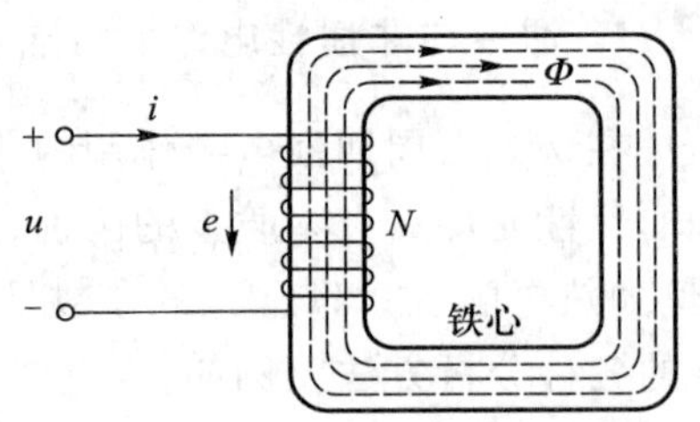

图 14.5.1　铁心线圈示意图

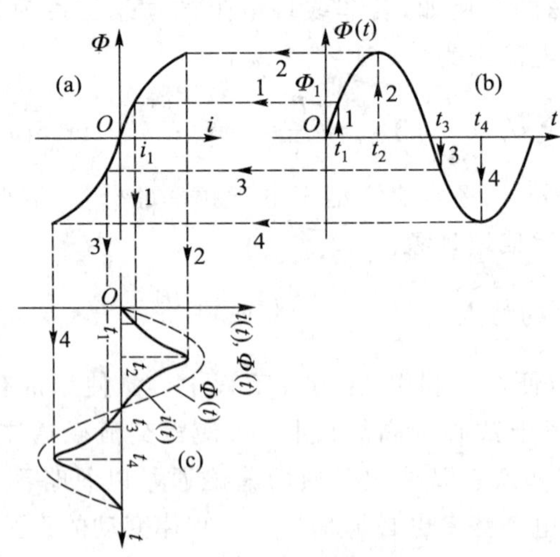

图 14.5.2　磁饱和导致的电流畸变:(a) 磁饱和特性;(b) 正弦磁通;(c) 线圈电流

下面再考虑磁滞现象对电流波形的影响。同样,通过作图可大致绘出线圈电流波形,只是 $\Phi-i$ 关系要换成磁滞回线,过程和结果如图 14.5.3 所示。其特征是:磁滞使得电流与磁通不能同时经过零点，也就是说，电压超前电流的相位差不再是 90°，这样就意味着存在交流损耗，即**磁滞损耗**，已在 14.2 节进行了计算。此外，半周期内电流的上升部分与下降部分不再对称。

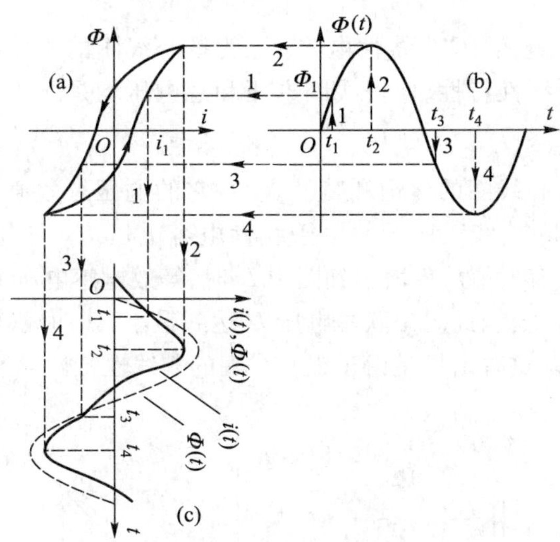

图 14.5.3 磁滞导致的电流畸变：(a) 磁滞回线；(b) 正弦磁通；(c) 线圈电流

由上述两种现象可见：非正弦的线圈电流在非线性的铁磁介质中产生了正弦的磁通。反过来，如果给线圈通以**正弦电流源**，则磁通、感应电动势和电压都必将是非正弦的。

3. 等值正弦波原理*

在非线性周期电路中，有一些场合并不需要严格计算电压和电流的波形曲线，这时便可使用近似方法进行求解，用等值的正弦曲线近似代替实际的非正弦曲线就是其中的一种。这样等值的意义在于：能够用已经熟悉的相量分析法列写电路方程，并做相量图。

例如，要确定与铁心线圈电流等值的正弦电流，就是要确定与线圈电流在频率、有效值和线圈平均功率三项上等值的正弦电流的三个要素：频率、幅值和初相位，其中频率直接选择被等值的非正弦波的频率是合理的。

按照有效值相等的原则，等值正弦电流的幅值应该等于非正弦周期电流有效值的$\sqrt{2}$倍：

$$I_{\mathrm{eqm}}=\sqrt{2}I=\sqrt{2}\sqrt{\frac{1}{T}\int_{0}^{T}i^{2}(t)\,\mathrm{d}t} \tag{14.5.4}$$

按照平均功率相等的原则，等值正弦电流与正弦电压形成的平均功率须等于线圈消耗的平均功率 P，后者对应铁心线圈的全部功率损耗(已在 14.2 节对磁滞损耗进行了讨论，此外还有**涡流损耗**和导线损耗)，即要求

$$UI\cos\varphi=P \tag{14.5.5}$$

上式中 U 为正弦电压有效值，I 为等值正弦电流有效值，由此求出它们的相位差 φ，进而由电压的初相位求出等值正弦电流的初相位：$\psi_i=\psi_u-\varphi$。

4. 铁磁谐振现象*[2]

有了等值正弦波的概念,便可使用相量关系分析许多含有铁磁装置的非线性交流电路,以铁磁谐振现象为例简介如下。

图 14.5.4(a)所示交流电路,C 为线性电容,R_{eq} 为铁心线圈的等效电阻。设外加电流源是正弦的,但由于铁心线圈的非线性特性,使得线圈电压和总电压均是非正弦的。现使用等值正弦波代替这些非正弦量,便有 $\dot{U}=\dot{U}_C+\dot{U}_L+\dot{U}_R$。

在交流电路中,由于铁心线圈的磁饱和特性,使得它的电压有效值与电流有效值的关系也具有饱和特性,如图 14.5.4(b)曲线①所示。由于线性电容电压 U_C 与电流 I 的关系为直线关系,如直线②所示,所以在电流有效值从零增加到图中 I_0 时,等效电感电压 U_L 便等于电容电压 U_C,由于电感电压与电容电压相互抵消,此时串联总电压 U 达到最小,如曲线③所示,并且电压与电流同相,这时便发生了谐振现象。这种谐振是由于铁心线圈的非线性特性导致的,所以称为**铁磁谐振**。

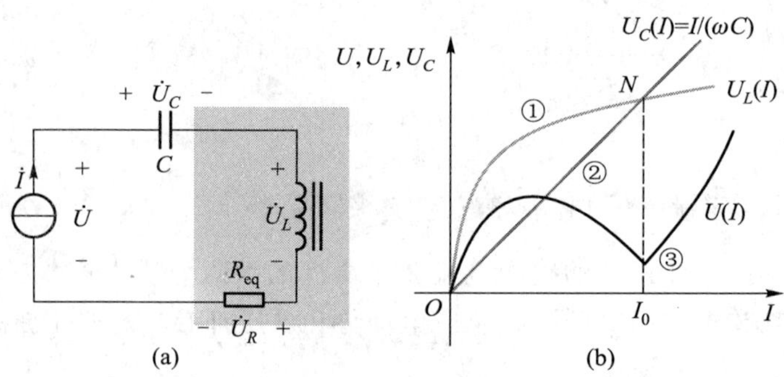

图 14.5.4 (a)串联铁磁谐振电路;(b)电压与电流有效值关系

实际电路工作时外加的通常是电压源,如图 14.5.5(a)所示。当电压有效值从零增加时,电流与电压解答对应的坐标点或称**工作点**沿图 14.5.5(b)$O\to5\to1$ 移动。到达 U_2 后由 1 突然跳变到 2,这时电流有效值便突然增加到 I_2。电流的相位也由滞后电压近似90°变为超前90°。此后如再增加电压,则工作点将沿 23 路线连续移动。当电压有效值从大于 U_2 的数值下降时,工作点沿 $3\to2\to4$ 移动。当下降到小于 U_1 时,工作点由 4 突然跳变到 5,电流有效值也突然减小到 I_1,其相位由超前总电压变为滞后总电压近似90°。

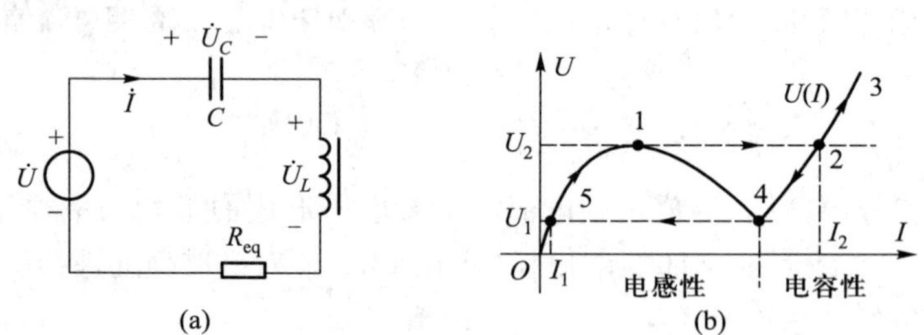

图 14.5.5 (a)电压源供电的铁磁谐振电路;(b)铁磁谐振过程

上述改变电压时出现的电流跳变现象在电力系统中无疑是非常有害的。

图 14.5.5 为串联铁磁谐振情况,此外还有并联铁磁谐振情况,请读者自行考虑。

14.6　直流和交流小信号电源作用下的非线性电路

在分析半导体放大器等非线性电路问题时，常常会遇到这种情况：电路中存在两种变化规律的电源，一种是直流电源，另一种是时变电源。据此可知，电路的响应必将包含直流分量和时变分量，可抽象成图 14.6.1(a)。以电压为例，记作

$$u = U + \Delta u \tag{14.6.1}$$

直流电源 U_S 产生上式中的直流分量 U，它可通过不含时变电源的非线性电路单独加以分析，如图 14.6.1(b)所示，其中电感等效为短路；电容等效为断路。由直流电源引起的解答称为非线性电路的**直流工作点**或**静态工作点**。

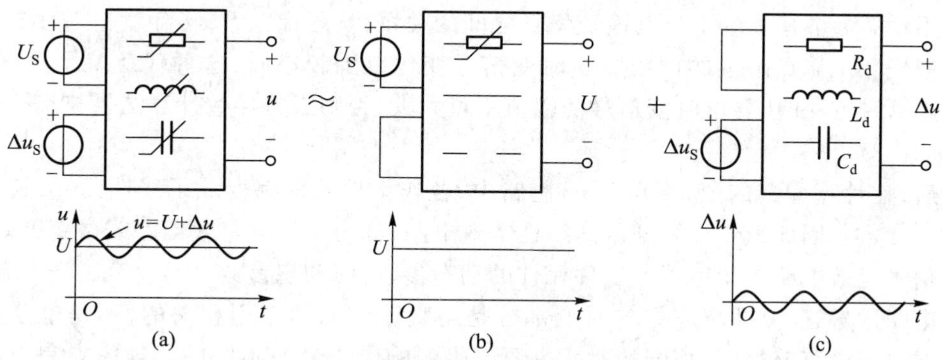

图 14.6.1　(a) 直流与小信号作用；(b) 直流作用；(c) 小信号等效电路

时变电源 Δu_S 使各响应在上述直流分量的基础上产生时变的增量 Δu。为求出该增量，需要建立电压、电流增量之间的关系。以下假设这些增量足够小，以至于用切线来近似代替切点附近的曲线时不会产生明显的误差。此外还假设非线性元件的静态特性与动态特性是相同的(实际中的许多元件都近似是这样的)，不再加以区分，这样它们的微分参数与动态参数也是相同的，并统称为动态参数。根据动态参数的定义以及数学上计算函数增量的方法可以建立电压与电流增量之间的关系。

(1) 对于非线性电阻，其电压的增量与电流的增量关系可以通过动态电阻来建立：

$$\Delta u_R \approx R_d \Delta i_R，其中动态电阻\ R_d = \left.\frac{\mathrm{d}u_R}{\mathrm{d}i_R}\right|_{i_R = I_R} \tag{14.6.2}$$

其几何表示如图 14.6.2(a)所示。

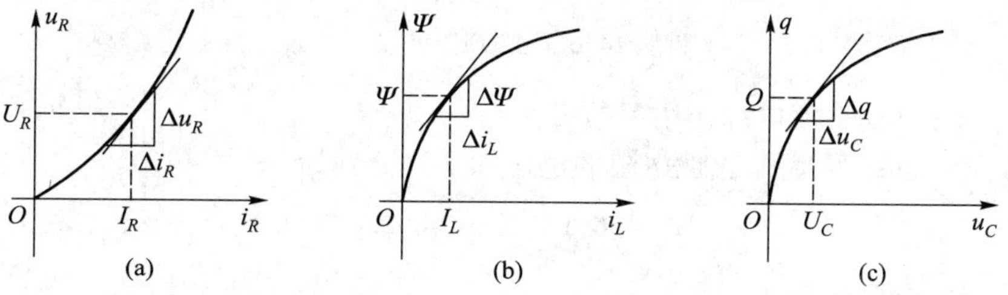

图 14.6.2　动态参数的几何意义：(a) 动态电阻；(b) 动态电感；(c) 动态电容

(2) 对于非线性电感,其磁链的增量与电流的增量可以通过动态电感来建立:

$$\Delta\Psi \approx L_{\mathrm{d}}\Delta i_L,\quad 其中动态电感\ L_{\mathrm{d}}=\left.\frac{\mathrm{d}\Psi}{\mathrm{d}i_L}\right|_{i_L=I_L} \tag{14.6.3}$$

其几何表示如图14.6.2(b)所示。因此电压增量与电流增量的关系就是

$$\Delta u_L=\frac{\mathrm{d}\Delta\Psi}{\mathrm{d}t}\approx L_{\mathrm{d}}\frac{\mathrm{d}\Delta i_L}{\mathrm{d}t} \tag{14.6.4}$$

(3) 对于非线性电容,其电荷的增量与电压的增量可以通过动态电容来建立:

$$\Delta q \approx C_{\mathrm{d}}\Delta u_C,其中动态电容\ C_{\mathrm{d}}=\left.\frac{\mathrm{d}q}{\mathrm{d}u_C}\right|_{u_C=U_C} \tag{14.6.5}$$

其几何表示如图14.6.2(c)所示。因此电流增量与电压增量的关系就是

$$\Delta i_C=\frac{\mathrm{d}\Delta q}{\mathrm{d}t}\approx C_{\mathrm{d}}\frac{\mathrm{d}\Delta u_C}{\mathrm{d}t} \tag{14.6.6}$$

上述用动态参数建立的电压与电流增量之间的关系,从图像上看,实际就是用直流工作点处的切线近似代替工作点附近的曲线。当时变信号变化范围较小时,这种代替就是足够准确的。所以在使用这种方法时,要求时变信号的幅值不可太大,否则必将导致计算结果与实际响应存在较大偏差。

替代后,在计算增量的图14.6.1(c)电路中,各非线性元件都变成了线性元件,其参数就是它们的动态参数。因此得到计算增量的线性等效电路,称为**小信号等效电路**或**微变等效电路**。

在小信号等效电路中使用了非线性元件的动态参数,而动态参数是与直流工作点有关的,因此小信号电路的解答,亦即响应中的时变部分是与直流电源的作用相关的,不是单独作用的结果。对不同量值的直流电源,相同的时变电源产生的响应增量是不同的。这一点完全不同于线性电路的叠加定理。

用小信号等效电路近似计算响应中的时变增量,再与直流解答相加,便可确定电压与电流的近似解答,这种方法称为**小信号分析法**。下面举例说明这种方法的一般步骤。

【例题14.6.1】 图14.6.3(a)中非线性电阻伏安特性为 $u=4i^2\ (i\geqslant 0)$ (u 单位为V,i 单位为A),$L=0.8\ \mathrm{H}$,$R=12\ \Omega$,$u_{\mathrm{S}}=[36+\sqrt{2}\cos(10t)]\ \mathrm{V}$,求 i_L。

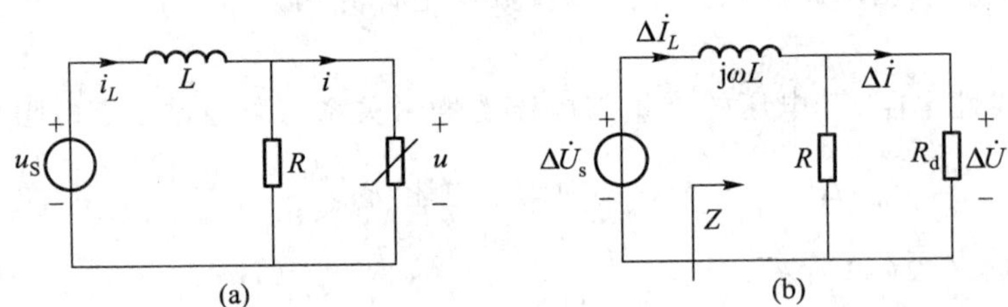

图14.6.3 (a)例题14.6.1图;(b)小信号等效电路相量模型

【解】 (1) 计算在直流电源作用下的工作点。

图中电感视为短路,因而非线性电阻的电压和电流分别为

$$U=4I^2=36\ \mathrm{V},\qquad I=\sqrt{U/4}=3\ \mathrm{A}$$

电感电流为

$$I_L=\frac{U_S}{R}+I=\left(\frac{36}{12}+3\right)\ \mathrm{A}=6\ \mathrm{A}$$

(2) 计算工作点处的动态电阻。

$$R_d=\left.\frac{\mathrm{d}u}{\mathrm{d}i}\right|_{i=I}=8I=24\ \Omega$$

(3) 由小信号等效电路计算响应的增量。

小信号等效电路为正弦稳态电路,故使用相量分析法,参见图 14.6.3(b)。

$$Z=\mathrm{j}\omega L+\frac{RR_d}{R+R_d}=(8+\mathrm{j}8)\ \Omega$$

$$\Delta\dot{I}_L\approx\frac{\Delta\dot{U}_s}{Z}=\frac{1}{8+\mathrm{j}8}=\frac{1}{8\sqrt{2}}\angle-45^\circ\ \mathrm{A}$$

$$\Delta i_L\approx0.125\cos(10t-45^\circ)\ \mathrm{A}$$

(4) 将工作点解答与响应的增量解答相加近似得到待求响应。

$$i_L=I_L+\Delta i_L\approx[6+0.125\cos(10t-45^\circ)]\ \mathrm{A}$$

【例题 14.6.2】 如图 14.6.4(a)所示电路,已知 $U_S=9\ \mathrm{V}$,$\Delta u_S=2\sqrt{2}\cos(10^6t)\ \mathrm{V}$,$R_1=10\ \Omega$,$R_2=8\ \Omega$,$\Psi=2\times10^{-5}(\mathrm{Wb}\cdot\mathrm{A}^{-2})i_L^2(i_L>0)$,$q=10^{-8}(\mathrm{C}\cdot\mathrm{V}^{-2})u_C^2$。求电压 u_C 的变化规律。

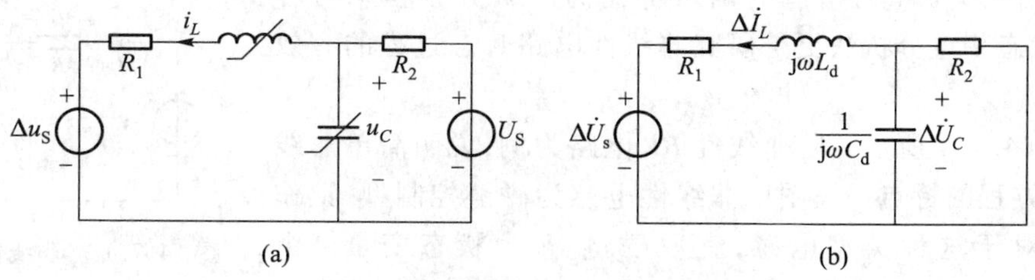

图 14.6.4 (a) 例题 14.6.2 图;(b) 小信号等效电路相量模型

【解】 (1) 计算在直流电源作用下的工作点。

图 14.6.4(a)中电感视为短路,电容视为开路。求得

$$I_L=\frac{U_S}{R_1+R_2}=\frac{9}{10+8}\ \mathrm{A}=0.5\ \mathrm{A},\quad U_C=R_1I_L=5\ \mathrm{V}$$

(2) 计算工作点处的动态参数。

$$L_d=\left.\frac{\mathrm{d}\Psi}{\mathrm{d}i_L}\right|_{i_L=I_L}=4\times10^{-5}I_L=2\times10^{-5}\ \mathrm{H}$$

$$C_d=\left.\frac{\mathrm{d}q}{\mathrm{d}u_C}\right|_{u_C=U_C}=2\times10^{-8}U_C=10^{-7}\ \mathrm{F}$$

(3) 用相量分析法计算小信号等效电路,求得小信号解答,参见图 14.6.4(b)。

节点电压方程

$$\left(\frac{1}{R_1+\mathrm{j}\omega L_d}+\frac{1}{R_2}+\mathrm{j}\omega C_d\right)\Delta\dot{U}_C=\frac{\Delta\dot{U}_s}{R_1+\mathrm{j}\omega L_d}$$

解得

$$\Delta\dot{U}_C=\frac{\dfrac{\Delta\dot{U}_s}{R_1+j\omega L_d}}{\dfrac{1}{R_1+j\omega L_d}+\dfrac{1}{R_2}+j\omega C_d}=\frac{\Delta\dot{U}_s}{1+(R_1+j\omega L_d)\left(\dfrac{1}{R_2}+j\omega C_d\right)}$$

$$=\frac{2}{1+(10+j20)(1/8+j0.1)}\approx 0.57\angle -85.914^\circ\ \text{V}$$

$$\Delta u_C\approx 0.57\sqrt{2}\cos(10^6t-85.914^\circ)\ \text{V}$$

（4）工作点解答与小信号解答相加得电容电压的变化规律。

$$u_C=U_C+\Delta u_C\approx[5+0.57\sqrt{2}\cos(10^6t-85.914^\circ)]\ \text{V}$$

14.7　非线性暂态电路的状态方程

从本节开始讨论非线性电路的暂态响应。在非线性电路中，基于拉普拉斯变换的复频域分析法和基于叠加定理的卷积积分法都失去了应用条件，必须依靠列写和求解非线性微分方程的办法来获得暂态响应。在第 10 章已指出：状态变量分析法由于列写的是一阶微分方程组，所以方程的列写和初始值的确定都比高阶微分方程来得容易。因而，状态变量分析法更是研究非线性电路暂态过程的有效方法。

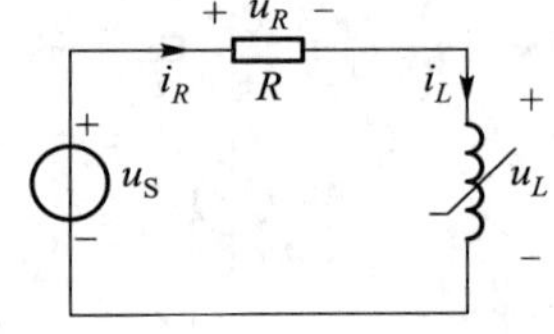

图 14.7.1　非线性 RL 电路

现以图 14.7.1 所示一阶非线性 RL 电路为例，说明简单非线性电路状态方程的特点。设图中非线性电感为磁链控制型，记作 $i_L=g(\Psi)$，对于这种类型电感，宜取磁链 Ψ 为状态变量。由 KVL 得

$$u_R+u_L=u_S\tag{14.7.1}$$

将 $u_R=Ri_R=Rg(\Psi)$，$u_L=\dfrac{d\Psi}{dt}$代入上式，得到关于 Ψ 的状态方程为

$$\frac{d\Psi}{dt}=-Rg(\Psi)+u_S\tag{14.7.2}$$

因为 $g(\Psi)$是非线性函数，所以它是一阶非线性状态方程。

推广到一般情况，得到一阶非线性电路状态方程的一般形式为

$$\frac{dx}{dt}=f(x,t)\tag{14.7.3}$$

其中 x 为状态变量，$f(x,t)$为 x 的非线性函数。

一般情况下，方程(14.7.3)的解析解是难以求出的，通常要采用数值计算求其数值解，只有少数较简单情况可以求出解析解。

【例题 14.7.1】　如图 14.7.2 所示电路中，设电容的原始电压为 $u_C(0_-)=U_0$，非线性电阻的电压与电流关系近似表示为 $i=au+bu^2$，$t=0$ 时开关突然接通，求 $t\geqslant 0$ 时的电压 u_C。

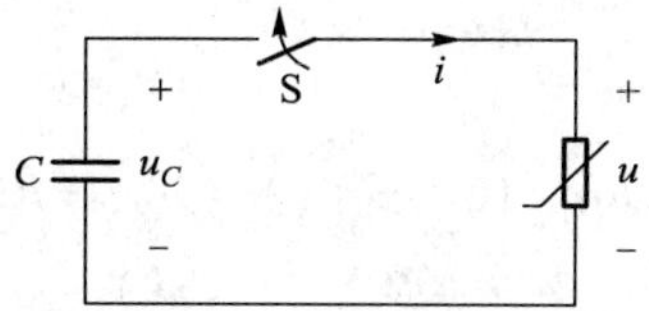

图 14.7.2 例题 14.7.1 图

【解】 $t>0$ 时的电流为

$$i=-C\frac{\mathrm{d}u_C}{\mathrm{d}t}=au+bu^2=au_C+bu_C^2$$

两边除以 C 得电路状态方程

$$\frac{\mathrm{d}u_C}{\mathrm{d}t}=-\frac{a}{C}u_C-\frac{b}{C}u_C^2$$

上述方程称为**伯努利方程**。为解此方程,两边除以 u_C^2 并整理得

$$-\frac{\mathrm{d}}{\mathrm{d}t}\left(\frac{1}{u_C}\right)+\frac{a}{C}\left(\frac{1}{u_C}\right)=-\frac{b}{C}$$

上式是关于 $1/u_C$ 的一阶线性微分方程。它的通解形式为

$$\frac{1}{u_C}=-\frac{b}{a}+K\mathrm{e}^{\frac{a}{C}t} \tag{1}$$

由已知条件得

$$\frac{1}{u_C(0_+)}=\frac{1}{u_C(0_-)}=-\frac{b}{a}+K=\frac{1}{U_0}.$$

将上式确定的 K 值代入式(1)后再取倒数得所求电压表达式为

$$u_C=\left[-\frac{b}{a}+\left(\frac{a+bU_0}{aU_0}\right)\mathrm{e}^{\frac{a}{C}t}\right]^{-1}\qquad(t\geqslant0) \tag{2}$$

当电路较复杂时,必须按照一定的规则列写状态方程。这些规则同线性电路情况是相似的。下面以图 14.7.3 所示的二阶电路为例加以讨论。

【例题 14.7.2】 如图 14.7.3 所示电路,设非线性电感是链控型,即 $i_2=g_2(\Psi_2)$,非线性电阻是压控型,即 $i_4=g_4(u_4)$,列出状态方程。

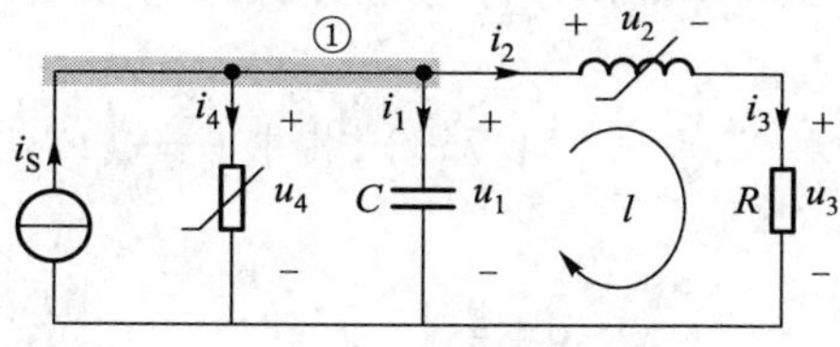

图 14.7.3 例题 14.7.2 图

【解】 选电容电压 u_1 和电感磁链 Ψ_2 为状态变量。

对含电容的节点①列 KCL 方程为

$$i_1=C_1\frac{\mathrm{d}u_1}{\mathrm{d}t}=C_1\dot{u}_1=-i_2-i_4+i_S \tag{1}$$

对含电感的回路 l 列 KVL 方程为

$$u_2 = \frac{\mathrm{d}\Psi_2}{\mathrm{d}t} = \dot{\Psi}_2 = u_1 - u_3 \tag{2}$$

将 $i_2 = g_2(\Psi_2)$，$i_4 = g_4(u_4) = g_4(u_1)$代入式(1)，将 $u_3 = Ri_2 = Rg_2(\Psi_2)$代入式(2)得

$$\begin{cases} \dot{u}_1 = [-g_2(\Psi_2) - g_4(u_1) + i_S]/C \\ \dot{\Psi}_2 = u_1 - Rg_2(\Psi_2) \end{cases}$$

上式就是以 u_1 和 Ψ_2 为状态变量的状态方程。把它推广到一般情况，得到高阶非线性状态方程的一般形式为

$$\dot{\boldsymbol{X}}(t) = \boldsymbol{F}\{\boldsymbol{X}(t),\boldsymbol{V}(t)\} \tag{14.7.4}$$

其中 $\boldsymbol{X}(t)$为状态向量，$\boldsymbol{V}(t)$为输入向量。

在直流激励或零输入情况下，$\boldsymbol{V}(t)$是常量，状态方程可以简化为

$$\dot{\boldsymbol{X}}(t) = \boldsymbol{G}\{\boldsymbol{X}(t)\} \tag{14.7.5}$$

这是一个关于对时间 t 求导的一阶微分方程组，但是方程的右边并不明显地含有变量 t（设电路参数不随时间变化），这类方程称为**自治方程**，相应的电网络称为**自治网络**。自治方程的稳态解是常量，即 $\dot{\boldsymbol{X}}(t) = \boldsymbol{0}$，此稳态解称为**平衡点**，对应的电路状态称为**平衡状态**。上一节的直流工作点也是一种平衡点。确定平衡点是非线性电路重要的分析内容之一。在平衡点处状态变量满足

$$\boldsymbol{G}\{\boldsymbol{X}(t)\} = \boldsymbol{0} \tag{14.7.6}$$

上式是**非线性代数方程**。实际上就是将电容视为开路、电感视为短路后所得的直流电阻电路方程。

如果电路的外加激励是时间函数，这种电路的状态方程中明显地含有变量 t，称为**非自治方程**，相应的电网络称为**非自治网络**。把状态方程或电网络区分成自治与非自治的目的在于不同的方程要用不同的方法求解，并且对应电网络的性质也不同。

必须指出：并不是任何非线性电路都能够写出式(14.7.4)所示的状态方程，本书对此不做具体讨论。

【扩展】 微分方程数值解简介

对非线性电路状态方程，通常难以获得解答的解析表达式，需借助计算机用数值分析法求解。这里所谓的数值分析法就是要寻求一种迭代公式，根据响应的初始值和 $t>0$ 时的激励，逐步递推响应在离散时刻的近似值。本节以一阶电路为例，简要介绍数值分析法的基本思想，更详细的内容有待从数学课程中学习。

前面已得出一阶电路状态方程，即式(14.7.3)，其中 $x = x(t)$是待求状态变量。两边乘以 $\mathrm{d}t$ 后取定积分

$$\int_{x(t_k)}^{x(t_{k+1})} \mathrm{d}x = \int_{t_k}^{t_{k+1}} f(x,t)\,\mathrm{d}t \tag{14.7.7}$$

于是得

$$x(t_{k+1}) = x(t_k) + \int_{t_k}^{t_{k+1}} f(x,t)\,\mathrm{d}t = x(t_k) + S_k \tag{14.7.8}$$

在数值分析中，由于采用近似方法计算上式的定积分，所以只能得到响应在离散时刻的近似值。设 x_k 和 x_{k+1}分别表示通过迭代得到的 t_k 和 t_{k+1} 时刻响应的近似值，即 $x_k \approx x(t_k)$，$x_{k+1} \approx$

$x(t_{k+1})$，则式(14.7.8)可近似成

$$x_{k+1} = x_k + \int_{t_k}^{t_{k+1}} f(x,t)\mathrm{d}t = x_k + S_k \tag{14.7.9}$$

一种较为简单且具有较高精度的方法是用梯形面积近似代替上式的定积分，因此这种方法称为**梯形法**，原理如图 14.7.4 所示，这样得到的递推公式是

$$x_{k+1} = x_k + 0.5h[f(x_k,t_k) + f(x_{k+1},t_{k+1})] \tag{14.7.10}$$

式中 $h = t_{k+1} - t_k$，称为**迭代步长**。由于迭代公式等号两边均含 x_{k+1}，因此需解此非线性代数方程方可求出 x_{k+1}。

【例题 14.7.3】 如图 14.7.5 所示电路，设 $u(0_-) = 10$ V，$C = 1$ F，非线性电阻动态特性为 $i_R = 0.1u_R + 0.01u_R^2$（i_R 单位为 A，u_R 单位为 V），$t = 0$ 时开关突然接通。步长取 $h = 0.2$ s，试用梯形法求出 0 ~ 1 s 各时刻的响应 u。

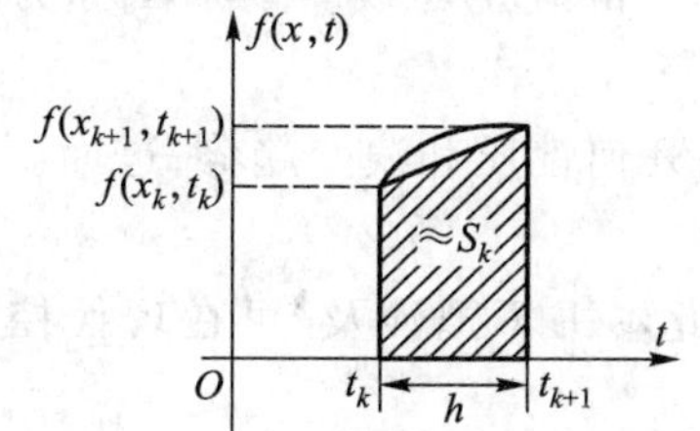

图 14.7.4 近似计算 S_k 的几何解释

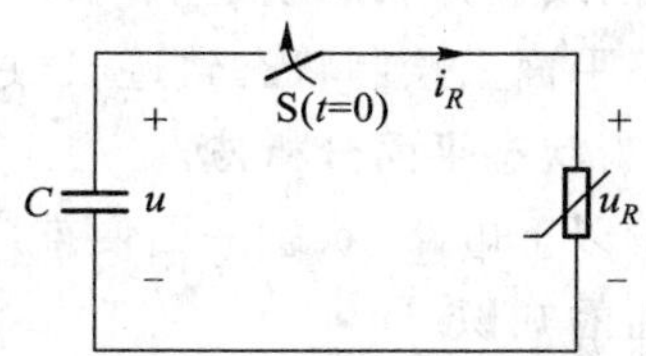

图 14.7.5 例题 14.7.3 图

【解】 由图 14.7.5 列出 $t>0$ 时的电路方程为

$$C\frac{\mathrm{d}u}{\mathrm{d}t} = 1 \times \frac{\mathrm{d}u}{\mathrm{d}t} = -i_R$$

将非线性电阻特性代入上式得

$$\frac{\mathrm{d}u}{\mathrm{d}t} = -(0.1u + 0.01u^2) = f(u,t) = f(u)$$

根据迭代公式(14.7.10)得

$$u_{k+1} = u_k + 0.5h[-0.1u_k - 0.01u_k^2 - 0.1u_{k+1} - 0.01u_{k+1}^2]$$

由此得到的关于 u_{k+1} 的一元二次方程为

$$0.005hu_{k+1}^2 + (1 + 0.05h)u_{k+1} + (-u_k + 0.05hu_k + 0.005hu_k^2) = 0$$

利用求根公式计算 u_{k+1} 并进行迭代。表 14.7.1 列出了 0 ~ 1 s 的迭代值。在表中同时列出了根据【例题 14.7.1】式(2)的解析计算值，以便确认迭代精度。

表 14.7.1 例题 14.7.3 的部分计算结果

时间(单位 s)	0.0	0.2	0.4	0.6	0.8	1.0
迭代计算值(单位 V)	10.000 0	9.611 5	9.245 1	8.899 0	8.571 6	8.261 6
解析计算值(单位 V)	10.000 0	9.611 7	9.245 4	8.899 4	8.572 1	8.262 1

14.8 状态平面分析*

非线性暂态电路的解析解是很难获得的，而数值解又难以看出暂态过程的总体演变行为，只

能获得某个变量的时间序列。如果在不求出电路响应的情况下，就能获得状态变量之间的依存信息，便可知晓暂态过程的总体演变情况，例如是收敛还是发散、振荡还是非振荡、周期还是非周期等，这对定性研究是非常必要的。

设二阶非线性自治电路的状态方程为

$$\begin{cases}\dfrac{dx_1}{dt}=f_1(x_1,x_2)\\ \dfrac{dx_2}{dt}=f_2(x_1,x_2)\end{cases} \tag{14.8.1}$$

如果已知状态变量的初始值 $x_1(0_+)$ 和 $x_2(0_+)$，由上式便确定了 $t>0$ 时 x_1、x_2 的变化规律。

若用直角坐标系中的两个坐标轴分别代表 x_1 和 x_2，那么随着时间的延续，坐标点 (x_1,x_2) 便在 x_1-x_2 平面上描绘出一条以 $[x_1(0_+),x_2(0_+)]$ 为起点的确定曲线。该平面称为**状态平面**或**相平面**，该曲线称为**状态轨迹**。

在状态平面上绘制状态轨迹，通过分析状态轨迹的几何性质和演变趋势，进而研究电路的暂态特性，称为**状态平面分析法**。

对二阶以上电路，状态平面便推广为状态空间，对此本书不拟涉及，可在现代控制理论课中获得这方面的知识。

下面是两种绘制状态轨迹的方法：

(1) 如果能够求出方程(14.8.1)的解 $x_1(t)$ 和 $x_2(t)$，解析解或数值解均可，那么令时间 t 为参变量，并取 $t=0_+,t_1,t_2,...$ 求出这些时刻的 x_1 和 x_2 便可绘制状态轨迹。

(2) 通过求出 x_1 与 x_2 的函数关系绘制状态轨迹。为此将式(14.8.1)中两式相除得

$$\frac{dx_2}{dx_1}=\frac{f_2(x_1,x_2)}{f_1(x_1,x_2)} \tag{14.8.2}$$

在给定初始值 $x_1(0_+)$ 及 $x_2(0_+)$ 的情况下，用解析法或数值法求出上述微分方程的解 $x_2=F(x_1)$，根据这一解答画出状态轨迹。这种方法的特点是不需要求出状态变量随时间的变化规律即 $x_1(t)$ 和 $x_2(t)$。下面举例说明。

【例题 14.8.1】 如图 14.8.1(a)所示电路，非线性电阻的特性如图 14.8.1(b)所示，$u_R=0.333i_R^3-i_R=a_3i_R^3+a_1i_R$，电容初始电压为 0.1 V，电感为零状态。画出电路的状态轨迹。该电路称为**范德坡**振荡电路。

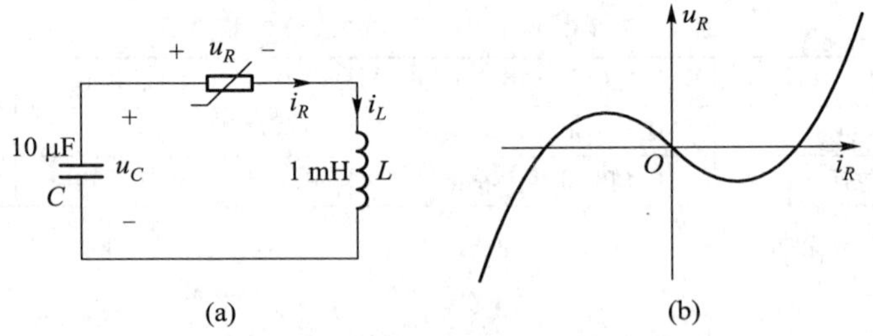

图 14.8.1 (a) 例题 14.8.1 范德坡电路；(b) 非线性电阻特性曲线

【解】 列写状态方程，状态变量分别为 u_C 和 i_L。

$$\begin{cases} C\dfrac{\mathrm{d}u_C}{\mathrm{d}t} = -i_L \\ L\dfrac{\mathrm{d}i_L}{\mathrm{d}t} = -u_R + u_C = -(a_3 i_L^3 + a_1 i_L) + u_C \end{cases}$$

将上述两式相除得状态变量之间满足的微分方程为

$$\frac{\mathrm{d}u_C}{\mathrm{d}i_L} = \frac{-Li_L}{C[-(a_3 i_L^3 + a_1 i_L) + u_C]} = f(u_C, i_L)$$

用解析方法求解这个方程是足够困难的，因而可利用上节介绍的迭代公式（14.7.10）来获得数值解，不过这里的自变量是 i_L 而不是时间 t，具体过程在此省略。或者借助通用电路仿真软件，例如用电力电子仿真软件 PSIM 画出的状态轨迹和电容电压波形如图 14.8.2 所示。

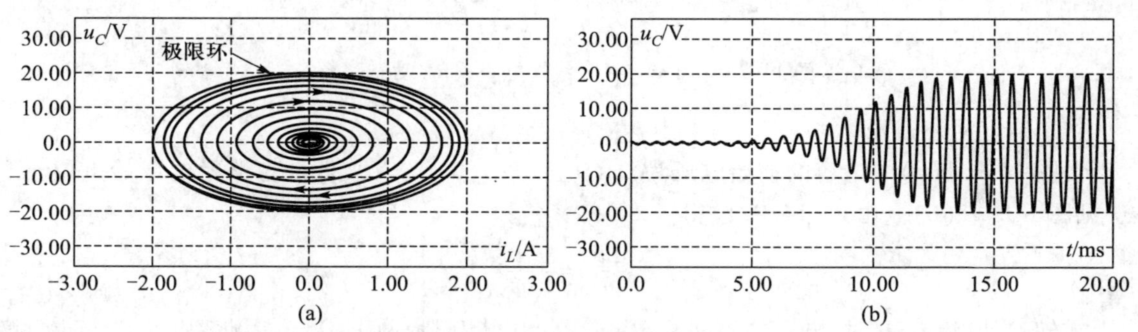

图 14.8.2 （a）范德坡电路的状态轨迹；（b）电容电压波形

根据状态轨迹的几何形状可以判断状态变量的某些性质。例如，由图 14.8.2（a）所示的螺旋形状态轨迹可知，u_C 及 i_L 都随时间正负交替变化。起初螺旋的半径在不断增大，说明 u_C 及 i_L 的量值在不断增加。后来状态轨迹渐渐形成了类似椭圆的形状，称为**极限环**。它意味着 u_C 及 i_L 从此按照周期规律变化，出现了等幅振荡现象。为确认这些分析结论，图 14.8.2（b）画出了电压 u_C 随时间的变化曲线。

14.9 分段线性的暂态电路

为了简化计算，并能获得准确度较高的计算结果，或者阐述电路的工作原理和特殊现象，仿照非线性直流电路情况，在非线性暂态电路中，也常常将非线性特性用若干直线段组成的折线来近似替代，尤其是对形似折线的非线性特性，从而构成分段线性的暂态电路。这些非线性特性可以来自电阻、电感和电容等。

现以图 14.9.1（a）所示一阶 RC 非线性电路为例说明分段线性暂态电路分析的主要步骤和特点。图中非线性电阻的动态特性已用三段直线段近似描述，如图 14.9.1（b）所示。它属于压控型非线性电阻，记作 $i = g(u)$。$t > 0$ 时电路方程为

$$\begin{cases} C\dfrac{\mathrm{d}u_C}{\mathrm{d}t}=C\dfrac{\mathrm{d}u}{\mathrm{d}t}=-i \\ i=g(u) \end{cases} \tag{14.9.1}$$

把上述方程的解对应的 $u-i$ 平面上的点(u,i)称为**动态点**。随着时间的推移，动态点将沿特性曲线 $i=g(u)$向某一方向移动。动态点移动的路径(包括方向)称为**动态路径**。所以，只要找到动态点当前所处的动态路径的直线段，就可按线性 RC 电路来计算。

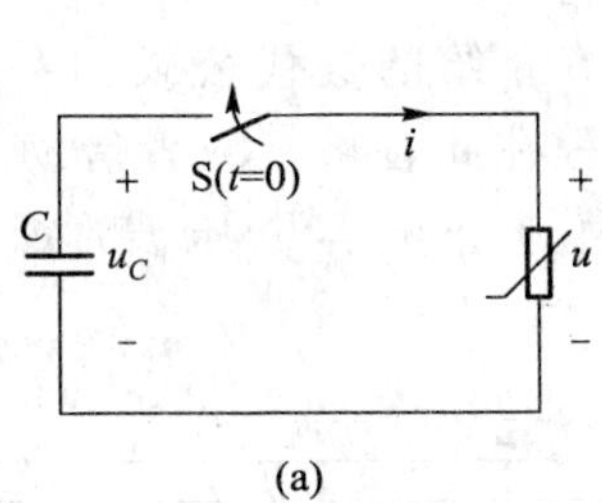

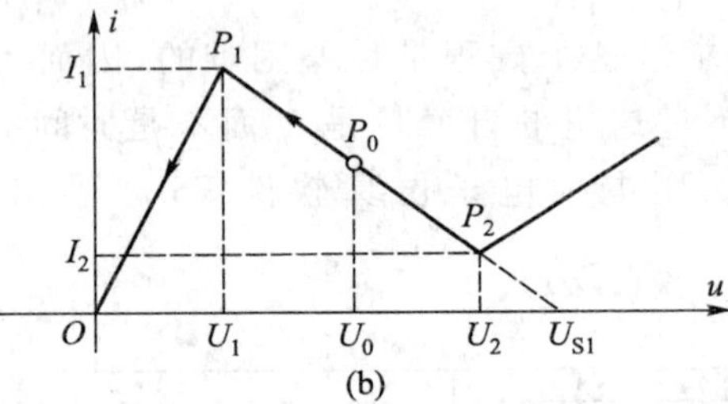

图 14.9.1　(a) RC 非线性电路；(b) 动态路径

(1) 确定动态路径

设图 14.9.1(a)中电容的初始电压为 $u_C(0_+)=u_C(0_-)=U_0$，即动态路径的起始点位于 P_0 点，见图 14.9.1(b)。由式(14.9.1)得

$$\frac{\mathrm{d}u}{\mathrm{d}t}=-\frac{i}{C} \tag{14.9.2}$$

由上式知：当电流 $i>0$ 时，电压的时间导数 $\mathrm{d}u/\mathrm{d}t<0$，电压随时间递减。因此，从 P_0 点起始的动态路径必然沿 $u-i$ 曲线向左侧指向，如图 14.9.1(b)中箭头所示：从 P_0 至 P_1 再到坐标原点 O。O 点是此动态路径的终点，因为在 O 点处 $i=0$，$\mathrm{d}u/\mathrm{d}t=0$，即电容电压不再变化，达到新的稳态或平衡状态。

(2) 计算动态点位于各段的响应

动态路径确定以后，便可分段计算响应。当动态点(u,i)从 P_0 向 P_1 移动时，非线性电阻的特性是用直线段$\overline{P_0P_1}$描述的，这一直线段的方程为

$$u=\frac{U_1-U_2}{I_1-I_2}i+U_{S1}=R_1i+U_{S1} \tag{14.9.3}$$

对应的分段线性模型如图 14.9.2(a)所示，其中

$$R_1=\frac{U_1-U_2}{I_1-I_2}<0,\quad U_{S1}=U_1-R_1I_1=\frac{U_2I_1-U_1I_2}{I_1-I_2} \tag{14.9.4}$$

R_1 是个负电阻。根据“三要素公式”，图中电容电压为

$$u_C=u_{C\mathrm{p}}+[u_C(0_+)-u_{C\mathrm{p}}(0_+)]\mathrm{e}^{-\frac{t}{R_1C}}=U_{S1}+(U_0-U_{S1})\mathrm{e}^{-\frac{t}{R_1C}}\quad(0\leqslant t\leqslant t_1) \tag{14.9.5}$$

由于 $R_1<0$，故上式中第二项是 t 的正指数函数，随着时间的推移，u_C 不是趋向 U_{S1}，而是远离 U_{S1}。在没有确定动态路径的方向之前，从 u_C 的这一变化趋势，也可知道从 P_0 开始的动态路径方向如图中箭头所示。

当动态点达到 P_1 后便转入直线段$\overline{P_1O}$，根据式(14.9.5)可求得 u_C 从 U_0 到达 U_1 所需的时间为

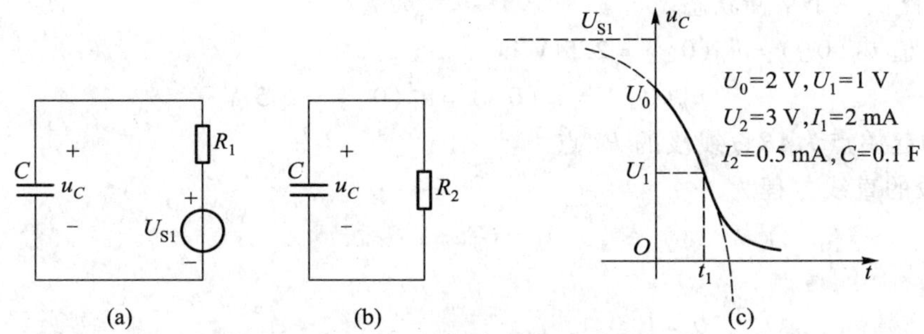

图 14.9.2　(a)、(b)图 14.9.1 电路的分段线性模型；(c)电压 u_C 的波形

$$t_1 = R_1 C \ln \frac{U_0 - U_{S1}}{U_1 - U_{S1}} \tag{14.9.6}$$

直线段P_1O经过原点，直线方程为

$$u = \frac{U_1}{I_1} i = R_2 i \tag{14.9.7}$$

该段仅对应线性电阻 R_2，不含电压源，相应的响应可用图 14.9.2(b)所示线性电路来计算。这一段的初始电压为 U_1，时间常数为 R_2C，所以

$$u_C = U_1 e^{-(t-t_1)/R_2C} \quad (t \geqslant t_1) \tag{14.9.8}$$

u_C 随时间的变化曲线示于图 14.9.2(c)。

【例题 14.9.1】　电路如图 14.9.3(a)所示，设 $I_S = 1.5$ A，$C = 1$ F，$u_C(0_-) = 2.5$ V，非线性电阻特性如图 14.9.3(b)所示，$t = 0$ 时开关突然接通。求 $t > 0$ 时的电容电压 u_C。

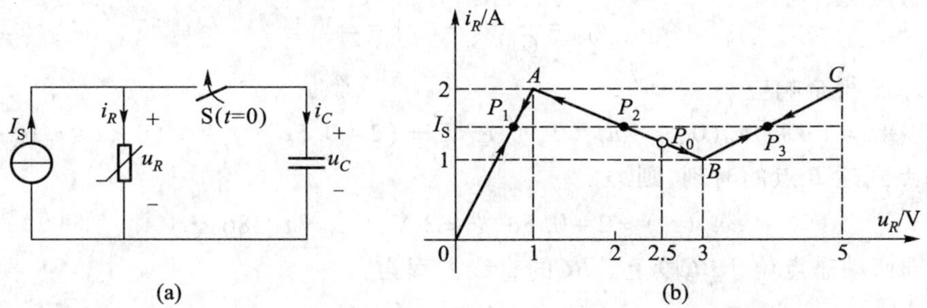

图 14.9.3　(a) 例题 14.9.1 图；(b) 动态路径

【解】　$t > 0$ 时由图 14.9.3(a)得电路方程：

$$\begin{cases} C\dfrac{du_C}{dt} = I_S - i_R \\ u_C = u_R \end{cases}$$

所以

$$\frac{du_R}{dt} = (I_S - i_R)/C$$

由上式知，当 $i_R < I_S$ 时，$du_R/dt > 0$，u_R 随时间递增，动态点向右侧移动；当 $i_R > I_S$ 时，$du_R/dt < 0$，u_R 随时间递减，动态点向左侧移动，如图 14.9.3(b)箭头所示。在 P_1、P_2、P_3 点处，$I_S = i_R$，$du_C/dt = 0$，

所以它们是电路的三个平衡状态。

根据初始值 $u_C(0_+)=u_C(0_-)=2.5\ \text{V}$ 得

$$u_R(0_+)=u_C(0_+)=u_C(0_-)=2.5\ \text{V}$$

故动态路径的起始点为AB直线段的 P_0 点。

AB直线段的直线方程为

$$i_R=G_1u_R+I_{S1}$$

式中

$$G_1=\frac{2-1}{1-3}=-0.5\ \text{S},\quad I_{S1}=2-G_1\times 1=2.5\ \text{A}$$

对应该段的线性电路模型如图 14.9.4(a)所示。由此图得

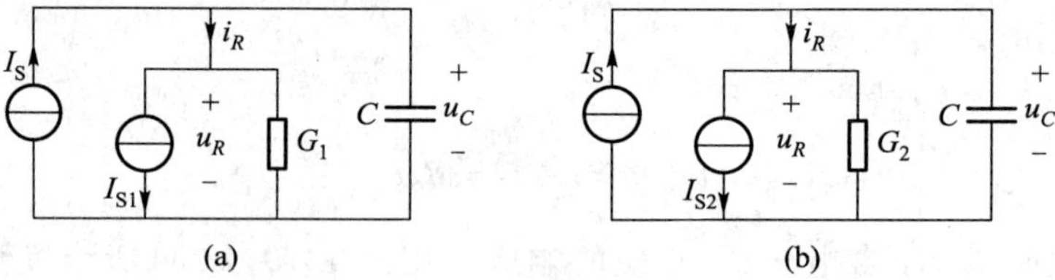

图 14.9.4 图 14.9.3 的分段线性模型:(a) AB段;(b) BC段

电路时间常数

$$\tau_1=\frac{C}{G_1}=-2\ \text{s}$$

令电容开路得响应的强制分量

$$u_{Cp}=\frac{1}{G_1}(I_S-I_{S1})=2\ \text{V}$$

由“三要素公式”得全响应

$$u_C=u_{Cp}+[u_C(0_+)-u_{Cp}(0_+)]e^{-t/\tau_1}=(2+0.5e^{0.5t})\ \text{V}\quad (0<t\leqslant t_1)$$

设 t_1 为动态点到达 B 点的时刻,则

$$u_C(t_1)=2+0.5e^{0.5t_1}=3\ \text{V},\quad t_1\approx 1.386\ \text{s}$$

当 $t>t_1$ 时,动态点位于BC段上。BC的直线方程为

$$i_R=G_2u_R+I_{S2}$$

式中

$$G_2=\frac{2-1}{5-3}=0.5\ \text{S},\quad I_{S2}=2-G_2\times 5=-0.5\ \text{A}$$

对应该段的线性电路模型如图 14.9.4(b)所示。由此图得

$$\tau_2=\frac{C}{G_2}=2\ \text{s},\quad u_{Cp}=\frac{1}{G_2}(I_S-I_{S2})=4\ \text{V}$$

$$u_C=u_{Cp}+[u_C(t_{1+})-u_{Cp}(t_{1+})]e^{-(t-t_1)/\tau_2}=[4-e^{-0.5(t-t_1)}]\ \text{V}\quad (t>t_1)$$

$t\to\infty$ 时,动态点趋近于平衡点 P_3。

【例题 14.9.2】 电路如图 14.9.5(a)所示,铁心线圈的特性已用分段线性近似,如图 14.9.5(b)所示,I_∞ 和 Ψ_∞ 表示稳态时的电流和磁链。$t=0$ 时开关突然接通,分析 $t>0$ 时磁链的变化规律。

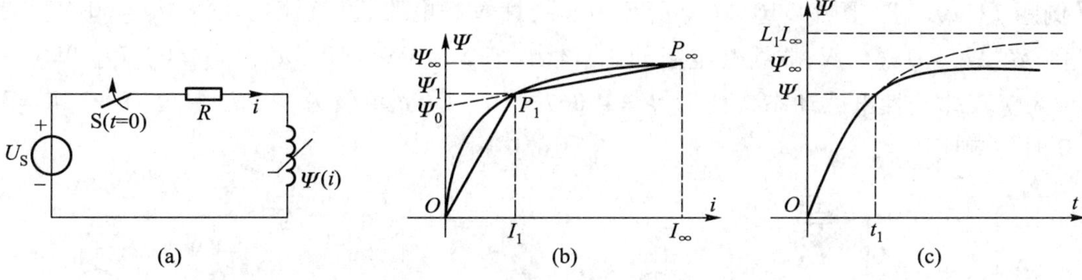

图 14.9.5 (a) 例题 14.9.2 图;(b) 线圈特性;(c) 磁链响应曲线

【解】 开关接通后,电流和磁链从零开始上升,非线性电感用OP_1段近似,它是过原点的直线,对应的线性电感为

$$L_1=\frac{\Psi_1}{I_1}$$

时间常数为 $\tau_1=L_1/R$。利用"三要素公式"可以写出电流和磁链的变化规律分别为

$$i(t)=i(\infty)(1-\mathrm{e}^{-t/\tau_1})=I_\infty(1-\mathrm{e}^{-t/\tau_1})\quad(0\leqslant t<t_1)$$

$$\Psi(t)=L_1i(t)=L_1I_\infty(1-\mathrm{e}^{-t/\tau_1})\quad(0\leqslant t<t_1)$$

电流按照上述规律在 t_1 时刻上升到 I_1,所以

$$I_1=I_\infty(1-\mathrm{e}^{-t_1/\tau_1}),\quad t_1=\frac{L_1}{R}\ln\frac{I_\infty}{I_\infty-I_1}$$

$t>t_1$ 时,非线性电感特性用P_1P_∞近似代替。这一段的 $\Psi-i$ 关系可以写作

$$\Psi=L_2i+\Psi_0$$

其中

$$L_2=\frac{\Psi_\infty-\Psi_1}{I_\infty-I_1}$$

表示该直线段的斜率即动态电感。Ψ_0 是该段延长线与 Ψ 轴的交点,可由 P_1 点条件求出:

$$\Psi_0=\Psi_1-L_2I_1$$

利用"三要素公式"写出磁链的变化规律是

$$\Psi(t)=\Psi_\infty+(\Psi_1-\Psi_\infty)\mathrm{e}^{-(t-t_1)/\tau_2}\quad(t\geqslant t_1)$$

其中时间常数 $\tau_2=L_2/R$。$\Psi(t)$的响应曲线如图 14.9.5(c)所示。

14.10 小扰动作用下的暂态电路

处于直流工作的非线性电路,由于种种原因会受到扰动,使得电路的状态发生改变。例如测量电路或放大电路的电源电压突然波动,或受到周围电磁脉冲干扰等。当这些扰动较小时,便构成了小扰动的暂态电路。分析非线性电路对小扰动的响应,能够为评价电路性能、从而优化电路设计提供重要的理论依据。

既然是小扰动,那么就可以采用局部线性化的思想,即用切线近似代替曲线,类似于 14.6 节直流和小的交变周期信号共同作用时的稳态计算问题,即小信号分析法。下面举例说明。

【例题 14.10.1】 图 14.10.1(a)所示为非线性暂态电路,设直流电压源 $U_S=60$ V,小扰动阶跃电压源 $\Delta u_S=3\varepsilon(t)$ V,非线性电阻动态特性为 $i_R=1.389\times10^{-3}u_R^2$,($u_R\geqslant0$)($i_R$ 单位为 A,u_R 单位为 V),非线性电感动态特性为 $\Psi=1.067\times10^{-3}i_L^3$($\Psi$ 单位为 Wb,i_L 单位为 A),$R=3\ \Omega$,求 $t>0$ 时的响应 u_R。

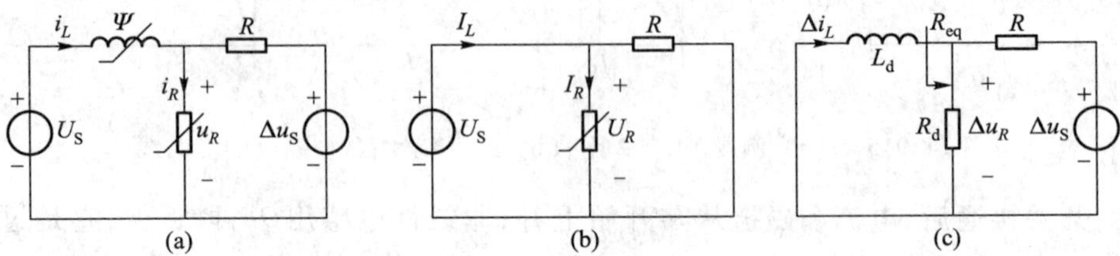

图 14.10.1 (a) 例题 14.10.1 图;(b) 直流电源单独作用;(c) 小信号等效电路

【解】 (1) 计算直流电源单独作用时的工作点。等效电路如图 14.10.1(b),由此求得

$$U_R=U_S=60\ \text{V},\quad I_R=1.389\times10^{-3}\times U_R^2\approx5\ \text{A}$$

$$I_L=I_R+\frac{U_S}{R}\approx25\ \text{A}$$

(2) 计算动态电阻和动态电感。

$$R_d=\left(\left.\frac{\mathrm{d}i}{\mathrm{d}u}\right|_{u=U_R}\right)^{-1}\approx6\ \Omega,\quad L_d=\left.\frac{\mathrm{d}\Psi}{\mathrm{d}i_L}\right|_{i_L=I_L}\approx2\ \text{H}$$

(3) 利用动态参数建立小信号等效电路,如图 14.10.1(c)所示。它是一阶线性暂态电路,并且为零状态,激励为小扰动阶跃电源,可用“三要素公式”求解。由图得

$$\Delta u_R(0_+)=\frac{R_d}{R+R_d}\Delta u_S(0_+)=2\ \text{V}(\text{换路瞬间动态电感视为开路})$$

$$\Delta u_R(\infty)=0,\quad \tau=\frac{L_d}{R_{eq}}=\frac{L_d}{\dfrac{RR_d}{R+R_d}}=1\ \text{s}$$

代入“三要素公式”得小信号引起的响应

$$\Delta u_R\approx\Delta u_R(\infty)+[\Delta u_R(0_+)-\Delta u_R(\infty)]\mathrm{e}^{-t/\tau}=2\mathrm{e}^{-t}\ \text{V}\qquad(t>0)$$

(4) 工作点解答与小信号引起的响应相加得总响应近似为

$$u_R=U_R+\Delta u_R\approx(60+2\mathrm{e}^{-t})\text{V}\qquad(t>0)$$

【例题 14.10.2】 如图 14.10.2 所示电路,设 $u_S=U_S+\Delta u_S=[5+0.1\varepsilon(t)]$ V,$R_1=20\ \Omega$,$R_2=30\ \Omega$,$\Psi=5\times10^{-2}i_L^3$(Ψ 单位为 Wb,i_L 单位为 A),$q=10^{-4}\times u_C^3$(q 单位为 C,u_C 单位为 V),试求电流 i_L。

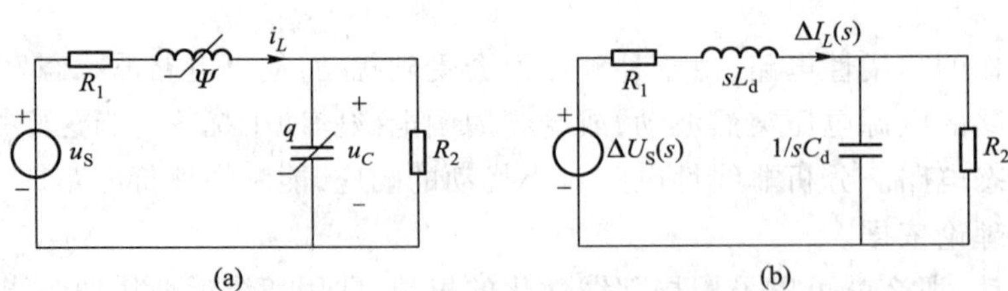

图 14.10.2 (a) 例题 14.10.2 图 ;(b) 小信号等效电路复频域模型

【解】 本题属于在直流电源基础上叠加小扰动，按照小信号分析法进行分析。

(1) 计算直流工作点。在 u_S 的直流分量作用时，电感视为短路，电容视为开路，电感电流和电容电压分别为

$$I_L = \frac{U_S}{R_1 + R_2} = \frac{5}{20 + 30}\ \mathrm{A} = 0.1\ \mathrm{A},\quad U_C = R_2 I_L = 30 \times 0.1\ \mathrm{V} = 3\ \mathrm{V}$$

(2) 计算非线性元件的动态参数。

$$L_d = \left.\frac{\mathrm{d}\Psi}{\mathrm{d}i_L}\right|_{i_L = I_L} = 3 \times 5 \times 10^{-2} \times 0.1^2\ \mathrm{H} = 1.5 \times 10^{-3}\ \mathrm{H}$$

$$C_d = \left.\frac{\mathrm{d}q}{\mathrm{d}u_C}\right|_{u_C = U_C} = 3 \times 10^{-4} \times 3^2\ \mathrm{F} = 2.7 \times 10^{-3}\ \mathrm{F}$$

(3) 建立小信号等效电路，如图 14.10.2(b)所示。该电路为二阶电路，零状态，现采用复频域分析法。

$$\Delta U_S(s) = \mathscr{L}[0.1\varepsilon(t)] = 0.1/s$$

$$\Delta I_L(s) = \frac{\Delta U_S(s)}{R_1 + sL_d + \dfrac{R_2}{R_2 C_d s + 1}} \approx \frac{66.667s + 823.045}{s(s^2 + 1.335 \times 10^4 s + 4.115 \times 10^5)}$$

方程 $s^2 + 1.335 \times 10^4 s + 4.115 \times 10^5 = 0$ 的根为

$$p_1 \approx -30.907\ \mathrm{s}^{-1},\quad p_2 \approx -1.332 \times 10^4\ \mathrm{s}^{-1}$$

$\Delta I_L(s)$的展开式为

$$\Delta I_L(s) = \frac{A_0}{s} + \frac{A_1}{s - p_1} + \frac{A_2}{s - p_2}$$

待定系数如下

$$A_0 = \lim_{s \to 0} \Delta I_L(s) s \approx 2 \times 10^{-3}\ \mathrm{A}$$

$$A_1 = \lim_{s \to p_1} \Delta I_L(s)(s - p_1) \approx 3.014 \times 10^{-3}\ \mathrm{A}$$

$$A_2 = \lim_{s \to p_2} \Delta I_L(s)(s - p_2) = -5.014 \times 10^{-3}\ \mathrm{A}$$

小信号引起的响应为

$$\Delta i_L(t) \approx \mathscr{L}^{-1}[\Delta I_L(s)] = (2 + 3.014\mathrm{e}^{p_1 t} - 5.014\mathrm{e}^{p_2 t}) \times 10^{-3}\ \mathrm{A}\quad (t > 0)$$

(4) 工作点解答与小信号引起的响应相加得总响应近似为

$$i_L = I_L + \Delta i_L \approx [0.1 + (2 + 3.014\mathrm{e}^{p_1 t} - 5.014\mathrm{e}^{p_2 t}) \times 10^{-3}]\ \mathrm{A}$$

14.11　平衡状态的稳定性与自激振荡*

在 14.7 节介绍了非线性电路平衡点与平衡状态的概念。在平衡状态下，电路的电压和电流不随时间变化，处于直流工作状态（零输入视为其特例），满足非线性代数方程。但是严格的直流状态是无法实现的，因为电路工作时总要受到各种电磁扰动，使电路偏离了平衡状态。扰动结束后，如果电路能够恢复到原来的平衡状态，则称这个平衡状态是**稳定的**；否则是**不稳定的**。又因为扰动总是难免的，所以实际电路不可能工作在不稳定的平衡状态。有些非线性暂态电路可

能存在多个平衡状态，其中有些是稳定的，而另一些则是不稳定的。判断**平衡状态的稳定性**是非线性电路的重要研究内容之一。本节作为对前面所学内容的应用，介绍两种判断平衡状态稳定性的方法。

1. 利用动态路径判断一阶电路平衡状态的稳定性

对于含一个非线性元件的一阶电路，可以将电路划分出线性部分与非线性部分，从而确定出电路的动态轨迹和平衡状态。

例如，图 14.11.1(a)所示的弧光灯电路，U_S 为直流电压源，弧光灯的特性如图 14.11.1(b)中曲线①所示，记作 $u=f(i)$。

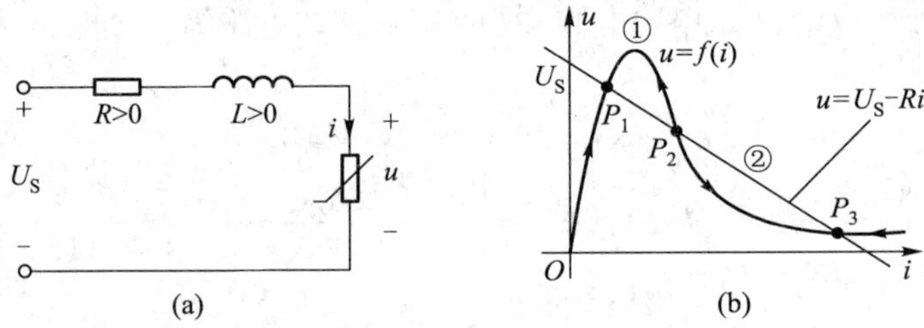

图 14.11.1 (a) 弧光灯电路；(b) 动态轨迹

由于在平衡状态时 $\mathrm{d}i/\mathrm{d}t=0$，电感视为短路，所以这时的电路方程为

$$\begin{cases} u = U_S - Ri \\ u = f(i) \end{cases} \tag{14.11.1}$$

设 $u=U_S-Ri$ 如图 14.11.1(b)中直线②所示，根据图解法原理，它与曲线 $u=f(i)$ 的三个交点即为电路的平衡点：P_1、P_2 和 P_3。在这三个交点处都满足 $\mathrm{d}i/\mathrm{d}t=0$。

为确定动态路径，列写 KVL 方程为

$$L\frac{\mathrm{d}i}{\mathrm{d}t} = (U_S - Ri) - u \tag{14.11.2}$$

由此可见，当 $u<U_S-Ri$，即动态点位于直线②的左下方时，$\mathrm{d}i/\mathrm{d}t>0$，电流随时间递增，动态点向右侧移动；当 $u>U_S-Ri$，即动态点位于直线②的右上方时，$\mathrm{d}i/\mathrm{d}t<0$，电流随时间递减，动态点向左侧移动。故动态路径如图 14.11.1(b)所示。

图中 P_1 和 P_3 附近的动态路径方向是指向平衡点的。设小扰动使得电路偏离了平衡点，当扰动消失后，动态点会沿着动态路径的方向渐渐地回到原来的平衡点，因此它们对应的平衡状态是稳定的；而 P_2 点情况则不同，它附近的动态路径方向是离开 P_2 点的，故当扰动消失后，动态点会更加远离该平衡点，直至到达 P_1 或 P_3（取决于扰动导致的偏离方向），因此它对应的平衡状态是不稳定的。

据此可以得出利用动态路径判断平衡状态稳定性的方法：如果平衡点附近的动态路径方向均指向平衡点，则对应的平衡状态是稳定的；否则是不稳定的。

2. 利用小扰动的暂态过程判断平衡状态的稳定性

利用动态路径判断平衡状态稳定性的方法具有直观的特点，但只能用于简单的一阶电路，且非线性元件最好是非线性电阻。当电路阶数增高，或含有较多的非线性元件时，还需探讨更一般的方法。

在平衡状态下把电路受到的微小扰动视为脉冲小信号电源是合理的。由于非线性电路的复杂性，它所引起的响应可能是收敛的，也可能是发散的。如果是收敛的，就意味着扰动消失后，电路能够渐渐地回到原来的平衡状态，因而平衡状态是稳定的；如果是发散的，扰动消失后便不能回到原来的平衡状态，因而平衡状态是不稳定的。

由于把扰动视为小信号电源，因此可用小信号分析法研究扰动所引起的响应性质。为简单和便于对比，以下仍以图 14.11.1(a)所示的一阶电路为例进行讨论，其过程和结论完全可以推广到一阶以上的复杂电路。

设电路处于平衡状态时受到微小扰动，记作 Δu_S，它叠加在 U_S 上。对应平衡状态的动态电阻为 $R_d = du/di$，三个平衡状态对应三个动态电阻。分析扰动作用下的小信号等效电路如图 14.11.2(a)所示，它是线性电路。当研究线性电路响应的性质时，使用网络函数是比较方便的，见第 11 章所述。小信号等效电路的复频域模型如图 14.11.2(b)所示。以 $\Delta U_S(s)$ 为激励、$\Delta I(s)$ 为响应的网络函数为

$$H(s) = \frac{\Delta I(s)}{\Delta U_S(s)} = \frac{1}{R + R_d + sL} = \frac{1/L}{s - p} \tag{14.11.3}$$

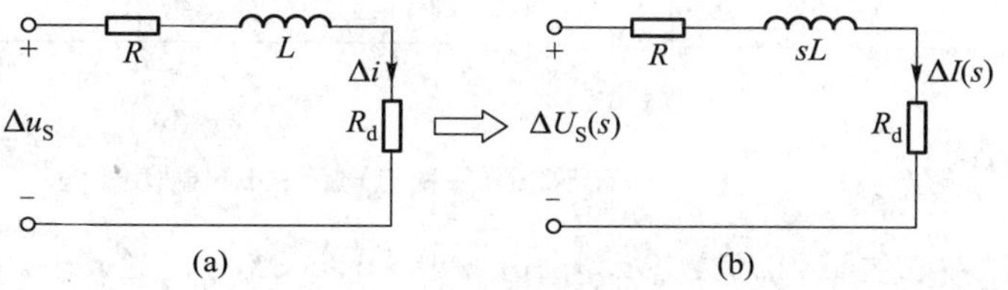

图 14.11.2 (a) 扰动作用的小信号等效电路；(b) 复频域模型

其中 $\Delta I(s)$ 表示 Δi 的象函数，$\Delta U_S(s)$ 表示 Δu_S 的象函数。

$$p = -(R + R_d)/L \tag{14.11.4}$$

为网络函数的极点。在 11.4 节中讨论了网络函数极点位置与单位冲激特性的关系。在本示例中三个平衡状态对应三个动态电阻，故极点有三种情况，分别讨论如下：

(1) 在 P_1 点，动态电阻 $R_d > 0$，极点 $p < 0$，位于 s 平面的左半平面，小扰动响应是收敛的，P_1 点对应稳定的平衡状态。

(2) 在 P_2 点，动态电阻 $R_d < 0$，且 $|R_d| > R$，所以极点 $p > 0$，位于 s 平面的右半平面，小扰动响应是发散的，P_2 点对应不稳定的平衡状态。

(3) 在 P_3 点，动态电阻 $R_d < 0$，但 $|R_d| < R$，所以极点 $p < 0$，位于 s 平面的左半平面，小扰动响应是收敛的，P_3 点对应稳定的平衡状态。

把上述方法推广到一般情况得出用小信号分析法判断平衡点稳定性的方法：当平衡状态的小信号等效电路网络函数全部极点位于 s 平面的左半平面时，该平衡状态是稳定的；只要有一个极点位于右半平面，此平衡状态就是不稳定的。

值得注意的是：小信号等效电路实际是非线性电路在平衡状态附近的近似线性化，其解答与实际电路存在一定偏差。所以用小信号等效电路得出的稳定性结论只能适用于在平衡状态受到

微小扰动的情况,属于局部或小范围内的稳定性。另外,当小信号等效电路的极点恰好位于 s 平面虚轴上时,也不能得出稳定或不稳定的结论。

【扩展】 自激振荡

当电路存在不稳定平衡状态时,在一定条件下会发生振荡现象。下面以图 14.11.3(a)所示非线性暂态电路为例来说明。图中非线性电阻为氖管,其特性如图 14.11.3(b)中曲线①所示。它与线性部分的特性即 $u_2=U_S-R_1i_1$ 的交点对应电路的平衡状态,设计 U_S 和 R_1 的参数值使得这个交点位于负斜率的 a 点。$t>0$ 时电路的 KCL 方程为

$$i_C = C\frac{\mathrm{d}u_2}{\mathrm{d}t} = i_1 - i_2 \tag{14.11.5}$$

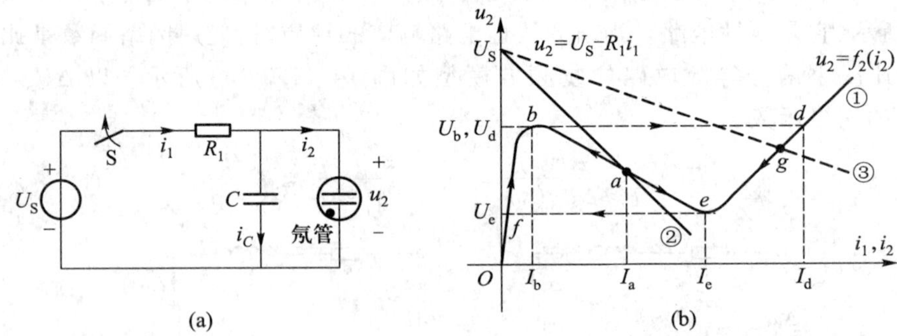

图 14.11.3 (a) 具有不稳定平衡点电路;(b) 振荡过程

由上式可见,当 $i_1>i_2$ 即在直线②的左下方时,$\mathrm{d}u_2/\mathrm{d}t>0$,$u_2$ 随时间递增;当 $i_1<i_2$ 即在直线②的右上方时,$\mathrm{d}u_2/\mathrm{d}t<0$,$u_2$ 随时间递减。因此动态路径方向如图 14.11.3(b)中箭头所示。由于 a 点附近动态路径的方向是离开 a 点的,故 a 点对应不稳定的平衡状态。下面先定性分析电路的工作过程。

(1) 当电路在零状态下与电源接通时,电容开始充电,电压 u_2 从零沿曲线 Ob 上升。

(2) 当电压升到 U_b 后,根据动态路径的方向,动态点不能再沿氖管特性曲线连续移动。但它又不能停止于 b 点,因为 b 点不是平衡点。在 b 点处,由于 $i_1>i_2$,故 $i_C=C(\mathrm{d}u_2/\mathrm{d}t)=i_1-i_2>0$,电容仍要充电,$u_2$ 具有上升的趋势,故动态点只能从 b 点立即跳变到 d 点,导致氖管电流从 I_b 跳变至 I_d,这种现象称为非线性电路的**跳变现象**。注意在动态点发生跳变时,电容电压仍保持连续变化,跳变的是电容电流,用以平衡氖管电流的跳变量。

(3) 动态点跳变到 d 点后,因 $i_1<i_2$,故电容放电,电压 u_2 不断下降,即动态点沿 $\overline{de}$ 移动。

(4) 到达 e 点后的情形与到达 b 点后的情形相似,动态点将从 e 点跳变到 f 点,之后电容开始充电,但充电不是从零开始,而是从 U_e 开始。以后便重复上述过程。

这样,在电路外加直流电源的情况下,产生了周期变化的电压和电流。这种现象称为**自激振荡**。它不同于线性电路的自由振荡,产生自由振荡的原因是电场能量与磁场能量的相互交换,因而电路中必须同时存在两种储能元件:电感和电容。而产生上述自激振荡的原因是由于在电容元件中周期性地缓慢积累能量和迅速释放能量的结果。因此这种振荡也称为**张弛振荡**。

如果减小电阻 R_1,使直线 $u_2=U_S-R_1i_1$(图中用虚线③表示)与曲线 $u_2=f_2(i_2)$ 相交于 g 点,

即电路平衡状态处于正斜率的de段，则不难判断此平衡状态是稳定的。暂态过程是这样的：动态点从 O 移动到 b，再跳变到 d，然后下降到 g 点便稳定下来，因而不能出现张弛振荡。因此，将唯一的平衡点设计成不稳定的才可以使电路产生自激振荡。

对图 14.11.3 所示的振荡电路，可以用分段线性法近似计算电压的变化规律。简述如下：

在 u_2 升到氖管导通电压 U_b 以前，氖管中电流 i_2 很小，可以忽略，电路简化成为线性的 R_1 和 C 组成的充电电路，由"三要素公式"求得充电电压 u_2 的变化规律为

$$u_2 = U_S(1 - e^{-t/\tau_1}) \tag{14.11.6}$$

式中 $\tau_1 = R_1 C$。

设 t_1 时刻电压升到 U_b，由上式求得

$$t_1 = \tau_1 \ln \frac{U_S}{U_S - U_b} \tag{14.11.7}$$

电压升到 U_b 后，动态点跳变到 d 点，然后沿de放电，de段的直线方程为

$$u_2 = \frac{U_b - U_e}{I_d - I_e}(i_2 - I_e) + U_e = R_d i_2 + U_0 \tag{14.11.8}$$

其中

$$R_d = \frac{U_b - U_e}{I_d - I_e}, \quad U_0 = U_e - R_d I_e \tag{14.11.9}$$

R_d 是该段的动态电阻。根据式(14.11.8)可以建立de段的线性电路模型，如图 14.11.4 所示。针对该线性电路模型求得 u_2 的"稳态值"和时间常数分别为

$$u_2(\infty) = \frac{R_d U_S + R_1 U_0}{R_1 + R_d} \quad 和 \quad \tau_2 = \frac{R_1 R_d}{R_1 + R_d} C \tag{14.11.10}$$

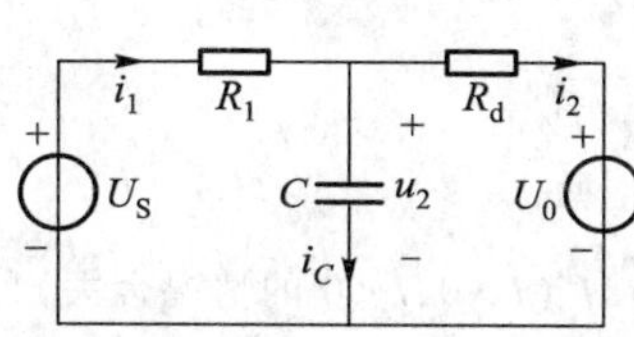

图 14.11.4 对应de段的线性电路模型

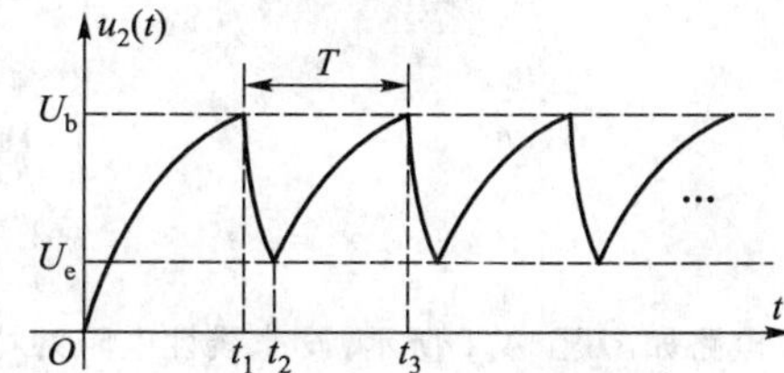

图 14.11.5 电压 u_2 的振荡波形

利用"三要素公式"得到放电电压为

$$u_2 = u_2(\infty) + [U_d - u_2(\infty)] e^{-(t-t_1)/\tau_2} \tag{14.11.11}$$

设 t_2 时刻 u_2 按上述规律变化到 e 点，于是求得

$$t_2 = t_1 + \tau_2 \ln \frac{U_d - u_2(\infty)}{U_e - u_2(\infty)} \tag{14.11.12}$$

到达 e 点后跳变到 f 点，并开始新的充电过程，充电初始值为 U_e，继续忽略氖管电流得

$$u_2 = U_S + (U_e - U_S) e^{-(t-t_2)/\tau_1} \tag{14.11.13}$$

设 t_3 时刻充电电压再次达到 b 点，由上式得

$$t_3 = t_2 + \tau_1 \ln \frac{U_e - U_S}{U_b - U_S} \tag{14.11.14}$$

以后过程将周期性地重复。在这种周期性的过程中包括缓慢的充电过程，所持续的时间等于 t_3

$-t_2$，以及快速的放电过程，所持续时间等于 t_2-t_1，故充放电周期或振荡周期为

$$T=(t_3-t_2)+(t_2-t_1)=\tau_1\ln\frac{U_e-U_S}{U_b-U_S}+\tau_2\ln\frac{U_d-u_2(\infty)}{U_e-u_2(\infty)} \tag{14.11.15}$$

图 14.11.5 通过计算机仿真画出了电压 u_2 的振荡波形。

【结语】

非线性电路是普遍存在的，线性电路只是非线性电路在特定条件下的近似结果。正是由于非线性电路的广泛应用，才使得电气时代和信息时代有了重要的技术支撑。非线性电路的研究内容和分析方法是丰富多彩的，尚有许多现象和规律需要认识。扎实的物理基础和熟练的数学方法是从事非线性电路研究必不可少的条件。

【思考题】

1. 经实验测得的非线性电阻的动态特性与频率有关，能否说它是有惯性的？
2. 随着铁磁物质饱和程度的提高，铁心线圈的电感量增大还是减小？
3. 在下列条件下，铁心线圈电流与电压的等值正弦波的相位差如何变化？(1) 材料的磁滞回线面积减小；(2) 增加材料薄片的厚度；(3) 降低铁心材料的电导率。
4. 说明非线性电路小信号分析法的步骤，它与线性电路的叠加定理有何区别？
5. 小信号分析法中，什么样的信号被称为小信号？
6. 总结本章所学的将非线性电路化为线性电路的近似计算方法。
7. 非线性电路中的哪些特殊现象在线性电路中是不会出现的？

习 题 十 四

14.1 电路如图题 14.1 所示，设非线性电阻的特性方程为 $U=5I^2$（$I>0$，$I<0$ 的情况舍去）（U 单位为 V，I 单位为 A），求非线性电阻消耗的功率。

14.2 电路如图题 14.2 所示，已知 $U=I^2+2I$（U 单位为 V，I 单位为 A），试求电压 U。

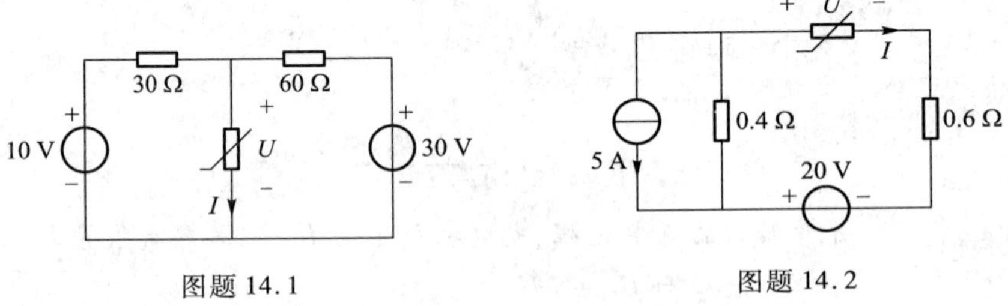

图题 14.1　　图题 14.2

14.3 电路如图题 14.3 所示，已知 $I_1=0.1\sqrt{U_1}$（I_1 单位为 A，U_1 单位为 V，$U_1\geqslant0$），$I_2=0.05\sqrt{U_2}$（I_2 单位为 A，U_2 单位为 V，$U_2\geqslant0$），求 I_1 和 U_1。

14.4 电路如图题 14.4 所示，二极管特性近似用 $I=10^{-6}e^{40U}$（I 单位为 A，U 单位为 V）表示。(1) 求 U_2 与 U_1 的关系；(2) 10 Ω 电阻与二极管交换位置后，再求 U_2 与 U_1 的关系。

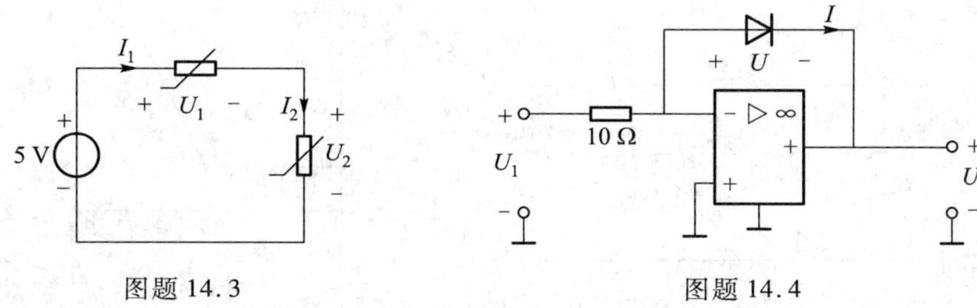

图题 14.3　　　　图题 14.4

14.5　电路如图题 14.5 所示，非线性电阻均为压控的，$I_1=g_1(U_1)$，$I_2=g_2(U_2)$，列出节点电压方程。

14.6　电路如图题 14.6 所示，非线性电阻均为流控的，$U_1=f_1(I_1)$，$U_2=f_2(I_2)$，列出回路电流方程。

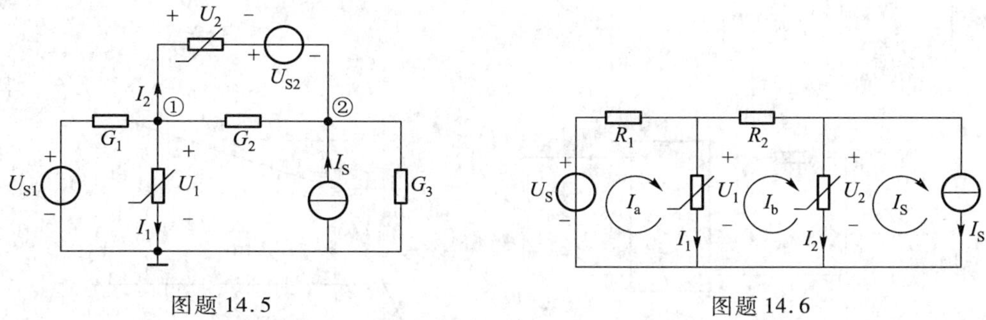

图题 14.5　　　　图题 14.6

14.7　电路如图题 14.7 所示，两个非线性电阻的伏安特性分别为 $I_1=U_1^3$（I_1 单位为 A，U_1 单位为 V）和 $U_2=I_2^3$（U_2 单位为 V，I_2 单位为 A），试列出求解 U_1 及 I_2 的二元方程组。

14.8　电路如图题 14.8 所示，设 $I=10^{-4}(\mathrm{e}^{20U}+\mathrm{e}^{-20U})$（$I$ 单位为 A，U 单位为 V），试用牛顿－拉夫逊法求电压 U 和电流 I_1，要求电压准确到 10^{-3} V，初值分别为 $U^{(0)}=0.6$ V 和 $U^{(0)}=-0.6$ V。

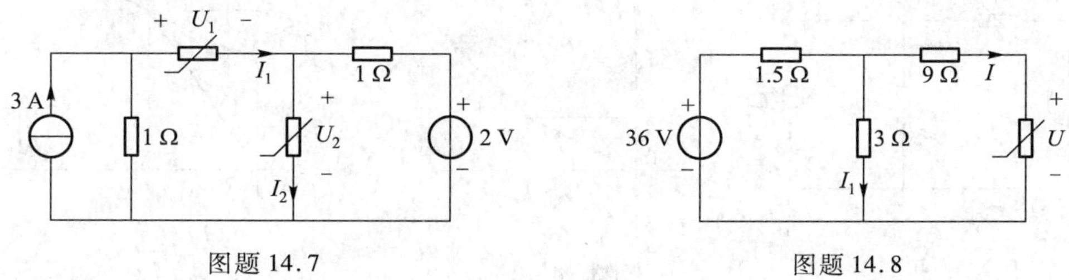

图题 14.7　　　　图题 14.8

14.9　电路及非线性电阻的特性分别如图题 14.9(a)、(b) 所示，求电压 U 的值。

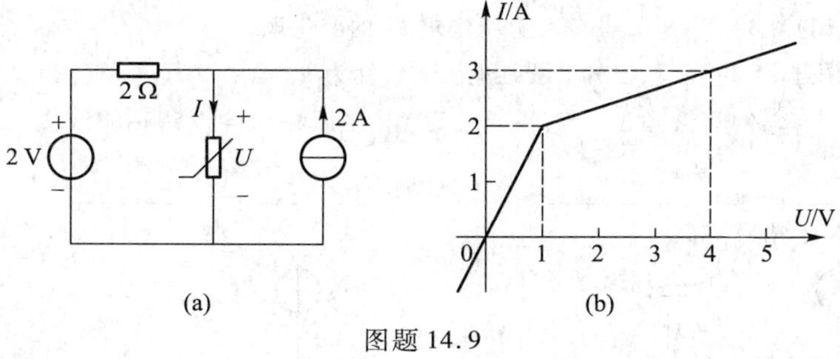

图题 14.9

14.10　电路及非线性电阻的特性分别如图题 14.10(a)、(b) 所示，求电压 U。

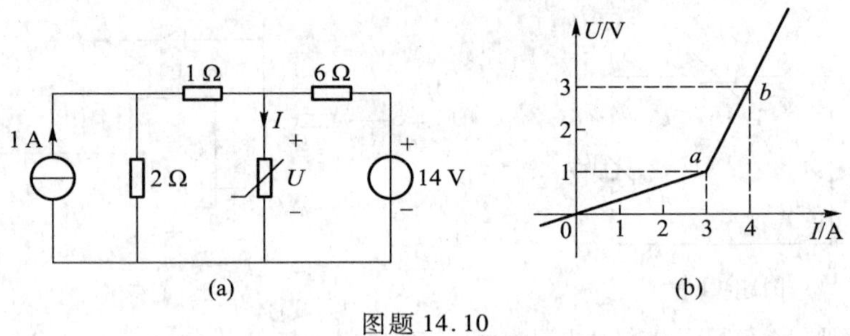

图题 14.10

14.11　电路及非线性电阻的特性分别如图题 14.11(a)、(b)所示，网络 N_R 为纯电阻二端口网络，阻抗参数矩阵为 $\mathbf{Z}=\begin{bmatrix}7 & 3\\3 & 4\end{bmatrix}\Omega$，求电流 I 和 I_1。

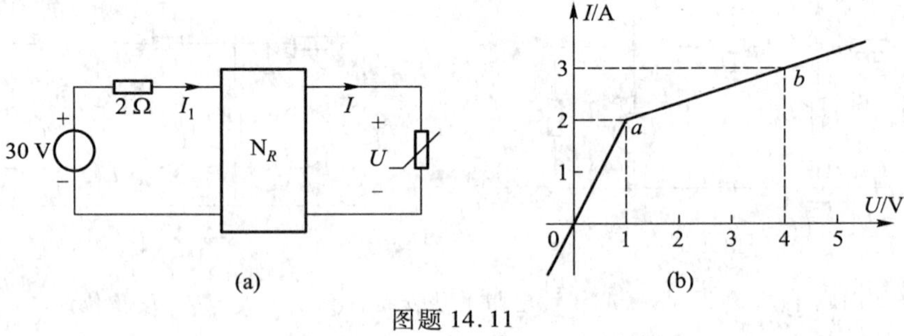

图题 14.11

14.12　图题 14.12(a)所示电路，两个非线性电阻的特性分别如图题 14.12(b)、(c)所示，求电流 I_1。

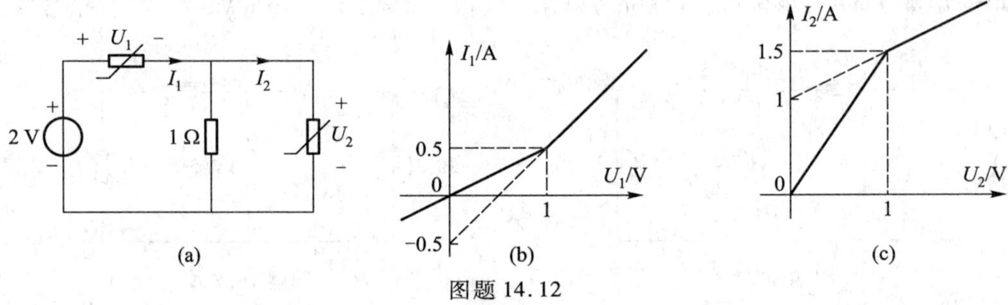

图题 14.12

14.13　电路如图题 14.13 所示，已知非线性电容的特性为 $q(u_C)=10^{-5}u_C^3$（q 单位为 C，u_C 单位为 V），电压源 $u_S=[10+0.2\cos(100t+30°)]$ V，用小信号分析法求 u_C 的变化规律。

14.14　电路如图题 14.14 所示，已知非线性电阻的特性为 $u_1=i_1^2-2i_1$（u_1 单位为 V，i_1 单位为 A，$i_1>0$），非线性电容的特性为 $q=u_C^2/600$（q 单位为 C，u_C 单位为 V），电压源 $u_S=[9+\cos(25t)]$ V，用小信号分析法求电压 u_C。

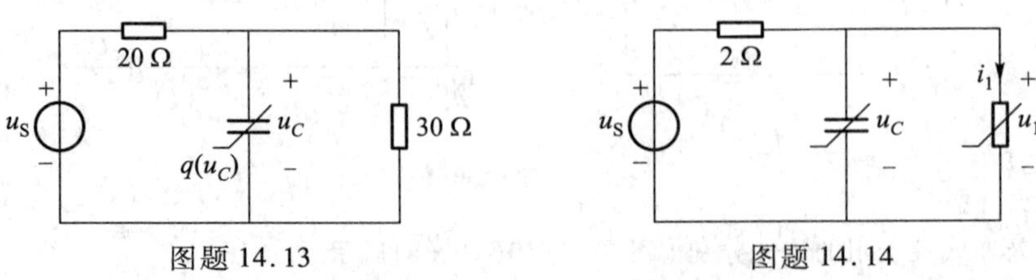

图题 14.13　　图题 14.14

14.15 电路如图题 14.15 所示,已知非线性电阻的特性为 $u=4i^2(i\geqslant 0)$(u 单位为 V,i 单位为 A),$u_S=(36+\sqrt{2}\cos 10t)$ V,$L=0.8$ H,$R=12\ \Omega$,求 i_L 的变化规律。

14.16 电路如图题 14.16 所示,设 $i_L=f_1(\Psi)$,$i_R=f_2(u_R)$,以 q 及 Ψ 为状态变量列出状态方程,并讨论所得方程是自治的还是非自治的。

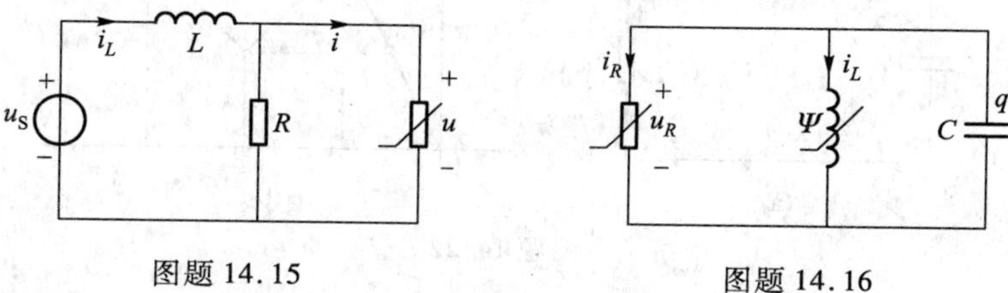

图题 14.15　　图题 14.16

14.17 电路如图题 14.17 所示,已知电容的特性为 $u_1=f_1(q_1)$,电感的特性为 $i_2=f_2(\Psi_2)$,试列出电路的状态方程。

14.18 电路如图题 14.18 所示,设 $u_C=f_1(q)$,$i_L=f_2(\Psi)$,列写电路的状态方程。

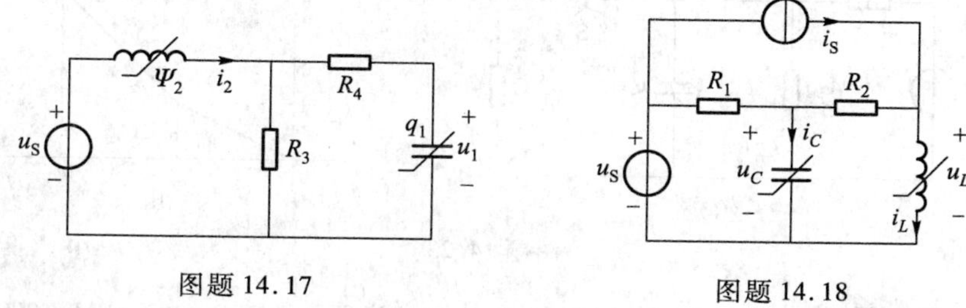

图题 14.17　　图题 14.18

14.19 电路如图题 14.19 所示,设 $i_L=a\sqrt[3]{\Psi}$,$u_S=\beta\sin(\omega t)$,$t=0$ 时开关突然接通,试写出用梯形法计算响应 $\Psi(t)(t>0)$ 的迭代公式,步长为 h。

14.20 电路如图题 14.20 所示,设 $C>0$,$i_L=a\Psi^3(a>0)$,试列出电路的状态方程,并大致画出状态轨迹。

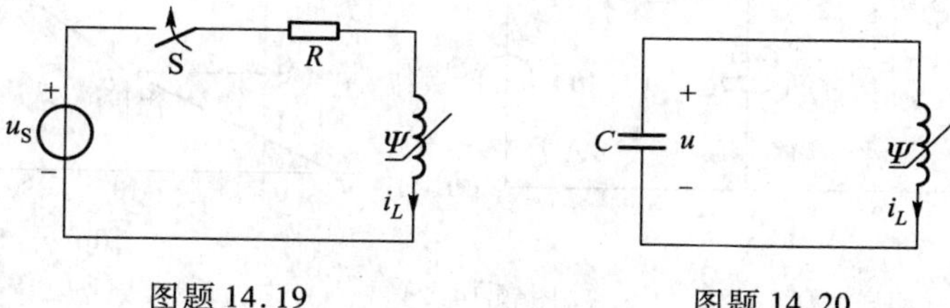

图题 14.19　　图题 14.20

14.21 电路及非线性电阻的特性分别如图题 14.21(a)、(b)所示,设 $C=1$ F,$u_C(0_-)=8$ V,$U_S=10$ V,画出 $t>0$ 时的动态路径并求 $t>0$ 时电压 u_R 随时间的变化规律。

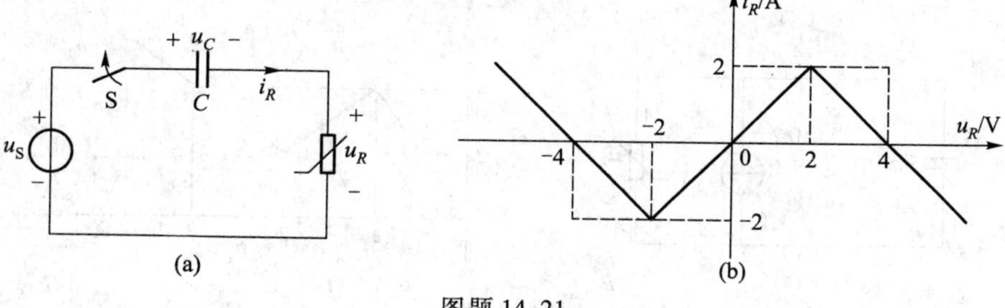

图题 14.21

14.22 电路及其非线性电阻的特性分别如图题 14.22(a)、(b)所示，设 $C=1\ \text{F}$，$u_C(0_-)=2\ \text{V}$，$t=0$ 时开关突然接通，试求 u_C。

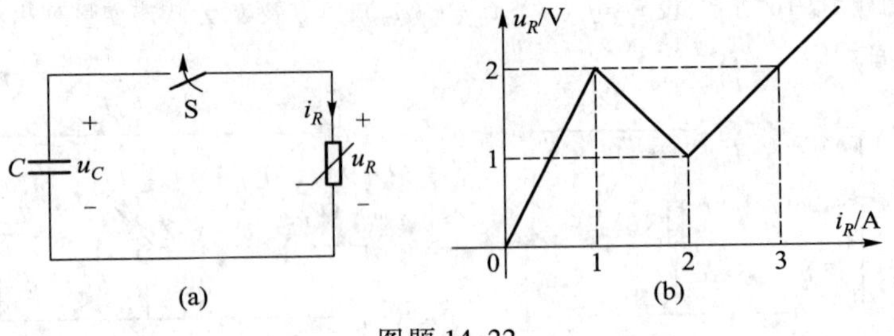

图题 14.22

14.23 电路及非线性电容的特性分别如图题 14.23(a)、(b)所示，电路原处于稳态，$t=0$ 时开关突然接通，求 $t>0$ 时的电压 u_C。

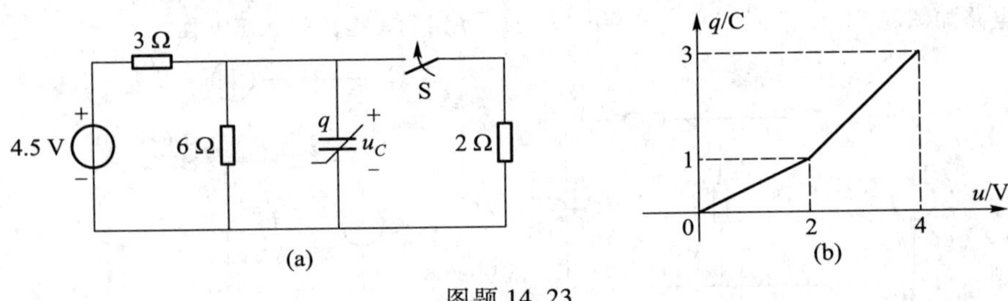

图题 14.23

14.24 电路及非线性电阻的特性分别如图题 14.24(a)、(b)所示，已知 $C=200\ \mu\text{F}$，$R=200\ \Omega$，$t<0$ 时电路处于直流稳态，$t=0$ 时开关突然接通。求 $t>0$ 时的电压 u_C。

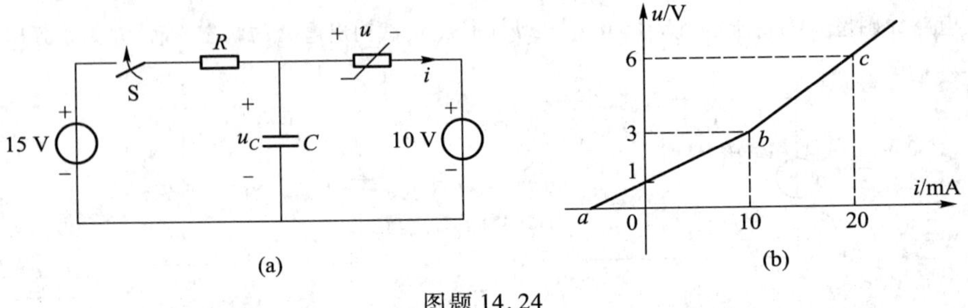

图题 14.24

14.25 电路及非线性电阻的特性分别如图题 14.25(a)、(b)所示，设 $C=1\ \text{F}$，$u_C(0_-)=6\ \text{V}$，$t=0$ 时开关突然接通，试求 $t>0$ 时的 u_C。

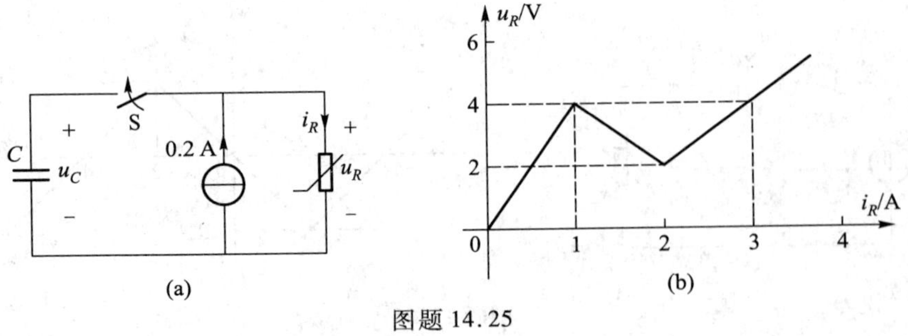

图题 14.25

14.26 电路如图题 14.26 所示，设 $u_S = [10 + \varepsilon(t)]$ V，$R = 10^3$ Ω，$\Psi = 3i_L^2$（Ψ 单位为 Wb，i_L 单位为 A），求 $t > 0$ 时的电流 i_L。

14.27 电路如图题 14.27 所示，已知 $R_1 = 12$ kΩ，$R_2 = 6$ kΩ，非线性电容的特性为 $q = 5 \times 10^{-7} u_C^2$（$q$ 单位为 C，u_C 单位为 V），电压源 $u_S = [12 + \varepsilon(t)]$ V，求 $t > 0$ 时的电压 u_C。

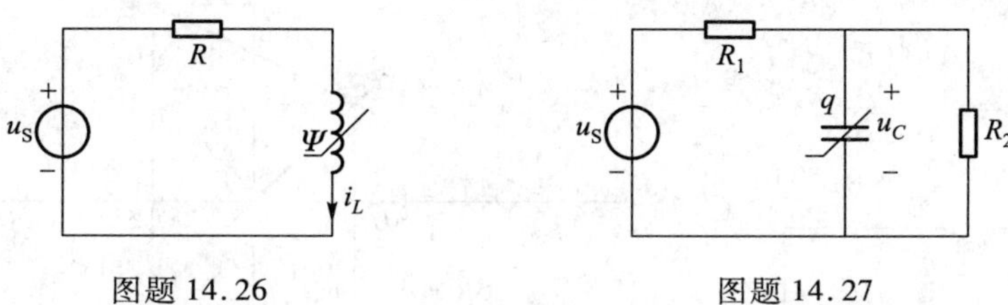

图题 14.26　　图题 14.27

14.28 电路如图题 14.28 所示，设 $I_S = 1$ A，$u_S = 0.1\varepsilon(t)$ V，非线性电阻的特性为 $i = 10^{-3} u^2 (u \geqslant 0)$（$i$ 单位为 A，u 单位为 V），求 $t > 0$ 时的电压 u。

14.29 电路如图题 14.29 所示，设 $i_S = [2 + 0.1\varepsilon(t)]$ A，$u_R = i_R^2 (i_R \geqslant 0)$（$u_R$ 单位为 V，i_R 单位为 A），$\Psi = 0.05 i_L^2$（Ψ 单位为 Wb，i_L 单位为 A），$q = u_C^3/24$（q 单位为 C，u_C 单位为 V），试求电流 i_L。

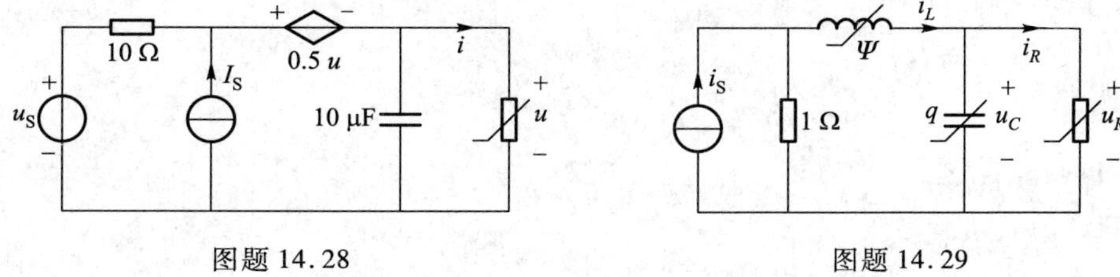

图题 14.28　　图题 14.29

14.30 电路及非线性电阻的特性分别如图题 14.30(a)、(b)所示，设 $I_S = 5$ A，试讨论电路平衡状态的稳定性。

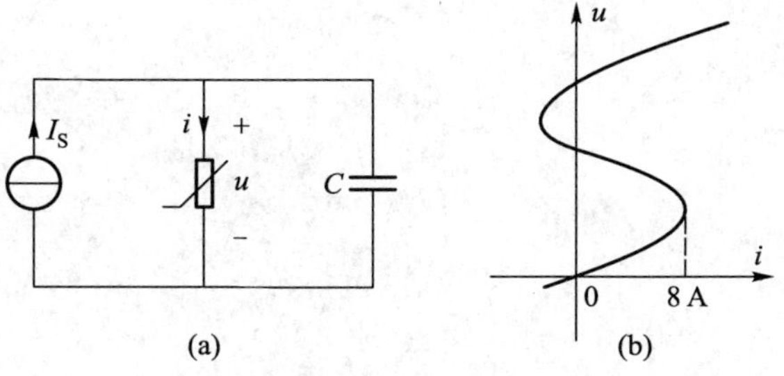

(a)　　(b)

图题 14.30

14.31 电路及隧道二极管的特性分别如图题 14.31(a)、(b)所示，用两种方法判断平衡状态的稳定性。

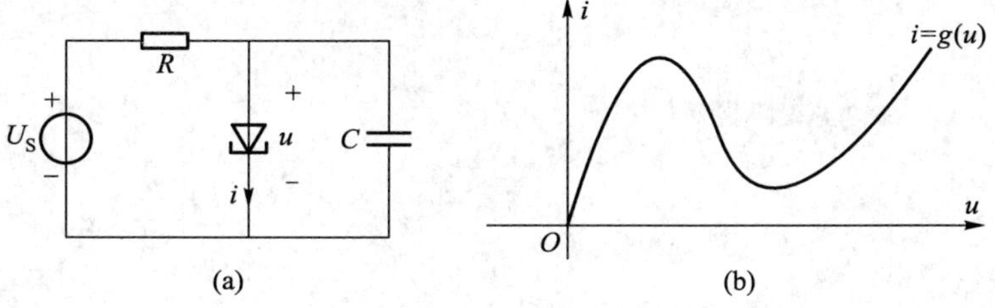

(a)　　(b)

图题 14.31

14.32 电路及非线性电阻的特性分别如图题 14.32(a)、(b)所示，确定电路的平衡状态并判断其稳定性，分析 $t>0$ 时的工作过程，设电容初始电压对应 P_0 点。

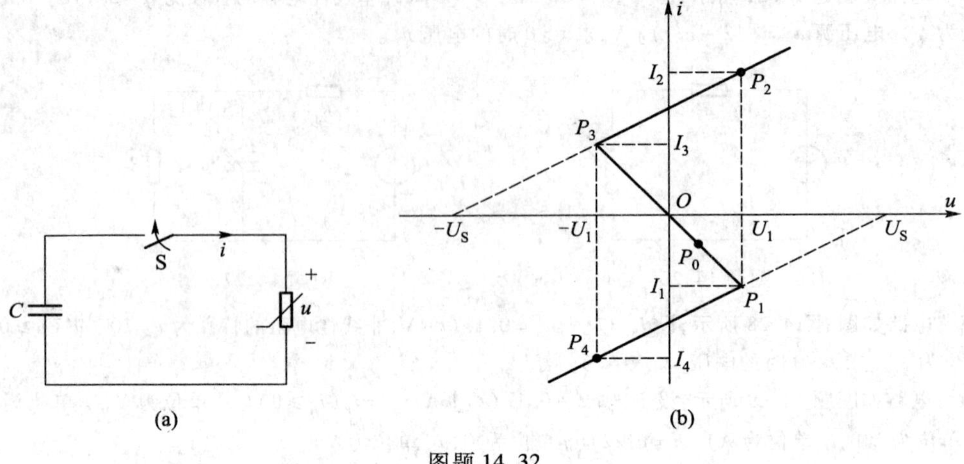

图题 14.32

第 15 章　均匀传输线

【导读】

任何一对实际导线或称传输线，都存在沿线分布着的导线电阻、电感和线间电导与电容，即参数具有分布性。但在以前研究电路问题时，要么不考虑这种分布性；要么用集中参数来近似反映这种分布性。当导线较短、信号变化较慢，同时又不关心电压、电流的沿线分布情况时，这样处理是允许的，理论分析结果与实际情况吻合较好。

但当线路较长，或信号变化较快，或电压较高时，导线电阻、电感和线间电导与电容的作用变得趋于明显，此时如仍将其忽略或做集中化处理，就会导致理论分析和实际情况出现较大差异，这是因为分布着的电阻和电感会产生沿线分布性电压；分布着的电导和电容会产生线间分布性电流。这时为提高分析结果的准确性，就必须考虑参数的分布性。关于传输线模型的讨论详见本书 1.8 节。

本章重点介绍在考虑分布参数条件下，由两根导线组成的双线均匀传输线电路。首先建立均匀线基本方程。然后在此基础上，依次分析均匀线的正弦稳态过程和暂态过程。在正弦稳态过程中，着重建立行波的概念、电压和电流的沿线分布规律、驻波的形成和均匀线的集中参数等效电路。在暂态过程中，着重介绍无损线上波的入射和反射规律，这些规律有助于准确理解均匀线稳定状态的建立过程。

在三相输电系统中，经常见到每隔一段距离便逐次地变换 A、B、C 相的空间位置即换位。如果一个完整的换位循环所经过的距离显著小于波长的话，则所有三相输电线近似处于同一环境条件，因而参数具有对称性。当研究正序和负序电压、电流时，便可取出一相，并等效成单相双线均匀传输线。当研究零序电压、电流时，也可等效成双线均匀传输线，此时地线或中性线成为其中的一条传输线，因为零序电流是通过地线或中性线流动的。因此，对双线均匀传输线电磁现象的研究具有典型性。

15.1　均匀传输线参数与方程

目前，许多电能和电信号都是利用导线构成的传输线来传送的。图 15.1.1 所示的扁平线、同轴线以及电力电缆等都是常见的传输线。

一般说来，传输线在结构和材质上是均匀的，可以认为沿线有均匀分布的电阻、电感、电导和电容，这种传输线称为**均匀传输线**，简称**均匀线**。均匀线要用单位长度上的参量作为它的参数。对双线均匀线，这些参数是：

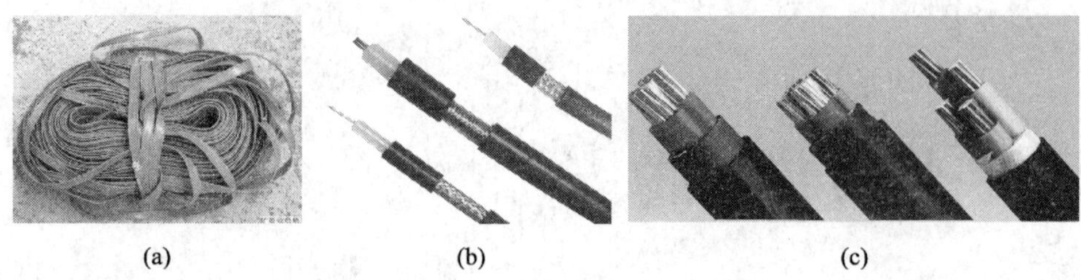
(a) (b) (c)

图 15.1.1 均匀传输线示例:(a) 扁平线;(b) 同轴线;(c) 电力电缆

(1) 单位长度往返线路的电阻 R_0,单位:Ω/m;

(2) 单位长度往返线路的电感 L_0,单位:H/m;

(3) 单位长度两导线之间的电导 G_0,单位:S/m;

(4) 单位长度两导线之间的电容 C_0,单位:F/m。

某些情况下,传输线的导电性能和线间绝缘良好,在频率不高和线路不太长的情况下,便可忽略这些分布参数的作用而按集中参数电路来分析。即使不能全部忽略,例如仅能忽略沿线分布的电阻和电感,则可用集中参数的电导与电容的并联来等效分布的电导和电容;若仅能忽略分布的电导和电容,则可用集中的电阻和电感的串联来等效分布的电阻和电感。总之,在上述情况下,如果不关心电压和电流的沿线分布,总可用集中参数电路模型来分析。反之,就要使用分布参数电路模型。为了定量研究,需要基于物理现象,建立电压和电流所满足的数学关系,即均匀线方程。

由于均匀线参数是分布性的,不能使用支路和节点的概念,并且沿线处处存在感生电场和位移电流,所以基于集中参数电路建立的基尔霍夫定律在这里失去了应用前提。因此,为建立均匀线方程,就需要使用比基尔霍夫定律更具普适性的电磁学原理。具体过程是:基于微分学思想,在距均匀线始端 x 处取一足够小的微段 Δx。由于两传输线间的库仑场电压是位置 x 和时间 t 的函数,$u=u(x,t)$,因此,如果在 x 处的电压是 u,那么在 $x+\Delta x$ 处的电压就近似为 $u+\Delta u\approx u+(\partial u/\partial x)\Delta x$,如图 15.1.2(a)所示。因为电压是位置和时间的二元函数,所以这里使用了偏导数。这两个电压存在差值乃是由于在回路 l 中,存在电阻电压 $\Delta u_R\approx(R_0 i)\Delta x$ 和来自磁场变化的感应电压 $\Delta u_L\approx L_0(\partial i/\partial t)\Delta x$ 的缘故(注意:R_0 和 L_0 是包括往返线路的参数)。根据电磁感应定律,这个差值就是

$$\Delta u\approx\left(u+\frac{\partial u}{\partial x}\Delta x\right)-u\approx-\Delta u_R-\Delta u_L\approx-(R_0 i)\Delta x-\left(L_0\frac{\partial i}{\partial t}\right)\Delta x \qquad (15.1.1)$$

类似地,由于线上的传导电流也是 x 和 t 的函数,$i=i(x,t)$,因此,如果在 x 处的电流为 i,那么在 $x+\Delta x$ 处的电流就近似为 $i+\Delta i\approx i+(\partial i/\partial x)\Delta x$,如图 15.1.2(b)所示。这两个电流存在差值,乃是由于在封闭面 S 上存在电导电流 $\Delta i_G\approx(G_0 u)\mathrm{d}x$ 和来自电场变化的位移电流 $\Delta i_C\approx C_0(\partial u/\partial t)\mathrm{d}x$ 的缘故。根据全电流连续性定律,这个差值就是

$$\Delta i\approx\left(i+\frac{\partial i}{\partial x}\Delta x\right)-i\approx-\Delta i_G-\Delta i_C\approx-(G_0 u)\Delta x-\left(C_0\frac{\partial u}{\partial t}\right)\Delta x \qquad (15.1.2)$$

当 $\Delta x\to 0$ 时,式(15.1.1)和式(15.1.2)便成为等式,二者联立得到均匀线方程:

$$\begin{cases} -\dfrac{\partial u}{\partial x}=R_0 i+L_0\dfrac{\partial i}{\partial t} \\ -\dfrac{\partial i}{\partial x}=G_0 u+C_0\dfrac{\partial u}{\partial t} \end{cases} \tag{15.1.3}$$

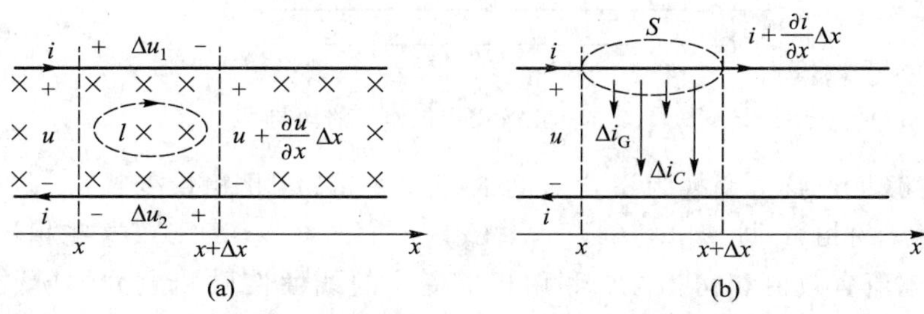

图 15.1.2 用微分学原理研究微段均匀线：(a)电压关系；(b)电流关系

从式(15.1.3)的得出过程可见：电与磁、电压与电流，它们所遵循的规律对称优美。

式(15.1.3)是一组含 u、i 对位置和时间的偏导数方程，即偏微分方程，在数学上称为**波动方程**，即均匀线上的电压和电流满足波动规律。它是从电路角度认识均匀线中的电磁现象，定量研究均匀线电压、电流变化规律的基本方程。

一般情况下，对于绝缘很好的由 n 条导线组成的传输线，每一条传输线还必须在式(15.1.3)的第一个方程中考虑相邻传输线流过电流时产生的互感电动势或电压；而在第二个方程中，则要考虑该传输线与所有相邻传输线间的位移电流。这种传输线称为耦合传输线。本着“入门”和“基础”的原则，本章对此不予涉及。此外，当频率很高时，在传输线周围空间可能产生电磁波，从而向外辐射可观的电磁能。为使分析结果更加准确，这时要用电磁场模型，并采用电磁波理论进行研究，详见电磁场原理课程。因此说，每一种模型都有其局限性，正确选择模型是准确认识电磁世界的重要前提。

15.2 均匀线的正弦稳态响应

由偏微分方程理论可知，上节所建立的均匀线方程，只有在特定的激励条件和边界条件下才能求出它的时域解析解，所以需要结合均匀线不同的工作条件或状态分门别类地加以研究。虽然均匀线工作时需要经历暂态才能到达稳态，但是按照由浅入深的认识规律，接下来先介绍均匀线的正弦稳态响应，然后再介绍暂态响应。

1. 正弦交流工作下均匀线方程的通解

由于均匀线方程(15.1.3)是线性偏微分方程，所以由正弦电源激励的均匀线达到稳态时，任一点的电流和线间电压都是时间的正弦量，可变换成相量，从而建立相量模型，如图15.2.1所示，图中均匀线始端接正弦电压源 $\dot{U}_1$，角频率为 ω，终端接集中参数负载，阻抗为 Z_L，线长为 l。

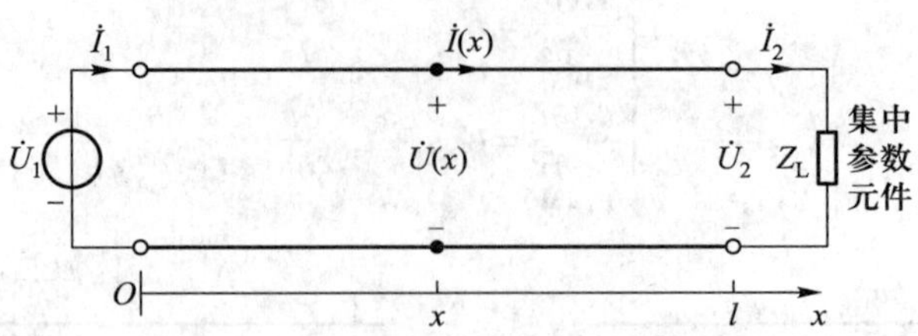

图 15.2.1　正弦交流工作下的均匀线

相量变换能够将正弦量变换为不含时间的复数相量，因此相量变换后，$u(x,t)$和$i(x,t)$将变成仅含变量x的相量，即$\mathbf{P}[u(x,t)]=\dot{U}(x)$，$\mathbf{P}[i(x,t)]=\dot{I}(x)$，这些相量代表着位置$x$处的正弦电压、电流有效值和初相位。利用相量变换的线性性质和微分性质（见 4.2 节），可以得到均匀线方程的相量形式。由于电压和电流相量中只剩一个位置变量，所以偏导数变成了全导数：

$$\begin{cases} -\dfrac{\mathrm{d}\dot{U}(x)}{\mathrm{d}x}=(R_0+\mathrm{j}\omega L_0)\dot{I}(x)=Z_0\dot{I}(x) & (15.2.1)\\ -\dfrac{\mathrm{d}\dot{I}(x)}{\mathrm{d}x}=(G_0+\mathrm{j}\omega C_0)\dot{U}(x)=Y_0\dot{U}(x) & (15.2.2)\end{cases}$$

式中 $Z_0=(R_0+\mathrm{j}\omega L_0)$、$Y_0=(G_0+\mathrm{j}\omega C_0)$，分别是单位长度的沿线阻抗和线间导纳。

为求解上述方程，将式(15.2.1)再对x求导得

$$-\frac{\mathrm{d}^2\dot{U}(x)}{\mathrm{d}x^2}=Z_0\frac{\mathrm{d}\dot{I}(x)}{\mathrm{d}x} \tag{15.2.3}$$

再将式(15.2.2)代入上式得到关于电压相量的微分方程为

$$\frac{\mathrm{d}^2\dot{U}(x)}{\mathrm{d}x^2}=Z_0Y_0\dot{U}(x) \tag{15.2.4}$$

同理可得关于电流相量的微分方程为

$$\frac{\mathrm{d}^2\dot{I}(x)}{\mathrm{d}x^2}=Z_0Y_0\dot{I}(x) \tag{15.2.5}$$

上述两式的等号右端具有相同的系数，为此令

$$\gamma=\sqrt{Z_0Y_0}=\sqrt{(R_0+\mathrm{j}\omega L_0)(G_0+\mathrm{j}\omega C_0)}=\alpha+\mathrm{j}\beta \tag{15.2.6}$$

γ 的单位为$\sqrt{(\Omega/\mathrm{m})(\mathrm{S/m})}=1/\mathrm{m}$。由于$Z_0$和$Y_0$的辐角都在 0 和 $\pi/2$ 之间，根据两复数相乘开方运算规则可知，γ 的辐角也在 0 和 $\pi/2$ 之间，因此α和β均为大于零的实数。

利用γ，方程(15.2.4)和方程(15.2.5)可分别写成更加简洁的形式：

$$\frac{\mathrm{d}^2\dot{U}(x)}{\mathrm{d}x^2}=\gamma^2\dot{U}(x) \tag{15.2.7}$$

$$\frac{\mathrm{d}^2\dot{I}(x)}{\mathrm{d}x^2}=\gamma^2\dot{I}(x) \tag{15.2.8}$$

上述二式分别是关于$\dot{U}(x)$和$\dot{I}(x)$的常系数线性齐次常微分方程，它们有相同的特征方程：

$$p^2-\gamma^2=0 \tag{15.2.9}$$

和特征根：

$$p_{1,2} = \pm \gamma \tag{15.2.10}$$

因此，它们的通解分别是

$$\dot{U}(x) = \dot{U}'\mathrm{e}^{-\gamma x} + \dot{U}''\mathrm{e}^{\gamma x} \tag{15.2.11}$$

$$\dot{I}(x) = \dot{I}'\mathrm{e}^{-\gamma x} + \dot{I}''\mathrm{e}^{\gamma x} \tag{15.2.12}$$

式中，$\dot{U}'$、$\dot{U}''$和 $\dot{I}'$、$\dot{I}''$是方程的待定系数，需由边界条件来确定，下节再做讨论。由式(15.2.1)或式(15.2.2)不难验证，上述4个待定系数存在如下关系：

$$\dot{I}' = \frac{\dot{U}'}{Z_c}, \quad \dot{I}'' = -\frac{\dot{U}''}{Z_c} \tag{15.2.13}$$

其中，

$$Z_c = \sqrt{\frac{R_0 + \mathrm{j}\omega L_0}{G_0 + \mathrm{j}\omega C_0}} = |Z_c|\mathrm{e}^{\mathrm{j}\varphi_c} \tag{15.2.14}$$

Z_c 具有阻抗的量纲，单位为 $\sqrt{(\Omega/\mathrm{m})/(\mathrm{S}/\mathrm{m})} = \Omega$。

利用式(15.2.13)，电流的通解又可写成

$$\dot{I}(x) = \frac{\dot{U}'}{Z_c}\mathrm{e}^{-\gamma x} - \frac{\dot{U}''}{Z_c}\mathrm{e}^{\gamma x} \tag{15.2.15}$$

式(15.2.6)定义的 γ 和式(15.2.14)定义的 Z_c 都是由均匀线参数和角频率确定的复数，因此将其称为均匀线的二次参数，而将 R_0、G_0、L_0 和 C_0 称为均匀线的一次参数。

2. 电压与电流的变化特点

下面在假设方程通解式(15.2.11)和式(15.2.15)中的待定系数 $\dot{U}'$、$\dot{U}''$已经求得(见下节)的前提下讨论均匀线上正弦电压和电流的分布特点。

先着重考察式(15.2.11)中第一项 $\dot{U}'\mathrm{e}^{-\gamma x}$，其他项可照此理解。为叙述方便，将该项记作

$$\dot{U}^{+}(x) = \dot{U}'\mathrm{e}^{-\gamma x} \tag{15.2.16}$$

将上式中的待定系数 $\dot{U}'$写成极坐标式

$$\dot{U}' = U'\mathrm{e}^{\mathrm{j}\psi'} \tag{15.2.17}$$

其中 U'代表正弦电压的有效值。这样就得

$$\dot{U}^{+}(x) = U'\mathrm{e}^{\mathrm{j}\psi'} \cdot \mathrm{e}^{-(\alpha+\mathrm{j}\beta)x} = U'\mathrm{e}^{-\alpha x} \cdot \mathrm{e}^{\mathrm{j}(-\beta x+\psi')} \tag{15.2.18}$$

做相量反变换得该电压的瞬时值表达式为

$$\begin{cases} u^{+}(x,t) = \mathbf{P}^{-1}[\dot{U}^{+}(x)] = \mathrm{Re}[\sqrt{2}\dot{U}^{+}(x) \cdot \mathrm{e}^{\mathrm{j}\omega t}] = \mathrm{Re}[\sqrt{2}U'\mathrm{e}^{-\alpha x} \cdot \mathrm{e}^{\mathrm{j}(\omega t-\beta x+\psi')}] \\ \qquad\qquad = \sqrt{2}U'\mathrm{e}^{-\alpha x}\cos(\omega t - \beta x + \psi') \end{cases} \tag{15.2.19}$$

由此可见，在 t 为确定的瞬间，$u^{+}(x,t)$表示振幅按 $\mathrm{e}^{-\alpha x}$倍率沿 x 方向衰减的正弦量。式中 $\cos(\omega t - \beta x + \psi')$同时是位置和时间的函数，它的取值由其复合自变量 $\omega t - \beta x + \psi'$决定。若保持 $\omega t - \beta x + \psi'$为某一量值，例如 0、$\pi/2$ 或 π 等，那么随着时间的延续，由于 ωt 与 βx 是相减关系，相位等于该量值的位置 x 必然要增加，这就是行波现象。由于该位置朝 $+x$ 方向行进，所以 $u^{+}(x,t)$又称为**正向行波**。为计算行波的行进速度即**波速**或**相速**，令 $\omega t - \beta x + \psi'$为常量，得

$$\frac{\mathrm{d}}{\mathrm{d}t}(\omega t - \beta x + \psi') = \omega - \beta\frac{\mathrm{d}x}{\mathrm{d}t} = \omega - \beta v = 0 \tag{15.2.20}$$

所以波速

$$v=\frac{\mathrm{d}x}{\mathrm{d}t}=\frac{\omega}{\beta}=\frac{2\pi f}{\beta} \tag{15.2.21}$$

由于 β 依赖于传输线的参数和工作频率（见式（15.2.6）），所以对不同的传输线，或同一传输线的不同工作频率，线上的波速是不同的。但在 15.4 节将说明，架空传输线的波速在各种频率下都近似为光速。

又根据描述波动参数之间的关系得行波的波长与波速 v 和频率 f 之间的关系是

$$\lambda=\frac{v}{f}=\frac{2\pi}{\beta} \tag{15.2.22}$$

图 15.2.2 画出了以时间 t 为参变量时 $u^+(x,t)$ 代表的电压沿线分布曲线，实线代表 t 时刻的分布情况，虚线代表 $t+\Delta t$ 时刻的分布情况。在 $t+\Delta t$ 时刻，波形向 x 正方向行进了 $\Delta x=v\Delta t$ 的距离，振幅相应衰减为 $\sqrt{2}U'\mathrm{e}^{-\alpha(x+\Delta x)}=(\sqrt{2}U'\mathrm{e}^{-\alpha x})\mathrm{e}^{-\alpha\Delta x}$。

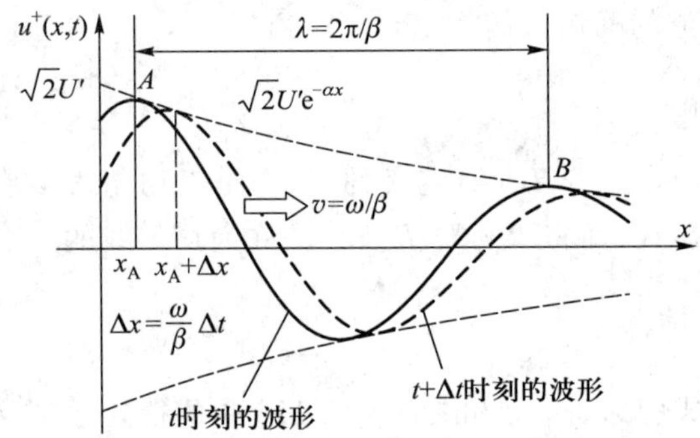

图 15.2.2 正弦稳态下的电压正向行波

综上所述，$u^+(x,t)$ 代表随时间的延续而以恒速向 $+x$ 方向行进的波，在行进的方向上，它的振幅按 $\mathrm{e}^{-\alpha x}$ 倍率衰减，相位按 $-\beta x$ 滞后。因此将 α 称为均匀线的**衰减常数**，β 称为**相位常数**，而将 $\gamma=\alpha+\mathrm{j}\beta$ 称为**传播常数**。

式（15.2.11）中另一个分量 $\dot{U}''\mathrm{e}^{\gamma x}=\dot{U}^-(x)$ 可作类似分析。如令复待定系数 $\dot{U}''=U''\mathrm{e}^{\mathrm{j}\psi''}$，则对 $\dot{U}^-(x)$ 进行相量反变换得对应的电压瞬时值为

$$u^-(x,t)=\mathbf{P}^{-1}[\dot{U}^-(x)]=\sqrt{2}U''\mathrm{e}^{\alpha x}\cos(\omega t+\beta x+\psi'') \tag{15.2.23}$$

它的相位 $\omega t+\beta x+\psi''$ 也是由 ωt 与 βx 复合而成的，所以它也是行波。但由于在这个复合变量中，ωt 与 βx 是相加的关系，所以相位 $\omega t+\beta x+\psi''$ 为某量值的位置 x 将随时间的延续而向 $-x$ 方向行进，故该行波称为**反向行波**，行波的速度也是 $v=\omega/\beta$。反向行波的振幅也沿着波的行进方向（x 减小方向）按 $\mathrm{e}^{\alpha x}$ 倍率衰减。以上现象如图 15.2.3 所示。

综上分析，正弦稳态时，线路上的电压是正向行波与反向行波的叠加：

$$\begin{aligned}u(x,t)&=u^+(x,t)+u^-(x,t)\\&=\sqrt{2}U'\mathrm{e}^{-\alpha x}\cos(\omega t-\beta x+\psi')+\sqrt{2}U''\mathrm{e}^{\alpha x}\cos(\omega t+\beta x+\psi'')\end{aligned} \tag{15.2.24}$$

同理可分析电流通解即式（15.2.15）中两个分量的特点，其中 $\dot{I}^+(x)=\dot{U}'\mathrm{e}^{-\gamma x}/Z_c=\dot{U}^+(x)/Z_c$ 表示正向电流行波相量；$\dot{I}^-(x)=\dot{U}''\mathrm{e}^{\gamma x}/Z_c=\dot{U}^-(x)/Z_c$ 表示反向电流行波相量。

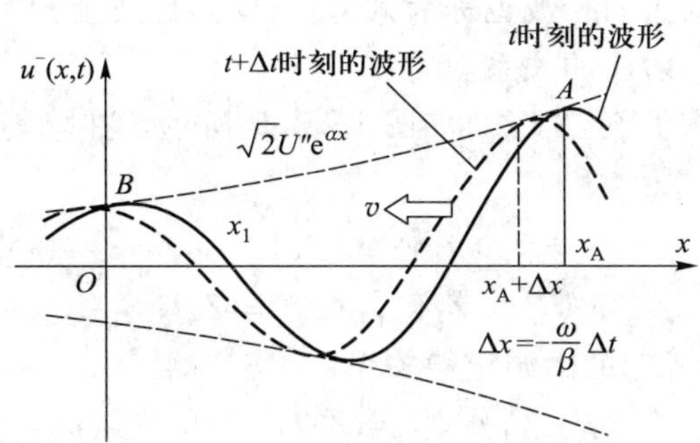

图 15.2.3 正弦稳态下的电压反向行波

因为电流的反向行波方向即 $-x$ 方向与图 15.2.1 中总电流 $\dot{I}(x)$ 的参考方向相反，故式（15.2.15）中电流的反向行波前面为负号。将 $\dot{I}^+(x)$ 和 $\dot{I}^-(x)$ 反变换成正弦量，就得到电流的瞬时分布表达式为

$$i(x,t)=\mathbf{P}^{-1}[\dot{I}(x)]=\sqrt{2}\frac{U'}{|Z_c|}e^{-\alpha x}\cos(\omega t-\beta x+\psi'-\varphi_c)-\sqrt{2}\frac{U''}{|Z_c|}e^{\alpha x}\cos(\omega t+\beta x+\psi''-\varphi_c)$$
$$=i^+(x,t)-i^-(x,t) \tag{15.2.25}$$

由于同方向的行波电压相量和行波电流相量满足如下正比关系：

$$\dot{U}^+(x)=Z_c\dot{I}^+(x)\quad,\quad\dot{U}^-(x)=Z_c\dot{I}^-(x) \tag{15.2.26}$$

所以比例系数 Z_c 称为**行波阻抗**，简称**波阻抗**或**特性阻抗**。它与集中参数电路中的阻抗具有完全不同的涵义，它不等于总电压相量 $\dot{U}(x)$ 与总电流相量 $\dot{I}(x)$ 的比值，更不能把它看做是存在于某个位置处的电路元件的阻抗。由式（15.2.14）可见，在直流情况下 $\omega=0$，则 $Z_c=\sqrt{R_0/G_0}$；当频率较高以至 $\omega\to\infty$ 时，$Z_c=\sqrt{L_0/C_0}$，其值小于 $\sqrt{R_0/G_0}$，这是因为实际的传输线单位长度的电导 G_0 总是很小的。在实际的传输线中，波阻抗常呈微弱的电容性，即式（15.2.14）的辐角是一个绝对值不大的负角度，这是因为极小的线间电导 G_0 使得分母的辐角近似90°，而分子的辐角较90°来得小的缘故。根据式（15.2.14）可以做出波阻抗的模和辐角随角频率的变化曲线，如图 15.2.4 所示。

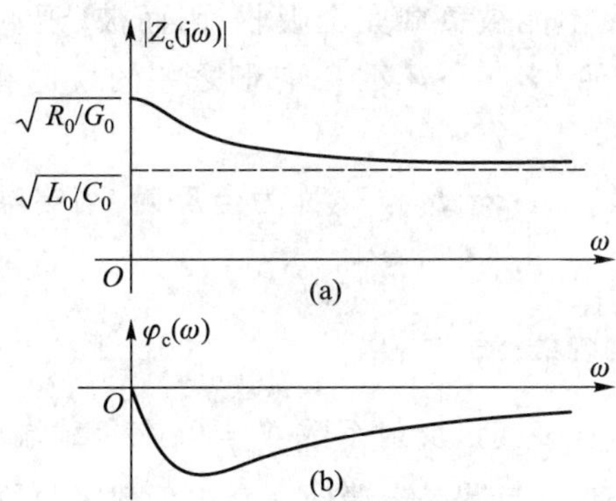

图 15.2.4 波阻抗的频率特性：(a) 阻抗模；(b) 阻抗辐角

反向行波的产生可能是由于在终端存在着向始端发射的同频率正弦电源，也可能是由于正向行波达到终端后，遇到集中参数元件，使所携带的能量不能被完全吸收而产生能量的“退回”

现象。相对终端而言,这时的正向行波也称为**入射波**,反向行波则称为**反射波**。下面分析发生反射情况下,终端处入射波与反射波的关系。

设终端接集中参数元件的阻抗为 Z_L,如图 15.2.5 所示。在均匀线与集中参数元件的交界处,电压、电流既遵循行波关系:

$$\dot{U}_2 = \dot{U}_2^+ + \dot{U}_2^-, \quad \dot{I}_2 = \dot{I}_2^+ - \dot{I}_2^- \tag{15.2.27}$$

$$\dot{U}_2^+ = Z_c \dot{I}_2^+, \quad \dot{U}_2^- = Z_c \dot{I}_2^- \tag{15.2.28}$$

又遵循集中参数元件阻抗所规定的欧姆定律关系:

$$\dot{U}_2 = Z_L \dot{I}_2 \tag{15.2.29}$$

图 15.2.5 研究终端反射现象的电路

由上述两种关系便得终端电压、电流入射波与反射波的关系为

$$\dot{U}_2^- = \frac{Z_L - Z_c}{Z_L + Z_c}\dot{U}_2^+ = N_2 \dot{U}_2^+ \tag{15.2.30}$$

及

$$\dot{I}_2^- = \frac{Z_L - Z_c}{Z_L + Z_c}\dot{I}_2^+ = N_2 \dot{I}_2^+ \tag{15.2.31}$$

其中

$$N_2 = \frac{Z_L - Z_c}{Z_L + Z_c} \tag{15.2.32}$$

是一复数,代表反射波相量与入射波相量的倍数关系,称为正弦稳态下的终端**反射系数**,它取决于均匀线波阻抗 Z_c 和终端所接负载阻抗 Z_L。当 $Z_c \neq Z_L$ 时,$N_2 \neq 0$,即存在反射波。从能量的角度讲就是,入射波所带来的能量不能被负载完全吸收,因而被“退回”一部分。在正弦交流情况下,因为 Z_L 与 Z_c 都是复数,即便 $|Z_L| > |Z_c|$,它们之差的模也有可能大于之和的模,而使反射系数 N_2 的模大于 1。

特殊地,当终端开路时,$|Z_L| \to \infty$,$N_2 = 1$,称为**全反射**;当终端短路时,$Z_L = 0$,$N_2 = -1$,称为**负全反射**。

3. 工作在匹配条件下的均匀线

由式(15.2.32)得知,当 $Z_L = Z_c$ 时,反射系数 $N_2 = 0$,在负载端不产生反射波,因而均匀线上无反向行波。说明入射波所携带的能量在终端处完全被负载吸收,此时均匀线的状态称为**匹配**。

在匹配条件下,沿线的电压、电流只有正向行波,因而可分别写作

$$\dot{U} = \dot{U}^+(x) = \dot{U}'e^{-\gamma x} = \dot{U}_1 e^{-(\alpha + j\beta)x}, \quad \dot{I} = \dot{I}^+(x) = \dot{I}'e^{-\gamma x} = \dot{I}_1 e^{-(\alpha + j\beta)x} \tag{15.2.33}$$

它们的振幅按 $e^{-\alpha x}$ 的倍率衰减，相位则按 $-\beta x$ 关系滞后。

显然，在只有正向行波的条件下，从线上任一点向负载端看进去的等效阻抗都等于波阻抗，即

$$Z_{\mathrm{i}}(x)=\frac{\dot{U}(x)}{\dot{I}(x)}=\frac{\dot{U}'\mathrm{e}^{-\gamma x}}{\dot{I}'\mathrm{e}^{-\gamma x}}=Z_{\mathrm{c}} \tag{15.2.34}$$

因此，在匹配条件下，正向行波如同行进在无限长的均匀线上一样，始终无法产生反射。

在匹配时，线路能够传输到终端的平均功率称为**自然功率**。它与始端发出功率的关系可简单计算如下：令 $x=l$，由式(15.2.33)得终端电压与电流

$$\dot{U}_2=\dot{U}_1\mathrm{e}^{-(\alpha+\mathrm{j}\beta)l},\quad \dot{I}_2=\dot{I}_1\mathrm{e}^{-(\alpha+\mathrm{j}\beta)l} \tag{15.2.35}$$

所以负载吸收的复功率为

$$(P_2+\mathrm{j}Q_2)=\dot{U}_2\dot{I}_2^*=\dot{U}_1\mathrm{e}^{-(\alpha+\mathrm{j}\beta)l}\times\dot{I}_1^*\mathrm{e}^{-(\alpha-\mathrm{j}\beta)l}=\dot{U}_1\dot{I}_1^*\mathrm{e}^{-2\alpha l}=(P_1+\mathrm{j}Q_1)\mathrm{e}^{-2\alpha l} \tag{15.2.36}$$

故自然功率及传输自然功率时的输电效率分别是

$$P_2=P_1\mathrm{e}^{-2\alpha l} \tag{15.2.37}$$

$$\eta=\frac{P_2}{P_1}=\mathrm{e}^{-2\alpha l} \tag{15.2.38}$$

电讯传输线常常处于匹配状态。但在电讯工程中一般不用效率的概念，而用衰减度来衡量线路损失，例如可以用始端功率为终端功率的若干倍来度量。但为了计算便利起见，也可直接用线路的衰减常数与线路长度的乘积 αl 来度量，其单位为奈培，符号 Np。由式(15.2.38)可得

$$\alpha l=\frac{1}{2}\ln\frac{P_1}{P_2} \tag{15.2.39}$$

如果线路衰减为 1 奈培，则匹配时的始端功率为终端功率的 $\mathrm{e}^2\approx7.389$ 倍。比奈培小的单位是分贝，符号 dB，1 Np≈8.686 dB，1 dB≈0.115 Np，见 12.7 节。

说明：本小节的匹配条件是指负载阻抗等于均匀线的波阻抗，因而不发生能量反射现象。但这并不意味着负载获得了最大功率。也就是说自然功率并不是负载能够获得的最大功率，因为获得最大功率的条件是负载阻抗和戴维南等效阻抗满足共轭匹配条件。

【例题 15.2.1】 设沿某电缆分布着如下电压和电流的正向行波：

$u^+(x,t)=14.1\mathrm{e}^{-0.044x}\cos(5\,000t-0.046\,x+\pi/6)$（$u$ 单位为 V，x 单位为 km，t 单位为 s），

$i^+(x,t)=0.141\mathrm{e}^{-0.044x}\cos(5\,000t-0.046\,x+\pi/3)$（$i$ 单位为 A，x 单位为 km，t 单位为 s）。

试求传播常数、波速、波长和波阻抗。

【解】 根据式(15.2.19)可知，均匀线上电压和电流行波的一般形式为

$$\begin{cases}u^+(x,t)=\sqrt{2}U^+\mathrm{e}^{-\alpha x}\cos(\omega t-\beta x+\psi_u)\\ i^+(x,t)=\sqrt{2}I^+\mathrm{e}^{-\alpha x}\cos(\omega t-\beta x+\psi_i)\end{cases}$$

根据上式并对照已知条件得衰减常数：$\alpha=0.044\ (\mathrm{km})^{-1}$，相位常数：$\beta=0.046\ (\mathrm{km})^{-1}$，所以传播常数为

$$\gamma=\alpha+\mathrm{j}\beta=(0.044+\mathrm{j}0.046)(\mathrm{km})^{-1}$$

波速 $$v=\frac{\omega}{\beta}=\frac{5\ 000}{0.046}\approx 108\ 695.65\ \text{km/s}$$

波长 $$\lambda=\frac{v}{f}=\frac{108\ 695.65}{5\ 000/(2\pi)}\approx 136.59\ \text{km}$$

为计算波阻抗，写出已知正向行波的有效值相量为

$$\begin{cases}\dot{U}^{+}(x)=U^{+}\mathrm{e}^{-\alpha x}\angle -\beta x+\psi_{u}\\ \dot{I}^{+}(x)=I^{+}\mathrm{e}^{-\alpha x}\angle -\beta x+\psi_{i}\end{cases}$$

波阻抗等于任意 x 处行波电压相量与同方向行波电流相量之比，根据上式得

$$Z_{c}=\frac{\dot{U}^{+}(x)}{\dot{I}^{+}(x)}=\frac{U^{+}\mathrm{e}^{-\alpha x}\angle -\beta x+\psi_{u}}{I^{+}\mathrm{e}^{-\alpha x}\angle -\beta x+\psi_{i}}=\frac{(14.1/\sqrt{2})\mathrm{e}^{-\alpha x}\angle -\beta x+\pi/6}{(0.141/\sqrt{2})\mathrm{e}^{-\alpha x}\angle -\beta x+\pi/3}=100\angle -\pi/6\ \Omega$$

15.3 给定边界条件下的电压与电流分布

上节用数学方法确定了均匀线方程在正弦稳态下的相量通解，即式(15.2.11)和式(15.2.15)，其中含有待定系数 $\dot{U}'$、$\dot{U}''$，这些通解的形式是不依赖于均匀线始端和终端边界条件的。因此，只有依据边界情况确定了通解中的待定系数，进而得到方程的定解后，才能得到确定的电压与电流的分布规律。常用的边界条件是：① 已知始端电压、电流；② 已知终端电压、电流；③ 已知始端电压或电流及终端阻抗。下面依次加以讨论。

1. 已知始端电压和电流的情况

电路连接关系如图 15.3.1 所示。设均匀线始端电压、电流为已知，记作

$$\begin{cases}\dot{U}(0)=\dot{U}_{1}\\ \dot{I}(0)=\dot{I}_{1}\end{cases}\tag{15.3.1}$$

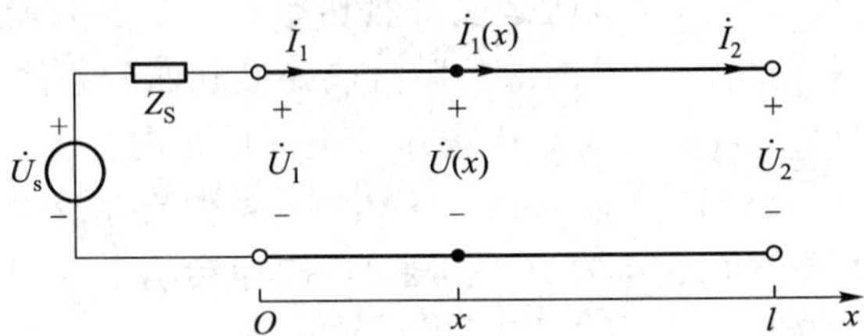

图 15.3.1 用始端电压电流表示沿线分布

代入式(15.2.11)和式(15.2.15)得

$$\begin{cases}\dot{U}_{1}=\dot{U}'+\dot{U}''\\ \dot{I}_{1}=\dfrac{\dot{U}'}{Z_{c}}-\dfrac{\dot{U}''}{Z_{c}}\end{cases}\tag{15.3.2}$$

解得

$$\begin{cases}\dot{U}' = \dfrac{1}{2}(\dot{U}_1 + Z_c\dot{I}_1)\\ \dot{U}'' = \dfrac{1}{2}(\dot{U}_1 - Z_c\dot{I}_1)\end{cases} \tag{15.3.3}$$

再分别代回式(15.2.11)和式(15.2.15),得

$$\begin{cases}\dot{U}(x) = \dfrac{1}{2}(\dot{U}_1 + Z_c\dot{I}_1)\mathrm{e}^{-\gamma x} + \dfrac{1}{2}(\dot{U}_1 - Z_c\dot{I}_1)\mathrm{e}^{\gamma x} = \dot{U}_1\dfrac{\mathrm{e}^{\gamma x}+\mathrm{e}^{-\gamma x}}{2} - Z_c\dot{I}_1\dfrac{\mathrm{e}^{\gamma x}-\mathrm{e}^{-\gamma x}}{2}\\ \dot{I}(x) = \dfrac{1}{Z_c}\cdot\dfrac{1}{2}(\dot{U}_1 + Z_c\dot{I}_1)\mathrm{e}^{-\gamma x} - \dfrac{1}{Z_c}\cdot\dfrac{1}{2}(\dot{U}_1 - Z_c\dot{I}_1)\mathrm{e}^{\gamma x} = -\dfrac{\dot{U}_1}{Z_c}\cdot\dfrac{\mathrm{e}^{\gamma x}-\mathrm{e}^{-\gamma x}}{2} + \dot{I}_1\dfrac{\mathrm{e}^{\gamma x}+\mathrm{e}^{-\gamma x}}{2}\end{cases} \tag{15.3.4}$$

计及双曲正弦 $\sinh(\gamma x) = \dfrac{\mathrm{e}^{\gamma x}-\mathrm{e}^{-\gamma x}}{2}$,双曲余弦 $\cosh(\gamma x) = \dfrac{\mathrm{e}^{\gamma x}+\mathrm{e}^{-\gamma x}}{2}$,上式又可写成双曲函数形式:

$$\begin{cases}\dot{U}(x) = \dot{U}_1\cosh(\gamma x) - Z_c\dot{I}_1\sinh(\gamma x)\\ \dot{I}(x) = -\dot{U}_1\dfrac{\sinh(\gamma x)}{Z_c} + \dot{I}_1\cosh(\gamma x)\end{cases} \tag{15.3.5}$$

或进一步写成矩阵形式:

$$\begin{bmatrix}\dot{U}(x)\\ \dot{I}(x)\end{bmatrix} = \begin{bmatrix}\cosh(\gamma x) & -Z_c\sinh(\gamma x)\\ -\dfrac{\sinh(\gamma x)}{Z_c} & \cosh(\gamma x)\end{bmatrix}\begin{bmatrix}\dot{U}_1\\ \dot{I}_1\end{bmatrix} \tag{15.3.6}$$

上式就是均匀线相量方程(15.2.1)和方程(15.2.2)在已知 $\dot{U}_1$ 和 $\dot{I}_1$ 条件下的定解,也就是用 $\dot{U}_1$ 和 $\dot{I}_1$ 表示沿线电压、电流相量分布的表达式。

若令 x 为均匀线长度 l,便得终端处的电压、电流相量与始端处的电压、电流相量的关系为

$$\begin{bmatrix}\dot{U}_2\\ \dot{I}_2\end{bmatrix} = \begin{bmatrix}\dot{U}(x)\\ \dot{I}(x)\end{bmatrix}_{x=l} = \begin{bmatrix}\cosh(\gamma l) & -Z_c\sinh(\gamma l)\\ -\dfrac{\sinh(\gamma l)}{Z_c} & \cosh(\gamma l)\end{bmatrix}\begin{bmatrix}\dot{U}_1\\ \dot{I}_1\end{bmatrix} \tag{15.3.7}$$

如果把均匀线的始端和终端看作两个端口,上式就是由均匀线组成的二端口网络的逆传输参数方程。

2. 已知终端电压和电流的情况

式(15.3.6)是用始端电压 $\dot{U}_1$ 和电流 $\dot{I}_1$ 来表达的沿线电压和电流分布规律。有时也需要用终端电压 $\dot{U}_2$ 和电流 $\dot{I}_2$ 来表达。为此对方程(15.3.7)的系数矩阵求逆,得到长度为 l 的均匀线用终端电压和电流表示始端电压和电流的表达式为

$$\begin{bmatrix}\dot{U}_1\\ \dot{I}_1\end{bmatrix} = \begin{bmatrix}\cosh(\gamma l) & -Z_c\sinh(\gamma l)\\ -\dfrac{\sinh(\gamma l)}{Z_c} & \cosh(\gamma l)\end{bmatrix}^{-1}\begin{bmatrix}\dot{U}_2\\ \dot{I}_2\end{bmatrix} = \begin{bmatrix}\cosh(\gamma l) & Z_c\sinh(\gamma l)\\ \dfrac{\sinh(\gamma l)}{Z_c} & \cosh(\gamma l)\end{bmatrix}\begin{bmatrix}\dot{U}_2\\ \dot{I}_2\end{bmatrix} \tag{15.3.8}$$

如果将 l 视为变量,并用 x'来表示,即 x'代表终端为坐标原点,终端到始端为坐标正方向时,线上

某点的坐标位置，如图 15.3.2 所示，那么，由式(15.3.8)便得到用 $\dot{U}_2$、$\dot{I}_2$ 和 x' 来表示的沿线电压和电流相量分布表达式为

$$\begin{bmatrix}\dot{U}(x')\\ \dot{I}(x')\end{bmatrix}=\begin{bmatrix}\cosh(\gamma x') & Z_c\sinh(\gamma x')\\ \dfrac{\sinh(\gamma x')}{Z_c} & \cosh(\gamma x')\end{bmatrix}\begin{bmatrix}\dot{U}_2\\ \dot{I}_2\end{bmatrix} \tag{15.3.9}$$

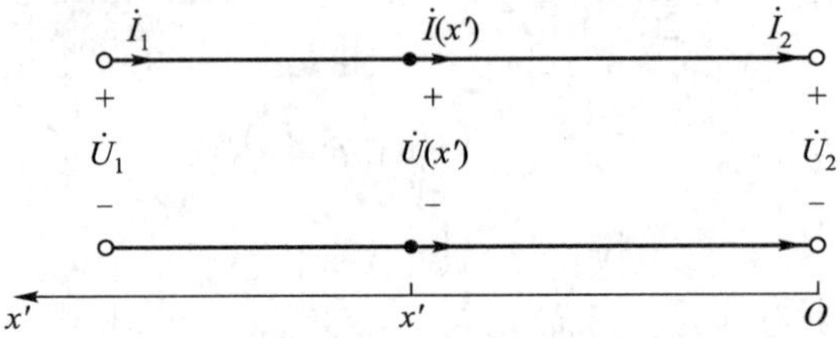

图 15.3.2　用终端电压和电流表示沿线分布

特殊地，当终端开路时，$\dot{I}_2=0$，沿线电压和电流可以仅用 $\dot{U}_2$ 表示成

$$\begin{cases}\dot{U}(x')=\dot{U}_2\cosh(\gamma x')\\ \dot{I}(x')=(\dot{U}_2/Z_c)\sinh(\gamma x')\end{cases} \tag{15.3.10}$$

将 $\gamma=\alpha+\mathrm{j}\beta$ 代入上式，取模并利用双曲函数计算公式得电压和电流的有效值分布为

$$\begin{cases}U(x')=U_2\left|\cosh[(\alpha+\mathrm{j}\beta)x']\right|=U_2\sqrt{0.5[\cosh(2\alpha x')+\cos(2\beta x')]}\\ I(x')=(U_2/|Z_c|)\sqrt{0.5[\cosh(2\alpha x')-\cos(2\beta x')]}\end{cases} \tag{15.3.11}$$

根据上式做出的有效值分布曲线如图 15.3.3 所示。由于 $\cos(2\beta x')$ 随 x' 作周期变化，当 $x'=0$，$\lambda/2$，λ，…各值时，它具有极大值；又由于 $\cosh(2\alpha x')$ 随 x' 的增加而单调地增大，因此线上电压有效值在上述位置处也近似为极大值，而电流近似为极小值。

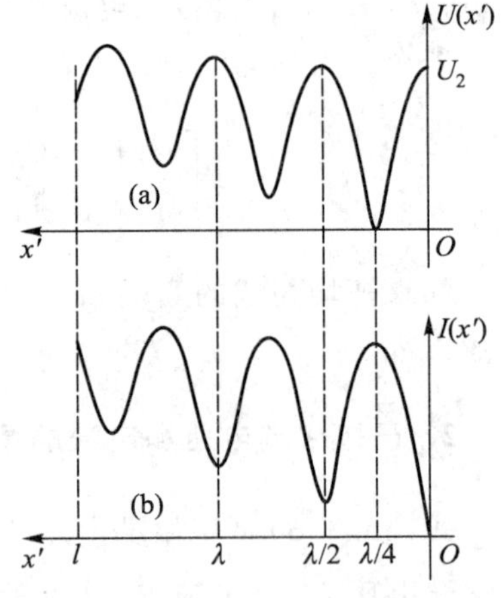

图 15.3.3　终端开路时：(a) 电压有效值；(b) 电流有效值

由图 15.3.3 可见，如果线路长度小于 $\lambda/4$，则当终端开路时，将发生电压有效值从始端到终端沿线路逐渐升高的现象，终端电压可能大大超过始端电压。但电流的有效值则沿线路逐渐下降，在终端处降为零。人们在平时使用电力线时并没有感觉到沿线电压或电流有效值的明显差异，原因是线路的长度远远小于线上的行波波长即 $c/f=6\,000$ km，在线长内电压有效值变化不明显。但对线长接近甚至超过波长的电讯线路就会出现类似图中的分布情况，电压和电流有效值都不是单调变化的。

对终端短路的情况，读者可参照上述过程利用对偶规律自行分析。

3. 已知始端电压或电流以及终端阻抗的情况

一般说来，不便同时已知始端的电压和电流。例如，当始端接理想电压源时，它的电流需要

根据均匀线方程的解答加以确定,并不能独立给定;如果接非理想电压源,那么始端的电压和电流都不是已知的。对于终端,电压和电流要满足终端连接电路所规定的关系,二者也不能独立给定,甚至每一个都不能作为已知条件来使用。因此,在实际使用由 $\dot{U}_1$、$\dot{I}_1$ 或 $\dot{U}_2$、$\dot{I}_2$ 确定的定解时,还需寻得计算 $\dot{U}_1$、$\dot{I}_1$ 或 $\dot{U}_2$、$\dot{I}_2$ 的方法。下面以已知始端电源电压以及终端阻抗时的定解为例加以讨论。

电路连接关系如图 15.3.4 所示。当终端接阻抗 Z_L 时,终端电压、电流要满足欧姆定律,即

$$\dot{U}_2 = Z_L \dot{I}_2 \tag{15.3.12}$$

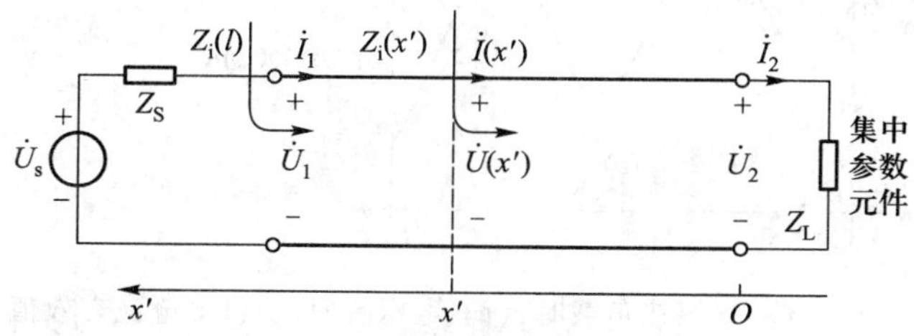

图 15.3.4 始端接电压源终端接阻抗的情况

再由式(15.3.9)便可求得从距离终端 x'处向终端看进去的等效输入阻抗:

$$Z_i(x') = \frac{\dot{U}(x')}{\dot{I}(x')} = Z_c \frac{Z_L\cosh(\gamma x') + Z_c\sinh(\gamma x')}{Z_L\sinh(\gamma x') + Z_c\cosh(\gamma x')} = Z_c \frac{Z_L + Z_c\tanh(\gamma x')}{Z_L\tanh(\gamma x') + Z_c} \tag{15.3.13}$$

如令 $x' = l$ 便得到从始端看进去的等效阻抗 $Z_i(l)$。这样,均匀线连同终端所接阻抗 Z_L 就可用 $Z_i(l)$ 来等效代替,从而在始端得到集中参数等效电路,如图 15.3.5 所示。

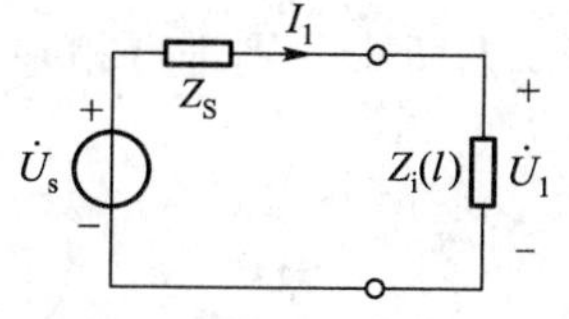

图 15.3.5 用始端等效阻抗代替均匀线电路

由此电路便求得始端电压和电流为

$$\dot{U}_1 = \frac{Z_i(l)\dot{U}_s}{Z_S + Z_i(l)}, \quad \dot{I}_1 = \frac{\dot{U}_s}{Z_S + Z_i(l)} \tag{15.3.14}$$

然后,再根据已知 $\dot{U}_1$、$\dot{I}_1$ 的定解结果即式(15.3.6),便可得到用始端电压、电流相量表示的沿线电压、电流分布。

如果令式(15.3.6)中的 $x = l$,则得到终端电压 $\dot{U}_2$ 和电流 $\dot{I}_2$,再根据已知 $\dot{U}_2$、$\dot{I}_2$ 的定解结果即式(15.3.9)便得到用终端电压、电流相量表示的沿线电压、电流分布。

所以,当使用 $\dot{U}_1$、$\dot{I}_1$ 或 $\dot{U}_2$、$\dot{I}_2$ 来表示电压、电流的分布时,通常需要按式(15.3.13)计算均匀线的始端等效阻抗。

图 15.3.6 是根据上述步骤绘制的终端接负载时电压和电流有效值的沿线分布情况。由图可见,线路上的电压有效值是非单调变化的,有些位置处的有效值会超过始端电压的有效值。电流也有类似现象。在实际应用均匀线时要注意这一特点。

根据均匀线等效阻抗的计算公式可以设计用以确定二次参数 Z_c 和 γ 的方法。首先令终端开路,即 $|Z_L| \to \infty$,根据式(15.3.13)得到始端的输入阻抗,记作 Z_{io}:

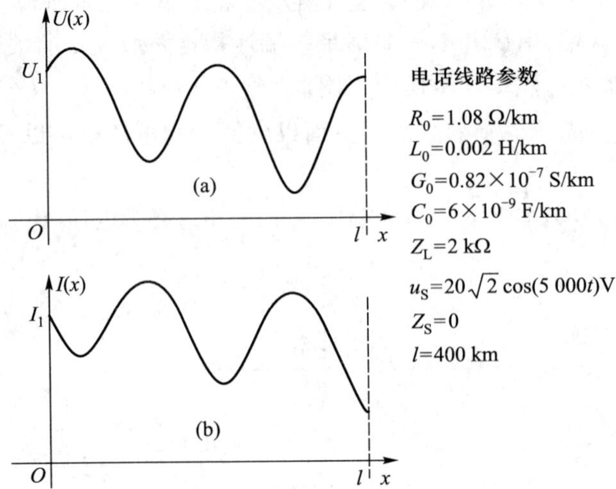

图 15.3.6 终端接负载时：(a) 电压有效值；(b) 电流有效值

$$Z_{io}=\left.\frac{\dot{U}_1}{\dot{I}_1}\right|_{|Z_L|\to\infty}=\frac{Z_c}{\tanh(\gamma l)} \tag{15.3.15}$$

再令终端短路，即 $|Z_L|=0$，又得到始端的输入阻抗，记作 Z_{is}：

$$Z_{is}=\left.\frac{\dot{U}_1}{\dot{I}_1}\right|_{|Z_L|=0}=Z_c\tanh(\gamma l) \tag{15.3.16}$$

将以上两式分别进行相乘和相除运算得

$$Z_c=\sqrt{Z_{io}Z_{is}} \tag{15.3.17}$$

$$\tanh(\gamma l)=\sqrt{Z_{is}/Z_{io}} \tag{15.3.18}$$

利用上述两式求出 Z_c 和 γ 后，再根据式(15.2.14)和式(15.2.6)可进一步求得线路的一次参数 R_0、L_0、G_0 和 C_0。

【例题 15.3.1】 已知某 $l=200$ km 长电话线的参数为：$R_0=5.4\ \Omega/\text{km}$，$L_0=0.002$ H/km，$G_0=4.1\times10^{-7}$ S/km，$C_0=6\times10^{-9}$ F/km。终端接电阻负载，$R_L=1$ kΩ。求当始端施加 $u_1=20\sqrt{2}\cos(5\ 000t)$ V 的理想电压时，线路中点的电压和电流有效值。

【解】 按式(15.2.14)求得线路波阻抗

$$Z_c=\sqrt{\frac{R_0+\mathrm{j}\omega L_0}{G_0+\mathrm{j}\omega C_0}}\approx 615.462\ \mathrm{e}^{-\mathrm{j}13.793^\circ}\ \Omega$$

又根据式(15.2.6)求得传播常数

$$\gamma=\sqrt{(R_0+\mathrm{j}\omega L_0)(G_0+\mathrm{j}\omega C_0)}=(4.647+\mathrm{j}17.871)\times10^{-3}\approx18.466\times10^{-3}\mathrm{e}^{\mathrm{j}75.424^\circ}(\text{km})^{-1}$$

借助计算器或 MATLAB 计算工具，依次计算下列函数值：

$$\mathrm{e}^{\gamma l}\approx-2.300-\mathrm{j}1.062,\ \mathrm{e}^{-\gamma l}\approx-0.358+\mathrm{j}0.166$$

$$\sinh(\gamma l)=\frac{\mathrm{e}^{\gamma l}-\mathrm{e}^{-\gamma l}}{2}\approx-0.971-\mathrm{j}\,0.614,\ \cosh(\gamma l)=\frac{\mathrm{e}^{\gamma l}+\mathrm{e}^{-\gamma l}}{2}\approx-1.329-\mathrm{j}\,0.448$$

$$\tanh(\gamma l)=\frac{\sinh(\gamma l)}{\cosh(\gamma l)}\approx 0.796+\mathrm{j}0.194$$

令 $x'=l$，由式(15.3.13)计算从始端看进去的等效阻抗为

$$Z_{\mathrm{i}}=Z_{\mathrm{c}}\frac{R_{\mathrm{L}}+Z_{\mathrm{c}}\tanh(\gamma l)}{R_{\mathrm{L}}\tanh(\gamma l)+Z_{\mathrm{c}}}\approx(6.390-\mathrm{j}1.803)\times 10^{2}\ \Omega$$

这样便得到计算始端电流的等效电路，如图 15.3.7 所示。由欧姆定律得

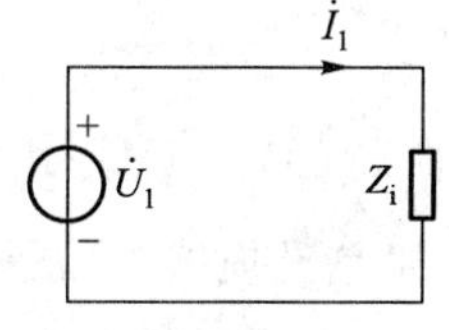

图 15.3.7　计算始端电流的等效电路

$$\dot{I}_1=\frac{\dot{U}_1}{Z_{\mathrm{i}}}\approx(28.991+\mathrm{j}8.180)\ \mathrm{mA}$$

令 $x=l/2$，由式(15.3.6)计算中点处电压和电流相量为

$$\dot{U}(l/2)=[\dot{U}_1\cosh(\gamma x)-Z_c\dot{I}_1\sinh(\gamma x)]\big|_{x=l/2}\approx(-2.161-\mathrm{j}10.613)\ \mathrm{V}$$
$$\approx 10.830\angle -101.509^{\circ}\ \mathrm{V}$$

$$\dot{I}(l/2)=[-(\dot{U}_1/Z_c)\sinh(\gamma x)+\dot{I}_1\cosh(\gamma x)]\big|_{x=l/2}\approx(0.907-\mathrm{j}21.723)\ \mathrm{mA}$$
$$\approx 21.742\angle -87.610^{\circ}\ \mathrm{mA}$$

因此均匀线中点处电压和电流的有效值分别为：$U(l/2)\approx 10.830$ V，$I(l/2)\approx 21.742$ mA。

15.4　正弦交流工作下的无损线

工作在高频正弦交流下的均匀线，或者均匀线本身的电阻和漏电导很小时，往往存在 $\omega L_0\gg R_0$ 和 $\omega C_0\gg G_0$ 的情况，为简化计算，可近似地取 $R_0=0$ 和 $G_0=0$。由于忽略了两个产生损耗的参数，所以这种传输线称为**无损线**，而把 $R_0\neq 0$ 或 $G_0\neq 0$ 的均匀线称为**有损线**。本节研究无损线在正弦交流工作下的电压和电流分布特点。

1. 无损线电压和电流的定解形式

由于无损线是有损线在 $R_0\to 0$ 和 $G_0\to 0$ 时的极限情况，可以通过令 $R_0\to 0$ 和 $G_0\to 0$ 来直接获得无损线参数和定解的表达式。

传播常数和波阻抗可根据式(15.2.6)和式(15.2.14)直接写出：

$$\gamma=\sqrt{(R_0+\mathrm{j}\omega L_0)(G_0+\mathrm{j}\omega C_0)}\Bigg|_{\substack{R_0=0\\G_0=0}}=0+\mathrm{j}\omega\sqrt{L_0C_0}=\alpha+\mathrm{j}\beta=\mathrm{j}\frac{2\pi}{\lambda}\quad(15.4.1)$$

$$Z_{\mathrm{c}}=\sqrt{\frac{R_0+\mathrm{j}\omega L_0}{G_0+\mathrm{j}\omega C_0}}\Bigg|_{\substack{R_0=0\\G_0=0}}=\sqrt{\frac{L_0}{C_0}}\quad(15.4.2)$$

传播常数中的实部即衰减常数 $\alpha=0$，表明在无损线上行波幅值不衰减，这是因为无损线不消耗能量。根据 $\beta=\omega\sqrt{L_0C_0}$ 及式(15.2.21)可得无损线的波速为

$$v=\frac{\omega}{\beta}=\frac{1}{\sqrt{L_0C_0}}\quad(15.4.3)$$

这一波速表达式与频率无关，说明任意频率的电压或电流在无损线上的行进速度都是一样的，这与一般的有损线是不同的。

架空线通常可以近似为无损线，根据式（1.4.14）和式（1.5.17），令其中介电常数为 ε_0、磁导率为 μ_0，分别除以长度 l，得架空线单位长度的电容和电感分别为

$$C_0 = \frac{C}{l} \approx \frac{\pi\varepsilon_0}{\ln\dfrac{D}{d/2}},\quad L_0 = \frac{L}{l} \approx \frac{\mu_0}{\pi}\ln\frac{D}{d/2} \tag{15.4.4}$$

因此架空无损线的波速为

$$v = \frac{1}{\sqrt{L_0 C_0}} \approx \frac{1}{\sqrt{\mu_0\varepsilon_0}} \approx \frac{1}{\sqrt{4\pi\times10^{-7}(\mathrm{H/m})\times 8.854\ 2\times10^{-12}(\mathrm{F/m})}} \approx 2.998\times10^{8}\ \mathrm{m/s} \tag{15.4.5}$$

这说明架空无损线的波速对任意频率的电压或电流都近似为光速。

式（15.4.2）中 Z_c 是实数，说明同方向的电压与电流行波在同一位置处是同相位的。

将式（15.4.1）和式（15.4.2）代入式（15.2.11）和式（15.2.15）得到无损线的正弦稳态通解为

$$\dot{U}(x) = \dot{U}'\mathrm{e}^{-\mathrm{j}\beta x} + \dot{U}''\mathrm{e}^{\mathrm{j}\beta x} \tag{15.4.6}$$

$$\dot{I}(x) = \frac{\dot{U}'}{Z_c}\mathrm{e}^{-\mathrm{j}\beta x} - \frac{\dot{U}''}{Z_c}\mathrm{e}^{\mathrm{j}\beta x} \tag{15.4.7}$$

其中 $\dot{U}'$ 和 $\dot{U}''$ 需借助边界条件参照 15.3 节来确定，或者将上述 γ 和 Z_c 直接代入式（15.3.6）、式（15.3.9）和式（15.3.8），并考虑 γ 为虚数时的下列关系：

$$\sinh(\gamma x) = \sinh(\mathrm{j}\beta x) = \frac{\mathrm{e}^{\mathrm{j}\beta x} - \mathrm{e}^{-\mathrm{j}\beta x}}{2} = \mathrm{j}\sin(\beta x),$$

$$\cosh(\gamma x) = \cosh(\mathrm{j}\beta x) = \frac{\mathrm{e}^{\mathrm{j}\beta x} + \mathrm{e}^{-\mathrm{j}\beta x}}{2} = \cos(\beta x) \tag{15.4.8}$$

从而得到无损线上电压、电流相量在不同边界条件下的定解。

（1）用始端电压、电流来表示的定解

$$\begin{bmatrix}\dot{U}(x)\\ \dot{I}(x)\end{bmatrix} = \begin{bmatrix}\cos(\beta x) & -\mathrm{j}Z_c\sin(\beta x)\\ -\mathrm{j}\dfrac{\sin(\beta x)}{Z_c} & \cos(\beta x)\end{bmatrix}\begin{bmatrix}\dot{U}_1\\ \dot{I}_1\end{bmatrix} \tag{15.4.9}$$

（2）用终端电压、电流来表示的定解

$$\begin{bmatrix}\dot{U}(x')\\ \dot{I}(x')\end{bmatrix} = \begin{bmatrix}\cos(\beta x') & \mathrm{j}Z_c\sin(\beta x')\\ \mathrm{j}\dfrac{\sin(\beta x')}{Z_c} & \cos(\beta x')\end{bmatrix}\begin{bmatrix}\dot{U}_2\\ \dot{I}_2\end{bmatrix} \tag{15.4.10}$$

（3）由始端电压、电流与终端电压、电流组成的传输参数方程

$$\begin{bmatrix}\dot{U}_1\\ \dot{I}_1\end{bmatrix} = \begin{bmatrix}\cos(\beta l) & \mathrm{j}Z_c\sin(\beta l)\\ \mathrm{j}\dfrac{\sin(\beta l)}{Z_c} & \cos(\beta l)\end{bmatrix}\begin{bmatrix}\dot{U}_2\\ \dot{I}_2\end{bmatrix} \tag{15.4.11}$$

（4）在匹配条件下的电压、电流相量分布为

$$\dot{U}(x) = \dot{U}_1\mathrm{e}^{-\mathrm{j}\beta x},\quad \dot{I}(x) = \dot{I}_1\mathrm{e}^{-\mathrm{j}\beta x} \tag{15.4.12}$$

以上都是从有损线到无损线，电压和电流分布规律在数量关系上的直接演变，也就是说无损线的电压和电流分布规律实际就是有损线相应规律中当 $\alpha=0,\gamma=\mathrm{j}\beta$ 的特例。

2. 无损线的沿线等效阻抗

无损线从 x'处向终端视入的等效阻抗可根据式(15.3.13)直接写出:

$$Z_{\mathrm{i}}(x')=\frac{\dot{U}(x')}{\dot{I}(x')}=Z_{\mathrm{c}}\frac{Z_{\mathrm{L}}\cos(\beta x')+\mathrm{j}Z_{\mathrm{c}}\sin(\beta x')}{\mathrm{j}Z_{\mathrm{L}}\sin(\beta x')+Z_{\mathrm{c}}\cos(\beta x')}=Z_{\mathrm{c}}\frac{Z_{\mathrm{L}}+\mathrm{j}Z_{\mathrm{c}}\tan(\beta x')}{\mathrm{j}Z_{\mathrm{L}}\tan(\beta x')+Z_{\mathrm{c}}} \tag{15.4.13}$$

作为特殊长度,设 $x'=\lambda/4$,则 $\beta x'=(2\pi/\lambda)\times(\lambda/4)=\pi/2$, $|\tan(\beta x')|\to\infty$。将此式代入式(15.4.13)得

$$Z_{\mathrm{i}}\left(\frac{\lambda}{4}\right)=\frac{Z_{\mathrm{c}}^{2}}{Z_{\mathrm{L}}} \tag{15.4.14}$$

此式表明:利用四分之一波长无损线可实现阻抗变换。欲将负载阻抗 Z_{L} 变换为所需要的等效阻抗 Z_{i},无损线的波阻抗应当选择为

$$Z_{\mathrm{c}}=\sqrt{Z_{\mathrm{i}}Z_{\mathrm{L}}} \tag{15.4.15}$$

例如,有一负载 R_{L},它与工作用的无损线波阻抗不相等,直接连接后便要产生波的反射。为避免反射,可在无损线和负载之间插入长度为 $\lambda/4$ 的无损线,如图 15.4.1 所示。当这段无损线的波阻抗为 $Z_{\mathrm{c2}}=\sqrt{Z_{\mathrm{c1}}R_{\mathrm{L}}}$时,根据式(15.4.14),从 a、b 端向负载端视入的等效阻抗为 $Z_{\mathrm{i}}=Z_{\mathrm{c2}}^{2}/R_{\mathrm{L}}=Z_{\mathrm{c1}}$,在 a、b 处实现匹配。但这种匹配都只是针对波长等于插入线长 4 倍的特定信号而言的,对其他波长的信号一般不具有匹配作用。另外,这种匹配是在正弦稳态下获得的,在暂态过程中,分界处仍然是不匹配的,必然产生反射波,见 15.10 节。

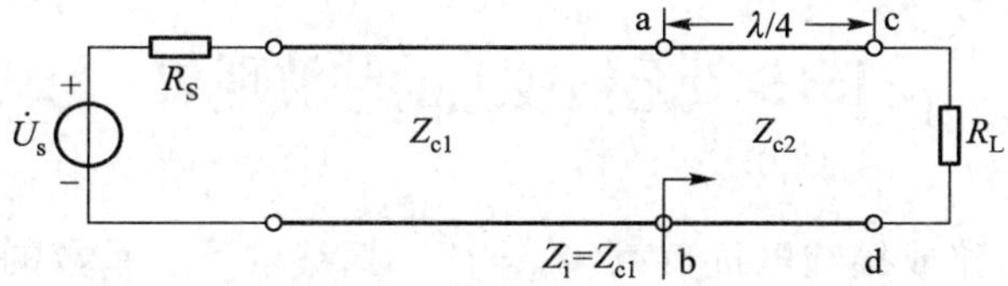

图 15.4.1 四分之一波长无损线的阻抗匹配作用

【例题 15.4.1】 图 15.4.2(a)中架空无损线波阻抗 $Z_{\mathrm{c}}=600\ \Omega$,线长 $l=30$ m,正弦电源 $u_{\mathrm{S}}=10\sqrt{2}\cos(\omega t)$ V,频率 $f=5$ MHz,$R_{\mathrm{S}}=100\ \Omega$,$R_{\mathrm{L}}=1\ 000\ \Omega$。求始端和终端电压有效值。

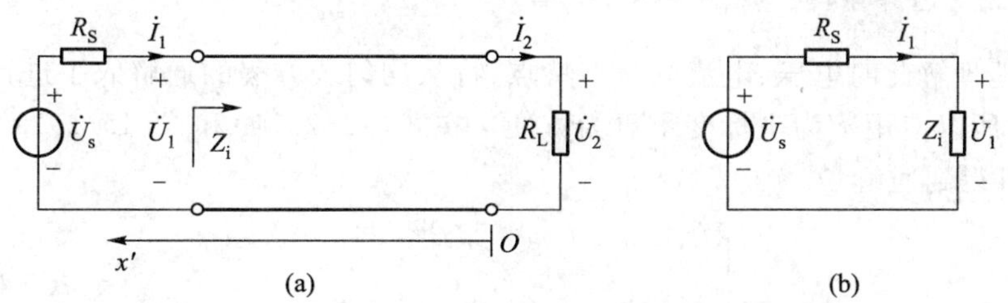

图 15.4.2 (a) 例题 15.4.1 图;(b) 始端等效电路

【解】 架空无损线的波速 $v\approx3\times10^{8}$ m/s,故波长为

$$\lambda=\frac{v}{f}=\frac{3\times10^{8}}{5\times10^{6}}\ \mathrm{m}=60\ \mathrm{m}$$

因而,有

$$\beta l=\frac{2\pi}{\lambda}l=\frac{2\pi}{60\ \mathrm{m}}\times 30\ \mathrm{m}=\pi\ \mathrm{rad}$$

将 $x'=l, Z_{\mathrm{L}}=R_{\mathrm{L}}$ 代入式(15.4.13),求出始端等效阻抗为

$$Z_{\mathrm{i}}=\frac{\dot{U}_1}{\dot{I}_1}=\frac{\dot{U}(l)}{\dot{I}(l)}=Z_{\mathrm{c}}\frac{R_{\mathrm{L}}\cos(\beta l)+\mathrm{j}Z_{\mathrm{c}}\sin(\beta l)}{\mathrm{j}R_{\mathrm{L}}\sin(\beta l)+Z_{\mathrm{c}}\cos(\beta l)}=R_{\mathrm{L}}=1\ 000\ \Omega$$

计算始端电压和电流的等效电路如图 15.4.2(b)所示,由此图得

$$\dot{U}_1=\frac{Z_{\mathrm{i}}\dot{U}_{\mathrm{s}}}{R_{\mathrm{S}}+Z_{\mathrm{i}}}=\frac{1\ 000\times 10}{100+1\ 000}\mathrm{V}\approx 9.09\ \mathrm{V},\qquad \dot{I}_1=\frac{\dot{U}_1}{Z_{\mathrm{i}}}\approx 9.09\ \mathrm{mA} \tag{1}$$

根据式(15.4.9)得终端电压相量及其有效值为

$$\dot{U}_2=\dot{U}_1\cos(\beta l)-\mathrm{j}Z_{\mathrm{c}}\dot{I}_1\sin(\beta l)=-\dot{U}_1\approx -9.09\ \mathrm{V},\quad U_2\approx 9.09\ \mathrm{V}$$

另外,还可从平均功率相等的角度来计算终端电压。始端输入到传输线上的平均功率为

$$P_1=U_1I_1\cos\varphi_1$$

其中 φ_1 表示始端电压与电流的相位差,本例中 $\varphi_1=0°$,见式(1)。

由于无损线不消耗平均功率,因此从终端输出的平均功率等于从始端输入的平均功率:

$$P_2=\frac{U_2^2}{R_{\mathrm{L}}}=P_1=U_1I_1\cos\varphi_1$$

所以终端电压有效值还可做如下计算

$$U_2=\sqrt{R_{\mathrm{L}}U_1I_1\cos\varphi_1}\approx 9.09\ \mathrm{V}$$

15.5 无损线上的驻波现象

无损线终端开路、短路或接纯电抗负载($Z_{\mathrm{L}}=\mathrm{j}X$)时,终端反射系数的模都是

$$|N_2|=\left|\frac{Z_{\mathrm{L}}-Z_{\mathrm{c}}}{Z_{\mathrm{L}}+Z_{\mathrm{c}}}\right|=1 \tag{15.5.1}$$

这时的反射波与入射波具有相同的振幅,叠加后将产生新的现象。下面分别加以讨论。

1. 终端开路(边界条件:$|Z_{\mathrm{L}}|\to\infty$, $\dot{U}_2=U_2\angle\psi_{u2}$, $\dot{I}_2=0$)

为了更好地理解此时电压、电流的分布特点,特从均匀线方程的通解入手进行分析。由于终端条件为已知,所以使用 x'为坐标变量更为方便。在式(15.2.11)和式(15.2.15)中令 $\gamma=\mathrm{j}\beta$,以及 $x=l-x'$便可得到通解

$$\begin{cases}\dot{U}(x')=\dot{U}'\mathrm{e}^{\mathrm{j}\beta x'}+\dot{U}''\mathrm{e}^{-\mathrm{j}\beta x'}\\ \dot{I}(x')=\dfrac{1}{Z_{\mathrm{c}}}\dot{U}'\mathrm{e}^{\mathrm{j}\beta x'}-\dfrac{1}{Z_{\mathrm{c}}}\dot{U}''\mathrm{e}^{-\mathrm{j}\beta x'}\end{cases} \tag{15.5.2}$$

由终端开路时的边界条件确定待定系数为

$$\begin{cases}\dot{U}(0)=\dot{U}'+\dot{U}''=\dot{U}_2\\ \dot{I}(0)=\dfrac{1}{Z_{\mathrm{c}}}\dot{U}'-\dfrac{1}{Z_{\mathrm{c}}}\dot{U}''=0\end{cases} \tag{15.5.3}$$

解得

$$\dot{U}'=\dot{U}''=0.5\dot{U}_2 \tag{15.5.4}$$

所以沿线电压相量分布是

$$\dot{U}(x')=0.5\dot{U}_2(\mathrm{e}^{\mathrm{j}\beta x'}+\mathrm{e}^{-\mathrm{j}\beta x'})=0.5U_2[\mathrm{e}^{\mathrm{j}(\beta x'+\psi_{u2})}+\mathrm{e}^{\mathrm{j}(-\beta x'+\psi_{u2})}] \tag{15.5.5}$$

相量反变换得到电压的瞬时分布

$$u(x',t)=0.5\sqrt{2}U_2[\cos(\omega t+\beta x'+\psi_{u2})+\cos(\omega t-\beta x'+\psi_{u2})]=u^+(x',t)+u^-(x',t) \tag{15.5.6}$$

可见，沿线电压的瞬时分布所包括的正向行波和反向行波具有振幅相同、频率相同，并且在行进过程中不衰减的特点，如图 15.5.1 中的曲线①、②所示。根据波动的一般规律，这样的两个行波叠加的结果必为驻波。为验证此结论，将式(15.5.6)中的两项加以合并得

$$u(x',t)=\sqrt{2}U_2\cos\beta x'\cos(\omega t+\psi_{u2}) \tag{15.5.7}$$

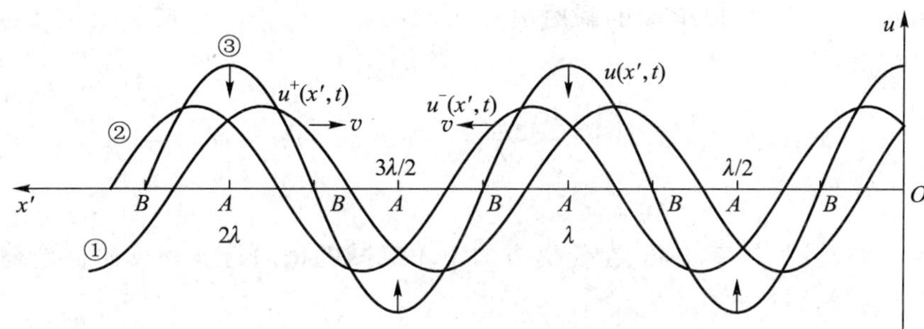

图 15.5.1 驻波的形成过程示意图

它的相位 $\omega t+\psi_{u2}$ 不含位置变量 x'，因此它不能沿线传播，不是行波。根据上式，在 x' 等于 0、$\lambda/2$、λ 等位置，$|\cos\beta x'|=|\cos[(2\pi/\lambda)x']|=1$，电压振幅最大，振动最强；而在 x' 等于 $\lambda/4$、$3\lambda/4$、$5\lambda/4$ 等位置，$\cos\beta x'=0$，电压恒为零，因而 $u(x',t)$ 代表的电压是驻波。振动最强处称为驻波的**波腹**，对应图中的 A 点；电压恒为零处称为驻波的**波节**，对应图中的 B 点。相邻两个波腹或波节的距离为 $\lambda/2$。

在确定时刻，式(15.5.7)中的 $u(x',t)$ 是位置 x' 的余弦函数。图 15.5.2 画出了三个不同时刻的电压分布情况，箭头代表这些时刻的振动方向，与波节相邻的左右两个 $\lambda/2$ 区间具有"此起彼伏"的特征。这是因为在波节的左右两边，例如 B_1B_2 和 B_2B_3，$\cos\beta x'$ 的符号相反，因而两边电压的相位相差180°；而在相邻的两个波节之间，例如 B_1 和 B_2 之间，$\cos\beta x'$ 的符号相同，因而波节之间各点电压是同相位的。

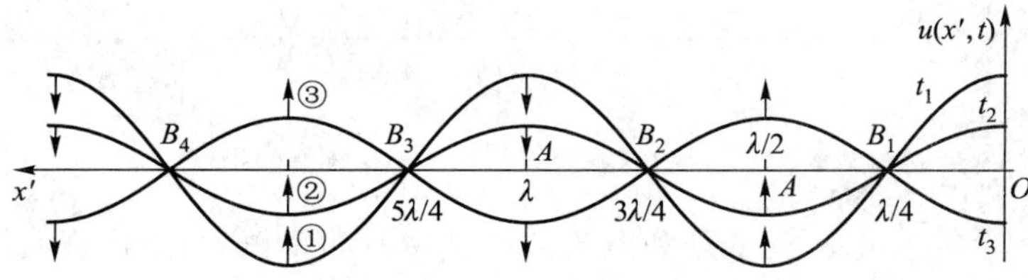

图 15.5.2 驻波随时间变动示意图

再分析均匀线上电荷的分布情况。电压是由沿线分布着的电荷产生的，所以电压的变化过程反映着电荷的变化过程。电压越大的地方，说明电荷线密度也越大；电压极性相反的两个地方，说明电荷的极性也相反。图 15.5.3 说明了电压与电荷线密度的对应关系。

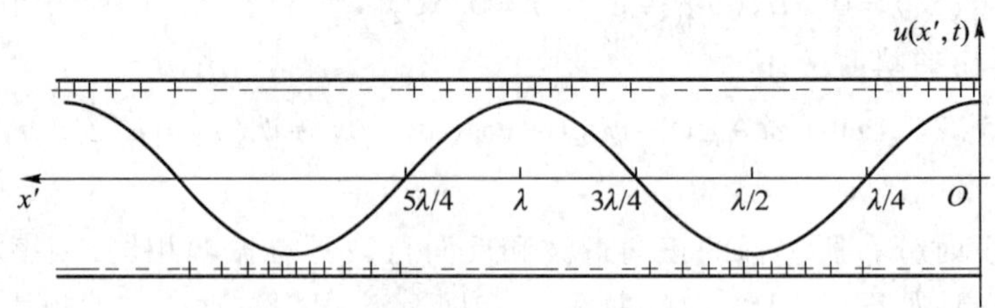

图 15.5.3 电压与电荷线密度的对应关系

下面再讨论电流的分布规律。由于无损线的波阻抗 Z_c 为实数，同方向电压行波与电流行波成比例，比例系数就是 Z_c，所以电流的瞬时分布可直接由电压正向行波和反向行波的瞬时表达式直接写出：

$$i(x',t)=\frac{1}{Z_c}[u^+(x',t)-u^-(x',t)]=\frac{0.5\sqrt{2}U_2}{Z_c}[\cos(\omega t+\beta x'+\psi_{u2})-\cos(\omega t-\beta x'+\psi_{u2})] \tag{15.5.8}$$

因此，它也是由振幅相同、频率相同，在传播方向上不衰减的正向行波和反向行波叠加而成的，因而也是驻波，叠加后的表达式为

$$i(x',t)=\frac{\sqrt{2}U_2}{Z_c}\sin(\beta x')\cos(\omega t+\psi_{u2}+90^\circ) \tag{15.5.9}$$

根据 $U(x')=|U_2\cos(\beta x')|$ 和 $I(x')=\left|\frac{U_2}{Z_c}\sin(\beta x')\right|$ 可以分别做出电压有效值和电流有效值沿线分布曲线，如图 15.5.4 所示，实线代表电压有效值，虚线代表电流有效值。因为在 $\cos(\beta x')=0$ 的地方，一定是 $|\sin(\beta x')|=1$，而在 $|\cos(\beta x')|=1$ 的地方，一定是 $\sin(\beta x')=0$，所以电压的波节一定是电流的波腹；电压的波腹一定是电流的波节。终端处一定是电压的波腹和电流的波节，这是由终端开路（$\dot{I}_2=0$）的边界条件决定的。在电流的波节处，电流恒为零，说明没有电荷从波节处流过。两个波节之间的电流是由它们之间电荷分布的不断变化所形成的。

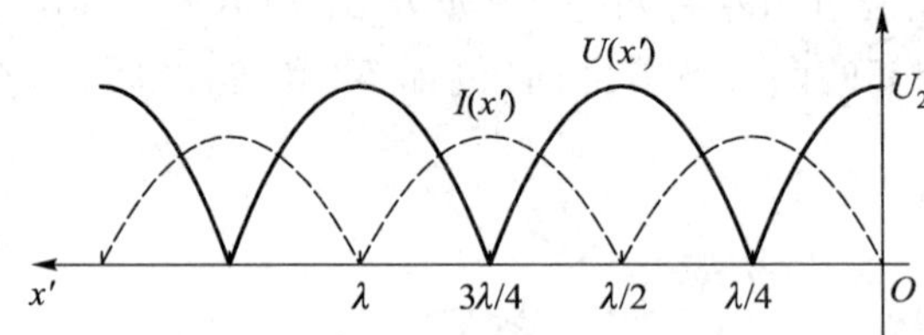

图 15.5.4 终端开路时电压和电流有效值的沿线分布

终端开路的无损线，在电压波节处和电流波节处瞬时功率恒为零，这表明能量不能通过波节而由一段线路向另一段线路传递，也就是说驻波不传输功率。而在每个电压波节和电流波节之间的 $\lambda/4$ 长度范围内，瞬时功率并非恒为零，存在着犹如谐振回路那样电场能量与磁场能量不

断转化的过程。

接下来分析等效阻抗的沿线分布规律。由式(15.4.13)可得终端开路时从 x'处向终端视入的等效阻抗为

$$Z_{\mathrm{i}}(x')=\frac{\dot{U}(x')}{\dot{I}(x')}=-\mathrm{j}Z_{\mathrm{c}}\mathrm{ctan}(\beta x')=-\mathrm{j}Z_{\mathrm{c}}\mathrm{ctan}\left(\frac{2\pi}{\lambda}x'\right)=\mathrm{j}X_{\mathrm{i}}(x') \qquad (15.5.10)$$

它是纯虚数,其中虚部为

$$X_{\mathrm{i}}(x')=-Z_{\mathrm{c}}\mathrm{ctan}\left(\frac{2\pi}{\lambda}x'\right) \qquad (15.5.11)$$

$X_{\mathrm{i}}(x')$的分布规律及其与电压有效值的对应关系如图 15.5.5 所示。由图可见,若 $0<x'<\lambda/4$,则 $X_{\mathrm{i}}(x')<0$,对应容抗;若 $x'=\lambda/4$,则 $X_{\mathrm{i}}(x')=0$,相当于短路;若 $\lambda/4<x'<\lambda/2$,则 $X_{\mathrm{i}}(x')>0$,对应感抗;若 $x'=\lambda/2$,则 $|X_{\mathrm{i}}(x')|\to\infty$,相当于开路。其余位置的阻抗性质依此类推,每隔半个波长重复一次。

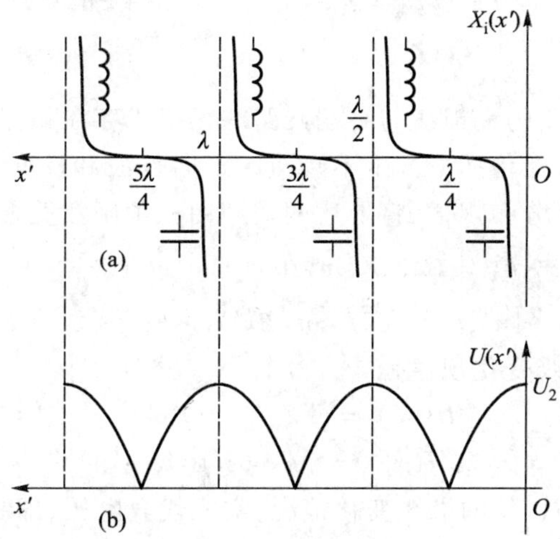

图 15.5.5 终端开路时:(a) 等效电抗;(b) 电压有效值

根据式(15.5.11),在电讯技术中,可将长度小于四分之一波长的均匀线作为电容元件来使用,若令

$$X_{\mathrm{i}}(x')=-Z_{\mathrm{c}}\mathrm{ctan}\left(\frac{2\pi}{\lambda}x'\right)=-\frac{1}{\omega C} \qquad (15.5.12)$$

便求得这个等效电容是

$$C=\frac{1}{\omega Z_{\mathrm{c}}}\tan\left(\frac{2\pi}{\lambda}x'\right) \qquad (0<x'<\lambda/4) \qquad (15.5.13)$$

显然,这个电容只是对确定频率的信号而言的,不同于专门制作的电容器。当频率发生改变时,同一长度的无损线所呈现的等效电抗性质是不一样的,可能为感性,也可能为容性。

2. 终端短路(边界条件:$|Z_{\mathrm{L}}|=0,\dot{U}_2=0,\dot{I}_2=I_2\angle\psi_{i2}$)

根据终端短路时的边界条件,待定系数需按下式进行确定:

$$\begin{cases}\dot{U}(0)=\dot{U}'+\dot{U}''=0\\ \dot{I}(0)=\dfrac{1}{Z_c}\dot{U}'-\dfrac{1}{Z_c}\dot{U}''=\dot{I}_2\end{cases} \tag{15.5.14}$$

解得待定系数为

$$\dot{U}'=-\dot{U}''=0.5Z_c\dot{I}_2 \tag{15.5.15}$$

所以,沿线电压相量分布是

$$\dot{U}(x')=0.5Z_c\dot{I}_2(e^{j\beta x'}-e^{-j\beta x'})=0.5Z_cI_2\left[e^{j(\beta x'+\psi_{i2})}-e^{j(-\beta x'+\psi_{i2})}\right] \tag{15.5.16}$$

相量反变换得到电压的瞬时分布为

$$u(x',t)=0.5\sqrt{2}Z_cI_2[\cos(\omega t+\beta x'+\psi_{i2})-\cos(\omega t-\beta x'+\psi_{i2})]=u^+(x',t)+u^-(x',t) \tag{15.5.17}$$

根据无损线行波性质,电流的瞬时分布可直接由电压正向行波和反向行波的瞬时分布直接写出:

$$i(x',t)=\frac{1}{Z_c}[u^+(x',t)-u^-(x',t)]=0.5\sqrt{2}I_2[\cos(\omega t+\beta x'+\psi_{i2})+\cos(\omega t-\beta x'+\psi_{i2})] \tag{15.5.18}$$

由上两式可见,终端短路的无损线与终端开路的无损线存在相似情况:电压和电流都是由两个频率相同、振幅相同,并且在传播方向上不衰减的正向行波和反向行波叠加而成,因而也形成驻波。为求出波腹和波节的分布规律,将上述两式利用三角函数关系分别写成:

$$u(x',t)=\sqrt{2}Z_cI_2\sin(\beta x')\cos(\omega t+\psi_{i2}+90°) \tag{15.5.19}$$

$$i(x',t)=\sqrt{2}I_2\cos(\beta x')\cos(\omega t+\psi_{i2}) \tag{15.5.20}$$

所以电压、电流有效值的沿线变化规律是

$$U(x')=|Z_cI_2\sin(\beta x')| \tag{15.5.21}$$

$$I(x')=|I_2\cos(\beta x')| \tag{15.5.22}$$

图 15.5.6 画出了 $U(x')$ 和 $I(x')$ 的沿线变化情况,实线代表电压,虚线代表电流。在 x' 等于 $\lambda/4$、$3\lambda/4$、$5\lambda/4$ 等位置,$U(x')$ 最大,$I(x')=0$,因而这些位置是电压的波腹和电流的波节;而在 x' 等于 0、$\lambda/2$、λ 等位置,$U(x')=0$,$I(x')$ 最大,因而这些位置是电压的波节和电流的波腹。终端一定是电压的波节和电流的波腹,这是由终端短路($\dot{U}_2=0$)的边界条件决定的。

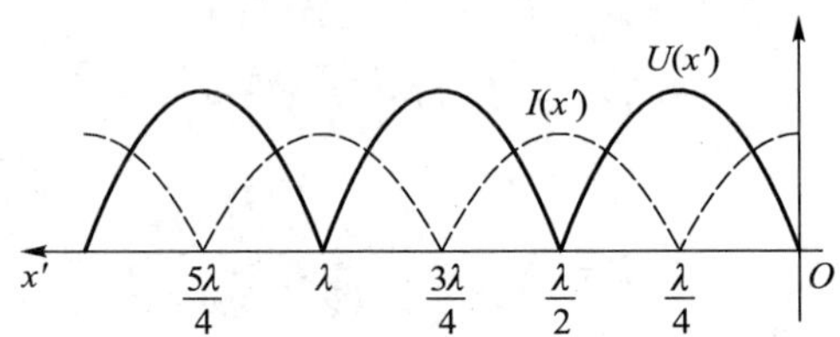

图 15.5.6 终端短路时电压和电流有效值的沿线分布

下面再分析沿线等效阻抗的变化规律。根据式(15.4.13)可得终端短路时沿线向终端视入的等效阻抗为

$$Z_i(x')=\frac{\dot{U}(x')}{\dot{I}(x')}=jZ_c\tan(\beta x')=jX_i(x') \tag{15.5.23}$$

$Z_i(x')$为纯电抗，虚部为$X_i(x') = Z_c\tan\beta x'$，电抗的性质和量值由$x'$决定。图 15.5.7 画出了$X_i(x')$的分布规律及其与电压有效值的对应关系。由图可见，若$0 < x' < \lambda/4$，则$X_i(x') > 0$，对应感抗；若$x' = \lambda/4$，则$|X_i(x')| \to \infty$，相当于开路；若$\lambda/4 < x' < \lambda/2$，则$X_i(x') < 0$，对应容抗；若$x' = \lambda/2$，则$X_i(x') = 0$，相当于短路。其余位置的阻抗性质依此类推，每隔半个波长重复一次。

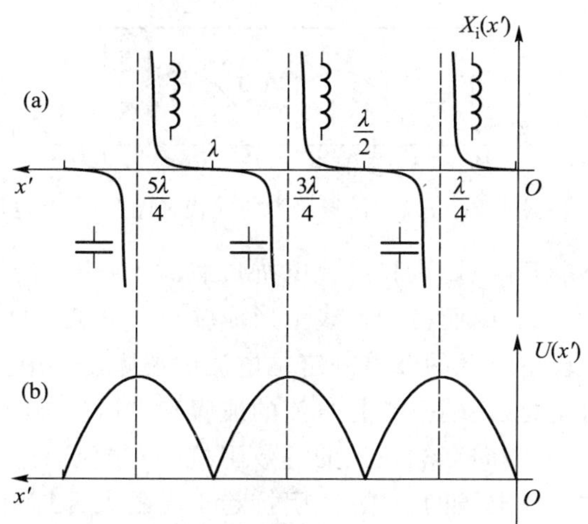

图 15.5.7 终端短路时：(a) 等效电抗；(b) 电压有效值

根据式(15.5.23)，在电信技术中，可将长度小于四分之一波长的终端短路均匀线作为对此波长信号的电感元件来使用。若令

$$X_i(x') = Z_c\tan\left(\frac{2\pi}{\lambda}x'\right) = \omega L \tag{15.5.24}$$

便求得这个等效电感是

$$L = \frac{Z_c}{\omega}\tan\left(\frac{2\pi}{\lambda}x'\right) \qquad (0 < x' < \lambda/4) \tag{15.5.25}$$

其实，在本节标题 1 中已有$\lambda/4$长开路线相当于短路的结论，因此可以把终端的短路线用长度为$\lambda/4$的开路线代替，这相当于将传输线延长$\lambda/4$。这样便可利用本节标题 1 中关于终端开路无损线的全部结论。

3. 接纯电抗负载（边界条件：$Z_L = jX$，$\dot{U}_2 = jX\dot{I}_2$）

电路连接如图 15.5.8(a)所示，此时终端反射系数$N_2 = (jX - Z_c)/(jX + Z_c)$。由于$Z_c$是实数，故$|N_2| = 1$，$\dot{U}_2^+$与$\dot{U}_2^-$两者模相同，所以$u^+(x',t)$和$u^-(x',t)$合成的结果同样是驻波。也可以从另一角度分析：设负载是电感，感抗$X > 0$，根据图 15.5.7，可用一段长度小于$\lambda/4$且终端短路的同种均匀线代替，如图 15.5.8(b)所示。l_0可根据$jZ_c\tan(2\pi l_0/\lambda) = jX$算出。这样，终端接电感的无损线相当于延长$l_0$后终端短路的无损线，不难直接得出沿线电压、电流波腹和波节的分布规律，如图 15.5.8(c)所示。如果负载是电容，则用长度小于$\lambda/4$且终端开路的同种均匀线代替即可。

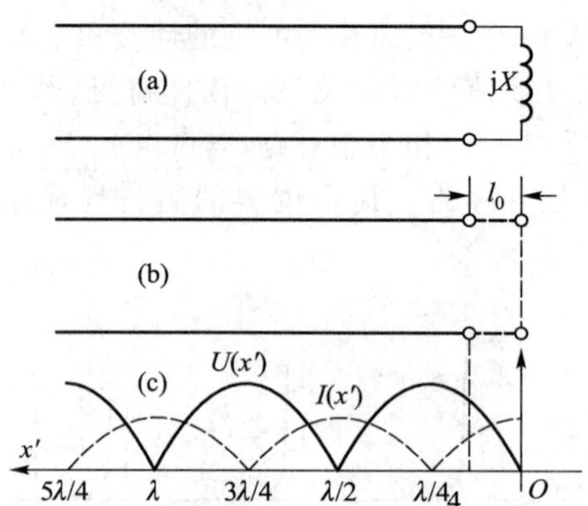

图 15.5.8　(a) 终端接电感;(b) 用短路均匀线代替电感;(c) 电压和电流有效值

小结:无损均匀线在终端开路、短路和接纯电抗负载时,由于正向行波和反射产生的反向行波频率相同、振幅相同且不衰减,因而在均匀线上形成驻波。驻波不能行进,因而不会传递能量。电压的波腹一定是电流的波节;电压的波节一定是电流的波腹。终端开路时,终端一定是电压的波腹和电流的波节;终端短路时,终端一定是电流的波腹和电压的波节。电压或电流相邻的两个波腹或波节相距半个波长。沿线向终端视入的等效阻抗为纯电抗,感抗和容抗在线路上交替出现,每隔半个波长重复一次。在电压的波腹处,阻抗趋于无限大,因而相当于开路;在电压的波节处,阻抗等于零,因而相当于短路。长度小于四分之一波长的开路线可用作电容;长度小于四分之一波长的短路线可用作电感。

4. 终端接任意负载*

当无损线终端接任意负载时,$\dot{U}'\mathrm{e}^{\mathrm{j}\beta x'}$ 与 $\dot{U}''\mathrm{e}^{-\mathrm{j}\beta x'}$ 对应的行波不再具有振幅相等的特点,因此均匀线上不再是单纯的驻波。但是从认识问题的角度来看,此时可将沿线的电压分解成正向行波和驻波的叠加。这可通过对 $\dot{U}(x)$ 作如下改写来理解:

$$\dot{U}(x') = \dot{U}'\mathrm{e}^{\mathrm{j}\beta x'} + \dot{U}''\mathrm{e}^{-\mathrm{j}\beta x'} = [(\dot{U}' - \dot{U}'')\mathrm{e}^{\mathrm{j}\beta x'}] + [\dot{U}''\mathrm{e}^{\mathrm{j}\beta x'} + \dot{U}''\mathrm{e}^{-\mathrm{j}\beta x'}] \tag{15.5.26}$$

上式右端第一个中括号对应正向行波;第二个中括号内的两项分别对应振幅相同、传播方向相反的行波,叠加后形成驻波。这种分解如图 15.5.9(a)所示,图中 $u_{\mathrm{tw}}(x',t)$ 为正向行波,$u_{\mathrm{sw}}(x',t)$ 为驻波。

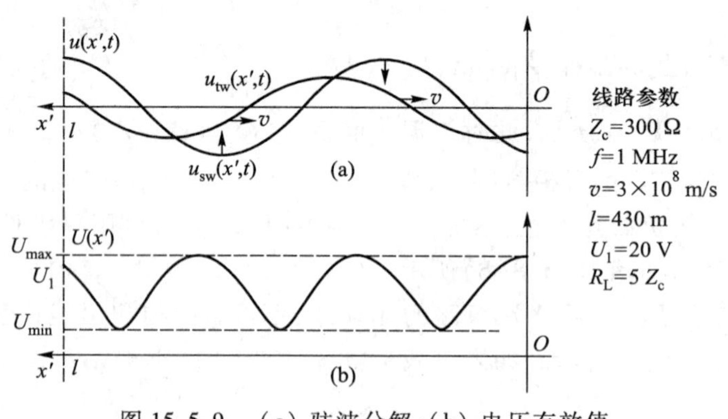

图 15.5.9　(a) 驻波分解;(b) 电压有效值

驻波分量的产生是由于存在反向行波。反向行波的存在必然使得沿线各处的电压有效值呈现周期性变化，图 15.5.9(b)是终端接电阻时的有效值分布情况。为计量驻波成分，将电压最大有效值和最小有效值之比定义为电压驻波系数：

$$S=\frac{U_{\max}}{U_{\min}}>1 \tag{15.5.27}$$

因为行波电压相量 $\dot{U}'e^{j\beta x'}$ 与 $\dot{U}''e^{-j\beta x'}$ 的相位均与位置 x' 有关，在线长超过 $\lambda/2$ 的情况下，一定存在一些位置，使得这两个行波的相位相同，合成后的有效值等于它们的有效值之和，因而振动最强，即

$$U_{\max}=U'+U'' \tag{15.5.28}$$

类似地，也一定存在另外一些位置，使得这两个行波的相位相反，合成后的有效值等于它们的有效值之差，因而振动最弱，即

$$U_{\min}=U'-U'' \tag{15.5.29}$$

因此驻波系数还可用正向行波和反向行波的有效值或振幅来计算：

$$S=\frac{U_{\max}}{U_{\min}}=\frac{U'+U''}{U'-U''} \tag{15.5.30}$$

驻波系数取决于反向行波的成分，如果反向行波是由终端反射引起的，那么它和终端反射系数必然存在联系。根据反射系数的定义，很容易找到这个联系：

$$S=\frac{U'+U''}{U'-U''}=\frac{1+U''/U'}{1-U''/U'}=\frac{1+|N_2|}{1-|N_2|} \tag{15.5.31}$$

或

$$|N_2|=\frac{S-1}{S+1} \tag{15.5.32}$$

当终端匹配时，无反射波，$N_2=0$，驻波系数 $S=1$；当终端开路、短路，或接纯电抗性负载时，$|N_2|=1$，驻波系数 $S\to\infty$。所以 S 越大，驻波成分也越大。

【例题 15.5.1】 图 15.5.10(a)所示无损线，长度 $l=130$ m，波阻抗 $Z_c=450\ \Omega$，接内阻为 $R_1=40\ \Omega$、开路电压为 $u_S=20\sqrt{2}\cos(2\pi ft)$ V，$f=6$ MHz 的电压源，终端短路。(1) 求电流、电压有效值的沿线分布规律；(2) 电流和电压的波腹位置。波速近似按光速计算。

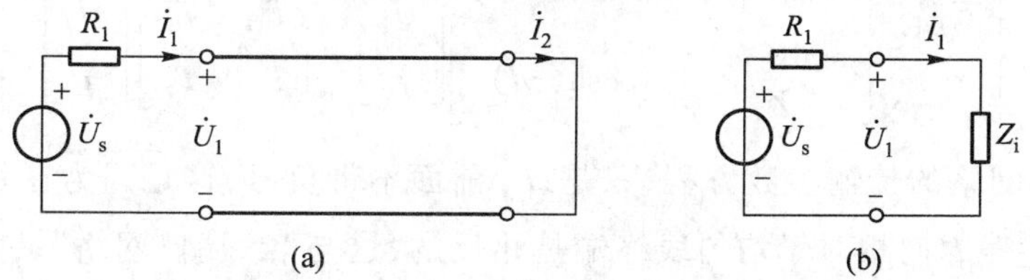

图 15.5.10 (a) 例题 15.5.1 图；(b) 始端等效电路

【解】 (1) 相位系数

$$\beta=\frac{\omega}{v}=\frac{2\pi\times 6\times 10^6}{3\times 10^8}\ \mathrm{rad/m}=0.04\pi\ \mathrm{rad/m}$$

根据式(15.4.23)计算从始端看进去的等效阻抗为

$$Z_{\mathrm{i}}=\mathrm{j}Z_{\mathrm{c}}\tan(\beta l)=\mathrm{j}450\times\tan(0.04\pi\times130)\approx\mathrm{j}3.269\times10^{2}\ \Omega$$

画出始端等效电路，如图 15.5.10(b)所示。由此得始端电流和电压为

$$\dot{I}_1=\frac{\dot{U}_{\mathrm{s}}}{R_1+Z_{\mathrm{i}}}=\frac{20}{40+\mathrm{j}3.269\times10^{2}}\approx 0.061\angle -83.025^{\circ}\ \mathrm{A}$$

$$\dot{U}_1=Z_{\mathrm{i}}\dot{I}_1\approx 19.852\angle 6.975^{\circ}\ \mathrm{V}$$

因为均匀线终端是短路的，即 $U_2=0$，所以用终端电流 I_2 和坐标 x' 表示电流、电压有效值的沿线分布比较方便。先根据式(15.5.22)计算终端电流

$$I_2=\frac{I_1}{\cos(\beta l)}\approx 0.075\ \mathrm{A}$$

再根据式(15.5.22)和式(15.5.21)得到电流、电压有效值的沿线分布：

$$I(x')=|I_2\cos(\beta x')|\approx 0.075|\cos(0.04\pi x')|\ \mathrm{A}$$

$$U(x')=|Z_{\mathrm{c}}I_2\sin(\beta x')|\approx 33.774|\sin(0.04\pi x')|\ \mathrm{V}$$

此均匀线上最大电流有效值和最大电压有效值分别是：

$$I_{\max}=0.075\ \mathrm{A}\quad 和\quad U_{\max}=33.774\ \mathrm{V}$$

由此可见，最大电压有效值超过了电源电压有效值。

(2) 终端短路时，终端必定是电流的波腹，而距终端四分之一波长处必定是电压的波腹。沿 $+x'$方向，每隔半个波长，上述波腹重复出现一次。由于波长

$$\lambda=\frac{v}{f}=\frac{3\times10^{8}}{6\times10^{6}}\ \mathrm{m}=50\ \mathrm{m}$$

所以电流的波腹位置分别是：$x'=0$ m、25 m、50 m、75 m、100 m、125 m。

电压的波腹位置分别是：$x'=12.5$ m、37.5 m、62.5 m、87.5 m、112.5 m。

15.6 均匀线的集中参数等效电路

对一段长度为 l 的均匀线，它的始端电压、电流与终端电压、电流的关系已由式(15.3.8)给出，重写如下：

$$\begin{bmatrix}\dot{U}_1\\ \dot{I}_1\end{bmatrix}=\begin{bmatrix}\cosh(\gamma l) & Z_{\mathrm{c}}\sinh(\gamma l)\\ \dfrac{\sinh(\gamma l)}{Z_{\mathrm{c}}} & \cosh(\gamma l)\end{bmatrix}\begin{bmatrix}\dot{U}_2\\ \dot{I}_2\end{bmatrix}=\begin{bmatrix}T_{11} & T_{12}\\ T_{21} & T_{22}\end{bmatrix}\begin{bmatrix}\dot{U}_2\\ \dot{I}_2\end{bmatrix}\tag{15.6.1}$$

该方程形同二端口网络的传输参数方程，只是 $\dot{I}_2$ 前面不带负号，这是因为在均匀线模型中已经假定 $\dot{I}_2$ 与 $\dot{U}_2$ 的参考方向相对于均匀线终端是相反的，这与“二端口网络”一章对 $\dot{I}_2$ 参考方向的假定情况不同。因此，当无需研究均匀线各处电压和电流的分布情况，而只需计算线路两端的电压和电流时，根据式(15.6.1)可将均匀线等效为由集中参数元件组成的对称二端口网络。本节专门研究此内容。

根据均匀线的构造，交换它的始端和终端，显然不会改变它的电气性能。这就是说，如果只关心均匀线的输入和输出，则均匀线可视为对称二端口网络。另外，由式(15.6.1)也可从方程上验证均匀线是对称二端口网络，因为它的传输参数矩阵满足 $T_{11}T_{22}-T_{12}T_{21}=1$，$T_{11}=T_{22}$。

对称二端口网络可用对称的 T 形或 Π 形电路来等效,分别如图 15.6.1 和图 15.6.2 所示,图中 $\dot{I}_2$ 采用了与均匀线中 $\dot{I}_2$ 一致的参考方向。

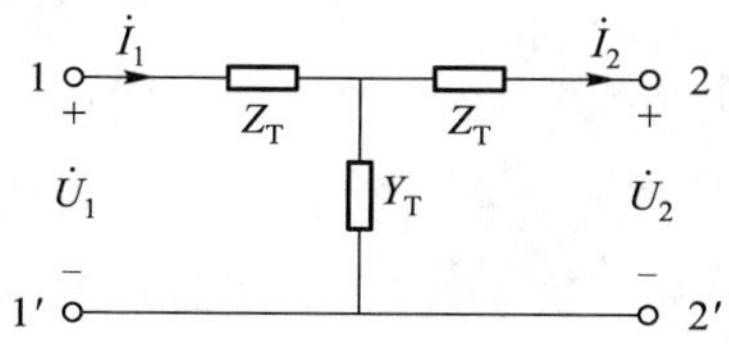

图 15.6.1 均匀线的 T 形等效电路

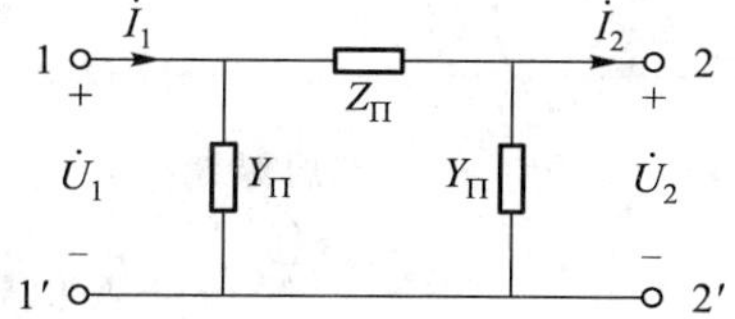

图 15.6.2 均匀线的 Π 形等效电路

为求出 T 形等效电路中的阻抗和导纳与均匀线参数的关系,应先求出 T 形电路的传输参数方程。仿照例题 12.4.1,令 $Z_1 = Z_2 = Z_T$,$Z_3 = 1/Y_T$,得

$$\begin{bmatrix} \dot{U}_1 \\ \dot{I}_1 \end{bmatrix} = \begin{bmatrix} 1 + Z_T Y_T & Z_T(2 + Z_T Y_T) \\ Y_T & 1 + Z_T Y_T \end{bmatrix} \begin{bmatrix} \dot{U}_2 \\ \dot{I}_2 \end{bmatrix} \tag{15.6.2}$$

比较方程(15.6.1)与方程(15.6.2)可得

$$Y_T = \frac{\sinh(\gamma l)}{Z_c} \quad 与 \quad 1 + Z_T Y_T = \cosh(\gamma l) \tag{15.6.3}$$

解得

$$\begin{cases} Z_T = \dfrac{\cosh(\gamma l) - 1}{\sinh(\gamma l)} Z_c \\ Y_T = \dfrac{1}{Z_c} \sinh(\gamma l) \end{cases} \tag{15.6.4}$$

类似地可得图 15.6.2 所示的 Π 形等效电路参数为

$$\begin{cases} Z_\Pi = Z_c \sinh(\gamma l) \\ Y_\Pi = \dfrac{\cosh(\gamma l) - 1}{Z_c \sinh(\gamma l)} \end{cases} \tag{15.6.5}$$

在电力系统稳态分析中常使用传输线的 Π 形等效电流,其中导线的串联阻抗和节点对地的并联导纳,严格说来应该使用式(15.6.5)来计算。

式(15.6.4)、式(15.6.5)求出的阻抗与导纳虽能准确地用以等效均匀线,但它们都是与频率相关的,只能在确定频率下用集中参数的 R、L 和 C 来实现这些阻抗和导纳。另外,为求得阻抗与导纳,需进行复杂的双曲函数计算。不过,在均匀线的长度比波长小得多的情况下,自然可以想到:将均匀线分布的并联电导和电容集中在中央,而将分布的串联电阻和电感集中后均分在其两侧,得到近似的 T 形等效电路,如图 15.6.3 所示。类似地,也可将分布的串联电阻和电感集中在中央,而将分布的并联电导和电容集中后均分在其两侧,得到近似的 Π 形等效电路,如图 15.6.4 所示。这些就是所谓中距离输电线(例如在工频情况下 50 ~ 200 km 的架空线路)的近似电路模型。

在图 15.6.3 和图 15.6.4 所示的近似等效电路中,没有出现频率变量,似乎这种等效电路与频率无关。其实不然,因为近似的前提是线路长度相对波长来说足够短,而波长是与频率有关的,$\lambda = v/f = 2\pi/\beta$。因此,这种等效电路的准确程度与传输信号的频率有关。

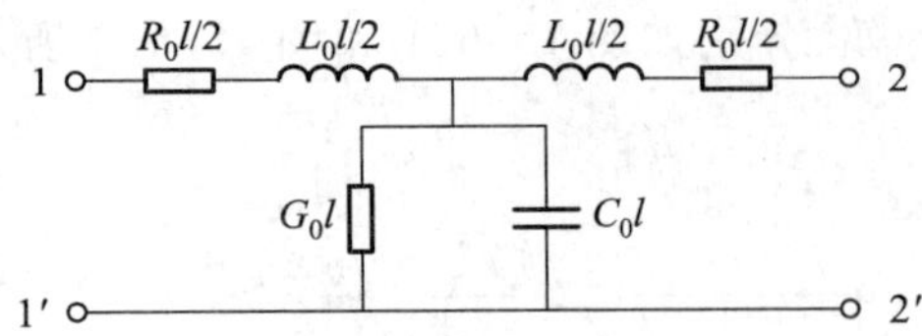

图 15.6.3　均匀线近似 T 形等效电路

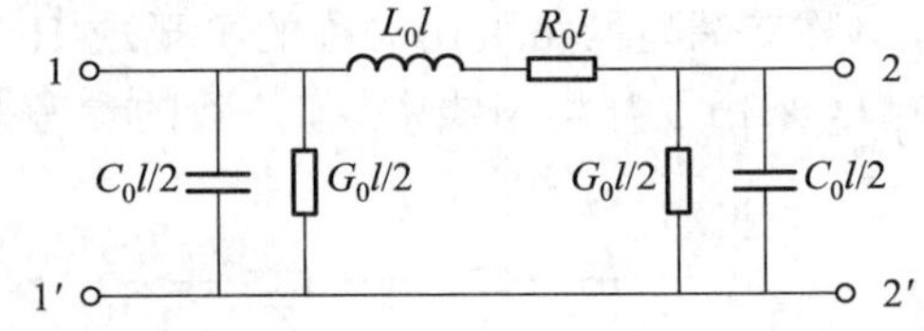

图 15.6.4　均匀线近似 Π 形等效电路

一条均匀线用一个集中参数的二端口网络来等效,只解决了线路始端和终端的电压、电流关系。如果要更好地模拟一条均匀线,以研究沿线电压、电流的大致分布情况,可把均匀线等分成 n 段,每一段看成一个二端口网络,每个二端口网络均用 T 形或 Π 形电路等效代替。这种由许多相同的对称 T 形或 Π 形二端口网络级联组成的电路可看成链形电路。为计算每个二端口网络的等效参数,只需用 l/n 代替从前的 l。如果 l/n 比波长 λ 小得多,还可使用近似的 T 形或 Π 形等效电路。利用这样的链形等效电路,可以获得位置为 $k\times l/n(k=0,1,\cdots,n)$ 处的电压和电流。

上述所获得的均匀线集中参数等效电路由于是基于端口电压和电流关系建立的,所以它们只对端口电压和电流是等效的,而对端口电位则是不等效的。因为在等效电路中,1′和 2′端显然是等电位的,而在均匀线中,由于往返线上都存在着分布的电阻和电感,因此每条线上各点电位都是不相同的。

【例题 15.6.1】　已知某无损线波速 $v=2.5\times10^8$ m/s,线长 $l=600$ m,波阻抗 $Z_c=200\ \Omega$,信号 $f=200$ kHz。试确定集中参数等效电路的结构及参数,以便进行模拟实验。

【解】　**方案一**:采用 T 形等效电路。根据图 15.6.1 和式(15.6.4)计算如下:

$$\omega=2\pi f=4\times10^5\pi\ \text{rad/s},\qquad \beta=\frac{\omega}{v}=0.001\,6\pi\ \text{rad/m}$$

$$Z=\frac{\cos(\beta l)-1}{\text{j}\sin(\beta l)}Z_c\approx \text{j}3.179\times10^3\ \Omega,\qquad Y=\frac{1}{Z_c}\times \text{j}\sin(\beta l)\approx \text{j}6.267\times10^{-4}\ \text{S}$$

为实现图 15.6.1 所示的等效电路,还需计算阻抗 Z 和导纳 Y 对应的电感和电容值:

$$L_1=\frac{Z}{\text{j}\omega}\approx2.53\times10^{-3}\ \text{H},\qquad C_1=\frac{Y}{\text{j}\omega}\approx4.987\times10^{-10}\ \text{F}$$

等效电路如图 15.6.5(a)所示。

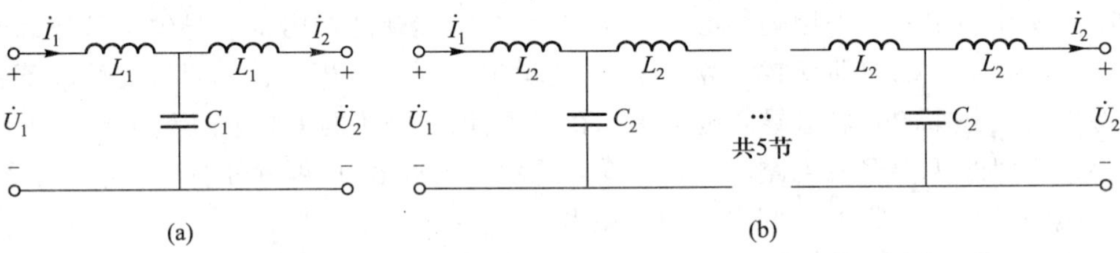

图 15.6.5　(a) T 形等效电路;(b) 链形近似等效电路

方案二:用链形近似等效电路。该均匀线对给定信号的波长为

$$\lambda=\frac{v}{f}=\frac{2.5\times10^8}{200\times10^3}\ \text{m}=1\ 250\ \text{m}$$

这个波长已大于线长的 2 倍。为简单并保证较好的精度,这里将均匀线 5 等分,对每个等份可以

简单地求出一个中距离 T 形等效电路,各 T 形电路级联就是原均匀线的近似等效电路,如图 15.6.5(b)所示。为计算等效电路参数 L_2 和 C_2,需计算单位长度电感 L_0 和电容 C_0。由于

$$v=\frac{1}{\sqrt{L_0C_0}},\qquad Z_c=\sqrt{\frac{L_0}{C_0}}$$

所以 $L_0=Z_c/v=8\times10^{-7}\ \text{H/m}$, $C_0=1/(Z_cv)=2\times10^{-11}\ \text{F/m}$

故 $L_2=L_0\times\dfrac{l/5}{2}=4.8\times10^{-5}\ \text{H}$, $C_2=C_0\times\dfrac{l}{5}=2.4\times10^{-9}\ \text{F}$

15.7 信号的无畸变传输*

均匀线广泛用于信号传输,例如电话线路、有线电视线路等。对于这一类均匀线,要求终端得到的信号与始端作用的信号波形相同(信号的强弱和出现的时间可以不同),这称为**无畸变传输**。例如若始端电压如图 15.7.1(a)所示,终端电压如图 15.7.1(b)所示,就是无畸变传输;若终端电压如图 15.7.1(c)所示,则传输便是有畸变的。当传输正弦信号并且处于稳态时,线上各处的电压和电流都是同频率的正弦量,只是在不同的位置处,它们的幅值和相位有所不同,不存在畸变现象。但当传输非正弦信号时,就有可能发生畸变现象。

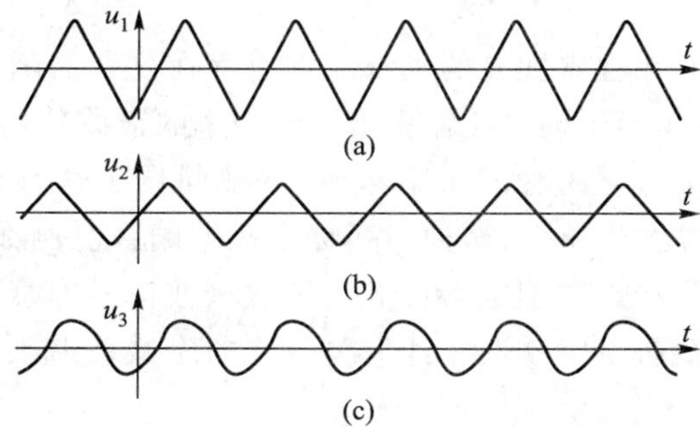

图 15.7.1 畸变与无畸变的图示:(a) 始端电压;(b) 无畸变的终端电压;(c) 有畸变的终端电压

衡量均匀线信号传输特性的参数是传播常数 γ,因此下面基于 γ 讨论产生畸变的原因和实现无畸变传输的方法。

根据前面各节的分析,均匀线的传播常数 $\gamma=\alpha+\mathrm{j}\beta$,其中的衰减常数 α 和相位常数 β 在波的行进过程中起着改变振幅和相位的作用。一般情况下,α 和 β 都与频率存在复杂的函数关系。为理解此意,对 γ 做进一步分析以便求出 α、β 与频率的关系。

根据式(15.2.6)求得

$$|\gamma|^2=\alpha^2+\beta^2=\sqrt{R_0^2+(\omega L_0)^2}\sqrt{G_0^2+(\omega C_0)^2}=|Z_0|\cdot|Y_0| \tag{15.7.1}$$

$$\mathrm{Re}[\gamma^2]=\alpha^2-\beta^2=R_0G_0-\omega^2L_0C_0 \tag{15.7.2}$$

式中 $|Z_0|=\sqrt{R_0^2+(\omega L_0)^2}$ 和 $|Y_0|=\sqrt{G_0^2+(\omega C_0)^2}$ 分别代表线路单位长度阻抗和导纳的模。求解 α 和 β 并保留正值(已在式(15.2.6)中对 α 和 β 的符号进行了分析,它们均为正值)得

$$\alpha=\sqrt{0.5(|Z_0|\cdot|Y_0|+R_0G_0-\omega^2L_0C_0)}\tag{15.7.3}$$

$$\beta=\sqrt{0.5(|Z_0|\cdot|Y_0|-R_0G_0+\omega^2L_0C_0)}\tag{15.7.4}$$

根据上述表达式可以绘制 α 和 β 的频率特性曲线，如图 15.7.2 所示。

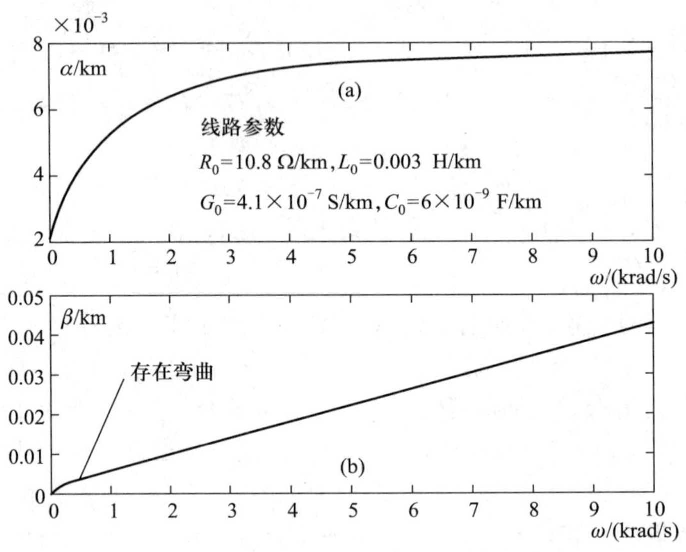

图 15.7.2　(a) 衰减常数频率特性；(b) 相位常数频率特性

由此可见，衰减常数 α 和相位常数 β 的确都与频率存在复杂的函数关系。根据谐波分析的观点，当传输非正弦信号时，相当于同时传输多个不同频率的谐波分量。由于衰减常数的频率相关性，使得均匀线对不同频率信号的衰减倍率不能“一视同仁”，这就会造成不同位置处信号谐波振幅的比例不同，导致信号发生畸变，这种畸变称为**振幅畸变**。例如，设电压正向行波在某处含有振幅为基波 30% 的 3 次谐波，并且实际线路对 3 次谐波信号的衰减常数大于对基波信号的衰减常数，则当此行波行进到前方某处时，因 3 次谐波的衰减较基波为甚，故 3 次谐波已不足 30%。

相位常数与频率相关，说明不同频率的谐波分量，其波速也是不同的，因为 $v=\omega/\beta$。信号传输的结果可以用图 15.7.3 来解释：在图 15.7.3(a) 的始端波形中，基波和 2 次谐波的某相位点(例如过零点)由于其波速不同而到达终端的时间先后不一致，也就是说基波和 2 次谐波的滞后角度不同。这样，即使基波和 2 次谐波振幅的比例未变，但波形却有了很大畸变，如图 15.7.3(b)所示。这种畸变称为**相位畸变**。

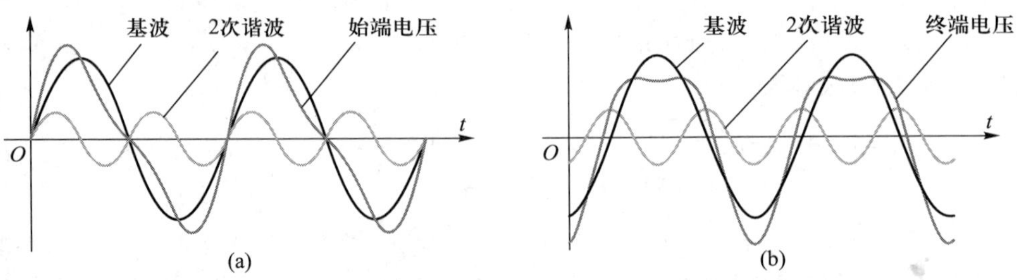

图 15.7.3　相位畸变的涵义：(a) 始端电压；(b) 终端电压

线路所传输的行波产生的畸变现象,对电力线路没什么影响,因为电力线路所传送的电压和电流波形都极接近正弦波。然而,在通信线路方面,例如在长途电话线上,即使在所传送的语音信号中略去相对较小的谐波成分,其频谱仍有一定宽度,因而使接收端信号波形发生畸变而造成语音失真。因此,对通信线路来说,一定要减低或者消除行波传输中的畸变现象。

根据对振幅畸变和相位畸变的分析,要避免振幅畸变须满足衰减常数 α 与频率无关的条件;要避免相位畸变须满足波速 v 与频率无关的条件。由于 $v=\omega/\beta$,因此后者相当于相位常数 β 与频率成正比。不难证明,当传输线参数满足

$$\frac{R_0}{L_0}=\frac{G_0}{C_0} \tag{15.7.5}$$

时,传播常数

$$\gamma=\sqrt{(R_0+\mathrm{j}\omega L_0)(G_0+\mathrm{j}\omega C_0)}=\sqrt{R_0G_0\left(1+\mathrm{j}\omega\frac{L_0}{R_0}\right)\left(1+\mathrm{j}\omega\frac{C_0}{G_0}\right)}=\sqrt{R_0G_0}+\mathrm{j}\omega\sqrt{L_0C_0}=\alpha+\mathrm{j}\beta \tag{15.7.6}$$

此时,衰减常数 $\alpha=\sqrt{R_0G_0}$ 满足与频率无关的条件,相位常数 $\beta=\omega\sqrt{L_0C_0}$ 满足与频率成正比的条件。因此,当线路参数满足式(15.7.5)时,可以同时消除线路在传输行波时的振幅畸变和相位畸变。具有这种特性的线路称为**无畸变线**。无损线满足式(15.7.5),所以无损线一定是无畸变线,其衰减常数 α 为零。

实际的传输线参数由于 G_0 很小常常不能满足无畸变线条件即式(15.7.5),因此需要用人为的方法来改变线路参数才能适合通信的要求。例如,可在线路上隔一定的距离串入一个电感线圈,等价于增大了 L_0。

满足无畸变线条件只能使得单一行波在行进中不发生畸变。如果线路中存在反射波,仍然会使线路上的实际电压和电流产生畸变。例如,在距离开路终端 1/6 波长处,它到终端的往返距离等于基波波长的 1/3,因此正向和反向两行波在相位上相差$360°\times1/3=120°$(设反射系数为正)。但这段往返距离正好等于 3 次谐波的波长,因此 3 次谐波的正向和反向两行波的相位却相差360°。这样,当正向和反向行波相叠加以后,所得到的合成基波分量与合成 3 次谐波分量必然在振幅的比例方面和相位方面都发生了改变,而且这种改变是随着该处与终端的距离不同而有所不同的,因此必然造成沿线路各处电压(或电流)波形的不一致。所以在使用通信线路时,为了免除畸变,还必须使负载与无畸变线实现匹配连接,以消除反射波。

当传输线参数满足无畸变条件时,线路的波阻抗为

$$Z_{\mathrm{c}}=\sqrt{\frac{R_0+\mathrm{j}\omega L_0}{G_0+\mathrm{j}\omega C_0}}=\sqrt{\frac{R_0(1+\mathrm{j}\omega L_0/R_0)}{G_0(1+\mathrm{j}\omega C_0/G_0)}}=\sqrt{\frac{R_0}{G_0}}=\sqrt{\frac{L_0}{C_0}} \tag{15.7.7}$$

它是实数,也就是说无畸变线的波阻抗是纯电阻性的。选择负载电阻使其等于该波阻抗便可实现负载与无畸变线的匹配连接。

综上分析,要实现信号沿线路的无畸变传输须选用无畸变线,并使负载与无畸变线处于匹配连接。

15.8 均匀线暂态过程的一般描述

均匀线存在分布电容和电感,也就是说均匀线能够储存电场和磁场能量。由于能量不能跃变和传播速度有限的原因,均匀线从一种状态到另一种状态需要经历暂态过程。前面基于正弦稳态下的解答所讨论的波动现象,并不是通电后立即就建立起来的。从本节开始,就要对均匀线的暂态过程加以研究。为此需要确定均匀线方程即式(15.1.3)的暂态通解。一般情况下,该偏微分方程的时域暂态通解是很难求得的,前面求得的只是它的正弦稳态解。为了解决这个问题,下面利用拉普拉斯变换,将偏微分方程变换为常微分方程,进而求出复频域通解,然后再结合无畸变线和无损线,求出特定条件下的时域暂态通解。

1. 均匀线方程的复频域通解

设均匀线方程的时域通解为 $u(x,t)$ 和 $i(x,t)$,将位置 x 视为参变量,对 $u(x,t)$ 和 $i(x,t)$ 取拉普拉斯变换。由于拉氏变换是对时间函数进行积分,所以象函数中不含时间变量,即 $\mathscr{L}[u(x,t)]=U(x,s)$,$\mathscr{L}[i(x,t)]=I(x,s)$。再设均匀线为零状态,即线上任意处 $u(x,0_-)=0$、$i(x,0_-)=0$。根据拉普拉斯变换的线性性质和微分性质可将方程(15.1.3)变换成复频域形式:

$$\begin{cases} -\dfrac{\mathrm{d}U(x,s)}{\mathrm{d}x}=(R_0+sL_0)I(x,s) \\ -\dfrac{\mathrm{d}I(x,s)}{\mathrm{d}x}=(G_0+sC_0)U(x,s) \end{cases} \tag{15.8.1}$$

这是一组关于对 x 导数的线性常微分方程,在形式上与相量形式的均匀线方程即式(15.2.1)和式(15.2.2)相似,所以用 s 替换 $\mathrm{j}\omega$、用 $U(x,s)$ 替换 $\dot{U}(x)$、用 $I(x,s)$ 替换 $\dot{I}(x)$,就得到与相量形式的通解式(15.2.11)和式(15.2.15)相似的复频域通解:

$$U(x,s)=U'(s)\mathrm{e}^{-\gamma(s)x}+U''(s)\mathrm{e}^{\gamma(s)x} \tag{15.8.2}$$

$$I(x,s)=\frac{U'(s)}{Z_{\mathrm{c}}(s)}\mathrm{e}^{-\gamma(s)x}-\frac{U''(s)}{Z_{\mathrm{c}}(s)}\mathrm{e}^{\gamma(s)x} \tag{15.8.3}$$

式中 $\gamma(s)$ 称为传播常数的复频域形式,仿照正弦稳态情况,它是

$$\gamma(s)=\sqrt{(R_0+\mathrm{j}\omega L_0)(G_0+\mathrm{j}\omega C_0)}\bigg|_{\mathrm{j}\omega\to s}=\sqrt{(R_0+sL_0)(G_0+sC_0)} \tag{15.8.4}$$

$Z_{\mathrm{c}}(s)$ 称为波阻抗的复频域形式,仿照正弦稳态情况,它是

$$Z_{\mathrm{c}}(s)=\sqrt{\frac{R_0+\mathrm{j}\omega L_0}{G_0+\mathrm{j}\omega C_0}}\Bigg|_{\mathrm{j}\omega\to s}=\sqrt{\frac{R_0+sL_0}{G_0+sC_0}} \tag{15.8.5}$$

$U'(s)$ 和 $U''(s)$ 是待定常数,它们为象函数,故含复频率 s,可由边界条件例如始端电压 $U_1(s)$ 和电流 $I_1(s)$,或终端电压 $U_2(s)$ 和电流 $I_2(s)$ 来确定。

第 11 章曾指出,在集中参数电路中,电压和电流的象函数均为 s 的有理分式,不难用部分分式展开的方法求出原函数。而在分布参数电路中,从 $\gamma(s)$ 和 $Z_{\mathrm{c}}(s)$ 的表达式就可看出,电压和电流的象函数都不是 s 的有理分式,存在关于 s 多项式或分式的开平方,一般情况下难以通过反

变换求出其时域中的解析解,需借助数值拉普拉斯反变换求其数值解(本书对此不做讨论)。但对无畸变线和无损线,则可以方便地求出拉普拉斯反变换,从而得到时域通解。

2. 无畸变线方程的时域通解

因为无畸变线参数满足 $R_0C_0=G_0L_0$,将其代入式(15.8.4)和式(15.8.5)得到

$$\gamma(s)=\sqrt{(R_0+sL_0)(G_0+sC_0)}=\sqrt{R_0G_0}+s\sqrt{L_0C_0}=\alpha+\frac{s}{v} \tag{15.8.6}$$

$$Z_c(s)=\sqrt{\frac{R_0+sL_0}{G_0+sC_0}}=\sqrt{\frac{R_0}{G_0}}=\sqrt{\frac{L_0}{C_0}} \tag{15.8.7}$$

其中,$\alpha=\sqrt{R_0G_0}$,$v=1/\sqrt{L_0C_0}$。$\gamma(s)$ 成为 s 的一次多项式,$Z_c(s)$ 成为与 s 无关的实数。这样就使得对式(15.8.2)和式(15.8.3)的拉氏反变换易于进行。分析如下:

使用无畸变线时,电压和电流象函数分别为

$$U(x,s)=[U'(s)e^{-\frac{x}{v}s}]e^{-\alpha x}+[U''(s)e^{\frac{x}{v}s}]e^{\alpha x} \tag{15.8.8}$$

$$I(x,s)=\frac{1}{Z_c}[U'(s)e^{-\frac{x}{v}s}]e^{-\alpha x}-\frac{1}{Z_c}[U''(s)e^{\frac{x}{v}s}]e^{\alpha x} \tag{15.8.9}$$

为求上式的拉氏反变换,先求出待定系数 $U'(s)$ 和 $U''(s)$ 的反变换,记作

$$u'(t)=\mathscr{L}^{-1}[U'(s)],\quad u''(t)=\mathscr{L}^{-1}[U''(s)] \tag{15.8.10}$$

再根据拉氏变换的延迟性质,即如果$\mathscr{L}^{-1}[F(s)]=f(t)$,则$\mathscr{L}^{-1}[F(s)e^{-t_0s}]=f(t-t_0)$,可以求得

$$\mathscr{L}^{-1}[U'(s)e^{-\frac{x}{v}s}]=u'\left(t-\frac{x}{v}\right),\quad \mathscr{L}^{-1}[U''(s)e^{\frac{x}{v}s}]=u''\left(t+\frac{x}{v}\right) \tag{15.8.11}$$

现在对式(15.8.8)和式(15.8.9)取拉氏反变换,得到时域零状态响应的通解为

$$u(x,t)=\mathscr{L}^{-1}[U(x,s)]=u'\left(t-\frac{x}{v}\right)e^{-\alpha x}+u''\left(t+\frac{x}{v}\right)e^{\alpha x}=u^+(x,t)+u^-(x,t) \tag{15.8.12}$$

$$i(x,t)=\mathscr{L}^{-1}[I(x,s)]=\frac{1}{Z_c}u'\left(t-\frac{x}{v}\right)e^{-\alpha x}-\frac{1}{Z_c}u''\left(t+\frac{x}{v}\right)e^{\alpha x}=i^+(x,t)-i^-(x,t) \tag{15.8.13}$$

由此可见,$u'(t-x/v)$ 是复合自变量 $t-x/v$ 的函数,它的值取决于 $t-x/v$ 的大小。如果保持 $t-x/v$ 为某一常量,则随着时间的延续,x 必然增加,即 $u'(t-x/v)$ 为某值的点要向 $+x$ 方向行进,因此 $u'(t-x/v)$ 是正向行波电压,$v=1/\sqrt{L_0C_0}=\mathrm{d}x/\mathrm{d}t$ 就是行进的波速。而 $u^+(x,t)=u'(t-x/v)e^{-\alpha x}$则表示波在行进过程中要按 $e^{-\alpha x}$的倍率衰减;对于某位置 x,$u^+(x,t)$就是将始端处的 $u^+(0,t)$延迟 x/v 的时间,同时衰减 $e^{-\alpha x}$倍的结果。

同理可分析 $u^-(x,t)=u''(t+x/v)e^{\alpha x}$ 的波动情况,它是沿 $-x$ 方向以速度 v 行进的反向行波,在行进的方向上按 $e^{\alpha x}$的倍率衰减。

对于无畸变线,Z_c 是正实数,所以电流表达式中的两项分别与电压中的正向行波和反向行波对应,只是量值为电压的 $1/Z_c$,分别是电流的正向行波和反向行波。因此 Z_c 在暂态过程中仍称为波阻抗。

无损线属于无畸变线,只是衰减常数 $\alpha=\sqrt{R_0G_0}=0$。所以,令式(15.8.12)和式(15.8.13)

中的 $\alpha=0$ 便得到无损线方程的时域通解为

$$u(x,t)=u'\left(t-\frac{x}{v}\right)+u''\left(t+\frac{x}{v}\right)=u^{+}(x,t)+u^{-}(x,t) \tag{15.8.14}$$

$$i(x,t)=\frac{1}{Z_{c}}u'\left(t-\frac{x}{v}\right)-\frac{1}{Z_{c}}u''\left(t+\frac{x}{v}\right)=i^{+}(x,t)-i^{-}(x,t) \tag{15.8.15}$$

由于 $u'(t-x/v)$ 和 $u''(t+x/v)$ 的函数形式是由边界条件确定的,可以独立地取任意函数。因而上述两式说明,凡是变量形如 $t-x/v$ 或 $t+x/v$(也可说是 $x-vt$ 或 $x+vt$)的二次可微函数都是无损线方程的解答。对此可按如下思路从偏导数的角度进行验证:

设 $u'(t-x/v)$ 和 $u''(t+x/v)$ 是二次可微的任意函数,$i'(t-x/v)=u'(t-x/v)/Z_{c}$,$i''(t+x/v)=u''(t+x/v)/Z_{c}$,则它们都满足无损条件下的均匀线方程,即

$$\begin{cases}-\dfrac{\partial u}{\partial x}=L_{0}\dfrac{\partial i}{\partial t}\\[2ex]-\dfrac{\partial i}{\partial x}=C_{0}\dfrac{\partial u}{\partial t}\end{cases}\quad\text{或}\quad\begin{cases}\dfrac{\partial^{2}u}{\partial x^{2}}=L_{0}C_{0}\dfrac{\partial^{2}u}{\partial t^{2}}=\dfrac{1}{v^{2}}\dfrac{\partial^{2}u}{\partial t^{2}}\\[2ex]\dfrac{\partial^{2}i}{\partial x^{2}}=L_{0}C_{0}\dfrac{\partial^{2}i}{\partial t^{2}}=\dfrac{1}{v^{2}}\dfrac{\partial^{2}i}{\partial t^{2}}\end{cases} \tag{15.8.16}$$

其中 u 可以是 u' 或 u'',i 可以是 i' 或 i''。

图 15.8.1 画出了无损线上某正向行波的行进过程,图中 t_1 和 t_2 两个时刻的波形是相似的。

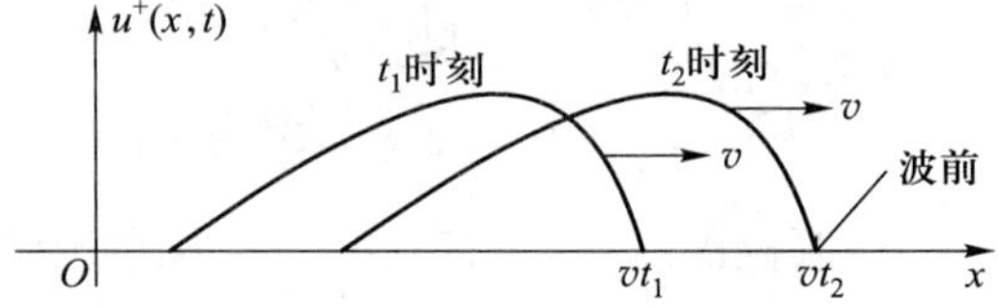

图 15.8.1 无损线上的正向行波

以上得出的无损线方程时域通解即式(15.8.14)和式(15.8.15)都是电压、电流的一般表达式。对于具体问题,尚需根据边界条件才能确定函数 $u^{+}(x,t)$ 和 $u^{-}(x,t)$。例如,无损线受雷击而充电,建立了电场能量,如图 15.8.2(a)所示。取雷击瞬刻 $t=0$,并设雷击使线路充电导致的电压初始分布为 $u(x,0)=f(x)$,如图 15.8.2(b)所示。雷击瞬刻电荷尚未流动,所以沿线电流 $i(x,0)=0$。根据这些条件可得

$$\begin{cases}u(x,0)=u^{+}(x,0)+u^{-}(x,0)=f(x)\\ i(x,0)=i^{+}(x,0)-i^{-}(x,0)=[u^{+}(x,0)-u^{-}(x,0)]/Z_{c}=0\end{cases} \tag{15.8.17}$$

由此解得

$$u^{+}(x,0)=u^{-}(x,0)=0.5f(x) \tag{15.8.18}$$

$t>0$ 后,雷击产生的初始电压 $u^{+}(x,0)$ 和 $u^{-}(x,0)$ 便分别沿 $+x$ 和 $-x$ 方向传播,形成正向行波 $u^{+}(x,t)=0.5f(x-vt)$ 和反向行波 $u^{-}(x,t)=0.5f(x+vt)$。这些行波电压和它们的合成电压在不同时刻的分布情况如图 15.8.2(c)、(d)所示。它们的传播过程实际就是沿线能量朝着减小的状态不断演变的过程。上述过程就像往水池中抛入一石子,在入水处激起波浪,之后波浪便向四周传播出去。

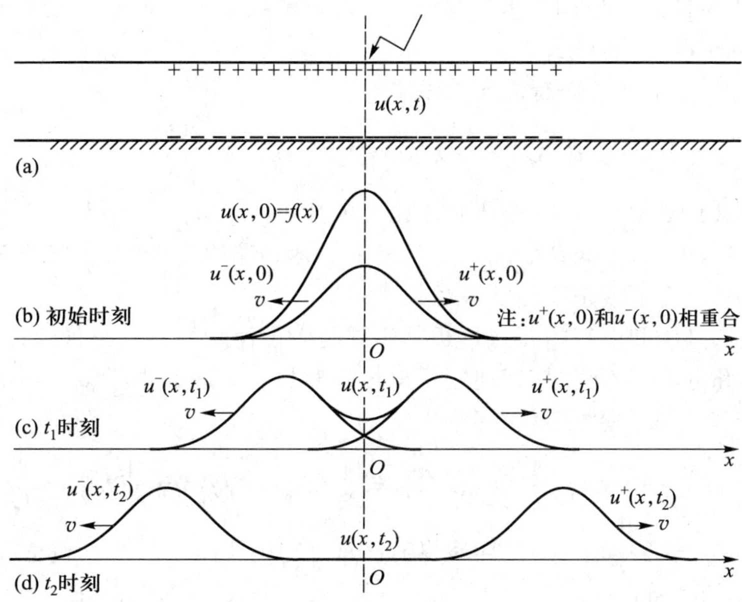

图 15.8.2　三个典型时刻无损线上的行波电压及合成电压的分布情况

15.9　无损线始端阶跃电压的发出

上一节指出，通解中的 $u'(x,t)$ 和 $u''(x,t)$ 需要根据具体的边界条件才能确定。本节讨论一种简单情况，即无损线始端接阶跃电压源时波的发出过程及伴随的能量建立过程。电路如图 15.9.1(a)所示。

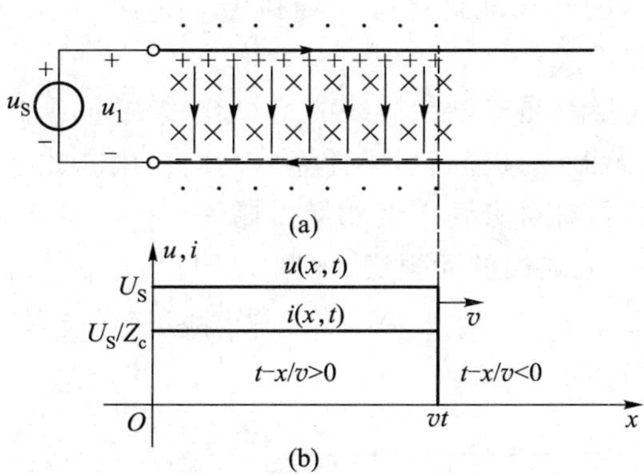

图 15.9.1　(a) 无损线始端接阶跃电源；(b) 电压与电流行波的发出

由于始端电压为 $u_1 = U_S\varepsilon(t)$，它在传播到终端之前，线上只有正向行波，并且不衰减，所以根据延迟规律，只需将变量 t 替换成 $t-x/v$ 就得到沿线的电压分布规律为

$$u(x,t) = U_S\varepsilon(t-x/v) \tag{15.9.1}$$

这是一个矩形的正向行波，如图 15.9.1(b)所示，它表示线上的不同位置需要经历 $t_d = x/v$ 的延迟时间后才能得到正向行波电压。

电流正向行波等于电压正向行波除以波阻抗：

$$i(x,t) = \frac{U_S}{Z_c}\varepsilon(t - x/v) = I\varepsilon(t - x/v) \tag{15.9.2}$$

在图上用细线表示，它也是矩形波，波所到之处电流为 $I = U_S/Z_c$。

从以上简单讨论可见，当波从始端发出且尚未到达终端的进程中，无损线对电源来说相当于一个纯电阻负载，其电阻值就是线路的波阻抗 Z_c。

从能量角度看，电压和电流的行进过程其实就是电磁能量的建立与传播过程，因为凡是波所经过的区段，电压和电流都不为零，即建立了电场和磁场。下面的推导将证明单位长度线路的电场能量 W_{e0} 和磁场能量 W_{m0} 是相等的，即

$$W_{e0} = \frac{1}{2}C_0U_S^2 = \frac{1}{2}C_0(Z_cI)^2 = \frac{1}{2}C_0\left(\sqrt{\frac{L_0}{C_0}}I\right)^2 = \frac{1}{2}L_0I^2 = W_{m0} \tag{15.9.3}$$

在 $\mathrm{d}t$ 时间内波行进了 $\mathrm{d}x = v\mathrm{d}t$ 的距离，因此 $\mathrm{d}t$ 时间内线路增加的电磁总能量为

$$\mathrm{d}W = (W_{e0} + W_{m0})\mathrm{d}x = 2W_{e0}v\mathrm{d}t = C_0U_S^2 \times \frac{1}{\sqrt{L_0C_0}} \times \mathrm{d}t = \frac{U_S}{\sqrt{L_0/C_0}} \times U_S \times \mathrm{d}t = IU_S\mathrm{d}t \tag{15.9.4}$$

它恰好等于电源在 $\mathrm{d}t$ 时间内所提供的能量。

由上述分析得出结论：无损线与阶跃电压源接通后，由电源发出的电压矩形波和电流矩形波给线路充电，电源所提供的能量一半用来建立电场，一半用来建立磁场。

注意到，上述单位长度电场能量与磁场能量相等的结论与 L_0 和 C_0 大小无关。举一种情况稍作解释：如果单位长度电容增加至 kC_0，例如选用介电常数 ε 较大的介质，则单位长度的电场能量必然增加到 $0.5(kC_0)U_S^2$。但 C_0 的增加会使得 Z_c 减小到 $\sqrt{L_0/(kC_0)}$，因而使电流增加到 $U_S/\sqrt{L_0/(kC_0)}$，故单位长度的磁场能量将增加到 $0.5L_0\left[U_S/\sqrt{L_0/(kC_0)}\right]^2 = 0.5kC_0U_S^2$，与单位长度的电场能量仍然保持相等。

由于电场能量和磁场能量都是存储在导线的绝缘介质中的，所以经无损线传输的能量是在导体以外的介质中进行的，无损线只起到引导传输方向的作用。此结论对有损线也是成立的，只是有损线在引导传输方向的同时自身要产生能量损耗。

【例题 15.9.1】 设有一无限长的无损线，如图 15.9.2(a)所示，波阻抗为 $Z_c = 300\ \Omega$，波速按光速计算，始端 $u_S = 10\mathrm{e}^{-5t}\varepsilon(t)$ V，$R_1 = 100\ \Omega$。求线路电压、电流分布及距始端 300 km 处电压的变化规律。

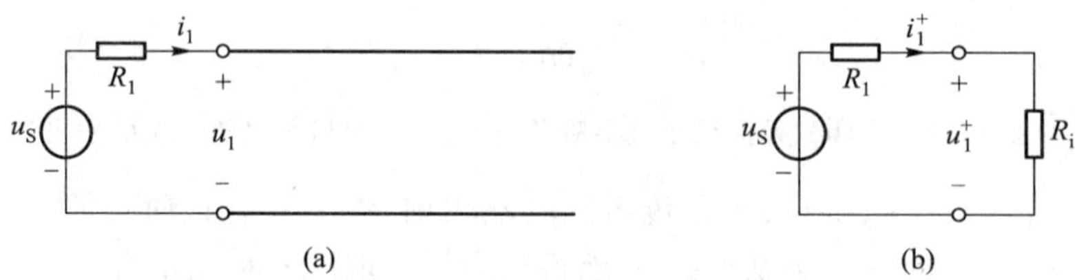

图 15.9.2　(a) 例题 15.9.1 图；(b) 始端等效电路

【解】 无限长无损线,线上只有正向行波。行波电压与电流之比等于波阻抗,所以计算始端处的正向行波电流和电压的等效电路如图 15.9.2(b)所示,图中 $R_i = Z_c$。

$$i_1^+(t) = \frac{u_S}{R_1 + R_i} = 0.025e^{-5t}\varepsilon(t)\ \text{A}$$

$$u_1^+(t) = R_i i_1^+(t) = 7.5e^{-5t}\varepsilon(t)\ \text{V}$$

始端电流、电压延迟后得到沿线电流、电压的分布为

$$i^+(x,t) = i_1^+(t - x/v) = 0.025e^{-5(t-x/v)}\varepsilon(t - x/v)\ \text{A} \tag{1}$$

$$u^+(x,t) = u_1^+(t - x/v) = 7.5e^{-5(t-x/v)}\varepsilon(t - x/v)\ \text{V} \tag{2}$$

在距始端 $x = 300$ km 处,信号的延迟时间为

$$t_d = x/v = 300 \times 10^3/(3 \times 10^8)\ \text{s} = 0.001\ \text{s}$$

将其代入(2)得

$$u^+(300\ \text{km},t) = 7.5e^{-5(t-0.001)}\varepsilon(t - 0.001)\ \text{V}$$

15.10 无损线上波的反射与透射

当入射波的波前到达无损线终端时,如果终端负载不能全部吸收入射波带来的能量,在终端就要产生反射波电压和电流。为研究反射规律,建立图 15.10.1 所示的一般均匀线电路的复频域模型。

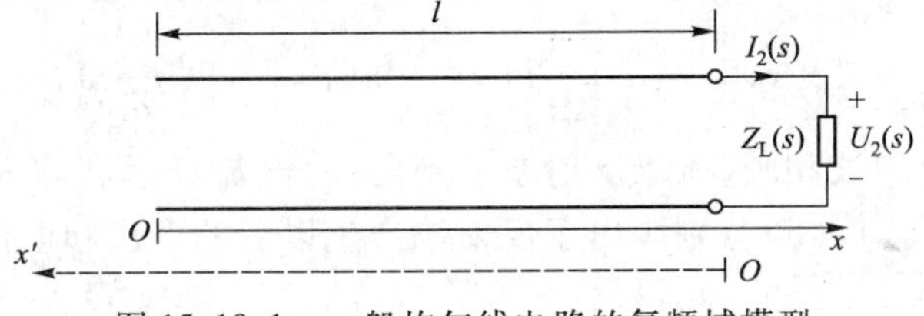

图 15.10.1 一般均匀线电路的复频域模型

在终端处,电压和电流既要满足波动规律:

$$\begin{cases} U_2(s) = U(l,s) = U_2^+(s) + U_2^-(s) \\ I_2(s) = I(l,s) = \dfrac{U_2^+(s)}{Z_c(s)} - \dfrac{U_2^-(s)}{Z_c(s)} = I_2^+(s) - I_2^-(s) \end{cases} \tag{15.10.1}$$

又要满足集中参数元件阻抗所规定的关系:

$$U_2(s) = Z_L(s)I_2(s) \tag{15.10.2}$$

由式(15.10.1)和式(15.10.2)求得终端产生的反射波电压和电流象函数为

$$U_2^-(s) = \frac{Z_L(s) - Z_c(s)}{Z_L(s) + Z_c(s)}U_2^+(s) = N_2(s)U_2^+(s) \tag{15.10.3}$$

$$I_2^-(s) = \frac{Z_L(s) - Z_c(s)}{Z_L(s) + Z_c(s)}I_2^+(s) = N_2(s)I_2^+(s) \tag{15.10.4}$$

其中

$$N_2(s) = \frac{Z_L(s) - Z_c(s)}{Z_L(s) + Z_c(s)} \tag{15.10.5}$$

称为终端反射系数的复频域形式。

对一般的均匀线来说，由于复频域波阻抗 $Z_c(s)=\sqrt{(R_0+sL_0)/(G_0+sC_0)}$，因而 $N_2(s)$ 与 s 的关系变得复杂，因此用式(15.10.3)和式(15.10.4)来计算一般情况下的反射波电压和电流是很困难的。但对无损线或无畸变线，当终端连接关系简单时却可以寻得简便的计算方法。

1. 无损线终端开路时波的反射

终端开路时 $|Z_L(s)|\to\infty$，所以 $N_2(s)=1$，为全反射。特殊性在于 $N_2(s)$ 中不含复频率 s，这就意味着不需要在复频域内求反射波。设终端的入射波为阶跃电压，即 $u_2^+=U_S\varepsilon(t-l/v)$，把它乘以反射系数就是终端电压反射波，即

$$u_2^-=N_2u_2^+=U_S\varepsilon(t-l/v) \tag{15.10.6}$$

反射波在终端产生后，即 $t-l/v>0$ 时，便向始端传播，在无损线中不衰减。根据传播延迟规律和 $x'=l-x$，将上式中 $t-l/v$ 用 $(t-l/v)-x'/v=t+(x-2l)/v$ 代替，得到沿线电压反射波的分布为

$$u^-(x,t)=U_S\varepsilon\left(t+\frac{x-2l}{v}\right) \tag{15.10.7}$$

电压入射波与反射波相加便形成线间总电压为

$$u(x,t)=u^+(x,t)+u^-(x,t)=U_S\varepsilon\left(t-\frac{x}{v}\right)+U_S\varepsilon\left(t+\frac{x-2l}{v}\right) \tag{15.10.8}$$

用波阻抗去除电压入射波和反射波得到电流入射波和反射波，相减得到沿线总电流为

$$i(x,t)=i^+(x,t)-i^-(x,t)=\frac{U_S}{Z_c}\varepsilon\left(t-\frac{x}{v}\right)-\frac{U_S}{Z_c}\varepsilon\left(t+\frac{x-2l}{v}\right) \tag{15.10.9}$$

由于电流是入射波与反射波相减，所以反射波所到之处，电流反射波与入射波相抵消，使均匀线电流为零。图 15.10.2(a)、(b)分别画出了反射波产生以后的电压和电流分布情况。

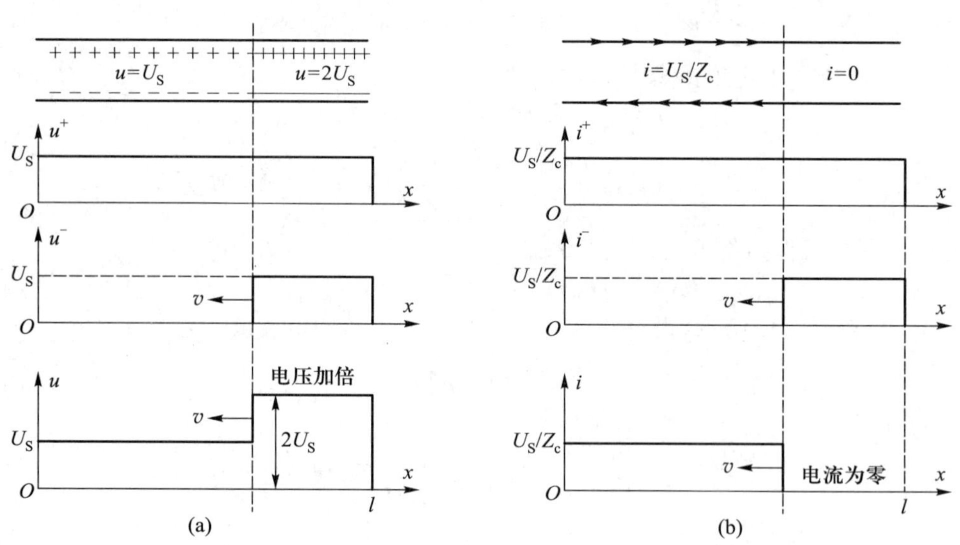

图 15.10.2 无损线终端开路时波的反射：(a) 电压；(b) 电流

从图 15.10.2(a)可见,反射波所到之处,电压升高一倍。对此可作如下解释:入射波虽已从终端被反射,但反射波尚未传播到始端,未对始端产生影响。因此电源继续送来的电荷由于终端是断开的而被阻止,于是这些电荷在终端堆积起来,致使电压升高。而且此电荷堆积现象又从终端往始端方向沿线行进,致使反射波所到之处线路加倍充电,电压升高一倍。

从能量方面看,电源每单位时间所提供的能量,在线路充电过程中一半转变为电场能量,一半转变为磁场能量。当行波从终端反射后,电源仍按原有速率继续不断提供能量,所以在反射波已到达的地方,单位长度的总能量是仅有入射波地方的 2 倍。此外,反射波已到达的地方由于电流消失,其全部磁场能量转变为电场能量,故单位长度的总电场能量增加到仅有入射波时的 4 倍。因此,按照电场能量与电压平方成正比的关系,反射波所到达的地方电压必然升高到仅有入射波时的 2 倍。

在现代电力传动系统中广泛使用变频器。它通过电力电子技术将直流电压变换成幅值相同、宽度按正弦规律变化的矩形脉冲电压,称为**脉冲宽度调制**。如果变频器和电动机之间通过较长的电缆进行连接,那么在电机端得到的电压就不同于变频器输出的电压,出现电压尖峰即瞬间过电压现象,分别如图 15.10.3 中曲线(a)、(b)所示。这是由于较长的电缆相对矩形脉冲来说不能视为理想导线,需视为均匀传输线。电动机绕组相对于矩形脉冲陡峭的上升或下降沿来说近似为较大的阻抗,因而在电机端产生反射电压,它与入射来的电压叠加在一起便出现了过电压现象,并且脉冲沿越是陡峭、线路越长,这种过电压现象越严重,它会击穿电机绕组、缩短寿命。在不能缩短连线长度的情况下,可采用滤波技术,使脉冲沿不再陡峭。

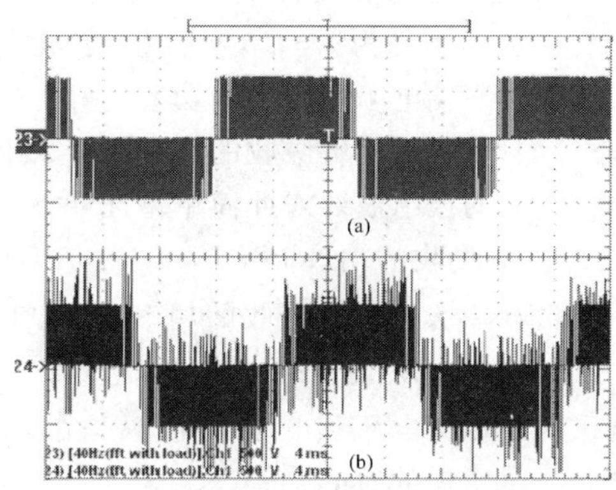

图 15.10.3 变频驱动系统电压波形:(a) 变频器输出端电压;(b) 电动机端电压

2. 无损线终端短路时波的反射

终端短路时 $Z_L(s)=0$,$N_2(s)=-1$,与开路时比较,反射波差一负号,终端发生负全反射,即 $u_2^- = -u_2^+$,$i_2^- = -i_2^+$。所以反射波所到之处,电压为零,而电流增加一倍。图 15.10.4 画出了 $l/v<t<2l/v$ 期间沿线电压和电流波形。电流增加一倍的原因可参照终端开路情况下对电压增加一倍的解释,请读者自行尝试。

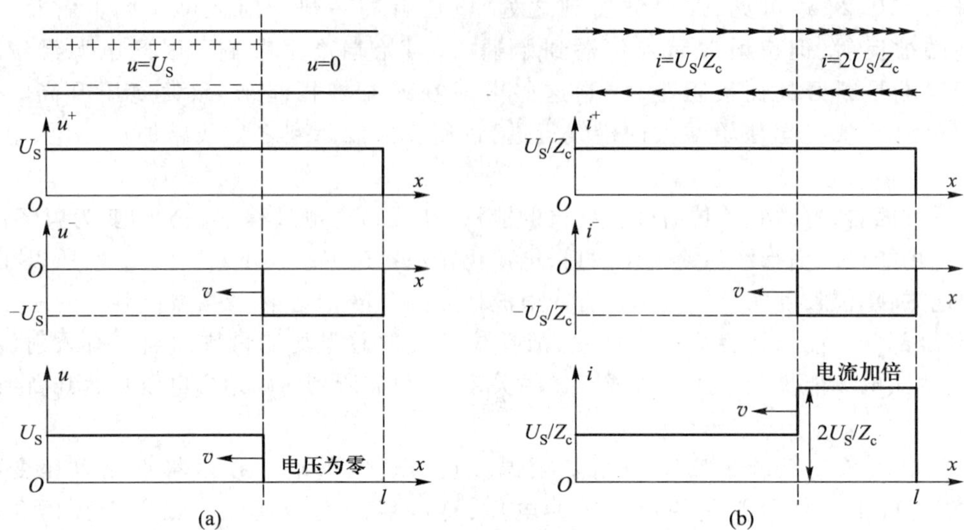

图 15.10.4　无损线终端短路时波的反射：(a) 电压；(b) 电流

3. 无损线终端接匹配负载

无损线波阻抗为实数，当负载电阻等于波阻抗时，终端便处于匹配状态，这时的反射系数 $N_2(s)=0$，沿线电压和电流只有入射波 $u(x,t)=u^+(x,t)$ 和 $i(x,t)=i^+(x,t)=u^+(x,t)/Z_c$。在 $0<t<l/v$ 时间内，沿线逐步建立起电压 U_S 和电流 U_S/Z_c。此后便保持 $u(x,t)=U_S$ 和 $i(x,t)=U_S/Z_c$，无损线达到稳态。可以这样来理解：在终端负载电阻等于波阻抗条件下，入射波虽已到达终端，但负载电阻上的电压与电流关系仍为 $I=U_S/Z_c$，同入射波电压与电流关系一样，因此不会产生反射。从功率角度看，匹配时终端电阻所吸收的功率刚好等于入射波输送的功率，在终端不会产生能量的反射。而在非匹配条件下，终端吸收的功率小于入射波输送的功率，因此必然产生能量的反射，从而形成电压和电流的反射波。对此简单验证如下：

入射波的功率是 $P^+=U_SI$，负载吸收的功率是 $P_L=U_2I_2=(1+N_2)U_S\times(1-N_2)I=(1-N_2^2)U_SI$。所以当 $N_2\neq 0$ 时，入射波功率大于负载吸收的功率，差值等于反射波的功率：

$$P^+-P_L=U_SI-(1-N_2^2)U_SI=N_2U_S\times N_2I=U_2^-I_2^-=P^- \qquad (15.10.10)$$

匹配时，无损线终端完全重复始端的电压和电流情况，只是在时间上延迟于始端的电压和电流，此延迟时间等于行波经过此线路所需的时间：

$$t_d=\frac{l}{v}=l\sqrt{L_0C_0} \qquad (15.10.11)$$

因此，利用匹配的无损线可使作用于始端的电信号延迟一定的时间后在终端完全复现。作此应用的均匀线称为延迟线。对处于匹配的无畸变有损线也可做类似用途，但由于存在损耗，终端的电压和电流幅值要小于始端的情况。

【例题 15.10.1】　设要求用 0.5 m 长的延迟电缆来获得 0.5 μs 的延迟时间，且要求能与电阻为 $R_2=300\ \Omega$ 的负载匹配，求电缆每单位长度的电感和电容。

【解】　根据延迟时间要求及式(15.10.11)得

$$t_d = l\sqrt{L_0 C_0} = 0.5 \times \sqrt{L_0 C_0} = 0.5 \times 10^{-6}\ \text{s}$$

再根据匹配条件得

$$Z_c = \sqrt{L_0/C_0} = 300\ \Omega$$

联立求解以上二式得

$$L_0 = 3 \times 10^{-4}\ \text{H/m},\quad C_0 = \frac{1}{3} \times 10^{-8}\ \text{F/m} \approx 3.33 \times 10^{-3}\ \mu\text{F/m}$$

4. 无损线终端接任意集中参数负载*

这里又分两种情况:第一,如果终端接任意纯电阻负载,则反射系数 $N_2(s)$ 为实数,与 s 无关,直接利用反射系数与时域的入射波相乘便得到时域的终端反射波,延迟后得到反射波的沿线分布情况;第二,如果终端接有集中参数的电感或电容,则反射系数 $N_2(s)$ 为 s 的有理分式。这时需要在复频域内求出终端反射波的象函数,再反变换得到时间函数。

此外,对于无损线来说,也可在时域中用集中参数电路模型进行求解。根据终端处的行波关系,即

$$\begin{cases} u_2 = u_2^+ + u_2^- \\ i_2 = i_2^+ - i_2^- = \dfrac{1}{Z_c}(u_2^+ - u_2^-) \end{cases} \tag{15.10.12}$$

可以得到终端电压与电流的关系为

$$u_2 = 2u_2^+ - Z_c i_2 \tag{15.10.13}$$

这个关系是不依赖于负载的。利用这个简单关系可以得到计算终端电压和电流的集中参数等效电路,如图 15.10.5 所示。从这个电路中求得终端总电压后,再从中减去入射波电压就是反射波电压:

$$u_2^- = u_2 - u_2^+ \tag{15.10.14}$$

这个反射波电压向始端传播,与入射波叠加后形成沿线电压分布。

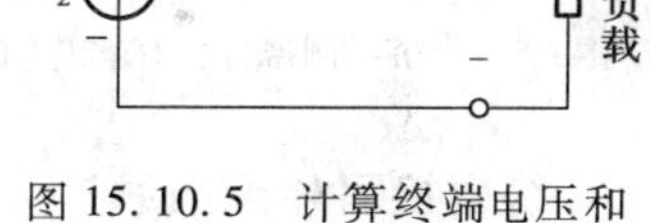

图 15.10.5　计算终端电压和电流的集中参数等效电路

电流反射波的求解亦可模仿电压反射波的计算过程。

上述这种利用集中参数等效电路来计算反射波的方法称为**彼德生法则**。

【**例题 15.10.2**】　设均匀线终端接电容 C,如图 15.10.6(a)所示。计算反射波电压。

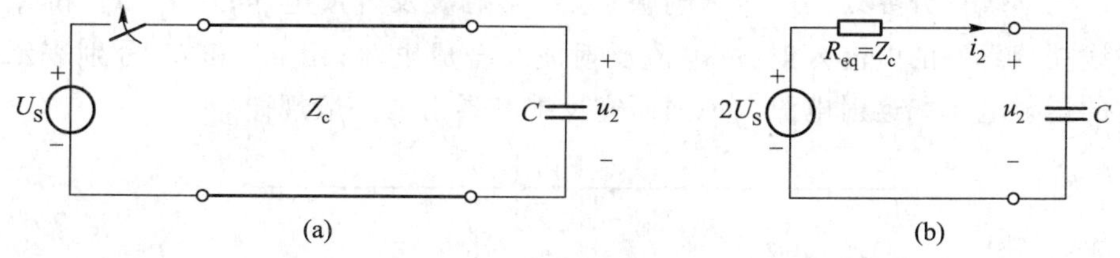

图 15.10.6　(a) 例题 15.10.2 图;(b) 终端等效电路

【**解**】　由于未考虑电源内阻,所以入射波的幅值就是 U_S。根据彼德生法则得终端等效电路如图 15.10.6(b)所示。

根据计算一阶电路暂态响应的“三要素公式”,设入射波到达终端的时刻为起始时刻,求得终端总电压为

$$u_2 = u_2(\infty) + [u_2(0_+) - u_2(\infty)] = 2U_S(1 - e^{-t/\tau})\varepsilon(t)$$

其中时间常数 $\tau = R_{eq}C = Z_cC$。从上述总电压中减去入射波电压，即 $u_2^+ = U_S\varepsilon(t)$，便得终端反射波电压

$$u_2^- = u_2 - u_2^+ = U_S(1 - 2e^{-t/\tau})\varepsilon(t)$$

这个电压的波形如图 15.10.7(a)所示。于是，反射波沿线分布规律就是

$$u^-(x',t) = u_2^-(t - x'/v) = U_S[1 - 2e^{-(t-x'/v)/\tau}]\varepsilon(t - x'/v)$$

入射波、反射波以及合成波的沿线分布分别如图 15.10.7 所示。

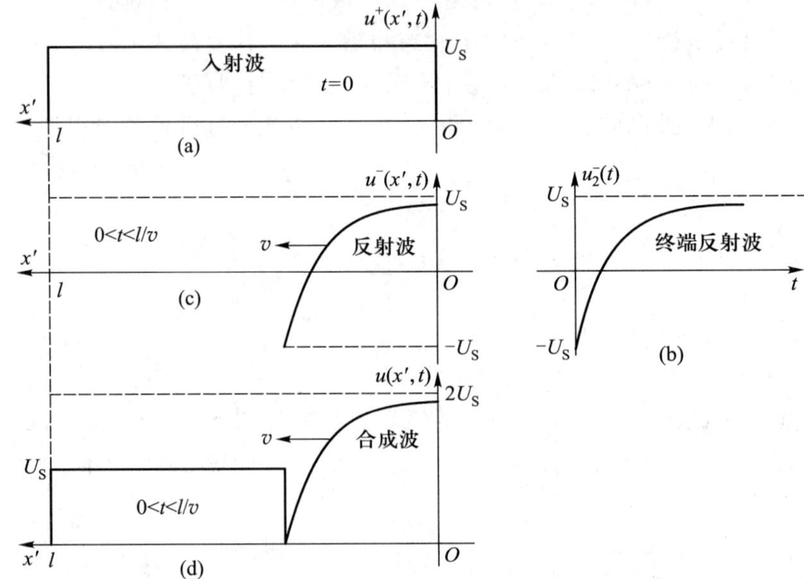

图 15.10.7　例题 15.10.2 的电压分布：(a) 入射波；(b) 终端反射波；(c) 沿线反射波；(d) 合成波

5. 终端接另外无损线*

如果一段无损线的末端接了另一无损线，例如由同轴电缆连接到架空线或反之，如图 15.10.8 所示。根据波动的一般规律，在连接处一般要产生波的反射与透射。用 u_1^+、u_1^- 和 u_1 分别表示第一段无损线在分界处的电压入射波、电压反射波及合成电压；用 i_1^+、i_1^- 和 i_1 分别表示第一段无损线在分界处的电流入射波、电流反射波及合成电流；用 u_2^+ 和 i_2^+ 分别表示在第二段无损线产生的透射电压和透射电流。下面研究反射和透射的一般规律。

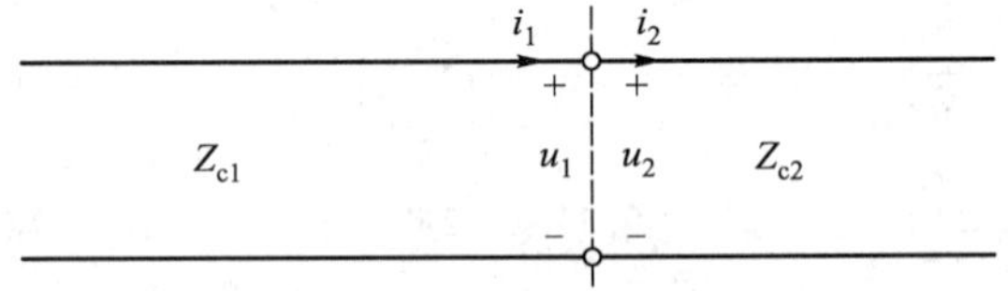

图 15.10.8　两段无损线的连接

在入射波刚刚到达分界处，第二段可以看做是第一段的负载，该负载电阻为第二段的波阻抗 Z_{c2}。所以根据反射系数的计算公式(15.10.5)得分界处反射波电压和电流分别为

$$u_1^- = N_2 u_1^+ = \frac{Z_{c2} - Z_{c1}}{Z_{c2} + Z_{c1}} u_1^+, \quad i_1^- = N_2 i_1^+ = \frac{Z_{c2} - Z_{c1}}{Z_{c2} + Z_{c1}} i_1^+ \tag{15.10.15}$$

入射波与反射波叠加就是分界处的总电压和总电流，也就是进入第二段的透射电压和电流：

$$u_2^+ = u_1^+ + u_1^- = \frac{2Z_{c2}}{Z_{c1} + Z_{c2}} u_1^+, \quad i_2^+ = i_1^+ - i_1^- = \frac{2Z_{c1}}{Z_{c1} + Z_{c2}} i_1^+ \tag{15.10.16}$$

式(15.10.16)的系数称为**透射系数**，它们是非零的，说明在分界处透射波总是存在的。但当 $Z_{c1} < Z_{c2}$ 时，例如由同轴电缆到架空线，透射波电压大于入射波电压，透射波电流小于入射波电流；当 $Z_{c1} > Z_{c2}$ 时，情况相反。但无论怎样，分界处的功率总是满足：

$$u_1 i_1 = u_2^+ i_2^+ \tag{15.10.17}$$

展开便是

$$u_1 i_1 = (u_1^+ + u_1^-) \times \frac{(u_1^+ - u_1^-)}{Z_{c1}} = \frac{(u_1^+)^2}{Z_{c1}} - \frac{(u_1^-)^2}{Z_{c1}} = u_2^+ i_2^+ \tag{15.10.18}$$

即入射波功率 $(u_1^+)^2/Z_{c1}$ 减去反射波功率 $(u_1^-)^2/Z_{c1}$ 等于透射的功率 $u_2^+ i_2^+$，正好符合功率平衡关系。

图 15.10.9(a)、(b)分别画出了 $Z_{c1} < Z_{c2}$ 和 $Z_{c1} > Z_{c2}$ 时的反射与透射情况。注意，对不同波阻抗的无损线，它们的波速可能是不同的。

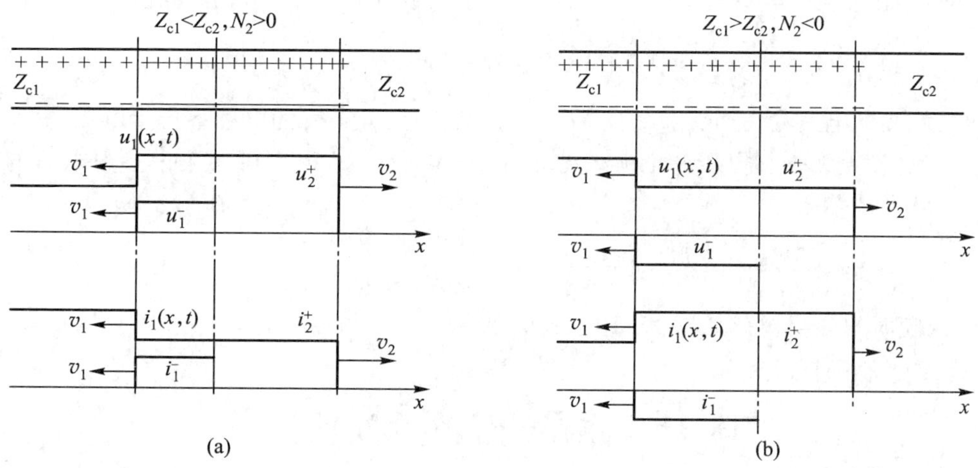

图 15.10.9 两段无损线波的反射与透射：(a) $Z_{c1} < Z_{c2}$；(b) $Z_{c1} > Z_{c2}$

在满足 $Z_{c1} < Z_{c2}$ 即分界处的反射系数 $N_2 > 0$ 的情况下，透射波电压为 $u_2^+ = u_2 = (1 + N_2)u_1^+ > u_1^+$。如果此时第二段无损线终端处于开路状态，则透射波达到第二段终端后产生全反射，因此在开路处可以得到 $2u_2^+ = 2(1 + N_2)u_1^+$ 的电压。这是在**功率脉冲**技术中用来产生瞬间高电压的一种有效方法。

【例题 15.10.3】 图 15.10.10(a)所示无损均匀线，线长 $l = 9$ km，波阻抗 $Z_c = 600\ \Omega$，波速近似等于光速。又知 $R_S = Z_c$，$R_2 = 1\ 800\ \Omega$，直流电压源 $U_S = 240$ V，$t = 0$ 时开关接通。试确定距始端 3 km 处电压 u 在 $0 < t < 100\ \mu s$ 期间内的变化规律。

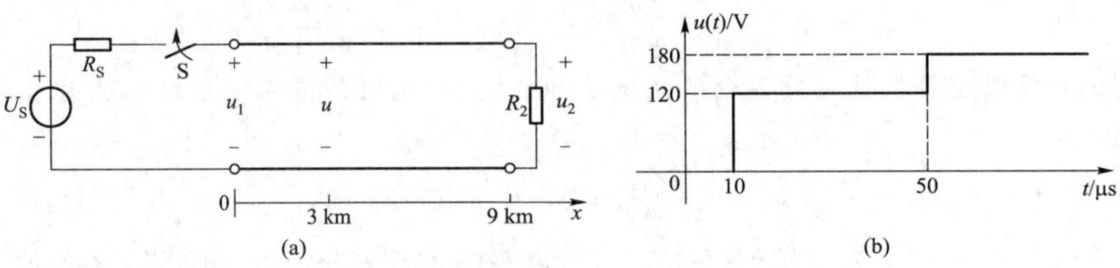

图 15.10.10　(a) 例题 15.10.3 图；(b) 电压波形

【解】　始端至 3 km 和全长的延迟时间分别是

$$t_d' = \frac{3\ 000}{c} = 10^{-5}\ \text{s} = 10\ \mu\text{s},\quad t_d = 3t_d' = 30\ \mu\text{s}$$

根据上述延迟时间，将时间段细分如下：

(1) $0 < t < 10\ \mu\text{s}$，电压入射波尚未到达 3 km 处，$u(t)=0$。

(2) $10\ \mu\text{s} < t < 50\ \mu\text{s}$，电压入射波经过 3 km 处，但反射波尚未到达 3 km 处，此时电压

$$u(t) = \frac{Z_c U_S}{R_S + Z_c} = 120\ \text{V}$$

(3) $50\ \mu\text{s} < t < 100\ \mu\text{s}$，反射波经过 3 km 处，并于 $t = 60\ \mu\text{s}$ 时达到始端。由于始端处于匹配状态，故不再产生反射。所以 3 km 处电压等于一个入射波和一个反射波的叠加：

$$u(t) = u^+ + u^- = (1+N_2)\times 120 = \left(1 + \frac{R_2 - Z_c}{R_2 + Z_c}\right)\times 120 = 180\ \text{V}$$

这个电压也就是此电路稳态时无损线上的电压。稳态时，分布着的电感不产生电压、分布着的电容不产生电流，使得无损线电压和电流处处相等，与位置无关，因而可用集中参数电路的分压公式进一步理解上述结果：

$$u(\infty) = u_2(\infty) = \frac{R_2}{R_S + R_2}\times U_S = \frac{1\ 800}{600 + 1\ 800}\times 240\ \text{V} = 180\ \text{V}$$

3 km 处电压随时间变化规律如图 15.10.10(b)所示。

15.11　无损线上波的多次反射*

当反射波到达始端时，如果始端没有处于匹配状态，同样要引起反射。对始端而言，入射波是指反向行波，经反射产生的反射波则是正向行波。始端反射波与入射波的关系与式(15.10.3)和式(15.10.4)类似，只是其中的反射系数要改为始端的反射系数，用 $N_1(s)$ 表示。因此当终端和始端都不匹配时，两端都要产生反射波，并持续下去，形成多次反射。下面讨论多次反射的发生规律。

设图 15.11.1 中无损线为零初始状态，波阻抗为 Z_c，线长为 l。始端电源电压 $u_S = U_S\varepsilon(t)$、内阻 $R_1 \neq Z_c$，终端负载电阻为 $R_2 \neq Z_c$。下面依据时间顺序研究线间电压 $u(x,t)$ 和终端电压 $u_2(t)$ 的变动情况。

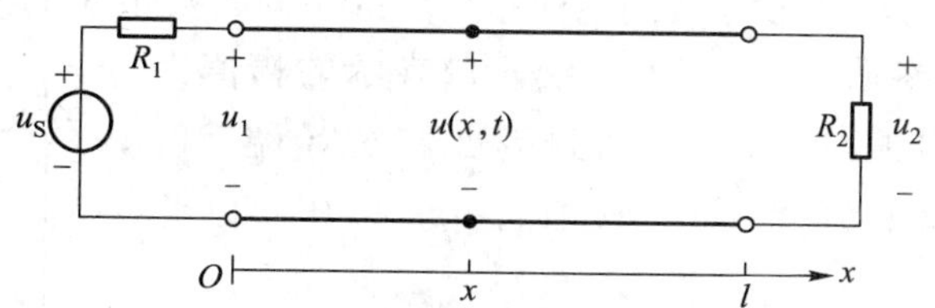

图 15.11.1　终端和始端都不匹配的无损线

用 $t_d = l/v$ 表示波传播一个行程所需要的时间，在 $0 < t < t_d$ 期间，无损线上只有阶跃电源发出的矩形正向行波，用 $u^+(x,t) = U^+\varepsilon(t - x/v)$ 和 $i^+(x,t) = I^+\varepsilon(t - x/v)$ 表示，且满足

$$u^+(x,t) = Z_c i^+(x,t) \qquad 及 \qquad U^+ = Z_c I^+ \tag{15.11.1}$$

因为入射波电压与电流之比等于波阻抗，所以当线上只有入射波时，无损线部分相对始端可以等效为纯电阻，阻值就是波阻抗 Z_c。因此可用图 15.11.2 计算入射波的振幅 U^+：

$$U^+ = \frac{R}{R_1 + R}U_S = \frac{Z_c}{R_1 + Z_c}U_S \tag{15.11.2}$$

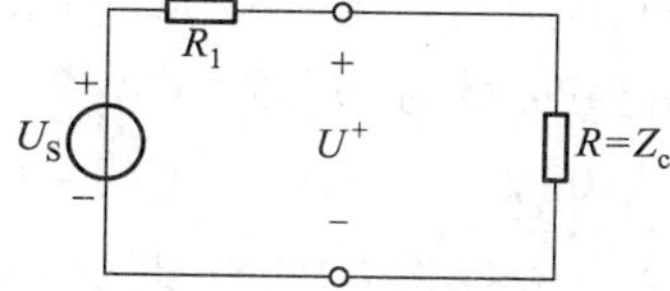

图 15.11.2　计算 U^+ 的等效电路

故在 $0 < t < t_d$ 时，线间电压分布为

$$u(x,t) = u^+(x,t) = U^+\varepsilon\left(t - \frac{x}{v}\right) = \frac{Z_c}{R_1 + Z_c}U_S\,\varepsilon\left(t - \frac{x}{v}\right) \tag{15.11.3}$$

当 $t = t_d$ 时，$u^+(x,t)$ 的波前到达终端，因终端反射系数

$$N_2 = \frac{R_2 - Z_c}{R_2 + Z_c} \neq 0 \tag{15.11.4}$$

在终端立即产生反射波电压：

$$u_2^- = N_2 u_2^+ = N_2 U^+\varepsilon(t - l/v) \tag{15.11.5}$$

这一反射波在 $t_d < t < 2t_d$ 期间要向始端行进：

$$u^-(x,t) = u_2^-\left(t - \frac{x'}{v}\right) = u_2^-\left(t - \frac{l-x}{v}\right) = N_2 U^+\varepsilon\left(t - \frac{l}{v} - \frac{l-x}{v}\right) = N_2 U^+\varepsilon\left(t - 2t_d + \frac{x}{v}\right) \tag{15.11.6}$$

线间电压为正向行波与反向行波之和，即

$$u(x,t) = u^+(x,t) + u^-(x,t) = U^+\varepsilon(t - x/v) + N_2 U^+\varepsilon(t - 2t_d + x/v) \tag{15.11.7}$$

当 $t = 2t_d$ 时，反向行波 $u^-(x,t)$ 的波前到达始端，始端反射系数不等于零，即

$$N_1 = \frac{R_1 - Z_c}{R_1 + Z_c} \neq 0 \tag{15.11.8}$$

经始端反射产生第二个正向行波，因而线间电压等于两个正向行波和一个反向行波之和。以后便重复上述过程，随着时间的延续，线上的正向行波和反向行波个数越来越多。

为简明起见，用图 15.11.3 表示此电路中电压行波多次反射的过程。图中横坐标代表电压波前的位置，纵坐标代表时间，各直线段代表正向和反向行波波前位置与时间的关系，其中线段上的右下方箭头表示行波向终端传播，左下方箭头表示向始端传播。线段旁的符号 U^+、N_2U^+、…

表示行波电压的幅值。例如，线段$O1$表示幅值为 U^+ 的正向行波电压的波前在 $t=0$ 时由始端出发，于 $t=l/v=t_d$ 时到达终端，同时产生用线段12表示的幅值为 N_2U^+ 的反向行波电压，其波前于 $t=2t_d$ 时到达始端，经始端反射产生用线段23表示的幅值为 $N_1N_2U^+$ 的正向行波电压。以此类推。

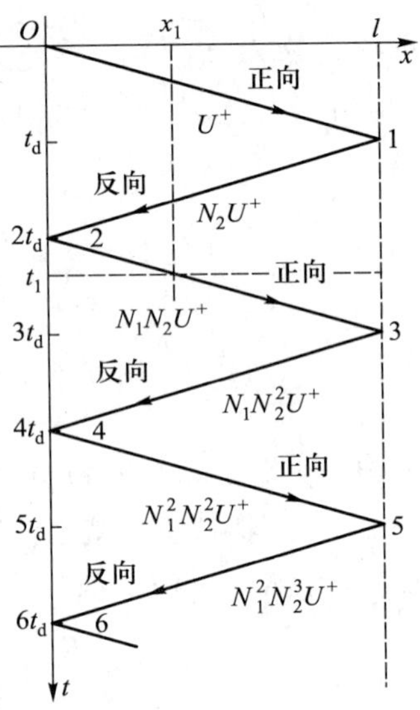

图 15.11.3 无损线上行波多次反射的计算原理

根据行波叠加原理，某一时刻的线间电压等于该时刻之前所有正向和反向行波电压之和。由第一次入射波电压和始端及终端反射系数便可根据图 15.11.3 求出终端电压 $u_2(t)$ 及沿线其他位置的电压波形。

比如要分析 t_1 时刻沿线的电压分布情况。由图 15.11.3 可见，t_1 时刻，反向行波波前到达 x_1 处，所以在 $0<x<x_1$ 长度内，存在两个正向行波和一个反向行波。正向行波分别用$O1$和23表示，幅值分别为 U^+ 和 $N_1N_2U^+$；反向行波用12表示，幅值为 N_2U^+。$0<x<x_1$ 这段线上的总电压为$(U^+ + N_1N_2U^+) + N_2U^+$。而在 $x_1<x<l$ 的长度内，线上存在一个正向行波，幅值为 U^+，和一个反向行波，幅值为 N_2U^+，这段长度内的电压显然就是 $U^+ + N_2U^+$。

再比如要分析 x_1 点在 $t>0$ 时的电压变化规律。那就让时间沿纵轴变动，将某个时刻对应纵坐标的上面所包括的，并且经过 x_1 点的全部正向行波和反向行波叠加，就是 x_1 点在该时刻的电压值。

接下来专门分析终端电压的变化情况。根据图 15.11.3，当$(2k+1)t_d<t<(2k+3)t_d$$(k=0,1,2,\cdots)$时，终端电压包括 $k+1$ 个正向行波和 $k+1$ 个反向行波，把它们叠加起来就是

$$\begin{aligned} u_2^{(k)} &= u_2^{+(k)} + u_2^{-(k)} = (1+N_1N_2+N_1^2N_2^2+\cdots+N_1^kN_2^k)U^+ \\ &\quad + (N_2+N_1N_2^2+N_1^2N_2^3+\cdots+N_1^kN_2^{k+1})U^+ \end{aligned} \tag{15.11.9}$$

式中等号右端第一个括弧项是各正向行波电压之和，第二个括弧项是各反向行波电压之和，它们都是等比级数，公比均为 N_1N_2。令式中 $k\to\infty$，相当于 $t\to\infty$，终端电压 $u_2^{(k)}$ 便成为稳态电压 U_2。若公比 $|N_1N_2|<1$，则等比级数收敛，可用等比级数求和公式计算 U_2：

$$U_2 = U_2^+ + U_2^- = \lim_{k\to\infty} u_2^{(k)} = \frac{U^+}{1-N_1N_2} + \frac{N_2U^+}{1-N_1N_2} = \frac{1+N_2}{1-N_1N_2}U^+ \tag{15.11.10}$$

将式(15.11.2)、式(15.11.4)和式(15.11.8)表示的 U^+、N_2 和 N_1 代入上式不难求得

$$U_2 = \frac{R_2}{R_1+R_2}U_S \tag{15.11.11}$$

上式表明 U_2 就是 U_S 在 R_2 上的分压值。这一结果虽无新意，但它是从行波叠加的过程得来的，即直流稳态电压 U_2 是无数个正向行波和反向行波叠加的结果。其实，如果激励是正弦电源，最终在均匀线上建立的正弦稳态电压和电流也是无数多个正向行波和反向行波叠加的结果。但当均匀线较短时，这些多次反射产生的正向行波和反向行波的量值会在远远小于周期的时间内减小到可以忽略不计，所以在这种场合，可以不计波的多次反射过程，但事实上它们是存在的。

一种理想情况是,电源内阻 $R_1=0$,同时无损线终端开路或短路,从而反射系数 $|N_1|=|N_2|=1$,则当式(15.11.9)中 $k\to\infty$ 时,此级数不收敛。物理现象就是终端电压 $u_2(t)$ 没有直流稳态,它处于振荡过程。对实际的传输线这种振荡是不可能维持下去的,因为在这种情况下无损线的模型已不适用,必须计入均匀线的 R_0 和 G_0。此外对某些传输线,即使满足了上述理想条件,但由于其能够向周围空间辐射电磁波,从而使每次反射的能量逐渐减小,最终达到直流稳态。

【例题 15.11.1】 电路如图 15.11.4(a)所示,设 $U_S=10\ \text{V}$,$l/v=t_d$,$Z_c=200\ \Omega$,$R_1=50\ \Omega$,$R_2=800\ \Omega$,$t=0$ 时开关突然接通。求终端电压 $u_2(t)$($t>0$)。

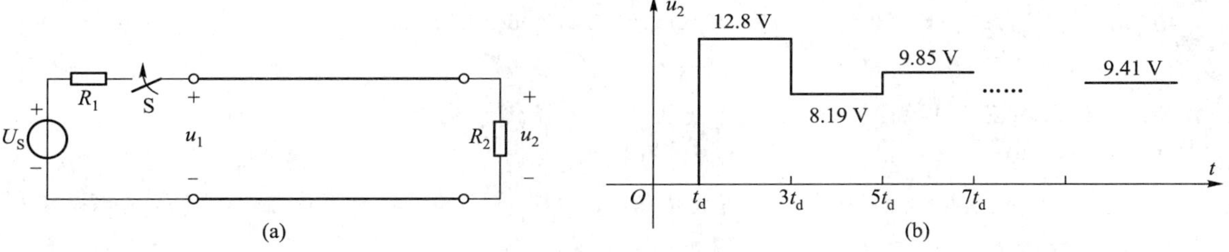

图 15.11.4 (a) 例题 15.11.1 图;(b) 终端电压

【解】 当开关闭合时,在始端产生入射波电压,由式(15.11.2)得

$$U^+=\frac{Z_c}{R_1+Z_c}U_S=8\ \text{V}$$

终端和始端反射系数分别为

$$N_2=\frac{R_2-Z_c}{R_2+Z_c}=0.6,\qquad N_1=\frac{R_1-Z_c}{R_1+Z_c}=-0.6$$

根据图 15.11.3 计算不同时段的终端电压,以较近的 4 个时段为例计算如下:

$0<t<t_d$:入射波尚未到达终端,故终端既无入射波也无反射波:$u_2=0$

$t_d<t<3t_d$:终端有 1 个入射波和 1 个反射波:$u_2=U^++N_2U^+=12.8\ \text{V}$

$3t_d<t<5t_d$:终端有 2 个入射波和 2 个反射波:

$$u_2=\underline{U^+}+N_2U^++\underline{N_1N_2U^+}+N_1N_2^2U^+\approx 8.19\ \text{V}(\text{下划线表示入射波电压})$$

$5t_d<t<7t_d$:终端有 3 个入射波和 3 个反射波:

$$u_2=\underline{U^+}+N_2U^++\underline{N_1N_2U^+}+N_1N_2^2U^++\underline{N_1^2N_2^2U^+}+N_1^2N_2^3U^+\approx 9.85\ \text{V}$$

依此类推,计算出以后时段的终端电压,其波形如图 15.11.4(b)所示。可见,由于多次反射,使电压 u_2 出现振荡过程,需经过数倍 t_d 的时间才能趋于稳态值。稳态时的电压等于电阻分压:

$$U_2=\frac{R_2U_S}{R_1+R_2}=\frac{800\times 10}{800+50}\ \text{V}\approx 9.412\ \text{V}$$

【结语】

一条均匀传输线包含众多学问。传输线参数的分布性导致行波现象,传输线上电压和电流都是时间 t 和位置 x 的二元函数,须用偏微分方程来描述;能量靠行波传递并存在反射、透射和驻波现象;从前学习的直流稳态和周期稳态电路都是经历了多次反射之后才建立起来的。在学习电路课程的最后,用更加细微的时间尺度观察电压、电流的建立和传输的真实过程。观察问题

的尺度不同，对事物认识的深度也不同。

【思考题】

1. 导致传输线电流处处不同的原因有哪些？导致电压处处不同的原因有哪些？
2. 依据什么物理现象，传输线的参数被认为是与频率或电压相关的？
3. 思考式(15.1.1)和式(15.1.2)中每个近似相等的理由。
4. 均匀线上的电压和电流为什么遵循波动规律？
5. 两段结构和尺寸一样的无畸变线绝缘介质的介电常数具有 $\varepsilon_1 > \varepsilon_2$ 的关系，试问波阻抗、波长、相位常数和衰减常数的关系是怎样的？
6. 为什么在变压器线圈端部的若干线匝要使用强化的绝缘？
7. 正弦稳态下，终端处于匹配状态的均匀线($Z_L = Z_c$)，负载是否获得了最大功率？
8. 正弦稳态下，从始端到终端电压有效值始终是单调减小的吗？终端电压能否超过始端电压？
9. 满足怎样的条件在均匀线上才能产生驻波？
10. 四分之一波长的无损传输线有哪些特殊性质？
11. 处于直流稳态工作的无损均匀线，终端接纯电阻负载。当电阻值突然改变时，传输线上是否会发生暂态过程？
12. 传输线终端接 RL 并联电路。在矩形电压波到达终端后，电阻 R 上的电压随时间增大还是减小？如果是 RC 并联电路呢？
13. 通过对均匀传输线的学习，对电能或电信号的传输产生哪些新的认识？

习题十五

15.1 同轴电缆的参数为 $R_0 = 7\ \Omega/\text{km}, L_0 = 0.3\ \text{mH/km}, G_0 = 0.5 \times 10^{-6}\ \text{S/km}, C_0 = 0.2\ \mu\text{F/km}$。试计算当工作频率为 800 Hz 时此电缆的波阻抗 Z_c、传播常数 γ、波速 v 和波长 λ。

15.2 设沿某电缆分布着电压和电流行波分别为

$u(x,t) = 14.1\text{e}^{-0.044x}\cos(5\ 000t - 0.046x + \pi/6)$

$i(x,t) = 0.141\text{e}^{-0.044x}\cos(5\ 000t - 0.046x + \pi/3)$ （u 单位为 V，i 单位为 A，x 单位为 km，t 单位为 s）

试求此电缆在该频率下的波阻抗 Z_c、传播常数 γ、波速 v 和波长 λ。

15.3 设市内电话用户电缆参数 $R_0 = 184\ \Omega/\text{km}, L_0 = 0.7 \times 10^{-3}\ \text{H/km}, G_0 = 0.5 \times 10^{-6}\ \text{S/km}, C_0 = 0.031 \times 10^{-6}\ \text{F/km}$，频率 $f = 800$ Hz。若用户的允许衰减程度为 0.5 Np，试求该线路的允许长度。

15.4 某均匀线长 $l = 100$ km，其参数为 $R_0 = 8\ \Omega/\text{km}, L_0 = 10^{-3}\ \text{H/km}, C_0 = 11.2 \times 10^{-9}\ \text{F/km}$ 和 $G_0 = 89.6 \times 10^{-6}\ \text{S/km}$。若在线路始端施以 $u = 100\cos(2\pi ft)$ V、$f = 10^4$ Hz 的电压，线路终端接以匹配负载，试求：

(1) 线路终端的电压和电流的瞬时值；

(2) 线路的自然功率和传输效率；

(3) 线路上与终端电压 u_2 同相位的点的位置；

(4) 当 $t = 0.01$ s 时电压和电流沿线路分布的曲线；

(5) 电压电流有效值沿线路分布的曲线。

15.5 长度为 300 km 的均匀线，传播常数 $\gamma = 1.06 \times 10^{-3} \angle 83.7^\circ\ (\text{km})^{-1}$，波阻抗 $Z_c = 377 \angle -5.2^\circ\ \Omega$，终端接匹配负载，若始端电压 $\dot{U}_1 = 190 \angle 0^\circ$ kV，试求始端电流 $\dot{I}_1$、终端电压 $\dot{U}_2$ 和终端电流 $\dot{I}_2$。

15.6 某无损线波阻抗为 $Z_c = 75\ \Omega$，终端负载阻抗 $Z_2 = (35 + \text{j}35)\ \Omega$。试计算输入阻抗，设线长分别为 $\lambda/4$ 和 $\lambda/8$。

15.7 长度为 $\lambda/4$ 的无损线，终端接电阻 $R_2 = 50\ \Omega$，现若使始端输入阻抗 $Z_i = 200\ \Omega$，问该无损线波阻抗应为多少？又若 $R_2 = 0$，则此无损线的输入阻抗是多少？

15.8 电路如图题 15.8 所示，无损线长 4.5 m，波阻抗为 300 Ω，介质为空气。线路始端接一内阻为 100 Ω、电压为 10 V、频率为 100 MHz 的正弦电压源。以电源电压为参考相量，计算在距始端 1 m 处的电压相量。设负载阻抗分别为 300 Ω、500 Ω 和 −j500 Ω。

15.9 电路如图题 15.9 所示，已知无损线长 $l = 35.5$ m，波阻抗 $Z_c = 600\ \Omega$，波速 $v = 3 \times 10^8$ m/s，正弦电压源 $\dot{U}_s = 10$ V，频率 $f = 6 \times 10^6$ Hz，电阻 $R_2 = 4R_1 = 400\ \Omega$。(1) 求始端电压 $\dot{U}_1$ 和电流 $\dot{I}_1$；(2) 距离始端 12.5 m 处的电压和电流相量。

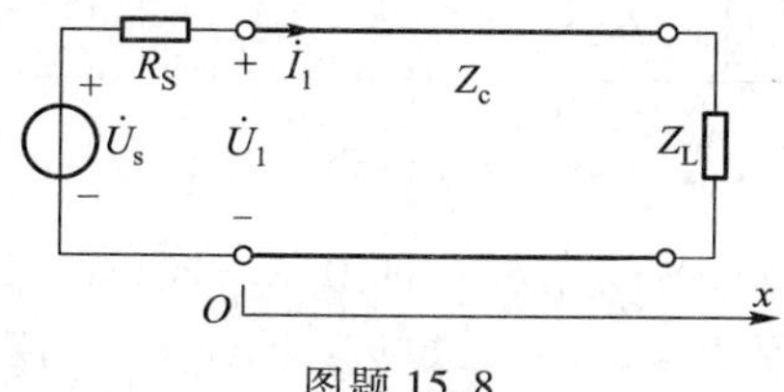

图题 15.8

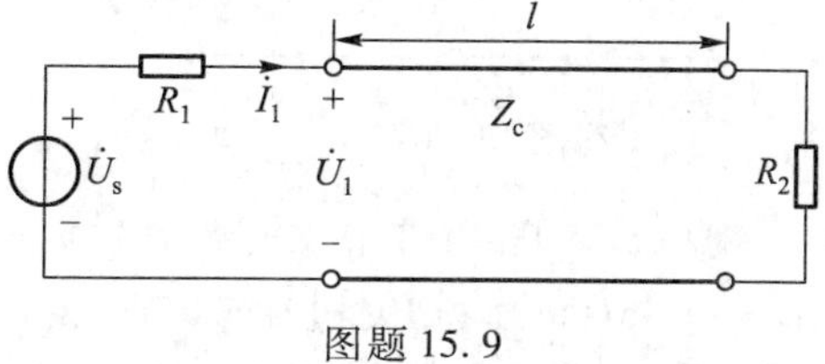

图题 15.9

15.10 电路如图题 15.10 所示，已知 $R_S = 100\ \Omega$，$u_S = 150\cos(5\,000\pi t)$ V，$R_2 = 100\ \Omega$，无损线长 $l = 10$ km，$L_0 = 10^{-3}$ H/km，$C_0 = 10^{-7}$ F/km，求 u_1 和 u_2。

15.11 电路如图题 15.11 所示，已知无损线长 $l = 130$ m，波阻抗 $Z_c = 450\ \Omega$，$R_S = 40\ \Omega$，$u_S = 200\sqrt{2}\cos(2\pi ft)$ V，$f = 6$ MHz，终端开路，波速近似按光速计算。求电流、电压有效值的沿线分布规律，画出分布曲线。

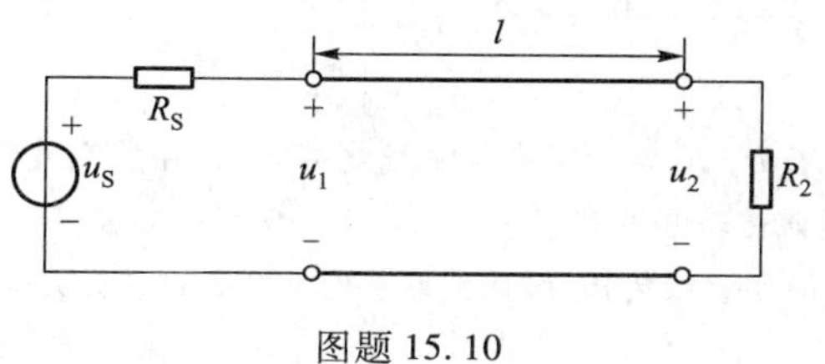

图题 15.10

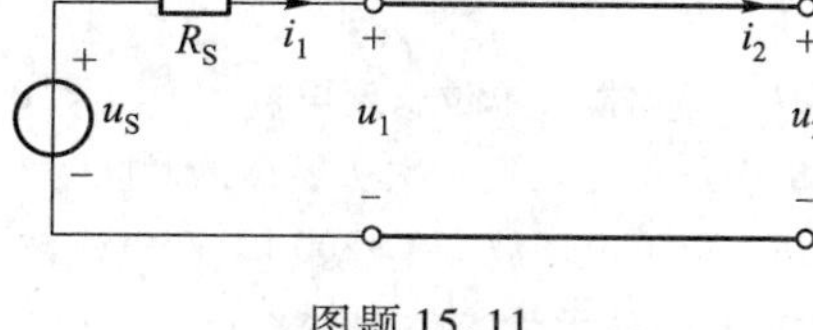

图题 15.11

15.12 电路如图题 15.12 所示，在终端开路的无损线的中点跨接一电容，始端接正弦电源。试分析沿线电压、电流有效值分布规律。

15.13 电路如图题 15.13 所示，已知无损线长 17 m，波阻抗 $Z_c = 150\ \Omega$，u_S 为正弦电压源。传输线上的行波波长 $\lambda = 8$ m，电容的容抗 $X_C = 150\ \Omega$。求无损线上电流始终为零的点距终端的距离。

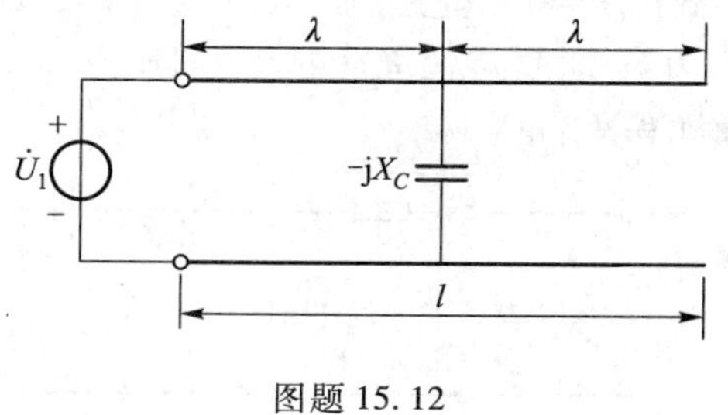

图题 15.12

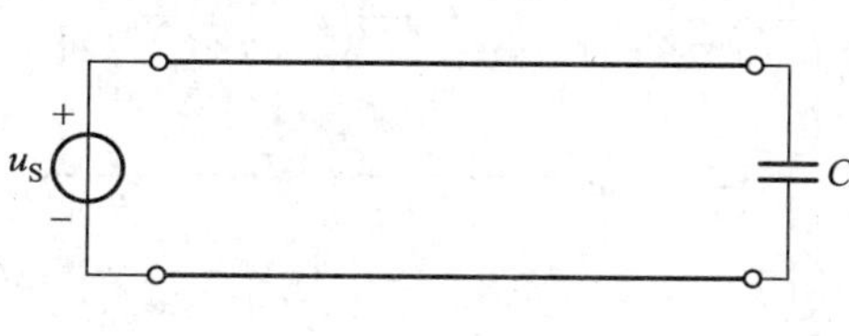

图题 15.13

15.14 一信号源通过波阻抗为 50 Ω的无损线向 75 Ω负载电阻馈电，为实现匹配，在均匀线与负载间插入一段 $\lambda/4$ 的无损线，求该无损线的波阻抗。

15.15 终端短路的架空无损线，已知波阻抗 $Z_c = 505\ \Omega$，线长 35 m，波长 $\lambda = 50$ m。求此无损线的等效电感值。

15.16 电路如图题 15.16 所示，两段无损线级联，波阻抗分别为 $Z_{c1} = 420\ \Omega$ 和 $Z_{c2} = 720\ \Omega$；长度分别为 $l_1 = 15$ m 和 $l_2 = 8.5$ m。若两段无损线的波长都是 $\lambda = 40$ m，试计算第二段无损线终端开路时，第一段无损线始端的输入阻抗 Z_{i1}。

15.17 图题 15.17 为集中参数延迟线电路，已知 L、C 和电源的角频率 ω，试求此延迟线的特性阻抗和传输常数。

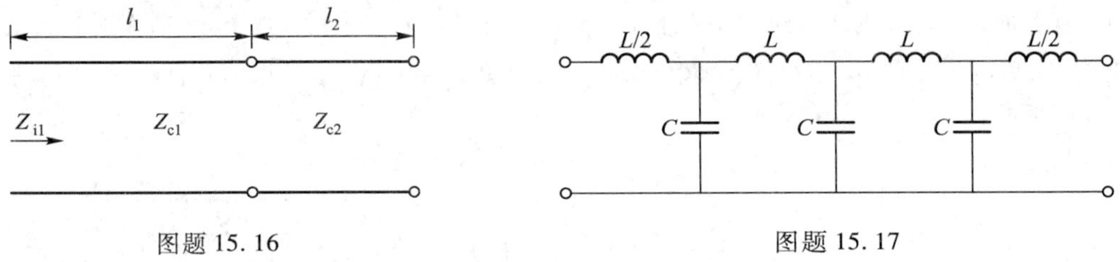

图题 15.16　　图题 15.17

15.18 图题 15.18 所示正弦稳态电路，已知 $u_S = 150\sqrt{2}\cos(5\,000\pi t)$ V，$R_1 = 100\ \Omega$，$R_2 = 200\ \Omega$。无损线长 $l = 20$ km，$L_0 = 10^{-3}$ H/km，$C_0 = 10^{-7}$ F/km。（1）求 u_1 和 u_2；（2）线上是否存在驻波？为什么？（3）如果将电压源改为三角波，图中电路能否实现无畸变传输？为什么？

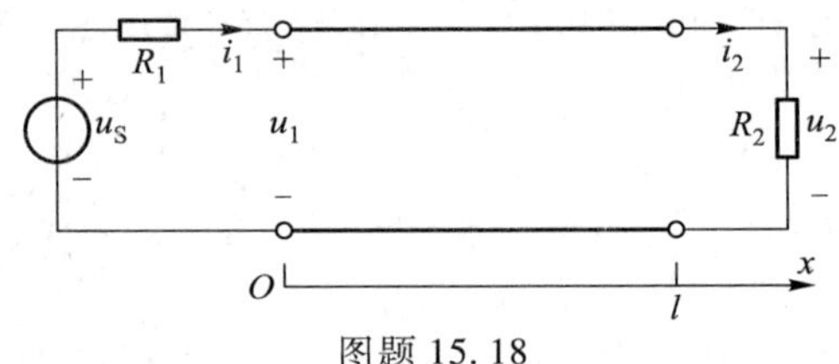

图题 15.18

15.19 一无损线单位长度电容 $C_0 = 8 \times 10^{-12}$ F/m，线长 $l = 30$ m。现将传输线终端短路，在始端发出一脉冲信号，测得该信号往返一次所经历的时间为 0.3 μs，试求该传输线的波阻抗。

15.20 矩形电压波 $u^+ = 200$ kV 和电流波 $i^+ = 400$ A 沿架空线传播，线路终端接有 800 Ω的电阻负载，求波传到终端时负载所承受的电压为多少？

15.21 长度为 $l = 600$ m 的无损线，波阻抗 $Z_c = 500\ \Omega$，终端接 1 kΩ电阻，始端施以阶跃电压 $u_1 = 15\varepsilon(t)$ V，分析始端电流在 $0 < t < 6l/v$ 期间的波过程，最后的稳态值是多少？（波速 v 可按光速计算。）

15.22 图题 15.22 所示电路，已知无损线长 $l = 6$ km，波阻抗 $Z_c = 600\ \Omega$，波速近似光速。又知 $R_S = Z_c$，$R_2 = 1\,800\ \Omega$，$U_S = 240$ V，$t = 0$ 时开关突然接通。试确定无损线中点处电流 i 在 $0 < t < 60$ μs 期间内的变化规律。

15.23 在高频电缆接续处要求行波无论从何方向传来都不致在接头处产生反射波。这可用图题 15.23 所示的 Γ 形电阻网络来实现。若不计两电缆的损失，且波阻抗分别为 Z_{c1} 和 Z_{c2}，$Z_{c1} > Z_{c2}$。试证 R_1 和 R_2 的值分别为 $\sqrt{Z_{c1}(Z_{c1} - Z_{c2})}$ 和 $Z_{c2}\sqrt{Z_{c1}/(Z_{c1} - Z_{c2})}$。如果 $Z_{c1} < Z_{c2}$，应该怎样设计电阻网络？

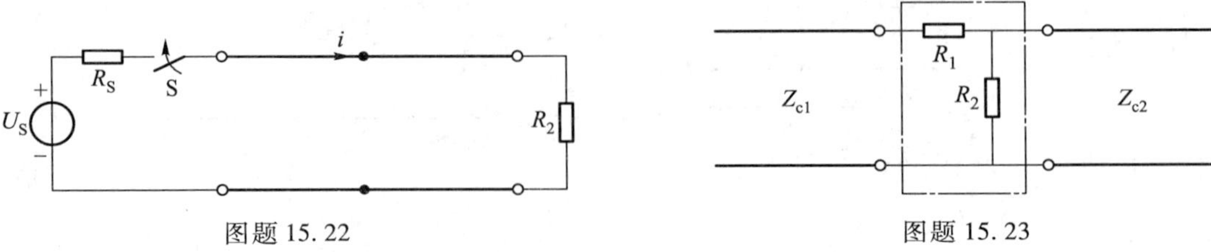

图题 15.22　　图题 15.23

15.24 电路如图题 15.24 所示，用波阻抗 $Z_c=75\ \Omega$ 的电缆传输高压脉冲。设输入脉冲幅值为 5 kV，要求在该电缆的输出端加一升压电缆，以便得到 14 kV 的开路电压脉冲；设升压电缆单位长度延迟时间为 50×10^{-9} s/m，计算此升压延迟电缆的参数 L_0 和 C_0。各电缆的损失可忽略不计。

15.25 两段无损线的连接如图题 15.25 所示，已知 $Z_{c1}=450\ \Omega$，$Z_{c2}=50\ \Omega$，当始端电压为 $u_S=100\varepsilon(t)$ V 时，求波到达连接处时产生的反射波和透射波。

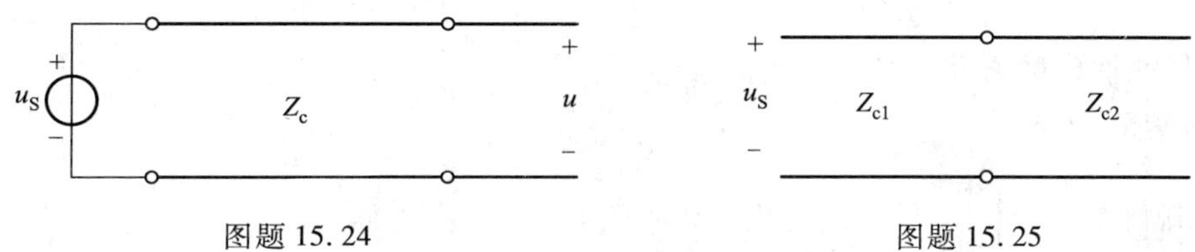

图题 15.24　　图题 15.25

15.26 无损线长为 l，波阻抗 $Z_c=R$，设波速为 v，终端接电容 C，已知始端电压 $u_1=U\varepsilon(t)$。求入射波第一次到达终端后的电容电压 u_C。

15.27 电路如图题 15.27 所示，设无损线长为 1 ms 时间内波所传播的距离，波阻抗 $Z_c=R_S=200\ \Omega$。又知 $R=300\ \Omega$，$L=0.1$ H，$u_S=10\ \varepsilon(t)-10\ \varepsilon(t-0.001)$ V。求 $t>0$ 时的零状态响应 u_2。

15.28 电路如图题 15.28 所示，已知无损线波阻抗 $Z_c=75\ \Omega$，负载 $R=150\ \Omega$，$L=1$ H，i_S 为单位冲激电流源。试以入射波到达终端的时刻为时间起点，求终端反射波电压 u_2^-。

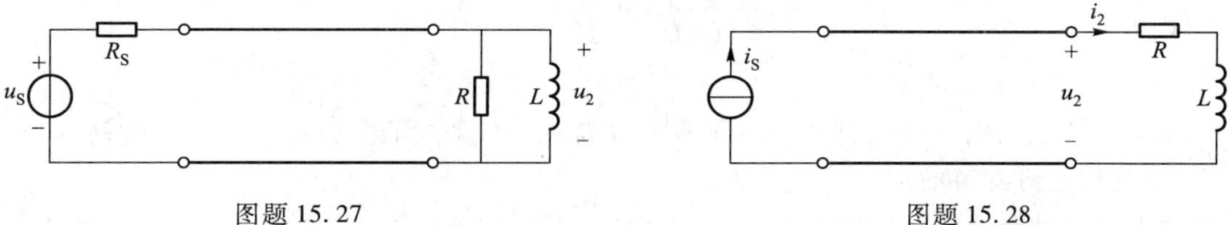

图题 15.27　　图题 15.28

15.29 电路如图题 15.29 所示，波阻抗分别为 $Z_{c1}=100\ \Omega$ 和 $Z_{c2}=400\ \Omega$ 的两端无损线级联，在连接处还接有集中参数的 RC 元件，其中 $R=400\ \Omega$，$C=3\ \mu$F。始端发出的阶跃电压幅值为 15 kV。当波到达连接点时，求在连接点处产生的反射电压、透射电压和透射电流。

15.30 长度 $l=900$ m 的无损线，波阻抗 $Z_c=500\ \Omega$，终端接 1.5 kΩ 电阻，始端施以阶跃电压 $u_1=30\varepsilon(t)$ V。分析始端电流在 $0<t<3l/v$ 期间的变化规律，$t\to\infty$ 时的稳态值是多少？（波速 v 按光速计算。）

15.31 电路如图题 15.31 所示，无损线始端接直流电压源，已经处于稳定状态，电流处处为 I_0，终端接电阻 R_2。在传输线的某位置处突然发生短路，设短路电阻为 R。求从短路处向无损线始端和终端行进的电压行波与电流行波，以及短路处的电压和电流。

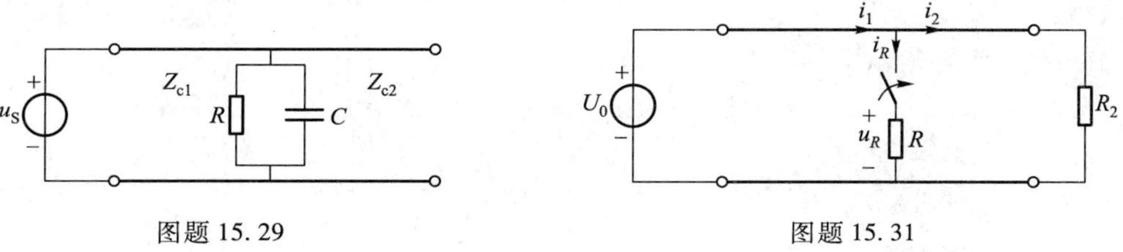

图题 15.29　　图题 15.31

附录 A　常用数学公式与方法

A.1　矩阵与线性代数方程

1. 二阶矩阵的逆

设二阶矩阵为 $\boldsymbol{A}=\begin{bmatrix} a_{11} & a_{12} \\ a_{21} & a_{22} \end{bmatrix}$,则其逆矩阵为

$$\boldsymbol{A}^{-1}=\frac{1}{a_{11}a_{22}-a_{12}a_{21}}\begin{bmatrix} a_{22} & -a_{12} \\ -a_{21} & a_{11} \end{bmatrix}$$

2. 矩阵之积的行列式

设矩阵 $\boldsymbol{A}$、$\boldsymbol{B}$ 为可乘的方阵,则它们之积的行列式等于行列式之积

$$|\boldsymbol{AB}|=|\boldsymbol{A}|\,|\boldsymbol{B}|$$

3. 矩阵乘积的转置

$$(\boldsymbol{AB})^{\mathrm{T}}=\boldsymbol{B}^{\mathrm{T}}\boldsymbol{A}^{\mathrm{T}}$$

4. 矩阵秩的定义

设 $\boldsymbol{A}=(a_{ij})_{m\times n}$,则 $\boldsymbol{A}$ 中行列式不等于零的最高阶子行列式的阶数称为矩阵 A 的秩。

5. 线性代数方程解的性质

齐次性　设方程 $\boldsymbol{AX}=\boldsymbol{B}$ 的解答为$\boldsymbol{X}_0$,则 $\boldsymbol{AX}=k\boldsymbol{B}$ 的解答为 $k\boldsymbol{X}_0$,k 为常数。

可加性　设方程 $\boldsymbol{AX}=\boldsymbol{B}_1$ 的解答为$\boldsymbol{X}_1$,$\boldsymbol{AX}=\boldsymbol{B}_2$ 的解答为 $\boldsymbol{X}_2$,则 $\boldsymbol{AX}=\boldsymbol{B}_1+\boldsymbol{B}_2$ 的解答为 $\boldsymbol{X}_1+\boldsymbol{X}_2$。

A.2　二次型

1. 二次型定义

含有 n 个变量的二次齐次函数

$$f(x_1,x_1,\cdots,x_n)=a_{11}x_1^2+a_{22}x_2^2+\cdots+a_{nn}x_n^2+2a_{12}x_1x_2+\cdots+2a_{1n}x_1x_n$$
$$+2a_{23}x_2x_3+\cdots+2a_{2n}x_2x_n+\cdots+2a_{n-1n}x_{n-1}x_n$$

称为二次型。

2. 二次型的矩阵表示

$$f(x_1,x_2,\cdots,x_n)=f(\boldsymbol{X})=\boldsymbol{X}^{\mathrm{T}}\boldsymbol{AX}$$

其中 $\boldsymbol{A}=\boldsymbol{A}^{\mathrm{T}}$。

3. 正定二次型

设 $f(\boldsymbol{X})=\boldsymbol{X}^{\mathrm{T}}\boldsymbol{AX}$ 是实二次型,则有

(1) 如果对任何非零向量 $\boldsymbol{X}$,都有$\boldsymbol{X}^{\mathrm{T}}\boldsymbol{AX}>0$(或$\boldsymbol{X}^{\mathrm{T}}\boldsymbol{AX}<0$)成立,则称 $f(\boldsymbol{X})=\boldsymbol{X}^{\mathrm{T}}\boldsymbol{AX}$ 为正定(负定)二次型,矩阵 $\boldsymbol{A}$ 称为正定矩阵(负定矩阵)。

(2) 如果对任何非零向量 $\boldsymbol{X}$,都有$\boldsymbol{X}^{\mathrm{T}}\boldsymbol{AX}\geqslant 0$(或$\boldsymbol{X}^{\mathrm{T}}\boldsymbol{AX}\leqslant 0$)成立,且有非零向量$\boldsymbol{X}_0$,使$\boldsymbol{X}_0^{\mathrm{T}}\boldsymbol{AX}_0=0$,

则称 $f(\boldsymbol{X})=\boldsymbol{X}^{\mathrm{T}}\boldsymbol{A}\boldsymbol{X}$ 为半正定(半负定)二次型,矩阵 $\boldsymbol{A}$ 称为半正定(半负定)矩阵。

(3) 霍尔维茨定理:n 阶矩阵 $\boldsymbol{A}$ 为正定矩阵的充分与必要条件是 $\boldsymbol{A}$ 的所有顺序主子式全大于零,即 $|\boldsymbol{A}_k|>0(k=1,2,3,\cdots,n)$,其中

$$|\boldsymbol{A}_k|=\begin{vmatrix} a_{11} & a_{12} & \cdots & a_{1k} \\ a_{21} & a_{22} & \cdots & a_{2k} \\ \vdots & \vdots & & \vdots \\ a_{k1} & a_{k2} & \cdots & a_{kk} \end{vmatrix},\quad (k=1,2,3,\cdots,n)$$ 称为 $\boldsymbol{A}$ 的 k 阶顺序主子式。

(4) 定理:n 阶实对称矩阵 $\boldsymbol{A}$ 为正定矩阵的充分与必要条件是矩阵 $\boldsymbol{A}$ 的所有特征值全为正数。

A.3　三角函数公式

$$\sin(\alpha\pm\beta)=\sin\alpha\cdot\cos\beta\pm\cos\alpha\cdot\sin\beta$$

$$\cos(\alpha\pm\beta)=\cos\alpha\cdot\cos\beta\mp\sin\alpha\cdot\sin\beta$$

$$\sin 2\alpha=2\sin\alpha\cdot\cos\alpha$$

$$\cos 2\alpha=\cos^2\alpha-\sin^2\alpha=1-2\sin^2\alpha=2\cos^2\alpha-1$$

$$\sin\alpha\cos\beta=0.5[\sin(\alpha+\beta)+\sin(\alpha-\beta)]$$

$$\cos\alpha\cos\beta=0.5[\cos(\alpha+\beta)+\cos(\alpha-\beta)]$$

$$\sin\alpha\sin\beta=0.5[\cos(\alpha-\beta)-\cos(\alpha+\beta)]$$

$$\sin\alpha+\sin\beta=2\sin\left(\frac{\alpha+\beta}{2}\right)\cdot\cos\left(\frac{\alpha-\beta}{2}\right)$$

$$\cos\alpha+\cos\beta=2\cos\left(\frac{\alpha+\beta}{2}\right)\cdot\cos\left(\frac{\alpha-\beta}{2}\right)$$

$$\cos\alpha-\cos\beta=-2\sin\left(\frac{\alpha+\beta}{2}\right)\cdot\sin\left(\frac{\alpha-\beta}{2}\right)=2\sin\left(\frac{\alpha-\beta}{2}\right)\cdot\cos\left(\frac{\alpha+\beta}{2}+90^\circ\right)$$

$$A\cos\alpha+B\sin\alpha=\sqrt{A^2+B^2}\cos(\alpha-\beta),\beta=\arctan(B/A)$$

$$\cos^2\alpha=0.5(1+\cos 2\alpha)$$

$$\sin^2\alpha=0.5(1-\cos 2\alpha)$$

$$\sin^3\alpha=\frac{1}{4}(3\sin\alpha-\sin 3\alpha)$$

A.4　复数

1. 欧拉公式

$$\mathrm{e}^{\mathrm{j}\theta}=\cos\theta+\mathrm{j}\sin\theta,\quad \sin\theta=\frac{\mathrm{e}^{\mathrm{j}\theta}-\mathrm{e}^{-\mathrm{j}\theta}}{2\mathrm{j}},\quad \cos\theta=\frac{\mathrm{e}^{\mathrm{j}\theta}+\mathrm{e}^{-\mathrm{j}\theta}}{2}$$

2. 坐标变换

设复数的直角坐标式为 $Z=a+\mathrm{j}b$,极坐标式为 $Z=r\angle\theta$(θ 以弧度为单位),则

直角坐标到极坐标变换:$r=\sqrt{a^2+b^2}$,$\theta=\arctan(b/a)$,$Z=r\mathrm{e}^{\mathrm{j}\theta}$(指数形式)

极坐标到直角坐标变换:$a=r\cos\theta$,$b=r\sin\theta$,$Z=r(\cos\theta+\mathrm{j}\sin\theta)$(三角形式)

3. 运算规则

设两个复数　$Z_1=a_1+\mathrm{j}b_1=r_1\mathrm{e}^{\mathrm{j}\theta_1}$,$Z_2=a_2+\mathrm{j}b_2=r_2\mathrm{e}^{\mathrm{j}\theta_2}$,则有:

共轭　$Z_1^* = a_1 - \mathrm{j}b_1 = r_1 \mathrm{e}^{-\mathrm{j}\theta}$

加减　$Z_1 \pm Z_2 = (a_1 + a_2) \pm \mathrm{j}(b_1 + b_2), Z_1 + Z_1^* = 2a_1 = 2\mathrm{Re}[Z_1], Z_1 - Z_1^* = \mathrm{j}2b_1 = \mathrm{j}2\mathrm{Im}[Z_1]$

乘法　$Z_1 Z_2 = r_1 r_2 \mathrm{e}^{\mathrm{j}(\theta_1 + \theta_2)}, Z_1 Z_2 = (a_1 a_2 - b_1 b_2) + \mathrm{j}(a_1 b_2 + a_2 b_1)$

除法　$\dfrac{Z_1}{Z_2} = \dfrac{r_1}{r_2}\mathrm{e}^{\mathrm{j}(\theta_1 - \theta_2)}, \dfrac{Z_1}{Z_2} = \dfrac{a_1 + \mathrm{j}b_1}{a_2 + \mathrm{j}b_2} = \dfrac{a_1 a_2 + b_1 b_2 + \mathrm{j}(a_2 b_1 - a_1 b_2)}{a_2^2 + b_2^2}$

开方　$\sqrt{Z_1} = \sqrt{r_1}\mathrm{e}^{\mathrm{j}\theta_1/2}$

共轭相乘　$Z_1 Z_1^* = a_1^2 + b_1^2 = r_1^2$

倒数　$1/Z_1 = Z_1^* / |Z_1|^2$

4. 双曲函数

$$\sinh\gamma = \frac{\mathrm{e}^{\gamma} - \mathrm{e}^{-\gamma}}{2}, \quad \cosh\gamma = \frac{\mathrm{e}^{\gamma} + \mathrm{e}^{-\gamma}}{2}, \quad \text{其中 } \gamma = \alpha + \mathrm{j}\beta$$

$$\mathrm{e}^{\gamma} = \cosh\gamma + \sinh\gamma, \quad \mathrm{e}^{-\gamma} = \cosh\gamma - \sinh\gamma$$

$$\sinh \mathrm{j}\beta = \mathrm{j}\sin\beta, \quad \cosh \mathrm{j}\beta = \cos\beta$$

A.5　傅里叶级数

设 $f(t)$ 为非正弦周期函数，即 $f(t) = f(t+T)$，其中 T 称为 $f(t)$ 的周期，$\omega_1 = 2\pi/T$，满足狄里赫利条件，则 $f(t)$ 可以展开成如下形式的傅里叶级数：

$$f(t) = A_0 + \sum_{k=1}^{\infty} A_{km}\cos(k\omega_1 t + \psi_k)$$

表 A.5.1 是常用函数的傅里叶级数。

表 A.5.1　几种常见周期函数的傅里叶级数

序号	$f(t)$ 的波形图	$f(t)$ 的傅里叶级数（$\omega_1 = 2\pi/T$）
1	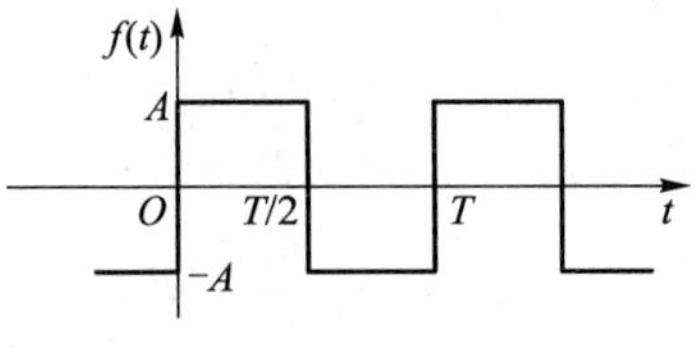	$f(t) = \dfrac{4A}{\pi}\sum_{k=1}^{\infty}\dfrac{1}{2k-1}\sin[(2k-1)\omega_1 t]$
2	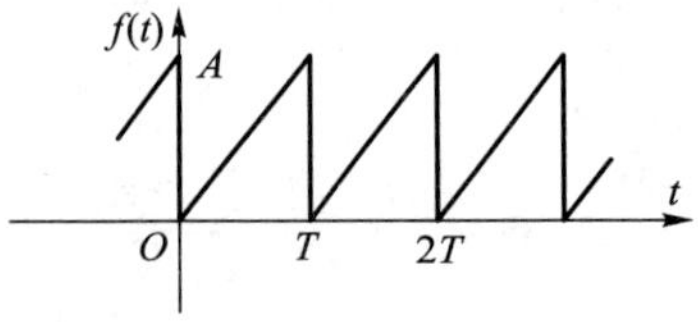	$f(t) = \dfrac{A}{2} - \dfrac{A}{\pi}\sum_{k=1}^{\infty}\dfrac{1}{k}\sin(k\omega_1 t)$
3	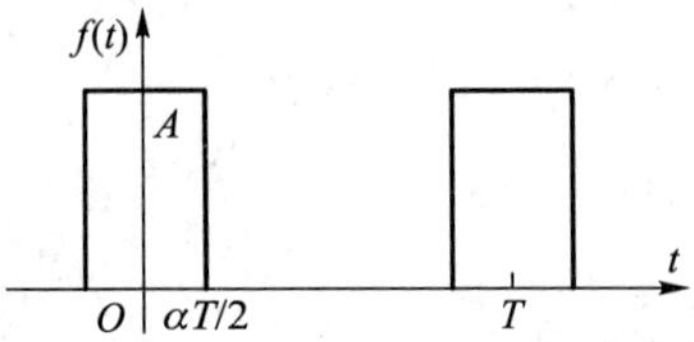	$f(t) = \alpha A + \dfrac{2A}{\pi}\sum_{k=1}^{\infty}\dfrac{\sin(k\alpha\pi)}{k}\cos(k\omega_1 t)$

续表

序号	$f(t)$的波形图	$f(t)$的傅里叶级数($\omega_1=2\pi/T$)
4		$f(t)=\dfrac{8A}{\pi^2}\sum\limits_{k=1}^{\infty}\dfrac{(-1)^{(k-1)}}{(2k-1)^2}\sin[(2k-1)\omega_1 t]$
5		$f(t)=\dfrac{4A}{\alpha\pi}\sum\limits_{k=1}^{\infty}\dfrac{\sin(2k-1)\alpha}{2k-1}\sin[(2k-1)\omega_1 t]$ $(\alpha=2\pi d/T)$
6	$f(t)=\|A\sin(\omega_1 t)\|$	$f(t)=\dfrac{2A}{\pi}-\dfrac{4A}{\pi}\sum\limits_{k=1}^{\infty}\dfrac{1}{4k^2-1}\cos(2k\omega_1 t)$

A.6　泰勒级数

$$\cos\alpha=1-\frac{\alpha^2}{2!}+\frac{\alpha^4}{4!}-\frac{\alpha^6}{6!}+\cdots$$

$$\sin\alpha=\frac{\alpha}{1!}-\frac{\alpha^3}{3!}+\frac{\alpha^5}{5!}-\frac{\alpha^7}{7!}+\cdots$$

$$e^{\alpha}=1+\frac{\alpha}{1!}+\frac{\alpha^2}{2!}+\frac{\alpha^3}{3!}+\frac{\alpha^4}{4!}+\cdots$$

$$e^{j\alpha}=1+\frac{j\alpha}{1!}-\frac{\alpha^2}{2!}-\frac{j\alpha^3}{3!}+\frac{\alpha^4}{4!}+\frac{j\alpha^5}{5!}\cdots=\cos\alpha+j\sin\alpha,$$ 即欧拉公式

A.7　线性微分方程

1. 齐次与非齐次方程的定义

n 阶常系数线性微分方程的一般形式为

$$\frac{d^n y}{dx^n}+a_1\frac{d^{n-1}y}{dx^{n-1}}+\cdots+a_n y=f(x)\tag{A.7.1}$$

其中,$a_1,a_2,\cdots,a_n$ 是实数,$f(x)$是(a,b)上的连续函数。

如果$f(x)=0$,则

$$\frac{d^n y}{dx^n}+a_1\frac{d^{n-1}y}{dx^{n-1}}+\cdots+a_n y=0\tag{A.7.2}$$

称为齐次常系数线性微分方程,简称齐次方程;否则称为非齐次常系数线性微分方程,简称非齐

次方程。

2. 线性微分方程解的性质

性质 1：设 $y_i(x)(i=1,2,\cdots,k)$ 是齐次方程(A. 7. 2)的 k 个解，$b_i(i=1,2,\cdots,k)$ 是任意 k 个实数，则 $\sum_{i=1}^{k} b_i y_i$ 也是该齐次方程的解。

性质 2：设 $y(x)$ 是齐次方程(A. 7. 2)的某个解，$\tilde{y}(x)$ 是非齐次方程(A. 7. 1)的任意特解，则 $\tilde{y}(x)+y(x)$ 是非齐次方程(A. 7. 1)的解。

性质 3：设 $y_i(x)(i=1,2,\cdots,k)$ 是非齐次方程 $\frac{d^n y}{dx^n}+a_1\frac{d^{n-1}y}{dx^{n-1}}+\cdots+a_n y=f_i(x)$ 的解，$f_i(x)$ 是 (a,b) 上的连续函数，则 $\sum_{i=1}^{k} y_i(x)$ 是非齐次方程

$$\frac{d^n y}{dx^n}+a_1\frac{d^{n-1}y}{dx^{n-1}}+\cdots+a_n y=\sum_{i=1}^{k} f_i(x)$$

的解，其中 $a_1,a_2,\cdots,a_n$ 是实数。

性质 4：设 $\tilde{y}(x)$ 是非齐次方程(A. 7. 1)的特解，则 $a\tilde{y}(x)$(a 为实数)是非齐次方程

$$\frac{d^n y}{dx^n}+a_1\frac{d^{n-1}y}{dx^{n-1}}+\cdots+a_n y=af(x)$$

的特解。

A. 8　拉普拉斯变换

1. 定义：设函数 $f(t)$ 当 $t\geqslant 0$ 时有定义，且积分 $\int_{0_-}^{\infty} f(t)e^{-st}dt$ 在复变量 s 的某一域内收敛，则由此确定的积分称为 $f(t)$ 的拉普拉斯变换，记作

$$\mathscr{L}[f(t)]=F(s)=\int_{0_-}^{\infty} f(t)e^{-st}dt$$

其中复变量 $s=\sigma+j\omega$。

2. 拉普拉斯变换的性质

线性性质：设 $\mathscr{L}[f_1(t)]=F_1(s)$，$\mathscr{L}[f_2(t)]=F_2(s)$，$\alpha$、$\beta$ 为常数，则

$$\mathscr{L}[\alpha f_1(t)\pm\beta f_2(t)]=\alpha F_1(s)\pm\beta F_2(s)$$

微分性质：设 $\mathscr{L}[f(t)]=F(s)$，则 $\mathscr{L}[df(t)]=sF(s)-f(0_-)$。

积分性质：设 $\mathscr{L}[f(t)]=F(s)$，则 $\mathscr{L}\left[\int_0^t f(\lambda)\,d\lambda\right]=\frac{F(s)}{s}$。

位移性质：设 $\mathscr{L}[f(t)]=F(s)$，则有 $\mathscr{L}[e^{at}f(t)]=F(s-a)$($a$ 为常数)。

延迟性质：设 $\mathscr{L}[f(t)]=F(s)$，又当 $t<0$ 时，$f(t)=0$，则对于任意非负实数 τ 有

$$\mathscr{L}[f(t-\tau)]=e^{-\tau s}F(s)$$

初值定理：设 $\mathscr{L}[f(t)]=F(s)$，且 $\lim_{s\to\infty} sF(s)$ 存在，则 $f(0)=\lim_{s\to\infty} sF(s)$。

终值定理：设 $\mathscr{L}[f(t)]=F(s)$，且 $\lim_{s\to 0} sF(s)$ 存在，则 $f(\infty)=\lim_{s\to 0} sF(s)$。

卷积定理：设 $\mathscr{L}[f_1(t)]=F_1(s)$，$\mathscr{L}[f_2(t)]=F_2(s)$，则 $\mathscr{L}[f_1(t)*f_2(t)]=F_1(s)\cdot F_2(s)$。

下表列出了常用函数的拉普拉斯变换对。

表 A.8.1　常用函数的拉普拉斯变换对(表中 A、α、ω、ψ 为常数)

序号	原函数 $f(t)\ (t\geqslant 0)$	象函数 $F(s)$	序号	原函数 $f(t)\ (t\geqslant 0)$	象函数 $F(s)$
1	A	$\dfrac{A}{s}$	9	$\sin(\omega t)$	$\dfrac{\omega}{s^2+\omega^2}$
2	$A\varepsilon(t)$	$\dfrac{A}{s}$	10	$\cos(\omega t)$	$\dfrac{s}{s^2+\omega^2}$
3	$A\delta(t)$	A	11	$\sin(\omega t+\psi)$	$\dfrac{s\sin\psi+\omega\cos\psi}{s^2+\omega^2}$
4	$Ae^{-\alpha t}$	$\dfrac{A}{s+\alpha}$	12	$\cos(\omega t+\psi)$	$\dfrac{s\cos\psi-\omega\sin\psi}{s^2+\omega^2}$
5	$A(1-e^{-\alpha t})$	$\dfrac{A\alpha}{s(s+\alpha)}$	13	$e^{-\alpha t}\sin(\omega t+\psi)$	$\dfrac{(s+\alpha)\sin\psi+\omega\cos\psi}{(s+\alpha)^2+\omega^2}$
6	$(1-\alpha t)e^{-\alpha t}$	$\dfrac{s}{(s+\alpha)^2}$	14	$e^{-\alpha t}\cos(\omega t+\psi)$	$\dfrac{(s+\alpha)\cos\psi-\omega\sin\psi}{(s+\alpha)^2+\omega^2}$
7	t^n(n 为正整数)	$\dfrac{n!}{s^{n+1}}$	15	$2\lvert B\rvert e^{\alpha t}\cos(\omega t+\psi)$	$\dfrac{B}{s-p}+\dfrac{B^*}{s-p^*}$ $B=\lvert B\rvert\angle\psi$ $p=\alpha+j\omega$ B^*,p^* 表示共轭复数
8	$t^n e^{-\alpha t}$ (n 为正整数)	$\dfrac{n!}{(s+\alpha)^{n+1}}$			

附录 B　麦克斯韦方程组

1. 积分形式

(1) $\oiint_S \boldsymbol{D}\cdot \mathrm{d}\boldsymbol{S} = \sum_i q_i$　高斯定理,电场的有源性。

(2) $\oint_l \boldsymbol{E}\cdot \mathrm{d}\boldsymbol{l} = -\iint_S \frac{\partial \boldsymbol{B}}{\partial t}\cdot \mathrm{d}\boldsymbol{S} = -\frac{\partial \Phi}{\partial t}$　法拉第电磁感应定律。

(3) $\oiint_S \boldsymbol{B}\cdot \mathrm{d}\boldsymbol{S} = 0$　磁场中的高斯定理,磁场的无源性。

(4) $\oint_l \boldsymbol{H}\cdot \mathrm{d}\boldsymbol{l} = \iint_S \boldsymbol{J}\cdot \mathrm{d}\boldsymbol{S} + \iint_S \frac{\partial \boldsymbol{D}}{\partial t}\cdot \mathrm{d}\boldsymbol{S} = \sum_i I_i + I_D$　安培定律,磁场的有旋性

式中,$\boldsymbol{E}$ 代表电场强度矢量;$\boldsymbol{D}$ 代表电位移矢量;$\boldsymbol{B}$ 代表磁感应强度矢量;$\boldsymbol{H}$ 代表磁场强度矢量;$\boldsymbol{J}$ 表示电流密度矢量;I_i 代表传导电流;I_D 代表位移电流。

2. 微分形式

(1) $\mathrm{div}\ \boldsymbol{D} = \nabla \times \boldsymbol{D} = \rho$　高斯定理,电场的有源性,ρ 表示电荷体密度。

(2) $\mathrm{rot}\ \boldsymbol{E} = \nabla \times \boldsymbol{E} = -\frac{\partial \boldsymbol{B}}{\partial t}$　法拉第电磁感应定律。

(3) $\mathrm{div}\ \boldsymbol{B} = \nabla \times \boldsymbol{B} = 0$　磁场中的高斯定理,磁场的无源性。

(4) $\mathrm{rot}\ \boldsymbol{H} = \nabla \times \boldsymbol{H} = \boldsymbol{J} + \frac{\partial \boldsymbol{D}}{\partial t}$　安培定律,磁场的有旋性。

3. 各向同性介质的电磁性质方程

$$\boldsymbol{D} = \varepsilon \boldsymbol{E},\quad \boldsymbol{B} = \mu \boldsymbol{H},\quad \boldsymbol{J} = \gamma \boldsymbol{E}$$

式中系数 ε、μ 和 γ 分别是介质的介电常数、磁导率和电导率。

附录 C　电路理论知识导图

下图是本教材所涉及的电路理论内容及其相互关系的宏观描述，以帮助读者从全局角度把握电路理论内容体系。

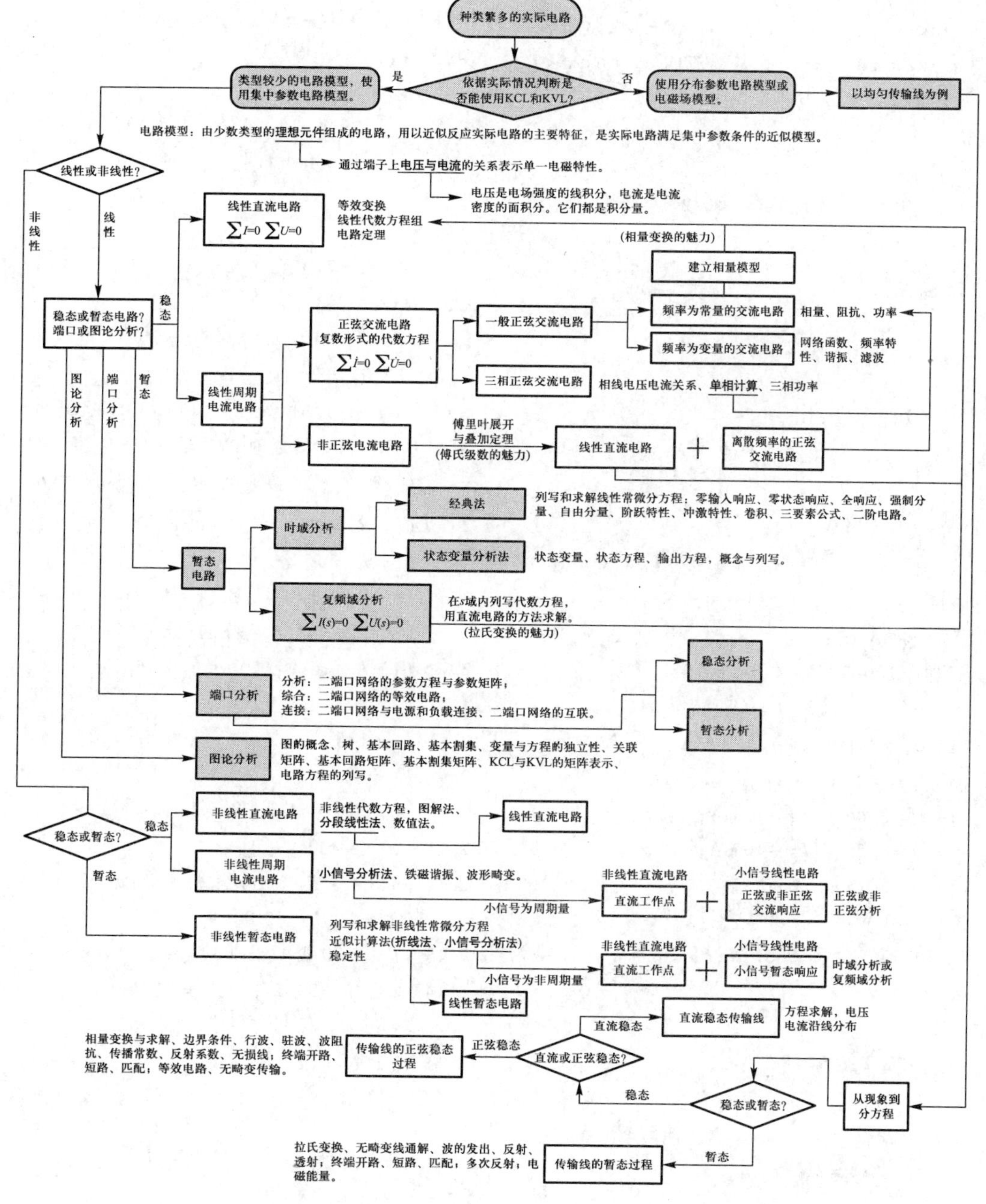

附录D 部分习题参考答案

第1章

1.1 (a) $0<\omega t<\pi/2$ 或 $3\pi/2<\omega t<2\pi$ 时，从 b 流向 a；$\pi/2<\omega t<3\pi/2$ 时，从 a 流向 b。(b) $0<t<0.3466$ s 时，从 b 指向 a；$t>0.3466$ s 时，从 a 指向 b。

1.2 $p(t)=\begin{cases}4\ \text{W} & 0<t<0.1\ \text{s}\\ 1.44\ \text{W} & 0.1\ \text{s}<t<0.2\ \text{s}\end{cases}$；$W_e=21.76$ J。

1.3 (a) $i(t)=\begin{cases}1\ \text{A} & 0<t\leqslant 1\ \text{s}\\ 0 & 1\ \text{s}<t\leqslant 2\ \text{s}\\ -1\ \text{A} & 2\ \text{s}<t\leqslant 3\ \text{s}\end{cases}$；(b) $u=1$ V。

1.4 $i(t)=\begin{cases}0, & t<0\\ 4\ \text{A}, & 0\leqslant t\leqslant 1\ \text{s}\\ -4e^{-(t-1)}\text{A}, & t>1\ \text{s}\end{cases}$。

1.5 $u_S=\pm(2t+4)$ V。

1.6 (1) $t=3$ s；(2) $\Psi=-1$ Wb，$W=1$ J。

1.7 $|u|_{max}=2$ V。

1.8 $i(4\ \text{s})=4$ A。

1.9 $i=2(1-10te^{-10t}-e^{-10t})$，$t>0$。

1.11 (1) $U_{ab}=7$ V；(2) $I=0.8$ A。

1.12 (1) $U_A=10$ V；(2) $I_B=-1$ A；(3) $I_C=-1$ A；(4) P_D-20 mW。

1.13 (1) $U=-40$ V，$I=-1$ mA；(2) $U=-50$ V，$I=-1$ mA；(3) $U=50$ V，$I=1$ mA；

1.14 $P_{8V}=-8$ W，$P_{3A}=42$ W。

1.15 $P_1=0.59$ W，$P_2=0.01$ W，$P_3=0.6$ W。

1.16 $U=0.48$ V。

1.17 $r=2\ \Omega$。

1.18 $I\approx 2.222$ A，$U\approx 0.889$ V。

1.19 $R=-2\ \Omega$。

1.20 $i_1=-1$ A，$i_2=4$ A，$i_3=3$ A，$i_4=5$ A。

1.21 $u_1=44$ V，$u_2=214$ V。

1.22 $I_1=2$ A，$I_2=6$ A，$I_3=-4$ A，$I_4=1$ A，$I_5=4$ A。

1.23 $U_1=8$ V，$U_2=-10$ V，$U_3=18$ V。

1.24 $I=3$ A，$I_{12}=-(1/6)$ A，$I_{23}=(11/6)$ A，$I_{31}=-(7/6)$ A。

1.25 $U_S=90$ V，$I=1$ A。

1.26 $U=1.4$ V，$I=3$ A；$U=1.4$ V，$I=3$ A。

1.27 $W_C=0.2304$ J，$W_L=1.44\times10^{-3}$ J。

第2章

2.1 (1) $R=7\ \Omega$；(2) $R=(4/7)\ \Omega$。

2.2 $R_1=38$ kΩ，$R_2=(10/3)$ kΩ。

2.3 (a) $R_{ab}=10\ \Omega$；(b) $R_{ab}=5\ \Omega$；(c) $R_{ab}=2$ kΩ。

2.4 (a) 接通时：$R_{ab}=(6/13)R$；断开时：$R_{ab}=0.5R$；(b) 接通时：$R_{ab}=(4/7)R$；断开时：$R_{ab}=(2/3)R$；(c) 接通时：$R_{ab}=R$；断开时：$R_{ab}=R$。

2.5 (a) $R_x=(R+\sqrt{R^2+4Rr})/2$；(b) $R_x=15\ \Omega$。

2.6 (a) $R_{ab}=R(1-\alpha)$；(b) $R_{ab}=4/(1+\mu)\ \Omega$；(c) $R_{ab}=8/(6-\mu)\ \Omega$。

2.7 (1) $U_V=6$ V；(2) $U_V=6.75$ V；(3) $U_V=7.2$ V。

2.8 $I_{ab}=1$ A。

2.9 $I_0=-1$ A。

2.10 $U_1=30$ V，$I_2=2$ mA。

2.11 $U=-400$ V。

2.12 $375\ \Omega<R_3<750\ \Omega$，$R_4=600R_3/(3000-R_3)$。

2.13 $R_1=500\ \Omega$，$R_2=3$ kΩ。

2.14 (a) $U=2-2I$；(b) $I=3-U/5$；(c) $U=100-5I$。

2.15 (a) $u=(1-\beta)iR+u_S$；(b) $u=(r+R)(i_S+i)$；(c) $u=\left(r+R_1+\dfrac{R_2}{1-gR_2}\right)i$。

2.16　$I=0.5\ \text{A}$。

2.17　$P=3.18\ \text{W}$。

2.18　$U_{ab}=-10.2\ \text{V}$。

2.19　(a) $R=35\ \Omega$;(b) $R=1\ \Omega$。

2.20　$I_1=1.5\ \text{A}, I_2=0.75\ \text{A}$。

2.23　$I\approx 0.717\ \text{A}$。

2.24　$I=5\ \text{A}$。

2.25　$\mu=-7.25$。

2.27　$U_{ab}=35\ \text{V}$。

2.28　$U_{n1}=0\ \text{V}, U_{n2}=-2\ \text{V}, U_{n3}=-3\ \text{V}$,
$U_{n4}=-7\ \text{V}$。

2.29　$U_{n1}=-2\ \text{V}, U_{n2}=-14\ \text{V}, U_{n3}=-7\ \text{V}$。

2.31　$P=34\ \text{W}$。

2.32　$U_{na}=30\ \text{V}$。

2.33　$I\approx -0.962\ \text{mA}$。

2.34　U_{na}的变化范围:$-3\sim 9\ \text{V}$。

2.37　(a) $I=11\ \text{A}$;(b) $I=8\ \text{A}$。

2.38　$U_{n1}=-\frac{7}{47}U_{S1}+\frac{12}{47}U_{S2}-\frac{45}{47}I_S$。

2.39　$P_{5\ \text{V电源}}=0\ \text{W}, P_{10\ \text{V电源}}=350\ \text{W}$,
$P_{5\ \text{A电源}}=-25\ \text{W}$。

2.40　$U_S=(165/13)\ \text{V}$。

2.41　$I_1=(7/3)\ \text{A}, I_2=(13/3)\ \text{A}$。

第 3 章

3.1　$U_0/U_S=4/11$。

3.2　$U=30\ \text{V}$。

3.3　$I=1\ \text{A}, P_{1\ \Omega}\approx 2.007\ \text{W}$。

3.4　$I=-10\ \text{A}, P_{1\ \Omega}=100\ \text{W}$。

3.5　$I_x=4\ \text{A}$。

3.6　$I_S=6\ \text{A}$。

3.7　$I_1=-1.5\ \text{A}$。

3.8　(1) $U_0=2.5\ \text{V}$;(2) $U_0=1.5\ \text{V}$;
(3) $U_0=4\ \text{V}$。

3.9　$P_{I_{S1}}=52\ \text{W}, P_{I_{S2}}=78\ \text{W}$。

3.10　$I_2=2.5\ \text{A}, U_3=5\ \text{V}$。

3.11　(a) $U_{OC}=15\ \text{V}, R_{eq}=5\ \Omega$;
(b) $U_{OC}=100\ \text{V}, R_{eq}=5\ \Omega$;
(c) $U_{OC}=15\ \text{V}, R_{eq}=0$;
(d) $I_{SC}=10\ \text{A}$。

3.12　(a) $U_{OC}=8\ \text{V}, R_{eq}=-10\ \Omega$;
(b) $U_{OC}=12\ \text{V}, R_{eq}=4\ \Omega$。

3.13　$I=-0.75\ \text{A}$。

3.14　$U=18\ \text{V}$。

3.15　$R_x=4\ \Omega$。

3.16　$R=2\ \Omega$。

3.17　$I=3\ \text{A}$。

3.18　$U=22.5\ \text{V}$。

3.19　$U_{OC}=18\ \text{V}, R_{eq}=5\ \Omega$。

3.20　$P_R=16.875\ \text{W}$。

3.21　$U_{OC}=12\ \text{V}, R_{eq}=4\ \Omega$。

3.22　$P_R=15\ \text{W}$。

3.23　$R_S=0.04\ \Omega$。

3.24　$R_1=5\ \text{k}\Omega$。

3.25　$U_{OC}=10\ \text{V}, R_{eq}=5\ \text{k}\Omega$。

3.26　$R_L=7\ \Omega$ 时,$P_{max}\approx 5.143\ \text{W}$。

3.27　$R=4\ \Omega$ 时,$P_{max}=16\ \text{W}$。

3.28　$I=4\ \text{A}$。

3.29　(1) $R=3\ \Omega$;(2) 电流源为(2/3) A,方向由下向上。

3.30　(1) $I=1.5\ \text{mA}$;(2) $I=0.9\ \text{mA}$。

3.31　$I_1=(80/27)\ \text{A}, I_2=(118/27)\ \text{A}$。

3.32　$I=2\ \text{A}$。

3.33　$I=4\ \text{A}$。

3.34　$I=0.4\ \text{A}, I_1=(1/80)\ \text{A}$。

3.35　$I_2=9(6+R)/(9+R)$。

3.36　$R=36\ \Omega$。

3.37　$I=1\ \text{A}$。

3.38　(1) $R=0.5\ \Omega$;
(2) $R=0.5\ \Omega$ 时,$P_{max}=4.5\ \text{W}$。

3.39　$I_1=I_2=3\ \text{A}$。

3.40　$I=1.6\ \text{A}$ 。

3.41　$\tilde{I}_1=5\ \text{A}$。

3.42　$U_1=-1.6\ \text{V}$。

3.43　$I=(7/3)\ \text{A}$。

3.44　$R=2\ \Omega$。

3.45　$U=80\ \text{V}$。

3.46　$K_1=(1/84)\ \text{S}, K_2=(1/84)\ \text{S}, K_3=(1/28)\ \text{S}$,
$K_4=(2/21)\ \text{S}$。

3.47　$R_1=1\ \Omega, R_2=2\ \Omega$。

第 4 章

4.1　$U\approx 70.7\ \text{V}, I_1\approx 1.414\ \text{A}, I_2\approx 2.828\ \text{A}$,

$I_3 \approx 3.54$ A；$\psi_u = 10°$，$\psi_{i1} = 100°$，$\psi_{i2} = 10°$，
$\psi_{i3} = -80$；$\varphi_1 = -90°$，$\varphi_2 = 0°$，$\varphi_3 = 90°$。

4.2　$I_m = 12$ mA，$T = 1$ ms，$f = 1\ 000$ Hz，
$\omega = 2\ 000\pi$ rad/s，$\psi = -0.3\pi$ rad，
$i = 12\cos(\omega t - 0.3\pi)$ mA。

4.3　（1）$\dot I_1 = \sqrt{2}\angle -30°$ A，$\dot I_2 = \frac{3\sqrt{2}}{2}\angle -45°$ A；
（2）$\dot U_1 = 50\sqrt{2}\angle 120°$ V，
$\dot U_2 = 125\sqrt{2}\angle -180°$ V。

4.4　（a）$u = 10\cos(\omega t - 10°)$ V；
（b）$u \approx 10\sqrt{2}\cos(\omega t + 233.1°)$ V；
（c）$i \approx 20.8\cos(\omega t - 89.4°)$ A；
（d）$i = 30\sqrt{2}\cos(\omega t + 180°)$ A。

4.5　（a）$\dot U_m = j\omega N\dot\Phi_m$；（b）$\dot U_m = R\dot I_m + j\omega L\dot I_m$。

4.6　$i \approx 5\cos(\omega t - 26.86°)$ A。

4.7　（a）$u_C = \frac{\sqrt{2}I_m}{\omega C}\cos(\omega t - 15°)$ V，
$u_L = \sqrt{2}\omega L I_m\cos(\omega t + 165°)$ V；
（b）$i_C = \sqrt{2}\omega C U_m\cos(\omega t + 45°)$ A，
$i_L = \frac{\sqrt{2}U_m}{\omega L}\cos(\omega t - 135°)$ A。

4.8　$u_R = 100\cos(314t)$ V，
$u_L \approx 31.4\cos(314t + 90°)$ V，
$u_C \approx 318.5\cos(314t - 90°)$ V，
$u \approx 304\cos(314t - 70.8°)$ V。

4.9　$i_C = 2\sqrt{2}\cos(\omega t + 90°)$ A，
$i_1 \approx \sqrt{10}\cos(\omega t + 63.43°)$ A，
$u_R = 200\sqrt{2}\cos(\omega t)$ V，
$u_L \approx 200\sqrt{10}\cos(\omega t + 153.43°)$ V，
$u \approx 400\cos(\omega t + 135°)$ V。

4.10　（a）$U = 30$ V，$I = 3$ A；（b）$U = 60$ V，
$I \approx 2.33$ A；（c）$U = 50$ V，$I = 1$ A。

4.11　$\dot I_1 = 1\angle 0°$ A，$\dot U_1 = 10\angle 0°$ V；$\dot I_L = 1\angle 0°$ A，
$\dot U_L = 17.3\angle 90°$ V，$\dot U_2 \approx 20\angle 60°$ V，
$\dot I_2 \approx 1\angle 60°$ A；$\dot I_C \approx 1.73\angle 30°$ A，
$\dot U_C \approx 17.3\angle -60°$ V。

4.12　$I_S = 1$ A。

4.13　（a）$Z_{ab} = \frac{2R - \omega^2 RLC + j(\omega L + \omega R^2 C)}{-\omega^2 LC + j2\omega RC}$；
（b）$Z_{ab} = \frac{X_L(X_C - X_L) + jR(2X_L - X_C)}{R + j(X_L - X_C)}$。

4.14　$Z = \frac{R^2 + \frac{L}{C} + jR\left(\omega L - \frac{1}{\omega C}\right)}{2R + j\left(\omega L - \frac{1}{\omega C}\right)}$；
$R = \sqrt{L/C}$时，$Z = R$。

4.15　$Z \approx 11.268\angle 9.181°$ Ω。

4.16　$R = 160$ Ω，$C \approx 66.67$ μF；$R = 100$ Ω；
$R = 40$ Ω，$L = 0.06$ H。

4.17　i_2 超前 i_1 的角度约为 126.87°。

4.18　$R = 2$ Ω，$R_2 = 10$ Ω，$X_L \approx 5.773$ Ω。

4.19　$R \approx 5.3$ Ω，$L \approx 0.034\ 3$ H。

4.20　$R = X_L$，$X_C = X_L$。

4.21　$\dot I \approx 0.495\angle 72.26°$ A。

4.22　$\dot I_C \approx 6.325\angle -18.43°$ A。

4.23　$i = \cos(100t)$ A。

4.24　u_o 超前 u_i 的相位差为 90°。

4.25　$\dot U_o = \frac{(1 - \omega^2 C^2 R^2)\dot U_i}{1 - \omega^2 C^2 R^2 + j4\omega CR}$，$\omega = \frac{1}{RC}$。

4.26　$R_1 C_1 = R_2 C_2$。

4.27　（1）$R_2 = 200$ Ω；（2）u_2 与 u_S 的相位差约为 18.435°。

4.28　$\dot U_{oc} = 40\sqrt{2}\angle 135°$ V，
$Z_{eq} \approx 22.36\angle 153.43°$ Ω。

4.29　$\dot U_{oc} \approx 124\angle 29.7°$ V，$Z_{eq} \approx 124\angle 29.7°$ Ω。

4.30　$\omega = 1/\sqrt{LC} = 100$ rad/s，
$u = 10\sqrt{2}\cos(\omega t - 90°)$ V。

4.31　$C = 250$ μF。

4.32　$\dot U_o = \frac{j\omega CR - 1}{2(1 + j\omega CR)}\dot U_i$，180° ~ 0°。

4.33　$C = 5$ μF，$\dot I$ 的辐角从 −90°变到 90°。

4.34　$\omega = 1/(RC)$，$\dot U_2/\dot U_1 = 1/3$。

4.35　$R_1 C_1 = R_2 C_2$，$\dot U_o/\dot U_i = R_2/(R_1 + R_2)$。

4.36　$i = \sqrt{2}\cos(100t)$ A，$P = 10$ W，
$Q = -10$ var。

4.37　（1）$R \approx 11.547$ Ω，$X_C = 20$ Ω；
（2）$U_1 \approx 31.4$ V；（3）$P \approx 3\ 465$ W，
$Q \approx -1\ 372$ var。

4.38　（1）$Y_{eq} = (0.125 + j0.025)$ S；
（2）$P = 450$ W，$Q = -90$ var，
$S \approx 458.9$ V·A，$\lambda \approx 0.981$。

4.39　$u_S = 200\sqrt{2}\cos(100t)$ V，

$\widetilde{S} = (4\,000 + j4\,000)$ V·A。

4.40　$Z \approx R + jX_L = (2.88 + j2.16)$ Ω，

$R = 2.88$ Ω，$L \approx 6.88$ mH。

4.41　$Z_L \approx j3.66$ Ω，$U_2 \approx 36.6$ V。

4.42　$P_W = 200$ W。

4.43　$Z \approx (63.51 + j36.67)$ Ω，

$P \approx 762.12$ W。

4.44　$I \approx 48.1$ A，$\lambda \approx 0.756$；$C \approx 201$ μF，

$I' \approx 40.40$ A。

4.45　（1）$P \approx 500$ W，$\lambda \approx 0.707$；

（2）$C \approx 335.658$ μF。

4.46　$U \approx 240.2$ V，$I \approx 4.12$ A。

4.47　（1）500 盏；（2）$I' \approx 90.91$ A，

$C \approx 2\,279.4$ μF；（3）500 盏。

4.48　还能接入 53 盏。

4.49　$Z_L = (0.8 + j0.4)$ Ω 时，$P_{max} = 0.125$ W

4.50　$L \approx 0.485$ mH，$C \approx 0.019\,4$ μF，

$P_{max} = 2$ mW。

第 5 章

5.2　$u_1 = (8te^{-20t} - 0.816e^{-10t})$ V。

5.3　理想电压表读数为 100 V。

5.4　电路(a)等效阻抗的模更大。

5.5　$L_{eq} = L_1 - M^2/L_2$。

5.6　（a）$Z = \dfrac{j2\omega - 3\omega^2}{2 + j4\omega}$ Ω；

（b）$Z = j\omega \dfrac{5.7\omega^2 - 1}{50.07\omega^2 - 1}$ Ω；

（c）$Z = j\omega \dfrac{1}{2.89 - \omega^2}$ Ω。

5.7　断开时：$Z = (20 + j90)$ Ω；

接通时：$Z = (18 + j14)$ Ω。

5.8　$L_{eq} = M$。

5.10　$\dot{U}_{oc} \approx 158.1\angle -18.43°$ V，

$Z_{eq} \approx 176.8\angle 81.87°$ Ω。

5.12　$L_a = \dfrac{L_1L_2 + L_1L_3 + L_2L_3}{L_2 + L_3}$，$L_b = \dfrac{L_3{}^2}{L_2 + L_3}$，

$n = \dfrac{L_3}{L_2 + L_3}$。

5.13　$C_{eq} = C/n^2$。

5.14　$\dot{U}_s = (15 + j5)$ V。

5.15　$\dot{I} = (0.6 - j4)$ A。

5.16　$U_{AB} \approx 83.63$ V。

5.17　$M = \sqrt{L_1L_2}$，$I = U_S(L_1 - M)/(RL_1)$。

5.18　$Z_L = (0.2 - j9.8)$ Ω 时，$P_{max} = 10$ W。

5.19　$n = 0.5$。

5.20　$P_{8\,\Omega} = 2e^{-20t}$ W。

5.21　$n = 0.5$，$P_{max} \approx 444.44$ W。

5.22　$Z_L = (2.5 + j2.5)$ Ω 时，$P_{max} = 0.625$ W，

$S \approx 0.884$ V·A，$\lambda \approx 0.707$。

5.23　$R_L = 128.8$ Ω 时，$P \approx 85.63$ W。

5.24　$n_1 = 10$，$n_2 = 2$ 时，$P_{max} = 50$ W。

5.25　（1）$n_1 = 5$，$n_2 = 40\sqrt{2}$；

（2）$P_{R2} = 0.8$ W；

（3）$U_{R1} = 4$ V。

5.27　$\widetilde{S} \approx (11.30 + j15.14)$ V·A。

5.28　$Z_{ab} = \dfrac{N_2^2 Z}{(N_1 + N_2)^2}$。

第 6 章

6.1　$u_{AB} \approx 538.67\cos(\omega t)$ V，

$u_{BC} \approx 538.67\cos(\omega t - 120°)$ V，

$u_{CA} \approx 538.67\cos(\omega t - 240°)$ V。

6.2　$U_{AB} \approx 380$ V，$U_{BC} = 220$ V，$U_{CA} = 440$ V。

6.3　不考虑环流时相电流为 5.774 A。

6.4　电源相电流 $82.5\angle 0°$ A；

负载相电流近似 47.6 A。

6.5　$\dot{U}_{BC} \approx 250\angle -6.869°$ V。

6.6　$Z \approx 44\angle 35°$ Ω。

6.7　$U_L \approx 395$ V。

6.8　$U_{AN'} \approx 198.4$ V，$U_{BN'} \approx 221.46$ V，

$U_{CN'} \approx 242.33$ V。

6.9　（1）$\dot{U}_{N'N} \approx 67.58\angle -81.14°$ V；

（2）$\dot{I}_0 \approx 14.25\angle -113.13°$ A。

6.10　$I_A = I_B \approx 3.863\,7$ A，$I_C = 2$ A。

6.11　（1）$U_P \approx 220$ V，$I_P \approx 22$ A；

（2）$U_{AN'} = U_{BN'} = 190$ V，$U_{CN'} \approx 329$ V，

$I_{AN'} = I_{BN'} \approx 22$ A；

（3）$U_{AN'} = U_{BN'} = 380$ V，

$I_{AN'} = I_{BN'} = 38$ A，$I_{CN'} \approx 65.82$ A。

6.12 (1) $I_2=5$ A, $I_1=I_3\approx2.89$ A; (2) $I_2=0$, $I_1=I_3\approx4.33$ A。

6.13 (1) $i_B=220\cos(314t-165°)$ A, $i_C=220\cos(314t+75°)$ A, $i_0=0$ A;
(2) $i_B=220\cos(314t-165°)$ A, $i_C=220\cos(314t+75°)$ A, $i_0\approx286\sqrt{2}\cos(314t-57.53°)$ A。

6.14 $\lambda\approx0.555$, $P\approx4\ 443$ W。

6.15 $Z_Y\approx(3.62+j2.09)\ \Omega$, $Z_\Delta=3Z_Y$。

6.16 $\lambda\approx0.819$, $P\approx2.695$ kW。

6.17 $P_Y\approx8\ 688$ W; $P_\Delta\approx26\ 064$ W。

6.18 $U_{AB}\approx393.5$V。

6.19 $P_Y\approx656.6$ W, $P_\Delta\approx1\ 895.5$ W。

6.20 $U_{\Delta L}\approx323.86$ V, $I_{\Delta L}\approx25.93$ A, $P\approx2\ 550.2$ W。

6.21 $P_L\approx3\ 826.9$ W, $Q_L\approx2\ 456.1$ var, $U_L\approx345.58$ V。

6.22 $C\approx191\ \mu$F, $U_L\approx328.5$ V, $P\approx8\ 633$ W。

6.23 $Q=4\ 000\sqrt{3}$ var。

第 7 章

7.1 $I=0.4$ A, $P=16$ W。

7.2 $R=10\ \Omega$, $L\approx31.9$ mH, $C\approx318.3\ \mu$F, $\psi_i\approx99.45°$。

7.3 (1) $U\approx81.01$ V, $I\approx58.74$ mA;
(2) $P\approx3.417$ W; (3) $Z_{(1)}=1.25\angle-45°$ kΩ, $Z_{(2)}=2.5$ kΩ, $Z_{(3)}=2.5\angle45°$ kΩ。

7.4 $i(t)\approx[10\cos(\omega_1t-45°)+0.632\sqrt{2}\cos(3\omega_1t-41.6°)]$ A, $I\approx7.099$ A, $U_{(3)}/U\approx19.61\%$, $I_{(3)}/I\approx8.901\%$。

7.5 $U_{(1)}\approx77.14$ V, $U_{(3)}\approx63.64$ V。

7.6 $i(t)\approx[31.11\sqrt{2}\cos(\omega t+65°)+20.87\sqrt{2}\cos\cdot(3\omega t-11.6°)]$ A, $I\approx37.46$ A, $P\approx7.016$ kW。

7.7 $u(t)\approx[1+\sqrt{2}\cos(\omega t-90°)+0.055\sqrt{2}\cos\cdot(2\omega t-146.3°)]$ V, $P\approx2.04$ W。

7.8 $i(t)\approx[4\cos(\omega_1t)+3.57\cos(2\omega_1t+26.57°)]$ A, $P=8$ W。

7.9 $I\approx1.225$ A。

7.10 $P=190$ W。

7.11 $P_1\approx2.29$ W, $P_2\approx0.092$ W, $P\approx2.382$ W。

7.12 $i(t)\approx[1.096\sqrt{2}\cos(\omega_1t+80.54°)+1.5\cos(6\omega_1t+45°)]$ A, $I\approx1.525$ A。

7.13 $U_2\approx18.16$ V。

7.14 $I_2\approx1.335$ A。

7.15 $P=172$ W。

第 8 章

8.1 $H(j\omega)=\dfrac{1}{1+\dfrac{1}{j\omega CR}}$, $\omega_c=\dfrac{1}{RC}$。

8.2 $Z(j\omega)=\dfrac{1}{10^{-3}+j\omega\times10^{-6}}$, $\omega_c=1\ 000$ rad/s。

8.3 $R_1=R_2=\sqrt{L/C}$, $Z(j\omega)=R_1$。

8.4 $H(j\omega)=\dfrac{1}{1-\omega^2LC+j\omega L/R}$。

8.5 $H(j\omega)=\dfrac{1-j\omega CR}{1+j\omega CR}$, $\varphi=0\sim-\pi$。

8.6 (1) $R=0.1\ \Omega$, $L=1$ mH, $C=10\ \mu$F, $Q=100$;
(2) $u_C=10\sqrt{2}\cos(\omega t-90°)$ V。

8.7 $R=100\ \Omega$, $L=1$ H, $C=1\ \mu$F。

8.8 (1) $R\approx502.65\ \Omega$, $C\approx0.103\ \mu$F, $Q\approx3.5$, $f_{c1}\approx758$ Hz, $f_{c2}\approx1\ 008.9$ Hz;
(2) $P_c\approx0.535$ W; (3) $U_L=U_C\approx81.2$ V。

8.9 $U_L=50$ V, $R_2=100\ \Omega$。

8.10 30.921 pF ~ 261.68 μF。

8.11 $R\geqslant15\ \Omega$, $L\geqslant5\times10^{-4}R$, $C=10^{-8}/L$。

8.12 顺接时: $\omega_0=1\ 000$ Hz, $Q\approx3.33$, $\Delta\omega=300$ rad/s, $U_1\approx8.22$ V, $U_2\approx12.65$ V; 反接时: $\omega_0'\approx2\ 236$ rad/s, $Q'\approx1.49$, $\Delta\omega'\approx1\ 500$ rad/s, $U_1'=2$ V, $U_2'\approx9.8$ V。

8.13 $C=1\ \mu$F 时, $I_{min}=0$;
$C=0.2\ \mu$F 时, $I_{max}\approx14.14$ mA。

8.14 $U_C\approx530$ V, $U\approx545$ V。

8.15 $R=10^3\ \Omega$, $L=0.1$ H, $C=10\ \mu$F。

8.16 $R=4$ kΩ, $C=5\ \mu$F。

8.17 $i_1=0$, $i_2=0.1\sqrt{2}\cos(10^4t+90°)$ A, $i_L=0.1\sqrt{2}\cos(10^4t-90°)$ A, $i_C=i_2$。

8.18 (1) $\dfrac{1/(\omega C)}{R_1^2+(1/\omega C)^2}=\dfrac{\omega L}{R_2^2+(\omega L)^2}$;
(2) 在角频率 $\omega=1/\sqrt{LC}$ 时发生谐振, $Y=1/R_1$。

8.19 $C=25\ \mu$F, 电流源电压 $U=180$ V。

8.20 $L\approx1.003\times10^{-4}$ H, $C\approx2.509\times10^{-10}$ F。

8.21 $L_1 \approx 7.523$ mH, $L_2 \approx 31.862$ mH,

$u_0 \approx [141\cos\omega_1 t + 53.085\cos(3\omega_1 t - 60°)]$ V

8.22 $Z = L/(RC)$。

8.23 (a) $\omega_{01} = \dfrac{1}{\sqrt{L_2(C_1 + C_2)}}$,

$\omega_{02} = \sqrt{\dfrac{b + \sqrt{b^2 - 4a}}{2a}}$, $\omega_{03} = \sqrt{\dfrac{b - \sqrt{b^2 - 4a}}{2a}}$

其中 $a = L_1 L_2 C_1 C_2$, $b = L_1 C_1 + L_2 C_2 + L_2 C_1$。

(b) $\omega_{01} = \dfrac{1}{\sqrt{(L_1 + L_2) C_2}}$,

$\omega_{02} = \sqrt{\dfrac{b + \sqrt{b^2 - 4a}}{2a}}$, $\omega_{03} = \sqrt{\dfrac{b - \sqrt{b^2 - 4a}}{2a}}$

其中 $a = L_1 L_2 C_1 C_2$, $b = L_1 C_1 + L_2 C_2 + L_1 C_2$。

8.24 (a) $\omega_{01} = \dfrac{1}{\sqrt{C(L_1 + L_2 - 2M)}}$,

$\omega_{02} = \sqrt{\dfrac{L_1}{(L_1 L_2 - M^2) C}}$;

(b) $\omega_{01} = \sqrt{\dfrac{C_1 + C_2}{C_1 C_2 (L_1 + L_2 + 2M)}}$,

$\omega_{02} = \sqrt{\dfrac{L_1(C_1 + C_2)}{(L_1 L_2 - M^2) C_1 C_2}}$。

8.25 $C \approx 0.183$ μF。

8.26 $L_1 \approx 0.254$ mH, $L_2 = 0.353$ μH。

第 9 章

9.1 $u_2 = \dfrac{R_2(R_3 + R_4)}{(R_1 + R_2) R_4} u_1$。

9.2 $u_0 = -\left(\dfrac{u_1}{R_1} + C\dfrac{\mathrm{d}u_2}{\mathrm{d}t}\right) R_f$。

9.3 $U_0 \approx 2.057$ V。

9.4 $I_0 = -0.375$ mA。

9.5 $U_0 = 22.8$ V。

9.6 $u_0 \approx 1.479\cos(\omega t - 42.016°)$ V。

9.8 $U_L = \alpha U_g\left(\dfrac{R_f}{R_1} + 1\right) - U_g \dfrac{R_f}{R_1}$;

$U_g = -2$ V, $R_f = 2R_1$。

9.9 $U_0 = 12$ V, $I_0 = 0.7$ mA。

9.10 $u_0 = 6u_1 - 3u_2$。

9.11 (1) $u_{01} = \left(1 + \dfrac{R_f}{R_1}\right) u_2 - \dfrac{R_F}{R_1} u_1$,

$u_{02} = -\dfrac{1}{C}\int_{-\infty}^{t}\left[\left(1 + \dfrac{R_f}{R_1}\right)\dfrac{u_2}{R_4} - \dfrac{R_f}{R_1}\dfrac{u_1}{R_4} + \dfrac{u_3}{R_3}\right]\mathrm{d}t$;

(2) $u_{01} = 2u_2 - u_1$,

$u_{02} = -25\int_{-\infty}^{t}(2u_2 - u_1 + u_3)\mathrm{d}t$;

(3) $R_2 = 20$ kΩ, $R_5 = 20$ kΩ。

9.12 $u_{01} = -(u_1 + u_2)$, $u_{02} = 2u_3$,

$u_{03} = 0.5u_1 + 0.5u_2 + 3u_3$。

9.13 $u_0 = 2u_1$。

9.14 $H(\mathrm{j}\omega) = \dfrac{A\omega_0^2}{-\omega^2 + \mathrm{j}\omega/Q + \omega_0^2}$,

其中令 $\omega_0 = \dfrac{1}{RC}$, $Q = \dfrac{1}{3 - A}$。

9.15 $H(\mathrm{j}\omega) = \dfrac{-A\omega^2}{-\omega^2 + \mathrm{j}(\omega_0/Q)\omega + \omega_0^2}$,

其中 $\omega_0 = \dfrac{1}{RC}$, $Q = \dfrac{1}{3 - A}$。

9.16 $H(\mathrm{j}\omega) = \dfrac{-(R_1 + \alpha R_2 + \mathrm{j}\omega R_1 R_2 C)}{[R_1 + (1 - \alpha) R_2 + \mathrm{j}\omega R_1 R_2 C]}$。

第 10 章

10.1 $u_C(0_+) = 20$ V, $i_1(0_+) = 5$ mA,

$i_C(0_+) = 5$ mA。

10.2 $u_C(0_+) = 24$ V, $i_L(0_+) = 2$ A,

$u(0_+) = -8$ V。

10.3 $u_1 \approx -0.2769\mathrm{e}^{-5t}$ V。

10.4 $u = \dfrac{R_1}{R_1 + R_2} U_S \mathrm{e}^{-t/\tau_1} + \dfrac{R_2}{R_1 + R_2} U_S \mathrm{e}^{-t/\tau_2}$,

其中 $\tau_1 = R_1 C_1$, $\tau_2 = R_2 C_2$。

10.5 $u_1 = \left(\dfrac{20}{3} + \dfrac{40}{3}\mathrm{e}^{-0.05t}\right)$ V,

$u_2 = \dfrac{20}{3}(1 - \mathrm{e}^{-0.05t})$ V 。

10.6 (1) $u_C(1\,800\ \mathrm{s}) \approx 1.024$ kV;

(2) $R \approx 52.7$ MΩ;

(3) 76.5 分钟以后;

(4) 大约并联 9.4 MΩ 电阻,平均功率约 1.25 W。

10.7 $u_1 = -24\mathrm{e}^{-2t}$ V, $W_{3\,\Omega} = 3$ J。

10.8 $u_C = [10\cos(100t - 45°) - 7.07\mathrm{e}^{-100t}]$ V。

10.9 $i_L = (5 - 5\mathrm{e}^{-16t})$ A。

10.10 $u_C \approx U_S(0.8 - 0.1333\mathrm{e}^{-t/\tau})$。

10.11 $u = (-12 + 3.6\mathrm{e}^{-5t})$ V。

10.12 $u_C=(4+0.8e^{-t})$ V。

10.13 $t\approx4.16$ ms。

10.14 $i_L=\frac{4U_S}{3R}-\frac{U_S}{R}e^{-\frac{3R}{5L}t}$。

10.15 $i=(0.6+0.288e^{-2t})$ A。

10.16 $i_L\approx(0.8333+4.167e^{-2t})$ A。

10.17 $i_L=(0.5-0.1e^{-t})$ A。

10.18 $u_C=(5-e^{-t})$ V。

10.19 $i_L=(50te^{-10t}+3e^{-10t})$ A。

10.20 $u_C=(9-2e^{-8t})$ V。

10.21 $u=(1.6-e^{-0.5t}+0.4e^{-2.5t})$ V。

10.22 $u_C=(10+12e^{-0.5t})$ V，

$i_L=(-4+6e^{-10t})$ A。

10.23 $i=[10/3+(5/3)e^{-0.5t}-2.5e^{-30t}]$ A

10.24 $u=24e^{-50t}$ V。

10.25 $u_2=5e^{-50t}$ V。

10.26 $u_2=(1+e^{-t})$ V。

10.27 $u_C=\begin{cases}(1+e^{-t})\ \text{V}, & 0<t<1\\ [0.5+0.868e^{-2(t-1)}]\ \text{V}, & t>1\end{cases}$。

10.28 $u_2\approx(6+2.4e^{-0.6667t})$ V。

10.29 $u_1=(4+1.6e^{-0.5t})$ V，

$u_2=(8-1.6e^{-0.5t})$ V。

10.30 $i_1=\frac{L_2R_2I_S}{(L_1+L_2)(R_2+R_3)}e^{-\frac{R_1}{L_1+L_2}t}$，

$$u=R_2I_S+\frac{R_1R_2L_2^2I_S}{(L_1+L_2)^2(R_2+R_3)}e^{-t/\tau}+\frac{R_2L_1L_2I_S}{(L_1+L_2)(R_2+R_3)}\delta(t)$$。

10.31 $i_4=(9-4e^{-2500t})$ mA。

10.32 $u=(6+3e^{-t})\varepsilon(t)-[10+5e^{-(t-1)}]\varepsilon(t-1)$ V。

10.33 $i_L=$

$\begin{cases}(0.1-0.1e^{-5t})\text{A}, & 0<t\leqslant1\\ [-0.9+(1-0.1e^{-5})e^{-5(t-1)}]\text{A}, & t>1\end{cases}$。

10.34 $u_{C\max}=\frac{U_S}{1+e^{-T/\tau}}$，$u_{C\min}=\frac{U_Se^{-T/\tau}}{1+e^{-T/\tau}}$，

其中 $\tau=RC$。

10.35 $i_0=(-10+3e^{-0.1t})\varepsilon(t)$ mA。

10.36 $u_0=\left[\frac{3(R_2+R_1)}{R_1}(1-e^{-t/\tau})\right]\varepsilon(t)$ V。

10.37 $u=(5+5e^{-10t})\varepsilon(t)$ V。

10.38 (1) $s(t)=-(1-e^{-10t})\varepsilon(t)\ \Omega$；

(2) $h(t)=-10e^{-10t}\varepsilon(t)\ \Omega s^{-1}$。

10.39 $h(t)=30\ \Omega\delta(t)-900e^{-90t}\varepsilon(t)\Omega s^{-1}$。

10.40 $u_C=(5-\frac{20}{3}e^{-0.25t}+\frac{5}{3}e^{-t})$ V。

10.41 $u\approx(11.667e^{-5t}-12.667e^{-12.5t}+1)$ V。

10.42 (1) $-3<\alpha<1$；(2) $\alpha=-1.4$。

10.43 $s(t)=(-1.25e^{-10t}+0.25e^{-50t}+1)\varepsilon(t)$，

$h(t)=(12.5e^{-10t}-12.5e^{-50t})\varepsilon(t)s^{-1}$。

10.44 $u_C\approx(1.67e^{-t}-11.67e^{-7t}+20)$ V。

10.45 $\begin{bmatrix}\dot u_C\\ \dot i_L\end{bmatrix}=\begin{bmatrix}-\frac{1}{RC} & \frac{1}{C}\\ -\frac{1}{L} & 0\end{bmatrix}\begin{bmatrix}u_C\\ i_L\end{bmatrix}+\begin{bmatrix}0\\ \frac{1}{L}\end{bmatrix}[u_S]$。

10.46 $\begin{bmatrix}\dot u_C\\ \dot i_L\end{bmatrix}=\begin{bmatrix}-1 & -2\\ 0.5 & -2\end{bmatrix}\begin{bmatrix}u_C\\ i_L\end{bmatrix}+\begin{bmatrix}8\\ 4\end{bmatrix}$，

$i_L(0_+)=2$ A，$u_C(0_+)=4$ V，

$i_L(\infty)=(8/3)$ A，$u_C(\infty)=(8/3)$ V。

第 11 章

11.1 $u_2\approx(-7.26e^{-2910t}+42.74e^{-85t})$ V。

11.2 $u\approx(-0.133e^{-0.33t}+0.8e^{-2t})$ V。

11.3 $u_C=(3-6e^{-t}+3e^{-2t})$ V。

11.4 $u=50(e^{-2t}-e^{-8t})$ V。

11.5 $i_L=(5+1500te^{-200t})$ A。

11.6 $u_C=\left(\frac{10}{3}+4e^{-2t}-\frac{4}{3}e^{-3t}\right)$ V。

11.7 $i_2=[(t-1)e^{-2t}+e^{-6t}]$ A。

11.8 $u_1=(2/3)(1-e^{-3t})$ V，

$u_2=(1/3)(1+2e^{-3t})$ V。

11.9 $u_L=(20/3)(e^{-40t}-e^{-10t})$ V。

11.10 $u_C=(24e^{-t}-19e^{-2t})$ V。

11.11 $i=(4-2e^{-0.5t}+2e^{-t})$ A。

11.12 $u=(1+1.25e^{-2t}-1.25e^{-3t})$ V。

11.13 $u_2=2.7e^{-0.1t}\varepsilon(t)$ V，

$i_2=1.89\ \text{C}\times\delta(t)-0.189e^{-0.1t}\varepsilon(t)$ A。

11.14 $i_1=(0.5-0.3e^{-4t})$ A，

$u_1=-3.6\ \text{Wb}\times\delta(t)+2.4e^{-4t}\varepsilon(t)$ V，

$u_2=3.6\ \text{Wb}\times\delta(t)+3.6e^{-4t}\varepsilon(t)$ V。

11.15 $u_C=(4+25e^{-5t}-28e^{-6t})$ V。

11.16 $i_1\approx(1-0.5e^{-20t}-0.5e^{-6.67t})$ A，

$i_2\approx(0.5e^{-20t}-0.5e^{-6.67t})$ A。

11.17　$U_2(s)=\frac{1.6s^2+3.6s+10}{s(s^2+1.5s+1.5)}$ V,

$u_2(0_+)=1.6$ V,　$u_2(\infty)\approx 6.67$ V。

11.18　$R=1\ \Omega, i=[50-25(1+t)e^{-t}]$ A。

11.19　$u_1=8(1-e^{-t})$ V。

11.20　$H(s)=\frac{-4}{s^2+6s+4}$, $h(t)\approx(0.894e^{-5.236t}-0.894e^{-0.764t})\ s^{-1}$。

11.21　$H(s)=\frac{-sC_1}{C_1C_2R_2s^2+(R_2/R_1+1)C_2s+1/R_1}$。

11.22　$H(s)=\frac{20-rs}{3s^2+32s+50+r}$。

11.23　$h(t)=\delta(t)+(0.5e^{-2t}+4e^{3t})\varepsilon(t)\ s^{-1}$。

11.24　$e(t)=1-0.5e^{-2t}$。

11.25　$H(s)=(1-RCs)/(1+RCs)$。

11.27　$L=1$ H, $C=0.25$ F。

11.28　$|n|>1$。

11.29　$u\approx 10.97\sqrt{2}\sin(10t-27.89°)$ V。

11.30　$u_0=(5+5.125e^{-0.2t}-0.125e^{-5t})\varepsilon(t)$ V。

11.31　(a) $Z(s)=\frac{s+2}{s+1}\ \Omega, i=1\ C\times\delta(t)-e^{-2t}\varepsilon(t)$ A;

(b) $Z(s)=\frac{2(s+0.5)}{s+1}\ \Omega$,

$i=0.5\ C\times\delta(t)+0.25e^{-0.5t}\varepsilon(t)$ A;

(c) $Z(s)=\frac{20s^2+s+5}{2s(s+5)}\ \Omega$,

$i(t)\approx 0.1\ C\times\delta(t)+0.5e^{-0.025t}\cos(0.499t+8.598°)$ A。

11.32　(a) $H(s)=\frac{sC_1+1/R}{s(C_1+C_2)+1/R}$;

(b) $H(s)=\frac{sL_2}{s(L_1+L_2)+R}$;

(c) $H(s)=\frac{0.1s}{s^2+0.1s+1}$。

11.33　(a) $H(s)=\frac{s^2}{s^2+3s+1}$, $s=0$ 处有两个零点，极点位于 $p_1\approx-3.82\ s^{-1}$, $p_2\approx-2.618\ s^{-1}$;

(b) $H(s)=\frac{1}{s^2+3s+1}$,无穷远处有两个零点，极点位置同上；

(c) $H(s)=\frac{1}{16s^4+12s^2+1}$,无穷远处有 4 个零点，极点位于极点为 $p_{1,2}\approx\pm j0.309\ s^{-1}$, $p_{3,4}\approx\pm j0.809\ s^{-1}$。

第 12 章

12.1　(a) $\boldsymbol{Y}=\begin{bmatrix}\frac{1}{R+j\omega L} & -\frac{1}{R+j\omega L}\\ -\frac{1}{R+j\omega L} & \frac{1}{R+j\omega L}+j\omega C\end{bmatrix}$;

(b) $\boldsymbol{Y}=\begin{bmatrix}\frac{1}{2R_1}+\frac{1}{2R_2} & \frac{1}{2R_2}-\frac{1}{2R_1}\\ \frac{1}{2R_2}-\frac{1}{2R_1} & \frac{1}{2R_1}+\frac{1}{2R_2}\end{bmatrix}$;

(c) $\boldsymbol{Y}=\begin{bmatrix}10 & 0\\ -5 & 20\end{bmatrix}$ S。

12.2　$\boldsymbol{Y}=\begin{bmatrix}12.5+j24 & -2.5-j5\\ -2.5-j5 & j\end{bmatrix}$ S。

12.3　$\boldsymbol{Y}(s)=\begin{bmatrix}s+1.5 & -0.25\\ -0.75 & 0.3125\end{bmatrix}$ S。

12.4　(a) $\boldsymbol{Z}=\begin{bmatrix}1+j & j\\ j & 0\end{bmatrix}\ \Omega$;

(b) $\boldsymbol{Z}=\begin{bmatrix}R_1+n^2R_2 & nR_2\\ nR_2 & R_2\end{bmatrix}$;

(c) $\boldsymbol{Z}(s)=\begin{bmatrix}R+s(L_1+L_2-2M) & s(L_2-M)\\ s(L_2-M) & \frac{1}{sC}+sL_2\end{bmatrix}$。

12.5　(a) $\boldsymbol{T}=\begin{bmatrix}3 & 10\ \Omega\\ 0.8\ S & 3\end{bmatrix}$;

(b) $\boldsymbol{T}=\begin{bmatrix}-5 & -240\ \Omega\\ -0.1\ S & -5\end{bmatrix}$;

(c) $\boldsymbol{T}=\begin{bmatrix}n(1+R_1/R_2) & R_1/n\\ n/R_2 & 1/n\end{bmatrix}$。

12.6　$\boldsymbol{T}=\begin{bmatrix}5/3 & 2\ \Omega\\ 1/3\ S & 1\end{bmatrix}$。

12.7　(a) $\boldsymbol{H}=\begin{bmatrix}24\ \Omega & 0.4\\ -0.4 & 0.01\ S\end{bmatrix}$;

(b) $\boldsymbol{H}=\begin{bmatrix}5\ \Omega & 5/3\\ -1 & (1/6)\ S\end{bmatrix}$;

(c) $\boldsymbol{H}=\begin{bmatrix}\frac{Z_1Z_2}{Z_1+Z_2} & 2Z_1\\ 0 & -1/Z_3\end{bmatrix}$。

12.8　(1) $\boldsymbol{H}=\begin{bmatrix}2.2\ \Omega & 0.6\\ -0.6 & 0.2\ S\end{bmatrix}$;

(2) $P=300$ W。

12.10　$Y_1=Y_{11}+Y_{21}, Y_2=Y_{22}+Y_{12}, Y_3=-Y_{12}$,

$g = Y_{12} - Y_{21}$。

12.11 $Z_1 = Z_{11} - Z_{21}, Z_2 = Z_{22} - Z_{12}, Z_3 = Z_{12}$，$\beta = Z_{21}/Z_{12} - 1$。

12.12 $Z_1 = Z_{11} - Z_{12}^2/Z_{22}, Z_2 = Z_{12}^2/Z_{22}$，$n = Z_{12}/Z_{22}$；$Z_1 = T_{12}/T_{22}$，$Z_2 = 1/(T_{21}T_{22}), n = 1/T_{22}$。

12.13 $R_L = 4\ \Omega$ 时，$P_{max} = 9$ W。

12.14 $H(j\omega) = \dfrac{-Y_{21}}{1/R + Y_{22}}$，

$H(j\omega) = \dfrac{1}{T_{12}/R + T_{11}}$。

12.15 $H(j\omega) = \dfrac{Z_{21}}{Z_{11} + R_S}$，

$H(j\omega) = \dfrac{-H_{21}}{H_{11}H_{22} - H_{21}H_{12} + R_S H_{22}}$。

12.16 $U_2/U_S = 0.25$。

12.17 $i_1 \approx 4.667\cos(\omega t)$ A，$i_2 = -2\cos(\omega t)$ A，$i_3 = -4\cos(\omega t)$ A。

12.18 $U \approx 8.298$ V，$P \approx 0.861$ W。

12.19 $I_1 \approx 2.114$ A，$I_2 \approx -0.286$ A。

12.20 （1）$u_2 = \left(\dfrac{1}{7} - \dfrac{10}{21}e^{-3.5t} + \dfrac{1}{3}e^{-2t}\right)\varepsilon(t)$ V；

（2）$u_2 \approx 1.903\cos(3t + 34.65°)$ V。

12.21 $u_2 = (18 - 8e^{-4t/9})$ V。

12.22 $i_L = 0.5(1 - e^{-100t})$ A 和 $i_L = 25e^{-100t}$ A。

12.23 $u_2 \approx (0.553e^{-5.562t} - 0.0531e^{-1.438t})$ V。

12.24 $u_2 = (5 - 3e^{-4t})$ V。

12.25 $Z_c \approx 35.36\ \Omega, \Gamma \approx 1.763$。

12.26 $Z_c = 4\sqrt{2}\ \Omega, \Gamma \approx 3.525$。

12.27 $T = \begin{bmatrix} 2.75 & 8.5\ \Omega \\ 1.5\ \text{S} & 5 \end{bmatrix}$。

第 13 章

13.1 （a）$A = \begin{bmatrix} 1 & -1 & 0 & 0 & 1 \\ -1 & 1 & 1 & -1 & 0 \end{bmatrix}$；

（b）$A = \begin{bmatrix} -1 & 0 & 0 & 1 & 0 & 1 \\ 1 & 1 & 1 & 0 & 0 & 0 \\ 0 & 0 & -1 & -1 & -1 & 0 \end{bmatrix}$。

13.2 $A = \begin{bmatrix} -1 & -1 & 1 & 0 & 0 & 0 & 0 \\ 0 & 0 & -1 & 1 & 1 & 0 & 0 \\ 0 & 0 & 0 & 0 & -1 & -1 & 1 \end{bmatrix}$。

13.4 (1)、(4) 是割集；(2)、(3)、(5)、(6) 不是割集。

13.6 KVL：$\boldsymbol{BU} = \boldsymbol{0}, \boldsymbol{U} = [u_1, u_2, \cdots, u_8]^T$，

$\boldsymbol{B} = \begin{bmatrix} -1 & -1 & -1 & -1 & 1 & 0 & 0 & 0 \\ -1 & -1 & 0 & 0 & 0 & 1 & 0 & 0 \\ 0 & 0 & -1 & -1 & 0 & 0 & 1 & 0 \\ 0 & -1 & -1 & 0 & 0 & 0 & 0 & 1 \end{bmatrix}$；

KCL：$\boldsymbol{CI} = \boldsymbol{0}, \boldsymbol{I} = [i_1, i_2, \cdots, i_8]^T$，

$\boldsymbol{C} = \begin{bmatrix} 1 & 0 & 0 & 0 & 1 & 1 & 0 & 0 \\ 0 & 1 & 0 & 0 & 1 & 1 & 0 & 1 \\ 0 & 0 & 1 & 0 & 1 & 0 & 1 & 1 \\ 0 & 0 & 0 & 1 & 1 & 0 & 1 & 0 \end{bmatrix}$。

13.10 （1）$\begin{bmatrix} i_1 \\ i_2 \\ i_3 \end{bmatrix} = \begin{bmatrix} 5 \\ -9 \\ 15 \end{bmatrix}$ A；

（2）$\begin{bmatrix} u_4 \\ u_5 \\ u_6 \end{bmatrix} = \begin{bmatrix} -1 \\ -2 \\ -3 \end{bmatrix}$ V。

13.11 $\boldsymbol{I} = [4, -0.4, -0.6, 4.4, -1, 5]^T$ A。

13.12 （1）$\boldsymbol{C} = \begin{bmatrix} 1 & 0 & 0 & -1 & -1 & 0 \\ 0 & 1 & 0 & 1 & 1 & 1 \\ 0 & 0 & 1 & 0 & 0 & 1 \end{bmatrix}$；

（2）$\begin{bmatrix} i_1 \\ i_2 \\ i_3 \end{bmatrix} = -\begin{bmatrix} -1 & -1 & 0 \\ 1 & 1 & 1 \\ 0 & 0 & 1 \end{bmatrix}\begin{bmatrix} i_4 \\ i_5 \\ i_6 \end{bmatrix}$。

13.13 $\boldsymbol{B} = \begin{bmatrix} 0 & 1 & 1 & 0 & 1 & 0 & 0 & 0 \\ 1 & 1 & 0 & 0 & 0 & 1 & 0 & 0 \\ 0 & 0 & -1 & 1 & 0 & 0 & 1 & 0 \\ 1 & 1 & 1 & -1 & 0 & 0 & 0 & 1 \end{bmatrix}$，

$\boldsymbol{C} = \begin{bmatrix} 1 & 0 & 0 & 0 & 0 & -1 & 0 & -1 \\ 0 & 1 & 0 & 0 & -1 & -1 & 0 & -1 \\ 0 & 0 & 1 & 0 & -1 & 0 & 1 & -1 \\ 0 & 0 & 0 & 1 & 0 & 0 & -1 & 1 \end{bmatrix}$。

13.14 $\boldsymbol{C} = \begin{bmatrix} 1 & 0 & 0 & 0 & -1 & 1 & -1 \\ 0 & 1 & 0 & -1 & 1 & -1 & 0 \\ 0 & 0 & 1 & 1 & 0 & 1 & 0 \end{bmatrix}$。

13.15 $\begin{bmatrix} \dot{U}_1 \\ \dot{U}_2 \\ \dot{U}_3 \end{bmatrix} \approx \begin{bmatrix} 4.472\angle -108.4° \\ 12.65\angle -153.4° \\ 50\angle -171.87° \end{bmatrix}$ V。

13.16 $\boldsymbol{C} = \begin{bmatrix} 0 & 0 & -1 & 1 & 1 & 0 & 0 & 0 \\ 1 & 0 & -1 & 1 & 0 & 1 & 0 & 0 \\ 1 & -1 & -1 & 0 & 0 & 0 & 1 & 0 \\ 0 & -1 & 0 & -1 & 0 & 0 & 0 & 1 \end{bmatrix}$。

13.18　$\boldsymbol{Y}_n \boldsymbol{U}_n = \boldsymbol{I}_{Sn}$

$$\boldsymbol{Y}_n = \begin{bmatrix} \frac{1}{R_1}+\frac{1}{R_2}+\frac{1}{j\omega L} & -\frac{1}{R_2} \\ -\frac{1}{R_2} & \frac{1}{R_2}+j\omega C \end{bmatrix},$$

$$\boldsymbol{I}_{Sn} = \begin{bmatrix} \dot{U}_{s1}/j\omega L - \dot{U}_{s2}/R_2 + \dot{I}_{s1} \\ \dot{U}_{s2}/R_2 - \dot{I}_{s1} - \dot{I}_{s2} \end{bmatrix}。$$

第 14 章

14.1　$P \approx 1.77$ W。

14.2　$U' = 15$ V，$U'' = 24$ V。

14.3　$I_1 = 0.1$ A，$U_1 = 1$ V。

14.4　(1) $U_2 = -0.025\ln(10^4 U_1)$；

(2) $U_2 = -10^{-4}e^{40U_1}$。

14.7　$\begin{cases} U_1^3 - I_2^3 - I_2 = -2 \\ U_1^3 + U_1 + I_2^3 = 3 \end{cases}$。

14.8　$U \approx 0.503$ V，$I_1 \approx 7.212$ A；

$U \approx -0.505$ V，$I_1 \approx 7.178$ A。

14.9　$U = 1.6$ V。

14.10　$U = (6/7)$ V。

14.11　$I = 2.5$ A，$I_1 = (25/6)$ A。

14.12　$I_1 \approx 1.071$ A。

14.13　$u_C \approx [6 + 0.073\cos(100t - 22.346°)]$ V。

14.14　$u_C \approx [3 + 0.632\cos(25t - 18.435°)]$ V。

14.15　$i_L \approx [6 + 0.125\cos(10t - 45°)]$ A。

14.16　$\begin{cases} \dot{q} = -f_1(\Psi) - f_2(q/C) \\ \dot{\Psi} = q/C \end{cases}$。

14.17　$\begin{cases} \dot{q}_1 = \dfrac{-f_1(q_1)}{R_3+R_4} + \dfrac{f_2(\Psi_2)R_3}{R_3+R_4} \\ \dot{\Psi}_2 = \dfrac{-f_1(q_1)R_3}{R_3+R_4} - \dfrac{f_2(\Psi_2)R_3R_4}{R_3+R_4} + u_S \end{cases}$。

14.18　$\begin{cases} \dot{q} = [u_S - f_1(q)]/R_1 - [f_2(\Psi) - i_S] \\ \dot{\Psi} = -R_2[f_2(\Psi) - i_S] + f_1(q) \end{cases}$。

14.19　$\Psi_{k+1} = \Psi_k + 0.5h[-R\alpha(\sqrt[3]{\psi_k}) + \beta\sin(\omega t_k) - R\alpha(\sqrt[3]{\Psi_{k+1}}) + \beta\sin(\omega t_{k+1})]$。

14.20　$\begin{cases} \dfrac{du_C}{dt} = \dfrac{1}{C}(-i_L) = -\dfrac{\alpha}{C}\Psi_L^3 \\ \dfrac{d\Psi_L}{dt} = u_C \end{cases}$。

14.21　$u_R = 2e^{-t}$ V。

14.22　存在三种可能：(1) $u_C = 2e^{-0.5t}$ V；

(2) $u_C = (3 - e^t)$ V，$u_C = e^{-0.5(t-t_1)}$ V，

$t_1 \approx 0.693$ s；(3) $u_C = (-1 + 3e^{-t})$ V，

$u_C = e^{-0.5(t-t_1')}$ V，$t_1' \approx 0.405$ s。

14.23　$u = (1.5 + 1.5e^{-t})$ V，

$u = [1.5 + 0.5e^{-2(t-t_1)}]$ V，$t_1 \approx 1.10$ s。

14.24　$u_C = (13 - 2e^{-50t})$ V。

14.25　$u_C = (-1.6 + 7.6e^{-0.5t})$ V，

$u_C = [0.8 + 1.2e^{-0.25(t-t_1)}]$ V，$t_1 \approx 1.494$ s。

14.26　$i_L \approx [0.01 + 10^{-3}(1 - e^{-10^5 t/6})\varepsilon(t)]$ A。

14.27　$u_C \approx [4 + (1/3)(1 - e^{-62.5t})\varepsilon(t)]$ V。

14.28　$u \approx [6.39 + 0.0614(1 - e^{-1.63\times10^4 t})\varepsilon(t)]$ V。

14.29　$i_L \approx 1$ A $+ [0.033 + 0.097e^{-7t}\cos(8.246t + 249.9°)]\varepsilon(t)$ A。

第 15 章

15.1　$Z_c \approx 84.396\angle -38.91\ \Omega$，

$\gamma \approx (0.053 + j0.066)$ km^{-1}，

$v \approx 76\ 163.5$ km/s，$\lambda \approx 95.2$ km。

15.2　$Z_c = 100\angle -30°\ \Omega$，

$\gamma = (0.044 + j0.046)$ km^{-1}，

$v \approx 108\ 695.65$ km/s，$\lambda \approx 136.59$ km

15.3　$l \approx 4.209$ km。

15.4　(1) $u_2 \approx 6.863\cos(\omega t - 125°)$ V，

$i_2 \approx 0.023\cos(\omega t - 125°)$ A；

(2) $P_n \approx 78.9$ mW，$\eta \approx 0.472\%$；

(3) 距终端距离：30 km，60 km，90 km；

(4) $t = 0.01$ s 时，$u(x) \approx 100e^{-0.027x}\cos\cdot(0.2103x)$ V，$i(x) \approx 0.3344e^{-0.027x}\cos\cdot(0.2103x)$ V；

(5) $U(x) \approx 70.71e^{-0.027x}$，

$I(x) \approx 0.236e^{-0.027x}$ A。

15.5　$\dot{I}_1 \approx 503.98\angle 5.2°$ A，

$\dot{U}_2 \approx 183.48\angle -18.11°$ kV，

$\dot{I}_2 \approx 486.70\angle -12.91°$ A。

15.6　(a) $Z_i = 70\sqrt{2}\angle -45°\ \Omega$；

(b) $Z_i \approx 70\sqrt{5}\angle 26.6°\ \Omega$。

15.7　$Z_c = 100\ \Omega$，$|Z_i| \to \infty$。

15.8　(1) $\dot{U}(1\text{ m}) = 7.5\angle -120°$ V；

(2) $\dot{U}(1\ \text{m}) \approx 6.009 \angle -133.9^\circ$ V；

(3) $\dot{U}(1\ \text{m}) \approx 0.187 \angle -11.92^\circ$ V。

15.9 (1) $\dot{U}_1 = 9$ V, $\dot{I}_1 = 0.01$ A；

(2) $\dot{U}(12.5\ \text{m}) = -\text{j}6$ V,

$\dot{I}(12.5\ \text{m}) = -\text{j}0.015$ A。

15.10 $u_1 = 75\cos(5\,000\pi t)$ V,

$u_2 = 75\cos(5\,000\pi t - 0.5\pi)$ V。

15.11 $U(x') \approx 246.7\,|\cos(0.04\pi x')|$ V,

$I(x') \approx 0.548\,|\sin(0.04\pi x')|$ A。

15.12 $U(x) =$

$$\begin{cases} \dfrac{\sqrt{X_C^2 + Z_c^2}}{X_C} U_1 \,|\cos(\beta x - \varphi_1)| & 0 < x < \lambda \\ U_1 \,|\cos\beta(x - \lambda)| & \lambda < x < 2\lambda \end{cases},$$

$I(x) =$

$$\begin{cases} \dfrac{\sqrt{X_C^2 + Z_c^2}}{Z_c} \times \dfrac{U_1}{X_C} \,|\cos(90^\circ + \beta x - \varphi_1)| & 0 < x < \lambda \\ \dfrac{U_1}{Z_c} \,|\sin\beta(x - \lambda)| & \lambda < x < 2\lambda \end{cases}。$$

其中 $\varphi_1 = \arctan(Z_c / X_C)$。

15.13 $x' = 3$ m, 7 m, 11 m, 15 m。

15.14 $Z_c \approx 61.24\ \Omega$。

15.15 $L \approx 41.22\ \mu\text{H}$。

15.16 $Z_{i1} \approx -\text{j}1\,007.53\ \Omega$。

15.17 $Z_c = \sqrt{(L/C)(1 - \omega^2 LC/4)}$,

$\Gamma = \text{j}8\varphi, \varphi = \arccos(1 - 0.5\omega^2 LC)$。

15.18 (1) $u_1 = 100\sqrt{2}\cos(5\,000\pi t)$ V,

$u_2 = -100\sqrt{2}\cos(5\,000\pi t)$ V。

15.19 $Z_c = 625\ \Omega$。

15.20 $u_2 \approx 246.15$ kV。

15.21 $$i_1(t) = \begin{cases} 30\ \text{mA} & 0 < t < 2l/v \\ 10\ \text{mA} & 2l/v < t < 4l/v, \\ 16.67\ \text{mA} & 4l/v < t < 6l/v \end{cases}$$

$i_1(\infty) = 15$ mA。

15.22 $0 < t < 10\ \mu\text{s}: i(t) = 0$; $10\ \mu\text{s} < t < 30\ \mu\text{s}$: $i(t) = 0.2$ A; $30\ \mu\text{s} < t < 60\ \mu\text{s}: i(t) = 0.1$ A。

15.24 $L_0 = 8.75 \times 10^{-6}$ H/m,

$C_0 = (2/7) \times 10^{-9}$ F/m。

15.25 $U_1^- = -80$ V, $I_1^- = -0.178$ A,

$U_2^+ = 20$ V, $I_2^+ = 0.4$ A。

15.26 $u_C = 2U[1 - \text{e}^{-(t - l/v)/RC}]\varepsilon(t - l/v)$。

15.27 $u_2 = [6\text{e}^{-1\,200(t-0.001)}\varepsilon(t - 0.001)$,

$-6\text{e}^{-1\,200(t-0.002)}\varepsilon(t - 0.002)]$ V。

15.28 $u_2^- = 75\ \text{Wb} \times \delta(t) - 11\,250\text{e}^{-225t}\varepsilon(t)$ V。

15.29 $u_C^- = (5 - \text{e}^{-5\,000t})$ kV,

$u_2^+ = 20(1 - \text{e}^{-5\,000t})$ kV,

$i_2^+ = 50(1 - \text{e}^{-5\,000t})$ A。

15.30 $0 < t < 2t_d: i_1 = 60$ mA; $2t_d < t < 3t_d: i_1 = 0$;

$t \to \infty, i_1(\infty) = 0.02$ A, 其中 $t_d = l/v$。

15.31 $u_1^- = u_2^+ = \dfrac{-Z_c U_0}{2R + Z_c}, i_1^- = i_2^+ = \dfrac{-U_0}{2R + Z_c}$,

$i_R = \dfrac{2U_0}{2R + Z_c}, u_R = \dfrac{2RU_0}{2R + Z_c}$。

附录 E　中英文名词对照

A

安培	Ampere，符号 A
安培环路定律	Ampere's circuital law

B

步长	step length
彼德生法则	Peterson-Pfiefner's rule
闭合回路	closed loop
变比	transformation ratio
并联	parallel connection
波德图	Bode diagram
波动方程	wave equation
波腹	wave loop
波节	wave node
波前	wave front
波形	waveform
波速	wave velocity
波形因数	form factor
波顶因数	amplitude factor
超级电容	supper capacitor
伯努利方程	Bernoulli's equation
不对称三相电路	unbalanced three-phase circuit
不稳定的	unstable
变送器	transmitter

C

传感器	sensor, transducer
参考点	datum
参考方向	reference direction
策动点导纳	driving point admittance
策动点阻抗	driving point impedance
差动放大器	differential amplifier
超前	lead
冲激强度	impulse strength
冲激响应	impulse response
储能元件	storage element
初始值	initial value
初相	initial phase
传播常数	propagation constant
传输常数	transfer constant
传输参数	transmission parameter
传导电流	conductive current
传递函数	transfer function
串联	series connection
串联谐振	series resonance
磁场	magnetic field
磁感线	line of magnetic induction
磁链	magnetic linkage
磁通	magnetic flux
磁耦合	magnetic coupling
磁通密度	flux density
磁滞回线	hysteresis loop
磁滞损耗	hysteresis loss

D

带宽	bandwidth
戴维南	Thévenin
戴维南定理	Thévenin's theorem
导纳	admittance
短路导纳参数	short circuit admittance parameter
带通滤波器	band-pass filter
带通网络	band-pass network
带阻网络	band-stop network
单调型	monotone type
单位冲激函数	unit impulse function
单位冲激特性	unit impulse characteristic
单位阶跃函数	unit step function

单位阶跃特性	unit step characteristic		source
单位脉冲	unit impulse	电滞回线	ferroelectric hysteresis loop
单相负载	single-phase load	电滞损耗	ferroelectric hysteresis loss
等效电阻	equivalent resistance	电阻电路	resistive circuit
等效运算阻抗	equivalent operational impedance	电阻率	resistivity
低通网络	low-pass network	电阻	resistance
电磁感应	electromagnetic induction	电阻元件	resistor
电场强度	electric field strength	迭代	iteration
电导	conductance	叠加定理	superposition theorem
电导率	conductivity	定子	stator
电动势	electro-motive-force,EMF	动态电感	dynamic inductance
电感系数	inductance	动态电路	dynamic circuit
电感元件	inductor	动态电容	dynamic capacitance
电介质	dielectric	动态路径	dynamic route
电抗	reactance	动态特性	dynamic characteristic
电力污染	power pollution	独立电源	independent source
电流	current	端口	port
电流表(安培计)	ammeter	短路导纳参数	short-circuit admittance parameter
电流控制型	current-controlled	短路电流	short-circuit current
电流谐振	current resonance	端线	terminal wire
电流源	current source	对称三相电路	balanced three-phase circuit
电路	electric circuit,简称 circuit	对偶原理	duality principle
电纳	susceptance		**E**
电偶极子	electric dipole	额定电压	rated voltage
电容	capacitance	额定电流	rated current
电容器	capacitor	额定功率	rated power
电解电容	electrolytic capacitor	二次谐波	second-order harmonic
电网络	electric network	二端口网络	two-port network
电位	potential	二阶电路	second-order circuit
电位差	potential difference		**F**
电位器	potentiometer	发出电能	energy supplied,energy issued
电压	voltage	发出功率	power delivered,power issued
电压表	voltmeter	法拉	Farad,符号 F
电压降	voltage drop	法拉第电磁感应定律	Faraday electromagnetic
电压跟随器	voltage follower		
电压控制型	voltage-controlled		
电压谐振	voltage resonance		
电压源	voltage source		
电源适配器	power adapter		
电源外特性	external characteristic of		

	induction law
反射波	reflected wave
反射系数	reflection coefficient
反向行波	returning wave
反相	phase inversion
反相放大器	inverting amplifier
方均根值	root-mean- square value, RMS
仿真	simulation
非连通图	unconnected graph
非线性电感	nonlinear inductor
非线性电容	nonlinear capacitor
非线性电阻	nonlinear resistor
非线性直流电路	nonlinear DC circuit
非正弦周期电流电路	nonsinusoidal periodic current circuit
非自治方程	non-autonomous equation
非自治网络	non-autonomous network
分贝	decibel
分布参数电路	distributed parameter circuit
分段线性	piecewise linear
分流	current division
分流器	current divider
分压	voltage division
分压器	voltage divider
附加电流源	additional current source
附加电压源	additional voltage source
傅里叶级数	Fourier series
幅角	argument
幅频特性	amplitude-frequency characteristic
复导纳	complex admittance
复阻抗	complex impedance
复频率	complex frequency
复频域	complex frequency domain
复频域分析法	complex frequency domain analysis
复数功率	complex power
负全反射	negative complete reflection
负序	negative phase sequence
负载	load
伏特	Volt,符号 V

G

改进节点电压法	modified node voltage method
感抗	inductive reactance
感生电场	induced electric field
感应电压	induced voltage
高次谐波	high-order harmonic
高通网络	high-pass network
割集	cut-set
隔离	isolation
共轭匹配	conjugate matching
功率脉冲	pulsed power
功率因数	power factor
共模抑制比	common-mode rejection ratio
工频	power frequency
固有频率	natural frequency
广义支路	generalized branch
国际单位制	international system of units, SI
国际电工委员会	International Electrotechnical Commission, IEC

H

耗能元件	dissipative element
赫兹	Hertz,符号 Hz
亨利	Henry,符号 H
互导	mutual conductance
互阻	mutual resistance
互感器	mutual inductor
互感	mutual inductance
互易定理	reciprocity theorem
换路	commutation
换路定律	commutation law
回路电流	loop current
回路电流法	loop current method
混合参数	hybrid parameter
函数发生器	function signal generator

J

基波	fundamental component

极点	pole
静电场	electrostatic field
基本磁化曲线	normal magnetization curve
基本割集	fundamental cut-set
基本回路	fundamental loop
基尔霍夫电流定律	Kirchhoff's current law,简写 KCL
基尔霍夫电压定律	Kirchhoff's voltage law,简写 KVL
积分电路	integral circuit
集肤效应	skin effect
激励	excitation
级联	cascade connection
极限环	limit cycle
记忆元件	memory element
集中参数电路	lumped parameter circuit
加法器	summer
渐变	gradually change
畸变	distortion
焦耳	Joule,符号 J
交流	alternating current,简写 AC 或 ac
角频率	angular frequency
介电常数	permittivity
节点	node
节点导纳矩阵	node admittance matrix
节点电压	node voltage
节点电压法	node voltage method
节点 - 支路关联矩阵	node-to-branch incidence matrix
阶跃响应	step response
截止频率	cut-off frequency
经典法	classical method
静态特性	static characteristic
局外电场	strange electric field, electromotive field
卷积	convolution
卷积定理	convolution theorem
均匀传输线	uniform transmission line

K

开路电压	open-circuit voltage
开路阻抗参数	open-circuit impedance parameter
可变电阻	variable resistor, potentiometer
空气隙	air gap
库仑	Coulomb,符号 C
库仑电场	Coulomb electric field
库仑定律	Coulomb's law

L

拉普拉斯变换	Laplace transformation
拉普拉斯反变换	inverse Laplace transformation
楞次定律	Lenz's law
离散频谱	discrete spectrum
连通图	connected graph
连支	link branch
连支电流	link branch current
临界电阻	critical resistance
临界振荡	critical oscillation
灵敏度分析	sensitivity analysis
零输入响应	zero-input response
零状态响应	zero-state response
漏磁通	leakage flux
漏电流	leakage current
漏电导	leakage conductance
链型电路	ladder network
理想变压器	ideal transformer
理想电压源	ideal voltage source
理想电流源	ideal current source
理想运算放大器	ideal operational amplifier

M

脉冲	pulse
模	modulus

N

奈培	Neper,符号 Np
内阻	internal resistance
逆传输参数	inverse transmission parameter
逆混合参数	inverse hybrid parameter
牛顿 - 拉夫逊法	Newton-Raphson method
诺顿定理	Norton's theorem

O

耦合 coupling
耦合系数 coupling coefficient
欧姆 Ohm,符号 Ω
欧姆表 ohmmeter
欧姆定律 Ohm's law

P

匹配 match
品质因数 quality factor
平衡 balance
平衡点 equilibrium
平衡状态 equilibrium state
平均功率 average power
频率 frequency
频率特性 frequency characteristic
频率响应 frequency response
频谱分析仪 spectrum analyzer
频域 frequency domain

Q

齐性定理 homogeneity theorem
欠阻尼 under damped
强制分量 forced component
桥式网络 bridge network
全反射 complete reflection
全耦合 perfect coupling
全响应 complete response
全电流定律 generalized current law

R

绕组 winding
容抗 capacitive reactance
入射波 incidence wave
热惯性 thermal inertia
容许误差 tolerance

S

三角形联结 △(delta)-connection
三相负载 three-phase load
三相电路 three-phase circuit
三相电压 three-phase voltage
三相电源 three-phase supply
三相制 three-phase system
三相四线制 three-phase four-wire system
三要素公式 three-element formula
实部 real part
时间常数 time constant
时域分析法 time domain analysis
视在功率 apparent power
示波器 oscilloscope
受控电源 controlled source, dependent source
收敛 convergence
数模转换器 digital analog converter, DAC
输出向量 output vector
输出电阻 output resistance
输出方程 output equation
输出阻抗 output impedance
输入向量 input vector
输入阻抗 input impedance
树 tree
树支 tree branch
树支电压 tree branch voltage
衰减常数 attenuation constant
衰减振荡 attenuation oscillation
双向性 bidirectional
瞬时功率 instantaneous power
瞬时值 instantaneous value
隧道二极管 tunnel diode
失真 distortion

T

特勒根定理 Tellegen's theorem
特性阻抗 characteristic impedance
梯形网络 ladder network
跳变 suddenly change
跳变现象 jump phenomena
铁磁谐振 ferromagnetic resonance
铁磁物质 ferromagnetic material
通带 pass-band
同名端 corresponding terminal
同相 in phase

同相放大器	noninverting amplifier
图	graph
图解法	graphic method
图论	graph theory
透射波	transmitted wave

W

瓦特	Walt,符号 W
网孔	mesh
网络函数	network function
韦伯	Weber,符号 Wb
微分电路	differential circuit
稳定	stable
稳定性	stability
稳态	steady state
稳态分量	steady-state component
稳压管	voltage regulator tube,Zener diode
涡流	eddy current
无畸变线	distortionless line
无功补偿	reactive power compensation
无功功率	reactive power
无损线	lossless transmission line
无损元件	lossless element
无反射线	reflectionless line
位移电流	displacement current

X

西门子	Siemens,符号 S
线电流	line-current
线电压	line-voltage
线圈	coil
线性电感	linear inductor
线性电容	linear capacitor
线性电阻	linear resistance
线性直流电路	linear DC circuit
象函数	image function
相	phase
相量变换	phasor transformation
相量反变换	inverse phsor transformation
相频特性	phase-frequency characteristic
相电流	phase-current
相电压	phase-voltage
相角	phase angle
相量	phasor
相量分析法	phasor analysis
相量图	phasor diagram
相位	phase
相位差	phase difference
相位畸变	phase distortion
相位频谱	phase spectrum
相位常数	phase constant
响应	response
消耗电能	energy absorbed
消耗功率	power absorbed
效率	efficiency
小信号等效电路	small signal equivalent circuit
小信号分析法	small signal analysis method
谐波分析	harmonic analysis
谐波总畸变度	total harmonic distortion,THD
谐振	resonance
谐振角频率	resonance angular frequency
行波	traveling wave
行波阻抗	wave impedance
星形联结	star-type connection, Y-connection
虚部	imaginary part
虚地	virtual ground
虚短	virtual short circuit
虚断	virtual open circuit
相速	phase velocity
信号发生器	signal generator
信息	information

Y

延迟单位阶跃函数	delay unit step function
延迟线	delay line
一阶电路	first-order circuit
引入电抗	reflected reactance
引入电阻	reflected resistance
引入阻抗	reflected impedance
有效值	effective value
有向图	directed graph
有源元件	active element

原函数	original function
原始值	original value
运算放大器	operational amplifier
运算电路	operational circuit
运算法	operational method
运算感抗	operational inductive reactance
运算感纳	operational inductive susceptance
运算容抗	operational capacitive reactance
运算容纳	operational capacitive susceptance
运算阻抗	operational impedance
运流电流	convection current
压敏电阻	varistor

Z

暂态分量	transient component
张弛振荡	relaxation oscillation
振幅或幅值	amplitude
振幅畸变	amplitude distortion
振幅频谱	amplitude spectrum
正交	phase quadrature
正弦电路	sinusoidal circuit
正弦量	sinusoidal amount
正弦稳态电路	sinusoidal steady-state circuit
正弦稳态分析	sinusoidal steady-state analysis
正向行波	direct wave
正序	positive phase sequence
滞后	lag
置换定理	substitution theorem
直流	directive current,简写 DC 或 dc
直流分量	DC component
直流工作点	DC operating point
支路电流法	branch current method
中线	neutral line
中点	neutral point
中点位移	shifting of the neutral point
周期	period
驻波	standing wave
主磁通	main magnetic flux
转移导纳	transfer admittance
转移电流比	transfer current ratio
转移电压比	transfer voltage ratio
转移阻抗	transfer impedance
转子	rotor
状态变量	state variable
状态方程	state equation
状态轨迹	state trajectory
状态平面	state plane
状态向量	state vector
自然频率	natural frequency
子图	subgraph
自由分量	free component
自由振荡	free oscillation
自导	self-conductance
自感	self-inductance
自激振荡	self-excited oscillation
自耦变压器	auto-transformer
自治方程	autonomous equation
自治网络	autonomous network
自阻	self-resistance
阻带	stop-band
阻抗	impedance
阻抗参数方程	impedance parameter equation
阻抗参数矩阵	impedance-parameter matrix
阻尼振荡	damped oscillation
最大功率传输定理	maximum power transfer theorem

参考文献

[1] Gustav Robert Kirchhoff. 关于研究电流线性分布所得到的方程的解[M]. 宗孔德，译. //基尔霍夫定律. 北京:人民教育出版社,1981.

[2] 俞大光. 电工基础 上[M]. 修订本. 北京:人民教育出版社,1964.
俞大光. 电工基础 中[M]. 修订本. 北京:人民教育出版社,1965.
俞大光. 电工基础 下[M]. 修订本. 北京:人民教育出版社,1982.

[3] 捷米尔强,等. 电工理论基础[M]. 赵伟,肖曦,王玉祥，译. 4 版. 北京:高等教育出版社,2011.

[4] 陈希有,孙立山,柴凤. 电路理论基础[M]. 3 版. 北京:高等教育出版社,2004.

[5] Robert L. Boylestad. Introductory Circuit Analysis[M]. 陈希有,柴凤,孙立山,改编. 10th ed. 北京:高等教育出版社,2006.

[6] Charles K. Alexander, Matthew N. O. Sadiku. Fundamentals of Electric Circuits[M]. 2nd ed. McGraw - Hill, 2004.

[7] William H. Hayt. Jr. , Jack E. Kemmerly, Steven M. Durbin. Engineering Circuit Analysis [M]. 6th ed. McGraw - Hill, 2002.

[8] Richard C. Dorf, James A. Svoboda. Introduction to Electric Circuits[M]. 5th ed. John Wiley & Sons, Inc. , 2001.

[9] David E. Johnson, Johnny R. Johnson, John L. Hilburn, Peter D. Scott. Electric Circuit Analysis[M]. 3rd ed. Prentice - Hall, Inc. , 1997.

[10] 林争辉. 电路理论:第一卷[M]. 北京:高等教育出版社,1988.

[11] 狄苏尔,葛守仁. 电路基本理论:上册[M]. 林争辉，译. 北京:人民教育出版社,1979.

[12] 邱关源,罗先觉. 电路[M]. 5 版. 北京:高等教育出版社,2006.

[13] 李瀚荪. 电路分析基础 上册[M]. 4 版. 北京:高等教育出版社,2006.
李瀚荪. 电路分析基础 下册[M]. 4 版. 北京:高等教育出版社,2006.

[14] 周守昌. 电路基础 上册[M]. 北京:高等教育出版社,1999.
周守昌. 电路基础 下册[M]. 北京:高等教育出版社,1999.

[15] 燕庆明. 电路分析教程[M]. 2 版. 北京:高等教育出版社,2007.

[16] 吴锡龙. 电路分析[M]. 北京:高等教育出版社,2004.

[17] 董维杰,白凤仙. 电路分析[M]. 北京:科学出版社,2008.

[18] 陈洪亮,张峰,田社平. 电路基础[M]. 北京:高等教育出版社,2007.

[19] Anant Agarwal, Jeffrey H. Lang. 模拟和数字电子电路基础[M]. 于歆杰，朱桂萍，刘秀成，译. 北京:清华大学出版社,2008.

[20] 于歆杰,朱桂萍,陆文娟. 电路原理[M]. 北京:清华大学出版社, 2007.

[21] 孙雨耕. 电路基础理论 [M]. 北京:高等教育出版社,2011.

[22] 王志功,沈永朝. 电路与电子线路 电路部分 [M]. 高等教育出版社,2012.

[23] 范世贵,冯晓毅. 电路分析基础[M]. 2 版. 北京:西北工业大学出版社,2006.

[24] 余虹,姜东光,张殿凤,等. 大学物理学 [M]. 北京:科学出版社, 2002.

[25] 雷银照. 电磁场 [M]. 北京:高等教育出版社,2008.

[26] 范瑜. 电气工程概论 [M]. 北京:高等教育出版社,2006.

[27] 孙元章,李裕能. 走进电世界 [M]. 北京:中国电力出版社,2009.

[28] 秦曾煌,姜三勇. 电工学 上册[M]. 7 版. 北京:高等教育出版社,2011.

[29] 唐介. 电工学:少学时[M]. 3 版. 北京:高等教育出版社,2009 年 5 月.

[30] 杨学栋,李斌. 大学物理学[M]. 北京:哈尔滨工业大学出版社,2000.

[31] 陈希有,盛贤君,刘凤春. 相量与正弦量的数学变换原理[J]. 电气电子教学学报, 2007,29(2):36 - 39.

[32] 陈希有,刘凤春,盛贤君. 相量变换在正弦电路功率分析中的应用[J]. 电气电子教学学报, 2007,29(3): 41 ~44.

[33] 陈希有,刘凤春,董维杰,等. 理想变压器特性方程教学方法讨论[J]. 电气电子教学学报, 2010,32(4):55 ~58.

[34] 陈希有,刘凤春,董维杰,等. 在电路教学中培养学生的数学应用能力[J]. 电气电子教学学报, 2010,32(5):51 ~55.

[35] 陈希有,刘凤春,李冠林,等. 线性动态电路暂态过程全响应可加性的教学方法[J]. 中国电力教育, 2010,(6):100 ~102.

[36] 陈希有,李冠林,刘凤春,等. 在电路教学中培养学生的电磁学应用能力[J]. 电气电子教学学报,2011,33(4):87 ~90.

[37] 陈希有,李冠林,刘凤春. RC 电路充电效率分析[J]. 电气电子教学学报, 2012,34 (2): 32 ~35.

[38] 章艳,陈希有. 相序指示器案例教学探索[J]. 电气电子教学学报, 2012. 34 (3):9 ~12。

[39] 陈希有. 俄版中译教材《电工理论基础》电路理论卷之鉴赏[J]. 电气电子教学学报, 2011,33(6):36 ~40.

[40] 赵伟. 原苏联电工基础理论教学概况[J]. 电气电子教学学报, 2009,31(2):5 ~7.

[41] 龚绍文,郑君里,于歆杰. 电路课程的历史、现状和前景[J]. 电气电子教学学报, 2011, 33 (6):5 ~12.

[42] 郑君里,龚绍文. 电路原理课程改革之路[J]. 电气电子教学学报, 2007,29(3):1 ~7.

[43] 国家精品课程资源网: http://www. jingpinke. com/

[44] 中国高校电子电气课程网: http://ee. cncourse. com/

[45] 麻省理工学院开放课程资源网:http://www. core. org. cn/OcwWeb/index. htm

结束语

作为教学基本要求的电路理论内容讲述完了，但博大精深的电路理论远不止这些。欣慰的是，今天的学习已为明天的探索奠定了坚实的基础。

静心回顾学习过程，考问学习收获，不妨用下面的开放性问题检验自己对电路理论的宏观理解程度：

1．怎样用电磁学原理来理解基尔霍夫定律的正确性和适用条件？

2．电路的工作状态有哪些类型？这些状态取决于哪些条件？

3．常用的电路激励和响应的变化规律有哪些类型？它们与分析方法的关系是什么？

4．当遇到实际问题时，依据什么原则来选择电路的分析方法？

5．建立电路分析方法的基本规律有哪些？这些规律在不同的电路类型中是如何表现的？

6．直流电路、正弦交流电路、非正弦交流电路、暂态电路的分析方法有何内在联系？

7．怎样对电路进行分类认识？

8．所学的电路理论中运用了哪些数学方法？

9．电路理论中使用了怎样的数学变换？有何益处？

课堂上的系统学习固然是获得电路理论最快捷的方式。此外，在实际应用中也能有效地巩固和提高电路理论知识。为此，殷切期望同学们不要把课程的结束视为对电路认识的结束，在学习后续课程和将来的科学活动中，要有意识地应用电路理论，用理性的眼光去思考工程问题。